隋唐五代史

（上）

第2版

吕思勉 著　马东峰 主编

北京理工大学出版社
BEIJING INSTITUTE OF TECHNOLOGY PRESS

目 录

第一章　总　论

论史者率以汉、唐并称，其实非也。隋、唐、五代，与后汉至南北朝极相似；其于先汉，则了无似处。何以言之？

先汉虽威加四夷，然夷狄之入居中国者绝鲜，后汉则南单于、乌丸、鲜卑、氐、羌，纷纷入居塞内或附塞之地，卒成五胡乱华之祸。而唐代亦然，沙陀入据中原，犹晋世之胡、羯也。蕃、浑、党项，纷纭西北，卒自立为西夏，犹晋世之氐、羌也。而契丹雄据东北，与北宋相终始，亦与晋、南北朝之拓跋魏极相似，一矣。汉有黄巾之起，而州郡据地自专，终裂而为三国，唐有黄巢之起，而长安之号令不出国门，终裂而为五代十国，二矣。不特此也，汉世儒者，言井田，言限民名田，法家则欲行均输，管盐铁，初犹相争，《盐铁论》贤良文学与御史大夫之争是也。至新莽遂合为一，田为王田，兼行五均、六筦是也。功虽不成，其欲一匡天下，措斯民于衽席之安，其意则皎然也。而自魏、晋以来，人竞趋于释、老，绝不求矫正社会，而惟务抑厌其本性，以求与之相安。本性终不可诬也，则并斯世而厌弃之，而求归于寂灭，为释、老者虽力自辩白，然以常识论之，岂不昭昭如此耶？常人论事，固无深远之识，亦鲜偏蔽而去实际太远之病，顺世外道之所由立也。夫举一世而欲归诸寂灭，是教社会以自杀也。教社会以自杀，终非社会所能听从，故至唐而辟佛之论渐盛，至宋而攘斥佛、老之理学兴焉。然宋儒之所主张者，则以古代社会之组织为天经地义，而强人以顺从古代之伦纪而已；人心之不能无慊于古道，犹其不能无慊于今日之社会也。而宋儒于此，亦惟使人强抑其所欲求，以期削足而适履，此与言佛、老者不求改革社会，而惟务抑厌人之本性者，又何以异？此又其若相反而实相类者也。世运岂真循环耶？非也。世无不变之事，亦无骤变之物，因缘相类者，其所成就，亦不得不相类，理也。然则自后汉至于南北朝，与夫隋、唐、五代之世，其因缘之相类者，又何在也？

人性莫非社会所陶甄，今世社会学家言：人类已往之社会，大变有四：曰原始共产社会，曰奴隶社会，曰封建社会，曰资本主义社会。原始共产之世，遐哉尚已，吾侪今日，仅得就古先哲人追怀慨慕之辞，想象其大略而已。我族肇基之地，盖在江、河下游？故炎、黄交战及尧、舜所都之涿鹿，实在彭城，《世本》。与今称为马来，古称为越人者密迩。其争斗盖甚烈？吾族俘彼之民，则以之为奴隶，故彼族断发文身之饰，在吾族则为髡、黥之刑，本族有大罪者，侪之异族。苗民之所以见称为酷虐者以此。古所谓刑者，必以兵刃亏人体至于不可复属，此其始皆用诸战阵，施诸异族者也。苗民之作五刑，盖以施诸异族者貤及本族也。黄帝，书称其清问下民，亦侯之门仁义存耳，其所恃以自养者，恐亦无以异于三苗也。此吾国之奴隶社会也。江、河下游，古多沮泽，水利饶而水患亦深，共工、鲧、禹，仍世以治水为务，共工与鲧皆蒙恶名，而禹独擅美誉，非其治水之术，果有以大异于前人也。自夏以后，吾族盖稍西迁，夏代都邑，皆在河、洛。西迁而水灾澹焉，则以为神禹之功云尔。出沮泽之地，入苍莽之区，不务力耕，惟求远迹，则于所征服之民，但使输税赋而止，夏后氏之贡法是也。贡之名，乃取诸异部族者，与取诸本部族之税赋大异，夏后氏之贡，实以税而蒙贡名，盖初施诸来服之异部族，后虽入居其部，征服者与所征服者已合为一，而其法仍未变也。至此，则向恃奴隶之耕作以为养者，一变而衣食于农奴之租税矣。此吾国之封建社会也。自夏至于西周，此局盖未大变，故尚论者多以三代并称焉。孔子称殷因于夏，周因于殷，礼所损益可知，必有所据。礼即法，惟俗相类，故礼相类，惟社会之组织相类，故俗相类也。东周以降，种殖、制造之技盖日精，通工易事之风亦益盛，则斯民之生计渐舒，户口日增，垦拓日广，道途日辟，风尚日同，则可以兴大师，则可以造利兵，则可以远征，则可以久驻。所征服之国能供亿也。吴入郢能久留者，以郢故都会也。生事之演进，无一非军事、政事之先驱，而统一之业，与资本之昌骈进矣。然以吾国疆域之广，水陆程途之修阻，风同道一，固非一蹴可几，地方豪右及政府所命官吏之桀骜者，盖罔不乘隙思逞，一旦中枢失驭，则纷然并起而图割据矣，此州郡藩镇之祸所由来也。瘠土之民，脱沃土之富厚而思攘夺之，势也。吾国东南临海，大军不能飞越，西南则山岭崎岖，处其间者不能合大群，亦无由成为强寇，惟漠南北之地，既瘠苦足资锻练，又平夷有利驱驰，每为侵掠者所根据，而河、湟、青海之间，亦其次也。争战必资物力，瘠土之民固非沃土之民之敌，汉、唐盛时，所以能威棱远憺者以此。然自来操政治之权者，多荒淫而无远虑，睹异族之臣服，则苟利一时之休息，而不暇维万世之安，而官吏、豪民又利其可供赋役，恣虐使也，如后汉之苦役降羌，晋世并州多以匈奴为佃客，且掠卖胡羯为奴婢是也。则使之入居塞内；而风尘有警，又驱其人以为兵；于是太阿倒持矣，此五胡及沙陀、契丹、党项之祸所由来也。孔子所谓大同，即古共产之世也，其和亲康乐无论矣。封建之世，黩武之族虽坐役殖产之民以自活，然其所诛求者，亦税赋力役而已，于所征服之族社会固有之组织，未尝加以破坏也。以力胁夺，所得究属有限，而历时稍久，且将受所征服之族之感化而渐进于文明，故封建之世，社会之规制尚未至于大坏，犹之人体，虽有寄生之虫，犹未至于甚病，故孔子称为小康也。至资本主义既昌，则昔时之分职，悉成为获利之彰，尽堕坏于无形之中，社会遂变而为无组织，而民之生其间者苦矣。东周以降，仁人志士，日怵目刿心，而思有以移易天下，盖由于此。然斯时之社会，其体段则既大矣，其情状则既隐曲而难明矣，而生其间者，利害又相龃龉而不可合，凡所措置，所收之效，悉出于豫期之外，而事变之来，又多不可捉摸，则安得不视社会为无可控制，不能以人力改造，其惟务抑压一己，以求与之相安，亦固其所。故新室与东汉之间，实为古今一大界。魏、晋以后之释、老，宋、明两代之理学，实改造社会之义既湮，人类再求所以自处，而再败绩焉者也。此又其所以若相反而实相类也。读隋、唐、五代之史者，其义当于此求之。

中国之史，非徒中国一国之史也，东方诸国之盛衰兴替，盖靡不苞焉，即世界大局之变动，亦皆息息相关，真知史事之因果者，必不以斯言为河汉也。此其故何哉？世界各民族，因其所处之境不同，而其开化遂有迟早之异，后起诸族，必资先进之族之牖启，故先进之国之动息，恒为世界大波浪之源泉焉。先进之国，在东方为中国，在西方则在地中海四围，此二文明者，与接为构，遂成今日之世界。其与接为构也，一由海而一由陆。泛海者自中国经印度洋以入波斯湾，遵陆者则由蒙古经西域以入东欧。泛海之道，贾客由之，虽物质文明，因之互相灌注，初无与于国家民族之盛衰兴替。遵陆之道，则东方之民族，自兹而西侵，西方之民族，亦自兹而东略，往往引起轩然大波焉。东西民族之动息，亦各有其时，月氏、匈奴，皆自东徂西者也，铁勒、突厥、回纥、沙陀、黠戛斯，则自西徂东者也。黠戛斯虽灭回纥，而未能移居其地，西方东略之力，至斯而顿，而东方之辽、金、元、清继起焉。辽之起，由其久居塞上，渐染中国之文明，金、元、清则中国之文明，先东北行而启发句骊，更折西北行以启发渤海，然后下启金源，伏流再发为满洲，余波又衍及蒙古者也。其波澜亦可谓壮阔矣。五胡乱华之后，隋、唐旋即盛强，而沙陀入据之后，则中国一厄于契丹，再厄于女真，三厄于蒙古，四厄于满洲，为北族所弱者几千年，则以铁勒、突厥等，皆自西来，至东方而其力已衰，而辽、金、元、清则故东方之族类也。东西民族动息之交替，实在唐世，读隋、唐、五代史者，于此义亦不可不知。

第二章　隋室兴亡

第一节　文帝内治

隋文帝何如主也？曰：贤主也。综帝生平，惟用刑失之严酷；其勤政爱民，则实出天性，俭德尤古今所无，故其时国计之富亦冠绝古今焉。其于四夷，则志在攘斥之以安民，而不欲致其朝贡以自夸功德。既非如汉文、景之苟安诒患，亦非如汉武帝、唐太宗之劳民逞欲。虽无赫赫之功，求其志，实交邻待敌之正道也。

帝平陈之明年，江南复乱，遍今浙东西、皖南、闽、赣之地，遣杨素讨平之。事见《素传》。又《陆知命传》：晋王广时镇江都，召令讽谕反者，知命说下十七城，得其渠帅三百余人；亦可见乱事蔓延之广也。江都，隋郡，今江苏江都县。《通鉴》述致乱之原曰："自东晋以来，刑法疏缓，世族陵驾寒门。平陈之后，牧民者尽更变之。苏威复作《五教》，使民无长幼悉诵之。士民嗟怨。民间复讹言隋欲尽徙之入关，远近惊骇。"盖南北隔绝既久，民情不免猜疑，丧其利权者，乃从而鼓动之也。此等变乱，究非民欲，故不旋踵而冰消瓦解矣。

偃武修文之治，文帝盖深有意焉。《本纪》：开皇三年正月，禁长刀大稍。九年（589 年）平陈之后，诏禁卫九重之余，镇守四方之外，戎旅军器，皆宜停罢。武力之子，俱可学文。人间甲仗，悉皆除毁。十年五月，诏曰："魏末丧乱，寓县瓜分。兵士军人，权置坊府。南征北伐，居处无定。家无完堵，地罕苞桑。恒为流寓之人，竟无乡里之号。朕甚愍之。凡是军人，可悉属州县，垦田籍帐，一与民同。军府统领，宜依旧式。罢山东、河南及北方缘边之地新置军府。”十五年二月，收天下兵器，敢有私造者斩之；关中缘边，不在其例。十八年正月，诏曰：“吴、越之人，往承敝俗，所在之处，私造大船，因相聚结，致有侵害。其江南诸州，人间有船长三丈已上，悉括入官。”此承久乱之后，不得不然，固不得訾其欲弱天下之民，以保一家之业也。《炀帝纪》：大业五年正月，制民间铁叉搭钩矡刃之类，皆禁绝之。犹沿此策。

杨氏先世，久居武川，当亦渐于胡俗。然南北朝末，世运已更，虽宇文氏犹思变革，而况于帝乎？帝在受禅之先，即令已前赐姓，皆复其旧。既受禅，又易周氏官仪，依汉、魏之旧。皆见《本纪》。时诏议服色。摄太常卿裴正奏言：“后魏已来，制度咸阙。天兴之岁，草创缮修。所造车服，多参胡制。周氏因袭，将为故事。大象承统，咸取用之。舆辇衣冠，甚多迂怪。周宣帝变胡服，见《两晋南北朝史》第十五章第一节，据此，则仍非纯乎汉仪也。今皇隋革命，宪章前代。其魏、周辇辂不合制者，已敕有司，尽令除废。然衣冠礼器，尚且兼行。既越典章，须革其谬。”《礼仪志》。开皇二年（582 年），颜之推上言：“今太常雅乐，并用胡声。请冯梁国旧章，考寻古典。”高祖不从，曰：“梁乐亡国之音，奈何遣我用邪？”俄而郑译奏请修正。于是诏太常卿牛弘、国子祭酒辛彦之、国子博士何妥等议正乐。九年，平陈，获宋、齐旧器，诏于太常置清商署以管之。牛弘奏曰：“前克荆州，得梁家雅曲。今平蒋州，隋平陈置于石头城。又得陈氏正乐。请修缉之，以备雅乐。其后魏洛阳之曲，《魏史》云：太武平赫连昌所得，更无明证。后周所用，皆是新造，杂有边裔之声。戎音乱华，皆不可用。请悉停之。”制曰：“制礼作乐，圣人之事。功成化洽，方可议之，宇内初平，我则未暇。”晋王广又表请，帝乃许之。十四年三月，乐定。诏并令施用，见行者皆停之。《音乐志》。

帝颇能勤政。《本纪》言其“每旦听朝，日昃忘倦。乘舆四出，路逢上表者，则驻马亲自临问。或潜遣行人，采听风俗。吏治得失，人间疾苦，无不留意。尝遇关中饥，遣左右视百姓所食。有得豆屑杂糠而奏之者，上流涕，以示群臣，深自咎责，为之撤膳，不御酒肉者，殆将一朞。及东拜泰山，关中户口就食洛阳者，道路相属。开皇十四年八月，关中大旱，人饥。上率户口就食洛阳。十五年正月，以岁旱，祠泰山以谢愆咎。上敕斥堠，不得辄有驱遣。男女参厕于仗卫之间。逢扶老携幼者，辄引马避之，慰免而去。至艰险之处，见负担者，遽令左右扶助之”。《旧唐书·太宗纪》：上谓房玄龄、萧瑀曰：“隋文帝何等主？”对曰：“克己复礼，勤劳思政，每一坐朝，或至日昃。五品已上，引之论事。宿卫之人，传飧而食。虽非性体仁明，亦励精之主也。”贞观四年（630年）。帝之勤政，固时人所共喻矣。

其俭德尤为绝人。《本纪》言其居处服玩，务在节俭。《食货志》云：六宫咸服浣濯之衣。乘舆供御，有故敝者，随令补用，皆不改作。非享燕，所食不过一肉而已。开皇十五年（595年），相州刺史豆卢通相州，今河南安阳县。贡绫文布，命焚之于朝堂。《纪》言帝令行禁止，上下化之。开皇、仁寿之间，丈夫不衣绫绮，无金玉之饰，常服率多布帛，装带不过铜铁骨角而已。虽曰齐之以刑，究亦由其能以身先之也。

帝初受禅，即以官牛五千头分赐贫人。又弛山泽之禁。开皇三年（583年），入新宫，见下。初令军人以二十一成丁。减十二番，每岁为二十日役。减调绢一匹为二丈。罢酒坊。通盐池、盐井，与百姓共之。陈平，以江表初定，给复十年。自余诸州，并免当年租赋。十年（590年），又以宇内无事，益宽徭赋。百姓年五十者，输庸停防。十二年（592年），有司上言库藏皆满，更辟左藏之院，构屋以受之。下诏曰：宁积于人，无藏府库。河北、河东今年田租，三分减一，兵减半，功调全免。十七年（597年），户口滋盛，中外仓库，无不盈满。遂停此年正赋，以赐黎元。皆见《食货志》。皆宽恤民力之事也。

取民之寡如此，而其用度，则百官禄赐及赏功臣，皆出于丰厚。《食货志》。将士战殁，必加优赏。仍令使者，就加劳问。《本纪》。平陈之役，亲御朱雀门劳还师，因行庆赏。自门外夹道列布帛之积，达于南郊，以次颁给。所费三百余万段焉。《食货志》。《文献通考·国用考》曰："古今称国计之富者莫如隋，然考之史传，则未见其有以为富国之术也。夫既非苛敛以取财，且时有征役以糜财，而赏赐复不吝财，则宜用度之空匮也，而殷富如此。然后知大《易》所谓节以制度，不伤财，不害民，《孟子》所谓贤君必恭俭礼下，取于民有制者，信利国之良规，而非迂阔之谈也。"案前兴国计，端资赋役，而赋役之本，则在人丁。《食货志》云：隋初，山东尚承齐俗，避役惰游者十六七。四方疲人，或诈老诈小，规免租赋。高祖令州县大索貌阅。户口不实者，正长远配。又开相纠之科。大功已下，兼令析籍，各为户头，以防容隐。于是计帐进四十四万三千丁，新附一百六十四万一千五百口。高颎又以人间课输，虽有定分，年常征纳，除注恒多。长吏肆情，文帐出没，复无定簿，难以推校，乃为输籍之样。请遍下诸州，每年正月五日，县令巡人客，随便近，五党三党，共为一团，依样定户上下。帝从之。自是奸无所容矣。《通鉴》言帝受禅之初，民户不满四百万，末年逾八百九十万，独冀州已一百万户，见仁寿四年（604年）。胡三省《注》曰："此以开皇初元户口之数比较仁寿末、大业初之数而言之也。周之平齐，得户三百三万，而隋受周禅，户不满四百万，则周氏初有关中，西并巴蜀，南兼江汉，见户不满百万也。陈氏之亡，户六十万。大约隋氏混一天下，见户不及五百万。及其盛也，盖几倍之。"案《食货志》言大索貌阅之事，实在平陈之先，则混一时，户必不止五百万矣。可见其所增之多。

又诸州调物，纪纲废弛之世，或不尽归中枢，而此时则《食货志》言：河南自潼关，河北自蒲阪，达于京师者，相属于路，昼夜不绝者数月。则当时国计之裕，亦未必尽由节流。然非节流，固终如漏卮，钩较愈勤，则其为茧丝愈甚耳。此则帝之躬履俭素，不能不谓其大有造于国计民生也。《苏威传》：文帝受禅，威兼民部尚书。初威父绰在西魏，以国用不足，为征税之法，颇称为重。既而叹曰："今所为者，正如张弓，非平世法也。后之君子，谁能弛乎？"威闻其言，每以为己任。至是奏减赋役，务从轻典。上悉从之。则虽务绝隐漏，以防奸欺，而其取之之法，则未尝不从宽矣。

隋世国计之富，观其积贮而可知。《旧唐书·马周传》：周于贞观六年（632年）上疏曰："隋家贮洛口仓在今河南巩县东南。而李密因之，东都积布帛而世充据之，西京府库，亦为国家之用，至今未尽。"又《食货志》：贞观二年（628年），戴胄上言："开皇立制，天下之人，节级输粟，多为社仓，终于文皇，得无饥馑。"此即长孙平所立义仓之法，见《隋书·食货志》。《志》云：自是诸州储峙委积。观于胄言，而知其不诬矣。此与清室盛时，徒夸库藏银两之多者何如哉？宜乎言国计之富者，必以隋称首也。

《隋书·杨尚希传》：尚希上表曰："窃见当今郡县，倍多于古。或地无百里，数县并置。或户不满千，二郡分领。具寮以众，资费日多。吏卒又倍，租调岁减。清干良才，百分无二，动须数万，如何可觅？请存要去闲，并小为大。"帝览而嘉之，遂罢天下诸郡。此事在开皇三年，亦后汉世祖并官省职之意也。

开皇二年（582年）六月，诏高颎等创新都。十二月，名之曰大兴城。今长安。明年三月，入居焉。盖以旧城凋残日久，屡为战场。当时宫室，事近权宜，营新都诏中语，见《纪》。不足以立制度。未可议其侈也。及十三年二月，于岐州营仁寿宫；岐州，今陕西凤翔县。仁寿宫，在麟游县西。十八年十二月，又自京师至仁寿宫，置行宫十有二所；则虽欲不谓为侈而不可得矣。仁寿宫之立，杨素监营焉。《食货志》谓其夷山堙谷，役使严急，丁夫多死。疲敝颠仆者，推填坑坎，覆以土石，因而筑为平地。死者以万数。宫成，帝行幸焉。时方暑月，死人相次于道，素乃一切焚除之。事亦见《素传》。真视民如草芥矣。《志》又云：帝颇知其事，甚不悦。及入新宫游观，乃喜，又谓素为忠。此所谓之其所亲爱而辟焉者也。

帝之失德，在于任刑。《刑法志》言：帝性猜忌，素不悦学。既任智而获大位，因以文法自矜，明察临下。恒令左右觇视内外，有小过失，则加以重罪。又患令史臧污，私使人以钱帛遗之，得犯立斩。每于殿廷打人，一日之中，或至数四。尝怒问事挥楚不甚，即命斩之。开皇十年（590 年），因高颎等谏，令殿内去杖。欲有决罚，各付所由。后楚州行参军李君才上言帝宠高颎过甚。上大怒，命杖之，而殿内无杖，遂以马鞭笞杀之。自是殿内复置杖。十七年（597 年），又以所在官人，不相敬惮，多自宽纵，事难克举。诸有殿失，虽备科条，或据律乃轻，论情则重。诸司属官，若有愆犯，听于律外斟酌决杖。《志》称于是上下相驱，迭行捶楚，以残暴为干能，以守法为懦弱焉。楚州，今江苏淮安县。其立法之酷，至于盗边粮一升已上皆死，家口没官。因有司奏合川仓粟少七千石而起。此事《志》在十六年，《纪》在十五年十二月，盖法实定于十五年，而合川之狱，至十六年始竟，《志》述狱事讫乃及之也。合川，隋县，在今青海西宁市西北。又尝命盗一钱已上皆弃市。《志》又云。后又定制，行署取一钱已上，闻见不告言者坐至死。有数人劫执事而谓之曰："吾岂求财者邪？但为枉人来耳。而为我奏至尊：自古已来，体国正法，未有盗一钱而死也。而不为我以闻，吾更来，而属无类矣。"帝闻之，为停盗取一钱弃市之法。案此或谲谏者之饰辞，不必实有其事也。仁寿中，用法益峻。帝既喜怒不恒，不复依准科律，《刑法志》。而其时用事之臣如杨素等，又务为深文以中其意，民尚安所措手足乎？

《本纪》云：帝好为小数，不达大体。故忠臣义士，莫得尽心竭辞。其草创元勋及有功诸将，诛夷罪退，罕有存者。案帝之猜忌，诚难为讳，然诸功臣之见罪废，则亦各有其由，不尽可为帝咎也。帝所委任，以高颎为最久，颎自帝受禅，即为左仆射，至开皇十九年（599 年）乃免。以其子娶房陵王女，遂疑而废之。见第三节。颎之免也，以王世积得罪，有司奏颎与交通而起。颎必不能共世积谋叛，情事灼然。盖帝既有疑于房陵，不欲其更居枢要，乃借此去之耳，《颎传》谓帝欲成其罪是也。其后颎国令上颎阴事，谓其子表仁谓颎：司马仲达初托疾不朝，遂有天下，公今遇此，焉知非福？则适触帝忌，而颎遂因之除名矣。苏威见废，以何妥奏其与吏部尚书卢恺、吏部侍郎薛道衡共为朋党，知名之士，坐威得罪者百余人。如房恭懿即其一，见《循吏传》。据《恺传》，谤议之兴，实由周氏以降，选无清浊，恺与道衡甄别士流之故。门第用人，自今日观之，诚为陋习，然在当时，则风气如此，为此者或转意在澄清也。苏威虽有学识，颇伤迂阔，其才实不如李德林。强民诵五教，即其迂阔之一端。威奏置乡正听讼，而德林非之，亦可见二人之优劣。尉迟迥之叛，高祖欲易梁士彦等，德林止之，此事实隋成败关键。见《两晋南北朝史》第十五章第一节。而《德林传》云：位望稍高，颇伤自任。争名之徒，更相谮毁，所以运属兴王，功参佐命，十余年间，竟不徙级。此真所谓朋党，而帝顾不能察，无亦自矜智数，转为智数所误乎？然诸臣固有不能辞其咎者。帝之欲引高颎入府也，遣族子惠喻意。即观德王雄，后更名。颎欣然曰："纵令公事不成，颎亦不辞赤族。"惠又谓李德林。德林亦甚喜，答云："若曲加提奖，必以死奉公。"其行险徼幸之情如见矣。苏威以高颎屡言其贤召至，及闻禅代之议，遁归田里。颎请追之。帝曰："此不欲与吾事，且置之，明知其禅代既成，一召即至也。"此等首鼠两端之士，而可推诚相信乎？然此犹不过热中取巧而已，若其苟患失之，则更有无所不至者。推毂帝就天下者，郑译、刘昉、卢贲，皆不久即废。郑译之为人，盖无甚大志，其罪止于臧货狼籍而已，故仅免官而未被祸，后且复起。刘昉更倾险。开皇六年（586 年），以与梁士彦、宇文忻谋反诛。然受禅之初，已与卢贲等谋出高颎、苏威而代之矣。当时归罪于贲，贲坐除名。后起为刺史，复坐除名。从幸洛阳，诏复本官。上欲复与一州，以对诏失旨，又自叙功绩有怨言，遂废于家。贲之废也，皇太子言："此辈并有佐命之功，虽性行轻险，诚不可弃。"帝曰："我抑屈之，全其命也。微刘昉、郑译及贲、柳裘、皇甫绩等，柳裘、皇甫绩，皆受禅未几，即出为刺史。则我不至此。然此等皆反覆子也。当周宣帝时，以无赖得幸，及帝大渐，颜之仪等请以宗王辅政，此辈行诈，顾命于我，我将为治，又欲乱之。"此言不能谓为无理。见为治即欲乱之，此历代开国功臣，所以鲜克有终也。梁士彦、宇文忻、王谊、元谐、贺若弼、王世积，皆帝故等夷，功名实多出帝上。虽有旧恩，本非心腹，其中且有眷念先朝者，夫安得而不疑？王谊、元谐、王世积，皆以有反谋诛，然其罪状皆莫须有。谊、谐皆与文帝同学，此等旧恩，自不足恃。世积尝密谓高颎曰："吾辈俱周之臣子，社稷沦灭，其若之何？"则其人本非归心于帝者。贺若弼当尉迟迥起兵时镇寿阳，帝恐其怀二心，令长孙平驰驿往代之，弼果不从。平麾壮士执之，送于京师。则尤显与帝为敌。然其人亦无大志，不过睹杨素为仆射而不平，故在帝世，亦仅以怨望下狱除名也。周世旧将，又有李彻。《传》云：与高颎善，颎得罪，因被疏忌，出怨言。上闻，召入卧内，赐宴，遇鸩。寿阳，今安徽寿县。虞庆则、史万岁，似无足深忌，而亦受祸者，则庆则以任用较久，万岁亦以交结房陵见疑，所谓会逢其适耳。观德王雄以亲贤典兵马，尚以得众见忌，况其它乎？庆则无甚军功。虽曾降突厥，实因长孙晟成事耳，事见下节。然自开皇四年（584 年），即为仆射，至十七年（597 年）乃获罪。《观德王雄传》云：高祖受禅，除左卫将军。俄迁右卫大将军。参与朝政，雄时贵宠，冠绝一时，与高颎、虞庆则、苏威称为四贵，则庆则膺任寄颇隆，历时亦久，故帝又忌之也。雄在周封邗国公，毕王贤谋作难，雄时为别驾，知其谋，以告，亦开国时心膂之臣。然雄宽容下士，朝野倾属，高祖恶其得众，阴忌之，不欲其典兵马，乃册为司空，实夺其权也。雄乃闭门不通宾客，故获免于祸。《史万岁传》云：开皇末，突厥达头可汗犯塞，上命汉王谅与万岁出马邑道破之。杨素害其功，谮云："突厥来降，初不为寇来，于塞上畜牧耳。"遂寝其功。万岁数抗表陈状。上未之悟。会废皇太子，穷东宫党与，上问万岁所在，万岁实在朝堂，素见上方怒，因曰："万岁谒东宫矣。"上谓为信然，令召万岁。时所将士卒在朝称冤者数百人，万岁谓之曰："吾今日为汝等极言于上，事当决矣。"既见上，言将士有功，为朝廷所抑，辞气愤厉。上大怒，令左右㩧杀之。此纯是武人寡虑，邂逅致祸耳。马邑，今山西朔县。自季汉以来，君臣之间，后义先利，不夺不餍也久矣。人居风气之中，恒苦难于自拔，亦不足深咎于帝也。

第二节　文帝外攘

隋初外患，莫如突厥。文帝之于突厥也，勤兵力甚少，而收安攘之效极宏，虽突厥内乱，有以启之，然帝与其贤臣长孙晟运筹帷幄之功，不可没也。

突厥强盛，始于木杆，至佗钵，因周、齐之争相交结而益骄，已见《两晋南北朝史》第十六章第九节。木杆舍其子大逻便而立佗钵。佗钵以摄图为尔伏可汗，统其东方。摄图，木杆兄乙息记可汗之子，见《两晋南北朝史》第十六章第一节。又以其弟褥但可汗子为步离可汗，居西方。佗钵病，谓其子庵罗避大逻便。摄图不可。庵罗立，又以国让摄图，是为伊利俱卢设莫何始波罗可汗，一号沙钵略。《隋书·突厥传》。案下文，摄图致书文帝，自称伊利俱卢设莫何始波罗可汗，而文帝报书，称为伊利俱卢设莫何沙钵略可汗，则沙钵略即始波罗异译耳。治都斤山。后染干南徙，居度斤旧镇，《通鉴》胡三省《注》曰："盖即都斤山。"案文帝讨突厥诏，斥其迁徙漠南，偷存晷刻，则此山当在漠南。庵罗降居独乐水，今图拉河。称第二可汗。而以大逻便为阿波可汗，还领所部。高祖受禅，待突厥甚薄。讨突厥诏谓"节之以礼，不为虚费"，盖谓减其赠遗也。高宝宁作乱，沙钵略遂与合军。沙钵略妻周赵王招女曰千金公主，招，文帝子。每怀复隋之志，日夜言之于沙钵略。由是悉众为寇。武威，今甘肃武威县。天水，今甘肃天水县。安定，今甘肃泾川县。金城，今甘肃皋兰县。上郡，今陕西鄜县。弘化，今甘肃庆阳县。延安，今陕西肤施县。六畜咸尽。于是下诏，命诸将出塞击之。时开皇三年八月也。初周臣长孙晟，副宇文神庆送千金公主于突厥。摄图爱之，命诸子弟贵人，皆相亲友。其弟处罗侯，号突利设，为摄图所忌，密托心腹，阴与晟盟。晟与之游猎，因察山川形势，部落强弱，皆尽知之。开皇元年（581年），晟上书，言："诸夏虽安，戎场尚梗。兴师致讨，未是其时；弃于度外，又复侵扰；故宜密运筹策，渐以攘之。请通使玷厥，达头可汗名。说合阿波，使摄图回兵，自防右地。又引处罗侯，连奚、霫，则摄图分众，还备左方。首尾猜嫌，腹心离阻。十数年后，乘衅讨之，必可一举而空其国矣。"上省表大悦，因召与语。晟复口陈形势，手画山川，写其虚实，皆如指掌。上深嗟异，皆纳用焉。遣太仆元晖诣玷厥，赐以狼头纛。晟赍币使奚、霫、契丹等，遣为乡导，至处罗所，诱令内附。至是，沙钵略率阿波、贪汗二可汗等来拒战。《隋书·高昌传》："北有赤石山。山北七十里，有贪汗山。夏有积雪。此山之北，铁勒界也。"贪汗可汗，当在是处。阿波至凉州，与窦荣定战。晟为偏将，使说之。阿波因留塞上，使人随晟入朝。摄图与卫王爽遇。战于白道，败走。爽，高祖异母弟。事见《爽》及《李彻传》。至碛，闻阿波怀贰，乃掩北牙，尽获其众，而杀其母。阿波还无所归，西奔玷厥，乞师东击摄图。复得故地，收散卒与摄图相攻。贪汗可汗素睦于阿波，沙钵略夺其众而废之，贪汗亡奔达头。沙钵略从弟地勤察，别统部落，与沙钵略有隙，复以众叛归阿波。连兵不已。各遣使诣阙，请和求援。上皆不许。千金公主自请改姓，乞为帝女，乃许之。四年（584年），遣长孙晟副虞庆则往使。赐公主姓杨氏，改封大义公主。《突厥传》及《虞庆则传》，皆言沙钵略初不肯拜受诏书，晟说谕之乃肯。《晟传》载其说辞曰："突厥与隋，俱是大国天子，可汗不起，安敢违意？但可贺敦为帝女，则可汗是大隋女婿。奈何无礼，不敬妇公乎？"摄图乃笑，谓其达官曰："须拜妇公，我从之耳。"则突厥是时实未肯称臣。《突厥传》又云：庆则又遣称臣。沙钵略谓其属曰："何名为臣？"报曰："隋国称臣，犹此称奴耳。"沙钵略曰："得作大隋天子奴，虞仆射之力也。"盖夸饰之辞，非其实也。然沙钵略既为达头所困，又东畏契丹，乃遣使告急，请将部落度漠南，寄居白道川内。为白道地方之川也。许之。诏晋王广以兵援之。给以衣食，赐以车服、鼓吹。沙钵略因西击阿波，破擒之。《突厥传》下文又云：处罗侯立，以雍虞闾为叶护，遣使上表言状，上赐之鼓吹幡旗。处罗侯以隋所赐旗鼓西征阿波。敌人以为隋兵所助，多来降附，遂生擒阿波。既而上书请阿波生死之命云云。《长孙晟传》云：遣晟持节拜处罗侯为莫何可汗，以雍虞闾为叶护可汗。处罗侯因晟奏曰：阿波为天所灭，与五六千骑在山谷间。伏听诏旨，当取之以献。二说乖违，《晟传》盖是。处罗侯奏辞云阿波为天所灭，固不云为身所禽。盖摄图禽之，而置之山谷之间也。而阿拔国部落乘虚掠其妻子。阿拔，铁勒部落，见《长孙晟传》。官军为击阿拔，败之。所获悉与沙钵略。沙钵略大喜，乃立约，以碛为界。上表言："大隋皇帝，真皇帝也，岂敢阻兵恃险，偷窃名号？今便屈膝稽颡，永为藩附。"盖至是而突厥真称臣矣。高祖下诏言："昔虽与和，犹是二国，今作君臣，便为一体。已敕有司，肃告郊庙。宜普颁天下，咸使知闻。"可见前此未尝称臣也。

《虞庆则传》言长孙晟说谕摄图，摄图及弟叶护此即摄图死后继立之叶护处罗侯也，见下。皆拜受诏，称臣朝贡，永为藩附，盖即指此，所谓终言之也。

开皇七年（587年），摄图死。弟叶护处罗侯立。以摄图子雍虞闾为叶护。叶护盖突厥储君之位，故与可汗俱拜受诏书。其位受诸兄者，还以兄之子为之。回纥怀仁可汗使其太子入援，亦称叶护。隋遣长孙晟拜处罗侯为莫何可汗，以雍虞闾为叶护可汗。八年（588年），处罗侯又西征，中流矢而卒。其众奉雍虞闾为主，是为颉伽施多那都蓝可汗，岁遣使朝贡。平陈之后，上以陈叔宝屏风赐大义公主。主心恒不平，因书屏风为诗叙陈亡以自寄。上闻而恶之。公主复与西面突厥泥利可汗相结。上恐其为变，将图之。十三年（593年），流人杨钦亡入突厥，诈言彭城公刘昶共宇文氏女谋欲反隋，遣其来密告公主。据《长孙晟传》。昶在周世尚主，盖谓其夫妻共谋反隋也。《突厥传》云："谬云与宇文氏谋反，令大义公主发兵扰边。"一似昶与周之宗室谋反隋者，不如《晟传》之明确。周宗室尽遭诛戮，见《两晋南北朝史》第十五章第一节，此时恐无能谋反者也。或《突厥传》亦作宇文氏女，而夺女字。雍闾信之，乃不修职贡。遣长孙晟出使，微观察焉。公主见晟，言辞不逊。又使所私胡人安遂迦共钦计议，扇惑雍闾。晟至京师，具以状奏。又遣晟往索钦。雍闾欲勿与，谬曰："检校客内，无此色人。"晟乃货其达官，知钦所在，夜掩获之。以示雍闾，因发公主私事。《突厥传》云：主与所从胡私通，因发其事，下诏废黜之，恐都蓝不从，遣牛弘将美妓四人以啖之。从胡当即安遂迦，长孙晟发其与公主私事，文帝乃使牛弘赍诏往废主也。雍闾遂执迦等，并以付晟。《突厥传》云：都蓝执钦以闻，盖并钦、迦执付晟。上大喜，仍遣入藩，莅杀大义公主。雍闾又表请婚，佥议将许之。晟又奏曰："臣观雍闾，反覆无信。特共玷厥有隙，所以依倚国家。纵与为婚，终当必叛。若得尚公主，承藉威灵，玷厥、染干，必又受其征发。强而复反，后恐难图。且染干者，处罗侯之子也。素有诚款，于今两代。臣前与相见，亦乞通婚。不如许之，招令南徙。兵少力弱，易可抚驯。使敌雍闾，以为边捍。”上曰：“善。”又遣慰谕染干，许尚公主。《突厥传》云：时沙钵略子曰染干，号突利可汗，居北方，遣使求婚。上令裴矩谓之曰：“当杀大义公主者方许婚。”突厥以为然，复谮之。都蓝因发怒，遂杀公主于帐。案晟与处罗侯、染干皆稔，谓染干为处罗侯子，当不致误。突厥以为然，似当作突利以为然，义乃可通。然杀大义非突利所能为，要之何益？《裴矩传》云：公主与从胡私通，长孙晟先发其事，矩请出使说都蓝显戮宇文氏。上从之，竟如其言。窃疑晟发公主私事后，都蓝业已替之，犹未忍杀而又求婚，隋乃以杀大义邀之，裴矩杀主方许婚之语，乃告都蓝，非告突利，《突厥传》此处，文有夺误也。十七年（597 年），染干遣五百骑随晟来逆女。以宗女封安义公主妻之。晟说染干率众南徙，居度斤旧镇。十九年（599 年），染干因晟奏雍闾作反具，欲打大同城。城在今固阳、包头境。诏发六总管分道出塞讨之。雍闾大惧，复共达头同盟，合力掩袭染干，大战于长城下。染干败绩，以五骑与晟逼夜南走。至旦，收得数百骑，谋往投玷厥。晟知其贰，密遣从者入伏远镇，未详。令其举烽。染干谓追兵已逼，乃投诚。晟将染干驰驿入朝。帝大喜，以为意利弥豆启人可汗。据《长孙晟传》。《突厥传》弥作珍，未知孰是。启人，他处或作启民，乃唐人避讳改字也。遣晟领五万人于朔州筑大利城以处之。朔州，即马邑郡。安义公主死，复妻以义成公主。晟又奏“染干部落，虽在长城之内，犹被雍闾抄略，请徙五原，今内蒙古五原县。以河为固。于夏、胜两州之间，夏州，今陕西横山县。胜州，在今包头境。东西至河，南北四百里，掘为横堑，令处其间”。上并从之。《赵仲卿传》云：督役筑金河、定襄二城以居启民，当在此时。二十年（600 年），都蓝为其下所杀。达头自立为步迦可汗。其国大乱。遣史万岁出朔州，晋王广出灵州今灵武县。击之。达头遁去。仁寿元年（601 年），代州总管韩弘败于恒安。代州，今山西代县。恒安镇，即后魏之平城，唐于其地置云州。隋云州即后魏之盛乐也。诏杨素率启民北征。长孙晟为受降使者送染干，教染干分遣使者，往北方招怀铁勒等部。三年（603 年），铁勒十余部背达头来降。达头奔吐谷浑。启民遂有其众。盖都蓝之亡，漠北之地，一时归于达头，至是又因铁勒之叛而失之也。铁勒之地，见《两晋南北朝史》第十六章第九节。《隋书》本传云："自突厥有国，东西征讨，皆资其众，以制北方。"故铁勒一叛，而突厥骤形削弱矣。

突厥而外，为中国患者，莫如高丽。盖自慕容氏入中原，而东北空虚，辽东之地，遂为所据；辽西初入百济，其后牟大丧败，迁居南韩，则亦为所控制矣。见《两晋南北朝史》第十六章第一节。隋初，东北部落：大者曰奚、契丹，曰靺鞨。《奚传》云：自突厥称藩之后，亦遣使入朝。盖与突厥之关系深，与高丽之关系浅。《契丹传》云：当后魏时，为高丽所侵，部落万余口求内附，止于白貔河。当作白狼河，今大凌河也。参看《两晋南北朝史》第十六章第十节。其后为突厥所逼，又以万家寄于高丽。开皇四年（584 年），率诸莫贺弗来谒。五年（585 年），悉其众款塞。高祖纳之，听居其故地。亦见《本纪》。故地，当即白狼河。其后别部出伏等背高丽，率众来附，安置于渴奚那颉之北。未详。开皇末，其别部四千余家背突厥来降。上方与突厥和好，悉令给粮还本，敕突厥抚纳之。固辞不去。部落渐众，遂北徙逐水草。当辽西正北二百里，依托纥臣水而居。今英金河。突厥沙钵略可汗遣吐屯潘垤统之。契丹之地，实近高丽，其于突厥，不过羁縻而已。靺鞨，《隋书·传》云，凡有七种：其一号粟末部，与高丽相接。其二曰伯咄部，《唐书》作汨咄。在粟末之北。其三曰安车骨部，在伯咄东北。其四曰拂涅部，在伯咄东。其五曰号室部，在拂涅东。其六曰黑水部，在安车骨西北。其七曰白水部，当作白山，传下文亦作白山。在粟末东南。《魏书》言勿吉国有速末水，当即此所谓粟末。余部在南北朝时，盖未尝通于中国，故史不之及，开皇初相率来献，史乃从而记之也。靺鞨当辽东、西塞外，辽东、西为高丽侵踞，靺鞨自亦折而入之矣。南北朝、隋、唐间，契丹、靺鞨，恒为高丽所驱率。观文帝赐高丽玺书，有“驱逼靺鞨，固禁契丹”之语可知。炀帝大业八年（612 年）诏云：“乃兼契丹之党，虔刘海戍；习靺鞨之服，侵轶辽西。”《旧唐书·韦云起传》：契丹入抄营州，诏云起护突厥兵往讨。入其界，使突厥诈云向柳城郡，欲共高丽交易，契丹不备，乃袭之。此事正在炀帝时。又《张俭传》：迁营州都督。营州部与契丹、奚、霫、靺鞨诸蕃切轸。高丽引众入侵，俭率兵破之。此事在太宗征辽之前，可见此等情势，至唐初未变也。又《韦挺传》：永徽中，将军辛文陵率兵招慰高丽，行至吐护真水，高丽掩其不备，袭击败之。吐护真水，即托纥臣水，又可见高丽留居辽西者之众也。柳城，在今朝阳县境。唐营州都督府置于此。

高丽王汤，当南北朝之末，已见《两晋南北朝史》第十六章第一节。《隋书·高丽传》云：高祖受禅，汤遣使诣阙。开皇初，频有使入朝。及平陈之后，汤大惧，治兵积谷，为守拒之策。十七年（597 年），上赐汤玺书，责其“驱逼靺鞨，固禁契丹”。又言“陈叔宝之亡，人神胥悦，闻王叹恨，独致悲伤”。案高丽之于北朝，不过慑于势，不敢不从，于南朝则心悦诚服，说亦见《两晋南北朝史》。汤是时，岂仍抱此等见解邪？抑知辽东为中国所必取，逆计陈平则用兵次第将及，故为固圉之计也？《传》又云：汤得书皇恐，将奉表陈谢，会病卒，子元嗣立。高祖使拜为上开府仪同三司，袭爵辽东郡公。元奉表谢恩，并贺祥瑞，因请封王。高祖优册为王。明年，元率靺鞨之众万余骑寇辽西，营州总管韦冲击走之。高祖闻而大怒，命汉王谅为元帅，总水陆讨之，下诏黜其爵位。时馈运不继，六军乏食；师出临渝关，胡三省曰：在柳城西四百八十里。复遇疾疫；王师不振。及次辽水，元亦皇惧，遣使谢罪。上表称辽东粪土臣元云云。上于是罢兵，待之如初。元亦岁遣朝贡。高丽是时，虽非诚服，亦未必敢更挑边衅。盖靺鞨等欲为侵盗，非元所能抑止。云其躬率之以为寇，恐非归罪之辞，即系传闻之误。然册书甫出，侵轶旋来，则膺惩之师，势自不容已矣。《高丽传》云：都于平壤城，复有国内城、在今临江县帽儿山西南。白鸟库吉云：即九都义译。汉城，并其都会之所，其国中呼为三京。此高丽心腹之地，实在鸭绿江、汉江之间。兵锋非及此者，不足以言惩艾。然毌丘俭、慕容皝之师，皆自辽东而出，此时乃远自燕、齐，则虽鞭之长，不及马腹矣。此隋、唐东征之所以难于见功也。汉王谅之兵，《本纪》云三十万。遇疾疫，死者十八九。《张奫传》：奫是役为行军总管，诸军多物故，奫众独全。《周罗睺传》：是役为水军总管，自东莱泛海趋平壤，东莱，今山东掖县。遭风，船多漂没，无功而还。则水陆两军，皆所失甚大。是役也，高颎实为谅长史，非无谋者，而其丧败如此，事势固有以限之也。因其谢罪而舍之，可谓知难而退矣。《百济传》：平陈之岁，有一战船，漂至海东聃牟罗国。其船得还，经于百济，其王余昌，资送之甚厚。并遣使奉表贺平陈。高祖下诏云："往复至难，若逢风浪，便至伤损。自今已后，不须年别入贡，朕亦不遣使往。"此等事，并可见高祖之不勤远略。《陆知命传》：知命在高祖时，曾诣朝堂，请使高丽。盖亦知帝重用兵，东北边患又急，故欲以口舌收折冲之效也。聃牟罗，朝鲜金于霖《韩国小史》曰："即唐龙朔初入朝之儋罗，今之济州岛也。"

西方戎落，吐浑为大。其王夸吕，周时即数为边寇，已见《两晋南北朝史》第十六章第七节。夸吕，《隋书》作吕夸。开皇初，侵弘州。未详。高祖以弘州地旷人梗，因而废之。然又遣元谐击破之。其名王十七人、公侯十三人据《元谐传》。《吐谷浑传》作名王十三人，疑有夺字。各率部落而降。上以其高宁王移兹裒素得众心，拜为大将军，封河南王，以统降众。六年（586年）卒，令其弟树归袭。吕夸在位岁久，屡因喜怒，废杀太子。后其太子可博汗，惧其废辱，谋执吕夸而降，请兵于边吏，上不许。太子谋泄，为其父所杀。立少子嵬王诃。是岁，嵬王诃惧诛，复谋率部落归国，遣使诣阙，请兵迎接。上不可，乃止。八年（588 年），其名王拓跋木弥请以千余家归化。上曰："浑贼惛狂，妻子怀怖，叛夫背父，不可收纳，然其本意，正自避死，若今遣拒，又复不仁。更有意信，但宜慰抚，任其自拔，不须出兵马应接。其妹夫及甥欲来，亦任其意，不劳劝诱也。"十一年（591 年），吕夸卒，子伏立。十六年（596 年），以光化公主妻之。明年，其国大乱。国人杀伏，立其弟伏允。使陈废立之事，且请依俗尚主。上从之。自是朝贡岁至。

川、康、甘、青间诸部族，《隋书》总称为党项羌。云：高祖为丞相时，中原多故，因此大为寇掠。梁睿既平王谦，请因旋师讨之，高祖不许。开皇四年（584 年）、五年（585 年）、六年（586 年），皆有众内附。见本传及《纪》。十六年，寇会州，今四川茂县。发陇西兵讨破之，又相率请降。其白狼国，亦于元年献方物。见《纪》。女国：见《两晋南北朝史》第十六章第八节。《传》云：开皇六年，遣使朝贡。《北史·本纪》事在四年，《隋书·本纪》无之。要之必曾一通使命，此或今后藏地方通于中国之始也。参看第二章第四节，及《两晋南北朝史》第十六章第八节。

开皇十年（590 年）江南之乱，史万岁以行军总管从杨素击之。其《传》云："率众二千，自东阳别道而进，今浙江金华县。逾岭越海，攻陷溪洞，不可胜数。前后七百余战，转斗千余里。"素时出会稽今浙江绍兴县。至泉州，今福建闽侯县。万岁盖自浙东入闽与之会也。其今粤地，王勇虽因冯宝之妻迎韦洸而败绩，见《两晋南北朝史》第十五章第三节。然未几，勇将王仲宣即复叛。仲宣，《隋书·韦洸传》称为番禺夷，《慕容三藏传》称为岭南酋长，《裴矩传》称为俚帅，盖南夷酋豪不服隋者。时以韦洸为行军总管，慕容三藏为副讨之。洸中流矢卒。据《三藏传》。《洸传》云：洸所绥集二十四州，拜广州总管。岁余，番禺夷王仲宣聚众为乱，以兵围洸。洸勒兵拒之，中流矢而卒；一似洸迄未离广州者。《裴矩传》：矩定岭南还报，上大悦，顾谓高颎、杨素曰：“韦洸将二万兵，不能早度岭，朕每患其兵少；裴矩以三千敝卒，径至南康。有臣若此，朕亦何忧？”可见仲宣乱时，洸实在岭北也。先是裴矩奉诏巡抚岭南，未行而江南乱，吴、越道闭，上难遣矩行。矩请速进，上许之。行至南康，今江西赣县。得兵数千人。时仲宣逼广州，遣将周师举围东衡州。今广东曲江县。矩与大将鹿愿赴之，斩师举。进兵自南海援广州，仲宣惧而溃散。矩所绥集二十余州，承制署其渠帅为刺史、县令。《矩传》。《列女·谯国夫人传》云：仲宣反，首领皆应之，围韦洸于州城。夫人遣孙暄救洸。暄与逆党陈佛智友善，迟留不进。夫人怒，遣使执暄，系于州狱。又遣孙盎出讨佛智，斩之。进兵至南海，与鹿愿军会，共败仲宣。夫人亲被甲，乘介马，张锦伞，领彀骑卫裴矩巡抚诸州。岭表遂定。高祖异之，拜盎高州刺史。高州，梁置，治高梁，在今广东阳江县西。唐徙治良德，在今广东茂名县东北。仍赦出暄，拜罗州刺史。罗州，亦梁置，治石龙，在今广东化县东北。追赠冯宝为广州总管、谯国公，册夫人为谯国夫人。开幕府，置长史以下官属，给印章，听发部落六州兵马。若有机急，便宜行事。时番州总管赵讷贪虐，隋改广州曰番州。诸俚、獠多有亡叛，夫人遣长史上封事，论安抚之宜，并言讷罪状。上遣推讷，得其臧贿，竟致于法。降敕委夫人招慰亡叛。夫人亲载诏书，自称使者，历十余州，宣述上意，谕诸俚、獠，所至皆降。十七年二月，桂州人李光仕起事，以王世积为行军总管，与周法尚讨平之。桂州，今广西桂林县。世积兵遇瘴未能进，战功实皆出法尚，见《法尚传》。七月，李代贤又反，虞庆则讨平之。亦见《纪》。《庆则传》作李贤。盖其人名世贤，避讳者或易字，或省字。上以岭南夷獠，数为边患，征汴州刺史令狐熙，汴州，今河南开封县。拜为桂州总管，许以便宜从事，刺史已下官，得承制补授。熙至部，大弘恩信，溪洞渠帅，相率归附。先是州县生梗，长吏多不得之官，寄政于总管府，熙悉遣之。为建城邑，开设学校。有宁猛力者，在陈已据南海，高祖因而抚之，即拜安州刺史。令狐熙奏改为钦州，今广东钦县。然骄倨未尝参谒。熙手书谕之，申以交友之分。其母有疢疾，熙复遗以药物。猛力感之，诣府请谒，不敢为非。时高祖又命何稠召募讨李光仕，稠亦逾岭，分遣冯暄等讨贼，承制署首领为州县官而还。宁猛力率众迎军，请身入朝。稠以其疾笃，放还，与约诣京师相见。猛力临终，戒其子长真：葬讫上路。长真如言入朝。《唐书·诸夷蕃将传》：仁寿初，冯盎为宋康令，宋康，宋县，当在今四川境。潮、成等五州僚叛，潮州，今广东潮阳县。成州，后改封州，今广东封川县。盎驰至京师请讨之。文帝诏杨素与论形势。即诏盎发江岭兵击平之。文帝之于岭外，始终凭藉恩信，抚其酋豪，使为己用，以是不甚烦兵力，而克奏平定之功也。

今云、贵之地，史万岁于开皇二十年（600 年）平之。《梁睿传》云：剑南平，睿威振西川，夷僚归附，惟南宁酋帅爨震，恃远不宾。南宁，蜀建宁郡，晋宁州治，在今云南曲靖县西。睿上疏曰："南宁州，汉世牂柯之地，近代已来，分置兴古、云南、建宁、朱提四郡。汉牂柯郡，治且兰，今贵州平越县。兴古，晋郡，在今贵州普安县西。云南，晋郡，在今云南祥云县南。朱提，汉县，后汉未改郡，在今四川宜宾县西南。户口殷众，金宝富饶。二河有骏马、明珠，益、宁出盐井、犀角。晋太始七年（271 年），以益州旷远，分置宁州。至伪梁，南宁州刺史徐文盛，被湘东征赴荆州，土民爨瓒遂窃据一方，国家遥授刺史。其子震，相承至今。臣礼多亏，贡赋不入。每年奉献，不过数十匹马。其处去益，路止一千。朱提北境，即与戎州接界。戎州，梁置，今四川宜宾县。如闻彼人，苦其苛政，思被皇风。幸因平蜀士众，即请略定南宁。"又请曰："其地沃壤，多是汉人。与交、广相接，路乃非遥。汉代开此，本为讨越。伐陈之日，复是一机。以此商量，决谓须取。”高祖深纳之。然以天下初定，恐民心不安，故未之许。后竟遣史万岁讨平之，并因睿之策也。案《唐书·南蛮传》言：爨瓒死，子震、玩分统其众，隋开皇初，遣使朝贡，命韦世冲以兵戍之，置恭州、今四川珙县。协州、在珙县西南。昆州，在今云南昆明县西。则爨氏初未尝不宾服，特后稍怠耳。《隋书·史万岁传》云：“南宁夷爨玩来降，拜昆州刺史，既而复叛，遂以万岁为行军总管击之。入自蜻蛉川，在今云南姚安县南。经弄冻，汉县，在姚安北。次小勃弄、大勃弄，二城名，在今祥云县东。唐于此置勃弄县。至于南中。贼前后屯据要害，万岁皆击破之。度西洱河，即洱海，古叶榆水。入渠滥川。在今云南昆阳县东南，东北流入滇池。行千余里，破其三十余部。诸夷大惧，遣使请降。万岁驰奏，请将玩入朝，诏许之。玩阴有二心，不欲诣阙，赂万岁以金宝。万岁于是舍玩而还。蜀王时在益州，知其受赂，遣使将索之。万岁闻，悉以所得金宝，沉之于江。索无所获。明年，爨玩复反。蜀王奏万岁受赂纵贼，上令穷治其事。事皆验。”上数之。万岁曰：“臣留爨玩者，恐其州有变，留以镇抚。臣还至泸水，诏书方到，由是不将入朝，实不受赂。”上大怒，顾有司曰：“明日将斩之。”万岁惧而服罪。高颎、元旻等救之。上意少解，于是除名为民。案万岁受赂，恐实系蜀王诬之。高祖决狱，但凭喜怒，不暇致祥，故万岁不克自申耳。高祖非贪南方利入者，其平南宁，盖实以其地多汉人，且道通交、广，足资控扼也。

交趾之地，开皇十年（590年）江南乱时，即有李春者，自称大都督。见《纪》。仁寿二年（602年），复有李佛子者，《刘方传》称为俚人。令狐熙奉诏令其入朝，佛子请至仲冬上道，熙从之，已而叛。有人诣阙讼熙受佛子赂，上固疑之。及是，大怒，使锁熙诣阙。熙性素刚，行至永州，忧愤发病卒。永州，今湖南零陵县。而遣刘方讨平之。遂授方欢州道行军总管，欢州，在今越南北境。经略林邑。方至炀帝大业元年四月，乃击破之。入其都，获其庙主金人，污其宫室，刻石纪功而还。士卒脚肿，死者十四五。方亦遇患道卒。林邑之役，《传》谓由天下无事，群臣言其多奇宝而起。此不似高祖所为，必传者之过也。

第三节　炀帝夺宗

隋高祖五男：曰房陵王勇，曰晋王广，曰秦王俊，曰蜀王秀，初封越王。曰汉王谅，皆文献皇后独孤氏所生。帝惩周代诸侯微弱，受禅之岁，即立勇为太子，封诸子为王。又立行台尚书省，以诸王为令，入牧雍州，出为诸州总管，遇征伐则为行军元帅，其期望之甚厚。参看《隋书·于义、元岩传》。高祖受禅之岁，即以广为并州总管，秀为益州总管。开皇元年正月，置河北道行台尚书省于并州，以广为令；河南道于洛州，以俊为令；西南道于益州，以秀为令。三年十月，废河南道行台省，以俊为秦州总管。六年十月，置山南道行台尚书省于襄州，以俊为令。伐陈之役，俊为河南道行军元帅，屯汉口，为上流诸军节度。陈平，拜扬州总管，镇广陵。岁余，转并州。广以六年十月，征拜雍州牧，伐陈，为行军元帅，陈平，复拜并州总管，江南乱，徙扬州，十六年（596年），乃归藩。秀为西南道行台，岁余而罢，十二年（592年），复出镇蜀。谅十二年牧雍州，十七年（597年）为并州总管。韦世康以十五年十月为荆州总管。传言时天下惟置四大总管，并、扬、益并亲王临统，惟荆州委于世康，时论以为美，可见其任之重也。并州治太原，益州治成都，洛州治洛阳，秦州治天水，襄州治襄阳，荆州治江陵，皆今县。广陵，后改为江都，见第一节。然诸子皆不令。俊以奢侈，违犯制度，开皇十七年七月，征还京师，免官，以王就第。二十年六月，薨于秦邸。是岁十月，太子又废。

太子勇之废，史家归咎于独孤后。云：后性妒忌，后宫莫敢进御。见诸王及朝士有妾孕者，必劝上斥之。此即因其谗高颎之说而附会，见下。勇性率意任情，多内宠。昭训云氏尤嬖。妃元氏无宠，尝遇心疾，二日而薨。后意有他故，甚责望勇。晋王知之，弥自矫饰。后来朝，临还扬州，入内辞后，泣言东宫欲加屠陷。后忿然。王知后意移，始构夺宗之计，引张衡定策，遣宇文述交杨素弟约，令喻旨于素。衡为河北行台曹郎，并、扬二州掾。宇文述平陈有功，王镇扬州，奏为寿州刺史。寿州，今安徽寿县。素揣知后意，又从而谗构之。而太子遂废。《勇传》言其将废，高祖在仁寿宫，见第一节。知其不安，使素观之。素还，言勇怨望，恐有他变。乃于玄武门达至德门，玄武门，隋大兴宫城西北门。至德门，在宫城东北隅。量置候人，以伺动静。东宫宿卫，侍官已上名籍，悉令属诸卫府。晋王又令段达私于东宫幸臣姬威，达胁威告东宫非法。九月，车驾至自仁寿宫，翼日御殿，谓侍臣曰："我新还京师，应开怀欢乐，不知何意，翻邑然愁苦？"吏部尚书牛弘对曰："由臣等不称职，故至尊忧劳。"高祖既数闻谗谮，疑朝臣皆具委，故有斯问，冀闻太子之愆，弘为此对，大乖本旨。因作色谓东宫官属曰："仁寿宫去此不远，而令我每还京师，严备仗卫，如入敌国，岂非尔辈欲坏我家国邪？"又述勇罪状曰："新妇初亡，我深疑使马嗣明药杀。我曾责之，便怼曰：会杀元孝矩，妃父。此欲害我而迁怒耳。"又云："我恒畏其加害，如防大敌。"高祖之所疑可知。《传》述勇见疏之由曰：某岁冬至，百官朝勇，勇张乐受贺。高祖下诏，言皇太子虽居上嗣，义兼臣子，而诸方岳牧，正冬朝贺；任土作贡，别上东宫；事非典则，宜悉停断。自此恩宠始衰，渐生疑阻。时令选宗卫侍官入上台宿卫。高颎奏称："若尽取强者，恐东宫宿卫太劣。"高祖作色曰："我有时行动，宿卫须得雄毅，太子毓德东宫，左右何须强武？此极敝法，甚非我意。我熟见前代，公不须仍踵旧风。"盖疑颎男尚勇女，形于此言，以防之也。《通鉴》：开皇二十年（600年），贺若弼复坐事下狱，既而释之。

他日，上谓侍臣：“弼语高颎：皇太子于己，出口入耳，无所不尽，公终久何必不得弼力？何脉脉邪？”亦可见高祖于颎等，疑忌之深也。然则高祖之疑勇久矣，此杨素之谗所由得入也。苟为后义而先利，不夺不餍，季汉已来，置君之如弈棋旧矣，熟见前代，安能释然？此亦无足深怪。《郭衍传》言：晋王有夺宗之谋，托衍心腹，遣宇文述以情告之。衍从王出镇扬州，与平江南之乱。授蒋州刺史，迁洪州总管。蒋州，见第一节。洪州，今江西南昌县。衍大喜，曰：若所谋事果，自可为皇太子。如其不谐，亦须据淮海，复梁、陈之旧。副君酒客，其如我何？王因召衍，阴共计议。衍诈称桂州俚反，桂州，见上节。王奏衍引兵讨之，由是大修甲仗，阴养士卒。此等阴谋，亦狃于前代之积习也。近已而俗相类，则往车虽覆，而成辙易循。《房彦谦传》曰：平陈之后，论者咸云将致太平。彦谦私谓所亲曰：“主上性多忌克，不纳谏争。太子卑弱，诸王擅威。在朝惟行苛酷之政，未施弘大之体。天下虽安，方忧危乱。”房、魏总史事，其父皆得佳传，《困学纪闻·考史》。昔人久有疑辞，斯言或出附会，然太子卑弱，诸王擅权，自是当时情事，勇又安能无疑？《文献后传》云：高祖与后相得，誓无异生之子。《废太子传》：上尝从容谓群臣：“朕旁无姬侍，五子同母，可谓真兄弟也。岂若前代，多诸内宠，孽子忿争，为亡国之道邪？”鲜卑之俗，贱妾媵而不讳妒忌，见《两晋南北朝史》第十七章第一节。后固虏姓，高祖亦渐北俗；又性本严正，非溺情嬖幸者流；是以“后宫宠幸，不过数人。”高祖告裴肃语，见《肃传》。至于五子同母，不过事出偶然，非真绝无嫔御也。《后传》言：后使宦官伺上，政有所失，随则匡谏。又云：每与上言及政事，往往意合。然其恶房陵，乃如其谓晋王：“每思东宫，意无正适，至尊千秋万岁之后，遣汝等兄弟，向阿云儿前，再拜问讯，此是几许大苦痛邪？”其爱晋王，则如其告杨素，谓：“每闻至尊及我遣内使到，必迎于境首。言及违离，未尝不泣。又其新妇，亦大可怜，我使婢去，常与之同寝共食。”仍是琐琐妇人之见耳。《勇传》言其“遣人伺觇东宫，纤芥事皆闻奏，因加媒孽”。度亦不过如是，岂真能使高祖因之而行废立哉？史所传独孤后事，其说多诬。《后妃传》言：尉迟迥女孙有美色，上于仁寿宫见而悦之，因此得幸。后伺上听朝，阴杀之。上由是大怒，单骑从苑中出，不由径路，入山谷间二十余里。高颎、杨素等追及，扣马苦谏。上太息曰：“吾贵为天子，而不得自由。”颎曰：“陛下岂以一妇人而轻天下？”上意少解。驻马良久，中夜始还。后俟上于阁内。上至，后流涕拜谢。颎、素等和解之。上置酒极欢。后自此意颇衰折。初后以高颎父之家客，甚见亲礼，至是，闻颎谓己为一妇人，衔恨。又以颎夫人死，其妾生男，益不善之，渐加谮毁。上亦每事惟后言是用。后见诸王及朝士有妾孕者，必劝上斥之。时皇太子多内宠，妃元氏暴薨，后意太子爱妾云氏害之。由是讽上黜高颎，竟废太子，立晋王；皆后力也。谗高颎事亦见《颎传》。又云：颎从汉王征辽东，上以汉王年少，专委军于颎。颎以任寄隆重，每怀至公，无自疑之意，谅所言多不用，甚衔之。及还，泣言于后曰：“儿幸免高颎所杀。”上闻之，弥不平。夫天子即在离宫，岂能单骑独出？诸王朝士有妾孕者，可尽斥乎？幸免为高颎所杀，此何等语？亦岂可以欺后，而况于高祖哉？秦王之获罪也，杨素言其过不应至此。高祖曰：“若如公意，何不别制天子儿律？”其废太子，又言“我虽德惭尧、舜，终不以万姓付不肖子”。其言未尝不廓然大公，然而不免于祸者？太子卑弱，诸王擅威，实乃自启乱源，而其所以致此，则众建亲戚以为屏藩之一念误之，其源浊，其流必不可澄也。

勇既废，十一月，遂立晋王为太子。蜀王秀，《传》言其意甚不平。太子阴令杨素，求其罪而谮之。仁寿二年（602年），征还京师，令素等推治之。太子阴作偶人，书上及汉王姓字，缚手钉心，埋之华山下。又作檄文，言逆臣贼子，专弄威柄，自陈甲兵之盛，云欲指期问罪，置秀集中。于是废为庶人，幽之内侍省。案《传》又言秀之至，上曰："顷者秦王糜费财物，我以父道训之，今秀蠹害生民，当以君道绳之。"秀亦未尝不奢侈违制，事见本传及《元岩传》，惟较之虐民，则糜财之罪为轻耳。又曰："当斩秀于市，以谢百姓。"狱之具也，连坐者百余人，此庸有网罗。然《酷吏传》言：秀得罪，赵仲卿奉诏往益州穷按，秀宾客经过之处，仲卿必深文致法。州县长吏，坐者大半，则徒党肆虐，州县承风者实多，蠹害生民，必在所不免矣。《秀传》又言：秀有胆气，多武艺，甚为朝臣所惮。《源师传》言：秀违法度，以师为益州总管司马。俄而秀被征，将谢病不行。师垂涕劝之，乃从征。《独孤楷传》言：秀犹豫未发，朝廷恐其生变，拜楷益州总管，驰传代之。秀果有异志。楷讽谕久之，乃就路。楷察其有悔色，因勒兵为备。秀去四十余里，将反袭楷，密令左右觇楷，知不可犯而止；则秀亦非无异谋。炀帝构秀，虽出私意，然使终处蜀可乎？此亦见封建之必召乱也。

仁寿四年七月，文帝崩。《后妃传》言：陈宣帝女，陈灭，配掖廷，后选入宫为嫔，《传》云：遗诏拜为宣华夫人。《杨素传》称为陈贵人，见下。有宠。高祖寝疾仁寿宫，夫人与太子同侍疾。平旦出更衣，为太子所逼。上闻之恚，使兵部尚书柳述、黄门侍郎元岩召勇，隋有两元岩：一为蜀王秀长史，《隋书》有传。此元岩为华阳王楷妃之父，仅附见《列女·妃传》中，楷文帝孙，封为华阳王，事在开皇十年（590年），见《纪》。述、岩为敕，以示左仆射杨素。素白太子，太子使张衡入寝殿，俄而上崩。其夜，太子烝于陈氏。嗣位之后，出居仙都宫，寻召入，岁余而终。帝深悼之，为制《神伤赋》。又有蔡氏，丹阳人。陈灭，以选入宫为世妇，容仪婉嫕，上甚悦之。以文献皇后故，希得进幸。及后崩，渐见宠遇。拜为贵人。上寝疾，加号容华夫人。崩后，亦为炀帝所烝。丹阳，梁、陈郡，隋灭陈，废，大业时复置，今江苏江宁县。《废太子》及《柳述传》略同。《杨素传》则云：上不豫，素与柳述、元岩等入阁侍疾。皇太子虑上有不讳，须豫防拟，手自为书，封出问素，素录出事状以报，宫人误送上所，上览而大恚。所宠陈贵人，又言太子无礼。上遂发怒，欲召勇，太子谋之于素。素矫诏，追东宫兵士帖上台宿卫。门禁出入，并取宇文述、郭衍节度。又令张衡侍疾。炀帝立为太子，述为左卫将军。衍为左监门率，转左宗卫率。衡拜右庶子，仍领给事黄门侍郎。上以此日崩。由是颇有异议。案《陈氏传》又言：晋王在藩，阴有夺宗之计，规为内助，每致礼焉，进金蛇、金驼等物以取媚，废立之际，颇有力焉。则陈氏之于炀帝，既已交结于平时，安能自固于临事？《后妃传》言炀帝烝于宣华，在高祖崩后。《房陵传》则谓奸乱宫闱，事闻于高祖，高祖乃遣追勇，说亦不仇。炀帝素善矫饰，聚麀之行，岂必谋诸造次之间？豫虑后事，何等机密，何至宫人误送帝所？高祖威令夙行，尚能观览事状，则是神明未衰，更易废兴，事非轻小，岂得一无防备，但一张衡，即能弑逆？《衡传》言衡为炀帝所杀，临死大言曰："我为人作何等事，而望久活？"监刑者塞耳，促令杀之。亦恶炀帝者之辞，不足信也。故知此等说皆不足信也。柳述尚高祖女兰陵公主。《传》言上于诸婿中，特所宠敬。述怙宠骄豪，无所降屈。杨素时称贵幸，朝臣莫不詟惮，述每陵侮之。俄素亦被疏忌，不知省务，述任寄愈重。及是，素与皇太子协议，便矫诏执述、岩，持以属吏焉。窃疑述与杨素，本以争权相害，高祖弥留之际，实有拥翼房陵之谋，而为素所败也。

高祖崩后，秘不发丧。伪为敕书，赐故太子勇死，追封为房陵王，不为立嗣。勇有十男，长曰长宁王俨，炀帝践极，俨常从行，卒于道，实鸩之也。诸弟分徙岭外，仍敕在所皆杀焉。《通鉴》系大业三年（607年）。柳述坐除名，与公主离绝，徙于龙川。隋郡，今广东惠阳县。数年，复徙宁越，隋郡，即钦州。遇瘴疠而死。元岩除名徙南海。隋郡，即番州，见上节。后会赦归长安。有人谮岩逃归，收杀之。

汉王谅以开皇十七年（597 年），出为并州总管。自山以东，至于沧海，南拒黄河，五十二州尽隶焉。特许以便宜，不拘律令。十八年（598 年），起辽东之役，十九年（599 年）突厥犯塞，皆以为行军元帅。盖秦王虽败，高祖委任宗支之心，初未尝减也。太子谗废，谅阴有异图，讽高祖云：突厥方强，太原即为重镇，宜修武备。高祖从之。于是缮治器械，招佣亡命，左右私人，殆将数万。王頍者，僧辩之子也，为谅谘议参军；萧摩诃者，陈氏旧将，并为谅所亲善。蜀王废，谅愈不自安。高祖崩，征之不赴，遂发兵反。炀帝遣杨素讨之。谅穷蹙降，以幽死。子颢禁锢，宇文化及弑逆之际遇害。王頍自杀。萧摩诃被擒而死。炀帝徙谅党数十万家。《五行志》。大业三年（607 年），敕并州逆党，已流配而逃亡者，所获之处，即宜斩决。五年（609 年），大赦天下，开皇已来流配者，悉放还乡，而晋阳逆党，仍不在其例。皆见《纪》。亦酷矣。

第四节　炀帝荒淫

左氏曰：俭德之共，侈恶之大。伊古以来，人君之以骄淫败者多矣，然其人或本无知识，堕于恶而不自知，若乃明知其恶而故为之，而又悍然不顾，纵恣无极，则未有若隋炀帝之甚也。

炀帝于即位之岁，十一月，幸东都，即命于伊、洛营建东京。明年二月，命杨素、杨达、宇文恺主其事。恺时为将作大匠，《传》言其揣帝心在宏侈，制度穷极壮丽。然《食货志》言：帝昔居藩翰，亲平江左，兼以梁、陈曲折，以就规摹。则其规制，又有出自帝意者也。《志》又言杨素为营作大监，每月役丁二百万人。徙洛州郭内人民，及天下诸州富商大贾数万家以实之。又于皂涧在今河南新安县东。营显仁宫。苑囿连接，北至新安，今河南新安县。西至渑池，今河南渑池县。周围数百里。课天下诸州，各贡草木、花果、奇禽、异兽。役使促迫，僵踣者十四五。每月载死丁，东至成皋，今河南汜水县。北至河阳，今河南孟县。车相属于道。亦见《本纪》。亦可谓酷矣。

大业元年三月，发河南诸郡男女百余万开通济渠。自西苑在今洛阳县西。引谷、洛水达于河。自板渚在今汜水县东北。引河通于淮。《本纪》。《食货志》云：河畔筑御道，树以柳。使往江南采木，造龙舟、凤艒、黄龙、赤舰、楼船等数万艘。《本纪》。《食货志》：所造者又有篾舫。又云：采大木，引至东都。所经州县，递送往返，首尾相属不绝者千里。八月，御龙舟幸江都。见第一节。文武官五品已上给楼船，九品已上给黄篾。舳舻相接，二百余里。《本纪》。亦见《食货志》。《志》又云：募诸水工，谓之殿脚，衣锦行縢，执青丝缆挽船。所经州县，并令供顿、献食。丰办者加官爵，阙乏者罪至死。二年三月，发江都。先是太府少卿何稠、丞云定兴盛修仪仗。于是课州县送羽毛。百姓求捕之，网罗被水陆。禽兽有堪氅毦之用者，殆无遗类。《本纪》。《食货志》云：课天下州县，凡骨角、齿牙、皮革、毛羽，可饰器用，堪为氅毦者，皆责焉。征发仓卒，朝命夕办。百姓求捕，网罟遍野，水陆禽兽殆尽，犹不能给，而买于豪富蓄积之家，其价腾踊。是岁，翟雉尾一直十嫌，白鹭鲜半之。至是而成。四月，上自伊阙隋县，今洛阳县南。陈法驾，备千乘万骑，入于东京。三年四月，北巡狩。五月，发河北十余郡丁男凿太行山，达于并州，以通驰道。六月，次榆林。隋郡，即胜州。突厥启民可汗来朝。七月，上于郡城东御大帐，其下备仪卫，建旌旗，宴启民及其部落三千五百人。奏百戏之乐。赐启民及部落各有差。发丁男百余万筑长城，西距榆林，东至紫河，清水河支流。一旬而罢，死者十五六。八月，发榆林。启民饰庐清道，以候乘舆。帝幸其帐，宴赐极厚，皇后亦幸义成公主帐。次太原，诏营晋阳宫。在太原。九月，至东都。四年正月，诏发河北诸郡男女百余万开永济渠，引沁水南达于河，北通涿郡。今河北涿县。三月，幸五原，因出塞巡长城。四月，以离石之汾源、临泉，离石，今山西离石县。汾源，改静乐，今山西静乐县。临泉，在今山西兴县西北。雁门之秀容雁门，即代州，见第二节。秀容，今山西忻县。为楼烦郡。治静乐。起汾阳宫。在静乐。七月，发丁男二十余万筑长城，自榆林谷而东。榆林谷，《通鉴》作榆谷。《注》云：当在榆林西。八月，亲祠恒岳。河北道郡守毕集。五年正月，改东京为东都，自东都还京师。三月，西巡河右。四月，大猎于陇西。隋郡，今甘肃陇西县。出临津关，临津，前凉县，在今甘肃临夏县西北。关当在县境，为黄河济渡处。渡黄河至西平，隋郡，今碾伯县。陈兵讲武。五月，大猎于拔延山。在西宁东南。长围周亘二千里。渠浩亹。今大通河。御马度而桥坏。斩朝散大夫黄亘及督役者九人。遣兵征吐谷浑。见下节。六月，经大斗拔谷，在今甘肃山丹县南。山路隘险，鱼贯而出，风霰晦冥，与从官相失，士卒冻死者大半。次张掖，今甘肃张掖县。高昌王麴伯雅来朝。伊吾吐屯设等献西域数千里之地。参看下节。上大悦。置西海、《地理志》云：置在古伏俟城，即吐谷浑国都。案在青海西。河源、《地理志》云：置在古赤水城。案在青海南。鄯善、《地理志》云：置在鄯善城，即古楼兰城也。案在罗布泊南。且末《地理志》云：置在古且末城。案在车尔成河上。四郡。御观风行殿。宇文恺所造。《传》云：上容侍卫者数百人，离合为之，下施轮轴，推移倏忽，有若神功。戎狄见之，莫不惊骇。盛陈文物，奏九部乐，设鱼龙曼延。宴高昌王、吐屯设于殿上，以宠异之。外族陪列者，三十余国。九月，入长安。十一月，幸东都。六年三月，幸江都宫。七年三月，自江都御龙舟，入通济渠，遂幸涿郡。征高丽，败还。见下节。八年九月，乃至东都。九年三月，复征高丽，幸辽东，以杨玄感反而还。见下节。九月，次上谷。隋郡，今河北易县。以供费不给，免太仆虞荷等官。闰月，幸博陵。周定州，隋改为博陵郡，今河北定县。高祖尝为定州总管，故帝幸焉。改为高阳郡。十年，复征高丽。三月，行幸涿郡。四月，次北平。隋郡，今河北卢龙县。七月，次怀远镇。属辽西。高丽遣使请降。八月，班师。见下节。十月，至东都，还京师。十二月，如东都。十一年正月，突厥等国遣使朝贡。大会各族，设鱼龙曼延之乐，颁赐各有差。五月，幸太原，避暑汾阳宫。八月，巡北塞。突厥始毕可汗谋袭乘舆，义成公主遣使告变，车驾驰幸雁门，即代州。为所围。九月，乃解。见下节。十月，至东都。十二年七月，幸江都宫。奉信郎崔民象谏，上大怒，先解其颐，乃斩之。次汜水，今河南汜水县。奉信郎王爱仁请还西京，上怒，斩之而行。自此不复能北归矣。《纪》云：帝性多诡谲。所幸之处，不欲人知，每之一所，辄数道置顿，四海珍羞殊味，水陆毕备焉。求市者无远不至。郡县官人，竞为献食。丰厚者进擢，疏俭者获罪。奸吏侵渔，内外虚竭。头会箕敛，人不聊生。《食货志》言：从幸宫掖，常十万人，所有供须，皆仰州县。流连之乐，荒亡之行，可谓旷古无伦矣。

《音乐志》云："始齐武平中，有鱼龙烂漫等奇怪异端，百有余物，名为百戏。周时，郑译有宠于宣帝，奏征齐散乐，并会京师。开皇初，并放遣之。及大业二年（606年），突厥染干来朝，炀帝欲夸之，总追四方散乐，大集东都。自是皆于太常教习。每岁正月，万国来朝，留至十五日，于端门外建国门内，绵亘八里，列为戏场。百官起棚夹道路，从昏达旦，以纵观之，至晦而罢。伎人皆衣锦绣缯采。其歌舞者多为妇人服。鸣环佩，饰以花毦者，殆三万人。初课京兆、河南制此衣服，两京缯锦，为之中虚。三年（607年），驾幸榆林，启民朝于行宫，帝又设以示之。六年（610年），诸夷大献方物。突厥启民已下，皆国主亲来朝贺。乃于天津街盛陈百戏。海内奇技，无不总萃。崇侈器玩，盛饰衣服，皆用珠翠、金银、锦罽、絺绣，其营费巨亿万。关西以安德王雄总之，东都以齐王暕总之。金、石、匏、革之声，闻数十里外。弹弦、擫管已上，一万八千人。大列炬火，光烛天地。百戏之盛，振古无比。自此每年以为常焉。"

《本纪》独于此年及十一年（615年）书之，盖其尤盛者也。又云：“自汉至梁、陈，乐工大数，不相逾越。及周并齐，隋并陈，各得其乐工，多为编户。至大业六年，帝乃大括魏、齐、周、陈乐人子弟，悉配太常，亦见《本纪》。并于关中为坊置之，其数益多前代。”又云：“帝颇玩淫曲。裴蕴揣知帝情，奏括周、齐、梁、陈乐工子弟，及人间善声调者，凡三百余人，并付大乐。其哀管新声，淫弦巧奏，皆出邺城之下高齐之旧曲云。”《蕴传》谓是后异技淫声，咸萃乐府，皆置博士弟子，递相教传，增益乐人至三万余。此启之康娱以自纵也。大业四年九月，征天下鹰师，悉集东京，至者万余人，此羿之淫游以佚田也。亡国之行，可谓兼之矣。《食货志》云：“遐方珍膳，必供庖厨；翔禽毛羽，用为玩饰；买以供官，千倍其价。”因修仪仗而课毛羽，事已见前。大业初调狐皮，郡县大猎，事见《孝义·华秋传》。甚者，十二年（616年），于景华宫在东都。征萤火，夜出游山放之，光遍岩谷。肆意征求如此，劳民岂有涯哉？《循吏传》言：斯时官吏，善于侵渔，强于剥割，绝亿兆之命，遂一人之求者，谓之奉公，即时升擢。其或顾名节，存纲纪，抑敚攘之心，从百姓之欲者，谓之附下，旋及诛夷。不及十年，海内鼎沸，岂不宜哉？

帝之荒纵，适与高祖相反，而其猜忌，则相类而又过之。《本纪》云：于时军国多务，日不暇给。帝方骄怠，恶闻政事。冤屈不治，奏请罕决。所至惟与后宫，留连沉湎，惟日不足。又猜忌臣下，无所专任。朝臣有不合意者，必构其罪而族灭之。其余事君尽礼，謇謇匪躬，无罪无辜，横受夷戮者，不可胜纪。案帝所任者：虞世基，内史侍郎，专典机密。苏威，纳言。宇文述，帝即位，拜左翊卫大将军，参与朝政。裴矩，黄门侍郎。裴蕴，御史大夫。时人称为五贵。《苏威传》。苏威在旧臣中，已为无气节者，宇文化及弑逆，威受其官，化及败，归于李密。密败，又归王世充。唐太宗平东都，威请谒见，称老病不能拜起。太宗遣人数之曰：“公隋朝宰辅，政乱不能匡救。

见李密、王充，皆拜伏舞蹈。今既老病，无劳相见也。”寻归长安。至朝堂请见，又不许。太宗此举，固为骄盈无礼，然威之为人，则亦可见矣。犹以不能每事曲顺，除名为民。事在大业十二年五月。虞世基徒唯诺取容。宇文述更贪鄙工于附会。裴矩虽清廉，兼善筹策，然帝之事外，非为安攘之计，徒劳民以逞欲，而矩乃逢迎其恶，弃民于沙塞之外，衡以儒家之义，善战者服上刑不啻矣。参看下节。裴蕴务于聚敛，且肆刑诛，罪更不容于死。《蕴传》：“迁民部侍郎。于时犹承高祖和平之后，禁网疏阔，户口多漏。或年及成丁，犹诈为小；未至于老，已免租赋。蕴历为刺史，素知其情。因是条奏，皆令貌阅。若一人不实，则官司解职，乡正里长，皆远流配。又许民相告。若纠得一丁者，令被纠之家，代输赋役，是岁大业五年（609 年）也，诸郡计帐，进丁二十四万三千，新附口六十四万一千五百。”案前史所载户口，皆非生齿之数，而为赋役之籍。故户口少者，不必为凋敝之征；而户口多者，转足见诛求之烈。隋初国计之富，实由丁口之增，已见第一节。此时丁口更增，足见诛求益烈矣。《传》又云：“擢授御史大夫，与裴矩、虞世基参掌机密。蕴善候伺人主微意，若欲罪者，则曲法顺情，断成其罪，所欲宥者，则附从轻典，因而释之。是后大小之狱，皆以付蕴。宪部、大理，莫敢与夺，必禀承进止，然后决断。”《蕴传》云：蕴欲重已权势，令虞世基奏罢司隶刺史已下官属，增置御史百余人。于是引致奸黠，共为朋党。郡县有不附者阴中之。于时军国多务，兴师动众，京都留守，及与诸蕃互市，皆令御史监之。宾客附隶，遍于郡国，侵扰百姓，帝弗之知也。多所疑者必偏有所信，释法度而任耳目，安得不为狡黠者所欺乎？高颎、贺若弼，以房陵旧党见疑。颎，炀帝即位，拜为太常。以议召周、齐乐人，遇启民过厚，坐谤讪，与弼及宇文弢同诛。此特一时触发而已，其本意不在此也。裴肃当高祖时，上书请封废太子及蜀王，帝嗣位，不得调者久之。后执政者以岭表荒遐，遂希旨授永平郡丞。帝忌房陵之人如此。永平，今广西藤县。元胄以与蜀王交通获罪。房陵之废，胄实与其谋。然蜀王获罪，胄又坐与交通除名。炀帝即位，不得调，有怨言，为人所告，坐死。滕、卫嗣王，咸遭徙逐。蔡王亦几不免。高帝母弟滕穆王瓒，以非高祖代周，不得其死。子纶，炀帝即位，人告其咒诅，除名徙始安，复徙珠崖。诸弟散徙边郡。卫昭王爽，高祖异母弟，以养于高祖之母，顾见亲爱。尝为雍州牧，并、凉二州总管。征突厥为元帅，已见第二节。子集，炀帝时，亦以人告其咒诅，除名徙边郡。蔡王智积，高祖弟整之子，整从周武帝平齐战死。高祖受禅，追封蔡王，谥曰景，以智积袭焉。景王与高祖不睦；其太妃尉氏，又与独孤皇后不相谐；以是智积常怀危惧，谨慎自守，获免于祸。大业十二年（616年），从驾幸江都。临终，谓所亲曰："吾今日始知得保首领没于地矣。"时人哀之。始安郡，即桂州。珠崖，今广东儋县。李敏徒天元女夫，犹且累及宗族。李穆第十子浑，宇文述妹夫。使兄子善衡贼杀穆适孙筠，以述助袭穆封。已而靳许述之贿。述诉其与从子敏等有异谋，敏妻，周天元女，帝姊子也。帝诛浑、敏，并及其宗族三十二人。自余无少长，皆徙岭外。此以亲而见忌者也。宇文弢以言语获罪，盖由在周、隋之世，皆有军功；历职显要，声望甚重。虞孝仁、韦福嗣，则以其父有功名。孝仁，庆则子。或告其图谋不轨诛。福嗣，世康子。《传》云：从卫玄与杨玄感战，军败，为所擒，令作文檄，辞甚不逊，寻背玄感还东都。帝衔之不已，车裂于高阳。《李密传》云：玄感获福嗣，委以腹心。每设筹划，皆持两端。后使作檄文，固辞不肯。密揣知其情，请玄感斩以谢众。又世康少子福奖，亦与玄感战殁。则福嗣之死，其为失刑明矣。此以势而见忌者也。杨素、张衡，曾与篡夺之计，其不能见信固宜。素卒于大业二年（606年）。《传》云：素虽有建立之策，及平杨谅功，然特为帝所猜忌。寝疾之日，每令名医诊候，赐以上药，然密问医人，恒恐不死。素不肯服药，亦不将慎。每语弟约曰："我岂须臾活邪？"其势亦危矣。盖以其死之早，故得幸免也。衡，大业八年（612年），以妾告其怨望谤讪，赐死。薛道衡徒文士，而以藩邸旧嫌，白首就戮。《道衡传》：高祖时，以党苏威，配防岭表。炀帝时在扬州，阴令人讽道衡从扬州路，将奏留之。道衡不乐王府，出江陵道而去。炀帝由是衔之。帝嗣位，道衡上高祖文皇帝颂，帝不悦。顾谓苏威曰："此鱼藻之义也。"拜司隶大夫，将置之罪。道衡不悟。会议新令，久不能决，道衡谓朝士曰："使高颎不死，令决当久行。"人有奏之。帝怒曰："汝忆高颎邪？"付执法者勘之。及奏，帝令自尽。《裴蕴传》曰：道衡以忤意获谴，蕴知帝恶之，乃奏曰："道衡有无君之心。论其罪名，似如隐昧，原其情意，深为悖逆。"帝曰："然。我少时与此人相随行役。轻我童稚，共高颎、贺若弼等外擅威权，自知罪当诬罔。及我即位，怀不自安，赖天下无事，未得反耳。公论其逆，妙体本心。"于是诛道衡。其意，盖仍出于修怨也。以万乘之主，而修睚眦之怨，为之下者，尚何以自安乎？庾质以谏如东都，死狱中。耿询谏征辽东，帝命左右斩之，以何稠苦谏仅免。张虔威，并州旧吏，又事帝于东宫，以谏巡幸亦见疏。所为若此，安得不政刑弛紊，贿货公行，莫敢正言，道路以目哉？《本纪》。

第五节　炀帝事四夷

炀帝之事四夷，始于西域，导之者裴矩也。《矩传》云：时西域诸蕃，多至张掖与中国交市。帝令矩掌其事。矩知帝方勤远略，诸商胡至者，诱令言其国俗、山川险易，撰《西域图记》三卷，入朝奏之。其序曰："突厥、吐浑，分领羌、胡，为其拥遏，故朝贡不通。诸蕃既从，浑、厥可灭。混一戎夏，其在兹乎？"序又言："自汉通西域，虽大宛以来，略知户数，而诸国山川，未有名目；姓氏、风土、服章、物产，全无纂录。兼并诛讨，互有兴亡。或地是故邦，改从今号；或人非旧类，因袭昔名。兼复部民交错，封疆移改；戎狄音殊，事难穷验。此书所记，凡四十四国。依其本国服饰仪形，王及庶人，各显容止，即丹青模写，仍别造地图，穷其要害。”其书当有可观，不能以其意在长逢，以人废言也。帝引矩亲问。矩又盛言胡中多诸宝物，吐谷浑易可并吞。帝由是甘心焉。复令矩往张掖，引致西蕃。至者十余国。帝有事于恒岳，咸来助祭。将巡河右，复令矩往敦煌。矩使说麹伯雅、吐屯设等，啖以厚利，导使入朝。参看上节。竟破吐谷浑，拓地数千里。并遣兵戍之。每岁委输，巨亿万计。见下。帝至东都，矩风帝令都下大戏。见上节。又令“三市店肆，皆设帷帐，盛列酒食，遣掌蕃率蛮夷与民贸易。所至之处，悉令邀延就坐，醉饱而散”。《隋书·矩传》云：“蛮夷嗟叹，谓中国为神仙”，此乃夸饰之辞，能来为商贾者，其愚必不至此。《旧唐书·矩传》云“夷人有识者咸私哂其矫饰”，盖得其实。帝遣薛世雄城伊吾，今新疆哈密县。令矩共往经略。《矩传》云：矩讽谕西域诸国曰：“天子为蕃人交易悬远，所以城伊吾耳。”咸以为然，不复来竞。《世雄传》云：与突厥启民可汗连兵击伊吾。师次玉门，启民背约，兵不至。世雄孤军度碛。伊吾初谓隋军不能至，皆不设备，闻世雄兵已度碛，大惧请降。盖初亦欲用兵，逮后突厥之兵不来，若伊吾之民坚拒，则其势殊可危，止其来竞，实矩说谕之功也。玉门，隋县，在今县东。矩又请反间射匮，令潜攻处罗。后处罗为射匮所迫，竟随使入朝。见下。从巡塞北，幸启民帐。时高丽遣使通于突厥。启民不敢隐，引之见帝。矩请面诏其使，放还本国，令速朝觐。不然者，当率突厥诛之。帝纳焉。高元不用命，始建征辽之策。《酷吏·元弘嗣传》云：大业初，炀帝潜有取辽东之意，遣弘嗣往东莱海口监造船，则征辽之意，实不始于是时，谋亦非出于矩。特矩画是策，有以速其行耳。东莱见第二节。矩于外交，不可谓无才，然时边方无衅，勤远略徒以劳民。炀帝之纵侈，矩宁不之知，顾又长逢其恶，其罪实不可恕也。

《西域传》云：“炀帝时，遣侍御史韦节、司隶从事杜行满使于西蕃诸国，复令裴矩于武威、张掖间往来以引致之。其有君长者，四十四国。此即据裴矩《西域图记》序以为言。序云：“二汉相踵，西域为传，户民数十，即称国王，徒有名号，乃乖其实。今者所编，皆余千户。其山居之属，非有国名，及部落小者，亦多不载。”则其所载，实尚不全也。大业中，相率来朝者三十余国，帝因置西域校尉以应接之。寻属中国大乱，朝贡遂绝，事多亡失。今所存录者，二十国焉。”盖谓高昌、康、安、石、焉耆、龟兹、疏勒、于阗、钹汗、吐火罗、挹怛、米、史、曹、何、乌那曷、穆、波斯、漕，及统于安之毕国也。在安西百余里。诸国缘起及释地，均已见《秦汉史》及《两晋南北朝史》。其中惟高昌王为汉人，深有慕化之志。高昌在拓跋魏时，屡求内徙，见《两晋南北朝史》第十六章第八节。炀帝大业五年（609年），其王麹伯雅来朝，因从击高丽还，尚宗女华容公主。至八年（612年）乃归蕃，下令国中解辫削衽。《传》云：“虽有此令，取悦中华，竟畏铁勒，不敢改也。”案伯雅此举，自出慕化之诚。当时中国已乱，不必取悦；而铁勒无强部，亦不足畏也。吐火罗与挹怛杂居，兄弟同妻，盖尝为挹怛所据？《挹怛传》云：先时国乱，突厥遣通设字诘强领其国，通设，盖谓能自通于可汗之设？其人名诘强。则又隶属于突厥矣。此外皆昭武诸姓及西域旧国。其来也，亦以市易之利而已。

吐谷浑主伏允，炀帝即位，遣其子顺来朝。时铁勒犯塞，复请降，帝遣裴矩讽令击浑以自效。铁勒许诺，勒兵袭浑，大败之。伏允东走，保西平境。帝复令观王雄出浇河，隋郡，今青海贵德县。宇文述出西平以掩之。述追之急，伏允南遁山谷间。据《吐谷浑传》。《宇文述传》：袭浑者为契弊歌稜。浑遣使请降求救。帝令述屯兵西平之临羌城，抚纳降附。浑见述拥强兵，不敢降，西遁。述乃追击之。契弊歌稜，见下。临羌城，在今西宁西。其故地皆空。《吐谷浑传》。《传》又云：自西平临羌城以西，且末以东，祁连以南，雪山以北，东西四千里，南北二千里，皆为隋有。置郡县镇戍，发天下轻罪徙居之。案此即指西海、河源、鄯善、且末四郡，见上节。鄯善、且末，盖高昌、伊吾所献，西海、河源，则吐谷浑之地也。时大业四年七月也。明年三月，帝西巡。伏允保覆袁川。在今青海东北境。帝命分兵屯驻，四面围之。伏允以数十骑遁去。遣将追捕，皆为所杀。《本纪》。伏允率二千骑客于党项。帝立顺为主，送出玉门，令统余众，以其大宝王尼洛周为辅。至西平，其部下杀洛周。顺不果入而还。大业末，伏允复其故地，屡寇河右，郡县不能御焉。《刘权传》：炀帝命权置河源郡积石镇。大开屯田，留镇西境。在边五载，诸羌怀附。吐谷浑余烬远遁，道路无壅。河源等四郡之设，《本纪》在大业五年六月，则伏允之复其故地，当在十年后矣。

西羌种类，《隋书》所载，又有附国及嘉良夷。附国在蜀郡西北二千余里，其东为嘉良夷。大业初，于益州置蜀郡。《传》又云：嘉良有水，阔六七十丈，附国有水，阔百余丈，并南流，用皮为舟而济，盖今雅砻江、金沙江也。附国有王，嘉良夷惟种姓自相率领。其人皆垒石为礫而居，高至十余丈，下至五六丈。俗好复仇。妻其群母及嫂。儿弟死，父兄亦纳其妻。皆羌俗也。附国南有薄缘夷，风俗亦同。西有女国。《隋书》之女国，即新旧《唐书》之东女，中实包含二国：一在于阗之南，即见于《大唐西域记》，其本名为苏伐剌拏瞿呾罗者。《隋书》云“将盐向天竺兴贩”，《旧唐书》云“文字同于天竺”，《新唐书》云“风俗大抵与天竺同”。皆此国也。此国惟隋开皇六年（586年）或曾一来，已见第二节。一即此所谓女国。《唐书》谓其东接茂州，东南接雅州，王居康延川，中有弱水南流者。《旧书》云：隋大业中，蜀王遣使招之，拒而不受，盖指此国。唐天宝前数来，后入于吐蕃，贞元中乃复至，事见后。《隋书》及新旧《唐书》，皆合二国为一，实大误也。茂州，今四川茂县。雅州，今雅安县。其东北连山绵亘数千里，接于党项，往往有羌。并在深山穷谷，无大君长。风俗略同党项。或役属吐谷浑，或附附国。大业中来朝贡，缘西南边置诸道总管以遥管之。

炀帝东征之举，始于大业七年（611 年）。是年，帝如涿郡。明年正月，大军集，分为左右，各十二军，命总集于平壤。又有沧海道军，径造平壤。《本纪》云：总百十三万三千八百人，号二百万，馈运者倍之，终四十日，引师乃尽，旌旗亘千里，近古出师之盛，未之有也。三月，车驾渡辽，营于辽东，分道出师，各顿兵于其城下。七月，宇文述等九军败绩于萨水，遂班师。《高丽传》云：帝敕诸将：高丽若降，即宜抚纳，不得纵兵。城将陷，高丽辄言请降，诸将不敢赴机，先令驰奏，比报至，高丽守御亦备。如此者再三，帝终不悟，遂至师老食尽焉。《于仲文传》云：至鸭渌水，高丽将乙支文德诈降，来入其营。仲文先奉密旨：若遇高元及文德，必擒之。至是将执之。尚书右丞刘士龙为抚慰使，固止之，遂舍。寻悔，遣人绐文德曰：更有言议，可复来也。文德不从，遂济。仲文选骑渡水追之，文德烧栅而遁。时宇文述以粮尽欲还。仲文议以精锐追文德，述固止之。仲文怒。初帝以仲文有计画，命诸军谘禀节度。述等不得已，从之。东至萨水，述等以兵馁退归，师遂败绩。帝以属吏，诸将皆委罪于仲文。帝大怒，释诸将，独系仲文。仲文忧恚发病，困笃方出之。卒于家，时年六十八。宇文述与仲文并除名，刘士龙见杀，见《纪》。《宇文述传》云：述与九军至鸭渌水，粮尽，议欲班师。诸将皆同。述不测帝意。会乙支文德来，述先与于仲文俱奉密旨，令诱执文德，既而缓纵文德逃归。述内不自安，遂与诸将度水追之。文德欲疲述众，每斗皆北。述一日之中，七战皆捷。既恃骤胜，又内逼群议，遂进。东济萨水，去平壤城三十里，因山为营。文德复遣使伪降。述见士卒疲敝，不可复战；又平壤险固，卒难致力；遂因其诈而还。众半济，高丽击后军，于是大溃。一日一夜，还至鸭渌水，行四百五十里。初度辽，九军三十万五千人，及还至辽东城，惟二千七百人而已。有机不乘，任其行诈，炀帝纵昧兵谋，未必迂阔至此。乙支文德，诏旨以与高元并举，必高丽之宿将重臣，既来而复纵之，刘士龙亦岂若是其愦？盖当时劳师远涉，实如强弩之末，高丽之不可力取，形势业已显然，故冀以抚纳，懈其斗志也。乙支文德既敢轻来，军中必已严备，执之何益？疲兵乏食，平壤岂复可攻？然则仲文之计，实为行险徼幸，诸将殆非委罪之辞也。宇文述骄贵，必不肯听仲文节度，则炀帝命诸将谘禀，度亦不过令参计议，并无统率之权。然则当日九军，殆无元帅？此其所以进不得速，退不能果，终至一败涂地欤？《段文振传》：文振是役出南苏道，在道疾笃，表言："夷狄多诈，深须防拟。口陈降款，心怀背叛。诡伏多端，勿得便受。水潦方降，不可淹迟。惟愿严勒诸军，星驰速发，水陆俱前，出其不意。平壤孤城，势可拔也。倾其本根，余城自克。如不时定，脱遇秋霖，深为艰阻，兵粮又竭，强敌在前，靺鞨出后，迟疑不决，非上策也。"则高丽列城坚守，延引师期之计，隋朝将帅未尝不洞烛之。炀帝分兵以缀其列城，而使宇文述等直指萨水，似亦欲倾其本根。然三月已至辽东，七月方临鸭渌，则军行实病其迟。盖失之徒知用众，而不能以轻锐赴机。然万乘亲行，则势不能不出于持重。《庾质传》：质于是役承召问，尼帝亲行，而请命骁勇，倍道兼行，出其不意；明年，又问，仍以是为言。盖正虑此失？此则失于炀帝之矜功而轻敌，必欲亲行以为快也。入虎口而能脱，引敌至距国都一舍之地而不疑，乙支文德则可谓智勇兼济矣。是役也，来护儿以水军入浿水，破平壤郛，纵军大掠，稍失部伍，为高元弟建武所败，退屯海浦。闻宇文述等败，亦还。隋惟于辽西拔武厉逻，置辽东郡及通定镇而已。通定镇，在辽中县辽河西岸。

九年二月，炀帝又征兵讨高丽。四月，车驾度辽。遣宇文述、杨义成趋平壤。六月，杨玄感反于黎阳，县，在今河南浚县东北。班师。《高丽传》云：是役帝敕诸军，以便宜从事，诸将分道攻城，高丽势日蹙。会杨玄感作乱，反书至，帝大惧，即日六军并还。兵部侍郎斛斯政亡入高丽，政与玄感兄弟交。玄感反，政与通谋。玄感弟玄纵、万硕从幸辽东，玄感潜遣人召之，玄纵等亡归，亦政之计也。帝穷治玄纵党与，政不自安，遂亡奔高丽。高丽具知事实，悉锐来追，殿军多败。《李景传》：旋师，以景为殿，高丽追兵大至，景击走之。

杨玄感者，素之子，为礼部尚书。时在黎阳督运。玄感爱重文学，四海知名之士，多趋其门。自以累世尊显，有盛名于天下；在朝文武，多是父之将吏。复见朝纲渐紊，帝又猜忌日甚，内不自安，遂与诸弟潜谋废帝，立秦王浩。俊子。炀帝即位，立以奉俊嗣。从征吐谷浑，还至大斗拔谷，从官狼狈，见上节。玄感欲袭行宫。其叔慎曰："士心尚一，国未有衅，不可图也。"乃止。至是，来护儿以舟师自东莱将入海。玄感以百姓思乱，乃谬言护儿以失军期反，以讨之为名，移书旁近，各令发兵。李密者，父宽，自周及隋，数经将领。密袭父爵，为蒲山公。蒲山，郡名，未知所在。与玄感为刎颈交。玄感以为谋主，问计焉。密曰："天子出征，远在辽外。南有巨海之限，北有胡戎之患，中间一道，理极艰危。今公拥兵，出其不意，长驱入蓟，直扼其喉，不过旬月，赍粮必尽，举麾一召，其众自归，此计之上也。轻赍入关，天子虽还，失其襟带，据险临之，故当必克，此计之中也。若随近逐便，先向东都，攻战必延岁月，胜负且未可知，此计之下也。"玄感以百官家口，并在东都，若不取之，安能动物。遂不用密计，攻之。民部尚书樊子盖辅越王侗炀帝孙，见下节。留守东都，力拒之。刑部尚书卫玄率众数万，自关中来援。玄感遂不能克。帝遣陈稜攻黎阳，屈突通屯河阳，宇文述发兵继进，来护儿复来赴援。李子雄者，在周世从武帝平齐，后破尉迟迥、伐陈俱有功。汉王谅之乱，炀帝疑幽州总管窦抗，杨素进子雄袭执之。因发幽州兵，破谅略燕赵之众。后为右武候大将军，坐事除名。及是，帝令从军自效，从来护儿。玄感反，帝疑之，诏锁送行在所。《隋书》本传。《旧唐书·李密传》云：坐事被收系，送行在所。子雄杀使者，亡归玄感，与李密俱劝玄感入关。至弘农宫，隋弘农郡，今河南陕县。玄感欲攻之，李密谏，不听。攻之，三日不拔，方引而西。《蔡王智积传》曰：大业七年（611 年），授弘农太守。杨玄感自东都引军而西。智积谓官属曰："玄感闻大军将至，欲西图关中。若成其计，则根本固矣，当以计縻之。"及玄感军至，智积登陴詈辱之。玄感怒甚，留攻之。数日，宇文述等军至，合击破之。此非实录。玄感即无谋，亦非不忍于智积之骂者也。至阌乡，今河南阌乡县。为追兵所及，遂败。玄感谓弟积善杀已，积善因自刺，不死，为追兵所执，与玄感首俱送行在所。磔其尸于东都市，三日，复脔而焚之。诸弟并具枭磔。

玄感之围东都也，梁郡韩相国举兵应之。梁郡，今河南商丘县。旬月间众十余万，攻剽郡县，至于襄城。隋郡，今河南临汝县。玄感败，兵渐溃散，为吏所执，传首东都。余杭刘元进，余杭，隋郡，今浙江杭县西。亦举兵应玄感。三吴苦役者，莫不响应。旬月间众至数万，将渡江而玄感败。吴郡朱燮、吴郡，今江苏吴县。晋陵管崇晋陵郡，今江苏武进县。亦举兵，有众七万。共迎元进，奉以为主，据吴郡称天子。帝遣吐万绪、鱼俱罗讨之。燮战死。俄而二将俱得罪。帝令江都丞王世充发淮南兵讨平之。然其余党往往保险而守，继续抵抗，其后董道冲、沈法兴、李子通等乘之而起焉。

十年二月，帝复诏百寮议伐高丽。数日，无敢言者。于是复下诏亲征。七月，次怀远镇。高丽遣使请降，囚送斛斯政。八月，班师。十月，至东都。十一月，支解斛斯政于金光门外。《高丽传》云："时盗贼蜂起，人多流亡，所在阻绝，军多失期。至辽水，高丽亦困弊，故遣使乞降。"《来护儿传》云：是役，护儿率师渡海。至卑奢城，高丽举国来战，护儿大破之。将趋平壤。高元请降。帝遣人持节诏护儿旋师。护儿集众曰："三度出兵，未能平贼。此还也，不可重来。今高丽困弊，野无青草，以我众战，不日克之。吾欲进兵，往围平壤，取其伪主，献捷而归。"答表请行，不肯奉诏。长史崔君肃固争，诸将尽劝还，方始奉诏。此为妄言，无待辩正。《高丽传》所谓彼亦困弊者，疑亦此等自解之饰辞。当时马訾以东，实未大受兵祸，何至野无青草邪？

突厥启民可汗，以大业四年（608年），朝于东都。是岁卒，子咄吉立，是为始毕可汗。《裴矩传》云："矩以始毕部众渐盛，献策分其势，将以宗女嫁其弟叱吉设，拜为南面可汗。叱吉不敢受。始毕闻而渐怨。矩又言突厥本淳，易可离间，但其内多群胡教导之。闻史蜀胡悉，尤多奸计，幸于始毕，请诱杀之。"帝曰："善。"矩遣告胡悉："天子大出珍物，今在马邑，若前来此，即得好物。"胡悉贪，不告始毕，率其部落，尽驱六畜，星驰争进。矩伏兵马邑下诱斩之。诏报始毕曰："史蜀胡悉，忽领部落，走来至此，云背可汗，请我容纳，今已斩之。"始毕亦知其状，由是不朝。案《段文振传》言：文振尝劝炀帝迁启民于塞外，则突厥元气渐复，自启民时已然，始毕之叛，亦不尽由裴矩之诈谖也。十一年八月，帝巡北塞，始毕谋袭乘舆，义成公主遣使告变。帝驰入雁门。突厥围城，官军频战不利。帝大惧，欲率精骑溃围而出。《宇文述传》云：述请溃围而出，盖述之计，而帝欲从之。樊子盖固谏，乃止。《苏威传》：威亦谏止帝。诏天下诸郡募兵。于是守令多来赴难。九月，突厥乃解围去。《虞世基传》言：帝为突厥所围，战士多败，世基劝帝重为赏格，亲自抚循；又下诏停辽东之事。帝从之。师乃复振。及围解，勋格不行；又下伐辽之诏；由是朝野离心。《旧唐书·裴璃传》亦云：劝帝下诏，明告军中，赦高丽而专事突厥。以此出为河池太守。河池，今陕西凤县。《隋书·高丽传》谓帝受降后，仍征高元入朝，元竟不至。帝敕诸军严装，更图后举，会天下大乱，遂不克复行。则事虽未果，其谋迄未尝息也，亦可谓至死不悟矣。

大逻便之执，其国立鞅素特勒之子，是为泥利可汗。卒，子达漫立，号泥撅处罗可汗。其母向氏，本中国人，生达漫而泥利卒，又嫁其弟婆实特勒。开皇末，婆实共向氏入朝，遇达头乱，遂留京师。处罗居无恒处，然多在乌孙故地。复立二小可汗，分统所部：一在石国北，以制诸胡国；一居龟兹北，其地名应婆。大业初，处罗抚御无道，其国多叛。与铁勒屡相攻，大为所败。时裴矩在敦煌，知处罗思其母氏，奏之。炀帝遣司朝谒者崔君肃据《西突厥传》。《本纪》作崔毅。赍书慰谕之。处罗遣使朝贡。帝西狩，遣召处罗会大斗拔谷。其国人不从，处罗遂谢使者。帝大怒，而无如之何。会其酋长射匮达头孙。遣使来求婚。裴矩请拜为大可汗，以裂其国。帝召其使者，言处罗不顺，射匮有好心，吾将立为大可汗，令发兵诛处罗，然后当为婚也。射匮闻而大喜，兴兵袭处罗。处罗大败，遁于高昌东，保时罗漫山。麹伯雅上状。帝遣裴矩将向氏亲要左右，驰至玉门关晋昌城。晋昌，晋县，故城在今安西县东。矩遣向氏使诣处罗所晓谕，遂入朝。以七年十二月，据《纪》。朝于临朔宫。在涿郡。明年，诏留其累弱万余口，令其弟达度阙据《西突厥传》。《裴矩传》作阙度设。《通鉴》作达度阙设。畜牧会宁郡。在今甘肃靖远县东北。处罗从征高丽，赐号为曷萨那可汗。《本纪》作曷娑那。十年正月，以宗女为信义公主妻之。帝将复其故地，以辽东之役未遑也，每从巡幸。江都之乱，从宇文化及至河北。化及将败，奔归京师，为北蕃突厥所害。处罗先与始毕有隙，始毕遣使请杀之。达度阙为李轨所灭。皆见《旧唐书·西突厥传》。处罗未尝犯顺，炀帝徒忿其不朝，遽嗾射匮破坏其国，实为无道之举。《裴矩传》言：帝自辽东还，至涿郡，以杨玄感初平，令矩安集陇右，因之会宁存问曷萨那部落。遣阙度设寇吐谷浑。频有虏获，部落致富。还而奏状，帝大赏之。则又使突厥破坏吐谷浑也。亦可谓无道之至矣。

《铁勒传》云：大业元年（605 年），处罗击铁勒诸部，厚税敛其物。又猜忌薛延陀等，集其魁帅数百人，尽诛之。由是一时反叛。立俟利发俟斤契弊歌楞为易勿真莫何可汗。契弊，即《唐书》之契苾。

歌楞，即袭吐谷浑之歌稜也。居贪汗山。复立薛延陀俟斤字也咥为小可汗。处罗败，莫何始大。伊吾、高昌、焉耆诸国悉附。大业三年（607年），遣使贡方物。自是不绝云。

《奚传》云：大业时，岁遣使贡方物。《契丹传》虽无文，亦当同之，特史有漏略耳。《靺鞨传》云：炀帝初，与高丽战，频败其众。渠帅度地稽率其部来降，居之柳城。此为靺鞨部族入居塞内之始。盖违高丽之难而来也。

东南海路，炀帝所通者，为流求及赤土。流求，《传》云：居海岛之中，当建安郡东，建安，今福建建瓯县。水行五日而至，盖今之台湾也。其人深目高鼻，颇类于胡，而有文身食人之俗。又云：大业元年（605年），海师何蛮云，每春秋二时，天清风静，东望依希，似有烟雾之气，亦不知几千里。三年（607年），炀帝令羽骑尉朱宽入海求访异俗，何蛮言之，遂与蛮俱往。因到流求国。言不相通，掠一人而返。明年，帝复令宽慰抚之。流求不从。宽取其布甲而还。时倭国使来朝，见之曰："此夷邪久国人所用也。"案时或别有夷邪久国，所用布甲，与流求同，不必流求即夷邪久也。帝遣武贲郎将陈稜、朝请大夫张镇州《陈稜传》作周。率兵自义安浮海击之。义安，宋县，今浙江诸暨县枫桥镇。稜将南方诸国人从军。有昆仑人，颇解其语。遣人慰谕之。流求不从，拒逆官军。稜击走之。进至其都，焚其宫室，虏其男女数千，载军实而还。据此传，似朱宽入海，意本不在流求，而《纪》于三年书遣宽使流求国，疑事后追书，昧于当时情事；抑或误以四年之事，系之三年。《纪》于四年书倭使来贡方物，固与《传》见其布甲之言合也。《纪》又于六年二月，书稜、镇州击流求，破之，献俘万七千口，颁赐百官，与《稜传》言稜以大业三年拜武贲郎将，后三岁而击流求者合。然献俘在二月，则出兵必在五年矣。《稜传》云：流求人初见船舰，以为商旅，往往诣军中贸易。野蕃多畏生人，使前此惟与昆仑相稔，见华人必相畏忌，而竟来诣军中，则似其与华人亦非绝无交接。《流求传》言朱宽、何蛮因到其国，亦明故知之而非无意遇之也。然则中国之知有台湾，必在大业以前矣。此可见新地之通，多出民间之力，而非政府所能为也。

《隋书·南蛮传》云：大业中，南荒朝贡者十余国，其事迹多湮灭。今所存录，四国而已，谓林邑、赤土、真腊、婆利也。流求在《东夷传》中。林邑自刘方班师，梵志复其故地，遣使谢罪，朝贡不绝。赤土，扶南之别种。其王姓瞿昙氏，名利富多塞。不知有国远近，称其父释王位出家，传位焉。真腊，本扶南属国。其王姓刹利氏，名质多斯那。自其祖渐已强盛，至质多斯那，遂兼扶南而有之。死，子伊奢那先代立。盖皆扶南属地，分携独立。而婆利，艾莫涅云为扶南别名，见《两晋南北朝史》第十六章第四节。则其本国仍存也。赤土，《唐书·地理志》云：在万安州南，万安州，今广东万宁县。渡海便风十四日至鸡笼岛，即至其国。赤海中之一洲，盖今马来半岛东岸岛屿。常骏往还路程，具见《隋书》本传，云经鸡笼岛至于赤土之界，其王遣舶来迎，又月余至其都，则过鸡笼岛，所至仅其属境而已。真腊则今柬埔寨之地也。炀帝即位，募能使绝域者。屯田主事常骏、虞部主事王君政往使赤土。其王遣子那耶迦随骏贡方物。《赤土传》云：骏等请使，在大业三年（607年），其年十月，自南海郡发，《本纪》则骏之出使在四年三月。《传》云：骏与那耶迦以六年（610年）春谒帝于弘农，而据《纪》，则五年二月，赤土又尝遣使贡方物。南海见第三节。婆利以大业十二年（616年），真腊以十三年（617年）遣使朝贡。《传》又云：南荒有丹丹、盘盘二国，亦来贡方物。盖失其年月，又不详其事迹，故不得与存录之四国伍也。

《倭传》云：开皇二十年（600年），其王姓阿每，字多利思北孤，号阿辈鸡弥，遣使诣阙。大业三年（607年），又遣使朝贡。兼沙门数十人，来学佛法。其国书曰："日出处天子致书日没处天子，无恙"云云。炀帝览之，不悦，谓鸿胪卿曰："蛮夷书有无礼者，勿复以闻。"

明年，上遣文林郎裴清使其国。复令使者随清来贡方物。《传》云其后遂绝，而据《本纪》，则六年正月，又尝遣使贡方物焉。

第六节 隋末之乱（上）

隋末丧乱，盖起于征辽之役。《纪》于大业七年（611年）书云：“辽东战士及馈运者，填咽于道，昼夜不绝，苦役者始为群盗。”盖时虽暴政亟行，究以此役，骚动为尤大也。帝殊不悛，徒恃严刑。《刑法志》云：“穷人无告，聚为盗贼，帝乃更立严刑，敕天下窃盗已上，罪无轻重，不待闻奏皆斩。百姓转相群聚，攻剽城邑，诛罚不能禁。帝以盗贼不息，益肆淫刑。九年（613年），又诏为盗者籍没其家。自是群贼大起，郡县官人，又各专威福，生杀任情矣。”裴蕴导帝以淫刑，已见第四节。其《传》云：杨玄感之反也，帝遣蕴推其党与，谓曰：“玄感一呼，从者十万，益知天下人不欲多，多即相聚为盗耳。不尽加诛，则后无以劝。”蕴乃峻法治之。所戮者数万人，皆籍没其家。帝大称善。又欲令民悉城居。《本纪》：大业九年七月，令所在发人城县府驿。八月，诏郡县城去道过五里已上者徙就之。盖以便守卫救援。十一年二月，诏曰：“设险守国，著自前经；重门御暴，事彰往策；所以宅土宁邦，禁邪固本。而近代战争，居人散逸，田畴无伍，郛郭不修，遂使游惰实繁，寇敌未息。今天下平一，海内晏如。宜令人悉城居，田随近给。使强弱相容，力役兼济，穿窬无所厝其奸宄，萑蒲不得聚其逋逃。有司具为事条，务令得所。”盖既计守御，又惜赋役矣。《五行志》：十三年（617年），天下大旱。时郡县乡邑，悉遣筑城。发男女无少长皆就役。亡在旦夕，所行犹是此策也。其用兵则务多杀。《樊子盖》传：“绛郡贼敬槃陀柴保昌等阻兵数万，诏令子盖进讨。于时人物殷阜，子盖善恶无所分别，汾水之北村坞尽焚之，相率为盗。其有归首者，无少长悉坑之。拥数万之众，经年不能破贼。”子盖之尽焚村坞，盖欲覆敌巢穴，即炀帝大业十一年二月诏旨也。然未能绝敌所据，而转益从敌之人。绛郡，今山西新绛县。又以“盗”为讳，有言“贼多”者，辄大被诘责。由是近臣互相掩蔽，不以实闻。《本纪》。案虞世基即其人也，事见本传。又苏威亦以微言悟帝得罪，见《裴蕴传》。又猜忌性成，不能专任将帅。《杨义臣传》，言其破高士达、张金称后，帝恶其威名，遽追入朝。《虞世基传》：义臣于河北，降敌数十万，列状上闻。帝叹曰：“我初不闻贼顿如此。”世基曰：“鼠窃虽多，未足为虑。义臣克之，拥兵不少，久在阃外，此最非宜。”帝曰：“卿言是也。”遽追义臣，令其兵散。于是数年之间，乱势如火之燎原矣。

帝见中原已乱，无心北归，命起丹阳宫，见第三节。将徙居之。初帝以征辽，募民为骁果。《纪》在大业九年正月。是时从驾骁果，多关中人，谋欲叛归。宇文化及者，述之子也。帝在东宫，嬖昵之。时为右屯卫将军。其弟士及尚帝女南阳公主，智及为将作少监。智及尤狂悖。虎贲郎将司马德戡总领骁果，智及说以行大事，奉化及为主。大业十三年（617年）三月，遂弑帝于江都。帝三男：萧后生元德太子昭，前卒。齐王暕，以骄恣，为帝所疏忌。萧嫔生赵王杲。昭三子：代王侑，与刑部尚书卫玄镇京师。越王侗，与民部尚书樊子盖守东都。燕王倓，随帝在江都，与齐、赵二王及齐王二子俱死。化及欲立庶人秀，群议不许，遂害之并其诸子。庶人谅之子颢亦遇害。而立秦王浩为帝。虞世基、裴蕴亦遇害。惟裴矩见天下方乱，恐为身祸，其待遇人，多过所望，虽至厮役，皆得其欢心。时从驾骁果，数有逃散，炀帝忧之，以问矩。矩曰：“人无匹合，则不能久安，请听兵士，于此纳室。”由是骁果咸悦，遂以获免。

隋末群雄蜂起，其有关大局者，则据西都之唐，争东都之李密、王世充，据河北之窦建德而已。杨玄感之败也，李密间行入关，为捕者所获，送于炀帝所。时帝在高阳。行至邯郸，今河北邯郸县。亡去。抵平原帅郝孝德。平原郡，今山东陵县。孝德不甚礼之。又归东郡帅翟让。东郡，今河南滑县。因浚仪王伯当以干让。浚仪县，在今河南开封县北。伯当为浚仪人，见《旧唐书·李勣传》。说让取荥阳。今河南郑县。荥阳太守杨庆及通守张须陀讨之。须陀以善战名，让曾为所败，将远避之，密为设伏击斩须陀。时大业十二年十月也。让于是分兵与密，别为牙帐。密又说让取兴洛仓。即洛口仓，见第一节。明年春，袭破之。开仓恣人所取。众至数十万。让推密为主，号魏公。密拜让为司徒。城洛口居之。又下回洛仓。在今河南孟津县东。大修营堑，以逼东都。巩县令柴孝和，为密所获，巩，今河南巩县。密拜为护军。孝和说密西袭长安。密曰："我所部并山东人，未下洛阳，何肯相随西入？诸将出于群盗，留之各竞雌雄。若然者，殆将败矣。"此可见密众之不和，实其致败之原也。孝和请间行观隙，密从之。孝和与数十骑至陕县，今河南陕县。"山贼"归之者万余人。会密为流矢所中，东都复出兵乘之，密众大溃，弃回洛仓归于洛口。孝和之众闻密退，各散去。孝和轻骑归密。旋随密拒王世充，溺死洛水。于是密顿兵东都之局成矣。其时守东都者为王世充。

世充，西域胡人也。本姓支。家在新丰。在今陕西临潼县北。祖支颓耨，早死。父收，随母嫁霸城王氏，霸城，晋县，在长安东。因冒姓焉。世充颇涉经史，尤好兵法及龟策、推步之术。大业中，累迁江都丞，兼领江都宫监。时炀帝数幸江都，世充善伺候颜色，又雕饰池台，阴奏远方珍物，帝益昵之。尝破朱燮、管崇及齐郡帅孟让南掠之兵。齐郡，今山东历城县。又平诸小盗。遂迁江都通守。李密逼东都，炀帝诏世充大发兵，于洛口拒密。时诸起兵者并归于密，共袭破黎阳仓。密旋杀翟让，命徐世勣、单雄信、王伯当分统其众。世充悉众击密，大溃。密乘胜陷偃师。今河南偃师县。修金墉城居之。金墉城，在洛阳之东。有众三十余万。东至海、岱，南至江、淮，郡县莫不遣使归密。

唐高祖李渊，史称为西凉李暠之后。暠子歆，为后魏所灭，歆子重耳奔宋，为汝南太守。今河南汝南县。后魏克豫州，以地归之。拜恒农太守。今河南陕县。后为宋将薛安都所陷。重耳为后魏豫州刺史，生献祖熙，为金门镇将。金门坞，在今河南洛宁县南。率豪杰镇武川，因家焉。生懿祖天赐。天赐三子，其季太祖虎，为西魏八柱国之一，生世祖昞，即高祖之父也。兼据新旧《唐书·本纪》及《新书·宗室世系表》。近人陈寅恪云:《宋书·柳元景传》：元嘉二十七年（450年）之役，薛安都等军擒弘农太守李初古拔父子二人。弘农即恒农，魏避讳改。别一军屠金门坞，杀戍主李买得，古拔子也，为虏永昌王长史，勇冠戎类。永昌闻其死，若失左右手。《魏书·薛安都传》云：自卢氏寇弘农，卢氏，今河南卢氏县。执太守李拔。世祖临江，拔乃得还。元嘉二十七年（450年）前后，宋汝南太守姓名皆可考，并无李重耳其人。《宋书·索虏传》：卢永昌王屯汝阳，今河南商水县西北。《通鉴》系元嘉二十七年三月。汝阳本属汝南，后乃别为郡，则重耳殆随永昌屯豫州，因有汝南之授，实魏官而非宋官。《唐会要》：献、懿二祖陵，在赵州昭庆县。今河北隆平县。《唐光业寺碑》述唐先世，又有维王桑梓之语，则献、懿葬地，即其世居之地。其地旧属巨鹿郡，与山东著姓赵郡李氏所居之旧常山郡邻接。汉常山郡，治元氏，今河北元氏县。太祖尝封赵郡公，当即由此。《汉书·地理志》：中山国唐县、今河北唐县。有尧山，其追封唐国，亦取义于此。然则唐之先世，盖因同居一地，而自托于赵郡欤？此说创而确。唐先世不必论其是否汉族，既居于武川，则必不免渐染殊俗矣。自后魏已来，扰乱中原者，率皆代北之族，其余风至隋末而未殄。唐也，杨玄感也，李密也，宇文化及也，其成败异，其凭藉则一也。

唐高祖少袭父封为唐公。隋文帝独孤皇后，高祖之从母也，故文帝与高祖相亲爱。李虎当西魏时，赐姓为大野氏，文帝相周，复高祖姓为李氏。以为千牛备身。事隋，为谯、陇二州刺史。谯州，今安徽滁县。陇州，今陕西陇县。大业中，历岐州刺史，岐州见第一节。荥阳、楼烦二郡太守。楼烦见第四节。召为殿内少监，卫尉少卿。炀帝征辽，督运粮于怀远镇。见第四节。杨玄感反，为弘化留守，弘化见第二节。关右诸郡兵，皆受节度。十一年（615年），拜山西河东慰抚大使。十三年（617年），拜太原留守。子世民，阴结豪杰，招纳亡命，与晋阳令刘文静谋举大事。晋阳见第四节。计已决，高祖未之知。欲以情告，惧不见听。高祖领晋阳宫监，所善客裴寂为副。世民阴与寂谋。寂因选晋阳宫人私侍高祖。高祖过寂饮酒，酒酣从容，寂具以告。高祖大惊。寂曰："正为官人奉公，事发当诛，为此耳。"世民因亦入白其事。高祖初阳不许，已而许之，然未有以发。而所在起义者益多。突厥数犯边，高祖兵出无功，炀帝遣使者执诣江都。高祖大惧。世民曰："事急矣，可举事。"已而炀帝复驰使者赦止高祖，其事遂已。刘武周攻汾阳宫，武周事见下。高祖因之以募兵。副留守王威、高君雅疑有变，图高祖。高祖诬以反召突厥，杀之以起兵。时五月也。史所传高祖起兵之事如此。不免以化家为国，归功太宗。《旧书·李靖传》：大业末，为马邑郡丞。会高祖击突厥于塞外，靖密知高祖有四方之志，因自锁上变。将诣江都，至长安，道塞不通而止。又《宇文士及传》：士及来降，高祖数之。谢曰："臣之罪诚不容诛。但臣早奉龙颜，久存心腹。往在涿郡，尝夜中密论时事；后于汾阴宫，汾阴县，在今山西荣河县北。复尽丹赤。"高祖笑谓裴寂曰："此人与我言天下事，至今已六七年矣，公辈皆在其后。"则靖之所疑，诚为不虚。谓高祖起兵，太宗有大力焉则可，谓其纯出太宗则诬矣。《裴寂传》：刘文静以取宫人事胁寂，寂甚惧，乃屡促高祖起兵，则谓寂因与太宗有谋，乃以宫人侍高祖者，亦非实录。寂本佞媚之徒，高祖亦溺情声色，其私取宫人，盖特荒淫之事，然谓其素无叛隋之心，固不可也。

唐高祖既起兵，以子建成领左军，世民领右军，元吉领中军。七月，发太原，使元吉留守。隋将宋老生，屯于霍邑，今山西霍县。天雨粮尽，高祖欲旋师，建成、世民不可，乃止。据《通鉴考异》曰：《创业注》，是谋出于建成、世民。《太宗实录》尽以为太宗之策，无建成名，盖没之耳。当时左军已发，建成与太宗分追之，则其意亦不欲还。八月，败老生，斩之。代王使屈突通屯河东。隋郡，今山西永济县。裴寂欲攻之，世民欲先入关，高祖两从之。九月，留兵围河东而西。建成、刘文静屯永丰仓，《新唐·志》在华阴，今陕西华阴县。守潼关。世民自渭北徇三辅。高祖从父弟神通，时在长安，隋人捕之，神通潜入鄠县山南举兵。今陕西鄠县。柴绍妻，高祖女也，平阳公主。亦居长安。高祖起，绍诡道走并州。主奔鄠，招南山亡命，得数百人，起司竹。《隋志》：盩厔县有司竹园，今陕西盩厔县。皆与世民会。十月，围隋京城。十一月，克之。尊炀帝为太上皇，立代王为帝。明年唐武德元年（618年）。五月，遂受禅焉。唐兵之济河也，屈突通留其将尧君素守河东，将自武关趋蓝田，今陕西蓝田县。至潼关，为刘文静所遏。闻长安陷，乃留桑显和守潼关，率兵东下，将趋洛阳。显和降唐。文静使副将与追通，擒之。尧君素至十二月乃为其下所杀。其将王行本在他所，赴救不及，捕杀反者党与数百人，复拒守。刘武周入并州，行本与连和。见下。为唐兵所围，出降。高祖斩之。

唐之定关中，薛举亦起陇右，实为唐肘腋之患，唐人乃先平之。举，河东汾阴人，其父徙居金城。举家产巨万，交结豪猾，雄于边朔，为金城校尉。大业末，囚郡县官，自称西秦霸王。数月间，尽有陇西之地。十三年七月，僭号于兰州。即金城。子仁杲克秦州，徙居之。遣仁杲攻扶风。即岐州。会唐兵定关中，太宗败之。武德元年，丰州总管张长逊丰州，即五原郡。击其将宗罗睺。举悉众来援，屯于高墌。城名，在今陕西长武县北。太宗击之，为所败。举取高墌，又遣仁杲围宁州。今甘肃宁县。未几，举死。仁杲立于折墌，城名，在今甘肃泾川县东北。与诸将帅素多有隙，兵势日衰。太宗败之高墌，进围折墌。仁杲穷蹙降。以归京师，斩之。时十一月也。

其时割据西方者，又有河西之李轨，则不烦兵力而下。轨，武威姑臧人。姑藏，武威郡治。家富于财，振济穷乏，人亦称之。大业末，为鹰扬府司马。薛举起事，与同郡曹珍、关谨、梁硕、李赟、安修仁谋保据河右，珍等推以为主。轨令修仁夜率诸胡入内苑城，轨于郭下聚众应之，执缚虎贲郎将谢统师等，自称河西大凉王。时大业十三年七月也。武德元年（618 年）冬，僭称尊号。攻陷张掖、见第四节。敦煌、见第五节。西平、见第四节。枹罕，今甘肃临夏市。尽有河西五郡之地。高祖方图薛举，与之相结。下玺书，谓为从弟，拜为凉州总管，封凉王。轨欲去帝号受册。曹珍劝依萧詧故事，称帝而臣于周。轨从之。二年，遣随使者入朝，表称皇从弟、大凉皇帝臣轨而不受官。轨之起也，梁硕为谋主。硕见诸胡种落繁盛，阴劝轨宜加防察，由是与安修仁有隙。修仁构成其罪，杀之。又有胡巫，云上帝当遣玉女，从天而降。遂征兵筑台，以候玉女。百姓患之。又属年饥，人相食。轨倾家振之，不能遍，欲开仓给粟，故人皆云便。谢统师等与群胡相结，执不可。由是士庶愤怨，多欲叛之。安修仁之兄兴贵，先在长安，表请诣凉州招慰轨。云："臣于凉州，奕代豪望。臣弟为轨所信任，职典枢密者数十人。候隙图之，易于反掌。"高祖从之。兴贵至凉州，轨授以官。兴贵谕轨委质。轨不从。遂与修仁等潜谋起兵。诸城老幼，皆出诣修仁。五月，执轨归长安。唐杀之。是时之凉州，盖胡、汉交争之局，而胡人之势甚张。轨以汉人为之主，太阿倒持，一切皆非自主。欲去尊号而不果，谕以委质而不从，皆非其所自为也。

王世充之败也，兵士溺死者万余人。世充率余众归河阳。天寒大雪，在道冻死者又数万人。比至，才以千数。世充自系狱请罪。

越王侗遣使赦之。征还洛阳，置营于含嘉仓城。胡三省曰：当在洛阳之北。收合亡散，复得万余人。宇文化及作难，太府卿元文都、武卫将军皇甫无逸、右司郎中卢楚，奉越王侗嗣位于东都。化及夺江都人舟楫，从水路西归。至徐州，今江苏铜山县。路不通，复夺人车牛，得二千两，并载官人、珍宝。其戈甲戎器，悉令军士负之。道远疲极，三军始怨。司马德戡谋以后军袭杀化及。事泄，化及杀之。引兵向东郡。通守王轨降之。元文都请以尊官宠李密，以库物啖之，使击化及。"化及破，密之兵固亦疲矣。又其士卒，得我之赏，居我之官，内外相亲，易为反间。"卢楚等以为然。即遣使拜密为太尉、尚书令、东南道大行台、行军元帅、魏国公。令先平化及，然后入朝辅政。密亦恐前后受敌，因卑辞以报谢焉。化及至黎阳，与密相遇。密知其军少食，不与交锋，而遏其归路。化及粮尽，众多叛之。掠汲县，今河南汲县。北趋魏县。今河北大名县。王轨降。密乃引兵而西。遣使朝于东都。侗召密入朝。王世充谓其麾下曰："吾军人每与密战，杀其父兄子弟前后已多，一旦为之下，吾属无类矣。"出言以激怒其众。文都知而大惧。与楚等谋，因世充入内，伏甲杀之。纳言段达告世充。世充勒兵围宫城，破门而入。无逸单骑遁去。楚、文都皆死。世充移居尚书省，专宰朝政。李密至温县，今河南温县。闻难，乃归金墉城。时密劲兵良马多死，士卒疲倦。世充简练精勇，得二万余人击之。初隋河南道讨捕大使裴仁基据武牢以拒密。武牢，即虎牢，唐人避讳改字。在今河南汜水县西北。张须陀之死，仁基悉收其众，每与密战，多所斩获，而监军御史萧怀静阴持其长短，仁基乃杀怀静，以其众归密。及是，劝密"分兵守其要路，简精兵并河西出，以逼东都。彼却还，我且按甲，彼重出，我又逼之，使劳于奔命"。密亦欲按甲以观其敝。而诸将轻世充，皆请战。密不能坚。战于偃师北，密师败绩。密与万余人驰向洛口。其长史邴元真，已遣人潜引世充矣。密阴知之，不发其事，欲待其半渡洛水，然后击之，而候骑不时觉，将出战，世充军悉已济矣。单雄信又勒兵自据。《通鉴》。密度不能支，引骑遁去。雄信降世充。密将如黎阳。或曰："杀翟让之际，徐世勣几至于死，今向其所，安可保乎？"时王伯当弃金墉保河阳，密以轻骑自武牢归之。欲南阻河，北守太行，东连黎阳，以图进取。诸将不可。乃归唐。时武德元年十月也。十二月，高祖使领本兵往黎阳，招集旧时将士，以经略世充。亦令王伯当同行。至桃林，隋县，唐改为灵宝，今河南灵宝县。复征之。密据县城，驱掠畜产，直趋南山，乘险而东。史万宝镇熊州，今河南宜阳县。遣副将盛彦师追蹑。至陆浑县南，陆浑，在今河南嵩县东北。与密相及，伏兵山谷击斩之。王伯当亦死。邴元真之降王世充也，世充以为行台仆射，镇滑州。今河南滑县。密故将杜才干，以兵归之。已而伏甲斩之，以其首祭密冢，乃归唐。密之入关也，士从之者二万人，其死，哭之多欧血者。亦不可谓不得众。然一败而不复振，则单雄信之叛，徐世勣之不可杖实为之。其祸根，似仍种于杀翟让之时也。

《旧唐书·李密传》曰：义旗建，密负其强盛，欲自为盟主，乃致书，呼高祖为兄，请合从以灭隋。高祖言："吾方安辑京师，未遑东讨，即相阻绝，便是更生一秦，密今适为吾拒东都之兵，守成皋之厄。"汉于虎牢置成皋县，隋改曰汜水。乃报书，称"天生烝民，必有司牧，当今为牧，非子而谁？老夫年余知命，愿不及此。惟冀早应图箓，以宁兆庶。宗盟之长，属籍见容，复封于唐，斯愿足矣"。密得书甚悦。于是不虞义师，而专意于王世充。此乃唐人夸饰之辞。密时方与世充相持，即有虞于唐，亦未必能舍近敌而争远利也。唐既定长安，乃遣建成、世民徇地东都。《新书·高祖纪》在义宁二年正月。《旧书·太宗纪》在元年十二月，未及建成。《隋书·李密传》：义师围东都，密出军争之，交绥而退；盖在此时？时唐兵力尚未足，故亦浅尝之而已。李密败，唐乃以淮安王神通为山东道安抚大使。时密旧境，东至于海，南至于江，西至汝州，今河南临汝县。北至魏郡，今河南安阳县。皆为徐世勣所据，亦来降。诏授勣黎阳总管，总统河南、山东之兵，以拒王世充，而窦建德之兵亦至。建德，贝州漳南人。漳南，在今山东恩县西北。少时颇以然诺为事。大业七年（611年），募人讨高丽，本郡补二百人长。同县孙安祖，亦选在行中。辞贫，令怒，笞之。安祖刺杀令，亡投建德。建德招诱逃兵及无产业者，得数百人，令安祖入高鸡泊起事。泊在今恩县西北。时鄃人张金称，鄃县，今山东夏津县。亦结聚在河阻中。蓨人高士达，在清河界。蓨县，在今河北景县境。清河，今河北清河县。诸义师往来漳南者，独不入建德闾。郡县意建德与贼徒交结，收系家属，无少长，皆杀之。建德闻之，率麾下二百人亡归士达。后安祖为金称所杀，兵数千人，尽归建德，自此渐盛。隋杨义臣讨金称，破之清河，乘胜至平原，破斩士达。《旧唐书·建德传》。《隋书·义臣传》云：破士达，斩金称。建德率百余人遁去。复还，招集亡卒，得数千人，复振。初群雄得隋官属及山东士子皆杀之，惟建德每获士人，必加恩遇。郡县长吏，稍以城降之。军容益盛，胜兵十余万人。十三年正月，自称长乐王。七月，隋遣薛世雄来讨，建德袭破之。遂降河间，隋郡，今河北河间县。始都乐寿。今河北献县。武德元年五月，更号夏王。先是上谷帅王须拔，自号漫天，拥众数万，入掠幽州，中流矢死。亚将魏刀儿代领其众，自号历山飞，入据深泽。今河北深泽县。建德与之和，袭破之，尽并其地。宇文化及之走魏县也，腹心稍尽，兵势日蹙。叹曰："人生固当死，岂不一日为帝乎？"九月，鸩杀秦王浩，僭位。国号许。攻李密总管元宝藏于魏州，今河北大名县东。不克。宝藏后归唐。乃东北趋聊城，今山东聊城县。将招诱海北群雄。唐淮安王神通蹑之。化及粮尽请降。神通贪其玉帛，不受。士及自济北馈之，济北，隋县，在今山东长清县境。化及又坚守，而窦建德之兵至，神通遂引退。建德攻聊城，拔之。杀化及、智及。士及奔唐。时武德二年闰二月也。隋齐王暕有遗腹子，名正道，与炀帝萧后同随化及至河北，及是，又入建德军。建德送之突厥。突厥处罗可汗号为隋王，处之定襄。隋郡。至贞观四年（630年），李靖破突厥，乃获之。建德每平城、破阵，所得赀财，并散赏诸将。至此，得宫人以千数，应时放散。隋文武官及骁果且一万，亦听其所去。又以裴矩为尚书左仆射，崔君肃隋兵部侍郎。为侍中，何稠隋少府令。为工部尚书。其余随才拜授，委以政事。有欲往关中及东都者，亦恣听之，仍给衣粮，以兵援送出境。八月，陷洺州，今河北永平县。迁都焉。又与王世充结好，遣使朝越王侗。后世充废侗自立，乃绝之。九月，南侵相州。唐淮安王神通不能拒，奔黎阳。建德陷之。神通、世勣，并为所虏。唐是时有刘武周之难，不克与之争也。

刘武周，河间景城人。景城，在今河北交河县东北。父匡，徙家马邑。武周骁勇，善骑射，交通豪侠。为鹰扬府校尉，杀太守刘仁恭而代之，遣使附于突厥，遂陷雁门、楼烦、定襄。突厥立为定杨可汗，遗以狼头纛。武周因僭称皇帝。上谷宋金刚，在易州界起义，易州，今河北易县。与魏刀儿相表里。刀儿为窦建德所灭，金刚救之，战败，奔武周。武周闻金刚善用兵，甚喜，号为宋王，委以军事，中分家产遗之。金刚说武周图晋阳。武周令率兵二万，以侵并州。武德二年四月，袭破榆次。今山西榆次县。六月，进陷介州。今山西介休县。李仲文、裴寂先后拒之，皆为所败。齐王元吉委城遁。武周遂据太原，遣金刚进攻晋阳。六日，城陷。进取浍州。今山西翼城县。属县悉下。夏县人吕崇茂杀县令应之，夏县，今山西夏县。王行本又与连和。关中大骇。高祖欲弃河东守关西，太宗陈其不可。乃悉发关中兵，以益太宗。又命永安王孝基等进攻夏县，俱没。孝基，高祖从父弟。败后，高祖又使桑显和攻之，亦未能克。武周将尉迟敬德助崇茂守，高祖使赦崇茂罪，使图敬德，事泄，敬德杀之。敬德去，余党复据守。太宗既破宋金刚，乃还攻屠之。敬德后亦降唐。太宗与金刚相持，至三年四月，金刚粮尽而遁，太宗乃追破之。武周、金刚先后奔突厥。未几，金刚背突厥而亡，将还上谷，为追骑所获，要斩之。武周后谋亡归马邑，事泄，亦为突厥所杀。《纪》在武德五年七月。武周之南侵也，其妹夫苑君璋谏以并州以南，地形险要，县军深入，恐后无继。武周不听，卒以馈运不属败，然金刚则诚战将也。

王世充以武德二年四月，废越王侗而自立。国号郑。六月，鸩杀侗。谥曰恭帝。世充之为人也，好行小惠而实不至。见众心日离，乃严刑峻制以防之。而仓粟日尽，城中人相食。三年七月，太宗率兵攻之。世充镇堡，相继来降。初世充率众东徇地，至滑州，仍以兵临黎阳。窦建德亦入殷州以报之。事在武德二年（619年）冬，殷州，今河南获嘉县。及是，建德攻孟海公于周桥城。海公，济阴人，城当在济阴境。济阴，今山东曹县。其中书舍人刘斌说以救郑，建德从之，遣人结好，并陈救援之意。世充乃遣兄子琬及内史令长孙安世报聘，且乞师。明年二月，建德克周桥，虏孟海公。兖州贼帅徐圆朗，兖州，今山东滋阳县。先降于建德。建德乃悉发海公、圆朗之众，以救世充。三月，太宗用薛收、郭孝恪之策，屯于虎牢以拒之。建德国子祭酒凌敬劝其济河，入上党，收河东，以牵制唐师。建德将从之。而世充使阴赍金玉，啖其诸将，以乱其谋。建德遂悉众逼虎牢，战败，为唐所擒。时五月也。其妻曹氏，及其左仆射齐善行将数百骑遁于洺州。余党欲立建德养子为主，善行言无为涂炭生人，乃以府库财物分士卒，各令散去而降唐。此建德能用士大夫之效也。太宗以建德并王琬、长孙安世至东都城下示之，且遣安世入城言败状。世充欲溃围走襄阳，谋于诸将，皆不答。乃请降。至长安，斩建德，徙世充于蜀。将行，为仇人所杀。建德颇有大略，其败也，盖以其起山东，未尝见大敌。太宗语，见《旧书·本纪》。当时即用凌敬之谋，亦未必能掣唐兵使返也，而不见刘武周之终无所成邪？

然建德甫平，而刘黑闼之兵复起，则可见建德苟不作孤注，亦非可以旦夕定也。黑闼，亦漳南人，与建德少相友善。初从郝孝德，后归李密。密败，为王世充所虏，后又归于建德，建德封为汉东郡公。建德败，黑闼自匿于漳南。高祖征建德故将范愿等，愿等复谋举事，往见黑闼，黑闼从之。遂举兵袭破漳南。淮南王神通、将军秦武通、王行敏先后讨之，皆为所败。黑闼移书赵、魏，建德将士，往往杀官吏以应之。李世勣为黎州总管，徐世勣，唐赐姓李氏。黎州，即黎阳。不能拒，走保洺州。黑闼追击，破之。半岁，悉复建德故地。徐圆朗举齐、兖以附。北连高开道，见下节。遣使突厥。五年正月，称汉东郡王，都于洺州。太宗攻之，分兵绝其粮道，相持两月，乃破之。黑闼奔突厥，山东悉定。太宗遂南攻徐圆朗。

徐圆朗，兖州人。隋末，据本郡。略地，自琅邪已西，北至东平，尽有之。琅邪郡，今山东临沂县。东平郡，今山东郓城县。胜兵二万余人。初附李密。密败，归王世充。洛阳平，归唐，拜兖州总管。新旧《书》本传同。《新书·本纪》，于武德二年七月，即书圆朗降。《通鉴》同。盖时文降唐，实未绝世充。黑闼叛，圆朗又应之。太宗进师曹州，即济阴郡。遣淮南王神通及李世勣攻之。圆朗穷蹙，弃城夜遁，为野人所杀。新旧《书》本传同。《新书·本纪》，事在武德六年二月，云：“李世勣败徐圆朗，执之。”《旧书·勣传》云：“获圆朗，斩首以献。”盖野人杀之，而勣攘以为功也。

圆朗未平，而黑闼又至。武德五年六月，黑闼借兵突厥，来寇山东。高祖遣淮阳王道玄讨之，道玄，高祖从父兄子。败死。河北诸州，又降于黑闼。黑闼复都洺州。十一月，齐王元吉击之，迟留不进。又令太子建成督兵进讨，乃败之。黑闼走，至饶阳，其所署饶州刺史葛德威执之，黑闼于饶阳县置饶州也。今河北饶阳县。送建成所，斩于洺州。山东复定。

第七节 隋末之乱（下）

隋末，群雄剧战，皆在北方。若南方，则虽有若萧铣、杜伏威，据地较广，兵力较强者，亦不逾时而定。可见其时政治之重心，实在北方也。

朱粲，亳州城父人。亳州，今安徽亳县，城父县，在亳县东南，今其地名城父村。“初为县佐史。大业末，从军讨长白山贼，山在今山东邹平县南。遂聚结为群盗。”引军渡淮，至竟陵、沔阳，竟陵郡，今湖北钟祥县。沔阳郡，今湖北沔阳县。后转至山南。义宁中，招慰使马元规击破之。俄而收辑余众，兵又大盛。僭称楚帝于冠军，隋县，在今河南邓县西北。攻陷邓州，今邓县。有众二十万。粲所克州县，皆发其藏粟以充食，迁徙无常，去辄焚余赀，毁城郭。又不务稼穑，以劫掠为业，于是百姓大馁。军中罄竭，无所虏掠。乃勒所部：有略得妇人、小儿，皆烹之，分给军士。又税诸城堡，取小弱男女，以益兵粮。诸城惧税，皆相携逃散。显州首领杨士林、田瓒背粲，显州，今河南泌阳县。诸州响应，相聚而攻之。大战于淮源，隋县，在今河南信阳县西北。粲败，以数千人奔菊潭，隋县，在今河南内乡县北。遣使请降。时武德二年二月也。高祖令假散骑常侍段确迎劳之。确因醉侮粲。粲怒，收确及从者数十，悉杀之以飨左右。遂屠菊潭，奔王世充。东都平，获之，斩于洛水上。

萧铣者，岩之孙。岩事见《两晋南北朝史》第十五章第三节。炀帝时，以外戚擢授罗县令。据《隋书·本纪》。新旧《唐书·本纪》及《通鉴》皆作罗川。《隋志》：罗川县属北地郡，在今甘肃正宁县北，罗县属巴陵郡，在今湖南湘阴县东北。大业十三年（617 年），岳州校尉董景珍、雷世猛，旅帅郑文秀、许玄彻、万瓒、徐德基、郭华，沔州人张绣等同谋叛隋，岳州，即巴陵郡，今湖南岳阳县。沔州，即沔阳郡。欲推为主，遣人谕意。铣大悦，报书曰："我本国昔在有隋，以小事大，朝贡无阙，乃贪我土宇，灭我宗祊，我是以痛心疾首，无忘雪耻。今天启公等，协我心事，若合符节，岂非上玄之意也？"即日集得数千人，扬言讨贼，实欲相应。遇颍川酋帅沈柳生来寇，颍川郡，今河南许昌县。击之不利。铣因以谕众，众皆大悦。柳生亦以众归之。铣自称梁公，率众往巴陵。景珍遣徐德基、郭华率州中首领数百人迎谒。柳生曰："我先奉梁公，勋居第一。今岳州兵众，倍多于我。我若入城，便出其下。不如杀德基，质其首领，独挟梁王，进取州城。"遂与左右杀德基，方诣中军白铣。铣大惊曰："今欲拨乱，忽自相杀，我不能为汝主矣。"乃步出军门。柳生大惧，伏地请罪，铣责而赦之，陈兵入城。景珍言："柳生凶悖，若不加诛，何以为政？且其为贼凶顽已久，同处一城，必将为变。若不豫图，后悔无及。"铣又从之。景遂斩柳生于城内，其下皆溃散。铣自称梁王。义宁二年（618年），僭称皇帝。署置百官，一准梁故事。隋将张镇州、王仁寿击之，不能克。及闻隋灭，镇州因与宁长真等率岭表诸州，尽降于铣。见下。林士弘者，饶州鄱阳人。饶州，治鄱阳，今江西鄱阳县。大业十二年（616年），与乡人操师乞起兵。师乞攻陷豫章郡而据之。豫章郡，即洪州。隋遣持书侍御史刘子翊讨之，师乞中矢死。士弘代董其众，复与子翊大战于彭蠡湖，隋师败绩，子翊死之。士弘大振，兵至十余万。十三年（617年），徙据虔州，今江西赣县。自称皇帝，国号楚。隋侍御史郑大节以九江下之。今江西九江县。士弘任其党王戎为司空，攻陷临川、今江西临川县。庐陵、今江西吉水县东北。南康、宜春诸郡。宜春，今江西宜春县。北至九江，南暨番禺，今广东南海县。悉有其地。张善安者，兖州方与人。方与，今山东鱼台县。年十七，"便为劫盗，转掠淮南"。因渡江附士弘于豫章，士弘不信之，善安憾焉。袭击士弘，焚其郛郭，去保南康。

萧铣以舟师破豫章，善安夺其地，据以归唐，而九江、鄱阳降于铣。铣遣杨道生攻陷南郡，治江陵，今湖北江陵县。张绣略定岭表。东至三峡，南尽交趾，北拒汉川皆附之，胜兵四十余万。武德元年（618年），迁都江陵。三年（620年），高祖诏夔州总管赵郡王孝恭讨之。夔州，今四川奉节县。孝恭，高祖从父弟子。时诸将横恣，多专杀戮，铣令罢兵，阳言营农，实夺其权也。董景珍之弟为将军，怨铣放其兵，谋为乱，事泄，为铣所诛，景珍遣间使诣孝恭送款。铣遣张绣攻杀之，又杀绣。大臣相次诛戮，故人边将皆疑惧，多有叛者。铣不复能制，兵势益弱。四年（621年），高祖命孝恭及李靖率巴蜀兵自夔州今四川奉节县。沿流而下，庐江王瑗自襄州道，瑗，亦高祖从父弟子。襄州见第三节。黔州刺史田世康趣辰州道。黔州，今四川彭水县。辰州，今湖南沅陵县。其将周法明降，即以为黄州总管。黄州，今湖北黄冈县。九月，靖乘水涨急下，逼其都。铣之放兵也，仅留宿卫士数千人，仓卒追兵，未能集。铣自度救兵不至，谓其下曰："若待力屈，必害黎元。"乃率官属诣军门曰："当死者惟铣，百姓非有罪也，请无杀掠。"时十月也。送于京师，斩之。铣降后数日，江南救兵十余万，一时大至。知铣降，乃送款于孝恭。然铣即不降，此等兵亦未必能力战；即有肯战者，亦必非唐兵之敌；此铣之所以速降也。

岭南之地，时尚全未开发，故江域既平，即传檄而下。刘洎者，事萧铣为黄门侍郎，铣令略地岭表，得五十余城，未还而铣败，遂以所得城归唐。丘和者，炀帝时为刺史、郡守，以献食精获幸，然善抚吏士，甚得欢心。大业末，以海南僻远，吏多侵渔，百姓咸怨，选淳良太守以抚之。裴矩奏以和为交趾太守。今越南东京。初宁猛力之死，子长真袭为刺史。炀帝之讨林邑，长真出兵攻其后，又率部落数千，从征辽东。炀帝召为鸿胪卿，遣还，又以其族人宣为合浦太守。今广东合浦县。隋乱，皆以其地附萧铣。《唐书·南蛮传》。冯盎以苍梧、高凉、珠崖、番禺之地，附于林士弘，隋苍梧郡，治封川，今广东封川县。高凉郡，在今广东阳江县西。番禺，即广州。各遣人召和。和初未知隋亡，皆不就。林邑之西诸国，并遗和明珠文犀金宝之物，富埒王者。铣利之，遣长真率百越之众，渡海侵和。和遣其司法书佐高士廉率交、爱首领击之，交州，即交趾郡。爱州，即九真郡，今越南之清华。长真退走，境内获全。后审知隋灭，乃以州从铣。及铣平，和以海南之地归唐，即授交州总管。李袭志者，仕隋，为始安郡丞。大业末，散家产，招募得三千人，以守郡城。萧铣、林士弘等争来攻击，袭志固守。久之，宇文化及弑逆，郡人有劝袭志为尉佗，袭志不听。固守二年，乃为铣所陷。铣署为工部尚书，检校桂州总管。武德初，高祖遣其子赍书召之。袭志乃密说岭南首领隋永平郡守李光度，与之归唐。永平，今广西藤县。及萧铣平，赵郡王孝恭授袭志桂州总管。武德五年（622 年），入朝，拜江州都督。江州，即九江郡。辅公祏反，又以袭志为水军都督讨之。见下。转桂州都督。袭志前后任桂州二十八载焉。冯盎，武德三年（620 年），广、新二州酋帅高法澄、洗宝彻等，新州，今广东新兴县。并受林士弘节度，杀害隋官吏。盎率兵击定之。或请上南越王之号，盎亦不受。四年（621 年），以南越之众降唐。萧铣之平也，唐命李靖检校荆州刺史，荆州见第三节。承制拜授。靖乃度岭至桂州，遣人分道招抚。冯盎、李光度、宁长真等皆遣子弟来谒，靖承制授以官爵。凡所怀辑，九十六州，户六十余万。高祖授宁长真钦州都督。钦州见第二节。宁宣请降，未报而卒。以其子纯为廉州刺史，廉州，即合浦郡。又以其族人道明为南越州刺史。《新唐书·地理志》：廉州，武德四年曰越州，贞观八年（634 年），更名。案廉州刘宋时本名越州，当时或二州并置，至贞观八年（634 年），乃裁去越州也。道明与高州首领冯暄、谈殿，据南越州反。纯以兵援之。九年（626 年），道明为州人所杀。未几，长真死，子据袭刺史。冯暄、谈殿，阻兵相掠，群臣请击之。太宗不许，遣使宣谕。暄等与溪峒首领皆降。南方遂定。《唐书·南蛮传》。

割据长江下游者，有杜伏威、李子通、沈法兴等。伏威，齐州章丘人。今山东章丘县。与临济辅公祏，临济县，在今山东高苑县北。俱起兵反隋。《新书·公祏传》云：公祏与伏威起至死凡十三载，则其起在大业八年（612年）。伏威时年十六，常营护诸人，出则居前，入则殿后。故其党咸服之，共推为主，转略淮南。炀帝遣陈稜以精兵八千讨之，大溃。伏威乘胜破高邮。隋县，今江苏高邮县。据历阳，隋郡，今安徽和县。自称总管，以公祏为长史。分遣诸将略属县，所至辄下。江淮间小盗争附。李子通，东海丞人。丞，汉县，《新唐·志》作丞。隋时曰兰陵，属彭城，唐复故，属琅邪，今山东峄县西北。大业末，左才相据齐郡之长白山，子通归之。子通为人仁恕，由是人多归之，未半岁，兵至万人。才相稍忌之。子通自引去，因渡淮，与伏威合，寻为隋将来整所败，拥余众奔海陵，隋县，今江苏泰县。得众二万，自称将军。宇文化及之反也，署伏威历阳太守。伏威不受，上表于越王侗。侗拜为东南道大总管，封楚王。化及以陈稜为江都太守。稜又降唐，高祖亦授以总管。李子通率师击之。稜南求救于沈法兴，西乞师于杜伏威。法兴者，湖州武康人。湖州，今浙江吴兴县。武康，今浙江武康县。大业末，为吴兴郡守。吴兴郡，即湖州。东郡帅楼世干围郡城，东郡，见第四节。炀帝令太仆丞元祐击之。俄而宇文化及弑炀帝。法兴自以代居南土，宗族数千家，为远近所服，乃与祐部将孙士汉、陈果仁执祐于坐。以诛化及为名，发自东阳。见第二节。行收兵，将趋江都，下余杭郡。见第五节。比至乌程，隋县，在吴兴南。精卒六万。毗陵通守路道德拒之。毗陵，即晋陵改名。晋陵，见第五节。法兴请与连和。因会盟，袭杀道德，进据其城。齐郡帅乐伯通据丹阳，为化及城守，法兴使果仁攻陷之。据有江表十余郡。陈稜求救，与伏威各以兵至。子通纳言毛文深进计，募江南人，诈为法兴兵，夜袭伏威。伏威不悟，又遣兵袭法兴。二人相疑，莫敢先动。子通遂得尽锐攻陷江都。稜奔伏威。伏威忌之，寻见害。子通入据江都，僭即皇帝位，国称吴。法兴自克毗陵，谓江淮以南，可指㧑而定，专立威刑，将士解体。子通乘胜渡江，陷其京口。今江苏丹徒县。法兴使其仆射蒋元超拒之庱亭，在今江苏武进县西。战死。法兴弃城宵遁。子通遂有晋陵。后伏威遣辅公祏攻陷丹阳，进屯溧水。隋县，今江苏溧水县。子通击之，为所败。又属粮尽。乃弃江都，保于京口。江西之地，尽归伏威。伏威徙居丹阳。子通东走太湖，鸠集亡散，得二万人。袭沈法兴于吴郡，见第五节。破之。法兴率左右数百人，投昆山帅闻人遂安。遂安据昆山，见《王雄诞传》。昆山，隋县，今属江苏。遂安遣其将叶孝辩迎之。法兴中路而悔，欲杀孝辩，更向会稽。见第二节。孝辩觉之。法兴惧，乃赴江死。时武德三年（620年）也。子通都于余杭。东至会稽，南至于岭，西距宣城，隋郡，今安徽宣城县。北至太湖，尽有其地。太宗围王世充，遣使招杜伏威。伏威请降。就拜东南道行台尚书令，江淮以南安抚大使，上柱国。封吴王。赐姓李氏，豫宗正属籍。伏威遣将率兵来会。四年（621年），遣其将王雄诞攻李子通。子通穷蹙请降。伏威执之，并乐伯通送于京师。歙州首领汪华，歙州，今安徽歙县。隋末据本郡称王，十余年。雄诞回军击之，华降。又降闻人遂安。伏威尽有江东、淮南之地，南接于岭，东至于海。太宗平刘黑闼，攻徐圆朗，伏威来朝。武德五年（622年）。留于京师，礼之甚厚。李子通谓乐伯通曰："伏威既来，东方未静，我所部兵，多在江外，往彼收之，可有大功于天下矣。"遂相与亡。至蓝田关，蓝田见第六节。为吏所获，俱杀之。于是江淮已南，惟伏威之地仅文服矣。《旧书·辅公祏传》曰：伏威与公祏，少相爱狎。公祏年长，伏威每兄事之。军中咸呼为伯，畏敬与伏威等。伏威潜忌之。署其养子阚稜为左将军，王雄诞为右将军，推公祏为仆射，外示尊崇，而阴夺其兵权。公祏知其意，乃与故人左游仙伪学道辟谷。伏威将入朝，留公祏居守，复令雄诞典兵以副公祏，阴谓曰："吾入京，若不失职，无令公祏为变。"后左右说公祏反，会雄诞属疾于家，公祏夺其兵。《雄诞传》云：公祏将为逆，夺其兵，拘之别室，遣西门君仪谕以反计。雄诞不可。缢杀之。《通鉴》云：公祏诈称得伏威书，疑雄诞有贰心。雄诞闻之，不悦，称疾不视事。公祏因夺其兵，使其党西门君仪谕以反计。雄诞始悟。诈言伏威不得还江南，诒书令其起兵。因僭即伪位，自称宋国，于陈故都筑宫以居焉。公祏反，《纪》在武德六年八月。高祖命赵郡王孝恭、李靖等分道击之，破其兵。公祏以左游仙为越州总管，越州，即会稽郡。欲就之。至武康，为野人所执，送于丹阳，孝恭斩之，传首京师。时武德七年三月也。《伏威传》云:公祏反，诈称伏威之令，以绐其众。高祖遣赵郡王孝恭讨之。时伏威在长安，暴卒。及公祏平，孝恭收得公祏反辞，不晓其诈，遽以奏闻。乃除伏威名籍，没其妻子。贞观元年（627年），太宗知其冤，赦之，复其官爵，葬以公礼。《李百药传》：百药为李子通中书侍郎、国子祭酒，又为杜伏威行台考功郎中。高祖遣使招抚，百药劝伏威入朝。伏威从之。遣辅公祏与百药留守。至历阳，狐疑中悔，将害百药，乃饮以石灰酒。因大泄利，而宿病皆除。伏威知百药不死，作书与公祏，令杀百药。赖王雄诞保护获免。公祏反，又授百药吏部侍郎。有谮百药于高祖云:“百药初说杜伏威入朝，又与辅公祏同反。”高祖大怒。及公祏平，得伏威与公祏令杀百药书，高祖意稍解，遂配流泾州。今甘肃泾川县。然则果伏威不欲反而公祏叛之？抑公祏反实伏威意，而雄诞、百药贰于伏威？殊未可知也。伏威养壮士三十余人为假子，分领兵马，惟阚稜、王雄诞知名。《稜传》云：稜从伏威入朝，及公祏僭号，稜从军讨之。公祏破，稜功居多，颇有自矜之色。及擒公祏，诬稜与己通谋。又杜伏威、王雄诞及稜家产在贼中者，合从原放，孝恭乃皆籍没，稜诉理之，有忤于孝恭。孝恭怒，遂以谋反诛之。其事究如何，亦殊不可知也。

林士弘之亡豫章也，尚有南昌、虔、循、潮数州之地。南昌郡，即洪州，见第三节。潮州见第二节。萧铣破后，散兵稍往归之，复振。

荆州总管赵郡王孝恭遣使招慰，循、潮二州并来降。武德五年（622年），士弘遣其弟药师攻围循州。刺史杨略与战，大破之。士弘惧而遁走，潜保于安城之山洞。安城，吴县，唐改为安福，今属江西。王戎以南昌来降。拜为南昌州刺史。当即孙州，见下。戎召士弘，藏之于宅，招诱旧兵，更谋作乱。张善安归唐，授洪州总管。密知其事，发兵讨之。会士弘死，部兵溃散。戎为善安所虏。《旧书·士弘传》。《新书·本纪》：武德六年三月，洪州总管张善安反，四月，陷孙州，执总管王戎。《地理志》：武德五年（622年），以洪州南昌县置孙州。辅公祏反，善安举兵相应，安抚使李大亮击之。善安许降，将数十骑至大亮营，大亮执送长安。称不与公祏交通，高祖善遇之。及公祏败，搜得其书，与相往复，遂诛之。

北边自立者，多与突厥相连。刘武周之死也，突厥以苑君璋为大行台，统其余众，仍令郁射设督兵助镇。高祖遣谕之。君璋部将高满政，劝其尽杀突厥以归唐。君璋不从。满政因人心，夜逼君璋，君璋亡奔突厥。满政以城来降，拜朔州总管。朔州见第二节。时武德六年（623年）也。明年，君璋引突厥攻马邑。满政死之，君璋尽杀其党而去，退保恒安。所部稍稍离散，势蹙请降。高祖许之，遣使赐以金券。会突厥颉利可汗复遣召之，君璋犹豫未决。其子孝政劝其归唐。而恒安人郭威，说其据恒安以观天下之变。君璋然其计，执唐行人，送于突厥。与突厥合军，寇太原之北境。后见颉利政乱，乃率所部来降。时太宗贞观元年（627年）矣。

罗艺，大业时，以军功官至虎贲郎将。时天下大乱，“涿郡人物殷阜，涿郡见第四节。加有伐辽器仗，仓粟盈积；又临朔宫中多珍产；临朔宫见第五节。诸贼竞来侵掠。留守官赵什住等皆不能拒。艺独出战，前后破贼，不可胜计”，威势日重。什住等颇忌之。艺阴知之，乃以仓库山积，留守官无心济贫，激怒其众。执郡丞，发库物以赐战士，开仓以振穷乏。柳城、见第二节。怀远，并归附之。自称幽州总管。武德二年（619 年），奉表归唐。诏封燕王，赐姓李氏，豫宗正属籍。太宗击刘黑闼，艺领本兵破黑闼弟什善。明年，复将兵与隐太子会于洺州，因请入朝。

高开道，沧州阳信人。沧州，今河北沧县。阳信，今山东阳信县。少以煮盐自给。大业末，河间人格谦，河间见第六节。拥兵于豆子䴚，在今山东惠民县境。开道往从之。谦为隋师所灭，开道与其党百余人，亡匿海曲。复出掠沧州，招集得数百人。北掠城镇，自临渝至于怀远，皆破之，临渝见第二节。悉有其众。开道自起至灭凡八年，则其起在大业十二年（616 年）。隋将李景守北平郡，开道引兵围之，连年不能克。武德元年（618 年），景自度不能支，拔城而去。开道又取其地，进陷渔阳郡。今河北蓟县。有马数千匹，众且万人。自立为燕王，都于渔阳。先是怀戎沙门高昙晟，怀戎县，在今河北涿鹿县西。因县令设斋，与其徒五十人，拥斋众而反，杀县令及镇将，自称大乘皇帝。立尼静宣为耶输皇后。遣人招诱开道，改封齐王。开道以众五千人归之。居数月，袭杀昙晟，悉并其众。三年（620 年），复称燕王。罗艺为窦建德所围，告急于开道。开道率二千骑援之，建德引去。开道因艺降唐。诏封北平郡王，赐姓李氏，授蔚州总管。后魏蔚州，在今山西平遥县。后周在今山西灵丘县。隋废。唐初复置，不恒所治。此时以授开道。贞观中，破突厥，乃还治灵丘。天宝后，移今蔚县。后北连突厥，告绝于艺，复称燕国。刘黑闼寇山东，开道与之连和，引兵攻易州。又引突厥，频来为寇。恒、定、幽、易等州，皆罹其患。隋恒州治正定，今河北正定县。唐治石邑，在今河北获鹿县东南。寻还治正定。后改曰镇州。幽州，治蓟，今北京。颉利攻马邑，以开道兵善为攻具，引之，陷马邑而去。时天下大定，开道欲降，自以数反复，终恐致罪，又北恃突厥之众。其将士多山东人，思还本土，人心颇离。刘黑闼将张君立奔开道，因与其将张金树潜相结连，攻开道，开道自杀。金树又杀君立，归唐。时武德七年（624 年）也。

梁师都，夏州朔方人。朔方，夏州治，见第二节。代为本郡豪族。仕隋为鹰扬郎将，大业末罢归。师都阴结徒党数千人据郡，北连突厥，掠定雕阴、弘化、延安等郡。雕阴，今陕西绥德县。延安，今陕西肤施县。僭即皇帝位，称梁国。师都自起至灭凡十二岁，则其起在大业十三年（617 年）。突厥始毕可汗遗以狼头纛，号为大度毗伽可汗。师都乃引突厥居河南，攻破盐川郡。今宁夏盐池县。武德二年（619 年），高祖遣延州总管段德操破之。延州，即延安郡。刘武周败，师都大将张举、刘旻相次来降。师都大惧，遣说处罗可汗南侵。处罗从之。会死，乃止。高祖又令德操进击，拔其东城。师都退据西城，往朝颉利，为陈入寇之计。自此频致突厥之寇，边州略无宁岁。颉利之寇渭桥，见第三章第二节。亦师都计也。颉利政乱，太宗知师都势危援孤，以书谕之。不从。时刘旻为夏州长史，使与司马刘兰经略之。贞观二年（628 年），遣柴绍、薛万均击之。其从父弟洛仁斩师都，诣绍降。

李子和，同州蒲城人。同州，今陕西大荔县。蒲城，今陕西蒲城县。子和本姓郭氏，李赐姓，《新书》作郭子和。大业末，为左翊卫，犯罪徙榆林。见第四节。见郡内大饥，遂潜引死士十八人攻郡门，执郡丞王才，数以不恤百姓，斩之。开仓以振穷乏。自称永乐王。南连梁师都，北附突厥。始毕可汗先署刘武周为定杨天子，梁师都为解事天子，又以子和为平杨天子。子和固辞不敢当，乃更署为屋利设。武德元年，遣使归款。授榆林郡守，寻就拜云州总管。云州见第二节。子和既绝师都，又伺突厥间衅，遣使以闻。为处罗可汗候骑所获。处罗大怒，囚其弟子升。子和自以孤危，甚惧。四年（621 年），拔户口南徙。诏以延州故城居之。

刘季真，离石胡人也。父龙儿，隋末拥兵数万，自号刘王，以季真为太子。龙儿为虎贲郎将梁德所斩，其众渐散。唐兵起，季真与弟六儿复举兵。引刘武周之众，攻陷石州。治离石。季真北连突厥，自称突利可汗，以六儿为拓定王，甚为边患。唐以兵临之，季真惧而降。授石州总管，赐姓李氏。宋金刚侵并州，季真复与刘武周合势。金刚败，太宗执六儿斩之。季真奔高满政，寻为所杀。

隋末群雄，《唐书·高祖本纪》于高祖起兵前总叙之。除较大者已见上文外，尚有刘元进起晋安，晋安，晋县，隋改南安，今属福建。此别一刘元进，非第五节所述余杭之刘元进也。余杭之刘元进，与王世充战败，死于吴，见《通鉴》大业九年（613年）。此刘元进，武德五年正月降唐，见《唐书·高祖本纪》。下所述诸人败降年月皆同。惟左才相一人，史漏言其结局。邵江海据岐州，武德元年十月降。王须拔起恒、定，武德元年十一月，为窦建德所败，亡入突厥。王德仁起邺，隋县，今河南邺县。武德元年四月降。左才相起齐郡，左难当据泾，泾县，今属安徽。武德六年三月降。周文举据淮阳，今河南淮阳县。《新书·本纪》。武德五年二月，汴州总管王要汉败徐圆朗于杞州，执周文举。时要汉已降唐矣，文举盖附徐圆朗，故要汉为唐执之。杞州，盖圆朗所置，今河南杞县，古杞国之地，圆朗盖就此置州也。《旧书·地理志》：陈州，隋淮阳郡，武德元年（618年），讨平房宪伯，改为陈州，则淮阳又尝为宪伯所据。张长逊据五原，长逊，唐兵起即来降。授丰州总管，助唐击薛举，已见上节。新旧《书》皆有传。周洮据上洛，上洛郡，今陕西商县。义宁二年正月降。杨士林据山南，即攻朱粲之杨士林也，盖时山南之地归之。武德二年正月降。杨仲达据豫州，今河南汝南县。武德三年十月降。张善相据伊、汝，伊州，后改曰汝州，今河南临汝县，武德二年正月降。授伊州总管。后为王世充所陷，善相死之。新旧《书》皆见《忠义传》。王要汉据汴州，武德五年二月降。时德叡据尉氏，尉氏县，今属河南。武德三年八月降。李义满据平陵，平陵县，在今湖北均县北。武德二年三月降。綦公顺据青、莱，青州，即齐郡。莱州，今山东掖县。《旧书·地理志》：莱州，汉东莱郡。武德四年（621年），讨平綦顺，置莱州。淳于难据文登，文登县，今属山东。武德四年九月降。徐师顺据任城，任城县，今山东济宁县。武德二年三月降。蒋弘度据东海，隋郡，今江苏东海县。武德二年三月降。王薄据齐郡，武德二年三月降。蒋善合据郓州，今山东郓城县。武德四年六月降。田留安据章丘，武德五年五月降。张青特据济北，隋郡，在今山东茌平县西南。武德四年四月，为王君廓所执。臧君相据海州，即东海郡。武德四年六月降。《旧书·地理志》：楚州，隋江都郡之南阳县。武德四年（621年），藏君相归附，立为东楚州。《通鉴》言君相以五州来降，则其所据者不止一海州也。楚州，今江苏淮安县。殷恭邃据舒州，今安徽怀宁县。武德五年正月降。周法明据永安，永安郡，即黄州。武德四年五月降。苗海潮据永嘉，永嘉郡，今浙江永嘉县。武德六年三月降。梅知岩据宣城，武德六年三月降。邓文进据广州，武德五年四月降。俚酋杨世略据循、潮，即与林药师战之杨略。唐人避讳，去“世”字也。武德五年正月降。冉安昌据巴东，巴东郡，即夔州，武德五年四月降。大抵闻风而来，传檄而定。其散见列传中者，如高季辅、蓨人。武德初，众至数千。寻与武陟人李厚德率众来降。见《旧书》本传，武陟，今河南武陟县。张士贵、卢氏人。大业末，聚众起兵，高祖降书招怀之，士贵以所统送款。见《旧书》本传。王君廓、并州人。大业末，掠邯郸，邯郸人王君愕往说之，乃屯井陉。岁余，唐兵定关中，遂来降。见《旧书·王及善传》。君廓事《旧书》附《庐江王瑗传》，《新书》自有传，其归唐后不得善终，乃因牵涉建成与太宗之争而然，非本欲背叛也。见第二章第一节。薛士通、《旧书·薛登传》：义兴人。父士通，大业中为鹰扬郎将，江都之乱，与乡人闻人嗣安等同据本郡。武德二年，遣使归唐。义兴，今江苏宜兴县。郝相贵、处俊父。与妇翁许绍据峡州归唐，见《新书·处俊传》。峡州，今湖北宜昌县。王行敏等，行敏，隋末为“盗长”，高祖兴，来降。见《新书·忠义传》。亦皆不烦兵力而下。张玄素谓太宗曰：“隋末沸腾，被于寓县，争天下者，不过十数人，余皆保邑全身，思归有道。”信哉。可见乐战乱者必不多也。

第三章　唐之初盛

第一节　高祖、太宗之治

汉、唐并称中国盛世。贞观、永徽之治，论者以比汉之文、景，武功尤远过之。然非其时之君臣，实有过人之才智也。唐太宗不过中材，论其恭俭之德，及忧深思远之资，实尚不如宋文帝，更无论梁武帝；其武略亦不如梁武帝，更无论宋武帝、陈武帝矣。若高祖与高宗，则尤不足道。其能致三十余年之治平强盛：承季汉、魏、晋、南北朝久乱之后，宇内乍归统一，生民幸获休息；塞外亦无强部；皆时会为之，非尽由于人力也。

唐高祖以勋戚起，论其权略，实出李密之下，所以幸获成功者，据关中，得蓄力以待东方之敝，亦事势使然也。观其刑赏之倒错，即知其实无君人之德。萧铣志复先业，虽不免志大才疏，实不可谓之有罪，徒以见高祖时言稍戆直，遂斩于都市。王世充之罪，殊不可恕而舍之。窦建德实较磊落，反杀之。建德之死也，高祖征其故将范愿等，愿等相与谋曰："王世充以洛阳降，其下骁将、公卿单雄信之徒，皆被夷灭，我辈若至长安，必无保全之理，且夏王往日，擒获淮安王，全其性命，遣送还之，唐家今得夏王，即加杀害。我辈残命，若不起兵报仇，实亦耻见天下人物。"遂推刘黑闼为主而叛。此非愿、黑闼等之好乱，唐之措置，固有以自取之也。其用人尤为偏私。裴寂不徒无功，且有拒宋金刚之负，乃用为仆射，册为司空。异时太宗数之曰："武德之时，政刑纰缪，官方弛紊，职公之由。"高祖之政事可见矣。刘文静举义首谋，且有致突厥兵破屈突通之功。高墌之败，太宗亦身在行间，史称其卧疾委事于文静及司马殷开山，未必非讳饰之辞也。徒以与寂有隙，兄弟骈诛。并及其弟文起。此帝之昵于故旧也。封伦在隋世，依附杨素；虞世基尤非正人，且为宇文化及内史令；而帝以伦为左仆射，世基为中书令，可见其好用小人。宇文士及，化及之弟也，虽兄弟罪不相及，其人亦何足取？乃与虞世基同来，亦见亲待，则以其在隋朝，深自结托，且妹为昭仪故也。元吉之在并州，常共窦诞游猎，蹂践谷稼，放纵亲昵，公行攘夺。甚至当衢而射，观人避箭；夜开府门，宣淫他室。宇文歆频谏不纳，表言之，元吉坐免，乃讽父老诣阙请己，高祖又令复职。逮刘武周兵至，元吉弃军奔还，高祖不罪窦诞，反欲斩宇文歆，赖李纲力争得免。窦轨恣意虐杀，为益州行台左仆射，车骑、骠骑从者二十人，所斩略尽，高祖明知之，乃一下狱，旋复释之还镇。则以轨为太穆皇后从父兄子，诞则其从父兄孙，又尚高祖女襄阳公主故也。此帝之私于亲戚也。帝性好渔色。其起兵也，实由裴寂以晋阳宫人私侍之，已见第二章第六节。即位之后，嫔妃擅宠，女谒盛行，遂致建成、太宗，争相交结，衅隙愈深，终酿玄武门之变。事见下。初篡位时，孙伏伽以万年县法曹上书谏诤，万年县，在今陕西长安县西。帝即擢为侍御史，此盖意在徼名。李纲在唐初，亦称鲠直，帝貌优礼之，一怒则骂之曰："卿为何潘仁长史，何乃羞为朕尚书？"何潘仁，隋末义帅。此可以用士君子乎？伏伽谏书曰："近者太常官司，于人间借妇女裙襦五百余具，以充散伎之服，云拟五月五日于玄武门游戏。"玄武门见第二章第三节。其时帝尚未受禅也，而其荒纵已如此。又尝以舞人安叱奴为散骑常侍，李纲谏不听。此与北齐后主何异？世无骤变之风习；唐室之纵侈，实未能大变五胡之旧，特在开国之初，其弊尚未大著耳。然武、韦、开元之纵侈，则有自来矣。

高祖二十二子。正室太穆皇后所生者四人：长建成，次世民，次元霸，次元吉。元霸早卒。建成、元吉，起兵时未尝与谋，时建成在河东，遣使密召之，乃与元吉间行赴太原。案此亦谓起兵之当时耳。至前此蓄谋叛隋，则二人亦必不能不与也。河东，见第二章第六节。然亦尝身在行间，惟建成既为太子，难数特将，而元吉淫纵，自并州陷后，遂未尝专军耳。高祖起兵置三军，以建成领左，太宗领右，而中军隶于元吉；发太原，建成、太宗从，元吉留守；关中既定，以建成为左元帅，太宗为右元帅，同徇东都；已见第二章第六节。高祖封唐王，建成立为世子，受禅为太子，自此惟武德二年（619 年），尝率师平司竹，安兴贵杀李轨，曾往原州应接而已。逮刘黑闼再入，建成乃自请往讨之。《传》云：其计出于中允王珪，洗马魏征劝其因结山东英俊。盖天下大势，究在山东，太宗威望，亦以平窦建德、王世充而大增，故珪等亟劝建成，起而与之分功。其后王君廓、罗艺皆为党援，盖皆结之于是时也。元吉弃并州，《新书·传》云：“高祖怒之，自是常令从秦王征讨，不复专军。”司竹见第二章第六节。原州，今甘肃固原县。太宗英姿，或非其兄弟所及，然其戡定之功特多，则亦事会为之也。太宗之平东都也，高祖以旧官不称殊功，特加号为天策上将，以为陕东大行台。此时太宗之势，实于建成为逼，而元吉之必与建成合谋，以倾太宗，亦势使然矣。《新书·元吉传》，谓其欲并图建成。使太宗而败，元吉诚未必不出此，然在当时，则固未暇及此也。《旧书·元吉传》言建成、元吉谋害太宗，太宗召府僚告之，皆曰：“大王若不正断，社稷非唐所有，元吉狠戾，终亦不事其兄。”此非后来归狱之辞，则当时测度之语耳。于是各交结朝士，曲事宫掖以相图。《旧书·建成传》言：封伦潜劝太宗图之，不许。伦反言于高祖曰：“秦王恃有大勋，不服居太子之下。若不立之，愿早为之所。”又说建成作乱，此等暧昧之辞，诚难遽以为信，然《伦传》言伦潜持两端，卒后数年，太宗方知其事。贞观十七年（643 年），治书侍御史唐临追劾之，以此改谥。黜其赠官，则伦之首鼠，决非虚语，恐当时如此者，正不止伦一人也。《建成传》又云：

太宗每总戎律，惟以抚接贤才为务，至于参请妃媛，素所不行，此亦讳饰之辞。《新书·建成传》云：高祖幸仁寿宫，太宗及元吉从。建成谓元吉曰："秦王且遍见诸妃。彼金宝多，有以赂遗之也。吾安得箕踞受祸。"久用兵者必多金宝，此语恐非虚诬。则太宗之曲事宫掖，或且过于建成矣。《旧书·建成传》又谓建成、元吉，外结小人，内连嬖幸，高祖所宠张婕妤、尹德妃，皆与之淫乱。此则玄武门变作时，太宗之奏语耳，恐实诬蔑之辞也。见下。仁寿宫见第二章第一节。建成私召四方骁勇，并募长安恶少年二千余人，畜为宫甲，分屯左右长林门，东宫门。号为长林兵。又令左虞候率可达志募幽州突厥兵三百内宫中，将攻西宫。时太宗所居。或告于帝，帝召建成责之，乃流志嶲州。今西康西昌县。武德七年六月，高祖幸仁智宫，在今陕西宜君县境。留建成居守。建成先令庆州总管杨文干募健儿送京师，庆州，今甘肃庆阳县。欲以为变。又遣使赍甲赐文干，令起兵相应接。使至豳州，后改为邠州，今陕西邠县。惧罪，驰告其事。高祖托以他事，手诏追建成诣行在所，置之幕中，令殿中监陈万福防御。文干遂反。高祖驰使召太宗曰："文干事连建成，恐应之者众，汝宜自行。还立汝为太子。吾不能效隋文帝诛杀骨肉，废建成，封作蜀王，地既僻小，易制，若不能事汝，亦易取耳。"太宗趣宁州，见第二章第六节。文干为其下所杀。太宗之行也，元吉及四妃唐制，皇后而下，有贵妃、淑妃、德妃、贤妃，为夫人。更为建成内请，封伦又外为游说。高祖意改，复令建成还京居守，惟责以兄弟不能相容，归罪于中允王珪、左卫率韦挺，及天策兵曹杜淹等，并流之嶲州。建成又与元吉谋行酖毒，《旧书·建成传》云：引太宗入宫夜宴，既而太宗心中暴痛，吐血数升。亦见《房玄龄传》，疑亦诬蔑之辞。太宗是时，安敢轻赴建成之宴？《元吉传》云：太宗尝从高祖幸其第，元吉伏其护军宇文宝于寝内，将以刺太宗，建成恐事不果而止之。亦莫须有之辞也。高祖乃谓太宗曰："观汝兄弟，是不和。同在京邑，必有忿竞。汝还行台，居于洛阳，自陕已东，悉宜主之。仍令汝建天子旌旗，如梁孝王故事。”将行，建成、元吉相与谋曰：“秦王今往洛阳，既得土地、甲兵，必为后患。留在京师，制之一匹夫耳。”密令数人上封事曰：“秦王左右，多是东人，闻往洛阳，非常欣跃。观其情状，自今一去，不作来意。”高祖遂停。案果如高祖之意，真所谓自树兵矣，可见其无远虑也。九年（626年），突厥犯边，诏元吉率师拒之。元吉因兵集，将与建成刻期举事。《旧书·元吉传》云：建成乃荐元吉代太宗督军北讨，仍令秦府骁将秦叔宝、尉迟敬德、程知节、段志玄等并与同行。又追秦府帐，简阅骁勇，将夺太宗兵以益其府。又谮杜如晦、房玄龄，逐令归第。建成谓元吉曰：“既得秦王精兵，统数万之众，吾与秦王至昆明池，于彼宴别，令壮士拉之于幕下，敬德等既入汝手，一时阬之，孰敢不服？”案此计太险，建成、元吉，敢遂行此与否，殊为可疑。然时称兵相攻之局已迫，务弱太宗之兵，则事实也。当时秦府兵力，盖视二人为劣，观二人死后，其兵攻玄武门，太宗兵拒战不利可知。事见《尉迟敬德》《薛万彻》《忠义·敬君弘》《冯立》《谢叔方》等传，此太宗所由以数人决死也。昆明池，在长安西南。六月三日，太宗密奏建成、元吉，淫乱后宫。因自陈曰：“臣于兄弟无负，今欲杀臣，似为世充、建德报仇。臣今枉死，永违君亲，魂归地下，实亦耻见诸贼。”高祖省之愕然。报曰：“明日当勘问，汝宜早参。”四日，太宗将左右九人至玄武门。九人之名，诸传颇有异同。《旧书·长孙无忌传》云：与尉迟敬德、侯君集、张公谨、刘师立、公孙武达、独孤彦云、杜君绰、郑仁泰、李孟尝等九人入玄武门讨建成、元吉，平之。是无忌在九人之外。《张公谨传》云：公谨与长孙无忌等九人伏于玄武门以俟变，则公谨在九人之外，无忌顾在其内矣。《刘师立传》云：师立与尉迟敬德、庞卿恽、李孟尝等九人同诛建成有功。庞卿恽之名，为《无忌传》所无。《秦叔宝传》云：六月四日，从诛建成、元吉；《程知节传》云：六月四日，从太宗讨建成、元吉；其名亦在前所列诸人外。《太宗本纪》云：率长孙无忌、尉迟敬德、房玄龄、杜如晦、宇文士及、高士廉、侯君集、程知节、秦叔宝、段志玄、屈突通、张士贵等于玄武门诛之，则并凡与谋者言之，非尽当时入伏者也。《士廉传》：时为雍州治中，率吏卒释系囚，授以兵甲，驰至芳林门，备与太宗合势，可见其不在玄武门内。要之此役，定谋者以长孙无忌之功为大，而房、杜次之；武将中当以尉迟敬德之功为大；故论功时，无忌、敬德，各为第一也。事皆见各本传。高祖已召裴寂、萧瑀、陈叔达、封伦、宇文士及、窦诞、颜师古等，欲令穷覆其事。建成、元吉行至临湖殿，觉变，即回马，将东归宫府。观此，知当时建成、元吉，实未亿入朝即有变故也。《新书·建成传》曰：秦王密奏建成等，张婕妤驰语建成，乃召元吉谋，曰："请勒宫甲，托疾不朝。"建成曰："善。"然不共入朝，事何由知？盖徒以为当廷辩其事耳。太宗随而呼之。元吉马上张弓，再三不彀。太宗乃射之，建成应弦而毙。元吉中流矢走，尉迟敬德杀之。《敬德传》云：建成既死，敬德领七十骑蹑踵继至，元吉走马东奔。左右射之，坠马。太宗所乘马又逸于林下，横被所絙，坠不能兴。元吉遽来夺弓。垂欲相扼，敬德跃马叱之。于是步走。敬德奔逐，射杀之。盖事出仓卒，建成未及斗，元吉则素骁勇，故虽坠马犹能步斗。太宗之勇力，盖非元吉之敌，元吉又非敬德之敌，故为所叱遂气慑而走也。《敬德传》又曰：敬德善避矟。每单骑入贼阵，贼矟攒刺，终不能伤。又能夺取贼矟还刺之。齐王元吉亦善马矟，闻而轻之，欲亲自试。命去矟刃，以竿相刺。敬德曰："纵使加刃，终不能伤，请勿除之。敬德矟谨当却刃。"元吉竟不能中。太宗问曰："夺矟、避矟，何者难易？"对曰："夺矟难。"乃命敬德夺元吉矟。元吉执矟跃马，志在刺之，敬德俄顷三夺其矟。二人武艺之优劣可见。俄而东宫及齐府精兵二千人结阵驰攻玄武门。守门兵仗拒之，不得入。接战，流矢及于内殿。太宗左右数百骑来赴难。建成等兵遂散。盖时称兵之局已成，东宫、齐府，兵力实较秦府为厚，太宗乃与左右数人，出不意冒险先发也。建成、元吉既死，高祖乃立太宗为太子。八月，遂传位焉。建成六子，长子承宗早卒，余五子及元吉五子皆见杀。

建成既死，而庐江王及罗艺之变作。庐江王瑗，高祖从父兄子。武德九年（626年），累迁幽州大都督。《旧书·瑗传》云：朝廷以瑗懦耎，非边将才，遣右领军将军王君廓助典兵事。瑗倚杖之，许结婚姻，以布心腹。时建成将有异图，外结于瑗。及建成诛，召瑗入朝。瑗惧，君廓素险薄，欲因事陷之，以为己功，说瑗反。瑗召北燕州刺史王诜，北燕州，唐初置于怀戎，见第二章第七节。将与计事。兵曹参军王利涉说瑗委兵于诜而除君廓。君廓知之，驰斩诜。遂禽瑗，缢杀之。以功兼幽州都督。在职多纵逸。长史李玄道数以朝宪胁之。惧为所奏，殊不自安。后追入朝。行至渭南，隋县，今属陕西。杀驿吏而遁，将奔突厥，为野人所杀。《罗艺传》云：艺入朝，自以功高位重，无所降屈。太宗左右尝至其营，艺无故殴击之。高祖怒，以属吏，久乃释。时突厥屡为寇患，以本官领天节军将镇泾州。见第二章第七节。太宗即位，拜开府仪同三司。而艺惧不自安。诈言阅武，因追兵，矫称奉密诏勒兵入朝。至豳州，入据之。太宗命长孙无忌、尉迟敬德讨之。未至，艺为统军杨岌所攻，溃奔突厥。至宁州界，为左右所杀。君廓群盗，唐何由任之使辅庐江？庐江亦安得杖之？其为建成置以自辅明甚。若罗艺则本因建成来降，与太宗有隙，其背叛之由，更不待言而可见矣。王利涉说瑗复酋豪旧从窦建德者职，各于所在遣募本兵，河北之地，呼吸可定，然后分遣王诜，北连突厥，而王亲诣潼关，以入洛阳，是合窦建德、王世充为一人也。更加以如罗艺等起于肘腋之间，纵无所成，安知其不北走胡更为刘武周、高开道、梁师都？况于建成、元吉旧属，或有不可保者邪？故知当时之情势，实颇险恶也。

两晋、南北朝政治之坏，一由贵人之淫侈，一则胡俗之粗犷。唐高祖之怠荒，何异于晋武帝？使元吉而得志，亦何异于齐文宣哉？故知五代之敝风，至唐初而犹未殄也。幸其末年风气稍变，右文者渐多，而太宗即其人，故获致一时之治焉。太宗之为太子，断决庶务，即纵禁苑鹰犬，停诸官所进珍异；即位后，放掖庭宫女三千余人；贞观二年（628 年），又简出隋末宫人；颇能干父之蛊。御宇之初，亦能勤于听政，容受直言。王珪、魏征，同事建成，帝并用为谏议。朝臣如虞世南、姚思廉、褚遂良、刘洎、马周、张玄素等，咸有才猷，亦颇著风节。虽外戚如高俭、长孙无忌亦然。俭字士廉，以字显。其妹适长孙晟，生子无忌，女即太宗文德皇后也。马周之见用，乃由其初客常何，何时为中郎将，太宗令百寮言得失，《旧书·传》云：贞观五年（631 年）。《通鉴考异》曰：《实录》诏在三年（629 年），《旧书》盖误。周为何陈便宜二十余事。太宗怪其能。何曰："此非臣所能，家客马周具草也。"太宗即日召之。未至间，遣使催促者数四。及见，与语，甚悦，令直门下省。明年，授监察御史。奉使称旨。以何举得其人，赐帛三千匹。张玄素为景州参军。景州，今河北景县。太宗闻其能。即位，召见，访以政道，善其对，擢为侍御使。其渴于求贤，破格任用，亦诚有不可及者。房玄龄、杜如晦并称贤相。如晦贞观三年，始与玄龄共掌朝政，四年即卒。玄龄则元年（627 年）为中书令，至二十三年（649 年）乃卒，其相业实与帝相终始。史称其"明达吏事，饰以文学，审定法令，意在宽平"，此正足救五代来之失；而其重视用兵，亦足救太宗之好大喜功；固无怪其能辅帝以致一时之治也。

太宗颇好文学，为天策上将时，即于宫城西起文学馆，以待四方之士，居其间称学士者十八人。见新旧《书·褚亮传》。此事为论史者所艳称，采春华而忘秋实，实无裨于治道，然究异于武断之治耳。此盖其所以能用贤臣。然其人究系武夫，且家世渐染北俗，故骄暴之习，卒难尽免。待苏威之无礼，已见第一章第四节。孔德绍事窦建德，尝草檄毁薄帝，建德败，执登汜水楼，汜水见第二章第四节。帝责之。对曰："犬吠非其主。"帝怒曰："贼乃主邪？"命壮士捽殒楼下。《新书·隐逸·孔述睿传》。此君人之道乎？抑寇贼之所为也。《旧书·刘洎传》言：帝善持论。每与公卿言及治道，必诘难往复。洎上书谏云："顷上书人有不称旨者，或面加穷诘，无不惭退。"其訑訑之态可见。循是而行，终必有如罗道琮以上书忤旨，配流岭表者矣。新旧《书》皆见《儒学传》。其用刑亦多过差。戴胄为大理少卿，号能守法。然尝以许之交州，已又中悔，斩卢祖尚于朝堂；又尝怒苑西守监，欲于朝堂斩之；此何异于隋文帝？而其俭德则远逊之矣。马周尝言："今京师及益州诸处，营造供奉器物并诸王妃主服饰，议者皆不以为俭。"充容徐惠上疏，极陈辽海、昆丘戍转，翠微、玉华营造之劳民。事在贞观末。辽海指伐高丽。昆丘指伐龟兹。时阿史那社尔伐龟兹，授昆丘道行军总管。翠微、玉华，皆宫名。翠微在骊山绝顶。玉华，在宜君县。又云："服玩纤靡，如变化于自然，织贡珍奇，若神仙之所制。"其服御之侈可知。帝尝作《帝范》以赐太子，曰："吾居位已来，不善多矣。锦绣珠玉，不绝于前；宫室台榭，屡有兴作；犬马鹰隼，无远不致；行游四方，供帐烦劳；此皆吾之深过，勿以为是而法之。"《通鉴》贞观二十二年（648 年）。帝最好名，使非事不可掩，夫岂肯自言之？其为此言，盖又欲以博不自文之美名耳。然则史所称帝之俭德可知矣。德莫大于不自满盈。帝于封禅，虽未尝行，而实有是意，此即可见其骄盈。贞观六年（632 年），群臣请封泰山。太宗拒之，魏征亦言其劳费。史称太宗深嘉征言。然仍遣杜正伦行七十二帝坛迹。是年两河水潦，其事乃寝。十一年（637 年），群臣复劝封泰山。始议其礼。十五年四月，诏以来年二月，有事于泰山。车驾已至洛阳宫。六月，有星孛于太微，乃罢其事。二十一年正月，又诏以来年二月，有事于泰山。其时虽薛延陀败，漠北尽平，然正伐高丽丧师之后也。八月，河北大水，乃复停。论者每谓帝之荒怠，在于中年以后。马周于贞观十一年（637 年）上疏曰："贞观之初，率土荒俭，一匹绢才直一斗米，而天下帖然，百姓知陛下甚爱怜之，故人人自安，曾无谤讟。自五六年来，频岁丰稔，一匹绢得粟十余石，而百姓皆以为陛下不爱怜之，咸有怨言。”魏征亦于十三年（639 年）陈不克终十渐。然《旧书·戴胄传》言：贞观五年（631 年），将修复洛阳宫，胄上表极陈民生之憔悴。而《窦威传》谓其从兄子琎，为将作大匠，修葺洛阳，于宫中凿池起山，崇饰雕丽，太宗怒，遽令毁之。夫下之于上，不从其令而从其意，非帝先有侈靡之心，琎亦安敢为是？然则修复洛阳宫之举，不惟不以胄言而止，并未因之而稍从俭省也。其初年之节俭，又安在哉？刘洎以贞观十五年（641 年）转治书侍御史，疏言：“比来尚书诏敕稽停，文案壅滞，并为勋亲在位，品非其任。”勋亲用人，为唐室之大弊，而其原亦自帝开之。帝之所谓有道者，果何在乎？

《旧书·本纪》于贞观四年（630 年）书云：是岁断死刑二十九人，几致刑措。东至于海，南至于岭，皆外户不闭，行旅不赍粮焉。《新书·食货志》曰：贞观初，户不及三百万，绢一匹，易米一斗。至四年（630 年），米斗四五钱；外户不闭者数月，马牛被野，人行数千里不赍粮；民物蕃息，四夷降附者百二十万人；是岁天下断狱，死罪者二十九人；号称太平。又《魏征传》云：帝即位四年，岁断死二十九，几至刑措。米斗三钱。东薄海，南逾岭，户阖不闭，行旅不赍粮，取给于道。又《旧书·本纪》于贞观三年（629 年）书云：是岁，户部奏言中国人自塞外来归，及突厥前后内附，开四夷为州县者，男女一百二十余万口。《新书》略同。《通鉴》贞观四年云：元年关中饥，米斗直绢一匹，二年天下蝗，三年大水。上勤而抚之，民虽东西就食，未尝嗟怨。是岁，天下大稔。流散者咸归乡里，米斗不过三四钱。终岁断死刑才二十九人。东至于海，南极五岭，皆外户不闭，行旅不赍粮，取给于道路焉。此其所本皆同，特辞有详略耳。此论史者所由称贞观之治，足以媲美汉文，而为三代下所希有者也。然戴胄之谏营洛阳宫也，曰：“比见关中、河外，尽置军团，富室强丁，并从戎旅。重以九成作役，九成宫，即隋仁寿宫。唐于是年九月修之，改名。余丁向尽。……乱离甫尔，户口单弱，一人就役，举家便废。入军者督其戎仗，从役者责其糇粮，尽室经营，多不能济。”此四年之翼岁耳，与史所言四年之情形，相去何其远也？合《秦汉史》第四章第三节论汉文帝之语观之，书其可尽信乎？

第二节　唐初武功（一）

唐初大敌，自为突厥。其在突厥之北，而占地甚广者，则为铁勒。《旧书》述其部名云：薛延陀，《新书》云：先与薛种杂居，后灭延陀部有之，号薛延陀。初叛西突厥之野咥可汗保燕末山。其后回纥等在郁督军山者东附始毕，而延陀乙失钵在金山，西役叶护，则燕末山当为金山支脉。夷男受太宗册，树牙郁督军山。颉利灭，东保都尉楗山独逻水之阴，独逻水即独乐水，见第二章第二节。郁督军山，《传》云：直京师西北六千里，当在金山之东。金山，今阿尔泰山也。都尉楗山，《传》云：远京师才三千里而赢，当系今之杭爱山。《通鉴考异》引《唐历》云：乌德楗山，即郁督军山，虏语两音也，其说如确，则此山东西绵亘甚广。契苾，《新书》云：在焉耆西北鹰娑川，多览葛之南。鹰娑川，今小裕勒都斯河也。回纥，《旧书》迴纥，《新书》作回纥。初居郁督军山。其酋长曰菩萨，与欲谷设附薛延陀，相唇齿，树牙独乐水上。都播，《新书》云：亦曰都波，其地北濒小海，西坚昆，南回纥。小海，盖今蒙古人民共和国之库苏古尔。骨利干，《新书》云：处瀚海北。其地北距海，去京师最远。又北度海，则昼长夜短，日入烹羊胛熟，东方已明。瀚海，盖指唐瀚海都护府言之，见下。北距海之海，似指今拜喀勒湖。《地理志》：骨利干西十三日至都播，又北六七日至坚昆，与自库苏古尔至拜喀勒道里符合。又谓骨利干、都播二部落北有小海，冰坚时马行八日可度，一似二部共濒一小海者，则语欠分析。马行八日可度，自指拜喀勒湖，库苏古尔无此大也。骨利干事，《通鉴》叙于贞观二十一年（647 年），云：日没后天色正曛，煮羊脾适熟，日已复出矣。《考异》曰：《实录》《唐历》皆作羊胛，僧一行《大衍历义》及《旧·天文志》《唐统纪》皆作脾。《新·天文志》云腼羊髀。按正言羊脾者，取其易熟故也。若煮羊胛及髀，则虽中国，通夕亦未烂矣。多览葛，《新书》云：亦曰多滥，在薛延陀东，滨同罗水。案同罗水，亦即独乐水之异译，多览葛在此水滨，则契苾在焉耆西北者，不得云在多览葛之南。盖多览葛初居契苾之北，后乃东迁，至此水之滨也。仆骨，《新书》云：亦曰仆固。在多览葛之东，地最北。案此亦谓未东迁之多览葛也。拔野古，《新书》云：一曰拔野固，或曰拔曳固。漫散碛北，地千里。在仆骨东，邻于靺鞨。有川曰康干河，断松投之，三年辄化为石。白鸟库吉云：似即发源兴安岭西流入拜喀勒之喀尔喀河。见所著《地豆干霫考》。在《东胡民族考》中，商务印书馆本。《新书》又云：风俗大抵铁勒也，言语少异，则此部初不尽纯。同罗，《新书》云：在薛延陀北，多览葛之东。距京师七千里而赢。案此亦谓未东迁之薛延陀、多览葛。其时延陀树牙郁督军山，直京师西北六千里，同罗盖又在其北千里而赢也。后此部亦东迁，故安禄山得用其众。同罗，独乐，独逻，皆一音异译，水或正以此部族名也。浑，《新书》云：在诸部最南者，此语殊为鹘突。此部居地，当近灵州，故延陀灭后来降，以其地为皋兰府，属灵州都督府也。灵州，今甘肃灵武县。思结，《新书》云：在延陀故牙。案此当指金山或燕末山言之。此部亦在西北，故以其部所置之卢山府及其别部所置之蹛林州，皆属凉州都督府。凉州即武威郡，见第一章第二节。斛薛，《新书》云：处多览葛北。案《旧书·回纥传》作斛萨。奚结，《新书》云：处同罗北。案此亦当谓未东迁之同罗。以其部所置之鸡鹿州，侨治回乐。回乐，魏薄骨律镇，后周置县，在今灵武县西南，此部《旧书·回纥传》作跌结。阿跌，《新书》云：亦曰诃咥，或为跌跌，以此部所置之鸡田州，亦侨治回乐。白霫，《新书》云：居鲜卑故地。直京师东北五千里，与同罗、仆骨接。避薛延陀，保奥支水、冷陉山。南契丹，北乌罗浑，东靺鞨，西拔野古。地圆袤二千里，山缭其外。白乌库吉《地豆干霫考》云：霫与白霫非一。霫，历代皆与奚并举，其地为鲜卑故地，在契丹与乌罗浑、靺鞨之间。奥支水当在老哈河上流。白霫则与回纥、拔野古、阿跌、同罗、结骨，同近郁督军山，《新书》所云与同罗、仆骨接，西拔野古者乃其地。《通典》霫与白霫分为二，《新书》盖误合为一也。案《旧书》有《霫传》而无白霫，亦但云：居于潢水北，亦鲜卑之故地，其国在京师东北五千里，东接靺鞨，西至突厥，南至契丹，北与乌罗浑接而已。《新书》之误显然。潢水，今西喇木伦河。凡十五部。《新书》同。诸部之众，以回纥为最多。《新书》述其数为众十万，胜兵半之，此疑已是后来之事。余则胜兵多者，不过万人耳。骨利干胜兵五千，多览葛万，仆骨帐户三万，拔野古六万，兵皆万人。思结、奚结二部合兵凡二万，斛薛亦胜兵万人。然其部落既多，占地亦广，故突厥瓦解，遂与之代兴也。

始毕当隋末。《旧书》云控弦百余万。《新书》云且百万。盖由中国大乱，华人奔之者众，亦《旧书》语。又北方诸族，多臣服之故也。唐高祖初起，尝称臣以乞援焉。《旧书·李靖传》：太宗初闻靖破颉利，大悦。谓侍臣曰："朕闻主忧臣辱，主辱臣死。往者国家草创，太上皇以百姓之故，称臣于突厥，朕未尝不痛心疾首，志灭匈奴，坐不安席，食不甘味。今者暂动偏师，无往不捷，单于款塞，耻其雪乎？"《新书》此事见《突厥传》中。《通鉴》则系贞观三年十二月突利入朝时，案《旧书》单于款塞之语，盖即指突利入朝言之，《通鉴》是也。所以奉之者甚厚，然其患殊不戢。武德二年二月，始毕卒。子什钵苾幼，弟俟利弗设立，是为处罗可汗。《旧书·郑善果传》作比罗可汗。复妻隋义成公主。三年二月，迎隋萧后及齐王暕之子政道，置之定襄。是岁卒。子奥射设丑弱，义成公主废之。弟咄苾立，是为颉利可汗。启民第三子。亦妻义成，而以什钵苾为突利可汗。《新书》云：主契丹、靺鞨部，树牙南直幽州，东方之众皆属焉。七年八月，颉利、突利举国入寇。自原州连营而南。原州见上节。太宗亲率百骑驰诣虏陈说谕之。颉利乃请和而去。是役也，太宗纵反间于突利，突利归心焉。九年七月，颉利又自率十万余骑寇武功。唐县，今属陕西。太宗又驰六骑至渭水上与语。颉利又请和而退。盖颉利本无大略，徒利虏掠，故虽强而易与也。《新书·突厥传》：是时或说高祖，谓虏数内寇者，以府库子女所在，我能去长安，则戎心止矣。帝使宇文士及按行樊、邓，将徙都焉，以太宗谏而止。帝会群臣问备边策。将作大匠于筠请五原、灵武置舟师于河扼其入。中书侍郎温彦博曰："魏为长堑遏匈奴，今可用。"帝乃使桑显和堑边大道。召江南船工，大发卒治战舰。始兼天下，罢十二军，至是复置之。可见虏患之亟矣。《旧书·郑元璹传》：突厥寇并州，元璹充使招慰，谓颉利曰："抄掠赀财，皆入将士，在于可汗，一无所得。不如早收兵马，遣使和好。国家必有重赉赍，币帛皆入可汗。免为劬劳，坐受利益。"此与宋富弼说契丹之辞同。北狄恒情，所利原只在抄掠。此太宗所以能再却颉利之兵。新旧《书》于此两役，载太宗策敌之语，固多文饰之辞，然谓"啖以玉帛，顽虏骄恣，必自此始，将欲取之，必固与之"，则固当时情实也。唐灵武县，在今灵武县西北。郑元璹事，《旧书》附《郑善果传》。贞观元年（627年），薛延陀、回纥、拔野古相率叛之，击走其欲谷设。欲谷设，颉利子。是时处罗可汗子阿史那社尔为拓设，与欲谷设分统回纥、仆骨、同罗等部。欲谷设既败，社尔击之，复为延陀所败。事见新旧《书·回纥》及《社尔传》。遣突利讨之，又败绩。颉利怒，拘之十余日。《突利传》云：囚而挞焉。突利怨望，内欲背之。是岁大雪，羊马多冻死。突厥俗素质略。颉利得华士赵德言，才其人，委信之，稍专国。又委政诸胡，斥远宗族。兴师岁入边，下不堪苦。胡性冒沓，数翻复不信，号令无常。岁大饥，裒敛苛重，诸部愈贰。《旧书·张公谨传》：公谨策突厥可取之状曰："同罗、仆骨、回纥、延陀之类，并自立君长，将图反噬。”又曰：“华人入北，其类实多。比闻自相啸聚，保据山险。师出塞垣，自然有应。”又曰：“胡人反覆，大军一临，内必生变。”盖突厥部族，本不甚大，赖铁勒归附，又乘乱招致华人，并抚纳西胡，以成其大。然大矣而本不固，故一朝失政，即土崩瓦解也。二年（628年），突利请击颉利。三年（629年），又表请入朝。是岁，薛延陀自称可汗于漠北，遣使来贡方物。《延陀传》云：诸部共推为主，夷男不敢当，盖对中国之逊辞。乃以请和后复援梁师都为名，诏李靖等讨之。四年正月，靖夜袭定襄。颉利惊，徙牙碛口。胡酋康苏密等以隋萧后及杨政道来降。二月，颉利窜于铁山，胡三省曰：盖在阴山北？使入朝谢罪。太宗遣唐俭、安修仁持节安抚之。颉利稍自安。靖乘间袭击，大破之。颉利奔其小可汗苏尼失于灵州西北。苏尼失，启民可汗母弟。始毕以为沙钵罗设，牙直灵州西北。突利来奔，颉利乃立为小可汗。颉利擒，苏尼失亦举其众归国。其事《旧书》附《阿史那社尔传》，《新书》即在《突厥传》中。三月，为行军总管张宝相所禽。于是复定襄、恒安，见第二章第二节。斥境至大漠矣。

颉利之败也，其部落或走薛延陀，或走西域，而来降者尚甚众。据《旧书》。《新书》云十余万。案《旧书》载魏征之言，谓今降者几至十万，则其数实不及十万。诏议处置之宜。当时议者，略分三派：朝士多欲俘之兖、豫，使习耕织，俾中国有加户，而塞北常空，一也。温彦博谓遣向兖、豫，有乖物性，欲准汉建武置降匈奴塞下，全其部落为扞蔽，二也。魏征谓秦、汉发猛将以收河南，晋不用郭钦、江统之言，遂倾瀍、洛，欲遣还河北。颜师古、杜楚客、李伯药亦欲处之河北，多树首长，令不相臣，三也。据《新书·突厥传》，《旧书·窦威传》载窦静议，亦与师古等同。帝主彦博议，度朔方地，自幽州至灵州，置顺、化、祐、长四州，为都督府。又分颉利之地为六州。左置定襄，右置云中都督府，以统其部众。顺州是时隶营州都督府。贞观六年（632年），侨治营州南之五柳戍。李尽忠叛后，侨治幽州城中，改隶幽州都督府。定襄都督府，侨治宁朔，云中侨治朔方境，皆见《新书·地理志》。五柳戍，在今热河朝阳县南。宁朔县，在今陕西榆林县界。朔方见第二章第七节。其酋首至者，皆拜将军。中郎将等，布列朝廷，五品已上百余人，因而入居长安者数千家。《温彦博传》云且万家。盖欲藉是为羁质，亦彦博意也。以突利为顺州都督，令率其下就部。五年（631年），征入朝。道卒，子贺逻鹘嗣。十三年（639年），帝幸九成宫，突利弟结社率以郎将宿卫，阴结种人谋反，欲劫贺逻鹘北还。不克而走，徼逻禽斩之。诏原贺逻骨投岭外。于是群臣更言处突厥中国非是。《温彦博传》云：与魏征等争论数年不决，则当时颇重视此事。至此时则彦博已卒矣。乃立颉利族人思摩为乙弥泥孰俟利苾可汗，赐氏李，率所部建牙河北。思摩等惮薛延陀，不肯出塞。帝为赐延陀玺书，令居碛北，突厥居碛南，各守土境。十五年（641年），思摩乃率众十余万，胜兵四万，马九万匹渡河，牙于故定襄城。思摩不能抚其众，至十七年（643年），相率叛之，南渡河，请处胜、夏二州间，见第二章第二节。诏许之。思摩遂入朝，而其地为车鼻可汗所盗。处置突厥降众之议，新旧《书》皆是魏征，然观开元时河曲六州降胡之事，则实以朝士移之兖、豫之策为得也。

隋大业中，西突厥处罗可汗始强大，铁勒诸部皆臣之。处罗征税无度，诸部皆怨，处罗诛其酋帅百余人。铁勒相率而叛，共推契苾哥楞为可汗，薛延陀乙失钵为小可汗。后西突厥射匮可汗强，二部复去可汗之号臣之。时则回纥、拔野古、阿跌、同罗、结骨、白霫在郁督军山者，东属始毕；乙失钵所部在金山者，西臣西突厥之统叶护。贞观二年（628年），统叶护死，国乱，乙失钵之孙曰夷男，率其部落七万余家，附于东突厥。颉利政衰，夷男反，攻破之。颉利所部诸姓，多叛归夷男，共推为主。夷男不敢当。太宗方图颉利，贞观三年（629年），遣使从间道拜为真珠毗伽可汗。夷男乃建牙于郁督军山下。回纥、拔野古、阿跌、同罗、仆骨、霫诸大部落皆属焉。颉利平，朔塞空虚，夷男率其部东返故国，建庭于都尉楗山北独逻河之南。胜兵二十万，使二子大度设、突利设分将之，号南北部，太宗以其强盛，恐为后患，十二年（638年），拜其二子皆为小可汗，欲以分其势。思摩立，夷男甚不悦。十五年（641年），太宗幸洛阳，将有事于泰山。夷男谓边境空虚，命大度设击思摩。诏李勣等分道经略。大度设走，勣追败之。夷男遣使谢罪。十七年（643年），使其兄子突利设来请婚。见《旧书·本纪》。盖其子为突利设者既拜为小可汗，兄子继为突利设？太宗谋诸群臣。房玄龄重用兵，请许之。太宗从之。许以新兴公主下降。新兴公主，太宗女，后嫁长孙曦。因征夷男备亲迎之礼，仍发诏将幸灵州，与之会。夷男大悦，调敛所部，涉沙碛，无水草，羊马多死，遂后期。太宗于是停幸灵州。后其聘来至，所耗将半，乃下诏绝其婚。《新书》云：或曰："既许之，信不可失。"帝曰："公等计非也。延陀谨事我者，新立，倚我以服众。我又妻之，名重而援坚，诸部将归之，戎狄野心，能自立则叛矣。今绝婚，诸姓闻之将争击，亡可待也。"《契苾何力传》以是为何力之谋。案太宗初欲以亲女妻延陀，其无意用兵可知。后忽变计绝婚，必有为之谋者，固非出自本心，亦未必遂出何力。《突厥传》及《何力传》之辞，皆伯宗攘善之类耳。史乘固多如是。时谏绝婚者为褚遂良，意亦惮用兵，与房玄龄同。延陀之亡，用力少而成功多，乃直天幸，非必庙算致胜。玄龄、遂良之谋，不能谓非老成持重也。十九年（645年），夷男卒，子肆叶护拔灼当即大度设？《新书》云：夷男嫡子，统西方。袭杀其兄突利失可汗而自立。突利失当即突利设，盖时亦自立为可汗也。《新书》云：夷男庶子，统东方。是为颉利俱利设沙多弥可汗。发兵寇边。诏江夏王道宗等分屯以备之。道宗，高祖从父昆弟子。拔灼多杀父时贵臣，而任所亲昵，国人不安。其阿波设与唐使者遇于鞅鞨东鄙，小战不利，还怖国人曰："唐兵至矣。"众大扰，诸部遂溃。拔灼遁去，俄为回纥所杀。宗族殆尽。其余众尚五六万，窜于西域。又诸姓俟斤，递相攻击，各遣使归命。二十年（646年），太宗遣道宗等分道并进。亲幸灵州，为之声援。于是回纥、拔野古、同罗、仆骨、多览葛、思结、阿跌、契苾、跌结、浑、斛薛皆降，北荒悉平。《旧书·本纪》。后延陀西遁之众，共推夷男兄子咄摩支为伊特勿失可汗，西归故地。去可汗之号，遣使奉表，请居郁督军山之北。诏兵部尚书崔敦礼及李勣慰安之。铁勒素服延陀，九姓渠帅，莫不危惧。突厥，回纥，皆有所谓九姓者。回纥九姓：曰药罗葛，曰胡咄葛，曰咄罗勿，曰貊歌悉纥，曰阿勿嘀，曰葛萨，曰斛嗢素，曰药勿葛，曰奚耶勿，药罗葛即可汗姓，新旧《书》本传皆同。突厥九姓，史无明文。《旧传》言开元三年（715年），默啜与九姓首领阿布思等战，九姓大溃，阿布思率众来降。明年，默啜又北讨九姓拔曳固，负胜轻归，为其迸卒所杀。《新书》略同，惟无阿布思之名，而云思结等部来降。又《旧书·张说传》：王晙诛阿布思等，并州九姓同罗、拔曳固等部落皆怀震惧，说率轻骑诣其部落，宿于帐下，召酋帅慰抚。九姓感义，其心乃安。则思结、拔曳固、同罗，似皆九姓之一。西突厥属部，有左五咄陆，右五弩失毕，是称十姓，见第六节，《旧书》本传言室点密统十大首领往平西域，盖即此十部。此十部于西突厥最亲，然亦异部归附者，西突厥本部，则自在其外，故《新书·陈子昂传》：子昂于武后时上书，言国家能制十姓者，由九姓强大，臣服中国也。然则西突厥本部，亦为九姓矣。窃疑突厥传说，谓阿史那兄弟凡有十人，九姓即其九兄之后也。参看《两晋南北朝史》第十六章第九节。朝议恐为碛北之患，复令勣进讨。咄摩支因诏使在回纥者萧嗣业以请降。嗣业与俱至京师。铁勒仍持两端。勣纵兵追击。二十二年（648年），诸部以延陀散亡殆尽，乃相继归国。于是以回纥、仆骨、多览葛、拔野古、同罗、思结置都督府六，浑、斛薛、奚结、阿跌、契苾、思结别部。白霫置州七，《旧书·薛延陀传》。《回纥传》奚结作跌结，思结别部作阿布思。于故单于台置燕然都护府以统之，单于台，在今内蒙古境内。以李素立为都护。素立见《良吏传》。时又于其西北结骨、北骨利干、东北俱罗勃置府州。结骨者，古坚昆。亦曰居勿，曰纥骨，曰纥扢斯，曰黠戛斯，曰戛戛斯，皆一音之异译也。地在伊吾西，焉耆北，白山旁。其人皆长大、赤发、皙面、绿瞳。盖高加索种？然又云：其地为匈奴西鄙。匈奴封汉降将李陵为右贤王。俗以黑发为不祥。黑瞳者，必曰陵苗裔也。则似颇杂有汉种。结骨于景龙中献方物，中宗引使者劳之曰："而国与我同宗，非他蕃比。"太和中破回鹘，得太和公主，自以李陵后，与唐同宗，使奉以来归。其文字、语言，与回纥同，盖回纥久居西方，为所化也。铁勒诸部之降，请于回纥、突厥部治大涂，号参天至尊道。中国亦诏碛南鹏鹈泉之阳置过邮六十八所，具群马、湩、肉，以待使客焉。《新书·回纥传》。《旧书·本纪》，事在贞观二十一年（647年）。六十八作六十六。案《旧书·本纪》。贞观四年（630年），颉利之平，西北诸蕃，咸请上尊号为天可汗。于是降玺书册命其君长，则兼称之。二十年（646年），铁勒诸部使至灵州，咸请至尊为可汗。《新书》所谓天至尊，盖与天可汗实一语也。《新书·地理志》载贯耽入四夷路，中受降城，正北如东八十里，有呼延谷，又五百里，至鹏鹈泉，又十里入碛。唐三受降城，中在朔州，今内蒙古五原县境。东在胜州，今托克托县境。西在灵州，今临河县境。永徽元年（650年），延陀首领先逃逸者请归国，高宗更为置溪弹州以安之。

车鼻，亦阿史那族，而突利部人，名斛勃。世为小可汗，牙于金山之北。颉利之败，北荒诸部，将推为大可汗，车鼻不敢当，率所部归延陀。为人勇烈，有谋略，颇为众所附。延陀恶而将诛之。车鼻知其谋，窜归旧所。自称乙注车鼻可汗。西歌罗禄，北结骨，皆附隶之。延陀破，请入朝。太宗遣征之，竟不至。贞观二十三年（649年），遣高侃潜引回纥、仆骨等兵袭之。永徽元年（650年），获之，处其余众于郁督军山，置狼山都督府以统之。车鼻长子羯漫陀，先统拔悉密部，在北廷附近。车鼻未败前，遣子入朝，太宗嘉之，置新黎州以统其众。据《新书·地理志》。事在贞观二十三年（649年）。歌罗禄，亦曰葛逻禄，在北廷西北，金山之西，跨仆固振水，包多怛岭。见第七节。有三族，亦于此时内属。车鼻既破，突厥尽为封疆之臣。于是分置单于、瀚海二都护府，分领诸羁縻都督府、州。龙朔三年（663年），改燕然都护府曰瀚海，以领回纥。瀚海都护府曰云中，徙治古云中城。碛以北蕃州，悉隶瀚海，南隶云中。云中言愿以诸王为可汗遥统之。帝曰："今可汗，古单于也。"麟德元年（664年），改云中为单于大都护府，以殷王旭轮为大都护。总章二年（669年），又改瀚海曰安北焉。兼据《旧书·本纪》《新书·突厥传》。《通鉴》胡三省《注》引宋白曰：振武军，旧为单于都护府，即汉定襄郡之盛乐县也。案今为内蒙古之和林格尔县。殷王，即睿宗。

第三节　唐初武功（二）

东北诸族，最近者为奚、契丹。隋、唐时，入中国者颇多。唐初尝置饶乐都督府。武德五年（622年），析置鲜、崇二州。又有顺化州，未详设置年月。此奚部族也。武德初，契丹酋长孙敖曹内附，以其地置归诚州。二年（619年），以内稽部置辽州。贞观元年（627年），改为威州。其明年，以松漠部置昌州。三年（629年），以契丹、室韦置师州。十年（636年），以乙失革部置带州。此契丹部族也。皆在营州界内。太宗伐高丽，悉发奚、契丹酋长从军。还过营州，又召契丹酋长窟哥及老人，差赐缯采。当时奚或亦见召，而史失其纪。契丹大酋曲据来归，即其地为玄州。二十二年（648年），窟哥及奚酋可度者等咸请内属。时饶乐府已废，乃复置之，以可度者为都督。又置松漠府，以窟哥为都督。皆赐姓李。奚所属五部，契丹所属八部皆置州，以其酋长为刺史。奚：阿会部为弱水州，处和部为都黎州，奥失部为洛瑰州，度稽部为大鲁州，元俟折部为渴野州。契丹：达稽部为峭落州，纥便部为弹汗州，独活部为无逢州，芬问部为羽陵州，突便部为日连州，芮奚部为徒河州，坠斤部为万丹州，伏部为匹黎、赤山二州，以州名观之，则芬问部即元魏时之羽陵，突便部即其时之日连，芮奚部即其时之何大何，坠斤部即其时之悉万丹，伏部即其时之匹絜及黎也。参看《两晋南北朝史》第十六章第十节。置东夷都护府于营州以统之。营州治今朝阳，见第二章第二节。《唐书·地理志》营州入安东道，营州西北百里曰松陉岭，其西奚，其东契丹。

奚、契丹之东北为靺鞨。《旧书》云：其国凡为数十部，各有酋帅，或附于高丽，或臣于突厥。《新书》云：其著者曰粟末部，居大白山，亦曰徒太山，与高丽接。依粟末水以居。水源于山西，北注它漏河。大白山，即下白山，今长白山也。粟末水，《渤海传》作涑末，今松花江。此江上源古称粟末，东折后曰黑水。《唐书》所云黑水，非今黑龙江也。它漏河，今洮儿河。稍东北曰汨咄部。《隋书》作伯咄，见第二章第二节。又次曰安居骨部，益东曰拂涅部。居骨之西北曰黑水部。粟末之东曰白山部。部间远者三四百里，近者二百里。白山本臣高丽，王师取平壤，其众多入唐。汨咄、安居骨等皆奔散，寖微无闻焉，遗人进入渤海。惟黑水完强，分十六落，以南北称。《新书·地理志》，高丽降户州中有拂涅，则其部落亦完好。此今松花江流域之部族也，亦有入中国者。《旧书》云：有突地稽者，隋末率其部千余家内属，处之营州。炀帝授辽西太守。《新书·地理志》：隋于营州之境汝罗故城置辽西郡，以处粟末靺鞨降人，则突地稽亦粟末部酋。营州入安东道，营州东百八十里至燕郡城，又经汝罗守捉，渡辽水，至安东都护府五百里。武德初，遣间使朝贡。以其部落置燕州，以突地稽为总管。刘黑闼之叛，突地稽率所部赴定州，遣使诣太宗，请受节度。以战功封蓍国公。又徙其部落于幽州之昌平城。在今河北昌平县西。贞观初，拜右卫将军，赐姓李氏，寻卒。子谨行。麟德中，历迁营州都督。其部落家僮数千人。以财力雄边，为夷人所惮。《新书》谨行自有传。又有慎州，武德初置，以处粟末、乌素固部落。乌素固为室韦部落，见下。夷宾州，乾封中置，以处靺鞨愁思岭部落，亦皆在营州界内。《旧书·地理志》：载初二年（690年），析慎州置黎州，处浮渝靺鞨、乌素固部落，浮渝字疑有误。《新书·纪》：武德四年六月，营州人石世则执其总管晋文衍，叛附于靺鞨。《旧书·纪》：贞观十五年（641年），薛延陁以同罗、仆骨、回纥、靺鞨、霫之众度漠，屯于白道川。《梁师都传》：师都说处罗内侵，处罗谋令突利与奚、霫、契丹、靺鞨入自幽州，可见靺鞨之西出者，不徒蔓衍营州，且逼近突厥、延陀也。白道见第二章第二节。

靺鞨之西北为室韦。《旧书》云："其地东至黑水靺鞨，西至突厥，南接契丹，北至于海。其国无君长，有大首领十七人，并号莫贺弗，世管摄之，而附于突厥。武德中，献方物。贞观三年（629年），遣使贡丰貂。自此朝贡不绝。"又云："室韦，我唐有九部焉，所谓岭西室韦、山北室韦、黄头室韦、大如者室韦、小如者室韦、婆莴室韦、讷北室韦、骆驼室韦，并在柳城郡之东北，柳城见第二章第二节。近者三千五百里，远者六千二百里。《新书》云：近者三千里，远者六千里。删去奇零之数，殊不精密。今室韦最西与回纥接界者，有乌素固部落，当俱轮泊之西南。俱轮泊，今呼伦池，《新书》作俱伦。次东《新书》作自泊而东。有移塞没部落。次东又有塞曷支部落。此部落有良马，人户亦多。《新书》无此十字，曰最强部也。居啜河之南。其河，彼俗谓之燕支河。今绰尔河。次又有和解部落。次东又有乌罗护部落。又有那礼部落。又东北有山北室韦。又北有小如者室韦。又北有婆莴室韦。东又有岭西室韦。又东南至黄头室韦。此部落兵强，人户亦多。《新书》无此六字，但云强部也。东北与达垢接，岭西室韦北，又有讷北支室韦。此部落较小。乌罗护之东北二百余里，那河之北，那河，今嫩江。有乌丸之遗人，今亦自称乌丸国。武德、贞观中，亦遣使来朝贡。其北大山之北，有大室韦。其部落傍望建河居，《新书》作室建河，今额尔古讷河。其河源出突厥东北界俱轮泊。屈曲东流，经西室韦界。又东，经蒙兀室韦之北，落俎室韦之南。《新书》作骆丹。俎盖坦之字误，即前骆驼室韦也。又东流，与那河、忽汗河合。忽汗河，今牡丹江。又东，经南黑水靺鞨之北，北黑水靺鞨之南，东流注于海。乌丸东南三百里，又有东室韦部落，在猛越河之北。白鸟库吉《失韦考》云：今结雅河。其河东南流与那河合。”此篇合三种材料而成。篇首所述，盖自隋以前即通于中国之室韦。《新书·地理志》：蓟州东北渡滦河，蓟州，今河北蓟县。有古卢龙镇。自古卢龙镇北至奚王帐六百里。又东北行，傍吐护真河，见第二章第二节。五百里，至奚、契丹衙帐。又北百里至室韦帐，即此部所在也。下云：我唐有九部焉，盖至唐代始通。云九部而实止八，盖合前所云者为九也。今室韦以下，盖开元后史家所记，故下文述其来贡，皆开元至会昌间事也。师州既兼有室韦部落，乌素固部又与靺鞨杂处慎州，则其部族，亦有入居塞内者矣。《新书·室韦传》曰“其语言靺鞨也”；《旧书·靺鞨传》曰“俗皆编发”，《室韦传》曰“被发左衽”，又两传皆曰“兵器有角弓楛矢”；可见其实为同族，且为古肃慎之遗。参看《秦汉史》第九章第七节，《两晋南北朝史》第十六章第十节。《旧书·靺鞨传》曰：“无屋宇，并依山水，掘地为穴，架木于上，以土覆之，状如中国之冢墓。夏则出随水草，冬则入处穴中。”金室先世，正是如此，见《金史·世纪》。《新书·靺鞨传》曰：其酋曰大莫弗瞒咄。瞒咄，满住之异译。明末，清人称其酋曰满住，明人误以为部族之名，清人亦即以之自号，其后讹为满洲，已见《两晋南北朝史》第十六章第十节。蒙兀，《新书》作蒙瓦，即后来之蒙古。故满、蒙实为同族。当时大体，靺鞨在松花江之右，室韦则在其左也。自东晋末年，辽东即为高丽所据。其文明程度，实较鲜卑为高。故满、蒙二族，皆资其启牖。试观渤海部族，本臣高丽；金室始祖为高丽人；清室先世，亦为朝鲜臣仆可知。《旧书·室韦传》曰：剡木为犁，不加兵刃，而《新书》曰：土少金铁，率资于高丽。即此一端，亦可知其文化之所自来矣。

《旧书》云：乌罗浑，盖后魏之乌洛侯也。今亦谓之乌罗护。在京师东北六千三百里。东与靺鞨，西与突厥，南与契丹，北与乌丸接。风俗与靺鞨同。贞观六年（632年），其君长遣使献貂皮焉。《新书》附《回鹘传》末；其说略同。又曰：乌丸，或曰古丸。又有鞠，或曰裓。居拔野古东北。有木无草，地多苔，无羊马。人豢鹿若牛马，惟食苔。俗以驾车。又以鹿皮为衣，聚木作屋，尊卑共居。又有俞折者，地差大，俗与拔野古相埒。少羊马，多貂鼠。贾耽入四夷路，自回鹘牙帐东北渡仙娥河二百里至室韦。骨利干之东，室韦之西，有鞠部落，亦曰裓部落。其东十五日行，有俞折国，亦室韦部落，仙娥河，今色楞格河。又有驳马者。或曰弊刺，曰遏罗支，直突厥之北。距京师万四千里，随水草，然喜居山。胜兵三万。地常积雪，木不凋。以马耕田，马色皆驳，因以名国云。北极于海。虽畜马而不乘，资湩酪以食。好与结骨战。人貌多似结骨，而语不相通。大汉者，处鞠之北。饶羊马。人物颀大，故以自名。与鞠俱邻于黠戛斯剑海之濒。剑海，当即元史之谦河，在今唐努乌梁海境内。见《两晋南北朝史》第十六章第九节。鞠居拔野古东北，又邻剑海之滨，足见拔野古亦初处西方也。此皆古所未宾者。当贞观逮永徽，奉貂马入朝，或一再至。此中乌丸当为鲜卑族。鞠及俞折，当与乌罗浑同属靺鞨族。驳马貌似结骨，似系高加索种。今之俄罗斯，《元史》作阿罗思，亦作斡罗思，秘史作斡鲁速，不详其命名之由。据西史：此种人当唐季，居今列宁格勒之南，莫斯科之北，北邻瑞典、挪威。国人有柳利哥者，兄弟三人，夙号雄武，侵陵他族。收抚种人，立为部落。柳利哥故居地，有遏而罗斯之名，遂以名部。西人云：遏而罗斯为橹声。

古瑞、挪国人，专事钞掠，驾舟四出，柳利哥亦盗魁，故其居地有是称。参看《元史译文证补》。其说牵强附会已极。遏罗支与遏而罗斯，音极相近，岂正柳利哥之故居欤？大汉人物颀大，似亦高加索种。此二族与黠戛斯，盖白人之迁徙而东者也。

《新书·东夷传》曰：流鬼，去京师万五千里。直黑水靺鞨东北少海之北，三面皆阻海，其北莫知所穷。人依屿散居。多沮泽，有渔盐之利。南与莫曳靺鞨邻，东南航海十五日行乃至。希勒格云：今堪察加之地。见《中国史乘未详诸国考证》。冯承钧译，商务印书馆本。贞观十四年（640年），其王遣子三译来朝。龙朔初，有儋罗者，遣使入朝。国居新罗武州南岛上。麟德中，酋长来朝，从帝至泰山。即隋时之聃牟罗，见第二章第二节。开元十一年（723年），又有达末娄、达姤二部首领朝贡。达末娄自言北扶余之裔，高丽灭其国，遗人度那河，因居之。或曰：它漏河。东北流入黑水。兼滨嫩江及洮儿河。达姤，室韦种也。在那河阴，冻末河之东。未详。西接黄头室韦，东北距达末娄云。流鬼当亦靺鞨族，儋罗则三韩之类。达末娄即《魏书》之豆莫娄，已见《两晋南北朝史》第十六章第一节。

第四节　唐初武功（三）

吐蕃缘起，中国不详。《旧唐书》曰：其种落莫知所出。或云：南凉秃发利鹿孤之后也。利鹿孤有子曰樊尼。利鹿孤卒，樊尼尚幼，弟傉檀嗣位。傉檀灭，樊尼招集余众，投沮渠蒙逊。蒙逊以为临松太守。在今张掖县南。蒙逊灭，樊尼率众西奔，济黄河，逾积石。于羌中建国，开地千里。遂改姓为窣勃野，以秃发为国号，语讹谓之吐蕃。其后子孙繁昌，又侵伐不息，土宇渐广。历周及隋，犹隔诸羌，未通于中国。案秃发氏久渐汉俗，从其自即于夷，亦不应于先世之事，一无省记。且在羌中开地千里，后又侵伐不息，纵使未通使译，岂其竟阙传闻。周、隋之世，氐、羌小部，自通上国者多矣，又岂以泱泱大风，转乏观光之念？故知此说不足信也。樊尼或实有其人，西奔亦实有其事，而以为吐蕃之祖，则系据音译附会。《新唐书》曰：吐蕃本西羌属。盖百有五十种，散处河、湟、江、岷间，有发羌、唐旄等，然未始与中国通。居析支水西。此说系据《后汉书》，参看《秦汉史》第五章第五节。祖曰鹘提勃悉野，健武多智，稍并诸羌，据其地。蕃发声近，故其子孙曰吐蕃，而姓勃窣野。蕃发声近，亦出附会。勃窣、窣勃，未知孰为倒误，要以其名为姓氏，则其人似非子虚。下文又曰：其后有君长曰瘕悉董摩，董摩生陀土度，陀土生揭利失若，揭利生勃弄若，勃弄生讵素若，讵素生论赞素，论赞生弃宗弄赞。其后之其字，当系指鹘提勃悉野言之。子京文字，每多鹘突，杂采诸文，而不留意于诠次，遂使读者惑于其字之所指矣。吐蕃疆域，《新书》云：距鄯善五百里。盖指隋所设郡，见第二章第四节。此乃指其北境言之。又云：其赞普居跋布川或逻娑川。《旧书》云：其都城号逻些城。逻娑、逻些，皆拉萨之异译。逻些，《新书·地理志》亦作些，不作娑。据《志》，自此更五百五十里，乃至赞普牙帐，其西南为拔布海，见鄯州下分注。其地实在群羌西南，距中国最远，故自隋以前，无闻焉尔也。中国今日，所知吐蕃古史止此。《蒙古源流考》谓吐蕃先世，出于天竺，予昔以为藏人自述之语而信之，实则喇嘛教徒附会之说，不足信也。吐蕃强盛以后，濡染印度之俗甚深，然此乃后来之事，其初则纯系羌俗。《新书》本传云："其俗重鬼右巫，事羱羝为大神。喜浮屠法，习咒诅，国之政事，必以桑门参决。"亦以新旧杂陈，肴其伦次。《旧书》云："其君与其臣下，一年一小盟。刑羊、狗、猕猴，先折其足而杀之，继裂其肠而屠之。令巫者告于天地、山川、日月、星辰之神，云：若心迁变，怀奸反覆，神明鉴之，同于羊、狗。三年一大盟。夜于坛墠之上，与众陈设肴馔。杀犬、马、牛、驴以为牲。

咒曰：尔等咸须同心戮力，共保我家。惟天神、地祇，共知尔志。有负此盟，使尔身体屠裂，同于此牲。”此其巫鬼之旧俗，与浮屠法固不相蒙。《新书》云：“其君臣自为友，五六人，曰共命，君死，皆自杀以殉”，此秦穆三良生共此乐、死共此哀之约，秦固杂戎狄之俗者也。又云：其妇人辫发而萦之，亦羌俗。《旧书》云：其人或随畜牧，而不常厥居，然颇有城郭。屋皆平头，高者至数十尺，贵人处于大毡帐，名为拂庐。《新书》云：此号大拂庐，容数百人，部人处小拂庐。盖吐蕃本游牧之民，征服城郭之国而攘其地也。《旧书》云：“无文字，刻木结绳为约。”《新书》“无文字”上多“其吏治”三字，盖《旧书》承其王为赞普，相为大论小论，以统理国事言之，本说政治，故删此三字也，然则“无文字”者，惟外来之族为然，土著之族，未必如此矣。《蒙古源流考》谓西藏之有文字，乃由弃宗弄赞遣大臣子弟，问学印度，归而创制。藏文本于梵文，固也，然女国文字，亦同天竺，则邻居者固易相资，又岂必有待于弄赞？中国文字，果轩辕、仓颉所为邪？女国文字同天竺，见下。其俗既右武，又于战备极严，故其初兴之时，强不可圉也。《新书》云：其俗谓强雄曰赞，丈夫曰普，故号君长曰赞普。《旧书》曰：其俗弓箭不离身。重壮贱老。母拜子，子倨父。出入皆少者在前，老者居其后。此其俗右武之证。又曰：虽有官，不常厥职，临时统领，可见其治制之简陋。然又曰：军令严肃。每战，前队皆死，后队方进。重兵死，恶病终。累代战殁，以为甲门、临阵败北者，县狐尾于其首，表其似狐之怯，稠人广众，必以徇焉，其俗耻之，以为次死。《新书》曰：其举兵，以七寸金箭为契。百里一驿。有急兵，驿人臆前加银鹘，甚急，鹘益多，告寇举烽。其铠胄精良，衣之周身，窍两目，劲弓利刃，不能甚伤。则其于兵备，又颇严密也。

唐初，今青海之地，仍为吐谷浑所据，而陇、蜀间之党项亦稍强。吐谷浑伏允之子顺，炀帝立之，不得入而还，已见第一章第五节。高祖受禅，顺自江都来归长安。时李轨犹据凉州，高祖遣使与伏允通和，令击轨自效，当放顺还国。伏允大悦，兴兵击轨，交绥。而频遣使朝贡，以顺为请。高祖遣之还。《旧书·李安远传》：安远尝使吐谷浑，与敦和好，于是伏允请与中国互市，事亦当在高祖时。太宗即位，吐浑掠鄯州，今青海乐都县。又寇兰、廓。廓州，在旧巴燕戎格之南。时伏允老耄，其臣天柱王用事，拘我行人。使者宣谕十余返，竟无悛心。贞观八年十二月，命李靖、侯君集等六总管并突厥、契苾之众击之。明年五月，破之。顺之质隋，伏允立其弟为太子，顺归常鞅鞅，至是，斩天柱王来降。伏允遁碛中死。《唐书》本传云自缢死。《实录》云为左右所杀，见《通鉴考异》。国人乃立顺为可汗，称臣内附，封为西平郡王，仍授趉胡吕乌甘豆可汗。未几，为其下所杀。《旧书·本纪》，顺皆作顺光。子燕王诺曷钵立。幼，大臣争权，国中大乱。诏侯君集等就经纪之。封为河源郡王，仍授乌地也拔勒豆可汗。诺曷钵因入朝请婚。《纪》在十年（636 年）。十四年（640 年），以弘化公主妻之。宗女。

党项之地，《旧书》云：东至松州，今四川松潘县。西接叶护，盖谓西突厥统叶护可汗。南杂舂桑、迷桑等羌，北连吐谷浑。处山谷间，亘三千里。盖今川、藏、青海间地。其种每姓别自为部落，一姓之中，复分为小部落，大者万余骑，小者数千骑，不相统一，而拓跋氏最强。拓跋氏傥自吐谷浑入党项者邪？贞观三年（629 年），其酋细封步赖内附，列其地为轨州。在松潘西北。其后诸姓酋长，相率内附，皆列其地置州、县，隶松州都督府。五年（631 年），又开其地，置州十六，县四十七。《新书·地理志》。有拓跋赤辞者，初臣吐谷浑，为伏允所昵，与之结婚。李靖之击吐谷浑，朝廷厚币遗党项，令为乡导。赤辞来诣靖军，请无侵掠，当资给粮运。而岷州都督李道彦淮安王神通之子。为赤水道行军总管，袭之。为赤辞所乘，死者数万。后刘师立代为岷州都督，《旧书·师立传》作岐州，疑误，此据《党项传》。遣人为陈利害，赤辞乃率其种落内属。以其地为三十二州，擢赤辞西戎州都督，赐氏李。于是自河首积石山而东，皆为中国地。又有黑党项者，在赤水西。李靖之讨吐谷浑，自鄯州分两道，靖出北道，诸将战牛心堆、赤水源，则赤水应在牛心堆之西。《水经注》：牛心川出西南远山，东北流，经牛心堆，又东北入于湟水。今南川河也。牛心堆当在西宁西南。李靖之击吐谷浑，浑主伏允奔之。及浑内属，其酋亦贡方物。又有雪山党项，姓破丑氏，居于雪山之下，岷江上源之山在雪线上者，在松潘县境。刘师立亦击破之。《旧书·师立传》称为河西党项。白兰羌，武德六年（623年），使者入朝。明年，以其地为维、恭二州。维州，在四川旧理番县境，恭州，在松潘叠溪营西南。其特浪生羌，则于永徽时内属。以其地为剑州焉。《地理志》：剑州，永徽五年（654年），以大首领冻就部落置，隶松州。

成都西北有附国，其东部有嘉良夷，并居川谷，垒石为巢。嘉良水广三十步，附国水广五十步，皆南流，以韦为船。盖今雅砻江、金沙江。《唐书》列《南蛮传》中，实皆羌族。《地理志》：剑南道诸羌州有东嘉梁、西嘉梁，疑因嘉良夷而置也。附国南有薄缘夷，西接女国。女国，新旧《书》皆列《西域传》中，称为东女，以其时拂菻西南复有一女国也。西女见《新书·西域传》。《传》述波剌斯事竟，乃云："西北距拂菻，西南际海岛有西女，皆女子，多珍货，附拂菻。拂菻君长，岁遣男子配焉。俗产男不举。"其说本于《西域记》。然《西域记》云："拂懔西南海岛有西女。"则此文"拂菻"二字当重。疑传写夺落也。然其所谓东女者，实仍苞涵二国。一为《大唐西域记》所述，其本名为苏伐剌拏瞿呾罗。唐言金氏，以出土黄金故名。其地东接吐蕃，北接于阗，明为今之后藏。一则《旧书》所云东与茂州、党项接，茂州，今四川茂县。东南与雅州接者，明在今四川西境，《新书》合两说为一，则大误矣。然《旧书》述国名及疆界虽不误，其叙事仍多杂糅，不可不察也。如云：其王所居名康延川，中有弱水南流，用牛皮为船以济，此类乎附国及嘉良夷。又云：文字同于天竺，则必后藏地方之国矣。后藏地方之女国，惟隋开皇中或曾一来，见第二章第二节。若唐世，则自武德至天宝频来，贞元时复来宾服者，皆四川西境之女国也。参看《两晋南北朝史》第十六章第八节。女国亦羌族。《新书·地理志》：剑南道诸羌州百六十八，隶松、茂、巂三州都督府者，多高祖、太宗、高宗时置，隶黎、雅二州者，则玄宗时所置也。黎州，今四川汉源县。雅州见第二章第四节。巂州见本章第一节。

羌、浑、党项甫宾，吐蕃之患旋起。《新书·本纪》：武德六年四月，吐蕃陷芳州，在今青海东南境。此为吐蕃犯塞之始。贞观八年（634年），其赞普弃宗弄赞遣使来。弃宗弄赞，亦名弃苏农，亦号弗夜氏。弱冠嗣位。性骁武。其邻国羊同及诸羌并宾伏之。太宗遣行人冯德往慰抚之。弄赞使随入朝。求婚，太宗未之许。使者反，言于弄赞曰："初至，大国待我甚厚，许嫁公主。会吐谷浑王入朝，有相离间，由是礼薄，遂不许嫁。"弄赞遂与羊同连兵，以击吐谷浑。吐谷浑不能支，遁于青海之上。于是进兵攻破党项及白兰诸羌，率众二十余万，顿于松州西境。遣使贡金帛，云来迎公主。又谓其属曰："若大国不嫁公主与我，即当入寇。"遂进攻松州。《本纪》贞观十二年八月。太宗遣侯君集、执失思力、牛进达、刘兰将步骑五万击之。进达先锋夜袭其营，斩千余级。弄赞大惧，引兵而退。遣使谢罪，因复请婚。太宗许之。十五年（641年），以文成公主妻焉。宗女。弄赞亲迎于河源。及归国，谓所亲曰："我父祖未有通婚上国者，今我得尚大唐公主，为幸实多。"当为公主筑一城，以夸示后代。遂筑城邑，立栋宇以居。公主恶其人赭面，弄赞令国中，权且罢之。据《旧书》。《新书》云：弄赞下令国中禁之，则似永禁之矣。其《逆臣·朱泚传》：刘文喜以泾原叛，求救于吐蕃，吐蕃游骑升高招泾人。众曰："安能以赭蔑面为异俗乎？"可见其赭面之俗，迄未尝改。《新书》好窜易旧文，而不顾事实，不可胜举也。自亦释毡裘，袭纨绮，渐慕华风。仍遣酋豪子弟请入国学，以习诗书。又请中国识文之人，典其表疏。太宗伐辽东还，遣其相禄东赞来贺，献金鹅，黄金铸成，高七尺，可实酒三斛。高宗嗣位，授弄赞驸马都尉，封西海郡王。弄赞献金、银、珠、宝十五种，请置太宗灵坐之前。因请蚕种及造酒、碾硙、纸、墨之匠，并许焉。弄赞之袭吐浑，破党项，犯松州，实其素定之计。云疑吐浑离间，特其借口之辞，或竟唐人不能救浑，乃造作此语，聊自解嘲，拥众二十万，岂惧牛进达之一击？且松州境外，岂可顿二十万大军乎？疑唐将不能却敌，张大其辞，以胁朝廷，而朝廷亦遂从而许之也。蕃可谓得志而去矣。然弄赞初虽桀骜，得婚之后，事中国则甚恭，因得渐染华风，有裨于西藏之开化者亦不少也。

文成公主下降之岁，吐谷浑所部丞相王《旧书》本传。《新书》作其相宣王，《通鉴》作丞相宣王。欲袭击公主，劫诺曷钵奔吐蕃。诺曷钵走鄯善城。胡三省曰：隋鄯善郡治。鄯州刺史杜凤举《新书》作果毅都尉席君贯。《通鉴》同，云从《实录》。案盖君贯以凤举之命击之。与其威信王击丞相王，破之。高宗即位，又以宗女妻诺曷钵长、次子，其待之可谓甚厚。然吐浑本非强大，又益之以内乱，而吐蕃日伺于境外，和平之局，终难持久矣。

第五节　唐初武功（四）

唐太宗之定四夷，多不甚烦兵力，惟于高丽，则仍蹈隋炀帝之覆辙。可见时势所限，虽英杰无如之何。然亦可见太宗之武功多徼天幸，非其材武之过人也。高丽王高建武，元异母弟。百济王扶余璋，新罗王金真平，武德时皆入贡受封爵。建武为辽东郡王、高丽王，璋为带方郡王、百济王，真平为乐浪郡王、新罗王。其初新罗、百济，同诉建武闭其道路，不得入朝。武德九年（626年）。高祖遣使和解之。建武请与新罗对使者会盟。而百济，太宗于贞观元年（627年）赐以玺书，则外称顺命，而内实相仇如故。盖其地相接近，故其争斗尤烈也。五年（631年），真平卒，无子，立其女善德。十五年（641年），璋卒，子义慈立。十六年（642年），高丽西部大人钱盖苏文此据《旧书·高丽传》。《新书》云：姓泉氏，自云生于水中以惑众，则其姓似有所取义者，然恐系附会之谈也。弑其君，立其弟之子藏。亦据《旧传》。本《纪》云兄子。自为莫离支，《旧传》云：犹中国兵部尚书兼中书令。《新传》同。专国政。乃与百济和亲，以伐新罗。十七年（643年），新罗来使告急。太宗遣使谕之。盖苏文不从。太宗时蒋俨使高丽被囚，高丽平乃得归，见《新书》本传。十八年七月，诏营州都督张俭等发幽、营兵及契丹、奚、靺鞨讨之。会辽水溢，师还。据《新书·高丽传》。《本纪》无靺鞨。十一月，命张亮以兵四万自莱州泛海趋平壤，莱州见第二章第七节。李勣以兵六万趋辽东。十九年（645年），太宗亲御六军以会之。四月，李勣渡辽，拔盖牟城。以为盖州，今盖平县。五月，张亮副将程名振拔沙卑城。今海城县。李勣进军辽东，帝亦渡辽水至城下，拔之。以为辽州，今辽阳县。遂降白崖城。以为岩州，在今辽阳东北。六月，进攻安市。在盖平东北。高丽北部傉萨高延寿、南部傉萨高惠贞率高丽、靺鞨之众十五万来援，破降之。然攻安市城遂不能克。九月，班师。《新书·高丽传》曰：始行，士十万，马万匹，逮还，物故裁千余，马死什七八。船师七万，物故亦数百。《通鉴》曰：战士死者几二千人，马死者什七八。此乃讳饰之辞，岂有马死什七八，而士财丧百一之理？是役虽未战败，所丧失者，则孔多矣。高丽之初来朝也，高祖欲让而弗臣，以温彦博谏而止，见《彦博》及《高丽传》。颇能鉴前代骄矜之失，而太宗仍以此败。太宗谓高丽地止四郡，我发数万众攻辽东诸城，必救，乃以舟师自东莱飒海趋平壤固易，《新书·高丽传》。此失之视敌太轻。高丽是时，地已不止四郡。《新书·渤海传》言其盛时士三十万，此语无待夸张，当近于实，夫岂数万之众所能挠？当时谏者甚多；知其不可止者，亦欲尼帝亲行，如褚遂良、姜确、张亮、尉迟敬德皆是。房玄龄留守京师，李大亮为副。玄龄数上书劝帝勿轻敌，盖知帝此行实犯此病。大亮旋卒。临殁，表请罢役。逮帝丧败欲再举，玄龄疾亟，又上书言之。张亮谏而不纳，乃请自行。盖皆深知其不可也。《新书·高丽传》言帝攻安市不下，高延寿、惠贞谋曰："乌骨城傉萨已耄，朝攻而夕可败，乌骨拔，则平壤举矣。"群臣亦以张亮军在沙城，召之一昔至，若取乌骨，度鸭渌，迫其腹心，计之善者，长孙无忌曰："天子行师不侥幸，安市众十万在吾后。"乃止。即因亲征之故，不能应机也。此役赞之者惟一李勣，固佞人。沙城即卑沙城，乌骨城，当在自盖平趣安东道上。而帝卒不听。乃妄云："今天下大定，惟辽东未宾。后嗣因士马强盛，谋臣导以征讨，丧乱方始，朕故自取之，不遗后世忧。"次定州时告左右语，见《新书·高丽传》。以此掩其沾沾自喜之迹，岂不谬哉？是役也，帝使韦挺主饷运，自言自幽距辽二千里无州县，军靡所仰食，东北空匮如此，尚何强盛之有哉？

太宗亲征既败，二十一年（647 年），二十二年（648 年），再遣将征高丽，皆无功。帝命江南造大船，莱州贮粮械，欲图大举，未行而崩。时新罗王善德已卒，妹真德立。贞观二十一年（647 年）。太宗之东征也，百济乘虚破其十城，后又破其十余城，二十二年（648 年）。而此数年间，朝贡亦绝。高宗永徽二年（651 年），乃又遣使朝贡。使还，帝赐以玺书，令释新罗。明年，新罗王真德卒，弟子春秋立。六年（655 年），百济与高丽、靺鞨侵其北界，陷三十余城。诏营州都督程名振伐高丽。显庆三年（658 年），复遣名振率薛仁贵攻之，未能克。五年（660 年），苏定方伐百济。自城山济海，城山，即成山，在今山东荣城县东。至熊津江口，熊津，即朝鲜史籍之泗沘，今扶余。败其兵，其王义慈及太子隆走北鄙。次子泰自立。嫡孙文思緿城出降，民多从之。泰不能止，亦降。义慈、隆又为其将挟之以降，百济平。分其地为五都督府，各统州、县，命王文度为熊津都督，总兵以镇之。文度济海而卒。百济僧道琛及扶余璋从子福信据周留城以叛。金于霖《韩国小史》曰：周留城，在全州西。使迎故王子丰于倭，立为王。西部、北部，并翻城应之，围留镇将刘仁愿。诏刘仁轨代文度统众，发新罗兵救却之。新罗兵以粮尽引还。时龙朔元年三月也。道琛、福信保任存城，《新书》作任孝。《通鉴》亦作任存。《考异》曰：《实录》或作任孝。未知孰是，今从其多者。《韩国小史》曰：今大兴。招诱亡叛，势益张。已而福信杀道琛，并其众，扶余丰主祭而已。百济之平也，高宗命苏定方讨高丽。又大募兵，拜置诸将，欲自行。蔚州刺史李君球谏，蔚州见第二章第七节。武后亦苦邀，乃止。是岁八月，定方破高丽兵于浿江，遂围平壤。明年，庞孝泰以岭南兵壁蛇水，未详。盖苏文攻之，举军没。定方乃解而归。时新罗王春秋已卒，子法敏立。高宗以一城不可独固，命刘仁轨拔就新罗。“金法敏藉卿留镇，宜且停彼。若其不须，即泛海还。”仁轨以平壤之军既回，熊津又拔，则百济余众，势必鸱张，高丽逋薮，何时可灭？福信凶暴，余丰猜惑，外合内离，势必相害。惟宜坚守观变，乘便取之。遂不奉诏。二年七月，仁愿、仁轨率留镇之兵击破福信，遂通新罗运粮之路。仁愿奏请益兵。诏发淄、青、莱、海兵七千，命孙仁师将，浮海益之。淄州，今山东淄博市。青州，今山东益都县。海州，今江苏东海县。福信谋杀扶余丰，丰率亲信斩之。使往高丽及倭请兵。于是仁师、仁愿及金法敏自陆，仁轨水军、粮船自熊津江往白江《韩国小史》曰：今白马江。与之会，同趋周留。仁轨败扶余丰及倭兵于白江口。丰脱身走。伪王子忠胜、忠志及倭众并降。百济诸城，皆复归顺。参看新旧《唐书·黑齿常之传》。仁师、仁愿，振旅而还。仁轨率兵镇守。仁轨言其众赏薄，又留驻太久，余丰在北，其弟勇走在倭，不可忽。上深纳其言，又遣仁愿率兵渡海，与旧镇兵交代。乾封元年（666年），盖苏文死。子男生代为莫离支，与弟男建、男产相攻。男生走据国内城，见第二章第二节。遣子献诚诣阙求救。诏契苾何力率兵应援。男生脱身来奔。十二月，命李勣与何力并力。明年，渡辽。所向克捷。总章元年（668年），进攻平壤。高藏遣男产出降，然犹与男建固守。九月，勣攻拔之，虏藏及男建。分其地置都督府、州。府九，州四十三，后所存州止十四，见《新书·地理志》。置安东都护府于平壤，以薛仁贵为都护，总兵二万镇之。唐是时诸将，惟刘仁轨确有才气谋画，余皆琐琐不足道，然卒获成功者，则以丽、济之有衅可乘也。然丽、济是时，民族性稍已成熟，故唐终不能久据其地矣。

《旧唐书》倭与日本，分为二传。《倭传》云："其王姓阿每氏。贞观五年（631年），遣使献方物。太宗遣高表仁持节往抚之。与王子争礼，不宣朝命而还。二十二年（648年），又附新罗奉表。"《日本传》云："倭国之别种也。以其国在日边，故以日本为名。或曰：倭国自恶其名不雅，改为日本。或曰：日本旧小国，并倭国之地。其人入朝者多自矜大，故中国疑焉。"《新书》则云："日本，古倭奴也。其王姓阿每氏。"记贞观五年（631年）遣使，后附新罗上书，与《旧书》同，而云高仁表与王争礼。又云："永徽初，其王孝德即位，献虎魄、玛瑙。时新罗为高丽、百济所暴，高宗赐玺书，令出兵援新罗。未几，孝德死，子天丰财立。死，子天智立。明年，使者与虾夷人皆朝。天智死，子天武立。死，子总持立。咸亨元年（670年），遣使贺平高丽。后稍习夏音，恶倭名，更号日本。使者自言国近日所出，以为名。或云：日本乃小国，为倭所并，故冒其号。使者不以情，故疑焉。"三说自以倭自改名之说为是。倭自南北朝来，久与中国有交接，在东海中已为望国，此时自不得忽冒所并国之号；更不得有日本国能并倭也。倭自南北朝以前，皆臣服中国，以得受官爵为荣，隋时始傲然自大，此时犹袭其故智，故至与使者争礼。《新书》载其历代世系，皆与日人所自言者合。又谓其使者妄夸其国都方数千里，南西尽海，东北限大山，此说在今日观之，亦非虚妄。《旧书》亦有此语，而不云其为妄夸。则所谓不以情者，亦不过间有夸饰之辞，不应举所言而尽疑之也。然日本是时，究不足与中国相亢，虚骄之气，终不可以持久，故其后，其君与夫人，卒躬自来宾焉。

第六节　唐初武功（五）

唐平西域，与突厥关系最大。以是时自玉门已西，殆皆为西突厥所控制也。

《旧唐书·西突厥传》云：其人杂有都陆及弩失毕、歌逻禄、处月、处密、伊吾等种。歌逻禄，即葛逻禄。《新书》言其地在北庭西北，金山之西，跨仆固振水。岁月之地，唐以之置金满州，见下。徐松《西域水道记》云：其地即今之济木萨，突厥之可汗浮图城，为北庭都护府治，故城在今保惠城北二十余里，有唐金满县残碑。沙畹《西突厥史料》云：仆固振水，今乌隆古河。又云：处月在乌鲁木齐东，处密在乌鲁木齐西，玛纳斯河缘岸。案铁勒诸部，多自西徂东，仆固振水，疑为仆骨旧坏。伊吾见第二章第五节。风俗大抵与突厥同，惟言语微差。都陆亦作咄六，又作咄陆。咄利失之立也，分其国为十部，部令一人统之，号为十设。每设赐以一箭，故称十箭焉。又分为左右厢：左厢号五咄六，置五大啜。右厢号五弩失毕，置五大俟斤。盖此十部直属西突厥，余皆羁縻而已，犹辽之部族与属国也。《传》又言：室点密可汗统十大首领，往平西域诸胡国，自为可汗，号十姓部落，盖即此十部。沙钵略可汗时，咄六五啜：曰处木昆律，曰胡禄屋阙，曰摄舍提暾，曰突骑施贺逻施，曰鼠尼施鼠半；弩失毕五俟斤：曰阿悉结阙，曰哥舒阙，曰拔塞干敦沙钵，曰阿悉结泥熟，曰哥舒处半：盖即此十部之姓。突厥虽起西海，然久处平凉，又迁金山，其所统自多东方部族。当时习称西域白种深目高鼻者为胡，而《新书·突厥传》言思摩开敏善占对，始毕、处罗皆爱之，然以貌似胡，疑非阿史那种，故不得为设，则阿史那非胡种可知。然则《旧传》言室点密统十姓往平诸胡，亦明十姓之非胡也。然既与诸胡杂处，自不能无习而稍化，此其言语所由与北国微差欤？曷萨那之入隋也，国人立其叔父曰射匮可汗。始开土宇，东至金山，西至海，自玉门已西，诸国皆役属之。与北突厥为敌。乃建庭于龟兹北三弥山。寻卒，弟统叶护可汗立。北并铁勒，西拒波斯，南接罽宾，沙畹云：烈维考订唐时之罽宾为迦毕试 Kapicd，其证有三：一，归兹 Koatcha，沙门礼言撰梵语杂名，以罽宾时 Kapicd 译为劫比舍。二，玄奘《西域记》、悟空《行记》，皆以罽宾、迦毕试与 Kapicd 为一地。三，统叶护境南接罽宾，《慈恩传》：六百三十年玄奘至统叶护衙，统叶护令人送之至迦毕试也。悉归之，控弦数十万，霸有西域。移庭于石国北之千泉。沙畹云：据《慈恩传》千泉在怛逻斯城东百五十里。此城在今怛逻斯河缘岸 Aulie-ata 附近。西域诸王，悉授颉利发，并遣吐屯一人监统之，督其征赋。此为西突厥极盛之世。高祖欲与并力，以图北蕃，许之婚。遇颉利频岁入寇，西蕃路梗，未果。而颉利亡，唐通西域之路以启。

隋炀帝使薛世雄城伊吾，已见第一章第五节。时列其地为伊吾郡。隋末，为西域杂胡所据。《旧书·地理志》。天下乱，复臣突厥。《新书·西域传》。贞观四年（630 年），颉利灭，城主举七城降。以其地为西伊州。六年（632 年），去西字。《旧书·地理志》。高昌王麹伯雅，隋末，曾妻以戚属女宇文氏。号华容公主。见《隋书·苏威传》。唐初，伯雅死，子文泰立。以妹妻突厥叶护。见慧立《三藏法师传》。然其事唐甚谨。盖麹氏本中国人，故其乡化甚殷也。已忽壅遏西域朝贡，并与西突厥攻焉耆。《旧书·焉耆传》曰："隋末罹乱，碛路遂闭，西域朝贡，皆由高昌。唐初，焉耆请开大碛路，以便行李，太宗许之。高昌大怒，遣兵袭之。贞观十二年（638年），又与处月、处密陷其五城。”盖西域贡使，实多商胡，商胡出其国，主人有利焉，故闻焉耆请开别道而怒。所谓壅遏朝贡者，亦遇其出于新道耳，非欲使与中国绝也。又隋末时，华人多投突厥，颉利败，有奔高昌者，文泰皆拘留不遣。太宗诏令括送。文泰仍隐蔽之，此亦欲增益户口耳，非有意于逆命也。然太宗于西域，颇有侈心，遂命侯君集将，又发突厥、契苾兵击之。文泰发病死，子智盛降，时贞观十四年八月也。以其地置西州。又置安西都护府，留兵以镇之。初文泰厚饷西突厥欲谷失，欲谷失遣其叶护屯可汗浮图城，与相影响，至是，亦来降。以其地为廷州。焉耆王龙氏，名突骑支。侯君集之讨高昌，使与相结，突骑支许为声援。然是岁，西突厥重臣屈利啜为其子娶王女，由是复相唇齿，朝贡遂阙。安西都护郭孝恪请讨之。太宗许焉。适王弟栗婆准来降，栗婆准，《通鉴》作先那准。以为乡导。十八年十月，袭虏其王。以栗婆准摄国事。师还，屈利啜囚栗婆准，而西突厥处般啜《通鉴》作处那啜。令其吐屯来摄焉耆，遣使朝贡，太宗数之，吐屯惧而返国。焉耆立栗婆准从父兄薛婆阿那支、龟兹王白氏，亦臣西突厥，郭孝恪伐焉耆，遣兵援助。处般啜执栗婆准送之，又为所杀。二十年（646年），遣阿史那社尔与孝恪等率五将军，又发铁勒十三部兵伐之。薛婆阿那支惧，奔龟兹，保其东城。社尔击禽之，斩以徇。立突骑支弟婆伽利为王。龟兹王诃黎布失毕与其相那利，将羯猎颠来拒，前军败之。遂下其城，使孝恪守之，诃黎布失毕退保拨换。贾耽《入四夷路》曰：拨换城，一曰威戎城，曰姑墨州。南临思浑河。《新书·西域传》曰：跋禄迦，一曰亟墨，即汉姑墨国。沙畹曰：《新书》以拨换即《西域记》之跋禄迦。悟空《行记》曰：威戎城，亦云钵浣国，正云怖汗国。应为今之阿克苏。思浑河，《西域水道记》以为塔里木河。社尔进擒之，及羯猎颠。而那利潜引西突厥，袭杀孝恪。唐兵复战，败之。龟兹人执那利诣军。

社尔立王弟叶护而还。于阗王尉迟氏，本臣西突厥。贞观六年（632年），其王屈密遣使来献。社尔将还师，行军长史薛万备，请因兵威胁其入见。其王伏阇信，遂随万备来朝。疏勒王裴氏，贞观中，突厥以女妻之，然九年（635年）即遣使来献矣。唐声威遂达葱岭。徙安西都护府于龟兹，统于阗、碎叶、疏勒，号四镇。碎叶，城名。沙畹云：即Saj–ab城。如不在Tokmak原址，必在其附近。《入四夷路》：碎叶城北有碎叶水，今之吹河也。

《新书·西域传》曰：朱俱波，亦名朱俱槃，汉子合国也，并有西夜、蒲犁、依耐、德若四种地。此国为《西域记》之斫句迦。今叶城。喝盘陀，或曰汉陀，曰渴馆檀，亦谓渴罗陀，由疏勒西南入剑末谷、不忍岭六百里，其国也。《西域记》朅盘陀。今新疆塔什库尔干塔吉克族自治县。其王本疏勒人，世相承为之。人貌言如于阗，案自高昌已西，诸国人等，深目高鼻，惟于阗貌不甚胡，颇类华夏，已见《两晋南北朝史》第十六章第八节。唐玄奘《西域记》，亦谓于阗语异诸国。又记其国传说，谓昔有东西两王相争，东王获胜。又谓其国初不知蚕桑，闻东国有之，命使者往求，东国之君，秘不出赐。王乃卑辞求婚。及命使迎妇，乃谓之曰："国无丝绵桑蚕，可以持来，自为裳服。"女乃以桑蚕之子置帽絮中。关防主者不敢检。其国乃知蚕桑。《新书·于阗传》谓自汉武帝已来，中国诏书旌节，其王传以相授，可见其慕化之深。喝盘陀言貌与同，傥亦汉人之分支西徙者欤？此国亦称葱岭。《入四夷路》：葱岭守捉，故羯盘陀国。显庆四年都曼之叛，见下。是役也，《新书·苏定方传》言其劫疏勒、朱俱波、喝盘陀与俱，《旧书·定方传》喝盘陀作葱岭。贞观九年（635年），曾遣使来朝。然后西突厥乙毗射匮可汗请婚，太宗令割龟兹、于阗、疏勒、朱俱波、葱岭五国为聘礼，见下。则仍服属于西突厥也。于阗东三百里有建德力河，七百里有精绝。河之东有汗弥，居建德力城，亦曰拘弥城，即宁弥故城。皆小国也。参看《秦汉史》第五章第四节。沙畹云：建德力河，今策勒河 Chird。汗弥，在今策勒之北 Uzun tati 地方。此两国，史不言其曾通唐。又于阗东有媲摩川，度碛行二百里得尼壤城，于阗以为东关。又东行，入大流沙。四百里至故都逻。又六百里至故折摩驮那，古且末也。又千里至故纳缚波，古楼兰也。此诸国，史明言其未尝与唐通。盖天山南路，沙碛日扩，邑落凋敝，交通艰阻使然。其西北出直抵西海之道，则全在西突厥羁制之中。《新书》又云：自龟兹行六百里，逾小沙碛，有跋禄迦，小国也。一曰亟墨，即汉姑墨。西三百里度石碛，至凌山，葱岭北原也，水东流。西北五百里至素叶水城，比国商胡杂居。素叶以西数十城，皆立君长，役属突厥。素叶城西四百里至千泉，突厥可汗岁避暑其中。西行百里至呾逻斯城，沙畹云：可当今塔拉斯水上之 Aulieata 城。亦比国商胡杂居。有小城三百，本华人，为突厥所略，群保此，尚华语。西南赢二百里至白水城。沙畹云：未能确知所在，度在 Tchimkent 东北不远。南五十里有笯赤建国。又二百里即石国。《新书》此文，本于《西域记》。《西域记》云：呾逻斯城南行十余里，有小孤城，三百余户。本中国人也，昔为突厥所掠，后遂鸠集同国，共保此城，于中宅居。衣服去就，遂同突厥，言辞仪范，犹存中国。则《新书》有小城三百句有夺文也。石与康、安、曹、米、何、火寻、戊地、史，并称昭武九姓，已见《两晋南北朝史》第十六章第八节。康，隋时，其王屈木支娶西突厥女，遂臣突厥。石，隋大业初，西突厥杀其王，以特勤匐职统其国。自石国东南行，有拔汗那，或曰钱汗，即元魏时破洛那。在真珠河北。沙畹云：真珠河。应为锡尔河上流之 Ajak-tach 河。贞观中，王契苾，为西突厥瞰莫贺咄所杀。自此西南，居乌浒河南，乌浒河，今阿母河。与悒怛杂处者为吐火罗，其王号叶护。《西域记》曰：自数百年，王族绝嗣，酋豪力竞，各擅君长，依川据险，分为二十七国。虽画野分区，总役属突厥。叶护盖突厥所命，而为二十七国之共主者也。悒怛，亦曰挹阗，即南北朝时之嚈哒，见《两晋南北朝史》第十六章第八节。俗类突厥。吐火罗西南曰谢飓，其王居鹤悉那城，沙畹云：即今之 Ghazna。东距罽宾，东北帆延，王治罗烂城，有大城四五。水北流入乌浒河。沙畹云：指 Kouhaouz 河上流。南婆罗门，《天竺传》：或曰摩伽陀，曰婆罗门。西波斯。国中有突厥、罽宾、吐火罗种人杂居。谢飓北五百里有弗栗恃萨傥那，其君突厥种。东北大雪山下有安咀罗缚，西逾岭四百里有阔悉多，西北三百里有活国，沙畹云：玄奘渡缚刍河后行抵活国。此国都城在河南岸，即今之 Kounaouz 是也。此三种皆居吐火罗故地，臣于突厥。君亦突厥种。又有护蜜，亦吐火罗故地。北临乌浒河。沙畹云：指 Pandz 或斡罕河，Wakhan daria 而视为乌浒河上流也。显庆中，其王称沙钵罗颉利发。在吐火罗东北者有俱密，治山中，沙畹云：即玄奘之拘谜陀，在今 Karatégin 之 Sourkhab 流域。王为突厥延陀种。而罽宾之王，亦有特勒之称。最西者波斯。《旧书》云：大业末，西突厥叶护可汗频击破其国。王库萨和，为西突厥所杀。其子施利立，叶护因分其部帅，监统其国，波斯竟臣于叶护。及叶护可汗死，其所令监统者，因自擅于波斯，不复役属于西突厥。施利立一年死，乃立库萨和之女，突厥又杀之。沙畹云：此叶护可汗似西突厥之统叶护而实非。据西方史料，与罗马攻波斯，致库萨和于死者，实可萨部而非统叶护可汗也。然可萨部亦役属于西突厥者也。可萨，名见新旧《唐书·波斯》《大食传》。《新书·火寻传》作曷萨。可见突厥之势力，弥漫于西域矣。诸国当武德、贞观时，亦多通朝贡，然西突厥未平，则亦文属而已。

太宗之平高昌也，岁调千余人戍之。褚遂良上疏谏，其辞极切。其言曰："陛下诛灭高昌，以为州县。王师初发之岁，河西供役之年，飞刍挽粟，十室九空，数郡萧然，五年不复。岁遣千余人，远事屯戍。终年离别，万里思归。去者资装，自须营办。既卖菽粟，倾其机杼，经途死亡，复在其外。兼遣罪人，增其防遏。彼罪人者，生于贩肆，终朝惰业，犯禁违公，止能扰于边城，实无益于行阵。所遣之内，复有逃亡，官司捕捉，为国生事，设令张掖尘飞，酒泉烽举，陛下岂能得高昌一人一粟而及事乎？终须发陇右诸军，星驰电击。由斯而言：此河西者，方于心腹，彼高昌者，他人手足。岂得靡费中华，以事无用。”可见是时之事西域，纯出好大喜功之心，初非事势所须也。故及高宗即位，而其策一变。焉耆王婆伽利死，国人请还突骑支，即许之。并复封诃黎布失毕为龟兹王，与那利、羯猎颠俱归国。弃四镇，移安西都护府于高昌。《本纪》在永徽二年十一月。史称其不欲广地劳人，《旧书·龟兹传》。然终因西突厥之乱，引起兵事。

西突厥统叶护可汗，自负强盛，无恩于国。其伯父杀之而自立，是为莫贺咄侯屈利俟毗可汗。据《旧书》。《新书》云：其诸父莫贺咄杀之立，是为屈利俟毗可汗。《旧书》侯字，疑涉俟字误衍。国人不附，弩失毕部共推泥熟莫贺设为可汗。泥熟不从。时统叶护之子咥力特勒亡在康居，盖指康国言之。彼传云：即汉康居之国也。泥熟迎立之，是为乙毗钵罗肆叶护可汗。连兵不息。莫贺咄败，遁于金山，为泥熟所杀。国人乃奉肆叶护为大可汗。肆叶护猜狠信谗，欲图泥熟，泥熟适焉耆。后没卑达干与弩失毕二部潜谋击之。肆叶护遁于康居。寻卒。国人迎泥熟而立之，是为咄陆可汗。贞观七年（633年），遣鸿胪少卿刘善因至其国，册为吞阿娄拔奚利邲咄陆可汗。据《旧书》。《新书》夺奚字。《通鉴》从《实录》，无“吞阿娄拔”四字。明年卒。其弟同娥设立，是为沙钵罗咥利失可汗。《旧书·阿史那社尔传》：社尔为延陁所败，贞观二年（628年），率余众保可汗浮图。西蕃叶护死，奚利邲咄陆可汗兄弟争国。社尔扬言降之，引兵西上。因袭破西蕃，半有其国。得众十余万。自称都布可汗。率五万余骑讨延陀于碛北。连兵百余日。遇我行人刘善因立同娥设为咥利始可汗，社尔部兵，又苦久役，多委之逃。延陀因纵击，败之。复保高昌国。其旧兵在者才万余人，又与西蕃结隙，九年（635年），率众内属。所谓奚利邲咄陆兄弟争国，似即指其与肆叶护相争之事言之。叶护死之叶护，盖指统叶护，而辞不别白，一似谓肆叶护死后，与同娥设相争者，则以昔人行文，于外语专名，多截取其末二字，同名者多，致启此疑也。《新书》云：奚利邲咄陆与泥熟争国，误。册同娥设者，据《良吏传》乃韦机，新旧书皆同，云刘善因，似亦误。不为众所归。十二年（638年），西部立欲谷设为乙毗咄陆可汗，与咥利失中分。自伊列河已西属咄陆，已东属咥利失。伊列河，今伊犁河。十三年（639年），咥利失、吐屯俟利发与欲谷设通谋作难。咥利失穷蹙，奔拔汗那而死。国人立其子，是为乙屈利失乙毗可汗，逾年死。弩失毕酋帅迎咥利失弟伽那之子薄布特勒而立之，《新书》作毕贺咄叶护。是为乙毗沙钵罗叶护可汗。咄陆遣石国，吐屯攻擒之。寻杀之。弩失毕不服，叛去。咄陆攻康居，道米国，即袭破之。系虏其人，取赀口，不以与下。其将泥熟啜怒，夺取之。咄陆斩以徇。泥孰啜之将胡禄屋袭咄陆，多杀士，国大乱。大臣劝其返国，不从。弩失毕遣使者至阙下请所立。帝遣通事舍人温无隐持玺诏，与国大臣择突厥可汗子孙贤者授之。乃立乙屈利失乙毗可汗之子，是为乙毗射匮可汗。遣使贡方物，且请婚。帝令割龟兹、于阗、疏勒、朱俱波、葱岭五国为聘礼，不克婚。初室点密可汗五代孙弥射，世为莫贺咄叶护。贞观六年（632年），诏遣鸿胪少卿刘善因立为奚利邲咄陆可汗。号与泥熟同，《通鉴考异》疑为一人，非也，胡三省已辩之，见显庆二年（657年）《注》。其族兄步真欲自立，谋杀弥射弟侄二十余人。十三年（638年），弥射入朝。其后步真遂自立为咄陆叶护。其部落多不服，委之遁去。步真复入朝。咄陆乃立贺鲁为叶护，以继步真。《新书》云：贺鲁，室点密五世孙。居于多逻斯川。沙畹云：此多逻斯乍观之似即怛逻斯 Talas，其实不然。Talas 习译为怛，不作多。怛逻斯川与城在西州之西，处月、处密、葛逻禄等部在西州之北，《西域图志》以多逻斯川为哈刺额尔齐斯，证以《新书·王忠嗣传》，忠嗣纵反间于拔悉密、葛逻禄、回纥三部而攻多逻斯城，其说是也。统处密、处月、姑苏、歌逻禄、弩失毕五姓之众。冯承钧云：姑苏，疑哥舒或孤舒之别译。咄陆西走，射匮遣兵迫逐，不常厥居。二十二年

（648年），乃内属。诏居廷州。寻授瑶池都督。永徽二年（651年），与其子咥运率众西遁。据咄陆之地，建牙于双河及千泉。《新书》但云建牙于千泉。沙畹云：双河，《西域图志》谓在博罗塔拉Borotal流域。自号沙钵罗可汗。统率咄陆、弩失毕十姓。数侵扰西蕃诸部，进寇廷州。贺鲁之叛，《旧纪》在永徽元年十二月。三年（652年），诏遣梁建方、契苾何力发府兵二万，合回纥骑五万击之。《旧纪》在二年七月，盖二年命将，三年师始出。处月朱邪孤注附敌，据牢山，建方等攻斩之。四年（653年），罢瑶池都督府，即处月置金满州。是岁，咄陆可汗死，其子真珠叶护请讨贺鲁自效，为贺鲁所拒，不得前。六年五月，又遣程知节率诸将进击，破其兵。副总管王文度不肯战，贺鲁遁去。事在显庆元年（656年），见新旧书《知节》及《苏定方传》。显庆二年闰正月，擢苏定方为伊丽道行军大总管，仍使弥射、步真为安抚大使，出金山道。贺鲁与咥运走至石国苏咄城，城主诱执之，送石国。燕然副都护萧嗣业至，取之。《旧纪》在显庆三年三月。燕然都府见第二节。西域平。分其种落置都督府。又置昆陵、蒙池二都护以统之。以弥射为兴昔亡可汗、昆陵都护，领五咄陆部。步真为继往绝可汗、蒙池都护，领五弩失毕部。四年十一月，贺鲁部悉结阙俟斤都曼寇边，苏定方伐之。五年正月，俘以献。先是诃黎布失毕复来朝，那利烝其妻阿史那，王不能禁，左右请杀之，由是更猜忌，使者言状，帝并召至京师，囚那利，护遣王还。羯猎颠拒不纳，遣使降贺鲁。王不敢进，悒悒死。诏发兵擒羯猎颠，穷诛部党。以其地为龟兹都督府，更立子素稽为王，为都督。徙安西都护府于其国。以故安西为西州都督府。显庆三年（658年）。龙朔元年（661年），西域诸国遣使内属。于其地置都督府十六，州八十，县百一十，军府百二十六，皆隶安西都护府。仍于吐火罗国立碑以纪之。《旧书·地理志》。《新志》云州七十二。《通鉴》云：以吐火罗、嚈哒、罽宾、波斯等十六国置都督府八，州七十六。县与军府之数同。《考异》云：《唐历》

云置州二十六，今从《统纪》。胡《注》云：十六都督府中，其八实为州，故《通鉴》云八也。史称唐之封域，南北如汉之盛，东不及而西过之，《新书·地理志》。皆西突厥为之驱除难也。然虽鞭之长，不及马腹，故虽能取乱亡之突厥，而卒无如方兴之大食何。初波斯女王之为西突厥所杀也，施利之子单羯方奔拂菻，国人迎而立之，是为伊怛支。在位二年而卒。兄子伊嗣俟立，为大首领所逐，奔吐火罗，半道，大食击杀之。子卑路斯，入吐火罗以免。遣使者告难。高宗以道远不可师，谢遣。会大食解而去，吐火罗纳之。龙朔初，又诉为大食所侵。是时天子方遣使者到西域分置州县，以疾陵城为都督府，即拜卑路斯为都督。沙畹云：吐火罗纳卑路斯，只能在波斯最东属地。疾陵城，予谓即塞斯坦 Sedjestan 之都 Zereng 城。上元元年十二月，据《纪》。新旧《书传》均云咸亨中。按此年改元在六月。入朝，死。始其子泥涅师为质。调露元年（679 年），诏裴行俭护送，复王其国。行俭以路远，至碎叶而还。泥涅师客吐火罗，初有部落数千人，后渐离贰。景龙二年（708 年），又入朝。无何，病死。其国遂灭。沙畹云：泥涅师败后，尚有自号波斯王者。《册府元龟》卷九百九十九载七百二十二年，波斯王勃善活入贡。回历百一十年，有伊嗣俟 Yezdegerd 之裔名 Kuosrou 者，在可汗军中。七百三十二年，有大德僧及烈，随波斯王使至中国。此等波斯王，只能王吐火罗西境而已。大食，永徽二年（651 年），其王㖿密莫末腻遣使朝贡。更西之拂菻，隋炀帝欲通之不能致。贞观十七年（643 年），其王波多力亦遣使来献焉。

第七节　唐初武功（六）

唐世，西南夷落之分布，仍与前世略同。晋代宁州之地，为爨氏所擅者，《唐书》称曰两爨蛮。西爨曰白蛮，东爨曰乌蛮。西爨，自言先世出于中国。东爨与西爨言语不同，且须四译乃通。盖二者实非同族，特同戴爨氏为君长而已。《唐书》云：西爨，自云本安邑人，七世祖晋南宁太守，中国乱，遂王蛮中。安邑，汉县，今仍为县，属山西。齐世宁州诸爨，恃远擅命，已见《两晋南北朝史》第十六章第二节。由此上溯之，三国李恢，为建宁俞元人，俞元，后来之澄江县也，其姑夫曰爨习，见《蜀志》本传。《晋书·穆帝纪》：永和元年（345 年），有李势将爨颁来奔。《王逊传》：李骧等寇宁州，进使姚崇、爨琛拒之。可见爨氏在西南，久为强族。中国仕宦之家，为大长于蛮夷中者不乏，西爨此说，当非妄相攀附也。南诏强后，阁罗凤胁徙西爨于永昌，东爨以言语不通，多散依林谷，得不徙，则其言语、居处，皆与西爨不同。其语四译乃与中国通，则与中国交涉，亦必甚鲜。《唐书》所载；东钦二姓为白蛮，妇人衣白缯，初裹五姓为乌蛮，妇人衣黑缯，疑乌白之名，乃汉人因其衣色不同而名之，非其本为近族，所异止于衣色也。爨蛮之地：《唐书》云：自曲州、靖州西南，昆川、曲轭、晋宁、喻献、安宁距龙和城，通谓之西爨白蛮。自弥鹿、升麻二川，南至步头，谓之东爨乌蛮。曲州，本隋恭州，武德八年（625 年）改名。靖州，唐析隋协州置，当在今曲靖境。晋宁、安宁现已并入昆明市；弥鹿川，疑今之弥勒彝族自治县，乃以此得名。唐南宁州有属县曰升麻，疑亦因川而置，未详为今何地。步头，伯希和云：即贾耽《入四夷路》之古涌步，在今建水县境，见所著《交广印度两道考》。冯承钧译，商务印书馆本。东爨地近于僚，疑僚族也。参看下文。爨蛮西有徒莫祇蛮、俭望蛮。又西为白水蛮。地与青岭、弄栋接，青岭即蜻蛉。更西，有大勃弄、小勃弄二川蛮。大小勃弄见第二章第二节。西与西洱河接。此今云南之东境及北境也。前世牂牁之地曰牂牁蛮。其北五百里，有别部曰充州蛮，以唐于此置充州名，见下。又其北曰东谢。在黔州西三百里。黔州见第二章第七节。东谢之南曰南谢，西曰夷子。夷子之西为西赵。西属昆明蛮，南至西洱河。《唐书》云：山洞阻深，莫知道里，南北十八日行，东西二十三日行，则其占地颇广。此今贵州之东北境，四川之南境也。益西，入西康境，曰松外蛮。胡三省曰：盖以其在松州之外而得名。见《通鉴》贞观二十二年（648 年）《注》。松州见第四节。又西南，入云南西北境，曰西洱河蛮。此中除东爨外，当皆为濮族，其俗与中国甚近。其俗颇类有殷，如以十二月为岁首，婚嫁不避同姓是也。《通鉴》云：语虽小讹，其生业、风俗，大略与中国同。自云本皆华人。其所异者，以十二月为岁首。见贞观二十二年（648 年）。案濮族之俗，类乎中国者，盖皆传之自古，其语仅小讹，则皆后来播迁其中之华人，濮族本种，自不如此也。然既有语仅小讹者居其中，则决无四译乃通之理，此亦可见东西爨之必非同族矣。《唐书》云：自夜郎、滇池已西，皆庄蹻之裔，虽不必信，要其汉化实甚深，汉人与之杂居者，亦必不少矣。昆明蛮境接西洱河，而其风俗判然不同，《唐书》云：人辫首左衽，与突厥同。随水草畜牧。夏处高山，冬入深谷。尚战死，恶病亡。盖汉世巂昆明之裔也。居古永昌郡地者曰永昌蛮，盖汉哀牢夷之裔。其西有扑子蛮、以青娑罗为通身袴，此亦贯头衣之变也。望蛮。青布为衫裳，联贯珂贝珠络之。髻垂于后。又有黑齿、金齿、银齿三种，见人以漆及镂金银饰齿，寝食则去之。直顶为髻。青布为通袴。及绣脚种，刻踝至腓为文。绣面种，生逾月，涅黛于面。雕题种，身面涅黛。穿鼻种，以金环径尺贯其鼻，下垂过颐。君长以丝系环，人牵乃行。其次以二花头钉贯鼻下出。长鬃种，栋锋种。皆额前为长髻，下过脐，行以物举之。君长则二女在前，共举其髻，乃行。云南徼外千五百里有三濮：曰文面濮，俗镂面，以青涅之。曰赤口濮，裸身而折齿，劖其唇使赤。曰黑僰濮。以幅布为裙，贯头而系之。皆观其俗而知其为古之越。《旧书·地理志》，于邕管诸州，多言其为古西瓯骆之地，邕州，今广西邕宁县。而渝州之北有南平僚，渝州，今四川巴县。南平僚人楼居，梯而上，妇人横布二幅，穿中贯其首，号曰通裙。美发，髻垂于后。竹筒三寸，斜贯其耳，贵者饰以珠珰。其附近有飞头僚、头欲飞，周项有痕如缕，妻子共守之，及夜，如病，头忽亡，比旦还。此盖其人刻项为文，乃有此传说也。乌武僚，地多瘴毒，中者不能饮药，故自凿齿。案此亦因其凿齿而有是说也。俗亦皆类于越。盖又其族之北出者也。

隋世用兵西爨，已见第二章第二节。《唐书·南蛮传》曰：震、玩惧而入朝，文帝诛之，诸子没为奴。高祖即位，以其子弘达为昆州刺史，奉父丧归。上并言震、玩，而下但云其子，殊不别白，隋世刺昆州者为玩，弘达盖玩之子也。《传》又云：益州刺史段纶，遣俞大施至南宁治共范川，诱诸部皆纳款贡方物。太宗遣将击西爨，开青蛉、弄栋为县，青蛉，属髳州。髳州，初名西濮州，武德四年（621 年）置，贞观十一年（637 年）改名，今云南牟定县也。弄栋，武德七年（624 年），尝置褎州。盖与西濮州皆尝废，而太宗又以兵力定之。《地理志》：武德元年（618 年），开南中，置南宁州。治味，在今曲靖县西。五年侨益州。四年（621 年），置总管府。又于姚州置都督府。今云南姚安县。八年（625 年），更南宁州曰郎州。贞观元年（627 年），罢都督府。而《传》言二十二年（648 年）徙莫祇蛮、俭望蛮内属，以其地为傍、望、览、丘、求五州，隶郎州都督府，则后复置都督也。永徽初，大勃弄酋杨承颠寇麻州。在今楚雄附近。都督任怀玉招之，不听。高宗以赵孝祖为郎州道行军总管，与怀玉讨之。孝祖先破白水蛮，又斩小勃弄酋殁盛，而执承颠。乃罢郎州，更置戎州都督。牂牁与东谢、南谢，首领皆姓谢氏。牂牁酋龙羽，武德三年（620 年），遣使朝贡。以其地为牂州。在今贵州德江县西。充州蛮亦来朝贡。以其地为充州。东谢酋元深，南谢酋强，贞观三年（629 年）偕来。据《唐书·南蛮传》。《通鉴》亦系武德三年（620 年）。以东谢地为应州。亦在德江县境。南谢地为南寿州，四年（630 年），改为庄州。在旧思南府境。西赵首领赵氏，夷子李氏，自古未尝通中国。贞观中，黔州豪帅田康讽之，皆遣使入朝。而西赵首领赵酋摩《旧书》作赵磨。率所部万余户内附。以其地为明州。在旧思南府之南。松外蛮，分数十百部，大者五六百户，小者二三百，凡数十姓，赵、杨、李、董为贵族，皆擅山川，不能相君长。贞观中，巂州都督刘伯英上疏请击之。居数岁，《本纪》在二十二年（648年）。太宗使梁建方发蜀十二州兵进讨。谕降七十余部，户十万九千，署首领蒙河为县令。《地理志》：巂州昌明县。贞观二十二年（648年），开松外蛮，置牢州及松外、寻声、林开三县。永徽三年（652年），州废，省三县入昌明。昌明，在今盐源县西南。西洱河蛮，道由郎州三千里，建方遣奇兵自巂州道千五百里掩之。其帅杨盛欲遁去，使者好语约降，乃遣首领纳款军门焉。昆明蛮，武德中，巂州治中吉伟使南宁，因至其国，谕使入朝贡，自是岁与牂牁使者偕来。总章三年（670年），置禄州、汤望州。当在楚雄境。咸亨三年（672年），其十四姓率户二万内附。析其地为殷州、总州、敦州。殷州居戎州西北，总州居西南，敦州居南，远不过五百余里，近三百里。其后又置盘、麻等四十一州，皆以首领为刺史。盘州，今贵州盘县。南平僚，王姓朱氏，号剑荔王。贞观三年（629年），遣使纳款。以其地隶渝州。永昌蛮，咸亨五年（674年）叛。高宗以梁积寿为姚州道行军总管，讨平之。三濮，龙朔中，遣使与干支弗、磨腊同入贡。干支弗、磨腊为南印度之国，见下。三濮盖亦自海道来者也。以上略据《唐书·南蛮传》，皆其部落较大，能自达于朝廷者，其较小者，仅隶属于州郡，则史不能尽著其事矣。《传》云：建中三年（782年），大酋长检校蛮州长史资阳郡公宋鼎与诸谢朝贺，德宗以其国小，不许。诉于黔中观察使王础，以州接牂牁，愿随牂牁朝贺。础奏牂、蛮二州，户繁力强，为邻蕃所惮，请许三年一朝。诏从之。此小部落不达于天子之证也。《新书·地理志》：羁縻州，在剑南道者，诸蛮州九十二，分隶戎州、姚州、泸州三都督府；泸州，今四川泸县。江南道五十一，皆隶黔州；岭南道九十二，分隶桂州、邕州及安南都护府；桂林见第二章第二节。

安南都护府，治今越南河内。可略见其分布之迹。唐世南方民族，情势异于前世者，为僚族之盛。前世僚仅盛于巴、蜀，唐世则州县之招生僚置者，遍于剑南、岭南两道，山南、江南两道亦有之。皆见新旧《书·地理志》。兵事，散见纪、传中者亦不绝。《新书·南蛮传》所载，特其十一而已。盖其种落日盛，出居平地者亦日多也。

隋世用兵林邑，已见第二章第五节。《唐书》云：其王范梵志，裒遗众别建国邑。武德时，再遣使贡方物。贞观时，王头黎又来献。头黎死，子镇龙立。十九年（645年），摩诃慢多伽独弑镇龙，灭其宗。范姓绝。国人立头黎婿婆罗门为王。大臣共废之，更立头黎之女。诸葛地者，头黎之姑子。父得罪奔真腊。女之王，不能定其国，大臣共迎诸葛地为王，妻以女。永徽至天宝，凡三入献。至德后更号环王。马司培罗《占婆史》冯承钧译，商务印书馆本。据碑文云："范梵志名商菩跋摩（Cambhuvarman）。头黎名建达婆达摩（Kandarpadharma）。镇龙因碑文漫漶，名不可考。摩诃慢多伽独，乃 Mahamantrakrt 之译音，此言大臣，非姓名也。镇龙之死，国人立其妹之子拔陀罗首罗跋罗为王，Bhadrecvaravarman 乃婆罗门之子 Chandasya Satya Kauika Svamin，《唐书》云立头黎婿婆罗门，误。诸葛地，碑名波罗迦舍达摩（Prakacavarman）。是为毗建陀跋摩一世（Vikrantavarman Ⅰ）。乃梵志父律陀罗跋摩一世（Ku cri Rudravarman Ⅰ）外孙之子，《唐会要》称为铸迦舍波摩云。"《唐书》又云：环王，一曰占不劳，亦曰占婆。马司培罗云："环王之称，在占文、梵文中，皆无从求其元名。考诸碑志，占婆皆称占婆王或占婆国，从未改易称号云。"案占婆，即《西域记》之摩诃占波。桑原骘藏《蒲寿庚传》曰："占不劳乃香泊拉（Champura）之音译。泊拉（pura）梵语都城，香泊拉者，香族（Cham）之都城。盖指占婆国都言之，占城乃其义译，中国人以城名名其国云。"隋之破林邑也，尝以其地为三郡，置守令，而道阻不得通。唐世未尝用兵占婆，盖无意于收复其地矣。此亦民族进化，稍趋独立之征也。

占婆之南，新兴之国为真腊。《唐书》云：其王刹利伊金那，贞观初，并扶南，有其地。而《扶南传》云：治特牧城，俄为真腊所并，益南徙那弗那城，武德、贞观时再入朝，则其国仍存。案《隋书》即云扶南为真腊所并，见第六章第五节。而至唐世仍存者，盖其国之地，日为真腊所侵削，国都数经移徙，每移都一次，史辄云为真腊所并，实则所并者非其全境，而其统绪亦迄未尝绝也。《旧书·地理志》云：笼州，贞观十二年（638年）招慰生蛮置。天宝元年（742年），改为扶南郡。乾元元年（758年），复为扶州。今广西扶南县。扶南国，在日南郡之南海西大岛中，去日南郡约七千里，在林邑国西三千里。其王，贞观中遣使朝贡。故笼州招置之，遥取其名，非正扶南国也。然则是时之扶南，已播迁至海岛中矣。婆利为扶南别名，已见《两晋南北朝史》第十六章第四节。《唐书》：诃陵东距婆利，诃陵为今爪哇，婆利，近人拟诸爪哇东之Bali岛，则扶南之播迁入海，由来已旧。岂亦如越灭于楚，其子孙分王于江南海上欤？真腊西北有僧高、武令、迦乍、鸠密，后亦为所并。《唐书》云：贞观十二年，僧高、武令、迦乍、鸠密四国使者朝贡。僧高直水真腊西北。其后鸠密又与富那王等遣使来贡。僧高等国，永徽后为真腊所并。僧高而外，诸国所在，多不甚明晰。见并者共有几国，亦难质言。子京文字，往往鹘突如此。此等皆小国，既偕来，相去当不甚远，其见并，或亦不相先后也。西北有参半，北有道明，亦为之属。而其本国，自神龙后分为二半：北多山阜，号陆真腊半，南际海，饶陂泽，号水真腊半焉。半字当系译语。

此外海南诸国，见于史者，环王西有甘毕，南有殊禁，泛交趾海三月乃至。西南有盘盘。冯承钧云，应在湄南江下流。盘盘北有堕和罗，异译亦曰投和，《唐书》误析为二。亦冯承钧说。又云：即《义净求法传》之杜和钵底，在湄南江流域。有二属国：曰昙陵，曰陀洹。

昙陵在海洲中。盘盘东南有哥罗。一曰个罗，亦曰哥罗富沙罗。冯承钧曰：一作迦罗舍弗，一作哥罗舍分，又有哥古罗、古罗、古逻诸译，即大食人之 Kalali，马来人之 Kera，今马来半岛之 Kra 是也。哥罗东南有拘蒌密，西北距文单。文单，即陆真腊。其西为赤土。今暹罗境。赤土南有丹丹，《唐书》云：婆利，直环王东南，自交州泛海，历赤土、丹丹诸国乃至；则丹丹应在赤土之南。西南入海得婆罗。益南为罗越，隔海与佛逝相望。见贾耽《入四夷路》。其西南哥谷罗，冯承钧云：在马来半岛西岸。商贾往来所凑集，岁乘船至广州，州必以闻。佛逝者，室利佛逝之简称，今苏门答腊。又其南为诃陵，诃陵南有多摩苌，西有堕婆登，则皆当在今爪哇也。

诸国在武德、贞观、永徽中，多通朝贡，后亦时来，其文化多受诸印度。惟盘盘兼有佛、道士祠；官，在外曰那延，犹中国刺史也；投和，官有朝请、将军、功曹、主簿、赞理、赞府，分领国事。分州、郡、县三等。州有参军，郡有金威将军，县有城、有局，长官得选僚属自助；犹是中国之遗制。诃陵旁小国二十八，莫不臣服，实为海南盛国。《唐书》传其轶事曰：上元间，国人推女子为王，号悉莫。威令整肃，道不举遗。大食君闻之，赍金一囊置其郊。行者辄避。如是三载。太子过，以足躏金。悉莫怒，将斩之。群臣固请。悉莫曰："而罪实本于足，可断趾。"群臣复为请。乃斩趾以徇。大食闻而畏之，不敢加兵。观此传说，隐见大食贾胡，在南海中卓有势力。诃陵有文字，知星历，傥亦受诸大食者欤？

印度与中国，久有往还，然皆商贾及传法求法之僧人。《梁书》虽载其王屈多于天监初遣使来献，见《两晋南北朝史》第十六章第四节。其究为贾胡，抑真信使，犹未可知也。至唐世，乃确有国交焉。《唐书·中天竺传》曰：隋炀帝时，遣裴矩通西域诸国，独天竺、拂菻不至为恨。武德中，国大乱。王尸罗逸多勒兵战，无前。四天竺皆臣之。会唐浮屠玄奘至其国。尸罗逸多召见，曰："而国有圣人出，作《秦王破陈乐》，试为我言其人。”玄奘粗言：“太宗神武，平祸乱，四夷宾伏状。”王喜，曰：“我当东面朝之。”贞观十五年（641年），自称摩伽陀王，遣使者上书。帝命云骑尉梁怀璥持节慰抚。尸罗逸多惊问国人：“自古亦有摩诃震旦使者至吾国乎？”皆曰：“无有。”乃出迎。膜拜受诏书，戴之顶。复遣使者随入朝。诏卫尉丞李义表报之。尸罗逸多复献火珠郁金菩提树。二十二年（648年），遣右卫率府长史王玄策使其国，以蒋师仁为副。未至，尸罗逸多死，国乱，其臣那伏帝阿罗那顺自立。《旧书·太宗纪》：贞观二十二年五月，右卫长史王玄策击帝那伏帝国，大破之。获其王阿罗那顺。《通鉴》云：击帝那伏帝王阿罗那顺，大破之。新旧《书·天竺传》皆但作那伏帝。发兵拒玄策。时从骑才数十，战，不胜，皆没。遂剽诸国贡物，玄策挺身奔吐蕃西鄙，檄召邻国兵。吐蕃以兵千人来，泥婆罗以七千骑来。《旧书》云：玄策走至吐蕃，发精锐千二百人，并泥婆罗国七千余骑以从。玄策部分进战茶镈和罗城。三日，破之。阿罗那顺委国走。合散兵复陈。师仁擒之。余众奉王息阻乾陀卫江。师仁击之，大溃。获其妃、王子，虏男女万二千人，杂畜三万，降城邑五百八十。东天竺王尸鸠摩送牛马三万馈军，及弓刀宝缨络。迦没路国献异物。拜上地图，请老子像。《旧书》云：因请老子像及《道德经》。玄策执阿罗那顺献阙下。《旧书·本纪》云：吐蕃赞普击破中天竺国，遣使献捷。

唐世兵威能伸于印度者，吐蕃之宾服实为之。《唐书》：羁属吐蕃者，有泥婆罗，今廓尔喀。有悉立，当吐蕃西南。有章求拔。或曰章揭拔。本西羌种，在悉立西南四山中。后徙山西，与东天竺接。皆尝通贡使，而章求拔当唐讨天竺时，亦尝发兵来赴云。此皆今印、藏间之国也。此外通朝贡者，又有摩揭陀、那揭、乌荼、《唐书》云：一曰乌仗那，亦曰乌苌。《西域记》乌仗那、乌茶各为一国。罽宾，及师子国，锡兰。亦皆在五印之域。名蔑，其人短小，兄弟共妻，妇总发为角，以辨夫之多少，亦一妻多夫之族，分布于印度地方者也。

《唐书》又云：赡博，或曰赡婆。北距兢伽河。恒河。显庆中，与婆岸、千支弗、舍跋若、磨腊四国并遣使者入朝。千支当夺弗字。在西南海中，本南天竺属国。亦曰半支跋，若唐言五山也。北距多摩苌。又云：多摩苌，东距婆凤，西多隆，南千支弗，北河陵。显庆中贡方物。伯希和云：此河陵非在今爪哇岛之诃陵，而为《西域记》之羯馁伽。《册府元龟》载显庆三年（658年），千私弗、舍利君、摩腊并遣使贡献，云三国并属南天竺。舍利君即舍跋若，其国难考。千支弗者，干支弗之讹，乃 Kancipura 建志补罗。之省译，即今之 Conjeveram 摩剌即贾耽《入四夷路》之没来,《西域记》之秣罗矩吒，固皆在南印度也。

第四章　武、韦之乱

第一节　高宗之立

《诗》曰：赫赫宗周，褒姒灭之。灭周者果褒姒邪？抑别有其人也。

太宗十四子，文德皇后长孙氏所生者三：长子承乾，第四子魏王泰，第九子晋王治是也。承乾立为太子。《旧书·传》曰：先患足，行甚艰难，而泰有美誉，太宗渐爱重之，潜怀夺嫡之计，各树朋党，遂成衅隙。《新书·传》曰：承乾使户奴数十百人习音声，学胡人椎髻，翦采为舞衣，寻橦跳剑，鼓鞞声昼夜不绝。造大铜炉、六熟鼎，招亡奴盗取人牛马，亲视烹焊，召所幸厮养共食之。又好突厥言及所服，选貌类胡者，被以羊裘，辫发。五人建一落，张毡舍，造五狼头纛，分戟为陈，系幡旗，设穹庐自居。使诸部敛羊以烹，抽佩刀割肉相啖。承乾身作可汗死，使众号哭剺面，奔马环临。忽复起，曰："使我有天下，将数万骑到金城，见第二章第二节。然后解发，委身思摩，当一设，顾不快邪？"其辞容有溢恶，然自典午已来，渐胡俗者甚多，唐亦起代北，则此亦理所可有，承乾盖隋房陵王一流人。承乾之恶，又见张玄素、于志宁传。时二人为宫僚，谏诤，承乾皆遣客刺之。魏王虽有夺宗之谋，承乾初非无过也。泰，太宗以其好士爱文学，特令就府别置文学馆，任自引召学士，月给料物，有逾于皇太子。泰乃招驸马都尉柴令武、房遗爱等二十余人，厚加赠遗，寄以腹心。令武，绍子。绍妻，高祖女平阳公主也，见第二章第六节。令武又尚太宗女巴陵公主。遗爱，见下。黄门侍郎韦挺，工部尚书杜楚客，如晦弟。

相继摄泰府事，俱为泰要结朝臣，津通赂遗。其夺宗之谋，亦不下于隋炀帝也。承乾召壮士左副卫率封师进，及刺客张师政、纥干承基，令杀泰，不克。寻与汉王元昌，高祖第七子。兵部尚书侯君集，左屯卫中郎将李安俨，隐太子臣。太子败，安俨为之力战，太宗以为忠，亲任之，使典宿卫。洋州刺史赵昂，洋州，今陕西洋县。昂，高祖女长广公主之子。驸马都尉杜荷如晦子。尚太宗女城阳公主。谋反，将纵兵入西宫。胡三省曰：谓大内。以在东宫西，故称之。贞观十七年（643年），齐王祐反。祐，太宗第五子。十年（636年）授齐州都督。齐州，即齐郡。见第二章第六节。《旧书·传》曰：其舅尚乘直长阴弘智谓祐曰："王兄弟既多，即上百年之后，须得武士自助。"乃引其妻兄燕弘信谒祐。祐接之甚厚。多赐金帛，令潜募剑士，有昝君谟、梁猛彪者，并以善骑射，得幸于祐。长史权万纪斥逐之。而祐潜遣招延，狎昵愈甚，万纪斥出，不许与祐相见。祐及君谟谋，杀万纪。事泄，万纪悉收系狱，发驿奏闻。诏刑部尚书刘德威往按之，并追祐及万纪入京。祐大惧。俄而万纪奉诏先行，祐遣燕弘信兄弘亮追射杀之。既杀万纪，君谟等劝祐起兵。诏遣李勣与刘德威便道发兵讨之。《通鉴》云：德威按之，事颇有验，及祐反乃诏发兵讨之。未至，兵曹杜行敏执祐送京师，赐死。此事亦如建成时之庐江，无待论也。《承乾传》曰：祐反，承乾谓纥干承基曰：我西畔宫墙，去大内正可二十步来耳。此间大亲近，岂可并齐王乎？言近易为变也。《新书》云：岂与齐州等？会承基亦外连齐王，系狱当死，遂告其事。太宗命长孙无忌等参鞫之，事皆明验。废承乾为庶人，徙黔州。见第二章第七节。十九年（645年），卒于徙所。元昌赐自尽。侯君集等咸伏诛。王珪少子敬直，以尚主太宗女南平公主。拜驸马都尉，坐与承乾交结，徙于岭外。《魏征传》：征尝密荐杜正伦、侯君集有宰相才，征卒后，正伦以罪黜，君集犯逆伏诛，太宗始疑征阿党。征又自录前后谏诤言辞往复，以示史官起居郎褚遂良，太宗知之，愈不悦。先许衡山公主降其长子叔武，于是手诏停婚，《廿二史考异》云：《公主传》：太宗二十一女，无封衡山者，《于志宁传》云：衡山公主既公除，将下嫁长孙氏，则衡山停婚魏氏后，许嫁长孙。《公主传》，下嫁长孙氏者，有新兴、新城两公主，未审何人初封衡山也。顾其家渐衰矣。《新书》云：征之没，晋王奉诏致祭，帝作文于碑，遂书之，及是，遂仆所为碑。此事论者皆谓太宗纳谏非诚，故积忿至斯而发。然君集固确有反谋。《正伦传》云：行太子左庶子。太宗谓曰："我儿全无令誉，私所引接，多是小人，卿可察之。若教示不得，须来告我。"正伦数谏不纳，乃以太宗语告之。承乾抗表闻奏。太宗谓正伦曰："何故漏泄我语？"对曰："开导不入，故以陛下语吓之，冀其有惧，或当反善。"帝怒，出为谷州刺史。又左授交州都督。见第二章第七节。后承乾构逆，事与侯君集相连，称遣君集将金带遗正伦，由是配流驩州。《韦挺传》云：承乾多过失，太宗微有废立之意，杜正伦以漏泄禁中语左迁。时挺亦与泰事，太宗谓曰："朕已罪正伦，不忍更置卿于法。"特原之。然则正伦所泄者，乃太宗欲废立之意，非教示不得须来告我之语也；又与侯君集交关；太宗安得不因此而疑及征？且安知叔武之不为杜荷、王敬直乎？若然，则停其婚者，正所以保全之矣。

承乾既废，泰亦同败，晋王乃获渔人之利焉。《旧书·泰传》曰：承乾败，太宗面加谴让。承乾曰："臣贵为太子，更何所求？但为泰所图，与朝臣谋自安之道，不逞之人遂教臣为不轨。今若以泰为太子，所谓落其度内。"太宗谓侍臣曰："承乾言亦是。我若立泰，便是储君之位，可经求而得。泰立，承乾、晋王皆不存；晋王立，泰共承乾可无恙也。"乃幽泰于将作监，下诏降封东莱郡王。因谓侍臣曰："自今太子不道，藩王窥伺者，两弃之，传之子孙，以为永制。"寻改封顺阳王，徙居郧乡。今湖北郧县。二十一年（647 年），进封濮王。永徽三年（652 年），薨于郧乡。《长孙无忌传》曰：承乾得罪，太宗欲立晋王，而限以非次，回惑不决。御两仪殿，群官尽出，独留无忌及房玄龄、李勣。谓曰："我三子一弟，所为如此，我心无憀。"因自投于床，抽佩刀欲自刺。无忌等惊惧，争前扶抱，取佩刀以授晋王。无忌等请太宗所欲。报曰："我欲立晋王。"无忌曰："谨奉诏。有异议者，臣请斩之。"太宗谓晋王曰："汝舅许汝，宜拜谢。"晋王因下拜。太宗谓无忌等曰："公等既符我意，未知物论何如？"无忌曰："晋王仁孝，天下属心久矣。伏乞召问百僚，若不蹈舞同音，臣负陛下万死。"于是建立遂定。寻又欲立吴王恪。无忌密争之，其事遂辍。恪，太宗第三子。太宗次子楚王宽早卒，故承乾、泰废，以嫡当立晋王，以长则恪亦可立。《新书·传》曰：恪善骑射，有文武才；母隋炀帝女，地亲望高，中外所向。帝初以晋王为太子，又欲立恪。长孙无忌固争。帝曰："公岂以非己甥邪？且儿英果类我，若保护舅氏未可知。"无忌曰："晋王仁厚，守文之良主。且举棋不定则败，况储位乎？"帝乃止。故无忌常恶之。永徽中，房遗爱谋反，因遂诛恪，以绝天下望。临刑呼曰："社稷有灵，无忌且族灭。"《泰传》曰：太子败，帝阴许立泰，岑文本、刘洎请遂立泰为太子。长孙无忌固欲立晋王。帝以太原石文有"治万吉"，复欲从无忌。泰微知之。因语晋王："尔善元昌，得无及乎？"王忧甚。帝怪之。以故对。会召承乾谴勒，承乾言若泰为太子，正使其得计。帝乃幽泰，降王东莱。然犹谓无忌曰："公劝我立雉奴，雉奴仁懦，得无为宗社忧？"夫君臣父子之际，人所难言，《旧书·褚遂良传》曰：魏王为太宗所爱，礼秩如嫡。贞观十五年（641 年），太宗问侍臣："当今国家，何事最急？"遂良进曰："太子诸王，须有定分，陛下宜为万代法，以遗子孙。"太宗曰："此言是也。"因言："公等为朕搜访贤德，以傅储宫，爰及诸王，咸求正士。"又曰："事人岁久，即分义情深，非意窥窬，多由此作。"于是限王府官僚，不得过四考。则当时文武之官，各有托附，亲戚之内，分为朋党，黜泰诏语。太宗亦颇知之，特不审耳。若群臣则岂有不知者？然终莫能为太宗言之。然则当承乾获罪，太宗意未宣露之际，无忌安敢固执欲立晋王？且太宗岂以石文决事者乎？《传》又曰：承乾废，魏王泰入侍，太宗面许立为太子。因谓侍臣曰："昨青雀自投我怀，云臣今日始得与陛下为子，更生之日也。臣惟有一子，臣百年之后，当为陛下杀之，传国晋王。父子之道，故当天性，我见其如此，甚怜之。"遂良进曰："陛下失言。伏愿审思，无令错误也。安有陛下百年后，魏王执权，为天下主，而能杀其爱子，传国晋王者乎？陛下昔立承乾，复宠爱魏王，嫡庶不分，所以至此。殷鉴不远，足为龟镜。今立魏王，伏愿别安置晋王，始得安全耳。"太宗涕泗交下曰："我不能。"即日召长孙无忌、房玄龄、李勣与遂良等定策，立晋王为皇太子。斯言尤野。安有如此诞谩之辞而可欺太宗者？《无忌传》言定策者固无遂良名，而《新书·遂良传》，载其贬爱州后事见下节。上表云："往者承乾废，岑文本、刘洎奏东宫不可少旷，宜遣濮王居之，臣引义固争，明日仗入，先帝留无忌、玄龄、勣及臣定策，立陛下。"疑其表亦不足信也。太宗废承乾，亦兼废泰，似甚英断，为中主所不及。然果如此，先何得宠泰，使之礼秩如嫡？窃疑是时泰夺宗之谋，亦必大彰露，其事丑恶，史官讳之不书，附会揣测之辞，遂因之而多也。然遂良虽不与定策，而其与长孙无忌如骖之靳，则固不疑矣。

晋王既立，魏王之党阴谋仍未尝息。《旧书·刘洎传》曰：太宗征辽，令洎与高士廉、马周留辅皇太子定州监国。定州见第二章第四节。太宗谓洎曰："我今远征，使卿辅翼太子，社稷安危之机，所寄尤重，卿宜深识我意。"洎进曰："愿陛下无忧。大臣有愆失者，臣谨即行诛。"太宗以其妄发，颇怪之。谓曰："君不密则失臣，臣不密则失身。卿性疏而大健，恐以此取败。深宜戒慎，以保终吉。"十九年（645年）。太宗辽东还，发定州，在道不康。洎与马周入谒。出，褚遂良传问起居。洎泣曰："圣体患臃，极可忧惧。"遂良诬奏之曰："洎云：'国家之事不足虑。正当傅少主行伊、霍故事，大臣有异志者诛之，自然定矣。'"太宗疾愈，诏问其故。洎以实对，又引马周以自明。太宗问周，周对与洎所陈不异。遂良又执证不已。《通鉴考异》引《实录》云：洎以实对。遂良执证之不已。洎引马周自明。太宗问周。周对与洎所陈不异。帝以诘遂良，遂良又证周讳之，较为明白。《旧书》与《鉴》，所本者同，而辞不完具，且颇失次。乃赐洎自尽。洎临引决，请纸笔欲有所奏。宪司不与，太宗知，怒之，并令属吏。则天临朝，其子弘业上言："洎被遂良谮而死。"诏令复其官爵。此事之必非如此，无待于言。《唐书》之文，本于《实录》，见《通鉴考异》。《通鉴》不信遂良谮之之说，然又载诏云："洎与人窃议，窥窬万一，谋执朝衡，自处伊、霍，猜忌大臣，皆欲诛戮，宜赐自尽。"则太宗固信其欲谋危东宫。此时而谋危东宫，谈何容易？洎若怀此志，岂得泄之于褚遂良？疑遂良所以谮之，太宗所以杀之者，其故实别有在，诏语特诬辞也。洎与岑文本同党魏王，文本是时已从征辽而死，洎之所处，实甚孤危，而犹相龁龁如此，朋党分争之烈，可以想见。史所传太宗属洎之语，虽不足信，而其尝有所属，则似无可疑。岂既立晋王，又虑长孙无忌威权过重，而特以魏王之党参之邪？

贞观二十三年五月，太宗崩。治立，是为高宗。《新书·张行成传》曰：高宗即位，晋州地震不息，晋州，今山西临汾县。帝问之。对曰："天阳也，君象。地阴也，臣象。君宜动，臣宜静。今静者顾动，恐女谒用事，人臣阴谋。又诸王、公主，参承起居，或伺间隙，宜明设防闲。且晋陛下本封，应不虚发。伏愿深思，以杜未萌。"此时之情势可见。果也，至永徽四年（653年），而有房遗爱之变。遗爱，玄龄次子也，尚太宗女高阳公主。玄龄卒，子遗直嗣。《旧书·传》曰：初主有宠于太宗，故遗爱特承恩遇，与诸主婿礼秩绝异。主既骄恣，谋黜遗直而夺其封爵，诬告遗直无礼于己。高宗令长孙无忌鞫其事，因得主与遗爱谋反状，《通鉴》云：公主使人诬告遗直无礼于己。遗直亦言遗爱及主罪。云罪盈恶稔，恐累臣私门。上令长孙无忌鞫之，更获遗爱及主反状。遗爱伏诛，主赐自尽，诸子配流岭表。遗直以父功，特宥之，除名为庶人。时牵连获罪者：有宁州刺史薛万彻，岚州刺史柴令武，皆主婿也，万彻尚高祖女丹阳公主。伏诛。高祖第六子荆王元景及吴王恪、巴陵公主赐死。左骁卫将军执失思力，亦主婿也，思力突厥酋长，随隋萧后入朝，击薛延陀、平吐谷浑有功。尚高祖女九江公主。配流巂州。见第三章第一节。侍中宇文节、太常卿江夏王道宗见第三章第二节。配流桂州。见第二章第二节。此据《旧书·本纪》。《传》及《新书·传》皆作象州，今广西象县。恪母弟蜀王愔废为庶人。令封兄哲威徙岭南。盖文武各有托附，亲戚分为朋党之祸，至斯毕作矣。高宗之党，是时可谓全胜，然不旋踵而毙于武后。螳螂捕蝉，黄雀又随其后。世事之变幻可胜慨哉！唐起代北，骄淫矜夸之习，积之已久，势不能无所发泄。太宗之后，承乾傥获继位，未必不为齐文宣，泰而获遂所求，亦未必不为隋炀帝。然大化迁流，往事终不可以复演也。天乃又易一局，使庸儒者承之。以牝鸡司晨，肆其淫暴而极之于天宝，而唐遂终以自毙矣。发泄之途不同，而有所蕴者，终必一肆其毒而后已，不亦重可惧乎？然灭周者果褒姒邪？抑别有其人也。

第二节　武后得政代唐

武后，并州文水人。今山西文水县。父士彟。大业末，为鹰扬府队正。唐兵起，从平京城。贞观中，累迁工部尚书、荆州都督。荆州见第二章第三节。后年十四，太宗闻其美容止，召入宫，立为才人。太宗崩，为尼，居感业寺。高宗于寺见之，复召入宫，拜昭仪。皇后王氏、良娣萧氏与昭仪争宠，互谗毁之，帝皆不纳。《旧书·后纪》。《纪》又云：进号宸妃。《通鉴》云：唐因隋制，后宫有贵妃、淑妃、德妃、贤妃，皆视一品。上欲特置宸妃，以武昭仪为之。韩瑗、来济谏，以为故事无之，乃止。《考异》曰：《唐历》云：瑗、济谏帝不从。按立武后诏书犹云昭仪武氏，则未尝为宸纪也。今从《会要》。《新书·后传》云：高宗为太子时入侍，悦之。王皇后久无子，萧淑妃方幸，后阴不悦。他日，帝过佛庐，才人见且泣，帝感动。后廉知状，引纳后宫，以挠妃宠。武后之入宫，未知其在何年。《旧书·高宗本纪》：永徽三年（652年）七月，立陈王忠为皇太子。《忠传》曰：王皇后无子，其舅中书令柳奭说后，谋立忠为太子，以忠母贱，冀其亲己。后然之。奭与尚书右仆射褚遂良、侍中韩瑗讽太尉长孙无忌、右仆射于志宁等固请立忠为储后。高宗许之。案高宗在位三十四年，崩年五十有六，则其即位之三年，年仅二十有五，中宫无子，理宜待之，而亟亟于立庶者？武后长子弘生于是年，《旧书·忠传》云：王皇后被废，武昭仪所生皇子弘年三岁，案弘薨于上元二年（675年），年二十四，新旧书同，则永徽六年（655年），年当四岁。盖古人计年，有如今人以虚年计者，亦有如西俗，周岁然后增年者。《弘传》所云，以虚年计，《忠传》所云，以足岁计也。然则弘实生于永徽三年。盖虑其以有子而夺嫡？则是时王后之位，已颇危矣。然建储之谋，卒不能戢易后之议。六年六月，昭仪诬后与其母柳氏共为厌胜。敕禁柳氏入宫。奭亦贬谪。时中书舍人李义府，为长孙无忌所恶，左迁。诏未下，义府阴知之。问计于同僚王德俭。德俭教以建策立昭仪。义府于是复留，且超拜中书侍郎，参知政事。德俭者，许敬宗之甥。敬宗时为卫尉卿。敬宗为后党，而义府问计于其甥，知后与朝臣久有交关矣。易后之说既起，高宗召无忌、遂良、志宁及李勣问焉。勣称疾不入。志宁无言，以持两端。惟遂良争之甚力。韩瑗及中书侍郎来济亦力谏。他日，勣入，帝问之。勣曰：“此陛下家事，何必问外人？”许敬宗亦宣言于朝曰：“田舍子剩获十斛麦，尚欲更故妇，况天子邪？”乃贬遂良为潭州都督。今湖南长沙县。下诏云：王皇后、萧淑妃谋行鸩毒，废为庶人。后母、兄及淑妃兄弟皆流岭南，而立昭仪为后。时十一月也。后与淑妃，皆为武后所杀。《旧书·后妃传》云：废后及萧良娣皆为庶人，囚之别院。武昭仪令人皆缢杀之。又云：初囚，高宗念之，间行至其所。见其室封闭极密，惟开一窍通食器出入。高宗恻然，呼曰：“皇后、淑妃安在？”庶人泣而对曰：“妾等得罪，废弃为宫婢，何得更有尊称？”又曰：“今至尊思及畴昔，使妾等再见日月，出入院中，望改此院为回心院，妾等再生之年。”高宗曰：“朕即有处置。”武后知之，令人杖庶人及萧氏各一百，截去手足，投于酒瓮中，曰：“令此二妪骨醉。”数日而卒。二说自相违异，盖古人着书，信以传信，疑以传疑，并存其说，以待后人之抉择，原不谓其必可信也。武后语不足信者极多，举此一事，以例其余，不再一一致辩。萧淑妃亦作萧良娣者，《通鉴考异》曰：“新旧《唐书》或作萧淑妃，或作萧良娣。《实录》皆作良娣。废皇后诏亦曰良娣萧氏。当时后宫位号，无良娣名，惟汉世太子宫有良娣，疑高宗在东宫时，萧为良娣，及即位拜淑妃也。”案废后诏亦曰良娣者，或史所传诏书未必皆元文，唐人史笔尚不甚谨严也。然则以立后诏称昭仪，而谓武后未尝为宸妃，亦难遽断矣。明年，为显庆元年（656年），正月，废太子，立后子代王弘。二年三月，遂良改桂州都督。见第二章第二节。八月，许敬宗、李义府奏韩瑗、来济与遂良潜谋不轨，以桂州用武之地，以授遂良，欲以为外援。乃贬瑗为振州，今广东崖县。济为台州，今浙江临海县。遂良为爱州刺史。见第二章第七节。柳奭亦自荣州再贬象州。新旧《书》皆作爱州。《通鉴考异》云误，从《实录》作象州。荣州，今四川荣县。四年（659年），洛阳人李奉节告太子洗马韦季方、监察御史李巢朋党。敕侍中许敬宗、辛茂将鞫之。季方自刺不死。敬宗因奏季方欲与无忌构陷忠臣近戚，使权归无忌，伺隙谋反。于是削无忌太尉，以为扬州都督，今江苏江都县。于黔州安置。见第二章第七节。敬宗又奏无忌谋逆，由褚遂良、柳奭、韩瑗构扇；奭仍潜通宫掖，谋行鸩毒。时遂良已卒，追削官爵。奭与瑗并除名。于志宁亦以党附无忌免官。遣使发道次兵援送无忌诣黔州。诸子皆流岭表。遂良二子流爱州，于道杀之。无忌族弟俭，尚太宗女新城公主，其女兄，韩瑗妻也，俭坐流巂州。见第三章第一节。至流所，县令希旨杖杀之。俭甥赵持满，善骑射，喜任侠，时为凉州长史，见第三章第二节。敬宗亦诬其与无忌谋反，杀之。命御史往高州见第二章第二节。追无忌族弟恩，象州追柳奭，振州追韩瑗，并枷锁诣京师。旋又命许敬宗等覆按无忌事。敬宗遣人诣黔州逼令自缢。诏柳奭、韩瑗所至斩决。奭死于象州。瑗已死，发验而还。长孙恩流檀州。今河北密云县。籍没三家，近亲皆流岭表为奴婢。明年，徙来济庭州。见第三章第六节。龙朔二年（662 年），西突厥入寇，济赴敌死焉。此事为唐初一大狱。懿戚、旧臣，相继就戮，非极暴虐无忌惮者，不敢出此。高宗听武后为之而不能止，可见其昏庸异于寻常矣。长孙无忌、褚遂良等非必正人，然太宗之政，究有典型，使任此等旧人，必不能遽大坏，永徽之治，史称其有贞观遗风，由此也。至险诐徼幸者竞进，而朝局不可问矣。当时乱政最甚者为李义府。后立之岁，即以中书侍郎同平章事。显庆三年（658 年），复为中书令。性既贪冒，母、妻、诸子、女婿，又皆卖官鬻狱，其门如市。虽不久而败，而四年八月，复同三品。至龙朔三年（663 年），乃以典选卖官流巂州。武后时贪夫竞进，淫刑以逞，实皆自太帝时已然矣。

高宗八子：长废太子忠。次原王孝，早薨。麟德元年（664 年）。次泽王上金。次许王素节。素节母，萧淑妃也。次弘，次贤，次哲，即中宗。初名显，封周王。仪凤二年（677 年），徙封英王，改名哲。武后圣历元年（698 年），召还东都，立为皇太子，依旧名显。次旦，即睿宗。初名旭轮，封殷王。乾封元年（666 年），徙封豫王。总章二年（669 年），徙封冀王。去旭字。上元二年（675 年），徙封相王。仪凤三年（678 年），改名旦。徙封豫王，降为皇嗣，依旧名轮。中宗为太子，封为相王，又改名旦。皆武后所生。忠之废，封为梁王，为梁州都督。今陕西南郑县。后徙房州。今湖北房县。显庆五年（660年），废为庶人。徙黔州，囚于承乾故宅。帝自显庆已后，多苦风疾，百司表奏，皆委后详决。《旧书·后纪》。后因牵制帝，专威福。帝不能堪。《新书·上官仪传》。麟德元年（664年），后召方士郭行真入禁中为蛊祝。宦人王伏胜发之。上密召西台侍郎上官仪谋废后。左右驰告后。后诣帝上诉。帝羞缩，待之如初。《新书·后传》。仪先为陈王谘议，与伏胜俱事忠，于是许敬宗奏仪、伏胜与忠谋大逆。仪、伏胜皆被杀。忠亦赐死。上元元年（674年）八月，帝称天皇，后称天后。自诛上官仪后，上每视朝，后垂帘于御坐后，政事大小，皆与闻之，内外称为"二圣"。帝欲下诏令后摄国政，中书侍郎郝处俊谏止之。《旧书·高宗纪》上元二年（675年）。又《李义琰传》，义琰亦谏止帝。后乃更为太平文治事，大集诸儒内禁殿，撰定《列女传》《臣轨》《百寮新诫》《乐书》等。因令学士密裁可奏议，分宰相权。后自立后即与政事，至是二十年矣。是岁，太子弘卒。新旧《书·弘传》皆云：弘以萧淑妃女义阳、宣城二公主幽掖庭，年逾三十，请即出降，忤后意。惟《旧书》不云弘被害，《新书》则云遇鸩，《本纪》又径书天后杀皇太子。《通鉴考异》云：《实录》亦不言弘遇害，《唐历》则云请嫁二公主，不以寿终，而李泌对肃宗，亦有天后图临朝鸩杀弘之语。案请降二公主，何至一怒而欲杀？武后是时欲图临朝，岂复弘所能沮？则谓后杀弘殆不足信也。弘既死，乃立贤为太子。永隆元年（680），又废之。新旧《书》皆云：有明崇俨者，以左道事后，言英王类太宗而相王贵，贤闻恶之。宫人或传贤为后姊韩国夫人所生。贤闻之，益自疑。调露中，天子在东都，崇俨为盗所杀，后疑贤谋，遣人发其阴事。诏中书侍郎薛元超、黄门侍郎裴炎、御史大夫高智周与法官杂治之。于东宫马坊搜得皂甲数百领。乃焚甲于天津桥，而废贤为庶人。开耀元年（681年），徙巴州。今四川巴中县。及武后废中宗，命丘神勣往巴州检校贤宅，神勣逼令自杀。太宗子曹王明，先坐与贤通谋，降封零陵王，徙于黔州，都督谢佑胁令自杀。贤好声色，与户奴狎昵，事见《旧书·韦思谦传》，则其人确有失德，然罪不至废。至于焚甲天津桥，则所以示与人耳。贤在是时，岂能为武后之害？武后虽残，亦未闻自杀其子，然则谓贤为韩国所生，其事或不诬也。贤既死，乃立哲为太子。弘道元年十二月，高宗崩，哲立，是为中宗。

中宗之立，太后临朝称制。明年，中宗嗣圣。武后废立，改元文明。九月，又改为光宅。二月，废帝为庐陵王，而立豫王旦。后仍临朝。九月，李勣孙敬业及其弟敬猷、唐之奇、骆宾王、杜求仁等起兵扬州。敬业为眉州刺史，坐事贬柳州司马。敬猷为盩厔令，免官。之奇为给事中，贬括苍令。宾王为长安主簿，贬临海丞。求仁为詹事司直，贬黟令。又魏思温，尝为御史被黜，是时为盩厔尉。皆不得志之徒也。眉州，今四川眉山县。柳州，今广西马平县。盩厔，今陕西盩厔县。括苍，今浙江丽水县。临海郡，即台州。黟，今安徽黟县。太后遣淮安王神通孙孝逸讨之。神通，见第二章第六节。敬业党魏思温劝其直指东都，而薛璋欲先取常、润。常州，今江苏武进县。润州，今江苏镇江县。敬业从璋计，渡江取润州。还兵拒孝逸于高邮。见第二章第七节。败，走润州。欲入海，为其下所杀。《旧书·裴炎传》曰：中宗既立，欲以后父韦玄贞为侍中，又欲与乳母五品。炎固争以为不可。中宗不悦，谓左右曰："我让国与玄贞岂不得？何为惜侍中邪？"炎惧，乃与则天定策废立。炎与中书侍郎刘祎之、羽林将军程务挺、张虔勖等勒兵入内，宣太后令，扶帝下殿。徐敬业构逆，太后召炎议事，炎奏曰："皇帝年长，未俾亲政，乃致猾竖有辞。若太后返政，则此贼不讨而解矣。"御史崔察闻而奏炎有异图，炎遂见杀。凤阁侍郎胡元范明炎不反，流死琼州。今广东琼山县。纳言刘齐贤、吏部侍郎郭待举皆坐救炎贬。程务挺时为安抚大使，督兵以御突厥。炎下狱，务挺密表申理，由是忤旨。务挺素与唐之奇、杜求仁友善，或构其与裴炎、徐敬业皆潜相应接，武后遣就军斩之。夏州都督王方翼，夏州见第二章第二节。王后从祖兄也，有边功，与务挺亲善，征下狱，流死崖州。在今琼山县境。《新书·炎传》曰：豫王虽为帝，未尝省天下事。炎谋乘太后出游龙门，即伊阙。在洛阳南。以兵执之，还政天子。会久雨，太后不出而止。《刘仁轨传》曰：裴炎下狱，仁轨方留守京师。郎将姜嗣宗以使来，因语炎事，且曰："炎异于常久矣。"仁轨曰："使人知邪？"曰："知。"及还，表嗣宗知炎反状不告。太后怒，拉杀之。观此二事，炎似确有意于兵谏。然亦不过欲返政睿宗而已，未尝欲复中宗也。《旧书·刘祎之传》：祎之尝窃语凤阁舍人贾大隐曰："太后既能废昏立明，何用临朝称制？不如返政以安天下之心。"其意正与炎同。是则废立之举，当时舆论，并不以为不然，可见中宗之不克负荷。《炎传》论云：惟虑中宗之过失，不见太后之苞藏。自是当时实况，然则敬业等之举动，谓其非叛焉不可也。至救炎者之骈死，则自出于猜忌。李孝逸虽有功，既为唐之宗室，自亦不能免矣。垂拱二年二月，左迁施州刺史。今湖北恩施县。三年十一月，《新书·本纪》，事在天授二年（691年），《通鉴》从《旧传》及《实录》在此月。复被构流儋州，死。今广东儋县。

武后之废中宗，非遂有意于革命也，然其为人也，贪于权势而不知止，而导谀贡媚之徒，复不惜为矫诬以逢迎之，则推波助澜，不知所止矣。垂拱二年正月，太后下诏复政，睿宗知其非情，固让，后仍临朝称制。四年二月，毁乾元殿，就其地造明堂。四月，兄子承嗣，伪造瑞石，文云"圣母临人，永昌帝业"。令雍州人唐同泰雍州，后改为京兆府，今陕西长安县。表称获之洛水。太后大悦，号其石为宝图。五月，后加尊号曰圣母神皇。七月，大赦天下，改宝图曰天授圣图。封洛水神为显圣，加位特进，并立庙，就水侧置永昌县。变革之机肇矣。时高祖之子在者，尚有韩王元嘉、第十一。霍王元轨、第十四。舒王元召、第十八。鲁王灵夔；第十九。太宗之子在者，有越王贞、第八。纪王慎。第十。后之称制，贞与元嘉、元轨、灵夔，及元嘉子黄国公撰，元轨子江都王绪，灵夔子范阳王蔼，及贞长子琅邪王冲等，密有匡复之志。后以明堂成，将行大享之礼，追皇宗赴集。元嘉等递相语曰："大享之际，神皇必遣人告诸王密，因大行诛戮，皇家子弟，无遗种矣。"于是撰诈为皇帝玺书与冲曰："朕被幽系，王等宜各救拔我也。"冲又伪为玺书，云神皇欲移国祚。冲时为博州刺史，今山东聊城县。遂起兵。贞亦自蔡州应之。今河南汝南县。太后遣丘神勣讨冲，麹崇裕、岑长倩讨贞。冲攻武水，县，在今聊城西南。不克，还走州，为守门者所杀。神勣未至，乱已平矣。贞子规，逆官军而败，与贞俱自杀。于是收韩、鲁二王及黄公诛之。霍王废徙黔州，行至陈仓县，后改名宝鸡，今陕西宝鸡县。而死。江都王戮于市。范阳王知越王必败，发其谋，得不诛，后亦为酷吏所杀。冲弟常山公倩，坐与父兄连谋诛。温，以前告流岭南，寻卒。东莞公融，高祖子虢王凤之子也，为申州刺史。今河南信阳县。得越王书，仓卒不能应，为僚吏所逼，奏之，得擢授，寻为支党所引，仍被诛。寿州刺史赵瑰，寿州见第二章第三节。妻高祖女常乐长公主也。越王将起兵，作书告之，瑰许率兵相应；公主对使者，复有激厉诸王之语；皆伏诛。济州刺史薛颢，济州，在今山东茌平县西南。太宗女城阳长公主子也，及弟绪、绍，皆与琅邪王通谋，颢、绪皆诛，绍以尚武后女太平公主，死于狱。于是海内更无与后抗者，变革之机益亟。是岁十二月，神皇拜洛受图。《天授圣图》。明堂成。明年正月，亲享。大赦天下，改元曰永昌。十一月，依周制改为建子，以是月为正月。改元延载。至久视元年（700 年），乃复夏正。自以曌字为名。读如照。改诏书曰制书，避嫌名也。有沙门十人，伪撰《大云经》表上之，盛言神皇受命之事，制颁于天下。九月九日；遂革唐命，改国号为周。武氏自托于周，谓周平王少子，生而有文在手曰武，遂以为氏，故其自王，追尊周文王为始祖文皇帝，而谥所谓平王少子者曰睿祖康皇帝。改元天授。加尊号曰圣神皇帝。降皇帝为皇嗣，赐姓武氏。

武后以一女主，而易姓革命，开旷古未有之局，论者多以为奇，其实无足异也。专制之世，政权谁属，人民本不过问；天泽之分既严，称兵废置，往往有反叛之嫌，苟非握大权，拥强兵，自度全国莫能与抗者，亦多不敢为是；此历代篡夺之主，所以获安其位也。母后临朝，有帝王之实者，本自不乏，特未尝居其名耳。武后在高宗时，盗窃政柄，已余二十年，其形势又非他临朝摄政者比，实既至矣，易其名何难？特视其欲不欲耳。武后为纵恣而无忌惮之人，有以旷古未有之局歆之者，自将试为之，而革命之局成矣。若谓皇帝之名，本无足歆，居之，徒足招人讥议，且授人以攻击之柄而自蹈危机，何必为是？则试问至二十世纪，皇帝之名，更何足歆？袁世凯何以犹冒不韪而为之，以致身败名裂乎？从来居权势之地者，多无学识，亦罕能深思远虑，不能以读史者之见衡之，求之深而反失之也。

第三节　武后政治

武后何如主？曰：暴主也。然亦暴主之一耳，谓其暴有特甚于他暴主之处，亦不其然。

后诒毒最甚者，为其淫刑以逞。杀人既多，即亲族亦不得免，后自杀其子，已见上节。残害武氏亲属，见第五节。又中宗妃赵氏，睿宗纪刘氏、窦氏，亦皆为后所杀，见《新书·后妃传》。论者因谓其残酷有过寻常。考后之任刑，实自废中宗时始，《通鉴》：中宗废后，有飞骑十余人，饮于坊曲。一人言："乡知别无勋赏，不若奉庐陵。"一人起出，诣北门告之。坐未散，皆捕得。系羽林狱。言者斩，余以知反不告绞，告者除五品官。告密之端，自此兴矣。至徐敬业叛而益甚。乃置匦朝堂，以受密奏。事在垂拱二年三月。有告密者，皆给公乘，州县护送至阙下，廪之宾馆，称旨者则授之爵赏以诱之。《旧书·酷吏传》文。酷吏遂乘时而起。后时酷吏，见于《旧书》列传者十一人，曰来俊臣，曰周兴，曰傅游艺，曰丘神勣，曰索元礼，曰侯思止，曰万国俊，曰来子珣，曰王弘义，曰郭霸，曰吉顼。此特其事之有传于后者耳，非谓其为最酷者也。中宗神龙元年三月，尝列举当时酷吏已死者及未死者，加以惩处，凡二十七人。玄宗开元十三年三月，御史大夫程行谌，又就此二十七人，加以区别，其中二十三人罪较重，子孙不许与官，四人罪较轻，但不许近仕而已。见《本纪》及《酷吏传》。丘神勣即在较轻之四人中也。此二十七人，盖当时为虐最甚者，其余尚难悉数。如《刑法志》及《来俊臣传》，尚有康暐、卫遂忠、彭先觉是也。又《旧书·崔元综传》，言其每受制鞫狱，必披毛求疵，陷于重辟；《外戚传》言武懿宗自天授已来，常受中旨推鞫制狱，王公大臣多被陷成其罪，亦皆是。其时平恕之吏，首推徐有功，次则杜景佺、裴守真、李日知、严善思等。然区区补救，不能戢其凶焰也。景俭，《新书》作景俭，今从《旧书》。《通鉴》云：《实录》同。后乃置诏狱，《旧书·刑法志》云：周兴、来俊臣等相次受制推究大狱，乃于都城丽景门内别置推事使院，时人谓之新开狱。《新书·酷吏传》作新开门。又云：武后欲因大狱去异己者，索元礼揣旨，即上书言急变召对，擢游击将军，为推使。即洛州牧院为制狱。洛州，见第三章第三节，后改为河南府。令单车专断于外。《通鉴》：天授二年（691年），御史中丞知大夫事李嗣真上疏曰：比日狱官，单车奉使，推鞫既定，法家依断，不令重推；或临时专决，不复闻奏。又长寿元年（692年），万年主薄徐坚上疏曰：比有敕，推按反者，令使者得实，即行斩决。万年见第三章第一节。诸酷吏则招集无赖，共为罗织；又使诸囚互相牵引，而多作非刑以求之。详见新旧《书·酷吏传》。非徒酷吏然也，即武后亦自用之。如郝处俊孙象贤，垂拱中为太子通事舍人，坐事诛，临刑言多不顺，后大怒，令斩讫仍支解其体，发其父母坟墓，焚爇尸体，处俊亦坐斫棺毁柩。又如阎知微，为突厥所立，此实出迫胁，事见下节，而朝廷以为卖国，夷其族。知微不知，逃还。后以业已然，乃曰："恶臣疾子，赐百官甘心焉。"于是骨断脔分，非要职者不能得。此尚有人理邪？虽后所亲任者，亦时遘其祸。如魏元忠，尝为后监李孝逸军讨徐敬业，然寻为周兴所陷，免死配流贵州。后起用，复为来俊臣、侯思止所陷，流岭表。召还。复为张易之、昌宗所陷，下诏狱。又如元万顷、范履冰、苗神客、周思茂、胡楚宾，皆高宗时以修撰为名，在禁中助后参决政事者。后时，神客、楚宾前卒。万顷、履冰、思茂，相次为酷吏所杀。李昭德最为后所信，亦为来俊臣诬以谋逆。俊臣虽败，昭德仍与同日诛。贵州，今广西贵县。非藉告变不得免焉。狄仁杰为武后相，长寿元年（692年），来俊臣诬以谋反，仁杰承反。俊臣小宽之。仁杰乃书冤苦置绵衣中，请付家人去其绵。子光远持之称变。得召见。凤阁侍郎乐思晦，先一年被族诛，男年八九岁，宜隶司农，亦上变得召见。言俊臣苛毒，愿陛下假条反状以付之，无大小皆如状矣。后意少解。乃召见仁杰曰："卿承反何也？"曰："不承，已死于枷棓矣。"曰："何为作谢表？"曰："无之。"以表示之，乃知其代署也。仁杰乃得免。详见《旧书·酷吏传》。此其残酷，诚罕伦比。然后所杀戮最甚者，为唐之宗戚，韩、鲁诸王诛后，高祖之子存者，仍有舒王元名。太宗子存者有纪王慎，高宗子存者有泽王上金、许王素节。诸王之叛也，慎独不与谋，亦系狱，临刑放免，流于巴州，行及蒲州而卒。时永昌元年七月也。明年七月，元名为丘神勣所陷，迁于和州、杀其子豫章王亶。时上金为随州刺史，素节为舒州刺史，武承嗣使周兴诬告其谋反，追赴都。素节至都城南，被杀。上金闻之，亦自缢。子七人，六人流死。素节子死者九人，四人以幼长禁雷州。诸王子孙，亦多诛死，幼者咸配流岭外。又诛其亲党数百家。其幸存者，如章怀太子贤幼子守礼，与睿宗诸子同处宫中，至圣历元年（698年），睿宗封相王，许出外邸，始与其诸子居于外。中宗遗诏封守礼为邠王。玄宗时，积阴累日，守礼白诸王曰欲晴，果晴。愆阳涉旬，守礼曰即雨，果连澍。岐王等奏之，云邠哥有术。守礼曰："臣无术也。则天时幽闭宫中十余年，每岁被敕杖数顿。见瘢痕甚厚。欲雨，臣脊上即沈闷，欲晴即轻健，臣以此知之，非有术也。”因涕泗沾襟。玄宗亦悯然。唐宗室之遭酷虐，可云甚矣。然自来有天下者，谁不欲自除其逼？此岂武后一人为然？《旧书·韩休传》：休伯父大敏，仕武后为凤阁舍人。梁州都督李行褒为部人诬告，云有逆谋，诏大敏就州推究。或谓曰：“行褒诸李近属，太后意欲除之。”大敏竟奏雪之。则天俄命御史重复，遂构成其罪。大敏坐推反失情，与知反不告得罪，赐死于家。似武后之于诸李，无所纵舍矣。然如濮王泰子千里，褊躁无才，复数进献符瑞，则终后世无恙。又如太祖玄孙思训，后时为江都令，以后多杀宗室，弃官去，亦不闻后之追戮也。公主见害者亦多，然太宗女千金公主，以巧媚善进奉，抗疏请以则天为母，反承恩宠。改邑号，为延安大长公主，加实封，赐姓武氏，以其子娶武承嗣女。则后之所除，亦其逼己者而已，此岂后之所独哉？蒲州，今山西永济县。和州，今安徽和县。随州，今湖北随县。舒州，今安徽潜江县。雷州，今广东海康县。江都，扬州所治。岐王隆范，玄宗弟，见第七节。次则大臣，因及一时豪杰，《新书·徐有功传》曰：武后僭位，畏唐大臣谋己，于是周兴、来俊臣、丘神勣、王弘义等，揣识后指，置总监、牧院诸狱，捕将相，俾相钩连，又污引天下豪杰，驰使者，即按一切以反论。此后兴大狱之本旨也。《旧书·酷吏传》曰：朝士多因入朝，默遭掩袭，以至于族，与其家无复音息，每入朝，必与其家诀，曰：“不知重相见不？”其意之所在可见。狄仁杰、魏元忠等，受后信任，不为不厚，仍不免时遭诬陷者以此。且如魏玄同，年已七十有三，尚何能为？亦何所求？而为周兴所诬，竟至赐死，则以兴谓其言太后老当复皇嗣，正触后之所忌也。裴寂，开国时功臣也，而其孙承先；魏征，太宗时名臣也，而其子叔鳞；刘仁轨，高宗时名将也，且尽心于武后，而其子浚；皆为酷吏所陷。泉男生子献诚，受父命以一国降，黑齿常之以蕃将有功，杀之何以慰绝域、劝来者？而皆不得免，后之所忌，亦可见矣。其事皆在变革之前。《旧书·酷吏传》言：载初元年十月，左台御史周矩上疏，诏狱稍息，时正初变革时也。其后杀戮最甚者：一为长寿二年（693年）之杀六道流人，一为神功元年（697年）綦连耀之狱，亦皆防其欲图己而已。后既革命，改元天授。其明年，丘神勣、周兴皆败。索元礼之死，通鉴亦系是年。又明年，为长寿元年（692年），来子珣配流。二年（693年），有上封事言岭表流人有阴谋逆者，后遣司刑平事万国俊摄监察御史就按之。国俊至广州，遍召流人，矫制赐自尽。并号哭称冤，国俊拥就水曲，杀三百余人。然后锻炼，曲成反状。更诬奏云：诸道流人，咸有怨望。若不推究，为变不遥。后乃更遣五使，分往诸道，各杀数百人，远年杂犯，亦枉受祸。然国俊等亦相继窜死。明年，为延载元年（694年），王弘义死。来俊臣亦贬。阅三年，为神功元年（697年），洛州录事参军綦连耀有反谋，来俊臣时为合宫尉，明堂尉吉项告之，俊臣上变。太后使武懿宗推之。懿宗令其广引朝士，凡破三十六家，坐流窜者千余人。俊臣因此复用，项亦以进。然俊臣不久即败，久视元年（700年），项亦流岭表。洛州见第二章第三节。明堂县，高宗分万年县置。合宫县，武后以东都河南县改。此固历代开创之主所同。后之杀唐宗室，亦岂甚于隋文帝之杀宇文氏哉？故曰：后特暴主之一，谓其暴有特甚于他暴主之处，实不然也。然刑之不祥，终不免滥及平民，如越王贞之败，缘坐者六七百人，籍没者五千口。赖狄仁杰出为豫州，密表申理，乃得配流丰州。丘神勣兵未至，琅邪已败，神勣至州，官吏素服来迎，神勣尽杀之，破千余家。契丹乱后，武懿宗安抚河北，胁从来归者，以为同反，尽杀之。甚至王弘义游赵、贝，见闾里耆老作邑斋，告其谋反，杀二百余人。此岂能为患者邪？丰州，今五原县。豪猾或转漏网，裴炎从子伷先，炎死，坐流岭南，上变求面陈得失。后召见。言宜还太子东宫，罢诸武权。后怒，命曳出，杖之朝堂，长流瀼州。岁余逃归，为吏迹捕，流北廷。无复名检，专居贿，至数千万，娶降胡女为妻。妻有黄金、骏马、牛羊，以财自雄，养客数百人。自北廷属京师多其客。诇候朝廷事，闻知十常七八。时补阙李秦授为后谋曰："谶言代武者刘，刘无强姓，殆流人乎？今大臣流放者数万族，使其协乱，社稷忧也。"后谓然，夜拜秦授考功员外，分走使者，赐墨诏慰安流人，实命杀之，伷先前知，以橐驰载金币宾客奔突厥。行未远，都护遣兵追之，与格斗，为所执，械系狱，以状闻。会武后度流人已诛，更遣使者安抚十道，流人存者，一切纵还，伷先得不死。如伷先者，正后所惧，欲连污一网尽之者也，而卒不能杀。当时如伷先者，岂止一二人哉？亦幸而天下之势，未至土崩瓦解耳，不则敌可尽乎？瀼州，今广西上思县。北庭见第三章第六节。甚且身所信任者，即怀异志焉。《新书·来俊臣传》云：俊臣知群臣不敢异己，乃有异图，常自比石勒。欲告皇嗣及庐陵王与南北衙谋反，因得逞志。其党卫遂忠发其谋。初俊臣屡挎摭诸武、太平公主、张昌宗等过咎，后不发。至是，诸武怨，共证其罪，有诏斩于西市。谓俊臣欲干大位，似近于诬，然自来酷吏，为人多近狂易，亦难保其必无此事也。则又百世之鉴矣。

纵侈为后之大恶，亦非自后始也。唐起代北，又世贵戚，其宫廷本无轨范，已见第三章第一节。自太宗即有意于封禅，至高宗卒行之。事在乾封元年（666 年）。又欲立明堂，以岁饥未果。总章二年（669 年）。据《旧书·礼仪志》，封禅之举，天后实密赞之。祭地祇及梁父，皆以后为亚献。后又屡劝帝封中岳。高宗尝三下诏欲封中岳。一在仪凤元年（676 年），以吐蕃犯塞停。一在调露元年（679 年），以突厥温傅、奉职二部叛停。一在其崩年。初诏以十一月有事，以不豫改来年正月。十一月疾甚，乃诏罢之。十二月，遂崩矣。自其入宫，逮于专政，所习见者如是，一朝得志，安得不肆然行之？后之得宝图也，既命洛水为永昌，亦改嵩山为神岳。万岁通天元年（696 年），遂封焉。明堂之作，以僧怀义为使，后之外嬖也。凡役数万人。号曰万象神宫。又于明堂后造天堂，以安佛象。高百余尺。始起建构，为大风吹倒，俄又重营。其功未毕，而御医沈南璆得幸，怀义心愠，密烧之。延及明堂皆尽。事在证圣元年（695 年）。重营之。仍以怀义为使。万岁登封元年（695 年）成。其高二百九十四尺，东西南北广三百尺。又铸铜为九州岛鼎，置于明堂庭前。神功元年（697 年）成。神都鼎高丈八尺，受千八百石；余八州各高丈四尺，受千二百石。都用铜五十六万七百一十二斤。时又欲造大仪钟，敛天下三品金，功竟不成。武三思劝率诸蕃酋长，奏请征敛东都铜、铁，造天枢于端门外，端门，皇城正南门。立颂以纪功业。延载元年（694 年）。以姚琲为督作使。无虑用铜、铁五万斤，至敛天下农器以铸。其高四百有五尺，八面面别五尺，冶铁象山为趾，员周四百七十尺。太后自书其榜曰大周万国颂德天枢。天册万岁元年（695 年）。其变革实藉沙门之造《大云经》，故命诸州各置大云寺，凡度僧千人。其明年，又令释教在道法之上，僧、尼处道士、女冠之前。久视元年（700 年），欲造大象，使天下僧、尼人日出一钱以助之，以狄仁杰谏而止。长安末，复将建之白司马坂，在北邙山上。李峤谏，不纳。张廷珪又以为言，乃罢。后迄居东都，后惟长安元年十月至京师，三年十月还洛，居西京者两年，其余迄在东都。后死，至神龙二年（706 年），中宗乃还长安。春秋高，厌居宫中。武三思欲因此市权，乃诱胁群不肖，建三阳宫于嵩山，事在久视元年，见《旧纪》。兴泰宫于寿安县之万安山。事在大足四年，亦见《旧纪》。寿安，今河南宜阳县。请后岁临幸，已与二张易之、昌宗，见下。扈侍驰骋，窃威福自私焉。工役巨万万，百姓愁叹。《新书·外戚传》。后之纵侈，视前世可谓加厉矣，然溯其原，则皆自高祖以来开之也。

史颇称后能用人，误也。陆贽之告德宗也，曰：“往者则天太后，践阼临朝，欲收人心，尤务拔擢弘委任之意，开汲引之门。进用不疑，求访无倦。非但人得荐士，亦许自举其才。所荐必行，所举辄试。其于选士之道，岂不伤于容易哉？而课责既严，进退皆速，不肖者旋黜，才能者骤升。是以当世谓知人之明，累朝赖多士之用。”此乃激厉德宗，极言求才贵广，考课贵精耳。其实武后所用，皆昧死要利，知进而不知退之徒，如狄仁杰、魏元忠即是。次焉者益之以忿戾，如李昭德即是。下焉者谀媚容悦，以全其躯，如姚璹、娄师德、苏味道、杨再思之徒皆是。璹等皆武后相。璹为夏官侍郎，坐从父弟敬节同徐敬业之乱，贬桂州都督府长史。访诸山川、草树，名号有武字者，皆以为上应国姓，列奏其事。则天大悦。召拜天官侍郎。天枢之作，璹为督作使，已见前。明堂灾，则天欲责躬避正殿，璹止之。重造明堂，又充使督作。娄师德，弟守代州，辞之官，教之耐事。弟曰："人有唾面，洁之乃已。"师德曰："未也。洁之是逢其怒，正使自干耳。"苏味道尝谓人曰："处事不欲明。决断明白，若有错误，必诒咎谴，但模棱以持两端可矣。"时人号为苏模棱。杨再思，恭慎畏葸，未尝忤物。或谓曰："公名高位重，何必屈折如此？"再思曰："世路艰难，直者受祸，苟不如此，何以全身？"当时苟免之徒，皆此类也。桂州、代州皆见第二章第二节。最下者，则如和逢尧之负鼎，阎朝隐之为牺，不复知有人间羞耻事矣。《新书·逢尧传》：武后时，负鼎诣阙下，上书自言，愿助天子和饪百度。有司让曰："昔桀不道，伊尹负鼎于汤，今天子圣明，百司以和，尚何所调？"逢尧不能答，流庄州。又《文艺传》：阎朝隐，累迁给事中，仗内供奉。后有疾，令往祷少室山。乃沐浴，伏身俎盘为牺牲，请代后疾。还奏，会后亦愈，大见褒赐。此安足以云得才？后喜谀媚，鲠直者多遭害。如载初中，新丰因风雪山移，乃改县名为庆山，四方毕贺。江陵人俞文俊，诣阙上书，言"地气不和而塠阜出。今陛下以女主处阳位，反易刚柔，故地气隔塞，而山变为灾"。则天大怒，流于岭外，后为六道使所杀。即其一事也。见《旧书·忠义传》。江陵，今湖北江陵县。其擢授之滥，后世斜封墨敕之原实开焉。《通鉴》：后革命后，命史务滋等十人巡抚诸道。长寿元年一月，引见存抚使所举人，悉加擢用。高者试凤阁舍人、给事中，次试员外郎、侍御史、补阙、拾遗、校书郎。试官自此始。时人为之语曰："补阙连车载，拾遗平斗量，欋推侍御史，碗脱校书郎。"进退之速，正所谓加膝坠渊，适见其赏罚之无章，又安足语于课责也？乃《新书·后传》，亦从而称之。其文曰："太后不惜爵位，以笼四方豪杰自为助。虽妄男子，言有所合，辄不次官之，至不称职，废诛不少纵，务取实材真贤。"此则唐世士务进取，变世之后，忘其戮辱之酷，而羡其升进之易，乃相率为是言耳。

武后非徒不能用人也，又多嬖幸。其始有僧怀义。怀义，鄠人，本姓冯，名小宝，因千金公主以进。后欲使出入禁中，乃度为僧，名怀义。又使与薛绍合族，命绍以季父事之。怀义之造明堂，其厉民已如上述。又多畜恶少年，纵横犯法，至于殴辱御史。后以宠移，言多不顺，后乃选宫人有力者，执而杀之。其寺僧徒，皆流远恶处。戈矛伏于衽席之间，亦危矣。其后则有张易之、昌宗兄弟。为置控鹤府，以易之为监。圣历二年（699 年）。后又改为奉宸府，用为令。久视元年（700 年）。多引词人，以为供奉。又令选美少年。右补阙朱敬则谏曰："嗜欲之情，愚智皆同，贤者能节之，不使过度，则前圣格言也。陛下内宠，已有薛怀义、张易之、昌宗，固应足矣。近闻上舍奉御柳模，自言子良宾，洁白美须眉；左监门卫长史侯祥云：阳道壮伟，过于薛怀义；专欲自进，堪奉宸内供奉。无礼无仪，溢于朝听。臣愚职在谏诤，不敢不奏。"以如此亵渎之辞，形诸奏牍，实为古今所罕闻。后顾劳之曰："非卿直言，朕不知此。"赐采百段。《旧书·张易之昌宗传》，附《张行成传》后。此似能受直言，然此说可信与否，尚未可知，见第十六章第一节。且后仍加昌宗司仆卿，易之麟台令，俄又改昌宗为吏部侍郎，政事多委之，而祸机不可逭矣。

第四节　高宗、武后时外患

唐室之兵威，至高宗时而极盛，亦至高宗时而就衰。盖其时之兵力，本不足恃，灭突厥，平高丽，皆因人之衅，故一与新兴之强敌吐蕃遇，遂致败绩失据矣。

吐蕃弃宗弄赞，以高宗永徽元年（650 年）卒。子早死，孙立。国事皆委禄东赞。即为弄赞来迎文成者也。性强毅严重，讲兵训师，雅有节制。吐蕃之并诸羌，雄霸本土，多其谋。有子五人：长曰赞悉若，早死；次钦陵；次赞婆；次悉多干；次勃论。东赞死后，钦陵兄弟复专其国，《旧书·吐蕃传》。《传》又云：钦陵每居中用事，诸弟分据方面。赞婆则专在东境，与中国为邻，三十余年。案东赞之死，在龙朔三年（663 年）破吐谷浑后不久，不能确知其年月。而患遂中于边疆矣。

龙朔三年，吐蕃攻吐谷浑，破之黄河上。吐谷浑主诺曷钵与弘化公主走凉州。命苏定方为安集大使以安集之。《旧书·吐谷浑传》叙此事于大非川败后，误。定方之殁，在乾封元年（666 年）。乾封二年（667 年），破生羌十二州，悉罢之。《通鉴》。咸亨元年（670 年），与于阗陷龟兹拨换城，安西四镇并废。新旧《书·本纪》。案于阗当后藏出新疆孔道，《新书·本纪》，于麟德二年（665 年），记吐蕃与疏勒、弓月攻于阗，盖至是为所胁服，与之共攻龟兹也。《旧书·龟兹传》云：太宗既破龟兹，移置安西都护府于其国城，以郭孝恪为都护，兼统于阗、疏勒、碎叶，谓之四镇。高宗嗣位，不欲广地劳人，复命有司弃龟兹等四镇，移安西于西州。其后吐蕃大入，焉耆已西四镇城堡，并为贼所陷。则天临朝，长寿元年，武威军总管王孝杰、阿史那忠节大破吐蕃，复龟兹、于阗等四镇。自此复于龟兹置安西都护府，用汉兵三万人以镇之，《新书》略同。《旧书·本纪》，于是年十月，书武威军总管王孝杰大破吐蕃，复龟兹、于阗、疏勒、碎叶四镇。似四镇所在，迄未尝变。然新旧《书·龟兹传》，皆有焉耆已西四镇之语，又似焉耆实在四镇之中。而《通鉴》于是年，且明书罢龟兹、于阗、焉耆、疏勒四镇。是自太宗平龟兹，至于咸亨，确曾改碎叶为焉耆也，此固可云史佚其事，然自咸亨至长寿，四镇迄在废罢之中，又何由改焉耆为碎叶乎？

今案新旧《书·地理志》，举四镇都督府之名，皆曰龟兹、毗沙、疏勒、焉耆。毗沙即于阗，见下。《新书》于焉耆都督府下注曰：有碎叶城。盖四镇所属，城堡非一，镇之所理，时有迁移，但仍在所统之内，则亦得以旧名该之。此镇盖初理碎叶，咸亨前移于焉耆，至长寿复设，则又在碎叶也。《新书·焉耆传》：开元七年（719年），十姓可汗请居碎叶，安西节度使汤嘉惠表以焉耆备四镇，则又自碎叶移于焉耆矣。弓月，城名，在轮台县西约六百里，当自庭州通碎叶之道，见《新书·地理志》庭州下。此城在当时颇强。龙朔二年（662年），安西都护高贤尝伐之。至咸亨四年（673年），与疏勒俱降。其明年，为上元元年（674年），于阗王尉迟伏阇雄亦来朝。明年，以其地为毗沙都督府。《旧纪》云：以其击吐蕃有功也。是岁，龟兹王白素稽亦献银颇罗。盖吐蕃之侵西域，至是又一挫。时吐蕃犹与吐谷浑相表奏论曲直。高宗欲徙吐谷浑于凉州，又欲先击吐蕃，议不决。及是，乃以薛仁贵为大总管，纳诺曷钵于故庭。与钦陵战大非川，今布喀河。败绩。吐谷浑地遂尽入吐蕃矣。《新书》本传云：王师败于大非川，举吐谷浑地皆陷。诺曷钵与亲近数千帐才免。三年（672年），乃徙治亹水南。诺曷钵以吐蕃势盛不抗，而鄯州地狭，又徙灵州。帝为置安乐州，即拜刺史。死，子忠立。忠死，子宣超立。宣超死，子曦皓立。曦皓死，子兆立。吐蕃复取安乐州，残部徙朔方、河东。语缪为退浑。贞元十四年，以慕容复为长乐都督国王，袭可汗号。复死，停袭。吐谷浑自晋永嘉时有国，至龙朔三年（663年）吐蕃取其地，凡三百五十年。及此，封嗣绝矣。《地理志》：威州，本安乐州。吐谷浑部落自凉州徙鄯州，不安其居，又徙灵州境。咸亨三年，以灵州故鸣沙县地置州以居之，至德后没吐蕃。大中三年（849年）收复，更名。则兆在至德后也。此为吐谷浑王室结局。至其部落：则本传载圣历时，余部诣凉、甘、肃、瓜、沙等州降。议徙于秦、陇、丰、灵间，凉州都督郭元振不可，乃止。元振谓降虏皆突矢刃，弃吐蕃而来云。此部落不知其本在何处，度必在青海北境，近凉、甘、肃、瓜、沙等州者也，其在青海东南境近鄯州者：元振谓前日王孝杰自河源军徙耽尔乙句贵置灵州。《旧书·王忠嗣传》：天宝时，伐吐谷浑于墨离，虏其全国而归。《王思礼传》：天宝十三年（754年），吐谷浑苏毗王款塞，诏哥舒翰至磨环川应接之。《新书·王难得传》：天宝时，从哥舒翰击吐蕃，至积石，虏吐谷浑王子悉弄川及悉类藏而还。《地理志》：鄯州有河源军，西南约二百里为振武军，自振武九十里至莫离驿，又经公主佛堂、大非川二百八十里至那录驿，吐浑界也。磨环川，即后来置神策军处，在今甘肃临潭县西。积石山，即置积石军处，在今甘肃临夏县西北。此等皆距吐浑界尚远，盖自大非川败后，青海已西之地，举不可问，吐浑部落之留者，悉为之臣属矣。亹水，今大通河。鸣沙，在今中卫县境。甘州，今张掖，肃州，今酒泉，瓜州，在安西东。沙州，今敦煌、秦州。振武军，故石堡城，后更曰天威军云。仪凤元（676年）、二年（677年），吐蕃复寇鄯、廓等州。廓州见第三章第四节。高选刘仁轨为洮河镇守使，久之，无功。时李敬玄为中书令，仁轨奏请，多为所抑，意不平，而知其非将帅才，乃奏以自代。三年（678年），敬玄与钦陵战于青海，败绩。蕃将黑齿常之百济降将。夜斫贼营，敬玄乃得脱。于是以常之充河源军副使。调露元年（679年），赞普死，子器弩悉弄立。年八岁。复委政于钦陵。永隆元年（680年），吐蕃寇河源军，黑齿常之击却之。擢为大使。常之“严烽逻，开屯田，虏谋稍折。”初剑南兵募于茂州之西南筑安戎城，以压蕃境。俄生羌为蕃乡道，攻陷守之。因并西洱河诸蛮，尽收羊同、党项及诸羌之地。拓跋氏于此时内徙，移其部落于庆州，置静边等州以处之。其故地陷于吐蕃。处者为所役属，吐蕃谓之弭药。羌亦有流移至西北者。河陇陷后蕃祸之深，实由羌、浑、党项为所驱率也。东与凉、松、茂、嶲等州相接，松州见第三章第四节。嶲州见第三章第一节。南至婆罗门，西陷四镇，北抵突厥。汉、魏已来，西戎之盛，未之有也。《旧书·吐蕃传》文。此婆罗门指印度。《通鉴》作南邻天竺，见永隆元年（680年）。

武后秉政，永昌元年（689年），韦待价击之，败于寅识迦河。《旧书》本传：旋师弓月，顿于高昌。胡三省曰：据《旧书·传》，当在弓月西南。长寿元年（692年），武威军总管王孝杰复四镇。更置安西都护府于龟兹，用汉兵三万人以镇之。复四镇之谋，起自唐璇，见《新书》本传。证圣元年（695年），寇临洮。即洮州，今甘肃临潭县西南。明年，王孝杰、娄师德与钦陵战于素罗汗山，胡三省曰：在洮州界。败绩。是岁九月，钦陵遣使请和。求罢四镇兵，分十姓地。诏通泉尉郭元振往察其宜。通泉县，在今四川射洪县东南。元振言绝之恐其为患甘、凉，可要以还吐浑诸部及青海为易，从之。盖吐蕃距河、湟、青海近，西域远，故唐于陇右，每战辄北，四镇则吐蕃不能以力取，乃谩为好辞以求之也。圣历二年（699年），器弩悉弄渐长，与大臣密图钦陵，乘其在外，阳言将猎，召兵，执其亲党二千余人，杀之，而发使召钦陵、赞婆等。钦陵举兵不受召。赞普自讨之。钦陵未战而溃，自杀。赞婆来降。长安三年（703年），吐蕃南境属国泥婆罗门等皆叛，赞普自讨之，卒于军。诸子争立。久之，国人立其子弃隶缩赞，年七岁，蕃祸乃少纾。景龙二年（708年），郭元振论阙啜欲引吐蕃击娑葛事云："往者吐蕃争论十姓四镇，今不相侵扰者？不是顾国家和信，直是其国中诸豪及泥婆罗门等属国，自有携贰。赞普南征，身殒寇庭，国中大乱，嫡庶竞立。将相争权，自相屠灭。兼以人畜疲疠，财力困穷，人事天时，俱未称惬。所以屈志，且共汉和。"又云："其国中诸蛮及婆罗门等国见今携背，忽请汉兵，助其诛讨，不知欲以何辞拒之？"则吐蕃是时，内忧外患颇烈，且历数岁未定也。

自车鼻平后，北鄙无事，殆三十年。调露元年（679年），单于管内突厥阿史德、奉职二部叛，立阿史那泥熟匐为可汗。明年，永隆元年（680年）。裴行俭平之。温傅部又迎颉利族子伏念于夏州，见第二章第二节。将渡河，立为可汗。明年，开耀元年（681年）。行俭又平之。事亦见《程务挺传》。颉利疏族骨咄禄，《旧书·本纪》作骨笃禄。鸠集亡散，入总材山为盗，《新书》云：又治黑沙城，当皆在单于管内。渐强盛，又自立为可汗。在单于府之阿史德元珍降之，与共寇边。事在永淳元（682年）、二年（683年），见《旧书·本纪》。天授中，此据《旧书》本传，《新书》作天授初。《通鉴》系延载元年（694年），盖因其入寇追溯之也。病卒。子幼，弟默啜立。延载元年，寇灵州。武后以薛怀义为大总管，领十八将军讨之。不遇，班师，而契丹之寇又作。

今热河之地，山深林密，又饶水草，本可孕育一强部。两晋之世，鲜卑宇文氏居之，东见厄于慕容，西见陵于拓跋；慕容氏败，高丽入侵，稍及辽西，宇文遗种，又为所厌；故卒以不振。隋文帝、炀帝屡勤兵于高丽，虽云丧败，然征战皆在辽东，辽西远于锋镝矣。至武后之世，奚、契丹之获休息，盖已历百年，故其势渐张。时窟哥之裔尽忠，仍为松漠都督。孙敖曹之裔万荣，其妻兄也。《新书》：窟哥有二孙：曰枯莫离，曰尽忠，万荣为敖曹孙。《旧书》以万荣为敖曹曾孙，枯莫离为窟哥曾孙，于尽忠，则但云窟哥之胤而已。营州都督赵文翙数侵侮其下，尽忠等皆怨望。万岁登封元年五月，遂杀文翙以叛。尽忠自号无上可汗，以万荣为将。纵兵四略，所向辄下。武后发二十八将击之。又以武三思为安抚大使。八月，诸将战西硖石黄獐谷，败绩。胡三省曰：平州有西硖石、东硖石二戍，黄獐谷在西硖石。平州，今河北卢龙县。九月，更以武攸宜为大总管。是月，尽忠死。默啜请为太后子，并为其女求婚，愿率部众讨契丹。太后使册为迁善可汗。《通鉴》。默啜袭其部，破之。虏尽忠、万荣妻子。万荣收散兵复振。十月，使别将骆务整、何阿小入冀州。今河北冀县。武后更诏王孝杰、苏宏晖以兵十七万讨之。明年二月，战东硖石，败绩，孝杰死之。万荣遂屠幽州。见第二章第七节。四月，以武懿宗为大总管，娄师德副之，沙吒忠义为前军总管，将兵二十万击契丹。懿宗至赵州，见第二章第六节。闻骆务整将至，退据相州。见第二章

第一节。契丹遂屠赵州。万荣鼓而南，残瀛州属县。瀛州，今河北河间县。默啜复袭其后。万荣军中闻之，恼惧。奚人叛。神兵道总管杨玄基乃击破之。获何阿小，降骆务整及别将李楷固。万荣走潞水东，为其奴所杀。久视元年（700年），武后使李楷固、骆务整讨其余党，平之，然奚、契丹遂臣突厥，营州不复可理，耶律氏之坐大，兆于此矣。方事之殷，营州境内诸“夷州”，多内迁河南，神龙时乃还治幽州，又为安、史造乱及乱平后河北诸镇负固不服之由。故李尽忠之乱，虽不久戡定，其关系实绝大也。《旧书·地理志》：尽忠之乱，鲜州迁青，崇州迁淄。青，此奚部落也。威州迁幽，昌州迁青，载初间自昌州析置之沃州迁幽，师州、带州迁青，玄州迁宋，此契丹部落也。慎州迁淄、青，载初二年（690年）自慎州析置之黎州迁宋，夷宾州迁徐，此靺鞨部落也。又有顺州，本侨治营州南之五柳戍。瑞州，本威州，贞观十年，以乌特汗达干部落置，在营州境，咸亨中更名。二者皆突厥州。顺州此时未知所迁，瑞州亦迁于宋。此等自神龙至开元，皆还附幽州。盖营州在是时，已非中国之力所及矣。《志》叙东北蕃降胡羁縻州名凡十七。云：“禄山之乱，一切驱之寇扰中原，至德以后，入据河朔，其部落之名无存者。”盖当时入处塞内者甚多，而松漠、饶乐，转成为宽间之境，此河朔所以难理，亦契丹所以坐大也。青州、淄州见第三章第五节。宋州，今河南商丘县。徐州见第二章第六节。五柳戍见第三章第二节。

不仅此也，因契丹之动荡，靺鞨之内属者，亦不得安其居而走归故土，遂开满族兴起之端，民族动荡之波澜，亦可谓壮阔矣。《旧书·传》云：渤海靺鞨大祚荣者，本高丽别种也。高丽灭，率家属徙居营州。李尽忠叛，祚荣与靺鞨乞四比羽各领亡命，东奔保阻以自固。尽忠既死，则天命李楷固讨其余党。先破斩乞四比羽。又度天门岭，以迫祚荣。祚荣合高丽、靺鞨之众以拒，王师大败，楷固脱身而还。属契丹及奚，尽降突厥，道路阻绝，则天不能讨。祚荣遂率其众东保桂娄故地。据东牟山，筑城居之。祚荣骁勇，善用兵。靺鞨之众及高丽余烬，稍稍归之。圣历中，自立为振国王。遣使通于突厥。其地在营州之东二千里。南与新罗相接，越喜靺鞨。此处当有夺文。东北至黑水靺鞨。地方二千里。编户十余万。胜兵数万人。《新书》则云：渤海，本粟末靺鞨附高丽者，姓大氏。高丽灭，率众保挹娄之东牟山。地直营州东二千里，南比新罗，以泥河为境。东穷海，西契丹。筑城郭以居。高丽逋残稍归之。万岁通天中，契丹尽忠杀营州都督赵翙反。有舍利乞乞仲象者，与靺鞨酋乞四比羽及高丽余种东走。度辽水，保大白山之东北，阻奥娄河，树壁自固。武后封乞四比羽为许国公，乞乞仲象为震国公，赦其罪。比羽不受命。诏玉钤卫大将军李楷固、中郎将索仇击斩之。是时仲象已死，其子祚荣，引残痍遁去。楷固穷蹑，度天门岭。祚荣因高丽、靺鞨兵拒楷固，楷固败还。于是契丹附突厥，王师道绝不克讨。祚荣即并比羽之众，恃荒远，乃建国，自号震国王，遣使交突厥。地方五千里，户十余万，胜兵数万。案《新书》叙次，甚为错乱。其所谓保大白山东北阻奥娄河者，盖即其所谓挹娄，亦即《旧书》所谓桂娄故地之东牟山。太白山今长白山，当中韩界上。桂娄为高丽部名，《新书》作挹娄疑误。此自楷固败还后祚荣东徙所据之地。若仲象之东奔，则徒以违尽忠之难，其去营州，当不能甚远。胡三省据《新书·安禄山传》，谓天门岭在土护真河北三百里，其说自确。胡氏说见开元元年（713 年），渤海建国事，《通鉴》至此乃追叙也。参看第五章第五节。《新书》之文，盖采自两书？一就祚荣所保之山言之，则曰东牟。一但举名山以表其方位，则曰太白山之东北。《新书》既不察其本为一地，又任意次比，一系诸尽忠未叛之前，一系诸尽忠虽叛，楷固尚未出师之日，使人读之，一若天门岭更在大白山之表者，则其诒误甚矣。若高丽亡后，靺鞨迁居营州东二千里，则其于尽忠之乱，可谓风马牛不相及，何缘因之东走？若一东走即至太白山之东北，武后亦何缘出师征之？虽高宗灭高丽时，兵力亦未能至此也。且营州东二千里，远在辽水之表，何缘东走反渡辽水乎？此等皆显而易见，而竟弗之思，作史如此，是为绝物矣。然因其文，乃知初叛者实为仲象而非祚荣。又仲象本姓乞乞，则大氏似系祚荣建国后所改。其所定国名，《旧书》作振，《新书》作震，震为东方之卦，渤海习知中国文义，或谓其必以此自号，而疑振字为误，观《新书》，知此封号实出武后，则亦未必作震者是，作振者非矣。可见史料虽用之不善，但能多存，即有益也。渤海为靺鞨开化之最早者，于金、清两朝之兴起，皆远有关系，其建国，实艮隅一大事也。

默啜既破契丹，武后又册为颉跌利施大单于立功报国可汗。圣历元年（698 年），默啜表请与则天为子，并言有女请和亲。初咸亨中，突厥部落来降者，多处之丰、胜、灵、夏、朔、代等六州，谓之降户。丰州见第二章第六节。胜、夏、朔、代四州皆见第二章第二节。至是，默啜又索之。及单于都护府之地。兼请农器、种子。则天不许。默啜怒，言辞甚慢，拘我使人。纳言姚璹、鸾台侍郎杨再思建议许其和亲。遂尽驱六州降户数千帐，并种子四万余石，农器三千事以与之。默啜由此寖强。事亦见《旧书·良吏·田仁会传》。其年，则天令武延秀就纳其女为妃，遣阎知微送之。行至黑沙南庭，默啜收延秀等拘之。伪号知微为可汗，与之率众十余万，入寇河北。则天发兵三十万击之。又以兵十五万为后援。默啜陷定、赵二州而去。定州见第二章第四节。所过杀掠，不可胜纪。诸将皆观望不敢战。惟狄仁杰总兵十万追之，无所及。自此连岁寇边，唐恒以重臣为总管，屯兵以备之。至中宗神龙三年（707 年），张仁愿于河北筑三受降城，见第三章第二节。牛头朝那山北置烽候千八百所，牛头朝那山，在今萨拉齐西北九十里。突厥不得度山放牧，朔方无复寇掠，乃获减镇兵数万人焉。

高宗虽因高丽、百济之衅翦灭之，然兵力不充，故得其地而不能守。刘仁轨定百济，即请用扶余隆，使绥定其余众。乃以隆为熊津都督，遣还本国，共新罗和亲。麟德二年八月，隆到熊津，与新罗盟，刘仁愿监之。已而仁愿、仁轨还。隆畏新罗，亦归京师。咸亨元年（670 年），高丽大长钳牟岑叛，立高藏外孙安舜。诏高侃、李谨行讨之。新罗纳高丽叛众，又略百济地守之，侃、谨行遂并与战。凡四年乃平。事见《旧书·本纪》。舜杀钳牟岑，走新罗。上元元年（674 年），削金法敏官爵，命刘仁轨讨之。其弟仁问，先在京师，以为新罗王，令归国。明年，新罗使入朝服罪，乃舍之。然新罗遂取百济地，抵高丽南境矣。仪凤元年（676 年），移安东都护府于辽东故城。《旧书·本纪》。《地理志》。华人任东官者悉罢之。徙熊津都督府于建安故城。百济户口，先徙于徐、兖等州者，皆置于建安。《通鉴考异》云：《实录》：咸亨元年（670 年），高侃出讨，始拔安东都护府，自平壤城移于辽东州。仪凤元年二月，甲戌，以高丽余众反叛，移安东都护于辽东府城。《会要》无咸亨元年移府事。盖咸亨元年言移府者，终言之也。仪凤元年言高丽反者、本其所以移也。窃疑咸亨之移，乃用兵时暂退，至此乃定移治之令。建安城，在辽东西三百里，汉平郭县地。兖州见第二章第六节。二年（677 年），又以高藏为辽东都督、朝鲜王，《新书·泉男生传》：是年，亦受诏安抚辽东。扶余隆为熊津都督、带方郡王，以安辑其余众，而移安东都护府于辽东新城以统之。太宗置辽州所治。丽人先编侨内地者皆原遣。藏至安东，与靺鞨通，谋叛。事觉，召还，配邛州，见第三章第五节。分徙其人于河南、陇右。贫弱者留居安东城旁。百济地为新罗所据，隆不敢还，寄治高丽而卒。武后神功元年（697 年），狄仁杰为相，疏言西戍四镇，东戍安东劳费，请以四镇委斛瑟罗，废安东，复高氏为君长。《传》云：事虽不行，识者是之。然其明年，圣历元年（698 年）。改安东为都督府，新旧《书·地志》。委藏孙宝元统摄旧户，则实用仁杰之策也。事竟不行。高丽旧户，遂分投突厥、靺鞨。又明年，授藏男德武安东都督。《新书》本传云：后稍自国。至元和末，犹遣使献乐工云。《地理志》载贾耽入四夷路：自鸭渌江口舟行百余里，乃小舫溯流，东北三十里至泊灼口。又溯流五百里至丸都县城，见第二章第二节。盖渤海以为县。故高丽王都。又东北溯流二百里至神州，又陆行四百里至显州，神州、显州，皆渤海州名。神州盖其西京鸭渌府所治，显州盖其中京显德府所治也。从朝鲜金于霖《韩国小史》说。天宝中王所都，盖即德武之后也。新旧《书·地理志》：安东自圣历更名后，神龙元年（705年），仍复故名，开元二年（714年），徙于平州，天宝二年（743年），又徙于辽西故城。《通鉴》：万岁通天元年（696年），龙山军讨击副使许钦寂与契丹战于崇州，军败被擒，敌将围安东，令钦寂说其属城未下者。安东都护裴玄珪在城中，钦寂谓曰："狂贼天殃，灭在旦夕，公但厉兵谨守，以全忠节。"敌杀之。胡三省疑安东此时已徙平州，此时契丹兵力，不能至辽东，固也，然观圣历后之措置，仍在辽东之境，则此时似不得已徙平州。窃疑时因契丹反叛，玄珪未能之官，在他处被围，史乃误为围安东，实则所围者乃安东都护其人耳。唐自平丽、济后，盖未尝能一日安辑之。其地乃入于新罗。然新罗北疆，亦仅及浿水，其北乃为女真所荐居，稍以坐大矣。《新书·地志》载高丽诸羁縻州，有拂涅、越喜，此皆靺鞨部落，不独白山、粟末，初皆为之臣属也。故能控制靺鞨，牖启靺鞨者，高丽也。隋、唐两代，倾全力以覆高丽，而其终局，乃为女真驱除难。此事关系之大，亦岂下于夫余之颠覆哉？参看《两晋南北朝史》第十六章第一节。

高宗、武后之世，国威之陵替，实缘其兵力之式微，观魏元忠、陈子昂之论可知。皆见新旧《书》本传。武后本不知兵，又尽力于防遏异己，无暇更及他事，其措置之乖方，自更不可问矣。时有欲开蜀山，自雅州道入讨生羌，以袭吐蕃者，雅州见第二章第四节。此何异为吐蕃开道？而后亦欲从之，以陈子昂谏乃止。亦见《子昂传》。

甚者，契丹之叛，夏官郎中侯味讨之，不利，乃奏言“贼徒炽盛，常有蛇虎导其军”，《旧书·薛季昶传》。此尚成何言语？然后乃至以薛怀义、武懿宗为大将，亦何怪此等语之日至于耳哉？狄仁杰之请罢四镇，安东之戍也，曰：“近者国家，频岁出师，所费滋广。调发日加，百姓虚弊。转输靡绝，杼轴殆空。越碛逾海，分兵防守，行役既久，怨旷亦多。方今关东饥馑，蜀汉逃亡，江、淮已南，征求不息，人不复业，则相率为盗。根本一摇，忧患不浅。”盖其势之岌岌如此。然唐自太宗时，本无迫切之外患，而开边不已，高宗已后，国力日衰，而终不肯有所弃。于是玄宗继起，不得不重边兵，边兵重而安、史之乱作，节镇遍于内地，大局遂不可收拾矣。《易》曰：“履霜坚冰至”，“其所由来者渐矣，非一朝一夕之故也。”君子观于此，而知诒谋之不可不慎，又知奋然能革前人之弊者之难也。

第五节　中宗复位

武后以女主革命，为前世所无，身没之后，将传诸子，复以周为唐乎？抑虽传诸子，而不易其赐姓，不改其国号，遂以唐为周乎？又或传诸武氏之子乎？此本无成法可循。以当时事势论，自以传诸子，复以周为唐，为较洽乎人心；即后亦未必欲舍其子而传诸武氏之子也。然行险徼幸者，则何所不至？于是有武承嗣觊觎储位之事。

后父士彟，有兄三人：曰士稜、士让、士逸。士彟娶于相里氏，生子曰元庆、元爽。又娶杨氏，生三女：长适贺兰越石，次即后，次适郭孝慎，前死。后既立，杨氏封代国夫人，改荣国。越石妻封韩国夫人。士彟卒后，士让子惟良、怀运及元爽等遇荣国无礼，荣国憾焉，讽后抗疏请出元庆等为外职。于是元庆自宗正少卿出为龙州刺史，今四川平武县。元爽自少府监出为濠州，今安徽凤阳县。惟良自卫尉少卿出为始州。后改为剑州，今四川剑阁县。元庆至州，病卒。乾封元年（666年），怀运为淄州刺史，淄州见第三章第五节。与惟良以岳牧例集泰山下。时韩国夫人女贺兰氏在宫中，颇承恩宠，《新书·后传》云：韩国出入禁中，一女国姝，帝皆宠之。韩国卒，女封魏国夫人，欲以备嫔职，难于后，未决。后意欲除之。讽高宗幸其母宅。因惟良等献食，密令人以毒药贮贺兰氏食中。贺兰氏食之，暴卒。乃归罪于惟良、怀运，诛之。元爽等缘坐，配流岭外而死。以韩国子敏之为士彟嗣。恃宠多愆犯，配流雷州。见第四章第三节。行至韶州，今广东曲江县。以马缰自缢死。乃召元爽子承嗣还袭祖爵。周国公。后革命，封为魏王。承嗣弟承业前死，赠陈王。承嗣以子延晖嗣焉。元庆子三思封梁王。承嗣子延基、延秀，三思子崇训、崇烈，惟良子攸宜、攸绪，其弟怀道子攸宁、攸暨，怀运子攸归、攸止、攸望，士逸孙懿宗、嗣宗、重规、载德，皆封为王。兼据《新书·宰相世系表》及《外戚传》。后族中惟攸绪远于权利，弃官隐嵩山；载德子平一，亦隐嵩山，修浮屠法。余多随俗浮沉，或冒进竞利，甚有觊觎非分如承嗣者，然皆无德无才，不足以干大位也。

中宗之为庐陵王也，迁于均州，今湖北均县。又迁于房州。是岁，徐敬业起兵，以匡复为名，已见前。垂拱三年九月，复有虢州人杨初成，虢州，在今河南灵宝县南。自称郎将，募州人欲迎王，不果，见杀。天授二年（691年），凤阁舍人张嘉福，与洛阳人王庆之等上表，请立武承嗣为太子。时相岑长倩、格辅元不肯署名，仍奏请切责。长倩、辅元，因此为诸武所陷而死，然庆之亦为李昭德所杖杀。据《旧书·长倩传》《昭德传》云：张嘉福令王庆之率轻薄恶少数百人，诣阙上表。则天不许。庆之固请不已。则天令昭德诘责之令散。昭德使杖杀庆之，余众乃息。《新书》亦云：昭德笞杀庆之，余众散走。合恶少上表，无缘邀宰相署名，盖嘉福使庆之等请之于前，己又邀百官继之于后也。《通鉴》云：庆之见太后。太后曰："皇嗣我子，奈何废之？”庆之对曰：“神不歆非类，民不祀非族。今谁有天下，而以李氏为嗣乎？”太后谕遣之。庆之伏地以死泣请。太后乃以印纸遗之，曰：“欲见我，以此示门者。”自是庆之屡求见。太后颇怒之。命凤阁侍郎李昭德赐庆之杖。昭德引出光政门外，以示朝士，曰：“此贼欲废我皇嗣，立武承嗣。”命扑之。耳目皆血出，然后杖杀之。其党乃散。此等举动，甚似近世雇用无赖，使自称某某代表请愿者。如此谋位，岂有成理？可知武氏之无能为也。长寿元年（692年），复以昭德言罢承嗣政事。二年（693年），少府监裴匪躬、内侍范云仙坐私谒皇嗣要斩，自此公卿已下，皆不得见。惟太常工人安金藏等得在左右。或告皇嗣潜有异谋，命来俊臣穷状。金藏剖胸以明之，乃命停推。圣历元年三月，召庐陵王还神都。光宅元年（684年），改东都曰神都。是岁八月，武承嗣死。延基袭，避父名，称继魏王。后以议张易之见杀，见下。复以承嗣次子延义为继魏王。九月，皇嗣逊位，庐陵王复为太子。明年正月，赐姓武氏。中宗之获还储位，史谓狄仁杰、李昭德、吉顼、王及善、李嗣真、齐浣、王琳有力焉。然仁杰之匡维，事近后人增饰。诸臣即使有言，亦未必能回后意。盖后本无立侄之意，诸臣实潜窥其旨，而后敢于有言也。扶翼中宗之功，当以吉顼为最大。《旧书·顼传》云：中宗未立为太子时，张易之、昌宗尝密问顼以自安之策。顼说以请建立庐陵及相王。易之然其言，遂承间奏请。则天知顼首谋，召而问之。顼曰：“庐陵、相王，皆陛下之子，先帝顾托，当有主意，惟陛下裁之。”则天意乃定。顼既得罪，时无知者。睿宗即位，左右发明其事，乃下诏赠左御史台大夫。此事之信而有征者也。《李昭德传》云：昭德既杖杀王庆之，因奏曰：“臣闻文、武之道，布在方策，岂有侄为天子，而为姑立庙乎？”此亦差可征信者。《仁杰传》云：中宗在房陵，吉顼、李昭德，皆有匡复谠言，则天无复辟意。惟仁杰从容奏对，每以母子恩情为言，则天亦渐有悟，竟召还中宗，复为储贰。夫为天下者不顾家，岂徒母子恩情，所能感动，其说殊不近情。《传》又云：仁杰前后匡复奏对凡万言。开元中，北海太守李邕撰为《梁公别传》，备载其辞。其书，《通鉴考异》谓其辞鄙诞，非邕所为。而《新书·仁杰传》且改易之、昌宗问计于吉顼为问计于仁杰，可谓信史乎？《旧传》称其举张柬之之功，其事亦无可征也。《王及善传》：为内史，则天将追庐陵王，立为太子，及善赞成其计。及太子立，又请太子出外朝，以慰人心，则天从之。《新书·李嗣真传》云：武后尝问嗣真储贰事。对曰："程婴、杵臼，存赵氏孤，古人嘉之。"后悟，中宗乃安。《齐浣传》云：中宗在庐陵，浣上言请抑诸武，迎太子东宫，不报。及太子还，武后召浣宴同明殿，谕曰："朕母子如初，卿与有力焉，方不次待尔。"浣辞母老。不忍远离，赏而罢。又《王綝传》赞曰：李德裕著书，称方庆为相时，子为眉州司士参军。武后曰："君在相位，何子之远？"对曰："庐陵是陛下爱子，今尚在远，臣之子庸敢相近。"建言不斥太子名，以动群臣，示中兴之渐。此等皆可谓有匡复之辞者，然谓武后之还中宗由此，恐未必然也。《旧书·忠义传》：苏安恒投匦上书，请禅位东宫，黜武氏诸王为公侯，太后召见，赐食，慰谕而遣之。明年，安恒复上疏，以传位为言，后亦不之罪也。其意之所在可知矣。王綝，字方庆，以字显。眉州见第二节。中宗既还，后虑其与诸武不相容，命与相王、太平公主及诸武誓于明堂，为文以告天地，铭之铁券，藏于史馆。其思患豫防，不过如此，可见其神明已衰，无力把持政柄矣。其时盗弄政权者为张易之、昌宗，乃嬖幸而非权奸，自更不能操纵朝局。于是朝臣树党相攻，后既就衰，漫无别白，事势相激，而兵戈起矣。

中宗嫡长子重润，高宗时曾立为皇太孙，中宗失位，贬为庶人，别囚之。及还为太子，重润立为邵王。妹永泰郡主，嫁后兄孙延基。大足元年（701 年），三人窃言二张专政。易之诉之太后，后皆杀之。《旧书·武延基传》云：咸令自杀。《易之传》云：付太子自鞫问处置，太子并自缢杀之。《新书》本传云：后怒，杖杀之。《延基传》云：得罪缢死。御史大夫魏元忠尝奏二张之罪，易之惧不自安，乃诬奏元忠与司礼丞高戬云："天子老矣，当挟太子为耐久朋。"而引凤阁舍人张说为证。说同寮宋璟激厉说，说乃显言其诬，然仍贬元忠为高要尉，今广东高要县。戬、说皆流岭表。长安四年十二月，后卧疾长生院，宰臣希得进见，惟易之兄弟侍侧。屡有人为飞书及榜其书于通衢者，云："易之兄弟谋反。"太后皆不问。许州人杨元嗣，许州，今河南许昌县。告昌宗尝召术士李弘泰占相，弘泰言昌宗有天子相，劝于定州造佛寺，则天下归心。定州见第二章第四节。太后命凤阁侍郎韦承庆、司刑卿崔神庆、御史中丞宋璟鞫之。承庆、神庆奏言昌宗款称弘泰之语，寻已奏闻，准法首原，弘泰妖言，请收行法。璟与大理丞封全桢奏：虽云奏闻，终是包藏祸心，请收付狱。太后不听。寻敕璟外州推按，又敕副李峤安抚陇、蜀，璟皆不肯行。司刑少卿桓彦范、鸾台侍郎崔玄亦以为言。璟复奏收昌宗下狱。太后乃可其奏。旋遣中使召昌宗，特敕赦之。后是时既不能去易之、昌宗，又不能罪攻易之、昌宗者，纷争久而不决，则人心愈摇，而乘之者起矣。

张柬之者，久仕武后之朝。是年十月，以姚元之荐同平章事，年几八十矣。与同官崔玄暐、中台右丞敬晖、司刑少卿桓彦范、相王府司马袁恕己密谋拥立中宗。结右羽林卫大将军李多祚，《新书》云：其先为靺鞨酋长，号黄头都督。后入中国，世系湮远。黄头为室韦部名，见第三章第三节。多祚之先，盖室韦黄头部长，与靺鞨杂居者也。《旧书》云：多祚前后掌禁兵，北门宿卫，二十余年。多祚许诺。初柬之代杨玄琰为荆州长史，荆州见第二章第三节。相与泛江中流，知其有匡复之意，乃引为羽林将军，又用晖、彦范及右散骑侍郎李湛，义府少子。皆为左右羽林将军。时太子每于北门起居。晖、彦范因得谒见，密陈其策。太子许之。明年，中宗神龙元年（705 年）。柬之、玄暐、晖、彦范帅左右羽林兵五百余人，使多祚、湛及王同皎迎太子。同皎者，尚太子女定安郡主，时行太子典膳郎。又使恕己从相王，统南牙兵，以备非常。太子不肯出，同皎强之乃可，至玄武门，斩关而入。时太后寝疾迎仙宫。柬之等斩张易之、昌宗于庑下。后乃传位于太子，时正月乙巳也。丁未，后徙于上阳宫。上尊号为则天大圣皇帝。二月甲寅，复国号为唐。十一月，则天崩，年八十三。遗制去帝号，称则天大圣皇后。

第六节　韦后乱政

张柬之等之杀张易之、昌宗也，史谓洛州长史薛季昶，朝邑尉刘幽求，皆劝其遂诛诸武，而柬之等不听。朝邑县，今属陕西。此事新旧《书》诸传及诸史，说颇违异。《旧书·敬晖传》言：季昶劝晖诛三思之属，晖与张柬之不可。《新书》则谓晖亦主诛诸武。其《桓彦范传》，又谓柬之勒兵将遂诛诸武，季昶亦劝之，而彦范不可。《通鉴考异》谓《唐统纪》《唐历》《狄梁公传》，并与《旧书·敬晖传》同，《御史台纪》则与《新书·彦范传》同。《旧书·刘幽求传》谓幽求劝彦范、晖诛三思，《新书》则但云劝彦范等而已。案《旧书·敬晖传》言：诸武得志后，张柬之叹曰："主上昔为英王时，素称勇烈，吾留诸武，冀自诛钼，今事势已去，知复何言？"《新书·彦范传》以是为彦范之语，云："主上昔为英王，故吾留武氏，使自诛定，今大事已去，得非天乎？"《十七史商榷》云：英王是封号，而《新书》以为英烈之意，可谓粗忽。《新书》粗忽，诚难为辩，然与此事之实不实，则无涉也。中宗封英王，事在仪凤二年（677年），《新书》亦漏去。案柬之等若以周为唐，自可正诸武之罪，然观当日，自中宗复位至复国号，其间凡历九日，则柬之等实替一周室之君，立一周室之君耳。此与太宗之代高祖何异？太宗代高祖，可以诛诸李乎？此以名义论也，若以事势论，则柬之等皆当国日浅，事权不属，且亦无多徒党，安能总揽朝权？季昶本非岂弟之士，季昶，《旧书》列《良吏传》，然《徐有功传》云：润州刺史实孝谌妻庞氏为奴诬告，令给事中薛季昶鞫之。季昶锻炼成其罪，庞氏当斩。有功独明其无罪，季昶等反陷有功，几死。则其所为反类酷吏矣。润州见第七章第二节。幽求亦属权谲之徒，使柬之等而用其说，杀戮甚而无以善其后，亦未必有裨大局也。

政局既未大变，则倾险者终胜，此自然之势也。《旧书·外戚传》：言武三思性倾巧，便辟善事人，特蒙武后信任，盖在诸武之中，最称狡诈者。中宗自为皇太子，传授之局已定，初无忌于诸武，而李之与武，肺腑之亲实深。武后女太平公主，初嫁薛绍，绍死，武后杀武攸暨妻，以主配焉。中宗八女，永泰公主归武延基，已见上节。新都公主嫁武延晖。安乐公主，韦后生，后与中宗所最爱也，适武崇训。上官婉儿者，仪之孙。襁褓中随母郑氏配入掖庭。有文辞，明习吏事。圣历已后，据《旧书》《新书》云通天已来。百司表奏，多令参决。中宗即位，令掌制命，拜为昭容。昭容既久事武后，自于武氏易亲。宗楚客者，武后从父姊子。纪处讷，以三思妇娣为妻。此外朝士，武氏之党尚多。情势如斯，诸武自易得志。史谓昭容通于三思，三思因之入宫，又得幸于韦后；并谓三思死后，韦后复私武延秀。又谓昭容与崔湜乱，故引知政事。以政权之移易，专归诸床第之间，恐亦揣测之辞，不必实也。柬之等本疏逖，以幸功故，结宿卫以立新君。不有废也，君何以兴？然为之君者，遂不免有芒刺在背之感，此亦人情，而诸武遂因而中之矣。

中宗复国号旬日，丙寅。即以武三思为司空，同三品。又以武攸暨为司徒，封定王。三思、攸暨固让。后又以桓彦范奏，降封二人为郡王。武懿宗等十二人皆为公。此特体制如是，于武氏之握权，固无损也。五月，封柬之、玄暐、晖、彦范、恕己皆为王，罢其政事。玄暐以长安四年六月，为鸾台侍郎平章事。柬之以是年十月，自秋官侍郎同平章事。诛易之时，惟此二人为相。神龙元年正月，恕己自司刑少卿为凤阁侍郎，同平章事，柬之为夏官尚书。玄暐守内史。晖、彦范并为纳言。三月，恕己守中书令。四月，柬之为中书令。晖为侍中。柬之表请归襄州养疾，以为刺史。不知州事，食全俸。襄州见第二章第三节。玄時检校益州长史，又改梁州。明年，又出晖、彦范、恕己于外。二月，王同晈被杀。其罪状曰：谋杀武三思，因以兵胁废韦后。新旧《书·同晈》及《宋之问传》云：同晈招集壮士，期以则天灵驾发引，劫杀三思。同谋者有洛阳人张仲之、祖延庆，抚州司仓冉祖雍，武当丞周憬，校书郎李悛。之问及弟之逊，初皆谄附二张。之问坐左迁泷州参军，之逊迁播州参军。之问逃匿仲之家，而之逊外妹妻延庆，故之问及之逊子昙得其谋。之问使昙发其事。悛，之问甥也。三思使上言同晈谋于杀三思后拥兵诣阙废韦后。中宗怒，斩同晈于都亭驿。《通鉴考异》引《实录》《统纪》略同，惟云之逊初亦与谋。又引《御史台记》，李悛作李悛。云昙将发之，未果，遇悛及祖雍于路，白之。雍、悛以闻。《朝野佥载》则云：之逊出为兖州司仓，亡归，同晈匿之。同晈忿三思乱国，与所亲论之，之逊窃听，遣侄昙上书告之。则同晈或有欲杀三思之言，而其谋杀三思及废韦后，皆为三思所诬矣。《通鉴》从《佥载》。抚州，今江西临川县。武当郡，即均州。泷州，在今广东罗定县东。播州，今贵州遵义县。谓五人与之通谋，皆贬岭外。三思令人疏皇后秽行，榜于天津桥，云五人为之，乃更长流远州。初晖、彦范等引考功员外郎崔湜为耳目，湜反以其计议，潜告三思。三思引为中书舍人。至是，湜又说三思杀五人。三思问谁可使者？湜表兄周利贞，先为晖、彦范所恶，湜举充此行。乃以利贞为御史中丞，奉使岭外。柬之、玄時已死。晖、彦范、恕己皆为所杀。薛季昶初以与诛张易之，进户部侍郎。及五王失柄，累贬为儋州司马。儋州见第二节。以与昭州首领周庆立、广州司马宗楚客不协，不敢往，仰药死。昭州，今广西平乐县。惟杨玄琰豫知祸作，托辞欲祝发为浮屠，悉辞官封，得全。于时居相位者：韦巨源、杨再思，皆热中谄佞之徒。宗楚客尤惟武、韦是附，与侍中纪处讷共为朋党，时人呼为宗、纪。魏元忠，中宗复位即召之，倚之颇重，然实权不属，亦无能为。《旧书·元忠传》云：元忠作相则天朝，议者以为公清，至是再居政事，天下莫不延首倾属。元忠乃亲附权豪，抑弃寒畯，议者以此少之。案观其与于重俊之谋，则知其非附武、韦者，特势处于无可如何耳。此外崔湜、郑愔、太常少卿。宗晋卿、楚客弟，将作大匠。甘元柬、鸿胪卿。及周利用、冉祖雍、李悛、宋之逊、姚绍之等，绍之为陷王同皎于法者，利用等五人，常为三思耳目，时人谓之三思五狗。亦莫非三思之党者。而韦后又黩乱于其间，朝局遂不可问矣。

韦后随中宗于房州，同艰危累年，情义甚笃。《传》言帝尝谓后："一朝见天日，誓不相禁忌。"此盖因帝纵任后无所矫正，造为是言，不必实也。然后干政确颇甚。《旧书·桓彦范传》：彦范尝表论时政，言："陛下每临朝听政，皇后必施帷幔，坐于殿上，与闻政事。"此表苟非伪造，则中宗复位之初，后之所为，已与麟德后之武后无殊矣。武后在高宗朝，尝上意见十二条，请王公百寮，皆习《老子》，又请子父在为母服三年。《旧书·本纪》上元元年（674年）。而后亦表请天下士庶为出母服丧三年；又请百姓以年二十三为丁，五十九免役。神龙元年十一月，百官上帝号为应天皇帝，后为顺天皇后。景龙元年九月，又加号为顺天翊圣皇后。此亦模放武后与高宗并称天皇、天后也。二年正月，宫中希旨，妄称后衣箱中有五色云出。帝使画工图之，出示于朝。乃大赦天下。内外五品已上，母、妻各加邑号一等。无妻者听授女。天下妇人八十已上，版授乡、县、郡等君。三年七月，表请诸妇人不因夫子而加邑号者，许同见任职事官，听子孙用荫。知太史事迦叶志忠上表曰："昔高祖未受命，天下歌《桃李子》，太宗未受命，天下歌《秦王破陈乐》，高宗未受命，天下歌《侧堂堂》，天后未受命，天下歌《武媚娘》，皇帝未受命，天下歌《英王石州》，皇后未受命，天下歌《桑条韦》。谨进《桑条歌》十二篇。伏乞宣布中外，进入乐府，皇后先蚕之时，以享宗庙。"兵部尚书宗楚客，又讽补阙赵延禧，表陈符命，解桑条以为十八代之符，请颁示天下，编诸史册。此则几欲与君代兴矣。冬，帝将亲祠南郊，国子祭酒祝钦明、郭山恽建议云：皇后亦合助祭，乃以后为亚献，此又武后之有事于泰山、梁父也。盖后之与政事，收人望，无一不与武后同，而其矫诬则又过之。其为欲践武后遗迹，了无疑义。夫后身受武后之祸，可谓极酷；且以武后之才，在高宗时得政之久，而亦终于颠覆，后何人斯？乃欲效之。抑后特一寻常妇人耳，何以有此大欲？其事殊不可解。案中宗四子：长邵王重润，为武后所杀，已见上节。次谯王重福，次卫王重俊，次温王重茂，皆非后所生。重福之妃，张易之之甥也。后疑重润之死，重福实为之，言于中宗，贬为濮州刺史。今山东濮县。改均州，尝令州司防守。重俊立为太子。神龙二年七月。盖亦非后所欲？后生四女，幼安乐公主，最为后所爱。史言主尝求为皇太女。《旧书·节愍太子传》云：或劝主请废重俊为王，自立为皇太女。《魏元忠传》云：主尝私请废节愍太子，立己为皇太女，中宗以问元忠，元忠固称不可，乃止。《韦后传》云：主请自立为皇太女，帝虽不从，亦不加谴。后岂以无子故，欲传之于女，故身冒不韪，而欲效武后之所为邪？不可知矣。

中宗盖极昏愚之主，故虽饱经忧患，而仍志昏近习，心无远图，惟取当年之乐。《旧书·本纪》赞语。朝政既敝，宫闱尤无轨范。太平、长宁、安乐、宜城、新都、定安、金城七公主，皆开府置官属。《新书·太平公主传》。长宁以下五公主，皆中宗女。《廿二史考异》云：神龙朝，公主别无封金城者。惟高宗女高安公主，始封宣城，神龙初进册长公主，实封千户，开府置官属。此金城或宣城之误。安乐尤骄。卖官鬻狱，势倾朝廷。尝自草制敕，掩其文，请帝书焉，帝亦笑而从之，竟不省视。左右内职，皆许时出禁中。于是上官昭容及宫人贵幸者，皆立外宅。朝官邪佞者候之，恣为狎游，祈其赏秩，以至要官。上官与其母郑氏，尚宫柴氏、贺娄氏，树用亲党，广纳货赂，别降墨敕授官。臧获屠贩，累居荣秩。《旧书·本纪》：神龙二年三月，是月，大置员外官，自京诸司及诸州佐，凡二千余人。超授阉官七品已上及员外者千余人。广营佛寺，所费无艺。封家岁给绢至百二十万匹已上，而每年庸、调，多不过百万匹，少则七八十万而已。《旧书·韦嗣立传》。帝方幸玄武门，与近臣观宫女大酺。又遣宫女为市肆，鬻卖众物，令宰臣及公卿为商贾，与之交易，因为忿争。又于上元夜与皇后微行观灯，放宫女数千人看灯。因此多有亡逸者。令群臣集梨园球场，分朋拔河，与皇后、公主亲往观之。屡幸安乐公主及群臣第宅山庄。游骊山，临渭修禊饮。其在宫中，则武三思至与韦后共御床博戏，而帝从旁典筹。国子祭酒叶静能善禁架，常侍马秦客善医，光禄少卿杨均善烹调，皆引入后庭。史言均、秦客烝于后，虽未必实，然其黩乱，则可谓古今所罕矣。

重俊既为太子，安乐公主常凌忽之。重俊因此忿怨。景龙元年七月，与左羽林大将军李多祚、右羽林将军李思冲、敬玄子。李承况，高祖子楚哀王子云嗣玄孙。独孤祎之、沙吒忠义等矫制发羽林、千骑三百余人，杀武三思、崇训于其第。使左金吾大将军成王千里本名仁，吴王恪子。及其子天水王禧分兵守宫城诸门，而自率兵趋肃章门，斩关而入，求韦后及安乐公主所在，叩阁索上官昭容。后及公主拥帝驰赴玄武门楼，召羽林留军自卫。多祚兵至，帝冯槛谕之。千骑倒戈斫多祚、承况、祎之、忠义等。余党溃散。重俊奔终南山，为左右所杀。是役也，魏元忠与其谋。其子太仆少卿升实从重俊，为乱兵所杀。元忠因此贬务川尉，务川县，今曰婺川，属贵州。道卒。史称李多祚犹豫不战，元忠又持两端，故败。《旧·元忠传》。盖二人皆非犯上作乱之徒，故临事不能果决也。元忠文人，且已老，多祚则拥立中宗者，夫岂有叛心？二人亦与重俊之谋，而朝局之危可知矣。

太平公主多权略，则天以为类己，每与谋议，又与诛张易之，韦后、上官昭容皆自以为智谋不及，甚惮之。《旧书》公主事见《外戚传》中。重俊既败，安乐公主、宗楚客使冉祖雍奏太平、相王皆与于重俊之谋。御史中丞萧至忠保持相王，乃免。于时朝臣攻武、韦者甚众。武后时请复辟之苏安恒，时为集艺馆内教，或言其与重俊之谋，下狱死。先是雍州人韦月将、高轸并上疏言三思父子，必为逆乱。三思知而求索其罪。有司希旨，奏月将当弃市，轸配流岭外。黄门侍郎宋璟执奏，月将乃得配流岭南，广州都督周仁轨仍杀之。《通鉴考异》引《朝野佥载》。三思怒，斥璟为外职。武崇训之死，武延秀复尚安乐公主，故武氏之势不减。有燕钦融者，景龙末，为许州司户参军，再上书斥韦后干与国政，与安乐公主、武延秀等图危社稷。中宗召至廷，扑杀之。又有博陵人郎岌，博陵见第二章第四节。亦表言后及宗楚客乱被诛。此等疏逖之人，何与朝廷之事？而其言之不已如此，知必有阴主之者。观于此，而知危机之潜伏者深矣。

第七节　玄宗之立

景龙四年（710年），是岁，韦后临朝，改元为唐隆，睿宗立，又改为景云。六月，中宗崩。《旧书·本纪》云：时安乐公主志欲皇后临朝称制，而求立为皇太女，由是与后合谋进鸩。《通鉴》云：马秦客、杨均得幸于后，恐事泄被诛，安乐公主欲后临朝，自为皇太女，乃相与合谋，于饼餤中进毒。《旧书·韦后传》，既云帝"遇毒暴崩"，又云：时马秦客侍疾，议者归罪于秦客及安乐公主；则时帝实有疾，以为死于鸩毒，事亦近诬。然韦后不能总揽朝权，则必有乘机而起者，相王本曾居宸极，其必遭疑忌者，势也。时相李峤尝密表请措置相王诸子，勿令在京。而太平公主与上官昭容谋，草遗制，立温王重茂为太子，皇后知政事，而以相王参谋，盖亦欲持两端。《新书·昭容传》云：始从母子王昱为拾遗，昱戒曰：上往囚房陵，武氏得志矣，卒中兴，天命所在，不可幸也。三思虽乘衅，天下知必败，今昭容上所信而附之，且灭族，郑以责婉儿，不从。节愍诛三思，果索之，始忧惧。及草遗制，即引相王辅政。临淄王兵起，被收。婉儿以诏草示刘幽求，幽求言之王，王不许，遂诛。乱世处权势之地者，其机实至危，迫而思自全之计，固理所可有也。然韦后之党，不以是为已足。宗楚客乃云："皇后于相王为嫂叔。嫂叔不通问。"卒罢之。后与从兄韦温定策，温，玄贞兄玄俨之子。以刑部尚书裴谈、工部尚书张锡知政事，留守东都。又命左金吾大将军赵承恩，及宦者左监门卫大将军薛思简率兵往均州，以备谯王重福。立温王重茂为皇太子。召诸府兵五万人屯京城，列为左右营，然后发丧。少帝即位，时年十六。尊后为皇太后，临朝称制。后令韦温总知内外兵马，守援宫掖。驸马韦捷、温弟湑之子，尚中宗女成安公主。韦濯玄贞世父弘庆之孙。尚定安公主，即王同晈妻也，同晈死，更嫁濯。分掌左右屯营。武延秀及温从子播、温兄灌之子。族弟璿、玄贞弟玄昭之子。外甥高崇一作嵩。共典左右羽林及飞骑、万骑。又遣使诸道巡抚。然京城恐惧，相传将有革命之事，往往偶语，人情不安。盖已成惊弓之鸟也。

相王子临淄王隆基居京师，尝阴接万骑豪俊。兵部侍郎崔日用，素附三思、延秀及宗楚客，恐祸及，往输诚，潜谋推戴。隆基与太平公主谋，公主使子卫尉卿薛崇简从，又与苑总监钟绍京及刘幽求等谋之。时韦播、高崇分押万骑，数榜棰以取威，万骑皆怨，果毅葛福顺、陈玄礼诉之隆基。隆基使幽求讽以诛韦氏，皆踊跃愿从命。果毅李仙凫亦与谋。隆基乃微服与幽求入苑中，止绍京廨舍。使福顺、仙凫夜攻玄武门。入羽林军，杀韦璿、韦播及高崇，送首隆基。绍京率丁匠从隆基出，使福顺攻玄德门，仙凫攻白兽门，斩关而入。宿卫梓宫之兵闻噪声，皆被甲应之。韦后皇惑，走入飞骑营，为乱兵所害。安乐公主及武延秀亦见杀。诛上官昭容。明日，迎相王入禁中。杀韦温、宗楚客、纪处讷、马秦客、杨均、叶静能等。韦巨源闻乱，出至都街，为乱兵所杀，年八十矣。崔日用诛诸韦于杜曲，在长安南。襁褓儿无免者。武氏宗族，缘坐诛死及配流殆尽。盖至是而武、韦之势，始一大挫矣。少帝下诏让位于相王。相王即位，是为睿宗，迁谯王重福为集州刺史。今四川南江县。初韦后之临朝也，贬吏部侍郎郑愔为江州司马。见第二章第七节。愔潜过均州，与重福及洛阳人张灵均谋诛韦氏。未发而韦氏败。据《通鉴》。灵均说重福直诣洛阳，袭杀留守，西据陕州，今河南陕县。东下河南北，重福乃遣家臣王道先赴东都，潜募勇敢，而与灵均自均州乘驿继进。愔时自秘书少监左迁沅州刺史，今湖南沅陵县。亦迟留洛阳以俟之。洛州长史崔日知日用弟。洛州见第二章第三节。破获王道之党。留台侍御史李邕谕屯营兵拒重福，破之。重福投漕河死。灵均及愔皆斩于东都市。时八月也。明年正月，改封温王为襄王，迁于集州，遣兵守卫。玄宗开元二年（714 年），转房州刺史，见第二节。寻薨，时年十七，谥曰殇皇帝。

睿宗六子：长宋王成器，次申王成义，次临淄王隆基，次岐王隆范，次薛王隆业，次隋王隆悌。隆悌早薨。韦氏之败，以临淄王为平王，旋立为太子。刘幽求、钟绍京等虽知机务，旋即罢去，而以姚元之、宋璟为相，罢斜封墨敕官，革正选务，纲纪颇振起矣。然太平公主，自中宗已来，进达朝士，多至大官。词人后进，造其门者，或有贫窘，则遗之金帛。及此，又提下幼主，授天下于睿宗。《新书》本传云：将立相王，未有以发其端者。主顾温王儿子，可劫以为功，乃入见王曰："天下事归相王，此非儿所坐。"乃掖王下，取乘舆服进睿宗。军国大政，事必参决，如不朝谒，则宰相就第议其可否。其必不能自远于权势也审矣。乃数为流言云："太子非长不当立。"以宰相韦安石不附已，欲倾之，赖郭元振救之，乃免。《旧书·安石传》曰：太平公主与窦怀贞等潜有异图，引安石与其事，屡使子婿唐晙邀安石至宅，安石竟拒不往。睿宗尝密召安石，谓曰："闻朝廷倾心东宫，卿何不察也？”安石对曰：“陛下何得亡国之言？此必太平之计也。”睿宗矍然曰：“朕知之矣，卿勿言也。”太平于帘中窃听之。乃构飞语，欲令鞫之，赖郭元振保护获免。又尝乘辇邀宰相于光范门，讽以易太子，以宋璟抗言而罢。景云二年正月，郭元振、张说皆同平章事。二月，宋璟与姚元之密言于上，请出宋王及高宗孙豳王守礼于外，罢岐、薛二王左右羽林大将军，使为卫率，以事太子，而安置太平公主于蒲州。从之。张说又进言，命太子监国。未几，太子奏宋璟、姚元之离间姑、弟，皆外出。豳、宋二王出刺之命亦寝。五月，复以太子请，召太平公主还京师。十月，张说转尚书左丞，留司东都。明年先天元年。六月，武攸暨卒。七月，星官言帝坐前星有变。八月，帝传位于太子，是为玄宗。然惟知三品已下除授及徒罪而已，其军国大务并重刑狱，太上皇并兼省之。《通鉴考异》引《睿宗实录》。是月，刘幽求为右仆射，同三品，与右羽林将军张暐谋以羽林军诛太平。侍御史邓光宾泄其谋，三人皆流岭外。崔湜讽广州都督周利贞杀幽求，桂州都督王晙知其谋，留幽求不遣，乃免。十一月，上皇诰遣皇帝巡边。又明年，先天二年（713 年），玄宗开元元年（713 年）。二月，乃罢之。六月，郭元振同三品。时宰相七人，窦怀贞、萧至忠、岑羲、崔湜皆太平党，而元振与魏知古、陆象先不附。新旧《书》传皆云：宰相七人，五出其门。《通鉴考异》云：《唐历》曰：宰相有七，四出其门。或者《新旧》传并象先数之，《唐历》不数象先耳。案新旧《书·象先传》，亦皆言其不附太平。左羽林大将军常元楷、知右羽林将军事李慈皆私谒主。主乃谋使元楷、慈举羽林兵入武德殿，羲、至忠举兵南衙应之。王琚者，初与王同晈善，同晈败，变姓名亡去，后事玄宗于东宫。及即位，拜中书侍郎。言不可不速发。张说亦自东都使人遣上佩刀，劝速决。崔日用自荆州长史入奏事，劝上先定北军，后收逆党，帝从之。以为吏部侍郎。七月，魏知古告公主欲以是月四日作乱。三日，上与岐、薛二王、元振、琚、日用等定策。王毛仲者，高丽人，父以犯事没官，与李宜德俱事玄宗为奴。玄宗之入苑，宜德从之，毛仲避不入，数日而归。玄宗不之责，而超授将军。玄宗之监国，奏改左右万骑曰龙武军，与左右羽林为北门四军，以葛福顺等为将军。毛仲专知东宫驰马、鹰狗等坊。及是，因毛仲取闲厩马及兵三百余人，自武德殿入虔化门，召元楷、慈先斩之，又诛至忠、羲、怀贞等。崔湜流窦州，在今广东信宜县南。宫人引其同谋进毒，赐死。太平逃入山寺，三日乃出，赐死于家。诸子、党与，死者数十人，惟薛崇简以数谏其母获免。于是上皇诰：自今军国刑政，一听皇帝处分。武氏余孽，至斯而尽，时局乃有澄清之望矣。

第五章　开元、天宝治乱

第一节　玄宗政治

开元、天宝，世皆以为有唐盛衰治乱之界，其实非也。传曰：拨乱世，反之正。欲言拨乱，则必举致乱之原而尽去之，玄宗则安能？彼其放纵淫乱之习，一切无异于前人，特即位之初，承极乱之后，不得不稍事整顿耳。积习既深，终难自拔，则阅时不久，复蹈前人之覆辙矣。

国于天地，必有与立。专制之世，所恃为桢干者，士大夫之气节也，而唐世则最阙于是。长孙无忌、褚遂良等，号称正人，校其所为，亦何莫非植党死权？而武、韦之朝，更不必论矣。玄宗之起，扶翼之者，亦多倾险之士。《旧书·崔日用传》：日用尝语人曰："吾一生行事，皆临时制变，不专守始谋，每一念之，不觉芒刺之在背也。"当时如此者，岂独一日用而已？帝于此辈，能速去之，如刘幽求、钟绍京、王琚等，皆暂用即斥。郭元振旧有勋劳，且有讨萧、岑之功，帝于骊山讲武，顾以军容不振，坐诸纛下，欲斩之，盖亦所以挫折之也。姜皎藩邸之旧，即位拜殿中少监，与诛韦氏之谋，迁太常卿，出入卧内，亲宠无比；弟晦，亦历御史中丞、吏部侍郎，宋璟请抑损之，亦即放归田园。而用姚崇、宋璟，崇以开元元年（713年）相，璟以四年（716年）相。史称崇善应变，承权戚干政之后，罢冗职，修制度，择百官；璟善持正，务清政刑，使官人皆任职；此其所以获致一时之治也，然为时初不久。开元九年（721年），张说相，导帝以行封禅，而骄盈之志萌矣。

帝于诸王，外示敦睦，实则禁约甚严。驸马都尉裴虚己，坐与岐王范即隆范，避帝讳去隆字。游燕，配徙岭外，并离其妻睿宗女霍国公主。万年尉刘庭琦、太祝张谔，皆坐与范饮酒赋诗见黜。开元十三年（725 年），帝不豫，薛王业即隆业。妃弟内直郎韦宾与殿中监皇甫恂私议休咎，事发，宾杖杀，恂左迁。此等事似乎过当，然前三年，开元十年（722 年）。尚书左领军兵曹权楚璧，尚与其党李齐损等作乱，立楚璧兄子，诈称为襄王重茂之子。见《通鉴》。则知承置君如弈棋之后，人心不免浮动，帝之禁约诸王，不令与外人交结，亦有所不得已也。

武韦之世，奢侈之风，可谓荡焉无复纲纪。宗楚客败，太平公主观其第，叹曰："见其居处，吾辈乃虚生耳。"即此一事，可概其余。睿宗正位，初未能少拯其敝。睿宗先天元年正月，幸安福门观酺，三日夜。七月，幸安福门观乐，三日乃止。二年正月，上元日，御安福门，出内人连袂踏歌，纵百寮观之，一夜方罢。二月，初有僧虔婆陀请夜开门，然灯百千炬，三日三夜。皇帝御延喜门，观灯纵乐，凡三日夜，左拾遗严挺之上疏谏，乃止。睿宗女金仙、玉真两公主，皆为道士，筑观京师。公主以方士史崇玄为师，观之筑，即由崇玄护作，日役万人。而佛寺之兴造尤盛。玄宗立，乃思矫之。开元二年正月，姚崇上言，请检责天下僧尼，以伪滥还俗者二万余人。《旧书·本纪》。敕所在毋得创建佛寺，旧寺颓坏应葺者，诣有司陈牒，检视然后听之。《通鉴》。六月，内出珠玉、锦绣、服玩。《旧书·本纪》。《纪》云：又令于殿前焚之，此即下引七月乙未敕，纪终言之耳。七月，乙未，制乘舆服御；金银器玩，宜令有司销毁，以供军国之用。其珠玉、锦绣，焚于殿前，后妃已下，皆毋得服。戊戌，敕百官所服带及酒器、马衔镫，三品已上，听饰以玉，四品以金，五品以银，自余皆禁之。妇人服饰，从其夫子。其旧成锦绣，听染为皂。自今天下更毋得采珠玉、织锦绣等物。罢两京织锦坊。《通鉴》。此等禁令，未知其效如何，要胜于坐视其流荡也。

然唐之宫廷，夸毗之习深矣，帝初非拔俗之流，其安能久自振饬？帝以开元十三年（725 年）封泰山，历汴、宋、许，车骑数万，王公、妃主、四夷君长马、橐驰亦数万，所顿弥数十里焉。《新书·齐浣传》。名曰登封，实游观也。先是已祠后土于汾阴。开元十一年（723 年）。汾阴，汉县，唐改曰宝鼎，在今山西荣河县北。后又欲封西岳，而西岳庙适灾，天又久旱，乃止。天宝九载（750 年）。帝屡幸东都及骊山，于西京、东都往来之路作行宫千余间。《通鉴》开元二十二年（734 年）。广温泉宫为华清宫，环宫所置百官区署。《新书·房琯传》。华清宫，在今陕西临潼县南。选乐工数百人自教之，号皇帝弟子。以置院近禁苑之黎园，又云黎园弟子。见《旧书·音乐志》。尝在东都酺五凤楼下，命三百里内县令、刺史，各以声乐集。《新书·元德秀传》。此何异于隋炀帝之所为邪？帝即位之初，吴兢上言：比见上封事者，言有可采，但赐束帛，未尝蒙召见，被拔擢，其忤旨则朝堂决杖，传送本州，或死于流贬。此睿宗之败德，殊不闻帝能干蛊，而谀媚之风大开。《旧书·本纪》：开元二十五年（737 年），大理少卿徐峙奏天下断死刑五十八，乌巢狱上。亦见《刑法志》。二十八年（740 年），又书频岁丰稔，京师米斛不满二百，天下乂安，虽行万里，不持兵刃；与贞观史官之娇诬，如出一辙。见第三章第一节。

唐之亡也，以禁军及宦官，启之者帝也。帝之任用王毛仲、李宜德，已见第四章第七节。即位之后，毛仲至为大将军，封公，持节充朔方道防御大使。从东封，加开府仪同三司。自帝即位已来，得此者，后父王同皎及姚崇、宋璟而已。毛仲子娶葛福顺女，及宜德等数十人，皆倚之为不法。至开元十九年（731 年），乃皆远贬。毛仲于道见杀。《旧书·文苑·齐浣传》：浣为吏部侍郎，乘间论毛仲等曰:“福顺典兵马,与毛仲婚姻,小人宠极则奸生,若不豫图,恐为后患,惟陛下思之。高力士小心谨慎,又是阉官,便于禁中驱使,腹心之委,何必毛仲?臣闻君不密则失臣,臣不密则失身,惟圣虑密之。”玄宗嘉其诚,谕之曰:“卿且出,朕知卿忠义,徐俟其宜。”会大理麻察坐事出为兴州别驾。兴州,今陕西略阳县。浣与察善,出城饯之,因道禁中谏语。察性嘆沓,遽奏之。玄宗怒。令中书门下鞫问。又召浣于内殿,谓之曰:“卿疑朕不密,翻告麻察,何邪?察轻险无行,常游太平之门,卿不知邪?”浣免冠顿首谢。乃贬高州良德丞,又贬察为浔州皇化尉。高州见第二章第三节。良德,在今广东茂名县东。浔州,今广西桂平县。皇化在其东。此事在开元十七年(729年)。《通鉴》。北门诸将,几于尾大不掉矣。帝于刘幽求、王琚等,皆去之如振槁,独于毛仲等豢之至于如此,岂不由其欲倚为腹心邪?齐浣知论此,而必以高力士易毛仲,知帝之所信,在中宫,不在外廷也。此岂有君人之量邪?史言诸将中惟陈玄礼淳朴自守,然他日马嵬之变,唱六军而作难者又何人?然则虽去葛福顺等,禁军之患,又曷尝能弭也?《通鉴》:开元二十年(732年),渤海帅海贼寇登州,命右领军将军葛福顺发兵讨之。胡三省曰:去年春,葛福顺以党附王毛仲贬,今则仍为宿卫,盖毛仲既诛,福顺等复叙用也。案此事亦见新旧《书·本纪》,《旧书》作左领军将军盖福顺,《新书》作盖福慎,与葛福顺似非一人。胡说恐误。登州,今山东蓬莱县。

高力士者,潘州人,潘州,今广东茂名县。冯盎曾孙,而内侍高延福之养子也。初太宗定制,内侍省不置三品官。则天称制,二十年间,差增员位。神龙中,宦者三千余人,超授七品已上员外官者千余人,然衣朱紫者尚寡。玄宗在位既久,中官稍称旨者,即授三品左右监门卫将军。开元、天宝中,长安大内、大明、兴庆三宫,皇子十宅院,皇孙百孙院,开元时,皇子幼多居禁内,既长,诏附苑城为大宫,分院而处,号十王宅,举全数也。既诸孙多,又于宅外更置百孙院。东都大内、上阳两宫，大率宫女四万人，品官黄衣已上三千人，朱紫者千余人。杨思勖持节讨伐，黎敬仁、林招隐奉使宣传，尹凤祥主书院，而力士知内侍省事。四方文表，必先呈然后进御，小事便决之。史言宇文融、李林甫、李适之、盖嘉运、韦坚、杨慎矜、王鉷、杨国忠、安禄山、安思顺、高仙芝，皆因之而取将相高位，其余职不可胜纪。《旧书》本传。《新书》略同，惟无李适之。宦官之监军者权过节度，出使者列郡辟易，郡县丰赡者，一至军则所冀千万计，修功德，市鸟兽，诣一处则不啻千贯，皆在力士可否云。力士谨慎无显过，然其实权之大，则历代宦寺所罕也。

帝之败德，尤在好色。帝后王氏无宠。次子瑛，母赵丽妃，本伎人，帝在潞州时得幸，帝景龙二年（708 年），为潞州别驾，四年（710 年）乃入朝。潞州，今山西长治县。开元二年（714 年），立为太子。武惠妃者，攸止女，即位后得幸。生夏悼王一，怀哀王敏，皆襁褓不育。后又生寿王瑁第十八。及盛王琦。第二十一。十一年（723 年），王皇后以符厌废，将遂立惠妃为后，已而不果。《新书·后妃传》云：御史潘好礼疏谏，并载其疏辞。《通鉴考异》谓其疏不足信。见开元十四年（726 年）。帝在藩邸，鄂王瑶。第五。母皇甫德仪，光王琚。第八。母刘才人，亦皆有宠，及惠妃宠幸，亦渐疏。瑛于内第，与二王等常有怨望。惠妃女咸宜公主，出降杨洄，洄日求其短，谮于惠妃，惠妃泣诉于帝，谓太子结党，将害妾母子，亦指斥至尊。玄宗谋于宰相，意将废黜，张九龄不可，事且寝，而李林甫代九龄为中书令。二十五年四月，杨洄又构于惠妃，言瑛兄弟三人，与太子妃兄薛锈，常构异谋。玄宗召宰相筹之。林甫曰：“此陛下家事，臣不合参知。”玄宗意乃决。使中官宣诏于宫中，并废为庶人。锈配流，俄赐死于城东驿。瑛、瑶、琚寻亦遇害。十二月，惠妃薨。明年六月，立忠王玙为皇太子。第三。后改名绍，二十七年九月。又改名亨。天宝三载（744 年）。《旧书·李林甫传》言：林甫因中官匄惠妃，愿保护寿王，惠妃阴助之，因此得为相。太子废，林甫请立寿王。玄宗曰：“忠王仁孝，年又居长，当守器东宫。”乃立为皇太子。自是林甫惧，巧求阴事，以倾太子。《新书·高力士传》曰：太子瑛废，武惠妃方嬖，李林甫等皆属寿王。帝以肃宗长，意未决。居忽忽不食。力士曰：“大家不食，亦膳羞不具邪？”帝曰：“尔我家老，揣我何为而然？”力士曰：“嗣君未定邪？推长而立，孰敢争？”帝曰：“尔言是也。”储位遂定。盖瑛废而惠妃旋死，故力士敢言之，而林甫亦不复坚持也。然异时大狱，潜伏于此矣。

武惠妃死而杨妃宠，其纵侈，乃十倍于惠妃。杨妃者，父曰玄琰，始为寿王妃。惠妃死，后庭无当帝意者，或言妃姿质天挺，遂召纳禁中。为出自妃意者，丐籍女官，号太真。《新书》本传。《通鉴》：开元二十三年十二月。册故蜀州司户杨玄琰女为寿王妃。《考异》曰：《实录》载册文云玄璬长女。按陈鸿《长恨歌传》云：诏高力士潜搜外宫，得杨玄琰女于寿邸。《旧·贵妃传》云：玄琰女，早孤，养于叔父玄璬。又云：玄琰女容色冠代，宜蒙召见，时妃衣道士服，号太真。旧史盖讳之耳。蜀州，今四川崇庆县。天宝四载八月，册为贵妃。姊三人，并封国夫人。韩国、虢国之封，事在七载十月，见《旧书·本纪》。《国忠传》云：三夫人同日拜命。叔玄珪，为光禄卿。再从兄铦，鸿胪卿，锜，侍御史，尚武惠妃女太华公主。杨国忠者，妃之从祖兄，本名钊。蒱博无行，为宗党所鄙，乃发愤从蜀军。蜀大豪鲜于仲通颇资给之。玄琰死蜀州，国忠护视其家，因与妹通。虢国。剑南节度使治益州。章仇兼琼与李林甫不平，闻妃新有宠，思结纳之，使仲通之长安，仲通辞，而以国忠见。兼琼表为推官，使部春贡长安，与以蜀货百万。国忠至京师，见群女弟，致赠遗，诸杨日为兼琼誉，而言国忠善樗蒱。玄宗引见，稍入供奉，累迁监察御史，擢兼度支员外郎，领使五十余。子暄，尚延和郡主。昢，尚万春公主。玄宗女。妃弟鉴，尚承荣郡主。韩国夫人婿秘书少监崔峋，女为代宗妃；

虢国男裴徽，尚代宗女延安公主。《旧书·后妃传》。《新书·公主传》：肃宗女郜国公主，始封延光，下嫁裴徽，《旧书》恐误。女嫁让帝男。让帝，即宋王成器，见第四章第七节。后更名宪。以让储位于玄宗追谥。秦国夫人婿柳澄，先死。男钧，尚长清县主。澄弟潭，尚肃宗女和政公主。韩、虢、秦三夫人与铦、锜等五家，每有请托，府县承迎，峻如诏敕。四方赂遗，其门如市。甲第洞开，僭拟宫掖。车马仆御，照耀京邑，递相夸尚。每构一堂，费逾千万，见制度宏壮于己者，即彻而复造，土木之工，不舍昼夜。玄宗颁赐，及四方献遗，五家如一，中使不绝。玄宗凡有游幸，贵妃无不随侍。乘马则高力士执辔授鞭。宫中供贵妃院织锦、刺绣之工，凡七百人，雕刻、镕造，又数百人。扬、益、岭表刺史，必求良工，造作奇器、异服，以奉贵妃献贺，因致擢居显位。玄宗每年十月幸华清宫，国忠姊妹五家扈从，每家为一队，著一色衣，五家合队，照映如百花之焕发。而遗钿、坠舄，瑟瑟，珠翠，璨烂芳馥于路。其纵侈，盖又轶武、韦之世矣。《新书·后妃传》云：铦、秦国早死，韩、虢与国忠贵最久。

所以能如是其侈者，则计臣之聚敛实为之。《新书·食货志》云：玄宗时，海内富实。米斗之价钱十三，青、齐间斗才三钱。绢一匹钱二百。道路列肆，具酒食以待行人，店有驿驴，行千里不持尺兵。天下岁入之物：租钱二百余万缗，粟千九百八十余万斛，庸、调绢七百四十万匹，绵百八十余万屯，布千三十五万余端。天子骄于佚乐而用不知节，大抵用物之数，常过其所入，于是钱谷之臣，始事朘刻。《旧书·食货志》云：掌财赋者，开元已前，事归尚书省，开元已后，权移他官。开元中，有御史宇文融，献策括籍外剩田，色役伪滥及逃户，许归首免五年征赋，每年量税一千五百钱。置摄御史，分路检括隐审，得户八十余万，田亦称是。得钱数百万贯。事在开元九年（721年）。《旧书》本传曰：奏置劝农判官十人，并摄御史，分往天下。《新书》及《通典》并云二十九人，《通典》且列其姓名，则

《旧书》误也。《旧书》又云：所括皆虚张其数，亦有以实户为客者。玄宗以为能，数年间，拔为御史中丞、户部侍郎。事在开元十二年（724年）。《旧书》本传曰：融乃驰传巡历天下，事无大小，先牒上劝农使而后申中书，省司亦待指按而后决断，其侵官如此。杨崇礼为太府卿，清严善句剥，分寸锱铢，躬亲不厌。转输纳欠，折估渍损，必令征送。天下州县征财帛，四时不止。崇礼正道子。《旧书》事见其子慎矜传，云为大府卿二十年，公清如一，其人实一畜聚之臣，不能以其事侈欲之主，而并没其才守也。及老病致仕，事在开元二十一年（733年），时崇礼年九十余矣。以其子慎矜为御史，专知大府出纳；其弟慎名，又专知京仓；皆以苛刻害人，承主恩而征责。《旧书·慎矜传》曰：诸州纳物，有水渍伤败及色下者，皆令本州征折估钱，转市轻货。此与韦坚同，皆括诸州之财，以归诸中央者也。又有韦坚，规融、慎矜之迹，乃请于江淮转运租米。取州县义仓粟，转市轻货，差富户押船。若迟留损坏，皆征船户。开关中漕，凿广运潭，以挽山东之粟，岁四百万石。坚以天宝元年（713年）为陕郡太守，领江淮租庸转运使。于咸阳截灞、浐水，引至长安城东，与渭合，以通长安至关门运渠。陕郡，即陕县。咸阳县，今属陕西。帝以为能，又至贵盛，王鉷进计，奋身自为户口色役使。事在天宝四载。鉷，方翼孙。征剥财货，每岁进钱百亿，宝货称是。云非正额租庸，便入百宝大盈库，以供人主燕私赏赐之用。《旧书·杨炎传》曰：旧制：人丁戍边者，蠲其租庸，六岁免归。玄宗方事夷狄，戍者多死不反，边将怙宠而讳不以死申，故其贯籍之名不除。至天宝中，王鉷为户口使，以丁籍且存，丁身焉往？是隐课而不出耳。遂案旧籍，计除六年之外，积征其家三十年租庸。又《陆贽传》：德宗于奉天行在贮贡物于廊下，仍题琼林、大盈二库名。贽谏曰：琼林、大盈，自古悉无其制。传诸耆旧，皆云创自开元。贵臣贪权，饰巧求媚。乃言郡邑贡、赋，所用盍各区分？赋税当委于有司，以给经用，贡献宜归于天子，以奉私求。玄宗悦之。新是二库，荡心侈欲，萌柢于兹。逮乎失邦，终以饵寇。玄宗日益眷之，数年间，亦为御史大夫、京兆尹，带二十余使。又杨国忠，藉椒房之势，承恩幸，带四十余使，云经其听览，必数倍弘益，又见宠贵。夫谷帛降贱，适益耕夫织妇生计之艰。货物流衍，更开驵侩豪民并兼之路。若此者，往往外观繁盛，实则贫富愈不均。富者恣其骄奢，贫者耻不逮焉而追随于后，则俗益坏而民益嚣然愁苦，不聊其生。事势如斯，最宜警惕，而唐人转以是称开元为全盛，只见其昧于治体也。国家取民虽薄，利亦或不在民，而归于中饱，搜剔征责，谁曰不宜？然亦视其用之之如何。若竭天下之资财，以供一人之侈欲，则其贤于中饱者几何？而中饱者究犹有所惮也。且搜剔征责者，岂能域于吏而不及于民乎？欲剥民者，不益得所藉手乎？故曰：与其有聚敛之臣，宁有盗臣。

玄宗治绩之衰，盖自其相张说时始。开元十四年（726 年），杜暹以安西都护入相，始开边将干进之端，十六年（728 年），宇文融继之，又开计臣柄政之路。理财用兵，实当时召乱之两大端也。十七年（729 年），张九龄相。九龄虽文人，颇称持正。二十二年（734 年），李林甫相。林甫者，高祖从父弟长平王叔良之曾孙，史称其“每事过慎，条理众务，增修纲纪，中外迁除，皆有恒度”，盖亦守成综核之才。玄宗在位岁久，倦于万机，遂一以委成，恣其宴乐。唐人本好党援进取，林甫尤耽宠固权，苟患失之，不惜举国事以为之殉，而朝局不可问矣。牛仙客者，王君㚟河西节度判官。萧嵩代君㚟，又以军事委之，竟代为节度，参看第三节。河西节度，治凉州。凉州见第三章第二节。后改朔方总管。朔方军，治灵州，见第三章第二节。玄宗欲用为尚书。九龄以其本出使典，不可。玄宗不悦，又以争废太子事忤旨。二十四年（736 年），遂罢九龄，相仙客。唯诺而已。天宝元年（742 年），仙客卒。林甫复引李适之。适之者，恒山王承乾之孙。雅好宾友，颇有时誉，亦务进取，则其势于林甫为逼，而龋龁之端以开。韦坚妹为太子妃。坚妻，姜皎女，林甫舅子也。初甚昵比，后稍不协。坚又与适之善。四载（745年），林甫乃引为刑部尚书，而罢其诸使，实夺之权也。以杨慎矜代之。陇右节度治鄯州。皇甫惟明，故忠王友。时破吐蕃入献捷，见林甫专权，意不平，微劝上去之。林甫使杨慎矜密伺之。五载（746年），正月望夜，太子出游，与坚相见。坚又与惟明同会景龙观道士之室。慎矜发其事，谓坚戚里，不合与边将狎昵。林甫因奏坚与惟明结谋，欲共立太子，贬坚为缙云太守，今浙江缙云县。惟明为播川太守。播川郡，即播州，见第四章第六节。李适之惧，自求散地，遂罢知政事。坚弟将作少匠兰，兵部员外郎芝，为兄讼冤，且引太子为言。上益怒。太子惧，表请与妃离昏。坚再贬江夏别驾，今湖北武昌县。兰、芝皆贬岭南。林甫因言坚与李适之等为朋党。坚长流临封，即封州。适之贬宜春太守。宜春见第二章第七节。坚亲党坐坚流贬者数十人。赞善大夫杜有邻，女为太子良娣。良娣姊为左骁卫兵曹柳勣妻。淄川太守裴敦复，荐勣于北海太守李邕，淄川，今山东淄川县。北海郡，即青州。邕，高祖子虢王凤之孙。勣至京师，又与著作郎王曾等为友，皆当时名士也。勣与妻族不协。为飞语，告有邻妄称图谶，交构东宫，指斥乘舆。林甫令京兆士曹参军吉温与御史鞫之。温者，京兆尹萧炅荐之林甫，与殿中侍御史罗希奭，俱为林甫爪牙，时人谓之罗钳吉网者也。鞫其狱，乃勣首谋。温令勣连引曾等。有邻、勣、曾等皆杖死。别遣希奭往按李邕。六载（747年），邕及裴敦复皆杖死。希奭自北海如岭南，所过杀迁谪者。李适之忧惧，自杀。林甫又奏分遣御史至贬所，杀韦坚兄弟及皇甫惟明。又遣使于循河及江、淮州县求坚罪，收系纲典船夫，溢于牢狱，征剥逋户，延及邻伍，皆裸死公府，至林甫死乃止焉。王忠嗣者，父海宾，与吐蕃战死，忠嗣养于禁中，肃宗在忠邸，与之游处，后为河东、朔方节度使。河东军，治太原，见第二章第四节。皇甫惟明败，充河西、陇右节度。仍权知朔方、河东，至六载四月乃让还。林甫使人告其欲奉太子。玄宗怒，征入朝，令三司推讯。初玄宗使忠嗣取石堡城，忠嗣不可。边将董延光献策请取之，诏忠嗣分兵应接，忠嗣不为赏格，延光过期无功，诉忠嗣缓师。参看第四节。及是，上曰："吾儿在深宫，安得与外人通谋？此必妄也。"但劾其阻挠军功。三司奏忠嗣罪当死。哥舒翰代为陇右，力言之，乃贬汉阳太守。汉阳郡，即沔州，见第二章第七节。林甫是时之所为，似专欲危太子者，盖太子之立，本非其意，而林甫专权日久，玄宗春秋高，惧一朝晏驾，新君继世，有不测之祸，故为自全之计耶？玄宗意既不回，杨慎矜稍避事防患，因与王𫓩有隙。《旧书·杨国忠传》。此为林甫与𫓩构陷慎矜真相，盖其谋实有不可告人者在也。𫓩构其规复隋室，蓄异书，与凶人来往，说国家休咎。林甫使人发之。遂与兄慎余、弟慎名同赐自尽。𫓩兼京兆尹，威权转盛。子准既骄恣，弟銲尤凶险不法。十一载（752 年），銲所善邢縡与右龙武军、万骑谋作乱，杀宰相及杨国忠。事泄，伏诛。銲杖死。𫓩赐自尽。准与弟备流岭南，道杀之。初林甫以杨国忠怙宠敢言，援之为党，以按韦坚。于京城别置推院。连岁大狱，追捕挤陷，皆国忠发之。及国忠骤迁领五十余使，林甫始恶之。复相贼。王𫓩获罪，国忠代为御史大夫，权京兆尹。初突厥默啜政衰，九姓首领阿布思来降，见第二节。上宠之，赐为李献忠。十载（751 年），禄山讨契丹，败绩。十一载，出兵将以报怨，请阿布思俱行。阿布思素与禄山不协，惧，叛归漠北。参看第五、第七节。国忠乃穷竟邢縡狱，令引林甫交𫓩、銲、阿布思事状。南诏侵蜀，国忠遥领剑南节度，蜀人请其赴镇，见第六节。林甫奏遣之。将辞，泣陈必为林甫所排。帝怜之，不数月，召还。会林甫卒，十一月。遂代为右相。时安禄山方宠，国忠使人说之，禄山乃使阿布思部落降者诣阙，诬告林甫与阿布思约为父子。上信之，下吏按问。林甫婿谏议大夫杨齐宣惧累，附国忠证之。乃削林甫官爵。剖棺，抉取含珠，褫金紫，更以庶人礼葬。子孙有官者，皆除名流岭南、黔中。近亲党与坐贬者五十余人。朝局之鼎沸如此，益以边将之骄横，而乱迫眉睫矣。

第二节　开、天边事（一）

唐代天宝之乱，原因孔多，边兵之重，要为其大者。唐初武功，看似卓越，实皆乘敌国之敝，非由兵力之强。故在高宗时，东西两面，业已遭受挫折；武、韦之世，敌势弥张。仍欲维持开国时之规模，则边兵不得不重。边兵重而内地空虚，朝纲弛紊，乱事遂一发而不可收拾矣。唐代武功，为今人所艳称，然昔人多惜其黩武而自敝，信有由也。今分述开、天时边事如下：

唐代大敌，自首突厥，然突厥再兴之后，不久亦即就衰。《旧书·突厥传》曰：景云中，默啜西击娑葛，破灭之。契丹及奚，自神功之后，常受其征役。其地东西万余里，控弦四十万。自颉利之后，最为强盛。神功下距景云凡十三年，默啜之势，盖初张于东，而后盛于西也。娑葛者，突厥别部突骑施酋长。贺鲁之平，以阿史那弥射、步真分统五咄陆、五弩失毕之众，已见第三章第六节。龙朔二年（662 年），二人从苏海政讨龟兹。步真怨弥射，且欲并其部，乃诬弥射谋反。海政不能察，即收斩之，步真死乾封时。咸亨二年（671 年），以西突厥部酋阿史那都支为匐延都督，以安辑其众。平贺鲁时，以处木昆部为匐延都督府。仪凤中，纪在二年（677 年）。都支自号十姓可汗，与吐蕃连和，寇安西。诏裴行俭讨之。行俭请毋发兵，可以计取。乃诏行俭册送波斯王子，并安抚大食，若道两蕃者。都支上谒，遂禽之。时调露元年（679 年）也。永隆中，又有阿史那车薄，自称十姓可汗，与咽面俱叛。永淳元年（682 年），命行俭往讨。未行卒。安西都护王方翼破平之。见新旧书《本纪》及《行俭》

《方翼传》。《纪》系其事于永淳元年（682年），乃因行俭受命，方翼出征追书之，其叛自当在此之前，《旧书·方翼传》云永隆中是也。《新书》改为永淳中，误矣。咽面，羁縻州名，隶燕然都护府，长安二年（702年），为都督府，隶北庭，见《地理志》。西姓益衰，二部人日离散。垂拱初，擢弥射子元庆、步真子斛瑟罗袭父所领及可汗号。长寿中，元庆坐谒皇嗣，为来俊臣所诬，要斩。流其子献于振州。圣历二年（699年），以斛瑟罗为平西军大总管，令振抚国人。时突骑施乌质勒张甚，斛瑟罗不敢归，与其部人六七万内迁，死长安。《旧书·解琬传》：圣历初，充使安抚乌质勒及十姓部落。长安三年（703年），召献还，袭兴昔亡可汗，为安抚招慰十姓大使、北廷大都护。四年（704年），《旧书》云神龙中。以斛瑟罗子怀道为十姓可汗，兼濛池都护。未几，擢献为碛西节度使。时乌质勒帐落寖盛，稍攻得碎叶，即徙居之。谓碎叶川为大牙，弓月城、伊丽水为小牙。碎叶川见第三章第六节。弓月城见第四章第四节。伊丽水，即伊列河，见第三章第六节。尽并斛瑟罗地。神龙中，封怀德郡王。是岁死。子嗢鹿州都督娑葛袭。贺鲁之平，以突骑施索葛莫贺部为嗢鹿都督府。与阿史那阙啜忠节不和，阿史那姓，阙啜官名，忠节其人之汉名。屡相侵掠。阙啜兵众寡弱，渐不能支。安西都护郭元振奏请追阙啜入朝宿卫，移其部落于瓜、沙等州安置。瓜、沙州皆见第四章第四节。制从之。阙啜行至播仙城，贾耽入四夷路，播仙镇，故且末城，高宗上元中更名。与经略使周以悌遇。以悌劝其赇宰相宗楚客、纪处讷请留。仍发安西兵，并引吐蕃，以击娑葛，求阿史那献为可汗，以招十姓。使郭虔瓘历城人，时为西边将。历城县，今属山东。往拔汗那征甲马，以助军用。阙啜从之。元振闻其谋，疏言“用吐蕃非便。阿史那献不能招胁十姓。又言吐蕃频年亦册献兄俀子、叔仆罗、拔布相次为可汗，亦不能招得十姓，皆自磨灭。往年虔瓘已曾与忠节擅入拔汗那，税甲税马不得，拔汗那不胜侵扰，转南句吐蕃，将俀子重扰四镇。”疏奏、不省。而遣摄御史中丞冯嘉宾持节安抚阙啜，御史吕守素处置四镇。除牛师奖为安西副都护，便领甘、凉已西兵、募，兼征吐蕃，以讨娑葛。娑葛发兵掩擒阙啜，杀嘉宾，又害守素、使弟遮弩率兵盗塞。师奖与战，败死。遂陷安西。时景龙二年十一月也。楚客又请以周以悌代元振，使阿史那献为十姓可汗，置军焉耆，以取娑葛。元振使子鸿间道奏其状。以悌竟得罪，流于白州。今广西博白县。复以元振代以悌。赦娑葛罪，册为十四姓可汗。胡三省曰：西突厥先有十姓，今并咽面、葛逻禄、莫贺达干、都摩支为十四姓。莫贺达干、都摩支，见下节。西土遂定。娑葛与遮弩分治其部。遮弩恨众少，叛归默啜，请为乡道，反攻其兄。默啜留遮弩，自以兵二万击娑葛，擒之。归语遮弩曰："汝兄弟不相协，能事我乎？"两杀之。《旧书》曰：自垂拱已后，十姓部落，频被默啜侵略，死散殆尽。案默啜之立，乃在天授，安得垂拱时已掠十姓？而垂拱上距永淳，不过三岁，即骨咄禄亦初起，不能侵略十姓也。然张仁愿筑三受降城，事在景龙元年（707 年），《传》云乘默啜尽众西击娑葛之虚，则默啜与娑葛构兵，不自遮弩叛降始。彼自圣历已后，未尝大举寇边，盖其兵锋实已渐移于西也。娑葛之亡，实为默啜之极盛。然默啜虐用其下。既年老，愈昏暴，部落怨叛。开元二年（714 年），使子同俄特勒、妹婿火拔颉利发攻北廷。都护郭虔瓘击之，斩同俄城下。火拔不敢归，携妻子来奔。于是默啜属部，纷纷降附，分崩离析之机肇矣。默啜讨九姓，战碛北，九姓溃，人畜多死。思结等部来降。此据《新书》。《旧书》云：与九姓首领阿布思等战，阿布思来降。阿布思盖思结部之酋长也。默啜又讨九姓拔野古，战独乐河，见第二章第二节。拔野古大败。默啜轻归不为备，道大林中，拔野古残众突出，击斩之。与入蕃使郝灵佺传首京师，时开元四年六月也。骨咄禄之子阙特勒鸠合旧部，杀默啜子小可汗及诸弟并亲信略尽。立其兄左贤王默棘连，是为毗伽可汗，国人谓之小杀。

毗伽可汗立未几，而有河曲降人叛变之事。《旧书·王晙传》曰：默啜为九姓所杀，其下酋长，多款塞投降。《突厥传》曰：降户阿悉烂、跌跌思泰等自河曲叛归。案跌跌思泰，乃默啜未死时来降者。置之河曲之内。俄而小杀继立，降者渐叛。晙时为并州长史，上疏言：“降者部落，不受军州进止，辄动兵马，屡有伤杀，私置烽铺，潜为抗拒，公私行李，颇实危惧。北虏如或南牧，降户必与连衡。臣问没蕃归人，云却逃者甚众。南北信使，委曲通传，此辈降人，翻成细作，傥收合余烬，来逼军州，虏骑凭陵，胡兵应接，表里有敌，进退无援。望至秋冬之际，令朔方军盛陈兵马，告其祸福。啖以缯帛之利，示以麋鹿之饶，说其鱼米之乡，陈其畜牧之地，并分配淮南、河南宽乡安置。虽复一时劳弊，必得久长安稳。二十年外，渐染淳风，将以充兵，皆为劲卒。若以北狄降者，不可南中安置，则高丽俘虏，置之沙漠之曲，西域遍甿，散在青、徐之右，何独降胡，不可移徙？谋者必言降户旧置河曲，昔年既得康宁，今日还应稳便。往者颉利破亡，边境宁谧，降户之辈，无复他心。今虏未见破灭，降户私使往来，或畏北虏之威，或怀北虏之惠，又是北虏戚属，夫岂不识亲疏？将比昔年，安可同日？纵因迁移，或致逃叛，但有移得，即是良图。留待河冰，恐即有变。”疏奏未报，降虏果叛。敕晙帅并州兵西济河以讨之。时叛者分为两道，其在东者，晙追及之。以功迁左散骑常侍，持节朔方道行军大总管，寻迁御史大夫。时突厥跌部落及仆固都督勺磨等，散在受降城左右，谋引突厥陷军城而叛。晙因入奏，密请诛之。八年（720年）秋，晙诱诛跌跌等党与八百余人于中受降城。授兵部尚书，复充朔方军大总管。九年（721年），兰池州胡康待宾。苦于赋役，诱降虏余烬攻夏州。诏陇右节度使郭知运与晙相知讨之。知运与晙不协，晙所招抚降者，知运纵兵击之，贼以为晙所卖，相率叛走，俄复结聚。晙坐左迁。《张说传》：开元七年（719年），检校并州长史，兼天兵军大使。天兵军，开元五年置，即在并州城中，以时九姓之众，散在太原以北，宿重兵以镇之也。八年（720年）秋，王晙诛河曲降虏阿布思等千余人。此语似误，不则别一阿布思，非赐姓名李献忠者也。参看第七节。时并州大同、横野等军大同军，在代州北。横野军，在蔚州东北。有九姓同罗、拔曳固等部落，皆怀震惧。说率轻骑，持旌节，直诣其部落，宿于帐下，九姓乃安。九年四月，胡贼康待宾反，攻陷兰池等六州。王晙率兵讨之，仍令说相知经略。时叛胡与党项连结，说击破之，奏置麟州，在今陕西神木县北。以安置党项余烬。明年，为朔方军节度大使。康待宾余党庆州方渠降胡康愿子，庆州见第三章第一节。方渠县，今甘肃环县。自立为可汗，谋掠监牧马，西涉河出塞。说进兵讨擒之。于是移河曲六州残胡五万余口配许、汝、唐、显州改。邓、仙、开元二年（714年），析许、汝、唐、豫四州之地置，二十六年（738年）废。豫等州，始空河南朔方千里之地。康待宾、康愿子之叛，见新旧《书·本纪》开元九年（721年）、十年（722年）。六胡州者，鲁、丽、塞、含、依、契，调露元年（679年）所置。长安四年（704年），并为匡、长二州。神龙二年（706年），置兰池都督府，置六县以隶之。开元十年（722年），复分为鲁、丽、契、塞四州。十一年（723年），克定康待宾，迁其人于河南、江、淮。十八年（730年），又为匡、长二州。二十六年（738年），自江淮放回胡户，置宥州及延恩、怀德、归仁三县，事见《旧书·地理志》。六胡州，本在灵、盐二州境，开元中，于废匡州置怀恩县，宥州理焉。地在东胜县境。其东北三百里有榆多勒城。天宝中，王忠嗣奏于其地置经略军，宥州亦寄治焉。宝应后废。元和八年（813年），李吉甫奏复之，以备回纥、党项。十五年（820年），移治长泽县，在今陕西靖边县之东。降户安处河南、江、淮者凡十五年，初不闻有风尘之警。二十六年（738年）之放回，未知其故安在，然必不能全回。且如王晙之言，则当时高丽、西胡，杂处内地者，尚不少矣。此可见突厥初降时，群臣或欲处之兖、豫，实为善策。盖内地中国人多，易于同化。苟非种落太多，反客为主，而又政刑大乱，郡县极敝，如典午之初者，原不虑其呼啸而起。正不容因噎废食，动援郭钦、江统之说以为难也。

《旧书》云：毗伽可汗性仁友。自以得国是阙特勒之功，固让之，阙特勒不受，遂以为左贤王，专掌兵马。是时奚、契丹相率款塞；突骑施苏禄自立为可汗；突厥部落，颇多携贰；乃召默啜时衙官暾欲谷为谋主。初默啜下衙官，尽为阙特勒所杀，暾欲谷以女为小杀可敦，免死归部落。年七十余，蕃人甚敬伏之。《传》侈陈暾欲谷智谋，容有附会。然又载玄宗东封时，张说欲加兵以备突厥，曰："小杀仁而爱人，众为之用；阙特勒骁武善战，所向无前；暾欲谷深沉有谋，老而益智。"则是时突厥君臣，确为一时俊杰，而又能和衷共济，一扫前此相猜相翦之习，此其所以能拯默啜之敝，复雄北方三十年欤？小杀既得降户，谋欲南入为寇；又欲修筑城壁，造立寺观；暾欲谷皆止之。开元八年（720 年）冬，王晙奏请西征拔悉蜜，东发奚、契丹，期以明年秋初，引朔方兵数道俱入，掩突厥牙帐于稽落河上。暾欲谷策拔悉蜜去两蕃远，谓奚、契丹，见第五节。势必不合；王晙兵马，亦不能至；拔悉蜜轻而好利，必先来，可击。九年九月，拔悉蜜果来，而王晙及两蕃不至，惧而退。突厥蹑之。拔悉蜜时在北廷，暾欲谷分兵间道袭拔其城，因纵卒击，悉擒之。回兵掠凉州，败中国兵。《本纪》在八年十一月，《实录》同，《通鉴》从之。由是大振，尽有默啜之众。明年，固乞和，《通鉴》在九年二月。许之。又连岁遣使献方物求婚，不许。十五年（727 年），使来朝，时吐蕃与书，计同时入寇，并献之。上嘉其诚，许于西受降城互市，每年赍缣帛数十万匹就边以遗之。十九年（731 年），阙特勒死。二十二年（734 年），《本纪》。小杀为其大臣梅录啜所毒。药发未死，先讨斩梅录啜，尽灭其党。《新书》云：夷其种。既卒，国人立其子为伊然可汗。寻卒，《通鉴》。其弟嗣立，是为苾伽骨咄禄可汗，册为登利可汗。年幼，其母名婆匐，暾欲谷女。与小臣饫斯达干通，干与国政，不为蕃人所伏。登利从叔父二人，分掌兵马，在东者号左杀，在西者号右杀。登利与其母诱斩右杀，并其众。左杀惧及，攻登利杀之。《旧书·本纪》在开元二十九年七月。左杀者，判阙特勒也。立毗伽可汗子，俄为骨咄叶护所杀。立其弟，又杀之。叶护乃自为可汗。天宝初，回纥、葛逻禄、拔悉蜜并起攻叶护，杀之。尊拔悉蜜之长为颉跌伊施可汗。回纥、葛逻禄，自为左右叶护。国人奉判阙特勒子为乌苏米施可汗。拔悉蜜等三部共攻之。米施遁亡。三载（744年），拔悉蜜等杀之，传首京师。其弟白眉特勒鹘陇匐立，是为白眉可汗。于是突厥大乱。国人推拔悉蜜酋为可汗。诏朔方节度使王忠嗣以兵乘其乱，击其左十一部，破之。其右未下，此据《新书·突厥传》。《旧书·王忠嗣传》云："取其右厢而归。"而回纥、葛逻禄杀拔悉蜜可汗，奉回纥骨力裴罗定其国。明年，杀白眉可汗，传首。《新书》云：突厥国于后魏大统时，至是灭，后或朝贡，皆旧部九姓云。突厥本西海部族，然据东方未久，奚、契丹、靺鞨及北徼诸部落，尽臣服之，其用物也弘矣，其取精也多矣，故自颉利之亡，至于是，几百二十年，屡蹶而屡起。使有英主出，收率旧众，以图中兴，未尝不可为中国之大患。其亡也，实中国之天幸也。铁勒诸部，本气势郁勃，突厥既亡，必有代之而兴者，而回纥盛矣。

薛延陀亡时，回纥酋长曰吐迷度。《新书》本传云：吐迷度与诸部攻薛延陀，残之，并有其地，遂南逾贺兰山，境诸河。可见回纥本据，实在贺兰山北。上文云居薛延陀北娑陵水上，乃延陀亡后东迁之所宅也。参看第三章第二节。太宗以其地为瀚海都督府，拜吐迷度为都督，隶燕然都护府。龙朔中更号瀚海，见第三章第二节。吐迷度兄子乌纥，烝吐迷度之妻，与俱陆莫贺达干俱罗勃谋乱，而归车鼻可汗。二人皆车鼻婿。乌纥领骑夜劫吐迷度，杀之。燕然副都护元礼臣给乌纥，许白为都督。乌纥往谢，因斩以徇。擢吐迷度子婆闰袭父所领。俱罗勃入朝，帝不遣。婆闰死，子比栗嗣。比栗死，子独解支嗣。武后时，默啜取铁勒故地，回纥与契苾、思结、浑三部度碛徙甘、凉间。独解支死，子伏帝匐立。明年，助唐攻杀默啜。死，子承宗立。凉州都督王君㚟诬暴其罪，流死瀼州。在今广西上思县南。族子瀚海府司马护输乘众怨，共杀君㚟，梗绝安西诸国朝贡道。参看第四节。久之，奔突厥死。子立，即骨力裴罗也。既斩颉跌伊施，遣使上状，自称骨咄禄毗伽阙可汗。天子以为奉诚王。南居突厥故地。徙牙乌德鞬山、昆河之间，南距西城千七百里。昆河，今鄂尔坤河。西城，汉高阙塞，在今临河县北。有诏拜为骨咄禄毗伽阙怀仁可汗。斥地愈广，东极室韦，西至金山，南控大漠，俨然代突厥而兴矣。

第三节　开、天边事（二）

默啜之杀娑葛也，突骑施别种车鼻施啜苏禄，裒拾余众，自为可汗，众至三十万。开元中，拜顺国公，《通鉴》事在六年五月。进号忠顺可汗。《通鉴》在七年十月。以阿史那怀道女为交河公主妻之。是岁，突骑施鬻马于安西，使者致公主教于杜暹，《新书·苏禄传》。据《通鉴》，唐以交河公主妻苏禄，事在开元十年十二月，杜暹为安西副大都护，在十二年三月；《旧书·暹传》，亦在是年；则此是岁二字似误。暹怒，笞其使，不报。苏禄怒，阴结吐蕃，举兵略四镇，围安西。暹方入当国，赵颐贞代为都护，乘城。久之，出战，又败。苏禄略人畜，发囷贮，徐闻暹已宰相，乃引去。《新书·苏禄传》。《旧书·杜暹传》：暹以开元十二年（724 年）为安西都护。明年，于阗王尉迟眺阴结突厥及诸蕃国，图为叛乱。暹密知其谋，发兵捕而斩之，并诛其党与五十余人，更立君长，于阗遂安。《新书》略同。《通鉴》亦有其事。《旧书·于阗传》：天授三年（692年），其王伏阇雄卒，则天封其子璥为于阗国王，开元十六年（728年），复册立尉迟伏师为于阗王，无眺为王及为暹所废事，盖史家仅记封册。虽不完具，犹可校以《杜暹传》而知其不备也。《新书·于阗传》曰：伏阇雄死，武后立其子璥，开元时献马驼豽，璥死，复立尉迟伏师战为王，则亿撰璥死而立伏师之事，谓其身相接，使人反疑杜暹传为不足信矣。暹之相，在开元十四年九月，苏禄与吐蕃赞普围安西，在十五年闰九月，皆见《旧书·本纪》。《纪》云：副大都护赵颐贞击败之，盖讳饰之辞，不足信也。《新书·本纪》，十五年九月丙子，吐蕃寇瓜州。下连书闰月，庚子，寇安西，副大都护赵颐贞败之。一似安西之役，专出吐蕃，而于苏禄无与者。欧、宋二公之疏如此。始苏禄爱治其人。性勤约，每战有所得，尽以与下，故诸族附悦之，为尽力。又交通吐蕃、突厥，二国皆以女妻之。遂立三国女，并为可敦，以数子为叶护。费日广而无素储，晚年，卤获稍留不分，下始贰。又病风，一支挛，不事事。于是大首领莫贺达干、都摩支二部方盛，此据《新书·苏禄传》，《旧书·突厥传》都摩支作都摩度。《实录》同。见《通鉴考异》。而种人自谓娑葛后者为黄姓，苏禄部者为黑姓，更相猜雠。俄而莫贺达干、都摩支夜攻苏禄，杀之。据《旧传》，事在开元二十六年（738年）夏。都摩支又背达干，立苏禄子吐火仙骨啜为可汗，居碎叶城。引黑姓可汗尔微特勒保怛逻斯城，共击达干。碎叶城、怛逻斯城皆见第三章第六节。帝使碛西节度使盖嘉运和抚西方诸国。达干与嘉运率石王、史王破吐火仙，擒之。《旧书·本纪》：开元二十七年七月，北庭都护盖嘉运以轻骑袭破突骑施于碎叶城，杀苏禄，盖误。嘉运当时，并擒吐火仙弟顿阿波，皆以献俘，赦不诛。《新书·本纪》，系吐火仙之擒于八月。疏勒镇守使夫蒙灵詧挟锐兵，与拔汗那王掩怛逻斯城，斩黑姓可汗。诸国皆降。初阿史那献为碛西节度使。见上节。十姓部落都担叛，献击斩之，据《新书·本纪》，事在开元二年三月。收碎叶已西帐落三万内属。玺书嘉慰。葛逻禄、胡屋、鼠尼施三姓，咄陆五啜，有胡禄屋阙啜，鼠尼施处半啜。胡屋当即胡禄屋阙，鼠尼施当即处尼施处半。因默啜政衰内属，为默啜所侵掠，以献为定远道大总管，与北廷都护汤嘉惠等掎角。于是突骑施阴幸边隙，献乞益师，身入朝，玄宗不许。然献终亦归死长安。《新书》本传云：献终以娑葛强很不能制，归死长安。案时娑葛已前死。及是，又以怀道子昕为十姓可汗，领突骑施所部。莫贺达干怒，诱诸落叛。诏嘉运招谕，乃降。《旧书·本纪》，在开元二十八年十二月。遂命统其众。后数年，复以昕为可汗，遣兵护送至碎叶西俱兰城，俱兰名见《新书·西域传》。《通鉴考异》云:《会要》作俱南城。为莫贺达干所杀。西突厥遂亡。《通鉴》系天宝元年（742年）。此据《新书·西突厥传》。《突骑施传》，莫贺达干作莫贺咄。云莫贺咄自为可汗，安西节度夫蒙灵誉诛斩之。其事，《通鉴》系天宝三载（744年）。天宝后，突骑施部以黑姓为可汗，仍通使贡，受诏册。至德后，黄、黑姓皆立可汗，相攻，中国多故，不暇治。大历后，葛逻禄盛，徙居碎叶川，二姓微，臣役焉。

唐初西域，本羁制于西突厥。西突厥亡，突骑施等莫能继起；默啜、吐蕃，虽皆意存觊觎，而力有不及；大食方兴，亦未能遽行兼并；故开天之际，中国之声望犹存。葱岭东西，西暨拂菻，南抵天竺，仍通朝贡，受册命。并有赐姓、尚主，遣子宿卫者。唐或于其国置军州，或更其国号。如拔汗那以助平吐火仙，册其王为奉化王。天宝三载（744年），改其国号宁远。以外家姓赐其王为窦氏。又封宗室女为和义公主降之。十三载（754年），其王忠节遣子入朝，请留宿卫，习华礼，许之。此国，史称其事唐最谨焉。护蜜，即元魏时之钵和。乾元元年（758年）来朝，赐氏李。南天竺丐名其军，玄宗赐名为怀德军。史国，天宝中改号为来威国。虽安史乱后，余风遗烈，犹未尽绝也。然开天之际，要为极盛之时。当是时，西方强国，实惟吐蕃、大食，陵轹诸国，诸国多有来乞援者。南天竺尝乞师讨大食、吐蕃。乌荼，亦曰乌苌，东鄙与大食接，开元中数诱之。其王与骨咄、俱位，皆不肯臣。玄宗命使者册为王。个失蜜，即迦湿弥罗，王木多笔，遣使来朝。言国有象、步、马三种兵。臣身与中天竺王阨吐蕃五大道，禁出入，战辄胜。有如天可汗兵至勃律者，虽众二十万，能输粮以助。康，其王乌勒伽，与大食亟战不胜，来乞师，天子不许。石，开元二十九年（741年），王伊捺吐屯屈勒上言：今突厥已属天可汗，惟大食为诸国患，请讨之。天子不许。俱蜜，开元中来献。其王那罗延，颇言大食暴赋，天子但慰遣而已。东曹，天宝十一载（752年），其王与安王请击黑衣大食，不听。唐与吐蕃，所争在于四镇。开元中尝破平喝盘陀，于其地置葱岭守捉，为安西极边戍，亦所以固四镇也。吐蕃出西域之道，实惟于阗，既不获逞，乃思假道于勃律，亦为唐所阻遏，事见下节。大食席方兴之势，去葱岭已西诸国近，实非唐所能与争。故唐于来乞师者，皆谢绝焉。度德量力，宜也。而边将贪功，安西节度高仙芝以天宝九载（750年），出师以讨石国。其王车鼻施约降，仙芝仍俘之，献于阙下，斩之。其子走大食乞兵。明年七月，仙芝遂大败于怛逻斯城。经此挫折，设更欲兴忿兵以报怨者，后事必更不堪设想，而安史之乱旋作，唐于西域，遂不复能过问，此转所以保全威望，为要功生事之臣藏拙也。《新书·西域传》赞曰："西方之戎，古未尝通中国，至汉始载乌孙诸国，后以名字见者寖多。唐兴，以次修贡盖百余，皆冒万里而至，亦已勤矣，然中国有报赠、册吊、程粮、传驿之费。东至高丽，南至真腊，西至波斯、吐蕃、坚昆，北至突厥、契丹、靺鞨，谓之八蕃；其外谓之绝域；视地远近而给费。开元盛时，税西域商胡，以供四镇，出北道者，纳赋轮台。事在开元七年（719年），见《焉耆传》。轮台，今新疆轮台县。地广则费倍，此盛王之鉴也。"夫报赠、册吊、程粮、传驿，为费几何？征戍之劳，盖有什百于此者矣。唐北平突厥，西御吐蕃，东抚治奚、契丹，皆所谓"守在四夷"，虽知其劳，势不容已。若西域则异于是，不徒大食不能越葱岭而叩玉门，即吐蕃欲为患甘、凉，亦必道南山而不由四镇也。唐事外之劳费无谓，盖莫西域若，而自太宗已来，皆明知其然而不能自克，然后知后汉世祖闭关却使之不易几也。

第四节　开、天边事（三）

武后末年，吐蕃因内乱寖弱，已见第四章第一节。此时中国实不必亟亟与和。乃中宗时，赞普祖母使来为其孙请昏，遽以所养雍王守礼女金城公主妻之。事在景龙四年（710 年），即睿宗景云元年也。帝幸始平县送之。哀其孩幼，为之悲泣。为曲赦县大辟罪已下，百姓给复一年，改县曰金城，乡曰凤池，里曰怆别。齐景公涕出而女于吴，不得已也，中国是时，有何不得已邪？守礼，章怀太子子。金城县，后又改曰兴平，今陕西兴平县。使杨矩送主。睿宗即位，矩为鄯州都督，鄯州见第三章第四节。吐蕃使厚遗之，因请河西九曲之地，为公主汤沐之所，矩遽奏与之。《新书·本纪》，系此事于景龙四年三月，似不得如是之速。《通鉴》系此年末。其地肥良，堪顿兵畜牧，又近唐境，吐蕃自是益张雄，易入寇。一时君臣之昏愦庸懦可知矣。开元二年（714 年），吐蕃相坌达延上书宰相，请载盟文，定境于河源。未及定，寇临洮军、兰、渭等州。临洮军，在今甘肃临洮县境。兰州见第二章第六节。渭州，在今甘肃陇西县西南。杨矩悔惧，饮药死。玄宗下诏将亲征，俄诸将破其兵，乃止。宰相建言吐蕃本以河为境，以公主故，桥河筑城，置独山、九曲二军，距积石二百里。见第四章第四节。今既负约，请毁桥复守河。诏可。吐蕃请和。然恃盛强，求与天子敌国，语悖敖。使者至临洮，诏不纳。金城公主上书求听修好，且言赞普君臣，欲与天子共署誓刻。吐蕃又遣使上书，言孝和皇帝尝赐盟，唐宰相在誓刻者皆殁，故须再誓。帝谓昔已和亲，有成言，寻前盟可矣。不许复誓，礼其使而遣之。且厚赐赞普。自是岁朝贡，不犯边。《新书·吐蕃传》《本纪》，开元四年（716年）、五年（717年）、七年（719年），皆书吐蕃请和。盖时吐蕃究承丧乱之后，未能大为边患也。然其在西域，复有战事。

吐蕃之用兵，似诸方面各自为政，中枢不甚能制御，盖其地广而交通阻塞，不得不委任边将，遂成尾大不掉之局，钦陵兄弟之行事，即其明证也。西域、天竺，皆文明之地，为野蛮好侵略者所垂涎，故吐蕃甘心焉。诸国多有乞师中国，以讨吐蕃者，已见上节。其附从之者，则有护蜜及大勃律，而小勃律亦数为所困。大小勃律，为今泊米尔高原之地。小勃律在大勃律西北，护蜜在勃律北。《传》云：地当四镇入吐火罗道，故役属吐蕃。吐蕃曰："我非谋尔国，假道攻四镇耳。"开元十年（722年），又攻之。其王没谨忙，诒书北廷节度使张孝嵩求救，孝嵩遣疏勒副使张思礼以步骑四千昼夜驰，与谨忙夹击，大破之。杀其众数万，复所失九城。吐蕃侵西域之锋一挫。

时中国事吐蕃颇劳费，开元十三年（725年），封禅礼毕，张说奏请许吐蕃和，以息边境，帝与河西节度使王君㚟筹之。君㚟请深入。十五年正月，破之青海之西。先是吐蕃大将悉诺逻攻大斗谷，当即大斗拔谷，见第二章第四节。《新书·地理志》：凉州西有大斗军，本赤水守捉，开元十六年（728年）为军，因大斗拔谷为名。又移攻甘州，见第四章第四节。君㚟袭其后，俘其辎重及疲兵，是年九月，悉诺逻攻陷瓜州，执君㚟之父，俄而君㚟为回纥所杀。初凉州界有回纥、契苾、思结、浑四部落。君㚟微时，往来凉府，为所轻。及为节度，以法绳之。回纥等密使人诣东都自陈枉状，君㚟遽发驿奏回纥部落难制，潜有叛谋。上使中使按问。回纥等竟不得理，四姓首长皆长流。其党谋杀君㚟，会吐蕃使间道往突厥，君㚟率精骑往肃州掩之，还至甘州，为所杀，参看第二节。肃州见第四章第四节。乃命萧嵩为河西节度，张守珪为瓜州刺史。嵩纵反间，吐蕃赞普召悉诺逻诛之。嵩、守珪及陇右节度使张忠亮战皆捷。十七年（729年），朔方大总管信安王祎太宗子吴王恪之孙。又率兵赴陇右，拔石堡城，置振武军。于是吐蕃频遣使请和。忠王友皇甫惟明陈通和之便，上乃令惟明及内侍张元方充使。十八年十月，吐蕃令其重臣名悉猎随惟明等入朝。名悉猎，即来迎金城公主者，其人略通华文。明年正月，诏御史大夫崔琳报聘。吐蕃请交马于赤岭，在石堡城西二十里。互市于甘松岭。在今四川松潘县西南。宰相裴光庭言甘松中国阻，不如许赤岭。乃听以赤岭为界，表以大碑，刻约其上。碑立于二十二年六月。二十四年正月，吐蕃遣使贡方物。其年，吐蕃西击勃律。勃律遣使来告急。上使报吐蕃，令其罢兵。吐蕃不受诏，遂攻破勃律国。《旧书·吐蕃传》《西域传》，事在二十二年（734年）。上甚怒之。时崔希逸为河西节度使，吐蕃与汉树栅为界，置守捉，希逸请皆罢之，而其傔人孙诲入朝奏事，言吐蕃无备可掩。上使内给事赵惠琮与诲驰往，观察事宜。惠琮等遂矫诏令希逸掩袭，破之青海上。《旧书·吐蕃传》。《传》云：吐蕃自是复绝朝贡。然据《希逸传》，其袭破吐蕃，在开元二十五年三月，而《本纪》，是年十二月，吐蕃尚遣使朝贡。希逸以失信怏怏。俄迁为河南尹。萧炅代为节度。又以杜希望为陇右节度，王昊此据《旧书·吐蕃传》。《通鉴》依《实录》《唐历》作王昱。为剑南节度，分道经略。仍令毁其分界之碑。二十六年（738年），希望攻吐蕃新城，拔之，以为威武军。《旧书·吐蕃传》。《通鉴》从《实录》作威戎军。案《通鉴》是也。《新书·地理志》：鄯州星宿川西三百五十里有威戎军。又发兵夺河桥，于河左筑盐泉城，置镇西军。在河州西百八十里。河州，今甘肃导河县。王昊攻安戎城，见第四章第四节。大败。二十八年（740年），益州长史章仇兼琼诱城中羌族归款，据诏书。乃取之。诏改为平戎城。二十九年（741年）春，金城公主薨。吐蕃遣使来告哀，仍请和。上不许。《旧书·吐蕃传》。《本纪》在二十八年（740年），《新书》同，盖薨于二十八年（740年），而告哀使以二十九年至。十二月，吐蕃袭石堡城。河西、陇右节度盖嘉运不能守。天宝初，会皇甫惟明、王忠嗣为节度。皆不能克。七载（748年），以哥舒翰为节度。八年六月，乃攻拔之。改为神武军。先二岁，六载（747年）。安西副都护高仙芝击小勃律，降之。《新书》本传曰：没谨忙死，子难泥立。死，兄麻来兮立。死，苏失利之立。为吐蕃阴诱，妻以女，故西北二十余国，皆臣吐蕃，贡献不入。疑开元二十四年（736年）攻破其国后，复以女妻之，与结好也。传又言仙芝平其国，拂菻、大食诸胡七十二国皆震恐，咸归附，此亦张大之辞。当时执苏失利之及其妻归京师，诏改其国号归仁，置归仁军，募千人镇之。安西之戍，尚嫌劳费，况于勃律邪？是岁，吐火罗邻胡羯师谋引吐蕃攻吐火罗，吐火罗叶护失里忙伽罗丐安西兵助讨。《新书·西域传》。九载（750年），仙芝又击破之，虏其王。仙芝破羯师之事，新旧《书》本传皆不载。《新书·西域传》，亦但云失里忙伽罗丐安西兵助讨，帝为出师破之而已。《通鉴》：天宝八载十一月乙未，吐火罗叶护失里忙伽罗遣使表称：朅师王亲附吐蕃，困苦小勃律镇军，阻其粮道。臣思破凶徒。望发安西兵，以来岁正月至小勃律，六月至大勃律。上许之。九载（750年），安西节度使高仙芝破朅师，虏其王勃特没。三月，庚子，立勃特没之兄素迦为朅师王。《考异》曰：《实录》：去载十一月，吐火罗叶护请使安西兵讨朅师，上许之，不见出师。今载三月，庚子，册朅师国王勃特没兄素迦为王；不言朅师为谁所破。按十载正月，高仙芝擒朅师王来献，然则朅师为仙芝所破也。案观困苦小勃律镇军之语，则知唐之出兵，非为吐火罗，正以归仁置军，不得不救耳。然敌果洊至，其可终守乎？贪功生事之举，辗转诒累如此。十三载三月，《新书·本纪》。《旧书·外戚·王子颜传》亦云十三载（754年）。哥舒翰收九曲故地，置神策军于临洮西，见第四章第四节。浇河郡于积石西，浇河郡，即廓州，见第三章第四节。及宛秀军，《新书·地志》：廓州西八十里宛秀城有威胜军，当即此宛秀军。以实河曲。《新书·吐蕃传》。《哥舒翰传》云：收黄河九曲，以其地置洮阳郡，筑神策、宛秀二军。《通鉴》：十三载七月，哥舒翰奏于所开九曲之地置浇河、洮阳二郡及神策军。洮阳郡，即洮州。见第四章第四节。唐是时，可谓西域、河湟，两路皆致克捷，然未几，禄山难作，尽征河、陇、朔方之兵入赴难，而局势急变矣。

第五节　开、天边事（四）

自李尽忠之败，契丹不能立，遂附突厥。奚亦与突厥相表里，号两蕃。景云元年（710 年），奚首领李大酺此据《新书》。《旧书》本传作李大辅，《本纪》亦作酺。遣使贡方物，睿宗嘉之，宴赐甚厚。延和元年（712 年），幽州都督孙佺，亦从《新书》。《旧纪》《传》皆作孙孙俭。顾与李楷落周以悌袭之，大败，佺、以悌皆为虏禽，送默啜害之。《旧书》云：俭没于陈。朝廷方多故，不暇讨。开元二年（714 年），并州节度大使薛讷仁贵子。伐契丹，又败绩。尽忠从父弟失活，旋以默啜政衰来归。《新传》在开元二年，《旧传》在三年。四年八月，《新书·本纪》。又与李大酺偕来。于是复置饶乐、松漠二府，以大酺、失活为都督。《通鉴》皆在开元四年八月。《新书·传》，大酺为饶乐都督在二年，《旧传》在三年（714 年）。又置静析军，以失活为经略大使。以东平王外孙杨元嗣女为永乐公主妻失活，《旧纪》开元五年十一月。东平王续，太宗子纪王慎之子。宗室出女辛为固安公主妻大酺。《旧纪》开元五年三月。五年（717 年），大酺、失活请于柳城依旧置营州都督府，从之。《旧纪》在三月。六年五月，《旧书·纪》《传》。失活死，弟娑固袭。《新传》。《旧传》云从父弟。八年（720 年），有可突干者，为静析军副使，悍勇得众，娑固欲去之，未决，而可突干反，攻娑固。娑固奔营州。都督许钦澹以州甲五百，合李大酺兵攻可突干，不胜，娑固、大酺皆死。钦澹惧，徙军入榆关。今山海关。可突干奉娑固从父弟郁干为君，遣使者谢罪。有诏即拜郁干松漠都督，以宗室出女慕容为燕郡公主妻之。大酺之死，弟鲁苏袭。十年（722年），入朝。诏袭其兄官爵，仍以固安公主为妻。《旧纪》在六月。十一年（723年），郁干死，弟吐干袭，复妻燕郡公主。吐干与可突干猜阻，十三年（725年），携公主来奔。可突干奉尽忠弟邵固统众。以宗室出女陈为东华公主妻之。《旧纪》在十四年三月。十八年（730年），可突干杀邵固，《旧纪》在五月。云：契丹衙官突可汗杀其主李召固。突可汗，乃可突干之讹。立屈烈为王，《旧书·张守珪传》作屈剌。胁奚众共降突厥。公主走平卢军。营州军名。鲁苏奔榆关。诏幽州长史知范阳节度事赵含章击之。拜忠王浚肃宗初名。为河北道行军元帅，既又兼河东道诸军元帅。王不行，而以信安王祎见上节。为河北道行军副元帅。二十年（732年），祎与含章出塞捕虏，大破之。可突干走，奚众降。明年，可突干盗边，幽州长史薛楚玉讷弟。遣副总管郭英杰等击之，英杰，知运子。败死。帝擢张守珪为幽州长史经略之。可突干阳请臣，而稍趋西北，倚突厥。其衙官李过折，与可突干内不平。守珪使客王悔阴邀之，以兵围可突干。过折即夜斩可突干、屈烈及支党数十人自归。《新书·契丹传》。据此，是守珪之师既出，而过折乃应之也。《旧书·本纪》云：守珪发兵讨契丹，斩其王屈烈及其大臣可突干于阵，传首东都。阵斩固要功之辞，然谓二人死时，守珪之兵已出，则与此合。其《守珪传》云：屈剌与可突干恐惧，遣使诈降，守珪察知其伪，遣管记右卫骑曹王悔诣其部落就谋之。悔至屈剌帐，贼徒初无降意，乃移其营帐，渐向西北，密遣使引突厥，将杀悔以叛。会契丹别帅李过折与可突干争权不协，悔潜诱之，斩屈剌、可突干，尽诛其党，率余众以降。守珪因出师，次于紫蒙川，大阅军实，燕赏将士。传屈剌、可突干等首于东都。则可突干既死而守珪之师乃出，大功全在于悔矣。《新书·本纪》及《守珪传》，略与《旧书》同。恐《守珪传》之说较确，《纪》与《新书·契丹传》所云，皆要赏之辞也。《新书·王琳传》：琳孙俌，辟范阳节度使张守珪幕府。时契丹屈烈部将谋入寇，河北骚然。俌至虏中，胁说祸福，虏乃不入。则当时守珪安边，颇得策士之力。时二十二年十二月也。明年，拜过折为松漠都督。其年，为可突干余党泥里所杀。《通鉴考异》云：《旧传》不言朝廷如何处置泥里。今据《张九龄集》，有赐契丹都督涅里敕，又有赐张守珪敕云：涅礼自擅，难以义责，而未有名位，恐其不安，卿可宣朝旨，使知无它也。泥里盖即涅礼也。初可突干之胁奚众以叛也，赵含章发清夷军讨破之。清夷军在妫州。妫州，今怀来县。众稍自归。明年，信安王祎又降其酋李诗等。以其地为归义州，治良乡之广阳城。置其部幽州之偏。李诗死，子延宠嗣，又与契丹叛，为张守珪所困，复降。拜饶乐都督。天宝四载（745年），契丹大酋李怀秀降。《新书·契丹传》。《旧书·本纪》作李怀节，《通鉴》同。拜松漠都督。三月，各以宗室出女妻之。九月，皆杀公主叛去。《旧纪》。范阳节度安禄山讨破之。更封契丹酋楷落、奚酋娑固为松漠、饶乐都督。《通鉴》事在五载四月。十载（751年），禄山发幽州、云中、平卢、河东兵十余万，以奚为乡道，讨契丹。战潢水南，《新书·契丹传》。《本纪》作战于吐护真河。大败。明年，再击之，以阿布思叛不果。然与相侵掠未尝解，至其反乃已。亦数与奚鏖斗，诛其君李日越。《通鉴》事在十三载（754年）。奚、契丹是时，尚不能与唐大兵敌，故李祎、张守珪，皆能戡定之。至禄山之败，则自由其贪功徼幸，非兵力之不敌也。《新书·禄山传》：十一载（752年），率河东兵讨契丹，告奚曰："彼背盟，我将讨之，尔助我乎？"奚为出徒兵二千乡道。至土护真河，禄山计曰："道虽远，我疾趋，乘其不备，破之固矣。"乃敕人持一绳，欲尽缚契丹，昼夜行三百里，次天门岭。会雨甚，弓弛矢脱不可用。禄山督战急。大将何思德曰："士方疲，宜少息。使使者盛陈利害以胁贼，贼必降。"禄山怒，欲斩以令军，乃请战。思德貌类禄山，及战，虏丛矛注矢邀取之，传言禄山获矣。奚闻，亦叛，夹攻禄山营，士略尽。禄山中流矢，引奚儿数十，弃众走山而坠，庆绪、孙孝哲掖出之。夜走平卢。部将史定方以兵鏖战，虏解围去。禄山不得志，乃悉兵号二十万讨契丹以报。阿布思叛，不进，辄班师。盖奚本非心服，禄山所将之兵，亦未尽至，故有此大败也。明岁出师，使微阿布思之叛，自可一大创之，而又以阿布思叛不果。此后禄山迫于叛计，遂不暇再事契丹矣。此亦契丹之天幸也。然历开元、天宝之世，几五十年，实未尝一日真臣服。营州之复，特其名焉而已。《旧书·良吏·宋庆礼传》：开元中，累迁贝州刺史，仍为河北支度营田使。初营州都督府置在柳城，控带奚、契丹。则天时，都督赵文翙政理乖方，两蕃反叛，攻陷州城。其后移于幽州东二百里渔阳城安置。开元五年（717 年），奚、契丹各款塞归附。玄宗欲复营州于旧城。侍中宋璟固争，以为不可。独庆礼盛陈其利。乃诏庆礼及太子詹事姜师度、左骁卫将军邵宏等充使。更于柳城筑营州城，兴役三旬而毕。俄拜庆礼御史中丞，兼检校营州都督。开屯田八十余所，追拔幽州及渔阳、淄、青等户；并招辑商胡，为立店肆。数年间，营州仓廪颇实，居人渐殷。七年（719 年）卒。太常博士张星议：庆礼有事东北，所亡万计，所谓害于而家，凶于而国，请谥曰专。礼部员外郎张九龄驳曰：营州镇彼戎夷，扼喉断臂，逆则制其死命，顺则为其主人。自经隳废，便长寇孽。二十年间，有事东鄙，僵尸暴骨，败将覆军，不可胜计。而庆礼以数千之役徒，无甲兵之强卫，指期遂往，禀命而行，俾柳城为金汤之险，林胡生腹心之疾。寻而罢海运，收岁储，边亭晏然，河朔无扰。与夫兴师之费，转输之劳，校其优劣，孰为利害？而云所亡万计，一何谬哉？及契丹背诞之日，惧我掎角之势，虽鼠穴自固，而驹牧无侵云云。案姜师度传：神龙初，累迁易州刺史，兼御史中丞，为河北道监察兼度支营田使。始于蓟门之北，涨水为沟，以备奚、契丹之寇。可见是时两蕃为患之深。此庆礼等所以主复营州于柳城也。以大体论，自是良图。惜乎如庆礼、师度等良吏少，徒恃兵力震慑，终致外蕃受其侵害，而已亦与之俱敝耳。贝州，今河北清河县。易州见第三章第六节。其势已隐然不可易矣。

大祚荣自立后，中宗即位，使往招慰，祚荣遣子入侍。将加册立，会契丹、突厥，连岁寇边，使命不达。睿宗先天二年（713 年），使册拜祚荣为渤海郡王，仍以其所统为忽汗州，加授忽汗州都督。自是去靺鞨号，专称渤海，每岁遣使朝贡。开元七年（719 年），祚荣死，其国私谥为高王。册立其嫡子武艺。十四年（726 年），黑水靺鞨遣使来朝。诏以其地为黑水州，仍置长史，遣使镇押。《旧传》曰：武艺谓其属曰："黑水经我境，始与唐家相通。旧请突厥吐屯，皆先告我。今不计会，即请汉官，必是与唐家通谋，腹背攻我也。"遣母弟门艺及其舅任雅相，发兵以击黑水。门艺曾充质子，至京师，开元初还国，谓武艺曰："黑水请唐家官吏，即欲击之，是背唐也。昔高丽全盛之时，强兵三十余万，今日渤海之众，数倍少于高丽，《新书》曰：今我众比高丽三之一。乃欲违背唐家，事必不可。"武艺不从。门艺兵至境，又上书固谏。武艺怒，遣从兄壹夏代门艺，征门艺欲杀之。门艺来奔。武艺寻遣使朝贡，仍上表极言门艺罪状，请杀之。《本纪》：是年十一月，遣子义信来朝。上密遣门艺往安西，仍报武艺云："流向岭外，已遣去讫。"乃留其使，别遣使报之。俄有泄其事者。武艺又上书云：大国示人以信，岂有欺诳之理？今闻门艺不向岭南，伏请依前杀却。上遣门艺暂向岭南以报之。二十年（732 年），武艺遣其将张文休率海贼攻登州，今山东蓬莱县。杀刺史韦俊。诏遣门艺往幽州征兵以讨之。仍令太仆卿金思兰往新罗发兵，以攻其南境。属山阻寒冻，雪深丈余，士卒死者过半，竟无功而还。新罗是时之王为金兴光。《旧书》本传云：其族人思兰，先因入朝留京师，拜为太仆员外卿，至是，遣归国发兵以讨靺鞨，仍加授兴光开府仪同三司、宁海军使。使兴光攻渤海南境，不必有宁海军使之授。《新书·新罗传》云：渤海靺鞨掠登州，兴光击走之。帝进兴光宁海军大使，使攻靺鞨。则兴光未受命攻渤海南境之前，已在海道击走靺鞨矣。《新书》言新罗有郑保皋、郑年者，自其国皆来，为武宁军小将。后保皋得归新罗，谒其王，言遍中国以新罗人为奴婢，愿得镇清海，使贼不得掠人西去。清海，海路之要也，王与保皋万人守之。自大和后，海上无鬻新罗人者。可见唐世，中国、新罗之间，海道往来甚畅。渤海地亦临海，此其所以能从海道来寇，而亦新罗之所以能败其兵也。武宁，徐州军名。武艺怀怨不已，密遣使至东都假刺客刺门艺。《新书》云：募客入东都。门艺格之，不死。诏河南府捕获其贼，尽杀之。《新书·乌承玼传》：开元中，与族兄承恩，皆为平卢先锋。渤海大武艺与弟门艺战国中，门艺来，诏与太仆卿金思兰发范阳、新罗兵十万讨之，无功。武艺遣客刺门艺于东都，引兵至马都山，屠城邑。承玼窒要路，堑以大石，亘四百里，虏不得入。《通鉴考异》谓《新书》此文，乃误用韩愈《乌重胤庙碑》，武艺实无入寇至马都山之事，特未知《传》中余事，别据何书。案《传》谓武艺与门艺战国中，其语必有所本。然则《旧书》所载武艺遣门艺攻黑水而门艺不肯，乃其来降后自媚之辞，实则与兄争位而败逋耳。庇争国之罪人，于理自亦非直，然穷来归我，何忍杀之，锢之不使归争国，亦于武艺无负矣。而武艺竟因此而入犯，此可见武后以后，东北诸蕃之跋扈也。二十五年（737年），武艺病卒。亦据《旧书》本传。《纪》在二十六年（738年），盖据赴告到日。其国私谥曰武王。子钦茂嗣。天宝末，徙上京，直旧国三百里忽汗河之东。讫帝世，朝献者二十九云。

靺鞨著者，粟末而外，又有汨咄、安居骨、拂涅、黑水、白山等。高丽亡后，惟黑水完强，已见第三章第三节。《新书》本传云：开元十年（722年），其酋倪属利稽来朝。玄宗即拜勃利州刺史。于是安东都护薛泰请置黑水府，以部长为都督、刺史，朝廷为置长史监之，赐府都督姓李氏，名曰献诚，以云麾将军领黑水经略使，隶幽州都督。初黑水西北，又有思慕部。益北行十日，得郡利部。东北行十日，得窟说部，亦号屈说。稍东南行，十日得莫曳皆部。又有拂涅、虞娄、越喜、铁利等部。其地南距渤海，北东际于海，西抵室韦。南北袤二千里，东西千里。拂涅、铁利、虞娄、越喜时时通中国，而郡利、屈说、莫曳皆不能自通。《传》存其朝京师者，迄于元和，云：“后渤海盛，靺鞨皆役属之，不复与王会矣。”

第六节　开、天边事（五）

唐初，黔、泸、戎、巂诸州，同为西南控扼要地，而姚州深入其阻，所系尤重。见第三章第七节。《旧书·本纪》：高宗麟德元年五月，于昆明之弄栋川置姚州都督府，盖中间尝废罢也。自高宗用兵之后，中宗神龙三年，侍御史唐九征又尝出兵讨击叛蛮，于其处勒石纪功焉。《旧书·本纪》。《旧书·张柬之传》：神功初，出为合州刺史，今四川合川县。寻转蜀州。旧例，每岁差兵募五百人往姚州镇守。柬之表论其弊曰：“姚州哀牢旧国，汉置永昌郡以统理之。收其盐、布、毡、罽之税，以利中土。其国西通大秦，南通交趾，奇珍异宝，进贡岁时不阙。刘备据有巴、蜀，尝以甲兵不充。及备死，诸葛亮五月渡泸，收其金、银、盐、布，以益军储；使张伯岐选其劲卒搜兵，以增武备。搜同叟，乃民族之名，亦即賨字之异译，说见《秦汉史》第九章第四节。故《蜀志》称自亮南征之后，国以富饶，甲兵充足。今盐、布之税不供；珍奇之贡不入；戈戟之用，不实于戎行；宝货之资，不输于大国；而空竭府库，驱率平人，受役蛮夷，肝脑涂地，臣窃为国家惜之。往者诸葛亮破南中，使其渠帅自相统领，不置汉官，亦不留兵镇守。人问其故。亮言置官、留兵，有三不易。大意以置官夷汉杂居，猜嫌必起。留兵运粮，为患更重。忽若反叛，劳费更多。但粗设纪纲，自然安定。窃以此策，妙得羁縻之术。今姚府所置之官，既无安边静寇之心，又无且纵且禽之技。惟知诡谋狡算，恣情割剥；贪叨劫掠，积以为常；扇动酋渠，遣成朋党；折支谄笑，取媚蛮夷；拜跪趋伏，无复惭耻；提挈子弟，啸引凶愚；聚会蒱博，一掷累万。剑南逋逃，中原亡命，有二千余户，见散在彼州，专以掠夺为业。姚州本龙朔中武陵县主簿石子仁奏置。武陵县，在今湖北竹溪县东。之后，长史李孝让、辛文协，并为群蛮所杀。前朝遣郎将赵武贵讨击，贵及蜀兵，应时破败，噍类无遗。又使将军李义总等往征，郎将刘惠基在阵战死。其州乃废。垂拱四年（688 年），蛮郎将王善宝、昆州刺史爨乾福昆州见第二章第二节。又请置州。奏言所有课税，自出姚府管内，更不劳扰蜀中。及置州后，录事参军李稜为蛮所杀。延载中，司马成琛奏请于泸南置镇七所，遣蜀兵防守。自此蜀中骚扰，于今不息。且姚府总管五十七州，巨猾游客，不可胜数。国家设官分职，本以化俗防奸，无耻无厌，狼籍至此。今不问夷夏，负罪并深。见道路劫杀，不能禁止，恐一旦惊扰，为患转大。伏乞省罢姚州，使隶嶲府。岁时朝觐，同之蕃国。亦废泸南诸镇，于泸北置关。百姓自非奉使入蕃，不许交通往来。增嶲府兵，选择清良宰牧，以统理之。臣愚，将为稳便。”读此，可见贪吏、莠民，与外族不肖之徒，互相勾结，以刻剥土人，疲敝中国之状。历代新开之地，同化其民甚难，如西南至今未竟其功。往往叛乱时起，终至离逖。或彼离中国而自立，或中国不能维持而卒弃之。职此之由，更观近代欧人之开拓南洋、美洲，而叹人类之罪恶，今古同符，东西一辙也。惜乎此等罪恶，见侮夺者莫能言，侮夺人者不肯言，传于世者甚少耳。然据一端以推想其余，亦可以见其概矣。唐是时开拓所及者，为今云南之东境及北境。高宗时，吐蕃臣西洱河蛮，其势力始与中国交会。睿宗即位，摄监察御史李知古请发兵击之。蛮既降附，又请筑城征税。睿宗令发剑南兵往。知古又欲因是诛其豪杰，没其子女为奴婢。蛮众恐惧，其酋傍名乃引吐蕃攻杀知古，断其尸以祭天。姚、嶲路历年不通。《旧书·徐坚传》《吐蕃传》。西南情势，岌岌可危矣。然吐蕃距云南远，亦不易深入，于是南诏兴焉。

南诏,《新书·传》云：本哀牢夷后，观其父子以名相属，其说是也。《传》云：至丰祐，始慕中国，不肯连父名。夷语王为诏，其先渠帅有六，自号六诏：曰蒙嶲诏，在今云南云龙县南。越析诏，今云南丽江县。浪穹诏，今云南洱源县。邆赕诏，今云南邓川县。施浪诏，在洱源县蒙次和山下。蒙舍诏，今云南蒙化县。蒙舍诏在诸部南，故称南诏。王蒙氏，自舍龙以来，有谱次可考。舍龙生独逻，亦曰细奴逻。《旧书》云：国初有蒙舍龙，生迦独庞，迦独生细奴逻。高宗时，遣使者入朝。生逻盛炎，武后时身入朝。生炎阁，炎阁死开元时。弟盛逻皮立。生皮逻阁。炎阁未有子时，以阁罗凤为嗣，及生子，还其宗，而名承阁遂不改。《新书》本传,《传》曰：逻盛炎生炎阁。武后时，盛炎身入朝，妻方娠，生盛逻皮，喜曰："我又有子，虽死唐地足矣。"《旧书》则云：细奴逻生逻盛。武后时来朝，其妻方娠。次姚州，闻妻生子，曰："吾且有子，死于唐地足矣。"子名曰盛逻皮。开元初，逻盛死，子盛逻皮立。《通鉴》从《旧传》。《考异》曰:《杨国忠传》《云南别录》并同。见开元二十六年（738 年）。以理衡之,《旧书》似是，然炎阁之名,《新书》似不得杜撰。开元末，皮逻阁逐河蛮，即西洱河蛮。取太和城，今云南大理县。以处阁罗凤。天子赐皮逻阁名归义。当是时，五诏微，归义独强，乃厚以利啖剑南节度使王昱，求合六诏为一。制可。《新书·南诏传》。《传》下文言：六诏之外，又有时傍、矣川罗识二族，通号八诏。除蒙嶲诏之地，系为归义所夺外；其越析诏，贞元中，有豪酋张寻求，烝其王波冲妻，因杀波冲。剑南节度使召寻求至姚州杀之，部落无长，乃以地归南诏。浪穹诏之王铎罗望，与南诏战，不胜，挈其部保剑川，更称剑浪。传望偏、偏罗矣、罗君三世，乃为南诏所虏，事亦在贞元中。邆赕诏王咩罗皮，施浪诏王施望欠，曾与浪穹诏合拒归义，不胜。咩罗皮走保野共川，传皮罗邓、邓罗颠、颠文托三世。施望欠走永昌，献女丏和，归义许之。死，弟望千走吐蕃，吐蕃立为诏，纳之剑川。传子千旁罗颠，南诏破剑川，颠文托见虏，徙永昌，千旁罗颠走泸北，三浪悉灭。时傍母，归义女，其女复妻阁罗凤。咩罗皮之败，时傍入居邆川，为阁罗凤所猜，徙置白厓城。后与矣川罗识诣吐蕃神川都督，求自立为诏，谋泄，被杀。矣川罗识奔神川，都督送之罗些城。则诸诏破灭，实在阁罗凤时，此时云合六诏为一，仅为诸诏共主而已。剑川，今云南剑川县。姚州所属羁縻州有野共，未详所在。人居必依水，昔人言某川，犹今人言某水流域，野共族之地称野共川，犹邆睒诏之地称邆川也。白厓城，在今云南仪凤县东南。归义已并群蛮，遂破吐蕃，寖骄大。入朝，天子亦为加礼。又以破洱蛮功，驰遣中人册为云南王。于是徙治太和城。天宝初，遣阁罗凤子凤迦异入宿卫。七载（748 年），归义死，阁罗凤立，袭王。《旧书》：归义卒，诏立子阁罗凤，袭云南王。初安宁城有五盐井，人得煮鬻自给，玄宗诏特进何履光以兵定南诏境，取安宁城及井，复立马援铜柱，乃还。《旧书·本纪》：天宝八载十月，特进何履光率十道兵以伐云南。此时南诏事唐颇谨。使能勤而抚之，固可彼此相安，并可藉其力以御吐蕃也，乃又以贪吏诛求，引起变故。

杨国忠德鲜于仲通，用为剑南节度使。仲通卞忿，少方略。故事，南诏尝与妻子谒都督，过云南，云南郡，即姚州。太守张虔陀私之。多所求丐，阁罗凤不应。虔陀数垢靳之，阴表其罪。由是忿怨，反，发兵攻虔陀，杀之，取姚州及小夷州三十二。时天宝九载（750 年）也。明年，仲通自将出戎、嶲州。分二道，进次曲州、靖州。见第三章第七节。阁罗凤遣使者谢罪，愿还所虏，得自新。且城姚州。如不听，则归命吐蕃，恐云南非唐有。仲通囚使者，进薄白厓城。《旧书》云：进军逼太和。大败，引还。厓罗凤遂北臣吐蕃，吐蕃以为弟。夷谓弟钟，故称赞普钟。给金印，号东帝。杨国忠调天下兵，凡十万，使侍御史李宓讨之，败于太和城，死者十八。十三载六月。会安禄山反，阁罗凤因之取嶲州、会同军，在今会理县。据清溪关。今汉源县南。西南形势一变已。

初爨弘达之死也，唐以爨归王为南宁州都督，居石城。在今曲靖县北。袭杀东爨首领盖骋及子盖启，徙共范川。有两爨大鬼主崇道者，与弟日进、日用居安宁城左。闻章仇兼琼开步头路，见第三章第七节。筑安宁城，群蛮震骚，共杀筑城使者。玄宗诏蒙归义讨之。师次波州，唐羁縻州，今广西安平土州。归王及崇道兄弟泥首谢罪，赦之。俄而崇道杀日进及归王。归王妻阿妊，乌蛮女也，走父部，乞兵相仇。于是诸爨乱，阿妊遣使诣归义求杀夫者。书闻，诏以其子守隅为南宁州都督。归义以女妻之，又以一女妻崇道子辅朝。然崇道、守隅相攻讨不置。阿妊诉归义，为兴师，崇道走黎州。见第三章第四节。遂虏其族。杀辅朝，收其女，崇道俄亦被杀。诸爨稍离弱。阁罗凤立，召守隅并妻归河睒，不通中国。惟阿妊自主其部落，岁入朝，阁罗凤遣昆川城使杨牟利以兵胁西爨，徙户二十余万于永昌城。今云南保山县。东爨以言语不通，多散依林谷，得不徙。乌蛮种复振，徙居西爨故地，与南诏世昏姻。其种分七部落：一曰阿芋路，居曲州、靖州故地。二曰阿猛。三曰夔山。四曰暴蛮。五曰卢鹿蛮。二部落分保竹子岭。六曰磨弥敛。七曰勿邓。勿邓地方千里，有邛部六姓，一姓白蛮也，五姓乌蛮也。又有初裹五姓，皆乌蛮也。居邛部、台登之间。邛部县，在今越嶲县北。台登县，在今冕宁县东。又有东钦蛮二姓，皆白蛮也，居北谷。又有粟蛮二姓，雷蛮二姓，梦蛮三姓，散处黎、嶲、戎数州之鄙，皆隶勿邓。勿邓南七十里有两林部落，有十低三姓，阿屯三姓，亏望三姓隶焉。其南有丰琶部落，阿诺二姓隶焉。两林地虽狭，而诸部推为长，号都大鬼主。勿邓、丰琶、两林，皆谓之东蛮。天宝中皆受封爵。及南诏陷嶲州，遂羁属吐蕃。西洱河蛮，开元中首领入朝，授刺史。蒙归义拔太和城，乃北徙，更羁制于浪穹诏。浪穹诏破，又徙云南柘城。南诏柘东城，今昆明。盖西南诸族，无不折而入于南诏者矣。惟牂牁苗裔赵国珍，天宝中战有功，中书舍人张渐荐其有武略，习知南方地形，杨国忠奏用为黔州都督，屡败南诏云。新旧《书》本传。滇西距中原远，而去缅甸近。其文化，本有来自海表者，读《秦汉史》第九章第六节可见。旁薄郁积，至于唐而南诏兴，非偶然也。

第七节　安史之乱（上）

唐初行府兵之制，天下十道，置府六百三十四，而在关内者二百六十一，其势本内重于外。府兵之制，无事时耕于野，有事则命将以出，事解辄罢，兵散于府，将归于朝，故士不失业，而将帅无握兵之重。其戍边者，大曰军，小曰守捉，曰城，曰镇，而总之者曰道，其数初不甚多。高宗、武后时，府兵之法寖坏，至不能给宿卫。开元时，宰相张说乃请以募士充之。由是府兵之法，变为彍骑。天宝已后，彍骑之法，又稍变废，宿卫者皆市人，至不能受甲。而所谓禁军者，禄山反时，从驾西巡者，亦仅千人。其时节度、经略之使，大者凡十。节度使九：曰安西，治龟兹。曰北庭，治北庭都护府。曰河西，治凉州。曰朔方，治灵州。曰河东，治太原府。曰范阳，治幽州。曰平卢，治营州。曰陇右，治鄯州。曰剑南，治成都府。岭南五府经略使，治广州。又有长乐经略使，福州刺史领之。东莱守捉使，莱州刺史领之。东牟守捉使，登州刺史领之。所管兵皆少。大凡镇兵四十九万人，戎马八万余匹。每岁军费：衣赐千二十万疋段，军食百九十万石，大凡千二百十一万。开元以前，每年边用，不过二百万耳。以上据《旧书·地理志》。于是外重之势以成。天宝六载（747年），高仙芝以破小勃律功，代夫蒙灵詧为安西节度使。《通鉴》记其事而论之曰："自唐兴以来，边帅皆用忠厚名臣，不久任，不遥领，不兼统。功名著者，往往入为宰相。胡三省曰：如李靖、李勣、刘仁轨、娄师德之类是也。开元以来，薛讷、郭元振、张嘉贞、王晙、张说、杜暹、萧嵩、李适之等，亦皆自边帅入相。其四夷之将，虽才略如阿史那社尔、契苾何力，犹不专大将之任，皆以大臣为使以制之。及开元中，天子有吞四夷之志，为边将者十余年不易，始久任矣。皇子则庆、忠诸王，宰相则萧嵩、牛仙客，始遥领矣。庆王琮，玄宗长子。开元四年（716年），遥领安西大都护，仍充安抚河东、关内、陇右诸蕃大使。十五年（727年），遥领凉州都督，兼河西诸军节度大使。忠王即肃宗，事见第五节。萧嵩入相后，遥领河西。牛仙客入相后，亦遥领朔方，可参看第一、第四节。二十六年（738年），仙客又兼领河东，李林甫兼领陇右，又兼领河西。天宝九载（750年），朔方节度使张齐丘左迁。十载（751年），又命林甫遥领，至十一载（752年）李献忠叛，乃举安思顺自代，见下。盖嘉运、王忠嗣专制数道，始兼统矣。嘉运本北庭都护，二十七年（739年），平西突厥，入献捷。明年，以为河西、陇右节度。忠嗣初镇朔方，天宝四载（745年），兼领河东，五载（746年），皇甫惟明败，又兼河西、陇右，至六载（747年），乃辞朔方、河东。李林甫欲杜边帅入相之路，以胡人不知书，乃奏言文臣为将，怯当矢石，不若用寒畯、胡人，胡人则勇决习战，寒族则孤立无党。上悦其言，始用安禄山，至是诸道节度，尽用胡人，《通鉴》此条，颇同《旧书·李林甫传》，但言之较详耳。《旧书》此节，系因林甫用安思顺而及云："十载（751年），林甫兼安西大都护、朔方节度。俄兼单于副大都护。十一载（752年），以朔方副使李献忠叛，让节度，举安思顺自代。"下述林甫告玄宗语，云："帝以为然，乃用思顺代林甫领使。自是高仙芝、哥舒翰，皆专任大将。"其说较允。当时胡人任大将者，禄山而外，不过思顺、仙芝、翰三人而已。云诸道节度，尽用胡人，似欠审谛。仙芝，高丽人。翰，突骑施哥舒部之裔。王忠嗣之贬，思顺代为河西，翰代为陇右。张齐丘左迁，尝命思顺权知朔方。十载，乃命林甫遥领。是岁，仙芝自安西入朝，以为河西，代思顺。思顺讽群胡割耳剺面留己，乃已。至林甫举以自代，乃之朔方。禄山反，乃以郭子仪代之。

天下之势偏重。卒使禄山倾覆天下，皆出于林甫专宠固位之谋也。昔人论天宝之乱源如此。平心论之，中国政俗，皆尚和平，承平之时，武备不得不弛，初无关于法制。自“五胡乱华”以来，以汉人任耕，而以降附之外族任战，其策亦迄未尝变。故唐初虽有府兵，出征实多用蕃兵、蕃将，此实非玄宗一人之咎，归狱林甫，尤近深文。惟天宝之时，偏重之势太甚，君相不早为之计，而徒荒淫纵恣，耽宠怙权，则神州陆沉，固不得不任其责耳。

当时天下兵力，实以西北二边为重，以唐所视为大敌者，实为突厥与吐蕃也。然以重之之故，其制驭之亦较严；朔方、河、陇，多以宰臣遥领，或将相出入迭为之。而所用胡人，如高仙芝、哥舒翰等，亦不过贪功生事之徒，故未有他患。东北去中枢较远，奚、契丹虽桀骜，尚非突厥、吐蕃之比，故唐人视之较轻，所用节将，惟张守珪出于精选，亦仅武夫，不知远虑，而安禄山遂乘之，盗窃兵柄矣。禄山者，营州柳城胡。《新书》云本姓康，《旧书》云无姓氏，名轧荦山。母阿史德氏，为突厥巫师。禄山少孤，随母在突厥中，将军安波至兄延偃妻其母。开元初，偃携以归国。与将军安道买男偕来。道买次男安节德偃，约两家子为兄弟，乃冒姓安，更名禄山。史思明者，本名窣干，营州宁夷州突厥杂种胡人。宁夷州，未详。《旧传》云：与禄山同乡里，则亦当置于柳城。与禄山同乡里。先禄山一日生。《通鉴考异》曰：《旧传》云：思明除日生。禄山元日生。按《禄山事迹》，天宝十载（751年），正月二十日，上及贵妃为禄山作生日，今不取。今按作生日不必定在其生日，此不能断《旧传》之诬也。及长，相善，俱以骁勇闻。又俱解六蕃语，同为互市郎。张守珪为幽州节度，使二人同捉生，拔禄山为偏将，遂养为子。开元二十七年（739年），守珪以罪去。明年，禄山为平卢兵马使。又明年，授营州都督、平卢军使。天宝元年（742年），以平卢为节度，禄山为使。三载（744年），遂代裴宽节度范阳，而平卢等使如故。九载（750年），兼河北道采访处置使。十载（751 年），拜云中太守，即云州，见第二章第二节。河东节度使，一身兼制三镇，其势遂不可制矣。玄宗信任禄山，史所传多野言。如《新书》本传云：令见皇太子，不拜。左右擿语之。禄山曰："臣不识朝廷仪，皇太子何官也？"帝曰："吾百岁后付以位。"谢曰："臣愚，知陛下不知太子，罪万死。"乃再拜。时杨贵妃有宠，禄山请为妃养儿，帝许之。其拜必先妃后帝。帝怪之。答曰："蕃人先母后父。"帝大悦。此等皆不直一笑。《旧书》本传云：禄山性巧黠，人多誉之。又厚赂往来者，乞为好言，玄宗益信乡。采访使张利贞尝受其赂，黜陟使席建侯又言其公直无私；裴宽受代，李林甫顺旨，并言其美；数公皆信臣，故玄宗意益坚，其说当近于实。盖时于东北，不甚措意，故于无意之中，使成尾大之势也。禄山性悖戾，非他蕃将仅邀战功、利官爵者比，遂畜逆谋。更筑垒范阳北，号雄武城，峙兵积谷，养同罗、奚、契丹八千人为假子。畜单于护真大马三万，牛羊五万。潜遣贾胡行诸道，岁输财百万。十一载（752 年），攻契丹，败绩。参看第五节。将出兵以报怨，表请阿布思自助。阿布思之来降也，见第二节。玄宗宠之，赐姓名曰李献忠。李林甫遥领朔方，用为副使。及是，诏以兵与禄山会。献忠素与禄山不协，叛归碛北，为边患。诏北庭都护程千里讨之。献忠为回纥所掠，奔葛逻禄。葛逻禄缚送之，俘于京师，斩之，而其众皆为禄山所有，阿布思事，见新旧《书·本纪》天宝十一载（752 年）至十三载（754 年），及李林甫、程千里、安禄山诸《传》。愈偃肆。《新书》云：皇太子及宰相屡言禄山反。帝不信。杨国忠建言追还朝，以验厥状。禄山揣得其谋，乃驰入谒，帝意遂安，凡国忠所陈无入者。十三载（754 年），来谒华清宫，对帝泣曰：臣蕃人，不识文字，陛下擢以不次，国忠必欲杀臣以甘心。帝慰解之，拜尚书左仆射，诏还领。又请为闲厩陇右群牧等使，表吉温以自副。温时附禄山。禄山加河东节度使，奏为副使，知留后事。复奏为魏郡太守。杨国忠为相，追温入为御史中丞，盖欲止其狼狈也。然《旧书·传》言其至西京，朝廷动静，辄报禄山。观安岱、李方来之事，则知禄山谋逆，用间谋颇多，温亦难保非其一，酷吏之不可信如此。魏郡，在今河北大名县东。还，疾驱去。既总闲牧，因择良马内范阳，又夺张文俨马牧。反状明白。人告言者，帝必缚与之。明年，国忠谋授禄山同中书门下平章事，召还朝。制未下，帝使中官辅璆琳赐大柑，因察非常，禄山厚赂之，还言无他，帝遂不召。未几，事泄，帝托他罪杀之。自是始疑。帝赐禄山长子庆宗娶宗室女，手诏禄山观礼。辞疾甚。帝赐书曰：为卿别治一汤，可会十月，朕待卿华清宫。唐是时，盖明知禄山之必反，而无如之何，乃思以计饵之，使某入都，以消弭战祸，其策可谓无俚。然谓玄宗犹信之，杨国忠与之不协，乃思激其速反，则其诬亦显而易见矣。去冬吉温以事贬岭外，是岁死于狱，杨国忠又使客擿禄山阴事，讽京兆尹捕其第，得安岱、李方来与禄山反状，缢杀之。见《新书·李岘传》。至是，则其反谋无可掩饰，兵祸亦无可消弭矣。十一月，禄山遂反于范阳。

禄山之反，其众凡十五万。河北皆禄山统内，望风瓦解。又遣骑入太原，杀尹杨光翙。时安西节度使封常清入朝，帝以为范阳、平卢节度使，乘驿诣东京募兵以御之。得六万人，皆白徒，不习战。又以荣王琬玄宗第六子。为元帅，高仙芝副之。帅飞骑、彍骑、新募之天武军及朔方、河西、陇右之众屯陕。见第二章第六节。置河南节度使，领陈留等十三郡。陈留，即汴州。以卫尉卿张介然为之。十二月，禄山度河，陷灵昌。即滑州，见第二章第六节。遂陷陈留，介然死。进陷荥阳，封常清拒战，败绩，奔陕。禄山遂陷东京。常清告仙芝：陕不可守，且潼关无兵，贼入之，则长安危矣。仙芝乃弃陕奔潼关。禄山使崔乾佑屯陕。常清之败，三表陈贼形势，上皆不见，常清乃自驰诣阙。至渭南，敕削官爵，白衣诣仙芝军自效。时宦者边令诚监仙芝军，数以事干仙芝不遂，奏言常清张贼势以摇众心，仙芝弃地数百里，且盗减军士粮赐。上使赍敕即军中斩二人。常清具遗表劝上勿轻贼而死。常清既死，令诚索陌刀手百余人自随，宣杀仙芝之命。仙芝曰："我退罪也，以为减截粮赐则诬。"谓令诚曰："上是天，下是地，兵士皆在，足下岂不知乎？"其召募兵排列在外，素爱仙芝，仙芝呼谓之曰："我若实有此，君辈即言实；若实无之，吾辈当言枉。"兵齐呼曰"枉。"其声殷地，然遂斩之。仙芝、常清，非必大将才，要不失为战将；当时欲御禄山，舍此二人，亦无可用者；乃听宦人之言而诛之，亦可谓暗矣。先是哥舒翰入朝，得风疾，留京师，乃拜为兵马副元帅，将蕃、汉兵，并仙芝旧卒二十万军潼关。翰时疾颇甚，委政于行军司马田良丘，良丘复不敢专断，教令不一，颇无部伍。其将王思礼、李承光又争长不协，人无斗志。然潼关天险，贼亦未能遽进也。

禄山之陷陈留也，使其将李庭望守之。既入东京，又以张通晤为睢阳太守，即宋州，见第四章第四节。使与陈留太守杨朝宗东略地。郡县望风降服。惟东平太守嗣吴王祇，东平郡，即郓州。祇，太宗子吴王恪之孙。济南太守李随，济南郡，即齐州。皆起兵讨贼。单父尉贾贲单父县，今山东单县。率吏民击通晤，斩之。禄山将尹子奇屯陈留欲东略，至襄邑而还。襄邑县，在今河南睢县西。平原太守颜真卿、平原郡，即德州，见第二章第六节。常山太守颜杲卿常山郡，即镇州，见第二章第七节。亦起兵河北响应。使入范阳招副使贾循。循未及发，禄山使人杀之。使史思明、蔡希德攻陷常山，杲卿死。然真卿之兵，进克魏郡，时清河客李萼，为其郡乞师于真卿，说真卿曰："闻朝廷使程千里统十万众自太行东下，将出崞口，为贼所扼。今先伐魏，分兵开崞口之路，出千里之兵，使讨邺、幽陵；平原、清河，合十万众徇洛阳，分兵而制其冲；公坚壁无与战；不数十日，贼必溃而相图矣。"真卿然之。遂合清河、博平兵克魏郡。清河郡，即贝州，见第二章第六节。崞口，在河北邯郸县西。邺郡，即相州，见第二章第一节。幽陵，指范阳。博平郡，即博州，见第四章第二节。禄山又使其将高秀岩寇振武，朔方节度使郭子仪败之，乘胜拔静边军，胡三省曰：当在单于府东北，王忠嗣镇河东所筑也。宋白曰：云中郡西至静边军百八十里。进围云中。上命还朔方，发兵进取东京，别选良将一人，分兵先出井陉，今河北井陉、获鹿二县间。以定河北。子仪荐李光弼，楷落子。上以为河东节度使，子仪分朔方兵万人与之。时河北诸郡惟饶阳未下，史思明围之。闻光弼出井陉，解围与相拒。子仪又自井陉出，连败思明于九门、嘉山。九门县，在今河北藁城县西北。嘉山，在常山郡之东。思明奔博陵。子仪、光弼就围之。河北十余郡，皆杀贼守将而降。渔阳路再绝。胡三省曰：渔阳，即谓范阳也。范阳郡幽州，其后又分置蓟州渔阳郡。唐人于此时，多以范阳、渔阳通言之。前此颜杲卿反正，渔阳路绝矣，杲卿败而复通。今郭、李破史思明，故再绝。蓟州，今蓟县。禄山先在东京僭称燕帝，天宝十五载（756 年），即肃宗至德元载正月。及是，议弃之，还自救。使唐能坚守潼关，长安或未必沦没也。而玄宗及杨国忠促哥舒翰出战，遂至一败涂地。

《旧书·哥舒翰传》云：翰至潼关，或劝翰留兵三万守关，悉以精锐回诛杨国忠。翰心许之，未发。有客泄其谋于国忠。国忠大惧，乃奏言潼关兵众虽盛，而无后殿，请选监牧小儿三千人，于苑中训练。诏从之，遣剑南军将分统焉。又奏召募万人，屯于霸上，在长安东。令其腹心杜乾运将之。翰虑为所图，乃上表请乾运兵隶于潼关。遂召乾运赴潼关计事，因斩之。先是翰数奏禄山虽窃河朔，而不得人心，请持重以敝之。贼将崔乾祐于陕郡潜锋蓄锐，而觇者奏云："贼殊无备。"上然之，命悉众速讨。翰奏曰："禄山久习用兵，必不肯无备，且贼兵远来，利在速战。王师自战其地，利在坚守。若轻出战，是入其算。乞更观事势。"杨国忠恐其谋己，屡奏使出兵。上久处太平，不练军事，既为国忠眩惑，中使相继督责，翰不得已，引兵出关。《王思礼传》谓思礼密语翰：请抗表诛杨国忠。翰不应。复请以三十骑劫之，横驮来潼关杀之。翰曰："此乃翰反，何与禄山事？”《杨国忠传》云：哥舒翰守潼关，诸将以函关距京师三百里，利在守险，不利出攻。国忠以翰持兵，虑反图己，欲其速战，自中督促之。《新书·翰传》云：郭子仪以禄山悉锐兵南破宛、洛，而以余众守幽州，吾直捣之，覆其巢穴，质叛族以招逆徒，禄山之首可致。若师出潼关，变生京师，天下殆矣。乃极言请翰固关无出军，而帝入国忠之言，使使者促战，项背相望也。哥舒翰武人，未尝与闻朝政，又婴废疾，若杀国忠，试问何以善其后？安得然或人之说？王思礼亦安得劝之？果有是意，纵不敢回戈西向，岂复能顺命出关？故谓翰或翰之将士有图国忠之议，必为妄语。翰既不能图国忠，国忠何用忌之？其选练监牧小儿及召募，意或诚为万一之备。使剑南军将统之者，国忠时领剑南节度，麾下固应有亲信之人；抑或已为幸蜀之计也。至哥舒翰之杀杜乾运，或诚以议事不协；或是时翰不能亲治军，麾下乃有此卤莽之举；要不能以是而谓其有图国忠之意也。促战之举，恐仍由于玄宗之不练军事者居多。玄宗虽好用兵，初未尝亲履行阵，固非太宗之伦。观其杀封常清、高仙芝，可谓绝无思虑，此非特不练军事，且恐益之眊荒，果若此者，其躁急求战，又岂待国忠之眩惑也。国忠不能力谏，则自不待言。且国忠亦非知军机之人，观其征云南之事可知。特谓其虑翰之害己而促之战，则未必然耳。郭子仪请命翰坚守，语出《邠志》，见《通鉴考异》。可信与否，亦难质言，然当日事势，固确是如此。故《国忠传》谓诸将之意皆然，可见询谋之佥同，而玄宗顾以轻躁之心，信谍报而促之战，抑何其老将至而犹有童心也？《旧书·杨国忠传》曰：禄山虽据河洛，其兵锋，东止于梁、宋，南不过宛、邓。李光弼、郭子仪统河朔劲卒，连收恒、定，若崤函固守，兵不妄动，则凶逆之势，不讨自敝。及哥舒翰出师，不数日，乘舆迁幸，朝廷陷没，兵满天下，毒流四海，皆国忠之召祸也。其蔽罪于国忠诬，其论用兵形势则是也。《旧书》多载时人意见，此当时之公论也。《新书·刘子玄传》：子秩，安禄山反，哥舒翰守潼关，杨国忠欲夺其兵。秩上言：翰兵天下成败所系，不可忽。房琯见其书，以比刘更生。则当时知潼关之兵关系之重者，又不独诸将矣。

哥舒翰既出关，与贼战于灵宝，见第二章第六节。大败。时天宝十五载六月八日，距李光弼破史思明于嘉山，仅数日耳。明日，翰至关，蕃将火拔归仁执之以降。安庆绪弃东京时杀之。关门不守，杨国忠唱幸蜀之计。十三日，陵晨，帝乃与国忠及宰相韦见素、太子、亲王、贵妃姊妹等出延秋门。至马嵬驿，在今陕西兴平县西。兵士杀杨国忠，又胁上杀贵妃而后行。《旧书·国忠传》曰：至马嵬，军士饥而愤怒。陈玄礼惧乱，先谓军士曰："今天下崩离，万乘震荡，岂不由杨国忠？若不诛之，何以塞四海之怨愤？"众曰："念之久矣。事行身死，固所愿也。"会吐蕃和好使在驿门，遮国忠诉事，军士呼曰："杨国忠与蕃人谋叛。"诸军乃围驿，擒国忠，斩首以徇。并杀其子暄及韩国夫人。国忠妻裴柔，与虢国夫人走陈仓，县令薛景仙追杀之。陈仓见第四章第二节。《玄宗本纪》曰：诸卫顿兵不进，陈玄礼奏请诛国忠。会吐蕃使遮国忠，兵士围驿四合，乃诛国忠。众方退。一族兵犹未解，上令高力士诘之。回奏：诸将既诛国忠，以贵妃在宫，人情恐惧。上即命力士赐贵妃自尽。丁酉，明日。将发，朝臣惟韦见素一人。乃命其子京兆府司录谔为御史中丞，充置顿使，议所向。军士或言河、陇，或言灵武、太原，或言还京为便。谔曰：还京须有扞贼之备，兵马未集，恐非万全。不如且幸扶风，即岐州，见第二章第一节。徐图所向。上询于众，咸以为然。及行，百姓遮路，乞留皇太子，愿戮力破贼，收复京城。因留太子。案陈玄礼，《旧书》附《王毛仲传》，云：禄山反，玄礼欲于城中诛杨国忠，事不果，竟于马嵬斩之，其为豫谋可知。《杨贵妃传》云：玄礼密启太子诛国忠父子。《韦见素传》谓玄礼与飞龙马家李护国谋于皇太子，请诛国忠。《肃宗张皇后传》云：百姓遮道请留太子。宦者李靖忠启太子请留，良娣赞成之。张后时为太子良娣。靖忠者，李辅国本名，《宦官传》作静忠，护国则肃宗即位后赐名也。《宦官传》谓其献计太子，请分玄宗麾下兵北趋朔方，以图兴复。又《建宁王传》，谓是谋也，广平、建宁，广平王俶，即代宗。建宁王倓，肃宗第三子。亦赞成之。则驿门之围，遮道之请，东宫皆与其谋可知。《贵妃传》言：河北盗起，玄宗以皇太子为天下兵马元帅，监抚军国事。国忠大惧，诸杨聚哭。贵妃衔土陈请，帝遂不行内禅。其说之信否未可知，然太子与诸杨间隙之深，则可见矣。《后妃传》序云：马嵬涂地，太子不敢西行。玄宗一日而尸三子，为之子者，不亦难乎？盖非徒求福，亦以免祸矣。众怒如火，其可犯乎？全躯入蜀，实为至幸，此又昵于衽席者之深鉴也。

马嵬之难既平，玄宗遂西入蜀。太子北行，至平凉，即原州，见第三章第一节。朔方留后杜鸿渐使来迎。时河西行军司马裴冕入为御史大夫，之平凉见太子，亦劝之朔方。七月，太子至灵武。冕及鸿渐等劝进，遂即帝位。是为肃宗，而尊玄宗为太上皇。

第八节 安史之乱（下）

图恢复者必藉兵力。天宝时，兵力萃于西北，而河西、陇右皆较远，肃宗西行，必之朔方者，势也。顾朔方兵力，皆在郭、李之手，故潼关不守，光弼遂释博陵之围，与子仪俱入井陉，而河北遂尽为史思明、尹子奇所陷。

玄宗之西行，安禄山不意其如是之速，故潼关陷后，尚驻兵十日，乃遣孙孝哲入长安，以张通儒为西京留守，田乾真为京兆尹，安忠顺屯兵苑中，而使孝哲监关中军。禄山始终未至长安。《新书·传》云："禄山未至长安，士人皆逃入山谷，宫嫔散匿行哭，将相第家，委宝货不赀，群不逞争取之。又剽左藏大盈库，百司帑藏。竭，乃火其余。禄山至，怒，大索三日，民间财赀尽掠之。"误也。孝哲，契丹人，豪侈，果杀戮，又与禄山用事臣严庄不睦；禄山死后，庄夺其使，以与邓季杨。诸将皆慓悍无远略，惟事声色货贿；故此一路，初不足为唐室患。惟阿史那从礼以同罗、仆骨骑五千出塞，诱河曲六州胡，欲迫行在，转成肃宗之近患而已。

其时郭、李而外，河西节度副使李嗣业亦以兵七千至。顾力犹未足，乃使仆固怀恩仆骨酋长歌滥拔延之孙，世袭金微州都督。初事王忠嗣、安思顺，后从郭子仪。与敦煌王承寀邠王守礼之孙。同使回纥结好，且发其兵。时回纥裴罗可汗已卒，子磨延啜立，是为葛勒可汗。以可敦之妹为女妻承寀，遣渠领来和亲。时唐以郭子仪为灵州长史，使李光弼留守北京。太原。可汗乃自将兵，与子仪共平河曲，朔方遂安。至德元年十二月。

其东出之路，则薛景仙取扶风而守之。诏改为凤翔府，以景仙为守。初京兆李泌，天宝中，上书论世务，玄宗召见，令待诏翰林，仍东宫供奉，杨国忠奏其为《感遇诗》讽刺时政，诏于蕲春安置。蕲春郡，即蕲州．今湖北蕲春县。乃潜遁名山。肃宗即位，遣使访召。会泌自嵩、颍间奔赴行在。拜银青光禄大夫，俾掌枢务。时以广平王俶为天下兵马元帅，仍俾掌军司马事。泌劝上且幸彭原，即宁州。俟西北兵将至，进幸扶风以应之，于时庸调亦集，可以赡军。上从之。河南房琯，玄宗时为宪部侍郎，从驾于蜀。时大臣赴难者少，玄宗悦，即日拜文部尚书，同中书门下平章事。与韦见素等奉使灵武，册立肃宗。肃宗以琯素有重名，倾心待之。琯亦以天下为已任，抗疏自请将兵，以诛寇孽，收复京都。许之。至德元载十月，琯与禄山将安守忠战于陈陶斜，在今咸阳县东。败绩。是役也，史谓琯以虚名择将吏，以至于败。然琯所将，本非精兵；且意欲持重伺敌，而中使邢延恩督战，遂至仓皇失据；则其败也，犹之哥舒翰潼关之败也。《旧书·高适传》：适上言：监哥舒翰军之李大宜，与将士约为香火，使倡妇弹箜篌、琵琶，以相娱乐，樗蒱、饮酒，不恤军务，宦官之坏军政如此。琯之败，肃宗待之如初，可见其咎不在琯。然此役，与唐之治乱，所关实巨。盖使琯而不败，则兵权不致尽入武人之手，而如朔方军之因循养寇，诸节镇之骄恣自擅，其弊皆可以不作矣。然以是时敌势之炽，岂复一文臣，仓卒受命，用素骄之将、不练之卒所能平？琯之志可钦，而其遇则可悲也。毫毛不拔将寻斧柯，君子是以凛然于积重之势也。

然唐室虽敝，而贼徒亦不能有为。禄山本痴肥，晚岁益甚。叛后目复盲，又患疽，益卞躁。左右给侍，无罪辄死，或箠掠。帐下李猪儿，本降竖，后为阉人，愈亲信，而遭诃辱尤数。严庄最亲倚，亦时遭笞挞。长子庆宗，仕唐为太仆卿，禄山反，被杀。次子庆绪，僭号之后，嬖妾段夫人，爱其子庆恩。庆绪惧不立，庄遂说以行大事，为谕猪儿。至德二载（757年），正月朔，戕禄山于东京。庆绪即伪位，委政于庄而兄事之。时史思明自博陵，蔡希德自太行，高秀岩自大同，牛庭玠自范阳，合兵十万，以攻太原。李光弼麾下精兵，皆赴朔方，余团练乌合之众，不满万人，其势甚危。会禄山死，庆绪使思明归守范阳，留希德等攻太原。二月，光弼出击，破之，希德遁去。进攻之势乃一挫。

光弼破希德之月，郭子仪亦平河东。河东郡，即蒲州，今山西永济县。遣子旰等攻潼关，败还。时肃宗已至凤翔，江、淮庸调，亦集汉中。四月，以子仪为天下兵马副元帅，使将兵如凤翔，与关内节度王思礼合攻西京。五月，仍为安守忠所败。可见其兵力尚强也。然庆绪徒纵乐饮酒，诸将皆不为用，故唐室卒得进取之机。

九月，回纥可汗使其子叶护将帝德率四千余人来。乃使子仪副广平王，率诸军而东，战香积寺，在长安南。大破之。张通儒等皆走。唐遂复西京。初，上欲速得京师，与回纥约：克城之日，土地士庶归唐，金帛子女皆归回纥。至是，叶护欲如约。广平王拜于马前，曰："今始得西京，若遽俘掠，则东京之人皆为贼固守，不可复取矣。

愿至东京乃如约。”叶护惊，下马答拜。即与仆固怀恩引回纥、西域之兵，自城南而东。孟子曰：“争地以战，杀人盈野，争城以战，杀人盈城，此所谓率土地而食人肉，罪不容于死，故善战者服上刑。”然善战者亦或有以自解也，曰：吾固欲拯民于水火之中，非杀无以止杀也。行一不义，杀一不辜而得天下不为，陈义虽高，不能行也。好战者之言如是，其实未必然，其心或亦以为如是。至于明目张胆，以金帛子女易土地及能任赋役之士庶，则诚视天下为其私产矣。岂不异哉？而或犹以此称广平之仁，曰：能隐其民无罪而为奴虏，然则东京之民奚罪焉？岂不异哉？广平留长安三日，复东出。庆绪悉发洛阳兵，使严庄将之，就张通儒等于陕，其数犹十五万。十月，子仪等又败之。庄、通儒等皆走。庆绪亦走河北，庄来降。遂复东京。回纥大掠三日。耆老以缯锦万疋赂之，乃止。此唐政府自为盗贼也。

初贾贲既斩张通晤，李随亦至睢阳，朝以为河南节度使，而以前高要尉许远守睢阳。又于南阳置节度使，南阳郡，即邓州，见第二章第七节。以太守鲁炅为之。至德元年正月。雍丘令令狐潮降敌，雍丘，今河南杞县。敌以为将，使东击淮阳。官兵破之。潮东见李庭坚，所俘淮阳之兵叛于后，潮弃妻子走，贾贲因之入雍丘。真源令张巡，真源，在今河南鹿邑县东。起兵，入雍丘与之合。潮还攻，贲战死，巡代领其众。二月。朝以吴王祗为陈留太守，节度河南，李光弼节度河北，加颜真卿河北采访使。三月。敌将武令珣围南阳，朝征吴王为太仆卿，代以嗣虢王巨。五月。巨，虢王凤之曾孙。巨自蓝田出武关，见第二章第六节。围乃解。时北海太守贺兰进明亦起兵，北海见第一节。颜真卿既克魏郡，以书招之并力。进明渡河屯平原，敕加河北招讨使。史思明、尹子奇再陷河北，遣兵攻平原。真卿度不能守，弃郡走。进明亦诣行在。十月。朝又以代虢王。尹子奇以五千骑略北海，欲南取江淮。会回纥可汗将兵来，遣其将葛逻支以二千骑奄至范阳城下，子奇闻之，遽北归。安庆绪嗣伪位，以子奇为汴州刺史、河南节度使。至德二载正月。子奇进攻睢阳。先是贼将杨朝宗欲袭宁陵，今河南宁陵县。断张巡之后。巡遂拔雍丘，东守宁陵，与许远共击朝宗，破之。及是，远告急于巡。巡乃入睢阳，与之俱守。远以巡才出己上，举战斗之事，一以委之，己但居中应接而已。子奇来攻，巡、远击败之，然攻围不辍。田承嗣亦继武令珣攻南阳。鲁炅走襄阳。五月。敌攻之，不克。时敌欲南侵江、汉，赖炅扼之得全，而睢阳之围益急。初，房琯恶贺兰进明，既以为河南节度兼御史大夫，复以许叔冀为灵昌太守，为进明都知兵马使，亦兼御史大夫以挫之。进明居临淮，临淮郡，即泗州，今安徽泗县。叔冀在谯郡。即亳州，今安徽亳县。虢王之见代，尽将其部曲西行，所留者羸兵数千，劣马数百。叔冀恃部下精锐，又名位相等，不受进明节制。张巡使南霁云乞师，进明遂不敢分兵，睢阳陷，巡死。十月。许远亦死于偃师。张镐者，博州人，廓落有大志，好谈王霸大略。天宝末，杨国忠以声名自高，搜天下奇杰，闻镐名，荐之，自褐衣拜左拾遗。玄宗幸蜀，镐自山谷徒步扈从。肃宗即位，遣赴行在。至凤翔，奏议多有弘益。拜谏议大夫，寻迁中书侍郎，同中书门下平章事。亦房琯之伦也。及是，命兼河南节度使、持节、都统淮南等道诸军事。镐闻睢阳围急，倍道兼进，无所及。然时西京收复，敌大势已败，尹子奇悉众赴陕，《新书·禄山传》。与张通儒同败，陈留人遂杀之以降。初朝廷使来瑱守颍川，见第二章第七节。事在至德元载四月。敌屡攻之，不能克。及是，田承嗣围之，瑱走，承嗣亦来降，郭子仪应之缓，乃复叛，与武令珣走河北，蔡希德攻上党，即潞州。程千里守，突出欲擒之，还，桥坏，坠堑中，反为所擒。事在至德二载九月，安庆绪走河北时见杀。千里谕其下坚守，希德卒不能克。张镐率诸节度徇河南、河东郡县，皆下之。惟能元皓据北海，高秀岩据大同而已。《通鉴》至德二载十一月。

安庆绪之走相州也，痍卒才千余。已而蔡希德、田承嗣、武令珣先后归之，又自召募，众至六万，势复振。庆绪不亲政事，惟缮亭沼楼船，为长夜之饮。其用事之臣高尚等，各不相协。蔡希德兵最锐，性刚直，张通儒谮杀之。此据《旧书》。《新书》云：时密送款者十余人，希德为其一，通儒以他事杀之。庆绪以崔乾祐领中外兵，愎戾好杀，士卒不附。史思明据范阳，骄横。思明于天宝十一载（752年），以平卢兵马使兼北平太守，充卢龙军使。禄山反，使之略定河北，贾循死后，令守范阳。庆绪遣阿史那承庆、安守忠、李立节往议事，共图之。思明杀守忠、立节，囚承庆。十二月，来降。诏以为范阳节度使。其河东节度使高秀岩亦来降。以为云中太守。明年，为乾元元年（758年），二月，其北海节度使能元皓又降。以为河北招讨使。贼势益蹙。

初，乌知义为平卢兵马使，史思明以列将事之。后知义子承恩，为信都太守，信都郡，即冀州，今河北冀县。郭子仪、李光弼入井陉，以郡降于思明。思明亲信之。及是，唐遣其往河北宣慰，列郡多降。光弼因请以为范阳节度副使，使与阿史那承庆图思明。事泄，思明杀之，复叛。时六月也。七月，帝以幼女宁国公主下嫁磨延啜，册为英武威远毗伽可汗。汗以主为可敦，使子骨啜与帝德等率三千骑来助讨贼。九月，诏朔方郭子仪、淮西鲁炅、淮西军，治颍川，见第二章第七节。兴平李奂、兴平军，治上洛，见第二章第七节。滑濮许叔冀、北庭行营李嗣业、荆州季广琛、平卢董秦、河东李光弼、关内泽潞王思礼泽州，今山西晋城县。九节度之师攻邺。据《旧书·本纪》。《宝录》同，汾阳家传无李奂，而有河南崔光远，见《通鉴考异》。李嗣业中流矢死，兵马使荔非元礼代统其众。不置元帅，但以鱼朝恩为观军容宣慰处置使。号令不一，久无功。庆绪求救于思明。十二月，思明陷魏州。即魏郡，见上节。李光弼请与朔方军往索战，得旷日持久，则邺城必拔矣。鱼朝恩不可。明年二月，思明趋邺。先以兵抄诸军粮运。诸军乏食，人思自溃，思明乃引大军直抵城下。三月，战，官军大败。郭子仪以朔方军断河桥保东京。河桥，在今平原省孟县南。诸节度各溃归本镇。惟李光弼、王思礼全军而归。思明杀庆绪及高尚、孙孝哲、崔乾祐等，留子朝义守邺，自还范阳。四月，僭称燕帝。

唐平安、史，本倚朔方军。然此时，此军业已寖骄，郭子仪军政又不肃。相州之役，子仪卒实先奔。七月，乃召之还京师，以李光弼代为节度。光弼愿得亲王为之副，诏以赵王系为天下兵马元帅，系，肃宗次子，后徙王越。光弼副之。朔方将士，乐子仪之宽，而惮光弼之严。左方兵马使张用济，欲以兵入东京，逐光弼，请子仪，都知兵马使仆固怀恩等不可，乃止。光弼以数千骑至汜水，用济单骑来谒，光弼责以召不时至，斩之。怀恩继至。光弼引坐与语。须臾，阍者白："蕃浑五百骑至矣。"光弼变色。怀恩走出，召麾下将，阳责之曰："语汝勿来，何得故违？"光弼曰："士卒随将，亦复何罪？"命给牛酒。盖怀恩成备而见光弼，光弼弗能害也。朔方军情如此，更欲倚之以图克复，亦难矣。八月，以光弼为幽州长史、河北节度使。九月，思明使子朝清守范阳，发兵四道济河会汴州。光弼还东京，使许叔冀守。叔冀战不胜，降之。思明西攻郑州。今河南郑县。光弼弃东京，保河阳。见第二章第四节。十月，思明来攻，光弼败之。思明又遣兵攻陕。初禄山之叛，神策军使成如璆使兵马使卫伯玉以千人赴难，与鱼朝恩俱屯于陕。及是，败之。明年，为上元元年（760年）。八月，以神策军故地沦没，即诏伯玉军号神策，以伯玉为节度，朝恩为观军容使，监其军，与陕州节度使郭英乂俱屯于陕。十一月，光弼拔怀州，今河南沁阳县。禽其河南节度使安太清。二年二月，上命光弼及怀恩、伯玉进取东京，与思明战于邙山，败绩。光弼、怀恩走闻喜，今山西闻喜县。伯玉、朝恩还保陕。河阳、怀州皆陷。是役也，《旧书·思明传》言其潜遣人反说官军，言洛中将士，皆幽、朔人，思归，可取。鱼朝恩以为然，告光弼、怀恩、伯玉令出兵，光弼等然之。《光弼传》云：朝恩屡言贼可灭之状，朝旨令光弼速收东都。光弼屡表贼锋尚锐，不可轻进。怀恩害光弼之功，潜附朝恩，言贼可灭，由是中使督战，光弼不获已进军。《怀恩传》亦言其心惮光弼而颇不协。《新书·怀恩传》云：安太清妻有色，怀恩子玚劫致于幕。光弼命归之，不听。乃以卒环守，复驰骑趋之，射杀七人，夺妻还太清。怀恩怒曰："公乃为贼杀官卒邪？"初会军汜水，朔方将张用济后至，斩纛下，怀恩常邑邑不乐。及战邙山，不用令以覆王师。案光弼若然朝恩之说，无缘与敌久相持；是时合朔方、神策两军，即使未能进取，亦不应至于甚败；则谓怀恩不用命以覆师，似无疑义。相州之役，合九节度之师而不置元帅，史云以郭、李皆元勋，难相统属。夫光弼名位，本出子仪之下；其为河东节度，乃由子仪之荐；况子仪素以宽和闻，谓其不能令众或有之，谓将招致抗拒，无是理也；则何不可相统属之有。子仪既召还京师，翼年正月，以党项不靖，分邠宁置鄜坊节度，邠宁节度，治邠州，见第三章第一节。宁州见第二章第六节。鄜坊节度，治坊州，今陕西中部县。鄜州，今陕西鄜县。各置副使，而以子仪兼领两道，留居京师，此仍是投闲之局。九月，或言天下未平，不宜置子仪散地，乃命出镇邠州。旋制：子仪统诸道兵，自朔方取范阳，还定河北。发射生、英武等禁军，及朔方、鄜坊、邠宁、泾原诸道蕃汉兵共七万人，皆受子仪节度。泾原节度，治泾州，见第二章第七节。原州见第三章第一节。史言制下旬日，为朝恩所沮，事竟不行。《通鉴》。盖朝恩自谓知兵，欲要平贼之功，故始于相州之役，不置统帅，而已以观军容使厕其间，俨然王人虽微，序于诸侯之上；继又因此而中思明之反说，牵率光弼以俱行，而不悟朔方军中又多乖午，以致求荣反辱也。骄将务修私怨，宦竖专秉庙谟，以此克敌，不亦难乎？邙山既败，光弼求自贬，使镇河中，治蒲州。旋改临淮。仍以子仪领朔方行营，而怀恩为之副。此军实权，遂入怀恩之手矣。邙山败后，怀恩入为工部尚书，代宗立，乃复出。

史朝义为思明孽长子，宽厚，下多附者，而朝清喜田猎，戕虐似思明，而淫酗过之。邙山战后，思明遂欲进取，使朝义攻陕，为卫伯玉所败。思明怒，召之，及其将骆悦，欲诛而释之。又言朝义怯，不足成吾事，欲追朝清自副。悦遂说朝义弑思明，又使人杀朝清。幽州乱，张通儒亦战死。事数月乃定。朝义以李怀仙为范阳尹、燕京留守。《新书·思明传》云：朝义阴令向贡、阿史那玉图朝清。贡给计曰："闻上欲以王为太子，且车驾在远，王宜入侍。"朝清谓然，趣帐下出治装，贡使高久仁、高如震率壮士入牙城。朝清登楼，自射杀数人。阿史那玉伪北，朝清下，被执。与母辛俱死。张通儒不知，引兵战城中，数日，不克，亦死。贡摄军事。未几，玉袭杀之，自为长史。治杀朝清罪，乃枭久仁徇于军。如震惧，拥兵拒守。五日，玉败走武清。朝义使人招之。至东都，凡胡面者，无少长悉诛，以李怀仙为幽州节度使。斩如震，幽州乃定。其说略与《唐实录》《河洛春秋》同。惟《实录》朝清作朝英，《旧传》亦同。见《通鉴考异》。《考异》又引《蓟门纪乱》，则朝清又作朝兴，云系思明太子。高久仁作高鞫仁，云与如震同是朝兴牙将。云：朝义潜勒张通儒及户部尚书康孝忠与鞫仁、如震等谋诛朝兴。通儒潜令孝忠取其马，通儒与鞫仁领兵入其子城。朝兴拒战，被禽，见杀。收其党与悉诛之。思明骁将辛万年，特有宠于朝兴，又与鞫仁、如震友善。通儒敕鞫仁、如震斩万年，鞫仁告之。于是如震万年领其部曲入子城，斩通儒。推伪中书令阿史那承庆为留守，函通儒等首，使万年送洛阳，诬其欲以蓟城归顺。承庆领蕃兵数十骑至如震宅门，要如震相见。如震驰至，即斩之。入东军，与康孝忠招集蕃羯。鞫仁统麾下军讨之。承庆败，与孝忠出城，收散卒，东保潞县。月余，径诣洛阳，自陈其事。城中蕃军家口，尽逾城相继而去。鞫仁令城中杀胡者皆重赏。于是羯胡俱尽。高鼻类胡而滥死者甚众。朝义以李怀仙为范阳节度，乃诱鞫仁杀之。武清，今河北武清县。潞县，在今河北通县东。于是敌势又顿挫，此亦唐之天幸也。

上元三年（762年）代宗宝应元年。四月，玄宗、肃宗相继崩，代宗立。以子奉节王适即德宗。旋徙王鲁，又徙雍。为天下兵马大元帅。初回纥英武可汗卒，大子叶护，前得罪死。次子移地健立，号牟羽可汗。后加册为登里颉咄登密施含俱录英义建功毗伽可汗。其妻，仆固怀恩女也。始英武为少子请婚，肃宗以妻之，至是，以为可敦。代宗即位，以史朝义未灭，复遣中人刘清潭往结好，且发其兵。比至，回纥已为朝义所訹，曰："唐荐有丧，国无主，且乱，请回纥人收其府库，富不赀。"可汗即引兵南。时八月也。朝廷震惊，遣殿中监药子昂迎劳，又命怀恩与会。乃上书请助天子讨贼。于是使雍王东会之。时可汗壁陕州，王往见之。可汗责王不蹈舞，引左厢兵马使药子昂、右厢兵马使魏琚、行军司马李进、元帅判官韦少华榜之百。少华、琚一夕死。乃以怀恩为前锋，郭英乂、鱼朝恩为后殿，与回纥俱东。王留陕州。怀恩与朝义战，败之。朝义东走。回纥入东京，放兵攘剽。人皆遁保圣善、白马二祠浮屠。回纥怒，火浮屠，杀万余人。朔方、神策军亦掠汝、郑间，乡无完庐，皆蔽纸为裳，虐于贼矣。怀恩与回纥可汗留河阳，使子玚逐朝义。于是贼汴州节度使张献诚、相州节度使薛嵩、恒阳节度使张忠志皆来降。恒阳，今河北曲阳县。朝义辗转奔莫州。今河北任邱县。怀恩会兖郓节度使辛云京等围之。兖郓节度，治兖州，见第二章第六节。田承嗣给朝义还幽州发兵，以城降。朝义至幽州，李怀仙不纳，谋奔两蕃。怀仙复招之，朝义自缢死。怀仙来降，乱平。时广德元年正月也。首尾凡八年。

安史之乱，盖以西胡之狡黠，用北族之愚悍，此自足以扰乱中原，然绝不能成大事也。《新书·禄山传》言："贼将何千年，劝贼令高秀岩以兵三万出振武，下朔方，诱诸蕃取盐、盐州，在今宁夏盐池县北。夏、见第二章第二节。鄜、坊；使李归仁、张通儒以兵二万道云中，取太原，团弩七万二千入蒲关，在今山西永济县西。以动关中；劝禄山自将兵梁河阳，取洛阳；使蔡希德、贾循以兵二万绝海收淄、青，见第三章第五节。以摇江、淮；则天下无复事矣。”此画颇具远见。使禄山用之，其乱决不能如后来之易平，而禄山不能用，徒罄全力以取东京，此所谓“兵屯聚而西，无他奇道”者也。《新书·李泌传》言：泌尝劝肃宗“诏李光弼出井陉，郭子仪取冯翊，即同州，今陕西大荔县。入河东，则史思明、张忠志不敢离范阳、常山，安守忠、田乾真不敢离长安。以三地禁其四将，徐命建宁王北并塞，与光弼相掎角，以取范阳。贼失巢窟，当死河南诸将手”。帝然之。会西方兵大集，帝欲速得长安。泌曰：“我所恃者，碛西突骑、西北诸戎耳。若先取京师，期必在春，关东早热，马且病，士皆思归，不可以战。贼得休士养徒，必复来南，此危道也。”泌事多出其子繁增饰，此说殊不足信。然论当时用兵形势，则自是如此。盖以禄山当日之凭藉，占据中国则不足，扰乱边垂则有余。使其不急取两京，而收率西北诸蕃，以拊关中之背，则唐室岂徒旰食而已。此辽之所以困宋，亦元之所以困金也。然其卒不出此者，何也？《禄山传》又言：其据东京，见宫阙尊雄，锐情僭号，故兵久不西，而诸道兵得稍集。《旧书·史思明传》言：禄山陷西京，常以橐驰运御府珍宝于范阳，不知纪极。此岂有取天下之略者乎？《高尚传》言：尚始与严庄、孙孝哲计画，白禄山以为事必成。及河朔路再绝，河南诸郡皆有防御，潼关有哥舒翰之师，禄山大惧，怒尚等曰：“汝元向我道万全。今四边若此，万全何在？更不须见我。”尚等遂数日不得见。禄山忧闷，不知所为。会田乾真自潼关至，晓谕之曰：“自古帝王，皆有胜败，然后成大事，岂有一举得之者？今四边兵马虽多，皆非精锐，岂我之比？纵事不成，收取数万众，横行天下，为一盗跖，亦十年五岁矣。岂有人能制我？尚、庄等皆佐命元勋，何得隔绝，不与相见？”禄山喜曰：“阿浩，乾真小字。非汝谁能开豁我心里事，今无忧矣。”遂召尚等饮燕作乐，待之如初。以窥窃神器始，而以为盗跖横行十年五岁终，此可谓之有大略乎？《新书》谓其“睹纲纪大乱，计天下可取，逆谋日炽”，殆非实录也。尚本名不危。史言其母老，乞食于人，而周游不归侍养。尚，幽州雍奴人。雍奴，今河北武清县也。尝叹息谓汝南周铣曰：汝南郡，即蔡州。见第四章第二节。“高不危宁当举事而死，终不能咬草根以求活。”所志如此，可与之图天下乎？李泌言：“华人为禄山用者，独周挚、高尚等数人，余皆胁制偷合，天下大计，非所知也。”即此数人者，亦岂足与言天下大计哉？蛮夷起朔垂者，虽歆羡中原子女玉帛之富，初无荐居上国之心，是以中国无如之何。元魏之居平城，势尚如此。逮其入居中国，而又不知持之之方，则其亡不旋踵矣。若禄山得东京而亟思僭号，得西京而徒知辇运珍宝，是以中国自累也。此所谓“离乎夷狄，而未即乎中国”者邪？其败也宜矣。

然苟好武功，而不知天下之大计者，则观于安史之事，亦不可不引为深鉴也。薛讷之欲讨契丹也，姚崇等沮之，玄宗即以讷同三品，群臣乃不敢言。当其即位之初，其愎谏自用即如此。宋庆礼欲复营州，实为绥边之长策，而宋璟固争。郝灵佺传默啜之首，自以为不世之功，而璟深抑其赏，致灵佺自悼而死。夫岂不知默啜为害之久且烈，盖深知玄宗之用兵，近于轻举，将至自焚，不得不深防其渐也。禄山之南下也，封常清之众多市井之徒，兵交之后，被铁骑唐突，飞矢如雨，皆魂慑色沮，望贼奔散。张介然之众，则闻吹角鼓噪之声而气已夺矣。陈留陷后，两宿及荥阳，荥阳太守崔无诐召募拒之，乘城者自坠如雨，无诐及官吏遂尽为敌所虏。皆见《旧书·忠义传》。《新书·禄山传》言：时兵暴起，州县发官铠仗，皆穿朽钝折不可用。吏皆弃城匿，或自杀，不则就禽。禁卫皆市井徒，既授甲，不能脱弓襡剑鞶。内地之兵备如此，可重边兵以事四裔乎？中国疆域广，腹里距边地远，承平之世，民不能无忌战，此固事势使然，不能为一人咎。然理天下者，贵乎察事势之盈虚，而与之消息。纵不能矫之使正，亦岂可更速其倾？此玄宗之所以为暗也。

第六章　安史乱后形势

第一节　代宗之立

肃宗性颇昏庸，又其得位不以正，故张良娣、李辅国、广平、建宁等，遂乘之窃权争位焉。良娣，帝即位后，册为淑妃。乾元元年（758 年）四月，立为皇后。《传》言其与辅国持权禁中，干与政事，请谒过当，帝颇不悦，而无如之何。辅国，帝即位后擢为太子家令，判元帅府行军司马事。四方奏事，御前符印，一以委之。从幸凤翔，授太子詹事。还京，拜殿中监，闲厩、五坊、宫院、营田、栽接、总监等使，又兼陇右群牧，京畿铸钱，长春宫等殿句当，少府、殿中二监都使。至德二年十二月，加开府仪同三司，进封郕国公。宰臣、百司不时奏事皆因之。常在银台门受事。银台，宫城门。置察事厅子数十人，官吏有小过，无不伺知，即加推讯。府、县按鞫，三司制狱，三司，谓御史台、刑部、大理寺。必诣辅国取决。随意区分，皆称制敕，无敢异议者。乾元二年（759 年），李岘为相，叩头论之，乃获变革，察事等并停。《旧书》本传及《李岘传》。《通鉴》载其制书曰："比缘军国务殷，或宣口敕，处分诸色取索，及杖配囚徒，自今一切并停，如非正宣，并不得行，中外诸务，各归有司。英武军虞候及六军诸使诸司等，比来或因论竞，悬自追摄，自今须一切经台、府，如所由处断不平，听具状奏闻。诸律令除十恶、杀人、奸盗、造伪外，余烦冗一切删除，仍委中书门下与法官详定闻奏。"观此制，可见辅国乱政之概。然辅国让行军司马不许，《通鉴》。

而岘亦旋贬。玄宗自蜀还，居兴庆宫，辅国言其近市，交通外人，六军功臣反侧不自安，请迁之西内。上不许。上元元年七月，辅国遂矫诏发射生五百骑劫迁焉。高力士及内侍王承恩、魏悦皆配流，陈玄礼致仕。明年，为宝应元年（762年），上皇崩。肃宗本有疾，至此亦大渐。广平王俶为肃宗长子，次子曰越王系，第三子则建宁王倓也。《旧书·倓传》言：玄宗幸蜀，倓兄弟典亲兵扈从。百姓遮道乞留太子，太子不可。倓劝其暂往河西，以谋兴复，广平王亦赞成之，盖二人并与其谋。《传》又云：太子既北上，渡渭，一日百战，倓自选骁骑数百卫从。每仓皇颠沛之际，血战在前。太子或过时不得食，倓涕泣不自胜，上尤怜之。军士属目于倓。至灵武，太子即帝位。广平既为元子，欲以倓为天下兵马元帅。侍臣曰："广平冢嗣，有君人之量。"上曰："广平地当储贰，何假更为元帅？"左右曰："广平今未册立，艰难时，人尤属望于元帅；况太子从曰抚军，守曰监国，今之元帅，抚军也；广平为宜。"遂以广平为元帅，倓典亲军。李辅国为元帅府司马。时张良娣有宠，倓性忠謇，因侍上，屡言良娣颇自恣，辅国连结内外，欲倾动皇嗣。自是日为良娣、辅国所构。云建宁恨不得兵权，颇蓄异志。肃宗怒，赐倓死。盖建宁与广平之争，广平以获辅国之助而胜也。广平、建宁，实皆非正嫡。若论正嫡，则肃宗第六子兖王僩，为韦妃所生。妃虽以兄坚之狱，与太子离婚，实非其罪。灵武自立，既不待玄宗之命，妃亦何不可正位中宫？则僩实足膺正嫡之目。若以长，则广平之次，尚有越王，广平即替，亦不能及倓。故知二王之争，实乘非常之际，各树党图握兵以求位，不能以继嗣之常法，判其曲直也。《张后传》云：后以建宁之隙，常欲危太子；又云：后生二子，兴王佋、定王侗，兴王早薨，侗又孩幼，故储位获安；二语实自相矛盾，盖本两说，而史兼采之。后之立，与代宗之立为太子，同在乾元元年（758年），相距仅数十百日。《旧书·肃宗纪》：后之立，在四月己酉，代宗之立为太子，在五月庚寅。《代宗纪》：则其立为太子，在四月庚寅。《新书·肃宗纪》：后之立，在三月戊寅，代宗立为太子，在十月甲辰。《代宗纪》则但云其立为太子在四月而不日。《通鉴》：后之立，与《新书·肃宗纪》同，代宗立为太子，与《旧书·肃宗纪》同。《通鉴》考月日最精审，疑当从之。又案代宗初封广平王，肃宗还京，改封楚王，是年三月，改封成王，及立为太子，改名豫。《旧书·肃宗诸子传》：佋之薨，在上元元年六月，时年八岁，当后立时，已六岁矣。广平既非正嫡，诏亦何不可立？《李揆传》：揆以乾元初同平章事。时代宗自广平王改封成王，张皇后有子数岁，阴有夺宗之议。揆因对见，肃宗从容曰："成王嫡长有功，今当命嗣，卿意何如？"揆拜贺曰："陛下言及此，社稷之福，天下幸甚。"肃宗喜曰："朕计决矣。"自此颇承恩遇，遂蒙大用。揆者，见辅国执子弟之礼，谓之五父者也。《旧书·辅国传》。代宗与辅国之关系可知。代宗既获为元帅，其与建宁之争，胜负已定。张后欲立其子，碍之者乃代宗而非建宁，谗之何为？然则建宁之死，事恐专由于辅国，谓其兼由于张后者实诬；而后与辅国之隙，未必不始于其扶翼广平之日也。及肃宗大渐之际，而二人遂趋于决裂。

《旧书·越王系传》曰：宝应元年四月，肃宗寝疾弥留。皇后张氏与中官李辅国有隙，因皇太子监国，《纪》在乙丑。谋诛之。使人以肃宗命召太子入宫，谓之曰："辅国久典禁军，四方诏令，皆出其口。顷矫制命，逼徙圣皇。今圣体弥留，心怀怏怏，常忌吾与汝。又闻射生内侍程元振，《元振传》：以宦者直内侍省，累迁至内射生使。案以宦者将射生手，故曰内射生使。结托黄门，将图不轨。若不诛之，祸在顷刻。"太子泣而对曰："此二人是陛下勋旧内臣。今圣躬不康，重以此事惊劳圣虑，情所难任。若决行此命，当出外徐图之。"后知太子难与共事，乃召系，谓之曰："皇太子仁惠，不足以图平祸难。"复以除辅国谋告之。曰："汝能行此事乎？"系曰：

“能。”后令内谒者监段恒俊与越王谋，《旧书·后传》：中官与谋者，有朱辉光、马英俊、啖庭瑶、陈仙甫等。《通鉴考异》曰：《代宗实录》《唐历》《统纪》《系传》，皆以段恒俊为马殷俊，则二者即是一人。后辉光、庭瑶、仙甫皆配流，惟恒俊见杀。辉光，他篇亦作光辉。召中官有武勇者二百余人，授甲于长生殿。是月乙丑，皇后矫诏召太子。程元振伺知之，告辅国。元振握兵于凌霄门以候之。凌霄，亦宫城门。太子既至，以难告。太子曰：“必无此事。圣恙危笃，吾岂惧死不赴召乎？”元振曰：“为社稷计，行则祸及矣。”遂以兵护太子匿于飞龙厩。丙寅夜，元振、辅国勒兵于三殿前，收捕越王及同谋内侍朱光辉、段恒俊等百余人，幽皇后于别殿。是日，皇后、越王，俱为辅国所害。辅国与代宗，不闻有衅，张后欲除辅国，岂得召代宗谋之？若云代宗实阴疾辅国，故可与之谋，则辅国初未有废代宗之意，即位之后，何时不可图之，何必汲汲于监国之日？故知史所传必非其真。据《新书·本纪》：辅国是时，实并杀兖王僩，及六月，又追废张后及系、僩，皆为庶人。《代宗实录》：群臣议系、僩之罪曰：“二王同恶，共扇奸谋。”《通鉴考异》。以系代代宗，非嫡非长，名实不正，而僩则异是，疑后与系实欲替代宗而立僩也。新旧《书·僩传》，皆曰宝应元年（762年）薨，盖讳饰之辞。其《定王僩传》，亦皆曰宝应初薨，疑亦不以良死。唐京师之兵有南北衙。南衙者卫兵，北衙则禁兵。禁兵，玄宗时耗散，肃宗即位，乃复稍补。至德二载（757年），置左右神武军，与羽林、龙武，各分左右。并称北衙六军。又择便骑射者置衙前射生手千人，亦曰供奉射生官，又曰殿前射生手，分左右厢，总号曰英武军。代宗即位，以射生军入禁中靖难，皆赐名宝应功臣，故射生军又号宝应军。其时禁兵实较卫兵为亲，力亦少强。辅国虽专掌禁兵，其关系实疏，元振则身为射生军将，故张后欲行诛，辅国不得不藉其力，而事定未几，又为元振所覆也。

丁卯，肃宗崩，代宗即位。尊辅国为尚父，事无巨细，皆委参决。五月，加司空、中书令。程元振欲夺其权，请上渐加禁制。乘其有间，罢其判元帅行军事，闲厩已下使名并分授诸贵，仍移居外。辅国本赐内宅居止。辅国始惧，茫然失据。诏进封博陆王，许朝朔望。《纪》在六月。十月十八日夜，盗入辅国第，杀辅国，携首、臂而去。诏刻木首葬之，仍赠太傅。《旧书》本传。代宗之去辅国，可谓甚速。然程元振又以功拜飞龙副使、右监门将军、上柱国，知内侍省事，寻判元帅府行军司马，专制禁兵，威权赫然，无异于辅国矣。

安史之乱，首尾不过七年，所扰乱者，亦不过河北、河南、河东、关内四道，唐室复振，理实非难。然终于不振者，则潜伏之乱原太多，至此一时俱发，而朝纲之陵替，尤其大焉者也。肃宗之世，宰相之可用者，莫如房琯与张镐。《新书·琯传》曰：帝虽恨琯丧师，而眷任未衰。崔圆自蜀来，最后见帝，琯谓帝不见省，易之。圆以金畀李辅国，不淹日被宠，遂怨琯。《镐传》曰：镐兼河南节度，都统淮南诸军事。帝还京师，诏以本军镇汴州，捕平残寇。史思明献款，镐揣其伪，密奏不宜以威权假之。又言许叔冀狡狯，临难必变，宜追还宿卫。时宦官络绎出镐境，未尝降情结纳，自范阳、滑州使还者，皆盛言思明、叔冀忠，而毁镐无经略才。帝以镐不切事机，遂罢宰相，授荆州长史。是两贤相皆以宦官败也。又《吕諲传》：諲以上元初为相。中人马尚言，素匿于諲，为人求官，諲奏为蓝田尉。事觉，帝怒，命敬羽穷治，杀尚言，以其肉赐从官，罢諲为太子宾客。一怒而至于如此，度其时宦官所为，必有坏法乱纪不可忍者，然非帝纵容之于平时，何以至此？唐自黄巢起事前，实无时不可有为，而终于不振者，则宦官之把持政柄实为之。宦官所以能把持政柄，以其掌握禁兵，此事虽成于德宗，而实始于肃宗。故肃宗实唐室最昏庸之主也。

第二节 吐蕃、回纥之患

唐开、天时，兵力实以西北边为最厚。朔方、河西、陇右而外，安西、北庭，亦置节度；又有受降城、单于都护庭，见第三章第二节。为之藩卫。大军万人，小军千人，烽戍逻卒，万里相继。用能北扞回纥，西制吐蕃。及安、史难作，尽征河、陇、朔方之兵入靖国难，而形势一变矣。据《旧书·吐蕃传》。吐蕃乘之，尽陷河西、陇右之地。河、陇之陷，诸《书》岁月，颇有不同。《新书·地理志》：河右暨鄯、阶、叠、宕等州先没；宝应元年（762年），又陷秦、渭、洮、临；广德元年（763年），复陷河、兰、岷、廓；至贞元三年（787年）陷安西、北庭，而陇右州县尽矣。《旧书·本纪》：鄯州陷于至德元年十月。秦、渭、洮、临陷没之年，与《新志》同，而多一成州。然于广德元年七月，又书吐蕃大寇河、陇，陷我秦、成、渭三州，入大震关，陷兰、廓、河、鄯、洮、岷等州，盗有陇右之地。《新书·本纪》，则廓州陷于上元元年（760年）。盖史家于诸州之陷，或总书其事于一时，岁月不必尽合；又疆场之间，一彼一此，亦或有一时之失得也。凉州陷于广德二年（764年），见《旧书·吐蕃传》。袁光庭守伊州甚久，见新旧《书·忠义传》。阶州，今甘肃武都县。叠州，在今青海东南境。宕州，在今甘肃岷县南。临州，今甘肃临洮县。大震关，在今陕西陇县西。剑南西山，亦为所侵占；《旧书·吐蕃传》：剑南西山，武德已来，开置州县，立军防。乾元之后，亦陷于吐蕃。羌、浑、党项、奴剌，悉为所裹胁；《新书·吐谷浑传》：大非川之败，举吐谷浑地皆陷。其可汗诺曷钵徙治亹水南，又以鄯州地狭，徙灵州，高宗为置安乐州，即拜刺史。死，子忠立。忠死，子宣超立。余部诣凉、甘、肃、瓜、沙等州降。宣超死，子曦皓立。曦皓死，子兆立。吐蕃复取安乐州，残部徙朔方、河东，语谬为退浑。《党项传》：拓跋赤辞之降，自河首积石山而东，皆为中国地。后吐蕃寖盛，拓跋畏逼，请内徙，诏庆州置静边等州处之。地乃入吐蕃，处者皆为吐蕃役属，更号弭药。又有白兰羌，吐蕃谓之丁零。左属党项，右与多弥接。春桑，在党项南。白狗，与东会州接。龙朔后为吐蕃所臣，藉其兵为前驱。党项在西北者，天授中内附，户凡二十万，散居灵、夏间，至德末，为吐蕃所诱，使为乡道钞边，皆羌、浑、党项，为吐蕃诱胁可考者也。安土重迁，人情之常，微特居国，即行国，能举国迁移者亦鲜。故河、陇之陷，部族为吐蕃所臣役者甚多。如《新书·地理志》，陇右道有党项州七十三，府一，县一，肃宗时内徙者仅十余州，余皆为之臣属矣。而吐蕃之好诱胁亦特甚，如《旧书·崔宁传》：大历十一年（776年）破其兵，乃有突厥、吐浑、氐、蛮、羌、党项之众。突厥而为蕃所诱胁，至于西山，无怪其为害之烈矣。奴刺，上元二年（761年）《通鉴注》云："西羌种落之名。"此族史不载其缘起、居地，然肃、代间之侵寇，时见其名，其种落亦非甚寡弱也。灵州见第三章第二节。甘肃沙州见第四章第四节。庆州见第二章第七节。夏州见第二章第二节。瓜州，在今甘肃安西县东。多弥，在鄯州西，自石堡城八百十里渡黄河，又六百八十里，至多弥西界，见《新志·鄯州》分注。东会州，后改曰茂州，见第三章第四节。而患遂中于西垂。

吐蕃赞普乞黎苏笼猎赞，以天宝十四载（755年）死，子婆悉笼猎赞立。似不甚能令其下，故虽累遣使请和，申盟誓，而其侵扰如故。其事见于新旧《书》纪传者：肃宗至德二载三月，吐蕃遣使和亲。上元元年（760年），建寅月，宰相郭子仪、萧华、张遵庆等与其使盟。宝应元年（762年），建寅月，吐蕃请和，六月，使二人贡方物。二年（763年），即代宗广德元年三月，李之芳、崔伦往使，至其境，为所留。此盖其边将所为？是秋，吐蕃大入寇，中国仍以郭子仪充北道、李抱玉充南道通和使。永泰元年正月，又以抱玉为通和使，马璘副之。三月，吐蕃请和。诏宰相元载、杜鸿渐与其使盟。二年（766年），即大历元年十月，和蕃使杨济与蕃使论泣藏等来。二年四月，宰相及内侍鱼朝恩又与之盟。十一月，论泣陵随和蕃使薛景仙来，云赞普请以凤林关为界。俄又遣使十五人来朝。七年（772 年），亦遣使朝贡。然其侵寇迄不绝也。凤林关，在今甘肃临夏县境。代宗广德元年九月，吐蕃寇泾州。见第二章第七节。刺史高晖降之，因为之乡道。十月，犯京畿。诏以雍王适为关内兵马元帅，郭子仪副之。子仪自相州败后，召还京师，迄闲居。《旧书·子仪传》：相州之败，子仪以朔方军保河阳，断浮桥，有诏令留守东都。三月，以为东都畿、山南东道、河南诸道行营元帅。中官鱼朝恩，素害子仪之功，因其不振，媒孽之。寻召还京师。天子以赵王系为天下兵马元帅，李光弼副之，委以陕东军事，代子仪之任。俄而史思明再陷河、洛，朝廷旰食，复虑蕃寇逼近京畿。三年正月，授子仪邠宁、鄜坊两镇节度使，仍留京师。言事者以子仪有社稷大功，残孽未除，不宜置之散地，肃宗深然之。九月，以为诸道兵马都统，管崇嗣副之，令率英武、威远等禁军，及河西、河东诸镇之师取邠宁、朔方、大同、横野，径抵范阳。诏下旬日，复为鱼朝恩所间，事竟不行。邠宁、鄜坊皆见第五章第八节。大同见第九节。横野见第二节。宝应元年（762 年），河中军乱，见下节。乃用为朔方、河中、北庭、潞、仪、泽、沁等州节度行营，兼兴平定国副元帅，出镇绛州。隋绛郡，见第二章第六节。肃宗崩，代宗即位，程元振复请罢之，充肃宗山陵使。雍王讨史朝义，代宗欲使子仪副之，元振及鱼朝恩复间其事，遂寝，仍留京师。及是，诏出镇咸阳。见第五章第一节。部下惟有二十骑，强取民家畜产以助军。至咸阳，蕃军已过渭水。其日，天子幸陕州。见第二章第六节。吐蕃入京师，立广武王承宏为帝。章怀太子邠王守礼之子。于是六军将士，持兵剽劫，所在阻绝。子仪闻上避狄，还京。车驾已发，领部曲数百人，南入牛心谷，迟留未知所适。行军判官王延昌、李萼劝其南趋商州，今陕西商县。渐赴行在。子仪从之。延昌、萼别行先至。先是六军将张知节，与麾下数百人奔商州，大掠避难朝官、士庶及居人赀财鞍马。延昌、萼说其整顿士卒，请子仪来抚之，以图收长安。知节大悦。诸军将数人至，又从其计。相率为军，约不侵暴。延昌留军中主约，萼以数骑往迎子仪。回至商州，诸将大喜，皆遵约束。吐蕃将入京师也，前光禄卿殷仲卿逃难至蓝田，见第二章第六节。纠合散兵及诸骁勇至千人。子仪募人往探贼势，羽林将军长孙全绪请行，以二百骑隶之。至韩公堆，昼则击鼓广张旗帜，夜则多然火，以疑吐蕃。仲卿探知官军，其势益壮。遂相为表里，以状闻于子仪。仲卿二百余骑游奕，直渡浐水。吐蕃惧，问百姓。百姓绐曰："郭令公自商州领众却收长安，大军不知其数。"蕃以为然，遂抽军而还。余众尚在城，军将王抚及御史大夫王仲升领兵自苑中入，椎鼓大呼，仲卿之师又入城，吐蕃皆奔走。子仪乘之，鼓行入长安。据《旧唐书·吐蕃传》，此《实录》也。新旧《书·子仪传》，专以为子仪之功，《通鉴》亦舍《旧书·吐蕃传》而从《汾阳家传》则失实矣。是役也，王延昌、李萼之功实大，为子仪传记者，乃悉攘之，观于此，而叹史籍之不足信也。王抚，或作王甫。《旧书·本纪》曰："旧将王甫，诱聚京城恶少，齐击街鼓于朱雀街，蕃军震慑，狼狈奔溃。"与《吐蕃传》合。《子仪传》云：长孙全绪遣禁军旧将王甫入长安，阴结少年豪侠，以为内应。一日，齐击鼓于朱雀街，蕃军皇骇而去。又云：射生将王抚，自署为京兆尹，聚兵二千人，扰乱京城，子仪召抚杀之。以王甫、王抚为二人。《通鉴考异》引《实录》，亦以椎鼓者为武将王甫。《汾阳家传》以谋乱者为射生将王抚。《邠志》则以椎鼓者为射生官王甫，尚有马家小儿张小君、李酒盏。子仪入城，系而责之曰："吾大军未至，汝设诈以畏吐蕃，吐蕃知之，怒汝，燔烧宫阙，从容而去，岂不由汝？"命斩之。诸说互异，王甫、王抚为一人，似无可疑，《旧书·子仪传》，盖博采而未暇考覈也。诏以为京城留守。高晖闻吐蕃溃，以三百骑东奔。至潼关，为关守李伯越所杀。子仪送承宏于行在，寻死。《旧书·高宗诸子传》云：子仪送承宏于行在，上不之责，止于虢州，寻死。《本纪》则云：放于华州，一切不问。《新书》纪、传皆云放于华州。《通鉴》亦同，而云承宏逃匿草野，不云子仪送之。时又有丰王珙者，玄宗第二十六子也。代宗幸陕州，将军王怀忠，拥十宅诸王，西投吐蕃。至城西，遇郭子仪。怀忠谓子仪："何不行册立之事？"子仪未对，珙遂越次而言曰："令公作何语？何不言也？"子仪命军士领之，尽赴行在，上不之责，珙归幕次，辞又不顺。群臣恐遂为乱，请除之。赐死。见《旧书·玄宗诸子传》。藩翰之无心肝如此，诸将之无纲纪如彼，夫安得而不乱？虢州见第四章第五节。华州，今陕西华县。程元振不欲天子还京，劝帝且都洛阳，以避蕃寇。子仪因兵部侍郎张重光宣慰回，附章论奏，代宗乃还。而仆固怀恩之乱又作。

怀恩之定河朔也，郭子仪让位焉，遂授河北副元帅、灵州大都督府长史、单于镇北大都护、朔方节度使。广德元年七月，又以其子玚为朔方行营节度。于是朔方兵权，尽入其手矣。时诏怀恩送回纥可汗还蕃，至太原，怀恩自相州趋潞州，与可汗会，出太原之北。潞州见第五章第一节。辛云京不犒师。还亦如之。怀恩怒，上表列其状。顿军汾州。今山西汾阳县。会中官骆奉先使于云京，还奏怀恩反状。《旧书·怀恩传》云：奉先使于云京，云京言怀恩与可汗为约，逆状已露，乃与奉先厚结欢，奉先回至怀恩所，其母数让奉先曰："尔等与我儿约为兄弟，今又亲云京，何两面乎？虽然，前事勿论，自今母子兄弟如初。"酒酣，怀恩起舞，奉先赠缠头采，怀恩将酬其贶，奉先遽告发。怀恩曰："明日端午，请宿为令节。"奉先固辞。怀恩苦邀之。命藏其马。中夕，谓其从者曰："向者责吾，又收吾马，是将害我也。"奉先惧，遂逾垣而走。怀恩惊，遽令追还其马。奉先使回，奏其反状。怀恩此时，决无与回纥谋叛之理，此明为云京构诬，奉先岂得遽信之？《新书·宦者传》云：奉先广德初监怀恩军，恃恩贪甚，怀恩不平，既而惧其谮，遂叛。盖二人故有嫌隙，故疑其将杀己，遂不恤助云京诬之也。《宦者传》又云：事平，擢奉先军容使，掌畿内兵，权焰炽然。盖反以为有先见而赏之矣，其阘如此。怀恩累诏请诛云京、奉先，上但手诏和解。泽潞节度李抱玉，亦与怀恩不协，言其将反。颜真卿语，见下。《旧书·马燧传》曰：宝应中，泽潞节度使李抱玉署奏赵城尉，是时回纥大军还国，倔强恣睢，所过虏掠，廪粟供饩，小不如意，恣行杀害。抱玉具供办，宾介皆惮不敢行。燧自赞请主邮驿。比回纥至，则先赂其渠帅，与明要约。回纥乃授燧旗帜为识。犯令者命燧戮之。燧取死囚给左右厮役，小违令辄杀之。回纥相顾失色。涉其境者，无敢暴掠，抱玉益奇之。燧因说抱玉曰："属者与回纥言，燧得其情，今仆固怀恩恃功树党。李怀仙、张忠志、薛嵩、田承嗣分授疆土，皆出于怀恩。其子玚，佻勇不义，以燧度之，将必窥太原西山以为乱，公宜深备之。"无何，怀恩果与太原都将李竭诚通谋，将取太原。其帅辛云京觉之，斩竭诚，固城自守。怀恩遣其子玚围之。初回纥北归，遣其将安恪、石常庭将兵数百，及诱募附丽者数千人，以守河阳。东都所虏掠重货，悉积河阳。是时怀恩遣薛嵩自相、卫馈粮，以绝河津。抱玉令燧诣嵩说之，嵩乃绝怀恩从顺。据此，谓怀恩将叛者，实出马燧億度。竭诚通谋，未知信不，即谓实然，亦事出竭诚，不能竟指为怀恩谋叛也。《怀恩传》载怀恩上书，言"过潞府之日，抱玉与臣马兼银器四事，臣于回纥处得绢，便与抱玉二千匹，以充答赠。今被抱玉共相组织，将此往来之贶，便为结托之私"，谓怀恩与回纥交关者，证据不过如此，亦殊牵强也。赵城，今山西赵城县。怀恩上书自叙功伐，辞甚悖戾。有云："臣实不敢保家，陛下岂能安国？"诏黄门侍郎裴遵庆谕旨，且察其去就。遵庆讽令入朝，怀恩许诺，而其副将范志诚止之。怀恩令其子玚攻云京。云京败之，进攻玚于榆次，见第二章第六节。朝廷患之。颜真卿尝请奉诏召怀恩，令往宣慰。真卿曰："臣往请行者时也，今方受命，事无益矣。"上问其故。对曰："顷陛下避狄陕郊，怀恩来朝，以助讨贼，则其辞顺。今陛下即宫京邑，怀恩进不勤王，退不释众，其辞曲，必不来矣。且明怀恩反者，独辛云京、李抱玉、骆奉先、鱼朝恩四人耳。自外朝臣，咸言其枉。然怀恩将士，皆郭子仪部曲，恩信结其心，陛下何不以子仪代之，喻以逆顺祸福，必相率而归耳。”上从之。子仪至河中，仆固玚已为其下所杀，斩其首，献于阙下。怀恩闻之，率麾下数百骑走灵武。《旧书·本纪》，事在广德元年十二月。《通鉴》系明年二月。《考异》曰:《实录》：广德元年十二月丁酉，仆固玚为帐下张维岳所杀，以其众归郭子仪。怀恩闻之，弃营脱走北蕃。按朔方兵所以不附仆固氏者，以子仪为之帅也。纵不在子仪领朔方后，亦当在领河东副元帅后。而《实录》：二年正月丁卯，子仪为朔方节度使。《汾阳家传》：二年正月，子仪充河东副元帅、河中节度使，癸亥，代宗三殿宴送，二十六日，发上都。二月，至河中，兼朔方节度大使。戊寅，往汾州。甲申，还至河中。《邠志》：二年正月二十日，诏郭公加河中节度、河东副元帅。二十九日，加朔方节度。二月，仆固玚率军攻榆次，逾旬不拔云云。然则玚死决不在去年十二月，今因子仪如汾州并言之。案《新书·本纪》：广德二年二月辛未，仆固怀恩杀朔方军节度留后浑释之，此事《通鉴》亦系是月，怀恩以元年十二月北走，至二年二月而至朔方，时日正合。若如《邠志》之说，仆固玚即死于是月，怀恩安得即至朔方而杀释之乎？玚之死，《旧书·怀恩传》亦云为张维岳等四人所杀。《新书》则云：子仪至河中，玚攻榆次未拔，追兵于祁，责其缓，鞭之，众怒，是夕，偏将焦晖、白玉等斩其首献阙下。《通鉴》亦云：玚为焦晖所杀。又云：都虞候张维岳在沁州，闻怀恩去，乘传至汾州，抚定其众，杀焦晖、白玉而窃其功，以告郭子仪。子仪使牙官卢谅至汾州。维岳赂谅，使实其言。子仪奏维岳杀玚，传首诣阙。然则《实录》谓维岳以其众归子仪者，乃怀恩留于汾州之众，此时固无从更附仆固氏也。怀恩之欲叛唐，必在玚死后。《旧书·本纪》，于广德元年八月，即书仆固怀恩反，似失之早。浑释之者，瑊之父。《通鉴》云其欲拒怀恩不果，而为怀恩所杀。《新书·本纪》及《回鹘传》并同。而新旧《书·瑊传》，皆云其与吐蕃战殁，则讳饰之辞也。祁，今山西祁县。沁州，今山西沁源县。余众闻子仪到，束甲来奔。怀恩至灵武，众复振，上厚抚其家。停余官，遥授太师兼中书令、大宁王。怀恩终不从。二年十月，怀恩引吐蕃二万寇邠州，《旧书·本纪》：此《实录》也。《子仪传》云：引吐蕃、回纥、党项数十万南下，则与永泰元年（765年）之役相混矣。邠州见第三章第一节。遂寇奉天。今陕西乾县。京师戒严。郭子仪屯泾阳。今陕西泾阳县。蕃军挑战，子仪不出。蕃军乃退。时倚蒲、陕为内地，常以重兵镇之。永泰元年五月，以子仪都统河南道节度行营，出镇河中。九月，怀恩复诱回纥、吐蕃、党项、羌、浑、奴剌入寇。吐蕃自北道，寇邠州，遂寇醴泉、奉天。醴泉，今陕西醴泉县。党项、羌、浑、奴剌出西道，寇盩厔、凤翔。盩厔见第四章第二节。凤翔见第五章第八节。又合山贼出东道，自同州趋华阴，向蓝田。华阴，今陕西华阴县。参用《旧书·本纪》、郭子仪传，及新旧《书·仆固怀恩传》。京师戒严。子仪自河中至，屯于泾阳。诸将各守要害。吐蕃大掠京畿，焚庐舍而去。十月，至邠州，与回纥遇，复合从入寇。时怀恩已暴死于鸣沙，时在九月九日，见《旧书·怀恩传》。或曰八日，见《通鉴考异》。鸣沙见第四章第四节。群虏无所统摄。回纥首领罗达干等率二千余骑诣泾阳请降，《旧书·回纥传》。《吐蕃传》云：是时回纥请击吐蕃者凡三千骑。子仪说以共击吐蕃。回纥许诺。子仪遣朔方兵马使白元光与会。吐蕃知其谋，是夜奔遁。追破之于灵台西原。《旧书·子仪传》。灵台，今甘肃灵台县。盖是役，回纥之至者独少，且最后，少故易以说谕，后则虏掠无所得，吐蕃则业已饱掠而去，欲图攘窃，在彼不在此，故子仪能说使倒戈也。《新书·本纪》：党项、羌与回纥同降。《旧书·怀恩传》云：羌、浑多降于凤翔李抱玉，可见其众之不整。于是怀恩之侄名臣，领千余骑来降。《旧书·怀恩传》。朔方军将，亦以灵武归顺。《旧书·怀恩传》：怀恩之死，张韶代领其众，为徐璜玉所杀，横玉又为范志诚所杀。《本纪》云：朔方将李回方奏收灵武郡。《新书·本纪》云：朔方副将李怀光克灵州。乱复平。案肃宗之立，怀光即从郭子仪赴行在。时同罗为寇，子仪与怀恩击之。怀恩子玢，兵败降敌，寻自拔归，怀恩斩之以令众。后其二女俱聘远蕃，为国和亲。牟羽妻，怀恩女。始可汗为少子请婚，帝以妻之，即位后为可敦。助平史朝义后，册为英义可汗、光亲可敦。大历三年（768年），光亲卒，明年，复以怀恩女为崇徽公主继室。一门之内，死王事者四十六人。在蕃将中，不可谓非乃心王室。田承嗣之降，业已受代，而怀恩使复其位，论者因谓其怀挟异志。然此说实出马燧，乃揣度之辞。当时思明余孽降者，唐朝皆处之高位，不夺其兵，固不自承嗣等始也。参看下节。禄山、思明，且无大略，而况怀恩？观其既叛之后，分崩离析，绝无能为，而知其本无叛志。《旧书·李抱真传》：抱真为汾州别驾，怀恩反，脱身归京师，代宗召见问状，因奏曰："郭子仪领朔方之众，人多思之。怀恩欺其众曰：子仪为鱼朝恩所杀，诈而用之，今复子仪之位，可不战而克。"此与颜真卿之所策同，固由子仪宽厚，能得众心，亦见怀恩之不能恤士，世岂有如此而能反者乎？又岂有夙抱反谋，而所为如是者乎？此朝臣所以多明之，而代宗亦终信之欤？《旧书·怀恩传》云：怀恩逆命三年，再犯顺，连诸蕃之众，为国大患，而上为之隐恶，前后下制书，未尝言其反。及怀恩死，群臣以闻，上为之闵默，曰："怀恩不反，为左右所误。"其宽仁如此。此唐史臣不满代宗之微辞也，然亦可为怀恩本无叛心之一证。

怀恩之难虽平，吐蕃之患，初不因之而遽澹。大历元年（766年）九月，陷原州，今甘肃固原县，没蕃后置于临泾，今甘肃镇原县。二年（767）、三年（768年），再寇灵武，至于邠州，京师为之戒严。时京西之军，在凤翔者为李抱玉，而马璘居邠州。朝议以其力不能拒，乃以郭子仪兼邠宁庆节度，移镇邠州，而徙璘于泾原。治泾州。五年八月，元载请置中都于河中，秋杪行幸，春中还京。史云以避蕃戎侵寇。然又云："载疏大旨，以关、辅、河东等十州户税，入奉京师，创置精兵五万，以威四方。"则意实不专为避敌。又云："其辞多捭阖，欲权归于己，”未免深文周内。《旧书·本纪》。本传略同。盖是时诸将实举不足恃，故发愤欲别练也。马璘、李抱玉，俱称良将，然《旧书·抱玉传》言其无破虏之功，《璘传》亦言其无拓境之功，此当时舆论也。郭子仪军政，亦极不肃。相州之败，《通鉴考异》引《邠志》曰：“史思明自称燕王，牙前兵马使吴思礼曰：思明果反，盖蕃将也，安肯尽节于国家？因目左武锋使仆固怀恩，怀恩色变，阴恨之。三月六日，思明轻兵抵相州，郭公率诸军御之。战于万金驿，贼分马军并滏而西，郭公使怀恩以蕃、浑马军邀击，破之。还，遇思礼于陈，射杀之。呼曰：吴思礼陈殁。其夕，郭公疑怀恩为变，遂脱身先去，诸军相继溃于城下。”《通鉴》不取其说，而载：是岁七月，上召子仪还京师，以李光弼代为朔方节度。光弼以河东骑五百驰赴东都，夜入其军，是时朔方将士，乐子仪之宽，惮光弼之严。左厢兵马使张用济屯河阳，光弼以檄召之。用济曰：朔方非叛军也，乘夜而入，何见疑之甚邪？与诸将谋以精锐突入东京，逐光弼，请子仪。仆固怀恩曰：“邺城之溃，郭公先去。朝廷责帅，故罢其兵柄。今逐李公而强请之，是反也。其可乎？”胡三省《注》曰：“观怀恩此言，则邠志所云，亦可以传信。”案朔方将士，皆乐子仪之宽，故他人不易代将，后来子仪一出，而怀恩之众即离，其故亦由于此，谓子仪是时，以疑怀恩之叛而脱身先去，恐非《实录》，然其先去则真矣。此时虽不置统帅，然子仪以其位望，实自然居于率将之地，谓其去牵动大局，亦必非诬。此等军而可以御敌乎？安史乱后，唐所倚仗者，为朔方军，而此军实不足用，借重蕃兵，授人以柄，而安史余孽，仍病养痈，其症结实在于此。元载于大历八年（773 年）夏，大城奉天，又于九年（774 年）下诏大阅，见《旧书·本纪》及《吐蕃传》，所调之兵，虽不皆至，然其所调动则颇广。皆可见载于是时，确有整军经武之志也。八年八月，卢龙朱泚遣弟滔以精骑五千诣泾州防秋。明年七月，泚复身入朝。于是以子仪、抱玉、璘、泚分统诸道防秋之兵。时吐蕃得原州，弃而不居，元载议城之，以与灵武相连接。田神功沮之。上迟疑不决。会载得罪，乃止。郭子仪于九年（774年）上书论备蕃利害曰:“朔方国之北门，西御犬戎，北虞猃允。五城相去，三千余里。开元、天宝中，战士十万，战马三万，才敌一隅。自先皇帝龙飞灵武，战士从陛下收复两京，东西南北，曾无宁岁。中年以仆固之役，又经耗散。比于天宝，十分之一。今吐蕃充斥，势强十倍。兼河、陇之地，杂羌、浑之众，每岁来窥近郊。以朔方减十倍之军，当吐蕃加十倍之骑，欲求制胜，岂易为力？近入内地，称四节度，每将盈万，每贼兼乘数四。臣所统将士，不当贼四分之一，所有征马，不当贼百分之二，诚合固守，不宜与战。又得马璘牒，贼疑涉渭而南。臣若坚壁，恐犯畿甸；若过畿内，则国人大恐，诸道易摇。外有吐蕃之强，中有易摇之众，外畏内惧，将何以安？制胜之术，力非不足，但虑简练未精，进退未一，时淹师老，地阔势分。愿陛下更询谠议，慎择名将，俾之统军，于诸道各抽精卒，成四五万，则制胜之道必矣。臣又料河南、河北、山南、江淮，小镇数千，大镇数万，空耗月饩，曾不习战。臣请抽赴关中，教之战阵，则军声益振，攻守必全，亦长久之计也。”读此疏，可见唐中叶后宿兵无用之地，而边备空虚之状。然当日西垂诸将，暮气已深，果抽内地之师，俾之训练，又能收御侮之效欤？此元载所以发愤而欲别练也。

西川一方:代宗初，高适为节度使。以吐蕃渐逼京畿，曾出师以牵制之，无功。松、维顾相继陷没。松、维、川皆见第三章第四节。《旧纪》，事在广德元年八月。代以严武，破吐蕃兵，拔当狗、盐川二城。《旧纪》在广德二年九月、十月。当狗，胡三省曰：当白狗羌之路，故以名城。永泰元年（765年），武卒，郭英乂代之。以苛酷狂荡，为西山都知兵马使崔宁所覆。后遂以宁主西川。大历十年（775年）、十一年（776年）、十二年（777年），亦频破蕃军，见新旧《书·本纪》。然侵寇仍不绝也。参看下节。蕃寇初入，西北最急，故徙当、柘、悉、静、恭五州于山险以避之。事在大历五年（770 年），见《旧书·本纪》及新旧《书·吐蕃传》。此五州，皆在今松潘叠溪营境。自南诏合于吐蕃，而西南亦告急矣。别见第七章第一节。

吐蕃既横，回纥亦骄。大历七年正月，回纥使出鸿胪寺，劫掠坊市，吏不能禁。复三百骑犯金光、朱雀等门。是日，皇城诸门皆闭。慰谕之方止。七月，回纥蕃客夺长安县令邵说所乘马，人吏不能禁。十年九月，回纥白昼杀人于市。吏捕之，拘于万年狱。见第三章第一节。其首领赤心，持兵入县，劫囚而出，斫伤狱吏。十三年正月，回纥寇太原。尹鲍防与之战，不利。二月，代州都督张光晟击回纥，战于羊武谷，在今山西崞县西。破之。北人乃安。皆见《旧书·本纪》。《回纥传》略同。案肃、代时，回纥兵助讨安、史者，不过数千，他蕃国兵来者，亦不能多，《旧书·肃宗纪》：至德二载（757 年），元帅广平王统朔方、安西、回纥、南蛮、大食之众二十万东向讨贼。三载十一月壬申制，有"回纥叶护，云南子弟，诸蕃兵马，力战平凶"之语。时回纥兵来者为四千。《仆固怀恩传》亦云："回纥使叶护、帝德数千骑来赴国难。南蛮、大食之卒，相继而至。"盖其所本者同也。《纪》又载三载七月，吐火罗叶护乌利多并九国首领来朝，助国讨贼，诏令赴朔方行营。此等蕃国，来者亦必不能多。《新书·于阗传》：肃宗时，王尉迟胜使弟曜摄国事，身率兵五千赴难。于阗距中国近，胜慕化又极深，其兵亦不过五千而已。而唐竟非藉其力不能破敌，其兵力之窳败可想。孟子曰"国必自伐而后人伐之"，信不诬也。

第三节 藩镇及内乱

节度使本置于缘边，及安史乱作，中原刺史，兼治军旅者，皆加节度使之号；其不赐旌节者，则称为团练使；又有称都统或大使者，则兼辖诸节度使。跋扈者遂思据地自专；即较庸懦者，亦多坏法自恣矣；而军人睥睨，思篡其主将者尤众。

玄宗之入蜀也，以太子充天下兵马元帅，都统朔方、河东、河北、平卢诸节度。永王璘玄宗第十六子。为江陵府都督，见第二章第七节。山南东道、岭南、黔中、江南西道节度大使。《通鉴》作都使，下同。盛王琦玄宗第二十一子。为广陵都督，见第二章第三节。江东东路、淮南、河南等路节度大使。丰王珙见上节。为武威都督，见第二章第二节。河西、陇右、安西、北庭等路节度大使。琦、珙皆不出阁，惟璘赴镇。时江淮租赋，山积于江陵，璘召募勇士，得数万人，破用巨亿。璘生长深宫，不省人事，而子襄城王偒有勇力，好兵，遂有东取金陵，割据江表之志。肃宗以高适为淮南节度，来瑱为淮西节度，韦陟为江东节度共图之。璘擅引兵东巡，遣兵攻袭广陵、吴郡。见第二章第五节。淮南采访使李成式、河北招讨判官李铣皆在广陵，共讨之。璘使偒迎战而败，走鄱阳，欲出岭表，至大庾岭，在今江西大庾县南。为江西采访使皇甫侁所杀，偒亦死于乱兵。时至德二载二月也。先一月，河西兵马使盖庭伦与武威九姓商胡安门物等杀其节度使周泌。支度判官崔称与中使刘日新讨平之。乾元二年八月，襄州将康楚元、张嘉延作乱。襄州见第二章第三节。刺史王政奔荆州。江陵。九月，嘉延陷之，并陷澧、朗、复、郢、峡等州。澧州，今湖南澧县。朗州，今湖南常德县。复州，在今湖北天门县西北。郢州，今湖北钟祥县。峡州见第二章第七节。上遣使慰谕，为贬王政为饶州刺史，饶州见第三章第六节。以司农少卿张光奇为襄州刺史。楚元不从。十一月，商州刺史荆襄等道租庸使韦伦讨擒楚元。商州见上节。十二月，送诣阙，斩之。上元元年（760年），襄州将张维瑾、曹玠又杀其节度使史翙。以韦伦为襄州刺史、山南东道节度使。时李辅国用事，节将除拜，皆出其门，伦既为朝廷所用，又不私谒辅国，未行，遂改秦州刺史，见第二章第三节。而以陕西节度使来瑱为山南东道节度使。瑱至襄阳，维瑾等乃降。是岁十一月，宋州刺史刘展反。宋州见第四章第四节。时展与御史中丞李铣俱领淮西节度副使，铣贪暴不法，展刚强自用，为之上者皆恶之。节度使王仲升奏诛铣。又使监军邢延恩说上除展江淮都统，以代浙东节度使李峘，太宗子吴王恪之曾孙。俟其释兵赴镇，中道执之。上从之。以展为都统淮南东、江南西、浙西三道节度使，而密敕峘及淮南东道节度使、扬州刺史邓景山图之。展以任重自疑，遂反。峘、景山皆为所败。展遣将陷濠、楚、舒、滁、庐等州。濠州见第四章第五节。楚州见第二章第一节。舒州见第二章第七节。滁州，今安徽滁县。庐州，今安徽合肥县。自渡江，陷润州、升州。润州见第四章第二节。隋蒋州，唐改为升州。又遣将陷宣州，今安徽宣城县。取苏、湖州，苏州，即吴郡。湖州见第二章第七节。进逼杭州。今浙江杭县。田神功者，安禄山平卢兵马使，归朝，守陈留，见第五章第七节。与许叔冀俱降史思明，思明使与其将南德信、刘从谏略江淮，神功袭杀德信，复来归，屯任城，见第二章第七节。邓景山、邢延恩奏乞令救淮南。未报，景山使促之，许以淮南金帛子女为赂。神功南下。及彭城，敕令讨展。展渡淮击之，败绩，亡渡江。神功入广陵，大肆劫掠。商胡波斯，被杀者数千人焉。二年正月，神功遣兵与景山济江。战于蒜山，在今江苏镇江县西。展败死。余党皆平。安、史之乱，兵不及江淮，至是，民始罹荼毒矣。玄宗之还京也，于绵、益二州分置东、西川两节度。绵州，今四川绵阳县。益州，蜀郡，至德二年（757年）为成都府，见第二章第五节。东川节度李奂奏废其兵马使、梓州刺史段子璋。梓州，今四川三台县。四月，子璋怒，袭奂，奂奔成都。五月，西川节度崔光远与奂共攻绵州，斩子璋。西川衙将花惊定大掠东蜀。上怒光远不能戢军，罢之，代以高适。刘展之平也，诏追邓景山还朝，以崔圆代之。浙东节度副使李藏用拒展有功，用为楚州刺史。支度租庸使以乱时诸将用仓库物无准，奏请征验。时仓卒募兵，物多散亡，诸将往往卖产以偿。藏用恐其及己，与人言，颇有悔恨。其衙将高干挟故怨，使人诣广陵告藏用反，而先以兵袭之。藏用走，干追斩之。圆遂簿责藏用将吏，以成其状焉。宝应元年（762 年），建卯月，初王思礼为河东节度使，积粟百万斛，请输五十万斛于京师。会卒，管崇嗣代之，委任左右，数月间，费散殆尽。代以邓景山。检覆严，又性清约，取仓粟红腐者食之，兼给麾下。麾下怨讪，少将黄抱节因之作乱，杀景山，请以都知兵马使辛云京为节度。许之。李光弼之败邙山也，渡河走闻喜，事见第五章第八节。上书求自贬，诏以为河中节度。旋又以为河南副元帅，都统河南，淮南东、西，山南东，荆南，江西，浙江东、西八道行营节度，从《通鉴》。出镇临淮，郡，即泗州，见第五章第八节。而以殿中监李若幽淮南王神通玄孙。为朔方、镇西、北庭、兴平、陈、郑等节度行营，及河中节度，镇绛州，见上节。赐名国贞。绛州素无储蓄；又民间饥，不可赋敛；将士粮赐不充。国贞屡以状闻，未报。突将王元振作乱，杀国贞。镇西、北庭兵屯翼城者，今山西翼城县。亦杀其节度使荔非元礼，而推裨将白孝德。朝廷因而授之。而绛州诸军，剽掠不已。朝廷忧其与太原乱军合，乃以郭子仪知朔方、河中、北庭、潞泽节度行营，兼兴平、定国等军副元帅，出镇绛州。诛元振及其党数十人。辛云京闻之，亦推按杀邓景山者。元振之党谋为乱。子仪子晞，选亲兵四千，伏甲以待之，晞不寝寐者七十日焉。是岁，四月，代宗立。六月，以兵部侍郎严武为西川节度使。《旧书·武传》云：上皇诰合剑南两川为一道，拜成都尹，充剑南节度使。《新书·方镇表》，合两川为一道，事在广德二年（764 年）。七月，兵马使徐知道发兵拒之。八月，为其将李忠厚所杀，西川乃平。初肃宗召来瑱赴京师，瑱乐在襄阳，讽其将吏留己，行及邓州，见第二章第七节。复令还镇，上闻而恶之。后荆南节度使吕諲，荆南节度，治荆州。淮西节度使王仲升及中官，皆言瑱曲收众心，久恐难制。乃割商、金、均、房，商州见上节。金州，今陕西安康县。均州见第四章第五节。房州见第四章第二节。别置观察，令瑱只领襄、邓、唐、复、郢、随六州。唐州见第五章第二节。随州见第四章第三节。瑱怨仲升构己，仲升见围于申州，见第四章第二节。瑱不救，仲升败殁。行军司马裴茙陈其状，且言瑱倔强难制，宜早除之。乃以瑱为淮西、河南十五州节度使，《旧传》。《通鉴》据《实录》作十六州。密敕茙代为襄、邓等州防御。瑱上言：淮西无粮，臣去秋种得麦，请俟收毕而行，而又讽属吏留己。会代宗即位，欲姑息，复以为山南东道节度使。裴茙未知，率兵赴襄阳，欲受代。瑱与副使薛南阳谋，拒之，禽茙送京师，赐死。八月，瑱入朝谢罪。以为兵部尚书、同平章事，知山南东道节度使。广德元年正月，乃削官爵，流播州，赐死于路。史谓由程元振之谮，“方镇由是解体，吐蕃入犯京畿，下诏征兵，诸道卒无至者”，实则瑱固罪有应得也。瑱行军司马庞充，统兵二千人赴河南，至汝州，见第二章第六节。闻瑱死，将士鱼目等回兵袭襄州。左兵马使李昭御却之。右兵马使梁崇义自邓州归，众推为主。崇义杀昭及薛南阳。上不能讨，以代瑱。十二月，《旧纪》。《新纪》在十一月。宦官广州市舶使吕太一反。逐其节度使张体，纵兵大掠，官军平之。二年七月，李光弼殁于徐州。《旧传》云：广德初，吐蕃入寇京畿，代宗诏征天下兵，光弼与程元振不协，迁延不至。朝廷方倚为援，恐成嫌疑，数诏问其母。吐蕃退，乃除光弼东京留守，以察其去就。光弼伺知之，辞以久待敕不至，且归徐州，欲收江淮租赋以自给。代宗还京，遣中使往宣慰。光弼母在河中，密诏郭子仪舆归京师。其弟光进，与李辅国同掌禁兵，委以心膂，至是为渭北节度使。光弼御军严肃，天下服其威名，及惧鱼朝恩之害，不敢入朝，田神功等皆不禀命。因愧耻成疾云云。元振、朝恩诚非佳人，光弼亦非纯臣。以其不勤王，不入朝，悉蔽罪于元振、朝恩，更非公允。田神功本安、史余孽。平刘展后，迁为汴、宋等八州节度，而逗留扬州不时往，盖河南时遭破坏，贪扬州之富庶，闻光弼至临淮，乃归河南，原非心服。然光弼之据徐州，欲收江淮租赋，与神功亦何以异？《旧书·穆宁传》：上元二年（761年），佐盐铁转运使。光弼以饷运不继，扬言欲杀宁。宁直抵徐州见光弼，喻以大义，不为挠折。光弼深重宁，宁得行其职。此已属不成事体。《陈少游传》云：建中四年十月，驾幸奉天。度支汴宋使包佶在扬州，尚未知也。佶判官崔沅，遽报少游。佶时所总赋税钱帛，约八百万贯。少游先使其判官崔颁就佶强索其纳给文历，并请供二百万贯钱物，以助军费。佶答曰："所用财物，须承敕令。"颁勃然曰：中丞若得为刘长卿，不尔为崔众矣。长卿尝任租庸使，为吴仲孺所困，崔众供军吝财，为光弼所杀，故颁言及之。佶大惧，不敢固护，财帛将转输入京师者，悉为少游所夺。然则竟有以供饷不如意，而为光弼所贼者，更复成何事体？当时朝廷经费，深赖江淮，果为光弼所擅，复何以自给邪？光弼既殁，诏以宰相王缙都统河南、淮西、山南东道诸节度行营事，兼东都留守。岁余，迁河南副元帅。缙，禄山之乱，选为太原少尹，与光弼同守太原，功效谋略，众所推先，盖取其能靖光弼之众也。永泰元年四月，严武卒。都知兵马使郭英干、知运子。都虞候郭嘉琳请用英干兄英乂。崔旰者，儒家子，喜纵横之术。尝从军剑南。宝应初，蜀中山贼拥绝县道，严武荐为利州刺史。今四川广元县。及武为西川，就山南西道节度张献诚求之。山南西道节度，治梁州。见第四章第二节。献诚者，守珪子，初陷安禄山，后又为史思明守汴，及东都平乃归国者也。献诚许之。武奏旰为汉州刺史、今四川广汉县。西山兵马使，与吐蕃战，有功。及是，与军众共请立大将王崇俊，朝以英乂代武。英乂诬杀崇俊，又召旰还成都。旰托备吐蕃未赴。英乂怒，出兵袭之。旰转入深山。直天大寒，士马冻死，英乂大败而迁。旰遂攻成都。英乂奔简州。今四川简阳县。普州刺史韩澄斩其首以送旰。普州，今四川安岳县。邛州衙将柏茂林，依《旧书·本纪》。《新书·崔宁传》作茂琳。《旧书·张鸿渐传》作柏贞节。邛州见第三章第五节。泸州衙将杨子琳，本泸南贼帅，见《新书·崔宁传》。泸州见第三章第七节。剑州衙将李昌巙，剑州见第四章第五节。各兴兵讨旰。剑南大乱，大历元年二月，以宰相杜鸿渐为西川节度使。又以张献诚为东川节度使，柏茂林为邛南防御使，崔旰为茂州刺史、茂州见第三章第四节。西山防御使。三月，献诚与旰战于梓州，败绩。鸿渐至成都，悉以军州事让旰，且表让旌节。朝廷不得已，以旰为西川节度，召鸿渐还京。又以柏茂林为邛州刺史，杨子琳为泸州刺史。三年四月，旰来朝，改名宁。子琳乘虚袭据成都。诏宁还镇。宁妾任氏，出家财募士，以逼子琳。子琳遁去。宁弟宽，时为留后。乃乘势复之。子琳既败，收余兵，沿江而下。入夔州，见第二章第七节。杀别驾张忠。朝廷以其本谋近忠，授峡州刺史，移澧州镇遏使。是岁二月，商州兵马使刘洽杀其防御使殷仲卿，寻讨平之。八月，辛云京卒，以王缙为河东节度。太原旧将王无纵、张奉璋等恃功，每事多违约束，缙一朝悉召斩之。十二月，马璘自邠宁移镇泾州。众惮迁，刀斧将王童之作乱。兵马使段秀实斩之，及其党十余人以徇。曰："敢后徙者族。"乃迁于泾。五年四月湖南都团练观察处置使、潭州刺史崔瓘为兵马使臧玠所杀。潭州见第四章第二节。澧州刺史杨子琳起兵讨之，取赂而还。六年四月，子琳来朝，赐名猷。八年九月，岭南节度使、广州刺史吕崇贲为部将哥舒晃所杀。九年正月，澧、朗两州镇遏使、澧州刺史杨猷擅浮江而下。至鄂州，即江夏郡，见第五章第一节。诏许赴汝州。泝汉而上。复、郢、襄等州皆闭城拒之。三月，以为洮州刺史。时洮州已陷吐蕃，盖以空名畀之也。五月，猷入朝，见《通鉴》。十年三月，河阳军乱，见第二章第五节。逐三城使常休明，迫牙将王惟恭为留后，军士大掠数日。诏以马燧为河阳三城使。陕州军乱，见第二章第五节。逐观察使李国清，纵兵大掠。国清卑辞遍拜将士，方免祸。会淮西节度使李忠臣入朝，过陕，命按之。将士慑其兵威，不敢动。忠臣设棘围，令军士匿名投库物。一日得万缗，尽以畀其从兵为赏。十一月，哥舒晃之叛，诏江南西道都团练观察使路嗣恭兼岭南节度使。嗣恭以伊慎为先锋，复始兴。今广东曲江县。又擢流人孟瑶、敬冕为将。瑶主大军当其前，而冕自间道轻入，招集义勇，得八十人，以挠其心腹。是月，遂破广州。擒晃，斩首以献。诛其同恶者万余人，俚洞之宿恶者，皆族诛之。湖南观察使辛京杲贪残。将王国良镇武冈，今湖南武冈县。豪富，京杲加以死罪。国良惧，散财聚众，据县以叛。诸道同讨，连岁不能下。德宗建中元年（780 年），以曹王皋代京杲，皋，太宗子曹王明之玄孙。乃谕降之。以上皆肃、代之世，藩镇跋扈之甚者也，而安、史余孽，为梗尤甚。

安、史之将降唐者，以其淄青节度使能元皓为最早。乾元元年二月。滑州刺史令狐彰次之。上元二年五月。滑州见第二章第六节。元皓降后，初为河北招讨使，后授齐州刺史，齐、兖、郓等州节度使。乾元元年九月。齐州，今山东历城县。兖州见第二章第六节。郓州见第二章第七节。移刺兖州，仍节度兖、郓。尝破史朝义之兵。上元二年四月。以上皆见《旧纪》。彰仍为滑州刺史，滑、卫、相、贝、魏、博六州节度使。卫州，今河南汲县，见第二章第六节。魏州，即魏郡，见第五章第七节。博州见第四章第二节。后名其军曰永平。彰以与鱼朝恩不协，不敢入朝，然临殁，悉以土地甲兵籍上朝廷，勒其子归东都。军士欲逼夺其长子建，建守死不从，事在八年二月。元和时，宰相李吉甫，犹以是请录用其后人焉。然能如是者卒寡，而河北遂终为唐室之患。宝应元年（762 年），史朝义之败也，其汴州将张献诚、相州将薛嵩、仁贵孙。恒州将张忠志、恒州，即镇州，见第二章第七节。忠志，范阳城旁奚，为范阳将张镇高假子。幽州将李怀仙、柳城胡，世事契丹。魏州将田承嗣相次来降。朝廷皆以元职授之。于是献诚为汴州节度使，后移山南西道，事已见前。嵩为相、卫、邢、洺、贝、磁六州节度使，邢州，今河北邢台县。洺州见第二章第六节。贝州见第五章第五节。磁州，今河北磁县。忠志为成德军节度使，统恒、赵、深、定、易五州，赵州见第二章第六节。深州，今河北深县。定州，今河北定县。易州见第二章第六节。赐姓名曰李宝臣。承嗣为魏、博、德、沧、瀛五州都防御使，旋亦晋为节度使。德州平原郡见第五章第七节。沧州见第二章第七节。瀛州见第四章第四节。怀仙仍故地，为卢龙节度使。《旧书·承嗣传》云：代宗遣仆固怀恩讨平河朔，帝以二凶继乱，郡邑伤残，屡行赦宥。凡为安、史诖误者，一切不问。时怀恩阴图不轨，虑贼平宠衰，欲留贼将为援，乃奏承嗣及李怀仙、张忠志、薛嵩等四人分帅河北诸郡。《新书·怀恩传》本之，说实自相矛盾。观能元皓、令狐彰、张献诚之降，朝廷皆授以元职，可知怀恩实承朝旨行事。《新书·承嗣传》云：承嗣之降，厚以金帛反间仆固玚将士。玚虑下生变，即约降。承嗣诈疾不出，玚欲驰入取之，承嗣列干刀为备，玚不得志。承嗣厚赂之以免。可知当时即欲便宜更易，亦不易也。王玄志之杀徐归道也，朝以为营州刺史、平卢军节度使。乾元元年二月。玄志卒，十二月。裨将李怀玉高丽人。杀其子，推侯希逸为平卢军使。希逸母，怀玉姑。朝廷因以为节度副使。初玄志使董秦渡海，与田神功攻平原、乐安，棣州乐安郡，在今山东惠民县南。下之。防河招讨使李锐承制以秦为平原太守。希逸数与范阳相攻，救援既绝，又为奚所攻，上元元年（760 年），乃悉举其军二万人袭破李怀仙，引而南。宝应元年（762 年），于青州北渡河，与淄青田神功、兖郓能元皓会于兖州。代宗因以为平卢、青、淄等六州节度，而移神功于兖、郓、青州节度，始有平卢之号。希逸好游畋，营塔寺，军州苦之。军士奉怀玉为帅。希逸奔滑州。召还京师，而以怀玉知留后，赐名正己。时永泰元年七月也。嵩、宝臣、承嗣收安、史余党，各有劲兵数万；治兵缮邑，擅署文武将吏，贡赋不入朝廷；又与正己及梁崇义结为婚姻；遂成尾大不掉之势矣。

大历三年六月，幽州兵马使朱希彩、经略副使朱泚、泚弟滔共杀李怀仙。李宝臣遣将攻之，为所败。朝廷不得已，宥之，以王缙领卢龙节度，希彩为留后。缙至幽州，度不可制，劳军旬日而还。遂以希彩为节度。七年七月，希彩又为其下所杀。朱滔时将衙内兵，潜使人于众中言曰："节度使非朱副使不可。"众从之。泚遂自称留后。朝廷因之，授以节度。八年正月，薛嵩卒，弟崿立，朝廷亦以留后授之。是岁八月，朱泚使其弟滔将兵五千诣泾州防秋。九年六月，身入朝。至蔚州，见第二章第七节。有疾。诸将请还。泚曰："死则舆尸而行。"诸将乃不敢言。九月，至京师。十年正月，表请留阙下。乃以滔知留后。观泚此时之情形，似已不能制滔矣。是月也，昭义兵马使裴志清逐薛崿，昭义，相、卫六州军名。以其众归田承嗣。承嗣声言救援，而实引兵袭取相州。又遣将取洺、卫，并据贝州。诏以华州刺史李承昭知昭义留后。宝臣、正己，皆与承嗣不协，表请讨之。乃贬承嗣为永州刺史，今湖南零陵县。命诸道出兵临其境，违即进讨。时朱滔方恭顺，与宝臣及河东薛兼训攻其北，正己与淮西李忠臣攻其南。承嗣部将多叛，乃使奉表请束身归朝。而宝臣、正己会师枣强，今河北枣强县。各享士卒，宝臣军赏厚，正己军赏薄，士卒多怨言，正己惧，引军退，宝臣军亦退。李忠臣闻之，亦释卫州之围。宝臣、滔攻贝州，不克，然承嗣将卢子期攻磁州，《旧书·宝臣传》作邢州，《通鉴》依《实录》作磁州。为宝臣及李承昭所擒。河南诸将，又破承嗣从子悦于陈留。见第五章第七节。承嗣惧。乃释所囚正己使，且籍境内户口兵粮之数奉之。正己喜，按兵不进。于是河南诸道，皆不敢进。承嗣又知范阳宝臣故里，常欲得之。乃勒石为谶曰："二帝同功势万全，将田作伴入幽燕。"密瘗宝臣境内。使望气者云："此中有玉气。"宝臣掘得之。宝臣、滔共攻沧州，承嗣使讽之曰："公取沧州，当归国。诚能舍承嗣之罪，请以沧州奉献，愿取范阳以自效。"宝臣喜，以为事合符命，遂与承嗣通谋。承嗣割州与之。宝臣密图范阳，承嗣亦陈兵境上。代宗使中贵人马承倩赍诏宣劳宝臣。将归，宝臣亲遗之百缣。承倩诟厉，掷出道中。宝臣顾左右有愧色。兵马使王武俊契丹怒皆部人。父路俱，开元中入居蓟。因说宝臣释承嗣为己资。宝臣乃选锐卒二千，掩滔不备，破之。承嗣闻宝臣与滔交锋，知其衅已成，乃旋军。使告宝臣曰："河内有警，不暇从公。石上谶文，吾戏为之耳。"宝臣惭怒而退。正己屡为承嗣上表，乞许其自新。十一年二月，承嗣复遣使上表。乃下诏赦其罪，复其官爵，听与家属入朝。而承嗣卒不至。田神功之徙兖、郓，史朝义犯宋州，神功败之，复徙汴、宋。宝应元年（762年）。入朝，大历八年（773年）。卒，弟神玉知留后。九年（774年）。是岁五月，神玉卒。都虞候李灵曜，杀兵马使孟鉴，北结承嗣为援。诏以永平节度使李勉兼汴、宋八州留后，勉，高祖子郑王元懿曾孙。灵曜为濮州刺史。濮州见第四章第六节。灵曜不受命，不得已，以为汴、宋留后。而承嗣复出兵攻滑州，灵曜亦擅以其党为八州刺史。诏勉与淮西李忠臣、河阳三城使马燧讨之。李正己及淮南陈少游，亦进兵击灵曜。汴宋兵马使李僧惠，灵曜之谋主也。宋州衙将刘昌遣僧神表潜说之。僧惠乃与汴宋衙将高凭、石隐金遣神表奉表诣京师，请讨灵曜。九月，以僧惠为宋州刺史，凭为曹州，见第二章第六节。隐金为郓州。李忠臣、马燧军于郑州，见第五章第八节。灵曜逆战，两军不意其至，退荥泽。今河南荥泽县。淮西军士溃去者十五六。忠臣欲引归，燧不可。忠臣收散卒复振。十月，与陈少游前军会。战于汴州，灵曜败，入城固守。承嗣又使其从子悦救灵曜，燧、忠臣败之。灵曜遁，至韦城，在今河南滑县东南。为永平将所获，送京师，斩之。燧知忠臣暴戾，以己功让之，不入汴城。忠臣果专其功。李僧惠与之争，忠臣击杀之。又欲杀刘昌，昌遁逃得免。十二月，以忠臣刺汴州。明年，复命讨田承嗣。承嗣复上表谢罪。诏又复其官爵，且令不必入朝。讨灵曜也，永平衙将刘洽乘其无备，入宋州。据《旧传》。《通鉴考异》云：盖李僧惠见杀，洽因据宋州。十月，以洽为宋州刺史，隶永平军。十四年二月，田承嗣死。承嗣有子十五人，以悦为才，使知军事，诏以为留后。李忠臣贪残好色，悉以军政委其妹婿节度副使张惠光，复以惠光子为衙将，皆暴横。三月，左厢都虞候李希烈忠臣族子。杀惠光父子，忠臣奔京师。诏以希烈为蔡州刺史，见第四章第二节。淮西留后李勉为汴州刺史，增领汴、颍二州。勉奏李澄为滑州刺史。

《新书·独孤及传》：代宗以左拾遗召，既至，上疏陈政曰："师兴不息十年矣。人之生产，空于杼轴。拥兵者第馆亘街陌，奴婢厌酒肉，而贫人羸饿就役，剥肤及髓。今天下惟朔方、陇西，有吐蕃、仆固之虞。邠、泾、凤翔兵，足以当之矣。自此而往，东洎海，南至番禺，西尽巴蜀，无鼠窃之盗，而兵不为解。倾天下之货，竭天下之谷，以给不用之军，为无端之费，臣不知其故。假令居安思危，自可扼要害之地，俾置屯将，悉休其余，以粮储扉屦之资，充疲人贡赋，岁可减国租之半。疗痈者必决之使溃，今兵之为患犹痈也，不以渐戢之，其害滋大，大而图之，必力倍而功寡，岂《易》不俟终日之义哉？"合上节所引郭子仪之言观之，可见是时养兵之弊也。

藩镇跋扈如此，小民穷迫无聊，内乱自不免时作。宝应元年（762年），台州贼帅袁晁台州，临海郡。见第四章第二节。攻陷浙东诸州，众至二十万。代宗使御史中丞袁傪讨之。傪使将王栖曜等破其众。李光弼亦遣将出讨。广德元年四月，禽之。张镐时为洪州观察使，洪州见第二章第三节。亦出兵屯上饶。今江西上饶县。镐又袭杀舒城杨昭。舒城，今安徽舒城县。击破新安沈千载。新安见第二章第四节。苏、常等州草贼，常州见第四章第二节。寇掠郡邑，代宗遣中使马日新与李光弼同讨。兖州人张建封见日新，愿自往说谕。日新从之。降其众数千。时江左兵荒，诏日新领汴、滑兵五千留镇。日新贪暴，为李庭兰所逐，劫其众进攻苏州，复为王栖曜所破。时又有张度，保阳羡西山累年。《新书·李栖筠传》。阳羡，今江苏宜兴县。永泰初，宣、饶方清、陈庄西绝江，劫商旅为乱。《新书·李芃传》。此在长江下游者也，其波澜且及于岭表。时频诏发岭南兵募隶鲁炅军，夷洞、夷僚乘之，相恐为乱。其首领梁崇牵及其党覃问等，诱西原贼帅张侯、夏永，西原，羁縻州，在今广西扶南县西南。攻陷城邑，据容州。治北流，今广西北流县。后徙普宜，今广西容县。前后刺史，皆寄治藤、梧，藤州，今广西藤县。梧州，今广西苍梧县。大历五年（770年），王翃为容州刺史、容管经略使。乃出私财，募将健，击斩其魁。时李勉为岭南节度，翃至广州见之，请其移牒诸州，并扬言出千兵援助。勉然之。翃乃以手札告谕藤、义等州同讨，义州，在今广西岑溪县东。遂擒崇牵，复容州故境。又遣将讨袭西原，部内渐安。番禺帅冯崇道，桂州叛将朱济时等番禺见第二章第七节，桂州见第二章第二节。阻洞为乱，前后累岁，陷没十余州。勉又遣将李观与翃并力讨斩之。后哥舒晃为乱，翃遣李宝悉所管兵赴援广州，覃问复招合夷僚来袭。翃伏兵擒之。

第四节　代宗政治

肃宗昏愚，代宗则颇阴鸷，观其倚李辅国以得位，旋即能除去辅国可知。程元振代辅国判元帅府行军司马，专制禁兵，不久，亦为代宗所除去。《旧书·元振传》曰：元振尝请托于襄阳节度使来瑱，瑱不从。及元振握权，征瑱入朝，瑱迁延不至。广德元年（763年），破裴茙，遂入朝，拜兵部尚书。元振欲报私憾，诬瑱之罪，竟坐诛。宰臣裴冕，为肃宗山陵使，有事与元振相违，乃发小吏臧私，贬冕施州刺史。瑱名将，冕元勋，既被诬陷，天下方镇皆解体。吐蕃、党项，入犯京畿，下诏征兵，诸道卒无至者。其辞之诬，显而易见。

参看上节。《传》又曰：代宗幸陕州，至行在，太常博士柳伉上疏，请诛元振以谢天下。代宗顾人情归咎，乃罢元振官，放归田里。《新书》载伉疏曰："犬戎以数万众犯关度陇，历秦、渭，掠邠、泾，不血刃而入京师，谋臣不奋一言，武士不力一战，提卒叫呼，劫宫闱，焚陵寝，此将帅叛陛下也。自朝义之灭，陛下以为智力所能，故疏元功，委近习，日引月长，以成大祸，群臣在廷，无一犯颜回虑者，此公卿叛陛下也。陛下始出都，百姓填然，夺府库，相杀戮，此三辅叛陛下也。自十月朔召诸道兵，尽四十日，无只轮入关者，此四方叛陛下也。内外离叛，虽一鱼朝恩以陕郡戮力，陛下能独以此守社稷乎？臣闻良医疗疾，当病饮药。陛下视今日，病何由至此乎？天下之心，乃恨陛下远贤臣，任宦竖，离间将相，而几于亡。必欲存宗庙社稷，独斩元振首，驰告天下；悉出内使隶诸州，独留朝恩备左右，陛下持神策兵付大臣；然后削尊号，下诏引咎，若曰：天下其许朕自新改过乎？宜即募士西与朝廷会。若以朕恶未悛邪？则帝王大器，敢妨圣贤，其听天下所往。如此而兵不至，人不感，天下不服，请赤臣族以谢。"其辞甚危，且近要胁，盖代宗授意外廷为之，以折宦寺之气也。元振家在三原。今陕西三原县。十二月，车驾还京，元振服衰麻于车中入京城，以规任用。与御史大夫王升饮酒，为御史所弹，诏长流溱州。在今四川綦江县南。此据《旧书·元振传》。《本纪》云：衣妇人服入京城，京兆府擒之以闻，乃下御史台鞫问。《新书·传》云：元振自三原衣妇衣私入京师，舍司农卿陈景诠家，图不轨，御史劾按，长流溱州。景诠贬新兴尉。元振行至江陵死。新兴郡，即新州，见第二章第七节。

元振虽除，鱼朝恩复炽。朝恩为观军容使，监卫伯玉军，已见第四章第八节。伯玉之为神策军节度使也，与陕州节度使郭英乂皆镇陕。其后伯玉罢，以英乂兼神策军节度。英乂入为仆射，军遂统于观军容使。代宗幸陕，朝恩举在陕兵与神策军迎扈，悉号神策军。

及京师平，朝恩遂以军归禁中，自将之，尚未与北军齿也。永泰元年（765年），吐蕃复入寇，朝恩又以神策军屯苑中。自是寖盛，分为左右厢，势居北军右。遂为天子禁军，非他军比。朝恩为天下观军容宣慰处置使，《旧书》本传。知神策军兵马使，《新书·兵志》。势遂浡乎不可御矣。朝恩姿狂妄。朝恩引轻浮后生处门下，讲《五经》大义，作文章，自谓才兼文武。永泰中，诏判国子监，遂侈然入学，执《易》升坐。诏会群臣计事，则诞辞折愧坐人。与郭子仪不协，则遣盗发其先冢。又谋易执政，以震朝廷。其人实无能为，盖尚非辅国，元振之比，特兵权在手，卒不易去而已。乃用其部将皇甫温为陕州刺史，以树外援。又以神策都虞候刘希暹、兵马使王驾鹤同掌禁兵。希暹讽朝恩，于北军置狱，召坊市凶恶少年，罗织城内富人，捕置狱中，忍酷考讯，录其家产，并没于军。举选之士，财货稍殷，客于旅舍，遇横死者非一。周智光者，本以骑射从军，朝恩镇陕州，与之昵狎，屡于上前赏拔，累迁华州刺史，同、华二州节度。华州见第二节，同州见第五章第八节。智光与鄜坊节度杜冕不协。鄜坊见第五章第八节。永泰元年（765年），吐蕃入寇，智光逐贼至鄜州，杀刺史张麟，坑冕家族八十一人，焚坊州庐舍三千余家。惧罪，召不赴命，遂聚亡命不逞之徒，众至数万，纵其剽掠，以结其心。大历元年十二月，又专杀前虢州刺史庞充。虢州见第四章第五节。劫诸节度使进奉贡物及转运米二万石。与皇甫温不协。监军张志斌自陕入奏，智光馆给礼慢，志斌责其不肃，智光大怒，叱下斩之，脔其肉以饲从者。淮南节度崔圆入觐，方物百万，智光强留其半。举选之士竦骇，或窃同州路以过，智光使部将邀斩于乾坑谷，横死者众。优诏以为尚书左仆射，遣中使持告身授之，智光受诏慢骂，因历数大臣之过。盖自有节度使以来，未有狂悖如此者。二年正月，密诏郭子仪讨之。帐下将斩其首来献。时淮西节度李忠臣入觐，次潼关，诏与神策将李大清同讨。忠臣遂入华州，大掠，自赤水至潼关，二百里间，畜产财物殆尽。赤水，渭水支流，源出渭南县。今县东有赤水镇。朝恩所用之人如此，其不可忍明矣，代宗乃倚元载以图之。

元载，才臣也。其为人怙势贪财，为宰相十五年，使纲纪大坏，其罪诚不可恕。然其所规画，确有足拯时弊者；而史言载之罪状，亦有诬辞，非尽实录也。《旧书·载传》云：载为度支郎中，姿性敏悟，善奏对，肃宗嘉之，委以国计，俾充使江淮，都领漕挽之任。征入，迁户部侍郎、度支使，并诸道转运使。会肃宗寝疾。载与李辅国善。辅国妻元氏，载之诸宗，因是相昵狎。会选京尹，辅国乃以载兼。载意属国柄，诣辅国恳辞。辅国识其意，然之。翼日，拜载同中书门下平章事。旬日，肃宗晏驾，代宗即位，辅国势愈重，称载于上前。载能伺上意，颇承恩遇。迁中书侍郎，同中书门下平章事。度支、转运，当时所重，见下。载既膺斯职，其势自足入相，何待辅国汲引?《萧华传》谓辅国矫命罢华，而以载代之，更近无稽。《新书》谓盗杀辅国，载阴与其谋，观辅国罢而载即加判天下行军司马，说殆可信。载固非守小信，不负辅国者，然代宗性甚阴鸷，载果依辅国以进，未必遽与之共谋辅国。观此，知谓载之入相由于辅国者必诬也。代宗既与载相契，乃又与共谋鱼朝恩。载乃用心腹崔昭为京兆尹，厚以财结皇甫温及射生将周皓。刘希暹觉帝旨，密白朝恩，朝恩稍惧，潜计不轨。载乃徙凤翔尹李抱玉节度山南西道，以温代节度凤翔，凤翔见第五章第八节。山南西道节度见上节。而留之京师，约与皓共诛朝恩。辄恩诛，温还镇陕。大历五年（770年）寒食，宴禁中，既罢，诏留朝恩议事，皓与左右擒缢之。帝隐之，下诏罢其观军容使，增封实户六百，内侍监如故。希暹代为神策军使，言不逊，王驾鹤白之，赐死，以驾鹤代将。《新书·兵志》。贾明观者，本万年县捕贼吏，万年县见第三章第一节。事希暹，恣为凶恶，家产巨万。载奏令江西效力。在洪州二年，洪州见第二章第三节。观察使魏少游容之。及路嗣恭代少游，乃笞杀之。《旧书·朝恩传》谓载受明观奸谋，《嗣恭传》云载受赂，亦近诬谤。载之定谋诛朝恩，以白帝，帝曰：“善图之，勿反受祸。”可知当时事势之危，固不宜多所诛戮，使反侧者不安也。

元载欲建河中为中都，以关辅、河东户税，入奉京师，别练兵，且城原州，以御吐蕃，已见第二节。《旧书·载传》云：自鱼朝恩就诛，志颇盈满，遂抗表请建中都。盖朝恩在，朝局如蜩螗沸羹，事无可为，故朝恩死而亟谋之，此可见其赴机之捷也。《传》又云：四镇、北庭行营节度，寄理泾州。大历八年（773年），蕃戎入邠宁，朝议以为三辅已西，无襟带之固，而泾州散地，不足为守。载尝为西州刺史，西州见第三章第六节。知河西、陇右要害。指画于上前曰：“今国家西境，极于潘原，唐县，在今甘肃平凉县东。吐蕃防戍，在摧沙堡，在今固原县西北。而原州界其间。草肥水甘，旧垒存焉。吐蕃比毁其垣墉，弃之不居。其西则监牧故地，皆有长濠巨堑，重复深固。原州虽早霜，黍稷不蓺，而平凉附其东，独耕一县，可以足食。请移京西军戍原州，乘间筑之，贮粟一年。戎人夏牧，多在青海，羽书覆至，已逾月矣。今运筑并作，不二旬可毕。移郭子仪大军居泾，以为根本。分兵守石门、木峡、陇山之关，皆在原州境。北抵于河，皆连山峻岭，寇不可越。稍置鸣沙县、见第四章第四节。安丰军，在灵州西。北带灵武五城，为之形势。然后举陇右之地，以至安西。是谓断西戎之胫，朝廷可安枕矣。”兼图其地形以献。又密使人逾陇山入原州，量井泉，计徒庸，车乘、畚锸之器皆具。此诚当日筹边之至计，惜其为田神功所沮也。而其用第五琦、刘晏以理财，所关尤巨。

唐自安、史乱后，度支艰窘。肃宗即位，恃率贷、税商贾、鬻告身、度牒、征臧物以给用。吐蕃逼，又收奉钱、率户、敛青苗、地头钱以饷军。《新书·食货志》：肃宗即位，遣御史郑叔清等籍江淮、蜀、汉富商右族訾畜，十收其二，谓之率贷。诸道亦税商贾以赡军。明年，叔清与宰相裴冕建议：诸道得召人纳钱，给空名告身，授官勋邑号。度道士、僧尼。纳钱百千，赐明经出身。商贾助军者给复。及两京平，又于关辅诸州纳钱度僧尼万人。及吐蕃逼京师，近甸屯兵数万，百官进奉钱，又率户以给军粮。至大历元年（766年），天下苗一亩税钱十五，市轻货给百官手力课，以国用急，不及秋，方苗青即征之，号青苗钱。又有地头钱，每亩二十，通名为青苗钱。又诏上都秋税分二等：上等亩税一斗，下等六升，荒田二升。五年（770年），始定法：夏，上田亩税六升，下田四升。秋，上田亩税五升，下田三升，荒田如故。青苗钱加一倍，而地头钱不在焉。《旧书·酷吏传》：毛若虚，肃宗收两京，除监察御史。审国用不足，上策征剥财货。有润于公者，日有进奉。渐见任用，称旨。每推一人，未鞫，即先收其家赀，以定赃数。不满望，即摊征乡里近亲。是时北方破坏已甚，完富之地，实惟江淮。唐之克平安、史，有江淮以给军实，实为一大原因，唐人所以重张巡、许远之功也。首建此策者为第五琦。琦为贺兰进明录事参军，奏事蜀中，得谒见。奏言："方今之急在兵，兵之强弱在赋，赋之所出，江淮居多。若假臣职任，使济军须，臣能使赏给之赀，不劳圣虑。"玄宗大喜。即日拜句当江淮租庸使。据《旧书》本传。《新传》以为肃宗所命误。寻加山南等五道度支使。税吴盐、蜀麻、铜冶，市轻货，由江陵、襄阳、上津路转至凤翔。上津路，在湖北郧西县西，通陕西之郇阳。乾元元年（758年），加度支郎中。寻兼中丞，为盐铁使。于是大变盐法，人不益税，而国用以饶。迁户部侍郎，兼御史中丞，专判度支，领河南等道支度，都句当转运、租庸、盐铁、司农、大府出纳、山南东西、江淮南馆驿等使。几于举全国财计，悉以委之矣。二年（759年），加同平章事。是年十一月，以铸大钱，谷价腾贵，又盗铸争起贬。兵部侍郎吕諲代掌度支。上元元年五月，諲罢，刘晏以户部侍郎充使。二年（761年），建子月，晏坐事免，元载以户部侍郎句当度支、铸钱、盐铁，并兼江淮转运。宝应元年（762年），同平章事，领使如故。六月，复以晏为户部侍郎，兼京兆尹，充度支、转运、盐铁、铸钱等使。旋兼河南道水陆转运都使。载之于晏，盖实知其才而用之。《旧书·载传》曰：载以度支、转运，职务繁碎，负荷且重，虑伤名，阻大位。素与刘晏相友善，乃悉以钱谷之务委之，荐以自代；未免以小人之腹，度君子之心矣。广德元年正月，晏以吏部尚书同平章事，领使如故。是岁十月，吐蕃陷京师，代宗幸陕。郭子仪请第五琦为粮料使，兼御史大夫，关内元帅副使。未几，改京兆尹。明年，晏以与程元振交通罢，琦遂专判度支，兼诸道铸钱、盐铁、转运、常平等使，盖倚子仪复起也？三月，复以晏领东都、河南、江淮、山南等道转运、租庸、盐铁使，盖载实左右之？《旧书·晏传》曰：时承兵戈之后，中外艰食。京师米价，斗至一千。禁军乏食，畿县百姓，乃挼穗以供之。晏至江淮，以书遗载，言浚汴水之利，有云：三秦之人，待此而饱；六军之众，待此而强。又云：京师、三辅百姓，惟苦税亩伤多，若使江湖米来，每年三二十万，即可顿减徭赋。又云：东都残毁，百不一存，若米运流通，则饥人皆附。又云：舟车既通，则商贾往来，百货杂集。可见浚汴之计，不惟益上，兼以利民。载主其事于中，故晏遂得行其志。史言自此岁运米数十万石，以济关中。盐法亦益精密。初岁入钱六十万贯，季年逾十倍，而人无厌苦。大历末，通计一岁征赋所入，总一千二百万贯，而盐利且过半。又言晏始以盐利为漕佣，不发丁男，不劳郡县，自古未之有。《旧书·食货志》。案历代空匮之际，取于民者，惟有二途：一曰加赋乃径取之于凡民。一则取之盐铁、征商等。虽亦辗转终归细民，较之径取，终为有间，故其治乱，亦以绝殊。汉武帝之诛求，宁减有明之末，然山东“盗”起，终克平定，而明末“流寇”，遂致不可收拾者？一筦盐铁，榷酒酤，行均输，算舟车，而一加三饷也。唐中叶之取民，实与桑、孔同揆，故安、史乱后，复获延其运祚百五十年。此事实始于第五琦，而成于刘晏。二人皆不愧畜聚之臣，然亦不能不互为起踣，盖唐人党争积习使然，载乃能维持调护而并用之。大历元年正月，分天下财赋、铸钱、常平、转运、盐铁置二使：东都畿内、河南、淮南、江东西、湖南、荆南、山南东道，晏领之；京畿、关内、河东、剑南、山南西道，琦领之。《旧书·食货志》。盖地广事繁，专掌或虞丛脞，分职则益见精专，此实理财之良策，然非载能兼容并苞，亦不能建是制也。夫岂有异术哉？载亦长于理财，乃不自用而用人，其休休有容之度，固有以致之也。而猥曰惮事繁责重，虑伤名阻位哉？五年（770 年），鱼朝恩败，琦坐累贬外，载兼判度支。敕言庶政宜归尚书。自王室多难，征求调发，率于权便裁之，新书从事，且救当时之急，殊非致理之道。今外虞既平，将明画一之法。魏、晋有度支尚书，校计军国之用，国朝但以郎官署领，办集有余。时艰之后，方立使额，参佐既众，簿书转烦，终无弘益，又失事体。其度支使及关内、河东、山南西道、剑南、西川转运、常平、盐铁等使宜停。于是悉以度支之务，归于宰相。此尤得塞利孔使归于一之道。然明年，复以韩滉为户部侍郎，判度支，盖积重之势难遽返也。《新书·滉传》云：自至德军兴，所在赋税无艺，帑司给输乾隐。滉检制吏下，及四方输将，犯者痛绳以法。会岁数稔，兵革少息，故储积谷帛稍丰实。滉为人无足取，见第七章第四、第六节。在是时固能臣也。载可谓能用人矣。

元载虽有才，然不能自饬，尤不能饬下。其为相也，与内侍董秀相结。中书主书卓英倩、李待荣用事。天下官爵，大者出载，小者自倩、荣。四方赍货贿求官者，道路相属。《旧书·崔祐甫传》。案求官者多赍货贿，此刘希暹、周智光所以欲贼举选之士也，可谓象有齿以焚其身矣。又《陈少游传》：除桂州刺史，欲规求近郡，时中官董秀掌枢密用事，少游乃宿于其里，候其下直，际晚谒之。从容曰："七郎家中，人数几何？每月所费复几何？"秀曰："久忝近职，家累甚重；又属时物腾贵；一月过千余贯。"少游曰："据此之费，奉钱不足支数日，其余常须数求外人，方可取济。傥有输诚供亿者，但留心庇覆之，固易为力耳。少游虽不才，请以一身独供七郎之费。每岁献钱五万贯。今见有大半，请即受纳，余到官续送，免贵人劳虑，不亦可乎？”秀既逾于始望，欣惬颇甚，因与之厚相结。少游言讫，泣曰：“南方炎瘴，深怆违辞，但恐不生还，再睹颜色矣。”秀遽曰：“中丞美才，不当违官，请从容旬日，冀竭蹇分。”时少游又已纳贿于元载子仲武矣。秀、载内外引荐，数日，拜宣州刺史。又云：少游初结元载，每年馈金帛约十万贯。桂州见第二章第四节。宣州见上节。妻王氏，忠嗣女。狠戾自专。子弟纵横，侈僭无度。尝请百官凡欲论事，皆先白长官，长官白宰相，然后上闻，《旧书·颜真卿传》。其怙权而不知远祸若此。代宗与舅左金吾大将军吴湊密图之。大历十二年三月，遣湊收载及宰相王缙。载赐自尽。妻、子亦皆赐死。董秀杖杀。卓英倩、李待荣皆处极法。并欲赐王缙死，刘晏、李涵等争之，涵御史大夫，时与晏同鞫载。乃贬括州刺史。括州，后改处州，今浙江丽水县。《旧书·缙传》云：载用事，缙卑附之，不敢与忤，然恃才与老，多所傲忽，为载所不悦；又云：心虽希载旨，然以言辞陵诟，无所忌惮；其实非载党可知，而帝遽欲并诛之，亦可见其天姿之深刻矣。载之败，与载厚善坐贬者数十百人。卓英倩弟英璘家金州，州人缘以授官者百余家。豪制乡曲，聚无赖少年以伺变。载诛，竟至盗库兵据险以叛。《新书·载传》。纪纲扫地如此，亦无怪在上者之猜疑也。

元载既诛，代宗用杨绾为相。《旧书·绾传》言：载秉政，公卿多附之，绾孤立中道，清贞自守。又云：载以绾雅望素高，外示尊重，心实疏忌。会鱼朝恩死，载以朝恩尝判国子监事，尘污太学，宜得名儒，以清其秩，乃奏为国子祭酒。实欲以散地处之，此亦所谓欲加之罪，其无辞乎者也。载伏诛，乃拜中书侍郎，同中书门下平章事。御史中丞崔宽，宁之弟，家富于财，有别墅，在皇城之南，池馆台榭，当时第一，即日潜遣毁拆。郭子仪在邠州行营，闻绾拜相，坐中音乐，减散五分之四。京兆尹黎干，每出入，驺驭百余，亦即日减损华骑，惟留十骑而已。其余望风变奢从俭者，不可胜数。此似虚辞称美，且过其实，然唐中叶后，纪纲扫地，文武臣僚，皆溺于侈靡，以致武官则拥兵自重，文官则政以贿成，实为致乱之原，肃清之道，固不能无藉乎齐斧，然有诸己而后求诸人，无诸己而后非诸人，所藏乎身不恕而欲喻诸人，纵可刑驱，终非心服，则举一清操拔俗者，以资表率，亦诚不可少也。是年五月，诏自都团练使外，悉罢诸州团练守捉使，又令诸使非军事要急，无得擅召刺史，及停其职务，差人权摄。又定诸州兵皆有常数。其召募给家粮、春冬衣者，谓之官健。差点土人，春夏归农，秋冬追集，给身粮酱菜者，谓之团结。《通鉴》。稍以法令约束武人，更为当务之急。史又言：时厘革旧弊，惟绾是瞻，则所欲行者尚多。夫固实有经纶，非徒雅望镇俗而已。惜绾夙有痼疾，居职旬日即中风，是年七月，遽薨。时与绾同相者为常衮。绾卒，衮遂独当政。《旧传》言绾弘通多可，衮颇务苛细。然又云：性清直孤绝，不妄交游。惩元载时贿赂朋党大行，不以财势者，无因入仕，乃一切杜绝之，中外百司奏请，皆执不与，则亦不失为贤者。代宗初藉元载之权谲，及其败，复能用绾与衮以矫之，可谓知所务矣。故代宗实非昏愚之主也。

然代宗迷信佛教殊深，因此诒误政事，且耗财蠹国者亦极大，此则殊不可解。《旧书·王缙传》云：代宗初喜祠祀，未甚重佛。缙与元载、杜鸿渐喜饭僧徒，代宗问以福业报应，由是奉之过当。尝令僧百余人于宫中陈设佛象，经行念诵，谓之内道场。其饮膳穷极珍异，出人乘厩马，度支具廪给。每西蕃入寇，必令僧讲诵《仁王经》。苟幸其退，则横加锡赐。胡僧不空，官至卿监，封国公，通籍禁中，势移公卿。争权擅威，日相陵夺。京畿之丰田美利，多归于寺观。僧徒藏奸蓄乱，败戮相继，而信心不易。乃诏天下官吏：不得箠曳僧尼。五台山有金谷寺，铸铜为瓦，涂金于上，照耀山谷，计钱巨亿。五台山，在今山西五台县东北。缙为宰相，给中书符牒，令山僧数十人，分行郡县，聚徒讲说，以求货利。代宗七月望日，于内道场造盂兰盆，饰以金翠，所费百万。又云："缙等对扬启沃，必以业果为证。以为国家庆祚灵长，皆福报所资。业力已定，虽小有患难，不足道也。故禄山、思明，毒乱方炽，而皆有子祸；仆固怀恩将乱而死；西戎犯阙，未击而退；此皆非人事之明征也。"帝信之愈甚。公卿大臣，既挂以业根，则人事弃而不修。大历刑政，日以陵迟，有由然也。《新书·食货志》曰：时回纥岁送马十万匹，酬以缣帛百余万匹，而中国财力屈竭，岁负马价。河湟六镇既陷，岁发防秋兵三万戍京西，资粮百五十余万缗。鱼朝恩擅权，代宗与元载日夜图之。及诛，帝复与载贰。君臣猜间，边计兵食，置而不议者几十年。而诸镇擅地，结为表里。天子颛留意祠祷，焚币玉，写浮屠书，度支禀赐僧巫，岁以巨万计。生于其心，害于其政，亦可谓甚矣。帝性阴鸷，殊非迷信之徒。而时黎干用左道位至京尹，尝内集众工，编刺珠绣为御衣，既成而焚之，以为禳禬，且无虚月，则所信者又不独佛，此真不可解。岂以争位贼其三弟，有慊于中而然邪？《新书·文艺传》：史思明陷洛阳，有诏幸东京，将亲征，苏玄明时知制诰，上疏言：每立殿廊，旌旗之下，饿夫执殳，仆于行间者，日见二三，市井馁殍，求食死于路旁者，日见四五。三公已下，廪稍匮绝，将士粮赐，仅支日月；而中官冗食，不减往年；梨园杂伎，愈甚今日。肃宗之昏愚如此，代宗能连去李辅国、程元振、鱼朝恩，且能用杨绾，可谓差胜乃父，然其佞佛之妄费，则恐又加甚厚矣。

第七章　德宗事迹

第一节　德宗初政

大历十四年（779 年）五月，代宗崩。子德宗立，即雍王适也。代宗为广平王时，正妃曰崔氏。母，杨贵妃姊韩国夫人也。生郑王邈，为代宗次子。长子即德宗。母沈氏，追谥睿真皇后。开元末，以良家子选入东宫，肃宗以赐广平王。天宝元年（742 年），生德宗。代宗即位，为天下兵马大元帅，讨史朝义。广德二年（764 年），立为皇太子。《旧书·后妃传》言：崔妃挟母氏之势，性颇悍妒。及西京陷贼，母党皆诛，妃从王至灵武，恩顾渐薄，达京而薨。沈氏，禄山之乱陷于贼，被拘于东都掖庭。代宗收东都见之，留于宫中。史思明再陷河洛，失所在。崔妃之薨，独孤氏以姝艳进。即位，册为贵妃。生韩王迥，代宗第七子也。邈，宝应元年（762 年）封郑王。大历初，代德宗为天下兵马元帅，八年（773 年）薨，由是罢元帅府，八年依《新书》本传。《旧书·传》作九年，而《本纪》亦在八年，盖元帅府之罢在九年，追书之也。子舒王谊，德宗养为子，则邈之地位，实与诸昆弟殊。其不立，非因母之失爱，德宗盖亦以总戎，获居储位也。《新书·元载传》言：帝为太子，实用载议，故兴元元年（784 年），诏复其官，听改葬。《黎干传》曰：德宗在东宫，干与宦者刘忠翼阴谋，几危宗嗣。及即位，又诡道希进，密乘车谒忠翼。事觉，除名长流，俄赐死蓝田驿。见第二章第六节。忠翼，本名清潭，与董秀皆有宠于代宗。当盛时，爵赏在其口吻。掊冒财贿，赀产皆累巨万。至是，积前罪，并及诛。《旧书·刘晏传》曰：时人风言代宗宠独孤妃，爱韩王迥，晏密启请立独孤为皇后。杨炎因对扬，流涕奏言："赖祖宗福佑，先皇与陛下，不为贼臣所间。不然，刘晏、黎干辈，摇动社稷，凶谋果矣。今干已伏罪，晏犹领权，臣为宰相，不能正持此事，罪当万死。"崔祐甫奏言："此事暧昧，陛下已廓然大赦，不当寻究虚语。"其说信否不可知，然当时外间有储位动摇之说，则必不诬矣。独孤之死，亦追谥为皇后，可见其宠幸之深。其死在大历十年（775年），此储位之所以获安欤？

德宗即位之初，即罢诸处岁贡。又减宫中服御常贡。诞日亦不纳中外之贡，惟李正己、田悦各献缣三百匹，受之，以付度支。禁天下不得贡珍禽异兽。放四方鹰犬。文单国所献舞象三十二，令放荆山之阳。胡三省曰：此荆山在唐京兆富平县界。案富平，今为县，属陕西。出宫女百余人。停梨园伎及伶官之冗食者三百人，留者皆隶太常。罢内出盂兰盆，不命僧为内道场。且诏自今更不得奏置寺观及度人。建中元年（780年），十一月朔，朝集及贡使见于宣政殿。兵兴已来，四方州府不上计，内外不朝会者二十有五年，至此始复旧制。永泰已来，四方奏计未遣，上书言事忤旨，及蕃客未报者，常数百人，于右银台门置客省以处之，岁给廪料万二千斛，《通鉴》作万九千二百斛。至是罢之。王府六品已上官，及诸州县有司可并省，及诸官可减者，量事并省。举先天故事，非供奉侍卫之官，自文武六品已上清望，每日二人，更直待制，以备顾问。又尝诏中书、门下两省分置待诏官三十，事未克行，见新旧《书·沈既济传》。禁百官置邸贩鬻。士庶田宅、车服逾制者，有司为之法度。毁元载、马璘、刘忠翼之第，以其雄侈逾制也。中官邵光烈送淮西旌节，李希烈遗缣七百匹，事发，杖六十配流，由是中官不敢受赂。以上皆见《旧书·本纪》。前代弊政，几于一扫而空，宜乎当时之想望太平也。

其于军事，亦有整顿。神策都知兵马使王驾鹤，掌禁兵十余年，以白志贞代之。郭子仪以司徒、中书令领河中尹、灵州大都督、单于、镇北大都护、关内、河东副元帅、朔方节度、关内支度、盐池六城水运大使、押蕃部及营田、及河阳观察等使。性宽大，政令颇不肃。代宗欲分其权而难之，久不决。德宗立，诏尊子仪为尚父，加太尉兼中书令，所领副元帅、诸使悉罢。以其裨将李怀光为河中尹、邠、宁、庆、见第三章第一节。晋、见第四章第一节。绛、见第六章第二节。慈、今山西吉县。隰今山西隰县。节度使，常谦光为灵州大都督、西受降城、东中西三受降城，见第三章第二节。定远、定远城，在今甘肃平罗县东南。天德、在今内蒙古包头附近。盐、见第五章第八节。夏、见第二章第二节。丰见第四章第三节。等军州节度使，浑瑊为单于大都护、东中二受降城、振武、见第三章第二节。镇北、绥、今陕西绥德县。银、在今陕西米脂县西北。麟、见第五章第二节。胜见第二章第二节。等军州节度使，以分领其任焉。

即位之初，贬常衮，以崔祐甫为相。旋以祐甫荐相杨炎。旧制：天下财赋，皆纳于左藏库，而太府四时以数闻，尚书比部，覆其出入，上下相辖无失遗。及第五琦为度支盐铁使，京师多豪将，求取无节，琦不能禁，乃悉以租赋进大盈库，以中人主之。天子以取给为便，故不复出。以天下公赋，为人主私藏，有司不能窥其多少，国用不能计其赢缩。中官以冗名持簿书领其事者三百人，皆奉给其间，连结根固不可动。炎请出之，以归有司。租庸之法久弊。至德后，军国之用，仰给于度支、转运。四方征镇，又自给于节度、都团练使。赋敛之司，莫相统摄。朝廷不能覆诸使，诸使不能覆诸州。四方贡献，悉入内库。权臣猾吏，因缘为奸。或公托进献，私为臧盗，动以万计。科敛之名数百，废者不削，重者不去。炎请作两税法，以一其名。《新书·本纪》：建中元年二月丙申，初定两税，而《旧书·本纪》，是年正月赦诏，已云自艰难已来，征赋名目颇多，今后除两税外，辄率一钱，以枉法论。盖规制之详，颁于二月，而并诸科敛为两税，则早定于正月之前也。两税之法，重在并废无名之赋，犹明世之一条鞭也。此二事，诚救时之亟务也。而其于边事，亦有措画。

初，泾州马璘卒，以其行军司马段秀实代之。大历十一年（776年）。凤翔李抱玉卒，以朱泚兼陇右节度，知河西泽潞行营。十二年（777年）。及是，杨炎继元载之议，欲城原州，秀实不同。炎乃以李怀光兼四镇北庭行营泾原节度使，移军原州，而以四镇北庭留后刘文喜为别驾。文喜不受诏。求复秀实，不则以朱泚。诏以泚代怀光。文喜又不受诏，遣子为质于吐蕃以求援，命泚、怀光同讨。久之不拔。天方旱，群臣多请罢兵。上皆不听，曰："微孽不除，何以令天下？"文喜使其将刘海宾入奏事，请姑与之节，文喜必怠，臣必枭其首来献。上曰："惟名与器，不可以假人。尔能立效固善，吾节不可得也。"于是泾州诸将，共杀文喜以降。虽原州卒不果城，然威令固已少申矣。原州之不克城，乃由炎罢相太速，不则其功未尝不可成也。《旧书·炎传》又言炎献议开丰州陵阳渠，发京畿人夫就役，闾里骚扰，事竟无成。《新书·食货志》云：初度支岁市粮于北都，以赡振武、天德、灵武、盐、夏之军，费钱五十六万缗，溯河舟溺甚众。建中初，杨炎请置屯田于丰州，发关、辅民凿陵阳渠以增溉。京兆尹严郢以为不便。疏奏，不报，渠亦不成。然振武、天德，良田广袤千里，元和中，振武军饥，宰相李绛请开营田；又灵武、邠、宁，土广肥而民不知耕，太和末，王起奏立营田；后党项大扰河西，邠宁节度使毕諴亦募士开营田；效皆甚著，则炎之开陵阳渠，亦未为失策也。北都，太原。

唐代党争，人徒知指目牛、李，而不知其由来甚久。褚遂良与刘洎、李林甫与李适之皆是也。此等争阋，实无纯是纯非，而修史者亦不能不涉党派，有偏见，虽在后世亦然，史料传自当时，更无论矣。故所传之语，或多不可信。读史者于此，当详考始末，就事论事，各判其是非；不则信以传信，疑以传疑；不能随声附和，亦不应力求翻案也。杨炎与刘晏之相厄，亦其一事矣。《旧书·德宗纪》：帝即位后，以韩滉为太常卿，刘晏判度支、盐铁、转运等使。初晏与滉分掌天下财赋，至是晏都领之。《通鉴》云：德宗素闻滉掊克，故罢其利权。建中元年正月，诏顷以兵革未息，权立使名。朕以征税多门，乡邑凋耗，听于群议，思有变更。晏所领使宜停。天下钱谷，委金部、仓部，中书门下拣两司郎官，准格式调掌。二月，贬晏为忠州刺史。今四川忠县。三月，以谏议大夫韩洄滉弟。为户部侍郎，判度支。时将贬刘晏，罢使名归尚书省本司，今又命洄判度支，金部郎中杜佑权句当江淮水陆运使，一如刘晏、韩滉之制，盖杨炎之排晏也。《炎传》云：元载自作相，常选擢朝士有文学才望者一人厚遇之，将以代己。初引礼部郎中刘单。单卒，引吏部侍郎薛邕。邕贬，又引炎。亲重无与为比。案此亦为天下得人之盛心，未可以其怙权黩货而抹杀之也。载败，坐贬道州司马。今湖南道县。初载得罪，刘晏讯劾之，载诛，炎亦坐贬，故深怨晏。欲贬晏，先罢其使。既构晏之罪，贬官，司农卿庾准与晏有隙，乃用为荆南节度使，荆南见第六章第三节。讽令诬晏以忠州叛，杀之，事在七月。妻子徙岭表。朝野为之侧目。李正己上表请晏罪，指斥朝廷。炎惧，乃遣腹心分往诸道。声言宣慰，意实说谤。且言晏之得罪，以昔年附会奸邪，谋立独孤妃，上自恶之，非他过也。或密奏炎遣使往诸镇者，恐天下以杀晏之罪归己，推过于上耳。乃使中人复炎辞于正己。还报信然。自此德宗有意诛炎矣。乃擢用卢杞为门下侍郎平章事。炎转中书侍郎，本门下侍郎。仍平章事。杞无文学，仪貌寝陋，炎恶而忽之。杞亦衔恨。属梁崇义叛，德宗欲以李希烈统诸军讨之，炎固言不可，上不能平。会访宰相群臣中可大任者，卢杞荐张镒、严郢，而炎举崔昭、赵惠伯。上以炎论议疏阔，遂罢为左仆射。建中二年七月。杞知严郢与炎有隙，引为御史大夫。炎子弘业，多犯禁、受赂、请托，郢按之，兼得其它过。初炎将立家庙，先有私第在东都，令河南尹赵惠伯货之，惠伯市为官廨。郢奏追捕惠伯诘案。御史以炎抑吏货市私第，贵估其宅，贱入其币，计以为臧。开元中，萧嵩将于曲江南立私庙，曲江，在长安东南。寻以玄宗临幸之所，恐非便，罢之，至是，炎以其地为庙。有飞语者云“此地有王气”，故炎取之。《通鉴》以此言即出卢杞，亦近莫须有。上愈怒，遂谪炎为崖州司马。事在十月。崖州见第四章第二节。去州百里赐死。惠伯坐贬费州多田尉，费州．在今贵州德江县东南。多田，在今思南县西北。寻亦杀之。按炎之构杀刘晏，诚为过当。然使名之立，本系权宜，故代宗已有并职宰相之举。韩洄、杜佑之再用，《旧书·食货志》谓由出纳无统；《洄传》云由废职罢事久，无纲纪，徒收其名，而莫综其任；与代宗之不卒其事正同。炎败未几，洄亦贬谪，而以杜佑代判度支，则并与刘晏之都领同矣。此皆积重难变使然，不得以私意度之。然则谓炎之罢使，专为报晏，恐近深文。晏之死，于李正己何涉焉，而为之奏请其罪？德宗初立，未任中人，又岂因此而遣其往覆宰相？炎与元载莫逆，其事较然，然或善其谋猷，不必尽出私意。载既亲重炎，其谋猷有出于炎者，亦未可知也。刘晏与炎，相继覆败，其必出于党争倾陷可知，亦何至皆入死罪？则其所以陷之，必尚有不可知者。史之所传，特表面语耳，然而德宗之猜忍，则于此可见矣，贞元后之失政，非无故也。

吐蕃为患，是时可谓深切，既不能攘斥，则一时权计，实在和戎。而自大历中，聘使数辈，皆留之不遣，俘获其人，必遣中官部统，徙之江、岭，此无益于威敌，适足以召怨也。德宗即位，乃征其俘囚五百余人，使韦伦统还其国，与之约和。时南诏阁罗凤，以其子凤迦异前死，立其孙异牟寻。是岁十月，与吐蕃俱入寇。一入茂州，见第二章第四节。一趋扶、文，扶州，在今甘肃文县西。文州，今文县。一趋黎、雅，黎州见第三章第四节。雅州见第二章第四节。

连陷郡邑。德宗促崔宁还镇。杨炎曰:“必无功，是徒遣也;若有功，义不可夺;则西川之奥，败固失之，胜亦非国家所有。今朱泚所部，戍在近甸，令与禁兵杂往，举无不捷。因是役，得置亲兵纳其腹中，蜀将必不敢动，然后换授他帅，是因小祸受大福也。”帝曰:“善。”即止宁，而发禁兵四千，使右神策都将李晟将，邠、陇、范阳兵五千，使金吾大将军曲环将，击吐蕃、南诏，破之。于是罢宁西川节度使，代以张延赏。《旧书·延赏传》云:自天宝末，杨国忠用事南蛮，三蜀疲弊;属车驾迁幸;其后郭英乂淫崔宁之室，遂纵宁、杨琳交乱;及宁得志，复极侈靡;故蜀土残敝，荡然无制度。延赏薄赋约事，动遵法度，仅至富庶焉。崔宁野心，亦因此终克除去，不可谓非因祸而为福，转败而为功也。宁罢西川，制授检校司空、同中书门下平章事、御史大夫、京畿观察使，兼灵州大都督、单于、镇北大都护、朔方节度等使，兼鄜坊、丹延都团练观察使。每道皆置留后，自得奏事。朱泚之乱，至奉天，见杀。《旧书》本传云:上卒迫行幸，百寮诸王，鲜有知者。宁后数日自贼中来。上初甚喜。宁私谓所亲曰:圣上聪明，但为卢杞所惑至此。杞闻之，潜与王翃图议，谓其至奉天时顾望，又迫其朔方掌书记康湛作宁遗朱泚书。云令江淮宣慰，召至朝堂，使二力士缢杀之。此亦诬罔，宁固不可不除也。丹州，今陕西宜川县。延州，今陕西肤施县。时吐蕃赞普曰乞力赞，发使随韦伦来，中国又命崔汉衡往使，建中二年三月。及建中四年（783 年）而和议成。吐蕃所争者:（一）敕云所贡献物并领讫，今赐外甥少信物，至领取，为以臣礼相处。（二）灵州之西，请以贺兰山为界。胡三省曰:《五代志》:灵武弘静县有贺兰山。弘静县，唐改为保静。案唐保静县故城，今接甘肃灵武界。（三）盟约依景龙二年（708 年）敕，唐使到彼，外甥先与盟，蕃使到，阿舅亦亲与盟。要汉衡遣使奏定。汉衡使判官常鲁还奏，帝为改敕书，以贡献为进，赐为寄，领取为领之;定界、盟并从之。是年四月，张镒自宰相出为陇右节度使，与其相尚结赞盟于清水。今甘肃清水县。七月，又以李揆为入蕃会盟使，而命宰相李忠臣等与其相区颊赞盟于京城之西。玄宗时，以吐蕃求亢礼，和议不就，此时既许为敌国，而两国疆界，又就见有之地分画，中国所守界，在泾、陇、凤州。蕃国守镇，在兰、渭、原、会，西至临洮，东至成州。剑南以西山，大度河为界。黄河以北，从故新泉军直北至大碛，南至贺兰山骆驼岭，中间悉为闲田。见《旧书·吐蕃传》。《张镒传》同。凤州，今陕西凤县。会州，在今甘肃靖远县东北。临洮见第四章第四节。成州见第二章第二节。新泉军，当在今内蒙古东北境。中国所失实多。然是时东方业已兵连祸结，势亦不得不然矣。《旧书·吐蕃传》云：其大相尚结息，以尝覆败于剑南，思雪耻，不肯约和。次相尚结赞，言于赞普，请定界明约，以息边人。赞普然之。竟以结赞代结息为大相，终约和好。《崔汉衡传》同。韦伦之至吐蕃，乞立赞言："不知皇帝舅圣明继立，已发众军，三道连衡。今灵武之师，闻命辍已，而山南、蜀师，追且不及，以是为恨。"然则时主灵武之师者为尚结赞，主山南、蜀之师者，则尚结息也。灵武罢兵，既缘召命，则和意亦未必专出结赞，此其它日所以又为败盟之首欤？

回纥：德宗立，使中人告哀，且修好。时九姓胡劝可汗入寇，可汗欲悉师向塞。宰相顿莫贺达干谏，不听。顿莫贺怒，因击杀之。《通鉴》云：顿莫贺，登里从父兄。并屠其支党及九姓胡，几二千人。即自立为合骨咄禄毗伽可汗。使从使者入朝。建中元年（780年），诏京兆尹源休册为武义成功可汗。始回纥至中国，常参以九姓胡，往往留京师，至千人，居赀殖产甚厚。会酋长突董、翳密施、大、小梅录等还国。装橐系道。留振武三月，供拟丰珍，费不赀。军使张光晟阴伺之，皆盛女子以橐。光晟使驿吏刺以长锥，然后知之。已而闻顿莫贺新立，多杀九姓，胡人惧，不敢归，往往亡去。突董察视严急。群胡献计于光晟，请悉斩回纥，光晟许之。即上言："回纥非素强，助之者九胡耳。今其国乱，兵方相加，而虏利则往，财则合，无财与利，一乱不振。不以此时乘之，复归人与币，是谓借贼兵、资盗粮也。”乃使裨校阳不礼。突董果怒，鞭之。光晟因勒兵尽杀回纥群胡。收橐驼、马数千，缯锦十万。且告曰：“回纥挟大将，谋取振武，谨先诛之。”部送女子还长安。帝召光晟还，以彭令方代之。遣中人与回纥使往言其端。因欲与虏绝，敕源休俟命太原。明年乃行。因归突董等四丧。突董，可汗诸父也。休等留五旬，卒不见可汗。可汗传谓休曰：“国人皆欲尔死，我独不然。突董等已亡，今又杀尔，犹以血濯血，徒益污。吾以水濯血，不亦善乎？为我言：‘有司所负马直一百八十万，可速偿我。’”遣散支将军康赤心等随休来朝贡。帝隐忍，赐以金缯。回纥时已衰敝，《通鉴》云：初回纥风俗朴厚，君臣之等不甚异，故众志专一，劲健无敌。及有功于唐，唐赐遗甚厚，登里可汗始自尊大，筑宫殿以居，妇人有粉黛文绣之饰。中国为之虚耗，而虏俗亦坏。绝之未为不可，然中国未宁，安能恶于虏？则姑隐忍之，亦未为非计也。

第二节　东方藩镇之变

德宗初政，可谓能起衰振敝，然而终无成功者，则以是时藩镇之力太强，朝廷兵力、财力皆不足，而德宗锐意讨伐，知进而不知退，遂致能发而不能收也。

先是李正己、李宝臣、田承嗣、梁崇义，各聚兵数万，连衡盘结以自固。闻诏旨将增一城，浚一池，必皆怨怒有辞，则为之罢役，而自于境内治兵缮垒以自固。代宗时，河朔诸道健步奏计者，必获赐赉，德宗立，皆空还，多怨。此等细故，似不足致诸镇之叛，然诸镇之叛，原无深谋远计，特为群小所荧惑耳。此等细故，在当日亦必为扇乱之一因，故时人有是言也。刘文喜诛，四盗俱不自安，乱机稍迫矣。《旧书·德宗本纪》。《阳惠元传》同。建中二年正月，李宝臣卒，子维岳求袭，不许，遂自为留后，与田悦、李正已潜谋拒命。会汴城隘，广之，东方讹言上欲东封，正已惧，发兵屯曹州，田悦亦加兵河上。诏移京西兵万二千人，以备关东，亲誓师而遣之。永平旧领汴、宋、滑、亳、陈、颖、泗七州，亳州、陈州见第三章第七节。颍州见第六章第三节。泗州见第五章第八节。分宋、颍、亳别为节度，以宋州刺史刘洽为之。以泗州隶淮南。又以东都留守路嗣恭为怀、郑、汝、陕四州，河阳三城节度使。怀州见第五章第八节。汝州见第二章第六节。以永平李勉都统洽、嗣恭二道，仍割郑州隶之。旋又以怀、郑、河阳副使李艽为河阳、怀州节度使，割东畿五县隶焉。梁崇义自猜阻，诏加同平章事，赐之铁券以安之。崇义不受命。乃使淮宁节度使李希烈讨之。大历十四年，淮西军赐号淮宁。杨炎谏，不听。田悦使其兵马使康愔围邢州，薛嵩之败，相、卫、洺、贝四州为田承嗣所据，而邢、磁二州及洺州之临洺县归于朝廷。临洺，在今河北永年县西。别将杨朝光断昭义救兵，而自围临洺。诏河东马燧、昭义李抱真讨悦。又遣李晟以神策军与俱。七月，燧等斩朝光，败悦，悦夜遁，邢州围亦解。时李正已卒，子纳擅领军务。悦使求救于纳及李维岳。维岳遣兵三千，纳遣兵万人助之。悦收合散卒二万，军于洹水。在今河北大名县西。淄青军其东，成德军其西，首尾相应。马燧帅诸将进屯邺，奏求河阳兵自助。诏李艽会之。八月，李希烈克襄阳，梁崇义自杀。诏以河中尹李承为山南东道节度使。希烈置之外馆，迫胁万端。承誓死不屈。希烈乃大掠阖境所有而去。初李宝臣以其子暗弱，多杀诸将之难制者，易州刺史张孝忠仅免。及是，朱滔使人说之。孝忠遂降。诏以为恒州刺史、成德节度使。十月，徐州刺史李洧归国。正已从父兄。徐州见第二章第六节。李纳遣将合魏博兵攻之。诏发朔方、神策兵，与滑州刺史李澄及刘洽往救。

十一月，大破之。淮南节度使陈少游又取纳海州。见第二章第七节。十二月，纳密州亦降。今山东诸城县。马燧等涉漳水，与田悦夹洹水而军。食乏，悦与淄青、成德之众，皆坚壁不战，以老王师。三年正月，燧令诸军趋魏州。悦等掩其后，诸军大败之。悦收残卒千余人，夜走魏州，其大将李长春不纳，而李抱真与马燧不和，顿兵不进，天明，长春乃开门纳悦，悦杀之，婴城拒守。时城中士卒，不满数千；死者亲戚，号哭满街。悦乃与诸将各断发，约为兄弟。悉发府库及敛富人财，得百余万，以赏士卒。贝州刺史邢曹俊，承嗣旧将也，悦初疏之，至是召之，使整部伍，缮守备，军复振。悦入城旬余，燧等始至。攻之，遂不能克。此为唐军一大失机，破竹之势失矣。然李纳军濮阳，今河南濮阳县。为河南军所逼，奔还濮州，濮州见第四章第六节。悦遣其将符璘送之，璘父令奇，命璘归国，璘遂与其副李瑶降于马燧。瑶父再春，亦以博州降。悦从父弟昂，又以洺州降。李纳虽再陷海、密，然李维岳遣兵与田悦将孟祐守束鹿，今河北束鹿县。为朱滔、张孝忠所拔，进围深州。贼兵势仍蹙也。维岳之始谋拒命也，其判官邵真尝劝其归国，惟岳不听。及是，复说之。惟岳然之。孟祐知其谋，使告田悦。悦使衙官扈岌让维岳。维岳又杀真而从之。发兵万人，与孟祐还攻束鹿。为滔、孝忠所败。其将康日知以赵州归国。兵马使王武俊，为宝臣所疑，而其子士真，为宝臣女夫，宿卫府中。维岳使武俊与步军使卫常宁击日知。闰月，武俊、常宁还袭维岳，士真为内应，遂杀维岳。深州刺史杨荣国，维岳姊夫也，降于朱滔。二月，定州刺史杨政义亦降。于是河北惟魏州未下；河南诸军攻李纳于濮州，纳势亦日蹙；事又垂定矣，而朱滔、王武俊之变作。

时以张孝忠为易、定、沧节度使，王武俊为恒、冀都团练观察使，康日知为深、赵都团练观察使，以德、棣隶朱滔，令还镇。剖成德之地，滔未有所得，而德、棣又当取诸淄青，心不平。请深州，不许，遂留屯不肯去。武俊亦憾张孝忠得节度而已不得，又失赵、定。时诏武俊以粮三千石与朱滔，马五百匹给马燧，又疑朝廷弱之。田悦使说滔，许赂以贝州。滔又使说武俊，许赂以深州。武俊遣其判官王巨源报使，即知深州。又使说张孝忠，孝忠不许。刘洽攻濮州，克其郛。李纳使判官房说以母弟经子成务入见。中使宋凤朝言纳势穷，不可舍，乃囚说等。纳遂归郓州，复与悦等合。朝廷以李洧为徐、沂、海都团练观察使，沂、海皆为纳所据，徒空名而已。纳都虞候李士真谗德州刺史李西华，纳即以士真代之。士真诈召棣州刺史李长卿，劫之与同归国。朱滔使其将李济时将三千人至德，声言助士真守，而召士真至深州留之。上遣中使发卢龙、恒、冀、易、定之兵讨田悦，王武俊不受诏，执使者送朱滔。滔谕其众南救魏，众不可。乃诛大将数十人，厚拊循其士卒。分兵营赵州，以逼康日知，而以深州授王巨源。武俊以子士真为恒、冀、深三州留后，将兵围赵州。滔将步骑二万五千南下，至束鹿，今河北束鹿县。士卒喧噪，欲归幽州，衙官蔡雄谕之，乃定。滔还深州，密诛为首者二百余人，乃复南下，取宁晋。今河北宁晋县。二镇显叛，而马燧与李抱真仍不和。抱真分麾下二千人戍邢州，燧怒其分兵自重，欲引兵归。李晟曲说燧，燧乃单骑造抱真垒，相与释憾结欢。会田昂请入朝，燧乃奏以洺州隶抱真，以昭义副使卢玄卿为刺史。李晟军先隶抱真，又请兼隶燧，以示协和。然亦未能遂下魏州也，而朱滔、王武俊之救复至。时李怀光兼朔方节度使。五月，诏以朔方、神策兵万五千东讨。怀光恃勇，初至，不待休息，即击之，败绩。滔等堰永济渠入王莽故河，《汉书·沟洫志》：禹酾二渠，一漯川，今河所流也。一北渎，王莽时绝，俗称为王莽河。以绝官军粮道及归路。马燧惧，使卑辞谢滔，请与诸节度归本道，奏天子，以河北委滔。滔欲许之。武俊不可。滔不从。七月，燧与诸军涉水而西，保魏县。属魏州，在今河北大名县西。魏州遂不可取。李晟请以所将兵北解赵州之围，与张孝忠分势围范阳，许之。此为涉险进取之策。晟趋赵州，王士真虽解围去，而与孝忠略恒州，为朱滔所败。晟复病，还定州。事在明年。河北相持之势成矣。诸镇中之兵势，盖以朱滔为最强。田悦、王武俊欲奉为主，臣事之。滔不可。幽州判官李子牟，恒、冀判官郑濡共议：请与郓州为四国，俱称王，而不改年号，如昔诸侯。筑坛同盟，有不如约者，众共伐之。十一月，滔遂称冀王，悦称魏王，武俊称赵王，纳称齐王。盖藉此以固辅车，求保其境土也。然其志亦止于此而已，而淮西之为患顾转烈。

先是唐以李希烈兼淄青节度，以讨李纳。希烈顾与纳通谋，欲袭汴州，又密与朱滔等交通。滔等称王之月，希烈亦移居许州。见第四章第五节。李纳亦数遣游兵度汴，以迎希烈。于是东南转输，皆不敢由汴渠，由蔡水而上。在浚仪。十二月，希烈自称天下都元帅、建兴王。四年正月，遣将袭陷汝州，执知州事李元平。参看下节。别将四出抄掠。又遣将据邓州。南路遂绝，贡献、商旅皆不通。朝廷先以曹王皋为江南西道节度使，治洪州。及是，复以哥舒曜翰子。为东都兵马兼汝州行营节度使，将凤翔、邠宁、泾原、奉天、好畤行营之兵万余人，以讨希烈。皆神策屯兵也。好畤，在今陕西干县西北。二月，克汝州。三月，皋拔黄、见第二章第七节。蕲州。见第五章第八节。希烈使其都虞候周曾攻曜。李承尝结曾以谋希烈。曾至襄城，今河南襄城县。还兵袭希烈。希烈知之，遣将袭杀曾。乃上表归咎曾等，引兵还蔡州。外示悔过，实待朱滔等之援也。四月，以白志贞为京城召募使，募禁兵以讨希烈。又加李勉淮西招讨使，以哥舒曜为之副。以荆南节度张伯仪为淮西应援招讨使。山南东道节度贾耽、江西节度曹王皋为之副。曜战不利，还屯襄城。八月，希烈围之。诏李勉与神策将刘德信救之。九月，又为所败。上以诸军不相统一，乃以舒王谟为荆、襄等道行营都元帅，更名谊。昭靖太子邈之子，见上节。将佐皆选一时之望。未行而泾师之变作矣。

第三节　泾师之变

德宗时国力之疲敝，首于其财政见之。《旧唐书·卢杞传》曰：度支使杜佑，计诸道用兵，月费百余万贯，京师帑廪，不支数月，且得五百万贯，可支半岁，则用兵济矣。杞乃以户部侍郎赵赞判度支。赞亦计无所施。乃与其党太常博士韦都宾等谋行括率。以为泉货所聚，在于富商，钱出万贯者，留万贯为业，有余，官借以给军，冀得五百万贯。上许之。约罢兵后以公钱还。敕既下，京兆尹韦桢，督责颇峻，人有自缢而死者。都计富户田宅、奴婢等估，才及八十八万贯。又以僦柜纳质、《通鉴》胡《注》：民间以物质钱，异时赎出，于母钱之外，复还子钱，谓之僦柜。积钱货、贮粟麦等，一切借四分之一，封其柜窖。长安为之罢市。计僦质与借商，才及二百万贯。德宗知下民流怨，诏皆罢之。《纪》在建中三年七月。明年建中四年（783 年）。六月，赵赞又请税间架、算除陌。凡屋，两架为一间，分为三等：上等间二千，中等千，下等五百。天下公私给与货易，率一贯旧算二十，益为五十。给与物或两换者，约钱为率。怨黩之声，嚣然满于天下。《食货志》曰：建中四年六月，户部侍郎赵赞请置大田。天下田计其顷亩，官收十分之一。择其上腴，树桑环之，曰公桑。自王公至于匹庶，差借其力，得谷、丝以给国用。诏从其说。赞熟计之，自以为非便，皆寝不下。复请行常平税茶之法。又以军须迫蹙，常平利不时集，乃请税屋间架、除陌钱。案常平之法，事在建中三年九月，见《志》上文及《本纪》。志载赞疏，引古轻重、平准之法以为言。自京城盐、米，推及两都、江陵、成都、扬、汴、苏、洪等州。兼置疋段丝麻，贵则下价出卖，贱则加价收籴。从之。赞于是条奏诸道要、都会之所，皆置吏阅商人财货，计钱每贯税二十；天下所出竹、木、茶、漆，皆十一税之；以充常平本。则竹、木、茶、漆之税，与常平原是一法；而后来除陌之率，亦因此时之商税而增。《志》云：时国用稍广，常赋不足，所税随时而尽，终不能为常平本。然则苛税之原，由于平准，本意不达，乃由兵事迫之，不可以为赞咎；公田之法，虽有计议，自谓不便，即寝不行；赞固非聚敛之臣也。《德宗纪》：建中元年（780年），户部计帐，赋入一千三百五万六千七十贯，盐利不在此限。大历末征税所入，总千二百万贯，盐利过半，已见上章第四节。其时盐利而外，赋入不过六百万缗，此时已增七百万，然合盐利计之，亦当不越二千万。《新书·食货志》云：杨炎作两税法，岁敛钱二千五十余万缗，米四百万斛以供外，钱九百五十余万缗，米千六百余万斛，以供京师，视建中元年（780年），所增又及其半。盖两税之成效？然以供是时之兵费，则固万无足理。《新书·食货志》又曰：是时诸道讨贼，兵在外者，度支给出界粮，每军以台省官一人为粮料使，主供给。士卒出境，则给酒肉。一卒出境，兼三人之费。将士利之，逾境而屯。兵事之广且久如彼，将士之自利又如此，朝廷衮职虽多预，天下军储不自供，度支又安能给之邪？

《新书·陆贽传》：贽见召为翰林学士。会马燧讨贼河北，久不决，请济师，而李希烈又寇襄城，诏问策安出。贽言："幽、燕、恒、魏，势缓而祸轻，汝、洛、荥、汴，势急而祸重。田悦覆败之余，无复远略；王武俊有勇无谋；朱滔多疑少决；互相制劫，急则合力，退则背憎，不能有越轶之患，此谓缓也。希烈果于奔噬，忍于伤残，据蔡、许富全之地，益以襄、邓虏获之实，东寇则饷道阻，北窥则都邑震，此谓急也。代、朔、邠、灵，昔之精骑，上党、孟津，今之锐师，举而委之山东，将多而势分，兵广而财屈。李勉，文吏也，而当汴必争之地。哥舒曜之众，乌合也，扞襄城方锐之贼。本非素习，首鼠莫前。今若还李芃河阳，以援东都；使李怀光解襄城之围，而专以太原、泽潞兵抗山东，则梁、宋安。”又言：“太宗列府兵八百所，而关中五百，举天下不敌关中。承平久，武备微，故禄山乘外重之势，一举而覆两京。然犹诸牧有马，州县有粮，肃宗得以中兴。乾元后外虞踵发，悉师东讨，故吐蕃乘虚，而先帝莫与为御。既自陕还，惩艾前事，稍益禁卫。故关中有朔方、泾原、陇右之兵，以捍西戎；河东有太原之兵，以制北虏。今朔方、太原之众，已屯山东，而神策六军，悉戍关外，将不能尽敌，则请济师，陛下为之辍边军，缺环卫，竭内厩之马，武库之兵，占将家子以益师，赋私畜以增骑。又苦乏财，则为算室庐，贷商人，设诸榷之科，日日以甚。第一有如朱滔、李希烈，负固边垒，窃发畿甸者，何以备之？”读此疏，可见唐兵力之不足。《传》云：后泾师急变，贽言皆效。可见势有必至，明者皆能豫烛之，肘腋变生，正不得尽诿诸事势之艰难也。

建中四年十月，德宗发泾原之兵东救襄城。节度使姚令言以兵五千至京师。《旧传》作五万，《通鉴》从奉天记作五千。军士冒雨寒甚，冀得厚赐遗其家。既至，无所有。京兆尹王翃犒之，又惟粝食菜饭。军士怒，至浐水，还趋京城。上奔奉天。见第六章第二节。初刘文喜平，朱泚还镇凤翔。朱滔既叛，以蜡书遗泚，为马燧所获，并使者送京师。上乃召泚还，留之长安，而以张镒代镇凤翔。及是，乱兵奉泚为主。令言及朝臣之不得志者源休、张光晟、李忠臣等皆附之。泚以段秀实尝为泾原，得士心，后罢兵权，必蓄愤，召之谋议。秀实谋诛之，不克而死。上之将如奉天也，张镒窃知之，将迎銮驾，上亦以奉天迫隘，欲之凤翔。凤翔将李楚琳，尝事朱泚，得其心，与其党作乱，杀镒。上乃止。泚遂僭号。国号秦。明年正月，改称汉。自将逼奉天。时奉天兵备单薄，幸得左金吾将军浑瑊、邠宁留后韩游瑰力战御之。灵武留后杜希全、盐州刺史戴休颜，盐州见第五章第八节。夏州刺史时常春，夏州见第二章第二节。会渭北节度使李建徽，渭北节度，时治鄜州，见第五章第八节。合万人入援。道漠谷，在奉天北。为贼所败，退保邠州。时马燧、李艽闻变，各归本镇。李抱真亦退屯临洺。李怀光帅众赴长安。自河中渡河，西屯蒲城。李晟出飞狐，在今河北蔚县东南，接河北涞水。至代州，见第二章第二节。诏加神策行营节度使，亦至河中，由蒲津济，军于东渭桥。在长安东北。西渭桥在长安西南，即便桥也。中渭桥在长安北。刘德信自汝州入援，亦屯东渭桥。神策兵马使尚可孤以三千人讨李希烈，在襄阳，自武关入援，取蓝田。见第二章第六节。镇国军节度副使骆元光奉先养子。守潼关，朱泚遣将袭华州，见第六章第二节。元光击走之，遂军华州。上即以为镇国军节度使，贼由是不能东出。马燧遣其子汇及行军司马王权将兵五千入援，屯东渭桥。李怀光叛后，此军还河东。于是泚党所据，惟长安而已。十一月，李怀光西出，败泚兵于醴泉，见第六章第二节。泚乃解奉天之围。

《旧书·李怀光传》曰：怀光性粗厉疏愎。缘道数言卢杞、赵赞、白志贞等奸佞。且曰："吾见上，当请诛之。"杞等微知之，因说上令怀光乘胜逐泚，收复京师。德宗从之。怀光屯军咸阳，见第五章第一节。数上表暴扬杞等罪。上不得已，为贬杞、赞、志贞以慰安之。又疏中使翟文秀，上之信臣也，又杀之。怀光既不敢进军，迁延自疑，因谋为乱，《卢杞传》曰：或谓王翃、赵赞曰："怀光累叹愤，以为宰相谋议乖方，度支赋敛烦重，京尹刻薄军粮，乘舆播迁，三臣之罪也。今怀光勋业崇重，圣上必开襟布诚，询问得失。使其言入，岂不殆哉？"翃、赞白杞。杞乃从容奏曰："怀光勋业，宗社是赖。臣闻贼徒破胆，皆无守心。因其兵威，一举可破。若许其朝觐，则必赐宴流连，使贼得从容完备，恐难图之，不如使迳收京城。"帝然之。乃诏怀光率众屯便桥，克期齐进。赵赞非聚敛之臣，已如前说。当时财力实竭，犒师之薄，亦岂得以咎王翃？陆贽劾裴延龄疏，追述是时事曰：于时内府之积，尚如丘山，竟资凶渠，以饵贪卒。论者因争咎德宗之吝。然贽言或过其实，即谓不然，是时用度方广，亦不得不事节啬也。《白志贞传》云：志贞为京城召募使。时尚父子仪婿端王傅吴仲孺，家财巨万，以国家有急，俱不自安，乃上表，请以子弟率奴客从军。德宗嘉之，超授五品官。由是志贞请令节度、观察、团练等使，并尝为是官者，家出子弟、甲马，亦与其男官。自是京师人心摇震，不保家室。时禁军召募，悉委志贞。两军应赴京师者，杀伤殆尽，都不奏闻，皆以京师沽贩之徒填其阙，其人皆在市廛，及泾师犯阙，诏志贞以神策军拒贼，无一人至者。上无以御寇，乃图出幸。至奉天，仍以志贞为行在都知兵马使。闻李怀光至，恐暴扬其罪，乃与卢杞同沮怀光入朝。众议喧沸，言致播迁，杞、志贞之罪也，故与杞同贬。夫召募非易，节度、观察、团练多武人，豪富使其家出子弟、甲马，宁得谓为非计？沽贩之徒，列名军籍，其弊乃自开元已来，非易卒革。即谓不然，谓志贞未能除弊可，谓其弊即由于志贞则不可。泾师卒变，召以自卫无至者，自缘东征死亡多，陆贽固已言之矣。志贞初受知于李光弼；代宗亦素知之，用为司农卿，在寺十余年；德宗召见与语，遽引为腹心，遂用为神策军使；度其才必有过人者。至奉天仍使都知兵马，可见播越之非其罪。且谓其权并宰相，能与卢杞同沮怀光，亦岂实录？抑令怀光迳收京城，岂得谓为失策？若谓其出于私意，试问何由知之？《志贞传》谓其与卢杞同贬，出于众议喧沸，可知其事不专由怀光，作史者乃正冯是时之众议以立说耳。《旧书》此等处甚多。怀光粗人，安知朝政？而断断以三人为言，恐正为不悦三人者所构也。朋党之为祸，不亦烈乎？此时与杞并相者，尚有关播。据《旧书》本传观之，其行事殊美，而独于其为相时诋之曰：政事决在卢杞，播但敛衽取容而已。此以与杞同，即为罪状也。又曰：杞等贬，播尚知政事，中外嚣然，以为不可，遂罢相，改刑部尚书。大臣韦伦等泣于朝曰："宰相不能谋猷翊赞，以至今日，而尚为尚书，可痛心也。"此为国家求贤才、惜政治邪？抑以私憾相挤排也？《传》又诋播引用李元平，云：乏于知人之鉴。好大言虚诞者，必悦而亲信之。有李元平、陶公达、张慭、刘承诫。荐元平为汝州刺史。至州旬日，为希烈所擒，汝州陷贼，中外哂之，由是公达等未克任用，此因元平之败，以沮公达等也。《元平传》云：希烈伪署为御史中丞，播闻，仍欺于人曰："李生功业济矣。"言必能覆希烈而建功也。居无何，希烈用为宰相。或告其贰，乃断一指以自誓。希烈既死，或言在贼中微有谋虑，贷死，流于珍州。会赦，得归剡中。浙东观察使皇甫政表闻其到，以发上怒，复流贺州而死。夫能使希烈用为相，其人必有才能。断指自誓，冀奋积志，何其烈也？关播遥闻其见用而深信之，其相知之深，为何如乎？谓其在贼中有谋虑，岂虚言哉？而皇甫政又贼之，谓非朋党之见得乎？要之有朋党则无是非，诚可慨也。唐剡县，今浙江嵊县。珍州，在今贵州桐梓县东。贺州，今广西贺县。

泾师既变，势已不复能东征，乃用陆贽之议，于明年正月，改元兴元，下诏罪已，赦李希烈、田悦、王武俊、李纳之罪，朱滔如能效顺，亦与维新，惟朱泚不赦。于是削平东方之志荒矣。而李怀光既怀反侧，即京城亦不易平。时刘德信与李晟俱屯东渭桥，不受晟节制，晟杀之，并其军。怀光奏请与晟合军，诏许之。两军遂会于陈涛斜。见第五章第八节。怀光逗留不进，而密与朱泚通谋。晟恐为所并，奏请移军东渭桥。上寝其奏不下。会陆贽诣怀光营宜慰，自以意问怀光，怀光无异议。贽还，劝上乘机速许之。晟军遂得移。而李建徽及神策行营节度使杨惠元，犹与联营，贽复请令与晟合军同往。上恐怀光以此为辞，不许，后果为所夺焉。诏加怀光太尉，赐铁券。怀光对使者投于地，曰："人臣反乃赐铁券，怀光不反，今赐铁券，是使之反也。"乃发卒城咸阳，移军据之。上知怀光反侧，欲幸梁州。见第四章第二节。山南节度使严震闻之，遣张用诚将兵五千至盩厔迎卫。盩厔见第四章第二节。用诚与怀光通谋。震继遣衙将马勋奉表。上语勋，勋还梁州取震符召用诚，执以送震。震杖杀之。怀光又约韩游瓌为变，游瓌奏之。又使其将赵升鸾入奉天为内应，升鸾亦诣浑瑊自言。上乃命戴休颜留守，而幸梁州。又欲南幸成都，严震谏，李晟亦以为言，乃止。

于是李晟留，为收复京城之计。晟假判官张彧京兆尹，督渭北刍稿以赡军。李怀光欲击之，其众不可。乃略泾阳、见第六章第二节。三原、今陕西三原县。富平，今陕西富平县。自同州走河中。同州见第五章第八节。怀光遣使诣邠州，令留后张昕悉发所留兵万余人及行营将士家属会泾阳。韩游瓌诱旧部八百，驰还邠州，说昕无从怀光。昕不听。游瓌乃与诸将高固、杨怀宾相结以图昕。初，吐蕃尚结赞请出兵助唐收复京城，上遣崔汉衡往使，致其兵，时屯邠南。高固诈为浑瑊书，召吐蕃使稍逼邠城。昕等惧，不敢出，而谋杀诸将之不从者。游瓌知之，与固等先举兵杀昕。汉衡矫诏以游瓌知军府事。于是游瓌屯邠宁，戴休颜屯奉天，骆元光屯昭应，今陕西临潼县。尚可孤屯蓝田，皆受李晟节度，晟军声大振。诏以晟兼河中尹、河中、晋、见第四章第一节。绛、见第二章第六节。慈、隰皆见第一节。节度，又兼京畿、渭北、鄜坊、丹延皆见第一节。节度招慰使。而以浑瑊为朔方节度。朔方、邠宁、振武、永平、奉天行营兵马副元帅。又加李晟京畿、渭北、鄜坊、商华兵马副元帅。罢怀光副元帅、河中尹并朔方诸道节度。所管兵马，委本军自举一人统领。浑瑊率诸军出斜谷。在陕西郿县南。行四百七十里出谷，抵褒城。崔汉衡劝吐蕃出兵助之。尚结赞曰："邠军不出，将袭我后。"韩游瓌闻之，遣将曹子达率兵三千往会瑊军。吐蕃论莽罗依以兵二万从之。李楚琳遣将石锽将卒七百，从瑊拔武功。见第三章第二节。朱泚遣韩旻攻之。锽迎降。瑊战不利。会曹子达以吐蕃至，破之。吐蕃旋以疫引去。而瑊遂引兵屯奉天，与李晟东西相应，以逼长安。五月，晟移书浑瑊、骆元光、尚可孤进军。元光、可孤克期皆至。晟薄京城。贼来战，败之。朱泚、姚令言西走。是日，浑瑊、戴休颜、韩游瑰亦克咸阳。姚令言之东，以兵马使冯河清知留后，判官姚况知州事。令言叛，河清与况誓敦诚节。即时发甲仗器械送行在。时六军虽集，都无戎器，泾州甲仗至，军乃振。特诏褒其诚效，以河清为四镇、北庭、泾原节度，况为行军司马。驾幸梁州，其将田希鉴潜通朱泚，害河清。及是，希鉴复拒泚，泾卒杀令言以降。泚与范阳亲兵北走，为其下所杀。源休奔凤翔，李楚琳杀之。李忠臣奔樊川，在长安南。擒获斩之。张光晟潜通使于李晟，晟兵入苑，光晟劝泚速奔，遂来降，晟表请减罪，不许，亦伏诛。晟以泾州倚边，数害戎帅，请理不用命者。初奉天解围，李楚琳遣使贡奉。时方艰阻，不得已，命为凤翔节度使。至汉中，欲令浑瑊往代。陆贽言商岭道迂且遥，骆谷复为贼所扼，骆谷，在盩厔西南，通洋县。仅通王命，惟在褒斜，虑其塞道，乃已。朱泚平，驾还京师，至凤翔，欲因迎驾诸军，遣人往代。贽又以类于胁执，不如至京征授一官，从之。及是，以晟兼凤翔、陇右，仍充泾原节度，兼管内诸军及四镇、北庭行营兵马副元帅。时楚琳已入朝，晟请与俱，至而诛之。上以初复京师，方安反侧，不许。八月，晟至凤翔，理杀张镒之罪，斩裨将王斌等十余人，托以巡边至泾州，田希鉴迎谒，执而诛之。并诛害冯河清者石奇等三十余人。

朱泚既灭，李怀光遣子璀诣行在谢罪，请束身归朝。诏遣给事中孔巢父往宣慰。巢父至河中，怀光素服待罪，巢父不之止，又宣言于众曰："谁可代太尉领军者？"怀光左右发怒，杀巢父。怀光复治兵为守御计。诏浑瑊、马燧、骆元光、唐朝臣鄜坊节度。同讨之。瑊破同州，复为怀光所败。诏征邠军赴之。马燧取绛州，分兵会瑊。明年，贞元元年（785年）。三月，乃逼河中。时天下旱蝗，资粮匮竭，言事者多请赦怀光。燧朝京师，言其不可。七月，乃与瑊、元光及韩游瑰逼河中。八月，怀光自缢死。《新书·游瑰传》。朔方将牛名俊斩其首以降。新旧《书·怀光传》。

第四节　兴元后藩镇起伏

自四镇相王，河北已成割据之势，然诸镇之间，亦仍有龃龉。四镇兵力，盖以卢龙为最强，而朱滔之为人，亦最狂妄。滔与王武俊不协，李抱真因使门客贾林诈降武俊说之。及李怀光赴长安，马燧、李艽各归本镇，田悦使说武俊，与滔将马寔共击抱真，抱真又使林说止武俊。先是武俊召回纥兵，使绝李怀光等粮道。怀光等已去，而回纥达干等将千人及杂虏二千至幽州。滔因说之取东都，许以河南子女为赂。回纥许诺。林又说武俊，言滔欲并吞河北，不如与昭义并力取之。武俊遂与抱真及马燧相结，犹未显与滔绝也。滔又使说田悦共取大梁。悦阳许之，而阴为备。兴元元年（784年），赦令下，武俊、悦、李纳皆去王号，上表谢罪。于是以武俊为恒、冀、深、赵节度使，康日知改晋、慈、隰。李纳为郓州刺史、平卢节度使。滔兵既南，田悦托言将士不可，使将率五千骑从之。滔怒，纵范阳、回纥兵大掠。自围贝州，而使马寔逼魏州。时朝廷遣孔巢父宣慰魏博。承嗣第六子绪杀悦。巢父命权知军府。滔闻之，喜。使马寔进攻，而别遣使说绪，许以本道节度。绪遣使送款，会李抱真、王武俊使至，许以赴援，乃遣使奉表诣行在。四月，以为魏博节度使。贾林说武俊与抱真共救悦。滔闻之，召马寔还，与抱真、武俊战于贝州，败绩。滔遁还。于是河北之内衅成，弥不能为患矣。朱泚既平，滔上书待罪。诏武俊、抱真开示大信。若诚心益固，善迹克彰，当掩衅录勋，与之昭雪。贞元元年（785年）六月，滔病死，军中奉刘怦为主。怦，滔之姑子，滔出征，常使总留事，以和裕得众心。滔败，不肯叛，众又颇服其信义焉。九月，怦又死，子济袭。济时在莫州，见第五章第八节。弟澭，以父命召，而以军府授之。济以澭为瀛州，见第四章第四节。许他日代己。已而自以其子为副大使。澭怒，擅通表朝廷，遣兵千人防秋。济发兵击之。贞元八年（792 年）。澭遂归京师。十年（794 年）。澭弟源，为涿州刺史，隋涿郡。见第二章第四节。亦不受济命，济击擒之。十六年（800 年）。李纳之叛也，棣州入于朱滔。王武俊败滔于贝州，复取德、棣。田绪兄朝仕于纳。或曰："纳欲纳朝于魏。"绪惧，厚赂纳，且说纳取棣州以悦之，因请送朝于京师。纳从之。时棣州刺史赵镐贰于武俊，遂降纳。武俊攻之。镐奔郓州。纳遣兵据其地。绪使矫诏以棣州归纳。武俊怒，遣子士清伐贝州，取四县。诏武俊以四县归绪，纳以棣州归武俊，皆听命。时贞元六年（790 年）也。棣州之蛤垛，在今山东惠民县南。地有盐利，犹为纳所据。纳又城德州南之三汊，在今山东陵县东南。以通魏博。八年五月，纳卒，子师古袭。武俊欲取其地，上遣中使谕之，乃还。上又命师古毁三汊城，师古亦奉诏。盖时诸镇地丑德齐，且知构兵则唐将乘机征讨，故不敢轻启衅端也。十二年四月，田绪卒。绪尚代宗女嘉诚公主，有庶子三人，季安最幼，公主子之，以为副大使，军中推为留后，朝廷因而授之。时年十五（799 年）。十七年（801 年），王武俊卒，子士真袭。

张孝忠之得易、定、沧也，李维岳将李固烈犹守沧州。孝忠令衙将程华诣固烈交郡。固烈悉取府藏，累乘而还。军人怒，杀之而夺其财。孝忠因授华知沧州事。朱滔、王武俊谋叛，沧、定往来艰阻，华录事参军李宇为至京师，请拜华为沧州刺史，并置横海军，以华为使。寻赐名日华。时建中三年（782 年）也。沧州自是别为一使，孝忠惟有易、定而已。贞元四年（788 年），日华卒。升横海军为节度，以其子怀直为留后。又于弓高县置景州，在今河北东光县西。以为属郡。五年（789 年），遂正授为节度使。七年二月，孝忠卒。子升云袭，赐名茂昭。九年二月。怀直荒于田猎，尝为其从父兄怀信所逐。后横海节度之位，归于其子行执恭，更名权。权，或云怀直子，或云怀信子，史籍歧异，不能质言也。怀直至权传袭之事，新旧《书》互异，《旧书》纪传又互异。《旧传》：怀直以贞元九年（793年），为怀信所逐，来朝。既而怀信死，怀直子执恭知留后，乃遣怀直归。十六年（800年）卒，执恭袭，朝廷因而授之。元和六年（811年）入朝。尝梦沧州衙门楼额，悉帖权字，遂奏请改名权。《本纪》则怀直入朝在十年三月，复令还镇。十一年九月，乃为怀信所逐。十月，以虔王谅为节度，怀信知留后。《新传》则云：九年（793年）怀直来朝。帝以虔王为节度，擢怀信为留后。明年，怀信遂为节度。十六年（800年），怀直卒。后五年，怀信死，子权袭领军务，诏授留后。元和元年（806年），擢节度使。六年（811年）入朝，遣还镇。权始名执恭，尝梦沧诸门悉署权字，乃改名以应之。《通鉴》系怀信之死于永贞元年七月，与《新传》合。下书以其子执恭为留后。《考异》曰：怀信逐怀直而夺其位，安肯以怀直之子知留后？又《德宗实录》，俱无是事，《顺宗实录》略本亦无，盖《旧传》误也。惟详本：永贞元年七月癸巳，横海军节度使程怀信卒，以其子副使执恭为横海军节度使，路隋《宪宗实录》：元和元年五月丙子，以横海留后程执恭为节度使，盖《顺宗实录》，留后字误为使字耳。案怀直复归沧州之事，似不能凿空造作。窃疑怀直以九年（793年）来朝，至十年三月还镇，《旧书》纪传所书，实系一事。此行实非被逐。至十一年（795年），乃因被逐来朝，而《传》与九年（793年）讹为一事。怀信于是年为留后，明年为节度，具如《新书》所记。其后或因内悔，或有所迫，乃以怀直子为留后而还怀直。怀直还后，盖复为节度，至十六年（800年）死，则怀信继之，怀信死，执恭乃又继之也。虔王，德宗第四子，《旧传》载怀信逐怀直，谅领横海，正在十一年（795年）。

朱泚既叛，唐不复能救援东方。哥舒曜以食尽，奔洛阳，李希烈遂陷襄城。又攻汴州，李勉奔宋州。滑州刺史李澄降之。刘洽遣兵据襄邑，希烈攻拔之。乘胜攻宁陵。见第五章第八节。江淮大震。

淮南节度使陈少游，初出兵讨希烈，屯盱眙，今安徽盱眙县。闻长安陷，即归广陵，修堑垒，缮甲兵。镇海军节度使润州刺史韩滉，亦闭关梁，筑石头城，缮馆第，以备巡幸，且自固也。少游大阅于江北，滉亦耀武于京江以应之。度支汴京两税使包佶在扬州，少游胁取其财帛。参看第六章第三节。佶过江，至上元，唐县，今并入江苏江宁县。复为滉所拘。少游使送款于希烈，又与李纳相结。江淮之势岌岌矣。诏加刘洽汴、滑、宋、亳都统副使，知都统事。李勉悉以其众委之。兴元元年（784 年），赦书下，李希烈独僭位。国号楚。遣将赍赦书赴扬州，至寿州，见第二章第三节。为候骑所得，刺史张建封斩之。诏以为濠、见第四章第五节。庐、见第六章第三节。寿三州都团练使。希烈遣兵攻之，不克。南寇蕲、黄，欲断江路，曹王皋使蕲州刺史伊慎破之。遣兵袭鄂州，今湖北武昌。又为刺史李兼所破。窥江之志乃息。刘洽与希烈战于白塔，未详。不利，希烈乘胜围宁陵。洽将高彦昭、刘昌固守，韩滉遣其将王栖曜助之，希烈不能克。遣将围陈州，今河南淮阳县。又不能下。李澄知大梁兵少，复归国。诏以为汴、滑节度。闰十月。刘洽遣刘昌与陇右、幽州行营节度使曲环救陈州，败希烈兵。希烈奔蔡州。其郑州降于李澄。乃以洽为汴、宋节度使。本管及陈州诸军行营都统，赐名玄佐。而以澄为郑、滑等州节度使，更军名曰义成。或言韩滉有异志。滉子皋，时为考功员外郎，上使归觐，谕滉速运军粮。滉即日发米百万斛。陈少游闻之，亦贡二十万斛。少游旋卒。《旧书》本传：刘洽收汴州，得希烈伪《起居注》：某月日，陈少游上表归顺。少游闻之，惭皇发疾，数日而卒。贞元元年四月，以曹王皋为荆南节度使，降随州。河中平，陆贽劝上释希烈，乃诏诸道各守封疆，非彼侵轶，不须进讨。希烈若降，当待以不死。时曲环已授陈州刺史，与曹王皋、张建封、李澄四略其地。希烈兵势日蹙。二年四月，为大将陈仙奇所杀。以仙奇为淮西节度。七月，复为兵马使吴少诚所杀。八月，李澄卒。子克宁秘之，将为不顺。刘玄佐出师屯于境上，且使告谕切至，由是不敢发，然路绝商旅者四十五日焉。以东都留守贾耽为义成军节度使。十一月，韩滉及刘玄佐来朝。加滉度支、诸道转运盐铁使。《新书·滉传》曰：刘玄佐不朝，帝密诏滉讽之。及过汴，玄佐素惮滉，修属吏礼。滉辞不敢当。因结为兄弟。入拜其母。酒行，滉曰："宜早见天子，不可使夫人白首，与新妇子孙填宫掖也。"玄佐泣悟。滉以钱二十万缗为玄佐办装，又以绫二十万犒军。玄佐入朝，滉荐可任边事。时两河罢兵，滉上言：吐蕃盗河湟久，近岁寖弱，而西迫大食，北抗回鹘，东抗南诏，分军外战，兵在河、陇者，不过五六万。若朝廷命将，以十万众城凉、见第三章第二节。鄯、见第三章第四节。洮、见第四章第四节。渭，见第五章第四节。各置兵二万为守御。臣请以本道财赋馈军，给三年费。然后营田积粟，且耕且战，河、陇可复。帝访玄佐，玄佐请行。会滉病甚，张延赏奏减州县冗官，收禄奉募战士西讨。玄佐虑延赏靳削资储，因称疾。帝遣中人劳问，卧受命。延赏知不可用，乃止。案是时德宗欲用张延赏为相，李晟以私憾沮之。滉与晟素善，上使滉、玄佐谕晟与延赏释怨。三年正月，乃拜延赏为相，然怨终不释，事见下节。此时情势，安可更据东方自擅？故滉亦易偃蹇为恭顺，滉且然，更何有于玄佐？其入朝又何待讽示？然则谓滉致玄佐之朝，若能消东方之隐患者，阿私所好之辞也。滉处权利之地久，士之沾河润者盖多矣，固宜有是虚誉。玄佐者，滉所结之以财，使为己用者也。彼其为人，本无远志，时又志得意满，安肯为国家雪仇耻，复境土？其闻命而踊跃请行，特为死党用耳。滉荐玄佐使任边事，盖欲以饷军为名，复还浙西，据权利之地也。而李晟则因与张延赏不睦，乃附滉思保其位者也。将之不肯释兵如此，亦安怪德宗疑其生事要功，而不敢轻规河、陇乎？参看下节自明。是岁二月，滉卒。分浙东西为三道，浙西为一道，治润州。浙东为一道，治越州。宣、歙、池为一道，治宣州。越、歙州皆见第二章第七节。宣州见第六章第三节。池州，今安徽贵池县。各置观察使以领之。此未始非唐朝之幸也。时又以襄、邓扼淮西冲要，以曹王皋为山南东道节度使，以襄、邓、复、见第六章第三节。郢、见第六章第三节。安、今湖北安陆县。随、唐见第五章第二节。七州隶之。四年（788年），以张建封为徐州刺史，徐、泗、濠三州节度使。濠州见第四章第五节。自李洧归顺，寻卒，后高承宗父子、独孤华相继为刺史，为贼侵削，贫困不能自存。建封在彭城十年，军州称理焉。八年二月，曹王皋卒。判官李实高祖子道王元庆曾孙。知留后。割薄军士衣食，军士怨叛。实夜缒城出诣京师。军士掠府库，民财殆尽。三月，刘玄佐卒。帝遣问所欲立，吴凑可乎？监军孟介、行军卢瑗皆曰便。及凑次汜水，今河南汜水县。衙兵拥立玄佐子士宁。时相窦参，惧其合于李纳，乃即以授之。士宁淫暴。大将李万荣，与玄佐同里闬，宽厚得众心。士宁去其兵权，令摄汴州事。万荣深怨之。九年十二月，据《本纪》。《传》在十年正月，盖其至京师之日？士宁畋于城南。万荣矫称有诏征士宁入朝，俾己掌留务。士宁走京师。万荣遣兵三千备秋于京西，有亲兵三百，前为士宁所骄者，悉置行籍中。大将韩惟清、张彦琳因之作乱。不胜，乃劫转运财货及居人而溃。万荣悉捕逃叛将卒妻孥数千人诛之。《鉴》在十年四月，《纪》在七月。十一年五月，授万荣宣武军节度使。建中二年（781年），置宋、亳、颍节度使，治宋州。寻名其军曰宣武。兴元元年（784年），徙治汴州。十二年七月，万荣病。署其子迺为司马。初万荣委兵于都虞候邓惟恭。惟恭与监军俱文珍谋，文珍后从义父姓，曰刘贞亮。缚迺送归朝廷。遂总领军州事。其日，万荣病卒。迺至京师，付京兆府杖杀。以东都留守董晋为宣武军节度使。惟恭不遣候吏，以疑惧晋。晋惟将幕官傔从十数人往。惟恭不意其速至，已近，迺出迎之。晋委以军政。惟恭不自安，谋乱事觉，械送京师，配流岭南。朝廷恐晋柔懦，寻以汝州刺史陆长源为行军司马。每事守法。晋又委钱谷支计于判官孟叔度，苛刻，军人恶之。二人盖皆贤者，《传》多诋毁之辞，不足信。十五年二月，晋卒。命长源知留后事。军士执长源及叔度等，脔而食之。刘逸准者，玄佐衙将，累署都知兵马使。士宁疑宋州刺史翟良佐不附己，使代之。及是，俱文珍与大将密召逸准赴汴州，令知留后。朝廷因而授之。仍赐名全谅。八月，卒。军中思玄佐之德，推立其甥知兵马使韩弘。汴卒始于李忠臣，讫于玄佐，日益骄恣。《旧书·玄佐传》。士宁后愈甚。《弘传》。其为乱党魁数十百人，弘视事数月，皆知之。一日，召部将刘锷与其党三百，数其罪，尽斩以徇。自是讫弘入朝，二十余年，军众十万，无敢怙乱者。全谅卒之月，陈许节度使曲环亦卒。陈州刺史上官涚知留后。先是吴少诚屡遣兵掠邻境，及是，遂围涚于许州。涚欲弃城走。营田副使刘昌裔止之。募勇士出击，破之。诏削少诚官爵，命诸道兵进讨。宣武韩弘、山南东道于頔、安黄伊慎、陈许上官涚、知寿州事王宗等。时军无统帅，而皆以内官监之，进退不由主将。十二月，自溃于小溵水。溵水县，今河南商水县。其境内有大溵、小溵之名。韩全义者，少从禁军，事窦文场。见第六节。文场为中尉，用为帐中偏将。典禁兵在长武城。在今陕西长武县西。先一岁，以为夏、见第二章第二节。绥、银、皆见第一节。宥见第五章第二节。节度使。诏以长武兵赴镇。军士以夏州沙碛之地，又盛夏移徙，鼓噪为乱。全义逾城而免，都虞候高崇文诛其乱首，全义乃得赴镇。及是，文场复荐之。十六年二月，以为招讨使。北路行营，皆归指挥。而以上官涚为之副。全义无勇略，每议战事，一帐之中，中人十数，纷然莫能决。五月，与少诚将吴秀、吴少阳战于溵水南，旗鼓未交，诸军大溃。退保五楼。在溵水县西南。少诚攻之，诸军复大败。全义退保溵水。又退陈州。诸军各散还本道。少诚归蔡州，上表待罪。十月，赦之。中人掩全义败迹，上待之如初。时剑南节度使韦皋上言："请择重臣为统帅。”因荐贾耽、浑瑊。且曰：“陛下若重烦元老，臣请以锐士万人，顺流趋荆楚。”德宗不能用。盖鉴于泾师之变，不敢复任大臣，而诸道之兵，心力不齐，确亦不易统率。即择重臣临之，亦未必有济，全义之败，或亦非其罪也。是岁五月，张建封病革。濠州刺史杜兼疾驱到府，阴有冀望。从事李藩语兼曰：“仆射公奄忽如此，公宜在州防遏，今弃州此来，欲何为也？宜疾去。不若此，当奏闻。”兼错愕不虞，遂迳归。建封卒，判官郑通诚权知留后事。惧军士谋乱，适遇浙西兵迁镇，欲引入州城为援。军士怒，杀通诚。立建封子愔为留后。乞授旄节，不许。割濠、泗二州隶淮南节度杜佑，使讨之。佑大具舟舰，遣将孟准先当之。渡淮而败。佑遂固境不敢进。泗州刺史张伾攻埇桥，在今安徽宿县北。又大败而还。李师古欲袭愔，王武俊且观其衅。愔惧。其掌书记冯宿乃以檄书招师古，而说武俊为奏天子，请捨愔。朝廷不获已，授愔团练使、知留后。仍以张伾为泗州留后，杜兼为濠州留后，而加杜佑兼濠、泗等州观察使。杜兼怨苟藩，诬奏藩，建封死时摇动军中。上大怒，密诏杜佑杀之。佑密论保，乃免。时德宗姑息藩镇，至军郡刺史，亦难于更代。兼探上情，遂练卒修武，占召劲勇三千人，恣凶威。杀录事参军韦赏、团练判官陆楚。先是以常州刺史李锜为浙西观察使、诸道盐铁转运使。刻剥以事进奉，上悦之。十七年（801年），浙西布衣崔善真诣阙上书，论锜罪状。上令械送锜。锜为凿坑以待。至，和械推而埋之。锜增置兵额。选善弓矢者聚之一营，名曰挽硬随身。以胡、奚杂类虬须者为一将，名曰蕃落健儿。十九年（803年），上官涚卒。其婿田称，欲胁其子使袭军政。衙将王沛，亦涚之婿也，知其谋，以告监军范日用。讨擒之。乃以行军司马刘昌裔为节度使。

以上，兴元已后河南北、江淮情形也。其关、陕、河东，虽近，军政亦不肃。贞元元年（785年），六月，陕虢都兵马使达奚抱晖鸩杀节度使张劝，邀求旌节。且阴召李怀光将达奚小俊为援。以李泌为陕虢都防御、水陆转运使，加观察使。泌至，召抱晖讽遣之。小俊至境，闻泌已入陕而还。明年，陈许戍边卒三千自京西逃归。至州境，泌潜师险隘，左右攻击，尽诛之。三年（787年），罢李晟兵柄。吐蕃劫盟后，亦罢马燧，而以其都虞候李自良代之。事见下节。自郭子仪已来，朔方军分屯邠、蒲，而属一帅，李怀光平后，邠、蒲始分。浑瑊帅蒲。邠宁韩游瑰，子钦绪，与妖贼李广弘《通鉴》作李软奴。同谋不轨。宥之。是年十二月，游瑰入朝。将吏以其子谋叛，又御军无政，谓必受代，饯送之礼甚薄。已而令还镇，惧不自安。大将范希朝善将兵，名闻军中。游瑰畏逼，将因事诛之。希朝惧，奔凤翔。上素知其名，召入宿卫。宁州戍卒数百人，纵掠而叛。游瑰自率众戍之。四年七月，诏征游瑰宿卫，除将军张献甫代之。守珪弟守琦之子。游瑰不俟献甫至，轻骑夜出归朝。将卒素骄，闻献甫严急，遂大掠。围监军杨明义第，请奏范希朝为帅。都虞候杨朝晟及诸将谋，诛百余人，乃定。上擢希朝为宁州刺史，以副献甫。《旧书》百二十二《杨朝晟传》。数日，复除振武节度使。盖暂以安众心，终不欲从骄卒之请也。《旧书·希朝传》曰：奔凤翔。德宗闻之，趣召至京师。置于左神策军中。游瑰殁，诸将列名上请希朝为节度。德宗许之。希朝让于张献甫。曰："臣始逼而来，终代其任，非所以防觊觎，安反侧也。"诏嘉之。以献甫统邠宁，除希朝振武节度使。与《朝晟传》小异，未知孰是。然希朝则可谓贤矣。献甫在道，军中有裴满者扇乱，劫朝晟。朝晟阳许之，密计斩三百余人。《旧书》百四十四《朝晟复传》。九年（793年），献甫卒，以朝晟代之。十年六月，泽潞李抱真卒。子缄，匿丧不发，与营田副使卢会昌、抱真从甥元仲经谋承袭。上已闻抱真卒，遣中使第五守进驰传观变。令以军事属大将王延贵。缄谓诸将曰："有诏不许缄视事，诸公意若何？"莫对。乃以使印及管钥归监军。元仲经逃于外，延贵捕得杀之。以邕王谅为昭义节度使，谅当即虔王，初封邕。延贵充留后，赐名虔休。抱真别将知洺州元谊叛，阴结田绪，虔休自将攻之，谊奔魏州，上释不问，命田绪抚安之。事在十二年正月。十一年五月，李自良卒。都虞候张瑶久在军，得士心，请假迁葬，自良未许。太原少尹李说，淮安王神通之裔。与监军王定远谋，匿丧，给瑶假，然后遣使告自良病。中使第五国珍自云朔使还，过太原，闻自良卒，急驰至京，先说使至。乃以通王谌德宗第三子。领河东节度大使，说为行军司马，充留后。定远恃立说功，纵恣，军政皆自专决，仍请赐印。监军有印，自定远始也。既得印，益暴。将吏辄自补授。说寖不欢，遂成嫌隙。七月，定远署虞候田宏为列将，以代彭令茵。令茵不服，定远斩之，埋于马粪之中，家人请尸，不与。三军皆怨。说具以闻。德宗以定远有奉天扈从之功，恕死停任。制未至，定远怒说奏闻，趋府抽刀刺说，说走免。定远驰至府门，召集将吏，陈敕牒告身示诸将曰："有敕令李景略知留后，遣说赴京，公等皆有恩命。"大将马良辅发其伪，乱乃未作。十四年六月，归化堺军乱，未详。逐其将张国诚。泾原节度使刘昌败之，诛数百人。复使国诚主其军。十七年（801年），杨朝晟卒于宁州。朝晟疾亟，召僚佐谓曰："朔方命帅，多自本军。虽徇众情，殊非国体。宁州刺史刘南金，练习军旅，宜使摄行军，且知军事，比朝廷择帅，必无虞矣。"又以手书授监军刘英倩。英倩以闻。军士私议曰："朝廷命帅，吾纳之；即命刘君，吾事之；若命帅于他军，彼必以其麾下来，吾属被斥矣，必拒之。"初浑瑊遣兵马使李朝寀戍定平，县，在宁州南。瑊薨，朝寀请以其众隶神策军，诏许之。上遣中使往察军情，军中多与南金。复遣高品薛盈珍赍诏往曰："朝寀所将本朔方军，今将并之，以壮军势，威戎狄，以朝寀为使，南金副之，军中以为何如？"诸将皆奉诏。都虞候史经言于众曰："李公命收弓刀，而送甲胄二千。"军士皆曰："李公欲纳麾下二千为腹心，吾辈妻子，其可保乎？"夜造刘南金，欲奉以为帅。南金不纳。军士去诣兵马使高固。固逃匿，搜得。共诣监军请奏之。众曰："刘君既得朝旨为副帅，必挠吾事。"诈称监军命召计事，至而杀之。六月戊戌，制以朝寀为邠宁节度使。是日，告变者至。上追还制书，复遣薛盈珍往诇军情。军中以高固为请。盈珍即以上旨命固知军事。或传《戊戌制书》至邠州。邠军惑，不知所从。奸人乘之，且为变。留后孟子周，悉纳精甲于府廷，日享士卒，内以悦众心，外以威奸党，邠军乃安。十八年（802年），鄜坊节度使王栖曜卒。中军将何朝宗谋作乱，中夜纵火。都虞候裴玢匿身不救，迟明而擒朝宗。德宗三遣使按问，竟斩朝宗及行军司马崔辂，以同州刺史刘昌济为节度使，玢为行军司马。十九年（803年），盐夏节度判官崔文光权知盐州，为政苛刻，部将李庭俊作乱，杀而脔食之。左神策兵马使李兴干戍盐州，杀庭俊以闻。十一月，以兴干为盐州刺史，得专奏事。盐州自是不隶夏州。二十年（804年），昭义节度使李长荣卒。上遣中使以手诏授本军大将，但军士所附即授。大将来希皓，为众所服，固辞。兵马使卢从史与监军相结，得之。

偏远之区，亦时有变故。建中二年二月，振武军乱，杀其帅彭令光、监军刘惠光。四年四月，福建观察使吴诜苦役军士，军士杀诜心腹十余人。逼诜牒大将郝诫溢掌留务。诫溢上表请罪。上遣中使就赦以安之。五月，以吴凑为福建观察使，贬诜为涪州刺史。今四川涪陵县。十一月，西山兵马使张朏作乱，入成都。节度使张延赏奔汉州。见第六章第三节。鹿头戍将叱干遂等讨斩朏，鹿头关，在鹿头山上，今四川德阳县北。延赏乃得归。十四年十二月，明州镇将栗锽杀刺史卢云，明州，今浙江鄞县。诱山越作乱。十五年，浙东观察使裴肃擒斩之。十六年四月，黔中观察使韦士宗黔中观察使，时治黔州。见第二章第七节。政令苛刻，为衙将傅近等所逐，奔施州。见第四章第二节。五月，士宗复入黔州。妄杀士吏，人心大扰。士宗惧，亡走。十七年四月，以裴佶为黔中观察使。十九年二月，安南将王季光逐观察使裴泰。左兵马使赵均斩季光，迎泰复之。

第五节 贞元后边患

德宗兴元，虽获返跸，然东方犹梗，而边患复滋，真一艰难之会也。边患之亟，莫如吐蕃。《旧书·吐蕃传》曰：贞元二年（786年）八月，吐蕃寇泾、陇、邠、宁，京师戒严。初尚结赞累遣使请盟会定界。九月，遣左监门将军康成往使。与其使论乞陀同来。十一月，吐蕃陷盐州。十二月，陷夏州。三年（787年），命崔浣《本纪》作翰。为入吐蕃使。尚结赞既陷盐、夏，各留千余人守之，结赞大众屯于鸣沙。自冬及春，羊马多死，粮饷不给。时诏遣华州骆元光、邠宁韩游瑰统众，与凤翔、鄜、邠及诸道戍卒，屯于塞上。又命河东马燧率师次于石州。见第二章第七节。结赞闻而大惧，累遣使请和，仍约盟会。上皆不许。又遣其大将论颊热厚礼卑辞，求燧请盟。燧以奏焉，上又不许，惟促其合势讨逐。燧喜赂信诈，乃与颊热俱入朝，盛言其可保信。上于是从之。燧既赴朝，诸军但闭壁而已。结赞遽悉其众弃夏州而归。马既多死，有徒行者。四月，崔浣至自鸣沙。初浣至鸣沙，与尚结赞相见，询其违约之故。对曰："本以定界碑被牵倒，恐二国背盟相侵，故造境上，请修旧好。又蕃军顷年破朱泚，未获酬偿，所以来耳。及徙泾州，其节度使闭城自守，音问莫达。又徙凤翔，请通使于李令公，亦不见纳。康成、王真之来，王真之使，《传》未叙，《纪》亦不及。皆不能达大国之命，日夜望大臣充使，无至者，乃引军还。今君以国亲将命，若结好复盟，蕃之愿也。盟会之期及定界之所，惟命是听。君归奏决定，当以盐、夏相还也。"又云："清水之会，同盟者少，是以和好轻漫不成。今蕃相及元帅已下，凡二十一人赴盟。灵州节度使杜希全，禀性和善，外境所知，请令主盟会。泾州节度李观，亦请同主之。"上令浣再入吐蕃，报尚结赞：杜希全职在灵州，不可出境；李观今已改官；以浑瑊充会盟使。仍约以五月二十四日，复盟于清水。又令告以盐、夏归于我，才就盟会。上疑蕃情不实，以得州为信焉。结赞云："清水非吉地，请会于原州之土梨树。"又请盟毕、归二州。左神策将马有麟《新书》作邻。奏土梨树地多险隘，恐蕃军隐伏，不利于我。平凉川四隅坦平，且近泾州，就之为便。乃定盟所于平凉川。及瑊与结赞会，结赞拥精骑数万于坛西，瑊入幕次，其众呼噪而至。瑊出幕后，得他马，跨而奔归。副使崔汉衡等六十余人皆陷焉。至故原州，结赞召与相见，数让国家。因怒浑瑊曰："武功之捷，皆我之力，许以泾州、灵州相报，皆食其言。负我深矣，举国所忿。本劫是盟，在擒瑊也。吾遣以金饰桎梏待瑊，将献赞普。既已失之，虚致君等耳！"结赞本请杜希全、李观同盟，将执二节将，率其锐师，来犯京师；希全等既不行，又欲执浑瑊长驱入寇；其谋也如此。《浑瑊传》载尚结赞告陷蕃将吏怒瑊之语，与《吐蕃传》同。《新书·吐蕃传》云：初与虏约：得长安，以泾、灵四州畀之，会大疫，虏辄求去，及泚平，责先约求地，天子薄其劳，第赐诏书，偿结赞、莽罗等帛万匹，于是虏以为怨。其《李泌传》谓帝约吐蕃赴援，赂以安西、北廷，京师平，来请如约，帝欲与之，泌争之，乃止。案安西、北廷，是时虽通贡于唐，实恃回纥以为安。见下。吐蕃苟欲得之，当自以兵力取之回纥，求诸唐何益？故《新书·李泌传》之说必诬。《旧书·吐蕃传》，叙劫盟以前往复交涉，其辞颇详，绝未有求泾、灵四州之语。灵州犹可，泾州距长安咫尺，纵急图收复，亦岂得竟弃诸吐蕃？其载尚结赞告崔汉衡，虽有以泾、灵相报之语，又无四州之说，故知此语暨《新书·吐蕃传》之说，亦不实也。泾、灵汉蕃之界，欲请杜希全、李观与盟，意似尚在取信？后来何由变计，伏兵图劫浑瑊，事不可知，要不能谓其本有入寇之谋也。行事之不可知者多矣，本国且然，何况事涉两国？不必曲为之说也。然唐之于是役，和战之计，则有可推而知者。《旧书·张延赏传》曰：贞元元年（785年），诏征延赏为中书侍郎，同中书门下平章事。延赏与李晟不协，晟表论其过恶。德宗重违晟意，延赏至兴元，兴元元年（784年），以梁州为兴元府。改授左仆射。初大历末，吐蕃寇剑南，李晟领神策军戍之，及旋师，以成都官妓高氏归，延赏闻而大怒，使将吏追还焉，晟颇衔之，形于辞色。三年正月，晟入朝，诏晟与延赏释怨。会浙西观察使韩滉来朝。尝有德于晟，因会燕，说晟使释憾。遂同饮极欢。且请晟表荐为相。晟然之。于是复加同中书门下平章事。及延赏当国用事，晟请一子聘其女，固情好焉。延赏拒而不许。晟谓人曰："武夫性快，若释旧恶于杯酒之间，终欢可解。文士难犯，虽修睦于外，而蓄怒于内。衅未忘也，得无惧焉？"无几，延赏果谋罢晟兵权。初吐蕃尚结赞兴兵入陇州。抵凤翔，无所虏掠。且曰："召我来，何不持牛酒犒师？"徐乃引去。持是以间晟。晟令衙将王佖选锐兵三千，设伏汧阳，今陕西汧阳县。大败吐蕃，结赞仅免。自是数遣使乞和。晟朝于京师，奏曰："戎狄无信，不可许。"宰相韩滉，又扶晟议，请调军食以继之。上意将帅生事要功。会滉卒，延赏揣上意，遂行其志。奏令给事中郑云逵代之。上不许。且曰"晟有社稷之功"，令自举代己者。于是始用邢君牙焉。凤翔军都虞候。拜晟太尉，兼中书令，奉朝请而已。是年五月，蕃果背约，以劫浑瑊。延赏奏议请省官员，收其禄俸，资幕职、战士，俾刘玄佐复河湟，军用不乏矣。上然之。初韩滉入朝，至汴州，厚结玄佐，将荐其可委边任，玄佐亦欲自效。及滉卒，以疾辞，上遣中官劳问，卧以受命。延赏知不可用，奏用李抱真。抱真亦辞不行。时抱真判官陈昙奏事京师，延赏俾劝抱真，竟拒绝之。盖以延赏挟怨罢李晟兵柄，由是武臣不附。自建议减员之后，物议不平。延赏惧，量留其官。然减员人众，道路怨叹，自闻于上。侍中马燧奏减员太甚，恐不可行。太子少保韦伦伦即泣于朝以沮关播者也，见第三节。及常参官等，各抗疏以减员招怨，并请复之。浙西观察使白志贞亦以疏论。时延赏疾甚，在私第，李泌初为相，采于群情，由是官员悉复。七月，延赏薨。晟与延赏结隙，其曲在晟，昭然可知。延赏在蜀，动遵法度，已见上节。既动遵法度，自不能听戍将挟官伎而行，其追还，非与晟为难也。晟以武夫而干与宰相之进退，其兵权尚可不罢乎？谓由延赏私憾得乎？韩滉与晟及刘玄佐，互相朋比，事亦灼然。参看上节。德宗驭吐蕃，本志在于和，观第一节所述可见，其疑将帅生事要功，自在意中。然则晟之罢兵，岂必由于延赏？抑玄佐岂可杖之才，而延赏犹欲用之；不得，则又求之于李抱真；其委曲求全，不欲轻有所开罪可知。《旧书·晟传》，顾谓其欲用玄佐、抱真，俾立功以压晟。世岂有用其党而可以压其人者？抱真是时，方起台榭，穿池沼，好方士，冀长生，岂有志于功名？其不肯出，又与延赏何涉哉？马燧纵田悦于洹水，闻泚乱而亟归，仅遣其子以偏师入援，旋又引去，其偃蹇可谓已甚。朱泚既败，其势盖亦颇危，故亟平河中以自赎，安敢违朝旨而和戎？其坚执不战，盖必有上契君心者矣。勉入朝而诸军闭壁，疑亦必有所受之。然劫盟之后，亦罢其兵，其处置可谓至公。乃《晟传》又云：尚结赞尤恶晟，乃相与议云：唐之名将，李晟与马燧、浑瑊耳。不去三人，必为我忧。乃行反间，遣使因燧以请和，既和即请盟，复因盟以虏瑊，因以卖燧。下述间晟及晟罢兵柄之事，与《延赏传》略同。又云：劫监之后，罢马燧，尽中结赞之谋。不亦诞乎？《新书·燧传》曰：吐蕃归燧兄子弇。曰："河曲之屯，春草未生，吾马饥，公若渡河，我无种矣。赖公许和，今释弇以报。"帝闻，悔怒，夺其兵。此又与间晟之说，同为东野人之言。唐史所传，皆朋党之论。减员虽复，众怨未消，延赏之蒙谤，盖由是也。贞元蕃祸，谓由唐初有以泾、灵相畀之约，其说固诬，然借助于蕃，要为失策，亦幸而其事未就耳。《通鉴》云：上遣崔汉衡诣吐蕃发兵。尚结赞言：蕃法发兵，以主兵大臣为信，今制书无李怀光署名，故不敢进。上命陆贽谕怀光。怀光固执不可。曰:“若克京城,吐蕃必纵焚掠,谁能遏之?此一害也。前有敕旨,募士卒克城者人赏百缗。彼发兵五万,若援敕求赏,五百万缗,何从可得?此二害也。虏骑虽来,必不先进,勒兵自固,观我兵势,胜则从而分功,败则从而图变,谲作多端,不可亲信,此三害也。”胡三省曰:怀光虽欲养寇自资,其言亦各有理。田希鉴之乱,《考异》引《邠志》,谓武功之捷,泾人相传,言吐蕃助国有功,将以叛卒之孥,赏而归之。泾人曰:“不杀冯公,虽吾亲族,亦将不免矣。”遂杀冯河清,以田希鉴请命于泚。考异谓希鉴必有宿谋,或为此言以要众,其说固当,然蕃众之不足恃而转足诒患,则于此可见矣。《鉴》又云:上闻蕃去,甚忧之,以问陆贽,贽言:“吐蕃迁延顾望,反覆多端。深入郊畿,阴受贼使。致令群帅,进退忧虞。欲舍之独前,则虑其怀怨乘蹑;欲待之合势,则苦其失信稽延;戎若未归,寇终不灭。”又曰:“将帅意陛下不见信任,且患蕃戎之夺其功;士卒恐陛下不恤旧劳,而畏蕃戎之专其利;贼党惧蕃戎之胜,不死则悉遗人禽;百姓畏蕃戎之来,有财必尽为所掠;是以顺于王化者,其心不得不怠;陷于寇境者,其心不得不坚。”言之尤为深切著明也。

盟事既败,上遣中官赍诏书遗结赞,蕃界不纳。结赞遣骑送崔汉衡至境,且赍表请进,李观亦使止之,曰“有诏不许更纳蕃使”,受其表而返其人。虏之戍盐、夏者,涉春大疫。结赞以骑三千迎之。焚城门及庐舍,毁城壁而去。六月。旋率羌、浑之众犯塞。泾、邠诸城,西门不启。贼又修故原州城屯焉。朝以刘昌为泾原,李元谅即骆元光。为陇右,张献甫代韩游瑰。本皆在贞元四年(788年)。吐蕃陷连云堡,在今甘肃泾川县西。昌复之。又城平凉,以扼弹筝峡。在今平凉县西。元谅筑良原县名,在泾州西六十里。故城治之。献甫亦败蕃兵。泾、陇、邠、宁稍靖。九年(793年),杜希全建议城盐州。灵武、银、夏、河西亦稍安,而北庭于六年(790年)为吐蕃所陷,遂引起西北之轩然大波,其震荡且及于西南焉。

上元中河西军镇之陷也，旧将李元忠守北廷，郭昕守安西，与沙陀、回鹘相依，吐蕃久攻之，不下。《旧书·地理志》。元忠本姓曹，名令忠，以功赐姓名。昕，子仪弟幼明之子。《旧书》皆附《子仪传》，元忠以贞元二年（786年）卒，见《旧纪》。沙陀者，西突厥别部处月，居金娑山之阳，蒲类海之东，今巴里坤湖。有大碛曰沙陀，故号沙陀突厥。贺鲁反，其酋朱邪孤注与之连和，事在永徽二年（651年），见《新书·本纪》。《旧书·本纪》：贞观二十二年（648年），阿史那社尔降处月、处密，盖至是而叛。契苾何力讨斩之，即其地置金满、沙陀二州。有金山者，长安二年（702年），为金满州都督。死，子辅国嗣。先天初，避吐蕃，徙部北廷。开元二年（714年），复领金满州都督。死，咄支嗣。骨咄支死，子尽忠嗣。《新书》本传。建中元年（780年），元忠、昕遣使间道奏事。德宗嘉之，以元忠为北庭都护，昕为安西都护。《旧书·地理志》。《本纪》系二年七月，盖其使以元年发，二年（781年）至。《纪》云：遣使历回纥诸蕃入奏。既假道于回纥，因附庸焉。盖谓受其征敛如属国也。回纥征求无厌。北庭差近，服用食物所资，必强取之，沙陀尤所厌苦。又有葛禄部及白服突厥，《新书·回鹘传》作白眼突厥。亦憾其侵掠。因吐蕃厚赂见诱，遂附之，《旧书·回纥传》及《吐蕃传》。而波澜起矣。

德宗于回纥，亦主和好。贞元三年（787年），武义可汗使献方物，请和亲。诏以咸安公主下嫁。德宗女。《新书·回鹘传》言：帝以陕州故憾，不欲与回纥平，李泌力劝乃可。此出其子繁所作《邺侯家传》，殊不足信。《通鉴》亦采其说，然观《考异》所举，则繁所记之事，不雠者已有数端矣。明年，回纥遣使来逆女。《新书》云：又请易回纥曰回鹘，言捷鸷犹鹘然。据《旧书·回纥传》，事在宪宗元和四年（809年）。《通鉴考异》云：《邺侯家传》及繁所作《北荒君长录》云在是年，盖《新书》亦即本于是，亦不足信也。既尚主，拜为汨咄禄长寿天观毗伽可汗，主为智惠端正长寿孝顺可敦。五年

（810 年），可汗死。子多逻斯立。国人号泮官特勒。使鸿胪卿郭锋册为爱登里逻汨没密施俱录毗伽忠贞可汗。是岁，吐蕃率葛禄、白服之众寇北庭。回纥大相颉干迦斯援之，频战败绩。北庭之人，既苦回纥，六年（811 年），乃举城附于吐蕃。沙陀亦降焉。《旧书·吐蕃传》。据此，是北廷先降，沙陀继之。《新书·回鹘传》则云：吐蕃因沙陀共寇北廷。《沙陀传》亦云：沙陀部七千帐附吐蕃，与共寇北廷，陷之。《通鉴考异》引赵凤《后唐懿祖系年录》云：尽忠说回纥忠贞可汗援北庭，从颉干迦斯往，迦斯不利而退，尽忠为北廷之众劫以降吐蕃，则讳饰之辞，不足信也。是岁四月，可汗为少可敦叶公主所毒，死。可敦，仆固怀恩孙。怀恩子为回鹘叶护，故女号叶公主。可汗之弟乃自立。《新书·回鹘传》。《旧书》云：可汗为弟所杀而篡立。据《通鉴考异》，《旧书》本于《实录》。迦斯方攻吐蕃，其大臣率国人共杀篡者，以可汗幼子阿啜嗣。《旧书》云。年十六七。迦斯还，可汗等出劳，皆俯伏，言废立状，惟大相生死之。悉发郭锋所赐器币饷迦斯。可汗拜且泣曰："今幸得继绝，仰食于父也。"迦斯以其柔屈，乃相持哭，遂臣事之。以器币悉给将士，无所私。其国遂安。遣来告，且听命。册为奉诚可汗。《新书·回鹘传》。此时回纥上下，盖颇乖离，宜不能与吐蕃敌也。七年（812 年）秋，迦斯悉其丁壮五六万人，将复北庭。仍召杨袭古偕行。俄为吐蕃、葛禄等所击，大败，死者大半。袭古余众仅百六十，将复入西州。迦斯绐之曰："且与我同至牙帐，当送君归本朝也。"袭古从之。及牙帐，留而不遣，竟杀之。自是安西阻绝，莫知存亡，惟西州之人，犹固守焉。《旧纪》系六年（811 年）末，《通鉴》同，盖因北廷之陷终言之也。《新书·本纪》，本在七年九月。迦斯既败，葛禄之众，乘胜取回纥之浮图川。回纥震恐，悉迁西州部落、羊马于牙帐之南以避之。《旧书·回纥传》及《吐蕃传》。浮图川，《本纪》同，《新书·回鹘传》作深图川。胡三省曰：浮图川，在乌德鞬山西北。悉迁西州部落羊马于牙帐之南以避之，从《吐蕃传》。《回纥传》西州作西北，《通鉴》同，盖误。北廷既失，西州亦危，故迁其部落羊马近牙帐，以便保护。若回纥之西北，则此时固不畏吐蕃也。《本纪》无此二字，盖夺。《新书·回鹘传》云：稍南其部落以避之，语殊含混。然亦可见其所据者，西州业已讹为西北也。吐蕃在西域，可谓大得志矣。前此争四镇且不得。然因此而趣南诏之叛。

贞元元年（785年），韦皋代张延赏为西川节度使。初，勿邓、丰琶、两林，天宝中皆受封爵。及南诏陷巂州，遂羁属吐蕃。贞元中，复通款。以勿邓大鬼主苴嵩兼邛部团练使。邛部县，属嶲州，在今越嶲县北。死，子苴骠离幼，以苴梦冲为大鬼主。数为吐蕃侵猎。两林都大鬼主苴那时遗皋书，乞兵攻吐蕃。皋遣将逼台登。见第五章第六节。分兵破吐蕃青海、腊城二节度军于北谷。《通鉴》作台登谷，盖在台登之北。杀青海大兵马使乞藏遮遮，尚结赞子也。时贞元五年十月也。数年间，尽复巂州之地。《旧书·吐蕃传》。案嶲州城至十三年（797年）始克，见《本纪》及《皋传》。诏封苴那时、苴梦冲、丰琶部落大鬼主骠傍为郡王。苴梦冲内附吐蕃，断南诏使路。皋遣兵召至，声其罪斩之。披其族为六部，以样弃主之。八年二月。及苴骠离长，乃命为大鬼主焉。八年（792年），皋攻维州，获吐蕃大将论赞热。九年（793年），城盐州，命皋出师以分吐蕃之兵。皋遣将出西山及南道，破俄和城及通鹘军。《新书·地理志》：翼州有峨和城。冀州，在今松潘叠溪营西。通鹤军，未详。吐蕃南道元帅论莽热来援，又破之。平栅堡五十余。九年（793年），女国王汤立悉《新书》本传。《通鉴》作志。及白狗、哥邻、逋租、南水、弱水、悉董、清远、咄霸皆诣皋求内附。此所谓西山八国也。女国是时，已以男子为王。诸国王或身来朝，或遣子弟入朝，皆授官。立悉授银青光禄大夫，归化州刺史，其妹乞悉漫从其兄来朝，封和义郡夫人，可知立悉之为男子也。此后西川节度使常兼押西山八国之称。八国者，诸国中除弱水。胡三省云：最弱小，不得与于八国之数也。见

《通鉴》贞元十年（794年）《注》。松州羌二万继之。松州见第三章第四节。十年（794年）而南诏归顺。

初吐蕃赋役南蛮重数。又夺诸蛮险地，立城堡，征兵以助镇防。《旧书·南诏传》。观下文异牟寻欲归华，悉召诸种落与议，未毕至则不敢公言，则知南诏之于诸蛮，尚有不纯臣之义，此云南蛮，云诸蛮，显然非指南诏一国。《新书》云：吐蕃责赋重数，悉夺其险，立营候，岁索兵助防，则似专施诸南诏者矣。异牟寻厌苦之。郑回者，相州人，见第二章第一节。为西泸县令。在今西昌西南。巂州陷，为所虏。阁罗凤命教凤迦异。及异牟寻立，又令教其子寻梦凑。寻以为清平官。蛮谓相为清平官，凡置六人。回劝牟寻弃蕃归唐。牟寻善其言。韦皋微闻之。令蛮归化者寓书于牟寻，且招怀之。时贞元四年（788年）也。七年（791年），又遣间使持书喻之。道出磨些蛮。见下。其魁主潜告吐蕃。吐蕃诘牟寻。牟寻惧，执使送吐蕃。然蕃益疑之，多召南诏大臣之子为质。牟寻愈怨。九年（793年），与酋长计，遣三使异道趋成都，遗书请归款。皋护送使者京师。上嘉之，赐牟寻诏书。因命皋遣使以观其情，皋命巡官崔佐时往。此据《新书》。《旧书》以佐时之使在贞元四年（788年），误。时蕃使数百人先在，牟寻悉召诸种落，与议归化，未毕至，未敢公言，密令佐时称牂牁使者，衣以牂牁服以入。佐时不肯。牟寻不得已，乃夜迎佐时。佐时遂大宣诏书，牟寻恐吐蕃知，顾左右无色，业已然，皆俯伏受命。又明年正月，使其子阁劝即寻梦凑。及清平官等与佐时盟于点苍山神祠。山在今大理县西。乃去吐蕃所立帝号，请复南诏旧名。初吐蕃因争北庭，与回鹘大战，死伤颇众，乃征兵于牟寻，万人。牟寻欲因袭之，乃示寡弱，仅可发三千人。吐蕃少之，请益。至五千，乃许。牟寻自将数万踵其后，大破吐蕃于神川，遂断铁桥。吐蕃称金沙江为神川。铁桥，在今云南中甸县北。六月，册牟寻为南诏王。《新传》误在明年。《通鉴》从《实录》在此月。牟寻攻吐蕃，复取昆明，以食盐池。昆明县，属巂州，今西康盐源县。又破施蛮、在铁桥西北。顺蛮，本与施蛮杂居剑、共诸川。咩罗皮、铎罗望既失邓川，浪穹夺俞、共地，由是徙铁桥，居剑睒西北四百里，号剑羌。并虏其王。因定磨些蛮与施、顺二蛮皆乌蛮种。居铁桥大婆、小婆三探览、昆池等川。隶昆山、西爨故地。破茫蛮。掠弄栋蛮，白蛮种。本居弄栋县鄙，为裒州。有首领。后散居磨些江侧，故剑、共诸川亦有之。汉裳蛮，本汉人，部种在铁桥。惟以明霞缠头，余尚同汉。以实云南东北。南诏盖于是为强矣。十五年（799年），异牟寻谋击吐蕃，请皋图之。时唐兵比岁屯京西、朔方，大峙粮用，南北并攻取故地，然南方转饷稽期，兵不悉集。是夏，虏麦不熟，疫疠仍兴，赞普死，新君立，见下。皋揣虏未敢动。乃劝牟寻缓举。而吐蕃大臣以岁在辰，贞元十六年庚辰。兵宜出，谋袭南诏。牟寻与皋相闻，皋遣兵赴之，虏无功还，期以明年。皋令部将武免按兵巂州，节级镇守。虽南诏境，亦所在屯戍。吐蕃君长共计：不得巂州，患未艾，常为两头蛮挟唐为轻重。两头蛮，谓南诏。会虏荐饥，方葬赞普，调敛烦，至是大科兵，率三户出一卒，虏法为大调集，欲悉师出西山、剑山，收巂州以绝南诏。而皋以吐蕃寇麟州，见第五章第二节。出师以挠之矣。

吐蕃内乱，似甚频仍。德宗初年之乞力赞，《新书》云姓户卢提氏，与前云姓勃窣野者不同，则其中间似已易姓。又云：贞元十二年（796年），尚结赞死，明年，赞普死，其子足之煎立。二十年（804年），赞普死，其弟嗣立。《旧书》云：贞元二十年三月上旬，赞普卒。赞普以贞元十三年四月卒，长子立。一岁卒，次子嗣立。文义颇欠明瞭。赞普以贞元十三年四月卒二十一字，据《通鉴考异》，知其本于《实录》，疑四月卒之卒字为立字之误。此十一字为追叙之辞，本分注误为正文，而《旧书》又误仍之也。此赞普即《新书》所云死于尚结赞死之明年者。足之煎若为其长子，则死于二十年三月者，乃足之煎之弟也。《新书·南诏传》：贞元十五年（799年），异牟寻谋击吐蕃，谋于韦皋。皋揣虏赞普死，新君立，未敢遽动。死者当即死于十三年（797年）之赞普之长子，立者则其次子，未必十五年（799年）更有一赞普死也。《新书》载九年（793年）异牟寻与韦皋书曰：代祖弃背，吐蕃欺孤背约，神川都督论讷舌使浪人利罗式浪人。谓浪速蛮人也。眩惑部姓，发兵无时，今十二年，此一忍也。天祸蕃廷，降衅萧墙。太子弟兄流窜，近臣横污，皆尚结赞阴计，以行屠害。平日功臣，无一二在。讷舌等皆册封王。小国奏请，不令上达。此二忍也。又遣讷舌逼城于鄙，弊邑不堪。利罗式私取重赏，部落皆惊，此三忍也。又利罗式骂使者曰：灭子之将，非我其谁？子所富当为我有。此四忍也。今吐蕃委利罗式甲士六十侍卫，因知怀恶不谬。此一难忍也。吐蕃阴毒野心，辄怀搏噬。有如偷生，实污辱先人，辜负部落。此二难忍也。往退浑王为吐蕃所害，孤遗受欺；西山女王，见夺其位；拓跋首领，党项。并蒙诛刈；仆固志忠，身亦丧亡；盖仆骨部落服属吐蕃者。每虑一朝，亦被此祸。此三难忍也。往朝廷降使招抚，情心无二，诏函信节，皆送蕃廷。虽知中夏至仁，业为蕃臣，吞声无诉。此四难忍也。据此，则贞元九年（793年）之前，吐蕃曾有内乱。吐蕃谋袭南诏，韦皋为之出兵，其西贡节度使监军野多输煎者，赞普乞立赞养子，当从先赞普殉，亦诣皋将扶忠义降。盖蕃法殉死在葬时，是时乞力赞尚未葬，故野多输煎未殉。然则下言方葬赞普调敛烦，所葬即乞立赞也。此事早亦当在贞元十六年（800年）。如此推测不谬，则乞立赞死实历数年而后葬，亦可见吐蕃内乱之烈。大权皆归尚结赞。尚结赞既主兵于北，遮遮又死于南，南北兵事，皆其一家所为，盖亦禄东赞、钦陵、赞婆之伦矣。然尚结赞虽狠鸷，亦以暴虐激怒属国，使之怨叛，种吐蕃衰弱之根，可见兵为不祥之器也。贞元十二年九月，吐蕃寇庆州及华池县。庆州见第三章第一节。华池，今甘肃合水县东北华池镇。盖犹尚结赞所为。其明年，赞普遣使赍表请修和好，可见其国是之一变。边将以闻。上以其数负恩背约，不受。自此至十六年（800年），无甚侵寇。十七年七月，寇盐州，又陷麟州。毁城隍，大掠居人，驱党项部落而去。其所谓徐舍人者，呼延州僧延素辈七人。延州见第一节。自言本汉人，司空英国公五代孙也。徐世勣。高祖建义中泯，子孙流播绝域，今三代矣。虽代居职位，世掌兵要，思本之心无涯，顾血族无由自拔耳。又曰：余奉命率师备边，因求资食，遂涉汉疆。案《新书·南诏传》言：虏攻盐州，帝以虏多诈，疑继以大军，诏韦皋深钞贼鄙，分虏势。皋表贼精铠多置南屯，今向盐、夏非全军，欲掠河曲党项畜产耳。此亦徐舍人但欲求食、非来为寇之一证，可见蕃人是时无意扰边。然韦皋所遣偏将，遂分九道并进。破蕃兵十六万，拔城七，军镇五。进攻维州。赞普遣论莽热以内大相兼东境五道节度，率杂虏十万来解围，破擒之。十九年五月，蕃使论颊，乃遣薛伾报使。二十年（804年），再使来。二十一年（805年），德宗崩，遣使告丧，蕃亦使人来贡助山陵。《旧书·大食传》云：贞元中，与吐蕃为劲敌，蕃军大半西御大食，故鲜为边患，此亦当不尽诬，然终恐东方兵事，与尚结赞相终始也。蕃在东方，兵力本不甚厚，崔浣入蕃，诱赂蕃中给役者，求其人马真数。凡五万九千余人，马八万六千余匹。可战者仅三万人，余悉童幼，备数而已。见《旧书·吐蕃传》及《德宗纪》贞元三年（787年）。其数与韩滉所言略同，而能战者尤少也。而杀略殊甚。又好俘虏，其待俘虏又极酷。《旧书》本传，于劫盟后数年中，叙其事颇详。而诸将徘徊不能得一俘，《新书·吐蕃传》语。自广德至于贞元皆然，徒闻《缚戎人》《西凉伎》诸篇什，皆白居易《新乐府》。流传于后耳。可见握兵者之全无心肝也。

因南诏之归服，而骠国遂通于唐。《唐书》云：骠，古朱波也。华言谓之骠。自谓突罗成。此据《旧书》。新书作突罗朱。阇婆人谓之徒里掘。亦据《旧书》，《新书》作徒里拙。东陆真腊，西东天竺，南尽溟海，北通南诏，东北拒羊苴咩城。南诏都，异牟寻自大和徙此，即今大理县治。《新书》云：东北袤长，属羊苴咩城。往来通聘者二十国，役属者九城，食境土者二百九十部落。《新书》云：凡属国十八，镇城九，部落二百九十八，以名见者三十二。其王姓困没长。国以青甓为圆城，周百六十里，有十二门，四隅作浮屠。明天文，喜佛法，佛寺有百余区。其堂宇皆错以金银，涂以丹彩，地以紫矿，覆以锦罽。王居亦如之。男女七岁，则落发止寺舍，依桑门，至二十，不悟佛理，乃复长发为居人。以上兼采新旧《唐书》本传。朱波，未详。骠，冯承钧云：即昔称霸（Prome）之 Pyn 族。《中国南洋交通史》第五章。《西域记》卷十三摩咀吒后，著录南海六国：东北大海滨山谷中，有室利差咀罗。次东南大海隅，有迦摩浪迦。次东，有堕罗钵底。次东，有伊赏那补罗。次东，有摩诃瞻波，此云林邑是也。次西南，有阎摩那洲，凡此六国。山川道阻，不入其境，然风俗壤界，声问可知。室利差咀罗，即《南海寄归·内法传》之室利察咀罗，《唐书》之骠国，今之 Prome，迦摩浪迦，应为后之白古。堕罗钵底，即《南海寄归·内法传》之杜和钵底，在今 Menam 江之下流。伊赏那补罗，即真腊，今之柬埔寨。摩诃瞻波，即后之占城，当时据今安南之中圻、南圻。阎摩那洲，疑耶婆洲（Yavadvipa）之误，殆指苏门答剌大岛，当时南海中大洲除此岛或爪哇外莫属也。第八章。《唐书》言骠国役属城邑部落之多，盖近夸侈，此特其交通所及而已。然其与南诏，固确有关系。缅甸与云南之往还，固由来旧矣。《旧书》云：古未尝通中国。贞元中，其王闻异牟寻归附，八年（792年），乃遣其弟悉利移因南诏重译来朝。又献其国乐凡十曲，与乐工三十五人俱。《新书》云：王雍羌，闻南诏归唐，有内附心。异牟寻遣使诣韦皋，请献夷中歌曲，且令骠国进乐人。于是皋作《南诏奉圣乐》。雍羌亦遣弟悉利移、城主舒难陀献其国乐。至成都，皋复谱次其声。以其舞容、乐器异常，乃图画以献云。亦见《乐志》。《新书》言南诏以兵强地接，常羁制之，盖实其附庸而已。

第六节　贞元朝局

德宗还自梁州，以张延赏为相，贞元元年六月。旋以李晟攻击，罢之，八月。已见上节。贞元二年正月，以崔造为相。《旧书·造传》曰：造久从事江外，疾钱谷诸使罔上之弊，乃奏天下两税钱物，委本道观察、本州刺史选官典部送上都。诸道水陆运使及度支巡院、江淮转运使等并停。其度支盐铁，委尚书省本司判。尚书省六职，令宰臣分判。乃以户部侍郎元琇判诸道盐铁榷酒等事，吉中孚判度支及诸道两税事。又以岁饥，浙江东西道入运米每年七十五万石，今更令两税折纳米一百万石，委两浙节度使韩滉运送一百万石至东渭桥。其淮南濠、寿、旨米，洪、潭屯米，委淮南节度使杜亚运送二十万石至东渭桥。诸道有盐铁处，依旧置巡院句当。河阴见在米，唐河阴县，在今河南河阴县东，江淮运米，于此置仓。及诸道先付度支巡院般运在路钱物，委度支依前句当。其未离本道者，分付观察使发遣，仍委中书门下年终类例诸道课最闻奏。造与元琇素厚，罢使之后，以盐铁之任委之。而韩滉方司转运，朝廷仰给其漕发。滉以司务久行，不可遽改。德宗复以滉为江淮转运使。余如造所条奏。元琇以滉性刚难制，乃复奏江淮转运，其江南米自江至扬子，长江在今扬、镇间津渡处，古称扬子津，唐于其地置县，曰扬子县，故治在今仪征县南。凡十八里，请滉主之，扬子以北琇主之。滉闻之，怒，掎摭琇盐铁司事论奏。德宗不获已，罢琇判使，转尚书右丞。其年秋初，江淮漕米大至。德宗嘉其功，以滉专领度支诸道盐铁转运等使。造所条奏皆改。物议亦以造所奏虽举旧典，然凶荒之岁，难为集事。乃罢造知政事，贬琇雷州司户。此德宗继建中之后，再欲整顿财政，以凶岁不得不仰给江淮，而为滉所败也。《新书·滉传》：滉衔琇。会琇以京师钱重货轻，发江东盐监院钱四十万缗入关。滉绐奏：运钱至京师，率费万致千，不可从。帝责诮琇。琇曰："千钱其重与斗米均，费三百可致。"帝以谕滉。滉执不可。至是，诬劾琇馈米与李纳、李怀光。帝怒，不复究验，贬琇雷州司户参军。左丞董晋白宰相刘滋、齐映曰："昨关辅用兵，方蝗旱，琇不增一赋，而军兴皆济，可谓劳臣。今被谪无名，刑滥人惧。公胡不请三司鞫之？"滋、映不能用。给事中袁高抗疏申执，滉指为党与，寝不报。夫唐之君臣，岂真不辨是非如此，无非一时倚赖江淮漕运，遂至为其所胁而已。亦可哀矣。琇之改官，造忧惧成疾，数月不能视事。齐映当政。明年正月，张延赏相，事见上节。映亦罢。《旧书·映传》曰：映于东都举进士及宏辞科，延赏为河南尹、东都留守，厚映。及映为相，延赏罢相为左仆射，数画时事，令映行之，及为所亲求官，映多不应。延赏怒，言映非宰相器。三年正月，贬映夔州刺史。此亦恐厚诬延赏。然亦可见延赏实为德宗所眷倚，而李晟之沮之为跋扈矣。而柳浑为相。《旧书·浑传》曰：韩滉自浙西入觐，朝廷委政待之。至于调兵食，笼盐铁，句官吏赏罚，锄豪强兼并，上悉杖焉。每奏事，或日旰，他相充位而已。公卿救过不暇，无敢枝梧者。浑虽滉所引，心恶其专，正色让之曰："先相公以狷察，为相不满岁而罢，滉父休。今相公榜吏于省中，且非刑人之地，奈何蹈前非而又甚焉？"可见滉之专横矣。是岁二月，滉死，故其乱政不久。

韩滉既死，张延赏乃获行其志，罢李晟兵柄，事亦已见上节。劫盟事起，延赏亦卧病，而李泌相。泌本非相才，此时又以鬼道进，随时俯仰而已。《旧书·泌传》：泌颇有谠直之风，而谈神仙诡道，或云尝与赤松子、王乔、安期、羡门游处，为代所轻。虽诡道求容，不为时君所重。德宗初即位，尤恶巫祝怪诞之士。及建中末，寇戎内梗，桑道茂有城奉天之说，上稍以时日禁忌为意，而雅闻泌长于鬼道，故自外征还，以至大用，时论不以为惬。及在相位，随时俯仰，无足可称。五年二月，泌疾甚，董晋、窦参并相。事决在参，晋但奉诏书，领然诺而已。《旧书·晋传》。八年四月，参败，而陆贽相。《新书·参传》曰：参领度支盐铁使，每延英对，他相罢，参必留，以度支为言，实专政也。然参无学术，不能稽古立事，惟树亲党，多所诇察，四方畏之。于是李纳厚馈参，外示严畏，实赂帝亲近为间，故左右争毁短之。申其族子也，为给事中，参亲爱。每除吏，多访申。申因得招赂，漏禁密语。帝闻，以戒参。且曰："是必为累，不如斥之。"参固陈丐。吴通玄与弟通微，皆博学善文章。父道瓘，以道士诏授太子、诸王经，故通玄等皆得侍太子游。德宗立，弟兄踵召为翰林学士，与陆贽、吉中孚、韦执谊并位。贽文高有谋，特为帝器遇，且更险难有功，通玄等特以东宫恩旧进，昵而不礼。见贽骤擢，颇娼恨。贽欲斥远之，即建言请罢学士，帝不许。《旧书·贽传》曰：德宗以贽指斥通微、通玄，故不可其奏。通玄怨日结，谋夺其内职。会贽权知兵部侍郎，主贡举，乃命为真。贽与窦参交恶，参从子申从舅嗣虢王则之，巨子。方为金吾将军，故申介之使结通玄兄弟，共危贽。帝逐申、则之、通玄，通玄以宗室女为外妇，帝衔其淫污近属，赐死。贬参郴州别驾。今湖南郴县。宣武刘士宁饷参绢五千，湖南观察使李巽故与参隙，以状闻。又中人为之验。帝大怒。以为外交戎臣，欲杀参。贽虽怨，亦以杀之太重，乃贬欢州司马。宦官谤沮不已，竟赐死于邕州。而杖杀申。《旧书·贽传》云：巽奏闻，德宗不悦。会右庶子姜公辅于上前闻奏，称窦参尝语臣云：陛下怒臣未已。德宗怒，再贬参，竟杀之。时议云：公辅奏参语，得之于贽，参之死，贽有力焉。又云：贽初入翰林，特承德宗异顾。歌诗戏狎，朝夕陪游。及出居艰阻之中，虽有宰臣，而谋猷参决，多出于贽，故当时目为内相。既与二吴不协，渐加浸润，恩礼稍薄。及通玄败，上知诬枉，遂复见用。陆贽贤者，然观此事始末，谓其不与于党争得乎？朋党之始，或以亲知之相倚，或由利害之偶同，情有比周，未必遂为大恶。及其固结不解，推波助澜，趋避之见既深，是非之心遂泯，驯至坏国事以徇私计而不恤，则其弊有不胜穷，不忍言者矣。德宗天性猜忌，贽常劝之以推诚，千载而下，读其书者，犹有余味焉。然以言教不如以身教，上之于下如是，下之于上亦何独不然？日勾心斗角于其朝，而望人君之推心置腹，不亦远乎？

《旧书·班宏传》云：贞元初，改户部侍郎，为度支使韩滉之副。迁尚书，复副窦参。参初为大理司直，宏已为刑部侍郎。参以宏先贵，常私解说之，曰："一年之后，当归此使。"宏心喜。岁余，参绝不复言。宏怒。公事多异。扬子院，盐铁、转运委藏也。宏以御史中丞徐粲主之。既不理，且以贿闻。参欲代之。宏执不可。张滂先善于宏，宏荐为司农少卿。及参欲以滂分掌江淮盐铁，询之于宏，宏虑滂以法绳徐粲，因曰："滂强戾难制，不可用。"滂知之。八年三月，参遂为上所疏，乃让度支使。遂以宏专判。而参不欲使务悉归于宏，问计于京兆尹薛珏。珏曰："二子交恶，而滂刚决，若分盐铁、转运于滂，必能制宏。"参乃荐滂为户部侍郎、盐铁使，判转运，尚隶于宏以悦之。江淮两税，悉宏主之，置巡院，然令宏、滂共择其官。滂请盐铁旧簿书于宏，宏不与。每署院官，宏、滂更相是非，莫有用者。滂乃奏曰："珏、宏与臣相戾，巡院多阙官，何以辑事？"遂令分掌之。无几，宏言于宰相赵憬、陆贽曰："宏职转运，年运江淮米五十万斛，前年增七十万斛，今职归于人，不知何谓？"滂时在侧，忿然曰："凡为度支胥吏，不一岁，资累巨万，僮马第宅，僭于王公，非盗官财，何以致是？道路喧喧，无不知之。圣上故令滂分掌。公所言，无乃归怨于上乎？"宏默然不对。是日，宏称疾。滂往问之，不见。憬、贽乃以宏、滂之言上闻。由是遵大历故事，如刘晏、韩滉所分。滂至扬州，按徐粲。逮仆妾子侄，得赃巨万，乃徙岭表。故参得罪，宏颇有力焉。然则窦参之败，又有权利之争焉。此可见刘晏之徒，以言利而败者，虽或非其罪，然未始无象齿焚身之道也。

是岁七月，班宏卒。陆贽请用李巽。上不听，而用司农少卿裴延龄。旋迁户部侍郎。于是贽败矣。延龄亦史所目为奸佞者，然按其事迹，亦不能得其奸佞之所在也。《旧书》本传云：延龄自揣不通货殖之务，乃多设钩距，召度支老吏与谋。乃奏云：天下每年出入钱物，新陈相因，常不减六七千万贯。惟有一库，差舛散失，莫可知之。请于左藏库中分置别库。史訾其于钱物更无增加，而虚费簿书人吏，世岂有惜簿书人吏之费，而任令出入混淆者乎？《新书·延龄传》：永贞初，度支言延龄曩列别库，无实益而有吏文之烦，乃诏复以还左藏，《旧书》所云，即当时此等议论也。《传》又云：延龄奏曰：开元、天宝中，天下户仅千万，百司公务殷繁，官员尚或有阙。自兵兴已来，户口减耗大半，今一官可兼领数司。伏请自今已后，内外百司，官阙未须补置，收其禄俸，以实帑藏。则裁员实当日之急务，张延赏、沈既济、杜佑、李吉甫等，咸以为言者也。延赏欲减官，已见上节。建中二年（781年），敕中书门下两省分置待诏官三十。既济上疏曰：臣尝计天下财赋，耗歝之大者，惟二事焉：最多者兵资，次之者官俸，其余杂费，十不当二事之一。所以黎人重困，杼轴犹空。方期辑熙，必藉裁减。事竟不行。见新旧《书·既济传》。《新书·杜佑传》：建中初，河朔兵挐战，民困，赋无所出。佑以为救敝莫若省用，省用则省官。乃上议曰：汉光武建武中，废县四百，吏率十署一。魏太和时，分遣使者省吏员。正始时，并郡县。晋太元省官七百。隋开皇废郡五百。贞观初，省内官六百员。设官之本，以治众庶，故古者计人置吏，不肯虚设。自汉至唐，因征战艰难，以省吏员，诚救弊之切也。神龙中，官纪荡然。有司大集选者，既无阙员，则置员外官二千人。自是以为常。开元、天宝中，四方无虞，编户九百余万，帑藏丰溢，虽有浮费，不足为忧。今黎苗凋瘵，天下户百三十万；陛下诏使者按比，才得三百万；就中浮寄，又五之二。出赋者已耗，而食之者如旧，安可不革？又李吉甫传：吉甫以元和六年（789年）入相，奏曰：方今置吏不精，流品庞杂，存无事之官，食至重之税，故生人日困，冗食日滋。又国家自天宝已来，宿兵常八十余万，其去为商贩，度为佛老，杂入科役者，率十五已上。天下常以劳苦之人三，奉坐待衣食之人七。而内外官仰奉禀者，无虑万员。职局重出，名异事离者甚众。故财日寡而受禄多，官有限而调无数。九流安得不杂？万务安得不烦？汉初置郡，不过六十，而文、景化几三王，则郡少政不必紊，郡多事不必治。今列州三百，县千四百，以邑设州，以乡分县，费广制轻，非致化之本。愿诏有司博议。州县有可并并之，岁时入仕有可停停之，则利寡易求，官少易治。国家之制：官一品，俸三千。职田禄米，大抵不过千石。大历时，权臣月俸，有至九千缗者。州刺史无小大皆千缗。宰相常衮，始为裁限。至李泌，量闲剧稍增之，使相通济。然有名在职废，俸存额去。闲剧之间，厚薄顿异。亦请一切商定。乃诏给事中段平仲、中书舍人韦贯之、兵部侍郎许孟容、户部侍郎李绛参阅蠲减。凡省冗官八百员，吏千四百员。盖裁官之议，辗转见沮，至是而后克行。宪宗时兵费所以能勉强支持，裁官必不能无小补也。合前后之事观之，而官之当裁不疑也。又云：陆贽每论其诞妄，不可令掌财赋。德宗以为排摈，待延龄益厚。贽上书疏其失，有云：搜求市廛，豪夺人献。追捕夫匠，迫胁就功。都城之中，列肆为之昼闭。兴役之所，百工比于幽囚。此等耸听之危辞，凡从事理财者，固无不可强被之也。本传中谓延龄诞妄之辞甚多，皆稚气不直一笑，不待更辩。书奏，德宗不悦。盐铁转运使张滂、京兆尹李充、司农卿李铦，以事相关，皆证延龄矫妄。德宗罢贽知政事。十年十二月。滂、充、铦悉罢职左迁。十一年（795年），春暮，延龄上疏言：贽、充等失权怨望，言于众曰："天下炎旱，人庶流亡，度支多欠阙诸军粮草。"以激怒群情。后数日，上幸苑中，适会神策军人诉度支欠厩马刍草，上思延龄言，即时回驾，斥逐贽、充、滂、铦等。朝廷中外惴恐。延龄方谋害在朝正直之士，会谏议大夫阳城等伏阁切谏，且止。贽、充等虽已贬黜，延龄憾之未已。乃掩捕李充腹心吏张忠，捶掠楚痛，令为之辞，云：前后隐没官钱五十余万贯，米、麦称是。其钱物多结托权势。充妻常于犊车中将金宝缯帛遗贽妻。忠妻母于光顺门投匦诉冤。诏御史台推问。一宿，得其实状事皆虚。乃释忠。延龄又奏京兆府妄破用钱谷，请令比部句覆。以比部郎中崔元，尝为陆贽所黜故也。元句覆，又无交涉。此等皆一面之辞，虚实是非难辨，要之为朋党相攻而已。《传》云：延龄每奏对，皆恣骋诡怪虚妄。他人莫敢言者，延龄言之不疑，亦人所未尝闻。德宗颇知其诞妄，但以敢言无隐，且欲访闻外事，故断意用之。德宗非易欺者，延龄所言，决不能全为诡诞虚妄。不诚无物，其人纵或褊激，亦必公忠敢言，故德宗深信之耳。德宗姿猜忌，当时朋党，根柢盘互，亦有以迫之，使不得不设钩距之术。然势之既成，亦卒非此等钩距之术所能回，哀哉！

阳城者，亦怪妄之士。其人尝有位于朝，依旧日史例，应入普通列传，而《旧书》列之《隐逸传》，《新书》列之《卓行传》，作史者或亦有深意也。城为李泌所荐，泌固亦怪妄之士。为谏议大夫，居位八年，未尝有言。及陆贽等逐，乃约拾遗王仲舒等守延英阁，上疏极论，累日不止。帝大怒，召宰相抵城罪。顺宗方为皇太子，为开救，良久得免。敕宰相谕遣。然帝意不已，欲遂相延龄。此语恐诬，以德宗之愎，若果有此意，责城必不能如是之轻也。城显语曰：“延龄为相，吾当取白麻坏之。”坐是下迁国子司业。事在七月中。于是金吾将军张万福，闻谏官伏阁，趋往。至延英门，大言贺曰：“朝廷有直臣，天下必太平矣。”乃造城及仲舒等，曰：“诸谏议能如此言事，天下安得不太平？”已而连呼太平太平。万福武人，年八十余，自此名重天下。此等举动，为公乎？为私乎？欲为朝廷除弊事邪？抑徇徒党，要声闻，争意气也？

陆贽免相后，上遂躬亲庶政，不复委成宰相。庙堂备员，行文书而已。除守、宰、御史，皆帝自选择。所狎而取信者：裴延龄、李齐运、太宗子蒋王恽之孙。为礼部尚书。贞元十二年（796年）卒。王绍、本名纯。贞元中，为仓部员外郎。后为户部侍郎，判度支。迁尚书。李实、高祖子道王元庆玄孙。初为司农卿。贞元十九年（803年），为京兆尹。韦执谊、翰林学士。韦渠牟，右补阙内供奉。后为右谏议大夫。皆权倾相府。《旧书·韦渠牟传》。参看《王绍传》。《宪宗纪》论曰：史臣蒋系曰：德宗不委政宰相。人间细务，多自临决。奸佞之臣如裴延龄辈数人，得以钱谷、数术进，宰相备位而已。亦朋党之习，迫之使不得不然也。

财政之窘迫，实使德宗不得不重言利之臣。《新书·食货志》云：朱泚平，天下户口，三耗其二。又云：初定两税，计钱而输绫绢，既而物价愈下，所纳愈多。改科役曰召雇，率配曰和市，以巧避微文，比大历之数再倍。又疠疫水旱，户口减耗；刺史析户张虚数以宽责，逃、死阙税，取于居者，一室空而四邻亦尽。户版不缉，无浮游之禁，州县行小惠以倾诱邻境，新收者优假之，惟安居不迁之民，赋役日重。此其迳取之者。其为藩镇所擅之地，则又纵其剥民而分取焉。《志》云：常赋之外，进奉不息。《旧志》云：兴元克复京师后，府藏尽虚，诸道初有进奉，以资经费。复时有宣索。其后诸贼既平，进奉不息。剑南西川节度使韦皋有日进。《旧书》本传：皋在蜀二十一年，重赋敛以事月进，卒致蜀土虚竭，时论非之。又孝友崔衍传：贞元中，天下好进奉以结主恩，征求聚敛，州郡耗竭，韦皋、刘赞、裴肃为之首。江西观察使李兼有月进。兼罢省南昌军千余人，收其资粮，以资进奉。及裴胄代，乃奏其本末罢之。见《旧书·胄传》。淮南节度使杜亚，宣歙观察使刘赞，赞，滋从兄，《旧书》附《滋传》。云：赞在宣州十余年。赞祖子玄，开元朝一代名儒，父汇，博涉经史，惟赞不知书，但以强猛立威，官吏畏之，重足一迹。宣为天下沃饶，赞久为廉察，厚敛殖货，务贡奉以希恩。子弟皆亏庭训，虽童年稚齿，便能侮易人。人士鄙之。镇海节度使王纬、李锜，纬，贞元十年（794年）兼诸道盐铁，多用刻剥之吏，督察巡属，人不聊生。十四年（798年）卒。李若初代之。十五年（799年）卒。皆见《旧书》本传。李锜代若虚，已见第四节。皆徼射恩泽，以常赋入贡，名为羡余。至代易，又有进奉。《旧书·齐映传》：贞元七年（791年），改洪州刺史、江西观察使。以顷为相辅，无大过而罢，冀复入用，乃掊敛贡奉，及大为金银器以希旨。先是银瓶高者五尺余，李兼为江西观察使，乃进六尺者，至是，因帝诞日端午，映为瓶高八尺者以献。此可见贡奉之事，易于踵事增华也。当是时，户部钱物所在，州府及巡院，皆得擅留，或矫密旨加敛。谪官吏，刻禄廪，增税通津死亡及蔬果。凡代易进奉，取于税入，十献二三，无敢问者。常州刺史裴肃鬻薪、炭、案纸为进奉，得迁浙东观察使。刺史进奉，自肃始也。刘赞卒于宣州，其判官严绶，倾军府为进奉，召为刑部员外郎。判官进奉，自绶始也。纵外官之贪取，从而丐其余沥，可谓无术矣。然建中及贞元之初，欲收利柄之志亦锐矣，而终于无成。则知欲振纲纪，必抑强藩，而欲抑强藩，则不能无用兵，欲用兵，又不能无军费。此当时之事势，所由载胥及溺也。参看下章第三节。

德宗之猜忌，固由时势迫之，不能尽为德宗咎，然因猜忌朝臣而信任宦官，则要为急不择路，不能为之恕也。《旧书·宦官传》曰：窦文场、霍仙鸣者，始在东宫事德宗。鱼朝恩诛后，内官不复典兵。德宗以亲军委白志贞。泾师之乱，禁军无至者，惟文场、仙鸣率诸宦者及亲王、左右从行。志贞贬，左右禁旅，悉委文场主之。从幸山南，两军渐集。德宗还京，颇忌宿将，凡握兵多者悉罢之，禁旅文场、仙鸣分统焉。贞元十二年六月，特立护军中尉两员，中护军两员，以帅禁军。乃以文场为左神策护军中尉，仙鸣为右神策护军中尉，右神威军使张尚进为右神策中护军，内谒者监焦希望为左神策中护军。《新书·兵志》：贞元二年（786年），改神策左右厢为左右神策军。特置监句当左右神策军，以宠中官。十二年（796年），以监句当左神策军窦文场为左神策军护军中尉，监句当右神策军霍仙鸣为右神策护军中尉。《宦者传》云：至奉天，帝逐志贞，并左右军付文场主之。兴元初，诏监神策左廂兵马，以王希迁监右。据《旧书·本纪》，事在兴元元年十月。《通鉴》据《实录》同。《考异》曰：《旧书·窦文场传》云：文场与霍仙鸣分统禁旅，盖希迁寻罢，而仙鸣代之也，今从《实录》。则仙鸣之代希迁，《实录》亦不载其事矣。时窦、霍之权，振于天下。藩镇节将，多出禁军。《旧书·高瑀传》：自大历已来，节制除拜，多出禁军中尉。凡命一帅，必广输重赂。禁军将校当为帅者，自无家财，必取资于人，得镇之后，则膏血疲民以偿之。《高霞寓传》云：霞寓卒伍常材，因宦官进用，遂阶节将。《牛僧孺传》：子蔚，咸通末，为山南西道节度，在镇三年。时中官用事，急于贿赂。属徐方用兵，两中尉讽诸藩贡奉助军。蔚尽索军府之有三万端表匹，随表进纳。中官怒，以神策将吴行鲁代还。《新书·李景略传》：转丰州刺史，丰州当回纥通道，前刺史软柔，每虏使至，与抗礼。梅录将军入朝，景略折之。自此回纥使至者，皆拜于庭，威名显闻。河东节度使李说病，以景略为太原少尹，行军司马。时方镇既重，故少召还者，惟不幸则司马代之。自说有疾，人心固属景略矣。会梅录复入朝，说大会，虏人争坐，说不敢遏，景略叱之。梅录识其声，惊拜，遂就坐。将吏相顾严惮。说愈不平，赂中尉窦文场，谋毁去之。岁余，塞下传言回纥将南寇。文场方侍帝旁，即言丰州当得良将，且举景略。乃拜丰州刺史。此事文场果为边择人，抑与说比而移景略，尚难质言；要其力能动摇节将，则无疑也。台省清要，时出其门。《新书·裴行俭传》：玄孙均，德宗以其任方镇，欲遂相之，谏官李约上书，斥均为窦文场养子，不可污台辅，乃止。是岁，仙鸣病。帝赐马十匹，令于诸寺为僧斋以祈福。病久不愈。十四年（798年），仓卒而卒。上疑左右小使、正将食中加毒，配流者数十人。仙鸣死后，以第五守亮为右军中尉。《本纪》在七月。文场连表请致仕，许之。十五年（799年）已后，杨志廉、孙荣义为左右军中尉。《本纪》：十七年六月，以中官杨志廉为右神策护军中尉。《通鉴》：十七年八月，左神策中尉窦文场致仕，以副使杨志廉代之。十九年六月，以右神策中尉副使孙荣义为中尉。《考异》曰：《实录》：十七年六月，以中官杨志廉充左神策护军中尉。七月丙戌，以内给事杨志廉为左右神策护军中尉副使。九月戊寅，以志廉为左神策中尉。十九年六月辛卯，以荣义为右神策中尉。二十年十月戊申，以志廉为特进、右监军将军、左军中尉。其重复差互如此。盖十七年六月摄领耳；七月始为副使；九月及十九年六月，始正为中尉；二十年十月，但进阶加官耳。《旧传》又云：先是窦文场致仕，十五年以后，志廉、荣义为左右军中尉，亦踵窦、霍之事，此盖言其大略耳，未必为中尉适在十五年也。胡三省曰：右监军将军，当作右监门将军。亦踵窦、霍之事，怙宠骄恣。贪利冒宠之徒，利其纳贿，多附丽之。案是时，羽林、龙武、神武、神威、神策，总称左右十军，而神策最盛。《新书·兵志》曰：自德宗幸梁还，以神策兵有劳，皆号兴元元从奉天定难功臣，恕死罪。中书、御史府、兵部乃不能岁比其籍，京兆又不敢总举名实，三辅人假比于军，一牒至十数。长安奸人，多寓占两军，身不宿卫，以钱代行，谓之纳课户。益肆为暴。吏稍禁之，辄先得罪。故当时京尹、赤令，皆为之敛屈。《旧书·杨于陵传》：于陵以贞元末为京兆尹。先是禁军影占编户，无以区别。于陵请每五丁者得两丁入军，四丁、三丁者，各以条限。由是京师豪强，复知所畏。《新书》云：减三丁者不得著籍，盖指两丁以下也。然徒能减其数而已，实不能戢其暴。《许孟容传》云：自兴元已后，禁军有功；又中贵之尤有渥恩者，方得护军；故军士日益纵横，府县不能制。《王播传》云：禁军诸镇，布列畿内。军人出入，属鞬佩剑，往往盗发，难以擒奸。其事皆在宪宗时。《柳公绰传》：子仲郢，迁侍御史。富平县人李秀才，籍在禁军，诬乡人斫父墓柏，射杀之，三法司以专杀论。文宗以中官所庇，决杖配流。仲郢及右补阙蒋系、御史萧杰争之，皆不获。《新书·刘栖楚传》云：诸恶少窜名北军，凌藉衣冠，有罪则逃军中，无敢捕。则其事在敬宗时已。又云：京畿之西，多以神策军镇之，皆有屯营。军司之人，散处甸内，皆恃势凌暴，民间苦之。《旧书·李鄘传》：元和初，选为京兆尹，寻拜凤翔尹，凤翔陇右节度使，是镇承前，命帅多用武将，有神策行营之号，初受命，必诣军修谒。鄘表陈其不可。诏遂去神策行营字，但为凤翔、陇右节度。《柳公绰传》：宝历二年（826年），授邠州刺史、邠宁庆节度使。所部有神策诸镇，屯列要地，承前不受节度使制置，遂致北虏深入。公绰上疏论之。因诏诸镇皆禀邠宁节度使制置。神策军之不可驾御如此，宜其敢于虐民也。时边兵衣饷多不赡，而戍卒屯防，药茗、蔬酱之给最厚。诸将务为诡辞，请遥隶神策军，禀赐遂赢旧三倍。由是塞上往往称神策行营，皆内统于中人矣，其军乃至十五万。《旧书·宦官传》曰：李辅国、程元振怙宠邀君，干与国政，亦未全握兵权；代宗时，特立观军容宣慰使，命鱼朝恩统之，然自有统帅，亦监领而已；此其所以易除，德宗真假之以兵，又任其与边将相连结，宦官乃不可治矣。时又令宦官奉使、监军，其弊亦大。《廿二史劄记》有一条论之，可参看。又有所谓宫市者，亦以中官为使。《新书·食货志》。抑买人物，稍不如本估。末年不复行文书，置白望数十百人，于两市及要闹坊曲，阅人所卖物。真伪不复可辨，无敢问所从来，及论价之高下者。率用直百钱物买人直数千物，《新书·食货志》云：以盐估敝衣绢帛尺寸分裂酬其直。仍索进奉门户及脚价银。人将物入市，至有空手而归者。谏官、御史表疏论列，皆不听。吴凑以戚里为京兆尹，深言其弊。张建封入觐，又具奏之。而户部侍郎苏弁希宦者旨，言京师游手堕业者数千万家，仰宫市取给。上信之。凡言宫市者，皆不听用。《旧书·张建封传》。苏弁见《儒学传》，为仓部郎中，判度支案。裴延龄卒，授度支郎中、副知度支事，副知之号自弁始。史称其承延龄之后，以宽简代烦虐，人甚称之。盖其人仁而懦，故不能与宦官争。又有宣徽院五坊小使，每岁秋按鹰犬于畿甸，其弊至敬宗之世犹未绝。五坊，一曰雕坊，二曰鹘坊，三曰鹞坊，四曰鹰坊，五曰狗坊，见《通鉴》永贞元年（805年）《注》。《旧书·裴度传》：元和九年十月，改御史中丞。宣徽院五坊小使，每岁秋按鹰犬于畿甸。所至官吏必厚邀供饷，小不如意，即恣其需索。百姓畏之如寇盗。先是贞元末，此辈暴横尤甚。乃至张网罗于民家门及井，不令出入汲水，曰："惊我供奉鸟雀。"又群聚于卖酒食家，肆情饮啖，将去，留蛇一箧，诫之曰："吾以此蛇致供奉鸟雀，可善饲之，无使饥渴。"主人赂而谢之，方携去。至元和初，虽数治其弊，故态未绝。小使尝至下邽县，县令裴寰嫉其凶暴，公馆之外，一无曲奉。小使构寰出慢言。宪宗怒，摄寰下狱，欲以大不敬论。宰相武元衡等以理开悟，怒不解。度入延英奏事，极言论列，翼日，乃令释寰。然据新书《度传》：度为相时，又有大贾张陟，负五坊息钱。上命坊使杨朝汶收其家薄阅，贷钱虽已偿，悉钩止。根引数十百人，胁不承。又获卢大夫通券，捕卢坦家客责偿，久乃悟为卢群券。坦子上诉，朝汶谰言："钱入禁中，何可得？"御史中丞萧俛及谏官列陈中人横恣，度亦极言之。帝不悦。徐乃悟，杀之而原系者。又《李渤传》：敬宗时，擢给事中。五功卒夜斗伤县人。鄠令崔发怒，敕吏捕捽。其一中人也，释之。帝大怒，收发送御史狱。会大赦改元，发以囚坐鸡竿下。俄而中人数十，持梃乱击发，败面折齿，几死。吏哀请乃去。既而囚皆释而发不原。渤上疏，又诵言前神策军篡京兆进食牙盘，不时治，致宦人益横。帝以问左右。曰："无之。"帝谓渤有党，出为桂管观察使。他日，宰相李逢吉等见帝曰："发母故宰相韦贯之姊，年八十，忧发成疾。"帝乃遣使送发于家，犹夺其官。宪宗刚愎，敬宗昏愚，然皆德宗之作法于贪，有以致之也。下邽，在今陕西渭南县东北。德宗猜忌，前古罕伦，《旧书·本纪》：贞元十四年正月甲午，敕比来朝官，或相过从，金吾皆上闻。其间如是亲故，或尝同寮，伏腊岁时，须有还往，亦人伦常礼，今后不须奏闻。因张建封奏议也。《建封传》云：金吾大将军李翰，好伺察城中细事闻奏，冀求恩宠，人畏而恶之，则其所伺察，必尚不止朝官过从，特士大夫所痛心疾首者，以是为甚耳。《韦执谊传》：贞元十九年（803年），补阙张正一因上书言事得召见，韦成季等偕往贺之。执谊奏成季等朋聚觊望。德宗令金吾伺之。得其相过从饮食数度。于是令逐成季等六七人。则金吾伺察，德宗实使之，不尽由李翰之邀宠也。《裴度传》云：初德宗朝政多僻，朝官或相过从，多令金吾伺察密奏，宰相不敢于私第见客。及度辅政，以群贼未诛，宜延接奇士，共为筹画。乃请于私居接延宾客。宪宗许之。则其弊终德宗之世，实未除也。又《本纪》：贞元十四年九月，谏议大夫田登奏言兵部武举人，持弓挟矢，数千百人入皇城，恐非所宜。上闻之瞿然，乃命停武举。平凉之盟，严怀志、吕温等一十六人陷蕃，久之得还。以其习蕃中事，不欲令出外，囚之仗内。顺宗立，方释之，见《顺宗纪》。此等皆无谓之疑忌也。而独于宦官，纵恣之而不知问，可谓知二五而不知一十矣。

德宗文思俊拔，每有御制，即命朝臣毕和。《旧书·刘大真传》。故亦颇好游宴。贞元四年（788年）九月，诏正月晦日、三月三日、九月九日三节日，任文武百寮选胜地追赏为乐，各有赐钱。五年（789年），以二月一日为中和节，代正月晦日。六年（790年）是日，百寮宴会于曲江亭。上赋中和节群臣赐宴七均。九年（792年）二月朔，先是宰相以三节次宴，府县有供帐之弊，请以宴钱分给，各令诸司选胜宴会，从之。是日，宰相宴于曲江亭，诸司随便。自是分燕焉。此等虽不可遽议其侈，然行诸户口三分减二，调度专仰江淮，强藩擅命于东，戎狄跳梁于西之日，要非七年不饮酒、不食肉之道也。十八年三月、九月，十九年二月，皆赐宴于马璘山池，而即位之初毁之之志荒矣。帝之幸梁州，至城固，今陕西城固县。长女唐安公主薨，欲为造塔，宰相姜公辅谏，以此罢为左庶子。后义阳、义章二公主薨，咸于墓所造祠堂百二十间，费钱数万，《旧书·李吉甫传》。尤不可谓非纵肆。然以大体论，帝固犹为恭俭之主也。

第八章　顺、宪、穆、敬四朝事迹

第一节　顺宗谋诛宦官

德宗长子名诵，是为顺宗。德宗即位之岁，即立为太子。至贞元三年（787 年）八月，而有郜国公主之狱。郜国者，肃宗女也。初降裴徽。徽卒，又降萧昇。昇卒，主与太子詹事李昪等乱。昪，叔明子。叔明，鲜于仲通弟，赐国姓。昪事又见《旧书·萧复传》，作昇，《叔明传》及《新书》皆作昪，《通鉴》依《实录》作昪。奸闻，德宗幽之它第，而斥昪等。四年（788 年），又以厌蛊废。六年（790 年）薨。主女为皇太子妃，帝畏妃怨望，将杀之，未发。会主薨，太子属疾，乃杀妃以厌灾。《新书·公主传》。《旧书·李泌传》曰：顺宗在春宫，郜国交通外人，上疑其有他，连坐贬黜者数人，皇储亦危。泌百端奏说，上意方解。《新书·顺宗纪》亦曰：郜国公主以蛊事得罪，德宗疑之，几废者屡矣，赖李泌保护得免。《泌传》曰：郜国坐蛊媚幽禁中，帝怒，责太子，太子不知所对。泌入，帝数称舒王贤，泌揣帝有废立意，因曰："陛下有一子而疑之，乃欲立弟之子？臣不敢以古事争，且十宅诸叔，陛下奉之若何？"帝赫然曰："卿何知舒王非朕子？"对曰："陛下昔为臣言之。陛下有嫡子以为疑，弟之子，敢自信于陛下乎？，"帝曰："卿违朕意，不顾家族邪？"对曰："臣衰老，位宰相，以谏而诛，分也。使太子废，它日，陛下悔曰：'我惟一子，杀之，泌不吾谏，吾亦杀尔子。'则臣祀绝矣。虽有兄弟子，非所歆也。"即噫呜流涕。因称"昔太宗有诏：'太子不道，藩王窥伺者两废之。’陛下疑东宫而称舒王贤，得无窥伺乎？若太子得罪，请亦废之，而立皇孙，千秋万岁后，天下犹陛下子孙有也。且郜国为其女妒忌而蛊惑东宫，岂可以妻母累太子乎？”执争数十，意益坚。帝寤，太子乃得安。《通鉴》纪事，大致与《新传》同而加详，惟即系于三年八月，不如《新书》云郜国之废在四年也。且载泌言曰：“愿陛下从容三日，究其端绪，必释然知太子之无它矣。若果有其迹，当召大臣知义理者二十人，与臣鞫其左右。必有实状，愿陛下如贞观之法，并废舒王而立皇孙。”又曰：间一日，上开延英殿独召泌，流涕阑干，抚其背曰：“非卿切言，朕今日悔无及矣。太子仁孝，实无它也。”亦不如《新传》云执争数十，《新纪》云太子几废者屡也。温公作《通鉴》极详慎。凡《鉴》与新旧《书》异同处，大抵新旧《书》游移舛误，而《鉴》明确审谛，惟此事则不然，盖由《新书》尚兼采旧文，而《鉴》则偏据李繁所作《家传》之故。繁小人，造作史实无忌惮，而又不能自掩其迹。且德宗岂惟一子？而其取昭靖子为子，郑王邈，追谥昭靖太子。亦岂能秘不使外朝知乎？德宗性多疑而固执，亦殆非间一日而可悟也。云执争数十，云奏说百端，则近之矣。萧妃之见杀，事已在厌蛊发后两年，泌亦于其去年死矣，泌死于贞元五年三月。可见帝之疑久而不释也。昭靖为代宗正嫡，说已见上章第一节。自肃、代已来，元帅已为冢储之任，而昭靖及舒王皆居之，可见其地位实与人殊。顺宗之正位东宫，盖以母爱，而其母已殁于贞元二年（786 年），顺宗母曰昭德皇后王氏。德宗为鲁王时为嫔。即位，册为淑妃。贞元二年（786 年），久疾，帝念之，立为后，册礼方讫而崩。小人欲乘机动摇，殊无足怪。贞元二十一年（805 年），正月，德宗崩，顺宗立。《旧书·顺宗纪》曰：上自二十年九月，风病不能言。暨德宗不豫，诸王、亲戚皆侍医药，独上卧病不能侍。德宗弥留，思见太子，涕咽久之。大行发丧，人情震惧，上力疾衰服见百寮于九仙门。既即位，知社稷有奉，中外始安。发丧后既能力疾而见百寮，弥留时何难自强一视医药？《卫次公传》云：贞元八年（792年），征为左补阙，寻兼翰林学士。二十一年正月，德宗升遐。时东宫疾恙方甚，仓卒召学士郑细等至金銮殿。中人或云："内中商量所立未定。"众未对。次公遽言曰："皇太子虽有疾，地居冢嫡，内外系心。必不得已，当立广陵王。即宪宗，见下。若有异图，祸难未已。"细等随而唱之，众方定。然则舍適嫡而别谋拥戴，当时已肇其端。太子之不得见，殆有壅遏之者，德宗之涕咽，不惟其疾之忧矣。然则顺宗当即位之日，其势已如赘旒矣。

然顺宗贤君也，在东宫时，即蓄意欲除宦竖，其计谋业已豫定，故即位后虽婴痼疾，其局仍不可变也。顺宗所信者，为王叔文及王伾。叔文，山阴人。今浙江绍兴县。以棋待诏。德宗令直东宫。伾，杭州人。始为翰林侍书、待诏，累迁至正议大夫、殿中丞、皇太子侍书。《传》云：与韦执谊、翰林学士。陆质、本名淳。时征为给事中，使为皇太子侍读。吕温、左拾遗。李景俭、让皇曾孙，进士。韩晔、滉族子。尚书司封郎中。韩泰、户部郎中。陈谏、河中尹。柳宗元、刘禹锡等十数人宗元、禹锡，皆为监察御史。定为死交，而凌准、员外郎。程异、盐铁转运扬子留后。又因其党以进，可见贤士大夫与之者之多。《传》言其直东宫时，每对太子言"某可为相，某可为将，幸异日用之"，非虚辞也。《传》又云：上寝疾久，不复关庶政。深居施帘帷，阉官李忠言、美人牛昭容侍左右，百官上议，自帷中可其奏。叔文居翰林，为学士。叔文与韦执谊善，请用为宰相。叔文因伾，伾因李忠言，忠言因牛昭容，转相结构。事下翰林，叔文定可否，宣于中书，俾执谊承奏于外。盖帝虽沉痼，诸贤之互相扶翼，思有所作为犹如此，然其势危矣。叔文所尤重者，一为财政，一为兵权。于是身兼度支盐铁副使，以杜佑领使。佑，杨炎相征入朝，历工部、金部二郎中，并充水陆转运使。改度支郎中，兼和籴。时方军兴，馈运之务，悉委于佑。迁户部侍郎，判度支。为卢杞所恶，出为苏州刺史。苏州见第六章第二节。以范希朝统京西北诸镇行营兵马使，韩泰副之。《本纪》：以右金吾卫大将军范希朝为右神策统军，充左右神策京西诸城镇行营兵马节度使。盖以希朝贤将，又久隶神策，欲以收中官之权。然希朝已耄，而宦官又为之梗。《传》云：初，中人尚未悟。会边上诸将，各以状辞中人，且言方属希朝，中人始悟兵柄为叔文所夺。中尉乃止诸镇：毋以兵属人。希朝、泰至奉天，诸将不至，乃还。于是事势去矣。内官俱文珍，乃削去叔文学士之职。王伾为之论，乃许三、五日一入翰林，竟削内职。无几，叔文母死。《通鉴》曰：自叔文归第，王伾失据，日诣宦官及杜佑，请起叔文为相，且总北军。既不获，则请以为威远军使、平章事。《注》：据旧《郭子仪传》：肃宗上元元年（760年），以子仪为诸道兵马都统，令率英武、威远等禁军及诸镇之师取范阳，既而为鱼朝恩所沮，不行，则威远军肃宗置也。至德宗时，以左、右威远营隶鸿胪，贾耽以鸿胪卿兼威远军使。至元和二年（761年），敕：左、右威远营，置来已久，著在国章，其英武军并合并入左、右威远营。其后遂以宦官为使，不复隶鸿胪。宋白曰：左、右威远营，本属鸿胪寺，建中元年七月隶金吾。又不得。其党皆忧悸不自保。是日，伾坐翰林中，疏三上，不报，知事不济，行且卧。至夜，忽叫曰："伾中风矣！"明日，遂舆归不出。时七月也。先是，顺宗长子广陵王淳，以三月立为太子，更名纯，即宪宗也。《旧书·宦官传》云：此事也，俱文珍与中官刘光琦、薛文珍、尚衍、解玉等实为之。顺宗可之。文珍俱文珍。遂召学士卫次公、郑絪、李程、王涯入金銮殿，草立储君诏。此即德宗崩时，中人召之，欲图废立者也。《新书·郑絪传》曰：顺宗病，不得语，王叔文与牛美人用事，权震中外。惮广陵王雄睿，欲危之。帝召絪草立太子诏。絪不请，辄书曰"立嫡以长"，跪白之。帝颔，乃定。以欲危广陵王诬叔文，然则德宗崩时，内中商量所立未定，而有待于次公诤之，絪和之者，亦叔文为之邪？此时之所行，则次公、絪之志耳。犹未已也。时韦皋遣支度副使刘辟于京师，私谒叔文曰："太尉使致诚于足下：若能致某都领剑南三川，三川，谓剑南东、西及山南西道。必有以相酬；如不留意，亦有以奉报。"叔文大怒，将斩辟以徇。韦执谊固止之。辟乃私去。皋乃上表请皇太子监国。又上皇太子笺，请斥逐群小。裴均、荆南。严绶，河东。笺表继至。是月，乙未，二十八日。诏军国政事，宜令皇太子句当。八月，丁酉朔，遂传位焉。于是杜黄裳、袁滋、郑絪等比宦官而毒叔文者，继踵相矣。叔文用事时，杜佑、贾耽、郑珣瑜、高郢并为相。佑虽领度支，权实在叔文。耽屡移病乞骸骨，不许，是岁十月卒。珣瑜亦移疾不起。惟郢依违其间。及宪宗监国，郢、珣瑜并罢。杜黄裳、袁滋为相。黄裳，韦执谊妻父，然与执谊不合。尝语执谊，令率百官请皇太子监国，执谊不可，黄裳即拂衣而去。滋，贞元十九年（803 年），曾充入南诏使。是年韦皋卒，以滋代为西川。是时之相之，盖取其与皋相稔也。郑絪，是年十二月为相。叔文贬渝州司户，明年，赐死。伾贬开州司马，开州，今四川开县。寻病卒。其党惟李景俭居丧东都；吕温使吐蕃，叔文败方归；陆质为皇太子侍读，寻卒；余皆远贬。后复起用者，一程异而已。山人罗令则，诣秦州刺史刘澭，济弟，见上章第四节。秦州时治普润，在今陕西麟游县西。言废立之事。澭系之。令则又云："某之党多矣。将以德宗山陵时，伺便而动。"澭械送京师，杖杀之。《旧书·刘怦传》。此叔文之党，忠义奋发，之死不变者也。舒王以是年十月卒，史不云其非良死，然其事亦殊可疑也。明年元和元年（806 年）。正月，顺宗崩。

顺宗初政，实足媲美德宗。即位后，罢翰林医工、相工、占星、射覆、冗食者四十二人。二月，诸道除正敕率税外，诸色杂税并宜禁断。除上供外，不得别有进奉。罢宫市。罢盐铁使月进。罢五坊小儿。三月，出宫女三百人，掖庭教坊女乐六百人。李实为京兆尹，号聚敛，即贬通州刺史。追还陆贽、阳城等。贽、城皆未闻追诏而卒。通州，今四川达县。《旧书·本纪》引韩愈之言，谓其性宽仁有断。礼重师傅，必先致拜。从幸奉天，贼泚逼迫，常身先禁旅，乘城拒战。督厉将士，无不奋激。德宗在位岁久，稍不假权宰相，左右幸臣如裴延龄、李齐运、韦渠牟等，因间用事，刻下取功，而排陷陆贽、张滂辈，人不敢言。太子从容论事，故卒不任延龄、渠牟为相。尝侍燕鱼藻宫，鱼藻池，在长安北。池中有山，宫在山上。张水嬉，采舰雕靡，宫人引舟为棹歌，丝竹间发，德宗欢甚，太子引诗人"好乐无荒"为对。每于敷奏，未尝以颜色假借宦官。居储位二十年，天下阴受其赐。《旧书·王叔文传》言：当其直东宫时，太子尝与侍读论政道，因言宫市之弊。太子曰："寡人见上，当极言之。"诸生称赞其美。叔文独无言。罢坐，太子谓曰："向论宫市，君独无言，何也？"叔文曰："皇太子之事上也，视膳问安之外，不合辄与外事。陛下在位岁久，如小人离间，谓殿下收取人情，安能自解？"太子谢之。由是重之，宫中之事，倚之裁决。夫曰天下阴受其赐，则其论争，必有能行者矣，而至于宫市，独不敢言，则是太子之志，能行于朝臣，而不能行于宦竖也。然而德宗之诒祸，可谓深矣。然太子虽不敢言宦官，而终不假以颜色，则其恶之甚矣。此其所以为宦官所深忌，当部国事败之日，即欲危之欤？王鸣盛曰：王叔文之柄用，仅五六月耳，《本纪》所书善政，皆在此五六月中，而以范希朝领神策行营，尤为扼要。《通鉴·昭宗纪》：崔胤奏国初宦官，不典兵与政。天宝已来，宦官寖盛。贞元之末，分羽林卫为左右神策军，以便卫从，始令宦官主之，以二千人为定制。自是参掌机密，夺百司权。上下弥缝，共为不法。大则横扇藩镇，倾危国家；小则卖官鬻狱，蠹害朝政。胤此言是也。但召朱全忠尽诛宦官，宦官去而全忠遂篡唐矣。譬如人有巨痈，在府藏中，决去其痈，命亦倾矣。假令叔文计得行，则左右神策所统之内外八镇兵，自属之六军，天子可自命将帅，而宰相得以调度，乱何由生哉？如痈尚未成，决之易也。司马君实论之云：宦官为国家患久矣！东汉最名骄横，然皆假人主之权，未有能劫胁天子如制婴儿，如唐世者也。所以然者，汉不握兵，唐握兵故也。君实此论，一语道破。而叔文之忠，为何如哉？奈何昌黎《永贞行》云："北军百万虎与貔，天子自将非他师。一朝夺印付私党，凛凛朝士何能为？"以宦官典兵为天子自将，抑何剌缪甚乎？《十七史商榷》。

第二节　宪宗时藩镇叛服

宪宗即位之月，韦皋卒。刘辟自为留后，使将校表求节钺。朝以袁滋为西川节度，而征辟为给事中。辟不受命。滋逗留不敢进。坐贬，而以辟为西川节度副使，知节度事。辟又求兼领三川，不许。辟与同幕卢文若善，欲以为东川，遂围东川节度使李康于梓州。乃以长武城使高崇文为右神策行营节度使，会李康及山南东道节度使严砺讨之。时元和元年正月也。辟旋陷梓州，执李康。三月，崇文复之。辟归康求解。崇文以康败军失守，斩之。四月，以崇文为东川副使，知节度事。辟屯兵鹿头关，见第七章第四节。崇文败之。严砺前收剑州，见第三章第四节。及是，又遣将败辟兵于绵州。见第六章第三节。九月，崇文入成都。擒辟，槛送京师，斩之。卢文若自杀。十月，诏割资、今四川资中县。简、见第六章第三节。陵、今四川仁寿县。荣、今四川荣县。昌、今四川大足县。泸见第三章第七节。六州隶东川，以严砺为节度，而以崇文为西川。崇文不通文字，厌案牍谘禀之烦，求去。明年十月，以为邠、宁、庆节度，而出宰相武元衡为西川。《旧书·高崇文传》云：在长武城，练卒五千，常若寇至；其讨刘辟，卯时宣命，辰时出师，器用无阙者；入成都也，珍宝山积，市井不移，无秋毫之犯；则其人颇能将兵。然其去成都也，帑藏之富，百工之巧，举以自随，蜀郡一罄；又以不习朝仪，惮于入觐，诏令便道之镇；则亦一贪横之武夫耳。《杜黄裳传》云：刘辟作乱，议者以剑南险固，不宜生事，惟黄裳坚请讨除。又奏请不以中官为监军，只以高崇文为使。似其用兵，颇有成算。然《李吉甫传》言：刘辟反，帝命诛讨之，计未决，吉甫密赞其谋。兼请广征江淮之师，由三峡入，以分蜀寇之力。今观崇文出兵时，朝廷仍许辟自新，及克东川，乃削夺其官爵，则初亦无必胜之把握。韦皋在西川，兵力颇厚，辟虽妄人，未能用，然谓恃崇文一军，即可取之如摧枯拉朽，事固未易逆睹也。黄裳殁后，贿赂事发，实尝受四万五千贯于崇文，则其举之，岂真以其材武哉？专杀李康，最为不法。《新书·循吏传》：韦丹时为谏议大夫。议者欲释刘辟，丹上疏，以为今不诛辟，则可使者惟两京耳。会辟围梓州，乃授丹东川节度。至汉中，上言康守方尽力，不可易，召还。此可见康之败非其罪。即谓不然，亦岂崇文所得擅杀也？据《新书·宦官传》，其事实出俱文珍，文珍时为监军，则不以宦官监军之言，又不雠矣。宪宗之用兵，亦何以异于德宗哉？

韩全义之败于淮西也，过阙下，托疾不入朝。宪宗在藩，疾之。既嗣位，全义惧，入觐，令其甥杨惠琳知留后。朝令全义致仕，以右骁卫将军李演为节度。惠琳据城叛。诏发河东、天德兵讨之。天德军见第七章第一节。夏州兵马使张承金斩之。时元和元年三月也。

是岁，武宁节度使张愔被疾，上表请代。顺宗即位，名徐州军曰武宁。十一月，以东都留守王绍代之，复以濠、泗二州隶徐。徐军喜复得二州，不敢为乱。愔遂赴京师，未出界，卒。

顺宗之立也，于润州置镇海军，以李锜为节度，而罢其盐铁转运。《旧书·锜传》云德宗，《新书·方镇表》在元和二年（807年），皆误。《通鉴》系贞元二十一年三月。锜虽罢利权，而得节度，反谋未发。宪宗即位二年，诸道倔强者入朝，锜不自安，亦以入朝为请。乃拜锜左仆射。锜乃署判官王澹为留后。既而迁延发期，澹与中使频喻之。遂讽将士，以给冬衣日，杀澹而食之。监军使闻乱，遣衙将慰谕，又脔食之。复以兵注中使之颈。锜阳惊，救解之，囚于别馆。遂称兵。室五剑，分授管内镇将，令杀五州刺史。苏、常、湖、杭、睦。睦州，今浙江建德县。常、湖二州刺史，皆杀其镇将。惟苏州刺史为镇将所系，献于锜。会锜败，获免。遣兵马使张子良、李奉仙、此据《旧书·锜传》。《本纪》作李文良。田少卿领兵三千，分略宣、歙、池三州。三将回戈趋城。锜甥裴行立为内应。执锜，械送京师，斩之。时元和二年十一月也。时诏淮南节度王锷讨锜，未至，难已平矣。其挽硬蕃落将士，或投井、自缢，纷纷枕藉而死者，不可胜纪焉。

于頔者，后周于谨之七世孙也。性横暴。贞元十四年（798年），为山南东道节度使。吴少诚叛，頔乘之，广军籍，募战士，利器甲，僩然专有汉南。又擅兴兵据南阳。宪宗即位，頔稍戒惧。为子季友求尚主。上以女普宁公主妻之，而使人讽之入朝。頔遂奉诏。元和三年九月，以裴均代之。内官梁守谦掌枢密，颇招权利。有梁正言者，自言与守谦宗盟情厚。頔子敏，与之游处。正言取其财贿，言赂守谦，以求出镇。久之，无效。敏诱正言之僮，支解投溷中。八年（813年）春，事发。敏窜雷州。至商山，赐死。商山，在今陕西商县东。季友夺二官，頔亦坐贬。

是岁十二月，振武军乱，振武军，治故单于都护府。逐其帅李进贤。进贤以高赀得幸于严绶，署为衙门将，累迁为振武节度。辟绶子澈为判官。年少，治苛刻。回鹘入辟鹈泉，进贤发兵讨之。吏廪粮不实。军士怒，还攻进贤，杀澈而屠进贤家。诏以夏州节度使张煦代进贤，率兵二千赴镇。煦，守珪弟守瑜之孙，事见《旧书·献诚传》。河东王锷，又遣兵会之。明年正月，煦入振武，诛作乱者苏国珍等二百五十二人。

元和十一年四月，宥州军乱，宥州见第五章第二节。逐刺史骆怡。

夏州节度使田进讨平之。《通鉴》。

以上皆宪宗时戡定藩镇之事也。《旧书·杜黄裳传》云：黄裳与宪宗语，及方镇除授，奏曰："德宗自艰难之后，多事姑息。贞元中，每帅守物故，必命中使侦伺其军动息。其副贰、大将中有物望者，必厚赂近臣，以求见用，帝必随其称美而命之。以是因循，方镇罕有特命帅守者。陛下宜稍以法度，整肃诸侯，则天下何忧不治？"宪宗然其言。诛蜀、夏后，不容藩臣蹇傲，克复两河，威令复振，盖黄裳启其衷也。《新书·李吉甫传》云：元和二年（807年），杜黄裳罢相，擢吉甫同平章事。吉甫连蹇外迁十余年，究知闾里疾苦。尝病方镇强恣。至是，为帝从容言："使属郡刺史，得自为政，则风化可成。"帝然之。出郎吏十余人为刺史。德宗已来，姑息藩镇，有终身不易地者。吉甫为相岁余，凡易三十六镇。盖节镇原非举不可易，德宗早岁求治太速，晚岁又失之姑息，故宪宗一振起，纲纪即稍树立也。然此乃藩镇之弱者，至其强者，则戡定仍不易也。

元和元年闰六月，李师古死，军中立其异母弟师道。时方讨刘辟，即以授之。四年二月，王士真死，子承宗自为留后。帝欲自除人，宰相裴垍、翰林学士李绛均言不可。而左军中尉吐突承璀欲用兵。昭义卢从史，遭父丧，久未起复，亦因承璀说上，请发本军讨承宗。上欲以成德授承宗，而割其德、棣二州，更为一镇。八月，遣京兆少尹裴武诣恒州宣慰。承宗受诏甚恭，请献德、棣。九月，以为成德节度使，恒、冀、深、赵四州观察使，而以德州刺史薛昌朝为保信军节度使、德棣二州观察使。昌朝，嵩子，王氏婿也。承宗遣骑执昌朝至恒州，囚之。朝廷又以棣州刺史田涣充本州团练守捉使，而令中使谕承宗遣昌朝还镇。承宗不奉诏。十月，乃削夺其官爵，以吐突承璀为左右神策，河中、河阳、浙西、宣歙行营招讨处置等使。翰林学士白居易言：不可使中人将。谏官、御史，论者相属。上为去四道之名，改处置为宣慰而已。诸镇中惟卢龙与成德不协，刘济自将兵七万击之。拔饶阳、束鹿二县。五年正月。饶阳见第二章第六节。束鹿见第七章第二节。然进攻乐寿，见第二章第六节。不能下。李师道、田季安，则各收一县而止。河东范希朝、易定张茂昭之师，阻于新市。汉县，唐废入九门，在今河北新乐县西南。承璀与承宗战，屡败。卢从史逗留不进，阴与承宗通谋。会从史遣衙将王翊元入奏事。裴垍引与语，得其输诚。垍令还本军，遂得其都知兵马使乌重胤要领。时从史屡入承璀营饮博，垍请诏承璀诱执之。上初愕然，后乃从之。遂执从史归京师。贬为欢州司马。欢州见第二章第二节。于是移河阳节度使孟元阳镇昭义，而以乌重胤镇河阳。承宗因归过于卢从史，乞许其自新。李师道、刘济皆为之请。朝廷兵力已屈，馈饷又虚，不得已，以为成德节度使，并德、棣二州与之。时元和五年七月也。吐突承璀还，宪宗仍以为中尉。群臣争以为言，乃降为军器使，内诸司之一。而以内官程文干为中尉。此役所得者，昭义为朝廷所有，足以控制山东而已。然皆裴垍之功，非承璀之力也。

吴少诚以元和四年十一月死。大将吴少阳，杀其子元庆，自为留后。朝廷方用兵河朔，遂以授之。赦王承宗之月，刘济为其次子总所弑。总又弑其兄绲而自立。河北诸镇，相承以嫡长子为节度副大使，死则袭其位。济之讨王承宗也，以长子绲为副大使，掌留务，而以总为瀛州刺史，掌行营都知兵马使。济军瀛州，有疾。总作使人从长安来，言朝廷以济逗留，已除绲为节度矣。济惊怒，杀大将数十人，及与绲厚者，而召绲。总进毒弑济，又矫济命杖杀绲。遂自立。朝廷不知其事，即许其承袭。是岁十月，张茂昭举族归朝。遣妻子先行，曰："吾不欲子孙之染污俗也。"既至，又请迁祖考之骨，墓于京兆。朝以左庶子任迪简为义武行军司马。茂昭既去，都虞候杨伯玉作乱，拘迪简。别将张佐元杀伯玉。军人又杀佐元。据《旧书·本纪》。《迪简传》云：迪简攻杀之。乃以迪简为义武节度使。茂昭奢荡，公私殚罄，迪简欲飨士而无所取给。乃与士卒同粝食，身居戟门下。凡周月，乃安。七年八月，田季安卒。季安病风，杀戮无度，军政废乱。其妻元氏，谊女也。召诸将，立子怀谏为副大使。时年十五。月余而季安卒。怀谏知军务，皆决于家僮蒋士则。数以爱憎，移易将校，军情不安。田兴者，承嗣季父廷恽之孙。父曰庭玠。田悦之叛，玠不肯附和，郁愤而卒。兴为季安兵马使。季安忌之，出为镇将，欲杀之。兴阳为风痹，乃得免。季安疾笃，召之归，仍为兵马使。及是，诸将拥立之。兴与约：勿害怀谏，听命于朝。诸将许之。乃杀蒋士则等十余人，迁怀谏于外，后送之归朝。而请命于朝。上用李绛策，不待中使宣慰之还，即以为魏博节度使，且出内库钱百五十万缗犒军，遣知制诰裴度往宣慰。六州百姓，给复一年。旋赐兴名弘正。于是魏博一镇，归心朝廷。此为讨王承宗后河北局势之一转机，然出于事势之推迁，非庙算所能为也。

元和九年闰八月，吴少阳死。子元济，匿丧自领军务。时李吉甫为相，赞取之。乃割汝州隶河阳，移乌重胤刺焉。以洺州刺史李光颜为忠武军节度使，刺许州。光颜，河曲部落稽阿跌之族。父良臣，袭鸡田州刺史，隶朔方军。光颜与兄光进，皆少依姊夫舍利葛旃，称勇将。光进隶朔方军，光颜从河东军。又以泗州刺史令狐通为寿州防御使。通，彰子。移山南东道节度使，袁滋于荆南，而以荆南严绶为山南东道。十月，吉甫卒。上悉以兵事委武元衡。宰相张弘靖延赏子。请先遣使吊祭，俟其不顺，然后伐之。而元济不迎敕使，且出兵焚掠四境。使者不得入。乃以严绶为申、光、蔡招抚使，蔡州见第四章第二节。光州，今河南潢川县。时淮西节度领此三州。督诸道兵讨之。绶无威略，十年二月，败退唐州。见第五章第二节。九月，以宣武节度使韩弘为淮西诸军都统，而令李光颜、乌重胤实当旗鼓。又分山南东道为两节度。以右羽林将军高霞寓为唐州刺史，节度唐、随、见第四章第三节。邓见第二章第三节。三州，以事攻战。户部侍郎李逊为襄州刺史，节度襄、复、郢、皆见第六章第三节。均、见第四章第五节。房见第四章第二节。五州，调赋饷以给之。霞寓宿将，实因宦官进，无能为。见第七章第六节。光颜、重胤虽能战，诸道之师多挫败，亦不能奏功也。时韩弘实欲养寇自资，史言其每闻献捷，辄数日不怡。令狐通出兵而败，朝以左金吾将军李文通代之，亦无功。鄂、岳观察使柳公绰，朝命以兵五千授安州刺史李听。听，晟之子也。公绰亦自行，战颇有功，而为飞语所中，以曹王皋之子道古代之，进攻申州，败退。鄂州见第七章第四节。岳州见第二章第七节。安州，今湖北安陆县。时王承宗、李师道屡为元济请，皆不许。乃使盗攻河阴转运院，烧钱、帛二十万贯、匹，米二万四千八百石。十年三月。十年六月，刺杀宰相武元衡。击御史中丞裴度，伤首。上以度同平章事，讨贼愈亟。初王承宗尝上表怨咎武元衡。及是，获贼者又言为承宗所使，乃下诏数承宗罪恶，绝其朝贡。《旧书·本纪》：元和十年六月庚戌，神策将士王士则、王士平以盗名上言，且言王承宗所使。乃捕得张晏等八人诛之。七月，甲戌，诏数承宗之罪，有云：乃敢轻肆指斥，妄陈表章。潜遣奸人，内怀兵刃，贼杀元辅，毒伤宪臣。《纪》云：先是承宗上表怨咎武元衡，留中不报，又肆指斥。此当时官书中语也。《张弘靖传》云：盗杀宰相武元衡，京师索贼未得。时王承宗邸中，有镇卒张晏辈数人，行止无状，人多意之。诏录付御史陈中师按之。皆附致其罪，如京中所说。弘靖疑其不直，骤于上前言之。宪宗不听，竟杀张晏辈。及田弘正入郓，按簿书，亦有杀元衡者。但事暧昧，互有传说，卒未得其实。《李师道》及《吕元膺传》则云：为师道谋扰东都之訾嘉珍、门察，乃贼武元衡者，见下。《新书·武元衡传》云：王士则、王士平以贼闻，捕得张晏等十八人，言为承宗所遣，皆斩之。逾月，吕元膺执淄青留邸贼门察、訾嘉珍，自言始谋杀元衡者。会晏先发，故藉之以告师道而窃其赏。帝密诛之。《通鉴》：元和十四年七月丁丑朔，田弘正送杀武元衡贼王士元等十六人。诏使内京兆府、御史台遍鞫之，皆款伏。京兆尹崔元略以元衡物色询之，则多异同。元略问其故。对曰：“恒、郓同谋，遣客刺元衡，而士元等后期，闻恒人事已成，遂窃以为己功，还报受赏耳。今自度为罪均，终不免死，故承之。”上亦不欲复辨正，悉杀之。此事终为一疑案，惟以为承宗者似诬，以驱使豪杰之力，师道似优于承宗也。王士则、士平之言，似即据京师人所亿度。王士元等云恒、郓同谋，亦未必非官吏护前之说也。时师道置留后院于东都，又潜纳兵院中，谋焚宫阙杀掠，为留守吕元膺所破。《旧书·师道传》云：初师道置留邸于河南府，兵谍杂以往来，吏不敢辨。因吴元济北犯汝、郑，郊畿多警，防御兵尽戍伊阙，师道潜以兵数十百人内其邸，谋焚宫阙而肆杀掠。既烹牛飨众矣，明日将出，会有小将杨进、李再兴者，诣留守吕元膺告变。元膺追兵伊阙，兵围之。半日不敢进攻。防御判官王茂元杀一人而后进，或毁其墉而入者。贼众突出杀人，围兵奔骇。贼得结伍中衢，内其妻子于囊橐中，以甲胄殿而行。防御兵不敢追。贼出长夏门，转掠郊墅，东济伊水，入嵩山。元膺诫境上兵重购以捕之。数月，有山棚鬻鹿于市，贼遇而夺之。山棚走而征其党。或引官军共围之谷中，尽获之。穷理得其魁首，乃中岳寺僧圆静。年八十余，尝为史思明将，伟悍过人。初得之，使巨力者奋锤，不能折其胫。圆静骂曰：“鼠子，折人脚犹不能，敢称健儿乎？”乃自置其足，教折之。临刑，乃曰：“误我事，不得使洛城流血。”死者凡数十人。留守防御将二人，都亭驿卒五人，甘水驿卒三人，皆潜受其职署而为之耳目。自始谋及将败，无知者。初师道多买田于伊阙、陆浑，凡十余处。欲以舍山棚而衣食之。有訾家珍、门察者，潜部分之，以属圆静。以师道钱千万，伪理嵩山之佛光寺。期以嘉珍窃发时，举火于山中，集二县山棚人作乱。及穷按之，嘉珍、察乃贼武元衡者。元膺具状以闻。《元膺传》大同。观此事，可见唐之兵力、缉捕，皆同儿戏，此乱之所以难平。然亦可见收率豪杰，阴谋扰乱，事皆出于师道也。唐伊阙县，在今洛阳县南。陆浑县，在今嵩县西北。又使焚柏崖仓、十月。唐柏崖县，在今孟津县西。襄州佛寺军储及献陵寝宫，十一月。献陵，高祖陵。断建陵门戟。十一年正月。建陵，肃宗陵。《旧书·本纪》：十二年二月庚子，敕京城居人，五家相保，以搜奸慝。时王承宗、李师道欲阻用兵之势，遣人折陵庙之戟，焚刍稿之积，流矢飞书，恐骇京国，故搜索以防奸。及贼平，复得淄青簿领，中有赏蒲、潼关吏案，乃知容奸者关吏也，搜索不足以为防。可见当时于此等事，皆以为承宗、师道二人所为，实则主之者皆师道也。承宗又纵兵四掠。幽、沧、定三镇，皆请讨之。上欲许之。张弘靖、韦贯之皆谏不宜两役并兴，不听。十一年正月，削承宗官爵，命河东、幽州、义武、任迪简病不能军，以浑镐代之，瑊子也。战败，又代以易州刺史陈楚，张茂昭之甥也。横海、程权。魏博、昭义诸镇讨之。惟昭义郗士美，兵势较为锐整，余皆无功。是岁六月，高霞寓又大败于铁城。在今河南遂平县西南。诿过于李逊，宦者助之，二人同贬。乃以河南尹郑权代逊，荆南袁滋为彰义节度使，申、光、蔡、唐、随、邓观察使。治唐州。滋保境不敢战。李晟子愬，时为太子詹事、宫苑闲厩使。抗表愿自效。十二月，又以之代滋。愬至唐州，闭壁示弱，而以计擒其将李宪、李祐等。更宪名曰忠义，与之谋。又抚用贼谍，益知敌虚实。李光颜、乌重胤力战。明年四月，取郾城。今河南郾城县。五月，诏权罢河北行营，专讨淮蔡。六月，元济上表谢罪，请束身归朝。诏许以不死。而为左右所制，不得出。七月，以裴度为彰义节度、淮西宣慰招讨处置使。度以韩弘已为都统，辞招讨之名，然实行元帅事。董重质者，吴少诚婿，元济之谋主也。元济尽发左右及守城卒属之，以抗李光颜、乌重胤军于洄曲。据《旧书·光颜传》《元济传》作时曲。溵水回曲处，在今商水县西南。守蔡者皆市人、疲髦之卒。李愬乃定计袭之。告于裴度，度许之。十月，愬乘雪夜，以李祐、李忠义为前驱，袭入蔡，擒元济送京师。十一月斩之。董重质及申、光二州皆降。于是以李愬为山南东道节度使，宣慰副使马总为彰义节度使。裴度复入相。明年五月，李光颜移镇义成，永平更名。时谋讨李师道也。马总为忠武节度、陈、许、溵、蔡州观察使。溵州置于郾城。以申州隶鄂、岳，光州隶淮南，不复以蔡州为节镇已。

淮西既平，李师道请遣子入侍，献海、沂、密三州，许之。时元和十三年正月也。二月，程权自以世袭如三镇事例，不自安，请入朝。以华州刺史郑权代之。四月，王承宗请于田弘正，愿遣二子入侍，献德、棣二州。复其官爵，以郑权为德州刺史，德、棣、沧、景观察使。李师道妻魏氏，不欲其子入质，群婢又为之谋，乃表言军情不欲割地、纳质。七月，徙李愬于武宁，令与宣武、义成、横海、魏博同讨之。淮西之平，乌重胤还镇河阳，十一月，又移诸横海。以代郑权。是月，田弘正自杨刘渡河。在今山东东阿县北。师道使都知兵马使刘悟拒之。悟，正臣之孙也，有叛志。师道使副使张暹杀之。暹以告悟。十四年二月，悟袭杀师道以降。命户部侍郎杨于陵宣慰淄青。分其地为三道：郓、曹、濮为一道，马总帅之。穆宗立，赐军名曰天平。淄、青、齐、登、莱为一道，移义成节度使薛平帅之，称平卢，淄青遂专平卢之名。沂、密、兖、海为一道，淄青行营供军使王遂帅之。遂事参看下节。徙刘悟于义成。悟甚失望，然不敢抗命也。乌重胤之至横海也，上言曰："河朔能拒朝命者，刺史失其职，使镇将领兵事。若刺史各得职分，又有镇兵，节将虽有禄山、思明之奸，岂能据一州叛哉？臣所管德、棣、景三州，已举公牒，各还刺史职事讫。应在州兵，并令刺史收管。又景州本是弓高县，请却废为县。"从之。十四年四月，诏诸道节度、都团练、防御、经略等使所管支郡，除本军州外，别置镇遏、守捉、兵马者，并合属刺史。如刺史带本州团练、防御、镇遏等使，其兵马额便隶此使。如无别使，即属军事。其有边于谿洞，连接蕃蛮之处，特建城镇，不关州郡者，不在此限。盖亦行重胤之说也。是岁七月，韩弘使入朝，进绢三十五万匹，绝三万匹，银器二百七十件。三上章，坚辞戎务。乃以张弘靖代之。史言弘镇大梁二十余载，四州征赋，皆为己有，未尝上供。有私钱百万贯，粟三百万斛，马七千匹，兵械称是。诏使宣谕，弘多倨待。齐、蔡平，势屈入觐，竟以功名始终，人臣之幸也。是月，王遂为衙将王弁所害。以棣州刺史曹华代之。华至镇三日，伏甲杀郓卒千二百人于庭，血流成渠。九月。明年正月，移理于兖。八月，田弘正入朝。三表请留，上不许。既还镇，悉仕其兄弟子侄于朝。盖恐一旦身故，其下犹以故事奉之也。平蔡以后，威声所播，情形大略如此。

第三节　元和朝局

宪宗平蔡以前，宰相用事者，杜黄裳、李吉甫、武元衡、裴垍、李绛、裴度。六人者虽不尽相合，而其主摧抑藩镇则同。其中持权最久者，实为李吉甫。乃甫欲伐蔡，而吉甫遽卒，于是代之以武元衡。吉甫以元和二年正月，与元衡并相。三年九月，荐裴垍代己，出镇淮南。五年冬，垍病免。六年正月，吉甫复相，至九年十月卒。吉甫卒，上乃以讨淮西事委元衡，不则当其任者吉甫也。元衡见刺，又代之以裴度。度于平蔡，自为有功，然吉甫，史言其与绛不合，颇过其实，观其与绛同相逾二年可知，绛以元和六年十二月相，至九年二月乃罢。《吉甫传》言吉甫大与绛不协，而绛性刚讦，于上前互有争论，人多直绛。此亦朋党之论，不足为据。绛为相，并无实际建树，其才非吉甫之伦也。《绛传》云：议者以吉甫通于吐突承璀，故绛尤恶之，亦莫须有之论。逮度相而党祸烈矣。时李逢吉亦为相。元和十二年二月。史言其忌度成功，密沮之。及度亲征，学士令狐楚为制辞，言不合旨，而楚与逢吉相善，帝皆黜之，罢楚学士，逢吉亦罢政事，出为东川。《旧书·逢吉传》。此事真相，未知若何，然帝是时之任度，固不可云不专也。度亲征制辞，见《旧书》。度所请改者，以韩弘为淮西行营都统，不欲更为招讨，乃去仍充淮西宣慰招讨处置使中之“招讨”二字。因改“遥听鼓鼙，更张琴瑟，烦我台席，董兹戎旃”之“更张琴瑟．烦我台席”为“近辍枢衡，授以成算”。此乃兵机，无关朝局，即旧文亦不可谓之失辞也。《旧书·张宿传》云：宿，布衣诸生也。宪宗为广陵王时，出入邸第。及在东宫，宿时入谒。辩谲敢言。监抚之际，骤承顾擢，授左拾遗。以旧恩，数召对禁中。机事不密，贬郴县丞。征入，历赞善大夫、左补阙、比部员外郎。宰相李逢吉恶之，数于上前言其狡谲不可保信，乃用为濠州刺史。制下，宿自理乞留。乃追制。上欲以为谏议大夫。逢吉奏曰：“宿细人，不足污贤者位。陛下必用宿，请先去臣。”上不悦。又逢吉与裴度是非不同，上方委度讨伐，乃出逢吉为东川。观此，知逢吉之出，缘沮张宿者多，与度不协者较少也。郴县，郴州治，见第七章第六节。蔡平后，度再入相，与皇甫镈争，而眷顾始衰。

宪宗之能讨平淮西，与其能整顿财政，颇有关系。时李吉甫撰《元和国计簿》，总计天下方镇凡四十八，管州、府二百九十五，县一千四百五十三，户二百四十四万二百五十四。其凤翔、鄜坊、邠宁、振武、泾原、银夏、灵盐、河东、易定、魏博、镇冀、范阳、沧景、淮西、淄青十五道，凡七十一州，不申户口。每岁赋入倚办，止于浙江东、西、宣歙、淮南、江西、鄂岳、福建、湖南等八道。合四十九州，一百四十四万户，比量天宝，四分有一。天下兵仰给县官者八十三万人，比量天宝，三分加一。率以两户资一兵。其它水旱所损，征科发敛，又在常役之外。《旧纪》元和二年（807 年）。《新·食货志》同。《志》又云：乾元末，天下上计者六十九州，户百九十三万三千一百二十四，不课者百一十七万四千五百九十二，口千六百九十九万三百八十六，不课者千四百六十一万九千五百八十七。减天宝户五百九十八万二千五百八十四，口三千五百九十二万八千七百二十三。至长庆，户三百三十五万，而兵九十九万，率三户以奉一兵。武宗即位，户二百一十一万四千九百六十。会昌末，户增至四百九十五万五千一百五十一。宣宗既复河湟，天下两税，榷酒、茶盐钱，岁入九百二十二万缗。岁之常费，率少三百余万，有司远取后年乃济。及群盗起，诸镇不复上计云。唐中叶后之国计，大略如此。长庆户数，亦见《旧纪》开成二年（837年）。如此，财赋所出，自然仍在江淮。德宗末年，李锜居转运之职，国用日耗。顺宗即位，以杜佑判盐铁转运使，理于扬州。元和二年（807年）三月，《旧书·食货志》。《通鉴》在元年四月。以李巽代之。宪宗初即位时，杜佑尝请用潘孟阳为盐铁转运副使，以代王叔文。孟阳母，刘晏女也。时为户部侍郎。宪宗命孟阳巡江淮，省财赋，且察东南镇之政理。孟阳所历，但务游赏；至盐铁转运院，广纳财贿，补吏职而已。及归，乃罢为大理卿。此可见理财得人之难，凡史所目为聚敛者，实皆干济之才，无怪人君倚畀之也。大正其事。四年（809年），巽又引程异为扬子留后。巽居职三载，而李鄘代之。《纪》在五年（810年）。其后卢坦判度支，王播为盐铁转运使。事在六年（811年）。十一年（816年），皇甫镈始判度支。史言自榷筦之兴，惟刘晏得其术，而巽次之。然初年之利，类晏之季年，季年之利，则三倍于晏矣。又言旧制每岁运江、淮米五十万斛至河阴，见第七章第六节。留十万,四十万送渭仓。晏殁，久不登其数，惟巽秉使三载，无升斗之阙。《旧书·食货志》。又言巽精于吏职，而异句检簿籍，又精于巽。《巽传》。江、淮钱谷之弊，多所划革。《异传》。先是，天下百姓输赋于州府：一曰上供，二曰送使，三曰留州。建中初定两税，货重钱轻，是后货轻钱重，齐人所出，已倍初征。其留州、送使者，所在长吏，又降省估使就实估。及裴垍为相，奏请一切令依省估。所在观察使，以所莅州郡租赋自给，不足然后征于支郡。其诸州送使额，悉变为上供。史称江、淮稍息肩。《垍传》。盖取之于官，而宽其在民者也。王播之领使，以程异为副。十二年（817年）依《本纪》。《食货志》作十三年（818年），误。正月，请令异出巡江、淮。州府上供钱谷，一切勘问。闰五月，得钱百八十五万贯以进。《旧书·食货志》。《纪》在六月，盖因代王播并书之。史言时淮西用兵，国用不足。异调征赋，且讽有土者以饶羡入贡，不剥下，不浚财，而经费以赢，人颇便之。《旧书》本传。由是专领盐铁转运使，而王播去职。《旧书·播传》云：皇甫镈恐播大用，乃请以使务命异领之，播守本官而已，亦莫须有之辞也。时李鄘为淮南节度，发楚、寿等州兵二万余压贼境，日费甚广，未尝请于有司。及异谕江、淮诸道，鄘乃大籍府库，一年所蓄之外，咸贡于朝。诸道以鄘为唱首，悉索以献。《旧书》本传。又《韦贯之传》：贯之为湖南观察。异所至方镇，皆讽令掊拾进献，贯之谓两税外不忍横赋加人，所献未满异意，遂率属内六州留钱以继献。由是罢为太子詹事，分司东都。此等名为恤民，实则未能顾全大局也。王遂者，方庆孙，以吏能闻于时。天子用为宣歙观察使。淮蔡平，王师东讨，召为光禄卿，充淄青行营诸军粮料使。师之出也，岁计兵食三百万石。及郓贼诛，遂进羡余一百万。上以为能，以为沂、兖、海等州观察使。《旧书》本传。《新书·食货志》云：宪宗因德宗府库之积，观此语，可知宪宗削平藩镇，未尝不得德宗蓄聚之力。贞元、元和之政，实相因也。颇约费用。身服浣濯。及刘辟、李锜既平，赀藏皆入内库。山南东道于頔、河东王锷，进献甚厚。翰林学士李绛谏。帝喟然曰："诚知非至德事。然两河中夏贡赋之地，朝觐久废；河湟陷没，烽候列于郊甸；方雪祖宗之耻，不忍重敛于人也。独不知进献之取于人者重矣。"斯固然也，然天子不取其进献，方镇遂不苛取于民乎？欲止其苛取，势不能无用兵；欲用兵，又非有财不可；是知唐中叶后，若德宗、宪宗之苛取，固有其不得已者存，未可概目为横暴也。是时内库屡出钱帛供军；《旧书·本纪》：元和十一年十月，十二年九月，十三年六月、九月。又尝募人入粟河北、淮西，自千斛已上，皆授以官；《新书·食货志》。而东畿民户供军之苦，至于车数千乘，相错于路，牛皆馈军，民户多以驴耕；《旧纪》元和十二年（817 年）。不有敛取，何以供之？《新志》又言：是时度支、盐铁与诸道贡献尤甚，号助军钱。及贼平，则有贺礼及助赏设物。群臣上尊号，又有献贺物。穆宗即位，乃一切罢之，两税外率一钱者，以枉法臧论。贼平而进奉不息，何也？不知当时之方镇，固未全平也。穆宗即位，河朔复叛，终以绌于费，不能讨，非其明验乎？故德、宪二世之聚敛，究可恕也。宪宗不必恭俭之主，然因用兵而省啬，则确有之。《旧书·潘孟阳传》，言其尝发江淮宣慰使、左司郎中郑敬奉使，辞，上诫之曰："朕宫中用度，一匹已上，皆有簿籍。"此在嗣世之主，已为难能矣。又《李翛传》言其为京兆尹，庄宪太后崩，宪宗母。为山陵桥道置顿使，每事减省。灵驾至灞桥顿，灞桥，在长安东。从官多不得食。及至渭城北门，渭城县，在今咸阳县东。门坏。先是桥道司请改造，计钱三万，翛以劳费不从。山陵使李逢吉请免翛官。上以用兵务集财赋，以翛前后进奉，不之责，但罚俸而已。且以为浙西观察使，令设法鸠聚财货。淮西用兵，颇赖其赋。事在元和十一年（816 年），见《旧书·本纪》。此真省无益之费，以奉军国者也。君子听竽、笙、箫、管之声，则思畜聚之臣。夫聚之，亦视其用之者何如耳，岂得概以损下益上罪之邪？当时理财之臣，如李巽、李鄘、王遂等，皆不免失之严酷，韩弘更无论已。惟程异为不然，此其所以尤不可及也。

皇甫镈史以为小人，然言其罪状，亦皆莫须有之辞。如镈欲奏减内外官俸钱以赡国用，其是非，观上章第六节所论，已可见之矣。十三年八月，宪宗用镈与程异为相。崔群及裴度攻之。宪宗不听。度遂求去。其辞甚激讦，非君子之言也。见《旧书》本传。无怪宪宗以为朋党，竟不省览也。异以谦逊自牧，月余日不敢知印、秉笔。知西北边军政不理，建议置巡边使，请自行，未决而卒。家无余财。《旧书》本传。可谓难矣。亦可见王叔文之党多贤人也。时元和十四年四月。是月，裴度出镇河东。七月，令狐楚相。十二月，崔群免。史皆云皇甫镈为之，亦皆无确据也。见《旧书·镈》及《楚传》。

宪宗之节啬以平藩镇，虽有可取，然其信任宦官，则殊不可恕。任用吐突承璀之事，已见上节。当承璀出兵时，即以宦官为馆驿、粮料等使，以言官论奏暂罢，然其后又蹈故辙。《旧书·薛存诚传》：为监察御史，知馆驿。元和初，讨刘辟，特令中官为馆驿使，存诚密表论奏，谏官亦论奏，上乃罢之。《新书·吐突承璀传》：承璀之讨王承宗，内侍伯宋惟澄、曹进玉为馆驿使。自河南、陕、河阳，惟澄主之。京、华、河中至太原，进玉主之。又诏内常侍刘国珍、马朝江分领易、定、幽、沧等州粮料使。《旧书·裴潾传》：元和初，两河用兵。初宪宗宠任内官，至有专兵柄者。又以内官充馆驿使。有曹进玉者，恃恩暴戾。遇四方使多倨，至有捽辱者。宰相李吉甫奏罢之。十二年（817年），淮西用兵，复以内官为使。潾上疏，不用。又尝以宦者为和籴使，亦以谏官论奏而罢。《旧书·郑覃传》：元和十四年二月，迁谏议大夫。宪宗用内官五人为京西北和籴使，覃上章论罢。严绶之讨淮西也，崔潭峻监其军。其后军久无功，又令梁守谦宣慰，因留监焉。事在元和十一年十一月。《裴度传》言：度之督师，奏去诸道监陈中使。及入蔡，上欲尽诛元济旧将，又封二剑授守谦，使往蔡州。亦见《度传》。度回至郾城，遇之；复与守谦入蔡州，量罪加刑，不尽如诏。此犹可曰在战时，情有偏信也。《裴垍传》言：杨于陵为岭南节度使，与监军许遂振不和，遂振诬奏于陵，宪宗令追与慢官，垍不可。严绶在太原，政事一出监军李辅光，垍具陈其事，请以李鄘代之。则其在平时，亦极跋扈矣。若云德宗之败，由任宦官过重，则宪宗之胜，宁非幸致邪？内枢密使之职，始于代宗时。惟受表奏，于内中进呈，人主有所处分，则宣付中书、门下而已。及德宗末，遂参政事。主书滑涣，久司中书簿籍，与典枢密刘光琦情通。宰相议事，与光琦异同者，令涣达意，未尝不遂所欲。杜佑、郑絪，皆姑息之。四方书币赀货，充集其门。郑余庆再入中书，余庆本德宗时宰相，宪宗嗣位，又命同平章事。与同僚集议，涣指陈是非，余庆怒其僭，叱之，寻罢相。《旧书·余庆传》。事在元和元年五月。至李吉甫，乃克去之。又有僧鉴虚者，自贞元中交结权幸，招怀赂遗，倚中人为城社，吏不敢绳。帝时，以于頔、杜黄裳家私事，连逮下狱。薛存诚案鞫，得奸臧数十万，当大辟。上犹欲释之，存诚持不可，乃笞死。《旧书·存诚传》。又有内官刘希光，受将军孙涛赂二十万贯，以求方镇，赐死。时吐突承璀以出军无功，谏官论列，坐希光事出为淮南监军。太子通事舍人李涉，知上待承璀意未衰，欲投匦论承璀有功，希光无罪。孔戣为匦使，得涉副章，不受，面诘责之。涉乃于光顺门进疏。戣极论其与中官交结，言甚激切。诏贬涉为陕州司仓。幸臣闻之侧目，人皆为戣危之。《旧书·戣》附《孔巢父传》。元稹与宦官争厅，宦官击之败面，稹以监察御史分务，自东都召还，宿敷水驿。内官刘士元与争厅，排其户。稹袜而走。士元追之，棰击稹伤面。贬为江陵府士曹参军。翰林学士李绛、崔群面论稹无罪。左拾遗白居易亦累疏切谏，不报。事见旧书《稹》及《居易传》。案稹为监察御史，四年（809 年）奉使东蜀，劾奏故东川节度使严砺。使还，分务东台，又劾浙西观察使韩皋、徐州节度使王沼、河南尹房式等。宦者之为此，盖为诸人报怨？可见其交结之广。《旧书·宦者传》，以与稹争厅者为仇士良。盖本《实录》，见《通鉴考异》。案白居易疏明言刘士元，《实录》恐误。即谓士良亦在其列，亦必以士元为魁也。而其后稹反与宦官交结，引起轩然大波。事见第五节。士大夫之无耻如此，此宦官所以横行，然非帝之芘右之，宦官亦必不敢如是也。《新书·宦者传》言：宪宗之立，刘贞亮为有功，然终身无所宠假。吕如全历内侍省内常侍、翰林使，坐擅取梓材治第，送东都狱。至阌乡，自杀。又郭旻醉触夜禁，杖杀之。五坊朱超晏、王志忠纵鹰隼入民家，榜二百夺职。由是莫不慑畏。贞亮之横，至于擅杀李康，尚安得谓无所宠假？裴寰之狱，裴度争之，上怒曰：“如卿言，寰无罪，即决五坊小使；如小使无罪，即决寰。”此成何语？岂得以偶诛一二无宠者，遂谓其能振纪纲邪？

既信宦官，又多内嬖，遂至罹商臣之酷焉，可谓自作之孽矣。帝二十子。长曰邓王宁，母纪美人也。以元和四年（809年）立为太子。史谓其谋出于李绛。《新书·宁传》。案宪宗在东宫时，正妃为郭氏，暧之女，子仪孙也。生子曰遂王宥。宁以元和六年（811年）殁。明年，立宥为太子。更名恒，即穆宗也。《旧书·澧王恽传》曰：宪宗第二子也。本名宽，元和七年（812年）改今名。时吐突承璀恩宠特异。惠昭太子薨，宁谥。议立储副，承璀独排众议属澧王，欲以威权自树。赖宪宗明断不惑。上将册拜太子，召翰林学士崔群代澧王作让表。群曰："凡事己合当之而不为则有让。"上采纳之。可见当时臣工，皆以穆宗为正嫡。然则宁何以立？取其长乎？则宁薨时年十九，生于贞元九年（793年），而穆宗生于十一年（795年），《旧书·郭后传》。所长者两岁耳。《旧书·郭后传》曰：后以元和元年八月，册为贵妃。八年十二月，百寮拜表，请立贵妃为皇后。凡三上章。上以岁暮，来年有子午之忌，且止。帝后庭多私宠，以后门族华盛，虑正位之后，不容嬖幸，以是册拜后时。元和十五年正月，穆宗嗣位。闰正月，乃册为皇太后。然则惠昭之立，必以母爱故也。其谋而果出于李绛也，绛得谓之正士乎？

宪宗颇贪长生。尝遣使迎凤翔法门寺佛骨，刑部侍郎韩愈谏，贬为潮州刺史。事在元和十四年（819年）。潮州见第二章第二节。又信方士柳泌及僧大通，见《旧书·皇甫镈传》。《传》云镈与金吾大将军李道古共进之，乃诬罔之辞，见下。使泌制金丹服之。当时裴潾尝上疏极谏，以此贬江陵令，见《旧书》本传。故谓宪宗以服药致死诬，谓其曾服药，则必不诬也。潾疏曰："臣愿所有金石炼药人，及所荐之人，皆先服一年，以考其真伪。"此语颇足破惑。遂为弑逆者所藉口焉。《旧书·本纪》：元和十五年正月甲戌朔，上以饵金丹小不豫，罢元会。义成军节度使刘悟来朝。戊戌，上对悟于麟德殿。上自服药不佳，数不视朝，人情恟惧，及悟出道上语，京城稍安。足见宪宗是时，实无大病，而间一日庚子之夕遽崩。《纪》又云：时以暴崩，皆言内官陈弘志弑逆，史氏讳而不书。《宦官·王守澄传》：宪宗疾大渐，内官陈弘庆等弑逆。弘庆当即弘志，唐世宦官之名，异同最多。宪宗英武，威德在人。内官秘之，不敢除讨，但云药发暴崩。时守澄与中尉马进潭、梁守谦、刘承偕、韦元素等定册立穆宗皇帝。《新书》则云守澄亦与弑逆之谋。不与逆谋，安能与于定策？恐当以《新书》为是。《新书·郭后传》云：宣宗立，于后诸子也，而母郑故侍儿，有曩怨，《郑后传》云：本李锜侍人。锜诛，没入掖庭，侍后。宪宗幸之，生宣宗。帝奉养礼稍薄。后郁郁不聊。与一二侍人登勤政楼，将自殒。左右共持之。帝闻，不喜。是夕，后暴崩。有司上尊谥，葬景陵外园。太常官王皞请后合葬景陵，以主袝宪宗室。帝不悦，令宰相白敏中让之。皞曰："后乃宪宗东宫元妃，事顺宗为妇，历五朝母天下，不容有异论。"敏中亦怒。周墀又责谓。皞终不挠。墀曰："皞信孤直。"俄贬皞句容令。今江苏句容县。懿宗咸通中，皞还为礼官，申抗前论，乃诏后主袝于庙。《通鉴考异》引《实录》曰：五月戊寅，以太皇太后寝疾，权不听政。宰臣率百寮问太后起居。己卯，复问起居。下遗令。是日，太后崩。初上篡位，以宪宗遇弑，颇疑后在党中，至是暴得疾崩，帝之志也。又引裴延裕《东观奏记》曰：宪宗皇帝晏驾之夕，上虽幼，颇记其事。宣宗生于元和五年（810年），是时年十一岁。追恨光陵商臣之酷，即位后，诛锄恶党，无漏网者。《通鉴》：大中八年正月，上自即位已来，治弑宪宗之党，宦官、外戚，乃至东宫官属，诛窜甚众。虑人情不安，丙申，诏：长庆之初，乱臣贼子，顷搜擿余党，流窜已尽，其余族从疏远者，一切不问。郭太后以上英察孝果，且怀惭惧，时居兴庆宫，一日，与一二侍儿同升勤政楼，倚衡而望，便欲殒于楼下，欲成上过。左右急持之，即闻于上。上大怒。其日，太后暴崩，上志也。又曰：太后既崩，丧服许如故事。礼院检讨官王皞抗疏请后合葬景陵，配享宪宗庙室。既入，上大怒。宰臣白敏中召皞诘其事。皞对云云。正文：皞曰："太皇太后，汾阳王之孙，宪宗在东宫为正妃，逮事顺宗为妇。宪宗厌代之夕，事出暧昧。太皇太后母天下历五朝，岂得以暧昧之事，遽废正嫡之礼乎？"敏中怒甚。皞辞气愈厉。诸相会食，周墀立于敏中之门以俟之。敏中使谢曰："方为一书生所苦，公第先行。"墀入至敏中厅问其事。见皞争辩方急，墀举手加额叹皞孤直。翼日，皞贬润州句容县令。周墀亦免相。《考异》云：《实录》所言暴崩事，皆出于《东观奏记》。若实有此事，则既云是夕暴崩，何得前一日下诏，云以太后寝疾，权不听政？案岂不可先言其有疾而后杀之？又岂不可死于戊寅而云己卯？若无此事，廷裕岂敢辄诬宣宗？或者郭后实以病终，而宣宗以平日疑忿之心，欲黜其礼，故皞争之。大中二年（848年）。说近调停。太后即以病终，又安知非因其病而杀之？亦无解于穆宗商臣之酷之疑也。利害所系，枢机之内，矛戟生焉。不能克己复礼，而欲饵金石以求长生，适见其惑矣。《旧书·本纪》载元和五年（810年），宪宗与宰臣论神仙事。李藩对曰："秦皇、汉武受惑，卒无所得。文皇帝服胡僧长生药，暴疾不救。古诗云：服食求神仙，多为药所误。君人者但务求理，四海乐推，社稷延永，自然长年也。"《韩愈传》：愈谏迎佛骨，宪宗怒甚，将加极法。裴度、崔群谏。上曰："愈言我奉佛太过，我犹为容之，至谓东汉奉佛之后，帝王咸致夭促，何言之乖剌也？愈为人臣，敢尔狂妄，固不可赦。"及至潮阳上表，宪宗谓宰臣曰："昨得韩愈到潮州表，因思其所谏佛骨事，大是爱我。我岂不知？然愈为人臣，不当言人主事佛乃年促也。"《皇甫镈传》：柳泌言天台山多灵草，愿为长吏，因以求之，遂以为台州刺史。谏官论奏曰："列圣亦有好方士者，亦与官号，未尝令赋政临民。"宪宗曰："烦一郡之力，而致神仙长年，臣子于君父何爱焉？"由是莫敢言者。合观诸文，而宪宗之所求者可知矣，亦可鄙矣。潮阳郡，即潮州。台州见第四章第二节。

穆宗既立，吐突承璀及澧王皆见杀。敬宗时，中尉马存亮论承璀之冤，乃诏雪焉。事在长庆四年四月，见《旧书·纪》。《新书·宦者传》言：唐世中人，以忠谨称者，惟存亮、西门季玄、严遵美三人；足见承璀之无罪。承璀是时，仍为左神策中尉，兵权在手，《旧书·宦官传》内官不敢除讨之语，盖正指承璀言之？案《旧书·承璀传》：承璀自淮南召还，事在元和八年（813 年）。《通鉴考异》引《实录》同。《实录》又载承璀出监淮南军，事在六年十一月。而惠昭之薨，在是年闰十二月。穆宗立为太子，在七年七月。其时承璀实不在京师。然承璀欲立澧王之说，新旧《书·澧王》及《崔群传》皆同。《通鉴考异》疑宪宗末年，承璀欲废太子而立澧王，揣测无据。东宫之位久定，是时安可动摇？承璀、澧王既死，皇甫镈亦贬崖州司户，崖州见第四章第二节。是年十二月，卒于贬所。制以剥下及恣求方士为罪，乃诬罔之辞。又云：以矫迹为孤立，用塞人言，则不啻誉之矣。足见攻之者之诬罔也。胡三省《通鉴注》云：以其附承璀欲立澧王，则近之矣。然镈依附承璀，亦无确据。窃疑镈与承璀，是时实有讨贼之谋而未及发，《旧书》不敢除讨之语，乃就其迹言之，而未及原其心；抑病其当断不断也？

第四节 穆宗时藩镇叛服

元和十五年（820 年），穆宗既立，改恒州为镇州。避讳。是岁，王承宗死。二子为质在朝，军中立其弟承元。时年十八。密疏请帅。诏移田弘正于成德，李愬自昭义徙魏博，刘悟自义成徙昭义，而徙承元于义成。又以田布为河阳、怀、孟节度使。布者，弘正子，弘正使率偏师攻淮西者也。隶严绶。邻镇以两河近事讽承元，承元不听。既闻滑州之命，诸将号哭喧哗。承元谕之曰：“李师道未败时，议赦其罪，师道欲行，诸将止之，他日杀师道者，亦诸将也。公辈幸勿为师道之事，敢以拜请。”遂拜。诸将泣涕不自胜。承元乃尽出家财，籍其人以散之，酌其勤者擢之。衙将李寂等十数人固留，承元斩之，军中始定。此可见唐中叶后将擅于兵之概矣。明年，为长庆元年（821 年）。正月，刘总弃官为僧。初总自弑逆后，每见父兄为祟，甚惨惧。乃于官署后置数百僧，厚给衣食，令昼夜乞恩谢罪。每公退，则憩于道场。若入他室，则惝惕不敢寐。晚年恐悸尤甚。故请落发为僧，冀以脱祸。兼请分割所理之地，然后归朝。其意：欲以幽、涿、营州为一道，请张弘靖理之。瀛、莫为一道，瀛州，今河北河间县。请卢士玫理之。平、蓟、妫、檀为一道，平州，今河北卢龙县。蓟州见第五章第七节。妫州，今怀来县。檀州见第四章第二节。请薛平理之。平者，嵩子，知河朔之俗而忠于朝廷。士玫时为京兆尹，与总为内姻，以文儒进而端厚。可谓人之将死，其言也善矣。穆宗初以总为天平节度使。既闻落发，乃赐紫，号大觉师。总行至易州界，暴卒。此从《旧书》。《新书》云：军中拥留不得进，杀首谋者十人，间道夜去。至定州卒。宰臣崔植、杜元颖，欲重弘靖所授而省其事局，惟割瀛、莫两州，以士玫为观察使，其它郡县，悉以弘靖为卢龙军节度使统之。河朔三镇，至兹全服矣。然未几而变起。

《旧书·张弘靖传》曰：弘靖入幽州，蓟人无老幼男女，皆夹道观。河朔军帅，冒寒暑多与士卒同，无张盖安舆之别。弘靖久富贵，又不知风土，入燕之时，肩舆于三军之中，蓟人颇骇之。弘靖以禄山、思明之乱，始自幽州，欲于事初革其俗，乃发禄山墓，毁其棺柩，人尤失望。从事有韦雍、张宗厚数辈，复轻肆嗜酒。常夜饮醉归，烛火满街，前后呵叱，蓟人所不习。又雍等诟责吏卒，多以反虏名之。谓军士曰：“今天下无事，汝辈挽得两石弓，不如识一丁字。”军中以意气自负，深恨之。刘总归朝，以钱一百万贯赐军士，弘靖留二十万贯充军府杂用。蓟人不胜其愤，遂相率以叛，因弘靖于蓟门馆，执雍、宗厚辈数人皆杀之。续有张彻者，自远使回，军人以其无过，不欲加害，将引置馆中。彻不知其心，遂索弘靖所在，大骂军人，亦为乱兵所杀。明日，吏卒稍稍自悔，悉诣馆请弘靖为帅，愿改心事之。凡三请，弘靖卒不对。军人乃相谓曰："相公无言，是不赦吾曹必矣。军中岂可一日无帅？"遂取朱洄为兵马留后。洄者，滔之孙也。其子曰克融。《旧书·传》曰：克融少为幽州军校，事刘总。总将归朝，虑有变，籍军中素有异志者，荐之阙下，克融亦在籍中。崔植、杜元颖谓两河无虞，遂奏勒归镇。幽州军乱，洄废疾于家，众欲立之。洄自以老且病，推克融统军务焉。《总传》言：总请分割所理之地，仍籍军中宿将，尽荐于阙下。因望朝廷升奖，使幽、蓟之人，皆有希羡爵禄之意。崔植、杜元颖，不为久大经略，总所荐将校，在京师旅舍中，久而不问。朱克融辈，仅至假衣丐食，日诣中书求官，不胜其困。及除弘靖，又命悉还本军。克融辈深怀觖望，其后果为叛乱。《弘靖传》同。此等皆成败论人之辞。河朔诸帅，养尊处优久矣，能冒寒暑与士卒同甘苦乎？习于乘马，不张盖安舆或有之，然此可谓同甘苦乎？裴度之入蔡也，李愬具櫜鞬候度马首。度将避之。愬曰："此方不识上下等威之分久矣，请公因以示之。"度乃以宰相礼受愬迎谒，众皆耸观。此不甚于肩舆乎？何以蔡人不叛？发禄山墓而失望者，禄山之类乎？幽、蓟之民乎？《新书·弘靖传》：俗谓禄山、思明为二圣，此必非凡民之语也。蔡之旧令，途无偶语，夜不然烛；人或以酒食相过从者，以军法论。裴度乃约法：盗贼斗杀外，余尽除之。往来者不复以昼夜为限。当是时，其寮佐，得无有夜饮醉归者乎？而史云：蔡之遗黎，至是始知有生人之乐，何也？弘靖代韩弘帅宣武，以宽缓称，其寮佐，何至轻诟责士卒？韦雍、张宗厚，盖持纲纪最严者，故先见杀耳。即张彻亦贤者也。《实录》《旧传》《韩愈墓志》记彻死事颇异，要之能抗节者也。见《通鉴考异》。然则弘靖寮佐，盖极一时之选矣，有轻肆嗜酒之理乎？成德之归命，朝令谏议大夫郑覃往宣慰，赐钱一百万贯。刘总请去位，亦请支三军赏设钱一百万贯，盖已视为事例。时令宣慰使薛存庆与弘靖计会支给。弘靖即不知理体，岂有移充军府杂用之理？成德之受赐，田弘正奏王承元赴镇滑州，成德军征赏钱颇急，乃命柏耆先往谕之，可见虽有恩命，并非立给。幽镇之二十万贯，盖计会未能充数，非靳而不与也。是岁五月，授幽州大将李参已下十八人，并为刺史及诸卫将军，待之不可云薄。度得官者数必不少，史不能尽载耳。若以一夫觖望，即为措置不善，安得人人而悦之？克融，滔之曾孙，其父又居军职，以当时军人之骄溢，安有暂客长安，仅至假衣丐食之理？即真至假衣丐食，亦如汉列侯之子贷从军，卢群之举钱豪贾耳。见第七章第六节。与小民举倍称之息者大异，安得以是为深怨？朱洄本叛逆之后，身虽病废，又使其子统众，此岂特私垄断而已，虽更厚酬，能满其欲乎？故知当时幽州之叛，实缘事势之艰难，史之归咎于张弘靖等者，皆所谓自比于逆乱，设淫辞而助之攻也。《旧书·萧俛传》云：穆宗即位之始，俛与段文昌屡献太平之策。以为兵以靖乱，时已治矣，不宜黩武，劝穆宗休兵偃武。又以兵不可顿去，请密诏天下军镇有兵处，每年百人之中，限八人逃死，谓之消兵。藩籍之卒，合而为盗，伏于山林。明年，朱克融、王廷凑复乱河朔，一呼而遗卒皆至。朝廷方征兵诸藩，籍既不充，寻行招募，乌合之徒，动为贼败，由是复失河朔。盖消兵之失也，此亦诬罔之辞。宪宗所力战而得者，一淮西耳。以此而谓天下已平，俛与文昌安得如此谬妄？致乱之本，实缘兵多，战守皆不足恃，而徒靡饷，而竭民力，消兵盖所以整军，非以偃武也。且是令之下，藩镇岂必奉行？《本纪》：长庆元年二月，天平军节度使马总奏：当道见管军士，三万三千五百人。从去年正月已后，情愿居农者放，逃亡者不捕。先是平定河南，及王承元去镇州，宰臣萧俛等不顾远图，乃献销兵之议，请密诏天下军镇，每年限百人内破八人逃死，故总有是奏。此盖正因奉行者少，故特书之耳。即谓藩镇多能奉行，所裁者潜伏山林，亦岂皆迩于幽、镇，能一呼而即集？遗卒之所求者，口实耳，非蓄意谋叛也。又何以幽、镇一呼即集，而朝廷召募，则只得乌合之徒乎？

张弘靖之见囚，事在七月十日，越旬有八日，而成德之变又作。《旧书·田弘正传》曰：弘正以新与镇人战，有父兄之怨，以魏兵二千为卫从，十一月二十六日至镇州。元和十五年（820年）。仍表请留为纪纲之仆，其粮赐请给于有司。度支使崔倰，固阻其请。明年七月，归卒于魏。是月二十八日夜，军乱，弘正并家属、参佐、将吏等三百余口并遇害。《崔倰传》云：附《崔祐甫传》。倰固言魏、镇各有镇兵，朝廷无例支给。恐为事例，不可听从。此事似失之吝。然弘正至镇州八阅月矣，何以犹不能绥其众？《弘正传》又云：其兄弟子侄，在两都者数十人，竞为崇饰，日费约二十万。魏、镇之财，皆辇属于道。河北将卒，心不平之，故不能尽变其俗，竟以此致乱。则其所以失军心者，自别有在。崔倰即无吝粮赐，弘正能终安于镇乎？《新书·倰传》，亦附《祐甫传》。言其性介洁，视臧负者若雠，其人自贤者也。结衙兵为乱者，王承元衙内兵马使王廷凑。廷凑，回鹘阿布思之种也，世为王氏骑将。《廿二史考异》：《新五代史·王镕传》：其先，回鹘阿布思之遗种，曰没诺干，为镇州王武俊骑将，武俊录以为子，遂冒姓王氏。没诺干子曰末坦活，末坦活子曰升，升子曰廷凑。按《旧唐书·王武俊传》：武俊初号没诺干。《唐书·张孝忠传》：燕赵间共推张阿劳、王没诺干，二人齐名。没诺干，王武俊也。王廷凑传：曾祖五哥之，王武俊养为子，故冒姓王。《宰相世系表》：安东王氏。五哥之生末怛活，末怛活子升朝，升朝子廷凑。然则没诺干与王武俊，乃是一人，而廷凑之曾祖，自名五哥之，非没诺干也。五代史误矣。案没诺干乃称号，非名，武俊与五哥之，共有此称号耳。既害弘正，遂自称留后。

幽州之乱，朝以刘悟为卢龙节度使，悟不肯行。《旧书·悟传》

云：请授之节钺，徐图之。乃复以为泽潞节度使。《新书》云：至邢州，会王庭凑之变，不得入，还屯。进兼幽、镇招讨使，治邢。围临城，观望，久不拔。邢州见第六章第三节。临城，今河北临城县。李愬闻田弘正死，素服以令三军。又以玉带、宝剑，与王承宗故深州刺史牛元翼。元翼承命感激，以剑及带令于军中，报曰："愿以众从。"愬方有制置，会疾作，不能治军。十月卒。时田布已移泾原，八月，起复为魏博节度使，而以牛元翼为深、冀节度使。时冀州已为王庭凑所据，遂围元翼于深州。卢士玫节度瀛、莫，莫州先陷，士玫罄家财以助军，坚拒累月，亦卒为其下阴导克融之兵以入，执送幽州。朝廷诏河东裴度，横海乌重胤，义武陈楚，与魏博、昭义同进讨。旋以度为幽、镇两道招抚使，牛元翼为成德节度使。十月，又以度为镇州四面行营都招讨使。左领军卫大将军杜叔良为深、冀行营节度使。旋以为横海节度使，代乌重胤。时王涯自东川上书，论两地用兵，力恐未及，宜先镇、冀而后幽、蓟。朝论盖采其说，疾重胤进兵之缓，故以叔良代之也。时元稹为翰林学士，与裴度不协，度上疏论之。有曰："翰苑旧臣，结为朋党。陛下听其所说，更访近臣。私相计会，更唱迭和，蔽惑聪明。臣自兵兴，所陈章疏，事皆要切，所奉书诏，多有参差。惜陛下委付之意不轻，被奸臣抑损之事不少。昨者臣请乘传诣阙，面陈戎事。奸臣之徒，最所畏惧。知臣若到御坐之前，必能悉数其过，以此百计止臣此行。臣又请领兵齐进，逐便攻讨。奸臣之党，必加阻碍。恐臣统率诸道，或有成功。进退皆受羁牵，意见悉遭蔽塞。复共一二憸狡，同辞合力。或两道招抚，逗留旬时。或遣蔚州行营，拖曳日月。蔚州见第二章第七节。但欲令臣失所，使臣无成，则天下理乱，山东胜负，悉不顾矣。为臣事君，一至于此。"此固朋党之论，然当时诸道骈进，苦乏统率之人。度故相，尝有平蔡之功，虽未必将才，以资望则差堪承乏，而又内外乖迕如此，其于攻取，自更不利矣。杜叔良本依宦者进，无方略。

十二月，大败于博野，今河北蠡县。仅以身免。时李光颜已帅凤翔，乃又移之忠武，以为深州行营节度使，以代叔良。朝议以朱克融能保全张弘靖，而王廷凑杀害田弘正，可赦燕而诛赵，遂以克融为卢龙节度使。然二寇仍相结。《旧书·王庭凑传》曰：时诸镇兵十五余万，才出境，便仰给度支。置南北供军院。既深入贼境，辇运艰阻，刍薪不继，诸军多分番樵采。俄而度支转运车六百乘，尽为廷凑邀虏，兵食益困。供军院布帛衣赐，往往在途为诸军强夺，而县军深斗者，率无支给。又每军遣内官一人监军，悉选骁健者自卫，羸懦者即战，以是屡多奔北。而廷凑、克融之众，不过万余而已。贼围深州数重，虽李光颜之善将，亦无以施其方略焉。然则昭义观望，河东、横海皆顿不得进，义武虽有战斗，而孤军无济于事，业已情见势绌矣，而魏博之变又作。

田布之入魏州也，禄俸月入百万，一无所取；又籍魏中旧产，无巨细，计钱十余万贯，皆出之以颁军士；盖其父以聚敛败，故为此以挽军心也，然无及矣。衙将史宪诚，其先奚也，自其父从魏博军。布用为先锋兵马使，精锐悉委之。时屡有急诏，促令进军。布以魏军三万七千，结垒于南宫县之南，十月。南宫，今河北南宫县。进军下贼二栅。十二月。宪诚阴有异志；而魏军骄侈，怯于格战；又属雪寒，粮饷不给，愈无斗志。俄有诏分布军与李光颜合势，东救深州，其众自溃，多为宪诚所有，布所得者，八千而已。还魏州。《新书》本传：众溃，皆归宪诚，惟中军不动。布以中军还魏。会诸将复议兴师。将卒益倨，咸曰："尚书能行河朔旧事，死生以之，若使复战，皆不能也。"布度众终不为用，即为遗表，授从事李石，入启父灵，抽刀自刺，曰："上以谢君父，下以示三军。"言讫而绝。朝廷无如何，即以宪诚为魏博节度使。于是形势愈绌。二月朔，遂洗雪王庭凑，以成德授之，而移牛元翼于山南东道。是月，以元稹同平章事，裴度为东都留守。参看下节。朱克融、王庭凑合兵攻深州不解，度与书谕之，克融还镇，廷凑攻城亦缓，元翼乃率十余骑突围出。廷凑入，尽杀元翼亲将臧平等百八十人。元翼闻之，愤恚卒。其家先在镇州，朝廷累遣中使取之，廷凑迁延不遣，至是乃尽屠之。《旧书·裴度传》。

王庭凑之围牛元翼也，棣州亦为贼所窘。棣州，今山东惠民县。朝委薛平救援。平遣将李叔佐以兵五百救之。居数月，刺史王稷，馈给稍薄。兵士怨怒，宵溃而归。推突将马狼儿为帅。《旧书·薛平传》，附其父嵩。《本纪》作马廷鉴，《实录》同，《河南记》作马廷端，见《通鉴考异》。行劫镇兵，得七千余人，逼青州。平悉府库并家财募精卒二千击平之。时长庆元年十一月也。

《旧书·刘悟传》云：监军刘承偕，颇恃恩权，对众辱悟，又纵其下乱法，悟不能平。异日，有中使至，承偕宴之，请悟。悟欲往，左右曰："往必为其困辱矣。"军众因乱，悟不止之。乃擒承偕至衙门，杀其二仆。欲并害承偕，悟救之获免。朝廷不获已，贬承偕。自是悟颇纵恣，欲效河朔三镇。朝廷失意不逞之徒，多投寄潞州以求援。往往奏章论事，辞旨不逊。案《旧书》之说，本于《实录》。见《通鉴考异》。《新书》则云：承偕与都将张问，谋缚悟送京师，以问代节度事。悟知，以兵围之。《忠义·贾直言传》云：承偕与磁州刺史张汶谋缚悟。慈州见第七章第一节。杜牧《上李司徒书》云：其军乱，杀磁州刺史张汶。《通鉴考异》。磁州见第六章第三节。综观诸文，承偕之于悟，殆欲效吐突承璀之于卢从史而不克也。《旧书·裴度传》云：悟囚承偕，诏遣归京，悟托以军情，不时奉诏。度至京师，上以为问。度曰："陛下必欲收忠义之心，使天下戎臣，皆为陛下死节，惟有下半纸诏书，言任使不明，致承偕乱法，令悟集三军斩之。如此，则万方毕命，群盗破胆，天下无事矣。"上俛首良久曰："朕不惜承偕。缘是太后养子，今被囚系，太后未知。如卿处置未得，可更议其宜。"度与王播等复奏曰："但配流远恶处，承偕必得出。"上以为然。承偕果得归。承偕与立穆宗，而为太后养子，宪宗之所以死，愈可推见。裴度攻之甚烈，可见其不与此曹为党，此其所以不获入相欤？参看下节。承偕之见囚，事在长庆二年二月。

是岁三月，复有王智兴之乱。智兴，徐州将，抗李纳及李师道皆有功。河朔复乱，穆宗以为武宁军节度副使，河北行营都知兵马使，以徐军三千渡河。徐之劲卒，皆在部下。节度使崔群，虑其旋军难制，密表请追赴阙，授以他官。事未行，会赦王廷凑，诸道班师。智兴先期入境，斩关而入，此据《旧书·智兴传》。《群传》云：徐人开关延入。杀军中异己者十余人。然后诣衙谢，曰："此军情也。"群治装赴阙。智兴遣兵士援送群家属，至埇桥，见第七章第四节。遂掠盐铁院缗币，及汴路进奉物；商旅赀货，率十取七八。逐濠州刺史侯弘度。朝廷不能讨，遂授以武宁军节度，徐、泗、濠观察使。

王日简者，镇州小将。事王武俊。承宗殁，军情不安，自拔归朝。镇州杀田弘正，穆宗召问计。日简极言利害，兼愿自效。因授德州刺史。明年，擢拜横海军节度使。代杜叔良。赐姓李氏，名全略。旋以李光颜为横海，忠武、深冀行营并如故。全略为德棣节度使。以光颜县军讨贼，艰于馈运，以沧、景、德、棣等州，俾之兼管，以便飞挽也。时已赦成德。光颜兵闻当留沧、景，皆大呼而走。光颜不能制，因惊惧成疾。上表固辞横海节，乞归许州。许之。乃复以全略为横海。全略令子同捷入侍。逾岁归，奏授沧州长史，知州事，兼主中军兵马。棣州刺史王稷善抚众，且得其心，全略忌而杀之，仍孥戮其属。事在长庆二年九月，见《纪》。稷，锷子。锷以为岭南富，稷留京师，为奉权要。《传》云：是年为德州刺史，广赍金宝仆妾以行。全略利其货而图之，故致本州岛军乱，杀稷。家无遗类。男叔恭，时年五岁，郡人宋忠献匿之获免，其室女为全略所虏，以妓媵处之。凡所为事，大率类此。

张弘靖之帅卢龙也，以李愿代为宣武。愿，晟子。弘靖为汴帅，以厚赏安士心。及愿至，帑藏已竭，而愿恣其奢侈。不恤军政，而以威刑驭下。又令妻弟窦缓将亲兵，亦骄傲黩货。长庆二年七月，衙将宿直者斩缓。愿走。立衙将李岕为留后，以邀旄钺。诏三省官与宰相议其事。皆以为宜如河北故事，授岕节。李逢吉曰："河北之事，盖非得已。今若并汴州弃之，则是江淮以南，皆非国家有也。"议未决，会宋、亳、颍三州皆请别命帅。三州皆宣武巡属。上大喜，以逢吉议为然。逢吉因请"以将军征岕入朝，以义成节度使韩充镇宣武。充，弘之弟，素宽厚得众心。脱岕旅拒，命徐、许攻其左右，而滑军蹙其北，充必得入矣"。从之。岕不奉诏。宋州刺史高承简，崇文子。乘城拒岕。李光颜、王智兴及兖海曹华，各出兵讨岕。韩充亦进军。八月，其都知兵马使李质，与监军姚文寿杀岕迎充。浙西观察使窦易直，闻岕逐愿，欲出官物赏军。或曰："赏给无名，却恐生患。"乃已。军士已闻之。时江淮旱，水浅，转运司钱帛委积，不能漕。州将王国清指以为赏，激讽州兵谋乱。先事有告者，乃收国清下狱。其党数千篡出之，因欲大剽。易直登楼谓将吏曰："能诛为乱者，每获一人，赏千万。"众喜，倒戈击乱党。擒国清等三百余人，皆斩之。于是以曹华帅义成，而移高承简于镇海。韩充入汴，密籍部伍，得尝构恶者千余人，一日下令，并父母妻子立出之。

宪宗之平淮西，论史者颇称之，而訾德宗之失于庙算，穆宗之不能守成，此成败论人之见也。宪宗之用兵，实无以异于德宗及穆宗，其成败不同，亦时会为之耳。且宪宗实未能全服河北。幸而早死，遂成竖子之名，设迟之一、二年，朱克融、王庭凑、史宪诚之变作，亦未必不情见势绌也。太和时，杜牧作《罪言》，论山东之事曰："上策莫如自治。当贞元时，山东有燕、赵、魏叛，河南有齐、蔡叛；梁、徐、陈、汝、白马、孟津、襄、邓、安、黄、寿春，皆戍厚兵，才足自护；遂使我力解弛，熟视不轨者，无可奈何。阶此，蜀亦叛，吴亦叛。其它未叛者，迎时上下，不可保信。自元和初至今二十九年间，得蜀，得吴，得蔡，得齐，收郡县二百余城，所未能得，惟山东百城耳。土地、人户、财物、甲兵，较之往年，岂不绰绰乎？亦足以自为治也。不自治，是助虏为虏。环土三千里，植根七十年，复有天下阴为之助，则安可以取？中策莫如取魏。魏能遮赵，既不可越魏以取赵，固不可越赵以取燕，故魏在山东最重。黎阳距白马津三十里，新乡距孟津百五十里，黎阳见第二章第五节。白马津，在今河南滑县北。新乡，今河南新乡县。孟津，在今河南孟县南。是二津者，虏能溃其一，则驰入成皋不数日间，故魏于河南亦最重。元和中，举天下兵诛齐，顿之五年无山东忧者，以能得魏也。昨日诛沧，顿之三年无山东忧者，亦以能得魏也。长庆初诛赵，一日五诸侯兵四出溃解，以失魏也。昨日诛赵，罢如长庆时，亦以失魏也。故河南、山东之轻重在魏。非魏强大，地形使然也。最下策为浪战。不计地势，不审攻守是也。兵多粟多，驱人使战者，便于守；兵少粟少，人不驱自战者，便于战。故我常失于战，虏常困于守。山东叛且三、五世，后生所见，言语举止，无非叛也，以为事理正当如此，沈酣入骨髓，无以为非者。至有围急食尽，啖尸以战。以此为俗，岂可与决一胜一负哉？”此说于德宗以后，藩镇叛服形势，言之殊为了然。元和之得魏，果自为之乎？抑事势之适然也？抑少诚、少阳虽悖戾，实自守虏，非希烈狼奔豕突比。而其地实孤立，四面皆唐朝州县，故取之实不甚难。会昌时，刘稹叛，杜牧与李德裕书，自言尝问董重质以三州之众，四岁不破之由。重质以为由朝廷征兵太杂，客军数少，既不能自成一军，事须帖付地主。势羸力弱，心志不一，多致败亡。故初战二年，战则必胜，是多杀客军。及二年已后，客军殚少，止与陈许、河阳全军相搏，纵使唐州兵不能因虚取城，蔡州事力，亦不支矣。《通鉴》武宗会昌三年（843年）。元和平蔡，关键如此，河北情势，固自不同。征兵太杂，则杜牧所谓浪战也。宪宗攻淮西，韩愈尝言：“兵不多不足以取胜，必胜之师，利在速战。兵多而战不速，则所费必广。欲四道置兵，道率三万，蓄力伺利，一日俱纵，使蔡首尾不救。”长庆时，白居易亦上言，以为兵多则难用，将众则不一。宜诏魏博、泽潞、定、沧四节度，令各守境，以省度支赀饷。每道各出锐兵三千，使李光颜将。光颜故有凤翔、徐、滑、河阳、陈许军，无虑四万，可径搏贼，开弓高粮路，合下博，县，在今深县东。解深州之围，与牛元翼合。还裴度招讨使，使悉太原兵西压境，见利乘隙夹攻之。间令招谕，以动其心。未及诛夷，必自生变。此为当时兵事症结。皆苦兵多不能持久，至势穷力屈也。此情势，元和与建中、长庆，有以异乎？无以异乎？历代戡乱之主，孰不以一成一旅兴？兵苟可用，原不在多。宪宗之用吐突承璀，穆宗之用杜叔良，其意原出一辙，而惜乎禁兵之不足用也。然李晟崎岖二寇间，卒定京邑，亦已小收其效矣，而惜乎后来之无以为继也。此则德宗之委任宦官实为之，然此弊，宪宗亦未能免也。《旧书》言申、蔡之始，人劫于希烈、少诚之虐法，而忘其所归；数十年后，长者衰丧，而壮者安于毒暴，而恬于搏噬；地虽中州，人心过于夷貉。乃至搜阅天下良锐，三年而后克者？彼非将才而力备，盖势驱性习，不知教义之所致也。此与杜牧所言河朔之俗，曾何以异？然果能终劫其众乎？裴度除苛法而民乐更生，已述如前矣。淄青自正己至师道，大将持兵于外者，皆质其妻子。或谋归款于朝，事泄，其家无少长皆杀之。此亦以虐法劫其众者也，可终恃乎？然欲削平之，固非恃实力不可。此在河北，自远较淮西为难。使宪宗而处建中、长庆之时，亦必无以善其后也。

第五节　穆、敬荒淫

宪宗之任用宦官，虽为失政，然其能用孤立之皇甫镈，则要不失为英明，以是时朋党之中，实无佳士也。唐世不党之士，多为公忠体国之人，而多蒙恶名，以是时朋党势大，史或成于其手，或虽不然，而所据者仍系党人之说也。英明之君主，未尝不思擢用不党之人，但朋党力大，卒不能胜耳。即君主之信任宦官，亦未必不由于此也。及穆宗立，皇甫镈贬，则不党之局破；而宦官以拥立之故，威权愈重，得信任愈专；而穆宗性又顽嚚，惟务嬉戏；政事遂至大坏矣。

皇甫镈既贬，萧俛、段文昌相。俛与镈及令狐楚同年登进士第，其相，史云楚援之，虽罪镈而未尝累及其朋侪，足征镈之不党也。七月，楚以为山陵使亲吏臧污事发出，崔植相。明年，为长庆元年（821 年），王播入，俛亦罢。播以元和十三年（818 年），出为西川。《旧传》云：皇甫镈贬，播累表求还京师。又《萧俛传》云：播广以货币赂中人权幸，求为宰相。段文昌复左右之。俛性疾恶，于延英面言播之奸邪，纳贿喧于中外，不可以污台司。帝不之省。俛遂三上章求罢相位。盖穆宗奢侈，故播欲以财利自效。播固才臣，元和时亦尝见用，然元和能节啬以事藩镇，而长庆侈欲无极，则其敛之同而用之者，大不同矣。播既至，拜刑部尚书，领盐铁、转运等使。文昌代为西川。杜元颖相。十月，播亦兼中书侍郎、同平章事，领使如故。此等更迭，初未足以引起风波也，而裴度、李逢吉之党，于此时大纵，遂至推波助澜，纷纭者数十年焉。

《旧书·李宗闵传》曰：宗闵与牛僧孺，同年登进士第，贞元二十一年（805 年）。又同年登制科。元和四年（809 年）。应制之岁，李吉甫为宰相，当国。宗闵、僧孺对策，指切时政之失，无所回避。考策官杨于陵、韦贯之、李益等第其策为中等。《旧书·贯之传》：贯之与户部侍郎杨于陵、左司郎中郑敬、都官郎中李益同为考策官。贯之奏居上第者三人，同考策者皆难其辞直，贯之独署其奏。《新书·牛僧孺传》：考策官亦有郑敬。不中第者，注解牛、李策语，同为唱诽。又言翰林学士王涯甥皇甫湜中选，考覈之际，不先上言。裴垍时为学士，居中覆视，无所异同。吉甫泣诉于上前。宪宗不得已，罢涯、垍学士，出于陵、贯之。僧孺、宗闵，亦久之不调，随牒诸侯府。七年（812年），吉甫卒，方入朝。穆宗即位，拜中书舍人。长庆元年（821年），子婿苏巢，于钱徽下进士及第。其年，巢覆落，宗闵涉请托，贬剑州刺史。时吉甫子德裕为翰林学士，钱徽榜出，与同职李绅、元稹连衡，言于上前，云："徽受请托，所试不公，故致重覆。"比相嫌恶，因是列为朋党。皆挟邪取权，两相倾轧。自是纷纭排陷，垂四十年。《旧书·钱徽传》：长庆元年（821年），为吏部侍郎。时宰相段文昌出镇蜀川。文昌好学，尤喜图书古画。故刑部侍郎杨凭，兄弟以文学知名，家多书画。凭子浑之，尽以献文昌，求致进士第。文昌将发，面托徽。继以私书保荐。翰林学士李绅，亦托举子周汉宾于徽。及榜出，浑之、汉宾，皆不中选。李宗闵与元稹，素相厚善。初，稹以直道，谴逐久之。及得还朝，大改前志，由径以徼进达，宗闵亦急于进取，二人遂有嫌隙。右补阙杨汝士，与徽有旧。是岁，宗闵子婿苏巢，及汝士季弟殷士俱及第。文昌、绅大怒。文昌辞赴镇日，内殿明奏，言徽所放进士郑朗等十四人，皆子弟艺薄，不当在选中。穆宗访于学士。元稹、李绅对与文昌同。遂命中书舍人王起、主客郎中知制诰白居易重试。诏孔温业、赵存约、窦洵直所试粗通，与及第。裴撰特赐及第。郑朗等十人并落下。寻贬徽为江州刺史，宗闵剑州刺史，汝士开江令。初议贬徽，宗闵、汝士令徽以文昌、绅私书进呈，上必开悟。徽曰：苟无愧心，得丧一致。修身慎行，可以私书相证邪？令子弟焚之。人士称徽长者。案徽未必不虑其事牵涉太广，更致他祸，故不欲深究也。郑朗，覃之弟，裴撰，度之子也。江州见第二章第七节。开江，今四川开县。《德裕传》云：元和初用兵伐叛，始于杜黄裳诛蜀，吉甫经画，欲定两河，方欲出师而卒，继之者武元衡、裴度，而韦贯之、李逢吉沮议，深以用兵为非，相次罢相。故逢吉常怒吉甫、度，而德裕于元和时久之不调。逢吉、僧孺、宗闵，以私怨恒排摈之。时德裕与李绅、元稹，俱在翰林，情颇款密，逢吉之党深恶之。长庆以前党争之分野如此。裴度与元稹，固同为李逢吉所恶者也。而度与稹竟起戈矛，致为逢吉所乘。以同利为朋者，其离合变幻，诚匪夷所思矣。

元稹以元和元年（806年）应制举登第，除右拾遗。言事甚锐，为执政所忌，出为河南县尉。河南县，河南府治。丁母忧，服除，拜监察御史。奉使东蜀。还，分务东台。多所举劾，以此为内官所伤，贬江陵府士曹参军。见第三节。十四年（819年），自虢州长史征还，虢州见第四章第五节。为膳部员外郎。穆宗在东宫，闻妃嫔左右诵稹歌诗，尝称其善。荆南监军崔潭峻，甚礼接稹。长庆初，潭峻归朝，出稹《连昌宫辞》等奏御。穆宗大悦。即日转祠部郎中，知制诰。朝廷以书命不由相府，甚鄙之。唐人务于进取，有捷足者，每为人所妒忌。《旧书·武元衡传》：从父弟儒衡，正拜中书舍人。时元稹依倚内官，得知制诰，儒衡深鄙之。会食瓜阁下，蝇集于上。儒衡以扇挥之，曰："适从何来？遽集于此？"即此等见解，非知砺廉隅也。居无何，召入翰林，为中书舍人、承旨学士。中人以潭峻故，争与稹交。知枢密魏弘简尤与相善。裴度三上章攻之。穆宗不得已，以稹为工部侍郎，弘简为弓箭库使。见《本纪》。然及明年洗雪王庭凑，即罢崔植而相稹，度亦改东都留守矣。《旧书·度传》云：稹交结内官，求为宰相。虽与度无憾，然颇忌前达。度方用兵山东，每处置军事，有所论奏，多为稹辈所持。其请上罢兵，亦以欲罢度兵柄之故。当时河北形势，用兵实难坚持，究因欲罢度兵柄而罢兵？抑因罢兵而罢度兵柄？殊难质言，然其主张恐必出于宦官，而稹附和之，非稹自有主张也。谏官相率伏阁，诣延英门者日二三。帝知其谏，不即被召。皆上疏言时未偃兵，度有将相全才，不宜置之散地。乃诏度自太原由京师赴洛。三月，度至京师。以为淮南节度使。旋徐州奏王智兴逐崔群，乃使度复知政事，以王播代镇淮南。徐州之变，相一裴度，岂足慑之？明为言者多，处置不得不中变也。排度者岂能甘心？而于方之狱起矣。

时王庭凑、朱克融尚围牛元翼于深州。于方者，頔之子，时为和王傅。干进于稹，言：“有奇士王昭、王友明，此据《旧书·元稹传》。《实录》初见作于友明，后作于启明，见《通鉴考异》。尝客燕、赵间，颇与贼党通熟，可反间以出元翼。仍自以家财资其行。又赂兵、吏部令史，为出告身二十通，以便宜给赐。”稹皆然之。有李赏者，知方之谋，以稹与度有隙，乃告度云：方为稹所使，欲结王昭等刺度。度隐而不发。及神策中尉奏方事，《元稹传》。《通鉴》云：赏诣左神策告其事。乃诏三司使韩皋等讯鞫。害裴事无验，而前事尽露，遂俱罢稹、度平章事，而相李逢吉。穆宗即位，逢吉移山南东道。《旧书·传》云：逢吉于帝有侍读之恩，遣人密结幸臣，求还京师。长庆二年三月，召为兵部尚书。度在太原时，尝上表论稹奸邪，及同居相位，逢吉以为势必相倾，乃遣人告于方结客，欲为稹刺度。《度传》云：度自太原入朝，恶度者以逢吉善于阴计，乃自襄阳召入朝。度既复知政事，而魏弘简、刘承偕之党在禁中，逢吉用族子仲言之谋，因医人郑注，与中尉王守澄交结，内官皆为之助。五月，左神策军奏：李赏称于方受元稹所使，结客欲刺裴度。诏左仆射韩皋，给事中郑覃，与逢吉三人鞫之。狱未竟，罢稹为同州刺史，度为左仆射，逢吉代度为宰相。案于方之计，元稹所以然之者？《旧书》云：以天子非次拔擢，欲有所立以报上；《新书》云：稹之相，朝野杂然轻笑，思立奇节报天子，以厌人心；二者俱可有之。深州之围，岂可不解？欲解围而不能用兵，不得已而思用间，虽云无策，亦不为罪。结客刺度，事涉离奇，其必为虚构可知。度闻之，隐而不发，盖亦知其不足信？而神策遽为闻奏，吹皱一池春水，底事干卿？盖宦官之中，有与稹交欢者，亦有与之不快者，度则本无香火，故一举而并去之也。稹引宦官以倾度，而逢吉即袭其术以覆稹，此则所谓螳螂捕蝉，黄雀又随其后者矣。李仲言与郑注，皆志除宦官之人，谓其为逢吉介以交守澄，说必不然，别见下章第一节。

长庆三年三月，牛僧孺为相。李德裕先已罢学士，出为御史中丞。《旧传》云：李逢吉既得权位，锐意报怨。时德裕与牛僧孺，俱有相望。逢吉欲引僧孺，惧李绅与德裕禁中沮之，出德裕为浙西观察使。寻引僧孺同平章事。由是交怨愈深。《逢吉传》云：李绅有宠，逢吉恶之，乃除为中丞。又欲出于外。乃以吏部侍郎韩愈为京兆尹，兼御史中丞，放台参。以绅褊直，必与愈争。及制出，绅果移牒往来。愈性木强，遂至语辞不逊，喧论于朝。逢吉乃罢愈为兵部侍郎，绅为江西观察使。绅中谢日，帝留而不遣。《绅传》云：绅对中使泣诉，言为逢吉所排，中谢日，又面自陈诉，乃改授户部侍郎。愈亦复为吏部侍郎，见本传。此又见当日翰林中人，皆蟠结深固，不易动摇也。

穆宗好击鞠，狎徘优，喜观角抵杂戏。又盘于游畋，尝发神策兵浚鱼藻池，观竞渡。由复道幸咸阳，奉郭太后游华清宫。在今陕西临潼县南。幸安国寺观盂兰盆。作宝庆、永安殿。盛饰安国、慈恩、开业、章敬等寺，纵吐蕃使者观之。此隋炀帝之所为也。其时财政甚艰，军费尤困，《旧书·本纪》：元和十五年六月，诏："今年五月敕，应给用钱，每贯抽五十文，都计一百五十万贯，宜并停抽。仍出内库钱三十七万五千贯，付度支给用。"然及长庆元年十二月，复敕"诸道除上供外，留州、留使钱内，每贯割二百文，以助军用"。至二年三月乃停。时王播奏："江淮盐估，每加五十文，兼旧三百文，又加茶榷，旧额百文，更加五十文。"户部侍郎张平叔请官自卖盐，韦处厚随条诘难，乃止。而帝赏军殊厚；《本纪》：长庆二年三月，诏曰："武班之中，淹滞颇久；又诸荐送大将，或随节度使归朝；自今已后，宜令神策六军军使及南衙常参武官，各具历任送中书门下。素立大功及有才器者，量加奖擢。常参官依月限改转。诸道军府带监察已上官者，限三周年即与改转。军士死王事者，三周年内，不得停衣粮。"上于御军之道，未得其要。常云宜姑息戎臣。故即位之初，倾府库颁赏之，长行所获，人至巨万。非时赐与，不可胜纪。故军旅益骄，法令益弛。战则不克，国祚日危。洎颁此诏，方镇多以大将文符，鬻之富贾，曲为论奏，以取朝秩者，委于中书矣。又《敬宗纪》：即位，诏赏神策诸军士，人绢十匹，钱十千。畿内诸军镇，绢十匹，钱五千。其余军镇，颁给有差。内出绫绢三百万段，以助赏给。穆宗初即位，在京军士，人获五十千，在外军镇，差降无几。至是，宰臣奏议，请量国力颁赏，故差减于先朝。物议是之。案穆宗初亦未尝不欲削平藩镇，力不逮耳，何至专以姑息为务，一反宪宗之节啬哉？窃疑其立由弑逆，厚赏以縻军心，内军既厚，外军不得而薄。至二年三月之诏，则以时既罢兵，藉以收武人之心，而消其叛志也。可谓无具矣。然亦可见谓因赏薄以致卢龙之叛者，必非实录也。更益之以嬉游；赏赐嬖幸亦无度；于是经费益不能支，而河北之师，不得不罢矣。

帝生五子：长曰景王湛，即敬宗也。长庆二年十一月庚辰，击鞠禁中。有内官，欻然坠马，如物所击。上恐，罢鞠。升殿遽足不能履地，风眩就床。自是外不闻上起居者三日。十二月丁亥朔，庚寅，李逢吉率百寮至延英门请见。上不许。中外与度等盖谓裴度。三上疏请立皇太子。辛卯，上于紫宸殿御大绳床见百官。李逢吉奏景王成长，请立为皇太子。左仆射裴度又极言之。癸巳，诏立景王为皇太子。《旧书·本纪》。《新书·李逢吉传》曰：帝暴疾，中外阻遏。逢吉因中人梁守谦、刘弘规、王守澄议，请立景王为皇太子。帝不能言，颔之而已。盖议虽决于御殿时，实先因宦官密定之于禁中也。帝亦饵金石之药。见《旧书·本纪》长庆四年。亦见《张皋传》，附《裴潾传》后。四年正月崩。敬宗即位，时年十六。《新书·懿安皇后传》曰：帝崩，中人有为后谋称制者。后怒曰："吾效武氏邪？今太子虽幼，尚可选重德为辅，吾何与外事哉？"盖郭后原非知政治之人，故亦不欲与闻政事也。但中官图揽权者，大有人在，则跃然可见矣。

《旧书·李绅传》曰：中尉王守澄用事，李逢吉命门生故吏结托守澄为援以倾绅。《通鉴考异》：李让夷《敬宗实录》曰：逢吉用族子仲言之谋，因郑注与守澄，潜结上于东宫。且言逢吉实立殿下。上深德之。刘煦承之为《逢吉传》，亦言逢吉令仲言赂注，求结于守澄。仲言辩谲多端，守澄见之甚悦，自是逢吉有助，事无违者。其《李训传》则云：训自流所还，丁母忧，居洛中，时逢吉为留守，思复为相，乃使训因郑注结王守澄。然则逢吉结守澄，乃在文宗时，非穆宗时也。二传自相违。逢吉结守澄，要为不诬，然未必因郑注。李让夷乃李德裕之党，恶逢吉，欲重其罪，使与李训、郑注皆有连结之迹，故云用训谋因注以交守澄耳。绅族子虞，文学知名。隐居华阳，唐县，自成都析置。自言不乐仕进。时来京师省绅。虞与从伯耆、进士程昔范皆依绅。耆拜左拾遗，虞在华阳，寓书求荐，误达于绅。绅以其进退二三，以书诮之。虞大怨望。及来京师，尽以绅所密话逢吉奸邪附会之语告逢吉。逢吉大怒，问计于门人张又新、李续之。咸曰："搢绅皆自惜毛羽，孰肯为相公搏击？须得非常奇士出死力者。前邓州司仓刘栖楚，尝为吏镇州，王承宗以事绳之，栖楚以首触地固争，承宗竟不能夺。其果锐如此。若相公取为谏官，令伺绅之失，一旦于上前暴扬其过，恩宠必替。事苟不行，过在栖楚，亦不足惜也。"逢吉乃用李虞、程昔范、刘栖楚，皆擢为拾遗，以伺绅隙。俄而穆宗晏驾。敬宗初即位，逢吉快绅失势，虑嗣君复用之。张又新等谋逐绅。会荆州刺史苏遇入朝。遇能决阴事。众问计于遇。遇曰："上听政后，当开延英，必有次对官。谓次宰相之后而得对，见《通鉴》长庆三年（823年）胡《注》。欲拔本塞源，先以次对为虑，余不足恃。"群党深然之。逢吉乃以遇为左常侍。王守澄每从容谓敬宗曰："陛下登九五，逢吉之助也。先朝初定储贰，惟臣备知。时翰林杜元颖、李绅劝立深王，宪宗子，名悰。而逢吉固请立陛下。"李续之、李虞继献章疏。帝虽冲年，亦疑其事。会逢吉进拟，言"李绅在内署时，尝不利于陛下，请行贬逐"。帝初即位，方倚大臣，不能自执，乃贬绅端州司马。端州，今广东高要县。正人腹诽，无有敢言。惟翰林学士韦处厚上疏，极言逢吉奸邪，诬摭绅罪。《通鉴考异》:《处厚传》曰：敬宗即位，李逢吉用事，素恶李绅，乃构成其罪，祸将不测。处厚乃上疏云云。帝悟其事，绅得减死，贬端州司马。今从《实录》。处厚上疏，在绅贬端州后。案疏辞云：臣闻朋党议论，以李绅贬黜尚轻。其在贬后无疑。传又云：宝历元年（825 年），群臣上尊号，肆赦，逢吉以绅之故，所撰赦文，但云左降官已经量移者与量移，不言未量移者。处厚又上疏，乃追改赦文。天子亦稍开悟。会禁中检寻旧事，得穆宗时封书一箧。发之，得裴度、杜元颖与绅疏，请立敬宗为太子。帝感悟兴叹，悉命焚逢吉党所上谤书。由是谗言稍息，绅党得保全。观此，知朋党之相攻，实因宦官之置君如弈棋而愈甚也。《逢吉传》曰：朝士代逢吉鸣吠者：张又新、李续之、张权舆、刘栖楚、李虞、程昔范、姜洽、李仲言。八人居要剧，而胥附者又八人，时号八关、十六子。其中虞与昔范，固依附绅者，可见惟利是视者之离合无常。《通鉴考异》曰：宰相之门，何尝无特所亲爱之士，数蒙引接，询访得失，否臧人物？其间忠邪浑殽，固亦多矣。疏远不得志者，则从而怨疾之，巧立名目，以相讥诮。此乃古今常态，非独逢吉之门，有八关、十六子也。旧《逢吉传》以为有求于逢吉者，必先经此八人纳赂，无不如意，亦恐未必然。但逢吉之门，险诐者为多耳。此皆出于李让夷《敬宗实录》。按栖楚为吏，敢与王承宗争事，此乃正直之士，何得为佞邪之党哉？盖让夷、德裕之党，而栖楚为逢吉所善，故深诋之耳。此言于仕途情状，可谓烛照无遗。惟以刘栖楚为正士，恐未必然耳。《旧书·栖楚传》：敬宗坐朝常晚，栖楚出班，以额叩龙墀出血苦谏，久之不已。宰臣李逢吉出位宣曰：刘栖楚休叩头，候诏旨。栖楚捧首而起。因更陈论，磕头见血。上为之动容，以袖连挥令出。栖楚又云：不可臣奏，臣即碎首死。中书侍郎牛僧孺复宣示而出。又《文苑·崔咸传》：裴度自兴元入觐，逢吉不欲度复入中书，栖楚等十余人驾肩排度。

朝士持两端者，日拥度门。一日，度留客命酒。栖楚矫求度之欢，曲躬附度耳语。咸疾其矫，举爵罚度曰："丞相不当许所由官呫嗫耳语。"度笑而饮之。栖楚不自安，趋出。此两事，可谓五态毕露矣。即谓亦出造谤，王承宗岂足死之主邪？诬人者固如鸣吠，见诬者亦岂自惜羽毛之士？如涂涂附，两造皆一丘之貉耳。论人者所以必先德而后才，宁取难进易退之徒，不歆奔走后先之类也。

逢吉虽一时得志，其势亦未能固。宝历元年正月，牛僧孺出。《旧书·僧孺传》云：宝历中，朝廷政事出于邪幸，大臣朋比，僧孺不奈群小，拜章求罢者数四。帝曰："俟予郊礼毕，放卿。"及穆宗祔庙。郊报后，又拜章陈退。乃于鄂州置武昌军额，以僧孺为节度。僧孺在党人中，避祸之心似较重于徼利，故睹朝局纷纭，遂奉身而退，为趋避之计也。僧孺既退，逢吉之势盖稍孤？韦处厚遂再乘机援裴度。《度传》云：逢吉之党沮度，度之丑誉日闻。俄出为山南西道，不带平章事。长庆四年（824 年），牛元翼卒，王廷凑屠其家，帝叹宰辅非才，处厚上言，乃下制复兼同平章事。《逢吉传》云：宝历初，度连上章请入觐，逢吉之党，欲沮其来，张权舆撰"非衣小儿"之谣，传于闾巷，言度有天分，应谣谶，《度传》：权舆上疏曰："度名应图谶，宅据冈原，不召自来，其心可见。"先是奸党忌度，作谣辞云："非衣小儿坦其腹，天上有口被驱逐。"天口言度尝平吴元济也。又帝城东西，横亘六冈，合易象乾卦之数，度平乐里第，偶当第五冈。故权舆取为语辞。而韦处厚于上前解析，言权舆所撰。又令卫尉卿刘遵古从人安再荣告武昭谋害逢吉。武昭者，有才力，度破淮蔡时奖用之，累奏为刺史。及度被斥，昭以门吏，久不见用，客于京师，颇有怨言。逢吉冀法司鞫昭行止，则显裴度任用，以沮入朝之行。逢吉又与同列李程不协。大学博士李涉、金吾兵曹茅汇者，于京师贵游间，以气侠相许。二人出入程及逢吉之门。水部郎中李仍叔，程之族，谓昭曰："程欲与公，但逢吉沮之。"昭愈愤怒。因酒，与京师人刘审、张少腾说刺逢吉之言。审以告张权舆，闻于逢吉。即令汇召昭相见，厚相结托。自是疑怨之言稍息。逢吉待汇尤厚。及度求觐，无计沮之，即令讦昭事以暴扬其迹。李仲言诫汇曰："言武昭与李程同谋则活，不则死。"汇曰："冤死甘心，诬人以自免，予不为也。"及昭下狱，逢吉之丑迹皆彰。昭死，仲言流象州。见第四章第一节。汇流嶲州。李涉流康州。今广东德庆县。李虞自拾遗为河南士曹。度自汉中召还，复知政事。逢吉出为山南东道。此事与于方之狱，如出一辙。朋党之相攻，真无所不至矣。

敬宗亦好击球。郓州尝进驴打球人。上御三殿，观两军、教坊、内园分朋驴鞠、角抵。戏酣，有碎首折臂者。好深夜自捕狐狸，宫中谓之打夜狐。遣中使至新罗取鹰鹞。屡合乐，陈百戏，赐教坊钱。常幸鱼藻宫观见第一节。竞渡。又幸凝碧池，在今长安县境，唐时在禁苑中。令兵千余人于池中取大鱼，长大者送入新池。尝欲幸骊山，张权舆谏曰："昔周幽王幸骊山，为犬戎所杀；秦始皇葬骊山，国亡；玄宗宫骊山而禄山乱；先帝幸骊山，享年不长。"上曰："骊山若此之凶邪？我宜一往，以验彼言。"卒不听。又欲幸东都，以裴度谏而止，实则其时朱克融执赐春衣使，又与史宪诚各请助丁匠修东都，为所慑也。见《旧书·裴度传》。亦惑佛老，祷福祈年，浮屠、方士并出入禁中。《新书·李德裕传》。信道士刘从政、孙准、山人杜景先等。遣中使往各地采药，求访异人。性好土木，兴作相继。《本纪》：长庆四年八月，江王府长史段钊言："龙州近郭有牛心山，山有仙人李龙眠祠，颇灵应。玄宗幸蜀时，特立祠庙。"上遣高品张士谦往龙州检行。回奏："山有掘断处。"群臣言宜须修筑。时方冱寒，役民数万计。九月，波斯大商李苏沙进沈香亭子材。事亦见《李汉传》。宝历元年闰七月，诏度支进铜三千斤，金薄十万，翻修清思院新殿，及升阳殿图障。二年正月，以诸军丁夫二万入内穿池、修殿。又多所制造。时令浙西造盝子二十具，计用银一万三千两，金一百三十两，而当道在库贮备银无二三百两，留使钱惟有五万贯而已。又诏浙西织造可幅盘絛缭绫一千匹，观察使李德裕不奉诏，乃罢。见《纪》长庆四年（824 年）及《德裕传》。群臣争以进奉希宠。《本纪》：宝历元年七月，盐铁使王播进羡余绢一百万匹，仍请日进二万，计五十日方毕。播自掌盐铁，以正入钱进奉，以希宠固位，托称羡余物，议者欲鸣鼓而攻之。事亦见《播传》。又《裴度传》。度素称坚正，事上不回，故累为奸巧所排，几至颠沛。及晚节，稍浮沉以避祸。王播广事进奉以希宠，度亦掇拾羡余以效播。士君子少之。杜元颖为西川，箕敛刻削，工作无虚日，军民嗟怨。至南蛮入寇，遣人上表，谓“蜀人怨苦，祈我此行诛虐帅焉”。视朝不时，稍稍决事禁中。宦竖恣放，大臣不得进见。《新书·高元裕传》。除授往往不由中书，多是内中宣出。宝历改元大赦，崔发为中官所殴，已见第七章第六节。是月，右赞善大夫李光现与品官李重实争忿，以笏击重实流血。《通鉴注》：玄宗天宝十三年（754 年），内侍省置高品一千六百九十六人，品官白身二千九百三十二人，皆群阉也。上以宗属，罚两月俸料。又殿中侍御史王源植街行，为教坊乐伎所侮，帝亦反贬源植。由是纲纪大坏。至于贼入宫门，进登御榻，事在长庆四年四月，见《旧书·本纪》。《新书·宦者·马存亮传》曰：元和中，累擢左神策军副使、左监门卫将军，知内侍省事。进左神策中尉。敬宗初，染署工张韶与卜者苏玄明善。玄明曰：“我尝为子卜，子当御殿食，我与焉。吾闻上昼夜猎，出入无度，可图也。”韶每输染材入宫，卫士不呵也。乃阴结诸工百余人，匿兵车中，若输材者，入右银台门。约昏夜为变。有诘其载者。韶谓谋觉，杀其人，出兵，大呼成列。时帝击球清思殿，惊，将幸右神策。或曰：“贼入宫，不知众寡，道远可虞；不如入左军，近且速。”从之。初，帝宠右军中尉梁守谦，每游幸，两军角戏，帝多欲右胜，而左军以为望。至是，存亮出迎，捧帝足泣，负而入。以五百骑往迎二太后。比至，贼已斩关入清思殿。升御坐，盗乘舆余膳，揖玄明偶食，且曰：“如占。”玄明惊曰：“止此乎？”韶恶之。悉以宝器赐其徒，攻弓箭库。仗士拒之，不胜。存亮遣左右神策骑兵讨贼。日暮，射韶及玄明皆死。存亮于一时功最高，乃推委权势，求监淮南军。代还，为内飞龙使。太和中，以右领卫上将军致仕。案如所言，张韶乃一妄人，其何能叛？疑内必有为之主者，而当时不敢深究也。且有品官与妖贼图不轨，至杖死千四百人焉。《旧书·本纪》：长庆四年八月，妖贼马文忠与品官季文德等，凡一千四百人，将图不轨，皆杖一百处死。此事颇类清代之林清，疑亦内官为主谋。观此，而知当时宫禁情势之危也。

帝既善击球，于是球工得见便殿，内籍宣徽院或教坊。球工皆出神策隶卒，或里闾恶少年。帝与狎息殿中为戏乐。四方闻之，争以勇进。所亲近既皆凶不逞，又小过必责辱，自是怨望。宝历二年十二月，帝猎夜还，与宦者刘克明等二十八人群饮。既酣，帝更衣，烛忽灭，克明与苏佐明、石定宽弑帝更衣室。二人，《旧纪》云：皆打球军将。矫诏召翰林学士路隋作诏书，命绛王悟宪宗第六子。领军国事。明日，下遗诏。绛王即位。克明等恃力，将易置左右，自引支党专兵柄。枢密使王守澄、杨承和，中尉梁守谦、魏从简，与宰相裴度共迎江王涵，穆宗第二子。发左右神策及六军飞龙兵讨之。克明投井死。杀其党数十人。绛王为乱兵所杀。江王立，更名昂，是为文宗。

第九章　文、武、宣三朝事迹

第一节　甘露之变

穆、敬之世，朝局之症结果安在乎？曰：宦竖专权，士大夫不能出身犯难，而转与之相结。

宦竖之专横，可于刘蕡之策对见之。蕡以太和二年（828 年）应贤良策对，极言宫闱将变，社稷将危，天下将倾，海内将乱，为国家已然之兆。其言曰："以亵近五六人，总天下大政，群臣莫敢指其状，天子不得制其心。祸稔萧墙，奸生帷幄，臣恐曹节、侯览，复生于今日。此宫闱之所以将变也。忠贤无腹心之寄，阍寺持废立之权。陷先君不得正其终，致陛下不得正其始。况皇储未建，郊祀未修，将相之职不归，名分之宜不定。此社稷之所以将危也。操其命而失之，是不君也。侵其命而专之，是不臣也。君不君，臣不臣，此天下所以将倾也。或有不达人臣之节，首乱者以安君为名，不究《春秋》之微，称兵者以逐恶为义，则政刑不由乎天子，攻伐必自于诸侯。此海内之所以将乱也。"其论当时之政事曰："亲近贵幸，分曹补署，建除卒吏，召致宾客。因其货贿，假其气势，大者统藩方，小者为牧守。居上无清惠之政，而有饕餮之害，居下无忠诚之节，而有奸欺之罪。故人之于上也，畏之如豺狼，恶之如仇敌。今海内困穷，处处流散。饥者不得食，寒者不得衣，鳏、寡、孤、独者不得存，老、幼、疾病者不得养。加以国之权柄，专在左右。贪臣聚敛以固宠，奸吏因缘而弄法。冤痛之声，上达于九天，下流于九泉。鬼神怨怒，阴阳为之愆错。君门万里，而不得告诉。士人无所归化，百姓无所归命。官乱人贫，盗贼并起。土崩之势，忧在旦夕。即不幸，因之以疾疠，继之以凶荒，臣恐陈胜、吴广，不独起于秦；赤眉、黄巾，不独起于汉。”于懿、僖时之政局，若烛照而数计焉。又曰：“昔汉元帝即位之初，更制七十余事，其心甚诚，其称甚美，然而纪纲日紊，国祚日衰，奸宄日强，黎元日困者？以不能择贤明而任之，失其操柄也。”则欲革政治，非除宦官不可矣。又曰：“夏官不知兵籍，止于奉朝请；六军不主兵事，止于养勋阶。军容合中官之政，戎律附内臣之职。首一戴武弁，疾文吏如仇雠；足一蹈军门，视农夫如草芥。谋不足以翦除凶逆，而诈足以抑扬威福；势不足以镇卫社稷，而暴足以侵轶里闾。羁绁藩臣，干陵宰辅。隳裂王度，汩乱朝经。张武夫之威，上以制君父；假天子之命，下以御英豪。有藏奸观衅之心，无伏节死难之义。”则欲除宦官，又非去其兵权不可也。时考官畏中官，不敢取，然士人读其辞，至有感慨流涕者。谏官、御史、交章论其直。登科人李郃谓之曰：“刘蕡不第，我辈登科，实厚颜矣。上疏请以所授官让蕡”。事虽不行，人士多之。而蕡卒为宦人所疾，诬以罪，贬柳州司户参军以卒。即此一端，宦官之专横可见矣。蕡对策，自言退必受戮于权臣之手；李郃讼蕡，亦曰：“万有一，蕡不幸死，天下必曰陛下阴杀谠直。然则蕡之贬谪，在宦人，已为慑于舆论而敛迹矣，尚复成何事体邪？

文宗性恭俭儒雅，出于自然。在藩时，喜读《贞观政要》。即位后，每延英对宰臣，率漏下十一刻。故事，天子只日视事。帝谓宰辅曰：“朕欲与卿等每日相见，其辍朝、放朝，用双日可也。”其勤政如此。而其俭德尤为难及。甫即位，即革除先朝弊政。旋下诏放内庭宫人三千。停废教坊乐官、翰林待诏伎术官，并总监诸色职掌内冗员千二百七十。停给教坊及诸司衣粮三千分。解放五方鹰鹞。停造别诏所宣不在常贡内者。度支、盐铁、户部及州、府百司应供宫禁物，并准贞元元额。放还诸道所进音声女人。东头御马坊球场，却还龙武军。殿亭所司毁撤，余舍赐本军。城外坟墓，先有开斸，以备行幸，晓示百姓，任其修塞。其后此类诏旨甚多。并见《本纪》。且欲创建制度，率百官以俭朴，以挽奢侈之风。可参看太和四年四月、七年八月诏，皆见《纪》。史称其能躬行俭素，以率厉之。亦可谓难能矣。然不能除去宦官，以振纪纲，则终亦徒善、徒法而已。此文宗之所以悉力于此也。

文宗即位时，韦处厚与其事，《旧书》本传：宝历季年，急变中起。文宗底绥内难，诏命将降，未有所定。处厚闻难奔赴。昌言曰："春秋之法，大义灭亲。内恶必书，以明逆顺。正名讨罪，于义何嫌？不可依违，有所避讳。"遂奉藩教行焉。是夕，诏命制置，及践阼礼仪，不暇责有司，皆出于处厚之议。遂以为相。盖处厚善于裴度，帝之立，度与其谋，故处厚亦与其事也。于是刘栖楚等先后贬斥，李逢吉之党尽矣。《旧书·栖楚传》：栖楚在敬宗时，迁起居郎，至谏议。俄又宣授刑部侍郎。丞郎宣授，未之有也。改京兆尹。摧抑豪右，甚有钩距，人多比之赵广汉。后恃权宠，常以辞气陵宰相韦处厚，遂出为桂州观察使。逾年，卒于任。又《熊望传》：粗有文辞，而性憸险、有口辩，往往得游公卿间，率以大言诡意，指抉时政。既由此而得进士第，务进不已，而京兆尹刘栖楚，以不次骤居清贯，广树朋党，门庭无昼夜，填委不悉。望出入栖楚之门，为伺密机，人无知者。昭愍嬉游之隙，学为歌诗。以翰林学士崇重，不可亵狎，乃议别置东头学士，以备曲宴赋诗。令采卑官为之。栖楚以望名荐送。事未行而昭愍崩。文宗即位，韦处厚辅政，大去奸党，既逐栖楚，诏可漳州司户。漳州，今福建龙溪县。太和二年十二月，处厚卒。路隋继相。三年八月，裴度荐李德裕为相，召为兵部侍郎，而李宗闵时为吏部侍郎。以中人之助同平章事，宗闵之相，《新书·本纪》在八月，《旧书》在七月，盖《旧纪》有夺文。德裕仍出为郑滑节度。四年正月，宗闵复引牛僧孺为相。至九月，裴度亦出为兴元。《旧书·李德裕传》云：度于宗闵有恩。征淮西时，请宗闵为彰义观察判官。自后名位日进。至是，恨度援德裕，罢度相位。于是朝局一变矣。然牛、李两党，皆蹈常习故，但为身谋，不足膺文宗之任使也。

是岁，文宗又以宋申锡为相。申锡，长庆初拜监察御史。二年（822 年），迁起居舍人。宝历二年（826 年），转礼部员外郎。寻充翰林学士。史称其始自策名，及在朝行，清慎介洁，不趋党与。当长庆、宝历之间，时风嚣薄，朋比大扇，及申锡被用，时论以为激劝。盖文宗所亲擢不党之士也。时宦官中权最大者为王守澄。《旧书·本纪》：太和元年二月，右军中尉梁守谦请致仕，以枢密使王守澄代之。五年（829 年），守澄军虞候豆卢著告申锡与漳王谋反。漳王凑，穆宗第六子，后追赠怀懿太子。即将以二百骑屠申锡之家。内官马存亮诤之。乃召三相告之。路隋、李宗闵、牛僧孺。又遣右军差人于申锡宅捕孔目官、家人，又于十六宅及市肆追捕胥吏，以成其狱。《旧书·怀懿太子传》：郑注令豆卢著告变，言十六宅宫市典晏敬则、朱训与申锡亲吏王师文同谋不轨。朱训与王师文言圣上多病，太子年小，若立兄弟，次是漳王，要先结托。乃于师文处得银五铤，绢八百匹。又晏敬则于十六宅将出漳王吴绫汗衫一领，熟线绫一匹，以答申锡。其事皆郑注凭虚结构，而擒朱训等于黄门狱，锻炼伪成其款。文宗召师、保、仆射、尚书丞、郎、常侍、给事、谏议舍人、御史中丞、京兆尹、大理卿，同于中书及集贤院参验其事。翼日，开延英，召宰臣及议事官，帝自询问。初议抵申锡死，仆射窦易直率然对曰："人臣无将，将而必诛。"闻者愕然。左散骑常侍崔玄亮等十四人伏殿陛，请以狱付外。帝震怒，叱曰："吾与公卿议矣，卿属第出。"玄亮固言，执据愈切，涕泣恳到。繇是议贷申锡于岭表。京兆尹崔琯、大理卿王正雅苦请出著与申锡劾正情状。帝悟，乃贬申锡开州司马。开州见第八章第一节。从而流死者数十人。漳王降封巢县公。而擢豆卢著为殿中侍御史。是役也，《旧书·申锡传》谓申锡既得密旨，乃除王璠为京兆尹，以密旨喻之。璠不能谋，而郑注与王守澄知之，潜为其备。豆卢著者，与注亲表。《新书》则谓璠漏言而注得其谋。其《璠传》云：郑注奸状始露，宰相宋申锡、御史中丞宇文鼎密与璠议除之，璠反以告王守澄，而注由是倾心于璠。其《李训传》谓甘露变后，璠见王涯，恚曰："公何见引？"涯曰："君昔漏宋丞相谋于守澄，今焉逃死？"又《旧书·李中敏传》言：太和六年（832 年）夏旱，诏求致雨之方。中敏上言曰："仍岁大旱，非圣德不至，直以宋申锡之冤滥，郑注之奸弊。致雨之方，莫若斩注而雪申锡。"《新书》则云：天下士皆指目郑注，何惜斩一注以快忠臣之魂？似申锡之败，确由注与璠为之者。然注与璠皆甘露变时助文宗以图宦官之人，使诸说而可信，注、璠即不惜反覆，文宗岂能复任之？故知其说必不足信也。唐史所凭，乃当时众口传述之语，然众口传述之语，实不足信也。《旧书·申锡传》谓时中外属望大寮三数人廷辩其事，文宗所以博召众官，盖亦欲藉公论以折宦竖？乃窦易直有率尔之言，固争者仅谏官十四人及京兆、大理而已，何其寥寂也？外廷情势如此，欲为非常之举，安得不属望于孤寒新进之士邪？申锡以七年七月，殁于开州。《旧书传》云：申锡以时风侈靡，居要位者尤纳贿赂，遂成风俗，不暇更方远害，且与贞元时甚相背矣。自居内廷，及为宰相，约身谨洁，尤以公廉为己任，四方问遗，悉无所受。既被罪，为有司验劾，多获其四方受领所还问遗之状，朝野为之叹息。李中敏疏亦云："宋申锡位宰相，生平馈致一不受，其道劲正。"见《新书·中敏传》。植党与者必务声华，务声华者必难廉俭，此又欲为非常之举者，所以必求心腹之士于党人之外欤？

李德裕以太和四年十月，移帅西川。明年，吐蕃维州守将悉怛谋降，德裕请受之，牛僧孺为相，令执送还蕃，戮于境上。事见第五节。六年（832 年）冬，德裕入为兵部尚书。十二月，僧孺出镇淮南。《旧书·传》云：由维州事，谤论沸然，帝亦不以为直。又云：时中尉王守澄用事，多纳纤人，窃议时政，禁中事密，莫知其说。盖两说而《传》兼采之？《德裕传》云：监军王践言入朝，知枢密，于上前言缚送悉怛谋，快戎心，绝归降之义，上颇尤僧孺。事究如何不可知，然其与宦官有关系，则似无疑义矣。七年二月，德裕遂以本官同平章事。六月，李宗闵亦罢。

郑注，《旧书·传》云：本姓鱼。始以药术游长安权豪之门。李愬为襄阳，得其药力，署为衙推。从愬移镇徐州，又为职事。军政可否，愬与之参决。时王守澄监徐军，深怒注。以军情患注白于愬。愬曰："彼奇才也，将军试与之语。"即令谒监军。守澄初有难色。及延坐与语，机辩纵横，尽中其意。遂延于内室，促膝投分，恨相见之晚。自是出入守澄之门，都无限隔。注与守澄有关系，自是事实，此说则近东野人之言，其不足信可知。守澄入知枢密，注仍依之。宋申锡之狱，史谓事由于注，其不足信，已辩于前。《传》又云：太和七年（833年），注罢邠宁行军司马，入京师。御史李款阁内弹之，曰："郑注内通敕使，外结朝官，两地往来，卜射财货，昼伏夜动，干窃化权。人不敢言，道路以目。请付法司。"旬日内弹章十数。文宗不纳。寻授注通王府司马，充右神策判官。亦见《本纪》。《通鉴》云：款奏弹注，守澄匿注于右军。左军中尉韦元素、枢密使杨承和、王践言皆恶注。左军将李弘楚说元素诈为有疾，召使治之。来则延与坐，弘楚侍侧，伺中尉举目，擒出杖杀之。中尉因见上请罪，具言其奸。杨、王必助中尉。况中尉有翼戴之功，岂以除奸而获罪乎？元素以为然，召之。注至，蠖屈鼠伏，佞辞泉涌。元素不觉执手款曲，谛听忘倦。弘楚诇伺再三，元素不顾，以金帛厚遗注而遣之。弘楚怒曰："中尉失今日之断，必不免他日之祸矣。"因解军职去。顷之，疽发背卒。此说之不足信，与注见守澄旋相投分同，然亦可见是时左右军相争之烈也。《鉴》又云：王涯之为相，注有力焉，且畏王守澄，遂寝李款之奏。守澄言注于上而释之。寻奏为侍御史，充右神策判官。案太和元年（827 年），播以盐铁转运入相，领使如故，四年正月卒；王涯以吏部尚书，代之充使，及是年七月，以仆射拜相。领使如故。此乃奉行故事，安见其由注之力乎？《旧书·李德裕传》云：太和七年十二月，文宗暴风病，不能言者月余。八年（834 年），王守澄进郑注。注初构宋申锡事，帝深恶之，欲令京兆尹杖杀。至是，以药稍效，始善遇之。文宗与申锡相契殊深，注苟与构申锡，岂易释然？而守澄亦安敢进之邪？李训即仲言，坐武昭事长流岭表，已见上章第五节。会赦得还。丁母忧，居洛中。《旧书·传》云：时李逢吉为留守，思复为相，训自言与郑注善，逢吉以为然，遗训金帛珍宝数百万，令持入长安以赂注。注得赂，甚悦，乘间荐于守澄。守澄乃以注之药术，训之《易》道，合荐于文宗。此亦诬说。训之居洛，盖交结贤豪甚多，如郭行余，即在此时与训相善。其与郑注合，在于何时不可知，要必非因为逢吉行赂而致也。是年，太和八年（834 年）。训补四门助教。十月，迁国子《周易》博士，充翰林侍讲学士。两省谏官伏阁切谏，不听。仲言此时更名为训，见《纪》。《旧书·李德裕传》曰：上欲授训谏官，德裕不可。上顾王涯：别与一官。遂授四门助教。制出，给事中郑肃、韩佽封之不下。谓封还。涯召肃面谕令下。训、注恶德裕排己，九月十日，召李宗闵于兴元，代德裕。出德裕为兴元。德裕自陈恋阙，不愿出藩。追敕，守兵部尚书。宗闵奏制命已行，不宜自便。寻改镇海军节度，代王璠。《璠传》云：李训得幸，累荐于上，召还复拜右丞。璠以逢吉故吏，自是倾心于训。亦莫须有之辞也。《德裕传》又曰：宫人杜仲阳，漳王养母。王得罪，放润州。九年三月，左丞王璠、户部侍郎李汉进状，论德裕在镇，厚赂仲阳，结托漳王，图谋不轨。案漳王已于八年（834 年）薨，此追论德裕前在浙西时事。四月，帝召王涯、李固言、御史大夫。路隋、王璠、李汉、郑注等面证其事。璠、汉加诬构结，语甚切至。

路隋奏曰："德裕实不至此。诚如璠、汉之言，微臣亦合得罪。"群论稍息。寻授德裕太子宾客，分司东都。其月，又贬袁州长史。袁州，今江西宜春县。路隋坐证德裕，出镇浙西。于是贾悚为相，而郑注以守太仆卿兼御史大夫。《通鉴》曰：上之立也，右领军将军仇士良有功，王守澄抑之，由是有隙。训、注为上谋，进擢士良，以分守澄之权。五月，以士良为左神策中尉。士良不悦。六月，韦元素、杨承和、王践言居中用事，与王守澄争权不协，训、注因之，出承和于西川，元素于淮南，践言于河东，皆为监军。杨虞卿者，李宗闵之党，时为京兆尹。是月，京师讹言郑注为上合金丹，须小儿心肝，密旨捕小儿无算。李固言奏，语出京兆尹从人。上怒，即令收虞卿下狱。翼日，贬虔州司马。虔州见第二章第七节。李宗闵坐救虞卿，贬明州，见第七章第四节。再贬虔州。《新书·宗闵传》云：训、注又劾宗闵异时阴结驸马都尉沈𫏋，尚宪宗女宣城公主。内人宋若宪，贝州清阳人。世为儒学，至其父庭芬，有辞藻，生五女：若莘、若昭、若伦、若宪、若荀，皆聪惠。庭芬始教以经艺，既而课为诗赋。贞元四年（788年），昭义节度使李抱真表荐之。德宗俱召入宫，不以宫妾遇之，呼为学士先生。庭芬起家，受饶州司马。习艺馆内，敕赐第一区，给俸料。元和末，若莘卒。自贞元七年（791年）已后，宫中记注、薄籍，若莘掌其事。穆宗复令若昭代司其职，拜尚宫，宝历初卒。若宪代司官籍，至是，幽于外第，赐死。弟、侄、女婿等，连坐者十三人，皆流岭表。若伦、若荀早卒。清阳，在今河北清河县东。饶州见第二章第六节。宦者韦元素、王践言求宰相。《旧书·宗闵传》云：在宗闵为吏部侍郎时，但云因沈𫏋结托若宪、承和，二人数称之于上前，故获征用。案宗闵为吏部侍郎，事在太和二年（828年）。且言顷上有疾，密问术家吕华，迎考命历，曰：恶十二月。而践言监军淮南，受德裕赇，复与宗闵家私。乃贬宗闵潮州司户参军事，潮州见第二章第二节。𫏋逐柳州，见第四章第二节。元素等悉流岭南，亲信并斥。《旧书·本纪》。事在八月。《通鉴》云：诏以杨承和庇护宋申锡、韦元素、王践言，与李宗闵、李德裕，中外连结，受其赂遗。承和可欢州安置，见第二章第一节。元素可象州安置，见第四章第一节。践言可恩州安置，今广东恩平县。今所在锢送。杨虞卿、李汉、萧浣刑部侍郎。为朋党之首。贬虞卿虔州司马，汉汾州司马，见第六章第二节。浣遂州司马。今四川遂宁县。寻遣使赐承和、元素、践言死。时崔潭峻已卒，亦剖棺鞭尸。此时两党俱逐，可谓快绝，而皆牵涉左军，且皆追溯宋申锡之狱，可见守澄之进训、注，实所以图左军，文宗及训、注，乃克以毒攻毒，尽去杨承和等，且因守澄之不疑而反图之也。

李宗闵之得罪也，李固言代为门下侍郎平章事。九月，复出为兴元。舒元舆与李训并相。《旧书·固言传》，谓训、注恶其与宗闵朋党。《通鉴考异》曰：固言锻炼杨虞卿狱，岂得为宗闵党从？《开成纪事》，谓郑注求为凤翔，固言不可，乃以固言为山南西道，注为凤翔。案是时文宗与训、注，实欲并宦官朋党而悉去之，固言之为宗闵党与否，亦无足深论也。中官陈弘庆，自元和末负弑逆之名。时为襄阳监军。召至青泥驿，在今陕西蓝田县境。遣人封杖决杀。《旧书·李训传》。《本纪》作陈弘志，事在九月。以王守澄为左右神策观军容使，兼十二卫统军。《旧纪》。貌尊崇之，实罢其禁旅之权也。《旧书·李训传》。帝令内养李好古赍鸩赐守澄。《纪》在九月。《旧传》云在元年（827年），元乃九字之误。秘而不发。仍赠扬州大都督。其弟守涓，为徐州监军，召还，至中牟，诛之。《旧书·守澄传》。《纪》在十一月。中牟，今河南中牟县。于是元和逆党几尽，《新书·李训传》。而甘露之变起矣。

《旧书·李训传》云：训虽为郑注引用，及禄位俱大，势不两立。托以中外应赴，出注为凤翔节度使，俟诛内竖，即兼图注。约以其年十一月诛中官。乃以大理卿郭行余为邠宁节度使，户部尚书王璠为太原节度使，京兆少尹罗立言权知大尹事，时以京兆尹李石为户部侍郎，判度支，代王璠，故以立言代石。大府卿韩约为金吾街使，刑部郎中知杂李孝本权知中丞事，皆训之亲厚者。冀王璠、郭行余未赴镇间，广令召募豪侠，及金吾、台、府之从者，俾集其事。是月二十一日，帝御紫宸。韩约奏金吾左仗院树夜来有甘露。李训奏：陛下宜亲幸左仗观之。上乘软舆，出紫宸门，由含元殿东阶升殿。《通鉴》胡《注》：紫宸内殿，含元前殿。令宰相、两省官先往视之。还曰："恐非真甘露。"乃令左右军中尉、枢密、内臣往视。《新书》曰：顾中尉仇士良、鱼弘志等验之。既去，训召王璠、郭行余受敕旨。时两镇官健皆执兵在丹凤门外，训已令召之。《通鉴》云：训已先使人召之，令入受敕。惟璠从兵入，邠宁兵竟不至。中尉、枢密至左仗，闻幕下有兵声，惊恐走出。《新书》云：会风动庑幕，见执兵者，士良等惊，走出。阍者欲扃鐍之，为中人所叱，执关而不能下。《通鉴》云：士良叱之，关不得上。内官回奏《通鉴》云：士良等奔诣上告变。曰："事急矣。请陛下入内。"即举软舆迎帝。训殿上呼曰："金吾卫士上殿来。护乘舆者人赏百千。"内官决殿后罘罳，举舆疾趋。训攀呼曰："陛下不得入内。"《新书》云：士良曰：李训反。帝曰：训不反。士良手搏训而踬，训压之，将引刀靴中，救至，士良免。金吾卫士数十人随训而入。罗立言率府中从人自东来，李孝本率台中从人自西来，共四百余人，上殿纵击，内官死伤者数十人。训时愈急，逦迤入宣政门。内官郗志荣奋拳击其胸，训即僵仆于地。帝入东上阁门，门即阖。须臾，内官率禁兵五百人露刃出阁门，《宦官传》云：士良等率禁兵五百余人出东上阁门。《新书·训传》云：士良遣神策副使刘泰伦、陈君奕等率卫士五百挺兵出。《通鉴》云：士良等命左右神策副使刘泰伦、魏仲卿等各率禁兵五百人，露刃出阁门。遇人即杀。宰相王涯、贾悚、舒元舆方中书会食，闻难出走。诸司从吏，死者六七百人。训单骑走入终南山，投寺僧宗密。宗密欲剃其发匿之。从者止之。乃趋凤翔，欲依郑注。出山，为盩厔镇将宗楚所得。械送京师。

盩厔见第四章第二节。训恐入军别受榜掠，乃谓兵士曰："所在兵有得我者即富贵。不如持我首行，免被夺取。"乃斩训，持首而行。《王涯传》云：涯等仓皇步出，至永昌里茶肆，为禁兵所擒。并其家属、奴婢，皆系于狱。仇士良鞫涯反状。涯实不知其故，械缚既急，榜笞不胜其酷，乃令手书反状，自诬与训同谋。谓涯全不知情，说亦可疑。狱具，左军兵马三百人领涯与王璠、罗立言，《通鉴》云：以李训首引王涯、王璠、罗立言、郭行馀。右军兵马三百人领贾餗、舒元舆、李孝本，先赴郊庙，徇两市，乃要斩于子城西南隅独柳树下。《通鉴》云：命百官临视。《新书·郑注传》云：先是王守澄死，以十一月葬浐水。注奏言守澄国劳旧，愿身护丧。因群宦者临送，欲以镇兵悉擒诛之。训畏注专其功，乃先五日举事。《通鉴》云：始注与训谋，至镇，选壮士数百，皆持白梧，怀其斧，以为亲兵。是月戊辰，王守澄葬于浐水，注奏请入护葬事，因以亲兵自随。仍奏令内臣中尉已下尽集浐水送葬。注因阖门，令亲兵斧之，使无遗类。约既定，训与其党谋：如此，事成则注专其功，不若使行余、璠以赴镇为名，多募壮士为部曲，并用金吾、台、府吏卒，先期诛宦官，已而并注去之。案是月壬寅朔，二十一日为壬戌，离本数先戊辰六日，连本数则先七日。注率五百骑至扶风，闻训败，乃还。其属魏弘节《传》云：勇而多谋，始在鄜坊赵儋节度府，为注所辟。劝注杀监军张仲清及大将贾克申等十余人。注惊挠不暇听。仲清与前少尹陆畅用其将李叔和策，访注计事，斩其首。兵皆溃去。《通鉴》云：仇士良等使人赍密敕授仲清，令取注。仲清皇惑，不知所为。押衙李叔和说仲清曰："叔和为公以好召注，屏其从兵，于坐取之，事立定矣。"仲清从之，伏甲以待注。注恃其兵卫，遂诣仲清。叔和稍引其从兵，享之于外。注独与数人入。既啜茶，叔和抽刀斩注。因闭门，悉诛其亲兵，乃出密敕宣示将士。遂灭注家。并杀副使钱可复，判官卢简能，观察判官萧杰，掌书记卢弘茂等。及其支党，死者千余人。《旧书·注传》云：初未获注，京师忧恐。至是，人人相庆。《通鉴》云：朝廷未知注死，诏削夺注官爵，令邻道按兵观变。以左神策大将军陈君奕为凤翔节度使。张仲清遣李叔和等以注首入献，枭于兴安门，人情稍安。京师诸军，始各还营。此可见外援之足恃，在京师之神策军，实无能为也。《通鉴》：开成三年（838 年），初太和之末，杜悰为凤翔节度使。有诏沙汰僧尼。时有五色云见于岐山，今陕西岐山县。近法门寺。民间讹言佛骨降祥，以僧尼不安之故。监军欲奏之。悰曰："云物变色，何常之有？佛若果爱僧尼，当见于京师。"未几，获白兔，监军又欲奏之。悰曰："野兽未驯，且宜畜之。"旬日而毙。及郑注代悰镇凤翔，奏紫云见，又献白雉。是岁八月，有甘露降于紫宸殿前樱桃之上，上亲采而尝之。百官称贺。其十一月，遂有金吾甘露之变。《通鉴》此文，系据《补国史》，见《考异》。甘露降树，事极浮浅，何足惑人？而克以此诳宦官者？以先已有此等事故也。文宗躬行恭俭，而在甘露变前，颇有纵侈之事，盖正以此自晦？《旧书·郑注传》：注言秦中有灾，宜兴工役以禳之。文宗能诗。尝吟杜甫《江头篇》云："江头宫殿锁千门，细柳新蒲为谁绿？"始知天宝已前，环曲江四岸，有楼台、行宫、廨署，心切慕之。既得注言，即命左右神策军淘曲江、昆明二池。仍许公卿士大夫之家，于江头立亭馆，以时追赏。时两军造紫云楼、彩霞亭，内出楼额以赐之。案此事在太和九年（835 年）。时又填龙首池为鞠场。幸左军龙首殿。因幸梨园含元殿大合乐，皆见《本纪》。此等事皆不似文宗之所为，而兴役以禳灾，亦岂郑注之言邪？其后开成四年正月丁卯，夜于咸泰殿观灯作乐，二月丙寅，寒食节，御通化门以观游人。戊辰，幸勤政楼，观角抵、蹴鞠，则帝已失权，非其所自为矣。昆明池，在长安西南。龙首池，在长安东北。观此，可知金吾甘露，为谋已夙，必非定于临时。则谓李训虑郑注专其功先期举事之说，不攻自破。训且无与注争功之意，安有并欲图注之心？其说更不辩自明矣。《新书·训、注传》赞曰：李德裕尝言：天下有常势，北军是也。训因王守澄以进，此时出入北军，若以上意说诸将，易如靡风，而反以台、府抱关游徼，抗中人以搏精兵，其死宜哉！此说真同聋瞽。邠宁卒召不可至，神策诸将其可说乎？说之，独不虑其漏泄事机乎？自王守澄之死，宦官之佼佼者，略已尽矣。歼旃即在目前，为山只亏一篑。傥使庑幕不扬，扃镤获下，宦寺既已骈诛，军人安敢妄动？即或不知逆顺，两镇新募及金吾台府之众，自足暂拒，凤翔精卒自外至，去之如摧枯拉朽矣，内外合势，为谋不可谓不周，而终于无成，则非人谋之不臧也。

李训等死后，京城大乱。《新书·李训传》：仇士良既遣卫士五百挺兵出，所直辄杀，复分兵屯诸宫门，捕训党千余人，斩四方馆，血流成渠。诏出卫骑千余驰咸阳、奉天捕亡者。大索都城，分掩王涯、李训等第。兵遂大掠。两省印薄书辄持去，秘馆图籍，荡然无余。明日，京师兵剽劫未止。民乘乱，往往复私怨，相戕击。人死甚众。帝遣屯兵大衢，鼓而儆之，兵乃止。是时暴尸旁午，有诏弃都外，男女孩婴相杂厕。淹旬许，京兆府瘗敛，作二大冢，葬道左右。又《训传》后附《顾师邕传》云：初训遣宦官田全操、刘行深、周元稹、薛士干、似先义逸、刘英誗按边。既行，命师邕为诏赐六道杀之。会训败，不果。师邕流崖州。至蓝田，赐死。《旧书·本纪》及《李石传》云：全操等回，驰马入金光门，街市讹言相惊，纵横散走。百官朝退，仓皇骇散，有不及束带，袜而乘者。无赖之徒，皆戎服兵仗，北望阙门以俟变。内侍连催闭皇城门。金吾大将军陈君赏不可，率其徒立望仙门。晡晚方定。《通鉴》云：全操在道扬言："我入城，凡儒服者，无贵贱，当尽杀之。"可谓肆无忌惮矣。咸阳见第五章第一节。奉天见第六章第二节。崖州见第四章第二节。蓝田见第二章第六节。时以李石、郑覃为相。甘露变时，令狐楚为左仆射，郑覃为右仆射。《旧书·楚传》云：训乱之夜，文宗召覃与楚宿于禁中，商量制敕。上皆欲以为宰相。楚以王涯、贾悚冤死，叙其罪状浮泛，仇士良等不说，故辅弼之命，移于李石。石虽能颇折宦人，《旧书·石传》：石器度豁如，当官不挠。自京师变乱之后，宦者气盛，陵辕南司。延英议事，中贵语必引训，以折文臣。石与郑覃尝谓之曰："京师之乱，始自训、注，训、注之起，始自何人？"仇士良等不能对，其势稍抑。搢绅赖之。实不能戢其凶焰。至欲以神策仗卫殿门；《通鉴》开成元年（836年）。神策将吏迁官，多不闻奏，直牒中书，令覆奏施行，迁改殆无虚日；《通鉴》开成三年（838年）。朝政几尽由北司矣。赖有昭义节度使刘从谏，悟子，见第三节。上书请王涯等罪名。言当修饰封疆，训练士卒，内为陛下心腹，外为陛下藩垣，如奸臣难制，誓以死清君侧。诏加检校司徒。从谏复表让，称臣之所陈，系国大体，可听则涯等宜蒙湔洗，不可听则赏典不宜妄加，安有死冤不申，而生者荷禄？因暴扬仇士良等罪恶，士良等惮之。由是郑覃、李石，粗能秉政；天子倚之，亦差以自强。《通鉴》系开成元年二、三月。《新书·仇士良传》云：从谏本与李训约诛郑注。及训死，愤士良得志，乃上书言王涯等八人皆宿儒大臣，愿保富贵，何苦而反？今大戮所加，已不可追，而名曰逆贼，含愤九泉。天下义夫节士，畏祸伏身，谁肯与陛下共治邪？即以训所移书，遣部将陈季卿以闻。季卿至，会李石遇盗，京师扰，疑不敢进。从谏大怒，杀季卿，腾书于朝。又言臣与训诛注，以注本宦竖所提挈，不使闻知。今四方共传：宰相欲除内官，而两军中尉闻，自救死，妄相杀戮，谓为反逆。有如大臣挟无将之谋，自宜执付有司，安有纵俘劫，横尸阙下哉？且宦人根党，蔓延在内。臣欲面陈，恐横遭戮害。谨修封疆，缮甲兵，为陛下腹心。如奸臣难制，誓以死清君侧。书闻，人人传观，士良沮恐。即进从谏检校司徒，欲弭其言。从谏知可动，复言云云。案训所移书，必从谏所造作。李石遇盗，事在开成三年（838年），见下，从谏请雪王涯，必不能迟至此时，《新书》误也。盖至是而非用外兵不能翦除宦官之形势成，而天复骈诛之局，亦伏于此矣。哀哉！

《新书·仇士良传》，谓甘露变后，士良与鱼弘志谋废文宗。《传》云：士良、弘志愤文宗与李训谋，屡欲废帝。崔慎由为翰林学士，直夜。未半，有中使召入。至秘殿，见士良等坐堂上，帷帐周密。谓慎由曰："上不豫已久，自即位，政令多荒阙，皇太后有制更立嗣君，学士当作诏。"慎由惊曰："上高明之德在天下，安可轻议？慎由亲族，中表千人，兄弟群从且三百，何可与覆族事？虽死不承命。"士良等默然。久乃启后户，引至小殿。帝在焉。士良等历阶，数帝过失。帝俛首。既而士良指帝曰：不为学士，不得更坐此。乃送慎由出，戒曰："毋泄。祸及尔宗。"慎由记其事，藏箱枕间。时人莫知。将没，以授其子胤。故胤恶中官，终讨除之。《通鉴考异》谓其说出皮光业《闻见录》，不可据。《考异》云：按《旧传》：崔慎由大中初始入朝，为右拾遗员外郎，知制诰，文宗时未为翰林学士。盖崔胤欲重宦官之罪而诬之，新《传》承皮录之误也。案此说亦东野人之言，自不足据。然谓崔胤欲重宦官之罪而诬之，则亦未必然。宦官之罪如山矣！虽不加诬，可胜诛乎？然文宗自是郁郁不乐。两军球猎宴会绝矣。《新书·仇士良传》。每游燕，虽倡乐杂沓，未尝欢，颜惨不展。往往瞋目独语，或裴回眺望，赋诗以见情。自是感疾，至弃天下云。《新书·李训传》。又《舒元舆传》：元舆为《牡丹赋》，时称其工。死后，帝观牡丹，凭殿栏诵赋，为泣下。《旧书·本纪》：开成四年六月，以久旱，分命祠祷，每忧动于色。宰臣等奏曰："水旱时数使然，乞不过劳圣虑。"上改容言曰："朕为人主，无德及天下，致兹灾旱，又谪见于天。若三日不雨，当退归南内，更选贤明，以主天下。"亦见《天文志》《五行志》。《新书·仇士良传》，谓帝是年苦风痹。少间，召宰相见延英殿。退坐思政殿。顾左右曰："所直学士谓谁？"曰："周墀也。"召至。帝曰："自尔所况，朕何如主？"墀再拜曰："臣不足以知，然天下言陛下尧、舜主也。"帝曰："所以问，谓与周赧、汉献孰愈？"墀皇骇曰："陛下之德，成、康、文、景未足比，何自方二主哉？"帝曰："赧、献受制强臣，今朕受制家奴，自以不及远矣。"因泣下，墀伏地流涕。后不复朝，至大渐云。文宗无过，所擢用诸臣，亦莫非公忠体国，起孤寒，有大志，感激主知，思以身任天下之重者，顺宗、文宗，志除宦官同，能擢用孤寒新进之人亦同，然顺宗所用，皆东宫旧臣，相知有素，而文宗则拔自临时，此则文宗尤难于顺宗也。王叔文之志，在致太平，不独除宦官，李训亦然。《旧书·训传》谓天下之人，有冀训致太平者，此当时之真舆论也。《新书·训传》云：训欲先诛宦竖，乃复河湟，攘夷狄，归河朔诸镇，此其未量为何如哉？诸臣蒙谤，盖不一端？然谛观史传，其形迹仍有可见者，且如王涯，《新书》言其性啬俭，不畜妓妾；恶卜祝及他方技；别墅有佳木流泉，居常书史自怡，使客贺若夷鼓琴娱宾；此岂黩货者？然又言其财贮巨万，取之弥日不尽，何哉？而卒见幽囚，遭屠戮，亦可哀矣。盖至是而天复骈诛，城社狐鼠，同归于尽之局定矣。毫毛不拔，将寻斧柯，岂不信哉？

甘露之变，明年，改元曰开成。是岁四月，李固言复为相。二年四月，陈夷行相，固言出为西川。夷行，郑覃党也。三年正月五日，李石入朝，盗发。引弓追及。矢才破肤，马逸而回。盗已伏坊门，挥刀斫石，断马尾。竟以马逸，得还私第。是日，京师大恐，常参官入朝者，九人而已，旬日方安。是役也，迹出禁军。新旧《书·崔珙传》。盖仇士良为之，天子畏逼不能理。石拜章辞位者三，乃出为荆南节度使。而杨嗣复、李珏相。嗣复于陵子，与牛僧孺、李宗闵，皆权德舆贡举门生。珏与固言、嗣复相善，与郑覃、陈夷行不同。四年五月，覃、夷行罢。七月，崔郸相。

第二节　武、宣朝局

唐自代宗以来，立君多由宦寺，而武宗之立，尤不以正。初，敬宗五子：长曰晋王普，次第二子梁王休复，次第三子襄王执中，次第四子纪王言扬，次第五子陈王成美。晋王，《旧书》云：文宗欲建为储贰,《庄恪太子传》。而以太和二年（828年）薨。年五岁。册赠悼怀太子。盖文宗之位，受之于兄，故欲还诸兄之子也。此在当日，自为大公。然文宗又不能无牵于内宠。六年十月，册长子鲁王永为太子。永母曰王昭仪。开成二年八月，与昭容杨氏同受册。昭仪为德妃，昭容为贤妃。见《旧书·本纪》。明年九月，开延英殿，议废太子。宰臣及众官皆不同，御史中丞狄兼谟言之尤切。翼日，翰林学士六人，神策六军军使十六人又进表陈论，事乃不果。是夜，太子归少阳院，杀其宫人左右数十人。十月，太子薨。谥庄恪。《旧书》本传云：初，上以太子稍长，不循法度，昵近小人，欲加废黜。迫于公卿之请，乃止。太子终不悛改。至是暴薨。语本《实录》。见《通鉴考异》。时传云：德妃晚年宠衰，贤妃惧太子他日不利于己，日加诬谮，太子终不能自辩明也。太子既薨，上意追悔。四年（839年），会宁殿宴，小儿缘橦，有一夫在下，忧其堕地，有若狂者。上问之，乃其父也。上因感泣，谓左右曰："朕富有天下，不能全一子。"遂召乐官刘楚材、宫人张十十等责之曰："陷吾太子，皆尔曹也。今已有太子，时已立成美。更欲踵前事邪？"立命杀之。则太子之非良死可知矣。然文宗自甘露变后，久同傀儡，能否自杀其子，尚有可疑。《郑肃传》云：会昌初，武宗思永之无罪，尽诛陷永之党，则陷永者漏网甚众可知。刘楚材、张十十等，特其小焉者耳。太子虽非良死，未必文宗杀之也。陈王成美以四年十月立为太子。文宗二子，次曰蒋王宗俭，开成二年（837年）始王，亡薨年，疑是时已薨，见下。梁、襄、纪三王，疑亦已殂谢，故及成美。五年正月二日，己卯。文宗暴卒，《旧书·武宗纪》。王鸣盛曰：卒当作疾。但据《旧纪》，文宗于四年十二月即不康，五年正月戊寅是朔日，而帝以辛巳崩，似未可以言暴。案卒盖仓卒之义？去年十二月即不康，至此疾骤甚耳。宰相李珏、知枢密刘弘逸奉密旨，以皇太子监国。两军中尉仇士良、鱼弘志矫诏迎颍王瀍于十六宅，立为皇太弟。成美复封陈王。四日，文宗崩。瀍立，是为武宗。末年寝疾，更名炎。成美及穆宗第八子安王溶皆死。穆宗五子：长敬宗，次第二子文宗，次第五子武宗，次第六子怀懿太子凑，次即安王也。至是而穆宗之子尽矣。《旧书·武宗纪》云：初，杨贤妃有宠于文宗，而庄恪太子母王妃失宠怨望，为杨妃所谮，王妃死，太子废。及开成末年，帝多疾，无嗣。观此语，则蒋王是时亦已殂谢。贤妃请以安王溶嗣。帝谋于宰相李珏，珏非之，乃立陈王。至是，仇士良立武宗，欲归功于己，乃发安王旧事，故二王与贤妃皆死。《通鉴》云：文宗疾甚，命知枢密刘弘逸、薛季棱引杨嗣复、李珏至禁中，欲奉太子监国。中尉仇士良、鱼弘志以太子之立，功不在己，乃言太子幼，且有疾，更议所立。李珏曰："太子位已定，岂得中变？"士良、弘志遂矫诏立瀍为太弟。盖宦官兵权在手，宰相无如之何也。二月，封仇士良为楚国公，鱼弘志为韩国公。八月十七日，葬文宗于章陵。刘弘逸、薛季棱率禁军护灵驾至陵所，欲倒戈诛士良、弘志。卤簿使兵部尚书王起，山陵使崔棱当作崔郸。觉其谋，先谕卤簿诸军。是日，弘逸、季棱伏诛。贬杨嗣复为潭州刺史，潭州见第四章第二节。李珏为桂州刺史，桂州见第二章第二节。御史中丞裴夷直为杭州刺史。杭州见第六章第三节。皆坐弘逸、季棱党也。会昌元年三月，再贬嗣复湖州司马，湖州见第二章第七节。珏瑞州司马，瑞州见第四章第四节。夷直欢州司户。欢州见第二章第二节。《旧书·王起传》云：弘逸、季棱欲因山陵兵士谋废立。起与山陵使知其谋，密奏皆伏诛。《通鉴考异》引贾纬《唐年补遗录》亦云：五年八月，季棱、弘逸聚禁兵，欲议废立。赖山陵使崔郸、卤簿使王起拒而获济。遂擒弘逸、季棱杀之。《旧书·杨嗣复传》云：武宗之立，既非宰相本意，甚薄执政之臣。其年秋，李德裕自淮南入辅政。九月，出嗣复为湖南观察使。明年，诛薛季棱、刘弘逸。中人言二人顷附嗣复、李珏，不利于陛下。武宗性急，立命中使往湖南桂管杀嗣复与珏。宰相崔郸、崔珙等亟请开延英。因极言国朝故事，大臣非恶逆显著，未有诛戮者，愿陛下复思其宜。帝良久，改容曰："朕缵嗣之际，宰相何尝比数？李珏、季棱，志在扶册陈王，嗣复、弘逸，志在树立安王。立陈王犹是文宗遗旨，嗣复欲立安王，全是希杨妃意旨。嗣复尝与妃书云：姑姑何不效则天临朝？"珙等曰："此事暖昧，真虚难辨。"帝曰："杨妃曾卧疾，妃弟玄思，文宗令入内侍疾月余。此时通道意旨。朕细问内人，情状皎然。我不欲宣出于外。向使安王得志，我岂有今日？然为卿等恕之。"乃追潭、桂二中使，再贬嗣复潮州刺史。潮州见第二章第二节。《通鉴》则嗣复罢而崔珙相，在开成五年五月。李珏之罢，在是年八月。夷直之出为杭州，在是年十一月。而嗣复及李珏之出，则但于会昌元年三月追书之。云：弘逸有宠于文宗，仇士良恶之。上之立，非二人及宰相意，故杨嗣复出为湖南观察使，李珏出为桂管观察使。士良屡谮弘逸等于上，劝上除之。三月乙未，赐弘逸、季棱死，遣中使就潭、桂州诛嗣复及珏。《考异》云：若去年八月已诛弘逸、季棱，不当至此月始再贬嗣复等。《旧纪·王起传》与《嗣复传》自相违，今从《实录》。案因山陵而谋变，其事不易子虚。《武宗实录》纂辑草率，不足据。《考异》引《实录》，又有时有再以其事动帝意者，帝赫然欲杀之之语。明嗣复及珏已先贬。嗣复罢相，在开成五年五月，夷直之出，在其年十一月，《通鉴》应不致误。盖又《旧纪》记事不审，嗣复之罢，至八月乃追书；夷直之出，则又逆探其事而终言之也。《旧书·李珏传》。开成五年九月，与杨嗣复俱罢，出为桂州。《新书·珏传》，则其罢相，乃以为山陵使，梓宫至安上门陷于泞，而贬江西在其后。嗣复、珏所以获全，盖由崔郸、崔珙之谏？《通鉴》叙此事兼采《献替记》，一似全由李德裕者，恐亦不足信也。裴夷直，《新书》附《张孝忠传》，云：武宗立，视册牒不肯署，乃出为杭州刺史，斥欢州司户参军。《通鉴》从《实录》，云：故事，新天子即位，两省官同署名，上之即位也，谏议大夫裴夷直漏名，由是出为杭州刺史，其说亦同。

《鉴》又记文宗之崩，敕大行以十四日殡，成服。谏议大夫裴夷直上言期日太远，不听；时仇士良等追怨文宗，凡乐工及内侍，得幸于文宗者，诛贬相继，夷直复上书言之；可知其见斥之由，循常法无可立之君，则人人得申其意，古大询之法如是。后世庶人无繇议政，朝臣固当周谘。武宗乃举不援己者而悉逐之，褊矣。抑文宗之立陈王，犹是其欲树晋王之意。以自周以来久习之继嗣之法言之，亦较立弟为正，武宗乃弑而代之，流毒且及于安王，尤悖矣。

武宗之用李德裕，非知其材而用之也，亦以文宗末年，僧孺、宗闵之党在朝，恶其不援己，乃反其道而行之耳。适直是时，回纥衰乱，得以戡定朔方，此乃时会使然，初非德裕之力。至于削平昭义，则其事本不足称，读史者亦从而张之，则为往史之曲笔所欺矣。德裕既相，所引用者皆其党人。崔珙与德裕，相善者也。会昌元年三月，相陈夷行，乃专与杨嗣复立异者。二年（842 年），李绅自淮南入相，尤德裕死党。陈夷行罢，李让夷继之，亦杨嗣复、李珏所恶也。三年（843 年），崔珙罢，崔铉相，史云李让夷引之。铉与珙不协，发其领使时事，并谓其尝保护刘从谏，珙遭贬斥。四年（844 年），杜悰自淮南入相，李绅出为淮南。明年有吴湘之狱，为后来德裕所由败，见下。是岁，杜悰、崔铉罢，李回相，德裕用兵昭义时，以御史中丞奉使河朔者也，事见下节。崔元式相，以为德裕所疾罢。牛僧孺、李宗闵，皆为所挤排以死。僧孺在淮南六年。开成二年（837 年），为东都留守。三年（838 年），征为左仆射。四年（839 年），复出为山南东道。会昌二年（842 年），秋，汉水溢，坏城郭，坐不谨防，下迁太子少保，进少师。明年，以太子太傅留守东都。刘稹诛，石雄军吏得从谏与僧孺、宗闵交结状，又河南少尹吕述言：僧孺闻稹诛，恨叹之。武宗怒，黜为太子少保，分司东都。累贬循州长史。宣宗立，徙衡、汝二州。还为太子少师。卒。宗闵，开成三年（838 年），杨嗣复辅政，欲拔用之，为郑覃、陈夷行所沮，与杭州刺史。四年（839 年），冬，迁太子宾客，分司东都。时覃、夷行罢，嗣复方再拔用，而文宗崩。会昌三年（843年），德裕以宗闵素与刘从谏厚，上党近东都，分司非便，乃拜湖州刺史。稹败，得交通状，贬漳州长史，流封州。宣宗即位，徙柳州司马，卒。循州见第二章第七节。衡州，今湖南衡阳县。汝州见第二章第六节。漳州见上节。封州见第五章第二节。柳州见第四章第二节。然德裕引白敏中，敏中，居易从父弟。武宗夙闻居易名，欲用之，德裕以其衰病，荐敏中。会昌二年（842年），为翰林学士。而敏中反挤排之。至宣宗立，朝局变，而德裕亦遭窜逐而死焉。其事与德裕在武宗朝所为者，如出一辙。出尔反尔，其机可谓甚巧，特蹈之者不悟耳。

武宗之立也，赐仇士良以纪功碑。会昌元年十月，见《旧书·本纪》。会昌二年四月，群臣请加尊号。有纤人告士良："宰相作赦书，欲减削禁军衣粮马草料。"士良怒曰："必有此，军人须至楼前作闹。"此据《旧书·本纪》。《新书·宦者传》曰：士良宣言："宰相作赦书，减禁军缣粮刍菽。"语两军曰："审有是，楼前可争。"宰相李德裕等知之，请开延英诉其事。帝曰："奸人之辞也。"召两军中尉谕之曰："赦书出自朕意，不由宰相。况未施行，公等安得此言？"士良皇恐谢。明年，士良进观军容使，兼统左右军。以疾辞。罢为内侍监，知省事。固请老。诏可。寻卒。《旧书·本纪》在六月。死之明年，有发其家藏兵数千物。诏削官爵，籍其家。《新书·宦者传》。《旧纪》在四年六月。云：中人于其家得兵仗数千件，兼发士良宿罪。会昌三年（843年），崔铉相。《通鉴》云：上夜召学士韦琮，以铉名授之，令草制。宰相、枢密，皆不之知。时枢密使刘行深、杨钦义皆愿悫，不敢与事。老宦者尤之曰："此由刘、杨懦怯，堕败旧风故也。"论者颇以是称武宗能御宦官。然武宗所倚者，一李德裕耳。德裕之入相也，《通鉴》云：初在淮南，敕召监军杨钦义，人皆言必知枢密，德裕待之无加礼。钦义心衔之。一旦，独延钦义，置酒中堂，情礼极厚。陈珍玩数床，罢酒，皆以赠之。钦义大喜过望。行至汴州，见第二章第二节。敕复还淮南。钦义尽以所饷归之。德裕曰："此何直？"卒以与之。其后钦义竟知枢密。德裕柄用，钦义颇有力焉。然则所谓不与事者何谓也？世岂有贪乐权位，绝无公天下之心，而能屏抑近习者邪？

武宗亦好道术。信道士赵归真、刘玄靖、邓元起等，饵其药得疾。会昌六年三月，大渐。宦官立宪宗第十三子光王怡为皇太叔，权句当军国事。武宗崩，怡立，更名忱，是为宣宗。时年三十七。《旧书·本纪》云：帝外晦而内明。幼时宫中以为不慧。历太和、会昌朝，愈事韬晦。群居游处，未尝有言。文宗、武宗幸十六宅宴集，强诱其言，以为戏剧，谓之光叔。武宗气豪，尤不为礼。及监国之日，哀毁满容，接待群僚，决断庶务，人方见其隐德焉。盖时置君如弈棋，诸王露头角者或遭忌疾，故帝以韬晦自全也。《新书·后妃传》：武宗贤妃王氏，邯郸人。邯郸见第二章第六节。年十三，善歌舞，得入宫中。穆宗以赐颍王。性机悟。王嗣帝位，妃阴为助画，故进号才人。遂有宠。欲立为后。李德裕曰："才人无子，且家不素显，恐诒天下讥。"乃止。及大渐，才人悉取所常贮，散遗宫中。审帝已崩，即自经幄下。宣宗即位，嘉其节，赠贤妃，葬端陵之柏城。《通鉴考异》曰：《唐阙史》曰：武宗王夫人，燕赵倡女也。武宗为颍王，获爱幸。文宗于十六宅西别建安王溶、颍王瀍院。上数幸其中，纵酒如家人礼。及文宗晏驾，后宫无子，此亦见蒋王早殁。所立敬宗男陈王，年幼且病，未任军国事，中贵主禁掖者，以安王大行亲弟，既贤且长，遂起左右神策军及飞龙、羽林骁骑数千众，即藩邸奉迎安王。中贵遥呼曰："迎大者，迎大者！"如是者数四。意以安王为兄，即大者也。及兵仗至二王宅首，兵士相语曰："奉命迎大者，不知安、颍孰为大？"王夫人窃闻之，拥髻褰裙走出，矫言曰："大者颍王也。大家左右，以王魁梧颀长，皆呼为大王。且与中尉有死生之契。汝曹或误，必赤族矣。"时安王心云其次第合立，志少疑懦，惧未敢出。颍王神气抑扬，隐于屏间，夫人自后耸出之。众惑其语，遂扶上马。戈甲霜拥，前至少阳院。诸中贵知已误，无敢出言者。遂罗拜马前，连呼万岁。寻下诏立为皇太弟，权句当军国事。《新书·后妃传》，盖亦取于《阙史》？立嗣大事，岂容缪误？今不取。案《阙史》之言，诚为东野人所难信，然武宗别有争位之计，而贤妃为之助画，则安能断其必无？谓《新书》浑括之辞必也取诸《阙史》，则太早计矣。《考异》又引《献替记》，谓王妃之死，在五年十月。云：自上临御，王妃有专房之宠。至是，以娇妒忤旨，一夕而陨。其说与诸书皆不同。王妃以殉死为名，附葬陵墓，其死期，似不容移至数月之前。岂武宗危笃之际，王妃亦与于立嗣之谋，为拥立宣宗者所败，以至不得其死，乃移其死期，以塞人疑欤？此说诚近億度。然文宗事懿安后甚谨，宣宗顾贼杀之。谓追讨宪宗之陨欤？则腐心于此者乃文宗，非宣宗也。而其所为相反若此，何哉？岂文宗以懿安与于立己而感之，宣宗则以宫闱之中，别有异图而怨之欤？《新书·宦者·严遵美传》：父季实，为掖庭局博士。大中时，有宫人谋弑宣宗。是夜，季实直咸宁门下，闻变入，射杀之。此事也，隐见当日宫闱之内，亦有兴废之谋。懿安即不欲与其事，而身历五朝母天下，安知不有欲假藉之者？况于才人有专房之宠，危立为后，或主内政者欤？要之上下交争，不夺不餍，宫禁之中，即陷阱所在也。得国恒于斯，陨命亦于斯，人亦何乐而生帝王家欤？《新书·马植传》：会昌中，为李德裕所抑。宣宗嗣位，白敏中当国，凡德裕所不善，悉不次用之，故植以刑部侍郎领诸道盐铁转运使。迁户部。俄同中书门下平章事。进中书侍郎。初左军中尉马元贽，最为帝宠信，赐通天犀带，而植素与元贽善，至通昭穆，元贽以赐带遗之。他日，对便殿。帝识其带，以诘植。植震恐，具言状。于是罢为天平军节度使。既行，诏捕亲吏下御史狱。尽得交私状，贬常州刺史。见第四章第二节。以太子宾客，分司东都。事在大中四年（850 年）。

《通鉴》云：上之立也，元贽有力焉，由是恩遇冠诸宦者。《新书·武宗纪》，则迳书左神策军护军中尉马元贽立光王。当时拥戴宣宗者，徒党未知几何？然元贽实为之魁，则无疑也。

宣宗之立，李德裕盖未与其谋？而德裕在武宗时，得君颇专，易为同列所忌。《旧书·本纪》：会昌五年十二月，给事中韦弘质上疏论中书权重，三司钱谷，不合相府兼领。宰相奏论之曰：管子曰：令行于上，而下论可不可，是上失其威，下系于人也。自太和已来，其风大弊。令出于上，非之于下。此弊不除，无以理国。《传》曰：下轻其上，贱人图柄，则国家摇动而人不静。弘质受人教导，辄献封章，是则贱人图柄矣。萧望之汉朝名儒重德，为御史大夫，奏云：今首岁日月少光，罪在臣等。上以望之意轻丞相，乃下侍中御史诘问。贞观中，监察御史陈师合上书云：人之思虑有限，一人不可兼总数职。太宗曰：此人妄有毁谤，欲离间我君臣。师合流于岭外。古者朝廷之上，各守其官，思不出位。弘质贱人，岂得以非所宜言，上渎明主？此是轻宰相，挠时政也。昔东汉处士横议，遂有党锢事起。此事深要惩绝。伏望陛下，详其奸诈，去其朋徒。弘质坐贬官。又奏曰：天宝已前，中书除机密、迁授之外，其他政事，皆与中书舍人同商量。自艰难已来，务从权便。政颇去于台阁，事多系于军期。决遣万机，不暇博议。臣等商量：今后除机密公事外，诸侯表疏，百寮奏事，钱谷、刑狱等事，望令中书舍人六人，依故事先密详可否，臣等议而奏闻。从之。李德裕在相位日久，朝臣为其所抑者皆怨之。自崔铉、杜悰罢相后，中贵人上前言德裕太专，上意不悦，而白敏中之徒教弘质论之，故有此奏。德裕结怨之深，由此言也。德裕之为人，诚不足取，然其论事权当集于中书及朋党之当去则是也，而卒以此败，可见朋党根抵蟠结之深。宣宗本猜忌之主，自不能容。故即位未几，即罢为荆南节度使，而白敏中相。九月，德裕又解平章事，为东都留守。大中元年二月，以太子少保分司。至九月而吴湘之狱起，《新书·李绅传》：始澧人吴汝纳者，韶州刺史武陵兄子也。武陵坐赃贬潘州司户参军死，汝纳家被逐，久不调。时李吉甫任宰相，汝纳怨之，后遂附宗闵党中。会昌时，为永宁尉。弟湘为江都尉。部人讼湘受赃狼籍，身娶民颜悦女。绅时节度淮南，使观察判官魏铏鞫湘罪明白，论报杀之。议者谓吴氏世与宰相有嫌，疑绅内顾望，织成其罪，谏官屡论列。诏遣御史崔元藻覆按。元藻言湘盗用程粮钱有状，娶部人女不实。按悦尝为青州衙推，而妻王故衣冠女，不应坐。德裕恶元藻持两端，奏贬崖州司户参军。宣宗立，德裕去位，绅已卒，崔铉等久不得志，导汝纳使为湘讼。言湘素直，为人诬蔑。大校重牢，五木被体。吏至以娶妻资媵结赃。且言颜悦故士族，湘罪皆不当死，绅枉杀之。又言湘死绅令即瘗，不得归葬。按绅以旧宰相镇一方，恣威权。凡戮有罪，犹待秋分，湘无辜，盛夏被杀。崔元藻衔德裕斥已，即翻其辞。因言御史覆狱还，皆对天子别白是非。德裕权轧天下，使不得对。具狱不付有司，但用绅奏而寘湘死。是时德裕已失权，而宗闵故党令狐绹、崔铉、白敏中皆当路。因是逞憾，以利诱元藻等，使三司结绅杖钺作藩，虐杀良平。准神龙诏书，酷吏殁者，官爵皆夺，子孙不得进宦。绅虽亡，请从春秋戮死者之比。诏削绅三官，子孙不得仕。贬德裕等。擢汝纳左拾遗，元藻武功令。《十七史商榷》云：新旧《书》皆言湘之坐赃，乃群小欲倾绅以及李德裕，而孙光宪《北梦琐言》第六卷，则谓绅镇淮南，湘为江都尉。有零落衣冠颜氏女，寄寓广陵，有容色，绅欲纳之。湘强委禽焉。绅大怒。因其婚娶聘财甚丰，乃罗织执勘，准其俸料之外，有陈设之具，皆以为赃，奏而杀之。绅本狂暴，此说恐当得情。程粮钱，《通鉴注》云：《新书·百官志》：主客郎中，主蕃客。东南蕃使还者，给入海程粮，西北蕃使还者，给度碛程粮，至于官吏以公事有远行，则须计程以给粮，而粮重不可远致，则以钱准估，故有程粮钱。澧州见第六章第三节。韶州见第四章第五节。潘州见第五章第一节。永宁，今河南洛宁县。武功见第三章第二节。德裕贬为潮州司马。二年正月，李回左迁湖南观察使。三年（849 年），《旧传》误为二年（848 年），据《李卫公集》当作三年（849年），见《十七史商榷》。九月，德裕又以湘狱及改《元和实录》，再贬崖州司户。李回亦贬贺州。见第七章第三节。四年（850年），《旧传》亦误为三年（849年）。十二月，德裕卒于贬所。德裕为人，狠愎阴贼，贬谪而死，固其宜也。宣宗时，宰相见信任者：始为白敏中，后为令狐绹。敏中，宣宗即位时相，至大中三年三月罢，绹以其明年十月相，终宣宗之世。魏征五世孙谟，以敢言称，文宗时累加拔擢，亦相宣宗五年余。大中五年十月至十一年二月。史云：终以刚直，为令狐绹所忌，故罢。谟初为李固言、李珏、杨嗣复所引，故武宗时外出。宣宗时，白敏中引之。他相则充位而已。

旧史亟称宣宗之美，此乃阿私所好之言。《旧书·本纪》赞：史臣曰：臣尝闻黎老言大中故事。献文皇帝器识深远，久历艰难，备知人间疾苦。自宝历已来，中人擅权，事多假借；京师豪右，大扰穷民。洎大中临御，一之日权豪敛迹，二之日奸臣畏法，三之日阍寺詟气。由是刑政不滥，贤能效用，百揆、四岳，穆若清风。十余年间，颂声载路。上宫中衣浣濯之衣，常膳不过数器。非母后侑膳，辄不举乐。岁或小饥，忧形于色。虽左右近习，未尝见怠惰之容。与群臣言，俨然煦接，如待宾僚。或有所陈闻，虚襟听纳。旧时人主所行，黄门先以龙脑、郁金藉地，上悉命去之。宫人有疾，医视之。既瘳，即袖金赐之，诫曰："勿令敕使知，谓予私于侍者。"其恭俭好善如此。帝道皇猷，始终无缺，虽汉文、景，不足过也。惜乎简籍遗落，旧事十无三四，吮墨挥翰，有所慊然。《新书》谓其精于听断，而以察为明，无复仁恩之意，亦《本纪》赞语。则颇近于实耳。《旧纪》谓帝有时微行人间，采听舆论，亦近小察。《通鉴》云：上聪察强记。宫中厮役给洒扫者，皆能识其姓名、才性所任，呼召使令，无差误者。天下奏狱吏卒姓名，一览皆记之。度支奏渍污帛，误书渍为清，枢密承旨孙隐中谓上不之见，辄足成之，及中书覆入，上怒，推按擅改者，罚谪之。密令翰林学士韦澳纂次诸州境土、风物，及诸利害为一书，自写而上之，虽子弟不知也。号曰《处分语》。他日，邓州刺史薛弘宗入谢，出谓澳曰："上处分本州事惊人。"澳询之，皆《处分语》中事也。大中九年（855年）。又云：上诏刺史毋得外徙，必令至京师，面察其能否，然后除之。令狐绹尝徙其故人为邻州刺史，便道之官。上见其谢上表，以问绹。对曰："以其道近，省送迎耳。"上曰："朕以刺史多非其人，为百姓害，故欲一一见之，访问其所施设，知其优劣，以行黜陟，而诏命既行，直废格不用，宰相可畏有权。"时方寒，绹汗透重裘。上临朝，接对群臣如宾客，虽左右近习，未尝见其有惰容。每宰相奏事，旁无一人立者，威严不可仰视。奏事毕，忽怡然曰："可以闲语矣。"因问闾阎细事，或谈宫中游宴，无所不至。一刻许，复整容曰："卿辈善为之，朕常恐卿辈负朕，后日不复得相见。"乃起入宫。令狐绹谓人曰："吾十年秉政，最承恩遇，然每延英奏事，未尝不汗沾衣也。"十二年（858年）。虽善参验擿发，然不能推诚相与，得人之欢心，将谁与共济艰难乎？《通鉴》又云：上以甘露之变，惟李训、郑注当死，自余王涯、贾悚等无罪，诏皆雪其冤。此视武宗，似差强人意。然又云：上召韦澳，托以论诗，屏左右与之语，曰："近日外间谓内侍权势何如？"对曰："陛下威断，非前朝之比。"上闭目摇首曰："全未全未，尚畏之在。卿谓策将安出？"对曰："若与外廷议之，恐有太和之变，不若就其中择有才识者与之谋。"上曰："此乃末策。自衣黄、衣绿至衣绯皆感恩，才衣紫，则相与为一矣。"《注》：唐自上元已后，三品已上服紫，四品服深绯，五品服浅绯，六品服深绿，七品服浅绿，八品服绿，九品深青，流外官及庶人服黄。太宗定制，内侍省不置三品。内侍是长官，阶四品，其职但在阁门守御，黄衣廪食而已。至玄宗，宦者至三品将军，门施棨戟，得衣紫矣。上又尝与令狐绹谋尽诛宦官。绹恐滥及无辜，密奏曰："但有罪勿舍，有阙勿补，自然渐耗，至于尽矣。"宦者窃见其奏，由是益与朝士相恶，南北司如水火矣。八年（854年）。蔓草非寻烈火，宁可徐图？当时宦官窃大权者，罪久不容于死矣，尚何待？此辈有阙，能勿补乎？绚之此言，盖以卸责，亦以避祸也。帝之所行，盖即此策？故《旧书·宦者传》谓其诛太甚者，而阍寺仍握兵权之重，则其效可睹矣。然不能推赤心置人腹中，亦安得如王叔文、王伾、李训、郑注之臣而用之哉？而顺宗与文宗远矣。

然宣宗时庶政确颇修饰，此可于财政见之。王播死太和四年（830 年），王涯代之。后亦常任元臣，以集其务，《旧书·食货志》语。然成效殊鲜。至宣宗乃用裴休。《旧书·传》曰：自太和已来，重臣领使者，岁漕江淮米不过四十万石，能至渭河仓者，十不三四。漕吏狡蠹，败溺百端。官舟沉溺者，岁七十余只。缘河奸吏，大紊刘晏之法。洎休领使，分命僚佐，深按其弊。所过地里，悉令县令兼董漕事，能者奖之。自江津达渭口，以四十万之佣，岁计缗钱二十八万贯，悉使归诸漕吏，巡院无得侵牟。举新法凡十条，又立税茶法二十条，奏行之。物议是之。初休典使三岁，漕米至渭河仓者一百二十万斛，更无沉舟之弊。《食货志》略同。《新书·南蛮传》：高骈说僖宗，言宣宗皇帝收三州七关，平江岭以南，至大中十四年（860 年），内库赀积如山，户部延资充满，故宰相敏中领西川，库钱至三百万缗，诸道亦然。此决非幸致。帝之才，盖不减汉宣帝？唐人之亟称之，亦有由也。

第三节　文、武、宣三朝藩镇叛服

唐自穆宗而后，河北三镇，已成覆水难收之势。文宗平横海，武宗平昭义，史家以为丰功，实则殊不足道，且皆竭蹶而后得之者也。

敬宗宝历元年八月，刘悟卒，子从谏求袭。左仆射李绛请速除近泽潞将帅一人，令倍道赴镇，所谓疾雷不及掩耳。弗听。卒以授从谏。明年四月，李全略卒，子同捷擅领留后。五月，幽州军乱，杀朱克融及其子延龄，次子延嗣立，虐用其人。九月，都知兵马使李载义杀之。载义，常山愍王后。唐即以为副使，知节度事。文宗太和元年五月，唐于李同捷之请，久置不问。文宗即位，同捷令母弟入朝。诏移诸兖海，而以乌重胤为沧州。同捷托三军乞留拒命。乃诏重胤及武宁王智兴，义成李听，愬子。平卢康志睦，魏博史宪诚，义武张璠，卢龙李载义讨之。同捷赂河北三镇，以求旄钺。载义初受朝命，坚于效顺，囚同捷侄及所赂来献。张弘靖之囚，幕府多见害，妻子留不道，及是，载义悉护送至京师。见《新书》本传。而宪诚与全略婚媾，潜以粮饷助之。王廷凑亦出兵挠魏北境，以援同捷。二年七月，下诏罪状廷凑。令接界之地，随便进讨。初庭凑之叛，有傅良弼者守乐寿，李寰守博野累岁，议者以为难。《新书·牛元翼传》。乌重胤受命未久而卒，寰时为保义，穆宗长庆二年（822年），以晋、慈二州为保义军。晋州见第四章第一节。慈州见第七章第一节。诏移诸横海。无功。又代以良弼。未至镇卒。又代以李祐。十一月。时诸军在野，朝廷特置供军粮料使，日费寖多；两河诸帅，每有小捷，虚张俘级，以邀赏赍；其势颇窘。先是王智兴请出全军三万，自备粮饷五月，以讨同捷。九月，拔棣州。贼大惧。诸将稍务进取。是役也，功出于其右厢捉生兵马使石雄。徐人恶智兴之虐，欲逐之而立雄。智兴请授雄一郡。朝廷征雄赴京师，授壁州刺史。今四川通江县。智兴寻杀雄相善将士百余人，仍奏雄动摇军情，请行诛戮。文宗知其能，乃长流白州。见第五章第二节。经此顿挫，徐军又不能进取矣。十二月，王庭凑诱魏博行营将亓志绍叛魏，出兵应之。诏李听以沧州行营兵进讨。三年正月，破之。志绍奔庭凑。后为庭凑所杀，见《旧书·李听传》。四月，李祐收德州。同捷乞降，祐疑其诈。时谏议大夫柏耆军前宣慰，请以骑兵三百人沧，取同捷与其家属赴京师。至德州界，谍言廷凑兵来篡，乃斩同捷首，传而献捷。诸将疾耆邀功，争上表论列。文宗不得已，贬耆循州司户。内官马国亮又奏耆于同捷处取婢九人，再命长流爱州。见第二章第七节。寻赐死。《旧书》本传。《通鉴考异》引《实录》载诏书，有擅入沧州，专杀大将之语。《新书》本传谓同捷请降，李祐使万洪代守沧州，耆以事诛洪，诏盖指是？耆，《旧书》本传称其学纵横家流，盖有才气而无廉隅者？专杀大将，诚为有罪，然耆曾再说谕王承宗，今又奋勇入沧取李同捷，究应宥其一死，而竟不获免，盖迫于诸将使然，可见武人之横矣。卫尉卿殷侑，尝为沧州行军司马，及是，以为沧、齐、德观察使。时大兵之后，满目荆榛。侑不以妻子之官，攻苦食淡，与士卒同劳苦。始至，空城而已。周岁之后，流民襁负而归。数年之后，户口滋饶，仓廪盈积，人皆忘亡。初州兵三万，悉取给于度支。侑一岁而自赡其半，二岁而给用悉周，请罢度支给赐。六年（832年），入为刑部尚书。寻复充天平军节度。自元和末，收复十二州为三镇，朝廷务安反侧，征赋所入，尽留赡军。侑乃上表，起太和七年（833年），请岁供两税榷酒等钱十五万贯，粟五万石。《旧书·本纪》：太和六年九月，淄青初定两税额，五州一十九万三千九百八十九贯。自此淄青始有上供，盖亦受如侑者之夹持而然！此可见方镇得人，纪纲未始不可以渐饬，而唐于收复之地，不能皆得良将以守之，实为分崩离析之由。夫欲得良将，必在豫储于平时，悉以禁军委宦官，则无此望矣。此又见德宗之措置，实为铸成一大错也。

沧景既平，史宪诚心不自安，遣子孝章入觐。又飞章愿以所管奉命。乃移诸河中，而代以李听。宪诚将以族行，惧魏军之留，问策于弟宪忠。宪忠教以分相魏请置帅，因以弱魏。复请诏听引军声图亓志绍，而假道清河。见第二章第六节。帝从之。分相、卫、澶三州，别为一镇，俾孝章领之。澶州，在今河南清丰县西南。五代晋移治濮阳，今濮阳县。宪诚因欲倚听公去魏。听次清河，魏人惊。宪忠曰："彼假道取贼，吾军无负朝廷，何惧为？"乃稍安。然魏素聚甲清河。听至，悉出其甲。将入魏。魏军闻之，惧。明日，尽甲而出。听按兵馆陶不进。今山东馆陶县。众谓宪诚卖己，夜攻杀之，并监军史良佐，而推都知兵马使何进滔为帅。时太和三年六月二十六日也。七月，进滔袭听。听不为备，大败，丧师过半，仅得还滑。时河北久用兵，馈饷不给。八月，乃以进滔为魏博节度使，复以相、卫、澶三州归之。是月，亦赦王庭凑。五年（831 年），李载义为后院副兵马使杨志诚所逐。文宗召宰臣谋之。牛僧孺对曰："自安史之后，范阳非国家所有。前时刘总乡化，朝廷约用钱八十万贯，而未尝得范阳尺布斗粟。今日志诚得之，犹前日载义得之也。且范阳国家所赖者，以其北捍突厥。今若假志诚节钺，惜其土地，必自为力。爪牙之用，固不计于逆顺。"上大喜，乃即以授志诚。可见是时河北之形势矣。虽鞭之长，不及马腹，固事之无可如何者也。八年十月，志诚复为三军所逐，而立史元忠。元忠进志诚所造衮龙衣二副，及被服鞍鞯，皆绣饰鸾凤日月之形，成为王字。因付御史台鞫问，流岭南。行至商州，杀之。不能收土地甲兵，而惜此虚器，亦无谓矣。是岁十一月，王庭凑卒。军中立其子元逵。事朝廷颇恭顺。朝以绛王悟女寿安公主降之。开成五年（840 年），何进滔卒，子重顺袭。朝廷遣河中帅李执方，沧州帅刘约，各遣使劝令归阙，别俟朝旨。不从。竟就加节制。至武宗时，赐名曰弘敬。

王智兴，沧景平后入朝，改帅忠武。七年（833 年），改授河中。再入朝。九年（835 年），又改帅宣武。开成元年（836 年），卒。以智兴之骄横，而获以功名终，可谓天幸，抑亦以其不得士卒之心，不能叛，故朝廷亦不之忌也。先是，太和六年（832 年）。以李听为武宁军节度。听有苍头，为徐州将，不欲听至。听先使亲吏慰劳徐人，为苍头所杀。听不敢进，固以疾辞。代以高瑀。军骄难制，士数犯法。又以崔珙代之。七年（833 年）。居徐二岁，史称徐人戢畏焉。

《通鉴》：开成三年九月，义武节度使张璠在镇十五年，为幽、镇所惮。及有疾，请入朝。朝廷未及制置。疾甚，戒其子元益举族归朝，毋得效河北故事，及薨，军中欲立元益。观察留后李士季不可，众杀之，又杀大将十余人。壬申，以易州刺史李仲迁为义武节度使。十月，易定监军奏军中不纳李仲迁，请以张元益为留后。宰相议发兵讨易定。上曰："易定地狭人贫，军资半仰度支，急之则靡所不为，缓之则自生变，但谨备四境以俟之。"乃除张元益代州刺史。代州见第二章第二节。顷之，军中果有异议。乃上表，以不便李仲迁为辞。朝廷为之罢仲迁。十一月，诏俟元益出定州，其义武将士始谋立元益者，皆赦不问。丁卯，张元益出定州。甲戌，以蔡州刺史韩威为义武节度使。《考异》曰：《补国史》曰：易定张公璠卒，三军请公璠子元益，继统军务。公璠乃孝忠孙也。公璠弥留之际，诫元益归阙。三军复效幽、镇、魏三道，自立连帅，坐邀制命。庙谋未决。丞相卫公欲伐而克之。贞穆公议未可兴师，且行吊赠礼，追元益赴阙。若拒命跋扈，讨之不迟。上前互陈短长，未行朝典。贞穆公有密疏进追元益诏意，云："卿太祖孝忠，功列鼎彝，垂于不朽。乃祖茂昭，克荷遗训，不坠义风。"文宗览诏意，深协睿谋。诏下定州。元益拜诏恸哭，焚墨衰，请死于众。三军将士，南向稽首，蹈舞流涕。扶元益就苫庐。请监军使幕府进诸道例，各知留后。公璠遂全家赴阙。诏以神策军使陈君赏为帅。所谓贞穆公者，李珏也。按《实录》：璠定州衙将，非孝忠孙；又李德裕此年不为相；《补国史》盖传闻之说，不可据。今从《实录》。案传闻之误，史家诚所不免，然《补国史》言之凿凿，似不能全出子虚。《新书·本纪》：太和三年三月乙巳，以太原兵马使傅毅为义武军节度使。义武军不受命。都知兵马使张璠自称节度使。戊申，以璠为义武节度使、都知兵马。盖即《实录》所谓衙将？据《通鉴》：太和元年（827年）讨李同捷。义武节度，已为张璠，盖知留后而未授节钺？《实录》仅据其实职书之，又未详其家世，遂至滋疑也。胡三省《注》在镇十五年句曰：穆宗长庆三年（823年），播代陈楚镇义武，亦以知后与实授无殊，故浑言之，非谓是时已降节度之命也。盖至太和三年三月戊申之后，璠乃正授节钺？楚，茂昭甥。元和讨王承宗，浑镐代任迪简帅义武，战败，以楚代之，见第七章第二节。《旧书》附《孝忠传》。云：楚家世久在定州，军中部校，皆其旧卒，人情大悦，军卒帖然，亦与此军关系甚深者也。璠之自称节度，殆亦见迫于众，非本心，故临殁仍戒其子归朝。元益奉诏而请死于众，亦见其迟留之非自由也。《通鉴》：开成五年（840年），义武军乱，逐节度使陈君赏。君赏募勇士数百人，复入军城，诛乱者。此条盖亦本《实录》？《旧书·本纪》略同。君赏之代韩威，未知在于何时。《补国史》径言君赏而不及威，度威在镇必不久。盖至是而以神策军将帅义武之本谋遂矣。《新书·裴度传》云：张璠卒，军中将立其子元益。度遣使晓譬祸福，元益惧，束身归朝。度时节度河东，距易定密迩，此亦其军士易于就范之由欤？自孝忠至于元益，世笃忠贞，颇为难得，然易定究近三镇，故其军中又数有不安也。

文宗时藩镇之乱，尚有太和三年九月，安南逐都护韩约。约后与于甘露之役，盖亦良将而见逐，可见军士之骄横也。是岁，李绛出为山南西道。三年（829年）冬，南蛮寇西蜀，诏征赴援。绛于本道募兵千人赴蜀。及中路，蛮已退，所募皆还。兴元兵额素定，悉令罢归，皆怏怏。监军杨叔元，怨绛不奉己，众辞之际，以言激之。募卒遂劫库兵，入使衙。衙将王景延战死。绛为乱兵所害。从事赵存约、薛齐俱死。时四年二月十日也。以尚书右丞温造为节度。造因征蛮回兵，下车置宴，围新军千人，皆斩首于地，血流四注。杨叔元起求哀，拥造靴以请命，遣兵卫出之，以俟朝旨。敕旨配流康州。见第八章第五节。其亲刃绛者斩百断，号令者斩三断，余并斩首。内一百首祭李绛，三十首祭王景延、赵存约等，并投尸于江。平时不能整肃纲纪，而临事徒藉杀戮以立威，亦可惨矣。唐自军人骄横以来，此等大杀戮之事，亦数见不鲜，而卒不能已乱，可见淫刑之无益于治。抑杀戮如是之众，而独不能立枭杨叔元，又何以服军人之心，而寒宦寺之胆也？

武宗会昌元年（841年），史元忠为偏将陈行泰所杀，邀节制。《新书·藩镇传》曰：宰相李德裕，计河朔请帅，皆报下太速，故军得以安。若少须，下且有变，帝许之。未报，果为次将张绛所杀。复诱其军以请。亦置未报。是时回鹘为黠戛斯所破，乌介可汗托天德塞上，事见下节。雄武军使张仲武，《地理志》：蓟州有雄武军。遣其属吴仲舒入朝，请以本军击回鹘。德裕因问北方事。仲舒曰："行泰、绛皆游客，人心不附。仲武旧将张光朝子，年五十余，通书，《传》言仲武通《左氏春秋》。习戎事，性忠义，愿归款朝廷旧矣。"德裕曰："即以为帅，得毋复乱乎？"答曰："仲武得士心，受命，必有逐绛者。"德裕入白帝曰："行泰等邀节不可许，仲武求自效，用之有名，军且无辞。"乃擢兵马留后，而诏抚王纮领节度。纮，顺宗子。诏下，绛果为军中所逐。即拜仲武副大使。《新书》本传。《旧书·本纪》：会昌元年九月，幽州军乱，逐其帅史元忠，推衙将陈行泰为留后。三军上章请符节。朝旨未许。十月，幽州雄武军使张绛遣军吏吴仲舒入朝，言行泰惨虐，不可处将帅之任，请以镇军加讨。许之。十月，诛行泰。遂以绛知兵马使。二年正月，以抚王纮为幽州大都督府长史，充幽州、卢龙节度大使。以雄武军使张绛兼幽州左司马，知两使留后。仍赐名仲武。以绛与仲武为一人，而本传亦同《新书》，《纪》盖误。《通鉴》云：仲武起兵击绛，乃遣仲舒奉表诣京师，称绛惨虐，请以本军讨之。德裕奏行泰、绛皆使大将上表胁朝廷，邀节钺，故不可与。今仲武先自发兵，为朝廷讨乱，与之则似有名。乃以仲武知留后。仲武寻克幽州。二说微异。要之，是时于幽州，业已置之度外，故应之甚缓，而转可坐观其变。德裕之处张仲武，实与牛僧孺之处杨志诚无异，以为有奇策则误矣。

会昌三年四月，刘从谏卒。《新书》本传云：昭义自悟时治邢州，而人思上党。从谏还治潞。悟苛扰，从谏宽厚，故下益附。方年壮，思立功。甘露事起，宰相皆夷族，从谏不平，三上书请王涯等罪，讥切中人。郑覃、李石，藉其论执，以立权纲。中人惮而怨之。又劾奏萧本非太后弟。《新书·后纪传》：穆宗贞献皇后萧氏，闽人也。穆宗为建安王，后得侍，生文宗。文宗立，上尊号曰皇太后。初后去家入长安，不复知家存亡，惟记有弟。帝为访之。俄有男子萧洪，因后娣婿吕璋白见之。太后谓得真弟，悲不自胜。帝拜洪金吾将军。出为河阳三城节度使。稍徙鄜坊。始节度自神策出者，举军为办装，因三倍取偿。洪所代未及偿而死，军中并责偿于洪。洪不许。左军中尉仇士良憾之。会闽有男子萧本，又称太后弟，士良以闻。自鄜坊召洪下狱按治，乃代人。诏流欢州。不半道，赐死。擢本赞善大夫，宠赠三世。帝以为真，不淹旬，赐累巨万。然太后真弟，庸软莫能自达，本绐得其家系，士良主之，遂听不疑。历卫尉卿、金吾将军。会福建观察使唐扶上言：泉州男子萧弘，自言太后弟。御史台参治，非是。昭义刘从谏又为言，请与本辩。有诏三司高元裕、孙简、崔郇杂问，乃皆妄。本流爱州，弘儋州，而太后终不获弟。欢州见第二章第二节。爱州见第二章第七节。儋州见第四章第二节。仇士良积怒，唱言从谏志窥伺，从谏亦妄言清君侧，因与朝廷猜贰。又云：性奢侈，饰居室舆马。无远略。善贸易之算。徙长子道入潞，长子，今山西长子县。岁榷马，征商人，又熬盐、货铜铁，收缗十万。贾人子献口马金币，即署衙将，使行贾州县，所在暴横沓贪，责子贷钱，吏不应命，即诉于从谏，欲论奏，或遣客游刺。故天下怨怒。大将李万江，本退浑部。李抱玉送回纥道太原，举帐从至潞州，牧津梁寺。岁入马价数百万。子弟、姻娅，隶军者四十八人。从谏徙山东，惧其重迁，且生变；而子弟亦豪纵，少从谏，不甚礼。因诬其叛，夷三族，凡三百余家。姬妾有微过，辄杀之。人皆知其将亡。所为如此，岂似宽厚者？其辞盖有溢恶焉？彼其聚敛，实因与朝廷猜贰而然，其与朝廷猜贰，则原于甘露之变，故从谏虽可诛，宦寺非可诛从谏之人也。然从谏实负气，少谋略，故志虽正而遇日穷。疾病，谓妻裴氏曰："吾以忠直事朝廷，而朝廷不明我志，诸道皆不我与。我死，他人主此军，则吾家无炊火矣。"《通鉴》。弟子稹，从谏以为嗣，乃令主军事，而置大将王协、郭谊等为佐，其意仅在自全可知也。或谓如此，则何不释甲归朝？然文宗之世，政由宦寺；武宗、李德裕，又务反文宗之所为；此岂可于廷尉望山头邪？背唐室为逆，仇仇士良，不可云逆，因仇仇士良而唐室欲加诛，岂能责其不自救？顺逆之节，固不可以一端论也。

从谏既卒，稹秘不发丧，而使请医于朝。时则王协为之谋，曰："严奉监军，厚遗敕使，四境勿出兵，城中暗为备而已。"其意亦仍在自全也。朝廷早知其诈，乃令护从谏之丧归洛阳。稹拒朝旨。诏宰臣、百僚议。皆以塞上用兵，不宜中原生事，请以亲王遥领，令稹权知兵马事。独李德裕不可，曰："泽潞内地，不同河朔。前后命帅，皆用儒臣。李抱真成立此军，身殁之后，德宗尚不许继袭。洎刘悟作镇，长庆中颇亦自专。属敬宗因循，遂许从谏继袭。开成初于长子屯军，欲兴晋阳之甲，以除君侧。与郑注、李训，交结至深。外托效忠，实怀窥伺。自疾病之初，便令刘稹管兵马。不加讨伐，何以号令四方？若因循授之，则藩镇相效，自兹威令去矣。"谓泽潞不可不讨，似也，然谓其与郑注、李训交结，欲兴晋阳之甲，一若以仇士良之是非为是非者，何哉？德裕又言："刘稹所恃者，河朔三镇耳。但得魏、镇不与稹同，破之必矣。请遣重臣一人，传达圣旨。言泽潞命帅，不同三镇。自艰难已来，列圣皆许三镇承袭，已成故事。今国家欲加兵诛稹，禁军不欲出山东。其山东三州，委镇、魏出兵攻取。"上然之。乃命御史中丞李回使三镇谕旨。赐魏、镇诏书云：卿勿为子孙之谋，欲存辅车之势。至幽州，则以张仲武与太原刘沔不协，谕以和协之旨。夫唐自代宗已来，膏肓之疾，河北三镇也。

若德裕之所为，是以山东三州赂镇、魏，益使强大也。虽克昭义，又何利焉？而为之者，何哉？真以泽潞内地，不同河朔邪？抑武宗怨文宗末命之不逮已，德裕怨其时曾见贬斥，务反太和之政，虽为仇士良快意而不恤也？难言之矣！

战伐之谋既定，乃移忠武王茂元于河阳，以王智兴之子宰代帅忠武。使茂元与河东刘沔、河中陈夷行及王元逵、何弘敬同讨之。以武宁李彦佐为晋绛行营节度招讨使。晋州见第四章第一节。绛州见第六章第二节。山南东道卢钧，宽厚能得众，命兼节度昭义。德裕又奏：贞元、太和间，诸道兵才出界，便费度支供饷。迟留逗桡，以困国力。或密与贼商量，取一县一栅，以为胜捷。今请处分：元逵、弘敬，只令收州，勿攻县邑。帝然之。《旧书·德裕传》。《通鉴》：是时指令元逵取邢州，弘敬取洺州，茂元取泽州，李彦佐刘沔取潞州。案此说诚是，然元逵、弘敬，实未如其所指示，山东诸州之下，乃稹党内离，而《旧书》本传谓弘敬、元逵收洺、磁而稹党遂离，以至平殄，皆如其算，亦诬矣。李彦佐逗留，德裕请以石雄为之副，至军即令代之。王元逵密表何弘敬怀两端。德裕请遣王宰迳魏博攻磁州。弘敬果惧，自趋磁州。而河阳兵为稹将薛茂卿所败，王茂元又撄疾，乃改使宰援河阳。茂元卒，即统其万善营兵。《通鉴注》：《九域志》：怀州河内县有万善镇。茂卿通于宰，伪北，弃天井关在今山西晋城县南。入泽州，召宰兵，请为内应。宰疑之，不敢进。稹召茂卿诛之。以兵马使刘公直代将。复取天井关。刘沔与张仲武不协，徙之义成，以李石为河东。《新书》云：先时河北诸将死，皆先遣使吊祭，次册赠，次近臣宣慰，度军便宜，乃与节。军中不许出，乃用兵。大抵不半岁不能定。故謦将、逆子，皆得为之备。稹初不意帝怒即见讨，及王茂元录诏示稹，举族号恸，而愚懦不决。又云：李石领河东，稹因石兄洺州刺史恬移书乞降。其意终在于自全，灼然可见。石以闻，右拾遗崔碣表请纳之。帝怒，斥碣邓城令。邓城县，在今襄阳县北。诏敢言罢兵者，戮贼境上。其奉行仇士良之旨，何其决也？初刘沔以兵三千戍横水，其将王逶军榆社，今山西榆社县。请济师。李石召横水卒千五百归太原，令别将杨弁率之以赴。旧例，发军人给二缣，石以支计不足，量减其一，便催上路。时近岁暮，军人聚怨。四年正月朔，逐石，与稹连和。稹诸将建议：我求承袭，彼叛卒，若与之，是与反者。械其使送京师。使败太原兵，生擒卒七百。帝犹不赦。监军吕义忠招榆社戍兵，复太原，擒杨弁，送京师诛之。四月，王宰攻泽州，不克。闰七月，从谏妻弟裴问，以邢州降王元逵。洺州王钊，磁州安玉，《旧纪》。《通鉴》同，《新书·藩镇传》作高玉。亦降于何弘敬。郭谊、王协，乃谋叛稹。谊令稹所亲董可玉说稹，以谊为留后而归朝。稹许之。稹宅内兵马使李士贵攻谊，败死。谊遂杀稹。又悉取从谏子在襁褓者二十余，并从子积、匡周等杀之。夷张谷、张沿、陈扬庭、《新书·传》云：皆有文，时时言古今成败，以佐从谏。李仲京、王渥、王羽、韩茂章、茂实、贾庠、郭台、甄戈十一族。甄戈，《新书·传》云：颇任侠，从谏厚给恤，坐上坐，自称荆卿。从谏与定州戍将有嫌，命戈取之。因为逆旅上谒，留饮三日，乘间斩其首。它日，又使取仇人，乃引不逞者十余辈劫之。从谏不悦，号伪荆卿。军中素不附者皆杀。而函稹首送王宰。刘公直亦降于宰。仲京，训之兄；渥，璠之子；羽，涯族孙；茂章、茂实，约之子；庠，竦子；台，行余子。甘露难作，皆羸服奔从谏，从谏衣食之。《新书》本传。《旧书·本纪》，王璠子名珪，与仲京，羽，茂章，茂实，郭谊，刘公直，王协，刘稹母阿裴，稹弟、妹、从兄，张谷男，陈扬庭弟，甄戈并处斩于独柳。盖谊族其家，而送其身于朝也？《通鉴》云：李德裕复下诏，称逆贼王涯、贾竦等，已就昭义诛其子孙，宣告中外，识者非之。甘露之变，王涯子仲翔匿侍御史裴镭家，镭执以赴军。仲翔曰："业不见容，当自求生，奈何反相噬邪？"闻者哀之。见利则以宦寺之好恶为好恶，泄忿则以宦寺之是非为是非，所谓士君子者，几何其不为宦寺之孝子顺孙也？《旧书·传》云：初稹拒命，裴氏召集大将妻同宴，以酒为寿，泣下不能已。诸妇请命。裴曰："新妇各与汝夫文字，案不云语之而云与文字，似诸将妻皆质稹宅中者，亦可见军人之懔懔不自保也。勿忘先相公之拔擢。莫效李丕，背恩走投国家。丕，稹将首降唐者。子母为托，故悲不能已也。"诸妇亦泣下。故潞将叛志益坚。稹死，裴亦以此极刑。似其情真罪当者。然《新书·传》云：从谏妻裴，以弟立功，诏欲贷其死。刑部侍郎刘三复执不可，于是赐死。以尸还问。裴宽厚有谋，每劝从谏入朝，为子孙计。从谏有妾韦，愿封夫人，许之。诏至，裴怒，毁诏不与。从谏它日会裴党，复出诏。裴抵去，曰："淄青李师古，四世阻命，不闻侧室封者。君承朝廷姑息，宜自黜削，求洗濯，欲以婢为夫人，族不日灭耳。"从谏赧然止。及韦至京师，乃言李丕降，裴会大将妻号哭曰："为我语若夫，勿忘先公恩，愿以子母托。"诸妇亦泣下，故潞诸将叛益坚，由是及祸。然则《旧书》所著，乃当日爰书之语，而其所用者，实嬖妾之言也。可谓淫刑矣。

王茂元之死也，李德裕奏，王宰止可令以忠武节度使将万善营兵，不可使兼领河阳。恐其不爱河阳州县，恣为侵扰。又河阳节度，先领怀州刺史，尝以判官摄事，割河南五县租赋隶河阳。建中二年（781 年），以李芃为河阳、怀州节度，割东畿五县隶焉。五县：河阳，在今河南孟县南。河清，在今孟县西南。济源、温，今皆为县，属河南。王屋，在济源西。不若遂置孟州，其怀州别置刺史。俟昭义平日，割泽州隶河阳节度。则太行之险，不在昭义，而河阳遂为重镇，东都无复忧矣。上采其言，以河南尹敬昕为河阳节度、怀孟观察使。孟州治河阳，至明降为县。王宰将行营以扞敌，昕供馈饷而已。及邢、洺、磁三州降，德裕请以卢弘止为三州留后。弘止，新旧《唐书》皆附其兄《简辞传》。《旧书》作弘正，《本纪》同。《新书》纪传皆作弘止。《实录》同《新书》，见《通鉴考异》。曰："万一镇、魏请有三州，朝廷难于可否。”上从之。郭谊降，德裕奏：今不须复置邢、洺、磁留后，但遣卢弘止宣慰三州及成德、魏博两道。罢卢钧山南西道，专为昭义节度使。九月，诏以泽州隶河阳节度。太行之险，在南与在北实同，视国家能否控驭耳。邢、洺、磁三州，以是时河朔三镇，皆无远图，得未入于镇、魏，亦幸也。

刘稹之死也，石雄以兵守境，军大掠，郭谊移书责之，雄衔怒。李德裕建言：“乱由谊始，及兵在境，宜悉取逆党送京师。”乃诏雄率兵入，缚送谊等。有诏：从谏且死，乃署稹军，宜剖棺，暴尸于市三日。雄发视，三斩之。稹将白惟信，率余卒三千保潞城。今山西潞城县。雄召之，使往十余辈皆死。卢钧次高平，今山西高平县。惟信献款。雄欲尽夷潞兵。钧不听。坐治堂上，左右皆雄亲卒，击鼓传漏，钧居甚安。雄引去，乃召惟信，送至阙下，余众悉原。雄之暴戾而肆无上如此，无怪王智兴欲除之矣。明年，兴士五千戍代北。钧坐城门劳遣。戍卒骄，顾家属，不欲去。酒酣，反攻城。迫大将李文矩为帅。钧仓卒奔潞城。文矩投地僵卧，稍谕叛者，众乃悔服。即相与谢钧，迎还府，斩首恶，乃定。诏趣戍者行，密使尽戮之。钧请徐乘其变，而使者不发须报。时戍人已去潞一舍，钧选衙卒五百，壮骑百，以骑载兵夜趋。迟明，至太平驿，尽杀之。是时君相皆务杀戮以立威，而承之以郭谊等军人，可谓惨无人理。而《献替记》云：上信任宰臣，无不先访问，无独断之事，惟讨诛泽潞，不舍赴振武官健，及诛翦党项，此二事并禁中发诏处分，更不顾问，《通鉴考异》。则又知其事有惭德，而归过于君也，真乃凶德参会矣。宣宗立，石雄徙镇凤翔。王宰于雄故有隙，数欲沮陷。会德裕罢相，因代归。白敏中曰：功所酬已厌。拜神武统军，失势怏怏卒。

武宗之平昭义，论者或誉其能断，且以德裕为有谋。然时逾一载，仅乃克之；刍粮逾太行饷军，环六七镇；初诏卢商以户部侍郎判度支，又诏杜悰兼盐铁、度支，并二使财以赡军，军乃不乏；《旧书·本纪》会昌四年（844年），《新书·卢商传》。其势亦殊竭蹶矣。以力服人者，非心服也，力不赡也。当时朝廷之余力，尚几何哉？若能赫然诛仇士良，雪王涯、贾悚、李训、郑注之冤，明先君之志，闻风内乡者，又岂特一昭义也？

宣宗大中三年四月，张仲武卒，子直方袭。五月，武宁军乱，逐其节度使李廓。《旧书·本纪》。卢弘止代之。徐方自王智兴之后，军士骄恣。有银刀都者，尤劳姑息。前后屡逐主帅。弘止在镇期年，皆去其首恶，谕之忠义。讫于交代，军旅无哗。《旧书》本传。《通鉴》：都虞候胡庆方复谋作乱，弘止诛之，抚循其余。张直方动多不法，虑为将卒所图，是年冬，托以游猎赴阙。《旧书》本传。军人推衙将周綝为留后。四年九月，綝卒。军人立衙将张允伸。《旧书·本纪》。《新书·本纪》：四年八月，卢龙军乱，逐其节度使张直方，衙将张允伸自称留后。《传》同。《旧书·允伸传》云：戎帅周綝寝疾，表允伸为留后，则《新书》误也。《通鉴》从《旧书》。九年正月，王元逵卒，子绍鼎袭。《新书·本纪》。《传》云：元逵八年（854年）卒，《纪》盖据赴日书之。七月，浙西东道军乱，逐其观察使李讷。《新书·本纪》。《传》云：性疏下，遇士不以礼，故为下所逐。《通鉴》同。《旧书·本纪》：讷迁浙东观察在十年（856年）春，恐误。以沈询代之。《通鉴》。十一年七月，王绍鼎卒。绍鼎淫湎自放，性暴，厚裒敛，升楼弹射路人以为乐。众忿其虐，欲逐之。会病死。子幼，未能事事，弟绍懿袭。《新书》纪传。十二年三月，盐州监军使杨玄价杀其刺史刘皋。《新书·本纪》。四月，岭南军乱，逐其节度使杨发。《新书·本纪》。《旧传》云：发为福州刺史，耆老以善绩闻，朝廷以发长于边事，移授广州。属前政不率，蛮夏成怨。发以严为理，军乱，为军人所囚，致于传舍。五月，湖南军乱，逐其观察使韩琮。《新书·本纪》。诏山南东道节度使徐商讨平之。《通鉴》。六月，江西都将毛鹤逐其节度使郑宪。《新书·本纪》。以光禄卿韦宙为江西观察使，发邻道兵讨平之。十二月。《通鉴》。七月，容州将来正反。《新书·本纪》。容州见第六章第三节。经略使宋涯捕斩之。《通鉴》。八月，宣歙将康全泰逐其观察使郑薰。淮南节度使崔铉兼宣歙池观察处置使以讨之。十月，全泰伏诛。《新书·本纪》。《通鉴》：全泰之叛在七月，《纪》盖因崔铉之讨追书之。十三年四月，武宁军节度使康季荣为士卒所逐。上以左金吾大将军田牟弘正子。尝镇徐州，有能名，复以为武宁节度使。一方遂安。《通鉴》。

第四节　回纥之亡

回鹘奉诚可汗，以贞元十一年（795年）死。无子，国人立其相骨咄禄。册拜爱滕里逻羽录没密施合胡禄毗伽怀信可汗。骨咄禄本跌跌氏。少孤，为大首领所养。辩敏材武。当天亲时，数主兵，诸酋尊畏。至是，以药葛罗氏世有功，不敢自名其族。案此语欠明显。《通鉴》云：冒姓药葛罗氏，较清晰。而尽取可汗子孙，内之朝廷。《通鉴》云：自天亲可汗以上子孙幼稚者，皆内之阙庭。永贞元年（805年），死。册所嗣为滕里野合俱录毗伽可汗。《通鉴》同，《旧书》阙。元和三年（808年），死。册拜爱登里啰汨密施合毗伽保义可汗。《旧书》亦阙保义之立。下文称为蔼德曷里禄没弭施合蜜毗伽可汗。于其死时，又称为毗伽保义可汗。再请婚，未报。可汗以三千骑至鹈鹕泉。礼部尚书李绛以北边空虚；吴少阳垂死，可乘其变，南事淮右；请许之。而有司度费当五百万，帝方内讨强节度，故遣宗正少卿李诚、太常博士殷侑往谕不可。《新书·回鹘传》载绛之言曰：我三分天下赋，以一事边。今东南大县赋，岁二十万缗，以一县赋为婚赀，非损寡得大乎？今惜婚费不与，假如王师北征，兵非三万，骑非五千，不能扞且驰也；又如保十全之胜，一岁辄罢；其馈饷供拟，岂止一县赋哉？其言似辨，然与有司度费当五百万之说，大相径庭。盖好绛者億为之辞，而不悟其不合实际也。于此，可见唐代史料，多不可信。《旧书·殷侑传》，亦云当时计费为五百万缗也。穆宗立，又固求婚，许之，而可汗死。册所嗣为登啰羽录没密施句主毗伽崇德可汗。《旧书》阙崇德二字。下文又作登逻骨没密施合毗伽可汗。以太和公主下降。宪宗女。以上据《新书·回鹘传》。裴度讨幽、镇，回鹘请以兵从。朝议以宝应初回鹘恃功骄恣，难制，咸以为不可，命中使止之。会其已上丰州北界，不从。诏发缯帛七万匹赐之。乃还。《旧书·回纥传》。丰州见第四章第三节。敬宗即位之年，可汗死。其弟曷萨特勒立，册为爱登里啰汨没密施合毗伽昭礼可汗。《通鉴》系宝历元年三月。《旧书》：长庆二年五月，命使册立登啰骨没密施合毗伽礼可汗，当即此可汗，误系于前。太和六年（832 年），为其下所杀。从子胡特勒立。明年，册为爱登里啰汨没密施合句录毗伽彰信可汗。《新书·回鹘传》。《旧书》云：太和七年三月，回纥李义节等将驼马到，且报可汗三月二十七日薨，已册亲弟萨特勒。《通鉴》从《新书》。复强死，而回鹘不可支矣。

开成四年（839 年），回鹘相掘罗勿作难，引沙陀共攻可汗。可汗自杀。国人立𪉖馺特勒为可汗。《旧书》云：开成初，其相有安允合者，与特勒柴革欲篡萨特勒可汗。可汗觉，杀柴革及安允合。掘罗勿拥兵在外，怨，又杀萨特勒，以𪉖馺特勒为可汗。《通鉴》同。方岁饥，遂疫。又大雪，羊马多死。武宗即位，渠长句录莫贺与黠戛斯合骑十万攻回鹘城，杀可汗，诛掘罗勿，焚其牙。诸部溃。其相馺职与庞特勒十五部奔葛逻禄，残众入吐蕃、安西。于是可汗牙部十三姓《旧书》云：近可汗牙十三部。奉乌介特勒为可汗，南保错子山。《新书·回鹘传》。胡三省曰：《新志》：鸊鹈泉北十里入碛。经屈鹿山、鹿耳山至错甲山。《旧书》云：南来附汉。黠戛斯，乾元中为回纥所破。回鹘授其君长阿热官为毗伽顿颉斤。回鹘稍衰，阿热即自称可汗。回鹘遣宰相伐之，不胜。拏斗二十年不解。句录莫贺导阿热破杀回鹘可汗。诸特勒皆溃。阿热身自将，焚其牙及公主所庐。乃悉收其宝赀，并得太和公主。《新书·黠戛斯传》。自以李陵后，与唐同宗，使达干奉主来归。《旧书》云：令达干十人送公主至塞上。乌介怒，追击达干，杀之，劫主南度碛。《新书·回鹘传》。先是天德军使田牟、监军韦仲平，奏称回鹘叛将嗢没斯等侵逼塞下，吐谷浑、沙陀、党项，皆世与为仇，请出兵驱逐。李德裕以天德城兵才千余，诏牟约勒将士及杂虏，毋得先犯回鹘，又诏河东、振武严兵以备之。《通鉴》。天德军见第七章第一节。振武军见第三章第二节。于是其相赤心与王子嗢没斯、特勒那颉啜将其部欲自归，而公主亦遣使者来，言乌介已立，因请命。又大臣颉干伽思等表假振武居公主、可汗。帝使慰抚其众，输粮二万斛，而不许借振武。《新书·回鹘传》。时会昌元年十二月也。二年正月，遣兵部郎中李拭巡边。三月，还。言刘沔有威略，可任大事。时河东节度使苻澈疾病，乃以沔代之，而以金吾大将军李忠顺为振武。遣将作少监苗缜册命乌介可汗。使徐行，驻于河东，俟可汗位定然后进。既而可汗屡侵扰边境，缜竟不行。《通鉴》。嗢没斯以赤心奸桀，难得要领，密约田牟，诱赤心斩帐下。《旧书》云：赤心与连位相姓仆固者，与特勒那颉啜拥部众不宾乌介。赤心欲犯塞。乌介遣嗢没斯先布诚于田牟，然后诱赤心同谒乌介，戮赤心于可汗帐下，并仆固二人。案《新书》此处，叙事太略，一似嗢没斯但以己意约田牟杀赤心者，且似杀诸田牟帐下者矣。那颉啜收赤心众七千帐，东走振武、大同。大同军见第五章第二节。因室韦、黑沙，盖谓黑沙城地方之部落也。黑沙城见第四章第四节。南窥幽州。节度使张仲武破之，悉得其众。那颉啜走，乌介执而杀之。然乌介兵尚强，号十万。驻牙大同北闾门山。而特勒厖俱遮、阿敦宁等凡四部，及将军曹磨众三万，因仲武降。嗢没斯亦附使者送款。《新书·纪》在五月。帝欲使助可汗复国，而可汗已攻云州。见第二章第二节。刘沔与战，败绩。《新书·纪》在六月。嗢没斯率三部及特勒大酋二千骑诣振武降。以天德为归义军，《通鉴》云：以嗢没斯所部为归义军。即拜军使。既朝，皆赐李氏。名嗢没斯曰思忠，阿历支曰思贞，习勿啜曰思义，乌罗思曰思礼，此三人，《通鉴》云：嗢没斯弟，当即上所云三部。爱邪勿曰弘顺，爱邪勿，《通鉴》云国相。即拜归义军副使。指弘顺言之，见《旧纪》。以上据《新书·回鹘传》。《旧传》云：有特勒嗢没斯、阿历支、习勿啜三部，回鹘相爱邪勿弘顺，回鹘尚书吕衡等诸部降振武。三部首领皆赐姓李氏，及名思忠、思贞、思惠、思恩、充归义使。上少乌罗思，而下赐名仍有四人，足见其文有夺误。思惠、思恩，当即思义、思礼，不同者？或赐名亦有更易也。爱邪勿弘顺，赐名与旧名连举，文亦不完，或弘顺二字为分注也。可汗遣使者藉兵，欲还故廷，且假天德城。帝不许。可汗恚，进略大同川，谓大同境内有川流之处也。民居必依于川，故古称某地方民所聚居之处曰某川。转战攻云州。《旧纪》在八月。诏益发诸镇兵屯太原以北。《旧纪》云：许、蔡、汴、滑等六镇。《通鉴》云：陈、许、徐、汝、襄阳等兵。以刘沔为回鹘南面招抚使，张仲武为东面招抚使。李思忠为西党项都将、西南面招讨使。沔营雁门。又诏银州刺史何清朝，银州见第七章第一节。蔚州刺史契苾通，蔚州见第二章第七节。以蕃、浑兵出振武，与沔、仲武合，稍逼回鹘。《旧纪》在九月。云：诏太原起室韦、沙陀三部落，吐浑诸部，委石雄为前锋。易、定兵千人守大同军、契苾通、何清朝领沙陀、吐浑六千骑趋天德。李思忠率回纥、党项之师屯保大栅。三年正月，敕何清朝分领沙陀、吐浑、党项之众赴振武，取刘沔处分。《通鉴》云：何清朝、契苾通分将河东蕃兵诣振武，受李思忠指挥。要之，此役所用蕃兵甚多也。思忠数深入，谕降其下。沔分沙陀兵益思忠。河中军以骑五百益弘顺。沔进次云州。思忠屯保大栅。率河中、陈、许兵与回鹘战，败之。《通鉴》：八月，可汗突入大同川。转斗至云州。诏发陈、许、徐、汝、襄阳等兵屯太原及振武、天德，候来春驱逐回鹘。李德裕等上言：若如前诏，幽州兵宜令止屯本道，以俟诏命。若虑河冰既合，回鹘复有驰突，须早驱逐，则当及天时未寒，决策于数月之内。望令公卿集议。诏从之。议者多以为宜俟来春，于是有三道招抚使之命。德裕等旋奏：河东奏事官孙俦适至，云回鹘移营近南四十里。据此事势，正堪驱除。臣等问孙俦：若与幽州合势，迫逐回鹘，更须益几兵？俦言不须多益兵，惟大同兵少，得易定千人助之足矣。上皆从之。诏幽州、振武、天德各出大兵，移营稍前，以迫回鹘，李思忠请与契苾、沙陀、吐谷浑六千骑合势击回鹘。于是命何清朝、契苾通分将河东蕃兵诣振武，受思忠指挥。刘沔、张仲武固称盛寒未可进兵，请待岁首。李忠顺独请与李思忠俱进，十二月，李德裕奏请遣思忠进屯保大栅。此时刘沔、张仲武，实不免于玩寇，转不如蕃将之能奋勇也。明年，又为弘顺所破。沔与天德行营副使石雄料劲骑及沙陀、契苾等杂虏，夜出云州，走马邑。抵安众塞，逢虏，与战，破之。乌介方薄振武，雄驰入，夜穴垒出鏖兵。乌介惊，引去。雄追北至杀胡山，乌介被创走。雄遇公主，奉主还。降特勒以下众数万。《新书·回鹘传》。时会昌三年正月也。雄流白州后，太和中，河西党项扰乱，召还，隶振武刘沔军为裨将。是役，沔谓雄曰："黠虏离散，不足驱除，国家以公主之故，不欲急攻，若秉朝旨，恐或依违，我辈捍边，但能除患，专之可也。公可选骁健，径趋虏帐，彼必弃公主亡窜。事苟不捷，吾自继进，亦无患也。"雄乃选劲骑，袭得公主。唐是时以兵力不足，未敢贸然与回纥绝，此谋必出边将可知，乃《李德裕传》谓其以出奇形势授刘沔，沔乃令石雄击可汗败之，迎公主还，可谓攘善无耻矣。于是下诏罪状回鹘，令诸道兵马进讨。《旧书·本纪》。可汗收所余往依黑车子。《旧传》云：依和解室韦下营。诏弘顺、清朝穷蹑。弘顺厚啖黑车子以利，募杀乌介。初从可汗亡者，既不能军，往往诣幽州降。留者皆饥寒疮痍，裁数千。《旧书》云三千已下。黑车子幸其残，即杀乌介。其下又奉其弟遏捻特勒为可汗。《旧书》云：乌介嫁妹与室韦，托附之。回鹘相逸隐啜逼诸回鹘，杀乌介于金山，以其弟特勒遏捻为可汗。裒残部五千，仰食于奚大酋硕舍朗。大中初，张仲武讨奚，破之。回鹘寖耗灭。所存名王、贵臣五百余，转依室韦。仲武谕令羁致可汗等。遏捻惧，挟妻子驰九骑夜委众西走。部人皆恸哭。室韦七姓析回鹘隶之。黠戛斯怒，与其相阿播《通鉴》作遣其相阿播。将兵七万击室韦，悉收回鹘还碛北。遗帐伏山林间，狙盗诸蕃自给。稍归厖特勒。《新书·回鹘传》。《旧书》云：经三宿，阿播领诸蕃兵，从天德北界，来取遏捻及诸回鹘。大败室韦。回鹘在室韦者，阿播皆收归碛北。在外犹数帐，散藏诸山深林，盗劫诸蕃。则黠戛斯兵已先出，非闻室韦析隶回鹘而怒。伏山林间之回鹘，亦不必曾隶室韦。《新书》云遗帐，则似隶室韦之回鹘，黠戛斯亦取之不悉矣。《新书》此等措辞欠审处，难以遍举也。

回纥本非大部，属突厥败亡，中国又遭安史之乱不振，得坐大。其遇中国甚骄，详见第六章第二节。犹可诿曰：方助平安史，故恃功骄恣也。元和时，距其立功之时稍远矣，而殷侑往使，可汗盛陈兵甲，欲臣之，而不答拜，侑坚立不动。可汗则责其倨，欲留而不遣，此何为者邪？犹可诿曰：请昏未得，故怀忿恨也。穆宗时，太和公主既下降矣，胡证送主，《旧书·证传》曰：行及漠南，虏骑继至，狼心犬态，一日千状，欲以戎服变革华服，又欲以王姬疾驱径路，此又何为者邪？《李载义传》曰：回鹘每遣使入朝，所至强暴。边城长吏，多务苟安，不敢制之以法。虏益骄悍，或突入市肆，暴横无所惮。至是，有回鹘将军李畅者，晓习中国事，知不能以法制御，益骄恣。鞭捶驿吏，贪求无已。载义召与语曰："若将军之部伍不戢，剽掠庐舍，载义必杀为盗者，将军勿以法令可轻而不戒厉。"遂罢防守之兵，而使两卒守其门。虏知其不为下，无敢犯令。李畅亦见《柳公绰传》，其人实尚可理谕，否则更不可问矣。盖循北狄之犷悍，而益以西胡之狡黠，故至于此。西胡之入北狄，实有凿浑沌七窍之功，然不必为北狄之福也。故其败也，中国不肯援助，而汲汲为取乱侮亡之谋，不可谓非自取之也。铁勒之众，本自西来，突厥再盛，回纥又久处甘、凉间，故其与西胡关系甚深。其亡也，遗众入中国者甚多，散入诸蕃者亦不少，除前所叙外，《旧书》本传：张仲武破那颉，全收七千帐，杀戮、收擒老小近九万人。后有特勒庞俱遮、阿敦宁二部，回鹘公主密羯可敦一部，外相诸洛阿跌固一部，及牙帐大将曹磨你等七部，共三方众，相次降于幽州。诏配诸道。有特勒叶被沽、兄李二部，南奔吐蕃。有特勒可质力二部，东北奔大室韦。有特勒荷勿嚼，东讨契丹战死。《新书》本传：嗢没斯之降，请留族太原，率昆弟为天子扞边。帝命刘沔为列舍云、朔间处其家。其后思忠等以国亡，皆愿入朝，见听，遂罢归义军，分其兵赐诸节度。虏人惮隶食诸道，据滹沱河叛，刘沔坑杀三千人。此等皆败亡后散入中国及诸蕃者：又《本纪》：乌介之亡，摩尼寺废，在京外宅及东都修功德回纥，并勒冠带，各配诸道收管，则其本在中国者也。而惟入西域者为能自立，至今为其地一大族，有以也。遏捻之败，厖特勒已自称可汗，居甘州，有碛西诸城。宣宗遣使者抵灵州，省其酋长。回鹘因遣人随使者来。帝即册拜温禄登里逻汨没密施合俱录毗伽怀建可汗。厖特勒，《通鉴》大中二年（848年）作厖勒，云先在安西，亦自称可汗，总碛西诸城。大中十年三月，诏以回鹘有功于国，世为婚姻。近有降者，云已厖历今为可汗，尚寓安西，俟其归复牙帐，当加册命。十月，上遣使诣安西镇抚回鹘。使者至灵武，会回鹘可汗遣使入贡。十一月，册拜为嗢禄登里罗日没密施合俱录毗伽怀建可汗。胡三省曰：已厖历，即厖勒，以华言译夷言语转耳。后十余年，一再献方物。懿宗时，大酋仆固俊自北廷击吐蕃，斩论尚热。事见下节。尽取西州、轮台等城。使达干米怀玉朝，且献俘，因请命。诏可。其后王室乱，贡会不常，史亡其传。《通鉴》：僖宗乾符元年十二月，初回鹘屡求册命，诏遣册立使郗宗莒诣其国。会回鹘为吐谷浑、嗢末所破，逃遁不知所之。诏宗莒以玉册国信授灵盐节度使唐弘夫掌之，还京师。二年（875年），回鹘还至罗川。十一月，遣使者同罗榆禄入贡。赐拯接绢万匹。胡三省曰：宣宗大中二年（848 年），回鹘西奔，至是方还。案胡意指遏捻特勒也，然自开成四年（839 年）丧乱已来，回纥部落西走者甚多，乾符元年（874 年）为吐谷浑、嗢末所破，二年（875 年）还至罗川者，恐未必是遏捻部落也。昭宗幸凤翔，天复二年（902 年）。灵州节度使韩逊表回鹘请率兵赴难。翰林学士韩偓曰："虏为国仇旧矣。自会昌时伺边，羽翼未成，不得逞。今乘我危以冀幸，不可开也。"遂格不报。然其国卒不振，时时以玉、马与边州相市云。《新书·回鹘传》。《旧书》云：其后嗣君弱臣强，居甘州，无复昔时之盛。到今，时遣使入朝，进玉、马及本土所产，交易而退。则朝贡仍通也。

黠戛斯既破回鹘，徙牙牢山之南《新书》本传。又曰：牢山，亦曰赌蒲，距回鹘旧牙马行十五日。胡三省曰：回鹘旧居薛延陀北娑陵水上，开元中，破突厥，徙牙乌德鞬山昆河之间，见《通鉴》会昌二年（842 年）《注》。案此道里皆太远。此所云旧牙，恐当在其居郁督军山时。参看第三章第二节。会昌二年十月，遣将军踏布合祖等至天德军，言先遣都吕施合等奉公主归之大唐，至今无声问。不知得达，或为奸人所隔。案此即为乌介所杀之达干也。今出兵求索，上天入地，期于必得，又言将徙就合罗川，居回鹘故国。此当系回纥居郁督军山时旧牙。兼已得安西、北廷、达靼等五部落。三年二月，遣使者注吾合索献名马。诏大仆卿赵蕃饮劳之。上欲令蕃就求安西、北庭。李德裕等上言：借使得之，当复置都护，以唐兵万人戍之，以实费易虚名，非计。乃止。《旧书·李德裕传》：赵蕃奏黠戛斯攻安西、北庭都护府，宜出师应拔。德裕奏曰：据《地志》，安西去京七千一百里，北庭去京五千二百里。承平时向西路，自河西、陇右出玉门关，迤逦是国家州县，所在皆有重兵。其安西、北庭要兵，便于侧近征发。自艰难已后，河、陇尽陷吐蕃，若通安西、北庭，须取回纥路去。今回纥破灭，又不知的属黠戛斯否，纵令救得，便须却置都护，须以汉兵镇守，每处不下万人。从何征发？馈运取何道路？今天德、振武，去京至近，兵力常苦不足，无事时贮粮不支三年，况保七千里安西哉？臣恐蕃戎多计，知国力不及，伪且许之，邀求中国金帛。陛下不可中悔。此则将实费以换虚事，即是灭一回纥而又生之。恐计非便。乃止。案云黠戛斯攻安西、北庭，则其地尚未属黠戛斯，武宗之欲求之，亦如宋初使金，欲其攻得石晋所割地后，归之中国耳。赵蕃请出师应拔，盖但欲拔出其人？而武宗则欲得其地。此自非此时中国之力所及。故咸通时黠戛斯欲讨回鹘，使安西已来悉归唐，中国亦不之许也。黠戛斯求册命。三月，以赵蕃为安抚使。命李德裕草赐书，谕以回鹘残兵，散投山谷，须尽歼夷。待赵蕃回日，别命使展礼。六月，遣将军温仵合入贡。又赐之书，谕以速平回鹘、黑车子，乃行册命。四年三月，遣将军谛德伊斯难珠等入贡。言欲徙居回鹘牙帐，此当指回鹘东迁后牙帐。请发兵之期，集会之地。上赐诏，谕以今秋可汗击回鹘、黑车子之时，当令幽州、太原、振武、天德四镇出兵要路，邀其亡逸，便申册命，并依回鹘故事。《旧书·本纪》，谛德伊斯难珠之来在去年八月，盖赐诏在此月，《通鉴》追书之。朝廷以回鹘衰微，吐蕃内乱，议复河湟四镇、十八州。胡三省曰：开元之盛，陇右、河西，分为两镇而已，盖沦陷之后，吐蕃分为四镇也。十八州，秦、原、河、渭、兰、鄯、阶、成、洮、岷、临、廓、叠、宕、甘、凉、瓜、沙也。参看第六章第二节。乃以给事中刘濛为巡边使。使先备器械、糗粮，及诇吐蕃守兵众寡。又令天德、振武、河东，训卒砺兵，俟今秋黠戛斯击回鹘，邀其南来溃众。皆委濛与节度、团练使详议以闻。五年（845 年）夏，以陕虢观察使李拭为使，册其可汗为宗英雄武诚明可汗。六年九月，使者以国丧未行。是年三月，武宗崩。或以为僻远小国，不足与之抗衡；回鹘未平，不应遽有建置。诏百官集议。事遂寝。大中元年六月，以鸿胪卿李业为册黠戛斯英武诚明可汗使。当即宗英雄武诚明可汗。不知史文不具，抑此时去两字？咸通四年八月，遣其臣合伊难支表求经籍，及每年遣使走马请历。又欲讨回鹘，使安西以来悉归唐。不许。

七年十二月，遣将军乙支连入贡，奏遣鞍马迎册立使，及请亥年历日。注：是年丙戌，亥明年也。以上皆据《通鉴》。《新书》云：大中元年（847 年）受册后，逮咸通间三来朝。后之朝聘册命，史失其时。黠戛斯是时，颇为兴盛，故屡自通上国。然《新书》谓其卒不能取回鹘。可见回鹘西迁者，力实不弱，此其所以能遂据其地。黠戛斯盖终未能取安西、北庭？会昌二年（842 年）所云，乃得其一二部落，非得其地。故其东殄回纥残众及讨黑车子之师，亦终未能出。唐是时所愿在此。漠南北一时遂无强部矣。

此时塞北部落之健斗者，当推沙陀，然其人受豢于中国，所觊觎者自在内地，而中国人亦时时用之内地，遂不克向北展拓矣。沙陀之附吐蕃也，吐蕃徙其部甘州，以朱邪尽忠为军大论。吐蕃寇边，常以沙陀为前锋。久之，回鹘取凉州。吐蕃疑尽忠持两端，议徙沙陀于河外。举部愁恐。尽忠与其子执宜谋，元和三年（808 年），悉众三万落，循乌德鞬山而东。乌德鞬山见第五章第二节。吐蕃追之。行且战。并洮水，奏石门，关名，在今固原县北。转斗不解。部众略尽。尽忠死，执宜裒瘢伤，士才二千，骑七百，《通鉴考异》引赵凤《后唐懿祖纪年录》云：有马三千，胜兵万，盖夸侈之辞？款灵州塞。节度使范希朝以闻。诏处其部盐州。置阴山府，以执宜为府兵马使。沙陀素健斗，希朝欲藉以扞虏，为市牛羊，广畜牧，休养之。其童耄自凤翔、兴元、太原道归者，皆还其部。尽忠弟葛勒阿波，率残部七百，叩振武降。授左武卫大将军，兼阴山府都督。沙陀归唐，《通鉴》亦系元和三年（808 年）。《后唐懿祖纪年录》：贞元十三（797 年），回纥奉诚可汗收复凉州。沙陀归唐在十七年（801 年）。《考异》云：《德宗实录》，贞元十七年（801 年）无沙陀归国事。《范希朝传》，德宗时为振武节度使，元和二年（807 年），乃为朔方灵盐节度。今从《实录》《旧传》《新书》。然议者以灵武迫吐蕃，恐反覆生变。又滨边益口，则食翔价。顷之，希朝镇太原，元和四年六月，见《旧纪》。因诏沙陀举军从之。希朝乃料其劲骑千二百，号沙陀军，置军使。而处余众于定襄川。执宜乃保神武川之黄花堆。神武，北魏郡，北周废为县，唐省。故城在今山西神池县东北。黄花堆，在今山阴县北。更号阴山北沙陀。王锷节度太原，建言朱邪族孳炽，散居北川，恐启野心，愿析其族隶诸州，势分易弱也。遂建十府，以处沙陀。太和中，四年（830年）。柳公绰领河东，奏陉北沙陀，素为九姓、六州所畏。六州见第五章第二节。请委执宜治灵、朔塞下废府十一。胡三省曰：《旧书》作废栅，当从之，考之《唐志》，灵朔塞下，无十一府也。料部人三千御北边，号代北行营。授执宜阴山府都督代北行营招抚使。隶河东节度。死，子赤心嗣。以上据《新书·沙陀传》。执宜自归中国。再从讨镇州。王承元。王庭凑。伐吴元济。赤心从刘沔击回鹘，隶石雄诛刘稹。稹平，迁朔州刺史。仍为代北军使。大中初，吐蕃合党项及回鹘残众寇河西、太原。王锷又以其兵进讨云。

塞北部族，强者为沙陀，大者则奚、契丹也。安禄山之强，与奚、契丹剧战斗，两蕃尝遭破坏，又其众多入中国，故一时寡弱。畏回纥，常臣属之。《新书·安禄山传》：广平王俶向长安，张通儒等裒兵十万陈长安中。贼皆奚，素畏回纥，既合，惊且嚣，遂败。盖是时之奚、契丹，尚非如回纥之习于战斗也。《旧书·张仲武传》言：奚、契丹皆有回鹘监护使，督以岁贡，且为汉谍。仲武遣裨将石公绪等谕意，两部凡戮八百余人，可见回纥待属部之酷。一旦土崩，诸部遂莫为之辅，绝无如西州王众之于耶律大石者，亦以此邪？然于中国朝贡亦不绝。见新旧《书》本传。《旧纪》于大历七年（772年），十二年（777年），元和二年（807年），十年（815年），十一年（816年），十三年（818年），长庆四年，皆书奚、契丹入贡。开成二年（837年），会昌六年（846年），则仅有契丹。故事，常以范阳节度使为押奚、契丹两蕃使。自至德之后，藩臣多擅封壤，朝廷优容之，彼务自完，不生边事，故二蕃亦少为寇。每岁朝贺，常各遣数百人至幽州。则选其酋渠三五十人赴阙，引见于麟德殿，锡以金帛，遣还。余皆驻而馆之。率为常。《旧书》本传。此时实奚、契丹休养生息之好机会，其坐大盖由此也。《新书·契丹传》曰：天子恶其外附回鹘，不复官爵渠长。会昌二年（842年），回鹘破，契丹酋屈戍始复内附。拜云麾将军，守右武卫将军。于是幽州节度使张仲武为易回鹘旧印，赐唐新印，曰奉国契丹之印。《旧书》云：会昌二年九月，制契丹新立五屈戍，可云麾将军，守右武卫将军，员外置，同正员。幽州节度使张仲武上言：屈戍等云：契丹旧用回纥印。今恳请闻奏，乞国家赐印。许之。以奉国契丹之印为文。上云五屈戍，下云屈戍等，则屈戍乃称号，非人名，《新书》实误，《辽史世表》以屈戍当彼中传说之耶澜可汗，亦非也。奚犯塞时较多。见新旧《书》本传。《旧纪》，贞元四年（788年），十一年（795年），元和五年（810年），皆有奚入寇之事。然元和元年（806年），其君梅录尝身入朝，拜检校司空、归诚郡王。《新书》本传。《旧纪》作饶乐郡王。三年（808年），又以部酋索低为左威卫将军、檀、蓟州游奕兵马使，没辱孤平州游奕兵马使，皆赐李氏。而回鹘平后，未尝受封印如契丹，则其势已稍弱于契丹矣。奚五部，契丹八部，则契丹部众，本较奚为盛；此时契丹文明程度，似亦稍优于奚；故其后奚遂为之隶属矣。

第五节　吐蕃衰乱

自尚结赞死后，吐蕃无大侵寇。宪宗时尝通朝贡。《新书·李吉甫传》曰：吐蕃遣使请寻盟。吉甫议：德宗初未得南诏，故与吐蕃盟，自异牟寻归国，吐蕃不敢犯塞，诚许盟，则南诏怨望，边隙日生。帝辞其使。复请献边塞亭障南北数千里求盟。吉甫谋曰："边境荒岨，犬牙相吞，边吏按图覆视，且不能知，今吐蕃绵山跨谷，以数番纸而图千里，起灵武，著剑门，要险之地，所亡二三百所，有得地之名，而实丧之，陛下将安用此？”帝乃诏谢赞普不纳。《钱徽传》言：宪宗时内积财图复河湟；其后河湟自归，群臣请上尊号，宣宗言宪宗常念河湟，业未就而殂落，今当述祖宗之烈，其议上顺、宪二庙谥号；《新书·吐蕃传》。则宪宗实有恢复河湟之志，以困于内乱而未皇也。《新书·吐蕃传》云：元和十二年（817年），赞普死，使者论乞髯来。可黎可足立为赞普。《旧传》云：十二年四月，吐蕃以赞普卒来告，而不记立者为谁。《通鉴》则于十一年二月，书西川奏吐蕃赞普卒，新赞普可黎可足立。案后来刘元鼎入蕃，见下。其都元帅尚书令尚绮心儿谓之云：回纥小国也。我以丙申年逾碛讨逐，去其城郭二日程，计到即破灭矣，会闻本国有丧而还。《旧传》。丙申为元和十一年（816年），则西川之奏报不误，而彼国告丧之使，逾岁始至也。十三年十月，吐蕃围宥州，见第五章第二节。入河曲。灵武、夏州、西川，皆有战事。然时仍有使来，敕言其言旋才及近甸，盖其中枢不能节制边将，一如往日也。是岁，平凉镇遏使郝玼收复原州城。见第六章第二节。十四年十月，其节度使论三摩及宰相尚塔藏，中书令尚绮心儿围盐州，见第五章第八节。党项首领，亦发兵、驱羊马以助，凡二十七日乃退。《旧书·吐蕃传》。始沙州刺史周鼎为唐固守，沙州见第四章第四节。赞普徙帐南山，盖谓沙州南之山。使尚绮心儿攻之。鼎请救回鹘，逾年不至。议焚城郭，引众东奔。皆以为不可。鼎遣都知兵马使阎朝领壮士行视水草。朝执鼎，缢杀之，自领州事。城守者八年。出绫一端，募粟一斗，应者甚众。又二岁，粮械皆竭。登城而谑曰：“苟无徙他境，请以城降。”绮心儿许诺。于是出降。自攻城至是，凡十一年。赞普以绮心儿代守。后疑朝谋变，置毒靴中而死。州人皆胡服臣虏，每岁时祀父祖，衣中国之服，号恸而藏之。《新书·吐蕃传》。于此，可见吐蕃谋俘略之亟，人民惮迁徙之深。然白居易《新乐府》曰：“缚戎人，缚戎人，耳穿面缚驱入秦。面缚，通行本皆作面破，影宋本有作面缚者。天子矜怜不忍杀，诏徙东南吴与越。黄衣小使录姓名，领出长安乘递行。身被金创面多瘠，扶病徒行日一驿。朝餐饥渴费杯盘，夜卧腥臊污床席。忽逢江水忆交河，垂手齐声呜咽歌。其中一虏语诸虏：尔苦非多我苦多。同伴行人因借问，欲说喉中气愤愤。自言乡贯本凉原，大历年中没落蕃。一落蕃中四十载，遣著皮裘系毛带。惟许正朝服汉仪，敛衣整巾潜泪垂。誓心密定归乡计，不使蕃中妻子知。暗思幸有残筋力，更恐年衰归不得。蕃候严兵鸟不飞，脱身冒死奔逃归。昼伏宵行经大漠，云阴月黑风沙恶。惊藏青冢寒草疏，偷渡黄河夜冰薄。忽闻汉军鼙鼓声，路旁走出再拜迎。游骑不听能汉语，将军遂缚作蕃生。配向江南卑湿地，料无存恤空防备。念此吞声仰诉天，若为辛苦度残年？凉原乡井不可见，胡地妻儿虚弃捐。”则仍有冒死逃归者，而反为边将执以要功，亦可哀矣。德宗既遣韦伦，蜀帅上所获戎俘，有司请准旧事，颁为徒隶，上曰：“要约著矣，言庸二乎？”乃各给缣二匹、衣一袭归之。《旧书·吐蕃传》。则徙蕃俘江岭之法，德宗初已废，然观白居易之诗，则宪宗时又复矣。其君是恶，其民何罪？奴役蕃人，已为非理，终乃自奴役其民，不尤可哀乎？穆宗立，遣使告哀，并告册立。彼亦遣使来吊祭。然侵寇仍不绝。长庆元年九月，乃遣使请盟。十月，宰臣等与盟。又使刘元鼎入蕃。自此朝贡时至。太和五年九月，其维州守将悉怛谋来降。维州见第三章第四节。西川节度使李德裕差兵镇守。《旧书·本纪》。时牛僧孺当国，沮议。乃诏德裕却送一部之人还维州。赞普得之，皆加虐刑。维州为控扼要地，韦皋虽败论莽热，终未能取，及是乃既得而复失之。僧孺谓新与吐蕃盟，不宜败约，似也。然从古以来，誓盟不信，无如吐蕃者。德裕后奏论此事，谓此役前一年，吐蕃犹围鲁州，六胡州之一。见第五章第二节。其信义安在？吐蕃是时实弱，而僧孺曰：闻赞普牧马茹川，蔚茹水，今清水河，在固原北，至中卫入河。俯于秦陇，若东袭陇阪，径走回中，不三日抵咸阳桥，发兵枝梧，骇动京国，事或及此，虽得百维州何补？显系耸听之辞。又云：吐蕃疆土，四面万里，失一维州，无损其势，则此原为一道控扼之计，德裕奏论，谓得此可减八处镇兵，其说必不能诬罔也。德裕又言：累表上陈，乞垂矜救，答诏严切，竟令执还。加以桎梏，舁于竹畚。及将就路，冤叫呼天。将吏对臣，无不流涕。其部送者，便遭蕃帅讥诮：既已降彼，何须送来？却将降人，戮于汉界。恣行残虐，用固携离。乃至掷其婴孩，承以枪槊。此诚从古以来，未有此事，徒快私意，大失政刑，党争之祸国，亦可见矣。德裕之为人，阴贼险诐，实较僧孺为更恶，然就此事言之，则断不能是牛而非李也。《新书·循吏传》：薛元赏时为汉州刺史，上书极言可因而抚之，溃虏膺腹，不可失，此当时之公论也。《旧书·德裕传》：德裕奏论维州事曰：初河、陇尽没，此州独存。吐蕃潜将妇人，嫁与此州门子。二十年后，两男长成，窃开垒门，引兵夜入。此说颇近东野人言。上文叙事中亦言之，云：至德后，河、陇陷蕃，惟此州尚存。吐蕃利其险要，将妇人嫁于此州阍者。《地理志》则云：上元元年（760年）后，河西、陇右，州县皆陷。吐蕃赞普更欲图蜀川，累急攻维州，不下，乃以妇人嫁维州门者。据《新书·地理志》，维州陷于广德元年（763年），上距上元元年（760年）仅三载，距至德元年（756年），亦仅七载耳。

《新书》云：赞普立几三十年，病不事，委任大臣，故不能抗中国，边候晏然。死，以弟达磨嗣。达磨嗜酒，好畋猎，喜内，且凶愎少恩，政益乱。开成四年（839年），遣太子詹事李景儒往使。吐蕃以论集热来朝，献玉器、羊马。自是国中地震裂，水泉涌；岷山崩，洮水逆流三日；鼠食稼，人饥疫，死者相枕藉。鄯、廓间夜闻鼙鼓声，人相惊。鄯、廓州皆见第三章第四节。会昌二年（842年），死。论赞热来告丧。天子命将作监李璟吊祠。《旧书》至会昌二年（842年）始书赞普卒，则似继死于元和十一年（816年）之赞普者，至此始死，不惟佚可黎可足之名，并阙达磨一世矣。《通鉴》据《补国史》，于开成三年（838年），书吐蕃彝泰赞普卒，弟达磨立。又于会昌二年十二月，书吐蕃遣其臣论普热来告达磨赞普之丧。《考异》云：彝泰卒，达磨立，《实录》不书，《旧传》《续会要》皆无之。《实录》于会昌二年（842年）云：赞普立仅三十余年，有心疾，不知国事，委政大臣。彝泰以元和十一年（816年）立，即可黎可足。至此二十七年，达磨立至此五年，云仅三十年，亦是误以达磨为彝泰，疑《实录》阔略，他书皆因而误也。达磨既死，吐蕃遂大乱。初，达磨有佞幸之臣，以为相。达磨卒，无子，佞相立其妃綝氏兄尚延力之子乞离胡，才三岁。佞相与妃共制国事。吐蕃老臣数十人，皆不得与。首相结都那见乞离胡不拜，曰："赞普宗族甚多，而立綝氏子，国人谁服其令？鬼神谁享其祀？国必亡矣。比年灾异之多，乃为此也。"拔刀剺面，恸哭而出。佞相杀之，灭其族。《新书》无佞相之说，但云：乞离胡始三岁，妃共治其国。于结都那之死，则云用事者共杀之。国人愤怒。又不遣使诣唐求册立。洛门川讨击使论恐热，《注》：洛门川，在渭州陇西县东南。汉来歙破隗纯于落门，即此。案陇西县，今属甘肃。《考异》:《补国史》曰：恐热姓末，名农力。吐蕃国法，不呼本姓，但王族则曰论，官属则曰尚，其中字即蕃号也。热者，例皆言之，如中华呼郎。案论恐热起兵，以诛綝氏为名，而与之敌者为尚思罗、尚婢婢，似当时王族与异姓之间，实有争阋。属其徒告之曰：贼舍国族，立綝氏，专害忠良，以胁众臣。且无大唐册命，何名赞普？此当系其告唐人之语。吾当与汝属举义兵，入诛綝妃及用事者。"遂说三部落，得万骑。《注》：三部落，吐蕃种落之分居河、陇者。或云：吐浑、党项、嗢末。《新书·吐蕃传》云：浑末，亦曰嗢没，吐蕃奴部也。虏法，出师必发豪室，皆以奴从，平居散处耕牧。及恐热乱，无所归，共相啸合数千人，以嗢末自号。居甘、肃、瓜、沙、河、渭、岷、廓、叠、宕间。其近蕃牙者最勇，而马尤良云。甘州、肃州、瓜州见第四章第四节。河州、渭州见第五章第四节。岷州见第三章第四节。叠州、宕州见第六章第二节。与青海节度使同盟，举兵，自称国相。至渭州，遇国相尚思罗屯薄寒山。恐热击之。思罗弃辎重，西奔松州。恐热遂屠渭州。思罗发苏毗、吐谷浑、羊同等兵合八万，保洮水，焚桥拒之。恐热至，隔水语苏毗等曰："贼臣乱国，天遣我来诛之，汝曹奈何助逆？我今已为宰相，国内兵皆得制之。汝不从，将灭汝部落。"苏毗等疑不战，恐热引骁骑涉水，苏毗等皆降。思罗西走。追获，杀之。恐热尽并其众，合十余万。自渭川至松州，所过残灭，尸相枕藉。《通鉴》。恐热谋篡国，恐鄯州节度使尚婢婢袭其后，欲先灭之，兵拏仍岁不解。《新书·吐蕃传》。大中三年二月，秦、原、安乐三州及石门等七关来降。《通鉴》。七关，谓原州之石门、驿藏、木峡、制胜、六盘、石峡六关及萧关也，见《旧书·本纪》。萧关，在今固原县东南。《新书》叙三州七关之复于恐热来降后。《通鉴考异》曰：《实录》：泾原节度使康季荣奏吐蕃宰相论恐热杀东道节度使，奉表以三州、七关来降。《献祖纪年录》亦云：杀东道节度使奉表。国史叙论恐热事甚详，至五年五月始来降，此际未降也。又不云杀东道节度使。且恐热若以三州、七关来降，朝廷必官赏之，何故但赏边将而不及恐热？盖三州、七关，以吐蕃国乱自来降，非恐热帅以来，《实录》误耳。十月，西川节度使杜悰奏取维州。《通鉴》。《新书·本纪》同。《旧纪》在九月。悰，佑孙，事亦见《旧书·佑传》。十二月，吐蕃以扶州归于有司。《新书·本纪》。四年九月，论恐热遣僧莽罗蔺真击尚婢婢军于白土岭。《注》：《水经注》：左南津西六十里有白土城，城西北有白土川水，其地在唐河州凤林县西。案唐凤林县，在今甘肃临夏县西南。婢婢遣其将尚铎榻藏拒之，不利。复遣磨离罴子、烛卢巩力拒之。巩力请按兵拒险，勿与战，以奇兵绝其粮道，不过旬月，其众必溃。罴子不从。巩力称疾归鄯州。罴子逆战，败死。婢婢粮乏，留拓跋怀光守鄯州，帅部落三千余人就水草于甘州西。恐热大掠河、西、鄯、廓等八州。杀其丁壮，劓刖其羸老及妇人，以槊贯婴儿为戏。焚其室庐。五千里间，赤地殆尽。《通鉴》。沙州人张义潮，阴结豪杰谋归唐。一旦帅众被甲噪于州门。唐人皆应之。吐蕃守将惊走。义潮遂摄州事，奉表来降。五年正月，以为沙州防御使。义潮略定瓜、伊、西、甘、肃、兰、鄯、河、岷、廓十州，遣其兄义泽奉十一州图籍入见。于是河湟之地，尽入于唐。十一月，置归义军于沙州，以义潮为节度使、十一州观察使。又以义潮判官曹义金为归义军长史。《通鉴》。《考异》曰：《唐人补录》《旧纪》，义潮降在五年八月。《献祖纪年录》及《新纪》在十月。按《实录》：五年二月壬戌，天德军奏沙州刺史张义潮、安景旻及部落使阎英达等差使上表，请以沙州降。十月，义潮遣弟义泽以本道瓜、沙、伊、肃等十一州地图、户籍来献。河、陇陷没百余年，至是悉复故地。十一月，建沙州为归义军，以张义潮为节度使，河、沙等十一州观察、营田、处置等使。《新纪》：五年十月，沙州人张义潮以瓜、沙、伊、肃、鄯、甘、河、西、兰、岷、廓十一州归于有司。《新传》：三州七关降之明年，沙州首领张义潮奉十一州地图以献。擢义潮沙州防御使。俄号归义军，遂为节度使。参考诸书，盖二月义潮使者始以得沙州来告，除防御使。十月，又遣义泽以十一州图籍来上，除节度使也。今从《实录》。《新传》云三州降之明年，误也。论恐热残虐，所部多叛。拓跋怀光使人说诱之。其众或散居部落，或降于怀光。恐热势孤，乃扬言于众曰："吾今入朝于唐，借兵五十万，来诛不服者，然后以渭州为国城，请唐册我为赞普，谁敢不从？"五年五月，入朝，求为河、渭节度使。上不许。恐热怏怏而去。复归洛门川，聚其旧众，欲为边患。会久雨，乏食，众稍散，才有三百余人，奔于廓州。《通鉴》。其后河、渭州虏将尚延心以国破亡，亦献款。《新书·吐蕃传》。《通鉴》：大中十一年十月，以秦成防御使李承勋为泾原节度使。承勋，光弼之孙也。先是尚延心以河、渭二州部落来降，拜武卫将军，承勋利其羊马之富，诱之入凤林关，居秦州之西。承勋与诸将谋执延心，诬云谋叛，尽掠其财，徙其众于荒远。延心知之。因承勋军宴，坐中谓承勋曰："河、渭二州，土旷人稀，因以饥疫，唐人多内徙三川，吐蕃皆远遁于叠、宕之西，二千里间，寂无人烟。延心欲入见天子，请尽率部众，分徙内地，为唐百姓，使西边永无扬尘之警，其功亦不愧于张义潮矣。"承勋欲自有其功，犹豫未许。延心复曰："延心既入朝，部落内徙，但惜秦州无所复恃耳。"承勋与诸将，相顾默然。明日，诸将言于承勋曰："明公首开营田，置使府，拥万兵仰给度支，将士无战守之劳，有耕市之利，若从延心之谋，则西垂无事，朝廷必罢使府，省戍兵，还以秦州隶凤翔，吾属无所复望矣。"承勋以为然。即奏延心为河渭都游奕使，使统其众居之。《考异》曰：此事出补国史。按张义潮以十一州降，河、渭已在其间，今延心复以河、渭降者？义潮所率者汉民，延心所率者蕃族也。又《补国史》不云延心以何年月降，《新传》但云：张义潮降，其后河、渭州虏将尚延心以国破亡，亦献款。秦州刺史高骈诱降延心及浑末部万帐，遂收二州。拜延心武卫将军，骈收凤林关，以延心为河渭等州都游奕使。按《旧传》：高骈懿宗时始为秦州刺史，《新传》误也。今从《补国史》，因承勋移镇泾原，并延心事置于此。案《新书·骈传》，其为秦州刺史，亦在懿宗时，而云：取河、渭二州，略定凤林关，降虏万余人，则或延心为都游奕使，虽在骈刺秦州之前，而河、渭二州之大定，实在骈刺秦州之后；又或李承勋虽奏使延心居秦州之西，而未以之为都游奕使也。凤林关，在凤林县，县以关为名。三川，胡《注》云：平凉川，蔚茹川，洛门川也。咸通二年（861），义潮奉凉州来归。《新书·吐蕃传》。七年（866年），北庭回鹘仆固俊击取西州，收诸部。《新书·吐蕃传》。《通鉴》：七年二月，张义潮奏北庭回鹘固俊克西州、北庭、轮台、清镇等城。《注》：固俊，《新书》及《考异》正文皆作仆固俊。盖《传》本夺仆字也。《考异》曰：《实录》：义潮奏俊收西河及部落，胡汉皆归伏，并表贺收西州等城事。按大中五年（851年），义潮以十一州图籍来上，西州已在其中，今始云收西州者？盖当时虽得其图籍，其地犹为吐蕃所据耳。清镇军城，在轮台西二百九十里，见《新书·地理志》。鄯州城使张季颙与尚恐热战，破之，收器铠以献。吐蕃余众犯邠宁，节度使薛弘宗却之。会仆固俊与吐蕃大战，斩恐热，传首京师。《新书·吐蕃传》。论恐热寓居廓州，纠合旁侧诸部，皆不从。所向尽为仇敌，无所容。仇人以告拓跋怀光于鄯州，怀光引兵击破之。十月，以五百骑入廓州，生擒恐热。先刖其足，数而斩之。传首京师。其部众东奔秦州，尚延心邀击破之。悉奏迁于岭南。《通鉴》。《考异》引《实录》：张义潮奏鄯城使张季颙押领拓跋怀光下使到尚恐热将，并随身器甲等，并以进奉，为《新书》所本，而《鉴》不之取，亦未叙仆固俊斩恐热事，似以论恐热、尚恐热为一人，此恐误。当时仆固俊兵力，未必能去北庭甚远，而论恐热居廓州，仅三百人，亦未必能犯鄯州，更不能与仆固俊战。尚恐热盖别为一人，其众必较多，故为张季颙所败后，余众尚能东犯邠宁，身又能西北走，与仆固俊大战。若论恐热，则始终穷居廓州，而为拓跋怀光所就杀耳。此吐蕃乱后，诸将纷拏，见于中国史籍者也。其中枢，则《新书·传》云：会昌三年（843年），国人以赞普立非是，皆叛去；而《通鉴》云：乞离胡君臣，不知所终；盖自会昌三年（843年）后，遂无闻焉耳矣。《新书·吐蕃传》曰：初，太宗平薛仁杲，得陇上地；虏李轨，得凉州；破吐谷浑、高昌，开四镇。玄宗继收黄河、碛石、宛秀等军。黄河军，当即九曲军，与宛秀军皆见第五章第四节。碛石军，在今甘肃临夏县西。中国无斥候警者几四十年。轮台、伊吾屯田，禾菽弥望。开远门揭候署曰：西极道九千九百里，示戍人无万里行也。乾元后，陇右、剑南、西山三州、七关，军、镇、监、牧三百所皆失之。大中后，虽幸吐蕃微弱，故地自归，然《地理志》谓宣、懿德微，不暇疆理，惟名存有司而已。

吐蕃虽微，西北初未遽靖，以是时为患者实多诸杂种，吐蕃惟为之率将而已。诸杂种中，以吐谷浑、党项为大。吐谷浑自吐蕃取安乐州，残部徙朔方、河东，多在今山西北境。党项则多在陕、甘、宁夏，故其为西北之患尤深。初吐蕃寖盛，拓跋畏逼，请内徙，诏庆州置静边等州以处之。庆州见第三章第一节。其在西北者，天授中内附，散在灵、夏间。《旧书》云二十万口，《新书》云户凡二十万。禄山之乱，河、陇陷吐蕃，乃徙党项州存者于灵、庆、银、夏之境。《新书·地理志》。肃、代时与吐谷浑、奴剌等共为边患，已见第六章第二节。郭子仪兼统西北诸镇，以党项、吐谷浑部落，散处盐、夏等州，地与吐蕃滨近，易相胁，表徙静边州、夏州、乐容等六府党项于银州之北，夏州之东，乐容州都督府，本隶灵州。宁朔州吐谷浑住夏西，宁朔州，初隶乐容都督府，代宗时隶夏州。以离沮之。六州部落，在庆州者号东山部，夏州者号平夏部。《通鉴》宣宗大中五年（851年）胡《注》曰：平夏，地名。宋朝李继迁之叛，徙绥州吏民之半置平夏，以为巢穴，盖银夏之要地也。案静边州及六州部落，盖党项之两大宗，皆迁于夏东，而六州部落，又有分居庆州者也。永泰后稍徙石州，见第二章第七节。后为永安将阿史那思暕赋索无极，遂亡走河西。《通鉴》系贞元十五年（799年）。胡《注》云：唐盖置永安镇将于石州，以绥御党项。至太和中，寖强，数寇掠。然器械钝苦，畏唐兵精，则以善马购铠，善羊贸弓矢。鄜坊道军粮使李石表禁商人不得以旗帜、甲胄、五兵入部落，告者举罪人财畀之。至开成末，种落愈繁富。贾人赍缯宝鬻羊马，藩镇乘其利，强市之，或不得直，部人怨，相率为乱。至灵、盐道不通。武宗以侍御史为使招定，分三部：邠、宁、延属崔彦曾，盐、夏、长泽属李鄠，灵武、灵、胜属郑贺，不克。长泽县，在今陕西靖边县东。《通鉴》：会昌三年十一月，邠宁奏党项入寇。李德裕奏：党项愈炽，不可不为区处。闻党项分隶诸镇，剽掠于此，则亡逃归彼，节度使各利其驼马，不为擒送，以此无由禁戢。臣屡奏不若使一镇统之。陛下以为一镇专领权太重。臣今请以皇子兼统诸道，择中朝廉干之臣为副，居于夏州，理其辞讼，庶为得宜。乃以兖王岐为灵夏等六道元帅，兼安抚党项大使。又以御史中丞李回为安抚党项副使，史馆修撰郑亚为元帅判官，令赍诏往安抚党项及六镇百姓。《注》云：六镇，盐州、夏州、灵武、泾原及振武、邠宁也。以三侍御史为使之事，《通鉴》不载，而云：朝廷虽为党项置使，党项侵盗不已，攻陷邠宁、盐州界城堡，屯叱利寨。宰相请遣使宣慰。上决意讨之。六年二月，以夏州节度使米暨为东北道招讨党项使。为党项置使，《注》以为即指崔彦曾等三人。宣宗大中四年（850 年），内掠邠宁、诏凤翔李业、河东李栻合节度兵讨之。宰相白敏中为都统。帝出近苑，或以竹一个植舍外。帝属二矢，曰："党项穷寇，仍岁暴吾鄙。今我约：射竹中，则彼当自亡。不中，我且索天下兵翦之。终不以此贼遗子孙。"观此言，可知党项侵寇之烈矣。帝一发，竹分，矢彻诸外。左右呼万岁。不阅月，羌果破殄。余种窜南山。《新书·党项传》。《通鉴注》云：党项居庆州者号东山部，居夏州者号平夏部，其窜居南山者为南山党项。赵珣《聚米图经》：党项部落在银夏以北居川泽者，谓之平夏党项，在安盐以南居山谷者，谓之南山党项。然无几复为患，以毕諴为邠宁节度使，乃平之。事见《新书·諴传》，甚略。《通鉴》叙述较详，今录如下：大中四年九月，党项为边患，发诸道兵讨之，连年无功，戍馈不已。右补阙孔温裕上疏切谏。上怒，贬柳州司马。十一月，以翰林学士刘瑑为京西招讨党项行营招讨使。五年正月，上颇知党项之反，由边帅利其羊马，数欺夺之，或妄诛杀，乃以右谏议大夫李福为夏绥节度使。自是继选儒臣，以代边帅之贪暴者，行日复面加戒励。党项由是遂安。上以南山、平夏党项久未平，颇厌用兵。崔铉建议，宜遣大臣镇抚。三月，以白敏中为司空同平章事，充招讨党项行营都统制置等使，南北两路供军使，兼邠宁节度使。敏中请用裴度故事，择廷臣为将佐，许之。四月，敏中军于宁州。定远城使史元破党项九千余帐于三交谷。敏中奏党项平。诏平夏党项，已就安帖。南山党项，闻出山者迫于饥寒，犹行钞掠。平夏不容，穷无所归。宜委李福存谕。于银夏境内，授以闲田。向由边将贪鄙，致其怨叛，自今当更择廉良抚之。若复致侵叛，当先罪边将，后讨寇虏。八月，白敏中奏南山党项亦请降，时用兵岁久，国用颇乏，诏并赦南山党项，使之安业。十月，制以党项既平，罢白敏中都统，但以司空平章事，充邠宁节度使。六年四月，以敏中为西川节度使。党项复扰边。上欲择可为邠宁帅者而难其人。从容与翰林学士中书舍人毕諴论边事。諴援古据今，具陈方略。上悦曰："吾方择帅，不意颇、牧近在禁廷。卿其为朕行乎？"欣然奉命。上欲重其资履，六月，先以为刑部侍郎，乃除邠宁节度使。十月，諴奏招谕党项皆降。九年三月，诏諴还邠州。先是以河湟初附，党项未平，移邠宁军于宁州，至是南山、平夏皆安，威、盐、武三州军食足，故令还理所。柳州，三交谷，《注》云：在夏州界。武州，大中五年（851年）以萧关置。然其部落实炽盛，故后拓跋思恭复以讨黄巢起云。

第十章 唐室乱亡（上）

第一节 懿、僖荒淫

《旧书·帝纪》赞，谓唐之亡决于懿宗，以其时云南侵寇不息，调兵运饷，骚动甚巨，加以庞勋起义，“徐寇虽殄，河南几空”。《旧书·懿宗纪》。又引起黄巢起义也。然以唐中叶后藩镇之跋扈，不能戢其士卒，而恣意暴虐人民，终必至怯于公战、勇于私斗而后已。云南、徐方之变，安得不作？而中枢政令，悉为宦寺所把持，又断不能大振纪纲、削平藩镇也。故唐自德宗、宪宗，志平藩镇而未成，顺宗、文宗，欲除宦寺而不克，而其势已不可为，败坏决裂，特待时焉而已。懿宗之骄泆，僖宗之童昏，夫固不能为讳。亦如木焉，本实先拨，疾风甚雨特促其倾仆而已，谓其倾仆之即由于是，固不然也。

继嗣之不以正，自肃、代来久然，然未有若懿宗之尤可疑者。新旧《书·本纪》皆云：懿宗为宣宗长子，封郓王。其《诸子传》则云：宣宗子十一人。然合懿宗数之，实得十二。《旧书·诸子传》，例皆著其长幼。其叙宣宗诸子：曰靖怀太子汉，曰第二子雍王泾，曰卫王灌，曰第三子夔王滋，曰第四子庆王沂，曰第五子濮王泽，曰第六子鄂王润，曰第七子怀王洽，曰第八子昭王汭，曰康王汶，曰广王潍，靖怀及卫、康、广三王之次阙焉。《新传》于诸子，例不著其长幼。其叙次，卫王次广王下，又夔王作通王，云会昌六年（846年）封，懿宗立乃徙王，余与《旧传》同。《宗室表》：鄂王次怀王下，其余亦同《旧传》。诸子封年：新旧《传》皆云：靖怀以会昌六年（846 年）封雍王，夔、庆二王同封，雅王封于大中元年（847 年），濮王封于二年（848 年），鄂王封于五年（851 年），怀、昭、康三王封于八年（854 年），卫、广二王封于十一年（857 年）。封爵常例，合依长幼之次。雅王既长于夔、庆二王，何以受封反在其后？卫王既与广王同封，何以《旧传》列诸雅、夔之间？其事皆有右疑。考诸《本纪》，则《旧书》会昌六年四月制：皇长男温可封郓王，二男泾可封雅王，第三男滋可封蕲王，第四男沂可封庆王。大中元年二月制：第五子泽为濮王，第六子润为鄂王。五年正月制：第七子洽封怀王，第八子汭为昭王，第九子汶为康王。十一年六月制：皇第三男灌封卫王，十一男滙封广王。封年与新旧《传》乖违。《旧纪》既据制书，似当以之为准。夔王究封于夔，抑初封蕲后乃徙王，无可参证，亦不足深论。鄂、怀、康、广，次第皆有明文，既可补《旧传》之阙，亦足证《新表》之误。卫王不应云第三，《廿二史考异》谓为第十之误，其说极确。惟雍王之封阙焉。谓其人为子虚，则并懿宗数之，宣宗之子恰得十一，与新旧《传》都数可谓巧合，然于理终未安也。更考诸《新纪》：则卫王之封在十年（856 年），而会昌六年（846 年）之封，多一雍王渼。卫王封年之异，盖夺一一字，无足惑。靖怀之名，《通鉴》亦作渼，疑与汉因相似而误，亦不足深论，其必为一人，似无可疑。然则《旧纪》独阙靖怀之疑释，然宣宗之子，仍得十二人矣。此究何说邪？案宣宗未尝立后，故其子无嫡庶之殊，惟有长幼之异。《新书·后妃传》云：宣宗元昭皇后晁氏，懿宗追册。少入邸，最见宠答。及即位，以为美人。大中中薨，赠昭容。诏翰林学士萧寘铭其窆，具载生郓王、万寿公主。后夔、昭等五王居内院，而郓独出阁，及即位，是为懿宗。外颇疑帝非长，寘出铭辞以示外廷，乃解。皇子诞生，耳目昭著，何至疑其长幼？志铭通例，虽著所生子女，未必详其生年。《传》云具载郓王及万寿公主之生，不云著其生于何岁，亦隐见所证明者，乃懿宗之为谁子，而非在其次第。盖懿宗实非宣宗子？宣宗长子，实为靖怀？武宗以弟继兄，宣宗以叔父继犹子，固非承嗣之正，究为先君遗体。懿宗盖族属已疏，无可立之理，宦官既拥立之，乃强名之为宣宗长子，使萧寘伪造铭辞，以著其为宣宗之体，又改国史，或去靖怀而以郓王代之，又或增一郓王而忘其都数之不合。新旧《纪》之文，亦各有所本也。

《新书·崔慎由传》曰：宣宗饵长年之药，病渴，且中躁，而国嗣未立。帝对宰相欲肆赦，患无其端。慎由曰："太子天下本，若立之，赦为有名。"帝恶之，不答。盖虽撄疾，实未自知其将死也。然变遂起于仓卒之间。《新书·懿宗纪》曰：宣宗爱夔王滋，欲立为皇太子，而郓王长，久不决。大中十三年八月，宣宗疾大渐。以夔王属内枢密使王归长、马公儒，宣徽南院使王居方等。而左神策护军中尉王宗实、副使亓元实矫诏立郓王为皇太子。癸巳，即皇帝位于柩前。王宗实杀王归长、马公儒、王居方。《通鉴》云：上饵医官李玄伯、道士虞紫芝、山人王乐药，懿宗立后，三人皆伏诛。疽发于背。八月，疽甚。宰相及朝士皆不得见。上密以夔王属归长、公儒、居方，使立之。三人及右军中尉王茂元，皆上平日所厚也，独左军中尉王宗实，素不同心。三人相与谋，出宗实为淮南监军。宗实受敕将出，亓元实谓曰："圣人不豫逾月，中尉止隔门起居，今日除改，未可辨也，何不见圣人而出？"宗实感寤，复入。诸门已踵故事，增人守捉矣。元实翼道宗实，直至寝殿。则上已崩，东首环泣矣。宗实叱归长等，责以矫诏。皆捧足乞命。乃遣宣徽北院使齐元简迎郓王。壬辰，下诏立郓王为皇太子，权句当军国政事。仍更名漼。此事盖因宦官相争，危及国本。宗实之入，恐不免凭藉兵力，必非徒一亓元实翼道之也。不然，王归长等安肯束手受缚邪？

《通鉴》云：上长子郓王温无宠，居十六宅，余子皆居禁中；而

《新书·后妃传》言夔、昭等五王居内院，而郓独出阁。其《通王滋传》云：帝初诏郓王居十六宅，余五王处大明宫内院，以谏议大夫郑漳、兵部郎中李邺为侍读，五日一谒乾符门，为王授经。《新书》所据材料，盖但就受经者言之，故不数康、卫、广三王。自夔至昭凡六王而云五者？或其中一王已没，又或别夔王于自庆至昭五王也。靖怀薨于大中六年（852 年），雅王史亡其薨年，若此时亦已薨，则宣宗之欲立夔王，正合长幼之序，诬为欲废长立爱，其说殊不雠矣。《新书·令狐绹传》：懿宗嗣位后，左拾遗刘蜕、起居郎张云劾绹大臣，当调护国本，而大中时引谏议大夫豆卢籍、刑部侍郎李邺为夔王侍读，乱长幼序，使先帝诏厥之谋，几不及陛下。又《杜悰传》：宣宗大渐，王归长、马公儒等以遗诏立夔王，而王宗实等入殿中，以为归长等矫诏，乃迎郓王立之，是为懿宗。久之，遣枢密使杨庆诣中书，独揖悰，他宰相毕诚、杜审权、蒋伸不敢进。乃授悰中人请帝监国奏，因谕悰劾大臣名不在者抵罪。悰遽封授使者复命。谓庆曰："上践阼未久，君等秉权，以爱憎杀大臣，祸无日矣。"庆色沮去。帝怒亦释。大臣遂安。《廿二史考异》云：《懿宗纪》及《宰相表》，悰以咸通二年二月相，距懿宗践阼之始，已两年矣。使帝衔怒诸大臣，欲置之死地，当不俟此日，《传》所云未可深信。《通鉴》载此事，与《新书》辞异意同。胡三省谓其辞旨抑扬，疑出悰家传。又引《容斋随笔》，谓懿宗即位之日，宰相四人：曰令狐绹，曰萧邺，曰夏侯孜，曰蒋伸，此时惟伸在。毕诚、杜审权乃懿宗自用，不当有此事。二说所疑诚当，然或悰实有此事，特不在其为相之时。要之懿宗之立，殆全出中人，而宰相绝未与闻其事，则隐然可见。此则视王守澄之立文宗，尚奉一裴度以行之者，又不大同矣。事变之亟，可谓降而愈烈也。

夔王，《旧书》本传云：咸通四年（863 年）薨。《新书·传》云：懿宗立，徙王通。昭宗时，与诸王分统安圣、奉、宸、保宁、安化诸军，为韩建所杀。而其《本纪》于咸通四年（863 年），亦书夔王滋薨。《通鉴》亦同。则其人非特未至昭宗时，并无徙王通之事。昭宗时之通王，《旧史》不著其名，《通鉴》亦名滋。《廿二史考异》谓《新书》妄合之，德宗子有通王谌，韩建所杀者，殆谌之后嗣王也。参看第十一章第二节。

懿宗为荒淫之主，好音乐、燕游。殿前供奉乐工，常近五百人。每月宴设，不减十余，水陆皆备。听乐、观优，不知厌倦。赐与动及千缗。曲江、昆明、灞、浐、南宫、北苑、昭应、咸阳，所欲游幸即行，不待供置。曲江见第七章第一节。昆明见第九章第一节。昭应见第七章第三节。有司常具音乐、饮食、幄帟，诸王立马，以备陪从。每行幸，内外诸司扈从十余万人，所费不可胜纪。《通鉴》咸通七年（866 年）。《新书·宦者·杨复恭传》：昭宗言：我见故事，尚衣上御服日一袭，太常新曲日一解，今可禁止。复恭顿首称善。帝遂问游幸费。对曰："闻懿宗以来，每行幸，无虑用钱十万，金帛五车，十部乐工五百，犊车、红网、朱网画香车百乘，诸卫士三千。凡曲江、温汤若畋猎曰大行从，宫中、苑中曰小行从。"帝乃诏类减半。又佞佛。于禁中设讲席，自唱经，手录梵夹。于咸泰殿筑坛，为内寺尼受戒。《通鉴》咸通三年（862 年）。胡《注》曰：盖宫人舍俗者，就禁中为寺以处之。数幸诸寺，施与无度。咸通十二年五月，幸安国寺，赐讲经僧沈香高坐，见《旧书·本纪》。又于两街、四寺各置戒坛、度人，凡三七日。亦见《通鉴》咸通三年（862 年）。三七二十一日。遣使诣凤翔法门寺迎佛骨，其所费远甚于元和时。事在咸通十四年三月。《通鉴》云：广造浮图宝帐、香舆、幡花、幢盖以近之，皆饰以金玉、锦绣、珠翠。自京城至寺三百里间，道路车马，昼夜不绝。四月，至京师，导以禁军兵仗，公私音乐，沸天烛地，绵亘数十里。元和之时，不及远矣。富室夹道为采楼及无遮会，竞为侈靡。上御安福门，降楼膜拜，流涕沾臆。赐僧及京城耆老尝见元和事者金帛。迎佛骨入禁中。三日，出置安国崇化寺。宰相已下，竞施金帛，不可胜纪。宠郭淑妃。生同昌公主，下嫁韦保衡，倾宫中珍玩，以为资送。事在咸通十年（869年）。《通鉴》云：赐第于广化里。窗户皆饰以杂宝。井阑、药臼、槽匮，亦以金、银为之。编金缕以为箕筐。十一年八月，主薨。十二年正月葬。韦氏之人，争取庭祭之灰，汰其金银。凡服玩，每物皆百二十舆。以锦绣珠玉为仪卫。明器辉焕，三十余里。赐酒百斛，饼四十橐驼，以饲体夫。主薨，帝杀翰林医官二十余人。悉收捕其亲族三百余人系京兆狱。宰相刘瞻、京兆尹温璋谏，皆遭贬斥。璋仰药死。伶官李可及，善为新声，帝以为威卫将军，宰相曹确执奏，不听。事在咸通八年（867年）。主除丧后，帝与淑妃思念不已，可及乃为《叹百年》舞曲，舞人珠翠盛饰者数百人，画鱼龙地衣，用官绝五千匹，曲终乐阕，珠玑覆地焉。《旧唐书·曹确传》。《通鉴》云：以绝八百匹为地衣。纵恣残虐如此，岂似奉佛者？岂亦如刘总及吾所疑之代宗，继嗣之际有大不可以告人者，不慊于心，乃思奉佛以求解免，而其姿性庸下，又不知纵恣残虐之大悖于佛道邪？然国脉之为所斫丧者则多矣。

懿宗之立，令狐绹既未与闻其事，而其当国久，威权足忌，故即加罢斥，而相白敏中。咸通元年二月。未几，以入朝坠陛伤要卧家，久之复罢。事在是年九月。此后诸相多碌碌。惟杨收，于南蛮用兵时，建议于豫章募兵，且试行海运，于边事颇有裨益，见下节。而后为韦保衡所构，流死。收以四年五月相，七年十月罢。《旧传》云：其相也，以与中尉杨玄玠相结，其罢也，以玄玠屡有请托，收不能尽从倾之，未知信否。又云：韦保衡作相，发收阴事。明年八月，贬为端州司马。寻尽削官爵，长流欢州，赐死。《通鉴考异》云：是时保衡未作相，不之取。然云保衡作相误，云其构之未必误也。刘瞻，史亦云为保衡及路岩所排。瞻贬欢州司户参军。岩等将遂杀之，幽州节度使张公素上疏申解，岩等乃不敢害。案观温璋之自杀，则知瞻之势亦甚危也。岩以咸通五年十一月相，持权颇久，史极诋为奸邪，然初未见实迹。于琮者，尚宣宗女广德公主，以八年七月相。韦保衡者，本为左拾遗，既尚同昌公主，进为左谏议大夫，充翰林学士，十一年三月亦为相。是年八月，主薨。《旧书·传》云：自此恩礼渐薄，《新书》则云：主薨而宠遇不衰，观其持权如故，《新书》之说殆信。十二年四月，路岩出为西川。《新书·岩传》云：岩与韦保衡同当国，二人势动天下，权侔则争，故还相怨。此说殆不足信，见下。十三年二月，于琮罢为山南东道节度使。五月，国子司业韦殷裕于阁门进状，论郭淑妃弟敬述阴事。上怒甚，即日下京兆府决杀，籍没其家。其季父及妻之父兄皆远贬。阁门使司，以受殷裕文状亦获罪。殷裕之死，决非由论郭敬述，而阁门使司以此获罪者，所以掩人耳目，使若以论敬述获罪然也。其明日，于琮罢为普王傅、分司，亲党坐贬逐者十四人。琮旋贬韶州刺史。史言广德公主与之偕行，行则肩舆门相对，坐则执琮之带，琮由是获全。《通鉴》。《通鉴考异》引《续宝运录》，谓韦殷裕拟倾皇祚，别立太子，说虽不详，以当时置君如弈棋及懿宗之荒淫残虐言之，疑若可信。盖有阴谋内禅者，而琮以贵戚遭忌邪？观此，知杨收、刘瞻等之获罪，与韦保衡之见信，亦必别有其由。盖懿宗之立，实大悖于正，加以荒淫残虐，故仍有欲覆之者也。虽慝未克作，然其势则甚危矣。

懿宗以咸通十四年七月崩。大渐之际，立第五子普王俨为太子，改名儇。帝崩，儇立，是为僖宗。时年十二。左军中尉刘行深、右军中尉韩文约居中执政，并封国公。《旧书·本纪》。《通鉴考异》曰：范质《五代通录》：梁李振谓陕州护军韩彝范曰：懿皇初升遐，韩中尉杀长立少，以利其权，遂乱天下，今将军复欲尔邪？彝范即文约孙也。按懿宗八子，僖宗第五。余子新旧《书》不载长幼，又不言所终，不知所杀者果何王也。今案《旧传》，懿宗八子：曰僖宗，曰昭宗，曰魏王佾，曰凉王健，曰蜀王佶，曰威王侃，曰吉王保，曰睦王倚。昭宗，《新书·本纪》言其次为第七，其封寿王，在咸通十三年（872年）。魏、凉、蜀三王之封在三年（862年）。威王初封郢王在六年（865年），十年（869年）改封。吉、睦二王之封，皆在十三年（872年）。《昭宗纪》云：僖宗大渐之夕，群臣以吉王最贤，又在寿王之上，将立之。惟杨复恭请以寿王监国。然则懿宗诸子，魏王为长，凉王次之，蜀王、威王又次之，其次为僖宗，又其次为吉王，又其次为昭宗，睦王最幼。凉王，《新传》云：乾符六年（879年）薨，凉王尚获善终，蜀、威二王，未必强死。文约所杀，殆魏王邪？帝虽为行深、文约所立，然始为王时，与小马坊使田令孜同卧起，及立，政事一委之，呼为父。《新书·令孜传》。故行深、文约之权渐落。《旧书·本纪》：乾符元年（874年）冬，右军中尉韩文约以疾乞休致，从之。四年三月，以开府、行内侍监致仕刘行深为内侍省、观军容、守内侍监致仕。《新书·田令孜传》曰：僖宗即位，擢令孜左神策军中尉。是时西门匡范位右中尉，世号东军、西军，盖兵权移而政柄随之矣。僖宗未必能自减行深、文约，必令孜之阴计也。

僖宗既立，韦保衡贬贺州，贺州，今广西贺县。崖州见第四章第二节。再贬崖州，赐自尽。于琮自岳州刺史复为山南东道，岳州见第二章第七节。缘琮贬逐者并放还。朝局一变矣。《新书·路岩传》云：岩之为西川，承蛮盗边后，力拊循。置定边军于邛州，扼大度治故关。取坛丁子弟教击刺，使补屯籍。由是西山八国来朝。以劳迁兼中书令，封魏国公。始为相时，委事亲吏边咸。会至德令陈蟠叟奏书，愿请间言财利。至德，今安徽至德县。陈蟠叟乃议行海运，为杨收所用者，事见下节。其攻路岩，盖亦朋党相攻也。帝召见，则曰："臣愿破边咸家，可佐军兴。"帝问咸何人？对曰："宰相岩亲吏也。"帝怒，斥蟠叟。自是人无敢言。咸乃与郭筹者相依倚为奸。岩不甚制。军中惟边将军、郭司马耳。妄给与以结士心。尝阅武都场，咸、筹莅之，其议事以书相示则焚之。军中惊以有异图，恟恟遂闻京师。

岩坐是徙荆南节度使。事在咸通十四年十月。至江陵，免官流儋州，籍入其家。捕诛咸、筹等。岩至新州，今广东新兴县。诏赐死，剔取喉上有司。或言岩尝密请三品已上得罪诛殛，剔取喉验其已死，俄而自及。观此，知岩之出帅西川，实为倚畀之深，非与韦保衡相挤。观是时朝廷忌岩之甚，弥可见其局势之危也。参看下节。

《新书·田令孜传》云：僖宗冲騃，喜斗鹅、走马。数幸六王宅、兴庆池，与诸王斗鹅。一鹅至五十万钱。《通鉴》云：好蹴鞠、斗鸡。与诸王赌鹅，鹅一头至五十缗。《考异》云：鹅非可斗之物，至直五十万钱，亦恐失实，《新传》误也，今从《续宝运录》。见广明元年（880 年）。与内园小儿尤昵狎，倚宠暴横。荒酣无检，发左藏、齐天诸库金币赐伎子、歌儿者日巨万，国用耗尽。令孜与内园小儿尹希复、王士成等劝帝籍京师两市蕃旅、华商宝货，举送内库，使者监阏柜坊、茶阁。有来诉者，皆杖死京兆府。《通鉴》云：度支以用度不足，奏借富户及胡商货财。敕借其半。盐铁转运使高骈上言："天下盗贼蜂起，皆出于饥寒，独富户，胡商未耳。"乃止。亦见广明元年（880 年）。令孜知帝不足惮，则贩鬻官爵，除拜不待旨，假赐绯紫不以闻。荒淫无异懿宗，而大权旁落过之，而寰内驿骚，民穷无告，土崩瓦解之期遂至矣。

第二节　中叶后南蛮之患

《新书·南蛮传》赞曰："唐北禽颉利，西灭高昌、焉耆，东破高丽、百济，威制夷狄，方策所未有也。交州，汉之故封，其外濒海，诸蛮无广土坚城，可以居守，故中国兵未尝至。及唐稍弱，西原、黄洞，继为边害，垂百余年。及其亡也以南诏。《诗》曰：惠此中国，以绥四方，不以夷狄先诸夏也。"此言唐之亡，与南方之驿骚，深有关系也。南蛮贪小利，不为大患，韩愈语，见下。而能敝唐者？以其调兵转饷，所牵动者大也。此则政理之不臧，亦未可尽咎蛮夷矣。

南诏异牟寻，以元和三年（808年）卒，子寻阁劝立。明年卒，子劝龙晟立。《新书》《通鉴》同。《旧书》：寻阁劝作苴阁劝，劝龙晟作龙蒙盛。淫虐不道。十一年（816年），弄栋节度使王嵯巅弑之。《通鉴注》：南诏置弄栋节度使于嵯巅，唐姚州之地。《旧纪》太和三年（829年）及《杜元颖传》皆作簟巅。立其弟劝利。劝利德嵯巅，赐姓蒙氏，谓之大容。容，蛮言兄也。蛮患肇于此矣。长庆三年（823年），劝利卒，弟丰祐立。勇敢，善用其众，始慕中国，不与父连名。太和三年（829年），西川节度使杜元颖治无状，嵯巅袭陷巂、戎二州，遂陷邛州，《通鉴》云：元颖专务蓄积，减削士卒衣粮。戍卒衣食不足，皆入蛮境钞盗自给。蛮反以衣食资之。由是蜀中虚实，蛮皆知之。嵯巅以蜀卒为乡导，袭陷巂、戎二州。元颖遣兵与战于邛州南，大败。邛州遂陷。邛州，今四川邛崃县。径抵成都，陷其外郭。诏发诸镇兵往救。时先发东川、兴元、荆南兵，继以鄂、岳、襄、邓、陈、许，又以董重质为神策诸道西川行营节度使，又发太原、凤翔兵赴之。以东川节度使郭钊为西川。南诏寇东川。钊兵寡弱不能战，以书责嵯巅。嵯巅修好而退。蛮留成都西郭十日，大掠子女、百工数万人及珍货而去。蜀人恐惧，往往赴江，流尸塞江而下。嵯巅自为军殿。及大度水，谓蜀人曰："此南吾境也，听汝哭别乡国。"众皆恸哭，赴水死者以千计。此据《通鉴》。《新书》云：赴水死者什二三。《鉴》云：自是南诏工巧，埒于蜀中。《新书》云：南诏自是工文织，与中国埒。盖于诸工尤重织也。《旧书·李德裕传》：德裕帅西川，遣人入南诏求其所俘工匠，得僧、道、工巧四千余人，盖所俘什之一耳。有文事而无武备者，亦可哀矣。诏诸道兵皆还。郭钊至成都，与南诏立约，不相侵扰。诏遣中使以国信赐嵯巅。四年十月，钊求代，以李德裕为西川。练士卒，葺堡鄣，积粮储，蜀人稍安。是岁，嵯巅以表自陈，兼疏杜元颖过失。《旧书》本传。比年使者来朝。开成、会昌间再至。《新书》本传。盖蛮志仅在虏掠。故所欲既遂，旋即戢兵也。蛮人最利俘掠，盖所以益其众也。观第六章第五节所述吐蕃事可见。《新书·元结传》：西原蛮入道州，掠居人数万去，遗户裁四千，亦其一证。然安南之地，慢藏诲盗，复启戎心。

唐初定南海，于交趾之地置交州。高宗时，又立安南都护府。《旧纪》在永隆二年（681 年），即开耀元年八月。《新旧·志》皆在调露元年（679 年）。《志》又云：至德二年（757 年），改为镇南都护。《新志》云：大历三年（768 年），复为安南。《旧志》则在永泰二年（766 年）。其地为利薮，而居官者多贪暴，故数有不安。垂拱三年（687 年），有李思慎等之乱，见新旧《书·文苑·刘延祐传》。开元十年（722 年），有梅叔鸾之乱，见《旧纪》及新旧《书·宦者·杨思勖传》。《旧传》作梅玄成。《通鉴》又作梅叔焉。《考异》云从《旧纪》，然今《旧纪》作叔鸾。贞元七年（791 年），有杜英辅之叛，见《新旧·纪》及《李复传》。十九年（803 年），经略使裴泰为州将王季元所逐，见新旧《纪》。时占婆稍强，颇与安南相攻，梅叔鸾之乱，《旧书》即云其与林邑、真腊通谋，见《杨思勖传》。《旧纪》：元和四年八月，安南都护张舟奏破环王三万余人，获战象、兵械，并王子五十九人。《新纪》云：环王寇安南，都护张舟败之。其《环王传》云：元和初，不朝献。安南都护张舟执其伪欢、爱州都统，斩三万级，虏王子五十九，获战象、舠、铠。合观三文，知当时环王既陷欢、爱，又进犯安南，张舟特御敌之师也。《新书·裴行立传》：迁安南经略使。环王国叛人李乐山谋废其君，来乞兵。行立不受，命部将杜英策讨斩之。行立乃好战之徒，而不乘环王内衅，盖力有所不及也。而黄洞蛮为患尤烈。黄洞者，西原蛮之属黄氏者也。据《通鉴》元和十四（819 年）《注》。《新书·裴行立传》称为“黄家洞贼”。西原蛮者，居广、容之南，邕、桂之西。广州见第二章第七节。容州见第六章第三节。邕州见第三章第七节。桂州见第二章第二节。

有甯氏者，相承为豪。又有黄氏，居黄橙洞，其隶也。其地西接南诏。天宝初，黄氏强，与韦氏、周氏、侬氏相唇齿，为寇害，据十余州。韦氏、周氏耻不肯附，黄氏攻之，逐于海滨。至德初，首领黄乾曜、真崇郁与陆州武阳、朱兰洞蛮皆叛。陆州，在今广东钦县西南。推武承斐、韦敬简为帅，僭号中越王。廖殿为桂南王，莫淳为拓南王，相支为南越王，梁奉为镇南王，罗诚为戎城王，莫浔为南海王，合众二十万，绵地数千里，署置官吏，攻桂管十八州，所至焚庐舍，掠士女。更四岁不能平。乾元初，遣中使慰晓诸首领，赐诏书赦其罪约降。于是西原、环、古等州西原州见第六章第三节。环州在今广西境内。古州在今越南谅山东北。首领五百余人请出兵讨承斐等，岁中战二百，斩黄乾曜、真崇郁、廖殿、莫淳、梁奉、罗诚、莫浔七人。承斐等以余众面缚诣桂州降。尽释其缚，差赐布帛纵之。其种落张侯、夏永与夷僚梁崇牵、覃问及西原酋长吴功曹复合兵内寇，陷道州，据城五十余日。桂管经略使邢济击平之，执吴功曹等。余众复围道州，刺使元结固守不能下。进攻永州，陷邵州，邵州，今湖南宝庆县。留数日而去。贞元十年（749 年），黄洞首领黄少卿攻邕管。经略使孙公器请发岭南兵穷讨之。德宗不许，命中人招谕。不从。俄陷钦、横、浔、贵四州。钦州见第二章第二节。横州，今广西横县。浔州见第五章第一节。贵州见第四章第三节。少卿子昌沔趫勇，前后陷十三州，气益振。乃以唐州刺史阳旻为容管招讨经略使。引师掩贼，一日六七战，皆破之，侵地悉复。元和初，邕州擒其别帅黄承庆。明年，少卿等归款。拜归顺州刺史。未几复叛。又有黄少度、黄昌欢二部，陷宾、峦二州，宾州，今广西宾阳县。峦州，在今广西永淳县北。据之。十一年（816 年），攻钦、横二州。邕管经略使韦悦破走之，取宾、峦。是岁，复屠岩州。当在广西境。桂管观察使裴行立轻其军弱，首请发兵尽诛叛者。宪宗许之。兵出击更二岁，妄奏斩获二万罔天子为解。自是邕、容两道，杀伤疾疫，死者十八以上。十四年十月，安南都护李象古贪纵不法，使衙门将蛮酋杨清讨黄洞蛮。清还袭安南，杀象古。诏赦清，以为琼州刺史。琼州见第四章第二节。以唐州刺史桂仲武为都护。清拒命。而其刑戮惨虐，人不聊生。仲武使人谕其酋豪。数月间，归附继至，得兵七千余人。朝廷以为逗留。十五年二月，时穆宗已即位。以裴行立代之。三月，安南将士开城纳仲武，执清斩之，夷其族。行立至海门而卒。《通鉴》。《注》：海门镇，在白州博白县东南。案博白县，今属广西。复以仲武为都护。杨清之平，《新纪》在三月，《通鉴》同。《旧纪》书于六月。八月，乃奏报到及献清首之日也。长庆初，以容管经略使留后严公素为经略使。复上表请讨黄氏。兵部侍郎韩愈建言："黄贼皆洞僚，无城郭，依山险，各治生业，急则畏死屯聚。前日邕管经略使，德不能绥怀，威不能临制，侵诈系缚，以致憾恨。夷性易动而难安，然劫州县，复私仇，贪小利，不为大患。自行立、阳旻建征讨，生事诡赏，邕、容两管，日以凋敝。今公素复寻往谬，诚恐岭南未有宁时，愿因改元，普赦其罪，为选材用威信者，委以经略。"不纳。后侵寇仍不绝。长庆二年五月，邕州刺史李元宗叛，奔黄洞蛮。三年七月，黄洞蛮陷钦州。寇邕州，破左江镇。十月，寇安南。四年八月，又寇安南。十一月，与环王合势陷陆州，杀刺史葛维。见新旧《书·本纪》及《通鉴》。左、右江二镇，皆在今南宁县境。宝历元年（825年），安南李元喜奏移都护府于江北岸，《旧纪》。交州本治交趾。《新志》云：宝历元年（825年），徙治宋平。可见其侵轶之甚矣。

大中时，安南都护李涿，《通鉴》。《考异》曰：《实录》或作琢，或作涿，《蛮书》亦作涿。《实录》及《新书》皆有《李琢传》，听之子也。不云曾为安南都护，疑作都护者别一李涿，非听子。为政贪暴，又杀蛮酋杜存诚，据《考异》引《实录》，存诚为爱州刺史，兼土军兵马使。群蛮怨怒，导南诏侵盗边境。峰州有林西原，旧有防冬兵六千。胡三省曰：峰州在安南西北，林西原当又在峰州西南。南方炎瘴，至冬瘴轻，蛮乘此时为寇，故置防冬兵。其旁七绾洞蛮，酋长曰李由独，常助中国戍守，输租赋，《新书》云：安南桃林人，居林西原七绾洞，首领李由独主之。《通鉴考异》引《蛮书》称为桃花蛮，云属由独管辖，亦为界上戍卒。知峰州者言于涿，请罢戍兵，专委由独防遏，蛮书事在大中八年（854 年）。于是由独势孤，南诏柘东节度使诱之，以甥妻其子，补柘东押衙，胡三省曰：南诏于东境置柘东节度，言将开柘东境也。《新志》：自戎州开边县七十里至曲州，又一千九百七十五里至柘东城。柘从木。案曲州见第三章第七节。柘东城见第五章第六节。由独遂臣南诏，安南始有蛮患。《通鉴》系大中十二年（858 年）。然朝贡犹岁至。《新书·南诏传》。初韦皋在西川，开青溪道以通群蛮，胡三省曰：即清溪关路。案清溪关见第五章第六节。使由蜀入贡。又选群蛮子弟，聚之成都，教以书数，欲以慰悦羁縻之。业成则去，复以他子弟继之。如是五十年。群蛮子弟，学于成都者，殆以千数。军府颇厌于廪给。又蛮使入贡，利于赐与，所从傔人浸多。杜悰为西川节度使，奏请节减其数。诏从之。丰祐怒，其贺冬使者留表付巂州而还。又索习学子弟，移牒不逊。自是入贡不时，颇扰边境。会宣宗崩，遣中使告哀。丰祐适卒，子酋龙立，置使者于外馆，礼遇甚薄。上以酋龙不告丧，又名近玄宗讳，遂不行册礼。酋龙乃自称皇帝，国号大礼。遣兵陷播州。见第五章第一节。咸通元年十月，安南都护李鄠复之。鄠之至，杀杜存诚之子守澄，十二月，其宗党诱导群蛮及南诏乘虚陷交趾。鄠奔武州。在今安南境。二年六月，集土军复之。朝廷以杜氏宗强，家兵多，务在姑息，赠杜存诚金吾将军，流鄠崖州。见第四章第二节。初广、桂、容三道共发兵三千人戍邕州，三年一代。邕管经略使段文楚请以其衣粮募土军以代之，才得五百许人。继者李蒙，利其阙额衣粮以自入，遽罢遣戍卒。七月，蛮乘虚入寇。时蒙已卒，经略使李弘源至镇才十日，无兵以御之，奔峦州，二十余日，蛮去，乃还。坐贬，复以文楚为经略使。

至镇，城邑居人，什不存一，复坐变更旧制左迁。谓募土军以代戍卒。时杜悰为相，上言西川兵食单寡，请遣使吊祭，晓谕清平官等以新王名犯庙讳，待其更名谢恩，然后遣使册命。上从之。使未发，而南诏寇巂州，攻邛崃关，在今四川荥经县西邛崃山西麓。遂不行。三年二月，南诏复寇安南。经略使王宽数来告急。以前湖南观察使蔡袭代之。仍发许、滑、徐、汴、荆、襄、潭、鄂等道兵合三万人授袭。蛮引去。左庶子蔡京制置岭南，还奏事称旨，复充荆襄以南宣慰安抚使。京请分岭南为两道。乃以广州为东道，以岭南节度使韦宙为节度使；邕州为西道，以京为节度使。岭南旧分五管：广、桂、邕、容、安南，皆隶岭南节度使，京之为此，盖以重邕管之权也。《新书·孔巢父传》：从子戣，拜岭南节度使。自贞元中，黄洞诸蛮叛，久不平，容、桂二管利虏掠，幸有功，请合兵讨之，戣固言不可。宪宗不听。大发江湖兵合二管入讨，士被瘴毒，死者不胜计。安南乘之，杀都护李象古。桂管裴行立、邕管阳旻，皆无功忧死。独戣不邀一旦功，交、广晏然。当时邕、桂用兵，广州应接甚少，自主安静者言之为有功，自主征讨者言之，则憾其坐视矣。蔡袭将诸道兵在安南，京奏武夫邀功，妄占戍兵，虚费馈运，请各罢还本道。袭乞留五千人，不听。作十必死状申中书，不省。京为政苛惨，设炮烙之刑，为军士所逐。代以桂管观察使郑愚。十一月，南诏率群蛮寇安南。蔡袭告急。敕发荆南、湖南兵二千，桂管义征子弟三千诣邕州，受郑愚节度。十二月，又发山南东道弩手千人赴之。四年正月，交趾陷，蔡袭死之。诸道兵赴安南者悉召还，分保岭南西道。南蛮寇左、右江，浸逼邕州。郑愚自陈儒臣，无将略，请任武臣。四月，代以义成节度使康承训。发荆、襄、洪、鄂兵万人与俱。六月，废安南都护府，置行交州于海门镇，以右监门将军宋戎为刺史，承训兼领安南及诸军行营。七月，复置安南都护府于行交州，以宋戎为经略使。发山东兵万人镇之。时诸道兵援安南者屯聚岭南，江西、湖南馈运者，皆溯湘江入澪渠、漓水，劳费艰涩，诸军乏食。润州人陈磻石，请造千斛大舟，自福建运米泛海，不一月至广州。军食以足。然有司以和雇为名，夺商人舟，委其货于岸侧；舟入海，或遇风涛没溺，则囚系纲吏、舟人，使偿其米；人颇苦之。五年正月，南诏寇巂州。诏发右神策兵五千及诸道兵戍之。以容管经略使张茵兼句当交州事。益海门镇兵满二万五千人，令茵进取安南。三月，康承训至邕州。蛮寇益炽，诏发许、滑、青、汴、兖、郓、宣、润八道兵以授之。承训不设斥候，南诏率群蛮近六万寇邕州。将入境，承训乃遣六道兵万人拒之。五道兵八千人皆没，惟天平军后一日至得免。有天平小校，将勇士三百，夜缒而出，散烧蛮营。蛮惊，间一月，解围去。承训乃遣诸军数千追之。所杀虏不满三百，皆溪僚胁从者。承训遽腾奏告捷。奏功受赏者，又皆子弟亲昵，烧营将校，不迁一级。军中怨怒，声流道路。韦宙具知所为，以书白宰相。七月，乃以张茵为岭南西道节度使，而以骁卫将军高骈为安南都护，骈崇文孙。以茵所将兵授之。六年（865 年），杨收建议：两河兵戍岭南，冒瘴雾物故者十六七。请于江西积粟，募强弩三万人，以应接岭南，仍建节以重其权。从之。五月，置镇南军于洪州。洪州见第二章第三节。《新书·收传》曰：悉教蹋张，战必注满，蛮不能支。高骈治兵海门。监军李维周恶骈，趣使进军。骈以五千人先济。维周拥余众，不发一卒以继之。九月，骈掩击峰州蛮之收获者，大破之，收所获以食军。监阵敕使韦仲宰将七千人至，骈乃得益其军，进击南诏，屡破之。维周匿其捷奏，而奏骈玩寇不进。上怒，以右武卫将军王晏权代骈。晏权，智兴从子。七年六月，骈大破南诏蛮，围交趾。十余日，得晏权牒，即以军事授仲宰北归。而先与仲宰所遣告捷之使得达。上复以骈镇安南。骈遂破交趾。《旧纪》于六年（865 年）秋书高骈自海门进军，破蛮军，收复安南府，盖因其进军终言之，其平定实在七年（866 年），故又于七年十月书骈奏蛮寇悉平。此为奏报到日，

《新纪》书于八月，则其收复之时也。十一月，置静海军于安南，以骈为节度使。至九年八月乃归。骈从孙浔，常为骈军先锋，冒矢石，骈荐以自代焉。

唐自有蛮患以来，西川兵备始终未能整饬，安南尤为鞭长莫及，故于南诏，常怀和意。咸通七年三月，刘潼为西川节度使。初南诏遣清平官董成等诣成都。故事，南诏使见节度使，拜伏于庭。成等以酋龙已称帝，欲与节度使抗礼。传言往返，自旦至日中不决。节度使李福怒，捽而殴之，械系于狱。福以五年二月节度西川。潼至，释之，奏遣还国。诏召至京师，见于别殿，厚赐劳而遣之。而贬福为蕲王傅。其欲和之心，可谓切矣。及高骈克交趾，遂诏安南、邕州、西川诸军，各保疆域，勿复进攻。委刘潼晓谕：如能更修旧好，一切不问。然南诏殊无和意。九年六月，凤翔少尹李师望上言：巂州控扼南诏，为其要冲，成都道远，难以节制，请建定边军，屯重兵于巂州，以邛州为理所。时析邛、蜀、嘉、眉、黎、雅、巂七州为定边军。史云：师望利于专制方面，故建此策，其实邛距成都才百六十里，巂距邛千里，其欺罔如此。案此无可以欺罔之理，疑屯驻邛州，实非本意，初计当治巂州，故朝廷亦以师望为巂州刺史也。嘉州，今四川乐山县。眉州见第四章第二节。黎州见第三章第四节。雅州见第二章第四节。朝廷以为然。以师望为巂州刺史，充定边军节度。南诏使杨酋庆来谢释董成之囚，师望杀之，而贪残，聚私货以百万计。戍卒怨怒，欲生食之。师望以计免。征还，以太府少卿窦滂代之，贪残又甚于师望。西川大将恨师望分裂巡属，阴使人致意南诏使入寇。十年十月，酋龙倾国入。十二月，陷嘉州，进陷黎、雅。滂奔导江。唐县，在今四川灌县东。西川之民，闻蛮寇将至，争走入成都。人所占地，不过一席许。雨则戴箕盎以自庇。井竭，即共饮摩诃池，隋蜀王秀所凿。至争捽溺死，或取泥汁澄而饮之。死不能具棺，即共瘗埋。节度使卢耽召彭州刺史吴行鲁，使摄参谋，与前泸州刺史杨庆复共修守备。彭州，今四川彭县。泸州见第三章第七节。先是西川将士，多虚职名，亦无禀给，至是，揭榜募骁勇之士，补以实职，厚给粮赐，庆复选三千人，号曰突将，皆愤郁求奋。卢耽遣使见南诏用事之臣杜元忠，与之约和。又使告急于朝，请遣使与和，以纾一时之急。朝命知四方馆事太仆卿支详为宣谕通和使。先是命左神武将军颜庆复赴援。十一年（870 年），以为东川节度使。援蜀诸军，皆受节制。窦滂自以失地，欲西川相继陷没，以分其责。每援师自北至，辄说之曰："蛮众多于官军数十倍，官军远来疲弊，未易遽前。"诸将信之，皆狐疑不进。蛮攻成都，不克。庆复破蛮于新都。今四川新都县。宋威以忠武二千人至，又大败之。蛮急攻成都，不克，乃烧攻具遁去。初朝廷使颜庆复救成都，宋威屯绵、汉为后继，绵、汉州皆见第六章第三节。而威乘胜先至成都城下，破蛮军功居多，庆复疾之。威饭士欲追蛮军，城中战士亦欲合势俱进，而庆复牒威夺其军，勒归汉州。蛮至双流，今四川双流县。阻新穿水，狼狈失度，三日桥成乃得过，断桥而去，蜀人甚恨之。时已废定边军，蛮军既去，以吴行鲁为西川留后，旋以为节度。明年四月，以路岩代之，其治绩已见上节。十四年五月，南诏寇西川，又寇黔南。黔中经略使秦匡谋奔荆南。敕斩之，籍没其家赀，亲族应缘坐者，令有司搜捕以闻。盖颇欲以威刑，整饬边事矣。是岁七月，懿宗崩，僖宗立。十一月，路岩徙荆南，牛丛代为西川。乾符元年十一月，南诏来寇。黎州刺史黄景复御诸大度河，先胜后败。蛮陷黎州，入邛崃关，遂攻雅州。大度河溃卒入邛州，成都惊扰，民争入城。蛮兵及新津而还。今四川新建县。诏发河东、山南西道、东川兵救之。高骈时镇天平，使诣西川制置蛮事。二年正月，复以为西川节度。骈停突将职名禀给，突将作乱，骈初榜谢还之，已而遣人掩捕，并老幼杀之。修复邛崃关、大度河诸城栅，又筑城于戎州马湖镇及沐源川，各置兵戍之。马湖镇，今四川屏山县。沐源川，胡三省曰：在嘉州罗目县界。麟德二年（655年），开生僚，置罗目县及沐州。后废沐州，以罗目属嘉州。宋朝又废罗目为镇，属峨眉县。又今嘉州犍为县有沐川镇。案峨眉、犍为二县，今皆属四川。沐州，在今四川峨边县境。《新书》云：骈结吐蕃尚延心、嗢末鞢目等为间，筑戎州马湖、沐源川、大度河三城，列屯拒险，料壮卒为平夷军，南诏气夺。案时吐蕃虽衰乱，其残部犹多。《通鉴》：大和四年（830年），李德裕镇西川，奏言闻南诏以所掠蜀人二千及金帛赂遗吐蕃，若使二虏知蜀虚实，连兵入寇，诚可深忧。又《新书》载咸通十四年（873年），西川节度使牛丛以书责酋龙曰：尔祖尝奴事西蕃，为尔仇家，今顾臣之，何恩仇之戾邪？则时南诏与吐蕃，仍有交结。故骈抚用之而南诏为之气夺也。自是蛮不复入寇。案南诏之志，仅在剽掠，其兵力亦无足畏，故唐边备少饬，即不复来。然唐之力，亦终不足以惩创之，其局遂复归于和矣。

先是南诏督爽，《新书·南蛮传》：爽，犹言省也。督爽，主三省也。屡牒中书，辞语怨望，中书不答，卢携奏称如此则蛮益骄，宜数其十代受恩以责之。然自中书发牒，嫌于体敌。请赐高骈及岭南节度使辛谠诏，使录诏白牒与之。胡三省曰：录诏白，今谓之录白。从之。此隐开其交涉之路也。三年（876年），南诏遣使者诣高骈求和，而盗边不息。骈斩其使。蛮之陷交趾也，虏安南经略判官杜骧妻李瑶。瑶，宗室之疏属也。蛮遣瑶还，递木夹以遗骈。胡三省曰：递牒以木夹之，故曰木夹。范成大《桂海虞衡志》曰：绍兴元年（1131年），安南与广西帅司及邕通信问，用两漆板夹系文书，刻字其上，谓之木夹。按宋白《续通典》：诸道州府巡院传递敕书，皆有木夹。是中国亦用木夹也。骈送瑶京师，复牒南诏，数其罪，暨安南、大度覆败之状折辱之。此等皆无可质证，不知其书中措辞究如何也。八月，骈筑成都罗城，恐南诏扬声入寇，役者惊扰，乃奏遣僧景仙托游行入南诏，说谕骠信，夷语君也。使归附中国，仍许妻以公主，因与议二国礼仪。先是西川将吏入南诏，骠信皆坐受其拜，骈以其俗尚浮屠，故遣景仙往，骠信果率其大臣迎拜，信用其言。据《通鉴》。《新书》云：自南诏叛，天子数遣使至其境，酋龙不肯拜使者，遂绝。骈以其俗尚浮屠法，故遣景仙摄使往。酋龙与其下迎谒，且拜，乃定盟而还。案《通鉴》云托为游行，则非以使人往，酋龙迎拜，乃拜僧，非拜使者也。《鉴》亦无定盟而还之说。《新书》措辞恐不审。此实先遣使入蛮议和耳。事虽若出于骈，岂能不得朝旨而为之？观此，愈见唐望和之切也。乾符四年（877 年），酋龙卒，伪谥景庄皇帝。子法立。《新书》云：酋龙年少嗜杀戮，亲戚异己者皆斩。兵出无宁岁，诸国更仇忿，屡覆众，国耗虚。蜀之役，男子十五已下悉发，妇耕以饷军。法年少，好畋猎，酣逸，国事颛决大臣。其国亦浸衰矣。是岁，闰二月，辛谠奏南诏遣陀西段瑳宝等来请和。《新传》：陀西若判官。且言诸道兵戍邕州岁久，馈饷之费，疲弊中国，请许其和。许之。谨遣大将杜弘赍书币送瑳宝还。但留荆南、宣歙请军戍邕州，自余诸道兵，什减六七。五年（878 年），遣其酋望赵宗政来请和亲。无表，但令督爽牒中书。请为弟而不称臣。诏百寮议之。礼部侍郎崔澹等以为南诏骄僭无礼，高骈不识大体，反因一僧，呫嗫卑辞，诱致其使，若从其请，恐垂笑后代。骈闻之，上表与澹争辩。诏谕解之。是岁正月，骈移帅荆南。时相卢携欲与和亲，郑畋不可。《实录》云：畋、携因此忿争，俱罢相，其说恐不足信，见第五节。宗政还，中书不答督爽牒，但作西川节度使崔安潜书意，使安全答之。时同崔澹议者，尚有谏议大夫柳韬。安潜亦上言：安可以贱隶尚贵主？故至陈敬瑄代安潜，和议乃成。杜弘逾年还，辛谠复遣摄巡官贾宏、大将左瑜、曹朗往使，相继卒于道。六年正月，谠复遣摄巡官徐云虔往见骠信。骠信不肯称臣奉表，而欲与唐约为兄弟若舅甥。时骠信见大使抗礼，受副使已下拜。云虔还，骠信授以二木夹：一上中书、门下，一牒岭南西道。是岁十二月，卢携再相。广明元年三月，陈敬瑄代崔安潜为西川，乃作诏赐敬瑄，许其和亲，不称臣。令录诏白并移书与之。以嗣曹王龟年为宗正少卿，充使。中和二年（882 年），南诏上书，请早降公主。诏报以方议礼仪。三年七月，南诏遣布燮杨奇肱来迎公主。诏陈敬瑄与书，辞以銮舆巡幸，仪物未备，俟还京邑，然后出降。奇肱不从，直前至成都。十月，以宗女为安化长公主，妻南诏。布燮，亦清平官。《新传》云：帝以宗室女为安化长公主，许婚。法遣宰相赵隆眉、杨奇混、段义宗朝行在，迎公主。高骈自扬州上言：三人者，南诏心腹也。宜止而鸩之，蛮可图也。帝从之。隆眉等皆死。自是谋臣尽矣。蛮益衰。中和元年（881 年），复遣使者来迎主。帝以方议公主车服为解。后二年，又遣布燮杨奇肱来迎。诏检校国子祭酒张谯为礼会五礼使，徐云虔副之，宗正少卿嗣虢王约为婚使。未行而黄巢平，帝东还，乃归其使。杨奇混即杨奇肱。鸩杀三人之说，显系东野人言，《传》误采之耳，当时虽许以公主下降，然婚实未成也。法死，伪谥圣明文武皇帝，子舜化立。遣使款黎州修好。昭宗不答。后中国乱，不复通。《新书》本传。唐之于南蛮，失之于专用兵力，不能简良吏抚绥，又不能用土兵，而专恃北兵屯戍，于是调发、转输，骚动全国矣。治南方者，首在清廉有恩，次则能抚用其人，不烦客兵远戍，若马总、马植、郑从谠等其选也。可参看《旧书》本传。杨思勖之讨梅叔鸾，至于尽诛其党，积尸为京观，如此残虐，安能服人？而兵力亦岂可终穷邪？《旧书·四夷传》脱略殊甚，《新书·南诏传》亦多舛误，故此节多用《通鉴》。其订正新旧《书》处，具见《考异》。

西原蛮：当敬宗时，黄氏、侬氏，据州十八。经略使至遣一人诣治所。少不得意，辄侵掠诸州。横州当邕江官道，岭南节度使常以兵五百戍守，不能制。大和中，经略使董昌龄遣子兰讨平峒穴，夷其种党。诸蛮畏服。有违命者，必严罚之。十八州岁输贡赋，道路清平。其后侬洞最强，结南诏为助。懿宗与南诏约和，二洞数构败之。辛谠以从事徐云虔使南诏结和，赍美货啖二洞首领，与之通欢云。《新书》本传。

第三节　懿、僖时之内乱（上）

论者每谓内重之世，草泽之雄易于崛起，外重之世则不然，以汉、唐已事为证，其实非也。汉世州郡之权，不可谓不重，然赤眉、黄巾何尝不轰轰烈烈？即唐之亡，亦岂非黄巢为之邪？要之剥削残酷，民穷无告，则必皆奋起，徒陈兵而谁何，必无用也。况乎兵之屯聚久者，又必骄横而怯战，镇压起事不足，而促成起事则有余邪？

为黄巢之乱之先声者，仇甫也。仇甫，新旧《书》同。《通鉴》依《平剡录》作裘甫。据《考异》，《实录》亦作仇甫。甫以咸通元年正月，起于浙东，陷明州，见第三章第四节。攻越州。见第二章第七节。明越观察使郑祗德不能御，以安南经略使王式为浙东观察使，八月，起事失败。是役式闻甫用骑兵，乃阅所部，得吐蕃、回鹘迁隶数百用之，此又启用沙陀以攻黄巢之先声矣。式之受命，左右宦要皆惮兵众而馈饷多，式曰："不亟决，东南征赋阙矣。"乃益以许、滑、淮南兵。盖唐自肃、代来，久恃江淮财赋以为命，故其重之如此也。仇甫虽失败。然黄巢以后，卒至两河、江淮，赋不上供，而唐遂瓦解矣。见第六节。

民乱将作，乃藉兵变为前驱。初王智兴得徐州，召募强壮之卒二千人，号曰银刀、雕旗、门枪、挟马等军，《旧书》本传云凡七军。《通鉴》同。番宿衙城。自后寖骄，节度使姑息不暇。田牟镇徐日，每与衙卒杂坐，酒酣抚背，时把板为之唱歌。其徒日费万计，每有宾宴，必先厌食饫酒，祁寒暑雨，卮酒盈前，然犹喧噪要求，动谋逐帅。咸通二年（861年），温璋为节度使。衙卒知其严酷，深负忧疑。璋开怀抚谕，终为猜贰，给与酒食，未尝沥口。三年七月，遂逐璋。乃移王式于武宁，诏率忠武、义成之师往。三日，犒劳令还。

既擐甲执兵，即命环衙卒杀之。三千余人，是日尽杀。《通鉴考异》曰:《旧传》曰：璋咸通末为徐泗节度使。徐州衙卒曰银刀军，颇骄横。璋至，诛其凶恶者五百人。自是军中畏法。按诛银刀军者王式也，《旧传》误。今案璋初至时，或曾诛其最激烈者，而思更抚其余，故其卒终忌之也。《旧传》不必定误，惟咸通末之末字，则必误耳。于是罢武宁军节度使，改置团练。《旧书·本纪》：咸通四年四月，敕徐州罢防御使，为文都，隶兖州。文都，盖当时俗语，指不置军之州郡。武宁军时领徐、泗、濠、宿四州。《新书·方镇表》：咸通三年（862 年），罢武宁军节度，置徐州团练防御使，隶兖海。又置宿泗等州都团练观察处置使，治宿州。四年（863 年），罢徐州防御使，以濠州隶淮南节度。五年（864 年），置徐泗团练观察处置使，治徐州。徐卒逃亡者众，诏赦之。五年五月，又募其人赴邕管防戍。《旧纪》：咸通四年七月，制曰：徐州银刀官健，先有逃窜者，累降敕旨，不令捕逐。其今年四月十八日草贼头首，已抵极法，其余徒党，各自奔逃，所在更勿捕逐。五年五月，制曰：比因罢节之日，或有被罪奔逃。虽朝廷频下诏书，并令一切不问，犹恐尚怀疑惧，未委招携，结聚山林，终成诖误；况边方未静，深藉人才；宜令徐泗团练使选拣召募官健三千人，赴邕管防戍。待岭外事宁之后，即与替代归还。仍令每召满五百人，即差军将押送。盖徐州士卒，逃匿山林者多，思以是靖之也。然既以虐杀除之矣，则宜别筹安抚之策，而不宜再招使为兵，此诏实铸一大错也。仍成养痈之局矣。

时则徐将孟球，召募二千人往。据《旧书·崔彦曾传》。《传》云球为节度使，是时无节度使，必误。分其八百人戍桂州。初约三年而代。至咸通九年（868 年），已六年矣。戍卒求代。时徐泗观察使为崔彦曾，性严刻。都押衙尹戡，教练使杜璋，兵马使徐行俭用事，军中怨之。戡以军帑匮乏，难以发兵，请戍桂之卒，更留一年。戍卒闻之，怒。都虞候许佶，军校赵可立、姚周、张行实起事。杀都将王仲甫，推粮料判官庞勋为主，劫库兵北还。声势甚盛。时七月也。朝廷闻之，遣使赦其罪，部送归徐州，阴谋镇压。九月，勋等至湖南。监军以计诱之，使悉输其甲兵。山南东道节度使崔铉，严兵以守要害，戍卒不能入境。泛舟沿江东下。许佶等各以私财造甲兵旗帜。过浙西，入淮南。时令狐绹为节度使，都押衙李湘请伏兵高邮击之，弗听。高邮见第三章第七节。至泗州，刺史杜滔悰弟。有备，勋等申状于崔彦曾：乞停尹戡、杜璋、徐行俭职。戍还将士，别置二营，共为一将。彦曾命都虞候元密以三千人讨之。十月，勋等占宿州。获大船，欲入江湖。元密追之，败死。勋等遂占徐州。囚彦曾，杀尹戡、杜璋、徐行俭，灭其族。勋使求节钺。又遣其将刘行及占濠州，李圆围泗州。辛云京之孙谠，寓居广陵，与杜滔有旧，入泗州，与之共守。诏以康承训为义成节度使、徐州行营都招讨使，王晏权为徐州北面行营招讨使，戴可师为徐州南面行营招讨使。承训奏乞沙陀朱邪赤心及吐谷浑、达靼、契苾酋长，各率其众以自随。庞勋以李圆攻泗州久不克，遣吴迥代之，又遣刘佶往助。刘行及亦自濠州遣王弘立助之。镇海节度使杜审权遣将翟行约以兵四千救泗州，败死。敕使郭厚本以淮南兵千五百救泗州，至洪泽，今洪泽本一小湖，在未成大湖时，其地名洪泽镇。不敢进。辛谠往求救，厚本分兵五百与之。令狐绹遣李湘以数千人与厚本合。又为所败，及厚本皆被执。庞勋军据淮口，泗水入淮之口。漕驿路绝。又南攻舒、庐，北攻沂、海，破沭阳、今江苏沭阳县。下蔡、今安徽凤台县。乌江、今安徽和县。巢县，今安徽巢县。占滁州，攻和州。戴可师以兵三万渡淮，为王弘立所败，可师死。时汴路既绝，江淮往来，皆出寿州，今安徽寿县。庞勋军破可师，遂乘胜围之，其道复绝。惟泗州藉辛谠屡出城护淮、浙、兵粮以入，得不破。康承训驻宋州，诸道兵渐集。十年二月，承训以七万余人南，使朱邪赤心以三千骑为前锋。王弘立击之，大败。仍请取泗州以补过。三月，承训又败姚周兵。周走宿州，庞勋守将梁丕杀之。先是朝以王晏权数退衄，代以泰宁节度使曹翔。出兵围滕县。今山东滕县。魏博节度使何全皞，亦屡出兵攻丰县。今山东丰县。四月，庞勋杀崔彦曾，断郭厚本、李湘手足，勋前此犹向朝廷求节钺，至此乃不复犹豫。自出兵解丰县之围。曹翔兵亦退。朝又以马举代令狐绹。举将精兵三万救泗州，王弘立死。吴迥走，泗州围解。六月，举进攻濠州。庞勋遣迥助刘行及守。朝以宋威为徐州西北面招讨使，将兵三万屯丰、萧间。萧，今萧县。曹翔复引兵会之。七月，拔滕县。进攻丰、沛。沛，今江苏沛县。康承训亦进抵宿州之西。初庞勋怒梁丕专杀，黜之。使徐州旧将张玄稔代治州事，以其将张儒、张实等将城中兵数万拒守。据《通鉴》。《新书·康承训传》张实作张行实。承训围之。实潜以书白勋："令出不意掠宋、亳之郊。彼必解围而西，将军设伏要害击其前，实等出城中兵蹙其后。"勋从之。留其父举直与许佶共守徐州，身率兵而西。九月，张玄稔斩张儒等降。因请诈为城陷，引兵趋符离及徐州。唐符离县，今安徽宿县北符离集。许佶闻之，婴城守。玄稔攻克之。斩举直及佶。悉捕戍桂州卒亲族杀之，死者数千人。庞勋袭宿州，陷其南城。康承训追之。勋走渡汴，南走亳州，今安徽亳县。为沙陀所及，勋死。十月，吴迥突围走死。事败。勋之初据徐，徐人谓旌节之至，不过旬月，愿效力献策者，远近辐凑，光、蔡、淮、浙、兖、郓、沂、密群雄，皆倍道归之，阗溢郛郭，旬月间，米斗直钱二百，《通鉴》咸通九年（868年）。而仓库素无贮蓄，乃令群雄四出，于扬、楚、庐、寿、滁、和、兖、海、沂、密、曹、濮等州界，以牛马輓运粮糗，以夜继昼。招致亡命，有众二十万。男女十五已上，皆令执兵。《旧书·本纪》咸通十年（869年）。东南之民，归如流水。当其募兵也，人争赴之，至父遣其子，妻勉其夫，皆断钽首而锐之，执以应募，《通鉴》咸通九年（868年）。盖舍此实无生路也。朝以王晏权智兴犹子，授之节以冀招怀，数月，卒无应招者，盖知应招乃是绝路也。《旧纪》咸通十年（869年）。《纪》云由徐人怨王式之诛。

夫怨王式之诛者，虽衔卒之党，民亦同怨也。戍卒初擅归时，人民皆争归之，一时声势甚盛，诸将莫敢击。其攻和州也，刺史崔雍登城楼谓吴迥曰："城中玉帛子女不敢惜，只勿取天子城池。"许之。遂剽城中居民。杀判官张琢，以琢治城壕故也。《旧纪》咸通九年（868年）。雍与庞勋将吴约于鼓角楼上饮酒，认军事判官李谯为亲弟，表状驱使官张立为男，只乞二人并身，其余将士，一任处置，至束手就戮者，八百余人。同上十年（869年）。其后勋益自骄，与勋同举兵于桂州者尤骄，军纪废弛，事遂失败。事既平，复改徐州都团练使为感化军节度使，盖以重其地也。康承训以功授河东节度使。明年，路岩、韦保衡劾其"讨贼逗桡，贪虏获，不时上功"，贬蜀王傅，分司东都，再贬恩州司马。恩州见第九章第一节。可见勋之平，实其自败。以用兵论，则有同儿戏矣。

咸通四年十二月，昭义节度使沈询奴归秦与询侍婢通，询欲杀之，未果，归秦结衙将起事，杀询。五年正月，以京兆尹李蠙为昭义节度使，取归秦心肝以祭询。据《通鉴》。《新书·本纪》亦云：咸通四年十二月，昭义军乱，杀其节度使沈询。殿本考证云：《旧书》：是年正月，河东节度使卢简求致仕，以昭义节度刘潼代，三月，以李蠙为昭义节度，是潼之后蠙，蠙之后询矣，而《新书·沈传师传》乃云：询遇害，潼代为节度，诛害询者，岂潼本在询后邪？当是年月《传》误耳。今案《旧纪》纪事，疑误前一年，潼诛乱者不尽，而蠙又继之也。八年七月，怀州民诉旱，刺史刘仁规揭榜禁之，民怒，逐仁规，久之乃定。十年六月，陕州民诉旱。观察使崔荛指亭树曰："此尚有叶，何旱之有？"民怒，逐之。荛，宁弟密之曾孙，新旧《书》皆附《宁传》，云为军人所逐。其《杨嗣复传》云：嗣复子损，继荛为使，诛乱者。据《通鉴》，则损所诛乃僖宗时逐崔碣者，恐《旧传》误而《新传》又误承之也。参看第五节。此等皆人民起事之较小者也，逮僖宗立而一发不可收拾矣。

第四节 懿、僖时之内乱（中）

僖宗乾符元年正月，翰林学士卢携上言：关东去年旱灾，自虢至海，虢州见第四章第五节。海州见第二章第七节。麦才半收。秋稼既无，冬菜至少。贫者硙蓬实为面，蓄槐叶为齑。或更衰羸，亦难收拾。常年不稔，则散之邻境，今所在皆饥，无所投依，坐守乡闾，待尽沟壑。其蠲免余税，实无可征，而州县以有上供及三司钱，三司，谓户部、度支、盐铁。督促甚急。虽彻屋伐木，雇妻鬻子，止可供所由酒食之费，未得至于府库也。或租税之外，更有他徭。朝廷傥不抚存，百姓实无生计，乞敕州县，应所欠残税，并一切停征，以俟蚕麦。仍发所在义仓，亟加振给，至深春之后，有菜叶、木芽，继以桑椹，渐有可食。在今数月之间，尤为窘急，行之不可稽缓。民至望菜叶、木芽以续命，而官司之苛求尚如此，乱安得不作哉？

是岁，十二月，感化军奏“群盗寇掠，州县不能禁”，敕兖、郓等道出兵讨之。盖徐方承大战之后，民益无以为生也。而关东又遭水旱。于是濮州人王仙芝，聚众起于长垣，今河南长垣县。仙芝之起，《通鉴》系乾符元年末。《考异》曰：“仙芝之反，《实录》在二年五月。”《续宝运录》：仙芝传檄诸道，末称乾符二年正月三日，则其起必在二年（875年）前，因系元年岁末。明年，冤句人黄巢亦起兵应之。冤句，今山东菏泽县。宋威时为平卢节度，朝廷以为宿将，倚以为诸道行营招讨草贼使。三年七月，威败仙芝于沂州，见第七章第二节。奏仙芝已死，纵遣诸道兵，身还青州，而仙芝实未死，行动如故。九月，仙芝西破汝州，执刺史王镣，宰相铎之从父昆弟也。敕赦仙芝及其党尚君长罪，除官以招谕之。十月，仙芝南攻唐、见第五章第二节。邓，见第二章第七节。陷郢。见第六章第三节。复进及淮南。蕲州刺史裴偓，王铎知举时所擢进士也，王镣以书为仙芝说偓，偓与约，敛兵不战，为之奏官。诸宰相多言不可。王铎固请许之。乃以仙芝为左神策军押衙兼监察御史，遣中使以告身授之。黄巢闻仙芝欲降，大怒曰："始者共立大誓，横行天下，今独取官赴左军，使此五千余众安归乎？"因殴仙芝伤首。其众反对不已。仙芝畏众怒，遂不受命。乃分其军三千余人从仙芝、君长，二千余人从巢，分道而去。已而复合于查牙山。《旧纪》在四年七月。《通鉴考异》引《实录》：三年十二月，招讨副都监杨复光奏尚让据查牙山，官军退保邓州。四年四月，黄巢引其众保查牙山。案查牙山，在今河南遂平县西。四年七月，围宋威于宋州。忠武节度使崔安潜，使将张自勉以七千人解其围。先是宰相郑畋以威衰老多病，招讨副使曾元裕奉命守东都，而拥兵蕲、黄，黄州见第二章第七节。欲以安潜为行营都统，李瑑为招讨使代威，瑑，晟孙。自勉为副使代元裕。及是，卢携亦为相，与王铎俱欲使自勉受威节度，畋以威与自勉已有疑忿，在其麾下，必为所杀，不肯署奏。各求罢，皆不许。畋复请罢黜威，不听。十一月，招讨副都监杨复光遣人说诱仙芝，仙芝遣尚君长等请降。宋威遣兵于道劫取，奏称战于颍州西南所擒。颍州见第六章第三节。复光奏辩。命侍御史与中人即讯，不能明，乃斩之。五年正月，仙芝攻荆南，节度使崔知温不能御，山南东道李福悉众救却之。曾元裕又破仙芝于申州东。申州见第四章第二节。乃以元裕为招讨使代宋威，威还青州，九月卒。张自勉副之，而移西川高骈于荆南。二月，元裕破仙芝于黄梅，追斩之。《旧纪》、新旧《传》皆云宋威斩仙芝，此据《通鉴》。《考异》曰从《实录》。黄梅，今湖北黄梅县。黄巢方攻亳州，见第二章第七节。尚君长之弟让，以仙芝余众归之。巢袭破沂、濮。濮州见第四章第六节。遣天平节度使张裼书，请奏之。诏以为武卫将军，令就郓州解甲。郓州见第二章第七节。巢距不至。三月，自滑州略宋、汴，攻卫南，县名，在今河南滑县东。遂攻叶、今河南叶县。阳翟。

今河南禹县。诏发河阳、宣武兵卫宫阙，东都宫阙。又诏曾元裕还东都，且发义成兵守轘辕、在今河南偃师县南。伊阙、见第四章第二节。河阴、见第七章第六节。武牢，见第二章第六节。大为巢所致。已王仙芝旧部王重隐占饶州，见第二章第六节。转略湖南。重隐死后，其将徐唐莒据洪州。四月，饶州将彭令璋复饶州，唐莒伏诛。见《新纪》。别将曹师雄略宣、润。诏曾元裕、杨复光救宣、见第六章第三节。润。见第四章第二节。其众复入浙西，乃又移高骈于镇海，黄巢亦南渡江，占虔、见第二章第七节。吉、今江西吉安县。饶、信。今江西上饶县。七月，攻宣州，不克。入浙东，开山路七百里入福建。十二月，占福州。今福建闽侯县。高骈遣将张璘、梁缵分道击之。巢趋广南。王铎自请击之，诏以为荆南节度使、南面行营招讨都统。《旧纪》《传》在五年（878 年），云为诸道行营都统。《通鉴》从《实录》及《新纪》《表》。铎奏李系为副，系，晟曾孙。兼湖南观察使，将精兵五万并土团屯潭州。见第四章第二节。巢与浙东观察使崔璆、岭南节度使李迢书，求天平节钺。二人为奏闻，朝廷不许。巢复上表求广州，亦不许。而除巢率府率。《新传》云：巢求为天平，郑畋欲许之，卢携、田令孜不可；乞广州，仆射于悰以为广州市舶宝货所聚，乃拜巢率府率。《旧传》云：郑畋与枢密使杨复恭请授同正员将军，卢携驳其议。乃授率府率。《实录》但载于琮议，又云：或云以正员将军縻之，宰相亦沮其议，乃除率府率。见《通鉴考异》。时六年六月也。巢怒，攻入广州。未几，士卒罹疫。乃自桂州编大筏，乘暴水沿湘而下。历衡、见第九章第二节。永，见第二章第二节。占潭州。李系奔朗州。见第二章第三节。尚让乘胜逼江陵。王铎留其将刘汉宏守，自率众欲会山南东道刘巨容之师。汉宏大掠江陵，率其众北归为群盗。巢遂趋襄阳，巨容与江西招讨使曹全晸淄州刺史，见下。破之荆门。今湖北荆门县。巢复渡江，攻鄂州，见第七章第四节。转入饶、信、池、见第七章第四节。宣、歙、见第二章第七节。杭见第六章第三节。等州。诏罢王铎，以高骈为诸道行营都统。《旧·卢携传》。《本纪》系广明元年三月。明年，为广明元年（880年），高骈遣张璘击之。巢复请降。骈许为求节钺。时昭义、感化、义武等军皆至，骈奏巢不日当平，请悉遣归。许之。巢告绝于骈。骈怒，使张璘击之，败死。巢遂占宣州。七月，自采石渡江。骈上表告急。诏责其散遣诸道兵。骈遂称风痹，不复出战。唐四易统率，悉皆败北，巢遂长驱北上矣。高骈之散遣诸道兵，深为后世士人訾议。其实即留之，亦无济于事。巢专避实击虚，力不敌则走山险，官军追击则非其敌，围困力又不足，即能战亦不足用，况是时之兵，多不能战，诸镇杂集，又不易指挥邪？此时之事势，已了如指掌。骈岂不知巢之策略，盖亦出势不得已。至巢渡江而北，则已气完力厚，而骈大将新折于外，即欲迎战，亦不可得矣。骈后来诚偃蹇，盖正由此时遣散兵卒，负大衅于朝廷，欲自赎而无其路，日莫途远，乃倒行而逆施之。谓其在此时已畜异志，欲坐观成败，则未必然也。

巢既渡江，诏诸道发兵屯溵水。见第七章第四节。泰宁节度使齐克让屯汝州。乾符二年（875年），兖海军赐号泰宁。先是张裼卒，乾符六年三月。衙将崔君裕自知州事，淄州刺史曹全晸讨诛之。参看第十一章第三节。及是，以全晸为天平节度使、东面副都统。全晸以众寡不敌，退屯泗上。徐州兵三千赴溵水，过许昌，谓供备疏阔，大噪。忠武将周岌亦赴溵水，闻之，夜还，袭杀徐卒，遂杀节度使薛能，自称留后。克让恐为所袭，引兵还兖州。诸道兵屯溵水者皆散。巢遂悉众渡淮。克让退保潼关。

僖宗朝，诸相纷纭，意见不一，而田令孜实阴握大权。是岁三月，以其兄陈敬瑄为西川节度使。令孜本陈氏。旋又以杨师立为东川，牛勖为山南西道，皆令孜腹心，左神策将也。及是，令孜阴怀幸蜀之计，而阳请率神策军守潼关。乃以为左右神策内外八镇及诸道兵马都指挥制置招讨等使，以飞龙使杨复恭为副。复恭本林氏子。

宦者杨志廉，贞元末为中尉，子钦义，大中朝为中尉。钦义子三人：玄翼，咸通中掌枢密。玄寔，乾符中为右军中尉。玄价，河阳监军。复恭玄翼子，复光玄价子也。神策军士，皆长安富族，世籍两军，自少迄长，不知战阵，闻科集，父子聚哭，各于两市出直万计，雇负贩、屠沽及病坊穷人代行。令选弩手，仅得二千八百人。令左军将张承范率以赴之。齐克让之卒，亦仅万人，且皆饥疲。而巢众有六十万。十二月，克让及承范之师先后溃，潼关失守。令孜以神策兵五百奉帝走兴元。明年为中和元年七月，至成都。黄巢入长安，称帝，国号齐。

第五节 懿、僖时之内乱（下）

僖宗时，不徒内有黄巢之乱也，外又有沙陀之事。沙陀以残部依唐朝，本非大敌，而唐养兵百万而不能战，每倚其军为选锋，于内战用之尤亟，卒使之入据中原，亦可哀矣。

沙陀酋长朱邪赤心，嗣其父为阴山都督、代北行营招抚使。回鹘为黠戛斯所破，犯塞，刘沔尝以其众击之于杀胡山。伐潞，隶石雄。潞平，迁朔州刺史，仍为代北军使。大中初，吐蕃合党项及回鹘之众入河西，太原王宰统代北诸军进讨，沙陀常深入冠诸军。宣宗复三州、七关，征西戍皆罢，乃迁赤心蔚州刺史、云州守捉使。平庞勋，进大同军节度使。赐氏李，名国昌。回鹘叩榆林，入灵、盐，诏国昌为鄜延节度使。又入天德，乃徙节振武。以上据《新书·沙陀传》。咸通十三年（872 年），以恃功恣横，专杀长吏，徙为大同军防御使。国昌称疾不赴。是岁，卢龙节度使张允伸卒，子简会为平州刺史张公素所逐，朝廷因而授之。幽州与吐浑、契苾共攻沙陀，不利。朝以前河东节度使李业能安集代北部落，以其子钧为灵武节度使，使宣慰沙陀及六州蕃、浑。时乾符元年（874年）也。《旧书·本纪》。二年（875年），张公素为其将李茂勋所逐，茂勋，回鹘阿布思之族，降张仲武，仲武使戍边，屡有功，赐姓名。朝廷又因而授之。三年（876年），茂勋请致仕，以子可举知留后。五年二月，云州沙陀兵马使李尽忠执大同防御使段文楚，召国昌子沙陀副兵马使克用于蔚州。克用至，杀文楚。《通鉴考异》曰：后唐张昭远《庄宗功臣列传》及《旧纪》，克用杀文楚，在咸通十三年十二月，欧阳《五代史记》取之。赵凤《后唐太祖纪年录》在乾符三年，薛居正《五代史》《新·沙陀传》取之。不著撰人姓名之《唐末三朝见闻录》在乾符五年二月，《新纪》取之。惟《实录》在乾符元年（874年），不知所据何书。克用既杀文楚，岂肯晏然安处，必更侵扰边垂，朝廷亦须发兵征讨，而自乾符四年以前，皆不见其事。《唐末见闻录》叙月日，今从之。案沙陀若绝无违犯，幽州何事与吐浑、契苾攻之？《新书·沙陀传》曰：王仙芝占荆、襄，朝廷发诸州兵讨捕，国昌遣刘迁统云中突骑击之，数有功。《旧书·本纪》：李福之援江陵，实用沙陀军五百骑，盖即此军？然则自乾符四年以前，沙陀不特未尝犯顺，且仍听驱使也。岂时朝廷姑息，文楚虽死，幽州一讨之不克，即使李钧抚安之，而沙陀亦遂听命欤？《考异》之说，虽亦有见，《实录》《旧纪》所记年月，终当存疑。朝以太仆卿卢简方代文楚。《旧纪》在咸通十三年十二月，《实录》在乾符元年十二月。旋以为振武节度使，移国昌于大同。国昌欲父子并据两镇，不受代。与克用合兵，陷遮虏军，在今五寨县西北。进击宁武军及岢岚军。皆山西今县。简方行至岚州而卒。岚州见第三章第二节。河东节度使窦浣，以都押衙康传圭为代州刺史，又发土团千人至代州。至城北，娖队不发，求优赏。时府库空竭，浣遣马步都虞候邓虔往慰谕之。土团冎虔，床舆其尸入府。浣与监军自出慰谕，人给钱三百，布一端，《通鉴》。《旧纪》云：借率富户钱五万贯以赏之。众乃定。押衙田公锷给乱军钱布，众遂劫之以为都将，赴代州。六月，以前昭义节度使曹翔为河东节度使。七月，翔至晋阳，捕土团杀邓虔者十三人杀之。义武兵至晋阳，不解甲，欢噪求优赏。翔斩其十将一人，乃定。于是发忠武、昭义、河阳之兵，会于晋阳，以御沙陀。九月，翔自率军赴忻州，中风而卒。诸军皆退。昭义兵掠晋阳坊市，民自共击之，杀千余人，乃溃。十月，诏昭义节度使李钧及李可举与吐谷浑酋长赫连铎、白义诚，安庆、萨葛酋长米海万合兵讨国昌父子于蔚州。据《通鉴》。《新纪》同。《旧纪》系四年十月，盖误前一年。安庆、萨葛，旧纪作沙陀安庆、薛葛。《新五代史·唐纪》：僖宗以李钧为灵武节度使，宣慰沙陀六州三部落使。注云：六州三部落，皆不见其名处，据《唐书》除使有此语耳。疑安庆、萨葛与朱邪，即所谓三部落也。后降李琢时，安庆都督为史敬存，《通鉴》《旧纪》同。此处安庆下疑夺酋长史敬存五字。十一月，岢岚军翻城应沙陀。是月，以河东宣慰使崔季康为河东节度、代北行营招讨使。十二月，季康、李钧与克用战于洪谷，地属岢岚军，见《旧纪》。败绩。钧死。昭义兵还至代州，士卒剽掠。代州民杀之殆尽。《通鉴》从《旧纪》，《实录》略同，见《考异》。《新五代史》在六年（879 年）冬，以情事核之，恐误。《旧纪》及《新史》皆云钧中流矢卒，《通鉴》云战死，盖依《实录》。《实录》又载广明元年八月，河东奏钧为猛虎军所杀。又曰："与贼战败，归而其下杀之。"《唐末见闻录》云：代州军变时，为百姓捉到，而不云如何处之。并见《通鉴考异》。六年二月，河东军回至静乐，今山西静乐县。作乱，崔季康逃归。都头张锴、郭昢率行营兵攻杀季康。以陕虢观察使高浔为昭义节度使，邠宁节度使李侃为河东节度使。五月，河东衙将贺公雅所部士卒作乱，焚掠三城，北都城左汾右晋，汾东曰东城，两城之间有中城。执孔目官王敬送马步司。侃与监军自出慰谕，为之斩敬于衙门，乃定。都虞候每夜密捕公雅士卒族灭之。余党近百人，称报冤将，大掠三城。焚马步都虞候张锴、府城都虞候郭昢家。侃曲顺军情，令收锴、昢斩于衙门，并逐其家，以公雅为马步都虞候。锴、咄临刑，泣言于众曰：“所杀皆捕盗司密申，今日冤死，独无义士相救乎？”军士复大噪，篡锴、咄归都虞候司。寻下令复其旧职，并召还其家。收捕盗司元义宗等三十余家诛灭之。以马步都教练使朱玫等为三城斩斫使，将兵分捕报冤将，悉斩之，军城始定。侃称疾。敕以康传圭为河东行军司马，征侃诣京师。八月，以东都留守李蔚充河东节度使。闰十月，蔚有疾。以供军副使李邵权观察留后，监军李奉皋权兵马留后。蔚薨，都虞候张锴、郭咄署状绌邵。胡三省曰：状，奏状。以少尹丁球知观察留后。十一月，以康传圭为河东节度使。传圭自代州赴晋阳，张锴、郭咄出迎，乱刀斫杀之。至府，又族其家。十二月，以朱玫为代州刺史。广明元年正月，沙陀入雁门关，寇忻、代；二月，逼晋阳，陷太谷。今山西太谷县。遣汝州防御使诸葛爽率东都防御兵救河东。康传圭遣前遮虏军使苏弘轸击沙陀，不利。传圭怒，斩之。沙陀还代北。传圭又遣都教练使张彦球将兵三千追之。至百井，镇名，在阳曲。军变，还杀传圭。三月，以宰相郑从谠为河东节度使。从谠知张彦球有方略，百井之变，非其本心，独推首乱者杀之，召彦球慰谕，悉以兵柄委之，军中由是遂安。可见治骄兵者当用文臣，不当用武夫之好杀者矣。四月，以太仆卿李琢为蔚、朔等州招讨都统行营节度使，琢，听子，晟之孙。旋以为蔚朔节度使，仍充都统。以诸葛爽为北面行营副招讨。五月，又以为振武节度使。未之镇移夏绥，见下。琢与李可举、赦连铎共讨沙陀。李克用遣大将高文集守朔州，自将拒可举。铎遣人说文集。七月，文集与克用族父李友金、萨葛都督米海万、安庆都督史敬存皆降于琢。克用还击文集，李可举遣兵邀败之。李琢、赫连铎进攻蔚州。李国昌战败，部众皆溃，独与克用及宗族入达旦。《旧纪》云：克用使傅文达守蔚州，至是文达降，不云国昌战败。于是以赫连铎为云州刺史、大同军防御使，白义成为蔚州刺史，米海万为朔州刺史。以上据《通鉴》，参用新旧《书·本纪》。此时朱邪部落，已迫溃亡，非唐更召之，实不易复振也。

僖宗时，宰相中之露头角者，为郑畋、王铎及卢携。黄巢起义，畋颇主抚，铎与携皆主剿。铎自出师而败，携倚高骈而亦败，此盖事势使然，非一二人所能挽回者。史谓携之败抚议，由其倚高骈，欲其立功；又初荐宋威而王铎代之，携疾铎，欲激怒巢；乃好党争者私见测度之辞，未可据为信史也。畋、携尝以忿争同日罢相。《旧纪》《传》在乾符六年五月，云由争黄巢剿抚。《新纪》《表》及《实录》在五年五月。《新传》与《旧书》同。《实录》云：由携欲降主和南蛮，畋不可。《通鉴》亦系其事于五年五月。然恐当以《旧书》为是。争南蛮尚主事，未必如此激烈也。巢入京师，斫携棺，磔尸于市，足见其恨携之深。巢之将渡淮也，宰相豆卢瑑计救师未至，请假巢天平节，使无得西，而以精兵戍宣武，塞汝、郑路。携请召诸道兵壁泗上，以宣武节度统之，巢且还攻东南，徘徊山浙，救死而已。此时之巢，岂能为彼等所骗？然高骈不能扼巢使无渡江，诸道乌合之众又能守泗乎？且召之可皆至乎？齐克让战实颇力，然不能守汝、郑，并不能守潼关，他军其能守泗乎？此时巢势正盛，锐不可当，长驱直入，无可抵御者。潼关既破，携罢相，即饮药死。携死，王徽、裴澈相，更软弱无力。时郑畋为凤翔节度使，谒上道次，请留，不许，乃密约邻道讨之。邻道皆遣兵往会，禁兵分镇关中者数万，亦皆往从，军势略振。中和元年三月，诏以畋为京城四面诸军都统，泾原节度使程宗楚副之，前朔方节度使唐弘夫为司马，隐然系恢复之重矣。

关辅而外，诸军之抗巢者亦多。代北之平也，诏郑从谠以本道兵授诸葛爽及朱玫，使南讨巢。又以李琢为河阳节度使，旋以神策将罗元杲代之。爽以代北行营兵屯栎阳。在今陕西临潼县北。黄巢将朱温屯东渭桥，巢使说劝爽，爽降巢，巢以为河阳节度使，罗元杲奔行在。已而爽复来降，诏仍以为河阳节度。河中都虞候王重荣作乱，逐其帅李都，朝即以为留后。据《通鉴》。事在广明元年十一月。《旧书·重荣》及《王处存传》，均谓李都降贼，而重荣逐之，《新传》则李都之后，尚有一窦潏，亦为重荣所逐，说出《北梦琐言》，皆不足信。见《通鉴考异》。黄巢破潼关，重荣降之，旋又降唐，与义武节度使王处存合兵，营于渭北。党项拓跋思恭起兵，思恭，《新五代史》作思敬。《通鉴考异》曰：欧公意谓薛《史》避国讳耳，思敬别是一人，欧公误。与鄜延节度使李孝昌会。诏使权知夏绥。周岌既杀薛能，朝即以为忠武节度。长安失守，岌亦降巢。监军杨复光屯邓州，巢使朱温攻之。复光走许州，说岌归降。岌从之。岌之乱许，薛能将秦宗权在蔡州，托辞赴难，选募蔡兵，逐刺史据其地，岌为节度，即以为刺史。宗权不从岌命，复光又往说之，宗权乃遣将以兵三千从复光。逗留不进。复光杀之，并其兵。遂以忠武之师复邓州。于是唐弘夫屯渭北，王重荣屯沙苑，在今大荔县西南。王处存屯渭桥，拓跋思恭屯武功，见第三章第二节。而郑畋屯盩厔。见第四章第二节。巢四面皆敌矣。

然乌合之众之不易用久矣。是岁四月，巢使尚让、王播攻凤翔。唐弘夫败之，乘胜进迫长安。巢走。弘夫与程宗楚、王处存入城，不整，且诸军不相继。巢侦知之，还袭。弘夫、宗楚皆死。巢复入长安。巢以王玫为邠宁节度使，邠宁将朱玫杀之，让节度于别将李重古，而自率兵讨巢。六月，屯于兴平。见第五章第四节。忠武兵三千屯武功。巢使王播围兴平，玫走。李孝昌与拓跋思恭移屯东渭桥，巢使朱温拒之。八月，孝昌、思恭战不利，亦引去。王重荣先与高浔合兵，克华州。是月，巢将李详亦复占之。盖郑畋之于诸军，实不能统率，故心力不齐，无由进取也。十月，凤翔行军司马李昌言作乱，畋以留务委之，身赴行在。京西遂成瓦解之势。十二月，王铎率荆襄之师至。二年正月，代畋为都统，而畋入相。铎之将，亦与畋无异。诸将环伺京城而不能进。然巢亦不能进取，使朱温占同州。九月，温降于王重荣。李详闻之，亦欲降。巢知，杀之，以弟思邺守华州。十一月，为详旧卒所逐，亦降于重荣。巢兵势稍蹙矣。然诸军之不能进取如故，而沙陀遂入。

先是代北监军陈景思率李友金及萨葛、安庆、吐谷浑诸部入援。至绛州，刺史瞿稹亦沙陀也，谓景思曰："贼势方盛，未可轻进，不若且还代北募兵。"景思从之，与还雁门，募兵得三万人，皆北方杂胡，屯于崞西。今山西崞县。犷悍暴横，稹与友金不能制。友金乃说景思，请赦李国昌、克用，召以为帅。诏许之。中和元年（881 年）三月，景思赍诏入达旦，召克用军屯蔚州。克用因大掠雁门以北。五月，率蕃汉兵万人南出石岭关。在阳曲东北。郑从谠塞其道，不得前。克用傀道至太原，营城下，纵兵大掠。从谠求援于振武。振武节度使契苾璋自将赴之。克用乃北还，陷忻、代，因留居代州。蔚州刺史苏祐会赫连铎欲攻之。二年（882 年），克用先袭陷蔚州。铎与李可举攻之。克用燔府库，弃而去。祐投镇州，为节度使王景崇所杀。成德王绍懿，咸通七年（866 年）卒，传兄绍鼎之子景崇。国昌亦自达旦归代州。契苾璋奏与天德、大同共讨克用。诏郑从谠与相知应接。初朝廷以庞勋降将汤群为岚州刺史。群潜通沙陀。朝廷疑之，徙之怀州。十月，群据城叛附沙陀。郑从谠遣张彦球讨斩之。时李克用据忻、代，数侵掠并、汾，争楼烦监。王处存与克用，世为婚姻。诏处存谕克用："若诚心款附，宜且归朔州俟朝命。若暴横如故，当与河东、大同军共讨之。"此时朝廷之于克用，尚未必倚其力也。而杨复光养父玄价，见上节。与国昌善，亦欲召之，言于王重荣。王徽为东面宣慰使，亦以为然。时王铎在河中，乃以墨敕召克用，谕郑从谠。十一月，克用将沙陀万七千，自岚、石路趋河中。不敢入太原境，独与数百骑过太原城下，与从谠别。从谠以名马、器币赠之。《新书·沙陀传》云：从谠不肯假道。案从谠不肯假道，而克用兵遂不敢入境，可见从谠之能拒克用也。十二月，乃以克用为雁门节度使。《旧纪》在元年四月，《旧五代史》同。《通鉴考异》曰：此际盖止赦其罪，复为大同防御使，及陷忻、代，自称留后，朝廷再召之，始除雁门。《新表》：中和二年，以忻、代二州隶雁门节度，更大同节度为雁门节度其证也。以上兼据《旧纪》《新·沙陀传》及《通鉴》。沙陀本非强大，前此河东数内乱，故任其鸱张，此时郑从谠之力，已足以御之，乃唐反抑从谠而必召克用，可谓放虎自卫矣。

克用既至河中，自夏阳渡河，军于同州。夏阳，在今陕西郃阳县东。三年正月，进屯沙苑。王铎承制，以克用为东北面行营都统，杨复光、陈景思为监军。复光东面，景思北面。制以铎为义成节度使，令赴镇。于是非以主军用客军，反以客将为元帅矣。二月，克用合河中、易定、忠武之兵败尚让。黄巢弟揆与黄璠袭据华州，克用围之。三月，巢使尚让救之，不克。四月，克用与河中、忠武之兵进取长安。义成、义武之兵继之。巢弃长安，自蓝田东出。使其将孟楷以万人为先锋，攻蔡州。秦宗权与战，不胜，遂降之。楷进攻陈州，刺史赵犨擒斩之。楷，巢爱将也，巢怒，与宗权合兵围之，时六月也。七月，李克用自长安引兵还雁门。寻有诏，以为河东节度使，召郑从谠赴行在，而以李国昌为代北节度使，镇代州。《旧书》《旧五代史》。《唐末见闻录》，国昌死于中和三年（883年）。《新书·沙陀传》《太祖纪年录》《实录》死于光启三年（887年），见《通鉴考异》。此时克用虽有功，实无遽授以河东之理。以从谠守北门，纵不能慑服沙陀，亦必不遽至陷没，且安知不可合契苾、吐浑等徐图之乎？而遽自撤藩篱，开门揖盗，可谓失计之甚矣。朱温之降也，诏赐名为全忠。黄巢既败，以为宣武节度使。时溥者，感化将，迫走其节度使支详，朝廷遂以代之。事在中和元年十二月。全忠、溥、周岌共救赵犨，黄巢兵势尚盛，不能敌，共求救于李克用。四年二月，克用出天井关。诸葛爽以河桥不完为辞拒之，乃更自蒲、陕济。四月，会许、汴、徐、兖之师于陈州。陈州之围始解。五月，巢趋汴州。克用追破之于中牟北。见第九章第一节。巢将多降于全忠，尚让降于时溥。巢奔兖州。克用追至冤句，以粮尽而还。六月，时溥将李师悦追败巢于瑕丘。在今山东滋阳县西。巢众殆尽。至狼虎谷，在泰山东南，莱芜县界。自刎，以首畀其甥林言，使将诣时溥。遇沙陀博野军，夺之，并斩言以献于溥。巢亡，始末凡十年。

黄巢之用兵，可谓极飘忽之致，此固自古已来所谓“流寇”者皆然，然未有若巢之尤甚者也。或者谓“流寇”之兵力，实不足畏，特以其到处裹胁，如水之流，使官军无从措手，终至不可收拾耳。其实不然。有随从之众，必有为中坚者，使为中坚者而亦散亡，所谓“流寇”即澌已矣。然则“流寇”初起时，看似所至皆遭击散，实则其众初未尝坏，此即向来史籍所谓真贼者也。此其所以终能强大也。于此，可见向来史籍所传官军克捷之说皆不实。何则？不能溃其中坚，即击散其随从，亦不可云克捷，况所谓击散其随从者，亦什九为夸张之辞也。财富萃于城市，其原实在乡村。苟无乡村，城市安能自立？故用兵者恒以困守孤城为非计。据乡村以困城市，确为革命军之良策。《新书·巢传》言：巢之起，关以东大抵畏巢婴城守，而巢得放兵四出，此唐败绩失据之由也。革命军之起也，既无政柄可以号令，又无资粮械器，其徒众尚少，非藉裹胁何以自强？王仙芝之起，“无少壮虏之”，黄巢渡淮，不剽财货，犹驱丁壮以为兵，由此。欲裹胁，则劫之以威，且破坏其闾井，以绝其顾望不可，故恒不免于残酷。黄巢之攻潼关，至于驱民填堑者以此。然非特此也，贵贱、贫富，其当平均，为人心之所同然。故世所谓空想社会主义者，其由来实甚旧。人人知其当平均，而所目击身受者，其不平均乃特甚，则怨恨之心生，怨恨深而残杀随之矣。王仙芝之起也，其檄文自称天补平均大将军，《通鉴考异》引《续宝运录》。黄巢渡江时，犹以天补大将军为号，广明元年十一月齐克让奏，亦见《通鉴》。其怀挟空想社会主义可知。史言巢众尤憎官吏，得者皆杀之。其在长安，有书尚书省门为诗以嘲革命军者。尚让怒，应在省官员及门卒，悉抉目倒悬之。大索城中，能为诗者尽杀，识字者给贱役，凡杀三千余人。即藏怒蓄怨之已久，有以致之也。夫欲革命，必藉众力，今若此，宁非驱民以资敌？为之魁者，宁不知之？故初起时广泛流动，发动群众，忙于战斗，组织不严，至其声势已盛，则亦必思立纪律。黄巢渡淮，即整众而行，不剽财货，入东都，坊市晏然，《旧纪》。即由于此。夫欲立纪律，循空想必不如修旧法之易行也。为之魁者，亦宁不知之？故其徒众虽疾官吏与士人，而其魁又恒思抚用之。黄巢之入闽，俘民给称儒者皆释；入福州，焚室庐，大杀官吏，过崇文馆校书郎黄璞家，令曰"此儒者，灭炬弗焚"，又求处士周朴；得之。朴不肯从，巢怒，斩之。此为巢之不能自克，然不害其本意之欲求士人也。其事也。不特此也，《旧书·巢传》言：其起也，士人从而附之。其驰檄四方，章奏论列，皆指目朝政之弊，盖士不逞者之辞？则巢之用士人旧矣。夫欲修旧法，固莫如用旧吏与士人，然其法卒不能立者，何也？曰：其所由来者远矣。言中国人之分职者，曰士、农、工、商。士不能执兵，抑士、工、商人数皆少，又非受暴政最酷者。暴政恒施诸为数最多之农民，故非至农民皆思乱，乱必不作，作亦不烈。故农民者，革命军之本也。然农民之所知者，身受之苦耳。其所愤恨欲斩刈之者，被此苦于其身之官吏豪强耳。官吏豪强，非能毒我也，必有阴相之者。故欲革命，非颠覆王室不可。此非农民所尽知也。且其足迹不出里闬，邻境之事，即非所知。故虽思乱者众，亦不能相结合。故农民者，大乱之资，而身不能为大乱者也。合从讨伐，轶于三代，必非辍耕陇畔者之所能为也。然则为之者谁也？曰：士、农、工、商，国之石民耳。世之不士、不农、不工、不商者则多矣，其有以武断用为食，其徒必相结合，且其声气所通颇广者，则世所谓江湖上人，言其不土著也，此等人古称之曰亡命、曰恶少年，今称之曰无赖、棍徒等，上海人称之曰流氓，其结合则曰帮、曰会、曰党。其魁则古所谓豪杰也。刘邦不事家人生产作业，刘秀藏匿死亡，吏不敢到门郭，解七国乱时，隐然若一敌国，以至窦建德、刘黑闼之徒皆是也。黄巢世鬻盐，富于赀，喜养亡命，亦其伦也。大乱之起也，为之徒众者必农民，为之率将者多豪杰。江湖上人，亦喜言平均。此等人或无家室，或虽有而不之顾；身亦不如恒人倚家室以为生，而多藉朋辈周给；故其好言平均，较各色人为甚。农民则正相反。然本以武断耽佚，乐习纵恣，故其所谓纪律者，特存于其徒党之间，而不能推诸全社会。此理易明。彼以其纪律结合其徒党，劫夺人以为食，则必有为其劫夺者而后其纪律存焉。若推诸全社会，则无可以劫夺之人，其徒无以自存，其党亦将离散矣。故此等人可以为盗，不可以为兵，以军纪必禁劫夺也，为政立法更无论矣。帝王亦起于群雄，其能否成功，正视其能否自制御其徒党，废弃其党中旧有之纪律，而改用全社会共认之法耳。巢众入长安，遇穷民于路，争行施遗，甫数日，即大掠缚棰居人索财，号淘物，巢之将官且有阅甲第以处，争取人妻女乱之者。巢既称号，下令军中禁妄杀，悉输兵于官。史言其下皆盗贼，不能从也。即巢亦不能自守法，召王官无至者，即大索里閭。张直方者，素豪杰，士多依之。或告巢："直方谋反，纳亡命者。"巢攻之，夷其家，大臣死者百余人。史言自是遂酷虐居人。其再入长安也，怒坊市百姓迎唐师，乃下令洗城，丈夫丁壮，杀戮殆尽，流血成渠。《旧书·黄巢传》：其《王处存传》云：召集两市丁壮七八万并杀之，血流成渠。《新书·巢传》云：纵击杀八万人，血流于路，可涉也。语亦本于《旧书》，然纵击二字已失实，血流成渠，人人知为形容之语，不责其实，改为叙述之辞，则不成语矣。岂以血流成渠为信然邪？此何为者邪？社会之演进必有其定律，陈义虽高，非至其时则不能行。故空想终为空想，不如复旧之易循。历代革命，只能倾覆旧朝，不能革易帝制者以此。此社会演进定律使然，不能全以自私无识等责之也。黄巢、王仙芝，屡欲受抚。或曰：此非其本心，特蓄力以俟时耳。然仙芝之降，至于遣尚君长，谓非真欲降唐得乎？即君长亦必有降意，不然，仙芝不能遣之也。巢入长安，遽称尊号，且陈符命。《旧书·巢传》：巢僭位，御楼宣赦，且陈符命，曰：唐帝知朕起义，改元广明，以文字言之，唐已无天分矣。唐去丑口而著黄，天意令黄在唐下，乃黄家日月也。土德生金。予以金王，宜改年为金统。其为本怀，尤显而易见。此固不足，然空想既不能行，则复旧不能亟，而欲复旧，亦其难如此，然则群雄之中，获成功而为帝王者，亦自有其由，而非尽由于徼幸也。

谓豪杰之起，徒徇私欲者非也，其目的固在拯民于水火之心，此陈龙川之论不诬也。然始焉非藉广结群众，不足以自立，既足以自立矣，又不能永保纪律；至于官军，则本与盗贼无异，非旧朝官吏将卒皆与盗贼无异，天下原不至于大乱也。史称：黄巢之据长安也，京畿百姓皆砦于山谷，累年废耕耘。巢坐空城，赋输无入。谷食腾踊，米斗三十千。巢军食树皮，以金玉买人于行营之师。官军皆执山砦百姓鬻于巢军，人获数十万。其走关东也，地仍岁无耕稼，人饿倚墙壁间。巢军俘人而食，日杀数千，有舂磨砦，为巨碓数百，生纳人于臼，碎之，合骨而食，周余黎民，靡有孑遗，岂虚语哉？此皆全社会所造之恶业，待时而发，亦不能专为一二人咎也。

是时之草寇，尚非独黄巢也。乾符三年正月，尝敕福建、江西、湖南诸道观察、刺史，皆训练士卒。又令天下乡村，各置弓刀鼓板，以备群盗。先是浙西狼山镇遏使王郢等六十九人有战功，狼山，在今江苏南通县南。节度使赵隐赏以职名，而不给衣粮。郢等论诉不获，遂劫库兵起事。行收徒众，近万人。攻陷苏、常，乘舟往来，泛江入海，转攻二浙，南及福建，其势甚强。是岁七月，以前岩州刺史高杰充缘海水军都知兵马使讨之。郢因温州刺史鲁实请降。温州，今浙江永嘉县。实屡为之论奏。敕郢诣阙。郢拥兵迁延，半年不至，固求望海镇使。今浙江镇海县。朝廷不许，以郢为右率府率，仍令左神策军补以重职。其先所掠之财，并令给与。四年正月，郢诱鲁实入舟中，执之。乃以右龙武大将军宋皓为江南诸道招讨使。先征诸道兵外，更发忠武、宣武、感化三道，宣、泗二州兵，新旧合万五千余人，并受皓节度。二月，郢攻破望海镇，入明州。又攻台州，临海郡见第四章第二节。陷之。诏二浙、福建各出舟师以讨之。镇海节度使裴璩，严兵设备不与战，而密招其党朱实降之。散其徒六七千人，输器械二十余万，舟航粟帛称是。于是郢党离散。郢收余众，东至明州甬桥。镇遏使以筒箭射杀之，余党皆平。以上据《通鉴》。案王郢，《新书·本纪》称为突阵将，《通鉴考异》引《实录》及程匡柔《唐补记》同，而《旧纪》称为海贼。是年三月，以草贼大举进攻河南、山南，下诏招抚，历述投降受官爵者以歆动之，中有朱实之名，盖即郢党之降者。郢虽身为军官，为之徒党者，实皆海贼也。多陷缘海缘江郡县，至发数道之兵以讨之，亦可云东南之剧贼矣。时又有柳彦璋剽掠江西。乾符四年六月，攻入江州，执刺史陶祥。使祥为之上表，彦璋亦自附降状。敕以为右监门将军，令散众赴京师。以左武卫将军刘秉仁为江州刺史。彦璋不从，以战舰百余固湓江为水寨，剽掠如故。十二月，秉仁单舟入其寨，彦璋出不意，迎拜。秉仁斩彦璋，散其众。亦据《通鉴》。广明元年（880年），有江华人蔡结攻入道州，江华，今湖南江华县。道州见第七章第一节。宿州人鲁景仁攻入连州。宿州，今安徽宿县。连州，今广东连县。景仁本从黄巢，巢北上时，以病留连州，遂据其地。后与蔡结皆为马殷所破，见第十一章第五节。中和元年（881年），有鄮人钟季文攻入明州，鄮县，今浙江鄞县。临海人杜雄攻入台州，永嘉人朱褒攻入温州，温州永嘉郡，今浙江永嘉县。遂昌人卢约攻入处州。遂昌，今浙江遂昌县。处州见第六章第四节。约后为钱镠所平，见第十一章第五节。以上皆据《新书·本纪》。此等皆其较大者，其较小而名不著于史传者，则不知凡几矣，可谓群盗如毛矣。

非徒草寇也，藩镇奸命者亦不绝。乾符元年（874年），感化军发兵诣灵武防秋。会南诏寇西川，敕往救援。蛮退，遣还。二年三月，至凤翔。欲擅归徐州。内养王裕本、都将刘逢搜唱率者八人斩之，众然后定。此事若不能遏止，又一场大战也。十月，昭义军乱，大将刘广逐其节度使高湜。据《通鉴》。《通鉴》系据《实录》，见中和元年（881年）《考异》。《新纪》误系乾符四年二月。《旧纪》：中和元年八月，昭义节度使高浔与贼将李详战于石桥，败，归河中。九月，衙将刘广擅还据潞州。是月，天井关戍将孟方立攻广，杀之，方立遂自称留后。误。高浔败后，杀之而据潞州者，乃成麟也。见第十一章第一节。《新书·王徽传》，《新五代史·孟方立传》，误皆与《旧纪》同。十二月，王仙芝攻沂州，天平军奏遣将士张晏等救之。三年正月，还至义桥，闻北境复有盗，留使扞御。晏等不从，喧噪趣郓州。都将张思泰、李承祐走马出城，裂袖与盟，以俸钱备酒肴慰谕，众然后定。诏本军宣慰，一切无得穷诘。四月，原州刺史史怀操贪暴，军乱，逐之。十二月，青、沧军士戍安南者还至桂州，逐观察使李瓒。《新纪》在四年十二月，《通鉴》依《实录》系三年（876年）。以右谏议大夫张禹谟为桂州观察使。桂管监军李维周骄横，与于逐帅之谋，诏禹谟并按之。四月，陕州军乱，逐其观察使崔碣。贬碣怀州司马。五月，以给事中杨损为观察使。损至，诛首乱者。忠武都将李可封戍边，还至邠州，迫胁主帅，索旧欠盐粮，留止四日，阖境震惊。七月，还至许州，节度使崔安潜悉按诛之。八月，盐州军乱，逐刺史王承颜。据《通鉴》。《新纪》在九月。诏高品牛从珪往慰谕之。贬承颜象州司户。象州见第四章第一节。承颜及崔碣，素有政声，以严肃为骄卒所逐，朝廷与贪暴致乱者同贬，时人惜之。军中请以大将王宗诚为刺史。诏宗诚诣阙，将士皆释罪，仍加优给。十月，邠宁节度使李侃奏遣兵讨宗诚，斩之，余党悉平。四年十月，河中军乱，逐其节度使刘侔。五年三月，湖南军乱，都将高杰逐其观察使崔瑾。广明元年三月，安南军乱，节度使曾衮出城避之。诸道兵戍邕管者，往往自归。九月，东都奏汝州所募军李光庭等五百人自代州还，过东都，烧安喜门，焚掠市肆，由长夏门去。十月，先是征振武节度使吴师泰为左金吾大将军，代以诸葛爽，师泰使军民上表留己，乃复以为振武，而以爽为夏绥。中和元年二月，清平镇使陈晟执睦州刺史韦诸，自为刺史。睦州见第八章第二节。二年九月，桂州军乱，逐其节度使张从训。以上兼据《通鉴》及《新纪》。此等皆旋即平定，或不甚关系大局者，其推波助澜，与于割据之局者，别叙于后。要之唐至此时，已成不可收拾之势矣。

第六节　僖宗再播迁

僖宗入蜀，既由田令孜扈从，是时为西川者又系陈敬瑄，政权自仍在令孜之手。史言令孜，容有溢恶，其人亦匪无才，然局量太狭，与南北司皆如水火。宦官秉政，本为人情所不与，尽力协和，犹惧不济，而更专以钩心斗角为务。一人之智，安能胜天下之力邪？

高骈之去西川也，崔安潜代之。安潜谓蜀兵怯弱，乃募陈、许壮士，与蜀人相杂训练。得三千人，分为三军。忠武故有黄头军，是军亦戴黄帽，遂袭其号。《通鉴》系乾符六年（879年）。僖宗入蜀，田令孜为行在都指挥处置使。四方贡金帛，辄赐从驾诸军，而不及蜀军。中和元年七月，黄头军使郭琪作乱，陈敬瑄讨平之。先是左拾遗侯昌业上疏，言令孜专权，召至内侍省赐死。事在广明元年二月。及是，上与令孜保东城，群臣皆不得见。左拾遗孟昭图又上疏极言之。疏言："君与臣一体相成，安则同宁，危则共难。昔日西幸，不告南司，故宰相、御史中丞、京兆尹悉碎于贼，惟两军中尉以扈乘舆得全。昨昔黄头乱，火照前殿，陛下惟与令孜闭城自守，不召宰相，不谋群臣，欲入不得，求对不许。天下者，高祖、太宗之天下，非北司之天下；陛下者，九州之天子，非北司之天子。安有天子播越，而宰相无所与，群司百官，弃若路人”云云。令孜匿不奏，而矫诏贬昌图嘉州司马，使人沉诸蟆颐津。在今四川眉山县东。其毒害士大夫如此。三年（883年），京城之平，就加杨复光同、华等州制置使。六月，复光卒于河中。令孜闻之，甚悦。遽罢其兄复恭枢密使。复恭称疾归蓝田。于是北司之中，复相水火矣。复光之以忠武兵击邓州，分其八千人以为八都，使衙将鹿晏弘、晋晖、王建、韩建、张造、李师泰、庞从等八人将之。据《通鉴考异》云：刘恕《十国纪年》上云八都，而下只有七人姓名，诸书不可考故也。复光死，晏弘等去河中，逐牛勖，据兴元。朝廷不得已，四年正月，以为留后。晏弘猜忌，众心不附。令孜密遣人以利诱之。十一月，王建、韩建、张造、晋晖、李师泰率众数千，逃奔行在。令孜皆养为子，使各将其众，号为随驾五都。不隶神策。而遣兵讨晏弘。晏弘走。先是陈敬瑄多遣人历县、镇诇事，谓之寻事人。所至多所求取。有二人过资阳镇，胡三省曰：时盖置镇于资阳县。案唐资阳，今四川资中县。独无所求，镇将谢弘让邀之，不至，自疑有罪，夜亡入群盗中。捕盗使杨迁诱使出首，而执以送使，节度使。云讨击擒获，敬瑄不问，杖弘让脊二十，钉于西城二七日。十四日。煎油泼之，又以胶麻掣其创，备极惨酷。邛州衙官阡能，邛州见第三章第五节。因事违期，避杖亡命为盗。迁复诱之。能方出首，闻弘让之冤，乃大骂迁，发愤为盗。驱掠良民，不从者举家杀之。逾月，众至万人。横行邛、雅间，攻陷城邑，所过涂地。蜀中先少盗贼，自是纷纷竞起，州县不能制。据《通鉴》。又有涪州刺史韩彦升，涪州，今四川涪陵县。彦升为涪州刺史，见《新书·高仁厚传》。作乱峡中，致道路梗绝，百官乏俸，民亦阙盐。案敬瑄所司察者，盖尚重于有位，故叛者以军人为多。然其为祸已如此，可见司察之不足以为治矣。敬瑄遣兵讨阡能，多败。后遣衙将高仁厚，乃讨平之。以仁厚为眉州刺史。眉州见第四章第二节。又许以为东川节度，令讨平韩彦升。事在中和二年（882年）。杨师立闻之怒。是年，征师立为右仆射，师立遂反，以讨敬瑄为名。又遣仁厚讨平之。即以为东川节度。两川暂归于令孜、敬瑄矣。然北归后变故旋作。

中和四年（884年），黄巢平。明年，改元曰光启。正月，僖宗自蜀还京。三月至。时国命所制者，河西、山南、剑南、岭南西道数十州，余皆自擅兵赋，迭相吞噬。江淮转运路绝。两河、江淮，赋不上供，但岁时供奉而已。《旧书·本纪》。田令孜在蜀，招募新军，以千人为一都，凡五十四都。分隶左右神策，各二十七都，为五军。令孜为左右十军使。军旅既众，南衙北司，官属万余，三司转运，无调发之所，度支惟以关畿税赋，支给不充，赏劳不时，军情咨怨。《旧纪》。乃不得不为救急之计。安邑、解县两池安邑见第三章第七节。解，今为县，属山西。榷盐税课，本盐铁使特置盐官，以总其事。黄巢乱离，王重荣兼领榷务，岁出课盐三千车，以献朝廷。令孜举广明前旧事，请以两池榷务，归盐铁使，以赡禁军，而自兼两池榷盐使。重荣上章论诉，不省。徙诸泰宁，以泰宁节度使齐克让为义武，而徙王处存于河中。五月。盖以处存、重荣，皆李克用之党，为此处置，以免其有违言也。亦可谓煞费苦心矣。然仍无济于事。处存亦不欲徙，上章为重荣申理，言其有大功，不宜轻有除改。不听。至晋州，见第四章第一节。刺史不纳，遂还。八月。初李昌言卒，弟昌符代为凤翔。令孜使与静难节度使朱玫时赐邠宁军号静难。共讨重荣。李克用救之。玫、昌符与战，大败，各走归本镇。时十二月也。克用进逼京城。令孜以帝夜如宝鸡。见第四章第二节。群臣无知者。惟翰林学士承旨杜让能、太子少傅孔纬等数人追至。上以纬为御史大夫，使还召百官。宰相萧遘、裴澈，皆疾令孜不肯行。而朱玫、李昌符亦耻为令孜用，且惮蒲、晋之强，更与之合。遘、澈诒玫书，令迎车驾。令孜再以帝走兴元。时杨复恭已复为枢密使，令孜乃荐以自代，用为左神策中尉、观军容使，而自除西川监军，往依陈敬瑄。

令孜虽去，仍不足以回人心。朱玫之迎驾也，嗣襄王煴襄王僙，肃宗子；煴，僙之曾孙。以疾不能行，为所得。以之归凤翔，欲立之。萧遘不可。玫不听。遂以煴监国，还长安。遘称疾，往依弟永乐令蘧。唐永乐县，在今山西永济县东南。玫以兵部侍郎郑昌图代之，十月，以煴称帝。从《新纪》及《通鉴》。《旧书》在五月朔误。藩镇多受其伪署。而李昌符与玫不合，更通表兴元。时杜让能为相，请使杨复恭谕王重荣。重荣即请讨玫，李克用将盖寓亦说克用讨玫以自湔洗。见《通鉴》。据《考异》，说出《后唐太祖纪年录》。六月，乃命扈跸都将杨守亮出金州，扈跸都，五十四都之一。守亮，本姓訾，名亮，与弟信俱从王仙芝，仙芝死，从徐唐莒，复恭平江西，俱养为子，更名守亮、守信。金州见第六章第三节。与重荣、克用共讨之。玫使其将王行瑜追帝，复恭复使说之。十二月，行瑜还长安，杀玫。裴澈、郑昌图以襄王煴走河中。王重荣杀煴，囚澈、昌图。诏杀之。亦杀萧遘于永乐。朱玫诚为悖戾，然士夫亦或与之合，可以见人心之离矣。皆宦竖专权之祸也。

朱玫既平，以王行瑜为静难节度使，杨守亮为山南西道节度使。三年三月，车驾还京师。至凤翔，李昌符以宫室未完，请驻跸府舍。从之。六月，天威都头杨守立天威，亦五十四都之一。守立亦复恭假子。本姓名曰胡弘立。与昌符争道，麾下相殴。昌符拥兵烧行宫。守立击败之。昌符走陇州。见第三章第六节。李茂贞者，本姓名曰宋文通，为博野军卒。此博野军属镇州。军戍京师，屯奉天。黄巢起义时，郑畋使败尚让，以功为神策指挥使。朱玫乱，从驾山南，拜武定节度使，时以洋州为武定军。洋州见第四章第一节。赐姓名。及是，使讨昌符。八月，破斩之，以为凤翔节度使。骄将阉党，遍布畿甸，乱源又潜伏矣。

第十一章　唐室乱亡（下）

第一节　昭宗征河东

光启四年（888年）二月，僖宗不豫，自凤翔还京。既至，改元曰文德。三月，崩。群臣欲立吉王保。杨复恭请立寿王杰。更名敏，又更名晔，是为昭宗。昭宗亦唐室贤主。史称其意在恢复旧业，号令天下，观其所为，信为不诬，而惜乎其时之不可为也。

时势之最逼者，为关内诸将及河东。然关内诸将，逆迹未显，河东则外族也；且自乾符已来，久肆悖惊；苟有机会，图先除之固宜。然朝廷实无其力，其不得不有赖于藩镇者，又势也。

李克用之追黄巢也，还至汴州，朱全忠犒之。克用乘醉任气，全忠不平，使将围驿火之。克用缒城得脱。归河东，求讨全忠。诏和解之。然汴、晋自此遂为深仇矣。沙陀兵力于一时为最强，材武能制之者，盖舍全忠莫属，然全忠是时，尚为秦宗权所困，力未足与河东敌也。

黄巢之乱，实非巢死而即平，其继之者，则秦宗权也。宗权遣其将秦彦攻江淮，秦贤攻江南，秦诰占襄阳，孙儒占孟洛、陕虢，至于长安，张晊占汝郑，卢塘攻汴州。《旧书·宗权传》，《通鉴》同。此乃总叙之辞，非一时事。《新传》又益遣弟宗言寇荆南，宗衡乱鄂岳二语。皆慓锐惨毒，所至屠残人物，燔烧郡邑。西至关内，东及青齐，南出江淮，北至卫滑，鱼烂鸟散，人烟断绝，荆榛蔽野。宗权既乏食，啖人为储。军士四出，则盐尸而从。时河南惟朱全忠及赵犨，足以自守，而天平亦与为犄角。

曹全晸既帅天平，与贼战死。军中立其兄子存实。中和元年十月。朝亦以节度使授之。二年五月。魏博何弘敬，传子全皞。咸通七年（866年）。年少好杀戮，为其下所杀。十一年（870年）。立大将韩君雄。僖宗立，赐名允中。卒，子简继之。乾符元年（874年）。中和二年八月，简攻河阳。诸葛爽弃城走。简留兵戍之，而攻郓州。曹存实逆战，败死。都将朱瑄收余众拒守，简不能下。三年正月，朝以瑄为节度使。二月，诸葛爽复取河阳。简释瑄，引兵还击。李罕之者，初随黄巢，渡江后降于高骈。骈表知光州事。为秦宗权所迫，收余众依诸葛爽。爽署为怀州刺史。及是，爽使罕之拒简。时简欲引魏人入关，三军屡谏不从。偏将乐行逢因众心摇，说激之。衙军奔归魏州。爽军乘之。简乡兵八万大败。行达先归，众共立为留后。简为其下所杀。四年正月，朝以行达为留后，赐名彦祯。以上皆据《通鉴》。新旧《唐书》及《五代史》，记天平事舛误殊甚。《旧书·本纪》：张裼之为天平，在乾符二年七月。裼传则在三年（876年）冬，以四年（877年）卒于镇。《本纪》：四年三月，黄巢占郓州，逐节度使薛崇。《新纪》则云：巢占郓、沂二州，节度使薛崇死之，而五年（878年）又书天平节度使张裼卒，衙将崔君裕自知州事。疑张裼死后，薛崇尝继其任，而后君裕代之，以阅时不久，故诸书或不之及，而径以君裕承裼，致《新纪》有五年之误笔，一若裼反承崇之后也。全晸之杀君裕，《新书·本纪》系年与《通鉴》同。《旧书·朱瑄传》云：宋州人。父庆，盗盐抵法。瑄逃于青州，为王敬武衙卒。中和初，黄巢据长安，诏征天下兵。敬武遣衙将曹全晸率兵三千赴关西，以瑄为军候。会青州警急，敬武召全晸还，路由郓州。时郓帅薛崇，为王仙芝所杀，郓将崔君裕权知州事。全晸知其兵寡，袭杀君裕，据有郓州。自称留后。以瑄有功，署为濮州刺史，《新书》同。《旧五代史》则云：中和二年（882年），谏议大夫张濬征兵青州，敬武遣将曹全晸率军赴之。巢败出关，全晸以本军还镇。会郓帅薛崇卒，部将崔君预据城叛，全晸攻之，杀君预，自为留后。《新史》全晸作全晟，薛崇作薛宗，余与《旧史》同。敬武之据青州，事在中和元年（881年），张濬之征兵青州，则事在二年，说见第三节。巢败出关而后东还，其事必在四年三月以后，此时存实且已死，安得更有全晸，其误不待更辩，然王仙芝之死在乾符五年，而《旧书》云薛崇为其所杀，实隐见《新纪》谓崇死在四年之确。新旧《史》知其不合，乃改为仙芝所杀为卒，虽善弥缝，恐非实录也。《新书·纪》云：中和二年十月，韩简寇郓州，天平节度使曹全晸死之，部将崔用自称留后。《旧书·韩简传》云：简攻郓，郓帅曹全晸败死，郓将崔君裕，收合残众保郓州。用与君裕，盖即一人？用其名，君裕其字。此皆未知存实、全晸相继之事，乃误以韩简所杀者为全晸，而又误以全晸所承之君裕为在全晸之后。《新书·本纪》，于中和三年书曹存实克郓州，四年书濮州刺刺史朱宣逐天平节度使曹存实，自称留后，其误盖又因此而来。《旧五代史·朱瑄传》，并谓光启中韩允中攻郓，全晸为其所害，其支离蔓衍，真乃不可究诘矣。今故概以《通鉴》为据。朱瑄，《新唐书》《新五代史》皆作宣。《新五代史注》云：流俗以宣瑾兄，于名加玉者非也。《通鉴》亦作瑄。《考异》云：从《旧传》《薛史》《实录》。韩允中，《旧传》作允忠。《通鉴》依《实录》《新传》作中。简之死，新旧《传》皆云疽发背卒。《旧纪》云为部下所杀。《诸葛爽传》云为衙军所杀。《新纪》与《旧纪》同。《通鉴》亦同《旧纪》。《考异》云从《实录》也。朱瑄弟瑾，为天平衙将，求婚于泰宁节度使齐克让。亲迎之夕，衷甲窃发，逐克让而代之。朝亦以为泰宁节度使。时光启二年（886年）也。先是僖宗还跸，惮秦宗权之强，下诏招抚之。宗权顾称帝。乃以时溥为蔡州四面行营都统讨之，而以赵犨为蔡州节度使。宗权攻汴之兵，屡为朱全忠所破。三年五月，自将精兵会之。全忠求救于兖、郓，朱瑄、朱瑾皆来赴。先是义成节度使安师儒，委政于两厢都虞候夏侯晏、杜标。二人骄恣，军中忿之。小校张骁潜出，聚众二千攻州城。师儒斩晏、标首谕之，军中稍息。朱瑄谋取滑州，遣濮州刺史朱裕诱杀骁。而全忠先遣其将朱珍、李唐宾袭滑州，克之，虏师儒以归。以衙将胡真知留后。据《通鉴》。事在光启二年十一月。《旧纪》系十二月，云：滑州军乱，逐其帅安师儒，推衙将张骁主留后。师儒奔汴州，朱全忠杀之。遂以兵攻滑，斩张骁。以告行在。朝廷以全忠兼领义成军节度使。《通鉴考异》谓命全忠兼领义成之文，出于《实录》。大顺元年（890 年），始以全忠兼宣义，全忠犹辞，以授胡真，《实录》误也。参看第三节。及是，其兵亦至。全忠以四镇兵攻宗权，大破之。宗权宵遁。蔡人之守东都、河阳、许、汝、怀、郑、陕、虢者皆弃去。宗权之势，自是稍衰。然全忠先以朱珍为淄州刺史，募兵东道，至是，谓瑄招诱宣武军士，移书请让，瑄复书不逊，全忠遣珍与葛从周攻曹、濮，遽与兖、郓启衅矣。杨行密与孙儒争淮南，见第五节。使来求援。全忠为奏于朝。制授全忠兼淮南节度使行营兵马都统。《旧纪》在闰十一月。全忠以行密为副使，宣武行军司马李璠为留后，使衙将郭言将千人送之。假道于时溥。溥自以于全忠为先进，顾不得领淮南，意甚恨望，不许。璠至泗州，以兵袭之。郭言力战，乃免而还。文德元年正月，朝廷又以全忠为蔡州四面行营都统代溥，徐、汴之怨益深。

曹全晸之定江陵也，朝以泰宁都将段彦谟代为江西招讨使。全晸北还，荆南监军杨复光以忠武都将宋浩权知府事。复光父尝监忠武军，浩已为大将，见复光，少之，遂有隙。彦谟亦耻居浩下。复光曰：胡不杀之。彦谟遂引慓士击杀浩。复光奏浩罪，荐彦谟为朗州刺史。朝以工部侍郎郑绍业节度荆南，以复光监忠武军。绍业惮彦谟，逾半岁乃至。僖宗入蜀，召绍业还行在。复光更引彦谟代为节度。与监军朱敬玟不协。敬玟别选壮士三千人，号忠勇军，自将之。彦谟谋攻敬玟，敬玟先攻杀之。时中和二年六月也。朝复以郑绍业为荆南。绍业逗留不进。敬玟署押衙陈儒领府事。明年，朝即以为节度。四年九月，鹿晏弘弃兴元东出。秦宗权遣其将秦诰、赵德諲会之，共陷襄州。刘巨容走成都。宗权署德諲为山南东道留后。晏弘转掠，复还许州。周岌闻其至，弃镇走。据《通鉴》。《旧纪》云：晏弘杀岌。朝不能讨，即以为忠武节度。后为秦宗权所杀。事在光启二年七月。忠勇军暴横，陈儒不能制。郑绍业尝遣大将申屠琮率兵五千援京师，光启元年正月，军还，儒告使除之，琮复专军政。雷满据朗州，见第五节。三以兵薄城，厚啖以利乃去。淮南将张瑰、韩师德叛高骈，据复、岳二州，自署刺史。儒请瑰摄行军司马，师德摄节度副使，共击满。师德引兵上峡，大掠，归于岳州。瑰还逐儒。儒将奔行在，瑰又劫还囚之。荆南故将，夷戮殆尽。朱敬玟数杀大将、富商，取其财。朝使杨玄晦代之。敬玟留居荆南。瑰遣卒贼之，尽取其财。郭禹者，本成氏，青州人。乘醉杀人，为仇家所捕，落发为僧。后入蔡贼中，为贼帅假子，更姓名为郭禹。当戍江陵，亡为盗。后诣陈儒降。瑰欲杀之。禹率千人袭据归州。今湖北秭归县。是岁九月，秦宗权弟宗言来寇，马步使赵匡欲奉儒出，瑰觉之，杀匡，而绝儒食，七日死。三年十二月，赵德諲陷荆南。瑰留其将王建肇守城而去。据《通鉴》。《新书》云：瑰死。文德元年（888年），四月，郭禹击荆南。建肇奔黔州。诏以禹为荆南留后。禹复故姓，更名汭。赵德諲既失荆南，又度秦宗权必败，五月，举地附朱全忠。全忠方为蔡州四面行营都统，举以自副。制以山南东道为忠义军，以德諲为节度使。全忠之势弥盛矣。

是月，全忠遂大发兵击秦宗权，围之蔡州。八月，拔其南城。留大将胡元琮围之，而身还汴。宗权闻许州无备，袭取之。元琮引兵复收许。十二月，宗权为其将申丛所囚，折其一足，降于全忠。蔡将郭璠复杀丛，送宗权于汴。明年，为龙纪元年（889年）二月，全忠送诸京师，斩之。三月，以赵犨为忠武节度使，以陈州为理所。忠武军本治许州。犨弟昶、珝，本与犨同在行间。及是，犨有疾，以事授昶。诏即以为节度。犨德全忠之援，委输调发，常先他镇，昶亦能继之，全忠更得近助。然兖郓、徐泗未平，仍未能悉力北向也。

河东之声势，则是时颇盛。沙陀之起也，惎之最甚者为幽州，为之内主者，为河中及易定，及其得太原，则当其东出之道者为镇州，东南出之道者为泽潞，而居河南北之间，举足重轻者，则魏博也。王景崇尝以兵附王处存入关。中和三年（883年），卒，子镕继之。光启元年（885年），与李可举约，灭王处存而分其地。镕时尚幼，镕立年十岁。主之者盖可举也。可举遣将李全忠攻入易州，处存复取之。镕遣兵攻无极，今河北无极县。亦为李克用所败。全忠惧罪，收余众还袭幽州。可举自焚死。众推全忠为留后。乐彦祯骄汰，子从训，又召亡命之徒五百余辈，出入卧内，号为子将。军人藉藉。从训闻而忌之，易服遁出。彦祯命为六州都指挥使。未几，又使兼相州刺史。军府疑贰。彦祯危愤而卒。《旧传》。《新传》云：囚之，迫为桑门，寻见杀。众推都将赵文玣知留后。《旧纪》作罗宗弁，盖误以罗弘信之姓冠文玣，而又讹其名。从训领兵三万至城下，文玣按兵不出，众疑惧，复害之。推罗弘信为帅。出战，败从训。又遣将讨击杀之。时文德元年（888年）也。是役也，从训求救于朱全忠。全忠为之出兵攻内黄，今河南内黄县。然不能救也。

高浔之败于李详也，十将成麟杀浔，入于潞州。戍将孟方立又杀麟，自称留后。《新书·本纪》。中和元年（881年）。成麟，《孟方立传》作成邻。《王徽传》误以为刘广，已见上章第五节。方立引还邢州。潞人请监军吴全勖知留后。王铎墨制假方立知邢州事。方立不受，而囚全勖。以书请铎，愿得儒臣守潞。铎使其参谋中书舍人郑昌图知昭义。军中多附方立，昌图不能制。宰相请以重臣镇之。乃用旧相王徽。徽固让于昌图，而昌图不三月辄去。方立遂称留后于邢州，而表其将李殷锐为潞州刺史。于是大将家及富室，皆徙山东。潞人不悦。监军祁审诲，因人心不安，使乞师于李克用，请复军府于潞。中和三年十月，克用遣弟克修取潞州，杀李殷锐。克修，《五代史·唐家人传》云克用弟，《唐书·孟方立传》则云从父弟，参看第十二章第一节。四年八月，奏以克修为昭义节度使，许之。自是泽、潞与邢、洺、磁，分为两镇矣。皆以昭义为名。而泽州实入于河阳。张全义者，濮州临濮人。今濮县南之临濮集。少以田家子役于县，为县令所辱，亡入黄巢军。巢入长安，以为吏部尚书水运使。巢亡，依诸葛爽。及是，爽表为泽州刺史。初，爽奏李罕之为河南尹、东都留守，使捍蔡。光启元年（885 年），孙儒攻之。罕之走保渑池。东都陷。儒焚宫阙、剽居民去。爽遣将收东都，罕之逐出之，爽不能制。二年十月，爽卒。大将刘经与张全义共立其子仲方。经自引兵镇洛阳，袭罕之于渑池，为所败。弃洛阳，走归河阳。罕之军于巩，将渡河。经遣全义拒之。全义反与罕之合。攻河阳，不胜，走保怀州。而河阳为孙儒所陷，诸葛仲方奔大梁。《旧纪》误为爽。全义据怀州，罕之据泽州以拒之。三年（887 年），宗权为朱全忠所败，孙儒亦弃河阳。罕之据河阳，全义据东都，共求援于李克用。克用以其将安金俊为泽州刺史助之，而表罕之为河阳节度使，全义为河南尹、东都留守。罕之性猜暴，部卒日剽人以食。全义善积聚，劝民力耕，储庤稍集。罕之食乏，求之无涯，全义不能厌。是岁六月，王重荣为衙将常行儒所杀。重荣兄重盈，时为陕虢节度使，诏以其子珙知留后，而移诸河中。重盈至，执行儒杀之。罕之陷绛州，又攻晋州。重盈密结全义，文德元年（888 年），全义袭取河阳，俘罕之家。罕之奔泽州，求救于李克用。克用遣康君立攻河阳。朱全忠使丁会、葛从周、牛存节救却之。表会为河阳留后，复以全义为河南尹。自昭义之分，孟方立倚朱全忠为助。李克用击之无虚岁。龙纪元年（889 年），克用复大发兵，遣李存孝与李罕之攻之。拔磁、洺，进攻邢州。方立猜忌，诸将多怨，不为用，自杀。众奉其从弟迁。据《新书·方立传》。《旧书·昭宗纪》《新五代史·唐庄宗纪》云迁方立弟，盖浑言之。《旧五代史·唐武皇纪》云方立侄，恐误。朱全忠救之。假道于魏博，罗弘信不许。乃遣大将王虔裕将精甲数百入邢州。大顺元年正月，迁食尽，执虔裕以降。克用表安金俊为邢、洺、磁团练使。于是昭义全入河东，魏博又不与汴，朱全忠虽得河阳，亦不易争衡河北矣。

李全忠得卢龙，旋卒，子匡威嗣。匡威颇有才气。大顺元年二月，李克用攻赫连铎。铎求救于匡威。匡威自将兵三万赴之，大败其兵。是役：《旧纪》云：克用遣大将安金俊攻云州，为燕军所执。《实录》同，见《通鉴考异》。《通鉴》从《太祖纪年录》《唐末见闻录》，云金俊战死。又云：此役克用自将。《旧书·张濬传》：濬败后，克用上书论诉，云：臣昨遇燕军，以礼退舍，匡威浅昧，厚自矜夸，乃言臣中矢石，覆士卒。致内外吠声一发，短谋竞陈，误陛下君臣之分，可见其为甚败矣。遂与铎共上表请讨克用。朱全忠亦请率汴、滑、河阳之兵，与河北三镇共举。乞命大臣为统帅。下三省、御史台四品已上官议。宰相张濬、孔纬主之，杜让能、刘崇望以为不可。上从濬、纬议。五月，以濬为河东行营都招讨制置宣慰使，京兆尹孙揆副之。朱全忠为南面招讨使。李匡威为北面招讨使，赫连铎副之。先是克用巡潞州，怒供具不厚，笞克修，克修惭愤成疾死。克用表其弟克恭代之。为潞人所杀，附于朱全忠。全忠使河阳留后朱崇节入之，权知留后。克用使康君立、李存孝围之。六月，诏削李罕之官爵，以孙揆为昭义节度使。七月，全忠使葛从周犯围入潞州，李谠、李重胤、邓季筠攻泽州，请揆赴镇。于是张濬合宣武、镇国、静难、凤翔、保大、定难诸军于晋州。保大，鄜坊军名。八月，分兵三千，命揆赴镇。李存孝伏兵擒之，送诸克用。克用诱以为河东副使，不屈，锯杀之。存孝又救泽州，擒邓季筠。李谠、李重胤遁去。后全忠诛之。朱崇节、葛从周亦弃潞州。于是宣武之兵败，而幽、云师亦无功。《旧纪》云幽、云攻雁门，《通鉴》据《实录》，云李匡威攻蔚州，赫连铎攻遮虏军，盖数处有战事。可见兵虽不利，战非不力。克用遣薛志勤、李存孝两道攻晋、绛。诸军惟镇国韩建力战，而为存孝所败。静难、凤翔、保大、定难之军，皆不战而归。张濬独与禁军及镇国、宣武之师合万余人守晋州。十一月，亦弃之去。王师全局瓦解。明年正月，遂贬濬及孔纬，而复李克用、李罕之官爵矣。此役之败，盖由朱全忠连兵徐、郓，身未能至行营，求兵粮于镇、魏，镇、魏又皆不之助。说本《旧书·昭宗纪》。盖时人议论如此，自与情事相合。全忠视克用，似失之太轻。然亦由官军之败太速，其不能战太甚，使全忠无所用力。此则合诸镇之兵以成军，心力不齐，不易统率之故。郭子仪尚以此致败，况张濬素文臣乎？然以征河东为失策固不可。濬之言曰："先朝再幸山南，实沙陀之罪。比虑河北诸侯，与之胶固。今两河大藩，皆欲诛讨，不因其离而除之，是当断失断也。"其说果有以易乎？无以易乎？镇、魏不能同心，宣武末由陈力，燕、云师出无功，岂事先所能逆睹哉？濬初以杨复恭荐，自处士为太常博士，而力主声讨河东，与复恭立异，正见其一心君国，卓然不党。史顾诬以依附田令孜。《旧书·濬传》曰：睿初发迹依复恭，复恭失势，乃依田令孜，以至重位，而反薄复恭。及再幸山南，复恭代令孜为中尉，罢濬知政事。昭宗初在藩邸，深疾宦官。复恭有援立大勋，恃恩任事，上心不平之。当时趋向者，多言濬有方略，能画大计。复用为宰相，判度支。此说述昭宗心事是也，谓濬依附田令孜，则绝无证据。且濬以光启三年（887年）相，至此亦未尝罢相也。且云：朝议之际，上本然复恭之言，而朱全忠密遣濬之亲党赂濬，濬恃全忠之援，论奏不已，天子黾勉从之。昭宗英断，或失之愎，岂劫于宰相者乎？只见其时之人，惟党争贿赂之知也。

第二节　河东与邠、岐、华之争

讨河东之兵，虽挫于外，然仍能裁抑杨复恭，可见昭宗之英断矣。复恭自辅立昭宗后，专典禁兵，颇擅朝政。昭宗稍裁抑之。复恭诚非正人，然史言其罪状，亦有近诬者。如昭宗之舅王瑰，史云复恭奏为黔南节度使，至吉柏江，覆舟而没。《旧书》但云物议归咎复恭而已，《新书》则云：守亮阴勒利州刺史为之，显以揣测之辞为事实。然则谓孔纬出守，复恭使人劫之，斩其旌节，赀贮皆尽者，亦显系归恶之谈也。《新传》又云：复恭养子六百人，监诸道军，恐其数亦太多。《旧传》云：僖宗再幸山南，复用复恭为枢密使。寻代田令孜为右军中尉。车驾还京，授观军容使。僖宗晏驾，迎寿王践阼。文德元年（888年），加开府金吾上将军，专典禁军。既军权在手，颇擅朝政。昭宗恶之，政事多访于宰臣。故韦昭度、张濬、杜让能，每有陈奏，即举大中故事，稍抑宦者之权。此是当时真相。复恭承田令孜之后，袭当时宦者积习，自不甘于退让，于是干戈之衅生矣。复恭本与河东交关，然张濬之讨河东，复恭虽持异议，竟不能沮，即可见其权力去田令孜甚远也。利州见第六章第三节。吉柏江在州境。其假子守立，勇武冠军，上抚而用之，赐姓名曰李顺节。大顺二年九月，罢复恭兵，出为凤翔监军，不肯行，因丐致仕。诏许之。复恭遁居商山，俄入居昭化坊第。第近玉山营，其假子守信为军使。或告其父子且谋乱。此事《旧传》亦云系诬告。《新传》云：许其致仕，赐几杖，使者还，遣腹心杀之于道，至是诏治杀使者罪，盖加讨时之口实也。乃使李顺节与神策军使李守节讨之。守信拥其众，以复恭走兴元。十二月，两军中尉刘景宣、西门君遂传诏召李顺节入，令部将斫杀之。贾德晟者，与顺节俱掌天威军。明年为景福元年四月，又为君遂所杀。内官之祸稍澹，然畿辅骄将，乘之而起。

杨守亮之为兴元也，复恭又以其假子守贞为龙剑节度使。领龙、剑、利、阆四州。龙、剑州见第四章第五节。阆州，今四川阆中县。守忠为武定节度使，领洋、果、阶、扶四州。洋州见第四章第一节。果州，今四川南充县。阶州见第六章第二节。扶州见第七章第一节。守厚为绵州刺史。僖宗之走宝鸡，置感义军于兴、凤二州，以杨晟为节度使，守散关。在宝鸡西南。王行瑜追乘舆，晟与战，败绩，弃关走。虢州刺史满存，以兵赴阙，收复二州，即以为防御使，昭宗又擢为节度使，亦复恭之党也。复恭既走兴元，守亮等同举兵，以讨李顺节为名。景福元年正月，凤翔李茂贞、静难王行瑜、镇国韩建、匡国王行约、匡国，同州军名。行约，行瑜弟。天雄李茂庄天雄，秦州军名。秦州见第二章第三节。请讨守亮。乞加茂贞山南西道招讨使，朝议不可，乃诏两解之。《旧纪》云：内臣皆不可其奏。昭宗亦以茂贞得山南之后，有问鼎之志，久之不下。《新书·杨复恭传》云：宦者惜类，执不可。帝亦谓茂贞得山南必难制，诏两解之。二月，茂贞、行瑜擅兴兵。茂贞表求招讨使不已，朝廷不得已与之。《旧书·牛徽传》：茂贞恃强，章疏不已。昭宗延英召谏官、宰相议可否。以郊凤皆有中人内应，不敢极言，相顾辞逊。上情不悦。徽奏曰："两朝多难，茂贞实有翼卫之功，恶诸杨阻兵，意在嫉恶，所造次者，不俟命而出师也。近闻两镇兵入界，多有杀伤，陛下若不处分，梁汉之民尽矣。须授以使名，明行约束，则军中争不畏法。"帝曰："此言极是。"乃以招讨之命授之。盖当时已势不可已，欲谋整饬，惟有徐图讨伐矣。七月，茂贞克凤州，满存走兴元。八月，又拔之。复恭与守亮、守信及存共奔阆州。《通鉴》：出奔者尚有守贞、守忠，恐非是。守贞、守忠抗命后，未闻其至兴元也。参看第六节。茂贞求帅兴元。二年正月，诏以为山南西道兼武定节度使，以果、阆二州隶武定，而以宰相徐彦若帅凤翔。茂贞欲兼据凤翔，不奉诏，上表不逊。与宰相杜让能书，辞又悖戾。上与让能谋讨之。八月，以嗣覃王嗣周见下。为京西招讨使，神策将李鐬副之，送徐彦若赴镇。《旧书·杜让能传》：京师百姓，闻茂贞聚兵甲，群情恟恟。数千百人守阙门，俟中尉西门重遂出，拥马论列，曰："乞不分割山南，请姑息凤翔，与百姓为主。"重遂曰："此非吾事，出于宰相也。"昭宗怒，诏让能只在中书调发画计，不归第月余。宰相崔昭纬阴结邠、岐为城社，凡让能出一言，即日达于茂贞。行瑜、茂贞令健儿数百人杂市人于街，崔昭纬、郑延昌归第，市人拥肩舆诉曰："岐帅无罪，幸相公不加讨伐，致都邑不宁。"二相舆中谕之曰："大政圣上委杜太尉，吾等不与。"市豪褰帘熟视，又不之识。因投瓦石击二相之舆。崔、郑下舆散走，匿身获免。是日丧堂印、公服。天子怒，捕魁首诛之。由是用兵之意愈坚。京师之人，相与藏窜，严刑不能已。让能奏曰："陛下初临大宝，国步未安。自艰难已来，且行贞元故事，姑息藩镇。茂贞迩在国门，不宜起怨。臣料此时未可行也。"帝曰："政刑削弱，诏令不出城门，此贾生恸哭之际也。书不云乎？"药不瞑眩，厥疾弗瘳。"朕不能孱孱度日，坐观凌弱，卿为我主张调发，用兵吾委诸王。"让能对曰："陛下愤藩臣之倔强，必欲强干弱枝，以隆王室，此则中外大臣，所宜戮力以成陛下之志，不宜独任微臣。"帝曰："卿位居元辅，与朕同休共戚，无宜避事。"让能泣辞曰："臣待罪台司，未乞骸骨者，思有以报国恩耳。安敢爱身避事？况陛下之心，宪祖之志也。但时有所不便，势有所必然，他日臣虽受晁错之诛，但不足以殄七国之患，敢不奉诏，继之以死。"一似征讨之意，全出昭宗，让能始终以为不可者，此诬辞也。茂贞求兼领山南，《旧纪》书于七月，乃因征伐之计决于是时而追书之。茂贞急于得山南，无至此时始求之之理，其移镇而以徐彦若代之之命，《新纪》书于正月是也。《旧纪》：是岁三月，以捧日等五都头为节度使，并加特进同平章事，各令赴镇，并落军权。时朝议以茂贞傲侮王命，武臣难制，欲用杜让能及亲王典禁兵，故罢五将之权，兼以平章事悦其心。可见其调度业已早定。《牛徽传》：师出，上召徽谓之曰：

“卿能斟酌时事。岐军乌合，朕料必平，卿以为捷在何日？”虽所億不中，然亦可见岐军无足深畏。茂贞使兵士杂市人，布讹言以耸动京师之人，盖亦欲沮败其事？惟畏之，乃欲沮败之也。覃王何以败绩，史乘阙焉。然昭宗非赏罚不明之主，后仍任以军事，则知败非其罪。兵之胜败，原有难于逆料者，要不得谓败绩为必然之势，昭宗而外，杜让能辈皆能豫烛也。不独史所传让能之事不足信，即崔昭纬，史谓其阴结邠、岐，以害让能，《新书》至入之《奸臣传》，亦毫无实迹。昭纬与让能，同处相位，若党邠、岐，让能岂有全无所知之理，而犹对之漏泄机密乎？百姓拥诉，中尉曰：“此非吾事，出于宰相可也。”昭纬、延昌，身亦为相，而曰：“大政圣上委杜太尉，吾等不与，则势所不可。”唐人史料，可笑往往如此，实则昭纬特不附太原，因受恶名耳。九月，茂贞、行瑜遣兵逆战，官军溃。茂贞乘胜逼京师。上为杀观容军使西门君遂、内枢密使李周潼、段诩，令收兵归。茂贞仍陈兵临皋驿，在长安西。迫上杀杜让能，而以骆全瓘、刘景宣为左右军中尉。茂贞遂以凤翔兼山南，行瑜赐号尚父，赐铁券。朝廷动息，皆为两镇所制矣。

时则韦昭度、崔胤并相。胤亦唐末忠臣，然此时尚未大显头角。昭宗求治心切，乾宁元年（894年），复相郑綮二月。及李溪。六月。《旧书·綮传》曰：时议以昭宗命台臣，张濬、朱朴、綮三人尤谬，季末之妖也。唐人舆论，直是毫无是非，非背公之党论，则无知之谰言耳。传言綮为庐州，黄巢自岭表还，经淮南，綮移巢文牒，请不犯郡界，巢笑而从之。天子嘉之，赐绯鱼袋。罢郡，有钱千缗寄州帑。后郡数度失守，郑使君寄库钱未失，至杨行密为刺史，送所寄于京师还綮。度其政绩必有大过人者。《新书·杨行密传》云：合肥人。年二十，亡入盗中，刺史郑綮捕得，异其貌，曰：“而且富贵，何为作贼。”纵之。僖宗在蜀，刺史遣通章行在，日走三百里，如约而还。此文盖采自两书，故不言遣其通章者为何人。《北梦琐言》谓郑綮尝以杨行密为本州步奏官，则此刺史亦即綮也。可见其知人之明矣。《传》又云：僖宗自山南还，以宰相杜让能弟弘徽为中书舍人。綮时为给事中，以弘徽兄在中书，弟不宜同居禁近，封还制书。天子不报。綮即移病休官。无几，以左散骑常侍征还，朝政有阙，无不上章论列，事虽不行，喧传都下。执政恶之，改国子祭酒。物议以綮匡谏而置之散地不可。执政惧，复用为常侍。此可见其风节。又云：綮善为诗，多侮剧刺时，故落格调，时号郑五歇后体，此长庆讽谏之伦也。又云：光化初，昭宗还宫，庶政未惬，綮每形于诗什而嘲之。中人或诵其语于上前。昭宗见其激讦，谓有蕴蓄，就常奏班薄侧注云：郑綮可礼部侍郎平章事。昭宗之用綮，必非如此轻率，此乃委巷之言耳。既入视事，侃然守道，无复恢谐，得视为东方朔之流乎？三月余移疾乞骸，尤明哲保身之君子也。溪之相也，知制诰刘崇鲁出班掠麻恸哭，言其依附杨复恭、西门君遂，竟罢之。此事《旧书·崇鲁》及《韦昭度传》均谓为崔昭纬所使，并谓李茂贞等之称兵，乃昭纬所召，亦莫须有之辞也。崇鲁则自非正士。綮亦不久退。七月。二年二月，上终相李溪。行瑜、茂贞攻之，并及韦昭度。三月，溪复罢。四月，昭度亦致仕。此时之邠、岐，可谓志得意满，然黄雀复随其后矣。

昭宗讨太原之无功，实缘镇、魏之未能协力，而魏当南北之冲，所系尤巨。故朱全忠于其年大顺元年（890年）。十月，即出兵攻之。及明年正月而罗弘信服。然幽、镇顾为晋弱。安金俊之丧也，克用代以安知建。潜通于朱全忠。克用知之，又代以李存孝。事在大顺二年三月。知建奔青州，朝廷以为神武统军，将诣京师，过郓州，朱瑄与克用方睦，伏兵河上杀之。存孝负擒孙揆功，自谓当得昭义，而克用以康君立为之，怨。又与克用假子存信不睦。存孝亦克用假子。其本姓名曰安敬思，其先盖西胡？存信，回鹘张君政子。景福元年十月，以邢、洺、磁三州自归于朝廷。《旧纪》在大顺元年十月，误。今从《通鉴》。且结王镕、朱全忠为援。二年二月，克用攻镇州，李匡威救却之。匡威之出兵也，家人会别，酒酣，报其弟匡筹之妻。匡筹怒，据城拒匡威。匡威部下多亡归。王镕德其援己，迎而馆之。匡威顾利其幼弱，谋夺其位，为镇军所杀。匡筹以此为名攻镕。其将刘仁恭又叛于其后。不克，奔河东。七月，克用再攻镇州。王镕既失援，请助攻邢州以乞和。克用许之。是岁，十二月，克用纳刘仁恭于幽州。李匡筹奔京师，道为沧州节度使卢彦威所杀。彦威，沧州衙将，光启元年（885 年），逐其节度使杨全玫。制以保銮都将曹诚为义昌节度使，未之任。大顺元年（890 年），讨河东，王镕、罗弘信为论请，乃以为义昌节度。保銮，亦五十四都之一。义昌，沧州军名。乾宁元年三月，克用遂取邢州，杀李存孝。先是已下云州，赫连铎奔吐谷浑。据《通鉴》。事在大顺二年七月。是岁六月，又破吐谷浑，杀铎。于是自河以北，无与克用抗者，遂有余力以问鼎于关中矣。

乾宁二年正月，王重盈卒，军中立重荣养子珂。史云：重荣兄重简子。王珙等则云本其家苍头。重盈子保义节度使珙、保义，陕虢军名。绛州刺史瑶攻之，言其非王氏子。与朱全忠、王行瑜、李茂贞、韩建相结。珂急，使请婚于李克用。克用许之。王行瑜平后，克用以女妻之发。荐之天子，许嗣镇，而以崔胤尸节度使之名。行瑜、茂贞、建为珙请，不得。五月，行瑜使其弟行约攻河中，而与茂贞、建各将兵数千人入朝。杀韦昭度、李溪及枢密使康尚弼。迫上以王珙为河中，移王行约于陕虢，而以王珂代镇同州。行瑜、茂贞各留兵二千宿卫京师，乃归镇。《旧纪》云：或云：三帅本谋废上立吉王保，闻太原兵起，乃止。克用大发兵声讨三人。攻绛州，杀王瑶。七月，至河中。王行约弃同州走京师，行约弟行实为左军指挥使，谋劫上幸邠州。李茂贞假子继鹏本姓名阎圭。为右军指挥使，谋劫上幸凤翔。两军合噪承天门街。上登楼欲谕止之。捧日都头李筠，《旧五代史·李茂贞传》作李云。将本军于楼前侍卫。继鹏攻筠，矢及楼扉。上惧，下楼。时盐州六都兵屯京师，素为两军所惮。上急召以自卫，两军乃退走，各归本镇。此所谓左右军，即行瑜、茂贞所留，至此各走归本镇，非故禁卫之左右军也。《新书·本纪》，以同州节度使为王行约，左军指挥使为王行实。《王重荣传》同，《通鉴》亦同，而其《兵志》及《王行瑜传》《宦者传》，均以帅同州者为行实，留宿卫者为行约，恐误。讨杨守亮时，帅同州者即行约也。又《王重荣传》，谓是役骆全瓘与王行实谋劫天子幸邠州，刘景宣与李继鹏欲劫全瓘请幸凤翔。《宦者传》则谓全瓘与继鹏欲劫上狩岐，又谓继鹏与刘景宣子继晟纵火剽东市。《通鉴》与《宦者传》同。全瓘苟本欲幸岐，则与继鹏意合，继鹏无庸以兵劫之，恐当以《重荣传》为是。《旧纪》云：景宣附凤翔，明全瓘不附也。两军合噪承天门街，语本《新书·重荣传》。《通鉴》云：继鹏连奏请车驾出幸，行约引左军攻右军，盖与继鹏争劫驾，而继鹏又因劫驾不得而攻李筠也。或传行瑜、茂贞将自来迎驾，帝虑为所迫，时扈跸都头李居实继至，乃以李筠及居实之兵自卫，幸石门，镇名，在南山中。诏李克用、王珂讨行瑜，彰义张璠扼凤翔。彰义，泾原军名。克用入同州，遣兵攻华州，闻行瑜、茂贞将迎驾，乃舍之，移兵渭桥。李茂贞惧，杀李继鹏及骆全瓘、刘景宣，上表请罪。乃舍茂贞，专讨行瑜。十一月，行瑜弃州走，为其下所杀。克用请遂讨茂贞。或曰："茂贞复灭，则沙陀不可制矣。"乃弗许。克用亦还河东。此固事势使然，然茂贞及韩建，实未受惩创。武夫岂知自戢？故不转瞬而播迁之祸复作矣。

上夙有用诸王练兵以自强之意，《通鉴》乾宁二年（895年）云：上以郊畿多盗，欲令宗室诸王将兵巡警，又欲使之四方抚慰藩镇。南北司用事之臣，恐其不利于己，交章论谏。上不得已，四月，下诏悉罢之。诸王奉使将兵，于北司诚有不利，南司何与焉？盖恐其激变，不欲操之过急也。然及石门还后，上卒行其志。于神策两军之外，更置安圣、捧宸、保宁、宣化等军，选补数万人，使诸王将之。嗣延王戒丕、见下。嗣覃王嗣周又自募麾下数千人。李茂贞以为欲图己，勒兵扬言欲诣阙讼冤。士民争亡匿山谷。上命通王滋及嗣周、戒丕分将诸军，以卫近畿。茂贞引兵逼京畿。嗣周与战于娄馆，胡三省曰：盖在兴平西？案兴平见第五章第四节。败绩。七月，茂贞逼京师。戒丕请自鄜州济河幸太原，而身先往告之。上出至渭北，韩建遣其子奉表请幸华州。上不许。而建奉表相继，至富平，建自来见，乃许之。盖至河东亦非善地，或尚不如韩建之易与也。河东足以慑华州，华州不足以慑河东。于是上居华州者二年。

上之在华州，仍不忘自强。初韦昭度、李溪死，上起孔纬为相。又以张濬为兵部尚书、租庸使，欲复用之。而李克用上言：若朝相濬，暮请以兵见。乃止。纬已老，一从上至石门，还京师遽卒。时则崔胤为相。至华州，罢胤而相陆扆。扆盖处事较和平者也。覃王送徐彦若赴凤翔，扆尝言其不可。后天复元年（901 年），驾自凤翔还京，赦后诸道皆降诏书，独不及凤翔，扆亦谏正，可以见其宗旨。当时诸臣，处置藩镇，有主激烈者，亦有较和平者。如扆及牛徽、韩偓是也。昭宗所用，乃其较激烈者。史家颇不谓然，然和平亦于事无济，缓进之措施，且势不及待，亦不得责昭宗及其所任诸臣为鲁莽也。八月，帝又以朱朴为相。朴亦负大志，且有才能者。《旧书·朴传》云：乾宁中为国子博士。腐儒木强，无他才技。道士许岩士出入禁中，尝依朴为奸利，从容上前荐朴有经济才，昭宗召见。对以经义，甚悦。即日拜谏议大夫、平章事，在中书，与名公齿，笔札议论，动为笑端。数月，岩士事败，俱为韩建所杀。谓许岩士依朴为奸利，乃韩建语耳。岩士为奸利待依朴，安能荐朴？若谓在朴为相之后，又岂得曰岩士因倚朴为奸利而荐之也？何其自比于逆乱，设淫辞而助之攻，而又理不可通也？《新书》载朴议迁都南阳，似迂而实切于务，说见下节。又云：帝益治兵，所处可一委朴。朴移檄四方，令近者出甲士，资馈饷，远者以羡余上。此岂腐儒所能为乎？而讥其无他才技，笔札议论，动为笑端，此乃浮薄之士轻视经生之论。其实唐代经生，学以致用，风节凛然，如刘贲及朴者，岂浮薄之进士，所能望其万一邪？《新传》云：朴三贬郴州司户参军卒，不云为韩建所杀,《旧传》亦恐误。郴州见第七章第六节。九月，朱全忠与河南尹张全义及关东诸侯表请迁都洛阳。全忠又言崔胤不宜出外，乃复相胤而贬陆扆。此等举动，虽足以慑岐、华，究不能遂戢其悖逆也。时李茂贞方与王建相攻，见第六节。诏以建为凤翔西面行营招讨使。八月。旋又以宰相孙偓为凤翔四面行营都统，前定难节度使李思谏为静难节度使副之，以讨茂贞。茂贞上表请罪。请献钱十五万，助修宫室，上出幸后，茂贞入长安，燔宫室、市肆。韩建复左右之，师遂不行。明年正月，罢偓、思谏正副都统。盖时茂贞逆状太昭著，不声讨之，无以自解于天下，为此以缓诸侯问罪之师也，然建之悖戾，亦不减于茂贞。四年正月，建奏防城将告睦、济、韶、通、彭、韩、仪、陈八王谋杀臣，劫车驾幸河中，请勒归十六宅。所领军士，并纵归田里。八王依《旧纪》。《诸子传》同。《新书》仪王作沂王，恐误，说见下。遂罢殿后四军。此依《通鉴》。《注》云：即安圣、奉宸、保宁、宣化也。《旧书·纪》云：殿后侍卫四军二万余人皆放散，说与之同。《新书·李巨川传》云：帝在石门，数遣嗣延王、通王将亲军。大选安圣、奉宸、保宁、宣化四军，又置殿后军，合士二万。建恶卫兵强不利己，与巨川谋，即上飞变，告八王欲胁帝幸河中，因请囚十六宅，选严师傅督教，尽散麾下兵。书再上，帝不得已，诏可，又废殿后军，且言无示天下不广。诏留三十人为控鹤排马官，隶飞龙坊。自是天子爪牙尽矣。则殿后军在四军之外。《旧书·诸子传》云：三都军士，放还本道，殿后都亦与三都元绕行宫危邑跸，至是并急诏散之，则又似安圣等四军时阙其一，故合殿后军为四。天子卫士尽矣。建复胁上杀李筠，召还诸王之衔命四方者，禁止诸方士出入禁廷；请立上长子德王祐为太子，更名裕。盖为废立万一之备也。太子詹事马道殷以天文，将作监许岩士以医得幸于上。二月，建诬以罪，杀之。且言孙偓、朱朴与二人交通，罢其相。天子真若赘旒然矣。六月，李茂贞表王建攻东川，连兵累岁，不听诏命。贬建为南州刺史，南州，在今四川綦江县南。以茂贞为西川，覃王嗣周为凤翔。茂贞不受代，围覃王于奉天。韩建为之移书，乃解。七月，徙天雄李继徽于静难，继徽，茂贞养子，本姓名曰杨崇本。反并邠宁亦为其所有矣。八月，延王戒丕还自晋阳。建与知枢密刘季述矫制发兵围十六宅，杀通、沂、睦、济、韶、彭、韩、陈、覃、延、丹十一王。《新书·十一宗诸子传》：通王滋，会昌六年（846年）始王夔，懿宗立，徒王。昭宗乾宁三年（896年），领侍卫诸军，是时诛王行瑜，而李茂贞怨，以兵入觐。诏滋与诸王分统安圣、奉宸、保宁、安化军卫京师。与睦王、济王、韶王、彭王、韩王、沂王、陈王、嗣延王戒丕、嗣丹王允、嗣覃王并为韩建所杀。济、韶、彭、韩、沂、陈、延、覃、丹九王，史逸其胄系云。《本纪》：四年八月，韩建杀通王滋、沂王禋、韶王、彭王、嗣韩王、嗣陈王、嗣覃王嗣周、嗣延王戒丕、嗣丹王允。以通王为宣宗子误，已见第九章第一节。《廿二史考异》云：彭王惕宪宗子，沂王禋昭宗子，吴缜已纠之矣。然昭宗子冲孺，未握兵柄，何至为韩建所忌。且禋在昆弟中次居第四，使建欲害诸皇子，又不应舍长而及幼。《旧史·昭宗纪》有仪王无沂王，疑沂乃仪之讹。《新纪》作沂王禋，又史家妄益之也。《通鉴考异》云：顺宗子经封郯王，会昌后避武宗讳改郯作覃，则嗣覃王嗣周，当是经之后，予谓嗣丹王允，当是代宗子丹王逾之后。嗣延王戒丕，当是玄宗子延王玢之后。嗣韩王当是高祖子韩王元嘉之后。元嘉后改封郓，懿宗以郓王即位，复其故名。玄宗子有济王环，代宗子有韶王暹，敬宗子有陈王成美，济、韶、陈三王，疑亦嗣王也。九月，以彰义节度使张琏为凤翔、西川行营招讨使，以讨李茂贞。琏，潘子。复以王建为西川。削茂贞官爵，复姓名曰宋文通。十二月，匡国节度使李继瑭奔凤翔。以韩建兼匡国节度使。建遂兼有同、华。光化元年正月，下诏罪己息兵。二月，复李茂贞姓名、官爵，复以为凤翔节度使。盖仍所以掩饰天下之耳目也。此时朱全忠之势，已日益强大，非复空言涂饰，所能戢其雄心。李茂贞既无以自解，韩建劫制乘舆，亦将来天下之兵，乃俱致书于李克用请修好，而于八月奉上归长安。盖又思结河东以抗汴梁也。然无及矣。

第三节　岐、汴之争

乾宁、光化之间，李茂贞、韩建，所以能横行无忌者，以朱全忠、李克用方剧争，莫能过问关中之事也。克用日弱，而全忠骤强，形势遂一变矣。

全忠最切近之敌，为时溥及朱瑄、朱瑾。全忠之取之，皆用持久微极之策。《新书·宣传》语。自光启至大顺六七年间，汴军四集，徐、泗、濠三州之民，不得耕稼，又频岁水灾，人丧什六七。时溥窘蹙求和，全忠要以移镇。溥许之。全忠奏闻。景福元年二月，以宰相刘崇鲁为感化节度使。溥虑出城见害，不受代。是岁十一月，濠、泗皆附于全忠。全忠初使子友裕，继使将庞师古攻徐州。二年四月，拔之。溥自焚死。兵力萃于兖、郓，全忠先遣兵春秋入其境剽掠，人不得耕织，为俘者什五六，如是者数年，瑄、瑾势亦日蹙。乾宁二年四月，朱友恭围兖州。友恭，全忠养子，本姓名曰李彦威。瑾求救于河东。河东将史俨、李承嗣入郓，友恭乃退。十月，全忠复使葛从周往攻，而自以大军继之。李克用又使俨、承嗣往。三年，续遣李存信以万骑往救。假道于魏，存信御军无法，侵其刍牧。罗弘信怒，袭败之。全忠乘机，深结弘信，弘信遂归心焉，汴、晋强弱之势一变矣。三月，全忠又使庞师古伐郓。旋令葛从周守之。全忠之攻瑄，凡十兴师，四败绩，而瑄才将俱尽，气益沮，乃专为守御计。四月，克用攻魏以救郓。全忠又使庞师古守郓，而召葛从周还拒克用。六月，大败其兵，擒其子落落。《新五代史·唐家人传》：克用八子，庄宗其长，而《旧史·武皇纪》，落落为克用长子，见擒时为铁林指挥使。又《梁太祖纪》：天复二年（902 年），尝擒克用子廷鸾，见下。沙陀史皆不著，盖讳之也。送罗弘信杀之。所以坚魏、晋之衅也。从周复还攻郓。克用兵之往援者，皆阻于魏，不得前。十一月，再自将以攻魏。全忠又使从周往救，自以大军继之。克用度不敌，引还。从周再攻郓。四年正月，瑄出走，为野人所执，献诸全忠，杀之。朱瑾出城求食，留其将康怀贞守。后避末帝讳，改名怀英。从周至，怀贞降。瑾无所归，与史俨、李承嗣奔淮南。初平卢将王敬武逐其节度使安师儒，自为留后。朝廷因而授之。敬武之逐安师儒，《新纪》在中和二年九月。《通鉴》同。《旧纪》在元年十月。《新书·敬武传》云：隶平卢军为偏校，事节度使安师儒。中和中，盗发齐、棣间，遣敬武击定。已还，即逐师儒，自为留后。时王铎方督诸道行营军复京师，因承制授敬武平卢节度使，趣其兵使西。《旧书·张濬传》云：拜谏议大夫。其年冬，王铎至滑台，兼充天下行营都统。方征兵诸侯，奏用濬为都统判官。时王敬武初破弘霸郎，军威大振。累诏征平卢兵，敬武独不赴援。铎遣濬往说之。敬武已受伪命，复怙强不迎诏使。濬责之，并召将佐集于鞠场谕之。诸将改容引过，谓敬武曰："谏议之言是也。"即时出军，从濬入援京师。《新书》略同。王铎之为都统及义成节度使，事在中和二年正月。《旧书·张濬传》所谓其年冬者，必不得为元年（881 年）。然若敬武之逐安师儒在二年九月，则似不得遽受伪命，而其间亦不容有累诏征兵，则《旧纪》谓在元年十月者，似足信也。《五代史·王师范传》云：父敬武，初为平卢衙将。广明元年（880 年），无棣人洪霸郎合群盗于齐、棣间，安师儒遣敬武讨平之。其事已在一年前，似不得云初破。《旧书·僖宗纪》：乾符四年三月，下诏招降草贼，述投降受赏者，有弘霸郎受职禁营之语，则其事更在前矣。弘霸郎之事，疑其平实在乾符四年（877 年）以前，敬武有功焉，广明元年，乃其迁衙将之岁，叙其破弘霸郎，盖原其所自起，已为追溯之辞，距张濬之征兵，则益远矣。《旧书·濬传》述此，不合加一时字，遂至滋疑也。无棣，在今山东无棣县北。卒，子师范自称留后。龙纪元年（889年）。师范时年十六。棣州刺史张蟾不从。诏以崔安潜充平卢节度使。蟾迎安潜至州，与共讨师范。师范遣都指挥使卢弘击蟾。弘还攻师范。师范以重赂迎之，而使小校刘鄩伏甲杀之。自将攻棣州，杀张蟾。崔安潜逃归。朝遂以师范为平卢节度使，大顺二年（891年）。全忠已并兖、郓，遣兵攻师范。师范下之。讨李克用也，更命义成军曰宣义，以朱全忠为节度。全忠请以胡真为之。然制于全忠，一如巡属。竟以全忠兼镇。于是郓、齐、曹、棣，天平。兖、沂、密，泰宁。徐、宿，感化。陈、许，忠武。郑、滑、濮，宣义。皆入于全忠，淄、青亦纳款，河以南无与全忠抗者已。河北刘仁恭，姿颇桀惊。李克用兴其兵攻魏州，救朱瑄，皆不答。以书让之，又嫚骂，执其使。尽囚太原兵之在燕者。《新五代史·高行周传》云：妫州人。世为怀戎戍将，父思继，兄弟皆以武勇雄于北边。为李匡威戍将。匡威为弟匡筹所篡，晋王将讨其乱，遣人招之。思继兄弟从之。为晋兵前锋。克用以刘仁恭守幽州，以其兄某为先锋都指挥使，思继为中军都指挥使，弟某为后军都指挥使。高氏兄弟，分掌燕兵。克用临诀，谓仁恭曰："思继兄弟，势倾一方，为燕患者，必高氏也，宜善为防。"克用留晋兵千人为仁恭卫。多犯法，思继等数诛杀之。克用责仁恭，仁恭以高氏为诉，由是晋尽诛思继兄弟。仁恭以其兄某子行珪为衙将，思继子行周，年十余岁，亦收之帐下，稍长，补以军职。盖当时与晋龉龁最甚者为幽州，克用思弱之，乃先以顺己之高氏兄弟统其众，又授意刘仁恭使除之，而不意仁恭转借己力以除高氏，而抚用燕兵也。仁恭之不顺克用，自不得谓为非计。然既如此，则宜袭李匡威之遗策，与镇、魏、汴梁交好，共拒河东。而乃恃其兵力，到处启衅，是则为狂妄、不度德、不量力也已。妫州见第八章第四节。怀戎见第二章第七节。是岁，克用击之，败绩。卢彦威残虐。光化元年三月，仁恭使子守文袭取之。兵势益盛。全忠与之修好。是岁四月，全忠使葛从周攻洺州，拔之。五月，又取邢、磁。即以从周为昭义留后守之。十月，克用使李嗣昭攻之，不克。十二月，河东所奏昭义节度使薛志勤卒。李罕之屡求方镇于克用，克用不与。及是，自以兵据潞州。请于克用，克用又不许。罕之降于全忠。克用使李嗣昭伐之，取泽州。先是罗弘信卒，子绍威立。九月。二年（899 年），刘仁恭攻之。三月，全忠救之，大败其兵。所丧失者孔多，仁恭由是不振。全忠使丁会取泽州。五月，克用使李君庆攻潞州，全忠使丁会往救，大破之。克用杀君庆，代以李嗣昭。李罕之疾亟，全忠表为河阳节度，罕之旋卒。以丁会代之，而使张归霸守邢州。七月，召葛从周还，代以贺德伦。八月，李嗣昭陷泽、潞。九月，克用表孟迁为留后。先是克用使李嗣昭助王珂攻王珙。珙战频败，性又惨刻，为衙将李璠所杀。十一月，军校朱简又杀璠，附于全忠。全忠录以为子，更名友谦。三年四月，葛从周击刘仁恭。五月，拔德州，围沧州。守文求救于克用。克用使周德威攻邢、洺。又继之以李嗣昭。八月，陷洺州。九月，全忠复之。以王镕与克用交通，移兵伐之。镕服。全忠又遣张存敬会魏博兵击刘仁恭，下二十城。自瓦桥趋幽州。瓦桥关，在今河北雄县南。道泞不得进，乃还。王处存子郜，处存以乾宁二年（895 年）卒，郜袭。厚于守光，使处存弟处直以兵扰其后。存敬败之。遂围定州。郜奔晋阳。军中立处直，请和。天复元年正月，全忠使存敬攻河中，取晋、绛。克用救之，不得进。珂又使求救于李茂贞及韩建，皆不能应。二月，存敬围河中。珂降。迁于大梁。后全忠使入朝，杀诸幽州传舍。先是全忠乘破幽州之势，已使葛从周自土门攻河东。光化二年三月。土门关，即井陉关，在今河北井陉县东北。及河中服，克用请成。全忠不许。三月，使氏叔琮、葛从周等讨之。合兖郓、成德、义武之师，数道并下。降潞州，逼晋阳。克用登城备御，不遑饮食。五月，以刍粮不给，又久雨士卒疟利，乃还。以丁会守昭义，已兼帅河中，而表孟迁为河阳，后见杀。丁会帅昭义，落邢、洺、磁，但以泽州为属郡，孟迁帅河阳，但以怀州为属郡，见《旧纪》。

昭宗之还长安也，崔胤罢而陆扆相。一年之间，朝局安静。三年二月，出胤为广州节度。朱全忠表论之。至湖南，召还。六月，复相。宰相王抟，劝上勿急除宦官，罢，旋赐死。骆全瓘、刘敬宣之死，景务修、宋道弼代为左右中尉，亦见杀。朝局复不安矣。宦官知汴梁不可力抗，乃图与之交结。时则刘季述、王仲先为左右中尉，疾崔胤尤甚。季述乃外约朱全忠为兄弟，遣从子希正与汴邸官程岩谋废帝。会全忠遣天平节度副使李振上计京师，岩因曰："主上严急，内外惴恐，左军中尉欲废昏立明，若何？"振曰："百岁奴事三岁主，常也。乱国不义，废君不祥，非吾敢闻。"希正大沮。先是皇子病，季述引内医工车让、谢筠，久不出。季述等共白帝："宫中不可妄处人。"帝不纳。诏著籍不禁。由是疑帝与有谋。帝夜猎苑中，醉，杀侍女三人。明日，午漏上，门不启。季述见胤曰："宫中殆不测。"与仲先率王彦范、薛齐偓、李师虔、徐彦回总卫士千人毁关入。谋所立未决。是夜，宫监窃取太子以入。季述等因矫皇后令曰："车让、谢筠，劝上杀人，禳塞灾咎，皆大不道，两军军容知之。今立皇太子以主社稷。"黎明，陈兵廷中，谓宰相曰："上所为如此，非社稷主，今当以太子见群臣。"即召百官署奏。胤不得对。季述卫皇太子至紫廷院。左右军及十道邸官俞潭、程岩等诣思玄门请对。士皆呼万岁。入思政殿，遇者辄杀。季述出百官奏。宫监掖帝出思政殿，入囚少阳院。十一月六日。太子即位于武德殿。更名缜，帝复位后，复还东宫。降为德王，复名裕。崔胤告难于朱全忠，使以兵除君侧。全忠封胤书与季述，曰："彼翻覆，宜图之。"季述以责胤。胤曰："奸人伪书，从古有之。必以为罪，请诛不及族。"季述易之，乃与盟。胤谢全忠曰："左军与胤盟，不相害，然仆归心于公。并送二侍儿。"全忠得书，恚曰："季述使我为两面人。"自是始离。季述子希度至汴言废立本计。又遣李奉本赍示太上皇诰。全忠狐疑不决。李振入见曰："竖刁、伊戾之乱，以资霸者。今阉奴幽劫天子，公不讨，无以令诸侯。"乃囚希度、奉本，遣振至京师与胤谋。都将孙德昭、董从实盗没钱五千缗，仲先众辱之，督其偿，株连甚众。胤间其不逞，曰："能杀两中尉迎太上皇而立大功，何小罪足羞？"又遣客密告德昭，割带纳蜜丸通意。德昭邀别将周承诲，期十二月晦伏士安福门待旦。仲先乘肩舆造朝。德昭等劫之，斩东宫门外，叩少阳院呼曰："逆贼斩矣。"帝疑未信。皇后曰："可献贼首。"德昭掷仲先头以进。宫人毁扉出。御长乐门，群臣称贺。承诲驰入左军，执季述、彦范至楼前。胤先戒京兆尹郑元规集万人持大梃，帝诘季述未已，万梃皆进，二人同死梃下。遂尸之。两军支党，死者数十人。中官奉太子遁入左军。齐偓死井中，出其尸斩之。全忠槛送岩京师，斩于市。季述等夷三族。初延英宰相奏事，帝平可否，枢密使立侍，得与闻。及出，或矫上旨谓未然，数改易，桡权。至是诏如大中故事：对延英，两中尉先降，枢密使候旨殿西。宰相奏事已毕，案前受事。师虔请于屏风后录宰相所奏。帝以侵官不许。下诏与徐彦回同诛。史所言刘季述废立事如此。据《新书·宦者传》。朱全忠与崔胤久有谋，岂有是时狐疑，反卖胤于季述之理？盖季述等日暮途穷，挺而走险，明知全忠不已与，亦不暇顾；程岩小人，季述盖饵之以利；岩不知利害，遂与通谋耳。《旧五代史·李振传》谓季述遣养子希度以唐之社稷，输于太祖，此时唐之社稷，岂季述等所能输邪？不以兵力，安能得之？若用兵力，何待宦竖？《通鉴考异》谓此说出于敬翔所撰之《大唐编遗录》，殊不足信也。薛《史》又谓张濬谓太祖：同中官则事易济，且得所欲，据《考异》，说出梁贞明中所撰《太祖实录》。盖谓濬亦同此，欲自掩其惭德耳，其不足信更甚矣。

帝既反正，赐孙德昭姓名曰李继昭，周承诲曰李继诲，董从实曰李彦弼。并同平章事，遥领节度使，留宿卫。崔胤请主神策左军，以陆扆主右。时李茂贞来朝，语人曰："崔胤志灭藩镇矣。"帝召李继昭等问。对曰："臣世世在军，不闻书生主卫兵。且罪人已得，持军还北司便。"盖德昭等本宦官党，特以盗官钱谋自救，非有匡辅王室之心，故欲仍旧贯也。乃以韩全诲为左神策中尉，张彦弘为右；袁易简、周敬容为枢密使；全诲、彦弘并曾监凤翔军；盖皆茂贞之党也。崔胤怒，约郑元规遣人狙杀之，不克。全诲等讽茂贞留选士四千宿卫，以养子李继筠、继徽总之。朝权仍为凤翔所把持矣。《新书·韩全诲传》。《传》又云：胤亦讽朱全忠内兵三千，居南司，以娄敬恩领之。韩偓闻岐、汴交戍，数谏止胤。胤曰："兵不肯去耳。"偓曰："初何为召邪？"胤不对。《偓传》则云：初李继昭等以功进同中书门下平章事，时谓三使相。后稍稍更附韩全诲、周敬容，皆忌胤，胤闻，召李茂贞入朝，使留族子继筠宿卫。偓闻，以为不可，胤不纳。《通鉴》同。据《考异》：谓胤请朱全忠纳兵，说出《唐补记》。谓其召李茂贞使留兵，则出韩偓《金銮密记》。《考异》曰：《旧纪》《梁实录》《编遗录》、薛居正《五代史·梁纪》诸书，皆不言全忠尝遣兵宿卫京师，若如《唐补记》所言，岐、汴各遣兵数千人戍京师，则昭宗欲西幸时，两道兵必先斗于阙下，不则汴兵皆为宦官所诛，不则先遁去。今皆无此事，盖程匡柔得于传闻，又党于宦官，深疾崔胤，未足信也。然胤所以欲留茂贞兵为己援者，盖以茂贞自以诛刘季述为己功，必能与己同心，仇疾宦官，以利诱之，遂复与宦官为一耳。今从《金銮记》。知《唐补记》之不足信，卓矣，以《金銮记》为可信，犹未免千虑一失。是时茂贞之兵，岂犹胤所能召邪？全诲、彦弘及彦弼合势恣暴，中官倚以自骄，帝不平。有斥逐者，皆不肯行。胤固请尽诛之。始张濬判度支，杨复恭以军赀乏，奏假盐曲一岁入，以济用度，遂不复还。至胤，乃白度支财尽，无以禀百官，请如旧制。全诲擿李继筠诉军中匮甚，请割三司隶神策。帝不能却，罢胤盐铁使。全诲等与继诲、彦弼、继筠交通谋乱。《通鉴》曰：继昭独不肯从。帝问令狐涣。涣请召胤及全诲等宴内殿和解之。韩偓谓不如显斥一二柄臣，许余人自新，妄谋必息。不然，皆自疑，祸且速。虽和解之，凶焰益肆。帝乃止。涣，中书舍人，偓，给事中，时并为翰林学士。《偓传》曰：帝疾宦人骄横，欲尽去之。偓曰："陛下诛季述时，余皆赦不问。今又诛之，谁不惧死？天子威柄，今散在方面，上下同心，摄领权纲，犹冀天下可治。宦人忠厚可任者，假以恩幸，使自翦其党，蔑有不济。今食度支者乃八千人，公私牵属，不减二万，虽诛六七巨魁，未见有益，适固其逆心耳。"此说亦不可信。为梗者正在巨魁，苟能去之，即权纲振矣。然取以干戈，犹且不克，岂假小竖以恩宠，即可翦除邪？是时全忠并河中，胤为急诏令入朝。全忠得诏，还汴，悉师讨全诲，而祸不可逭矣。

昭宗复位，改元天复。元年十月，全忠发大梁。至河中，表请幸东都。十一月，趋同州。韩建幕僚司马邺知留后，迎降。韩全诲等遂劫帝如凤翔。全忠至华州，韩建降。署为忠武节度使，以兵援送之。建入梁，拜司徒。后镇许州，太祖崩，军乱，见杀。全忠入长安，遂至凤翔。诏令还镇。乃移兵北攻邠州。盖虑急攻或生内变，负迫胁之名也。李继徽时守邠州，降。复姓名曰杨崇本。质其妻于河中，仍令守邠州。韩全诲遣中使征江淮兵屯金州，以胁全忠。金州见第六章第三节。金州刺史冯行袭，均州人也，均州见第四章第五节。逐刺史据州，刘巨容表为刺史。中和四年（884 年）。杨守忠为武定，表为行军司马，使领兵摇谷口，以通秦、蜀。李继鹏据金州，行袭攻拔之，昭宗即授金州防御使。后又立昭信军，以为节度使。光化元年（898 年），天祐二年（905 年），改曰戎昭军。至是，行袭尽杀中使，收其诏敕送全忠。全诲又以诏命征兵河东。李克用使李嗣昭以骑五千趣晋州。二年正月，陷慈、隰，皆见第七章第一节。逼晋、绛。全忠还河中，使兄子友宁与晋州刺史氏叔琮御之。三月，大败其兵，禽克用子廷鸾。乘胜攻河东，围晋阳。克用议走云州。未果，而汴军疾疫，乃还。《旧五代史·武皇纪》《李嗣昭传》皆谓克用与嗣昭、周德威谋奔云州。李存信等坚请入北蕃。嗣昭争之，克用妻刘氏亦以为言，乃止。《新书·沙陀传》《新五代史·唐家人传》《嗣昭传》略同，惟《沙陀传》误以刘氏为李国昌妻，《嗣昭传》云：存信等劝奔契丹。四月，崔胤如河中，告全忠：茂贞将劫天子入蜀，劝速迎驾。全忠从之。六月，复至凤翔，然仍不急攻。十一月，保大节度使李茂勋来援。茂勋，茂贞从弟。全忠遣兵袭取鄜坊，茂勋遁去。旋来降，更名曰周彝。茂贞出战屡北，城中食又尽，乃密谋诛宦官，遗全忠书，许其迎驾。三年正月，遂杀韩全诲、张彦弘、袁易简、周敬容，及李继筠、李继诲、李彦弼等，而奉车驾诣全忠营。遂归长安，大诛宦官。《旧书·本纪》云：第五可范已下七百人。《新书·宦官传》云八百余人。内诸司一切罢之。诸道监军使已下，及管内经过并居停内使，仰随处诛夷。准故事，量留三十人，各赐黄绢衫一领，以备宫内指使。仍不得辄有养男。左右神策军，并令停废。宣传诏命，即令宫人出入。三百年来之狐兔，一朝俱尽，而城社亦随之崩摧矣。

东诸侯中，王师范雅好儒术，故其志趣，究与寻常武夫不同。是月，师范乘关东兵多在凤翔，分遣诸将，诈为贡献及商贩，以入汴、徐、兖、郓、齐、沂、河南、孟、滑、河中、陕、虢、华等州，期以同日俱发。适诸州者多事泄被擒，独行军司马刘鄩取兖州。时泰宁节度使葛从周屯邢州。青州衙将张居厚，亦杀华州刺史娄敬思而旋败。留守大梁节度判官裴迪闻变，使朱友宁东巡。友宁召葛从周，与共攻师范。全忠闻变，亦分兵先归，使友宁并将之。三月，从周围兖州，友宁攻青州。全忠引四镇及魏博兵十万继之。六月，师范与淮南将王茂章击杀友宁，全忠自将兵二十万兼行赴之。茂章度众寡不敌，引还。全忠使杨师厚守青州。九月，师范降。《旧书·本纪》、《旧五代史·刘鄩传》皆在十一月。《通鉴》从《旧史·梁纪》。《梁太祖实录》《唐实录》在此月。仍使权淄青留后。刘鄩得师范命乃降。天祐二年正月，命李振代师范。二月，师范举族西迁。既受唐禅，友宁妻诉仇人于朝，乃族师范于洛阳。

第四节 梁太祖代唐

昭宗自凤翔回京，运祚之迁移，已成必然之势，然唐室仍能再三与梁相抗者，则昭宗能用人之效也。

是时在凤翔所命相苏检、卢光启皆见杀，韦贻范前卒。处事和平如陆扆，虽参机密而不肯为相如韩偓者，亦遭贬斥，大权尽归崔胤矣。时则神策两军及内外镇兵，悉属六军，胤兼判六军、十二卫事。《新书·胤传》云：胤自凤翔还，揣全忠将篡夺，顾已宰相，恐一日及祸，欲握兵自固。谬谓全忠曰："京师迫茂贞，不可无备，须募兵以守。今左右龙武、羽林、神策，播幸之余无见兵，请军置四步将，将二百五十人，一骑将，将百人，使番休递侍。"以京兆尹郑元规为六军诸卫副使，陈班为威远军使，募卒于市。全忠知其意，阳相然许。胤乃毁浮图取铜铁为兵仗。全忠阴令汴人数百应募，以其子友伦入宿卫。案友伦为全忠次兄存之子。会为球戏，坠马死。全忠疑胤阴计，大怒。时传胤将挟帝幸荆襄，而全忠方谋胁乘舆都洛，惧其异议，密表胤专权乱国，请诛之。即罢为太子少傅。全忠令其子友谅案友谅为全忠长兄全昱之子，友伦死后，全忠使典宿卫。以兵围开化坊第，杀胤。汴士皆突出，市人争投瓦砾击其尸。元规、班等皆死。实天复四年正月。胤罢凡三日死。死十日，全忠胁帝迁洛。《本纪》：胤罢在天复四年正月乙巳，己酉见杀，戊午，全忠迁唐都于洛阳，则三日当作五日。《通鉴》胤见杀在戊申，与三日之说合。《旧纪》：胤死在三年十二月，必误。发长安，居人悉东，彻屋木自渭循河下。老幼系路，啼号不绝。皆大骂曰："国贼崔胤，导全忠，卖社稷，使我及此。"先是全忠虽据河南，顾强诸侯相持，未敢决移国，及胤间内隙与相结，得梯其祸取朝权，以成强大，终亡天下。案唐祚果移，胤一人握兵，安能自固？此不待辩。此时即练兵，岂能与全忠为敌？《宦者传》言：李茂贞请杀韩全诲等，帝既恶宦人胁迁，而茂贞又其党，全忠虽外示顺，终悖逆，皆不可倚，欲狩襄汉依赵匡凝，然不得去，乃定计归全忠，以纾近祸。匡凝者，德諲子，以景福元年（892年）继其父。其《传》亦言昭宗有意都襄阳，依凝以自全。又言天祐元年（904年），封匡凝为楚王。时诸道不上供，惟匡凝岁贡赋天子。则匡凝之忠于唐实笃，其与唐有成谋且旧。时传胤将挟帝幸荆襄，盖非虚语？全忠阴令汴卒应募，说出《唐太祖纪年录》，殊不足信。见《通鉴考异》。胤是时，决无与汴为敌之理。欲敌汴，杀友伦亦何益？《旧纪》云：友伦卒，全忠怒，杀同鞠将校数人，可知全忠亦未疑胤。不然，此时当图胤，何止杀同鞠将校。其练兵，盖欲以为适荆襄之卫也。帝如凤翔时罢胤诏，已云始将京兆府官钱，委元规召卒，后用度支使榷利，令陈班聚兵，《旧书·胤传》。则二人之为胤爪牙已旧，用之未必启全忠之疑。《新书·韩偓传》：偓侍宴，与元规、班并席。辞曰："学士不与外班接。"主席者固请，乃坐。既元规、班至，终绝席。后朱全忠欲召偓杀之，元规曰："偓位侍郎学士承旨，公无遽。"全忠乃止。此虽小节，亦可见元规之贤。全忠之诛胤，盖实以其幸荆襄之谋，其如何泄露，则不可知耳。唐之不能自立，此时势已显然。即微全忠，茂贞、克用亦岂不足亡唐？全忠欲亡唐，亦何待胤之召？以唐之亡，由胤导全忠卖社稷，盖长安惮迁者之辞，于朝事实无所知，而史遂据为实录，入胤于《奸臣传》。世尚有真是非哉？

胤既得罪，崔远与柳璨并相。璨时为左拾遗。《旧书·传》曰：昭宗好文。初宠待李溪颇厚。洎溪不得其死，心常惜之，求文士似溪者。或荐璨高才，召见，试以诗，甚喜。无几，召为翰林学士。崔胤得罪前一日，召璨入内殿草制敕。胤死之日，既夕，璨自内出，前驱传呼相公来。人未见制敕，莫测所以。《通鉴》：崔胤以乙巳得罪，璨以丙午相，则此事即在召入内殿草制之日，云胤死之日误也。《新传》

误同。翼日，对学士，上谓之曰："朕以柳璨奇特，似可奖任，若令与政事，宜授何官？"承旨张文蔚曰："陛下拔用贤能，固不拘资级。若循两省迁转，拾遗超等入起居郎，临大位非宜也。"帝曰："超至谏议大夫可乎？"文蔚曰："此命甚惬。"即以谏议大夫、平章事，改中书侍郎。任人之速，古无兹例。《新传》云：璨起布衣，至是不四岁。昭宗之任李溪，岂真以其能文？盖亦如其任马道殷、许岩士，特以是为名耳。其任璨亦犹是也。《旧书·本纪》：帝以天祐元年正月发京师。次陕州，全忠迎谒于路。二月，辞赴洛阳亲督工作。四月，帝遣晋国夫人可证传诏谕全忠，言中宫诞蓐未安，取十月入洛阳宫。全忠意上迟留俟变，怒甚，谓衙将寇彦卿曰："亟往陕州，到日便促官家发来。"闰四月，车驾发陕州，次谷水行宫。时崔胤所募六军兵士胤死后散亡并尽，从上东迁者，惟诸王小黄门十数，打球供奉内园小儿共二百余人。全忠在陕，仍虑此辈为变，欲尽去之，以汴卒为侍卫。至谷水顿，全忠令医官许昭远告内园等谋变，因会设幄，酒食次并坑之，乃以谋逆闻。由是帝左右前后侍卫职掌，皆汴人也。既至东都，又杀医官阎祐之、国子博士欧阳诗，云言星谶也。此可见帝左右前后，志存匡辅者之多，柳璨为帝所特擢，其为人亦可想见矣。《通鉴》云：全忠令医官许昭远告医官使阎祐之、司天监王墀，内都知韦周、晋国夫人可证等谋害全忠，悉收杀之。时杨崇本复叛，全忠使子友裕击之。六月，全忠至洛阳。七月，如河中。八月，昭宗遇弑。《旧纪》云：全忠令左龙武统军朱友恭、右龙武统军氏叔琮、枢密使蒋玄晖为之。又云：自帝迁洛，李克用、李茂贞、王建、赵匡凝连盟举义，以兴复为辞。全忠方事西讨，虑变起于中，故害帝以绝人望。《新书·蒋玄晖传》云：帝驻陕州，命卫官高瑰持帛诏赐王建，告以胁迁。且言全忠以兵二万治洛阳，将尽去我左右。君宜与茂贞、克用、行密同盟，传檄襄、魏、幽、镇，使各以军迎我还京师。令判官李振自河中至洛阳，与友恭等图之。玄晖选龙武衙官史太等百人入弑帝，复执何皇后。后求哀于玄晖，玄晖以全忠止令害帝，释后而去。十月，全忠还洛，杀友恭、叔琮。复友恭本姓名曰李彦威。《纪》言河南尹张廷范收彦威等，临刑大呼曰："卖我性命，欲塞天下之谤，其如神理何？操心若此，欲望子孙长世，得乎？"呼廷范谓曰："公行当及此，勉自图之。"此等语未必实。玄晖、廷范，后皆效忠唐室，此时未必肯与弑逆之谋。玄晖，史固谓其事全忠为腹心，《新书》本传。然友恭、叔琮，亦皆战将也，虽欲弭谤，肯轻弃乎？然则玄晖是时，必未与弑逆之谋，特身为内枢密，龙武入宫不能拒，人遂亿为与谋，且谓史太等由其选用耳。抑谓玄晖与弑昭宗不实，而谓其救全何后则真，故后来后与之有谋；亦或玄晖此时，早与唐有密谋，后乃从而哀之；亦或后未尝哀之，而玄晖特全后以为后图也。一时之忠臣义士，可谓多矣。然亦可见昭宗之能得人心也。

既弑昭宗，立其子辉王祚，更名柷，是为哀帝。时年十三。哀帝与德王，并何后所生，见《旧书》本传。《旧纪》：天祐二年二月，社日，枢密使蒋玄晖宴德王裕已下九王于九曲池，既醉，皆绞杀之，竟不知其瘞所。《诸子传》昭宗十子，哀帝外为德王裕、棣王祤、虔王禊、沂王禋、遂王祎、景王秘、祁王祺、雅王禛、琼王祥，盖即所谓九王，《新书》别有端王祯、丰王祁、和王福、登王禧、嘉王祐、颖王禔、蔡王祐，则其幼未见杀者也。《旧纪》云莫知瘞所，而《诸子传》云投尸九曲池，则其事亦传闻不审。是时昭宗新丧，诸王可否燕集，事亦可疑。欲杀之，其道多矣，何必邀燕，行之于众见之地？此事真相，恐已不传，为玄晖所为以否，更无以言之矣。

《旧书·张濬传》云：濬虽退居山墅，朝廷或有得失，必章疏上言，德王废立之际，濬致书诸藩，请图匡复。然则岂有劝全忠同宦官之理？《梁太祖实录》之说，其不足信明矣。王师范青州起兵，欲取濬为谋主。事虽不果，其迹颇泄。朱全忠将图篡代，惧濬构乱四方，不欲显诛，密讽张全义令图之。乃令衙将杨麟率健卒五十人，有如劫盗，围其墅而杀之，天复三年十二月晦夜也。此虑唐臣之害已而为之，犹可曰：革易之际，不得不然也。天祐二年三月，罢宰相独孤损、裴枢、崔远；五月，与陆扆、吏部尚书。王溥、工部尚书。赵崇、守太保致仕。王赞兵部侍郎。同贬；六月，令所在赐自尽。时七人已至滑州，皆并命于白马驿。全忠令投尸于河。《旧纪》。《通鉴》云：全忠聚枢等及朝士贬官者三十余人于白马驿，一夕尽杀之，投尸于河，与《柳璨传》云璨疏三十余人者相合，见下。此事则殊无谓。盖汴人之倾险者所为，全忠虽狡谲，究武夫寡虑，为其所误。然唐士大夫好党争，务进趣，相贼害，不恤竞毫毛之利，快睚眦之怨，而纵滔天之祸，亦不得辞其责也。《旧五代史·苏循传》云：迁洛之后，唐室旧臣阴怀主辱之愤，名族之胄往往有违祸不仕者，此盖全忠蓄憾之由。《新五代史·唐六臣传》云：梁王欲以嬖吏张廷范为太常卿，裴枢以为太常卿唐常以清流为之，廷范乃梁客将，不可，梁王由此大怒，曰："吾常谓裴枢纯厚，不陷浮薄，今亦尔邪？"则其所以激之使发者也。《旧史·李振传》云：昭宗迁都之后，王室微弱，朝廷班行，备员而已。振皆颐指气使，旁若无人。朋附者奖升，私恶者沈弃。每自汴入洛，朝中必有贬窜，唐朝人士，目为鸱鸮。柳璨谮杀裴枢等，振自以咸通中尝应进士举，累上不第，尤愤愤。乃谓太祖曰："此辈自谓清流，宜投于黄河，永为浊流。"太祖笑而从之。唐之亡，为册礼等使者，张文蔚、苏循、杨涉、张策、薛贻矩、赵光逢六人。《新史·唐六臣传》。文蔚等五人，全身免祸而已。惟循子楷，乾宁二年（895 年）登进士第遭覆落，怀愤，乃驳昭宗之谥，献媚新朝。清流之祸，盖皆此等人所为，于当路之人无与。《旧书·柳璨传》云：裴枢、独孤损、崔远，皆宿素名德，与璨同列，意微轻之，璨深蓄怨。昭宗迁洛，诸司内使，宿卫将佐，皆朱全忠腹心也。璨皆将迎，接之以恩，厚相交结，故当时权任皆归之。天祐二年五月，西北长星竟天，扫太微文昌帝坐诸宿。占者云：君臣俱灾，宜刑杀以应天变。蒋玄晖、张廷范谋杀衣冠宿望难制者。璨即首疏素所不快者三十余人，相次诛杀。班行为之一空。此说不独厚诬璨，并恐诬玄晖、廷范，特以玄晖、廷范为汴人，而璨与汴人相交结，遂亿度以为如此耳。璨名族，若谓骤进，则当时不次拔擢者甚多，裴枢等何事轻之哉？或曰：既如是，璨何以坐视其祸而不救，并不引退？此则势无可为，欲就大谋，固不得不忍人之所不能忍。然遂以此蒙谤于天下后世矣。此则其遇可哀，而其心亦愈苦矣，而可以成败论之哉？

此时欲图篡夺，仍非先耀兵威不可，全忠固深知之，故迁唐无几，即复出兵。初成汭之败，赵匡凝取江陵，表其弟匡明为留后。是岁八月，全忠使杨师厚攻匡凝，而自将大兵继之。匡凝战败，奔扬州。匡明走成都。全忠遂有荆南。十月，乘胜攻淮南。十一月，至寿州。寿人坚壁清野以拒之，乃还。而洛中之变复作。《旧书·本纪》：全忠以十一月丁卯十三日。至大梁。时哀帝以此月十九日亲祠圜丘。戊辰，裴迪自大梁回，言全忠怒蒋玄晖、张廷范、柳璨等谋延唐祚，而欲郊天改元。玄晖、璨大惧。庚午，敕南郊改取来年正月上辛。辛巳，授全忠相国，总百揆，进封魏王，全忠先已封梁王。备九锡。先是北院宣徽使王殷使寿州行营，构蒋玄晖于全忠。全忠怒，急归大梁。上令刑部尚书裴迪赍诏慰劳全忠。全忠忿恨，语极不逊。故行相国百揆之命，以悦其心。蒋玄晖自至大梁陈诉，怒犹不解。十二月甲午，十日。上召三宰相议事。柳璨曰："人望归元帅，陛下揖让释负，今其时也。"乃赐璨茶药，便令进发。乙未，敕枢密使蒋玄晖宜削在身官爵，送河南府处斩。丰德库使应顼、尚食使朱建武，送河南府决杀。庚子，敕枢密使及宣徽南北院并停，枢密公事，令王殷权知。《通鉴》云：省枢密使及宣徽南院使，独置宣徽使一员，以王殷为之，赵殷衡为副使。两院人吏，并勒归中书。诸司、诸道人，并不得到宣徽院。凡有公事，并于中书论请。延义、千秋两门，只小黄门三人句当，其官健勒归本军。辛丑，敕每月只许一、

五、九日开延英，计九度。又敕每遇延英坐朝日，只令小黄门祗候引从，宫人不得擅出内门。《旧纪》：昭宗迁洛后，敕除留宣徽两院、小马坊、丰德库、御厨、客省、阁门飞龙、庄宅九使外，其余并停，仍不差内夫人传宣。此次之敕则云：宫嫔女职，本备内任。近年已来，稍失仪制。宫人出内宣命，采御参随视朝，乃失旧规，须为永制。今后每遇延英坐朝日，只令小黄门祗候引入，宫人不得擅出内门。庶循典仪，免至纷杂。《通鉴》记昭宗至洛后事曰：敕内诸司惟留宣徽等九使，余皆停废，仍不以内夫人充使。《考异》曰：初诛宦官后，内诸司使皆以内夫人领之，至此始用外人。《实录》改充使为宣事，误也。记此事曰：敕罢宫人宣传诏命及参随视朝。胡三省《注》曰：既宣传诏命，则《实录》云宣事，亦未为误，但天祐三年（906年）方罢宫人宣传诏命，故以为误。观《旧书》之文，则宫人宣事，实罢于迁洛之初。此时所罢，只是参随视朝。敕云出内宣命，特连及前事，与参随视朝，并指为有失旧规耳。非谓至此始罢。《实录》不误，《通鉴》自误也。乙巳，汴州别驾蒋仲伸决杀，玄晖季父也。又敕蒋玄晖追削为凶逆百姓，仍委河南府揭尸于都门外聚众焚烧。玄晖死后，王殷、赵殷衡又谮于全忠云：内人相传，玄晖私侍积善宫，何太后所居。与柳璨、张廷范为盟誓，求兴唐祚。戊申，全忠令王殷害皇太后。又杀宫人阿秋、阿虔，言通导蒋玄晖。己酉，追废皇太后为庶人。庚戌，敕以宫闱内乱，播于丑声，难以惭恧之容，入于祖宗之庙，其明年上辛亲谒郊庙宜停。癸丑，柳璨责授朝议郎，守登州刺史。登州见第五章第一节。太常卿张廷范责授莱州司户。莱州见第二章第七节。少卿裴磵青州北海尉。北海见第五章第一节。温銮临淄尉。临淄，今山东临淄县。祠部郎中知制诰张茂枢博昌尉。博昌，在今山东博兴县南。并员外置。甲寅，柳璨贬密州司户，再贬长流崖州百姓，密州见第八章第二节。崖州见第四章第二节。委御史台赐自尽。是日，斩于上东门外，张廷范除名，委河南府于都市集众以五车分裂。温銮、裴磵、张茂枢并除名，委御史台于所在赐自尽。柳璨弟瑀、瑊，送河南府决杀。三年正月戊午，敕右拾遗柳瑗贬洺州鸡泽尉，璨疏属也。鸡泽，今河北鸡泽县。郊天何以能延祚？说殊可疑。《新五代史·蒋殷传》云：待诸侯助祭者，以谋兴复，盖为近之。是年三月，敕贬西都留守判官左谏议大夫郑賨崖州司户，寻赐死，亦见《旧纪》。疑亦与于是谋者也。哀帝尚幼，此谋必何太后主之。蒋玄晖、张廷范皆全忠腹心。观全忠怨毒之深，则知谓其谋延唐祚，必非虚语。玄晖，《新书·传》云：少贱不得其系，廷范且故优人，然其所为，乃皎然为全躯保妻子之士大夫所不及，人岂可以类限哉？抑廷范、全忠欲以为太常卿，虽出私意，然亦可见其人足与于士大夫之列，不徒非优伶，并非武夫也。此真所谓小人而有士君子之行者矣。以视王殷、赵殷衡何如哉？而皆获罪以死，而殷、殷衡是用，以是可知梁祚之不长矣。岂沙陀之能亡梁哉？诚百世之龟鉴也。王殷，本姓蒋。幼为王重盈养子。梁祖取河中，以王氏旧恩，录其子孙，表为衙将。末帝时叛梁。事见后。赵殷衡，不知其家世。少孤，流落汴州。富人李让得之，养为子。梁祖镇宣武，以让为养子，乃冒姓朱氏。稍长，给事太祖帐下。太祖诸儿乳母有爱之者，养为子。乳母夫姓赵，又冒姓赵氏。入梁后改姓名曰孔循。又事唐。权知汴州，明宗叛，自魏而南，庄宗东出汜水，循持两端，遣迎明宗于北门，庄宗于西门，供帐牲饩如一，戒其人曰："先至者入之。"此等人乃真嬖幸耳。或曰：玄晖、廷范既君子，始何以事梁？此则其境遇为之，不足责也。或又曰：昔所谓君，皆民贼耳，助梁篡唐亡谓，拒朱存李，又何取焉？此则时代为之，不能以今日之义责古人也。抑有功德于民者，当处帝王之位，此在昔日，理势皆然。故丁丧乱之世，真能戡定群雄，抚宁黎庶者，正人自亦与之。若梁祖，则所戡定者实止河南，其民且未苏息，此外更无论矣。遽以暴戾求大位，安怪助之者皆小人？国于天地，必有与立，盈朝皆小人，谁与立哉？再世而亡，非不幸也。昭宗之见弑也，夫人裴贞一、昭仪李渐荣死之。《旧纪》：蒋玄晖选龙武衙官史太等百人叩内门，言军前有急奏，面见上。至椒殿院，贞一夫人启关，谓玄晖曰："急奏不应以卒来。"史太执贞一杀之。急趣殿下。玄晖曰："至尊何在？"昭仪李渐荣临轩谓玄晖曰："院使莫伤官家，宁杀我辈。"帝方醉，闻之，遽起。史太持剑入椒殿。帝单衣旋柱而走。太追而弑之。渐荣以身护帝，亦为太所杀。观此，知玄晖当日，实无弑逆之心，故贞一、渐荣皆与之有言，而何后亦向之求哀也。及是，阿秋、阿虔，又以身殉国。据《通鉴》，则尚有晋国夫人可证。是知妇人之不与政事，特其处境使然，苟或与之，其才智义烈，固无殊于男子也。柳璨临刑呼曰："负国贼柳璨，死其宜矣。"《旧书》本传。此盖自憾所谋之未成，忠臣义士无穷之心也，而史又以此语，定其爰书，犹为有目人乎？

内难既夷，全忠复用兵于外。初田承嗣召募军中子弟，置之部下，是为魏之衙军。年代寖远，父子相袭，亲党胶固。其凶戾者，强买豪夺，逾法犯禁，长吏不能禁。变易主帅，有同儿戏，小不如意，则举族被害。罗绍威惩其往弊，心衔之。天祐二年七月，衙军裨校李公佺作乱，奔沧州。绍威愈惧，使求援于全忠。全忠遣李思安会魏博军攻沧州。全忠女妻威子廷规，先是卒。全忠遣长直军校马嗣勋选兵千人，密于舆中实兵甲入魏，言助女葬事。三年正月五日至，全忠亲率大军济河，言视行营于沧、景。威欲因而出迎，假全忠帐下锐卒，入而夹攻之。衙军颇疑，坚请不出。威恐泄其事，慰纳之。是月十四夜，率厮养百十辈，与嗣勋合攻之。时宿于衙城者千人。迟明，杀之殆尽。凡八千家。皆夷其族。《新书》云：绍威遣人潜入库，断弦解甲。军趋库，得兵不可战，因夷灭。嗣勋重伤，旬日而卒，见《旧五代史》本传。魏军攻沧州者闻之，作乱。累月乃平之。八月，全忠攻沧州，刘仁恭自将救之。不敢进，使求救于李克用。克用使李嗣昭与共攻潞州。十二月，丁会降敌，全忠乃还。四年正月，至大梁。三月，遂受唐禅，国号梁，更名晃，是为梁太祖。

奉唐帝为济阴王，迁于曹州。明年二月，害之，谥曰哀皇帝。后唐自以为继唐室，明宗时，改谥曰昭宣光烈孝皇帝，庙号景宗。中书覆奏："少帝行事不合称宗，存谥而已。"《旧书》仍称为哀帝，曰："知礼者亦以宣、景之谥非宜，今只取本谥。"《新书》及《通鉴》，皆取后唐所定谥。《新书》目录，仍作哀皇帝。《纲目》则简称为昭宣帝。唐系出何族不可知，然自隋世去西魏赐姓以来，久自侪于华夏矣。神不歆非类，似不应用异族所定之谥。自汉已下，庙号、谥法皆一字，惟东晋、萧梁、北魏、北齐有两字，唐始累数字为谥，佶屈不可诵，读史者于诸帝乃多称其庙号。哀帝无庙号可称，截取首两字称之，虽合简易之理，究非完具之辞，自不如仍称之为哀帝之得也。《旧书·哀帝纪》云：全忠自弑昭宗之后，岐、蜀、太原，连兵牵制，关西日削。幸罗绍威杀衙军，全获魏博六州。将行篡代，欲威临河朔，乃再兴师临幽、沧，冀仁恭父子乞盟，则与之相结，以固王镕、绍威之心。而自秋迄冬，攻沧州无功，及丁会失守，烧营遽还。盖讥其师出之无成绩。《通鉴》谓其威望大沮，恐中外因此离心，欲速受禅以镇之。此皆太过。梁祖在当日，已席莫强之势，潞州小挫，何至遂沮人心？然河东未平，遽谋禅代，要不免易盈欲速之诮也。又百代之龟鉴矣。

第五节　唐末割据（上）

唐自肃、代以来，藩镇遍布，久成分裂之势，然中枢名分犹存，藩镇所擅之地，亦究不甚大，故自河北而外，迄未有能久据土自专者也。逮黄巢起而情势一变矣。

高骈之罢都统及盐铁转运使也，史称其既失兵柄，又落利权，攘袂大诟，累上章论列，语辞不逊。由是贡赋遂绝。骈好神仙，信方士吕用之。用之又引其党张守一、诸葛殷，共相蛊惑，间骈旧将。又说以绝俗累，宾客、将吏，皆不得见。又请置使巡察，骈即以用之领之。用之乃擢废吏百余，号为察子，令居衢哄间，诛所恶者数百族。募卒二万，为左右莫邪都，与守一分将之。于是太阿倒持矣。毕师铎者，黄巢将，降骈。骈使以骑三百戍高邮。见第二章第七节。高邮戍将张神剑，师铎为子娶其女，亦恶用之。两人谋自安之计。用之伺知之，亟请召师铎还。师铎母在广陵，遣信令师铎遁去。郑汉璋者，师铎归顺时副使，时为淮宁军使，《新书·骈传》：骈置淮宁军于淮口。师铎潜往见之，又与俱至高邮见神剑。乃发兵，以诛用之、守一、殷为名。神剑留高邮，而师铎、汉璋以兵三千至广陵城下。用之自督战，令曰："斩一级，赏金一饼。"士多山东人，坚悍颇用命。师铎惧，退舍自固。秦彦者，亦黄巢将，降骈，骈以为和州刺史。和州见第四章第三节。彦袭宣州据之。宣州见第六章第三节。师铎使乞师焉。彦遣衙将秦稠以三千人助之。城陷。用之亡走。骈撤备与师铎相见，署为节度副使。汉璋、神剑，亦皆署职事。时光启三年四月也。秦稠阅府库监守之，密召彦，或谓师铎，还政高公，自典兵马，阻彦渡江。师铎犹豫未决而彦至。乃自为节度使，而署师铎行军司马。师铎不悦。初秦宗权寇庐、寿间，庐州刺史募杀贼，差首级为赏，杨行密以功补队长。行密杀都将，自为八营都知兵马使。刺史走淮南。高骈因表行密为庐州刺史。吕用之恐其难制，遣俞公楚以兵五千屯合肥阴图之。行密击杀公楚。毕师铎兵起，用之以骈命署行密行军司马，督其兵进援。至天长而扬州陷。天长，今安徽天长县。行密薄城而屯，用之引兵归之。张神剑亦运高邮粮以给。海陵镇遏使高霸，亦以兵属焉。海陵见第二章第七节。众至万七千人。秦彦出击之，大败。彦遂杀高骈。十月，广陵食尽。彦与师铎皆出走。行密遂入广陵，自称淮南留后。而秦宗权之兵至。

是时江东之地，亦甚纷扰。高骈之移淮南也，泾原周宝继之帅镇海。宝与骈同隶右神策军，骈以兄事宝。后骈先贵，意轻之，遂有隙。居邻镇，交恶殊甚。刘汉宏之降，朝以为宿州刺史。汉宏恨赏薄，有望言，会浙东观察使得罪，遂使代之。事在广明元年（880年）。宿州见第十章第五节。浙东观察使，治越州，见第二章第七节。初王郢之乱，临安人董昌，临安，今浙江临安县。以土团讨贼有功，补石镜镇将。石镜镇，在临安南。《新五代史》作石鉴。《旧五代史》云：昌为于潜镇将，盖唐时其地属于潜。曹师雄寇两浙，杭州募诸县乡兵各千人以讨之，号杭州八都，昌为之长。钱缪者，亦临安人。初贩盐为盗。后为昌偏将，以功为石镜都知兵马使。中和元年（881年），昌引兵入杭州。杭州刺史路审中将之官，俱而还。周宝不能制，即表为杭州刺史。僖宗之在蜀也，刘汉宏贡输踵驿而西。三年（883年），升浙东为义胜军，以汉宏为节度使。汉宏谋并浙西，与董昌构兵，屡为钱镠所败。光启二年五月，镇海衙将张郁作乱，陷常州。见第四章第二节。六月，周宝使衙将丁从实击之。郁奔海陵依高霸。十一月，钱镠克越州，刘汉宏奔台州。见第四章第二节。杜雄执送昌，杀之。雄据台州，见第十章第五节。诏即以为观察使，而以钱镠知杭州。周宝募亲军千人，号后楼兵，禀给倍于镇海。三年二月，镇海将刘浩作乱。后楼兵亦叛。宝奔常州依丁从实。浩迎度支催戡使薛朗，推为留后。初感化偏将张雄、冯弘铎见疑于时溥，合兵三百，渡江袭据苏州。见第六章第三节。雄自称刺史。稍聚兵至五万，战舰千余，自号天成军。徐约者，亦黄巢将，降高骈。骈使为六合镇遏使。今江苏六合县。四月，宝诱约使击雄，雄逃入海。五月，钱镠遣兵讨薛朗。十月，陷常州。丁从实奔海陵。镠以周宝归杭州，旋卒。《新五代史》云病卒。《新唐书·本纪》云镠杀之。镠遂克润州。刘浩走。擒薛朗以归，杀之。

秦宗权遣弟宗衡渡淮，孙儒为副，刘建锋为前锋。光启三年（887年），十一月，至广陵，营于杨行密故寨。张雄之败也，匿其众海中，而使别将赵晖入据上元。见第七章第四节。行密围扬州，毕师铎厚赍宝币，啖雄连和。雄率军浮海屯东塘。城中刍粮尽，相约交市，金一斤，通犀带一，得米五升。此据《旧书》。《新书》云：以银二斤易斗米。雄军得货，不战而去。扬州陷，秦彦、毕师铎投雄，雄不纳。将趋宣州。秦宗衡召之，乃还，与宗衡合。未几，宗权召宗衡还蔡拒朱全忠。孙儒称疾不往。宗衡屡促之。儒怒，与饮酒，手刃之，传首于全忠。盖儒知宗权非全忠敌，故绝之而结好于全忠，冀专力于淮南也。儒时有骑七千。分兵掠邻州，不淹旬，众至数万。以城下乏食，与秦彦、毕师铎袭高邮。张神剑奔扬州。杨行密杀之。又令高霸率兵民归府城。霸与丁从实俱往，行密又皆杀之。旋又杀张守一。孙儒亦杀秦彦、毕师铎、郑汉璋。于是扰乱淮南者皆尽，惟儒与行密剧争矣。行密亦求援于朱全忠。制以全忠兼淮南节度使、行营兵马都统。《旧纪》在十一月，《旧史》在八月，《通鉴》从《实录》在闰十一月。全忠遣张廷范致朝命，以行密为副使，而以宣武行军司马李璠为留后。遣衙将郭言将千人送之，为时溥所拒，乃还。文德元年二月，全忠奏以行密为淮南留后。此时全忠隔于时溥，力亦不能及淮南也。

孙儒兵锋甚锐，是岁四月，陷扬州。行密走归庐州。儒又与时溥连和。秦彦之去宣州也，以池州刺史赵锽自代。池州见第七章第四节。行密南攻之。明年，为龙纪元年六月，克之。诏以行密为宣歙观察使。歙州见第二章第七节。大顺元年（890年），赐宣歙军号曰宁国，以行密为节度。而庐州为孙儒所陷，兵锋又转向江南。

先是钱镠遣将攻徐约，约败死，镠遂有苏州。是岁十月，行密将田頵攻常州。十一月，取之。十二月，孙儒又渡江攻陷之，使刘建锋守。建锋又攻取润州。朱全忠之帅淮南，以刘瓒为楚州刺史，楚州见第二章第一节。使朱珍以五千人送之。为时溥所拒。珍拔萧县，见第十章第三节。与徐兵相拒。珍与同列李唐宾交恶，杀之。全忠至萧，诛珍，代以庞师古。是月，全忠使师古击孙儒。明年，为大顺元年（890年），正月，下天长、高邮。二月，战于陵亭，在兴化县境。为儒所败，乃还。行密乘虚取润州，进攻常州。儒使以卑辞厚币求好于全忠。全忠表为淮南节度使。未几，全忠杀儒使者，复为仇敌。八月，行密取苏州。闰九月，刘建锋取常州，遂围苏州。十二月，拔之。行密将守润州者亦遁去。二年二月，儒悉众济江。行密城戍望风奔溃。儒军于黄池。镇名，在今安徽当涂县境。五月，大水，诸营皆没，乃还。留兵据滁、和州。滁州见第六章第三节。行密击取之。七月，全忠使于行密，约共攻儒。儒乃悉众再济江。尽焚扬州庐舍，杀老弱以充食。行密将张训、李德诚入扬州。十二月，儒焚掠苏、常，引兵逼宣州。行密坚守，而分兵断其粮道。儒军食尽，又大疫，使刘建锋及裨将马殷分兵掠诸县。行密知其兵少，纵击，大破之。儒痁作，不能战，为行密所擒。斩之。时景福元年六月也。刘建锋、马殷收余众南走。行密归扬州。八月，朝以为淮南节度使。行密与田頵，少同里闬，相善，其得庐州，多頵之力。安仁义者，沙陀将，归行密。行密宠异之，使将骑兵，居頵右。卒藉二人之力，以破孙儒。于是以頵为宣州留后，使仁义守润州。先是徐兵南侵，至楚州，张训、李德诚败之。遂取楚州，执刘瓒。二年六月，克庐州。八月，克歙州。乾宁元年（894年），泗州来降。二年（895年），拔濠州。遂取寿州，使妻弟朱延寿守之。又遣兵袭取涟水。在今江苏涟水县北。三年五月，朱延寿取蕲、光州。蕲州见第五章第八节，光州见第八章第二节。行密遂全有淮南矣。

孙儒之去苏、常也，钱镠遣兵复取苏州，而润州入于杨行密，彼此争常州。景福二年九月，朝以镠为镇海节度使。镇海军治润，镠此时居杭为之。至光化元年（898年），遂徙军额于杭。董昌姿狂妄，好托神以诡众。初为治廉平。时天下贡输不入，昌独赋外献常三倍，得封陇西郡王。昌求为越王，不许。客倪德儒此据《新唐书》。《新五代史》云衙将。曰：“咸通末，《越中秘记》言有罗平鸟，主越祸福。中和时，鸟见吴越，四目而三足，其鸣曰罗平天册，民祀以禳难。今大王署名，文与鸟类。”即图以示昌。昌大喜。乾宁二年（895年），昌僭号。国曰大越罗平，建元天册。镠讨之。昌求救于杨行密。行密遣兵攻苏、杭、嘉兴以救之，不克。嘉兴，今浙江嘉兴县。为请于朝。诏赦昌罪。镠不从。三年四月，行密陷苏州。镠将顾全武围越，镠使召之，全武不肯。卒克越，禽昌杀之。据《新唐书》。《新五代史·吴越世家》云：昌投水死。《旧五代史·镠传》云：擒昌以献。于是改威胜军曰镇东，以镠兼镇海、镇东两节度。镠遂兼有浙东西。镠遣顾全武攻苏州。四年九月，取之。湖州刺史李师悦，湖州见第二章第七节。与董昌连和，亦结好于杨行密。卒，子继徽代。及是，亦奔扬州。其将沈攸，以州归镠。

王仙芝之攻江西也，高安人钟传，高安，今江西高安县。鸠夷僚依山险为壁，众至万人。柳彦璋略抚州而不能守，传入据之。诏即以为刺史。中和元年（881年），江西将闵顼，从《新传》。《实录》同。《通鉴》依程匡衮唐补纪作勗。防秋安南，还过潭州，见第四章第二节。逐观察使，自为留后。钟传逐江西观察使，据洪州。见第二章第三节。二年五月，诏复置镇南军，初置镇南军见第十章第二节。以项为节度使，欲藉其力以讨传。项知其意，辞不行。七月，从高骈请，以传为江西观察使。传既去抚州，南城人危全讽复据之。南城，今江西南城县。又使其弟仔倡据信州。见第十章第四节。三年八月，升湖南为钦化军，以闵顼为节度使。初高骈镇荆南，补武陵人雷满为裨将，领蛮军。从骈至淮南，满文身断发。凿深池于府中，客有过者，召宴池上，酒酣，取坐上器掷水中，因裸而入取器，久之乃出，盖古之越族也。《旧史》称为武陵洞蛮。《新史》云：聚诸蛮为土团军，骈召隶麾下。逃归，聚众千人，袭朗州，杀刺史。诏即以为兵马留后。后昭宗以澧朗为武贞军，拜满为节度使。陬溪人周岳，胡三省曰：陬溪，当在武陵界。武陵郡郎州见第六章第三节。亦聚众据衡州。见第九章第二节。石门洞酋向瑰，石门县，属澧州，今湖南石门县。亦集夷僚陷澧州。以上三事,《通鉴》皆系中和元年（881年）末。四年（884年），鄂州刺史崔绍卒，鄂州见第七章第四节。路审中时客居黄州，见第二章第七节。募兵三千入据之。鄂州将杜洪，亦据岳州，见第二章第七节。逐刺史。光启元年（885年），南康人南康，今江西南康县。卢光稠占虔州，虔州见第二章第七节。自称刺史。以其里人谭全播为谋主。秦宗权使其弟宗言寇荆南。围江陵，不能克。二年六月，周岳攻潭州。闵顼招黄皓入城共守。皓杀顼。岳攻拔州城，擒皓杀之。七月，更命钦化军曰武安，以岳为节度使。十二月，安陆人周通攻鄂州，安陵郡安州见第八章第二节。路审中亡去。杜洪乘虚入鄂。湘阴人湘阴，今湖南湘阴县。邓进思又乘虚陷岳州。三年（887年），赵德諲陷荆南。张瑰留其将王建肇守城而去。文德元年（888年），成汭攻之。建肇奔黔州，汭据江陵。已见第一节。邓处讷者，与闵顼俱防秋安南，同归过潭州。顼既帅潭，署为邵州刺史。见第十章第二节。顼死，处讷誓为报仇，与雷满相结。景福二年（893年），攻潭州，克之，杀周岳。朝即以为武安节度使。此僖、昭时江西、湖南纷乱之情形也。

孙儒之亡也，刘建锋、马殷收余众七千南走。推建锋为主，殷为先锋，以张佶为谋主。略虔、吉等州，有众数万。吉州见第十章第四节。乾宁元年（894年），入湖南。邓处讷使邵州土豪蒋勋防之。殷使说勋，勋即夜去。殷以邵军旗帜袭入潭州，杀处讷。勋求邵州，建锋不许。即起兵据州。建锋使殷攻之，未克，而建锋私御者陈赡妻，为赡所挝杀。时三年四月也。诸将共杀赡，推佶为留后。佶让于殷，而代之攻邵州。四年二月，克之。时杨师远据衡州，唐世旻据永州，见第二章第六节。《九国志》云：皆以郡人起兵据郡。蔡结据道州，《新书》：据道州者又有何庚，云与结皆蛮酋。陈彦谦据郴州，见第七章第六节。彦谦，亦郴人。鲁景仁据连州，见第十章第五节。殷所有者，潭、邵而已。光化元（898年）、二（899年）两年，殷遣将出征，悉平之。又下桂州，有桂管。《通鉴》：乾宁二年十二月，安州防御使家晟，与朱全忠亲吏蒋玄晖有隙，恐及祸，与指挥使刘士政、兵马监押陈可璠将兵三千袭桂州，杀经略使周元静而代之。晟醉侮可璠，可璠手刃之。推士政知军府事，可璠自为副使。诏即以士政为经略使。光化三年（900年），殷遣兵击士政，擒可璠，士政降，桂、宜、岩、柳、象五州，皆降于湖南。《新唐书·本纪》：乾宁二年（895年），安州防御使宣晟陷桂州，静江军节度周元静，部将刘士政死之。然光化三年（900年），亦书马殷陷桂、宜、岩、柳、象五州，《刘建锋传》亦云：殷攻桂管，执士政，则乾宁二年（895年）之记事必误。惟家晟与宣晟，未知孰为误字耳。又殷取桂管，《五代史·楚世家》云在乾宁三年（896年），亦非。宜州，今广西宜山县。岩州见第十章第二节。柳州见第四章第二节。象州见第四章第一节。害据之势成矣。

刘瓒为朱全忠所署，而张训、李德诚执之，扬、汴似应因此启衅，然是年十一月，舒、庐二州求援于全忠，舒州，今安徽怀宁县。庐州刺史蔡俦，本行密使守庐州者，后叛降孙儒。及是，与舒州刺史倪章相结，共拒行密。全忠尚牒报行密。盖楚州实为时溥所逼，行密不啻取之于徐也。逮泗州降而扬、汴始隙。乾宁元年（894年），永兴土团帅吴讨、骆殷据黄州，降于行密，永兴，今湖北阳新县。黄州时隶鄂岳，杜洪讨之，行密遣朱延寿救之。洪引还。讨畏逼请代，行密使翟章知州事。骆殷弃永兴走。后归杜洪，仍守永兴。时钱镠亦畏淮南之逼。三年（896年），与钟传、杜洪俱求援于朱全忠。全忠使朱友恭以万人渡淮。四年（897年），朝以杜洪绝东南贡献之路，命行密讨之。五月，朱友恭陷黄州，执翟章。九月，全忠大举击行密。使庞师古自清口趋扬州，葛从周自安丰趋寿州，安丰县，在今寿县西南。而自将屯宿州。行密与朱瑾拒师古。十一月，大败之。师古死。从周亦为朱延寿所败。全忠引还。光化二年正月，行密与朱瑾攻徐州，军于吕梁。在徐州东南。全忠自将救之，行密还。七月，行密取海州。见第二章第七节。初，赵晖据上元，数剽江道，张雄击杀之，自屯上元。大顺初，以上元为升州，授雄刺史。卒，《通鉴》在景福二年七月。冯弘铎代之。倚其兵舰完利，欲求润州。行密不许。而田頵阴图之。天复二年（902年），弘铎悉军南向，声讨钟传，实袭頵。为頵所败，收残众欲入海。行密惧其复振，使迎犒于东塘，劫与俱归，而使李神福刺升州。是岁，行密自将攻全忠。至宿州，以粮运不继，引还。明年正月，使李神福、刘存击杜洪。取永兴，骆殷走。遂围鄂州。洪求救于全忠。初成汭据江陵，得秦宗权故将许存，任之。与俱下夔州。见第二章第七节。时在文德元年（888年），夔州为宗权别将常厚所据。又泝江西上，逐王建肇，取渝、涪二州。渝州见第三章第七节。涪州见第七章第四节。以存为万州刺史。今四川万县。旋遣兵袭之。存与王建肇俱降于王建。建以存为养子，名宗播。汭声势颇振。时马殷新得湖南，附于全忠。全忠乃使人说殷、汭及雷满子彦威共救洪，满以天复元年（901年）卒，彦威继之。而使韩勍屯滠口。在今湖北黄陂县南。汭以巨舰下，马殷遣将许德勋会彦威将袭江陵，掠其人及货财而去。汭将士闻之，皆无斗志。五月，神福败之君山。在今岳阳县西南洞庭湖中。汭赴水死。韩勍亦引去。于是杜洪束手待毙矣，而淮南之内变起。

田頵与杨行密故等夷，安仁义则异族也，狼子野心，其无足怪。孙儒平后，钱镠仍与行密岁相攻，胜负略相当。天复元年八月，或告行密：镠为盗所杀。行密使李仁福攻杭州。镠使顾全武拒之。轻神福。神福伪退，全武追之，为所擒。遂攻临安。城坚，久不拔，而知镠定不死，乃于要路多张旗帜，为虚寨。镠谓淮南兵大至，请和。神福受其犒赂而还。镠之兵势一挫。孙儒之死也，士卒多奔浙西。镠爱其骁悍，以为中军，号武勇都。镠起临安，既贵，唐名其所居曰衣锦营，后又升为衣锦城，镠常游之，宴故老。二年八月，武勇都左右指挥使许再思、徐绾乘镠往游叛，逼衙城。镠夜微服逾城入。再思、绾召田頵。时顾全武已复归，乾宁四年（897年）全武之攻苏州，淮南将周本救之。秦裴以三千人据昆山。苏州既下，援师亦退，裴久之乃降，行密既获全武，归之以易裴。建策求救于行密。镠使与子传瑛往。行密以女妻传瑛，而使召頵，曰："不还，吾且使人代镇宣州矣。"镠又以子传瓘为质于頵。十二月，頵乃以再思、绾归宣州。是役也，非行密召頵，杭州其殆矣。三年八月，頵与安仁义俱叛行密，且与朱延寿通谋。行密召延寿杀之，《旧五代史》云：頵使进士杜荀鹤于延寿，且自间道至大梁。事微泄，行密先以公牒征延寿，次悉兵攻宣城。延寿飞骑赴命。迨扬州一舍，行密使人杀之。其说最近事情。《新唐书·延寿传》云：行密绐病目，行触柱僵，妻掖之。行密泣曰："吾丧明，诸子幼，得舅代我，无忧矣。"遣辩士召之。延寿疑不肯赴。姊遗婢报，故延寿疾走扬州。拜未讫，士擒杀之，而废其妻。《新五代史·吴世家》及《通鉴》略同。《五代史补》且谓行密诈称失明仅三年，又谓奋袖中铁椎击杀延寿。东野人之言也。而召李仁福于鄂，使攻頵。仁福败頵水军。行密又使台濛助之。十一月，頵率死士出战，败，死。濛克宣州。王茂章攻润州，至天祐二年正月，乃克之，斩仁义。

田頵既败李仁福，以天祐元年三月，再击杜洪。八月，以疾病还，刘存代之。十月，光州叛行密，行密遣兵围之，与鄂州皆告急于朱全忠。十一月，全忠自将兵五万渡淮，军于霍丘，今安徽霍丘县。分兵救鄂州。淮南兵释光州之围，而汴兵之救鄂州者不克。明年二月，州陷。执杜洪送广陵，杀之。全忠屡与行密争，无功，实因北方多故，不克专力于南故也。

杨行密与钱镠，虽因内患暂息干戈，且相救助，然及内患既平，即兵争复起。田頵之攻临安，筑垒以绝往来之道。镠患之，募能夺其地者，赏之以州。衢州制置使陈璋，将卒三百，出城奋击，遂得其地。镠即以为衢州刺史。衢州，今浙江衢县。胡三省曰："观此，则当时制置使在刺史之下。"頵退，越州客军指挥使张洪，以徐绾之党自疑，率部兵三百奔衢州。胡三省曰："客军，亦孙儒散卒。"璋纳之。初朱褒与兄敖，俱为温州衙校。褒逐刺史而代之。见第十章第五节。及卒，敖继其任。事在天复二年（902年）。至是，又为其将丁章所逐。田頵遣使招之，道出衢州，璋听其往。镠由是恨之。天祐元年（904年），镠使衢州罗城使叶让杀璋，事泄，璋杀让，降于行密。二年正月，镠遣兵围之，行密使将陶雅救之。败其兵，擒镠从弟镒及将王球。陈询者，兄晟，初为余杭镇使，余杭见第二章第五节。逐睦州刺史而代之。睦州见第八章第二节。事在中和四年（884年）。朝即以为刺史。卒，询继其任。事在光化三年（900年）。武勇都之乱，询与田頵通，亦叛镠。四月，陶雅合衢、睦之兵攻婺州。今浙江金华县。九月，取之。行密以雅为江南都招讨使，歙、婺、衢、睦观察使。陈璋为衢、婺副招讨使。璋攻暨阳，今浙江诸暨县。两浙将方习败之。进攻婺州。十一月，行密卒，子渥立。十二月，陈询不能守睦州。奔广陵。陶雅入据之。渥之入立，行密使王茂章代为宣州观察使。三年（906年），渥遣兵袭之，茂章奔两浙。钱镠以为镇东节度副使，更其名曰景仁。雅惧茂章断其归路，引兵还歙。陈璋闻之，自婺州退保衢州。两浙兵攻之。杨渥遣周本迎璋，璋归于本。婺、衢、睦三州，皆入于钱氏。天复三年（903年），丁章为木工李彦所杀。其将张惠代之。天祐二年（905年），卢约使弟佶陷温州，惠奔福州。开平元年（907年），镠遣子传璙、传瓘讨佶。佶悉众拒之。两浙兵袭陷温州，斩佶。移兵攻处州，约降。约据处州，见第十章第五节。湖州刺史高澧残忍，镠欲诛之。澧附于淮南。镠遣兵讨之。四年二月，澧率麾下奔广陵。两浙之疆域遂定。自天复已来，钱氏颇为淮南弱，终能巩固两浙者，则行密死后，渥不能用其众，为之驱除难也。

然杨渥在两浙，虽不克与钱氏争，其在上流，则仍颇得势。初邓进思卒，弟进忠继之。天复二年（902年）。许德勋袭江陵，还过岳，劫之，举族迁于长沙。马殷遂有岳州，以德勋为刺史。天祐三年（906年），杨渥使陈知新攻岳州，取之。是岁，钟传卒，子匡时立。传初以养子延规从《通鉴》。《新五代史》同。《新唐书》作次子匡范。为江州刺史，江州见第二章第七节。恨不得立，降淮南。渥使秦裴击匡时，虏之。吉州刺史彭玕，赤石洞蛮，而传之健将也，降湖南。开平元年（907年），渥使刘存等将水军三万攻湖南。殷使秦彦晖破之，遂取岳州。又遣兵会彭玕攻洪州，不克。雷彦威弟彦恭，逐彦威而代之。自其父满，即以杀掠为事，荆湖间岁被其患。朱全忠取荆南，以贺瑰为留后。瑰闭门自守。全忠以为怯，以高季昌代之。季昌，汴州富人李让家僮。梁祖镇宣武，让以入赀得幸，养为子，易姓名曰朱友让。季昌以友让故得进见，太祖奇其材，命友让以子畜之，因冒姓朱氏。后乃复姓为高。是岁九月，诏削彦恭官爵，命季昌、殷讨之，杨偓救之，不克。二年五月，朗州陷。彦恭奔淮南。向瑰亦降于殷。殷遂有澧、朗。季昌遣兵屯汉口，绝殷朝贡之路。殷使许德勋以水军击之。季昌惧，请和。殷又遣兵击岭南，取昭、贺、梧、蒙、龚、富六州，昭州见第四章第六节。贺州见第十章第一节。梧州见第六章第三节。蒙州，在今广西蒙山县南。龚州，今广西平南县。富州，今广西昭平县。疆域益恢廓矣。三年（909年），危全讽自称镇南节度使，率抚、信、袁、吉之兵，号十万，攻洪州。袁州见第九章第一节。抚、信、袁、吉，皆镇南军巡属。又请兵于殷。袁州刺史彭彦章，玕之兄也。殷遣将会之，围高安，以助全讽。淮南将周本败全讽，擒之。乘胜克袁州，执彦章。进攻吉州，玕奔湖南。歙州刺史陶雅遣兵袭饶、信，饶州见第二章第六节。危仔倡请降，已而奔两浙。饶州刺史唐宝亦弃城走。卢光稠亦以虔州来附。初光稠攻岭南，取韶州，见第四章第五节。事在天复二年（902年）。使子延昌守之。四年十二月，光稠疾病，欲以位授谭全播。全播不受，而立延昌。

渥使拜为虔州刺史。延昌受之。亦因马殷通表于梁。曰:“我受淮南官,以缓其谋耳。必为朝廷经略江西。”梁以延昌为镇南留后。延昌表其将廖爽为韶州刺史。乾化元年十二月,延昌以游猎无度,为百胜军指挥使黎球所杀。梁以球为虔州防御使。旋死。衙将李彦图代知州事。刘岩攻韶州,取之。廖爽奔湖南。二年十二月,李彦图卒。州人奉谭全播知州事。遣使内附。梁以为百胜防御使、虔韶二州节度开通使。以上皆据《通鉴》。与《新五代史·光稠、全播传》合。惟《传》光稠之卒,在开平五年(911年),黎球作黎求耳。《新唐书·昭宗纪》:光稠之卒,在天祐元年(904年),云衙将李图自称知州事,《刘知谦传》亦谓光稠卒在天祐初,又云:子延昌自称刺史,为其下所杀,推李图总州事,恐皆误。《五代史·光稠全播传》云:梁初,江南、岭表,悉为吴与南汉分据,而光稠独以虔、韶二州请命于京师,愿通道路,输贡赋。太祖为置百胜军,以光稠为防御使,兼五岭开通使。又建镇南军,以为留后。据《通鉴》,则开通之命,始于全播。然是时,韶州已失矣,使名岂得虚加?疑其名实始光稠时,因循以授全播也。贞明四年正月,淮南将王祺以洪、抚、袁、吉之兵击全播。久不下。军中大疫,祺亦病,代以刘信。全播求援于两浙、闽、楚。诸国救之,皆不克。而虔仍不下。九月,信取质纳赂而还。时徐温执吴政,以兵三千授信子英彦,使往白其父曰:“全播守卒皆农夫,重围解,相贺而去,闻大兵再往,必逃。”十一月,信引兵还击,虔人果溃。执全播归广陵。卒,年八十五矣。江西皆入于吴。

第六节　唐末割据(下)

陈敬瑄之平东川,实藉高仁厚之力。光启二年(886年),仁厚复据梓州绝敬瑄。梓州见第六章第三节。杨师立降将郑君雄,时为遂州刺史，亦陷汉州，攻成都。汉州见第六章第三节。敬瑄使部将李顺之逆战，君雄死。又发维、茂州羌军击仁厚，斩之。维、茂州皆见经三章第四节。东川复归掌握矣。未几，王重荣叛，田令孜自除西川监军，往依敬瑄，杨复恭复为观军容使，而形势又一变。

复恭斥令孜之党，出王建为利州刺史。依《通鉴》。新旧《史》皆作壁州。利州见第六章第三节。壁州见第九章第三节。时又出晋晖为集州，张造为万州，李师泰为忠州。见第四章第七节。万州见上节。忠州见第七章第一节。三年（887年），又以右卫大将军顾彦朗为东川。至剑门，敬瑄使吏夺其节。彦朗不得入，保利州。敬瑄诬劾其擅兴兵略西境。僖宗下诏申晓讲和，乃得到军。杨守亮为山南，忌王建，屡召之。建不安其郡，袭据阆州。见第二节。守亮不能制。田令孜以其故养子，以书召之。建与顾彦朗雅旧，乃留其家于梓州，而自以兵二千西，至鹿头关。见第七章第四节。敬瑄中悔，遣人止之。建怒，破关而进，拔汉州。彦朗以其弟彦晖为汉州刺史，发兵助建攻成都。盖时彦朗亦有觊觎西川之志也。文德元年三月，昭宗立。建疏敬瑄罪，请讨之，因求邛州。见第三章第五节。彦朗亦为之请。六月，以韦昭度为西川节度使，兼两川招抚制置等使，而征敬瑄为龙武统军。敬瑄不受代。十二月，诏削官爵，以昭度为行营招讨使，杨守亮副之，顾彦朗为行军司马，割邛、蜀、见第五章第一节。黎、见第三章第四节。雅见第六章第四节。置永平军。治邛州。四州本属西川。以王建为节度使，充行营都指挥使以讨之。敬瑄坚守成都，不能克，而属州多降于建。大顺元年九月，建克邛州。二年三月，朝议欲息兵，乃复敬瑄官爵，令建、彦朗各率兵归镇。建不听，而谓韦昭度曰："京洛已东，群侯相噬，腹心之疾也。相公宜亟还京师。敬瑄小丑，责建可办。"昭度未决。建阴令东川将擒其亲吏，于行府门前脔食之。谓其盗军粮。昭度惧，称疾，以印节授建东还。建即绝栈道，而急攻敬瑄。成都城中，饿殍狼籍，军民强弱相陵，将吏斩之不能禁。更为酷法，死者相继，而为者不止。初杨晟弃散关，袭文州，见第七章第一节。逐其刺史，并据成、龙、茂等州。成州，今甘肃成县。龙州见第四章第五节。王建攻成都，田令孜以晟故将，与连和，使守彭州。晟时馈敬瑄食。建以兵据新都，见第十章第二节。其道又绝。令孜不得已，携西川印节诣建营授之。明旦，敬瑄启关迎建。时八月也。十月，朝以建为西川节度使，而罢永平军。建表敬瑄子陶为雅州刺史，使敬瑄随之之官。明年，乃罢之，寓居新津。后及令孜皆为建所杀。

成都降之翼月，顾彦朗卒，彦晖自称留后。十月，昭宗讨杨复恭。复恭与其假子守信走兴元。于是守亮、守贞、守忠、守厚等同起兵，以讨李顺节为名。见第二节。十二月，朝以顾彦晖为东川节度使，遣中人送之节。守亮使守厚夺之，而发兵攻梓州。彦晖求救于王建。建使其养子宗侃等救之，宗侃本姓名为田师侃。密戒之曰："兵退，彦晖必犒师，尔等于行营报晏，因执之，无烦再举矣。"宗侃以告彦晖，彦晖不出。景福元年（892），杨晟与杨守亮等约攻王建，又使其将吕尧以兵二千会守厚攻梓州。建遣将击斩尧，别遣兵围晟。晟遗守贞、守忠、守厚书，使攻东川，以解彭州之围。时神策督将窦行实戍梓州，守厚密诱之为内应。未至，谋泄，行实见杀，守厚遁去。守贞、守忠军至，无所归，盘桓绵、剑间，绵州见第六章第三节。剑州见第四章第五节。及守厚皆为建所破。八月，李茂贞拔兴元，复恭与守亮、守信、满存皆奔阆州。茂贞欲抚用彦晖，二年正月，奏请更赐之节。诏以为东川节度使。茂贞又遣兵救梓州。建遣兵败之于利州。彦晖求和，请与茂贞绝，许之。乾宁元年五月，建克彭州，杨晟见杀。七月，李茂贞遣兵攻阆州，拔之。杨复恭、守亮、守信奔河东，道为韩建兵所获，献之，皆伏诛。从《通鉴》。《旧纪》云：韩建杀复恭、守亮，传首阙下。《宦者传》云：执送京师，枭首于市，皆不及守信。盖略之也。《新传》云：建斩复恭、守信，槛车送守亮京师，枭首长安市。《守亮传》同。复恭固非纯臣，然谓其欲专权则可，谓其有叛志则不可。《旧传》云：李茂贞收兴元，进复恭前后与守亮私书六十纸。内诉致仕之由云：承天是隋家旧业，大侄但积粟训兵，不要进奉。吾于荆榛中援立寿王，有如此负心门生。天子既得尊位，乃废定策国老，必茂贞诬之也。守厚适卒，其将以城降王建。亦据《通鉴》。《新书·守亮传》云：守厚死巴州。又云：满存奔京师，为左武卫大将军。巴州见第四章第二节。二年（895 年），李克用讨李茂贞，建乘之，使王宗侃取利州。凤翔将之守阆、蓬、渠、通等州者，皆降于建。蓬州，在今四川仪陇县东南。渠州，今四川渠县。是岁十二月，建攻东川。三年七月，李茂贞逼京师，上走华州。八月，以建为凤翔西面行营招讨使。四年正月，赦茂贞。二月，建使假子宗涤、本姓名曰华洪。宗祐以兵五万攻东川。又使宗侃取渝州，见第三章第七节。宗阮取泸州，宗阮，本姓名曰文武坚。泸州见第三章第七节。峡路始通。五月，建自将攻东川。六月，茂贞表建攻东川，连兵累岁，不听诏命。诏贬建为南州刺史。以茂贞为西川，覃王嗣周为凤翔，茂贞不受代。已见第二节。九月，建围梓州。是月，讨李茂贞，复以建为西川。亦见第二节。十二月，建入梓州，顾彦晖自杀。建以王宗涤为东川留后。朝廷初以刘崇望为东川，闻建已用宗涤，即以授之，而召崇望还。宗涤以东川封疆五千里，文移往返，动逾数月，请分遂、合、泸、渝、昌五州，别为一镇。合州见第五章第六节。昌州见第八章第二节。建表言之。光化二年（899 年），置武信军于遂州，以五州隶之。以建养子宗佶为节度使。宗佶本姓甘。三年七月，以建兼东川、武信都指挥制置等使。

天复元年十一月，韩全诲劫帝如凤翔，征兵于建。朱全忠亦使来乞师。建外修好于全忠，罪状李茂贞，而阴劝茂贞坚守，许之救援。以王宗佶、宗涤为扈驾指挥使，将兵五万，声言迎驾，实袭山南诸州。二年八月，拔兴元。九月，武定节度使拓跋思敬以洋州降于建。洋州见第四章第一节。十月，建拔兴州。今陕西略阳县。三年（903），四月，出兵攻秦、陇。八月，建养子宗本本姓名曰谢从本。请取荆南，从之，使将兵下峡。十月，定夔、施、忠、万四州。夔州见第二章第七节。施州见第四章第二节。以宗本为武泰留后。武泰军旧治黔州，宗本以其多瘴疠，请徙治涪州，见第七章第四节。许之。或劝建攻取凤翔。建曰："茂贞虽常才，然名望夙素，与朱公力争不足，守境有余，韩生所谓入为扞蔽，出为席藉者也。适宜援而固之，为吾盾卤耳。"据《旧五代史》。《通鉴》以为建判官冯涓之谋。乃与茂贞修好，以女妻其侄天雄军节度使继勋。天祐二年（905年），建遣将击冯行袭。行袭奔均州，其将全师朗以城降。建更其姓名曰王宗朗，据《通鉴》。全师朗，《新书·行袭传》作全行全。补金州观察使，以渠、开、巴三州隶之。开州见第八章第一节。宗朗不能守，焚城邑奔成都。行袭复取金州。奏金州荒残，乞徙理均州，从之。更以行袭领武定军。明年，废戎昭军，并均、房隶山南东道，以行袭为匡国节度使。三年（906年），唐封建为蜀王。是年，建取归州，见第一节。尽有三峡。明年，唐亡。建驰檄四方，合兵讨梁。四方知其非诚，皆不应。《新五代史·世家》。建又遣使于李克用，请各王一方，俟破贼之后，访唐宗室嗣帝位，然后各归藩守。《旧五代史·唐武皇纪》。克用时方失势，亦不敢从也。建遂自称帝，国号蜀。

王建之初起也，其兵实合溪、峒酋豪而成。《新书·顾彦朗传》。《传》又曰：韦昭度为招讨使，彦晖、建皆为大校，彦晖详缓有儒者风，建左右髡发黥面若鬼，见者皆笑。及彦晖败，录笑者皆杀之。髡发黥面，则越人之饰也。是处剽掠，与盗贼无异。建取阆、利二州时，即所至杀掠。及攻成都，又大剽蜀土，十一州皆罹其毒，民不聊生。皆见《旧五代史》本传。《通鉴》：陈敬瑄恶顾彦朗与建相亲，谋于田令孜。令孜曰："建，吾子也，不为杨兴元所容，故作贼耳。"及建为敬瑄所拒，令孜登城慰谕。建与诸将于清远桥上髡发罗拜，曰："今既无归，且辞阿父作贼矣。”当时视建皆如贼。建亦以贼自居。敬瑄之拒之，盖亦以此？用此等兵以除敬瑄，转使川局不可收拾，实失策之大者。此杨复恭不顾大局，徒快私忿之罪也。《新书·陈敬瑄传》：建好谓军中曰：“成都号花锦城，玉帛子女，诸儿可自取。”谓票将韩武等：“城破，吾与公递为节度使一日。”其所以用其众者如此。其后城破，虽以张勍为斩砍使，禁杀掠，然前此巴蜀之民，为所杀掠者，已不知凡几矣。且是时建之众恐皆已富裕，故可禁其杀掠。陈敬瑄守成都凡三年，兵力不可谓弱，杨晟、杨守亮等，疾建亦不可谓不甚，然竟不能与之一决，而皆束手坐待围歼，所谓藩镇者，其御侮之力，可以想见。御侮不足，然戕贼人民则有余。敲骨吸髓，继以非刑，而生人几于尽矣！哀哉！《新书·陈敬瑄传》：敬瑄之拒建，使富人自占赀多少，布钜梃榜不实者，不三日，输钱如市。有谋降者，田令孜支解之以怖众。城中粮尽，以筒容米，率寸鬻钱二百。人至相暴以相啖。敬瑄不能止，乃行斩、劈二法，亦不为戢。坐困如此，竟不能背城一决，可谓有人气乎？而于斩刈其民，何其决哉？

王潮者，光州固始人。光州见第八章第二节。固始，今河南固始县。为县佐史。王潮先世，新旧《五代史》皆云农民。《旧史》又谓审知起自陇亩，故能以节俭自处。《新唐书》谓其五世祖为固始县令，因家焉，乃误采天祐三年（906年）闽中所立审知德政碑，见《十七史商榷》，惟《新书》谓其世以訾显，说当不诬，故王绪署为军正，使主廪庾。潮盖农民之豪也。中和元年（881年），寿州屠者王绪，与其妹夫刘行全聚众据本州，复陷光州。秦宗权表为刺史。绪以潮为军正。光启元年（885年），宗权责租赋于绪，绪不能给，宗权发兵击之。据《通鉴》。《新史·闽世家》云：召其兵会击黄巢，绪迟留不行，宗权发兵攻绪。案绪之南走，事在光启元年（885年），黄巢已先一年死，宗权更先降巢矣。绪悉二州兵五千，驱吏民渡江，自江西入福建，陷汀、漳，汀州，今福建长汀县。漳州见第九章第一节。然不能守也。

绪性猜忌好杀，潮执之。《通鉴》云：刘行全亦死，王潮说前锋将，伏壮士篁竹中擒之。说本路振《九国志》，见《注》。《新书·潮传》，则执绪者即刘行全。绪后自杀。攻陷泉州。今福建晋江县。事在光启二年八月。《新书》及新旧《史》皆云：泉州刺史廖彦若贪暴，州人迎潮，此亦饰辞。《十七史商榷》云：果尔，则潮为民除害，碑当夸美，何乃讳而不言？潮攻杀范晖，碑乃言陈岩病不能视事，军士等惧无所统御，皆愿有所依从，潮遂以泉郡委仲弟审邦，而与审知偕赴，则于攻杀晖亦讳之，其诞明矣。初建州人陈岩，建州，今福建建瓯县。聚众保乡里，号九龙军。福建观察使郑镒奏为团练副使。黄巢将据福州，官军不能下，岩率众拔之。《新书·潮传》。镒畏逼，举岩自代。《通鉴》系中和四年（884 年）。潮遣使降于岩。岩表潮为泉州刺史。大顺二年（891 年），岩卒。妻弟都将范晖自为留后。《通鉴考异》云：十国纪年在大顺二年（891 年）。《昭宗实录》在明年三月，恐约奏到。又云：薛《史》《闽中录》《闽书》皆云晖岩婿，余书皆云妻弟。林仁志《王氏启运录》载监军程克谕表云妻弟，此最得实，今从之。景福元年二月，潮使弟审知与从弟彦复攻之。至二年五月乃克。晖走死。昭宗假潮福建等州团练使，俄迁观察使。乾宁中，以福州为威武军，即拜节度使。四年十二月，卒。舍其子延兴、延虹、延丰、延休而命审知。审知让于兄审邽，审邽不受，审知遂主闽事。

刘隐，其先上蔡人。今河南上蔡县。祖仁安，始徙岭表。《旧史》云：仕唐为潮州长史，因家岭表。《新史》作安仁，云徙闽中，商贾南海，因家焉。父知谦，从《新书》。新旧《史》《通鉴》皆但作谦。《新书·循吏·韦宙传》亦作谦。《廿二史考异》云：疑后人避汉祖讳去之。为岭南小校。节度使韦宙以兄子妻之。击群盗，屡有功。黄巢攻破广州，入湖、湘间，广州表谦为封州刺史、贺江镇遏使，以御梧、桂以西。封州见第二章第二节。梧州见第六章第三节。岁余，有兵万人，战舰百余艘。乾宁元年（894 年）卒。岭南节度使刘崇龟表其子隐刺封州。二年（895 年），赐岭南军额曰清海，以薛王知柔为节度使。仍权知京兆，俟反正日赴镇。时驾在石门。三年十二月，知柔行至湖南，广州衙将卢琚、谭弘玘拒之。使弘玘守端州。见第八章第五节。弘玘欲结隐，许妻以女。隐伪许之。托亲迎，伏甲斩弘玘。遂袭广州，斩琚。而迎知柔。知柔表隐为行军司马。据《通鉴》:《新史·世家》谭弘玘作单玘。光化元年（898 年），韶州刺史曾衮举兵攻广州，广州将王瓌率战舰应之。隐击破之。韶州将刘潼据浈涵，隐讨斩之。胡三省曰：浈涵，当在韶州浈昌县界。或曰：据浈阳、涵洭二县间。案唐浈昌县，故城在今南雄县西南。浈阳，在英德县东。涵洭，今英德县西之涵光镇。三年（900 年），宰相徐彦若出为清海，代知柔。天复元年十二月，彦若薨，遗表荐隐权留后。朝以兵部尚书崔远为节度使。远至江陵，闻岭南多盗，且恐隐不受代，不敢前。天祐元年（904 年），朝廷召远还。隐使以重赂结朱全忠，全忠乃奏以隐为清海节度使。据《通鉴》。《新书》同。《新史》：隐拜节度在天复二年（902 年），恐误。

以上吴、吴越、楚、前蜀、闽、南汉六国，当唐末虽未称尊，实已自立为国。河东梁之深仇，幽州僭称尊号，凤翔亦开府称王，李茂贞之封岐王，《旧五代史》本传在光化中，《新史》在昭宗居华州后，《通鉴》在天复元年（901 年）。《旧书·昭宗纪》：景福元年（892 年），即云以岐王李茂贞为兴元尹、山南西道节度使。二年十一月，又云：制以凤翔节度使李茂贞守中书令，进封秦王，则其封岐王且进封为秦已旧。然新旧《史·茂贞传》，皆云梁祖建号后，茂贞开岐王府。《新史》云：庄宗已破梁，茂贞称岐王上笺，以季父行自处。及闻入洛，乃上表称臣，遣其子从曮来朝。庄宗以其耆老，甚尊礼之，改封秦王。《旧史》虽无称岐王上笺之事，亦有进封秦王之文。其事，《通鉴》系同光二年二月。《考异》云:《实录》：同光元年十一月，已称秦王茂贞遣使贺收复。自后皆称秦王。至二年，制秦王李茂贞可封秦王。岂有秦王封秦王之理？必是时始自岐王封秦王也。案此说未谛。梁初之岐王，盖茂贞所自称，非用唐封爵，故初与庄宗抗礼时犹称之，及称臣则去之耳。自称之岐王既去，唐所封之秦王，亦废弃已久，则茂贞是时无爵。后唐自以为继唐之后，乃稽唐旧封而称之，继又下制复之。故《考异》所引《实录》之文，除可封秦王外，余秦王之上，皆当增一故字，则不致启后人之疑，而亦不致来不辞之诮矣。而未计及此，则执笔者之疏也。封号虽循《唐旧》，据其自称岐王而言，自亦可云改封。欧《史》措语多疏，此处却不误也。茂贞虽仅称王，而妻称皇后，视朝出入拟天子，其不以人臣自居亦明矣,。故既称臣于后唐，其岐王之号，即不得不去也。若用唐封爵，岂有释进封之秦，而用初封之岐之理哉？皆非梁所能臣也。《职方考》云：西有岐、蜀，北有燕、晋，乃据其实言之。粉纷之局，起自黄巢。巢身虽丧败乎，然秦宗权固继其后者。马殷，孙儒将，儒，宗权将；王潮所用者，王绪之众，绪亦尝隶宗权；其有所成就，犹巢有所成就也，而梁祖亲巢将，遂霸有中原，尤不必论矣。抑且不仅此。杨行密以抗孙儒起，然其所用之黑云都，实儒之众也。钱镠亦以抗巢起，然其所用之武勇都，亦儒之众也。此外强兵悍将，出自巢军者，尚未易悉数。巢之用兵，所长在飘忽，在勇悍，在坚凝。马殷、王绪，间关千里，莫之能遏，巢飘忽之遗风也。黑云都、武勇都之勇悍，盖巢众之中坚。有此勇悍之众，而不坚守一地者，兵权谋形势则然，非不能也。梁祖之至汴州也，连年阻饥，公私俱困。外为强敌所攻，内则骄军难制。人皆危之，而帝锐气益振，《旧五代史·本纪》。此则极坚凝之长。盖巢因处境有异，而未能发挥之以尽其用者。然则巢之旋转大局者，岂特陈胜、吴广之于嬴秦而已。而谓有州郡藩镇之兵，即足遏闾巷阡陌方张之焰，不愈疏乎？

第十二章　五代十国始末（上）

第一节　梁、唐盛衰

梁太祖既即位，升汴州为开封府，建为东都，以唐东都为西都，改西都为雍州大安府。开平三年正月，迁于西都。以养子博王友文为东都留守。

唐末，梁祖已席莫强之势，然即位之后，兵威转挫者，则丁会之降敌实为之。盖其时欲逼晋阳，莫捷于泽潞一路也。故梁祖于开平元年五月，即使康怀英以兵八万，合魏博之兵攻潞。晋将李嗣昭坚守，晋亦以倾国之师援之。怀英久攻不克，帝代以李思安。七月。于潞州城下，更筑重城，内以防奔突，外以拒援兵，谓之夹寨。二年正月，李克用死，子存勖嗣。克用假子甚多，齿皆长于存勖，存勖时年二十四。各绾强兵，不服。北狄真子假子，区别不严。《新五代史·唐家人传》：太祖四弟：曰克让、克修、克恭、克宁，皆不知其父母名号。夫苟亲太祖弟，安得不知父名？《唐书·宰相世系表》：国昌子凡四人：曰克恭、克俭、克用、克柔，无克让、克修、克宁之名，而《孟方立传》云：克修、克用从父弟，则世系表所举，又不足信也。《义儿传》云：太祖养子多矣，其可纪者九人：其一是为明宗，其次曰嗣昭、嗣本、嗣恩、存信、存孝、存进、存璋、存贤，然《传》中嗣昭为克柔养子，《旧史》亦同。克用弟克宁，时为管内蕃汉马步都知兵马使，克用假子李存颢说之。诸假子又各使其妻，入说克宁妻孟氏。张承业者，故河东监军，昭宗诛宦官，克用匿之，唐亡，乃复请为监军，颇与政事。李存璋者，亦克用养子，为义儿军使。与承业同受克用遗顾立存勖。存颢与克宁谋杀之，执存勖子母送汴。此语不知存勖辈诬之，抑系实录？事泄，存勖伏甲杀克宁及存颢。时梁围潞州久不克，梁祖欲召兵还，恐为晋人所蹑，乃自至泽州应接。且召匡国节度使刘知俊至泽州，时匡国军名移于许州，见下。以为潞州行营招讨使。代李思安。诸将以上党孤城无援，请更留旬月，知俊亦请留攻之。帝以关中空虚，虑岐人乘衅，命知俊退屯晋州。四月，帝自泽州还。时存勖亦召援潞之将周德威还晋阳。梁师益怠，而存勖遽自将赴援。五月，攻夹寨，破之。乘胜攻泽州。刘知俊救之，乃退。此时晋之兵力，绝非梁敌，又有内衅，而梁既不能乘机大举，并不能增兵攻潞，顿兵坚城，坐致败衄，盖不徒诸将莫肯展力，即梁祖亦不免暮气矣。潞州围解，城中士民饿死者业已大半，增兵猛攻，必克可知。若能大举以攻晋阳，则潞州更可不攻而下矣。难得之机，失之实深可惜也。

当时所以不能乘机者，邠、岐之牵制，实其一因。唐僖宗光启三年（887 年），尝置佑国军于洛阳。昭宗迁洛，移诸长安，以韩建为节度，而以刘知俊为匡国节度使代建。知俊本时溥将。天祐三年（906 年），徙建于淄青，以淄青王重师为佑国。重师本秦宗权将，后归梁祖。自王师范平后守青州。是岁九月，李继徽寇夏州。刘知俊赴救，败之。乘胜取鄜州。闰十二月，废镇国军，以隶匡国，割金、商隶佑国军，盖欲厚其力以扞邠、岐也。开平二年五月，更忠武军曰匡国，匡国军曰忠武，保义军曰镇国。攻潞之兵既败，岐、蜀乘之攻雍州，张承业亦以兵会之。刘知俊击岐兵，破之，晋、蜀之兵乃还。初李茂贞以其将胡敬璋为保塞节度使。中和二年（882 年），于延州置保塞军。是岁卒，李继徽以其将刘万子代之。万子凶虐，失士心，且谋贰于梁。三年二月，继徽使延州衙将李延实杀之。骑将高万兴、万金兄弟来降。梁人乘之，取鄜、坊、丹、延。梁祖因命刘知俊乘胜取邠州。知俊辞以阙食，乃召还。时又召王重师，代以左龙虎统军刘捍。捍谮重师于梁祖，谓其通于邠、岐。梁祖杀重师，夷其族。知俊惧。先是以山南东道节度使杨师厚兼潞州四面行营招讨使，及是，又征知俊还，欲伐河东。知俊叛降岐，执刘捍送岐，杀之，又袭取华州。命师厚率刘鄩讨之。知俊奔岐，以鄩权佑国留后，改军名曰永平。李茂贞使知俊攻灵、夏，又约河东攻晋、绛。杨师厚救晋州，河东兵还。康怀英攻邠宁，知俊亦还。四年七月，岐、晋围夏州。九月，梁兵救却之。邠、岐是时，初不能为梁患，然梁兵力为其所分，遂不克专力河东矣。而河北之变复起。

开平四年五月，魏博罗绍威卒，子周翰袭。梁祖乘机，欲除移镇、定。会燕兵屯涞水，今河北涞水县。欲侵定州，乃命供奉官杜廷隐、丁延徽监魏博兵三千，分屯深、冀，声言助定守御。旋杀其兵，乘城拒守。王镕求援于燕、晋，燕人不许，而晋使周德威屯赵州，梁祖先是王景仁屯魏州，以伐潞为名，而实图镕，及是，命景仁击之。李存勖自至赵州，王处直亦遣兵从之。乾化元年正月，败梁兵于柏乡。今河北柏乡县。杜廷隐等闻之，亦弃深、冀而还。晋攻邢，遂攻魏。梁以杨师厚为北面都招讨使，救却之，进屯邢州。九月，梁祖闻晋、赵谋入寇，自将拒之。至魏县，晋、赵之兵不出，乃还。而幽州复告警。初，梁祖之将代唐也，先使李思安伐幽州。刘仁恭从方士学长年，筑馆于大安山，在今河北房山县西北。掠子女充之。又以堇土为钱，敛真钱，穴山藏之，而杀匠以灭口。思安至城下，仁恭犹在山中，子守光率兵出战，思安去。守光回兵攻山，执仁恭幽之。梁即以为节度使。其兄守文攻之。开平三年五月，为守光所擒。后杀之。遂攻沧州。四年正月，取之。梁、晋知其狂妄，乾化元年六月，李存勖与王镕、王处直等共推为尚书令、尚父，梁亦以为河北道采访使。守光使僚属草尚父、采访使受册仪，曰：“何得无郊天、改元事？”僚属曰：“尚父虽贵，人臣也，安有郊天、改元者乎？”守光怒，投之于地。八月，遽称帝。国号燕。十一月，守光攻易、定，晋使周德威伐之。二年正月，至幽州。守光求救于梁。二月，梁祖自将伐镇、定，疾作还。五月，至洛阳，疾遂亟。

梁祖八子：长郴王友裕，早卒，次博王友文，次郢王友珪，次福王友璋，次均王友贞，次贺王友雍，次建王友徽，次康王友孜。新旧《史》同，《通鉴》及《五代会要》皆作友敬。博王，养子也。本姓康，名勤。幼美风姿，好学，善谈论，颇能为诗。梁祖之为四镇，兵车、赋税、诸色课利，置建昌院以总之。及即位，以友文为开封尹，判院事。旋以东京旧宅为建昌宫，改称建昌宫使。友珪弑逆，废建昌宫，以张宗奭为国计使，主其事。宗奭，即全义改名。及迁都，又使之留守东都。友文盖于诸子为最才，帝之爱之，颇见其大公也。友珪为左右控鹤都指挥使，友贞为东都马步都指挥使。帝疾亟，使召友文，而出友珪为莱州刺史。六月，友珪与左龙虎统军韩勍谋，以其兵杂控鹤士入弑帝。《新史·梁家人传》曰：友文多材艺，太祖爱之，而年又长，太子即世，嫡嗣未立，心尝属友文。太祖自张皇后崩，无继室，诸子在镇，皆邀其妇入侍。友文妻王氏有色，尤宠之。太祖病久，王氏与友珪妻张氏尝专房侍疾。太祖病少间，谓王氏曰："吾知终不起，汝之东都召友文来，吾与之诀。"盖心欲以后事属之？乃谓敬翔曰："友珪可与一郡，趣使之任。"乃以友珪为莱州刺史。太祖素刚暴，既病而喜怒难测。是时左降者必有后命，友珪大惧。其妻张氏曰："官家以传国宝与王氏，使如东都召友文，君今受祸矣。"夫妇相对而泣。左右劝友珪曰："事急计生，何不早自为图？"友珪乃与勍谋弑逆。案太祖固多色过，此事则莫须有。太祖欲见友文，岂不可发使召之，而必使其妻亲往邪？乃驰使东都，命友珪杀友文，而矫太祖诏：称其谋逆，友珪诛之，疾因震惊，以致沈笃。友珪遂即位。于是杨师厚入魏州，制即以为节度使，而徙罗周翰于宣义。朱友谦叛附于晋。三年（913年），末帝即位，仍称乾化。正月，驸马都尉赵岩犨子，尚太祖女长乐公主。奉使东都，与友贞谋诛友珪。岩曰："得杨令公一言，事必济。"友贞乃使人说师厚。袁象先者，太祖之甥，象先父敬初，尚太祖妹万安大长公主。时为左龙虎统军、侍卫亲军都指挥使，师厚使至洛阳与谋。先是龙骧军戍怀州者溃乱剽掠，友珪搜捕其党，获则族之，经年不已。其军有戍大梁者，友贞伪作诏召之，激使趋洛。袁象先率兵突入宫中。友珪自杀。象先遣赵岩迎友贞。友贞曰："夷门创业之地，何必洛阳？"乃即位于大梁。改名锽，后又改名瑱。是为末帝。新旧《史》同，《五代会要》称为少帝。

第二节　梁室之亡

末帝之迁汴，盖以其于梁祖旧臣，多有疑忌，而汴则为其素守之地也。然汴地平夷无险，异时唐兵来袭之祸，伏于此矣。梁祖之起也，参帷幄之谋最密者为敬翔，次则李振。及即位，以翔知崇政院事，即唐枢密使之职也，实较宰相为尤亲。《通鉴》：梁太祖即位，以翔知崇政院事，以备顾问。参谋议于禁中，承上旨宣于宰相而行之。宰相非奏对时有所奏请，及已受旨应复请者，皆具记事因崇政院以闻，得旨则复宣于宰相。五月，诏废枢密院，其职事皆入于崇政院。以知院事敬翔为使。末帝以李振代之。然所信任者，为赵岩及张德妃之兄弟汉鼎、汉杰等。德妃，张归霸女。归霸与弟归厚，皆黄巢将，降太祖。末帝为均王时，娶其女为妃。即位，欲立为后，以帝未南郊辞。贞明元年（915 年），疾甚，册为德妃。是日卒。振每称疾不与事。功臣宿将，本非嗣主所易驾驭，末帝不能推心置腹，歆之以赏，威之以刑，而徒与二三矜小智、无远略者谋之，上下相猜，纲纪不饬，国势之陵夷，固其宜矣。

末帝既立，朱友谦复称藩，然实阴贰于晋。王殷素与友珪善，友珪篡立，使守徐州，及是叛，与淮南连结，讨平之。事在乾化三年

（913年）秋。时以福王友璋镇徐州，殷不受代。华州刺史王缵惧连坐，上言殷本姓蒋。乃下诏削夺官爵，令却还本姓。命牛存节、刘鄩等讨之。殷求救于淮南。杨溥遣朱瑾往援。存节等击败之。贞明元年（915年）春，攻下徐州，殷举族自燔死。而幽州为晋所克，晋攻幽州，自乾化三年四月至十一月，乃克之。以刘仁恭、守光归晋阳。明年正月，皆杀之。梁以内乱不能救。以周德威守之，河北局势益急矣。乾化三年四月，梁以邢、洺、磁三州为保义军，使戴师远镇之。四月，杨师厚攻镇州。初刘守光下沧州，使子继威主留务，裨将张万进辅之。继威凶虐类其父，淫于万进之家，万进杀之，来降，又使降于晋。及是，师厚击之。万进降。师厚表为青州节度使。旋移诸兖州。赐名守进。后叛。制削官爵，复其本名。四年七月，晋寇邢州。师厚救却之。贞明元年三月，师厚卒。师厚之镇魏，专割财赋，置银枪效节军数千人，纵恣豢养，复故时衙军之态。末帝藉师厚而立，封为邺王，下诏不名，以官呼之，事无巨细，必先谋焉，师厚益骄。及卒，帝于私庭受贺。赵岩请分魏为两镇。乃以贺德伦为天雄军节度使，而别置昭德军于相州，以澶、卫二州隶之，以宣徽使张筠为节度使。分魏州府库、将士之半于相州。使刘鄩将兵六万，以讨镇定为名，自白马渡河以胁之。白马津见第八章第四节。魏兵不欲徙。四月，军校张彦作乱，劫贺德伦降晋。李存勖自往受之。德伦密使告以彦凶狡之状。彦入见，存勖杀之。六月，存勖入魏。徙德伦为大同军节度使。至太原，张承业留之。王檀攻太原，德伦麾下多奔檀。承业恐德伦为变，杀之。贝州刺史张源德不从。晋袭取德州，又陷澶州以迫之。梁兵在河北者，惟刘鄩一军。锐气既挫，自难与晋争锋。鄩乃自黄泽在今山西辽县东南。西袭晋阳。行二日，晋人觉，发骑兵追之。黄泽道险，会阴雨积旬，士卒皆腹疾足肿，死者什二三。晋将李嗣恩倍道先入晋阳。城中知之，勒兵为备。鄩至乐平，今山西昔阳县。糗粮且尽，闻晋有备，追兵在后，众惧将溃。鄩谕之曰：“今去家千里，腹背有兵，山谷高深，如坠井中，去将何之？惟力战庶几可免，不则以死报君亲耳。”众泣而止。周德威闻刘鄩西上，自幽州引千骑救晋阳。至土门，见第十一章第三节。鄩已整众下山，自邢州逾漳而东。时晋军乏食，鄩知临清有蓄积，欲据之以绝晋粮道，而军往还，马死殆半。德威急追，遂先入之。鄩乃军于莘。今山东莘县。末帝让鄩不速战。鄩具奏其状。且言敌兵多，便习骑射，未可轻。帝复问鄩决胜之策。鄩曰：“臣无奇术，但人给粮十斛，尽则敌可破矣。”帝怒，遣中使督战。鄩乃将万余人薄镇、定营。果不利。先是梁遣天平节度使牛存节屯杨刘，在今山东东阿县北。为鄩声援。存节卒，代以匡国节度使王檀。檀与宣义留后贺瓌攻澶州，拔之，然不能救贝州，为晋李存审所围。二年二月，李存勖劳军贝州，刘鄩奏请袭魏。存审以兵踵之，李嗣源以城中兵出战，存勖亦自贝州至。鄩战，不利。晋兵追之。至河，步卒七万，杀溺殆尽。鄩收散卒，自黎阳渡河保滑州。王檀密疏请发河中、陕、同、华诸镇兵合三万袭晋阳。晋阳无备，发诸司丁匠、驱市人以守，几陷者数四。昭义衙将石君立《旧史》本传：一名家财。《王檀传》作家才，《庄宗纪》作嘉才。以骑五百来救，檀乃大掠而还。晋陷卫、磁、三月。洺、四月。相、邢、八月。沧，遂陷贝州。九月。《五代史·死事传》：贝人闻晋已尽有河北，城中食且尽，劝张源德出降。源德不从，遂见杀。源德已死，贝人谋曰：“晋围吾久，穷而后降，惧不免也。”乃告于晋曰：“吾欲被甲执兵而降，得赦而后释之，如何？”晋军许诺。贝人三千出降。已释甲，晋兵四面围而尽杀之。屈志于异族以求全者，可以鉴矣。末帝屡召刘鄩不至，即以为宣义节度使，将兵屯黎阳。事在三月。河北惟余此一孤据矣。晋是时倾国以争胜于前，后路实空虚无备，与之相持，而发兵以袭其后，确为良策。刘鄩之师，以天时、地利之不谐而无成，王檀之师，又遇五百骑之救兵而遽退，实为可惜。然亦由于梁朝之不能赴机。梁之兵多于晋，是时河北已失大半，亟宜以倾国之力应之，分兵挠之于旁，出奇以袭其后，晋必应接不暇，正面之兵不攻而自破矣。而惟使刘鄩一军与之相持，实庙算之大失。盖末帝与宿将之间，猜忌甚深，不敢放手用之？而不悟以此，遂使敌焰如火之然也。

魏州既丧，攻战乃在缘河。三年九月，刘鄩入朝。朝以失守河北责之，左迁亳州团练使。十二月，李存勖乘冰合渡河，陷阳刘。敬翔见末帝，乞于边垂自试。赵、张辈言翔怨望，遂不听。此实梁之又一失策。盖时兵力尚非不足，特苦朝廷不能用，敬翔久参帷幄，为诸将所夙知，使之调度，必能胜于赵、张辈也。时梁以贺瑰为北面招讨，河阳节度谢彦章为排陈使，以御晋兵。四年二月，彦章攻阳刘，不克。八月，晋合幽、沧、镇、定、邢、洺、麟、胜、云、朔十镇之师，及奚、契丹、室韦、吐谷浑之众十余万，大阅于魏州。瑰、彦章与之相持于濮州。十二月，瑰伏甲杀彦章，以谋叛闻。《旧史》本传曰：时谓瑰能将步军，彦章能领骑士，既名声相轧，故瑰心忌之。又瑰欲速战，彦章欲持重，瑰疑其与晋人通。又为行营马步都虞候朱珪所诬。瑰遂与珪协谋，因享士，伏甲以杀彦章。存勖乘之，起师趋汴。瑰蹑之。至胡柳陂，在濮州西。战，晋兵大败，周德威死。存勖收兵再战，瑰复为所败。晋军至德胜渡。五年（919年），筑南北两城而守之。北城即今河南濮阳县。南城在其东南五里。瑰攻南城，不克。八月，瑰卒。代以王瓒。十二月，又代以戴思远。张万进送款于晋，遣刘鄩讨平之。《旧史·本纪》：贞明五年三月，削夺张守进官爵，以其叛故也，命刘鄩领兵攻之。《万进传》云：贞明四年（918年）冬，据城叛命，遣使送款于晋王。遣刘鄩讨之。五年（919年）冬，拔其城。万进族诛。《刘鄩传》亦云：五年（919年），万进反，北结晋人为援，遣鄩攻之，是冬拔其城。《通鉴考异》引《庄宗实录》云：天祐十五年八月，万进归于我。疑其叛在四年冬，讨之在五年三月，其归晋在是年八月，平之在是年冬也。《新史·本纪》四年书守进叛附晋，恐非。六年四月，朱友谦袭取同州，降于晋。使刘鄩攻之。晋救之，鄩退。以疾请解兵柄，诏许于西都就医。明年，卒。或曰："朝令留守张宗奭酖之也。"鄩之用兵，时称其一步十计，梁用之实不尽其才。此后所恃者，遂惟王彦章等一勇之夫矣。

梁是时，已但能凭河以为固，而河北之机会复来。张文礼者，刘仁恭衙将，从守文镇沧州。守文省其父于幽州，文礼据城作乱，不克，奔镇州。王镕养为子，名德明，使将兵从李存勖，后使都指挥使符习代之，还，以为防城使。镕晚年好事仙佛，盛饰馆宇于西山，每径游焉，将佐士卒陪从者不下万人，军民皆苦之。贞明六年十二月，镕自西山还，臣者李弘规遣亲事军将苏汉衡杀宦者石希豪。镕还府，杀弘规、汉衡，穷治党与。亲军大恐。明年，为龙德元年（921 年）。二月，文礼激之使杀镕，而灭王氏之族。复姓名，自为留后。晋方与梁争，不欲多树敌，亦即以留后授之，而文礼不自安。初契丹久附回鹘，回鹘亡后，其酋屈戍，始复内附，然蚕食达靼、奚、室韦，语见《旧史》本传。稍以盛强。唐末，其酋耶律阿保机并诸部为一，其势愈盛。契丹兴起之事，于《宋辽金元史》中详述之。开平四年（910 年），与李克用会于云中，约为兄弟。克用乞其精骑二万，同收汴、洛。而阿保机又使求封册于梁。梁亦约其共灭晋，行封册，为甥舅之国。克用死，存勖使告哀，赂以金缯，求骑军以救潞州。阿保机许之，会潞州下而止。贞明二年（916 年），契丹自麟、胜陷振武，麟州，在今陕西神木县北。长驱云、朔，北边大扰。存勖自赴援于代，契丹乃退。是岁，阿保机称帝，是为契丹太祖。存勖以叔父事之，以叔母事其妻述律氏。《通鉴》。案外夷无君臣之分，其视父子、兄弟、伯叔父侄之称，即为尊卑之判，存勖以叔父事契丹，实已甘为之下，沙陀本附塞小部，宜其不以是为耻也。刘仁恭之亡也，晋使周德威守幽州。德威弃渝关之险，今山海关。契丹遂得刍牧营、平间。《通鉴》贞明三年（917 年）。北方之大患，实肇于此。卢文进者，本刘守光骑将，降晋。仁勖与刘鄩相拒于莘，使其弟新州刺史存矩募兵南下。新州，今涿鹿县。兵不乐行，杀仁矩，推文进为主，叛入契丹，引其众陷新州。周德威攻之，大败。契丹乘胜攻幽州，号三十万。存勖使李嗣源、符存审、阎宝援之。苦众寡不敌，并山而行。契丹不意其猝至，不整，为所败，乃还。时贞明三年也（917年）。及是，文礼因文进以求援于契丹。又遣使于梁，请发兵自德、棣渡河。敬翔曰："陛下不乘此衅以复河北，则晋人不可复破矣。宜徇其请，不可失也。"赵、张辈沮之，乃止。晋以符习为成德留后，讨文礼。文礼适卒，子处瑾秘丧拒之。戴思远乘之攻德胜，不克。王处直养子都，本姓刘，小字云郎，为妖人李应之养子。处直有疾，应之以左道治之得愈。处直神之，假以幕职，渐以为行军司马，军府之事，咸取决焉。应之以都遗处直，处直复养为子。应之为将士所杀，又逼衙帐求都。处直坚靳之。而阴疏甲士姓名，藏于别籍，因事诛之，凡二十年，略无孑遗。处直孽子郁，与部俱奔晋，李克用以女妻之。存勖讨文礼，处直曰："镇，定之蔽也。镇亡，定不独存。"使请存勖无发兵。存勖不听。乃使郁招契丹入塞，以牵制晋兵，许召为嗣。都作乱，囚处直。明年，龙德二年（922年）。正月，杀之。而阿保机攻围幽州，长驱陷涿郡，进攻易、定。存勖自将赴之。会大雪，野无所掠，马无刍草，冻死者相望，契丹乃还。戴思远乘之攻魏州及德胜，亦不克。晋阎宝攻镇州，败绩。李嗣昭继之，中矢死。李存进继之，又战殁。更继以符存审，乃克之。杀处瑾，以符习为节度使。旋由存勖兼领，而移习于天平。是役也，镇、定抗晋之志皆坚，力亦甚强，加以契丹入扰，梁若以大兵渡河，形势必可一变，然特循常应之，得一卫州而已，殊无补于大局也。主弱臣庸，将骄卒惰，危亡迫于眉睫而不能自奋，追忆梁祖之居夷门，四面皆敌，而勇气弥厉，真不胜盛衰今昔之感已。然机会之来，犹未已也。

《新五代史·任圜传》云：李嗣昭节度昭义，辟圜观察支使。梁兵筑夹城，围潞州逾年，而晋王薨，晋兵救潞者皆解去，嗣昭危甚，问圜去就之计。圜劝嗣昭坚守以待，不可有二心。已而庄宗攻破梁夹城。闻圜为嗣昭画守计，甚嘉之。其后嗣昭与庄宗有隙，圜数奉使往来，辩释谗构。嗣昭卒免于祸，圜之力也。观此，知嗣昭当日，实未尝无二心，此弥见梁不力攻之可惜。而庄宗亦未尝不疑之，特其叛谋未果，外观之有坚守之功，不可动，且当时军心易变，亦不敢动耳。及嗣昭死，则更易之机至矣。于是命其诸子护丧归葬晋阳。其第五子继能不听，率衙兵数千，拥丧归潞。次子继韬，囚其兄继俦，自为留后。晋人不得已，许之。龙德三年（923年），后唐庄宗同光元年（923年）。三月，继韬降梁。梁以为节度使。是时晋更昭义之名曰安义，梁更曰匡义，皆以避嗣昭讳也。泽州将裴约不听。梁遣将董璋攻之。此时梁若能大举出泽、潞以胁晋阳，仍可牵制晋在河北之兵，然亦不过以偏师应之而已，其失机可谓甚矣。

是岁四月，李存勖僭号于魏州。自以为继唐后，国号唐，是为后唐庄宗。后唐所谓七庙者，唐高祖、太宗、懿宗、昭宗、沙陀献祖国昌、太祖克用、庄宗存勖，见《文献通考》。所以存懿宗者？以国昌赐姓在此时也。上辛祈谷以高祖配，孟夏雩祀以太宗配，见《旧史·庄宗纪》同光元年（923年）。其时奏议，多自称中兴，称唐为本朝。刘昫修《旧唐书》，亦沿是称。此尚是晋、南北朝来外夷攀附中国之旧，辽以后则无是矣。时戴思远守郓州，屯德胜，留其将卢顺密守。顺密睹北军日盛，亡降之，备言郓空虚状。存勖使李嗣源袭取之。于是濒河又失一重镇，其势益危。乃罢思远，代以王彦章，以段凝为副。《新史·彦章传》云：晋取郓州，敬翔顾事急，以绳内靴中，入见末帝。泣曰：“先帝取天下，不以臣为不肖，所谋无不用。今强敌未灭，陛下弃忽臣言，臣身不用，不如死。”乃引绳将自经。末帝使人止之，问所欲言。翔曰：“事急矣，非彦章不可。”乃召彦章为招讨使，以段凝为副。此近东野人之言。彦章仅一战将，岂能恃之挽回危局？翔若有所规画，必不止于此也。彦章既受命，三日，破德胜南城。存勖命并弃北城，并力守阳刘。彦章沿河下攻之。时五月也。六月，存勖自救之。梁壍垒严，不能入。乃使郭崇韬筑垒于博州，以通郓州之路。彦章攻之。存勖趋救。七月，彦章复趋阳刘，存勖又趋救之。彦章战败，退保杨村。在德胜上游。唐兵复守德胜。梁征彦章还，使与董璋攻泽州，八月克之。而以段凝为招讨使。自酸枣决河，东注郓，以隔绝唐兵，谓之护驾水。《新史·段凝传》。此即郭崇韬所谓汴人决河，自滑至郓者也，见下。酸枣，今延津县。彦章之罢，史以为段凝与赵、张比而倾之，此不必然。彦章仅一战将，攻战虽猛，所谓强弩之末，不能穿鲁缟，夫固不可专任。然段凝确非正人，又出彦章之下。恃以御敌，宜其亡也。泽州既下，复使彦章将保銮骑士及他兵万人屯兖、郓境，谋复郓州，以张汉杰监其军。然兵力实薄，不能进取也。《新史·段凝传》：事太祖为军巡使，又以其妹纳太祖。妹有色，后为美人。凝为人恰巧，善窥迎人意，又以妹故，太祖渐亲信之。常使监诸军。为怀州刺史，太祖北征过怀州，凝献馈甚丰，太祖大悦。过相州，刺史李思安献馈如常礼。太祖怒，思安因此得罪死。迁凝郑州刺史，使监兵于河上。李振亟请罢之。太祖曰："凝未有罪。"振曰："待其有罪，则社稷亡矣。"然终不罢也。庄宗已下魏博，与梁相距河上。梁以王彦章为招讨使，凝为副。是时末帝昏乱，小人赵岩、张汉杰等用事。凝依附岩等为奸。彦章为招讨使三日，用奇计破唐德胜南城。而凝与彦章，各自上其功。岩等从中匿彦章功状，悉归其功于凝。凝因纳金岩等，求代彦章。末帝惑岩等言，卒以凝为招讨使。《彦章传》云：是时段凝已有异志，与赵岩、张汉杰交通。彦章素刚，愤梁日削，而嫉岩等所为，尝谓人曰："俟吾破贼，还诛奸人，以谢天下。"岩等闻之，惧，与凝协力倾之。其破南城也，彦章与凝各为捷书以闻。凝遣人告岩等，匿彦章书而上己书。末帝初疑其事。已而使者至军，独赐劳凝而不及彦章，军士皆失色。及杨刘败，凝乃上书，言彦章使酒轻敌而至于败。赵岩等从中日夜毁之。乃罢彦章，以凝为招讨使。此所言恐不尽实。破敌上状，岂容使副各自为之？是时将帅骄蹇，朝廷御之，惟恐失其意，安得独赐劳凝而不及彦章邪？然凝之为人，大体可见，要之恼巧善事人，非正士也。彦章诚勇将，然徒勇亦足偾事，以张汉杰监其军盖为此，亦非尽出于猜忌也。

梁虽挫衄，唐力亦罢。《旧五代史·庄宗纪》云：梁先锋使康延孝来奔，延孝，本塞北部落人。初隶太原。因得罪，亡命于汴。自队长积劳至部校。时隶段凝，为右先锋指挥使。梁亡后，唐赐姓名为李绍琛。帝引见，屏人问之。对曰："段凝、王彦章献谋，欲数道并举。令董璋以陕、虢、泽、潞之众趋石会关，在今山西榆社县西。以寇太原。霍彦威统关西、汝、洛之众，自相、卫以寇镇、定。彦威，存养子，时为陕州留后。降唐后，赐姓名曰李绍真。段凝、杜晏球领大军以当陛下。晏球本姓王，为汴州富人杜氏养子，冒姓杜。太祖镇宣武，选富家子材武者，置之帐下，号厅子都，晏球为指挥使。此时为行营马步军都指挥使。令王彦章、张汉杰统禁军以攻郓州。决取十月内大举。又自滑州南决破河堤，使水东注曹、濮之间，至于汶阳，以陷北军。臣惟汴人兵力，聚则不少，分则无余。陛下但待其分兵，领铁骑五千，自郓州兼程，直抵于汴。不旬日，天下事定矣。"时泽、潞叛，卫州、黎阳为梁人所据。州以西，相以南，寇钞日至，编户流亡。计其军赋，不支半年。又王郁、庐文进召契丹南侵瀛、涿。闻梁人将图大举，帝深忧之，召将吏谋大计。或曰："自我得汶阳以来，须大将固守，城门之外，元是贼疆，细而料之，得不如失。今若驰檄，告谕梁人，却卫州、黎阳以易郓州，指河为界，约且休兵。我国力稍集，则议改图。"《郭崇韬传》以此为宣徽使李绍宏之谋。绍宏阉官，本姓马。庄宗宠之，赐姓李，以为中门使，事见下节。帝曰："嘻，行此谋，则无葬地矣。"《郭崇韬传》云：庄宗不悦，独卧帐中，召崇韬问之。崇韬言："闻汴人决河，自滑至郓，非舟楫莫济。又闻精兵独在段凝麾下。王彦章日寇郓境。彼既以大军临我南鄙，又凭恃决河，谓我不能南渡，志在收复汶阳。此汴人之谋也。臣谓段凝保据河壖，苟欲持我。请留兵守邺，保固阳刘，陛下亲御六军，长驱倍道，直指大梁。汴城无兵，望风自溃。若使伪主授首，贼将自然倒戈。半月之间，天下必定。今岁秋稼不登，军粮才支数月，决则成败未知，不决则坐见不济。臣闻作舍道边，三年不成。帝王应运，必有天命，成败天也，在陛下独断。”庄宗蹶然而兴曰：“正合我意。丈夫得则为王，失则为虏，行计决矣。”即日下令：军中家口，并还魏州。庄宗送刘皇后与子继岌至城西野亭，泣别曰：“事势危蹙，今须一决。苟不济，无复相见。”乃留李绍宏及租庸使张宪守魏州。大军自阳刘济河。延孝之言，不知信否。梁人是时，似未必有意于大举。若能大举，岂待此日？然延孝之意，犹待梁人分兵而后乘之，若祟韬则只量段凝之不易赴救，而徼幸于一决耳。汴州固无重兵，然攻者不足，守者有余，轻骑掩袭，为数有几？设使梁人凭城坚守，又或迁都以拒，唐人岂能旦夕戡定？四方藩镇，必有闻风来赴者。即段凝亦岂终不能至？杜晏球已追唐兵矣，见下。阳刘即使可守，孤军岂能北渡乎？则崇韬之计，冒昧殊甚，真乃行险徼幸之小人也。存勖遽听用之，亦可见事势之危矣。十月，存勖至郓。以李嗣源为先锋。王彦章战败，与张汉杰俱见擒。存勖使嗣源诱之，不屈死。嗣源率前军倍道趋大梁，存勖继之。末帝无所为计。或劝幸洛阳，收集诸军。晋虽得都城，不能久留。或又劝幸段凝军。赵岩曰：“一下此楼，谁心可保？”乃使控鹤都指挥使皇甫麟进刃于己。麟亦自杀。嗣源兵至，开封尹王瓒以城降。敬翔自杀。张宗奭、李振皆降。其后宗奭以谄事庄宗刘皇后获全，赵在礼叛，宗奭亦主遣李嗣源讨之，嗣源叛，宗奭忧惧不食卒。而振旋见杀。温昭图者，本名韬。事岐，为李茂贞养子，易姓名曰李彦韬。降梁，复姓温，名昭图。为匡国节度使。许州。赵岩待之厚。及是奔之。昭图杀之，献其首。张汉鼎前死。汉杰与从父兄弟汉伦、汉融同见杀。袁象先镇宋州，率先入覲。輂珍币数十万，遍赂权贵及刘皇后、伶官、巷伯，复居元职，赐姓名曰李绍安。梁主兄弟皆死。末帝兄弟：康王友孜，贞明元年（915 年），张德妃将葬时谋叛，使腹心数人匿寝殿，为末帝所觉，诛之。福王友璋，贺王友雍，建王友徽，《新史·传》云不知所终。太祖二兄：长广王全昱，三子：曰衡王友谅，后嗣为广王，曰惠王友能，曰邵王友诲；次兄存。二子：曰友宁，曰友伦。友宁与王师范战死，友伦在长安，以击鞠坠马死，事皆见前。友能为陈州刺史，龙德元年（921 年）反，败降，降封房陵侯。友诲时为陕州节度，亦欲以州兵为乱，召还京师，坐废，与友谅、友能皆见幽。李存勖入汴，皆见杀。杜晏球以兵追李存勖，至封丘，今河南封丘县。闻末帝已崩，即解甲降，赐姓名曰李绍虔。段凝以精兵五万降，赐姓名曰李绍钦。梁诸藩镇，亦皆释甲，梁遂亡已。此全非力之不敌，而竟不祀忽诸者？则"一下此楼，谁心可保"八字实为之；而郭崇韬徼幸之计之获成，其关键，亦只在"伪主若使授首，贼将自然倒戈"二语耳，此内溃之所以为酷也。岂一朝一夕之故哉？其所由来者渐矣。

梁祖之为人，不惟韬略，即以政事论，亦远胜于李克用。试观梁祖所用者：赵犨、张全义，皆颇能恤民，而克用则庇一李罕之，任其纵兵剽掠，至于河内之地烟火断绝可知。秦宗权灭后，赵犨即休兵课农。陈、许流亡之民，襁负归业，犨皆设法招抚。张全义在河南，初穷民不满百户，数年后编户五六万。罕之在泽州，日以兵钞怀、孟、晋、绛、河内。百姓相结屯寨，或出樵汲，即为俘馘。甚至奇峰绝磴，梯危架险，亦为其部众所攻取。数州之民，屠啖殆尽。荆棘蔽野，烟火断绝者十余年。皆见新旧《史》本传。梁祖固亦不免淫暴，然《旧史·陈元传》：言克用性刚暴，乐杀人，无敢言者。康君立，初起时疏附之臣也，以一言不合而赐酖；其残忍为何如？李克修以供帐不丰而遭笞辱，事已见前。《盖寓传》：言寓家珍膳，穷极海陆，精于府馔，武皇非寓家所献不食，每幸寓第，其往如归。寓之侈如此，克用可知。

《传》又言寓自武皇镇抚太原，最推亲信。中外将吏，无不景附。朝廷藩邻，信使结托，先及武皇，次入寓门，此盖其致富之由？然其人实无所建白，不过嬖幸之流。或拟诸敬翔、李振，非其伦矣。《宋史·张永德传》言：克用镇太原，急于用度。严选富家子掌帑库，或调度不给，即坐诛，没入赀财，其剥民以自奉如此。《旧史·武皇纪》云：亲军万众，皆边部人，动违纪律，人甚苦之。左右或以为言。武皇曰："比年以来，国藏空竭。诸军之家，卖马自给。今四方诸侯，皆悬重赏以募勇士。吾若束之以法，急则弃吾，吾安能独保此乎？"天复三年（903年）。此等语史家以为美谈，实则皆无耻之臣，为之文饰。核其实，则纵兵虐民耳。存勖立后，存璋为河东马步都虞候。《传》云：初，武皇稍宠军士，藩部人多干扰廛市，肆其豪夺，法司不能禁。庄宗嗣位，锐于求理，存璋得行其志，抑强扶弱，诛其豪首。期月之间，纪纲大振。存勖岂真能求治者？而史犹云如此，克用之纵兵虐民，不愈可见哉？梁、晋之成败，实缘存勖年少敢行险，而其部下起自北方，群思南下，颇有剽锐之气。而梁则末帝柔弱，将帅又多偃蹇不用命，上下乖迕，遂至日蹙百里，坐待危亡耳，综观兵事始末可知。然其原，亦未尝不自梁祖开之。盖梁祖之篡唐也太速。使其大诛宦官之后，身入长安，挟天子以令诸侯，则邠、岐旦夕可平，专力河东，不虞牵制，蒲津、上党两路会师，沙陀真将无穴矣。《旧史·李存孝传》：昭宗讨河东之役，汴人攻泽州，呼李罕之曰："相公常恃太原，轻绝大国。今张相公围太原，葛司空已入潞府，旬日之内，沙陀无穴自处，相公何路求生邪？"存孝闻其言不逊，选精骑五百，绕汴营呼曰："我沙陀求穴者，俟尔肉馔军，可令肥者出斗。"乌乎！一时则志得意满矣！他日坐困孤城，卒遭维絷，车裂以徇者，不知沙陀之披其穴邪？抑汉儿为之也。不此之图，而急于谋篡，遂至两面牵制，不得大举扫荡，抑且备多力分，盛衰转烛之机，伏于此矣。尝谓梁祖之入关而不能留，与宋武帝之平姚秦而急于南归绝相似，皆所谓一日纵敌，数世之患者也。孟子论浩然之气曰："是集义所生者，非义袭而取之也。"岂特圣贤之学？虽豪杰之建树，亦何独不然？人之功业，必如其所豫期，所期者远，而格于事势，志不克就者，则有之矣。所求者小，而所就者大，未之前闻。宋、梁二祖之所求，惟止于身登九五，故及其可取而代，遂乃志得意满，而于后事不暇深虑矣。岂独其身然？其后先奔走之士，盖亦莫不然？故其帷幄之臣，止于刘穆之、敬翔辈，真自任以天下之重者无有也。其将率亦然。愿止于攀龙鳞、附凤翼，所愿既遂，则不可复用矣。当其盛时，兵力可谓横绝一世，逮于胡马饮江，夹河而战，南朝诸将，遂五合六聚而不能救，职此之由。即以政事论，其纪纲之废弛，或亦不如"夷狄之有君"。凡一新朝或一军阀之兴，其初纲纪必颇整饬，而后或纵恣淫泆，则必至于败亡，因果相寻，从无幸免。《旧史·袁象先传》云：梁祖领四镇，拥兵十万，威震天下，关东藩守，皆其将吏。方面补授，由其保荐。四方舆金辇璧，骏奔结辙，纳赂于其庭，如是者十余年。藩侯牧守，下逮群吏，罕有廉白者，率皆掊敛剥下，以事权门。象先恃甥舅之势，所至藩府，侵刻诛求尤甚，以此家财巨万。其后赂唐以求免，事已见前。《郭崇韬传》云：初收汴、洛，稍通赂遗。亲友或规之。崇韬曰："伪梁之日，赂遗成风，今方面藩侯，多梁之旧将，皆吾君射钩、斩祛之人也。一旦革面，化为吾人，坚拒其请，得无惧乎？藏予私室，无异公帑。"及郊禋，崇韬悉献家财，以助赏给。比而观之，非所谓藉寇兵赍盗粮者乎？《张承业传》云：庄宗在魏州垂十年，太原军国政事，一委承业。积聚库帑，收市兵马，招怀流散，劝课农桑，成是霸基者，承业之忠力也。时贞简太后、韩德妃、伊淑纪、诸宅王之贵，洎王之介弟在晋阳宫，或不以其道，干于承业，悉不听，逾法禁者必惩，由是贵戚敛手。或有中伤承业于庄宗者，言专弄威柄，广纳赂遗。庄宗岁时还晋阳宫省太后，须钱蒱博，给伶官。尝置酒于泉府。庄宗酣饮。命继岌为承业起舞既竟，承业出宝带币马奉之。庄宗指钱积谓承业曰："和哥无钱使，七哥与此一积，宝马非殊惠也。”承业谢曰：“郎君哥劳，承业自出己俸钱。此钱是大王库物，准拟支赡三军，不敢以公物为私礼也。”庄宗不悦，使酒侵承业。承业曰：“臣老敕使，非为子孙之谋，惜钱为大王基业。王若自要散施，何妨老夫？不过财尽兵散，一事无成。”庄宗怒，顾元行钦曰：“取剑来。”承业引庄宗衣泣曰：“仆荷先王遗顾，誓为本朝诛汴贼，为王惜库物。斩承业首，死亦无愧于先王。今日请死。”阎宝解承业手令退。承业诟宝曰：“党朱温逆贼，未尝有一言效忠，而敢谄附？”挥拳踣之。太后闻庄宗酒失，急召入。庄宗性至孝，闻太后召，叩头谢承业曰：“吾杯酒之间，迕于七哥，太后必怪吾。七哥为吾痛饮两卮，分谤可乎？”庄宗连饮四钟，劝承业，竟不饮。庄宗归宫，太后使人谓承业曰：“小儿迕特进，已笞矣，可归第。”翼日，太后与庄宗俱幸其第慰劳之。自是私谒几绝。《张瓘传》云：同州车渡村人，承业之犹子也。承业佐唐武皇、庄宗，甚见委遇。瓘闻之，与昆仲五人，自故里奔于太原，庄宗皆任用之。瓘，天祐十三年（916 年），补麟州刺史。承业治家严毅，小过无所容恕。一侄为磁州副使，以其杀河西卖羊客，立捕斩之。尝诫瓘等曰：“汝车渡村百姓，刘开道下贼，惯作非为。今须改行。若故态不除，死无日矣。”故瓘所至不敢诛求。承业小人，犹有小人之道焉，若梁则并此而无之矣。国必自伐，而后人伐之，不亦信乎？以不仁遇不仁，固将剽悍者胜。此则沙陀入据之祸，所以终不可弭也。

汴州既下，李继韬亦降。继韬母杨氏，善积聚。居积、行贩，赀至百万。赍重赂与之入朝，厚赂宦官、伶人及刘后。在京月余，屡从畋游，宠待如故。继韬求还镇，庄宗不许。使遗弟继远书，令起变于军中，冀遣已安缉之。事泄，见杀，并其二子。本质于梁。遣人斩继远，以继俦知潞州事，继达充军城巡检。已而召继俦还京师。继俦据继韬之室，料选算校，不时上路。继达怒，杀之。将奔契丹，从骑皆散，乃自刭。嗣昭七子，继俦、继韬、继达、继忠、继能、继袭、继远。继达外皆杨氏所生。至明宗时，继能坐笞杀其母主藏婢，婢家告变，言其反，与弟继袭皆见杀，惟继忠仅免，可谓凶德参会矣。杨立者，潞州小校，事嗣昭及继韬，皆畜养甚厚。继韬诛，愤愤失志。同光二年四月，有诏以潞兵三万人戍涿州以东。其众叛。命李嗣源攻讨，一月拔之。生擒立及其同恶十余人，送于阙下，并磔于市。潞州城峻而隍深，命划平之。因诏诸方镇撤防城之备焉。《旧史·本纪》书于六月丙子，乃立等到阙之日也。然五月己酉，已书诏天下收拆防城之具，不得修濬城隍，则令实发于五月中。记杨立事者追书之，修史者又并采之耳。

第三节　后唐庄宗乱政

后唐庄宗为人，颇似唐太宗，其用兵之剽悍，或且过之。初立时之救潞州胡柳之战，战败而复振，以及后来之决策袭汴，不必皆合于兵法，而不能谓其无勇气。太宗之用兵，亦不过剽悍善乘机而已，其所遇皆非大敌，尚不如梁兵之坚凝也。攻辽一役竟蹈隋炀帝之覆辙，尤可见其不知兵法。然政事之材则远落其后，此天之降材尔殊，盖民族之文化为之。唐先世虽出夷狄，至隋末渐渍于中国者已久，若李存勖则仍是北狄中人物也。

后唐庄宗同光元年（923 年），即梁末帝龙德三年（923 年）也。十二月，迁于洛阳。存勖之僭位，以魏州为东京，太原为西京，镇州为北都。灭梁后，以太原为北都，永平为西都，废梁东京，仍称汴州。三年三月，复以洛阳为东都，改魏州曰邺都。古邺邑，汉为邺县，晋避怀帝讳，改为临漳，魏武帝称魏王居之，其后石虎、慕容俊、东魏、北齐相继居之，今平原之临漳县是也。唐相州称邺郡，然实治安阳，今平原安阳县。魏州治元城，后唐此时改为兴唐府，置兴唐县，乃今河北之大名县，非古邺地也。明宗天成四年六月，复以邺都为魏州。

唐是时虽灭梁，然梁故藩镇皆未移易，中原情势实未有变，不过以空名加于其上而已。

庄宗正室曰魏国夫人韩氏，其次燕国夫人伊氏，其次魏国夫人刘氏。刘氏，攻魏时裨将掠得，纳之晋宫。庄宗所生母曹氏，以赐庄宗。战河上十余年，常从。已僭位，宰相豆卢革、枢密使郭崇韬希旨，请立为皇后。同光二年四月。后自以出于贱微，逾次得立，以为佛力。又好聚敛，分遣人为商贾，至于市肆之间，薪刍果茹，皆称中宫所卖。《旧史·张廷蕴传》：同光初，充魏博三城巡检使。时皇后刘氏在邺，每纵其下扰人，廷蕴多斩之，闻者壮焉。盖即此类商贾也。四方贡献，必分为二：一以上天子，一以入中宫。宫中货贿山积，惟写佛书、馈僧尼而已。克用正室刘氏，无子。曹氏封晋国夫人。庄宗僭位，册尊曹氏为皇太后，刘氏为皇太妃。太后及皇后，交通藩镇，太后称诰令，皇后称教令，两宫使者，旁午于道。梁降臣如张全义、段凝等，皆厚赂后以自托。同光三年（925年），秋，大水。两河之民，流徙道路。京师赋调不充。六军之士，往往殍踣。乃豫借明年夏秋租税。百姓愁苦，号泣于路。庄宗方与后畋于白沙，在洛阳东。皇子、后宫毕从。时大雪，军士寒冻。金枪卫兵万骑，所至责民供给，坏什器、彻庐舍而焚之。县吏畏恐，亡窜山谷。明年三月，占星者言御前当有急兵，宜散积聚以禳之。宰相请出库物以给军。庄宗许之。后不肯。宰相论于延英，后于屏间耳属之，因取妆奁及皇幼子满喜置帝前，曰："诸侯所贡，给赐已尽，宫中所有惟此耳，请鬻以给军。"宰相皇恐而退。《通鉴》此事系开成元年三月，时李嗣源已入邺矣。《旧纪》同。及赵在礼作乱，出兵讨魏，始出物以赉军。军士负而诟曰："吾妻子已饿死，得此何为？"《新史·唐家人传》。剥民以奉军，已非立国之道，况又不能奉军乎？《通鉴》：同光二年二月，上祀南郊。先是宦官劝帝分天下财赋为内外府。州县上供者入外府，充经费，方镇贡献者入内府，充宴游及给赐左右。外府常虚竭无余，而内府山积。及有司办郊祀，乏劳军钱，郭崇韬请出内府之财。上默然久之，曰："吾晋阳自有储积，可令租庸辇取以相助。"于是取李继韬私第金帛数十万以益之。军士皆不满望，始怨恨，有离心矣。庄宗初入洛，居唐故宫室，而嫔御未备。阉宦希旨，多言宫中夜见鬼物，相惊恐。庄宗问所以禳之者。因曰："故唐时后宫万人，今空宫多怪，当实以人乃息。"庄宗欣然。其后幸邺，乃遣伶人景进等采邺美女千人，以充后宫。而进等缘以为奸。军士妻女，因而逃逸者数千人。庄宗还洛，载邺女千人以从。《新史·伶官传》：案事在同光三年（925年），见《旧史·本纪》。《纪》云：东京副留守张宪奏诸营家口一千二百人逃亡，以艰食故也。《通鉴》云：远至太原、幽镇，所采者不啻三千人。张宪奏诸营妇女亡逸者千余人，虑扈从诸军挟匿以行，其实皆入宫矣。盖又有夺自军人者也。自唐末丧乱，后妃之制不备。至庄宗时，后宫之数尤多。有昭仪、昭容、昭媛、出使、御正、侍真、懿才、咸一、瑶芳、懿德、宣一等。其余名号，不可胜记云。《新史·唐家人传》。

庄宗之好游畋，盖亦夷人积习。《旧史·本纪》：同光三年（925年），正月，车驾至邺。命青州刺史符习修酸枣河堤。三月，习奏毕功。帝召郭崇韬谓曰："朕思在德胜寨时，霍彦威、段凝，皆予之劲敌，终日格斗，战声相闻，安知二年之间，在吾庑下？朕有时梦寝，如在戚城。在濮阳北。思念曩时，挑战鏖兵，劳则劳矣，然而扬旌伐鼓，差慰人心。残垒荒沟，依然在目。予欲按德胜故寨，与卿再陈旧事。"于是至德胜城，渡河，南观废栅旧址，至杨村寨，沿河至戚城，置酒作乐而罢。《郭崇韬传》云：是岁夏雨，河大水，坏天津桥。是时酷暑尤甚。庄宗常择高楼避暑，皆不称旨。宦官曰："今大内楼观，不及旧时卿相之家。"庄宗即令宫苑使经营。虑崇韬谏止，使谓曰："朕顷在河上，五六月中，与贼对垒，行宫卑湿，介马战贼，恒若清凉，今晏然深宫，不耐暑毒，何也？"崇韬奏："愿陛下思艰难创业之际，则今日之暑，坐变清凉。"庄宗默然。王允平等竟加营造。彼其不乐安居宫殿，亦犹元恂、杨勇、李承乾之不乐安居东宫也。《新史·伶官传》云：庄宗好田猎。猎于中牟，践民田。县令当马切谏，庄宗怒，将杀之。伶人敬新磨知其不可，乃率诸伶走追县令，擒至马前，责之曰："汝为县令，独不知吾天子好猎邪？奈何纵民稼穑，以供税赋？何不饥汝民而空此地？汝罪当死。"因前请亟行刑。诸伶共唱和之。庄宗大笑，县令乃得免去。此等事传者或以为美谈，而不知民间受蹂躏之酷也。《旧史·李周传》：王彦章之攻杨刘，周守，使人驰告庄宗，请百里趋程，以纾其难。庄宗日："李周在内，朕何忧也？"遂日行二舍，不废畋猎。此等事，读者或又以为美谈，所谓成败论人也。杨刘战时如此，况入汴之后乎？世岂有小器而难盈者哉？

庄宗既好徘优，又知音，能度曲，自其为王，至于为天子，尝身与徘优杂戏于庭，伶人由此用事。其败政乱国者，有景进、史彦琼、郭门高三人为最。门高名从谦，门高其优名也。诸伶人出入宫掖，侮弄搢绅。群臣愤嫉，莫敢出气，或反相附托，以希恩幸。四方藩镇，货赂交行。而景进最居中用事。庄宗遣进等出访民间事，无大小皆以闻。每奏事，殿中左右皆屏退。军机、国政，皆与参决。三司使孔谦兄事之，呼为八哥云。其战于胡柳也，嬖伶周匝为梁人所得。其后灭梁入汴，匝谒于马前。庄宗喜甚，赐以金帛，劳其良苦。匝对曰："身陷仇人，而得不死者，教坊使陈俊、内园栽接使储德源之力也。愿乞二州，以报此两人。"庄宗皆许以为刺史。郭崇韬格其命逾年，而伶人屡以为言。庄宗谓崇韬曰："吾已许周匝矣。使吾惭见此二人。公言虽正，当为我屈意行之？"卒以俊为景州、德源为宪州刺史。《新史·伶官传》。亦见《旧史·庄宗纪》同光二年（924年）。宪州，今山西静乐县。其不知理体如此，此所谓沐猴而冠者非邪？

唐昭宗诛宦者，多为诸镇所藏匿。是时方镇僭拟，悉以宦官给事，而吴越最多。李克用匿张承业，事已见前。又有张居翰者，本幽州监军，刘仁恭匿之。天祐三年（906年），使率兵随晋攻潞州。

丁会降，克用使李嗣昭守之，居翰遂留监其军。庄宗同光二年正月，敕前朝内官及诸道监军并私家先所畜者，不以贵贱，并送诣阙。时在左右者已五百人，至是殆及千人。皆给赡优厚，委之事任，以为腹心。内诸司使，自天祐已来，以士人代之，至是复用宦者，浸干政事。既而复置诸道监军，节度使出征或留阙下，军府之政，皆监军决之。陵忽主帅，怙势争权，由是藩镇皆愤怨云。

庄宗僭位，以门第故，相豆卢革、韦说及卢程，皆伴食而已。郭崇韬者，本李克修帐下亲信，克用以为教练使。贞明三年（917 年），以为中门副使，与孟知祥、李绍宏俱参机要。知祥者，迁犹子。迁以泽潞降梁，知祥父道独留事晋。知祥壮，克用以弟克让之女妻之。俄而绍宏出典幽州留事。先是中门使吴洪、张虔厚获罪，知祥求为外任。庄宗曰："公欲避路，当自举其代。"知祥因举崇韬。自是专典机务。庄宗僭位，守兵部尚书，充枢密使。至汴，豆卢革在魏，令权行中书事。俄拜侍中，兼枢密使。初崇韬与李绍宏同为内职，及庄宗即位，崇韬以绍宏素在己上，旧人难制，即奏泽潞监军张居翰同掌枢密，以绍宏为宣徽使。绍宏失望，涕泣愤郁。崇韬乃置内句使，应三司财赋，皆令句覆，令绍宏领之，冀塞其心。绍宏终不悦。于是奏请立魏国夫人为皇后，冀得其助，而祸机反潜伏矣。孔谦者，本魏州孔目官，魏博入晋，庄宗以为度支使。设法箕敛，七八年中，军储获济。庄宗僭号，谦自谓当为租庸使，而物议以其人地尚卑，崇韬乃奏用魏博观察判官张宪。谦怏怏。庄宗灭梁，谦从入汴，谓崇韬："邺北都也，宜得重人镇之，非张宪不可。"崇韬以为然，以宪留守北都，而以豆卢革判租庸。谦弥失望，乃阴求革过失。革惧，求解职。崇韬奏复用张宪。谦谓革曰："租庸钱谷，悉在目前，委一小吏可办。邺都天下之重，不可轻以任人。"革以语崇韬。崇韬罢宪不召，以兴唐尹王正言为租庸使。谦益愤，因求解职。庄宗怒其避事，欲寘之法。景进救解之，乃止。已而正言病风不任事，景进数以为言，乃罢正言，以谦为租庸使。事在同光二年八月。唐时，户部、度支、盐铁各为一司。梁置租庸使，专天下泉货。同光二年正月，诏盐铁、度支、户部，并委租庸使管理。见《旧史·本纪》。庄宗初即位，除百姓田租，放诸场务课利欠负，谦悉违诏督理。故事，观察使所治属州，事皆不得专达，上所赋调，亦下观察使行之，而谦直以租庸帖调发诸州。观察使交章论奏，以为制敕不下支郡，刺史不专奏事，唐制也，租庸直帖，伪梁之弊，不可为法。诏从其请。而谦不奉诏，又请减百官俸钱，省罢节度、观察判官、推官等员数；郭塞山谷径路，禁止行人，以收商旅征算；遣大程官放猪羊柴炭，占庇人户；更制括田竿尺；尽率州使公廨钱。由是天下皆怨苦之。谦敢于显违诏旨而多敛怨者，必庄宗意在聚敛，故纵之，且阴使之然也。《旧书·食货志》曰："梁祖之开国也，属黄巢大乱之后，以夷门一镇，外严烽堠，内辟污莱，厉以耕桑，薄以租赋。士虽苦战，民则乐输。二纪之间，俄成霸业。及末帝与庄宗对垒于河上，河南之民，虽困于輂运，亦未至流亡。其义无他，盖赋敛轻而田园可恋故也。及庄宗平定梁室，任吏人孔谦为租庸使，峻法以剥下，厚敛以奉上。民产虽竭，军食尚亏。加之以兵革，因之以饥馑。不三四年，以致颠陨。其义无他，盖赋役重而寰区失望故也。"梁、唐之优劣可见矣。

第四节　唐灭前蜀

王建盗贼，乘时窃据全蜀，已为非分，然其贪欲颇甚。梁、唐嬗代之际，初思连岐以取关中，已而兵出不利，则又乘岐之削弱而思兼并，而二国之兵衅启焉。《通鉴》云：蜀主女普慈公主，嫁岐王从子秦州节度使继崇。公主遣宦者宋光嗣以绢书遗蜀主，言继崇骄矜嗜酒，求归成都。蜀主召主归宁，留之。岐王怒，与蜀绝，聚兵临蜀东鄙。乾化元年（911 年）。《新五代史·前蜀世家》云：茂贞自山南入蜀，地狭势孤。遂与建和，以其子娶建女，因求山南故地。建怒，不与。二书所言，自以《新史》为近实。狡焉思启，何国蔑有？未必因一女而启衅也。乾化元年三月，建以王宗侃为都统，宗祐、宗贺、唐道袭为招讨使，率步骑十二万伐岐。岐使刘知俊与继崇击之。战于青泥岭，在今陕西略阳县西北。蜀兵败绩。道袭奔兴元。宗侃、宗贺保安远军。前蜀置于西县，在今陕西沔县西。知俊、继崇追围之。建如兴元，使王宗弼本许人魏弘夫。救安远，败岐兵。岐兵乃还。茂贞左右石简颙谗刘知俊，茂贞夺知俊兵。继崇言于茂贞，茂贞乃诛简颙以安之。继崇召知俊，举族居于秦州。二年十二月，蜀王宗汾攻岐，取文州。四年二月，梁以岐人数为寇，徙感化陕州。康怀英于永平。十二月，李继徽为其假子彦鲁毒杀。明年，为贞明元年（915 年），四月，继徽假子保衡杀彦鲁，以邠、宁二州降梁。梁以为感化节度使，而移霍彦威镇静难。茂贞使刘知俊围邠州，彦威固守拒之。八月，蜀使王宗绾、本姓名曰李绾。宗播即许存。攻秦州，宗瑶、本姓名曰姜郅，燕人。宗翰攻凤州。见第七章第一节。十一月，兴州刺史王宗铎克阶州。兴州见第十一章第六节。阶州见第六章第二节。宗绾克成州。见第二章第二节。李继崇降蜀。刘知俊妻子皆迁于成都。知俊闻之，解围还凤翔。旋奔蜀。宗绾亦会宗瑶克凤州。李彦韬者，本华原贼帅，华原，今陕西耀县。茂贞以为养子，以华原为耀州，美原为鼎州，今陕西富平县美原堡。置义胜军，以彦韬为节度使。十二月，彦韬降梁。梁以华原为崇州，置静胜军，美原为裕州，为其属郡，以彦韬为节度使。复姓温，名之曰昭图。蜀于凤州置武胜军，割文、兴二州隶之。二年八月，遣王宗绾及集王宗翰、本姓孟，建姊子。嘉王宗寿许州人，本亦姓王。将兵十万出凤州，王宗播、刘知俊、王宗俦、唐文裔将兵十二万出秦州以伐岐。十月，宗绾等取宝鸡。今陕西宝鸡县。宗播等至陇州，见第二章第六节。岐保胜军节度使李继岌岐人置保胜军于陇州。畏茂贞猜忌，弃军来降，复姓名曰桑弘志。刘知俊会宗绾等围凤翔，大雪，建召之还。三年七月，建使桑弘志、王宗宏、宗侃、刘知俊等伐岐。诸将皆旧功臣，不用命，无功而还。宦者唐文扆数毁知俊，建亦阴忌之，师还，诬以谋叛，收斩之。四年二月，建复以王宗侃为都统。四月，岐使求好于蜀。六月，建死，岐、蜀之干戈始息。

王建本不知政治。《新史·世家》云：蜀恃险而富，当唐之末，人士多欲依建以避乱。建虽起盗贼，而为人多智诈，善待士，故其僭号所用，皆唐名臣世族，此亦沐猴而冠耳。僭号之初，以韦庄为左散骑常侍，判中书、门下事。明年，复相张格。格者，濬之子；濬之见杀，永宁县吏叶彦素与之厚，豫告之。濬使格去之，以存宗祀，遂自荆南入蜀。永宁见第九章第二节。庄，唐宰相见素之孙也。然纪纲实不立，诸将多跋扈。建患之，乃与嬖幸谋之，又多内宠，任宦寺，政事遂大紊矣。建多假子，至百二十人。宗佶最长，建僭号时为中书令，与韦庄同判中书、门下事。唐道袭者，始以舞童事建，后寖与谋画，为亲随马步军都指挥使，及僭号，以为枢密使，嬖幸中最握权者也。建十一子，卫王宗仁最长，幼以疾废。其次曰简王宗懿。开平二年二月，以宗佶为太师，罢政事。宗佶上表，以为“臣官与大臣，亲则长子，国家之事，休戚是同。今储贰未定，必生厉阶。陛下若以宗懿材堪继承，宜早行册礼，以臣为元帅，兼总六军。傥以时方艰难，宗懿冲幼，臣安敢持谦，不当重事？陛下既正位南面，军旅之事，宜委之臣下。臣请开元帅府，铸六军印，征戍征发，臣悉专行。太子视膳于晨昏，微臣握兵于环卫，万世基业，惟陛下裁之。”此表不知果出宗佶，抑造作之以成其罪也。建于其入见时，命卫士扑杀之，盖出其不意也。六月，立宗懿为太子。后更名元坦，又更曰元膺。元膺与唐道袭不协。四年七月，出道袭为山南西道节度使。乾化三年三月，复入为枢密使。元膺疏其过恶，乃复以为太子太保。七月，元膺以兵攻道袭，杀之。建召王宗侃等，使发兵讨乱者，元膺亦死。十月，立幼子郑王宗衍为太子。史云：建本以雅王宗辂类己，信王宗杰才敏，欲择一人立之，而衍母徐贤妃，使唐文扆讽张格，格夜以表示王宗侃等，云受密旨，众皆署名，建以为众人实欲立宗衍，不得已许之，其后宗杰暴卒，事在贞明四年二月。建犹深疑之焉。张格虽云憸邪，然建之昏耄而牵于内宠，亦大可见矣。贞明二年十二月，建改国号曰汉。四年（918年），复曰蜀。是岁五月，疾革。王宗弼时为北面行营招讨使，召还，以为马步都指挥使。王宗扆遣人守宫门。宗弼等排闼入，言其罪，流贬之。太子即位后杀之。以宋光嗣为内枢密使，与宗弼、宗瑶、宗绾、宗夔并受遗诏辅政。建初虽因唐制置枢密使，专用士人，至此始用宦者矣。六月，建卒，衍立。张格亦遭贬斥。内外迁除，皆出宗弼。宋光嗣亦以判六军事让之。

衍颇知学问，能为浮艳之辞。建正室周氏，后建数日卒。衍因尊其母徐氏为太后，后妹淑妃为太妃。太后、太妃，以教令卖官，自刺史以下，每一官阙，必数人并争，而入钱多者得之。通都大邑，起邸店以夺民利。衍年少荒淫，委政于宦者宋光嗣、光葆、景润澄、王承休、欧阳晃、田鲁俦等。《新史·世家》。《通鉴》云：蜀主以内给事王廷绍、欧阳晃、李周辂、朱光葆、宋承蕴、田鲁俦等为将军及军使，皆干与政事，骄纵贪暴，大为蜀患。光葆，光嗣之从弟也。《注》云：朱光葆，当作宋光葆。《鉴》又云：仗内教坊使严旭，强取士民女子内宫中或得厚赂而免之，以是累迁至蓬州刺史。皆见贞明四年（918年）。蓬州见第十一章第六节。而以韩昭、潘在迎、顾在珣、彦朗子。严旭等为狎客。起宣华苑，与诸狎客、妇人，日夜酣饮其中。每微服出游民间。尝与太后、太妃游青城山，在今四川灌县西南。宫人衣服，皆画云霞，飘然望之若仙。衍自作《甘州曲》述其状，上下山谷，常自歌而使宫人皆和之。贞明六年（920年），衍下诏北巡。八月，发成都。旌旗兵甲，亘百余里。至安远。十一月，使王宗俦等伐岐，以食尽引还。十二月，衍至利州。见第六章第三节。阆州团练使林思谔来朝。阆州，今四川阆中县。请幸所治。从之。泛江而下，龙舟画舸，辉映江渚。所在供亿，人不堪命。内外乖迕，上下酣嬉，敌兵一临，遂如摧枯拉朽矣。

唐庄宗同光二年（924年），使客省使李严使蜀。严乃行险徼幸之徒，还言蜀可取，于是二国之兵机潜伏。旋复使李彦稠往。蜀亦使欧阳彬报聘，用敌国礼。李严之至，臣下言唐有侵犯之心，颇置兵于边以为备。已而以为既通好，复罢之。明年九月，唐以魏王继岌为西川四面行营都统，郭崇韬为东北面行营招讨，高季兴为东南面行营招讨，李绍琛为马步军都指挥使，李严为招抚使，伐蜀。先是，李茂贞卒，子从曮袭。同光二年四月。及是，以为都供军转运应接等使。初，蜀置驾下左右龙武军，兵械给赐，皆优于他军，以王承休为都指挥使。安重霸者，云州人。与李嗣源俱事李克用，以罪奔梁，复以罪奔蜀。蜀以其蕃人善骑射，用为亲将，谄事承休，乃用为副。旧将无不愧耻。旋又以承休为天雄军节度使，以龙武军为其衙兵。承休绳秦州之美，请衍往游焉。十月，唐李绍琛与李严以骁骑三千、步兵万人为先锋，降威武城，当在凤州东。又降凤州。时李继曮竭凤翔蓄积以馈军，不能充。军入大散关，在宝鸡西南。无十日之粮。《新史·继岌传》。至是，得军储四十万，遂无饥乏之虞。衍之出游也，凤州告唐兵西上。衍以为群臣同谋沮己，不之省。及至利州，威武城败卒奔还，始信唐兵之至。以王宗勋、宗俨、宗昱为招讨，将兵三万，逆战于三泉，今陕西宁羌县。败绩。乃命王宗弼守利州，倍道而还。蜀诸节度、刺史，纷纷迎降。王承休以赂买道于羌人，自扶、文而南。扶州见第七章第一节。为所钞，士卒冻馁。众万二千，比至茂州，二千而已。高季兴攻施州，为蜀峡路招讨使张武所败。武闻北路陷败，亦使诣继岌降。《旧史·庄宗纪》：高季兴奏收复归、夔、忠等州，恐误。天成元年（926年）《通鉴考异》引《明宗实录》：六月，季兴奏去冬先朝诏命攻取峡内属郡，寻有施州官吏，知臣上峡，率先归投，忠、万、夔三州，旦夕期于收复，被郭崇韬专将文字，约臣回归云云，可见诸州之未下也。王宗弼引兵西归，劫迁蜀主于西宫，自称权西川兵马留后。李绍琛入利州，至绵州，见第六章第三节。蜀人断绵江浮梁。绍琛与李严乘马浮度。从兵得济者几千人，步兵溺死者，亦千余人。入鹿头关。见第七章第四节。进据汉州。见第六章第三节。三日，后军始至。宗弼以蜀主书遗李严，曰："公来，吾即降。"严欣然，驰入成都。宗弼称蜀君臣久欲归命，内枢密使宋光嗣、景润澄、宣徽使李周辂、欧阳晃营惑蜀主，皆斩之，函首送继岌。又枭韩昭于坊门。继岌至，衍遂降。自出师至此，凡七十日而已。《通鉴考异》云：《实录》：自兴师出洛至定蜀城，计七十五日。薛《史》同，按唐军九月戊申离洛城，十一月丁巳，已入成都，止七十日耳。王宗弼求为西川节度使，郭崇韬阳许之。宗弼久不得命，乃率蜀人列状见继岌，请留崇韬为帅。师之出也，庄宗使宦者李从袭监中军，李廷安、吕知柔为典谒。崇韬故为宦寺所嫉，及是，从袭等皆言其志难测，详见下节。崇韬欲自明，乃白继岌，收宗弼诛之，籍没其家。又明年，同光四年（926年），明宗天成元年。正月，继岌遣李从曮、李严部送王衍及其宗族、百官数千人诣洛阳。四月，至秦川驿。时邺都叛，景进等劝庄宗除之。乃遣中使向延嗣赍敕至长安诛之。敕曰：王衍一行，并从杀戮。枢密使张居翰就殿柱揩去行字，改为家字，由是蜀百官及衍仆从获免者千余人。

第五节　后唐庄宗之亡

庄宗之伐蜀，其用意果何在乎？《旧五代史·本纪》云：帝令李严往市蜀中珍玩，蜀法严峻，不许奇货东出，其许市者谓之入草物，严不获珍货，归而奏之。帝怒曰："王衍宁免为入草之人邪？"由是伐蜀之意锐矣。《新史·后蜀世家》云：庄宗以孟知祥为西川，知祥驰至京师，知祥时留守太原，见下。庄宗戒有司盛供帐，多出内府珍奇诸物以宴劳之。酒酣，语及平昔，以为笑乐。叹曰："继岌前日乳臭儿耳，乃能为吾平定两川，吾徒老矣，孺子可喜，然益令人悲耳。吾忆先帝弃世时，疆土侵削，仅保一隅，岂知今日奄有天下，九州四海，奇珍异产，充牣吾府？"因指以示知祥曰："吾闻蜀土之富，无异于此，以卿亲贤，故以相付。"合此二事，及闻宦者言郭崇韬私蜀财贿而怒见下。观之，其意之所在，昭然可见。李严盖明知其然而逢其恶？谓其急于功名，尚视之太高也。使其君臣果有拓疆土一天下之志，岂有不先事吴、楚，并荆南亦任其离逖，顾勤兵于蜀者乎？

北夷天泽之分，本不甚严，用兵之际，真子与假子，尤相去无几，庄宗所以能君临晋土，过于十年，卒以灭梁者，以是时太原贫窘，睨梁之广土众民而思夺之也。一朝遂志，则争攘之鹘，在此不在彼矣，所谓外宁必有内忧也。

《旧史·郭崇韬传》云：庄宗与崇韬议伐蜀，择大将。时明宗为诸道兵马总管，本符存审职。存审卒，嗣源代之，见下。当行。崇韬自以宦者相倾，欲立大功以别之，乃奏曰："契丹犯边，全倚总管镇御。继岌德望日隆，大功未著，宜依故事，以亲王为元帅，成其威望。"庄宗曰："小儿幼稚，安能独行？卿当择其副。"崇韬未奏，庄宗曰："无逾于卿。"乃以继岌为都统，崇韬为招讨使。将发，奏曰："若西川平定，陛下择帅，如信厚善谋，事君有节，则孟知祥有焉。如宰辅阙人，张宪有披榛之劳，为人谨重而多识；其次李琪、崔居俭，中朝士族，富有文学；可择而任之。"军发，招怀制置，官吏补置，师行筹画，军书告谕，皆出于崇韬，继岌承命而已。庄宗令内官李廷安、李从袭、吕知柔为都统府纪纲。见崇韬幕府繁重，将吏辐凑，降人争先赂遗，都统惟大将省谒，衙门索然，大为诟耻。及王宗弼归款，行赂先招讨府。王衍以成都降，崇韬居宗弼之第，宗弼选衍伎妾、珍玩，以奉崇韬，求为蜀帅，崇韬许之。又与崇韬子廷诲谋，令蜀人列状见魏王，请奏崇韬为蜀帅。李从袭等谓继岌曰："郭公收蜀部人情，意在难测，王宜自备。"由是两相猜察。庄宗令中官向延嗣赍诏至蜀促班师。崇袭谓之曰："魏王贵太子也，主上万福，郭公专弄威柄，旁若无人。昨令蜀人请己为帅。郭廷诲拥徒出入，贵拟王者。所与狎游，无非军中骁果，蜀中凶豪，昼夜伎乐欢宴，指天画地。父子如此，可见其心。今诸军将校，无非郭氏之党，魏王悬军孤弱，一朝班师，必恐纳乱，吾属莫知暴骨之所矣。"因相向垂涕。延嗣使还具奏。皇后泣告庄宗，乞保全继岌。庄宗复阅蜀簿，曰："人言蜀中珠玉金银，不知其数，何如是之微也？"延嗣奏曰："臣问蜀人，知蜀中宝货，皆入崇韬之门。言崇韬得金万两，银四十万，名马千匹，王衍爱妓六十，乐工百，犀玉带百；廷诲自有金银十万两，犀玉带五十，艺色绝妓七十，乐工七十，他财称是；魏王府蜀人赂遗，不过匹马而已。"《旧史·庄宗纪》：同光四年三月甲子，西川辇运金银四十万至阙，分给将士有差，其数与延嗣所奏崇韬所有金银数相合。不云四十一万者，举成数也。岂崇韬死后，金银尽入魏王哉？即谓然，当日蜀人何由知其的数？疑此所言金银之数，实后来辇运而东之数，传述者因而附会之也。《纪》又载庄宗自汜水还师，过罂子谷，道路险狭，每遇卫士执兵仗者，皆善言抚之，曰：适报魏王又进纳西川金银五十万，到京当尽给尔等。此时未必敢为虚言。《新史·南平世家》云：继岌得蜀金银四十余万，自峡而下。庄宗难作，继兴悉邀留之，而杀其使者韩珙等十余人。然则继岌所括西川货财，实不少也。王衍、王宗弼等，取之尽锱铢以遗敌，而李存勖等又以身殉之，岂不哀哉？罂子谷，在郑州。庄宗初闻崇韬欲留蜀，心已不平。又闻全有蜀之妓乐、珍玩，怒见颜色。即令中官马彦珪驰入蜀，视崇韬去就。

如班师则已，如实迟留，则与继岌图之。《通鉴》：孟知祥将行，帝语之曰："闻郭崇韬有异志，卿到为朕诛之。"知祥曰："崇韬国之勋旧，不宜有此。俟臣至蜀察之，苟无他志则遣还。"帝许之。寻复遣彦珪驰诣成都，观崇韬去就。庄宗当日，似不得使知祥径诛崇韬，盖亦使之观其去就耳，已又恐其不足信，乃更遣彦珪也。彦珪见皇后曰："祸机之发，间不容发，何能数千里外，复禀圣旨哉？"皇后再言之。庄宗曰："未知事之实否，讵可便令果决？"皇后乃自为教与继岌，令杀崇韬。时蜀土初平，山林多盗，孟知祥未至，崇韬令任圜、张筠分道招抚，圜时参继岌军事，筠以京兆尹从征，见下。虑师还后部曲不宁，故归期稍缓。四年正月六日，马彦珪至军，决取十二日发。令任圜权知留事，以俟知祥。以事体论，本应俟知祥至蜀，然后还师，崇韬之不遽言还，盖亦以待知祥也。使俟知祥至而后发，祸必不作。不信大臣而任近习，其招祸如此。诸军部署已定，彦珪出皇后教以示继岌。继岌曰："大军将发，他无衅端，安得为此？"从袭等泣曰："圣上既有口敕，王若不行，苟中途事泄，为患转深。"继岌曰："上无诏书，徒以皇后教令，安得杀招讨使？"从袭等巧造事端以间之。继岌既无英断，勉从之。诘旦，从袭以继岌之命召崇韬计事。继岌登楼避之。崇韬入，左右杀之。崇韬有子五人：廷信、廷诲，随父死于蜀。廷说，诛于洛阳。廷让，诛于魏州。廷议，诛于太原。家产籍没。夷夏冤之。是时之情势，与后来孟知祥据蜀时大异，决无可作刘备之理。《传》言崇韬诸子，骄纵不法，既定蜀川，辇运珍货，实于洛阳之第，籍没之日，泥封尚湿，果有异谋，安得如此？崇韬献家财以助郊祀赏给，已见上节，崇韬固非正士，然决非贪财之人。在蜀稍受货贿，殆亦与其受梁旧将之赂遗同意也。使其父子与军中骁果，蜀中凶豪，果有交结，一朝骈戮，归军岂得晏然？此可见宦官之多疑而寡虑也。然亦不必皆出于私意，彼其所谓忠谋，固不过如此，此小人之所以不可用也。刘后教不必令继岌必杀崇韬，度不过云：崇韬如叛，为自全计，不可拘泥耳。从袭等谓庄宗有口敕，未知信否，即有之，度亦不过如此。不然，继岌中军之力，岂足以杀崇韬哉？庄宗久亲军旅，纵昏愦不应至此。故知杀崇韬之谋，必决于宦竖也。崇韬之意，盖诚不过欲立大功，以间执谗慝之口；或并欲弼成继岌，以献媚于刘后耳，而转为其所贼，岂不哀哉？夸者死权，况乃失身外族？亦百世之龟鉴矣。庄宗弟存乂，崇韬之女夫也，宦官构，并杀之。

孟子曰："得道者多助，失道者寡助，寡助之至，亲戚叛之。"非虚言也。失道则自觉其寡助，自觉其寡助，则猜疑甚而欲戕贼人，猜疑甚而欲戕贼人，则人人与之为敌矣，一国谋之，何以不亡？庄宗之信嬖幸而务诛戮是也。庄宗之灭梁也，朱友谦觐于洛阳。庄宗置宴享劳，宠锡无算。郊礼毕，以友谦为守太师尚书令。同光三年（925 年），赐姓，名继麟，编入属籍。赐之铁券，恕死罪。以其子令德为遂州节度使，遂州见第九章第一节。令锡为许州节度使。诸子为刺史者六七人。将校剖竹者又五六人。恩宠之盛，时无与比。巷伯、伶官，干与国事，方面诸侯，皆行赂遗，或求赂于继麟，虽黾俛应奉，不满其请，由是群小咸怨，遂加诬构。郭崇韬讨蜀，征师于河中，继麟使令德赴之。景进与其党构曰："昨王师初起，继麟以为讨己，颇有拒命之意。若不除移，如国家有急，必为后患。"崇韬既诛，宦官愈盛，遂构成其罪。曰："崇韬强项于蜀，盖与河中响应？"继麟闻之惧。四年正月，入觐。景进谓庄宗曰："河中人有告变者，言继麟与崇韬谋叛。闻崇韬死，又与李存乂构逆。当断不断，祸不旋踵。"群阉异口同辞，庄宗骇惑不能决。是月二十三日，授继麟滑州节度使。是夜，令朱守殷以兵围其第，擒之，诛于徽安门外。诏继岌诛令德于遂州，王思同诛令锡于许州，命夏鲁奇诛其族于河中。思同，刘仁恭外孙。仁恭为守光所囚，归晋。时为郑州刺史。夏鲁奇，本梁军校，与主将不协，奔晋，庄宗赐姓名曰李绍奇，时为河阳节度使。友谦旧将史武等七人，时皆为刺史，并以无罪族诛，籍没家产。昼移镇而夜行诛，可见其举措之乱。是时崇韬已死，友谦且离河中，复何所惧而仓黄如此？盖实疑其与存乂有谋，虑变起于肘腋之间也。亦可见其情势之危矣。朱守殷者，小字会儿。庄宗就学，以厮养之役，给事左右。及即位，为长直军使。虽列戎行，不闻战攻。每构人之短长，中于庄宗。渐以心腹受委。河上对垒，稍迁蕃汉马步都虞候。守德胜寨，为王彦章所攻，无备，南寨遂陷。庄宗闻之，曰："驽才大误予事。"因彻北寨，往固杨刘。明宗在郓州，密请以覆军之罪罪之。庄宗私于腹心，忍而不问。同光三年（925 年），为振武节度使。不之任，仍兼领蕃汉马步军。与景进互相表里。此等人是任，安得不亡国败家哉？

庄宗之克灭梁，肇于魏师之叛，而其亡也亦由之。魏之叛梁也，效节军入于晋。庄宗自将之。与梁战河上数有功，许以灭梁厚赏。及梁亡，虽数赐与，而骄纵无厌，常怀怨望。《新史·房知温传》。庄宗固吝赏，然即使不吝，亦不能满骄军之欲壑也。郭崇韬之平蜀也，表董璋为东川节度使，璋本梁将，与高继兴同事李让。得隶太祖帐下。梁末，李季韬降，末主使取泽州，因守之。梁亡降唐。为郭崇韬所信，使守邠州。征蜀时为右厢马步都虞候。而庄宗以孟知祥为西川。知祥时知北都留守事，选代者。枢密承旨段徊盖亦宦者？不欲张宪在朝廷，荐之，乃授宪北都留守，而以王正言代宪知邺都事。正言病风，多忽忘，则以史彦琼监其军。邺都失重臣而益一宵小，危机遂潜伏矣。初庄宗令魏博指挥使杨仁晸戍瓦桥，见第十一章第三节。同光四年代归，有诏令驻于贝州。时郭崇韬诛，人未测其祸始，皆云崇韬已杀继岌，自王西川，故尽诛郭氏。先是有密诏令史彦琼杀朱友谦之子澶州刺史建徽。彦琼夜半出城，不言所往。盖欲秘其事也。讹言云：刘皇后以继岌死于蜀，已行弑逆，帝已晏驾，故急征彦琼。其言播于邺都。贝州军士有私亲宁于都下者，掠此言传于贝州。军士皇甫晖等作乱，劫杨仁晸。仁晸不从，杀之，而劫裨将赵在礼趋临清。见第三节。在礼少事刘仁恭为军校，仁恭遣佐守文袭取沧州，守文死，奔晋。二月五日晚，有自贝州至邺者，言乱兵将犯都城，都巡检使孙铎等趋史彦琼第，请给铠仗。彦琼疑铎等有他志，拒之。是夜三更，贼果攻北门。彦琼时以部众在北门楼，闻贼呼噪，即时惊溃。彦琼单骑奔京师。孙铎巷战不胜，携其母自水门出。王正言迎贼。众推在礼为兵马留后，草奏以闻。帝怒，命宋州节度使元行钦率骑三千赴邺都招抚，诏征诸道之师进讨。行钦者，本刘守光将。守光之夺父位，使攻大安山，又令杀诸兄弟。周德威攻幽州，守光令于山北募兵，与李嗣源剧战，后乃降。嗣源养以为子。庄宗东定赵、魏，选骁健置之麾下，因索行钦，嗣源不得已遣之。赐姓，名绍荣，宠冠诸将。由是颇为庄宗尽力。时邺都众知庄宗不赦，皆死守。行钦再攻不克。邢州兵士赵太作乱，霍彦威平之。以兵五千至城下，亦无功。而河朔州县，告乱者相继，乃不得不用李嗣源矣。

周德威之死也，庄宗使符承审守幽州。时缘边险要既失，幽州实不足控制，故契丹仍岁入寇，每使李嗣源御之。同光二年（924年），承审以老病求去，代以李存贤。克用养子，本姓王，名贤，许州人。旋卒，又代以李绍斌。本姓赵，名行实，幽州人。事刘守文。守文死，事守光。庄宗伐幽州，归晋。赐姓名。明宗立，复本姓，改名德钧。先是郭崇韬兼领镇州，及是辞。三年二月，乃以嗣源为之，为绍斌声援。是岁十二月，朝于洛阳。《旧史·明宗纪》云：是时庄宗失政，四方饥馑，军士匮乏，有卖儿帖妇者，道路怨咨。帝在京师，颇为谣言所属。洎朱友谦、郭崇韬无名被戮，中外大臣，皆怀忧惧。朱守殷奉密旨伺帝起居，阴谓帝曰："德业震主者身危，公可谓震主矣，宜自图之，无与祸会。"初帝善遇枢密使李绍宏，郭崇韬死，绍宏为枢密使。及帝在洛阳，群小多以飞语谤毁，绍宏每为庇护。会元行钦兵退，河南尹张全义密奏请委帝北伐，绍宏赞成之，遂遣帝将兵渡河。《新史·宦者传》云：明宗自镇州入觐，奉朝请于京师。

庄宗颇疑其有异志，阴遣绍宏伺其动静。绍宏反以情告明宗。绍宏、守殷，未必欲叛庄宗，知嗣源势大，不易动摇，乃为两面人，佞人之常态，固如此也。并举其赴邺者，以其在河北威名较著，冀燎原之势，易于收拾耳，观张全义亦以是为请可知。嗣源叛后，全义至忧惶不食以死，可见庄宗疑忌之深。然卒遣之行，又可见请之者之力。当时河北乱势，实已不易收拾矣。

《旧史·明宗纪》云：三月六日，帝至邺都。赵在礼等登城谢罪，出牲饩以劳军。帝亦慰纳之。营于邺城之西南，下令九日攻城。八日夜，军乱。从马直军士有张破败者，号令诸军，各杀都将，纵火焚营，讙噪雷动。至五鼓，乱兵逼帝营。亲军搏战，伤夷者殆半。乱兵益盛。帝叱之，责其狂逆之状。乱兵对曰："昨贝州戍兵，主上不垂厚宥。又闻邺城平定之后，欲尽坑全军。某等初无叛志，直畏死耳。已共诸军商量，与城中合势，击退诸道之师。欲主上帝河南，请令公帝河北。"帝泣而拒之。乱兵呼曰："令公欲何之？不帝河北，则为他人所有。苟不见机，事当不测。"抽戈露刃，环帝左右。安重诲时为中门使，见下节。请霍彦威蹑帝足，诡随之。因为乱兵迫入邺城。县桥已发，共扶帝越濠而入。赵在礼等欢泣奉迎。是日，享将士于行宫。在礼等不纳外兵，军众流散，无所归向。帝登南楼谓在礼曰："欲建大计，非兵不能集事，吾自于城外招抚诸军。"帝乃得出。夜至魏县，部下不满百人。时霍彦威所将镇州兵五千人独不乱，闻帝既出，相率归帝。诘朝，帝登城掩泣曰："国家患难，一至于此，来日归藩上章，徐图再举。"安重诲、霍彦威曰："此言非便。元行钦狂妄小人。彼在城南，未闻战声，无故弃甲。如朝天之日，信其奏陈，何所不至？若归藩听命，便是强据要君，正堕谗慝之口也。正当星行归阙，面叩玉阶。谗间阻谋，庶全功业。"从之。十一日，发魏县。至相州，获官马二千匹，始得成军。元行钦退保卫州，果以飞语上奏。帝上章申理。庄宗遣帝子从审《新史·唐家人传》作从璟，云：初名从审，为元行钦所执，将杀之。从璟呼曰："我父为乱兵所逼，公等不亮其心，我亦不能至魏，愿归卫天子。"行钦释之。庄宗怜其言，赐名从璟，以为己子。庄宗闻明宗已渡黎阳，复欲遣从璟通问。行钦以为不可，遂杀之。《旧史》本传但作从审，无赐名从璟之说。《通鉴》亦作从璟。及内官白从训赍诏谕帝。从审至卫州，为行钦所械。帝奏章亦不达。帝乃趋白皋渡，驻军河上。山东上供纲载绢数船适至，乃取以赏军，军士以之增气。二十六日，至汴州。史记明宗叛庄宗之事如此。明宗老于军旅，士卒讙噪竟夜，竟坐待其来攻；亲兵伤夷殆半，乱兵不推戈剚刃，而仍请其为帝；皆情理所必无。赵在礼之所惮者，明宗也，非张破败也。《通鉴》云：城中不受外兵，皇甫晖遂击张破败，斩之，外兵皆溃，此时独不能并杀明宗乎？若谓明宗既无兵，不必杀，又有纵其出城招抚之理乎？从马直者，庄宗之亲军，选诸军骁勇者为之，分置四指挥，亦见《通鉴》。是岁二月十六日，其军士王温等五人谋乱，为卫兵所擒，磔于本军之门，盖其兵已怀叛志？然究为庄宗亲军，且纪律已坏，不可用。故藉与城内通谋，而又密告城内叛军，使于其入门时击溃之，而专用镇州之兵也。《晋高祖纪》云：诸军请明宗帝河北，明宗阳诺，诸军恐事不果，散者甚众，明宗所全者，惟常山一军，其明证也。《元行钦传》云：明宗为乱兵所迫，惟行钦之兵不动，按甲以自固。明宗密令张虔钊戒之曰："且坚壁勿动，计会同杀乱军，莫疑错误。"行钦不听。将步骑万人，弃甲而退。当时若不退，必为乱兵及霍彦威之兵所攻矣。《晋高祖纪》又曰：明宗西次魏县，帝密言曰："犹豫者，兵家之大忌。必若求诉，宜决其行。某愿率三百骑先趋汴水，以探虎口。如遂其志，请大军速进。"明宗至相州，遂分骁骑三百付之，遣帝由黎阳济河，自汴西门而入，遂据其城。明宗当时之用兵，在整而速，原不藉乎多也。

元行钦既退卫州，遣兵扼河阳桥，而自至洛阳，言乱兵欲渡河袭郓、汴，哀哉，此庄宗取梁之路也。劝庄宗幸关东招抚。关，谓汜水关。庄宗从之。至汜水，嗣源已入汴矣，诸军多叛，庄宗至荥泽，以龙骧马军八百为前锋，遣姚彦温董之，至中牟，率所部奔于汴。潘瑰守王村寨，有积粟数万，亦奔汴。王村寨，在今平原濮县。乃复还洛。嗣源命石敬瑭趋汜水，而身继之。时河北皆已归嗣源，时齐州刺史李绍虔，即王晏球，泰宁节度使李绍钦，即段凝，贝州刺史李绍英，即房知温屯瓦桥。北京右厢马军都指挥使安审通屯奉化军。嗣源皆遣使召之。嗣源家在真定，虞候将王建立先杀其监军，由是获全。嗣源子从珂，先戍石门，将所部兵与建立军合，倍道从嗣源。石门镇，即唐之横水栅。奉化军，置于泰州，泰州时治清苑。庄宗所望者，继岌之归师耳。自元行钦再攻邺都不克，即连发中使促之。然继岌为叛将所牵，驻利州不得东。初康延孝与董璋不协，郭崇韬奏璋为东川节度使，延孝已不平。继岌既杀崇韬，命任圜代总军政而东，延孝以万二千人为后军。至武连，在四川剑阁县西南。遇敕使，命继岌诛朱令德，继岌遣董璋往，延孝益自疑。而其所将多河中兵，闻朱友谦死，皆号哭。延孝亦曰："友谦与我，同背梁归唐，友谦死，祸次及我矣。"遂自剑州西还，移檄成都，称奉诏代孟知祥。继岌使任圜讨之。与知祥合势，擒之汉州。庄宗遣向延嗣诛之凤翔，时庄宗已死矣。乃东还。时三月九日也。于是宰相、豆卢革，韦说。枢密使李绍宏。奏西军将至，车驾宜控扼汜水，收抚散兵以俟之。庄宗从之，定四月朔发，而难又作。初郭从谦虽以优进，而尝有军功，故以为从马直指挥使。从谦以姓郭，拜崇韬为叔父，而皇弟存乂，又以从谦为养子。崇韬死，存乂见囚，从谦置酒军中，愤然流涕，称此二人之冤。王温诛，庄宗戏从谦曰："汝党存乂、崇韬负我，又教王温反，复欲何为乎？"从谦恐，退而激其士曰："罄尔之赀，食肉饮酒，无为后日计也。"士问其故。从谦曰："上以王温故，俟破邺尽坑尔曹。"军士信之，皆欲为乱。及是而乱作。《通鉴》云：从谦不知存乂已死，欲奉以为乱。庄宗率诸王、卫士击之，中矢死。庄宗弟七人：存美、存霸、存礼、存渥、存乂、存确、存纪。存乂为庄宗所杀，已见前。存霸，历昭義、天平、河中节度使，存渥，历义成、天平节度使，皆居京师，食其禄而已。赵在礼反，乃遣存霸于河中。再幸汜水，徙北京留守，而以存渥为河中。宣麻未讫，郭从谦反。存渥从庄宗拒贼。庄宗死，存渥与刘皇后同奔太原。至风谷，在太原西。为部下所杀。后至太原，削发为尼。明宗入立，遣人赐之死。存霸闻京师乱，亦自河中奔太原。先是朝命内官二人居太原，一监军，一监仓库。魏州军乱，又命汾州刺史李彦超符存审子。存审亦克用假子，以女为宋太宗后，故欧《史》不入《义儿传》。赴北京。存霸与内官谋杀彦超。彦超欲先之，张宪不可。彦超遂杀之，并二内官。宪奔忻州。明宗以弃城之罪诛之。合新旧《史·张宪》《符彦超传》观之，其事当如此。《旧史·宪传》误存霸为存渥，《彦超传》谓存霸并谋杀宪，皆非。存确、存纪奔南山，安重诲使霍彦威即所匿民家杀之。存美素病风，居太原，与存礼及庄宗四子继嵩、继潼、继蟾、继峣，皆不知所终。《新史·唐家人传》云：太祖之后遂绝。其荐居上国也，正其自绝其种也。郭从谦之叛也，朱守殷将骑兵在外，中使急召之，守殷按甲不进。逮闻凶问，乃入内，选嫔御、珍宝以归。恣军士劫掠东都，翼日方定。乃率诸校迎嗣源于东郊。

继岌东归，至兴平，闻洛阳乱，复引兵西，欲保据凤翔。至武功，李从袭曰："祸福未可知，退不如进，请王亟东行，以救内难。"从之。至渭水。初京兆尹张筠从郭崇韬伐蜀，留弟篯守京兆。及是，篯断其浮梁。继岌循河而东。至渭南，左右皆溃。从袭曰："大事已去，王宜自图。"继岌徘徊流涕，乃自伏于床，命仆夫李环缢杀之。环即椎杀郭从韬者也。欧《史》曰：继岌之存亡，于张篯无所利害，篯何为拒之不使东乎？岂其有所使而为之乎？然明宗于符彦超深以为德，而待篯无所厚，此又可疑也。不然，好乱之臣，望风而响应乎？使镂不断浮桥而继岌得以兵东，明宗未必能自立。则继岌之死，由镂之拒，其所系者岂小哉？张镂之拒继岌，未必受命于明宗，此正所谓天下叛之者也。

第六节　后唐明宗时内外形势

李嗣源以四月三日至洛阳。先以群臣诸将之请监国，旋请改国号，不许。而以李琪之议，援唐睿宗、文宗、武宗弟兄相及之例，即位于庄宗柩前，是为明宗。盖时崇尚门第之风未殄，明宗世本夷狄，无姓氏，《新史·本纪》。不足以君临中土，而在北狄中，沙陀尚为贵种，故不得不继朱邪之绪也。《新史·康福传》：福世本夷狄，而夷狄贵沙陀，故常自言沙陀种也。福尝有疾，卧阁中，寮友入问疾，见其锦衾，相顾窃戏曰："锦衾烂兮。"福闻之，怒曰："我沙陀种也，安得谓我为奚？"闻者笑之。时明宗年已六十矣。既尝历艰难，故狂纵稍减。欧《史·本纪》赞云：长老为予言：明宗虽出夷狄，而宽仁爱人。尝夜焚香仰天而祝曰："臣本蕃人，岂足治天下？世乱久矣，愿天早生圣人。"自初即位，减罢宫人、伶官；废内藏库，四方所上物，悉归之有司。数问宰相冯道等民间疾苦。闻道等言四方谷帛贱，民无疾疫，则欣然曰："吾何以堪之？当与公等作好事，以报上天。"吏有犯臧，辄寘之死，曰："此民之蠹也。"以诏书褒美廉吏孙岳等，以风示天下。其即位时，春秋已高，不迩声色，不乐游畋。在位十年，实止八年。于五代之君，最为长世。兵革粗息，年谷丰登，生民实赖以休息云。此等煦煦之仁，岂遂足以为治？赞又云：夷狄性果，仁而不明，屡以非辜，诛杀臣下；则仍未脱北狄犷悍之习也。《新史·安重诲传》：明宗为人虽宽厚，然其性夷狄，果于杀人。马牧军使田令方，所牧马瘠而多毙，坐劾当死。重诲谏曰："使天下闻以马故杀一军使，是谓贵畜而贱人。”令方因得减死。明宗遣回鹘侯三驰传至其国。侯三至醴泉县，县素僻，无驿马，其令刘知章出猎，不时给马。侯三遽以闻。明宗大怒，械知章至京师，将杀之。重诲从容为言，知章乃得不死。《旧史·宗室传》：秦王从荣入为河南尹。一日，明宗谓安重诲曰：“近闻从荣左右，有诈宣朕旨，令勿接儒生，儒生多懦，恐钝志相染。朕方知之，颇骇其事。予比以从荣方幼，出临大藩，故选儒雅，赖其裨佐。今闻此奸憸之言，岂朕之所望也？”鞫其言者，将戮之。重诲曰：“若遽行刑，又虑宾从难处，且望严诫。”乃止。夫此其因谏而止者耳。其谏而不止，或莫之谏者，则史不能纪矣。号称宽仁者如此，而其暴虐者可知矣。当此之时，中国之士大夫为夷狄所虐杀者亦多矣。但较之克用、存勖辈，则自贤耳。

明宗监国，即诛孔谦，废其聚敛之政。又大诛宦官。《通鉴》：天成元年（926 年），近侍为诸道监军者，皆恃恩与节度使争权。及邺都军变，所在多杀之。《新史·宦者传》云：明宗入立，又诏天下：悉捕宦者而杀之。宦者亡窜山谷，多削发为浮屠。其亡至太原者七十余人，悉捕而杀之都亭驿，流血盈庭。夫宦者当唐末，遗芟夷之祸，亦可谓酷矣，一朝复用，仍不知鉴，而骄纵贾祸如此，可谓不仁者难与言也。天成二年（927 年），以郭从谦为景州刺史。既至，乃遣使族诛之。此等举措，似足矫庄宗之失。然不知治体，不能用人。继岌之死也，任圜代总其众而东，明宗用为相，兼判三司。圜能拣拔贤俊，杜绝幸门，期月之内，府库充赡，朝廷修葺，《旧史》本传。不可谓之非才。然此时之大权，不在宰相而在枢密使。明宗监国，张居翰乞罢，即以孔循为之。天成二年正月，遂加循同平章事。循与圜交恶。安重诲少事明宗，及镇邢州，以为中门使。随从征讨，凡十余年。邺城之变，佐命之功，独居其右。践阼，领枢密使。四五年间，独绾大任。环卫酋长，贵戚近习，无敢干政者。其任用可谓特专。重诲亦与圜不协。圜遂罢职。后竟为所杀。见下。重诲忠于明宗，思为之除去隐患，然颇失之操切；明宗又年老气衰，不能英断；措施未竟，旋见诛夷，遂致不能弥患，转以召祸矣。

斯时之大患，果何在乎？曰：首在于兵之骄。此固历世之积弊，然至邺都变后，则愈势成横流矣。天成元年五月，麟州奏指挥使张延宠作乱，焚剽市朝，已杀戮讫。是月，以赵在礼为滑州节度使，在礼以军情不顺为辞，不之任。实为其下所制也。《通鉴》。诏发汴州控鹤指挥使张谏等三千人戍瓦桥。六月，丁酉，出城，复还作乱，焚掠坊市。杀权知州推官，逼马步都指挥使符彦饶为帅。彦超弟。彦饶曰："欲吾为帅，当用吾命，禁止焚掠。"众从之。己亥旦，彦饶伏甲于室，诸将入贺，执张谏等四人斩之。其党张审琼率众大噪，彦饶勒兵击之，尽诛其众四百人。诏以枢密使孔循知汴州，收为乱者三千家悉诛之。滑州都指挥使于可洪等攻魏博戍兵三指挥，逐出之，互相奏云作乱。遣使按验得实。七月，斩可洪于都市。其首谋滑州左崇衙全营族诛，助乱者右崇衙两长剑建平将校百人亦族诛。镇州留后王建立奏涿州刺史刘殷肇不受代，谋叛，昨发兵收掩，擒之。殷肇及其党十三人，见折足戡诰。八月，同光中，符习为青州节度使。宦官杨希望为监军，专制军政。赵在礼据魏州，习奉诏以本军进讨。明宗为乱军所劫，即罢归。希望遣兵邀之。习惧而还。至滑州，明宗遣人招之。习至，从入汴。希望闻魏兵乱，遣兵围守习家，欲尽杀之。青州指挥使王公俨围希望之第，擒而杀之。遂与都将李谨等谋据州城，以邀符节。除为登州刺史，不时赴任。乃以霍彦威代习，聚兵淄州，以图进取。公俨乃赴所任。彦威惩其初心，遣人擒诸北海县。今山东潍县。与同党李谨、王居厚八人斩于州东。十月，静难节度使毛璋，骄僭不法，训卒缮兵，有跋扈之志。诏以颍州团练使李承约为节度副使以察之，徙璋为昭义节度使。庄宗改潞州昭义军为安义军，旋复旧。璋欲不奉诏。承约与观察判官边蔚从容说谕，久之，乃肯受代。二年二月，先是房知温为北面招讨使，戍卢台军，今河北宁河县芦台镇。以备契丹。及是，以冀州刺史乌震为副招讨使代之。三月，赵在礼谋脱祸，阴遣腹心诣阙求移镇。初在礼除皇甫晖、赵进为马步都指挥使，明宗乃除晖陈州刺史，进贝州刺史，徙在礼为横海，而以皇子从荣镇邺都，命宣徽北院使范延光将兵送之，且制置邺都军事。乃出奉节等九指挥三千五百人，使军校龙晊部之戍卢台。不给铠仗，但系帜于长竿，以别队伍。由是皆俛首而去。中途，闻孟知祥杀李严，见下。军中藉藉，已有讹言。及至，会朝廷不次擢乌震为副招讨使，讹言益甚。房知温怨震来代己，震至未交印。震召知温及先锋马军都指挥使安审通博于东寨，知温诱龙晊所部兵杀震。审通脱身走，夺舟济河，将骑兵按甲不动。知温恐事不济，亦上马出门。乱兵揽其辔曰："公当为士卒主，去欲何之？"知温绐之曰："骑兵皆在河西，不收取之，独有步兵，何能集事？"遂跃马登舟济河，与审通合谋击乱兵，乱兵遂南行，骑兵徐踵其后。乱者相顾失色。列炬宵行，疲于荒泽。诘朝，骑兵四合击之，得免者十无一二。以上据《通鉴》。《旧纪》略同。惟不云房知温诱龙晊所部为乱。然《知温传》与《通鉴》同。《纪》又云：夜窜于山谷，稍奔于定州。及王都之败，乃无遗类矣。四月，敕卢台乱兵在营家属，并全门处斩。敕至邺都，阖九指挥之门，驱三千五百家凡万余人悉斩之。永济渠为之变赤。自有藩镇以来，覆辙相寻，诛戮惨毒，未有如魏军之甚者也。赵在礼历镇泰宁、匡国、天平、忠武、武宁、归德、晋昌，所至邸店罗列，积赀巨万。晋出帝时，为北面行营马步都虞候，以击契丹。未尝有战功。其在宋州，人尤苦之。已而罢去，宋人喜，相谓曰："眼中拔钉，岂不乐哉？"既而复受诏居职，乃籍管内，口率钱一千，自号拔钉钱。晋亡，契丹入汴，在礼自宋驰至洛阳，遇契丹拽剌等，拜于马前。拽剌等兵共侵夺之，诛责货财。在礼不胜愤。行至郑州，闻晋大臣多为契丹所锁，中夜皇惑，解衣带就马枥自经而卒。皇甫晖，终唐世常为刺史。晋天福中，以卫将军居京师。在礼已秉旄节，罢镇来朝。晖往候之，曰："与公俱起甘陵，卒成大事，然由我发也。公今富贵，能恤我乎？不然，祸起坐中。"在礼惧，遽出器币数千与之，而饮以酒。晖饮自若，不谢而去。久之，为密州刺史。契丹犯阙。晖率其州人，奔于江南。李景以为歙州刺史，奉化军节度使，镇江州。周师征淮，景以为北面行营应援使。为周师所致，被擒。世宗召见，金创被体，哀之，赐以金带鞍马。后数日卒。在礼之以晖为都指挥也，晖拥甲士数百，大掠城中。至一民家，问其姓，曰："姓国。"晖曰："吾当破国。"尽杀之。又至一家，问其姓，曰："姓万。"晖曰："吾杀万家足矣。"又尽杀之。此等人真所谓妖孽者也。十月，明宗如汴州。丁亥，至荥阳。时朱守殷帅汴，守殷之迎明宗，授河南尹，判六军诸卫事。后移汴州节度使。驱市人闭壁以叛。明宗遣范延光往谕之。延光曰："不早击之，则汴城坚矣，愿得五百骑与俱。"从之。延光暮发，未明，行二百里，抵城下。戊子，明宗至京水，遣石敬瑭将亲兵倍道继之。或谓安重诲曰："失职在外之人，乘贼未破，或能为患，不如除之。"重诲以为然。奏遣使赐任圜死。己丑，明宗至大梁，四面进攻。吏民缒城出降者甚众。守殷知事不济，尽杀其族，引颈命左右斩之。明宗兵入城，索其党尽诛之。守殷何能为？而明宗赴之如此其急，又因之而杀任圜，则知庄宗旧臣，不服明宗者必多也。王都之降晋也，庄宗为继岌取其女，恩宠特异。同光中，都奏部下将校为祁、易二州刺史，祁州，今河北安国县。不进户口，租赋自赡本军。安重诲用事，稍以朝政釐之。时契丹犯塞，诸军多屯幽、易间。大将往来，都阴为之备，屡废送迎，渐成猜间。镇州节度使王建立与安重诲不协。朱守殷反，都遣人说建立谋叛。建立伪许之，密以状闻。乌震之死，以王晏球代之。三年四月，命晏球讨都。都与王郁谋，引契丹为援。契丹秃馁率骁骑万人来，为晏球所败，以二千余骑奔入定州。其惕隐以七千骑来，又为晏球所败。还，赵德钧邀诸路，擒之。定州遂被围。十一月，奉圣指挥使何福进招收到安州作乱兵士五百人。安州见第八章第二节。自指挥使已下至节级四十余人并斩，余众释之。窦廷琬者，世为青州衙将。梁祖擢在左右。同光中，请制置庆州盐池，庄宗以为庆州防御使。及是，以课利不集，诏移金州。廷琬叛。诏邠州节度使李敬围攻之。十二月，夷其族。四年二月，王晏球克定州。王都自焚死。府库妻孥，一夕俱烬。《旧史·都传》曰：李继陶者，庄宗初略地河朔得之，收养于宫中，名曰得得。天成初，安重诲知其本末，付段佪养之为儿。佪知其不称，许其就便。都潜取以归，呼为庄宗太子。及都叛逆，僭其服装，时俾登城，欲惑军士。人知为伪，竞诟辱之。城陷，晏球获之，送于阙下。行至邢州，遣使戮焉。继陶果庄宗假子，养诸段佪之家，有何不称？曰听其自便，则重诲非使佪子之，乃使佪监之也。焉知继陶之必为假子哉？军士亦何知真伪？即知其伪，当时之军士，亦何人不可奉？竞加诟辱，特事势使然。使内兵势盛，安知不释甲而从之乎？庄宗之为民所弃久矣。身且戕之，何有于子？都欲以此惑众，其计亦殊无聊。然观其欲以此惑众，亦可见庄宗固不为人所与，明宗亦未必为人所戴也。诸方乱事，皆未有成，盖以其力微而地近？荆南、西蜀，兵力稍厚，且苦鞭长，遂终于离析矣。

荆南当唐末，为诸道所侵，高季昌始至江陵，一城而已。季昌招辑绥抚，人士归之。梁太祖崩，季昌谋拥兵自固。末帝优容之，封为渤海王。后唐庄宗入洛，季昌更名季兴，朝于洛阳。庄宗欲留之。郭崇韬曰："今四方诸侯，相继入贡，不过遣子弟、将吏，季兴以身述职，而反縻之，示天下以不广，且绝四方内向之意，不可。"乃止。同光三年（925年），封为南平王。四年三月，季兴请割峡内夔、忠、万三州，却归当道，依旧管系。又请云安监。在今四川云阳县东北。俞其请。诏命未下，庄宗遇弑。天成元年六月，季兴又求三州。诏可之。后朝廷除刺史，季兴上言：已令子弟权知，请不除。不许。夔州刺史潘炕罢，季兴辄遣兵突入州城，杀戍兵而据之。朝廷除奉圣指挥使西方邺为刺史，不受。又遣兵袭涪州。韩珙之死，朝廷诘之，对曰："宜按问水神。"二年二月，以襄州节度使刘训为南面招讨使，东川董璋为东南面招讨使，西方邺副之。璋未出兵。邺克夔、忠、万三州，又取归州。见《旧史·邺传》。已而归州又为季兴所取。见《通鉴》。刘训遇霖潦，粮运不继，人多疾疫。时又令马殷攻季兴。殷仅遣兵屯岳州。许助军储弓甲，亦无至者。乃罢兵。季兴以荆、归、峡三州臣于吴，吴册为秦王。三年（928年），冬，季兴卒。年七十一。长子从诲立。吴以为荆南节度使。从诲惧复见讨，使聘于楚，马殷为之请命，从诲亦奉表自归，《纪》在天成四年六月。明宗纳之。长兴元年正月，拜为节度使，追封季兴楚王。三月，封从诲渤海王。闵帝应顺元年（934年），封为南平王。荆南遂自立为国矣。荆南距吴远，距唐近，唐大兴兵，吴安能救？楚亦未敢与中原启衅，而明宗终于罢兵者？内外情势，可忧者甚多，固不容专力一隅也。

西川之情势，则又与荆南异。孟知祥亦宿将，且娶李克让女，其于明宗，实亦等伦，故易启疑忌。继岌之班师也，留其将李仁罕、张业、赵廷隐等，以精兵戍蜀，知祥皆抚而用之。时则知祥率成都富人及王氏故臣家，得钱六百万缗以犒军。其余者犹二百万。任圜入相，兼判三司，以太仆卿赵季良为三川制置使，督蜀犒军余钱送京师，且制置两川征赋。知祥不奉诏。然与季良有旧，遂留之，请为节度副使，事无大小，皆与参决。知祥北产，初入蜀，未必能用其人，后唐之敛怨于蜀深矣，其人亦未必为知祥用。既抚用李仁罕、赵季良等，则文武辅佐，咸有其人矣。知祥之镇蜀，庄宗以宦者焦汉宾为监军。明宗诛宦者，诸道监军皆罢，李严复自请为之，云必能制知祥。安重诲乃用为西川都监。为知祥所杀。时天成二年正月也。知祥遣人迎其家属于太原。至凤翔，李从曮闻其杀李严，以为反矣，留之。明宗遣客省使李仁矩慰谕，并送其妻及子昶等归之。

盖知其不易制，故欲羁縻之也。而安重诲欲图之。《旧史·董璋传》曰：重诲采人邪谋，言孟知祥必不为国家用，璋性忠义，可特宠任，令图知祥。璋子光业为宫苑使，又结托势援，争言璋之善，知祥之恶。恩宠既优，故璋益恣其暴戾。初，奉使东川者，皆言璋不恭于朝廷。四年（929年）夏，明宗将议郊天，遣李仁矩赍诏示谕两川，又遣重诲驰书于璋，以征贡奉。时征东川钱五十万，璋许贡十万。西川钱百万，知祥许贡五十万。璋设宴召仁矩。仁矩拥倡妇，与宾客酣酒驿亭，日中不至。璋怒，领数百人，执戈入驿，欲杀之。涕泪拜告，仅而获免。仁矩复命，遂益言璋不法。《旧史》谓重诲因是兼与璋隙。案重诲即偏听，亦未必信任璋。盖以其究较知祥为易制，姑用之以牵制知祥耳。然亦非专倚璋。先是已用亲信，分守两川管内诸州。每除守将，则以精兵为其衙队，多者二三千人，少者不下五百。是岁，复以夏鲁奇为武信节度使。分东川之阆州为保宁军，以李仁矩为节度使。又以武虔裕为绵州刺史。虔裕，重诲之外兄也。由是璋与知祥皆惧。自璋镇东川，未尝与知祥通问，至是，乃使人求婚以自结。知祥欲不许。赵季良谓宜合从以拒唐，乃许之。于是连表请罢还所遣节度刺史等。明宗优诏慰谕之。而璋与光业书曰："如朝廷再发一骑入斜谷，吾必反矣！"而朝又发中使荀咸乂将兵赴阆州。光业请停之。重诲不从。长兴元年九月，璋反。知祥继之。璋追武虔裕，囚诸衙署。攻破阆州，擒李仁矩，杀之。知祥遣李仁罕、张业、赵廷隐将兵三万，会璋攻遂州，侯弘实以四千人助璋守东川，弘实，康延孝将。前蜀故将张武下峡。唐以石敬瑭为都招讨使，夏鲁奇副之，王思同为西京留守，充先锋指挥。董璋趋利州，遇雨，粮运不继，还阆州。唐先锋攻剑门，破之。遂入剑州。以大军不继，复还剑门。知祥闻剑门破，大惧。已闻唐军弃剑州，乃喜。遣李肇以兵五千据剑州。肇亦康延孝将。又命赵廷隐分万五千人而东。十二月，石敬瑭与廷隐战于剑门，败绩。是时唐军涉险，饷道维艰。

自潼关以西，民苦转馈，每费一石，不能致一斗，道路嗟怨。明宗忧之。以责安重诲。重诲请自行。翼日，即领数骑出。日驰数百里。所在钱帛粮料，星夜辇运。人乘毙踣，不可胜计。盖知事势之危急，欲速赴之也。然已无及矣。二年正月，李仁罕陷遂州，夏鲁奇自杀。川局益急，而重诲遂罹于祸。

明宗四子：长从璟，为元行钦所杀，已见前。次从荣，次从厚，次从益。据《新史·家人传》：《愍帝纪》云：明宗第五子。《廿二史考异》云：《五代会要·帝号篇》，从厚亦第三子，而于《诸王篇》则云明宗第二子从璟，第三子从荣，第四子从璨，第五子从厚，第六子从益。盖其时以从珂为长子，又以侄从璨列于昆弟之次，则从厚当居第五，而从益为第六矣。从荣狂悖，而从厚、从益皆幼。养子从珂，本平山王氏子，今河北平山县。明宗为骑将，并其母掠得之。时年十岁矣。及长，数从征伐，颇有威名。明宗入立，拜河中节度使，封潞王。长兴元年（930 年），从珂阅马黄龙庄。其衙内指挥使杨彦温据城叛。从珂诘之。称奉枢密院宣。从珂走虞乡，今山西虞乡县。以其事闻。明宗命西京留守索自通、侍卫步军都指挥使药彦稠攻之，而诏从珂赴阙。明宗戒彦稠：生致彦温，吾将自讯之，而彦稠等斩之传首。宰相赵凤、冯道等奏从珂失守，合行朝典，重诲又自论之，皆不听。时议谓重诲忌从珂威名，欲倾陷之。《旧·明宗纪》。又云：从珂与重诲在常山，因杯盘失意，以拳击重诲，中其栉，走而免，从珂虽悔谢，重诲终衔之。《旧·末帝纪》。又云：重诲以从珂非李氏子，欲阴图之。《新·重诲传》。恐当以后说为得其实也。《新史·重诲传》云：钱镠据有两浙，号兼吴、越而王，自梁及庄宗，常异其礼，以羁縻臣属之而已。明宗即位，镠遣使朝京师。寓书重诲，其礼慢。重诲怒，未有以发。乃遣其嬖吏韩玫、副供奉官乌昭遇复使于镠。而玫恃重诲势，数辱昭遇。因醉使酒，以马箠击之。镠欲奏其事。昭遇以为辱国，固止之。及玫还，反谮于重诲曰："昭遇见镠舞蹈称臣，而以朝廷事私告镠。”昭遇坐死御史狱。乃下制削夺镠官爵，以太师致仕。钱氏遂绝于唐矣。明宗幸汴州，重诲建议，欲因以伐吴。明宗难之。其后户部尚书李鏻得吴谍者，言徐知诰欲举吴国以称藩，愿得安公一言以为信。鏻即引谍者见重诲。重诲大喜，以为然，乃以玉带与谍者，使遗知诰为信。初不以其事闻。其后逾年，知诰之问不至，始奏贬鏻行军司马。已而捧圣都军使李行德、十将张俭告变，言枢密承旨李虔徽语其客边彦温云：重诲私募士卒，缮治甲器，欲自伐吴。又与谍者交私。明宗以问重诲。重诲皇恐，请究其事。明宗初颇疑之。大臣、左右，皆为之辩，既而少解。始告重诲以彦温之言。因廷诘彦温，具伏其诈。于是君臣相顾泣下。彦温、行德、俭皆坐族诛。重诲因求解职。明宗慰之曰：“事已辨，慎无措之胸中。”重诲论请不已。明宗怒曰：“放卿去，朕不患无人。”顾武德使孟汉琼至中书，趣冯道等议代重诲者。冯道曰：“诸君苟惜安公，使得罢去，是纾其祸也。”赵凤以为大臣不可轻动。遂以范延光为枢密使，而重诲居职如故。《旧传》云：重诲至凤翔，节度使朱弘昭谨事之。重诲坐中言及昨有人谗构，赖圣上保鉴，苟获全族，因泣下。弘昭遣人具奏重诲怨望，出恶言，不可令至行营，恐夺石敬瑭兵柄。而宣徽使孟汉琼自西回，亦奏重诲过恶。重诲已至三泉，复令归阙。《弘昭传》云：弘昭密遣人谓敬瑭曰：“安公亲来劳军，观其举措孟浪，傥令得志，恐士心迎合，则不战而自溃也，可速拒之。”敬瑭闻其言，大惧，即日烧营东还。《新·重诲传》云：重诲还至凤翔，弘昭拒而不纳。重诲惧，驰趋京师。未至，拜河中节度使。重诲已罢，希旨者争求其过。宦者安希伦，坐与重诲交私，常为重诲阴伺宫中动息，事发弃市。重诲益惧，因上章告老。以太子太师致仕。而以李从璋为河中节度使。遣药彦稠率兵如河中虞变。重诲二子崇韬、崇赞，宿卫京师。闻制下，即日奔其父。重诲见之，惊曰：“二渠安得来？”已而曰：“此非渠意，为人所使耳！吾以一死报国，余复何言？”乃械送二子于京师。行至陕州，下狱。明宗又遣翟光邺至河中视重诲去就，戒曰："有异志，则与从璋图之。"光业至，从璋率兵围重诲第，入拜于庭。重诲降而答拜。从璋以楇击其首。重诲妻走抱之，又击其首。夫妻皆死，流血盈庭。从璋检责其家赀，不及数千缗而已。明宗下诏，以其绝钱镠，致孟知祥、董璋反，议伐吴为罪。并杀其二子。其余子孙皆免。重诲得罪，知其必死，叹曰："我固当死，但恨不与国家除去潞王。此其恨也。"夫重诲欲除从珂，安能不得明宗阴许？彦温之变，从珂卒无恙者？盖明宗知其权势大，未易摇动，故不欲操切。然亦既召之归，令居私第矣。使其事皆诬罔，且实出枢密院，安得如此？两国相接，争实利非重虚文，重诲即褊浅，何至因书辞之慢而绝钱镠？至于伐吴，尤势所不可，南平尚听其自立，而暇伐吴乎？汴州之适，盖诚意在朱守殷，守殷之自疑，非安億也。边彦温等既诛，则其言举不可信。君臣相泣，可见其相契之深。彦温等之诬告，必有使之者。君臣相泣，非泣彦温等之诪张为幻，乃泣所欲除者之根抵盘互耳。其兼用范延光，盖亦如冯道之意，欲以缓众人之攻击耳，安得遽摇其信任？若果不信重诲，安得更令其西征？然至三泉而遽召之还者，盖弘昭是时已与敬瑭相结；重诲行师，又因欲速而骚扰过甚，授以可乘之隙；设不召还，关中将有他变，故不得不为是措置也。然仍使居河中，实有令其监制关中之意，其任之仍不可谓不重。明宗之失，在为宵小所挟，不能刚断，又代之以从璋，且重之以翟光邺耳《新史·唐家人传》云：明宗兄弟，皆不见于世家，而有侄四人：曰从璨、从璋、从温、从敏。从璨，初为右卫大将军，重诲忌之。明宗幸汴州，以从璨为大内皇城使。尝于会节园饮，酒酣戏登御榻，重诲奏其事，贬房州司户参军，赐死。从璋盖亦重诲所忌？朱弘昭，史言其与重诲有隙。《新史》本传。翟光邺，史亦言其素恶重诲。《通鉴》。弘昭之恐动敬瑭，盖专欲以倾重诲？重诲欲为明宗后嗣计，则贵戚功臣，举其所忌，而贵戚功臣，亦未尝不深忌之，故敬瑭得弘昭之讯而遽烧营归，非必不审弘昭之诈也。至于杀害重诲，则纯系从璋、光邺所为，明宗无如之何，乃转以绝淮、浙等为其罪状耳。大权旁落如此，从珂、敬瑭等相争夺之祸，已可豫烛其难免矣。然重诲欲为明宗后嗣计，所虑者岂徒一从珂？恨不除去潞王之言，恐转系爱重诲者所造作也。

石敬瑭既还利州，李彦亦弃城走。张武取渝、泸州，病卒，副将袁彦超代之，取黔州。及是，李仁罕又取夔州，西川兵势益张。安重诲死，明宗遣西川进奏官苏愿、东川军将刘澄各归本道招谕之。孟知祥邀董璋，欲同谢罪。时唐已诛璋子光业及其族，璋曰："孟公家属皆存，而我子孙独见杀，我何谢为？"知祥三遣使，璋不听。又遣观察判官李昊说璋。璋益疑知祥卖己，因发怒，以语侵昊。昊乃劝知祥攻之。而璋先袭破知祥汉州。时长兴三年五月也。知祥自将击之。璋大败，走至梓州，见杀。先是王思同以入剑门功，移镇山南东直。及是，枢密使奏："近知两川交恶，如令一贼兼有两川，抚众守隘，恐难讨除。欲令思同以兴元之师，伺便进取。"诏从之。事未行而璋败。范延光奏："知祥兼有两川，彼之军众，皆我之将士，料其外假朝廷形势以制之，然陛下苟不能屈意招携，彼亦无由革面也。"明宗曰："知祥吾故人也，抚吾故人，何屈意之有？"李克宁妻，知祥妹也。庄宗杀克宁，归于知祥。其子瑰，留事唐为供奉官。明宗即遣瑰归省其母，因赐知祥诏书招慰之。四年二月，制以为两川节度使，封蜀王。于是蜀中自立之局定矣。是岁十一月，明宗死。明年正月，知祥称帝，国号蜀。

外藩变乱相寻，而内兵亦骄恣特甚。天成二年二月，明宗将如邺都。时扈驾诸军家属，甫迁大梁，闻之皆不悦，讻讻有流言。乃不果行。长兴四年五月，明宗暴得风疾。六月甲戌，复不豫，旬日不见群臣，都人恟惧，或潜窜山野，或寓止军营。七月庚辰，帝力疾御广寿殿，人心始安。军士犹有流言。乙酉，赐在京诸军优给有差。八月戊申，群臣上尊号，大赦，在京及诸道将士，各等第优给。时一月之间，再行优给，由是用度益窘，然不能恤也。

要而言之：此时之情势，已如厝火积薪之下而寝其上矣。

第七节　从荣、从厚败亡

明宗四子，从璟死后，从荣为长。初为邺都、北京留守。长兴元年（930年），入为河南尹，兼判六军诸卫事，封秦王。从荣、从厚，同母夏氏，明宗未僭位死。曹氏，生一女，封晋国公主，即石敬瑭妻也。从珂母魏氏，明宗掠得之，数年而死。王淑妃者，邠州饼家子也。有美色，少卖为刘鄩侍儿。鄩卒，无所归，安重诲告明宗而纳之。后宫有生子者，命妃母之，是为许王从益。明宗之僭位，立曹氏为后。然宫中之事，皆主于妃。孟汉琼者，本王镕小竖。明宗镇常山，得侍左右。僭位后，自诸司使累迁宣徽南院使。明宗病，妃与汉琼出内左右，遂专用事。初安重诲为枢密使，明宗专属任之。从荣、从厚，自襁褓与之亲狎。虽典兵，常为所制，畏事之。赵延寿者，德钧养子。本姓刘氏。父邧，常山人。常为蓨令。刘守文陷其邑，时德钧为偏将，并其母掠得之，养为子。尚明宗女兴平公主。重诲死，与范延光并为枢密使。从荣皆轻侮之。太仆少卿何泽上书，请立从荣为太子。从荣见延光、延寿等曰："是欲夺吾兵柄，幽之东宫耳。"延光等患之。乃加从荣兵马大元帅，升班在宰相上。从荣大宴元帅府诸将，皆有颁给。又请严卫、捧圣千人为卫兵。其意，盖专欲拥兵以自固也。然其为人，轻佻峻急，名声顾出从厚下。而从厚亦弱而在外。从珂自安重诲死，留守西都，复移凤翔，议者多属意焉。《新史·范延光传》。石敬瑭自蜀回，兼六军诸卫副使。其妻与从荣异母，素相憎疾。敬瑭不欲与从荣共事，常思外补以避之。会契丹欲入寇，明宗命择帅臣镇河东。延光、延寿皆曰："当今帅臣可往者，石敬瑭、康义诚耳。"义诚，代北三部落人。邺都兵变，劝明宗南向。明宗以为朴忠，亲任之。敬瑭亦欲行。明宗即命除，而不落六军副使。敬瑭又辞。乃以宣徽使朱弘昭知山南东道，代义诚诣阙。已而权枢密直学士李崧崧本事继岌。从伐蜀。郭崇韬死，崧召书吏，登楼去梯，夜以黄纸作诏书，倒用都统印，明旦，告谕诸军，人心乃定。范延光居镇州，辟掌书记。延光为枢密使，崧拜拾遗，直枢密院。累迁户部侍郎、端明殿学士。以为非敬瑭不可。乃以敬瑭为北京留守，河东节度使，兼大同、振武、彰国、威塞等军蕃汉马步总管。彰国军，治应州，明宗所置。威塞军，治新州，庄宗所置。应州，今应县。而以康义诚为亲军都指挥使。范延光、赵延寿亦虑祸及，求罢。冯赟者，太原人。父璋，为明宗阍者。赟为儿时，以通黠，为明宗所爱。明宗为节度使，以为进奏官。僭位，为客省使、宣徽北院使。历河东、忠武节度使、三司使。延光、延寿既罢，乃以赟及朱弘昭为枢密使。明宗病甚，大臣希复进见，大事皆决于赟、弘昭、孟汉琼、王淑妃四人。康义诚度不能自脱，乃令其子事秦王，务以恭顺持两端，冀得自全。长兴四年十一月戊子，十六日。雪，明宗幸宫西士和亭，得疾。己丑，从荣与弘昭、赟入问起居，帝不能知人。既去，闻宫中哭声，以为帝已崩矣，乃谋以兵入宫。使其押衙马处钧告弘昭等，欲以衙兵入宿卫，问何所可居？弘昭等对曰："宫内皆王所可居，王自择之。"因私谓处钧曰："圣上万福，王宜竭力忠孝，不可草率。"处钧具以告从荣。从荣还遣语弘昭等曰："尔辈不念家族乎？"弘昭、赟及孟汉琼入告王淑妃谋之。曰："此事须得侍卫兵马为助。"乃召康义诚。义诚竟无言，但曰："义诚将校耳，惟相公所使。"弘昭疑义诚不欲众中言之，夜邀至私第问之，其对如初。壬辰，从荣自河南府常服将步骑千人，陈于天津桥。是日黎明，从荣使马处钧至冯赟第语之曰："吾今日决入，且居兴圣宫。公辈各有宗族，处事亦宜详允。

祸福在须臾耳。”又遣处钧诣康义诚。义诚曰：“王来则奉迎。”赟驰入右掖门，见弘昭、义诚、汉琼及三司使孙岳方聚谋于中兴殿门外。赟具道处钧之言。因让义诚曰：“秦王言祸福在须臾，其事可知。公勿以儿在秦府，左右顾望。使秦王兵得入此门，置主上何地？吾辈尚有遗种乎？”义诚未及对。监门白：“秦王已将兵至端门外。”汉琼拂衣起曰：“今日之事，危及君父，吾何爱余生？当自率兵拒之耳。即入殿门。”弘昭、赟随之。义诚不得已，亦随之入。汉琼见帝曰：“从荣反，兵已攻端门矣。”宫中相顾号哭。帝问弘昭等：“有诸？”对曰：“有之。适已令门者阖门矣。”帝指天泣下，谓义诚曰：“卿自处置，勿惊百姓。”控鹤指挥使李重吉，从珂子也，时侍侧。帝曰：“吾与尔父，冒矢石定天下，数脱吾于厄，从荣辈得何力？今乃为人所教，为此悖逆。我固知此曹不足付大事，当呼尔父，授以兵柄耳。汝为我部闭诸门。”重吉即率控鹤兵守宫门。孟汉琼被甲乘马，召马军都指挥使朱洪实，使将五百骑讨从荣。从荣走归府，僚佐皆窜匿。衙兵掠嘉善坊溃去。从荣与妃刘氏匿床下。皇城使安从益就斩之，并杀其子，以其首献。一子尚幼，养宫中，诸将请除之。帝泣曰：“此何罪？”不得已，竟与之。明宗此时，真若赘旒然矣。孙岳者，冀州人，强干有材用。从荣欲以为元帅府都押衙，事未行，冯赟举为三司使，时豫密谋。赟与朱弘昭患从荣之横，岳曾极言其祸之端。康义诚闻之，不悦。及从荣败，义诚召岳同至河南府检阅府藏，密遣骑士射杀之。从厚时镇邺，使孟汉琼征之，即留权知后事。戊戌，明宗死。二十九日，从厚至。十二月朔，发丧。僭位，是为闵帝。《旧史》《通鉴》同。《新史》作愍帝。

明年，改元为应顺。从珂又改为清泰。以康义诚判六军诸卫事。孟汉琼请入朝。时范延光帅成德，朱弘昭、冯赟议使代汉琼，而以石敬瑭代延光，从珂代敬瑭。从珂反，使其掌书记李专美作檄书，言朱弘昭、冯赟幸明宗病，杀秦王而立闵帝，侵弱宗室，动摇藩方，将问罪于朝。遣使者驰告诸镇。诸镇皆怀向背，以闻而不绝其使。独西京留守王思同执其使送京师。而陇州防御使相里金遣其判官薛文遇诣从珂计事。《新史·刘延朗传》。乃以思同为西面行营都部署，药彦稠副之。河中节度使安彦威为兵马都监。三月，彦威与洋州孙汉韶、重进子。重进，振州人。为李克用养子，名从进。兴元张虔钊、泾州张从宾、邠州康福合兵。十四日，思同与虔钊会于岐下。十五日，进收东西关城。城中战备不完，然死力扞御，外兵伤痍者十二三。十六日，复进攻。虔钊血刃以督军士。军士反，攻虔钊。虔钊跃马避之。右羽林都指挥使杨思权本梁控鹤军使。从荣镇太原，以为步军都指挥使。尝劝从荣招致部曲。首唱倒戈，引军自西门入。思同未之知，犹督士登城。俄而严卫右厢都指挥使尹晖呼曰："西城军已入城受赏矣。"晖，魏州人。本事杨思厚为军士。庄宗入魏，擢为小校。从征河上有功。僭位，改诸军指挥使。于是弃仗之声，振动天地。晖引军自东面入城。张从宾、康福、安彦威皆遁去。十七日，思同与药彦稠至长安，副留守刘遂雍闭门不纳，乃奔潼关。是日，从珂率居民家财，以赏军士，《旧纪》。《通鉴》云：至于鼎釜，皆估直以给之。整众而东。二十日，次长安，遂雍降。率居民家财犒军。《旧纪》。《通鉴》云：遂雍悉出府库之财于外，军士前至者，即给赏令过。比潞王至，率民财以充赏。康义诚请自往关西。《通鉴》云：帝遣使召石敬瑭，欲令将兵拒之，义诚固请自行。闵帝召侍卫都将以下，出银、绢、钱厚赐诸军。《旧纪》。《新康义传》曰：人绢二十匹，钱五千。是时方有事山陵，复有此赐，府藏为之一空。军士犹负赏物扬言于路曰："到凤翔更请一分。"《旧纪》。初秦王以朱洪实骁果，宠待之。及朱弘昭为枢密使，洪实以宗兄事之，意颇相协。弘昭将杀秦王，以谋告之，洪实不以为辞。及秦王兵叩端门，洪实为孟汉琼所使，率先出逐。自是康义诚阴衔之。《旧·洪实传》。及是，弘实见士无斗志，而义诚尽将以西，疑其有二心。谓之曰："西师小衄，而无一骑来者，人心可知。不如以见兵守京师以自固。彼虽幸胜，特得张虔钊一军耳，案《旧纪》独书山南军溃，盖当时洛中所得奏报如此。诸镇之兵在后，其敢径来邪？”义诚怒曰：“如此言，弘实反矣。”弘实曰：“公谓谁欲反邪？”其声厉，闻于闵帝。闵帝召两人讯之。两人争于前，帝不能决。遂斩弘实，以义诚为招讨使，悉将禁军而西。《新·义诚传》。二十二日，从珂至昭应，前锋执王思同来献。二十三日，杀之。《旧·思同传》云：潞王欲用之，而杨思权之徒，耻见其面。尹晖尽得思同家财，屡启于刘延朗，言思同不可留。属王醉，不待报杀之。王醒，怒延朗，嗟惜累日。二十四日，次华州。收药彦稠系狱。后亦杀之。二十五日，闵帝宣谕西面行营将士：俟平凤翔日，人赏二百千，府库不足，以宫闱服玩增给。《旧纪》。诏侍卫马军都指挥使安从进京城巡检。是日，从进已得潞王书檄，潜布腹心矣。从进，振武索葛部人。父祖皆以骑将事唐。从进为庄宗马军都指挥使。二十六日，从珂次灵宝，见第二章第六节。安彦威来降，宥之，遣归镇。陕州节度使康思立，有捧圣、羽林屯兵千五百人，以羽林千人属王思同。思同至凤翔，军叛，降于从珂。思立闻之，欲尽诛羽林家属，未及，而从珂兵已至。思立以捧圣兵城守。从珂兵传其城，呼曰：“西兵七万策新天子，尔五百人其能拒邪？徒陷陕人于死耳。”捧圣兵闻之，皆解甲。思立遂开门迎从珂。二十七日，从珂次陕州。二十八日，康义诚军前兵士相继来降，义诚指军门请罪。闵帝欲奔驰，召孟汉琼，欲令先入于邺。汉琼藏匿。初潞王勒归第，王淑妃恒令汉琼传教旨于王，王善待之，汉琼谓王于己有恩，乃单骑至渑池谒王。渑池见第二章第四节。是日，戮于路左。闵帝手诏召朱弘昭。弘昭疑将罪之，自投于井。安从进寻杀冯赟于其第，断弘昭首，俱传于陕州。是夜，闵帝以百骑出。二十九夜，至卫州东七八里，遇石敬瑭。敬瑭与帝回入卫州，尽诛帝从骑五十余辈，独留帝于驿，乃驰骑趋洛。《旧·闵帝纪》云：帝遇敬瑭，敬瑭曰：“卫州王弘贽，宿旧谙事，且就图之。”即驰骑前见弘贽。弘贽曰：“天子避狄，古亦有之，然于奔迫之中，亦有将相、国宝、法物，所以军士瞻奉，不觉其亡也。今以五十骑奔窜，安能兴复？所谓蛟龙失云雨者也。”遂与弘贽同谒于驿亭。宣坐谋之。敬瑭以弘贽所陈闻。弓箭库使沙守荣、奔洪进前谓敬瑭曰：“主上明宗爱子，公明宗爱婿，富贵既同受，休戚合共之。今谋于戚藩，欲期安复，翻从臣索国宝，欲以此为辞，为贼算天子邪？”乃抽佩刀刺敬瑭。敬瑭亲将陈晖扞之。守荣与晖单战而死。洪进亦自刎。是日，敬瑭尽诛帝之从骑五十余辈，独留帝于驿，乃驰骑趋洛。《晋高祖纪》云：闵帝左右将不利于帝，帝觉之，因擒其从骑百余人。闵帝知事不济，与帝长恸而别。帝遣刺史王弘贽安置闵帝于公舍而去。《汉高祖纪》云：闵帝左右谋害晋高祖，帝密遣御士石敢袖鎚立于晋高祖后。及有变，敢拥高祖入一室，以巨木塞门。敢寻死焉。帝率众尽杀闵帝左右，遂免晋高祖于难。据《通鉴考异》：三文皆出《实录》。闵帝此时，无欲害敬瑭之理，盖敬瑭向索国宝，以至争阋。夫播越而欲谋兴复，自贵以恩义结人心，岂在国宝、法物？盖敬瑭遇闵帝而谋于弘贽，弘贽教之索国宝以迎潞王？云以弘贽所陈闻，即谓其迫索国宝，史特婉其辞耳。闵帝所从百骑，盖斗死者半，见执者半？孑然一身，遂为弘贽所拘系，坐以待毙矣。四月三日，从珂入洛。四日，皇太后令：降闵帝为鄂王。又令从珂监国。六日，从珂僭位。是为末帝。从《旧史》。《五代会要》同。《新史》作废帝。七日，遣殿直王峦如卫州。峦，弘贽子也。九日，鄂王遇鸩而死，年二十一。后孔氏，循女，生四子。闵帝出奔，后病、子幼，皆不能从，并遇害。末帝二子：重吉、重美。一女，为尼，号幼澄。闵帝僭位，不欲重吉掌亲兵，出之为亳州团练使。居幼澄于禁中。末帝反，闵帝执重吉，幽于宋州。长安陷后杀之。又杀幼澄。而重美，其后晋兵将至，与末帝俱自焚死。哀哉！此所谓联袂而趋陷阱者也。末帝在岐下，许军士入洛人赏百千。《旧纪》。及入，阅实金帛，不过三万两、匹，而赏军之费，应用五十万缗。

《通鉴》。自诸镇至刺史，皆进钱帛，犹不足。三司使王玫请率民财以佐用。乃使权知河南府事卢质与玫等共议配率。而贫富不均，囚系满狱。六七日间，所得不满十万。《新史·卢质传》。《通鉴》云：仅得六万。又命借民屋课五月。亦据《新史·卢质传》。《旧纪》作房课。《通鉴》云：无问士庶，自居及僦者，豫借五月僦直。盖自居者亦按僦直取之？时竭左藏旧物及诸道贡献，乃至太后、太妃器服、簪珥皆出之，才及二十万缗。屋课当在此外。李专美言："虽有无穷之财，终不能满骄卒之心。不改覆车之辙，臣恐徒困百姓，存亡未可知。宜据所有均给之，何必践初言乎？"末帝以为然。是月二十二日，乃诏禁军在凤翔归命者，自杨思权、尹晖等各赐二马、一驼、钱七十缗。下至军人，钱二十缗。其在京者各十缗。军士犹怨望，为谣言曰："除去菩萨，扶立生铁。"以闵帝仁弱，帝刚严，有悔心也。《通鉴》。他日自焚之祸，又伏于此矣。

继岌之平蜀也，使李继曮部署王衍一行东下。至岐，监军柴重厚不与符印，促令赴阙。至华州，闻庄宗之难，乃西归。明宗为诛从厚，而赐继曮及其弟季昶、季照上改称从，视如犹子。长兴元年（930年），明宗有事南郊，从曮入觐。礼毕，改镇汴州。四年（933年），复入觐，改天平。末帝起兵，尽取从曮家财器仗以助军。发离岐城，吏民拥马，乞以从曮为帅。许之。清泰初，以为凤翔节度使。晋天福三年（938年），卒于镇。自李茂贞据凤翔，至是始绝。孙汉韶、张虔钊皆送款于蜀。末帝之起，召兴州刺史刘遂清，迟疑不至。闻帝入洛，乃悉集三泉、西县、金牛、桑林戍兵以归。西县，在今甘肃天水县西南。自散关以南，城镇悉弃之，皆为蜀人所有。入朝，帝欲治罪，以其能自归，赦之。蜀又取成州。阶、文二州亦附于蜀。成州见第二章第二节。阶州见第六章第二节。文州见第七章第一节。

第十三章　五代十国始末（中）

第一节　唐、晋兴亡

末帝之代闵帝，非其力足以灭闵帝也，乃闵帝所有之兵，举不为用也。此等情势，当末帝时，实未有改，而其所遇者，乃为气完力厚之契丹，遂更无可以徼幸矣。

契丹当太宗入援石敬瑭之前，实未尝大举入寇。然同光二年（924年），尝遣使就庄宗求幽州以处卢文进。《通鉴》。庄宗死，明宗遣供奉官姚坤告哀。阿保机曰："我儿既没，理当取我商量，新天子安得自立？"阿保机曰："晋王与我约为兄弟，河南天子即吾儿也。"又曰："与我幽州，则不复侵汝矣。"《新史·四夷附录》。《通鉴》曰："若与我大河以北，吾不复南侵矣。"契丹此时，所求似不得如是之奢。其有大欲于中国，跃然可见。是岁，太祖死，太宗立。卢文进来奔。时明宗使说文进，以易代之后，无复嫌怨。文进所部皆华人，思归。乃杀契丹戍平州者，率其众十余万，车帐八千乘来奔。天成三年正月，契丹陷平州。《通鉴》。胡三省曰：天成元年（926年）冬，文进来奔，唐得平州，至是，复为契丹所陷。闰八月，其刺史张希崇复来奔。《旧纪》。希崇本刘守光裨将。周德威使守平州，没于契丹。新旧《史》本传皆云：卢文进南归，契丹使希崇继其任。《旧史》云：希崇莅事数岁，杀契丹监者来归。《新史》云岁余，皆与《通鉴》云是岁正月契丹始陷平州，而闰八月希崇即来归者不合。盖文进来归，希崇即继其任，至是岁正月，乃取平州城也。是岁，契丹使秃馁、惕隐援定州，皆为中国所俘，已见上章第六节。惕隐等五十人留于亲卫，余契丹六百人皆斩之。《旧纪》天成三年闰八月。秃馁父子二人，并磔于市。《旧纪》天成四年二月。契丹遣捺括梅里等来取其骸骨，复斩之。是年四月，亦见《旧纪》。明宗之待契丹，可谓甚为严厉。然《旧史》长兴三年（932）《本纪》云：契丹累遣使求归则剌、惕隐等。赵德钧奏请不俞。帝顾问侍臣，亦以为不可。帝意欲归之。会冀州刺史杨檀罢郡至阙，帝问其事。奏曰："若归之，必复南向放箭。既知中国事情，为患深矣。"帝然之。既而遣则骨舍利随使归蕃，不欲全拒其请也。檀即光远。以明宗名亶，偏旁字犯之，改名。其《传》载明宗之言曰："蕃人重盟誓，既通欢好，必不相负。"契丹誓盟不信，明宗岂不知之？当时叛军骈戮，动辄千万，何爱于惕隐一行五十人？盖亦知契丹方强，而中国疲敝，未可全以力驭，苟有机缘，亦欲从而抚之矣。先是太宗之兄突欲，自海道来奔。长兴元年十一月。赐姓东丹，名慕华。以为怀化节度使，瑞、慎等州观察使。二年三月。瑞州，威州改名。后复赐姓李，九月。以为义成、三年四月。昭信节度使。四年九月。胡三省曰：唐末于金州置昭信节度，五代兵争，不复以为节镇。《五代会要》：长兴二年（931），升虔州为昭信节度。时虔州属吴，吴以为百胜节度。赞华所领节，抑虔州之昭信军欤？又是年十一月，改慎州怀化军为昭化军，抑以赞华领昭化节，而信字乃化字之误欤？留诸洛阳。盖亦欲以为万一之用也。

《新史·刘延朗传》曰：废帝起于凤翔，与共事者五人：节度判官韩昭胤，掌书记李专美，衙将宋审虔，客将房暠，而延朗为孔目官。时遣使者驰告诸镇，皆不应，独相里金遣薛文遇计事。帝得文遇，大喜。既立，以昭胤为左谏议大夫、端明殿学士，专美为比部郎中、枢密院直学士，审虔为皇城使，暠为宣徽北院使，延朗为庄宅使。久之，以昭胤、暠为枢密使，延朗为副使，审虔为侍卫步军都指挥使，而文遇亦为职方郎中、枢密院直学士。由是审虔将兵，专美、文遇主谋议，而昭胤、翯及延朗掌机密。《传》又云：延朗与翯共掌机密，延朗专任事。诸将当得州者，不以功次为先后，纳赂多者得善州，少及无赂者得恶州，或久而不得，由是人人皆怨。翯心患之，而不能争也，但日饱食高枕而已。《通鉴》云：延朗及文遇等居中用事，翯与赵延寿虽为使长，其听用之言，什不三四。翯随势可否，不为事先，启奏除授，一归延朗。诸方镇、刺史自外入者，必先赂延朗，后议贡献。赂厚者先得内地，赂薄者晚得边垂。由是诸将帅皆怨恨。帝不能察。案延朗好贿，事或有之，然当时之将帅，视置君如弈棋久矣，苟为后义而先利，不夺不厌，岂除授公平，遂能输之内乡邪？翯，史言其好鬼神巫祝之说。有瞽者张濛，自言事太白山神，末帝起兵时，尝使翯问濛即位之日，又诧濛所传神言之验，盖特借以惑众耳，其才本非延朗、文遇之伦也。史所言诸人，见任用当以延朗、文遇为最专，故恶名亦皆归之。皆恩怨毁誉之辞，杂以揣测附会之语耳，不足信也。《吕琦传》：琦，明宗时为礼部郎中、史馆修撰。废帝罢居左清化坊，与琦同巷，数往过之。入立，待琦甚厚。拜知制诰、给事中、枢密院直学士、端明殿学士。与李崧俱备顾问。亦末帝帷幄之臣也。

《延朗传》又云：帝与晋高祖俱事明宗，而心不相悦。帝既入立，高祖不得已来朝，而心颇自疑。欲求归镇，难言之，乃阳为羸疾，灸灼满身。延朗等多言敬瑭可留京师。昭胤、专美曰："敬瑭与赵延寿皆尚唐公主，不可独留。"乃复授高祖河东而遣之。时清泰元年五月也。明年五六月，契丹寇北边。敬瑭奏怀、孟租税，请指挥于忻、代州，诏河东户民积粟处，量事抄借，仍于镇州支绢五万匹，送河东充博采之直。是月，北面转运副使刘福配镇州百姓车子一千五百乘运粮至代州。时水旱民饥，河北诸州，困于飞挽，逃溃者甚众，军前使者继至，督促粮运，由是生灵咨怨。七月，敬瑭奏斩挟马都指挥使李晖等三十六人。时敬瑭以兵屯忻州，一日，军士喧噪，遽呼万岁，乃斩晖等以止之，以徐州节度使张敬达充北面行营副总管。

时契丹入边，敬瑭屡请益兵，朝廷军士，多在北鄙，俄闻忻州诸军呼噪，帝不悦，乃命敬达为北军之副，以减敬瑭之权也。十一月，以敬达为晋州节度使，依前充大同、振武、威塞、彰国等军兵马副总管。《旧纪》。此时事势，盖敬瑭藉口契丹入寇，胁朝廷资以兵粮，以为叛计，其势可谓至危。《通鉴》云：时契丹屡寇北边，禁军多在幽、并，敬瑭与赵德钧求益兵运粮，朝夕相继，则尚不止敬瑭一人。《新史·吕琦传》云：琦言太原必引契丹为助，不如先事制之，与契丹通和。如汉故事，岁给金帛，妻之以女。使强藩大镇，外顾无所引援，可弭其乱心。李崧以语三司使张延朗。延朗欣然曰："苟纾国患，岁费县官十数万缗，责吾取足可也。"《通鉴》：延朗曰："如学士计，不惟可以制河东，亦省边费什之九。"案且可使敬瑭、德钧等无辞以求益兵增粮。此策之所以为善也。因共建其事。废帝大喜。《通鉴》曰：帝大喜，称其忠。二人私草遗契丹书以俟命。他日，以问薛文遇。文遇大以为非，因诵戎昱"社稷依明主，安危托妇人"之诗，以诮琦等。《通鉴》：文遇曰："虏若循故事，求尚公主，何以拒之？"则不谓琦等建议妻之以女。废帝大怒。急召崧、琦等，问和戎计如何？琦等察帝色怒，亟曰："臣等为国计，非与契丹求利于中国也。"帝即发怒曰："卿等佐朕欲致太平，而若是邪？朕一女尚幼，欲弃之夷狄；金帛所以养士而扞国也，又输以资虏；可乎？"崧等皇恐拜谢。拜无数，琦足力乏不能拜而先止。帝曰："吕琦强项，肯以人主事我邪？"琦曰："臣数病羸，拜多而乏，容臣少息。"顷之，喘定，奏曰："陛下以臣等言非，罪之可也，屡拜何益？"帝意少解，曰："勿拜。"赐酒一卮而遣之。其议遂寝。因迁琦御史中丞。《通鉴》曰：盖疏之也。此事《通鉴》系天福元年（936年）清泰三年（936年）。三月，云因石敬瑭尽收其货之在洛阳及诸道者归晋阳而起，其真相未知若何。然是时边将援引契丹，确为不可轻视之事，固不得不先伐其谋。疑琦等是谋为契丹求利，末帝未必愦愦至是。史所载文遇之说，亦必不足以动末帝。史文盖不足信？然其事未必子虚。因情势显然，智者皆能豫虑也。不用是谋，要为失策之大者也。可见武夫终寡虑矣。

是岁五月，遂移敬瑭于郓州。《新史·刘延朗传》云：高祖悉握精兵在北，馈饷刍粮，远近劳弊。帝与延朗等日夕谋议，而专美、文遇，迭宿中兴殿庐，召见访问，常至夜分。是时帝母魏氏，追封宣宪皇太后，而墓在太原，有司议立寝宫。高祖建言陵与民家墓相杂，不可立宫。帝疑高祖欲毁民墓，为国取怨。帝由此发怒，罢高祖总管，徙镇郓州。盖欲以欲毁民墓罪之，为之取怨。延朗等多言不可。司天赵延义亦言天象失度，宜安静以弭灾。其事遂止。后月余，文遇独直，帝夜召之，语罢敬瑭事。文遇曰："臣闻作舍道边，三年不成，国家之事，断在陛下。且敬瑭徙亦反，不徙亦反，迟速耳，不如先事图之。"帝大喜曰："术者言朕今年当得一贤佐，以定天下，卿其是邪？"乃令文遇手书除目，夜半下学士院草制。明日宣制。文武两班皆失色。居五六日，敬瑭以反闻。此事之真相，亦必非如此。文遇劝末帝一决，其说未知如何，然徙亦反，不徙亦反，则当时情势固显然也。《传》又谓帝至怀州，夜召李崧，问以计策，文遇不知而继至，帝见之色变，崧蹑其足，文遇乃出。帝曰："我见文遇肉颤，遽欲抽刀刺之。"此亦妄说，末帝纵懦弱，不至是也。

敬瑭之叛，其掌书记桑维翰、都押衙刘知远实赞之。《通鉴》云：敬瑭令维翰草表，称臣于契丹主，且请以父礼事之，约事捷之日，割卢龙一道及雁门关以北诸州与之。刘知远谏曰："称臣可矣，以父事之太过。参看第三节。厚以金帛赂之，自足致其兵，不必许以土田，恐异日大为中国之患，悔之无及。"敬瑭不从。案契丹自此以前，虽未尝无觊觎中国土地之心，然实未尝决意吞噬；太宗粗才，更非有远略者比；金帛可致，其言甚确，而敬瑭不之省，可谓饥不择食。敬瑭本出西夷，敬瑭父名臬捩鸡。《新史·本纪》云：本出于西夷。从朱邪入居阴山。以善骑射，常从晋祖征伐。生敬瑭，其姓石氏，不知其得姓之始也。于中国自无所爱，然身亦受无家之累，至于卒覆其宗，亦百世之殷鉴也。敬瑭既叛，末帝以张敬达为都部署讨之，杨光远为副。敬达居晋安乡，在晋阳南。筑长围以困晋阳。敬瑭亲当矢石，人心虽固，廪食渐困。《旧史·晋高祖纪》。九月，契丹太宗自将众五万来援。至之日，即败唐兵，围晋安寨。末帝闻之，遣侍卫步军都指挥使符彦饶屯河阳，又命范延光自太原趋榆次，见第二章第六节。赵德钧自飞狐出敌后，飞狐见第七章第三节。辉州防御使潘环合防戍军出慈、隰，以援敬达，辉州，今单县。隰州见第七章第一节。刘延朗及张延朗劝帝亲征。帝发洛阳。遣刘延朗、符彦饶军赴潞州，以为大军后援。诸军自凤翔推戴以来，骄悍不为用，彦饶恐其为乱，不敢束之以法。末帝至河阳，召宰相、枢密使议方略，宰相卢文纪言："国家根本，大半在河南。胡兵倏来忽往，不能久留。晋安大寨甚固，况已发三道兵救之。河阳天下津要，宜留此镇抚南北。且遣近臣往督战，苟不能解围，进亦未晚。"张延朗曰："文纪言是也。"乃议近臣可使北行者。延朗与翰林学士和凝等皆曰："赵延寿父德钧，以卢龙兵来赴难，宜遣延寿会之。"乃遣延寿将兵二万如潞州。史言帝心惮北行，文纪希旨为是言，而张延朗欲因事令延寿解枢密，《通鉴》。意以是为失策。然兵苟能战，不在亲征，苟其不能，自将何益？是时之将士，岂复如承平时有尊君亲上之心，人主一御戎车，即能使之效命邪？且河南岂保无变？故文纪之言，实非无见，诸镇兵力，盖以赵德钧为最厚，且御蕃颇有成劳，《旧传》云：德钧镇幽州，于阎沟筑垒，以兵戍守之，因名良乡县。又于幽州东筑三河城，北接蓟州，颇为形胜。部民由是稍得樵牧。良乡，今河北良乡县，旧治在今房山县东。在当时固不得不属望焉。至其怀挟异图，甘心俱毙，《旧传》：德钧累奏乞授延寿镇州节度。末帝不悦，谓左右曰："赵德钧父子，坚要镇州。苟能逐退蕃兵，要代予位，亦所甘心。若玩寇要君，但恐犬兔俱毙。"固非是时所能逆料。且即能逆料，亦复如何？末帝既遣延寿，又进次怀州，命右神武统军康思立率扈从骑兵赴团柏谷，在今山西祁县东南。盖亦知延寿之不可专恃矣。然则谓末帝畏懦，文纪希旨，实皆成败论人之辞，非其实也。然是时败征必已毕见，故史言帝自是酣饮悲歌，形神惨沮，臣下劝其亲征，则曰："卿辈勿说石郎，使我心胆堕地。"《旧纪》。夫岂真畏石郎？盖亦知将帅莫与分忧，亲征又士不用命，势已无可挽回也。十月，诏天下括马。又诏民十户出兵一人，器甲自备。《旧纪》。是谋也，张延朗为之。盖知旧兵之不可用而新是图？然其无济于事，则无待再计矣。十户，《通鉴》作七户。《考异》云：从《废帝实录》。又云：期以十一月俱集。命陈州刺史郎万金教以战阵。凡得马二千余匹，征夫五千人。实无益于用，而民间大扰。时北面行营都指挥使赵州刺史刘在礼戍易州，赵德钧过之，使率其众自随。至镇州，又迫节度使董温琪偕行。范延光以兵二万屯辽州，德钧又欲并之，奏请与之合军。延光不可，乃止。然卒以德钧为诸道行营都统，依前东北面招讨使。延寿为南面招讨使，刘延朗副之。延光为东南面招讨使，宣武帅李周副之。延寿悉以兵属德钧。德钧累表为延寿求成德节度，末帝不许。德钧屯团柏谷口，按兵不战。时契丹主虽军柳林，胡三省曰：当在晋安寨南。其辎重老弱，皆在虎北口，在汾北，契丹主初至时居此。每日暝，辄结束，以备仓卒遁逃。德钧厚以金帛赂契丹主，云若立己为帝，请即以见兵南平洛阳，与契丹为兄弟之国，仍许石氏常镇河东。契丹主自以深入敌境，晋安未下，德钧兵尚强，范延光在其东，又恐山北诸州要其归路，欲许德钧之请。石敬瑭闻之，大惧。使桑维翰见契丹主，跪于帐前，自旦至暮，涕泣争之，乃止。《通鉴》。此时德钧亦未赂以土地，可见敬瑭之饥不择食。十一月十二日，契丹主册敬瑭为晋帝。册文称子晋王。又云：朕永与为父子之邦。见《旧史·本纪》。晋割幽、蓟、瀛、莫、涿、檀、顺、今河北顺义县。新、妫、儒、今河北延庆县。武、今河北宣化县。云、应、寰、在今山西朔县东。朔、蔚十六州以赂之。且许岁输帛三十万匹。闰十一月，杨光远杀张敬达，降于契丹。康思立愤惋而死。契丹主遂与敬瑭南下。遣其将高谟翰为前锋，与降卒俱进。至团柏谷，赵德钧、延寿先遁，符彦饶、张彦琪、河阳节度使，时为马步军都指挥使。刘延朗、刘在明继之，士卒大溃。时议以魏府军尚全，契丹必惮山东，未敢南下，东驾可幸邺城。李崧请帝还京，从之。至河阳，张延训又请幸滑州，庶与魏博声势相接。末帝不能决。赵德钧、延寿南奔潞州。敬瑭先遣昭义节度使高行周还具食。至城下，语德钧父子，城中无粟不可守。敬瑭及契丹主至，德钧父子遂迎降。契丹主锁之，送归其国。德钧郁郁不多食，逾年而死。符彦饶、张彦琪至河阳，言“胡兵大至，河水复浅，人心已离，此不可守”。乃命河阳节度使苌从简与刘在明守河阳南城，断河梁，归洛阳。敬瑭至，从简迎降。刘在明为彰武军所执以降。契丹主至潞州而止，敬瑭独南下。末帝归洛阳，使杀李赞华于其第。命宋审虔、符彦饶、张彦琪、刘延朗将千余骑至白司马阪行战地。白司马阪见第四章第三节。有五十余骑奔于北军。诸将谓审虔曰：“何地不可战？谁肯立于此？”乃还。又与四将议复向河阳，而将校皆飞状迎敬瑭。敬瑭虑末帝西奔，遣契丹千骑扼渑池。末帝乃与曹太后、刘皇后、雍王重美及宋审虔等携传国宝登玄武楼自焚。是晚，敬瑭遂入洛阳。杀张延朗、刘延朗及末帝后弟刘延皓。时惟三人不赦。张延朗判三司，不欲河东多蓄积，凡财赋，应留使之外，尽收取之，敬瑭以是恨之。入洛之日，百官入见，即收延朗付御史台，旋斩之。刘延朗将奔南山，捕得杀之。刘延皓自经死。房晟、李专美、吕琦皆事晋。韩昭胤、薛文遇不知所终。

末帝之败，全由于兵不用命，与闵帝正同。契丹主之入援也，兵不过五万，而张敬达败后，兵亦五万，马万匹，铠仗俱全，则其力初不弱于契丹，何遂束手受围？《新史·死事传》云：契丹兵围敬达者，自晋安寨南，长百余里，阔五十里。敬达军中望之，但见穹庐连属如冈阜。四面互以毛索，挂铃为警，纵犬往来。敬达军中有夜出者，辄为契丹所得。由是闭壁不敢复出。夫以五万人散布于长百余里、阔五十里之地，而云不可突围而出，有是理乎？观杨光远等轻杀之而降，则知敬达实不能令其众。心力不一，故不能决战也。不特此也，《通鉴》云：末帝闻契丹许敬瑭以仲秋赴援，屡督敬达急攻晋阳，不能下。每有营构，多直风雨。长围复为水潦所坏，竟不能合。则当契丹未至之先，敬达兵势，本已不振，不惟未能猛攻，并亦未能合围，暮气之深，可以想见。敬达死时，马犹近五千，铠仗五万，则被围之后，力尚不弱，故卢文纪策其可以坚守。闵帝在怀州时，吏部侍郎龙敏献策，言驾前兵尚万余人，马近五千匹，请选千人，与郎万金将，由介休路今山西介休县。夜冒敌骑，循山入大营。千骑之内，但得半济，寨即无虞。张敬达特不知援兵远近。若知大兵在团柏谷，虽铁障可冲踏，况敌骑乎？亦信其力之足用也。敬达之兵如此，益以赵德钧、范延光、潘环、符彦饶之众，岂不倍而不止？而竟不能内外合击，则其败也，岂在其寡弱也？不特此也，契丹孤军深入，后路堪虞。当明宗时，蔚州刺史张彦超沙陀人，尝为明宗养子。与石敬瑭有隙。闻敬瑭为总管，举城附于契丹。契丹以为大同节度使。然并不能有其地。太宗亲将入寇，彦超不过颇扰镇、魏而已。其时大同节度使为沙彦珣，持两端。契丹主还时，彦珣迎之，契丹主留之。而其节度判官吴峦不肯臣契丹，众推领州事拒守。契丹攻之，半岁不能下，卒因晋高祖诒书为请释之。代州刺史张朗、忻州刺史丁审琦，则当契丹入时，皆婴城自守。朗至晋安寨已降，契丹遣使谕之，犹斩其使。此等虽因兵力不足，未能邀截，究亦契丹之后患也。末帝之在怀州，龙敏又尝献策，请立李赞华为契丹主，令天雄、卢龙，分兵援送入蕃，则契丹主有后顾之优，不能久在汉地，然后选精锐击之。夫赞华之失其众久矣，似未足以恐动契丹，然使天雄、卢龙，果能发兵援送，则其势自不同。《通鉴》载赵德钧见述律后，述律后谓之曰："吾儿将行，吾戒之曰：'赵大王若引兵北向渝关，亟须引归，太原不可救也。'汝欲为天子，何不先击退吾儿？徐图亦未晚。"此非述律后所能言，盖华人丑德钧者附会之辞，《鉴》云：德钧见述律太后，悉以所赍宝货，并籍其田宅献之。太后问曰："汝近者何为往太原？"德钧曰："奉唐主之命。"太后指天曰："汝从吾儿求为天子，何妄语邪？"又自指其心曰："此不可欺也。"此明为汉人语。又云：又问"器玩在此，田宅何在？"德钧曰："在幽州。"太后曰："幽州今属谁？"曰："属太后。"太后曰："然则又何献焉？"此义亦非述律氏之所知也。述律氏乃一偏私狂悖之妇人，初无才智，史述其事，实多溢美。然事势自如此。则龙敏之计，初非迂阔，所争者，天雄、卢龙肯否出兵耳。"城非不高也，池非不深也，兵革非不坚利也，米粟非不多也，委而去之，是地利不如人和也"，岂不信哉！此阻兵者之所以终穷，抑亦不戢者之所以自焚欤？

第二节　晋高祖时内外形势

末帝时，将士之纷纷离叛者，尚不止如上节所述也。应顺元年正月，安州节度使符彦超为部曲王希全所害，谋附于吴。副使李超率州兵讨诛之。清泰三年五月，石敬瑭既叛，雄义都指挥使安元信屯代州，说代州刺史张朗持两端，朗不听。时安重荣为振武西北巡检使，敬瑭使人诱之；安审信为先锋都指挥使，与敬瑭有旧；审信，金全弟。皆附敬瑭。元信闻之，亦率部曲奔太原。据《旧史·元信传》。《本纪》云：元信谋杀张朗，事泄，戍兵自溃，奔审信军，审信与之入太原。诏安审信及雄义兵士妻男并处斩，家产没官。五月，邺都屯驻捧圣都虞候张令昭谋应河东，逐节度使刘延皓。六月，汴州节度使范延光讨平之。斩令昭，诛其部下五指挥及忠锐、忠肃两指挥。七月，云州步军指挥使桑迁奏应州节度使尹晖即叛应末帝之尹晖也，参看下文。逐云州节度使沙彦珣，收其兵应河东。彦珣表迁谋叛应河东，引兵围子城。彦珣犯围走。明日，收兵入城击乱兵。迁败走，军城复安。是日，尹晖执迁送洛阳，斩之。是月，彰圣指挥使张万迪以部下五百骑叛入太原。诏诛其家属于怀州本营。十一月，时括马及义军延州节度使杨汉章，率步骑数千人，将赴军期。前坊州刺史刘景岩，延州人也，多财而喜侠。潜使人挠之曰："契丹强盛，汝曹有去无归。"众惧，杀汉章，奉景岩为留后。朝廷不得已，因而授之。丹州刺史康承询奉诏率义军赴延州，义军乱，承询奔鄜州。十二月，同州小校门铎杀节度使杨汉宾，焚掠州城。东崩西应，几成燎原之势，自非徒恃兵力所能镇摄，况晋祖藉外力以入中原，益激人心之愤，而授之以口实邪？

末帝之败也，范延光率兵归辽州。延光女为末帝子重美妃，晋祖立，贺表又迟至，不自安。时董温祺与赵德钧俱没契丹。温祺贪暴，积赀巨万，及没，衙内都虞候秘琼尽杀其家人而取其货，自称留后，以军乱闻。延光使潜结之，欲与为乱，琼不报。延光恨之。天福二年（937 年），朝以安重荣为成德节度使，除琼齐州防御使。琼不敢拒。之齐，过魏境，延光遣兵邀杀之，奏称捕盗兵误杀。朝以为反状明白。桑维翰乃赞高祖迁都。四月，托以洛阳漕运有阙，东巡汴州。其后遂定都焉。是岁九月，延光平。十月，以汴州为东京，复为开封府，以东都为西京，西都为晋昌军节度。石晋之迁汴，与梁末帝不同。梁末帝徒以猜忌旧臣，乐居潜邸，石晋则以幽、蓟割弃，河北无复控扼之所，敌骑朝发，暮至邺都，迁居汴梁，庶此一路形势较重。晋高祖虽因急于救亡，饥不择食，贸然将燕、云割弃，然其后未尝不阴图补救，即桑维翰亦同此心，特势不易为耳，固不得以其初计之失，并其后意而抹杀之。然自重贵至于宋之徽宗，卒未能收漕运畅通、赴敌近便之利，而皆以浅露，坐遗人禽，则又可见形势一失，挽回非易，举措不可不慎也。是岁六月，延光有疾。衙校孙锐，素专军府之政，召澶州刺史冯晖，与共迫延光反。延光皇惑从之。晋使侍卫马军都指挥使白奉进屯白马津，见第八章第四节。东都巡检使张从宾为魏府西南面都部署，侍卫诸军都指挥使杨光远屯滑州，护圣都指挥使杜重威屯卫州。旋以光远为魏府四面都部署，从宾副之。昭义节度使高行周为西面都部署，屯相州。延光使说从宾，从宾亦反。入河阳，杀皇子节度使重信。又入洛阳，杀皇子权东都留守重乂。参看下节。引兵扼汜水关。白奉进在滑州，军士有夜掠者，获五人，其三隶奉进，其二隶节度使符彦饶，奉进皆斩之。彦饶怒。奉进自往谢，彦饶帐下杀之，彦饶不之止。奉国都指挥使侯益与杜重威讨张从宾，克之。从宾走渡河，溺死。杨光远趋滑州，闻滑乱，士卒欲拥为主，光远不肯。《旧传》：光远曰："天子岂公辈贩弄之物？晋阳之降，势穷所迫，今若为之，直反贼也。"然晋阳之降，可不谓之反乎？何其颜之厚也？驻滑奉国左厢都指挥使马万初惑乱欲从乱，右厢都指挥使卢顺密不可。乃共攻衙城，破之。执符彦饶送大梁，赐死于路。彦饶实非叛，第不忍一时之忿耳，且事出帐下，顺密遽攻而杀之，实不免要功犯上，晋祖顾从而赏之，亦迫于势也。乱势乃稍戢。冯晖、孙锐渡河，为杨光远所败，走还。延光知事不济，族孙锐请降。不许。冯晖，明年因出战来降。光远遂围魏州。期年不克。高祖复遣使入城谕之，许以不死。三年九月，延光乃降，以为天平节度使，赐铁券。十一月，入朝，以太子太师致仕。至五年七月而见杀。《新史·延光传》曰：延光致仕，居京师，岁时宴见，高祖待之，与群臣无间，然心终不欲使在京师。岁余，使宣徽使刘处让载酒夜过延光，谓曰："适有契丹使至，北朝皇帝问晋魏博叛臣何在？恐晋不能制，当锁以来，免为中国后患。"延光闻之泣下，莫知所为。处让曰："当且之洛阳，以避契丹使者。"延光曰："杨光远留守河南，吾之仇也。吾有田宅在河阳，可以往乎？"处让曰："可也。"

乃挈其孥归河阳。其辎重盈路。杨光远利其赀，果图之。因奏曰："延光反覆奸臣，非北走胡，则南走吴越，请拘之洛阳。"高祖犹豫未决。光远兼镇河阳，其子承勋知州事，乃遣承勋以兵胁之，使自裁。延光曰："天子赐我铁券，许之不死，何得及此？"乃以壮士驱之上马，行至浮桥，推堕水死。以延光自投水死闻。高祖以适会其意，不问。是时延光以匹夫居大梁，何能为？何必置之于洛，监察反觉不严？则谓高祖无意于杀延光，而光远所为，适会其意者，非也。盖高祖所为，实有惭德，不敢明目张胆以正其下，乃不得不阴谋诡计，貌为宽大，以平臣下之气。然身为大君，至不敢明正其臣之罪，而假北朝皇帝之名以行之，亦可羞矣。时杨光远以手握重兵，亦骄蹇。延光既平，光远为天雄节度使。桑维翰画策：加光远太尉、西京留守兼河阳节度使，而分魏博之众，建邺都为广晋府，唐于魏州置兴唐府，此时改为广晋。置彰德军于相州，以澶、卫隶之，永清军于贝州，以博、冀隶之。延光死后，光远入朝，徙诸平卢。光远心怀怨望，遂为他日勾结契丹之根。此则高祖之教猱升木也。

不惟北结胡也，南连吴越者，亦有之。初杨思权之入凤翔也，谓唐末帝曰："臣既赤心奉殿下，京城平定，愿与臣一镇，勿置在防御使、团练使内。"乃出怀中纸一幅，谓末帝曰："愿殿下亲书臣姓名以志之。"末帝即命笔，书可邠宁节度使。及即位，果以授之。其屈意以抚骄将，亦可谓至矣。《尹晖传》云：末帝约以邺都授之。及即位，高祖入洛，遇晖于通衢，晖马上横鞭以揖，高祖忿之，因谒谓末帝曰："尹晖常才，以归命称先，陛下欲令出镇名藩，外论皆云不当。"末帝乃授晖应州节度使。此非实录。盖邺都名藩，末帝不欲轻授，乃借外论以挫之耳。然晖之不能满望，则无待再计矣。思权，清泰三年（936 年），入为右龙武军统军。高祖即位，除左卫上将军，天福八年（943 年）卒。晖，高祖即位，改右卫大将军。范延光以晖失意，密使人赍蜡弹，以荣利啖之。晖得延光文字，惧而思窜，欲沿汴水奔于淮南。高祖闻之，降诏召唤。未出皇畿，为人所杀。《新史·本纪》，事在天福二年七月。此等苟有隙可乘，亦皆肘腋之忧，此高祖所以不欲范延光居京师欤？初卢文进之归唐也，唐以为安州节度使。晋祖立，不自安，奔吴。天福元年十二月。晋以周瓌为节度使。范延光叛，屯将王晖杀之。晋遣右领军上将军李金全以骑兵千人赴之。晖大掠奔吴，为其下所杀。时高祖与金全约，不戮一人，仍许以王晖为唐州刺史，盖以其地边吴，不敢滥杀以招怨也。金全未及境，晖已见杀。金全至，闻军校武彦和等劫掠郡城，所获财货，悉在其第，杀而夺之。乱军数百人皆不安。金全说遣赴阙，密伏兵于野，尽杀之。高祖不究其事，反授以旄节。天福二年九月。金全以亲吏胡汉筠为中门使，贪残。高祖以廉吏贾仁绍代之。据《旧史·金全传》。《新史》作仁沼，《通鉴》同。《考异》云：从《实录》。召汉筠，欲授以他职。汉筠酖杀仁绍。金全奏汉筠病未任行。天福五年四月，以前横海节度使马全节为安远节度使。汉筠说金全拒命，自归于唐。命全节以汴、洛、汝、郑、单、宋、陈、蔡、曹、濮、申、唐之兵讨之。据《通鉴》:《旧传》无申、唐，云十州。单州，唐末所置，朱全忠改为辉州。见上节。前保大节度使安审晖为之副，唐遣鄂州屯营使李承裕、段处恭将兵三千逆之。金全南走，承裕以淮兵二千入守，为全节所败，掠城中资货而遁。审晖追败之，处恭战死。承裕及其兵二千人见虏。全节杀千五百人，以其余兵并承裕献于京师。承裕谓全节曰:“吾掠城中，所得百万计，将军皆取之矣。吾见天子，必诉此而后就刑。”全节惧，杀之。高祖置之不问。可谓纪纲扫地矣。

乘时思逞者虽多，要未有若安重荣之藉口抗御契丹，足以动人者，此则高祖有以自取之也。《通鉴》云：帝事契丹甚谨，奉表称臣，谓契丹主为父皇帝。每契丹使至，帝于别殿拜受诏敕。岁输金帛三十万之外，吉凶庆吊，岁时赠遗，玩好珍异，相继于道。乃至应天太后，元帅、太子、伟王、南北二王、韩延徽、赵延寿等诸大臣皆有赂。小不如意，辄来责让。帝常卑辞谢之。晋使者至契丹，契丹骄倨，多不逊语。使者还以闻，朝野咸以为耻，而帝事之曾无倦意。初契丹既得幽州，命曰南京，以唐降将赵思温为留守。思温子延照《辽史》作延昭。在晋，帝以为祁州刺史。思温密令延照言："虏情终变，请以幽州内附。"帝不许。天福三年七月，上尊号于契丹主及太后。以冯道为太后册礼使，左仆射刘昫为契丹主册礼使，备卤簿、仪仗、车辂诣契丹行礼。四年闰七月，初义武节度使王处直子威，避王都之难，亡在契丹。至是，义武阙帅，契丹主遣使来，请使威袭父土地，如我朝之法。胡三省曰：我朝，契丹自谓也。帝辞以中国之法，必自刺史、团练、防御序迁，乃至节度使。请遣威至此，渐加进用。契丹主怒，复遣使来言曰："尔自节度使为天子，亦有阶级邪？"帝恐其滋蔓不已，厚赂契丹，且请以处直兄孙彰德节度使廷胤为义武节度使，以厌其意。其甘于屈辱如此。安重荣者恣狂悖，每谓人曰："天子，兵强马壮者当为之，宁有种邪？"尝因怒杀部校贾章，章有女一，时欲舍之。女曰："我家三十口，继经兵乱，死者二十八，今父就刑，存此何为？"再三请死。亦杀之。其暴横如此。每见蕃使，必箕踞慢骂。有梅里数十骑由其境内，交言不逊，即尽杀之。然实密令人与契丹幽州帅刘晞结托，盖武人惟利是视，实无真欲攘夷狄者也。陉北既丧，吐谷浑皆属契丹。苦其贪虐，思归中国。重荣复诱之。于是吐谷浑率部落千余帐自五台来奔。今山西五台县。契丹大怒，遣使让帝以招纳叛人。天福六年正月，帝遣供奉官张澄将兵二千，索吐谷浑在并、镇、忻、代四州山谷者，逐之使还故土。据《通鉴》。吐谷浑帅部落千余帐句，吐谷浑下，疑夺白承福三字。《新史·安重荣传》曰：是时吐浑白氏，役属契丹，苦其暴虐，重荣诱之入塞，契丹数遣使责高祖。高祖对使者，鞠躬俯首，受责愈谨，多为好辞以自解。而姑息重荣不能请，乃遣供奉官张澄，以兵二千，搜索并、镇、忻、代山谷中吐浑，悉驱出塞，吐浑去而复来。重荣卒纳之。

《通鉴》：是岁，十月。刘知远遣亲将郭威以诏旨说吐谷浑酋长白承福，令去安重荣归朝廷，许以节钺。承福率其众归于知远。知远处之太原东山及岚、石之间，表承福领大同节度使。重荣势大沮，当时吐浑部落，以白承福为大宗，参看第十五章第三节。岚州见第三章第一节。石州见第二章第七节。是岁夏，契丹使者拽剌过镇，重荣侵辱之。拽剌言不逊。重荣怒，执拽剌，以轻骑掠幽州南境之民，处之博野。乃上表言吐浑、浑、契苾、两突厥、沙陀皆来归，缘河党项及山前、山后逸利、越利诸族，并送契丹所授官告、职牒、旗号。又朔州节度副使赵崇，与本城将校杀伪节度使刘山，乞归朝廷，据《旧史·重荣传》。《通鉴》但云崇逐刘山。愿早决计。表数千言，大抵指斥高祖称臣奉表，罄中国珍异，贡献契丹，陵虐汉人，竟无厌足。又以此意为书遗诸朝贵及诸侯。桑维翰时镇彰德，密上疏言契丹有未可与争者七。疏见《旧史》。大旨：一言契丹方强。二言中国贫敝，且败衄之后，心沮胆怯。三言契丹虽多求取，未至侵陵。先启衅端，克则后患仍存，败则追悔何及？四言汉于匈奴，唐于突厥，皆因衅而克，今契丹无衅。五言引弓之民之长技，非中国所与。六言契丹骑士，利于坦途，中国徒兵，喜于隘险。赵、魏之北，燕、蓟之南，地平如砥。若与契丹相持，则必屯兵边上，少则惧强敌之众，多则患飞辂之劳，逐寇速返，我归彼出，我出彼回，疲于奔命。七言征发、转输之费，更甚于奉事，兵戈既起，将帅擅权，屈辱更多。高祖乃自幸邺都，以诏谕之。略谓："吾因契丹而兴基业，尔因吾而致富贵，吾不敢忘，尔可忘邪？吾以天下臣之，尔欲以一镇抗之，大小不等，毋自辱焉。"此等廉耻道丧之言，安能杜反侧者之口？益使之振振有辞耳。时安从进为山南东道，亦怀异志，与重荣相结托。高祖欲徙诸青州，使人谓之。从进报曰："移青州在汉江南，臣即赴任。"高祖亦优容之，及幸邺，兄子郑王重贵留守。宰相和凝曰："从进必反，何以制之？"高祖曰："卿意若何？"凝曰："臣闻兵法先人者夺人，愿为空名宣敕十数通授郑王，有急则命将以往。”从之。从进果反，重贵遣将就申州刺史李建崇讨败之。是岁，镇州大旱蝗。重荣闻从进反，集境内饥民数万，驱以向鄴，声言入觐。遣杜重威击败之。明年正月，斩之。漆其头，函送契丹。乃改镇州为恒州，成德军曰顺德军，以重威为节度使。高行周围襄阳，至八月乃克之。从进自焚死。重荣徒骄悍，无谋略，故言虽顺而事卒败，然举中国以事契丹，究为人心所不服，故高祖死后，景延广卒大反其所为，以亡其族矣。

其时将帅之叛者，尚有：天福二年三月，兖州李从温奏节度副使王谦构军士作乱，寻已处置。四年三月，灵州戍将王彦忠据怀远城叛。怀远城，在灵州北百余里。遣供奉官齐延祚乘驿往。彦忠率众出降，延祚矫制杀之。诏除名决杖配流，彦忠则赠官收葬。盖边远之地，控制不易，故以柔道行之也。五年七月，河中节度使安审信奏军校康从受等以所部兵为乱，寻平之，死者五百人。六年正月，同州指挥使成殷谋乱，事泄，伏诛。其虽未反叛，而桀骜不可驾驭者，则有如张彦泽。彦泽，其先突厥部人，后徙居阴山，又徙太原，与高祖连姻。彦泽为人，骁悍而残忍。高祖时，为护圣右厢都指挥使、曹州刺史。与讨范延光，拜镇国军节度使。岁中，徙彰武。为政暴虐，常怒其子，数笞辱之。其子逃至齐州。州捕送京师。高祖以归彦泽。彦泽上章请杀之。其掌书记张式不肯为作章，屡谏止之。彦泽怒。引弓射式。式走而免。式素为彦泽所厚，多任以事，左右小人，皆素疾之，因共谗式，且迫之曰：“不速去，当及祸。”式乃出奔。彦泽遣指挥使李兴以二十骑追之，戒曰：“式不肯来，当取其头以来。”式至衍州，在今甘肃宁县南。刺史以兵援之。邠州节度使李周留式，驰骑以闻。诏流式商州。彦泽遣司马郑元昭诣阙论请，期必得式。且曰：“彦泽若不得张式，患在不测。”高祖不得已，与之。彦泽得式，剖心决口，断手足而斩之。高祖遣王周代彦泽，周河阳节度使，事在天福七年二月。以为右武卫大将军。周奏彦泽所为不法者二十六条，并述泾人残弊之状。式父铎，诣阙诉冤。谏议大夫郑受益、曹国珍，尚书刑部郎中李涛、张麟，员外郎麻麟、王禧伏阁上疏，论彦泽杀式之冤，皆不省。涛见高祖，切谏。高祖曰：“彦泽功臣，吾尝许其不死。”涛厉声曰：“彦泽罪若可容，延光铁券何在？”高祖怒，起去。涛随之谏不已。高祖不得已，召式父铎、弟守贞、子希范等，皆拜以官，为蠲泾州民税，免其杂役一年；下诏罪己；然彦泽止削阶降爵而已。国珍等复与御史中丞王易简率三院御史诣阁门连疏论之，不报。夫相忍为国，亦必有其限极，今若此，纲纪何存？高祖取天下不顺，常以此惭藩镇，多务过为姑息，《新史·安从进传》语。此固亦天良所迫，然引夷狄以残中国之罪，岂如此遂可湔除？惭彦泽而不能治，而彦泽复引夷狄以覆其宗，则其去自覆之也，一间耳。

第三节　石晋之亡

天福七年（942年），契丹以晋招纳吐谷浑，遣使来让。高祖忧悒，不知为计。五月己亥，始有疾。六月乙丑，殂。《通鉴》。兄子齐王重贵立，是为少帝。《旧五代史》。《五代会要》同。欧《史》称为出帝，盖援卫辄、鲁哀公之例以名之也。《出帝纪》云：父敬儒，高祖兄也。为唐庄宗骑将，早卒。高祖以其子重贵为子。高祖六子，五皆早死，而重睿幼，故重贵得立。《家人传》：高祖二叔父、一兄、六弟、七子、二孙。子曰重贵、重信、重义、重英、重胤、重睿、重杲，而上文叙其弟，又有重胤之名，下文云：重胤，高祖弟也，不知其亲疏，高祖爱之，养以为子，故于名加重，而下齿诸子，则去重贵、重胤，实止五子。《旧史》及《五代会要》，高祖尚有子重进。欧《史》总序七子时，虽未及其名，然下文云：高祖叔兄与弟敬殷、子重进，皆前即位卒。重英，高祖起太原时为右卫将军，重胤为皇城副使，皆见杀。二人时匿民家井中，捕得诛之，并族所匿之家，其滥刑如此。薛《史·末帝纪》重胤作重裔，《通鉴》同。重信、重义为张从宾所杀，已见上节。后追封赠时，亦皆及重进，则高祖确有是子。据《旧史》及《五代会要》：重英为高祖长子，重信第二，重义作重乂，第三，重进第五，重睿第七。重杲，欧《史》云：小字冯六，未名而卒，重果追封时赐名。盖其次居六？重信死时年二十，生于贞明三年，重义死时年十九，生于贞明四年，新旧《史》同。重贵生于天祐十一年，《旧纪》。即乾化四年，无反居其次之理。则《家人传》云高祖七子者，其第四当为重胤。去重胤言之，则《出帝纪》之六子，重贵要不在其列也。《家人传》云：高祖卧疾，宰相冯道入见卧内，重睿尚幼，高祖呼出，使拜道于前，因以宦者抱持，寘道怀中。高祖虽不言，左右皆知其以重睿托道也。高祖崩，晋大臣以国家多事，议立长君，而景延广已阴许立出帝，重睿遂不得立。《高祖纪》：天福三年十二月丙子，封子重贵为郑王。《出帝纪》：天福八年五月丁亥，追封皇伯敬儒为宋王。论曰：礼，兄弟之子，犹子也，重贵书子可矣，敬儒出帝父也，书曰皇伯者，何哉？出帝立不以正，而绝其所生也。盖出帝于高祖，得为子而不得为后者？高祖自有子也。方高祖疾病，抱其子重睿，寘于冯道怀中而托之，出帝岂得立邪？晋之大臣，既违礼废命而立之，以为出帝。为高祖子则得立，为敬儒子则不得立，于是深讳其所生而绝之，以欺天下，为真高祖子也。《礼》曰：为人后者为其父母服。使高祖无子，出帝得为后而立以正，则不待绝其所生以为欺也。然则高祖本无以重贵为子之事。云以重贵为子者，乃其篡立时欺世之谈也。景延广者，本梁将，后事唐。明宗时，朱守殷以汴州反，晋高祖为六军副使，诛从守殷者，延广为汴州军校，当诛，高祖惜其才，阴纵之使亡。盖自以为有恩焉？故后录以为客将。即位，以为侍卫步军都指挥使。是时为马步军都指挥使。冯道等盖为其所胁也？于是武人干政之局成，而晋高祖一生，伈沁伣伣，以事契丹者，其局亦一变矣。高祖六子，重信为李皇后所生，余皆不知其母。二孙：曰延煦、延宝。欧《史》云：出帝以为子。后延煦等从帝北迁，不知其所终。《旧史》云：重信有子二人，皆幼，长于公宫，及少帝北迁，不知其所终，疑即延煦、延宝也。

耻臣契丹而反前人之所为，是也，然出帝与景延广，则皆非其人。用兵自有形势。燕、云既丧，河东尚有雁门内险可扼，河北则已无险可守。此时欲攘契丹，纵不能更取山后，亦必当恢复幽州。欲复幽州，则自汴北出之兵必极强，河东之兵又必能东出井陉以为之援，且北出雁门，以挠敌后。然是时皆不能也。敌兵一出，即抵邺都。兵有利钝，战无百胜，岂能专以浪战为务？况不能战邪？高祖颇称节俭，而出帝则适相反。天福八年（943 年），秋，幸大年庄。还，置酒景延广第。延广所进器服、鞍马、茶床、椅榻皆裹金银，饰以龙凤。又进帛五千匹，绵一千四百两，马二十二匹，玉鞍、衣袭、犀玉、金带等，请赐从官。自皇弟重睿，下至伴食刺史，重睿从者各有差。帝亦赐延广及其母、妻、从事、押衙、孔目官等称是。时诸镇争为聚敛，赵在礼所积巨万，为诸侯王之最。出帝利其赀，乃以延煦娶在礼女，聘币百五十床。在礼谓人曰："吾此一婚，所费千万。"时为开运三年（946 年），国势已危如累卵矣。重胤妻冯氏，帝于居丧中纳之，以为后。群臣皆贺。帝顾谓冯道等曰："皇太后之命，与卿等不任大庆。"群臣出，帝与皇后酣饮歌舞。过梓宫前，醊而告曰："皇太后之命，与先帝不任大庆。"左右皆失笑。帝亦自绝倒，顾谓左右曰："我今日作新女婿何似？"皇后与左右皆大笑，声闻于外。帝自期年之后，即于宫中间举细声女乐。及亲征日，于左右召浅蕃军校奏三弦胡琴，和以羌笛，击节鸣鼓，更舞迭歌，以为娱乐。阳城之捷，见下。谓天下无事，骄侈益甚。四方贡献珍奇，皆归内府。多造器玩，广宫室，崇饰后庭，近朝莫之及。

作织锦楼以织地衣，用织工数百，期年乃成。赏赐优伶无度。桑维翰谏曰："乡者陛下亲御胡寇，战士重伤者，赏不过帛数端，今优人一谈一笑称旨，往往赐束帛、万钱、锦袍、银带，战士见之，能不觖望？"帝不听。《通鉴》开运二年（945年）。中渡败后，见下。危亡已在旦夕，仍幸沙台射兔。桑维翰求见，帝方调鹰苑中，不暇见。景延广一出西京，见下。度必不能支契丹，乃为长夜之饮，大治第宅，园置伎乐，惟意所为。若君若臣，皆全无心肝者也，此而可以攘夷狄邪？

斯时之中国，则仍岁旱蝗、大水，民饿死及流亡，见于奏报者，动辄千万。见《旧史》天福八年（943），开运二（945年）、三年（946年）《本纪》及《通鉴》。而政府屡遣使括民谷，《旧史·本纪》：天福八年六月，遣内外臣僚二十八人往诸道州府率借民谷。《通鉴》云：分遣使六十余人。《纪》又云：时使者希旨，立法甚峻。民有碓硙泥封之，隐其数者皆毙之。九月，诸州郡括到军食，以籍来上。吏民有隐落者，并处极法。《新史·本纪》：是岁八月，检民青苗。十月，括借民粟。率民财，《旧史·本纪》：开运元年四月，分命文武臣僚三十六人往诸道括率钱帛，以资军用。《通鉴》云：各封剑以授之。使者多纵吏卒，携锁械刀杖入民家。小大惊皇，求死无地。州县吏复因缘为奸。又遣使率民马，《旧纪》：开运元年正月，诏率天下公私马，以资骑军。二年八月，分遣使臣于诸道率马。抽乡民为兵，《旧纪》：开运元年三月，诏天下抽点乡兵。凡七户出一士，六户资之。仍自具兵仗，以武定为军号。二年正月，改为天威军。《通鉴》云：凡得七万余人。时兵荒之余，复有此扰，民不聊生。吏又乘之为奸，致群雄蜂起。天福八年（943），朝廷以恒、定饥甚，独不括民谷，杜威奏称军食不足，请如诸州例，许之。威即重威，避出帝讳去重字。威用判官王绪谋，检索殆尽，得百万斛，威止奏三十万斛，余皆入其家。令判官李沼称贷于民，复满百万斛。来春粜之，得缗钱二百万。将帅之全无心肝又如此，纵无敌国外患，亦岂可以一朝居邪?

北狄隆氏族而未能建国家，故不甚知君臣之义、尊卑之分，准诸族众，则以父子、兄弟、伯叔、父侄为称而已。然刘知远谏晋高祖，谓“于契丹称臣可矣，以父事之太过”，一若父子与君臣，有尊卑之异者？盖尔时之所谓臣，仅如《辽史》所谓属国，朝贡无常，有事则遣使征兵，助军众寡，各从其便，《辽史·兵志》属国军。称子则有进于此也。然其后高祖事契丹谨，契丹太宗乃请高祖不称臣，不上表，来往缄题，止用家人礼，但云儿皇帝，《旧史·契丹传》。《通鉴》天福三年（938年）同。则渐于中国之俗，以君臣之分，为严于父子矣。出帝即位，大臣议奉表称臣告哀于契丹。景延广请致书称孙而不称臣。李崧及冯道依违其间，卒从延广议。契丹大怒，遣使来让。且言何得不先承禀，遽即帝位？延广复以不逊语答之。初河阳牙将乔荣从赵延寿入契丹，契丹以为回图使，《通鉴》。《考异》云：乔荣，《汉隐帝实录》作乔荧，《陷蕃记》作乔莹，从晋少帝、汉高祖《实录》《景延广传》《契丹传》。回图，《旧史·景延广传》作回国。《契丹国志》同。往来贩易于晋，置邸大梁。及契丹与晋有隙，延广说帝囚荣于狱，悉取邸中之货。凡契丹之人，贩易在晋境者，皆杀之，夺其货。大臣皆言契丹有大功，不可负。乃释荣，慰赐而归之。天福八年九月。荣辞延广，延广大言曰：“归语而主：‘先帝北朝所立，故称臣奉表。今上乃中国所立，所以降志于北朝者，正以不敢忘先帝盟约故耳。为邻称孙足矣，无称臣之理。北朝皇帝勿信赵延寿诳诱，轻侮中国。中国士马，尔所目睹。翁怒则来战。孙有十万横磨剑，足以相待。他日为孙所败，取笑天下，毋悔也。’”荣自以亡失货财，恐归获罪，且欲为异时据验，乃曰：“公所言颇多，惧有遗忘，愿记之纸墨。”延广命书其语以授之。荣具以白契丹主。契丹主大怒，入寇之志始决。称孙，出帝一人与契丹主之关系耳，称臣则以国下之，延广所持之义，未为不正，然启衅必有其备，戎事不饬，而徒为大言，则近于儿戏矣。

时杨光远心怀觖望，密召契丹，言中国可取。赵延寿又说之。契丹主乃以延寿及赵延昭为先锋，自将入寇。开运元年正月，陷贝州。晋以高行周为北面行营都部署。时河北危蹙，诸州求救者相望。乃以景延广为御营使，下诏亲征。至澶州，使高行周先发。契丹围之戚城，见第十二章第三节。博州刺史周儒降契丹，引契丹济河攻郓州，以援杨光远。帝使李守贞击败之，自将救高行周。契丹解去。契丹主攻澶州，帝出兵与战，亦退去。四月，契丹主留赵延昭守贝州，北归。帝亦留高行周镇澶州，归大梁。延昭弃城，屯于瀛、莫，阻水自固。帝命李守贞攻杨光远。十二月，青州食尽。光远子承勋等劫其父以降。命李守贞便宜处置。守贞遣人拉杀之。是役也，契丹未尝大举，故晋幸而获济。然战场即在河北，已如末帝时梁、唐间之形势矣。

五代时，机要之职，无过枢密。晋高祖之僭位，赵莹与桑维翰并相，而维翰实兼密使。及入洛，以冯道为相，常务一以委之。时李崧逃匿民间。帝以出镇河东得崧之力，德之，以为兵部侍郎，判户部。旋亦用为相，与维翰并兼枢密。天福二年正月。自郭崇韬死，宰相罕有兼枢密者，故宣徽使刘处让及宦官皆不悦。杨光远围广晋，处让数以军事衔命往来。光远奏请多逾分，帝常依违，维翰独以法裁折之。光远对处让有不平语。处让曰：“是皆执政之意。”光远由是怨执政。范延光降，光远密表论执政过失。高祖不得已，皆罢维翰、崧枢密，而以处让为之。天福三年十月。后复出维翰为彰德节度使。四年闰七月。至八年三月，乃入为侍中。少帝自澶州归，以景延广为西京留守。高行周代为侍卫马步军都指挥使。六月，出冯道帅同州。复置枢密院，以维翰为中书令，充枢密使。史谓亲征时号令方略，一出延广，延广乘势使气，陵侮诸将，为上下所恶，即帝亦惮其不逊难制，而维翰使亲党有宠者荐己，故有是命。然恐不仅如此。少帝未出师时，即遣使持书诣契丹。契丹已屯邺都，不得通而返。旋复遣译语官孟守忠致书契丹，求修旧好。契丹主复书曰："已成之势，不可改也。"帝盖复欲求和也。亦可见其轻率矣。是岁闰十二月，契丹之师复至，遂无复转旋之地。

时则契丹主与赵延寿俱围恒州，前锋至邢州。少帝欲亲征，而有疾，遣马全节等屯邢州，赵在礼屯邺都。诸军稍退。六年正月，契丹踵之。至安阳水。皇甫遇与濮州刺史慕容彦超前觇敌，与战，破之。契丹主在邯郸，传言晋军大至，仓皇北还。攻相州之兵亦退。少帝疾愈，马全节等奏据降者言：虏众不多，宜乘其散归种落，大举径袭幽州。帝以为然。征兵诸道，下诏亲征。诸军以次北上。复诏杜威与之会。三月，下泰州。遂取满城、遂城。满城，今河北满城县。遂城，在今河北徐水县西。契丹主至古北口，在今河北密云县东北。闻之，复回兵而南。杜威等闻之退。契丹踵其后，至阳城。在今清苑县东南。次日，南行十余里，至白团卫村。据《通鉴》。《考异》云：《汉高祖实录》作白檀，今从《晋少帝实录》。欧《史》但作卫村。东北风大起。契丹围晋军。契丹主命拔鹿角以入。杜威欲待风定徐观形势。李守贞曰："彼众我寡，黑风之内，莫测多少，若候风止，我辈无噍类矣！"与张彦泽、符彦卿、皇甫遇等奋击，大败之。乃获整众至定州，遂入恒州。是役也，契丹以轻敌致败。然晋师亦仅克自免。少帝于四月还京。袭取幽州之计，遂成画饼矣。此时即袭得幽州，而不能得北方之险，契丹必大举攻之，亦不易守也。

此时朝局，复有变动。冯玉者，冯皇后之兄，少帝用为户部侍郎。李彦韬者，本阎宝仆夫，后隶晋高祖帐下，高祖自太原入洛，以少帝留守，留彦韬侍之，遂见宠任，是时为宣徽北院使、马步都虞候。二人皆恶桑维翰。李守贞之杀杨光远，光远孔目官宋颜尽以光远财宝、名姬、善马告守贞，守贞因而得之，置颜于帐下。维翰搜索光远同恶甚急，或告颜匿守贞所，朝廷取而杀之。守贞由是怨维翰，又惮之，与玉、彦韬辈竭力排斥。是年二月，遂以玉为户部尚书、枢密使，以分维翰之权。时复以邺都为天雄军。杜威久镇恒州，多不法。每以备边为名，敛吏民钱帛，以充私藏。又畏懦过甚。契丹数十骑入境，威已闭门登陴。或数骑驱所掠华人千百过城下，威但瞋目延颈望之，无意邀取。由是虏无所忌惮，属城多为所屠。威竟不出一卒救之。千里之间，暴骨如莽，村落殆尽。威见所部残敝，为众所怨，又畏契丹之强，累表请入朝。帝不许。五月，威不俟报，遽委镇入朝。朝廷闻之惊骇。桑维翰言："宜因此时废之。"帝不悦。维翰曰："陛下不忍，宜授以近京小镇，勿复委以雄藩。"帝不听。维翰自是不敢复言国事，以足疾辞位。威又令公主白帝，求天雄节钺。帝许之。六月，以威为天雄节度使，邺都留守。以邺都留守马全节为恒州节度使。卒，以定州王周代之。是月，帝假开封军将张晖供奉官，使奉表称臣，诣契丹卑辞谢过。契丹主曰："使景延广、桑维翰自来，仍割镇、定两道隶我，则可和。"朝廷以契丹语忿，谓无和意，乃止。此时契丹所求，尚止镇、定，足见谓太祖欲尽割河北者不确。是时既欲与契丹和，何以复替维翰？足见少帝惟宵小之言是用，进退大臣，不以国家大计也。八月，和凝罢。冯玉以中书侍郎同平章事。十二月，维翰罢为开封尹。史云：初帝疾未平，会正旦，维翰遣女仆入宫起居太后，因问皇弟睿近读书否？帝闻之，以告冯玉。玉因谮维翰有废立之志。帝疑之。玉与李彦韬、李守贞合谋排维翰。以中书令行开封尹赵莹柔而易制，共荐以代维翰。以莹为中书令，李崧为枢密使，守侍中。维翰遂称足疾，希复朝谒，杜绝宾客。盖少帝立不以正，终不免惴惴之心，而谗间遂乘之而入也。维翰亦非正士，然与高祖关系深，颇有威望，尚能调度将帅，维翰去，则朝局益非矣。

开运三年正月，诏李守贞率师巡抚北边。六月，定州奏蕃寇压境。诏守贞为北面行营都部署，皇甫遇副之。前岁车驾驻于河上，曾遣边将遗书赵延寿，劝令归国。延寿寻有报命，依违而已。是岁三月，复遣杜威致书延寿。且述朝旨，啖以厚利。洺州军将赵行实，曾事延寿，遣赍书往。七月，行实自燕回，得延寿书。且言久陷边庭，思归中国，乞发将应接，即拔身南去。朝廷欣然，复遣行实计会大军应接之所。有瀛州大将，遣所亲赍蜡书至阙下，云欲谋翻变，以本城归命未几，彼有告变者，事不果就。九月，契丹瀛州刺史诈为书与乐寿将军王峦。《旧纪》。《通鉴》作瀛州刺史刘延祚。《考异》云：欧《史》作高牟翰，《陷蕃记》前云延祚诈输诚款，后云大军至瀛州，侦知蕃将高谟翰潜师而出，盖延祚为刺史，谟翰乃戍将耳。愿以本城归顺。且言城中蕃兵，不满千人，请朝廷发兵袭取，己为内应。又云：今秋苦雨，川泽涨溢，自瓦桥以北，水势无际，契丹已归本国，若闻南夏有变，地远阻水，虽欲奔命，无能及也。又峦继有密奏，苦言瀛、莫可取之状。少帝深以为信，遂有出师之议。十月，以杜威为北面行营都指挥使，李守贞为兵马都监，会兵广晋北行。十一月，至瀛州，城门洞开，寂若无人。威等不敢进。闻契丹将高谟翰先已引兵潜出，遣梁汉璋将二千骑追之，遇敌败死。威等遂将军而退。至武强，今河北武强县。闻契丹入寇，欲取直路自冀、贝而南。会张彦泽领骑自镇、定至，言契丹可破之状，乃复趋恒州。驻中渡桥。契丹以大军当其前，潜遣骑出其后，断其粮道及归路。中渡寨遂隔绝。晋徒诏高行周、符彦卿领后军驻河上，使景延广戍河阳而已。奉国指挥使王清请以步卒夺桥开道，求入恒州，杜威遣与宋彦筠往。彦筠败还。清战甚锐，敌小却。威不之援，战死。威遂与李守贞降敌。并谕降顺国节度使王周。契丹主遂入恒州。引兵自邢、相而南，遣张彦泽将二千骑先趋大梁。《旧史·皇甫遇传》云：杜重威送款于契丹，遇不与其议，及降，心不平之。契丹欲遣遇先入汴，遇辞之。因私谓人曰："我身荷国恩，位兼将相，既不能死于军阵，何颜以见旧主？更受命图之，所不忍也。"明日，行至赵郡，绝亢而殒。

彦泽倍道疾驱，自封丘门斩关而入。少帝初欲赴火，为亲校薛超所持。俄而彦泽传契丹主与太后书慰抚之。乃与太后俱作降表，遣延煦、延宝奉传国宝以降。高行周、符彦卿自澶州来降。张彦泽迁少帝于开封府舍，凡内帑、奇货，悉辇归私邸。仍纵军大掠，两日方止。少帝谋自全之计，以桑维翰在相时，累请与契丹和，虑契丹到京，穷究其事，则显己过，欲杀维翰以灭口，令张彦泽图之。彦泽乃称少帝命召维翰害之，而尽取其家财。景延广狼狈还。时契丹主至安阳，相州治。见第十二章第三节。遣别部队长率骑士数千，与晋兵相杂，趋河桥入洛，以取延广。戒曰："如延广奔吴走蜀，便当追而致之。"延广顾虑其家，未能引决。契丹既奄至，乃轻骑谒契丹主于封丘。见第十二章第二节。契丹责之曰："致南北失欢者，良由尔也。"召乔荣质证前事。凡有十焉。延广始以他语抗对。荣出其文以质之。延广顿为所屈。每服一事，则受牙筹一茎。此契丹法也。延广受至八茎，但以面伏地。契丹遂咄之。命锁延广臂，将送之北上。至陈桥，在开封东北。夜分，伺守者怠，引手自扼其亢死。张彦泽恣行杀害。或军士擒获罪人至前，不问所犯，但瞋目出一手竖三指而已，即出外断其要领。《旧史》本传。《通鉴》胡《注》曰：三指，中指也。示以中指，言中断之，即要斩也。此盖五代军中虐帅，相承为此，以示其下，汉史弘肇掌兵，有抵罪者，以三指示吏，即要斩，正此类也。按弘肇事见欧《史》本传。彦泽与閤门使高勋不协，乘醉至其门，害其仲父季弟，暴尸于门外。及契丹帐泊于北郊，勋往诉其冤。时契丹主已怒彦泽剽掠京城，遂令锁之。仍以其罪恶，宣示百官及京城士庶。且云："合诛否？"百官连状，具言罪在不赦。市肆百姓，亦争投状疏其罪。遂令弃市。召杨承勋至京师，责其劫父，脔而食之，而以其弟承信为平卢节度使。降晋少帝为光禄大夫、检校太尉，封负义侯，于黄龙府安置。与皇太后李氏、皇太妃安氏、少帝所生母。皇后冯氏、皇弟重睿、皇子延煦、延宝俱北行。宰臣赵莹、枢密使冯玉、侍卫马军都指挥使李彦韬随帝入蕃。乾祐元年六月，契丹国母召帝一行往怀密州。在黄龙府西北千余里。至辽阳，又行二百里。会国母为永康王所执，永康王请帝却往辽阳城驻泊。后太后求于汉儿城侧近赐养种之地。契丹太祖为汉人所置，盖非一所？永康许诺，令于建州驻泊。在今辽宁朝阳县境。二年（949 年），帝自辽阳赴建州。中路，太妃得疾而死。至建州，割寨地五十余顷，令一行人筑室分耕。三年八月，太后死。《郡斋读书志》云：范质《晋朝陷蕃记》，谓出帝北迁凡十八年而卒，则宋太祖之乾德二年（964 年）也。赵莹之北徙，与子易从俱。后病将卒，告于契丹，愿以尸还中国。契丹许之。及卒，遣易从护其丧南归。冯玉子杰，自幽州不告父而亡归，玉惧谴责，以忧恚卒。冯后、重睿、延煦、延宝，不知所终。安太妃临卒，谓少帝曰："当焚我为灰，南乡飏之，庶几遗魂得返中国也。"李太后疾革，谓帝曰："我死，焚其骨送范阳佛寺，无使我为虏地鬼也。"夫为封豕长蛇，荐食上国，闻人讥沙陀之无穴而勃然，何其壮也？及其见辱北蕃，乃复游魂愿依中国，又何惫也？噫！

第四节　契丹北去

契丹太宗既灭晋，明年，正月朔日，至汴。是日入宫，至昏复出，次于赤冈。在开封东北。五日，降晋少帝为负义侯。七日，复入，居于大内。以李崧为西厅枢密使，冯道为太傅，左仆射和凝及北来翰林学士承旨张砺为宰相。二月朔日，服汉法服，出崇元殿，受蕃汉朝贺。改晋国为大辽国。《旧五代史·赵延寿传》云：契丹主委延寿以图南之事，许以中原帝之。诸军既降于中渡，契丹主命延寿就寨安抚，仍赐龙凤赭袍，使衣之而往。谓之曰："汉儿兵士，皆尔有之，尔宜亲自慰抚。"《通鉴》云：亦以赭袍衣杜威，以示晋军，其实皆戏之耳。案以章服别权位，庸非契丹主所知，此未必意存戏弄。特降军统属，究竟如何，未见明文耳。亦见其措置之乖方也。及契丹入汴，降兵数万，皆野次于陈桥。契丹主虑有变，欲尽杀之。延寿闻之，请见，曰："皇帝百战，始得晋国，不知自要治之乎？为他人取乎？"契丹主变色曰："尔何言之过也？朕以晋人负义，举国南征，五年相杀，方得中原，岂不自要为主，而为他人邪？"延寿曰："皇帝知吴、蜀与晋相杀不？"曰："知。"延寿曰："今中原南自安、申，西及秦、凤，缘边数千里，并是两界守戍之所。将来皇帝归国，时又渐及炎蒸，若二寇交侵，未知许大世界，教甚兵马御捍？苟失堤防，岂非为他人取也？"契丹主曰："我弗知也。为之奈何？"延寿曰："臣知上国之兵，当炎暑之时，缘吴、蜀之境，难为用也。未若以陈桥所聚降兵，团并别作军额，以备边防。"契丹主曰："念在壶关失断，壶关，在今山西长治县东南。此指其送石敬瑭南下至潞州时言之。阳城时亦曾言议，未获区分，致五年相杀，此时入手，如何更不翦除？"延寿曰："晋军见在之数，还似从前。尽在河南，诚为不可。臣请迁其军，并其家口于镇、定、云、朔间，每岁分番于河外缘边防戍，上策也。"契丹主忻然曰："一取大王商量。"由是陈桥之众，获免长平之祸焉。《旧史·冯道传》：契丹主从容问曰："天下百姓，如何可救？"道曰："此时百姓，佛再出救不得，惟皇帝救得。"其后衣冠不至伤夷，皆道与赵延寿阴护之所至也。观此，知契丹之入中原，杀机颇重，而延寿较之张彦泽等，亦为彼善于此矣。延寿在汴久之，知契丹主无践言之意，乃遣李崧达语，求立为皇太子。崧不得已言之。契丹主曰："我于燕王，无所爱惜。但我皮肉，堪与燕王使用，亦可割也，何况他事？我闻皇太子，天子之子合作，燕王岂得为之也？"因命与燕王加恩。张砺拟延寿为中京留守、时契丹以恒州为中京。大丞相、录尚书事、都督中外诸军事、枢密使燕王如故。契丹主览状，索笔围却录尚书事、都督中外诸军事字，乃付翰林院草制焉。此说可疑。契丹主岂知汉文邪？盖亦问诸汉人，非能自览状也。李崧、张砺，似皆欲以汉地大权，阴移之于延寿。他汉人承问者，则不敢尽同其说耳。又以其子匡赞为河中节度使，观此，知契丹主本无占据中原之意，而后忽变计也。

欲据中原，必有占据中原之方略，而契丹主则殊非其人。是时契丹主分遣使者，以诏书赐晋之藩镇。晋之藩镇，争上表称臣，被召者无不奔驰而至。不受命者，惟彰义节度使史匡威，又雄武节度使何重建，以秦、阶、成三州降蜀，且导蜀兵取凤州而已。然其地偏远，未足以威契丹。契丹盖以是谓中国遂可占据，故变计，欲自取之，然人民群起而攻，契丹卒不能御，则可见民力之大可恃，而中原沦陷，转皆坏法乱纪之武人招致之矣。《通鉴》云：契丹主广受四方贡献，大饮酒作乐。赵延寿请给上国兵廪食。契丹主曰："吾国无此法。"乃纵胡骑四出，以牧马为名，分番剽掠，谓之打草谷。契丹兵制，人马不给粮草，日遣打草谷骑四出钞掠以供之。每正军一名，有马三匹，打草谷，守营铺家丁各一人。见《辽史·兵志》。钞掠只可行之战时，此时战事已停，故以牧马为名也。丁壮毙于锋刃，老弱委于沟壑。自东西两畿及郑、滑、曹、濮，数百里间，财畜殆尽。契丹主谓判三司刘昫曰："契丹兵三十万，既平晋国，应有优赐。速宜营办。"时府库空竭，昫不知所出，请括借都城士民钱帛，自将相已下皆不免。又分遣使者数十人诣诸州括借，皆迫以严诛，人不聊生。其实无所颁给，皆蓄之内库，欲辇归其国。于是内外怨愤，始患苦契丹，皆思逐之矣。又云：初晋置乡兵，号天威军，教习岁余，村民不闲军旅，竟不可用，悉罢之。但令士户输钱十千，铠仗悉输官。而无赖子弟，不复肯复农业。山林之盗，自是而繁。及契丹入汴，纵胡骑打草谷，又多以其子弟及亲信、左右为节度使、刺史。不通政事，华人之狡狯者，多往依其麾下，教之妄作威福，掊敛货财。民不堪命，于是所在相聚起事，多者数万人，少者不减千百。皆见天福十二年（947）。民心之愤激既深，藩镇之政事较整饬，兵力较强盛者，乃乘之而起矣。

刘知远，《旧史·本纪》云：其先沙陀部人，而其同产弟彦超为慕容氏，盖吐谷浑人隶属于沙陀者？知远初事唐明宗，后隶晋高祖麾下，其助高祖戕废帝侍从，及劝高祖叛末帝，已见前。天福六年（941年），为北京留守、河东节度使。少帝与契丹启衅，以为幽州道行营招讨使。奉诏起兵至土门，见第十一章第三节。军至乐平而还。旋以为北面行营都统，督十三节度使，以备契丹。时少帝再命知远会兵山东，皆后期不至。帝疑之，虽为都统，而实无临制之权，密谋大计，皆不得与。知远亦自知见疏，但慎事自守而已。然知远广募士卒，阳城之战，诸军散卒归之者数千人。白承福归知远，知远收其精骑，以隶麾下。《通鉴》天福六年（941年）。参看第二节。吐浑多犯法，知远无所纵舍，相与谋遁归故地。有白可久者，位亚承福，率所部先亡归契丹。契丹用为云州观察使，以诱承福。承福家甚富，郭威劝知远诛之，收其货以赡军。知远乃密表吐谷浑反覆难保，请迁于内地。少帝遣使发其部落千九百人，分置河阳及诸州。知远遣威诱承福等入居太原城中。因诬承福等五族谋叛，以兵围而杀之，合四百口，籍没其家赀。《通鉴》开运三年（946年）。参看第十五章第三节。由是河东富强冠诸镇，步骑至五万人。契丹入汴，知远分兵守四境，以防侵轶，而遣客将王峻奉三表诣契丹：一贺入汴。二以太原夷夏杂居，戍兵所聚，未敢离镇。三以应有贡物，值契丹将刘九一军，自土门而入，屯于南川，民居必依川流，故古称某地方居民所聚之处曰某川，如《三国志·诸葛亮传》言秦川是也。此云南川，谓晋阳南民居之地。城中忧惧，俟召还此军，道路始通，可以入贡。盖不欲以兵力逐契丹，诳之以利，冀其自行召还也。契丹主赐诏褒美。及进书，亲加儿字于知远姓名之上。仍赐以木枴，胡法优礼大臣则赐之，如汉赐几杖之比。《新史·本纪》云：王峻持枴归，虏人望之皆辟道。然契丹主亦知其观望。知远又遣北都副留守白文珂献奇缯、名马，契丹主使谓知远曰："汝不事南朝，又不事北朝，意欲何所俟邪？"则形势稍迫急矣。然契丹是时，固无力进取河东。或劝知远举兵。知远曰："用兵有缓有急，当随时制宜。今契丹新降晋兵，虎踞京邑，未有他变，岂可轻动？且观其所利，止于货财，货财既足，必将北去。况冰雪已消，势难久留。宜待其去，然后取之，可以万全。"盖契丹之不能终据京邑，知远固烛之明矣。然知远亦自审未足以餍众望。是岁二月十五日，乃称皇帝而不建国号，仍称天福十二年（947年），为游移之态，以觇众志焉。

契丹主闻知远自立，伪制削夺官爵。以通事耿崇美为潞州节度使，高唐英为相州节度使，崔廷勋为河阳节度使，以扼要害之地。唐英未至，贼帅梁晖袭据之。潞州张从恩，以副使赵行迁权留后，左骁卫大将军王守恩从恩亲家。权巡检使，而身往朝契丹。判官高防与守恩谋，诛行迁，推守恩权知留后，降于河东。崔廷勋送耿崇美屯泽州，欲攻之。知远使史弘肇救之。廷勋、崇美退保怀州。契丹主以船载武库兵仗，自汴浮河，欲置之于北地，遣奉国都虞候武行德部送。至河阴，行德杀契丹监吏，与其屯驻军士，合趋河阳，据之。安国留后方太降契丹，契丹以为武定节度使，使赴洛阳巡检。至郑州，州有戍兵，共迫太为郑王。太逃奔洛阳。戍兵既失太，反谮太于契丹，云胁我为乱。太遣子师朗诉于契丹，契丹将麻荅杀之。欧《史·四裔附录》云：麻荅者，德光之从弟也。德光灭晋，以为邢州节度使。兀欲立，命守镇州。《廿二史考异》云：宋白曰：麻荅，本名解里，阿保机之从子也。其父曰撒剌，归梁，死于汴。予考《辽史》，无《麻荅传》，而有《耶律解里传》。然解里世为小吏，则非德光从弟，且亦无镇邢州、守镇州事。惟《耶律拔里得传》称太祖弟剌葛之子，太宗入汴，以功授安国军节度使，总领河北道事。师还，州郡往往叛以应刘知远，拔里得不能守而归。世宗即位，迁中京留守，卒。安国军即邢州，中京即镇州，则麻荅即《辽史》之拔里得，与解里初非一人矣。《辽史·皇子表》：剌葛，神册二年（917年）南奔，为人所杀。薛《史》亦云：麻荅父萨剌，阿保机时自蕃中奔唐庄宗，寻奔梁，庄宗平梁，获之，磔于市。与宋白说略同。但一云撒剌，一云萨剌，一云剌葛，其名小异耳。太无以自明。会群盗攻洛阳，契丹留守刘晞奔许州，太乃入府行留守事。与巡检潘环击群盗，却之。太欲自归于晋阳，武行德诱而杀之。契丹将高谟翰援送刘晞还洛。晞疑潘环构其众逐己，使谟翰杀环。晋州留后刘在明朝于契丹，以节度副使骆从朗知州事。知远遣使者张晏弘等谕以即位，从朗皆囚之。大将药可俦杀从朗，推晏弘权留后。契丹以其将刘愿为保义节度副使。奉国都头王晏，与指挥使赵晖、都头侯章杀之，奉晖为留后。契丹主即以授之。晖斩其使，奉表晋阳。初，梁太祖以高万兴守延州，牛存节守鄜坊。刘知俊叛，徙存节于同州，以高万金代之。贞明四年（918年），万金卒，万兴遂兼帅鄜延。唐时，改军名曰彰武。庄宗入洛，万兴曾一来朝。仍遣归镇。同光三年（925年），卒，子允韬袭。长兴元年（930年），乃移镇。开运中，周密为彰武节度使。契丹灭晋，军人逐之，密守延州东城。西城之兵，奉万金子允权为留后，归于晋阳。密乃弃东城去。折从阮者，本名从远，避知远讳改。盖党项之族？折氏为党项大族，见第十五章第三节。代家云中。唐庄宗有河朔，使领府州刺史，今陕西府谷县。晋高祖以云中河西之地赂契丹，从阮以郡北属。契丹欲徙河西之民实辽东，人心大扰，从阮乃保险拒之。少帝与契丹启衅，命从阮出师。从阮深入边界，拔十余寨。少帝使兼领朔州刺史、安北都护、振武军节度使、契丹西南面行营马步都虞候。闻知远起，亦来归。于是河东之声势日盛，然尚未足胁契丹，使之即去也，而河北、山东，义师继起。有王琼者，率众袭取澶州南城，围契丹将耶律郎五。契丹主遣兵救之。琼战败，见杀。然澶州不靖，则契丹归路有中断之虞。东方群盗，又陷宋、亳、密三州，契丹不得已，遣诸节度使归镇。王琼起，遣李守贞归天平，杜重威归天雄。宋、亳、密陷，又遣安审琦归泰宁，符彦卿归武宁。至是，则中原之地，控制弥艰；契丹主又不习居中土；乃复以汴州为宣武军，以其后兄小汉为节度使，使李崧为制姓名曰萧翰，翰为述律后兄子，其妹又为德光后，见新旧《史·本传》《新史·四裔附录》，及《辽史·外戚表》。而身以三月十七日发东京。

契丹主既北行，四月四日，攻相州，陷之。城中男子，无少长皆屠之，妇女悉驱以北。《新史·四裔附录》。胡人掷婴孩于空中，举刃接之以为乐。《通鉴》。高唐英阅城中遗民，得男女七百人而已。乾祐中，王继弘镇相州，于城中得髑髅十余万，《旧史·汉高祖纪》。其屠戮亦可谓酷矣。契丹主至临城，见第八章第四节。得疾。四月二十一日，死于栾城之杀胡林。今河北栾城县。赵延寿引兵入恒州，自称受契丹皇帝遗诏，权知南朝军国事。旋为其永康王兀欲所执。兀欲自立，是为世宗。北归。述律后使其第三子李胡拒之，为所败，与述律后皆见幽。契丹既有内忧，遂无暇更问南方之事矣。

契丹既北去，刘知远集群臣廷议进取，诸将咸请出师井陉，攻取镇、魏。先定河北，则河南拱手自服。此实当日进取之正道。而知远欲自石会趋上党。郭威曰："虏主虽死，党众犹盛，各据坚城，我出河北，兵少路迂，旁无应援，若群虏合势，共击我军，进则遮前，退则邀后，粮饷路绝，此危道也。上党山路险涩，粟少民残，无以供亿，亦不可由。近者陕、晋二镇，相继款附。引兵从之，万无一失。不出两旬，汴、洛定矣。"知远曰："卿言是也。"乃以弟崇为北京留守而东下，崇，欧云高祖母弟，《通鉴注》同；薛云从弟，恐误。此实苟且之计。欲成大业者，必先勉为其难。击天下之至强，袪人心所同忿，则好我者劝，恶我者惧，而基业自固。当时契丹余党，已成五合六聚之势，安能协以谋我？若能协以谋我，先定汴、洛，独不虑其合从南犯邪？

知远以五月十二日发太原，自阴地关出晋、绛。阴地关，在今山西灵石县西南。先二日，刘晞弃洛阳奔大梁。十三日，史弘肇奏克泽州。崔廷勋、耿崇美方逼河阳，闻之，退保怀州。弘肇将至，廷勋等拥众北遁。契丹在河南者，相继北去。弘肇引兵与武行德合。初晋封唐许王从益为郇国公，以奉唐祀。契丹犯京师，赵延寿所尚明宗公主已死，德光乃为延寿娶从益妹，曰永安公主。不知其母，素亦养于王淑纪。而拜从益为彰信节度使。从益辞，不之官，与王淑妃俱还洛阳。萧翰闻刘知远南，欲北归，恐中国无主，必大乱，已不得从容而去，遣高谟翰迎之。矫称契丹主命，以从益知南朝军国事，召已赴恒州。至大梁，立以为帝，留燕兵千人为宿卫而去。从益使召高行周、武行德，皆不至。王淑妃惧，召大臣谋之。或曰："今集诸营，不减五千，与燕兵并力坚守，一月，北救必至。"据《通鉴》。《新史·家人传》曰：与王松谋以燕兵闭城自守。松，萧翰所置相也。妃曰："吾母子亡国之余，安敢与人争天下？"乃用萧翰所置相赵远、枢密使翟光邺策，称梁王知军国事，遣使奉表称臣迎知远。仍出居私第。六月三日，知远至洛阳。闻从益尝召高行周，遣郑州防御使郭从义先入京师杀之，及王淑妃。妃且死，曰："吾儿为契丹所立，何罪而死？何不留之，使每岁寒食，以一盂麦饭洒明宗陵乎？"史言闻者泣下。然则刘郓尝力抗沙陀，终以强死，又谁为作墦间之祭也？然则闻之而泣者，中国之民乎？抑沙陀之仆妾也？十一日，知远至大梁，复以汴州为东京。晋之藩镇，相继来降。十五日，改国号曰汉。是为汉高祖，年号仍称天福，曰："予未忍忘晋也。"盖亦度德量力，未足以君临中原，故为是忸怩之态耳。

辽世宗之北归也，以麻荅为中京留守。汉祖既入大梁，杜重威、李守贞皆归命。重威仍请移镇。高行周亦入朝。时传赵延寿死，《辽史·延寿传》，延寿死于天禄二年（948年），即乾祐元年（948年），此时实尚未死。乃移重威于归德，以行周守邺都，起复赵匡赞，移之晋昌，而以守贞帅河中。重威不受命，使子弘璲质于麻荅以求救。时七月也。闰月，以行周为招讨使，慕容彦超副之，以讨重威。赵延寿有幽州兵二千，在恒州，重威请以守魏。麻荅遣其将杨衮将之，并契丹兵千人赴之。麻荅贪残，民间有珍货美女，必夺取之。又捕村民，诬以为盗，披面、抉目、断腕、焚炙而杀之。左右悬人肝胆手足，饮食起居于其间，语笑自若。然恐汉人去之，故契丹或犯法，无所容贷。乃谓门者曰："汉人有窥门者，即断其首以来。"其狂悖如此。先是契丹主德光使奉国都指挥王继弘、都虞候樊晖戍相州。高唐英闻汉祖南下，举镇请降。使者未返，继弘、晖杀唐英。继弘自称留后，遣使告云："唐英反覆。"诏以继弘为彰德留后，晖为磁州刺史。安国节度使高奉明闻唐英死，心不自安，请于麻荅，署马步都指挥使刘铎为节度副使，知军州事，身归恒州。及是，麻荅遣使督运于洺州，洺州防御使薛怀让杀其使，举州降。帝遣郭从义会怀让攻刘铎，不克。铎请兵于麻荅。麻荅遣其将杨安及前义武节度使李殷攻怀让于洺州。契丹留恒州之兵，不满二千，而麻荅令所司给万四千人食，收其余以自入。麻荅常疑汉兵，且以为无用，稍稍废省；又损其食以饲胡兵；众心怨愤，闻汉祖入大梁，皆有南归之志。前颍州防御使何福进，控鹤指挥使李荣，《宋史》作李筠。潜结军中壮士数十人，谋攻契丹。畏契丹尚强，犹豫未发。会杨衮、杨安等出，契丹留者才八百人，福进等遂决计。夺契丹守门者兵，突入府中。荣先据甲库，悉召汉兵及市人，以铠仗授之，与契丹战。八月朔，麻荅、刘晞、崔廷勋皆奔定州，与耶律忠合。忠即郎五也。是役也，汉兵无所统一，贪狡者乘乱剽掠，懦者窜匿，契丹几复振。幸冯道、李崧、和凝，皆在恒州，前磁州刺史李谷，恐事不济，请其至战所抚慰士卒，士卒乃争奋。然民死者几三千人，实非尽军人之力也。李荣召诸将并力，护圣左厢都指挥白再荣狐疑，匿于别室，军吏以佩刀决幕引其臂，乃不得已而行。是役也，李荣功最多，然再荣位在上，乃以再荣权知留后，具以状闻。再荣贪昧，猜忌诸将。奉国军主王饶恐为所并，据东门楼，严兵自卫。司天监赵延义善于二人，往来谕释，始得解。再荣以李崧、和凝久为相，家富，遣军士围其第求赏给，又欲杀崧、凝以灭口；又欲率民财以给军。李谷争之，乃止。然汉人尝事麻荅者，再荣皆拘之以取其财。恒人以其贪虐，谓之白麻荅焉。杨衮至邢州，闻麻荅被逐，即日北还。杨安亦遁去。李殷以其众来降。刘铎亦举邢州降。薛怀让杀铎，以克复闻。朝廷知而不问。复以恒州顺国军为镇州成德军。十一月，杜重威以食尽降。初高行周与慕容彦超不协，城久不下。高祖亲征，率诸军攻其垒，亦不克，王师伤夷者万余人。先是契丹遣幽州指挥使张琏以二千余人屯邺。时亦有燕军千五百人在京师。高祖至阙，有上变者，言燕军谋乱，尽诛于繁台之下。繁台，在开封东南。咸称其冤。有逃奔于邺者，备言其事。故琏等与重威胶固守城。高祖累令宣谕，许以不死。琏等于城上扬言曰："繁台之诛，燕军何罪？既无生理，以死为期。"琏一军在围中，重威推食解衣，尽力姑息。燕军骄悍，凭陵吏民，子女金帛，公行豪夺。及重威请命，琏等要朝廷信誓，诏许琏等却归本土。及出降，尽诛琏等将数十人，其什长已下，放归幽州。将出汉境，剽略而去。邺城士庶，殍踣者十之六七。录重威部下将吏，尽诛之。籍其财产，与重威私帑，分给将士，而仍授重威检校太师、守太傅、兼中书令。其措置，可谓殊不可解矣。赵匡赞降蜀。蜀主以书招凤翔节度使侯益，又使张虔钊、何重建攻凤翔，奉銮肃卫李廷珪出子午谷援长安。谷北口曰子，在长安南。南口曰午，在今洋县东。侯益亦降蜀。明年，改元曰乾祐。正月，回鹘入贡，言为党项所隔，乞兵应接。王景崇者，本唐明宗邢州衙将，许王从益居京师，监左藏库。取库金以奔汉祖。汉祖以为右卫大将军。及是，使将禁军数千赴之，因使之经略关西。未行，赵匡赞用节度判官李恕之谋，使恕奉表请入朝，侯益亦请赴二月四日圣寿节。

匡赞不俟恕返，已离长安。景崇等至，蜀兵已入秦川，发本道及匡赞衙兵千余人拒之。侯益亦闭壁拒蜀。张虔钊遁去。西方复平。

高祖二弟：曰崇，曰信。崇留守太原。信为侍卫马军都指挥使，领忠武节度使。三子：长承训，为开封尹。次承祐、次承勋。承训颇贤，天福十二年十二月，以疾卒，高祖痛之，亦不豫。乾祐元年正月二十七日，大渐。枢密使杨邠，迫遣刘信之镇。是日，高祖殂。邠杀杜重威及其子弘璋、弘琏、弘璨。二月朔，承祐立，是为隐帝。时年十八。

初定州西北二百里有狼山，土人筑堡于山上，以避胡寇。堡中有佛舍，尼深意居之，远近信奉之。深意俗姓孙氏，中山人孙方简新旧《史》皆作方谏。《旧史》云：清苑人。本名方简，广顺初，以犯庙讳改。案庙讳，谓周太祖父名简也。《通鉴考异》云：周世宗实录云清苑人，从《汉高祖实录》作中山。及弟行友，自言为深意之侄。深意卒，方简嗣行其术。率乡里豪健者，据寺为寨以自保。契丹入寇，方简率众要击，颇获其甲兵、牛马、军资。人挈家往依之者日众，久之，至千余家。遂为群盗。惧为吏所讨，乃归款朝廷。朝廷亦资其御寇，署为东北招讨使。《通鉴》开运三年（946年）。定帅又表为边界游奕使。方简求请多端。因少不得志，潜通于契丹。契丹入中原，以为定州节度使。契丹主北归，至定州，以耶律忠为节度使，徙方简大同。方简不受命，率其党三千人保狼山故寨，遣使请降。汉祖复其旧官。是岁，三月二十七日，据《旧史·隐帝纪》。耶律忠与麻荅等焚掠定州，悉驱其人，弃城北去。方简还据定州。又奏弟行友为易州、方遇为泰州刺史。每契丹入寇，兄弟奔命。契丹颇畏之。于是晋末州县陷契丹者，皆复为汉有矣。而关西之变复起。

隐帝既立，侯益亦入朝，益富于财，厚赂执政及史弘肇等，遂以兼中书令行开封尹。益盛毁王景崇于朝。景崇闻之，不自安。赵思绾者，本隶赵在礼帐下。在礼死，赵延寿籍其部曲，以付其子匡赞，思绾其首领也。时诏征匡赞衙兵诣阙，思绾等甚惧。景崇又以言激之。至长安，思绾遂作乱，袭据之。景崇亦讽凤翔吏民表已知军府事。李守贞闻杜重威死，不自安，亦反。自称秦王。思绾、景崇，皆受其署置。景崇又使降于蜀。朝使郭崇义讨思绾，白文珂讨守贞，不克。八月，以郭威为招慰安抚使，诸军皆受节度。威合诸军筑长围以困河中。蜀遣山南西道节度使安思谦救凤翔，不克。明年六月，长安食尽。左骁卫上将军致仕李肃，旧有恩于赵思绾，说之，思绾乃请降。诏以为华州留后。思绾以收敛财货，三改行期。七月，郭从义疑而杀之。据《通鉴》，《新史》云：蜀使人招思绾，思绾将奔蜀。是月，李守贞自焚死。十二月，王景崇亦自焚。关西乃复平。

第十四章　五代十国始末（下）

第一节　郭威代汉

汉高祖即位之初，以苏逢吉、苏禹珪为相，后又相窦贞固及李涛。逢吉者，高祖河东节度判官，禹珪则其观察判官也。入汴后，思用旧臣，贞固旧为河东节度推官，时为刑部尚书。与高祖并事晋祖，雅相知重，故遂相之。涛则逢吉所荐。涛时为翰林学士。然涛以劾张彦泽素为高祖所知，又时攻杜重威不下，涛疏请亲征，与帝意相会，因而见用。《旧五代史·逢吉传》谓涛与逢吉论甥舅之契，相得甚欢，涛之入相，逢吉甚有力焉，亦未必尽然也。

汉高祖盖颇重吏事者，其时河东政务，在诸藩镇中，盖较整饬，故能以富强闻，乘契丹之敝而逐之。此可见功业之成，虽小亦非偶然也。高祖所倚任者，史弘肇外，为杨邠、郭威及王章。邠少为吏，尝事孔谦。高祖留守邺都，用为左都押衙。镇太原，益加亲委。及即位，用为枢密使，以威副之。威，邢州尧山人。尧山，今河北唐山县。或云：本常氏子，幼随母适郭氏，故冒其姓。初应募隶李继韬。后晋祖以其长于书计，召置麾下，令长军籍。其妻柴氏，本后唐庄宗嫔御，资以金帛，令事汉祖。史载威劝汉祖出陕、晋等，非必实录。汉祖所任之将为史弘肇，入汴后，弘肇为侍卫亲军都指挥使，威乃代之出征，前此威盖仅掌军政者也。王章者，少亦为吏。高祖在河东，委以钱谷。及即位，以为三司使。高祖之殂，苏逢吉与杨邠、郭威、史弘肇同受顾命。四相中，苏禹珪徒纯厚长者，窦贞固亦但端庄自持，而李涛则锋芒较露，逢吉尤久参谋议，入汴后，百司庶务，皆由其参决处置，故与邠等有隙。高祖后李氏，史传高祖起太原时，赏军士帑藏不足，欲敛于民，后谏止之，请但悉后宫所有以为赏，盖亦略知政理。其母弟业，时为武德使，与邠、威、弘肇等争权。见《宋史·李涛传》。李涛疏请出邠、威为方镇。邠等泣诉于太后。乃罢涛政事，而加邠平章事。枢密使如故。威亦进为枢密使。又加王章同平章事。于是事皆决于邠，三相敛手而已。《旧五代史·邠传》云：邠虽长于吏事，而不识大体。既专国政，触事苛细，条理烦碎。然缮甲兵，实帑廪，俾国用不阙，边鄙粗宁，亦其功。《弘肇传》云：弘肇严毅寡言。部辖军众，有过无舍。兵士所至，秋豪不犯。河中、永兴、周改晋昌军曰永兴。凤翔连横谋叛，关辅大扰。朝廷日有征发，群情忧惴。亦有不逞之徒，妄称虚语，流布京师。弘肇都辖禁军，警卫都邑，专行刑杀，略无顾避。无赖之辈，望风匿迹。然不问罪之轻重，理之所在，但云有犯，便处极刑。枉滥之家，莫敢上诉。巡司军吏，因缘为奸，嫁祸胁人，不可胜纪。《章传》云：罢不急之务，惜无用之费，收聚财赋，专事西征，军旅所资，供馈无乏，及三叛平，赐与之外，国有余积。然以专于权利，剥下过当，敛怨归上，物论非之。三人者所行皆操切之政，此诚非正道，更非久计，然未尝不藉以取济于一时，其功罪未可以一言定也。致治之道，莫要于覈名实，破朋党。《新史·邠传》，言其为人颇俭静。四方之赂，虽不却，然往往以献于帝；又居家能谢绝宾客；此即其能奉公之证。以视苏逢吉之侈靡好贿者，迥不侔矣。《旧史·逢吉传》言：逢吉与苏禹珪，俱在中书，有所除拜，多违旧制，物论纷然。逢吉尤贪财货，无所顾避。及邠为相，每惩二苏之失，艰于除拜。即此一端，亦与其用二苏，不如用邠等也。弘肇之严刑，诚为大失，然此亦当时通病。《杨邠传》言：弘肇恣行惨酷，都人士庶，相目于路，而邠但称其善。《王章传》亦言其峻于刑法。《逢吉传》亦言其深文好杀。从高祖在太原时，高祖尝因事命其静狱，以祈福佑，逢吉乃尽杀禁囚以报。及执朝政，尤爱刑戮。朝廷患诸处盗贼，遣使捕逐，逢吉自草诏意，云应有贼盗，其本家及四邻同保人，并仰所在全族处斩。或谓之曰：“为盗族诛，犹非王法，邻保同罪，不亦甚乎？”逢吉坚以为是，仅去全族二字。此亦岂减于弘肇哉？盖自藩镇擅土以来，将拥兵而贼民，兵怙势而犯上，民迫于无可如何，亦挺而走险，则又专恃刑戮以威之，上下相驱，已成一互相残杀之局，生于其间者，皆濡染焉而不知其非，所谓非一朝一夕之故，其所由来者渐矣。然挟震主之威，为众怨之府，变故遂终不可免矣。

隐帝为大臣所制，心不能平，乃与李业及内客省使阎晋卿、枢密承旨聂文进、飞龙使后匡赞、翰林茶酒使郭允明等谋之。乾祐三年十一月十三日，邠、弘肇、章入朝，帝伏甲杀之，并诛其亲党。去年十月，契丹寇河北，郭威御之，以宣徽使王峻监其军。是岁三月，又以威镇邺都，仍领枢密使。时苏逢吉不可，曰：“以内制外则顺，以外制内，岂得便邪？”而史弘肇欲之。卒从弘肇议。十月，又诏侍卫步军都指挥使王殷屯澶州。杀邠等前一夕，遣供奉官孟业赍密诏诣澶州、邺都，令澶州节度使太后弟李洪义杀王殷，邺都行营马军都指挥使郭崇威，后避周祖讳，故或去威字。步军都指挥使曹威杀郭威及王峻。刘铢者，梁邵王友诲衙将，与汉高祖有旧。高祖镇太原，以为左都押衙。授永兴军节度使。从定汴、洛，移镇青州。因其暴虐，代以符晋卿。铢居长安，奉朝请而已，恨史弘肇、杨邠。至是，命诛郭威、王峻之家。又命太后母弟李洪建诛王殷之族。铢诛戮备极惨酷，殷但遣人监守而已。使者至澶州，李洪义不敢发，引孟业见王殷。殷囚业，遣副使陈光穗以密诏示郭威。威匿诏书，召枢密院吏魏仁浦谋于卧内。仁浦劝威反。倒用留守印，更为诏书，诏威诛诸将校，以激怒之。于是留养子荣镇邺都，命郭崇威将骑兵先驱，自将大军继之。隐帝既诛杨邠等，以苏逢吉权知开封府事，李洪建判侍卫司事，阎晋卿权侍卫马军都指挥使，而急召郓州高行周、青州符彦卿、永兴郭从义、兖州慕容彦超、同州薛怀让、郑州吴虔裕、陈州李谷等赴阙。及闻郭威兵起，李业等请帝倾府库以给诸军。苏禹珪以为未可。业拜禹珪于帝前曰："相公且为官家，莫惜府库。"遂下令：侍卫军人给二十缗，下军各给十缗，北来将士亦准此。仍遣其在营子弟，各赍家问，向北谕之。慕容彦超得诏，方食，释匕箸入朝。帝悉以军事委之。侯益曰："邺都戍兵，家属皆在京师，官军不可轻出，闭城以挫其锋，使其母妻登城招之，可不战而下也。"慕容彦超以为懦。帝乃遣益及阎晋卿、吴虔裕、前保大节度使张彦超将禁兵趋澶州。十六日，郭威至澶州。李洪义纳之。王殷以所部兵从。十七日，至滑州。节度使宋延渥迎降。王峻谕军曰："我得公处分：俟平定京城，许尔等旬日剽掠。"众皆踊跃。十九日，威兵至封丘。见第十二章第二节。慕容彦超以大军驻于七里店。在开封北。二十日，车驾劳军，即日还宫。二十一日，复出。彦超先击北军，不胜。诸军稍稍奔于北军。吴虔裕、张彦超等相继而去。侯益亦夜至郭威营。慕容彦超以十数骑奔兖州。帝西北走赵村而死。新旧《史》皆云：为郭允明所弑，说不足信，见《通鉴考异》。《通鉴》云为乱兵所弑，亦无据也。苏逢吉、阎晋卿、郭允明皆自杀，聂文进挺身走，军士追斩之。郭威至玄化门，刘铢两射城外。《旧五代史·周太祖纪》：《汉隐帝纪》云：帝策马至玄化门，刘铢在城上，问帝左右、兵马何在？乃射左右。帝回与苏逢吉、郭允明诣西北村舍。案刘铢若叛隐帝，何得更射周太祖？故知其射隐帝之说，必因其射周太祖而误传也。威自迎春门入。诸军大掠，烟火四起。翼日，王殷、郭崇威言曰："若不止剽掠，比夜化为空城矣。"由是诸将部分，斩其剽者，至晡乃定。威杀刘铢、李洪建，而复窦贞固、苏禹珪之位。李业奔陕州，其兄节度使洪信不敢纳。将奔晋阳，为盗所杀。后匡赞奔兖州，慕容彦超执送之，斩于市。隐帝之败，全由军人贩弄天子，杨光远语，见第十三章第二节。与后唐闵帝、末帝，如出一辙。慕容彦超沮侯益之计，人皆以为失策，其实未必然也。当时之败，全在彦超一军独战，而诸军不与协力，然亦未见大败，可见兵力本非不敌。《旧史·隐帝纪》：彦超自镇驰至，帝以军旅之事委之：彦超谓帝曰："陛下勿忧，臣当生致其魁首。"退见聂文进，询北来兵数及将校名氏。文进告之。彦超惧曰："大是剧贼，不宜轻耳。"盖不意附威者如此其众？然及隐帝劳军还宫，彦超尚扬言曰："官家宫中无事，明日再出，观臣破贼。"时太后遣中使谓聂文进曰："贼军在近，大须用意。"文进曰："有臣在，必不失策。纵有一百个郭威，亦当生擒之。"可见当时诸臣，于威皆不之惮也。威之用兵，本非史弘肇之伦，观其攻一李守贞，尚久而后克可知。使非诸军叛离，何至一败涂地？若人人皆以贩弄天子为事，城守何益？且当日遣北来将士在营子弟，各赍书问，向北谕之，不已行益之策乎？史所传之事迹，多周世讳饰之辞，不足信也。史言隐帝之事，不可信者甚多。如欧《史·家人传》言：隐帝数与小人郭允明、后赞、李业等游戏宫中。太后数切责之，帝曰："国家之事，外有朝廷，非太后所宜言也。"太常卿张昭闻之，上疏谏帝，请亲近师傅，延问正人，以开聪明。帝益不省。其后卒与允明等谋议，遂至于亡。一似帝所与亲狎，皆非后之所许者。然李业固后亲弟，后所最怜。《宋史·李涛传》言：周祖举兵，太后仓皇涕泣曰："不用李涛之言，宜其亡也。"则涛之请出杨邠、郭威，固业意，亦不必非太后意，涛之罢政，特见胁而然矣。郭允明本高祖厮养。后赞者，其母倡。赞幼善讴。初事张延朗，后乃更事高祖、聂文进，少为军卒，以善书算，给事高祖帐下。云小人可也。阎晋卿家世富豪，少仕并门，历职至客将，犹可云其门第或本不高。李业既居元舅之尊，何得更以小人目之？允明等虽小人乎，然《旧史·传》言：杀史弘肇等前夕，文进与同党豫作宣诏，制置朝廷之事。凡关文字，并出文进之手。明日难作，文进点阅兵籍，征发军众，指挥取舍，以为己任，内外咨禀，前后填咽。太祖在邺被构，初谓文进不与其事，验其字迹，方知文进乱阶之首也，大诟詈之。《后赞传》言：赞与同党更侍帝侧，剖判戎事。其人皆未易才也。乃又谓赞之为此，兼所以防闲言。《新史》遂云：与允明等番休侍帝，不欲左右言己短。允明尝奉使荆南，潜使人步度城壁之高卑，池隍之广隘，此盖有深意焉，《旧传》则谓其以动荆人，冀得重贿。《新史》遂径谓高保融厚赂而遣之。阎晋卿与侯益等共御北师，度必早参机密。乃《旧史·传》谓李业等谋杀杨、史，始诏晋卿谋之，晋卿且退诣弘肇，将告其事，而弘肇不见。如此捕风捉影，天下岂尚有忠贞不二之人？苏逢吉，杨、史甫诛，即权密院，亦必早与密谋。《传》云：李业辈恶弘肇、邠等，逢吉知之，每见业等，即微以言激怒之，亦隐见其与谋之迹。乃又谓弘肇等被害，逢吉不与其谋，亦见其说之不足信也。后赞，即后匡赞，作史者避宋讳，去匡字。

隐帝既死，乃诬郭允明弑逆，由太后下诰，言河东节度使崇、忠武节度使信皆高祖弟，武宁节度使赟、开封尹勋即承勋，避隐帝讳去承字。皆高祖子，其择所宜。赟者，崇之子，高祖子之。郭威、王峻请立勋。太后告以勋羸病日久，不能自举。乃议立赟，遣太师冯道诣徐州奉迎，而请太后临朝。时契丹世宗自将入寇。十二月朔，郭威御之。十六日，至澶州。二十日，将士拥威南行。王峻与王殷谋，遣郭崇威往宋州，前申州刺史马铎诣许州巡检。太后诰废赟为湘阴公。马铎至许州，信皇惑自杀。明年正月，郭威立，是为周太祖。勋卒。杀湘阴公于宋州。是日，刘崇称帝于晋阳，是为北汉。《通鉴》《宋史》同，《新五代史》称为东汉。《新史·世家》云：周太祖与旻素有隙，崇更名旻，见下。旻颇不自安，谓判官郑珙曰："主上幼弱，政在权臣，而吾与郭公不协，时事如何？"珙曰："汉政将乱矣。晋阳兵雄天下，而地形险固，十州征赋，足以自给。公为宗室老，不以此时为计，后必为人所制。"旻曰："子言吾意也。"乃罢上供征赋，收豪杰，籍丁民以益兵。隐帝遇弑，旻谋举兵。周祖白立赟，人皆知非实意也。旻独喜，罢兵，遣人至京师。太原少尹李骧劝旻以兵下太行，控孟津以俟变，庶几赟得立。赟立而罢兵可也。

旻大骂曰："腐儒欲离间我父子。"命左右牵出斩之。骧临刑，叹曰："吾为愚人画计，死诚宜矣。然吾妻病，不可独存，愿与之俱死。"旻闻之，即并戮其妻于市。以其事白汉，以明无他。已而周太祖果代汉，降封赟湘阴公。旻遣衙将李䜣奉书求赟归太原，而赟已死。旻即恸哭，为李骧立祠，岁时祠之。早谋自固，继乃信威欲立其子，崇之愚不至此。盖正以子在其手，不敢不罢兵，犹恐未足以取信，乃更杀李骧以益之耳。威苟忌崇，不杀李骧何损？若其不忌，杀十李骧何益？乃崇竟以求媚于威而杀骧，并及其妻，此时之武人，岂尚有人理？然骧久事崇，何以不知其不足与谋，而必为之谋也？岂知足以策郭威，而不足以策刘崇乎？无他，亦欲取信以自媚耳。非知之难，所以用其知者实难，韩非早言之矣。所以用其知者，亦知也，何以明于彼而暗于此也？则欲利使之然也。故曰："利令知昏。"

北汉既自立，于是藉契丹以猾夏之势复起。契丹世宗之南侵，盖非有意于略地，特欲藉此求索耳，故复遣使请和。会汉亡，安国节度使刘词送其使者诣大梁。周祖遣左千牛卫将军朱宪报之，且叙革命之由。契丹亦遣使偕来贺即位。帝又使尚书左丞田敏与俱。而北汉主亦遣李䜣使于契丹。四月，契丹主遣使如北汉，告以田敏来，约岁输钱十万缗。北汉主使郑珙以厚赂谢契丹。自称侄皇帝致书于叔天授皇帝，请行册礼。《通鉴》、欧《史·世家》云：兀欲与旻约为父子之国，旻遣珙致书兀欲，称侄皇帝，以叔父事之而已。周复遣左金吾将军姚汉英等往使，遂为契丹所留。六月，契丹册崇为大汉神武皇帝。崇更名旻。九月，旻遣李存瑰自团柏入寇。世宗欲引兵会之。其下不欲，见弑。穆宗立，旻复以叔父事之。请兵以击晋州。十月，契丹遣彰国节度使萧禹厥将奚、契丹五万会之。北汉主自将兵二万，自阴地关寇晋州。十一月，王峻救之，留陕州旬日。帝忧晋州不守，议自将由泽州路与峻会，遣使谕峻。十二月朔，下诏以三日西征。峻因使者言于帝曰："晋州城坚，未易可拔。陛下新即位，不宜轻动。若车驾出汜水，则慕容彦超引兵入汴，大事去矣。”乃敕罢亲征。北汉主攻晋州，久不克。会大雪，民相聚山寨，野无所掠，军乏食，契丹思归。闻王峻至蒙坑，在晋州南。烧营夜遁。北汉主始息意于进取。峻遣禁兵千余人戍长安，李洪信惧，入朝。二年正月，所在奏慕容彦超反状。以侍卫步军都指挥使曹英为都部署讨之。久不克。四月，下诏亲征。五月，至兖州，克之。彦超赴井死。沙陀余孽尽矣。

第二节　南方诸国形势（上）

自后唐至石晋，为时约三十年，据中原之地者，无暇过问偏方之事，梁尚有意于经略吴、楚，特力不足耳。后唐庄宗，则初无意于此。其灭前蜀，特由好贿，说见第十二章第五节。不久亦复失之矣。而偏方诸国，亦未有能蹈涉中原，抗衡上国者，海内遂成豆剖瓜分之局。其时割据一隅者，非有深根固柢，足以自立之道也，特其地丑德齐，莫能相尚，益以沙陀、契丹，交争互夺，遂至无暇及此耳。迄于周世，沙陀既力尽而毙，契丹亦运直中衰，世宗虽无远猷，颇有锐气，整军经武，中原之势斯张；更得宋祖以继之，而一统之机熟矣。

南方之国吴为大，故述南方之事者，当以吴为纲维。杨行密之寝疾也，命其节度判官周隐召其子渥于宣州。隐言渥非保家之主，而行密余子皆幼，请使庐州刺史刘威权领军府，俟诸子长授之。行密不应。左右衙指挥使张颢、徐温曰：“王出万死立基业，安可使他人有之？”行密曰：“吾死瞑目矣。”他日，将佐问疾，行密目留幕僚严可求。可求曰：“王若不讳，如军府何？”行密曰：“吾命周隐召渥，今忍死待之。”可求与徐温诣隐，隐未出见，牒犹在案上，可求即与温取牒遣使如宣州召渥。行密卒，渥袭杀周隐。然旋为张颢、徐温所替。渥之镇宣州，命指挥使朱思勍、范思从、陈璠将亲兵三千，及即位，召归广陵，颢、温使从秦裴击钟匡时，因戍洪州，诬以谋叛，诛之。又率衙兵杀渥亲信十余人。诸将不与同者，稍以法诛之。于是军政悉归二人，渥不能制。开平元年五月，颢、温共弑渥。梁之篡，诸节镇皆称臣，惟河东、凤翔及淮南，仍用天祐年号，西川则称天复。是岁，七月，梁以钱镠兼淮南节度使，马殷兼武昌节度使，各充本道招讨制置使，盖意在于来讨。故颢、温初约分吴地以臣于梁。盖既免大国之讨，且可借梁力以定己位也。渥死，颢欲背约自立。温患之。严可求为说颢曰："今外有刘威、陶雅、歙州。李简、常州。李遇，宣州。皆先王一等人也，未知能降心以事公不？"乃立行密次子隆演。初名瀛，又名渭。颢又讽隆演出温于润州，可求说止之。而与温谋，选壮士三十人，就衙堂斩颢。因以弑渥之罪归之。《通鉴》曰：初将弑渥，温谓颢曰："参用左右衙兵，心必不一，不若独用吾兵。"颢不可。温曰："然则独用公兵。"颢从之。至是，穷治党与，皆左衙兵，由是人以温为实不知谋也。按此说出《江南别录》，见《考异》。隆演以温为左右衙都指挥使，可求为扬州司马。温专政，隆演备位而已。三年三月，温以金陵形胜，战舰所聚，乃自以淮南行军副使领昇州刺史，留广陵，以假子知诰为昇州防遏兼楼船副使，往治之。知诰，海州人。温亦海州人。流寓濠、泗间。行密攻濠得之，养为子，以乞温，冒其姓。乾化二年（912 年），温使淮南节度副使王坛代李遇，都指挥使柴再用送之，而以知诰为之副。遇不受代，攻之。逾月不克。遇有少子，为淮南衙将，温执至宣州城下。遇不忍战，乃降。温使再用斩之，夷其族。刘威、陶雅惧，皆诣广陵。温待之甚恭，并遣还镇。威、雅等皆与行密起事，其徒号三十六英雄将。温未尝有战功，徒以行密病时，旧将皆以战守在外，而温居帐下，遂获盗窃政柄。温于旧将，皆伪下之，诸将乃安。知诰以功迁昇州刺史。时诸州长吏多武夫，专以军旅为务，不恤民事，知诰独选用廉吏，修明政教，招延四方士大夫，倾家赀无所爱惜。窃国之机，肇于此矣。是岁，温与刘威、陶雅率将吏请于李俨，承制加隆演太师、吴王，以温领镇海节度使，同平章事。淮南行军司马如故。三年（913 年），梁使王景仁侵庐、寿，温与朱瑾败之霍丘。见第十一章第五节。四年（914 年），梁武宁节度使王殷来附。朱瑾救之，为梁兵所败。贞明元年四月，温以子知训为淮南行军副使，内外马步诸军副使。八月，温为管内水陆马步诸军都指挥使、两浙都招讨使、守侍中、齐国公，镇润州，以昇、润、常、宣、池、歙六州为巡属，军国庶务，参决如故，而留知训居广陵。二年二月，宿卫将马谦、李球劫吴王登楼，发库兵讨知训，不克而死。是岁，晋遣使如吴会兵以击梁。十一月，吴使知训及朱瑾应之，围颍州。三年五月，徐温徙镇海军于昇州，而以知诰为润州团练使。知诰求宣州，温不许。知诰不乐。其幕僚宋齐丘曰："三郎骄纵，败在旦夕，润州去广陵，隔一水耳，此天授也。"知诰悦，即之官。三郎，谓知训也。知训骄倨淫暴，狎侮吴王，无复君臣之礼。温皆不之知。四年六月，置静淮军于泗州，出朱瑾为节度使。知训过别瑾，瑾伏壮士斩之。驰以其首示吴王，曰："仆已为大王除害。"王惧，以衣障面，走入内。瑾挺剑将出，子城使翟虔等阖府门勒兵讨之。瑾自后逾城，折足，自刭死。徐知诰用宋齐丘策，即日渡江，抚定军府。时徐温诸子皆弱，乃以知诰为淮南行军副使、内外马步都军副使、通判府事，兼江州团练使，而以幼子知谏权润州团练使。温还镇金陵，总吴朝大纲，自余庶政，皆决于知诰。初温说吴王曰："今大王与诸将，皆为节度使，虽有都统之名，不足以相临制。唐授行密诸道行营都统，渥、隆演嗣位，皆李俨承制授之。请建吴国，称帝而治。"王不许。严可求屡劝温以次子知询代知诰。知诰与骆知祥谋，出可求为楚州刺史。温专吴政，以军旅委严可求，财赋委支计官骆知祥。是时知祥附知诰，而可求仍为温谋。可求既受命，至金陵见温，说之曰："吾奉唐正朔，常以兴复为辞。今朱、李方争，朱氏日衰，李氏日炽。一旦李氏有天下，吾能北面为之臣乎？不若先建吴国，以系民望。"温大悦，复留可求，参总庶政，使草具礼仪。虑晋之灭梁，而先谋建国，此乃饰说。朱邪氏岂足缵李唐之统？以此诳天下，其谁听之？盖温久欲割据自尊，前此朱梁尚强，有所顾忌，此时梁已无足畏，篡夺之谋，因之益急，而欲谋自尊，不得不先隆隆演之位耳。五年四月，隆演即吴国王位。以温为大丞相、都督中外诸军事，诸道都统，镇海、宁国节度使，守太尉，兼中书令，东海郡王。知诰为左仆射，参政事，兼知内外诸军事，仍领江州团练使。初吴越常臣服中国，自虔州入贡，及吴取谭全播，道绝，乃自海道出登、莱抵大梁。是岁，梁诏钱镠大举讨淮南。镠使其子传瓘率战舰五百艘，自常州东洲出海，复溯江而入以击吴。战于狼山江，谓狼山南之大江也。吴师败绩。传瓘复以兵三万攻常州。徐温拒之。战于无锡，今江苏无锡县。传瓘大败。知诰请率步卒二千，易吴越旗帜铠仗，蹑其败卒，袭取苏州。温曰："尔策固善，然吾且求息兵，未暇如汝言也。"诸将皆以为吴越所恃者舟楫，今大旱，水道涸，此天亡之时也。宜尽步骑之势，一举灭之。温叹曰："天下离乱久矣，民困已甚。钱公亦未易可轻。若连兵不解，方为诸君之忧。今战胜以惧之，戢兵以怀之，使两地之民，各安其业，君臣高枕，岂不乐哉？"遂引还，且使归无锡之俘。镠亦遣使请和。自是吴休兵息民，民乐业者二十余年焉。徐温息兵之论，亦非由衷之言，盖志存篡夺，不暇徼利于外耳。隆演以权在徐氏，常怏怏，酣饮，希复进食，遂致疾。六年五月，卒。年二十四。温舍行密第三子庐江公濛，而立其第四子丹阳公溥。明年，后唐庄宗同光元年（923年）。唐灭梁，使告吴、蜀。使者称诏，吴人不受。易其书，用敌国礼，曰大唐皇帝致书于吴国主，乃受之。复书称大吴国主上大唐皇帝，辞礼如笺表。吴是时不肯仞唐为上国，足见其云虑唐灭梁，因谋自立之诬。然温篡夺之谋，实未尝不因之而少缓。逮庄宗亡，明宗继立，后唐之不足惮，亦势已显然，温乃复谋篡立。天成二年（927 年），温谋率诸藩镇入朝，劝吴王称帝。将行，有疾，乃遣知询奉表劝进，因留代知诰执政。十月，温卒。知询乃归金陵。十一月，吴王即皇帝位。以知询为诸道副都统、镇海、宁国节度使，而加知诰都督中外诸军事。四年（929 年），武昌节度使李简以疾求还江都，卒于采石。知询，简女夫也，擅留简亲兵二千人于金陵，而表简子彦忠代其父。知诰以柴再用为之。知询怒。十一月，知询入朝，知诰留之为统军，领镇海节度使，征金陵兵还江都。十二月，以知诰领宁国节度使。长兴元年十月，知诰以其长子景通为兵部尚书，参政事。二年十一月，知诰以镇海、宁国两节度镇金陵，总录朝政，如温故事，而景通以司徒同平章事，留江都辅政。清泰元年十一月，召景通还金陵，为镇海、宁国节度副大使，诸道副都统，判中外诸军事。以次子景迁为左右军都军使，左仆射，参政事，留江都辅政。天福元年六月，景迁以疾罢，以其弟景遂代为门下侍郎，参政事。二年二月，吴册知诰为齐王。知诰更名诰。先是诰忌庐江公濛，幽之和州。八月，濛杀守卫军使，奔周本于庐州。本将迎之，其子弘祚御之，而使人执濛送江都。诰使杀之采石。八月，吴主禅位于诰。诰立于金陵，国号齐。四年正月，诰自言唐宪宗子建王恪生超，超生志，为徐州判司，志生诰父荣，改国号曰唐。复姓李，更名昪，而号徐温为义祖。昪之代吴，奉吴主为让皇。改润州衙城为丹阳宫，使徙居之。及卒，天福三年十一月。迁其族于泰州。今江苏泰县。李景与周构兵，遣园苑使尹延范复迁其族于润。延范以道路艰难，恐其为变，杀其男子六十人。还报，景怒，要斩之。事在显德三年（956 年）。此据《通鉴》。薛《史·僭伪列传》、欧《史·世家》皆在二年（955 年），云景遣人杀之。昪之立，江淮比年丰稔，兵食有余，群臣争言出兵恢复旧疆，南汉遣使来谋共取楚，分其地，皆不许。吴越府署火，宫室府库几尽，其王元瓘，惊惧成疾，唐人争劝乘敝取之，亦不许。皆见《通鉴》天福六年（941年）。盖以篡夺得国，不欲假将帅以兵权也。天福八年（943年），昇卒，子景立，即景通也。以冯延已、常梦锡为翰林学士，延已弟延鲁为中书舍人，陈觉为枢密使，魏岑、查文徽为副使。皆无实材，而思徼功于外。景不能制，而诰与昇之志荒矣。

第三节　南方诸国形势（中）

王审知既袭兄位，梁开国，封为闽王。开平三年（909年），淮南遣使修好。使者倨慢，审知斩之，遂与淮南绝。而以女妻钱镠子传珦，贞明二年（916年）。又为子延钧娶刘岩之女，贞明三年（917年）。以是与近邻皆相安。审知起陇亩，每以节俭自处。选任良吏，省刑惜费，轻徭薄敛，与民休息，三十年间，一境晏然。然身死而闽局遽变。初审知从子延彬，治泉州十七年，今福建晋江县。民安之。遂密使浮海，入贡于梁，求为泉州节度。事觉，为审知所替。贞明六年（920年）。是为王氏骨肉相争之始。同光三年十二月，审知卒。长子延翰，自称威武留后。天成元年十月，自称大闽国王。十二月，弟泉州刺史延钧及审知养子建州刺史延禀袭之。建州，建安郡。延禀先至，杀延翰，诬称审知为其所弑。延钧至，延禀纳之，推为威武留后。四年（929年），延禀称疾，以建州授其子继雄，后唐明宗许之，则已不复禀命于福州矣。长兴二年四月，延禀闻延钧有疾，以次子继昇知建州留后，率继雄以水军袭福州。延钧从子仁达诈降，诱继雄斩之，因追禽延禀。延钧杀之，复其姓名曰周彦琛。继昇及弟继伦奔吴越。延钧遣弟延政知建州。三年六月，延钧表后唐云：钱镠卒，事在是年三月。请以臣为吴越王。马殷卒，事在去年十一月。请以臣为尚书令。明宗不报。自审知，岁自海道登、莱入贡，至此遂绝。四年（933 年），延钧称帝，国号闽，更名鏻。鏻目以国小地僻，常谨事四邻，然其政事紊乱殊甚。好神仙之术。道士陈守元、巫者徐彦林与盛韬共诱之作宝皇宫。审知时府舍卑陋，鏻又大作宫殿，极土木之盛。忌王仁达，族诛之。而以薛文杰为国计使。阴求富民之罪，籍没其财。建州土豪吴光入朝，文杰求其罪，将治之，光率其众且万人叛奔于吴，且请兵焉。吴信州刺史蒋延徽，信州见第十章第四节。不俟朝命，引兵会光攻建州。鏻求救于吴越。清泰元年正月，延徽围建州。鏻遣将张彦柔、王延宗救之。延宗军及中途，士卒不进，曰："不得薛文杰，不能讨贼。"延宗驰使以闻。鏻长子继鹏，执文杰，槛车送军前。士卒脔食之。蒋延徽攻建州，垂克，徐知诰以延徽行密婿，与临川王濛素善，恐其克建州，奉濛以图兴复，遣使召之。延徽亦闻闽及吴越兵将至，引而归。二年（935 年），鏻立淑妃陈氏为皇后。后本审知侍婢也。以其族人守恩、匡胜为殿使。鏻有幸臣归守明，出入卧内。鏻晚年得风疾，陈后与守明及百工院使李可殷私通。可殷尝谮皇城使李仿于鏻。陈匡胜无礼于继鹏，仿亦恶之。鏻疾甚，仿以为必不起，使壮士数人持梃击杀可殷。鏻少间，力疾视朝，诘可殷死状。仿出，引部兵入弑之。仿与继鹏杀陈后、守恩、匡胜、守明，及继鹏弟继韬。继韬，继鹏所恶也。继鹏即位，更名昶。既而自称权知福建节度事，奉表于唐。以李仿判六军诸卫。十一月，使拱宸指挥使林延皓杀之，暴其弑君及杀继韬罪。以弟继严判六军诸卫。后又罢之，以弟继镕判六军。去诸卫字。此据《通鉴》，事在天福四年（939 年）。《五代史·世家》作季镛。忌叔父前建州刺史延武，户部尚书延望，杀之。事亦在天福四年（939 年）。仍信重陈守元，赐号天师。更易将相，刑罚、选举，皆与之议。作紫微宫，饰以水晶，土木之盛，倍于宝皇宫。又以方士言白龙见，作白龙寺。事皆在天福二年（937 年）。用守元言，作三清殿于禁中。以黄金数千斤铸宝皇大帝、元始天尊、太上老君像。事在天福四年

（939 年）。政无大小，皆巫者林兴传宝皇命决之。百役繁兴，用度不足，乃命其吏部侍郎蔡守蒙，除官但以货多少为差。又以空名堂牒，使医工陈究卖官于外。诏民有隐年者杖背，隐口者死，逃亡者族。鸡豚果菜，皆重征之。天福二年十月，命其弟威武使继恭上表告嗣位于晋，且请置邸于都下。三年十一月，晋以为闽国王，以左散骑常侍卢损为册礼使。昶闻之，遣进奏官林恩白执政，以既袭帝号，辞册命及使者。四年七月，初鏻以审知元从为控宸、控鹤都。昶立，更募壮士二千为腹心，号宸卫都。禄赐皆厚于二都。或言二都怨望将作乱，昶欲分隶漳、泉二州，漳州见第九章第一节。二都益怨。昶又数侮其军使朱光进、拱宸都将。连重遇。控鹤都将。屡以猜怒诛宗室。叔父延羲，审知少子。阳为狂愚以避祸。昶赐以道士服，置武夷山中。山在今崇安县南。寻复召还，幽于私第。北宫火，求贼不获。命连重遇将内外营兵，扫除余烬，日役万人。又疑重遇知纵火之谋，欲诛之。重遇率二都兵，复召外营兵攻昶。宸卫都战败，奉昶以出。延羲使兄子继业追弑之。宸卫余众奔吴越。延羲自称威武留后、闽国王。更名曦。以宸卫弑昶赴于邻国，遣商人间道奉表称藩于晋。初卢损至福州，昶称疾不见，遣其礼部员外郎郑元弼奉继恭表随损入贡。昶遗执政书，求用敌国礼致书往来。晋高祖怒，下元弼于狱。明年正月释之。曦因商人奉表自理。乃复以为威武节度使，封闽国王。事在天福五年十一月。连重遇之攻昶也，陈守元在宫中，易服将逃，兵入杀之。重遇执蔡守蒙，数以卖官之罪，斩之。林兴先以诈觉流泉州，曦既立，遣使诛之。然此特钮前王之心腹，非能革其弊政也。而其骄淫苛虐，猜忌宗室，亦与昶无异。于是延政叛于建州。五年二月，曦遣统军使潘师逵、吴行真击之。延政求救于吴越。吴越王元瓘遣将仰仁诠救之。三月，延政募敢死士出击，大败师逵。师逵死，行真走。仰仁诠至，延政犒之，请其班师。仁诠不从。延政惧，复乞师于曦。曦使泉州刺史王继业将兵二万救之。五月，延政击吴越兵，大破之。仁诠夜遁。唐主使和曦及延政。六月，延政遣衙将及女奴持誓书及香烛至福州，与曦盟于宣陵。审知墓。然相猜恨如故。六年正月，延政请于曦，愿以建州为威武军，自为节度使。曦以威武军福州也，乃以建州为镇安军，以延政为节度使，封富沙王。延政改镇安曰镇武而称之。四月，曦以其子亚澄判六军诸卫。曦疑其弟汀州刺史延喜与延政通谋，汀州，今福建长汀县。遣将执之以归。六月，闻延政以书招泉州刺史继业，召继业还，赐死，杀其子于泉州。又恶泉州刺史继严得众心，罢归，酖杀之。后又于宴时杀其从子继柔。淫侈无度，资用不给，谋于国计使陈匡范。匡范请日进万金。曦悦，加匡范礼部侍郎。匡范增算商贾数倍。未几，算不能足日进，贷诸省、务钱以足之。恐事觉，忧悸而卒。曦祭赠甚厚。诸省、务以匡范贷帖闻。曦大怒，斫匡范棺，断其尸弃水中。以黄绍颇为国计使。绍颇请令欲仕者自非荫补，皆听输钱即授之。以资望高下及州县户口多寡定其直，自百缗至千缗，从之。六年七月，曦自称大闽皇，领威武节度使，与延政治兵相攻。福、建之间，暴骨如莽。是岁十月，曦称皇帝，延政自称兵马元帅。七年六月，延政围汀州，曦发漳、泉兵救之，延政不能克。曦发兵袭建州，亦不克。八月，曦使求和于延政，延政不受。八年二月，延政称帝于建州，国号大殷。杨思恭以善聚敛，为仆射，领军国事。增田亩山泽之税，鱼盐蔬果，无不倍征，国人谓之杨剥皮。开运元年正月，唐遗曦及延政书，责以兄弟寻戈。延政覆书，斥唐主夺杨氏国。唐主怒，与殷绝。初朱文进、连重遇弑昶，惧国人之讨，乃结婚以自固。曦心忌之。曦贤妃尚氏有宠，其妻李氏妒之，欲图曦而立其子亚澄。使谓文进、重遇曰："上心不平于二公，奈何？"三月，文进、重遇弑曦。文进自称闽王，悉收王氏宗族，自延喜已下少长五十余人皆杀之。以重遇总六军。延政遣统军使吴成义讨文进，不克。八月，文进自称威武留后，权知闽国事，奉表于晋。晋以为威武节度使，知闽国事。旋又封为闽国王。文进以羽林统军使黄绍颇为泉州刺史，左军使程文纬为漳州刺史。汀州刺史许文稹举郡降之。泉州散员指挥使留从效，与同列王忠顺、董思安、张汉思杀绍颇，请王继勋主军府。延政即以为泉州刺史。漳州将程谟，亦杀文纬，立王继成权州事。继勋、继成，皆延政从子，朱文进灭王氏，以疏远获全者也。许文稹亦降殷。文进遣兵攻泉州，为留从效所破。吴成义率战舰千艘攻福州。文进遣子弟为质于吴越以求救。初唐翰林待诏臧循，与枢密副使查文徽同乡里。循尝为贾人，习福建山川，为文徽画取建州之策。文徽表请用兵击王延政。国人多以为不可。唐主以为江西安抚使，循行境上，觇其可否。文徽至信州，奏言攻之必克。唐主以洪州营屯都虞候边镐将兵从文徽伐殷。文徽自建阳进屯盖竹。建阳，今福建建阳县，盖竹在其南。闻漳、泉、汀三州皆降于殷，殷将张汉卿将至，退屯建阳。臧循屯邵武，今福建邵武县。邵武民导殷军袭破之。执循送建州，斩之。吴成义闻有唐兵，诈使人告福州吏民曰："唐助我讨贼臣，大兵今至矣。"福人益惧。福州南廊承旨林仁翰刺杀连重遇，斩朱文进，迎成义入城。胡三省曰：南廊承旨，盖亦武职。二年正月，闽故臣共迎延政，请归福州，改国号曰闽。延政以有唐兵，未暇徙都，以从子继昌镇福州，使飞捷指挥使黄仁讽卫之。查文徽求益兵，唐主遣数千人会之。二月，延政使杨思恭拒之，败绩。乃婴城自守。初光州人李仁达仕闽，为元从指挥使，十五年不迁职。曦之世，叛奔建州。延政以为将，及朱文进弑曦，复叛奔福州，陈取建州之策。文进恶其反覆，黜居福清。今福建福清县。浦城人陈继珣，浦城，今福建浦城县。亦叛延政奔福州，为曦画策取建州，曦以为著作郎。延政得福州，二人皆不自安。仁达潜入福州说黄仁讽，仁讽然之。三月，仁达引甲士突入府舍，杀继昌及吴成义。仁达欲自立，恐众心未服，以雪峰寺僧卓岩明，据《通鉴》。《新史》作俨明。素为众所重，迎之，立为帝。延政命统军使张汉真合漳、泉兵讨之。为黄仁讽所破。仁达又杀仁讽、继珣。已，又杀岩明。自称威武留后。称藩于唐，亦入贡于晋。唐以仁达为威武节度使，赐名弘义，编之属籍。弘义又使修好于吴越。八月，唐克建州，延政降。王忠顺战死。董思安整众奔泉州。唐纵兵大掠，焚宫室庐舍殆尽。许文稹以汀州，王继勋以泉州，王继成以漳州，皆降于唐。唐置永安军于建州。十月，以王崇文为永安节度使。崇文治以宽简，建人乃安。三年（946年），王建勋致书修好于李弘义。弘义以泉州故隶威武军，怒其抗礼。四月，遣弟弘通伐之。留从效废继勋，代领军府。勒兵击弘通，大破之。表闻于唐。唐以从效为泉州刺史，召继勋还金陵，遣将戍泉州。徙王继成刺和州，许文稹刺蕲州。初唐人既克建州，欲乘胜取福州，唐主不许。枢密使陈觉请自往说李弘义，必令入朝。乃以为福州宣谕使。弘义知其谋，见觉，辞色甚倨，觉不敢言而还。至剑州，南唐所置，宋时改称南剑，今福建南平县。擅发汀、建、抚、信州兵及戍卒，抚州见第四章第六节。使建州监军使冯延鲁将以攻之。为所败。唐主以觉专命，甚怒，群臣多言兵已传城下，不可中止，乃以王崇文为都招讨使，魏岑与延鲁为监军攻之。李弘义自称威武留后，更名弘达，奉表请命于晋，晋以为威武节度使，知闽国事。又更名达，使奉表乞师于吴越。十月，唐漳州将林赞尧作乱，剑州刺史陈诲、泉州刺史留从效逐之。以泉州裨将董思安知漳州。唐主即以为漳州刺史。以其父名章，为改漳州曰南州。而命其与留从效会攻福州。吴越统军张筠、赵承泰将兵三万，水陆救福州。十一月，潜入州城。时唐主又遣信州刺史王建封助攻福州。王崇文虽为元帅，陈觉、冯延鲁、魏岑争用事，留从效、王建封倔强不用命，攻城不克，将士皆解体。天福十二年三月，吴越复发水军，遣其将余安自海道救福州。冯延鲁纵其登岸，欲击之。吴越兵既登岸，大呼奋击。延鲁不能御，弃众而走。诸军皆溃。死者二万余人，弃军资器械数十万。余安入福州，李达举所部授之。留从效引兵还泉州，逐唐戍将。吴越遣鲍修让戍福州。李达入朝于吴越，吴越更其名曰孺赟。孺赟赂内衙统军使胡进思，求归福州。进思为请，吴越主弘倧许之。孺赟与鲍修让不协，谋袭杀修让，复以福州降唐。修让攻杀之。弘倧以其相吴程知威武节度事。是岁，唐以王延政为安化节度使、鄱阳王，镇饶州。广顺元年（951年），更以为山南西道节度使，赐爵光山王。乾祐二年（949年），留从效兄南州副使从愿酖杀刺史董思安而代之，唐主不能制。置清源军于泉州，以从效为节度使。三年（950年），福州人或诣建州，告唐永安留后查文徽云："吴越兵已弃城去，请文徽为帅。"文徽信之。遣剑州刺史陈诲将水军下闽江，自以步骑继之。诲至城下，败福州兵，执其将马先进等。文徽至，吴程诈遣数百人出迎，而勒兵击败之，禽文徽。诲全军归。唐主后归先进于吴越，以易文徽焉。

马殷以梁开平元年（907年），受封为楚王。又请依唐太宗故事，开天策府，置官属。太祖拜殷天策上将军。末帝时，加殷武安、武昌、静江、宁远等军节度使，洪、鄂四面行营都统。后唐庄宗灭梁，殷遣其子希范修贡，上梁所授都统印。蜀平，殷大惧，表求致仕。庄宗下玺书慰劳之。明宗即位，又遣使修贡。天成二年（927年），请建行台。明宗封为楚国王，殷始建国。殷初兵力尚寡，与杨行密、成汭、刘龑等为敌国，殷患之，问策于其将高郁。郁曰："成汭地狭兵寡，不足为吾患。刘龑志在五管而已。杨行密孙儒之仇，虽以万金交之，不能得其欢心。然尊王杖顺，霸者之业也。今宜内奉朝廷，以求封爵而外夸邻敌，然后退修兵农，蓄力而有待耳。"殷始修贡京师。然岁贡不过所产茶茗而已。乃由京师至襄、唐、郢、复等州，置邸务以卖茶，其利十倍。又讽殷铸铅铁钱，以十当铜钱一。又令民自造茶，以通商旅，而收其算，岁入万计。由是地大力完，数邀封爵。先是吴淮南节度副使陈漳等将水军袭岳州，执刺史苑玫。乾化二年（912年）。后吴袁州刺史刘景崇威子。来附，许贞将万人援之，又为吴柴再用所破。乾化四年（914年）。及是，天成二年（927年）。吴苗璘、王彦章以水军万人攻鄂州，右丞相许德勋败之，虏璘、彦章。吴遣使求和，以二人为请，殷归之。于是与吴亦和好矣。殷子十余人，嫡子希振长而贤，而次子希声，以母袁德妃有宠，为节度副使。四年三月，殷命知政事，总录内外诸军事。希振弃官为道士。八月，希声矫殷命，杀高郁，并诛其族党。殷老不复省事，明日始知之，拊膺大哭，盖已尸居余气矣！长兴元年十月，殷寝疾。使请传位于希声。朝廷疑殷已死，以希声为起复武安节度使。十一月，殷卒。遗命诸子兄弟相继。寘置剑于祠堂，曰："违吾命者戮之。"此盖希声所为，以平其兄弟之气者也。希声既袭位，又称遗命，去建国之制，复藩镇之旧。盖自媚于上国，以求固其位也。三年七月，希声卒。六军使袁诠、潘约迎希范于朗州而立之。朗州见第六章第三节。希范与希声同日生，怨其先立不让，不礼于袁德妃。希声母弟希旺，为亲从都指挥使，解其军职，使居竹屋草门，不得与兄弟宴集，以忧愤卒。静江节度使希杲有善政。天福元年四月，汉侵蒙、桂二州，蒙州见第十章第五节。希范自将步骑五千如桂州，徙希杲知朗州。后因其称疾求归，遣医往视，毒杀之。事在开运二年（945年）。希范妻彭氏，貌陋而治家有法，希范惮之。天福三年十月，彭氏卒，希范始纵声色。为长夜之饮，男女无别。作天策府，极栋宇之盛。又作九龙殿，刻沉香为八龙，饰以金宝，长十余丈，抱柱相向，希范居其中，自为一龙。用度不足，重为赋敛。听人入财拜官。民有罪则富者输财，强者为兵，惟贫弱受刑。天福十二年五月，希范卒。诸弟中朗州刺史希萼最长，而武安节度副使、天策府都尉希广，希范母弟也，希范使判内外诸司事长直都指挥使刘彦瑫，天策府学士李弘皋、邓懿文，小门使杨涤等立之。庶弟天策左司马希崇，构之于希萼，且约为内应。乾祐元年（948年），希萼请与希广各修职贡，求朝廷别加官爵。希广厚赂执政，使拒其请。二年八月，希萼悉调朗州丁壮为乡兵，造号静江军，作战舰七百艘，以攻潭州。岳州刺史王赟大破之。追希萼，将及，希广遣使召之曰："勿伤吾兄。"赟引兵还。三年（950年），希萼复诱辰、溆州及梅山蛮，以攻希广。辰州见第二章第七节。溆州，在今湖南黔阳县境。梅山，在今湖南安化县西南，接新化界。且使称藩于唐以乞师，唐命楚州刺史何敬洙助之。希广使刘彦瑫讨之，败绩。十一月，希萼悉众趋潭州。希广水军指挥使许可琼德勋子。叛降之。潭州陷。马军指挥使李彦温与刘彦瑫奉希范、希广诸子奔唐。朗兵、蛮兵，大掠三日。杀吏民，焚庐舍，自殷已来所营宫室，皆为灰烬。希萼自称天策上将军、武安、武平、静江、宁远节度使、楚王。以希崇为节度副使、判军府事。脔食李弘皋及其弟弘节、杨涤、都军判官唐昭胤，斩邓懿文于市，而赐希广死。湖南要职，悉以朗人为之。多思旧怨，杀戮无度。昼夜纵酒荒淫，悉以军府事委希崇。希崇复多私曲，政刑紊乱。府库尽于乱兵，籍民财以赏士卒，或封其门而取之，士卒犹以不均怨望，虽朗州旧将佐，亦皆不悦有离心。遣掌书记刘光辅入贡于唐。光辅密言其民疲主骄，可取。唐主乃以边镐为信州刺史，将兵屯袁州，见第九章第一节。潜谋进取。希萼以府舍焚荡，命静江指挥使王逵、副使周行逢率所部兵千人治之。执役甚劳，又无犒赐，士卒皆怨。逵、行逢率之逃归朗州，奉希振子光惠为节度使。旋又迎辰州刺史刘言，废光惠，送于唐，推言权武平留后。表求旄节于唐，亦称藩于周。九月，希萼为其马步都指挥使徐威所执，立希崇为武安留后。初溪州刺史彭士愁寇辰、澧，溪州，在今湖南龙山县境。澧州见第六章第三节。希范遣兵讨之。士愁遣子师暠请降，事在天福五年（940年），参看第十五章第二节。楚人恶其犷直，希广独怜之，以为强弩指挥使。希萼攻希广，师暠为之力战。及败，投槊于地，大呼请死。希萼叹曰："铁石人也。"不杀。然犹杖背，黜为民。希崇幽希萼于衡山，以为师暠必怨之，使送之，实欲其杀之也。师暠与衡山指挥使廖偃立之为衡山王。刘言遣兵趋潭州，声言讨希崇之罪，军于益阳之西。今湖南益阳县。徐威等见希崇所为，知必无成，又畏朗州、衡山之逼，欲杀希崇以自解。希崇微觉之，大惧，密遣客将请兵于唐。唐命边镐趋长沙。希崇迎降。镐使率其族入朝。又遣兵如衡山，趣希萼入朝。马氏遂亡。静江节度副使知桂州事希隐，殷小子也。希广、希萼争国，南汉主以内侍吴怀恩为西北招讨使，将兵屯境上，伺间密谋进取。希广遣指挥使彭彦晖将兵屯龙峒以备之。在桂州南。希萼自衡山遣使，以彦晖为桂州都监，在城外内巡检使，判军府事。希隐恶之，潜遣入告蒙州刺史许可琼。希萼克长沙，疑可琼怨望，出之蒙州。可琼方畏南汉之逼，即弃蒙州，引兵趋桂州，与彦晖战于城中。彦晖败，奔衡山，可琼留屯桂州。吴怀恩据蒙州，遣兵侵掠，桂管大扰。兵奄至城下，希隐、可琼奔全州。今广西全县。怀恩因以兵略定宜、见第十一章第五节。连、见第十章第五节。梧、见第六章第三节。严、富、见第十章第二节。昭、见第十一章第五节。柳、见第四章第六节。龚、见第十一章第五节。象等州。见第四章第一节。南汉始尽有岭南之地。又遣兵取郴州。见第七章第六节。唐以廖偃为道州刺史。道州见第七章第一节。以黑云指挥使张峦知全州。广顺二年正月，初，唐遣皇甫晖出海、泗，事见第五节。蒙城镇将咸师朗降于晖。事在乾祐二年（949 年）。蒙城镇在亳州。唐以其兵为奉节都，从边镐平湖南。唐悉收湖南金帛、珍玩、仓粟，乃至舟舰、亭馆、花果之美者，皆徙于金陵。遣都官郎中杨继勋等收湖南租赋，以赡戍兵。继勋等务为苛刻，湖南人失望。行营粮料使王绍颜减士卒粮赐，奉节指挥使孙朗、曹进作乱，不克，奔朗州。唐遣其将李建期屯益阳以图朗州，以张峦兼桂州招讨使，以图桂州。久未有功，唐主谓其相孙晟、冯延巳：欲罢桂林之役，敛益阳之戍，以旌节授刘言。晟以为宜然。延巳请委边将察其形势。唐主乃遣统军使侯训将兵五千，自吉州路趋全州，吉州见第一章第四节。与张峦合兵攻桂州，大败，训死，峦奔归全州。十月，刘言以王逵、周行逢及衙将何敬真、张仿、蒲公益、朱全琇、宇文琼、彭万和、潘叔嗣、张文表等十人皆为指挥使，分道趋长沙。以孙朗、曹进为先锋。边镐弃城走。廖偃为乱兵所杀。唐将守湖南者相继遁去。刘言尽复马氏故地，惟郴、连入于南汉。言使告于周。明年，周以言为武平节度使，制置武安、静江等军，王逵为武安节度使，何敬真为静江节度使，周行逢为武安行军司马。

第四节　南方诸国形势（下）

钱镠以龙德三年（923 年），受梁册为吴越国王，始建国。同光二年（924 年），唐因梁官爵命之。三年（925 年），镠使告于吴，吴以其国名与己同，不受。戒境上：毋通使者商旅。四年（926 年），安重诲奏削镠官爵，以太师致仕，进奏官、使者、纲吏，令所在系治，事见第十一章第六节。长兴元年十月，镠因册闽使者还，附表引咎。其子传瓘及将佐，屡为镠上表陈诉，乃敕听两浙纲使自便。二年三月，以镠为天下兵马都元帅、尚父、吴越国王。遣使者往谕旨：以向日致仕，乃安重诲矫制也。三年三月，镠卒。年八十一。第五子传瓘立，更名元瓘。兄弟名传者，皆更为元。以遗命去国仪，用藩镇法。至天福三年（938 年），乃复建国，如同光故事。初元瓘弟判明州元珦，骄纵不法，幽而废之。小弟元球，据《通鉴》。《考异》曰：《晋高祖实录》《十国纪年》作元球，今从《吴越备史》《九国志》。数有军功，镠赐之兵仗。元瓘立，元球为土客马步都指挥使，兼中书令，增置兵仗至数千，国人多附之。元瓘忌之。是岁，并元珦杀之。六年八月，元瓘疾，属后事于内都监章德安。初内衙指挥使戴恽为元瓘所亲任，欧《史》云：元瓘质宣州，以胡进思、戴恽等自随。

军事悉以委之。元瓘养子弘侑乳母，恽妻之亲也。元瓘卒，或告恽谋立弘侑。德安秘不发丧，伏甲士杀恽，废弘侑为庶人，复姓孙，幽之明州。立元瓘子弘佐，时年十四。据《通鉴》。欧《史》云：年十三。内衙上统军使阚璠强戾，弘佐不能制。德安数与之争，贬处州。今浙江丽水县。右都监使李文庆不附，贬睦州。见第八章第二节。璠与右统军使胡进思益专横。璠与内都监使杜昭达皆好货。钱塘富人程昭悦，以货结二人，得侍弘佐左右。昭悦说进思，与璠各除刺史，复以他故留进思。内外马步都统军使钱仁俊母，昭达之姑也。昭悦谮璠、昭达谋奉仁俊作乱，诛之。夺仁俊官，幽于东府。治阚、杜党，诛放百余人。时开运二年十一月也。天福十二年二月，弘佐使内牙指挥使诸温杀昭悦，时为内都监。释仁俊之囚。是岁六月，弘佐卒，子昱方五岁，以弟弘倧为镇海、镇东节度使。弘倧性刚严，愤弘佐容养诸将，政非己出，与内衙指挥使何承训谋逐胡进思。又谋于内都监使水丘昭券。胡三省曰：按薛《史》，镠母水丘氏，昭券盖外戚也？昭券以为进思党盛难制，不如容之。弘倧犹豫未决。承训恐事泄，反以谋告进思。十二月，进思以亲兵废弘倧而立其弟弘俶。杀水丘昭券及弘倧舅进侍鹿光铉。承训复请诛进思，弘俶恶其反复，且惧召祸，斩之。进思屡请杀弘倧，未几，疽发背卒，弘倧乃获全。钱氏此时，子弟相争，军人跋扈，其势颇危，幸徐温、李昪，皆志在篡国，不暇思启封疆，闽则地更僻小，故其国亦粗安。然自钱镠，已营造第舍，穷极壮丽。轩陛服饰，比于王者。两浙里俗，咸曰海龙王。元瓘营造，又甚于其父。自镠世常重敛其民。下至鸡鱼卵彀，必家至而日取。每笞一人以责其负，则诸案吏各持其簿列于廷。凡一簿所负，唱其多少，量为笞数，已则以次唱而笞之，少者犹积数十，多者至笞百余，人尤不堪其苦焉。

刘隐以梁开平二年（908 年），兼静海军节度使、安南都护。三年（909 年），封南平王。乾化元年（911 年），进封南海王。是岁卒。

表弟节度副使陟权知留后。乾化二年（912 年），除清海军节度使，更名岩。《旧史·列传》云：初名陟，僭位之明年，改名岩。《新史·世家》云：初名岩，更名陟。《通鉴考异》引《十国纪年》云：太祖授陟清海节度使，陟复名岩。胡宾王《刘氏兴亡录》，谓其父葬其母段氏，得石版，有篆文曰隐台岩，因名其三子。又引《梁太祖实录》，于乾化元年（911 年）称为陟，二年（912 年）称为岩，《吴越备史》于乾化四年（914 年），《吴录》于天佑十四年（917 年），即贞明三年（917 年），薛《史·本纪》于贞明五年（919 年），皆称为岩，则复名之说当不误。惟《唐烈祖实录》谓陟僭位改名岩，与薛《史·列传》合；《庄宗实录》于同光三年（925 年）称为陟，《列传》自嗣立至建号，皆云刘陟耳。推校众说，初名岩，更名陟，复名岩当不误。《通鉴》以其首尾名岩，但称为岩，亦未尽善也。末帝即位，悉以隐官爵授之。贞明元年（915 年），岩以钱镠为国王，而己为南平王，南平郡王。表求封南越王，及加都统，不许。岩谓僚属曰："今中国纷纷，孰为天子？安能梯航万里，远事伪庭乎？"自是贡使遂绝。三年八月，自称皇帝，国号大越。四年十一月，改国号曰汉。五年九月，诏削岩官爵，命钱镠讨之。镠虽受命，竟不行。同光三年（925 年），岩闻梁灭，遣宫苑使何词入贡，且觇中国强弱。还言庄宗骄淫无政，不足畏也。岩大悦，自是不复通中国。南汉距中国远，故于中国初无所畏，词之来，书辞称大汉国主致书，上大唐皇帝，亦与南唐同也。是岁十二月，有白龙见于汉宫，改元曰白龙，更名龚。至天福六年（941 年），龚寝疾，有胡僧谓名龚不利，乃自造龑字名之，义取飞龙在天，读若俨。自唐末，天下乱，中朝人士，以岭外最远，可以避地，多游焉。唐世名臣谪死南方者，往往有子孙，或当时仕宦遭乱不得还者，皆客岭表，隐皆招礼之。或辟置幕府，待以宾客。岩亦多延中国士人，置于幕府，出为刺史，刺史无武人。此在五代时，可谓差强人意。然岭南珍异所聚，龑又西通黔、蜀，得其珍玩，穷奢极丽，宫殿悉以金玉珠翠为饰。用刑惨酷，有灌鼻、割舌、支解、刳剔、炮炙、烹蒸之法，或聚毒蛇水中，以罪人投之，谓之水狱。末年尤猜忌，以士人多为子孙计，故专任宦官，而自隐以来，招致士大夫之意亦衰矣。岩初立，破虔州兵，取韶州。见第十一章第五节。又取容管及高州于楚。开平四年（910 年），楚取容管、高州，至是弃之。然娶马殷女，僭号后立为后，故于楚亦无衅。长兴初，尝遣将攻拔交州，旋复失之。交州自此遂与中国分离矣。天福七年（942 年），龑卒。长子弘度立，更名玢。以弟弘熙辅政。明年，为所弑。弘熙立，更名晟。以弟弘昌为太尉、兼中书令、诸道兵马都元帅，知政事。弘杲为副元帅，参与政事。已而杀之。遂尽杀诸弟。作离宫千余间，饰以珠宝。设镬汤、铁床、刳剔等刑。任宦者林延遇。延遇死，又继以龚澄枢。其无道，无一不与龑同也。晟尝求婚于楚，楚王希广不许。晟怒，攻之，取贺州、昭州。贺州见第十章第一节，昭州见第四章第六节。事在乾祐元年（948 年）。楚亡，又取桂管。败唐兵，取郴州。然皆乘乱攘夺，无与于强弱之数也。显德五年（958 年），晟卒。长子继兴立，更名铱。时年十七。龚澄枢仍用事，一切弊政，仍与晟世无异。

荆南地狭兵弱。高季兴初之镇，梁以兵五千为其卫，衣食皆取给于梁。至后唐明宗时，尚岁给以盐万三千石。周世宗平淮南，又命泰州给之。在十国中，最无自负之意，故颇惟利是图。自季兴时，诸道入贡过其境者，多掠夺其货币，及诸道移书诘让，或加以兵，不得已，复归之，曾不为愧。及从诲立，唐、晋、契丹、汉，更据中原，南汉、闽、吴、蜀皆称帝，从诲利其赐与，所向称臣。诸国贱之，谓之高赖子，俗语谓夺攘苟得无愧耻者为赖子，犹言无赖也。从诲为人明敏，多权诈。安从进反，结从诲为援，从诲外为拒绝，阴与之通。晋师致讨，从诲遣将李端以舟师为应。从进诛，从诲求郢州为属。高祖不许。汉高祖起太原，从诲遣人间道奉表劝进，且言汉得天下，愿乞郢州为属。高祖阳诺之。高祖入汴，从诲遣使朝贡，因求郢州。高祖不与。从诲怒，及加恩使至，拒而不受。闻杜重威叛，发水军数千袭襄州，又寇郢州。遂绝汉，附于唐、蜀。既而北方商旅不至，境内贫乏，乃又上表谢罪，乞修职贡。乾祐元年（948 年）。盖真惟利是视矣。然从诲性明达，能亲贤礼士，省刑薄赋，境内以安，《通鉴》清泰二年（935 年）。实五代时之贤主也。乾祐元年（948 年）卒。子保融知留后。荆南自后唐已来，数岁一贡，中间两绝，及周世宗时，无岁不贡矣。

孟知祥以清泰元年（934 年）卒，子仁赞立，更名昶。时年十六。《新史·世家》云：昶好打毬走马。又为方士房中之术。多采良家子，以充后宫。枢密副使韩保贞切谏。昶大悟，即日出之，赐保贞金数斤。有上书言台省官当择清流。昶叹曰："何不言择其人而任之？"左右请以其言诘上书者。昶曰："吾见唐太宗初即位，狱吏孙伏伽上书言事，皆见嘉纳，奈何劝我拒谏邪？"然昶年少，不亲政事，而将相大臣皆知祥故人，知祥宽厚多纵之，及其事昶，益骄蹇。多逾法度，务广第宅，夺人良田，发其坟墓，而李仁罕、张业尤甚。昶即位数月，执仁罕杀之，并族其家。业，仁罕甥也，时方掌禁兵，昶惧其反仄，乃用为相。业兼判度支，置狱于家，务以酷法，厚敛蜀人，蜀人大怨。乾祐五年（952 年），昶与匡圣指挥使安思谦谋，执而杀之。王处回、枢密使。赵廷隐相次致仕。故将旧臣殆尽，昶始亲政事。于朝堂置匦，以通下情。何建以秦、成、阶三州来附，昶因遣孙汉韶攻下凤州，于是悉有王衍故地。赵思绾、王景崇送款，昶遣张虔钊出大散关，何建出陇右，李廷珪出子午谷，以应思绾。昶相毋昭裔切谏，以为不可。然昶志欲窥关中甚锐，乃遣安思谦益兵以东。已而汉诛思绾、景崇，虔钊等皆罢归，而思谦耻于无功，多杀士卒以威众。昶与翰林使王藻谋杀思谦，而边吏有急奏，藻不以时闻，辄启其封，昶怒之。其杀思谦也，藻方侍侧，因并擒藻斩之。自清泰至乾祐，凡十五年，乃克尽除其逼，其事亦非易易，昶实非全无能为，然知祥在蜀，全恃客兵，客将尽而蜀人不与同心，所恃以自立者先拨，况复荒淫为武家积习，昶亦渐染之而不能自拔，区区小慧，又何益邪?

第五节　周世宗征伐

周太祖二子：曰青哥，曰意哥。与其侄守筠、奉超、定哥，皆为汉人所杀。后柴氏兄子荣，幼从其姑长太祖家，太祖以为子。太祖犯京师，留荣守魏。太祖之立，以王峻为枢密使，王殷留守邺都。峻忌荣，荣屡求入朝，皆不许。广顺三年闰正月，帝以河决为忧，峻自往行视，荣复求入朝，帝许之。二月，幽峻，贬为商州司马。至州未几而卒。荣为开封尹，封晋王。殷旋入朝。时帝已得风痹疾。十一月，力疾御殿，殷入见，执之，流登州，出城即赐死。明年，显德元年（954）。正月，帝殂。荣立，是为世宗。

刘旻闻丧，使请兵于契丹。契丹遣杨衮率万骑会之。旻自将众三万趋潞州。三月，至高平南。高平见第九章第三节。世宗自将御之。马军都指挥樊爱能临阵先退。步军指挥使何徽，阵于其后，即时溃乱。局势危急。世宗督亲兵搏战，乃克之。诛爱能及徽。因命符彦卿伐北汉。帝又自潞州趋晋阳。五月三日，至城下。攻之，不能克。契丹来救，出忻、代，帝遣符彦卿拒之，以龙捷右厢都指挥使史彦超为先锋。战于忻口，彦超败死。六月朔，乃班师。是役也，本以馈运不继，但命彦卿观兵城下，及师入境，汾、晋吏民，皆以久罹虐政，愿输军需，以资兵力，世宗乃变计亲征。下数州之后，彦卿等仍以刍粮未备，欲还军，世宗不之省，乃调山东近郡，输军食以济之。《宋史·符彦卿传》。及是，粮草数十万，悉皆焚弃，军资亦丧失甚多，皆帝之轻躁为之也。

然帝究有英气，故于军政颇能整饬。初宿卫之士，累朝相承，不欲简阅，由是羸老者居多，骄蹇不用命，每遇大敌，不走即降。帝因高平之战，始知其弊。乃命大简诸军。精锐者升之上军，羸者斥去之。又以骁勇之士，多为藩镇所畜，诏募天下壮士，咸遣诣阙。时赵匡胤以战有功，为殿前都虞候，使选其尤者，为殿前诸班。其骑步诸军，亦各命将帅选之。于是士卒精强，战胜之基立矣。

时南之唐，西之蜀，咸有窥伺中原之意，而唐尤甚。初后唐灭梁，吴与中原往来不绝。天成三年二月，安重诲谓杨溥欲与朝廷抗礼，遣使窥觇，拒而不受，乃绝。天福二年五月，徐知诰用宋齐丘策，使以美女、珍玩，泛海修好于契丹。契丹主亦遣使报之。案知诰一意谋篡，且不肯用兵两浙，安敢启衅于中原？盖亦虑中原或以其窃国为讨，则籍契丹之力，以图牵制，为万一之备耳。是岁十月，知诰受吴禅。三年七月，契丹遣使诣唐。宋齐丘劝唐主厚贿之，俟其还至淮北，遣人杀之，欲以间晋。四年十一月，契丹遣其臣遥折使晋，遂如吴、越。六年四月，唐主遣通事舍人欧阳遇假道于晋，以通契丹，晋人不许。八年（943），李昪殂，子景立。契丹灭晋，唐主使贺，且请诣长安修复诸陵。契丹不许，而遣使报之。是时中原无主，晋密州刺史皇甫晖，棣州刺史王建，皆避契丹，率众奔唐。淮北群雄，多请命于唐。唐虞部员外郎韩熙载上疏，以为恢复祖业，今也其时。若虏主北归，中原有主，则未易图也。时方连兵福州，未暇北顾，唐人皆以为恨，唐主亦悔之。《通鉴》。及闻耶律德光卒，萧翰北去，乃下诏曰：乃眷中原，本朝故地。以李金全为北面行营招讨使，议经略北方。闻刘知远已入大梁，遂不敢出兵。乾祐元年十一月，初沈丘人舒元、沈丘，今河南沈邱县。嵩山道士杨讷，俱以游客干李守贞。守贞为汉所攻，遣元更姓朱，讷更姓李，名平，间道求救于唐。唐主命李金全救之，军于沂州之境。时唐士卒莫有斗志，又河中道远，势不相及，退保海州。二年二月，淮北群雄，多请命于唐。唐主遣皇甫晖等出海、泗以招纳之。三年（950年），正月，闻汉尽平三叛，乃罢李金全招讨使。此时唐之兵力，绝不足恃，徒欲驱北来降将，为之经营，与梁武帝乘侯景之乱而欲恢复北方绝相似，即能收无备之地，北兵一来，亦必无以善其后也。周太祖广顺元年三月，敕朝廷与唐本无仇怨。缘淮军镇，各守疆域，无得纵兵，擅入唐境。商旅往来，无得禁止。二年正月，唐发兵五千，军于下邳，下邳故城，在今邳县东。以援慕容彦超。闻周兵将至，退屯沭阳。见第十章第三节。周徐州巡检使张令彬败之，获其将燕敬权。周仍释使归唐。周是时绝无意与唐启衅，唐之力亦绝不足以言进取，然唐灭闽、楚，虽绝无所得，唐主颇因之而骄，冯延巳尤狂妄，常笑李昪戢兵为龌龊，曰："安陆所丧，才数千兵，为之辍食咨嗟者旬日，此田舍翁识量耳，安足与成大事？"翰林学士常梦锡屡言延巳等浮诞不可信，唐主不听。不度德，不量力，既不能令，又不受命，是为绝物矣。

蜀小而唐大，故世宗用兵，先其易者。显德二年五月，命宣徽南院使向训、凤翔节度使王景西征。蜀使李廷珪拒之。周兵战不利，馈运不继，宰相请罢兵，世宗使赵匡胤往视之，还言秦、凤可取，乃止。闰九月，景败蜀兵，取秦州。成、阶二州亦降。惟凤州王环，守御甚固，至十一月乃克。蜀主遗书请和，自称大蜀皇帝。世宗怒其抗礼，不答。然世宗大欲，实在淮南，其于蜀，特一惩创之，使不敢侵扰耳。故克凤州之月，南伐之师遂出。

世宗以宰相李谷为行营都部署，督韩令坤等十二将以伐唐。初宋齐丘为李昪谋篡最力，及事成，忽不肯署劝进表，请归隐九华山。在安徽青阳县西南。此时之士风，无所谓名节，齐丘亦非讲名节之人，盖昪爱其众子景达，欲以为嗣，而齐丘亦亟称其才，而昪以景长未果，齐丘知其不能无芥蒂，乃阳为退让以求全也。然齐丘究非澹泊之士，故昪招之即复出。未几，复以病罢，出为洪州节度使。景既立，复召为相。已，复出帅浙西。齐丘愿复归九华山。乃赐号九华先生，封青阳公，食青阳一县。今安徽青阳县。时则冯延巳、延鲁、陈觉、魏岑、查文徽等用事。福州之败，锁觉、延鲁至金陵。流觉蕲州、延鲁舒州，延巳亦罢相，岑罢谏议大夫。然岑及延巳，旋复进用。广顺二年（952年），延巳复同平章事，失潭州罢。三年三月复相。广顺三年（953年），金陵大火，逾月。显德元年（954年），大饥。民多疫死。逾年而周师至。景复召宋齐丘还金陵，使刘彦贞将兵二万趋寿州，皇甫晖、姚凤以兵三万屯定远。今安徽定远县。李谷为浮梁，自正阳渡淮，正阳镇，在寿州西。攻寿州。唐将刘仁赡固守。三年正月，世宗下诏亲征。使李重进先赴正阳。重进，周太祖甥。时为侍卫马步军都指挥使。刘彦贞向寿州，又以战舰趋正阳。李谷惧浮梁断，亟退兵。彦贞追之。至正阳，重进先至，军未及食而战，彦贞败死。皇甫晖、姚凤退屯清流关。在安徽滁县西北。世宗至正阳，以重进代李谷，徙浮梁于下蔡，今安徽凤台县。进围寿州。二月，命赵匡胤袭清流关，擒皇甫晖、姚凤。唐主遣泗州衙将王知朗赍书抵徐州，称唐皇帝奉书大周皇帝，请息兵修好，愿以兄事，岁输货财，以助军费。又改名璟，以避周庙讳。遣翰林学士钟谟、文理院学士李德明奉表称臣以请平。世宗皆不许。韩令坤袭取扬州，冯延鲁为副留守，见执。又攻泰州，拔之。三月，唐主又使右仆射孙晟、吏部尚书王崇质使周。愿去帝号，割寿、濠、泗、楚、光、海六州，岁输金帛百万。时周将何超已陷光州，郭令图陷舒州，降蕲州，又进攻黄州矣。世宗欲尽得江北，而许其存帝号。李德明请归白唐主，许之。孙晟请使王崇质与之偕归。宋齐丘、陈觉等以割地为无益，谓德明卖国图利。唐主怒，杀之。唐主之立，以弟燕王景遂为诸道兵马元帅，徙封齐，居东宫。鄂王景达为副元帅，徙封燕，宣告中外，约以传位。而立长子弘冀为南昌王。后又立景遂为皇太弟，徙景达为齐王，领诸道兵马元帅，而徙弘冀为燕王，为之副。事在天福十二年（947 年）。及是，使景达拒周。以陈觉为监军使，边镐及许文稹等为应援使。四月，唐将陆孟俊复泰州，进攻扬州，韩令坤走。世宗使张永德救之。孟俊复为令坤所擒。然世宗攻寿州迄不克。会大雨，营中水深数尺，攻具及士卒，亡失颇多，又粮运不继，乃议班师。或劝世宗诈称寿州已破，东如濠州，从之。又自濠州至涡口。以涡口为镇淮军，于其地作浮梁。世宗欲自至扬州，宰相范质等以兵疲食少，泣谏，乃自涡口北归，而留李重进围寿州。六月，刘仁赡攻城南砦，周师不利。李重进营城东，不能救。军无固志，诸将议欲退军。适赵匡胤自六合还师，六合见第十一章第五节。留驻旬日，周兵乃复振。初朱元、李平为李守贞求救，遂留于唐。及是，唐使复江北。七月，元取舒、和州，平取蕲州。唐初以茶盐强赋民，征其粟帛，谓之博征，又兴营田于淮南，民甚苦之。周师至，争奉牛酒迎劳。而周将帅不之恤，专事俘掠，视民如土芥。民皆失望，相聚山泽，立堢壁自固。操农器为兵，积纸为甲，时人谓之白甲军。周兵讨之，屡为所败。先所得唐诸州，多复为唐有。唐之援兵，营于紫金山，在寿州南，或云即八公山。与寿春城中，烽火相应。淮南节度使向训，请以广陵之兵并力攻寿春，俟克城更图进取，世宗许之。滁州守将亦弃城去，皆趋寿春。唐诸将请据险以邀之。宋齐丘曰：“如此则怨益深。”乃命诸将各自保守，无得擅出击。由是寿春之围益急。四年正月，景达遣许文稹、边镐、朱元等将数万众泝淮而上。李重进逆击，破之。二月，世宗复亲征。三月，至寿春，陈觉表朱元反覆，不可使将。唐主遣人代之，元降于周。世宗破唐紫金山兵，擒许文稹、边镐。景达、觉奔归金陵。刘仁赡疾甚，监军使周廷构、营田副使孙羽等诈为仁赡表请降。是月，仁赡卒。初淮南于寿州置忠正军，后更其名曰清淮，及是，世宗复其名，以旌仁赡之节焉。是冬，世宗再自将下濠、泗，浮淮至楚州。复取扬州。初周师无水战之具，及屡败唐兵，获水战卒，乃造战舰数百艘，使降卒教水战，命王环将以下淮。唐水军多败，长淮之舟，皆为周师所得。又造齐云船数百艘。世宗至楚州北神堰，齐云舟大不能过，乃开老鹳河以通之。在楚州西北。五年正月，巨舰数百，皆入于江，唐人知不能敌。时景遂前后十表辞太弟之位，景达亦以败军辞元帅。三月，乃立景遂为晋王，加天策上将军、江南西道兵马元帅、洪州大都督、太尉、尚书令，以景达为浙西道元帅、润州大都督。景达以浙西方用兵，与吴越战，见下。固辞，改抚州大都督。而立弘冀为太子，使参决庶政。遣陈觉表请传位于弘冀。时淮南惟庐、舒、蕲、黄未下，觉白世宗，请遣人渡江取表献四州之地，周乃许平，而谕景不必传位。景乃去帝号，称国主，而用周年号焉。周与南唐之胜负，实全系南唐之弱，而非周之强，周军且屡为白甲军所败，而安足以遇大敌？刘仁赡固善守，然以区区一城，攻围逾年而不能克，且几至溃败，其所谓攻者，亦可知矣。唐防御使张彦卿守楚州，周兵攻之，亦逾四旬而后下，彦卿巷战死，所部千余人，无一降者。然则唐封疆之臣，亦非不能效死，特专阃以出者，无一非舆尸之徒耳。刘彦贞所居藩镇，专为贪暴，积财巨亿，以赂权要，魏岑等争誉之，故唐主首用之。边镐、陈觉等，亦偾军之将也。以此遇敌，岂有幸哉？而又何敌强之足云？

是役也，湖南、吴越、荆南，皆尝出兵以助周，然或无功，或锋刃未交而退，无与于胜负之数也。初王逵既得潭州，以何敬真为静江节度副使，朱全琇为武安节度副使，张文表为武平节度副使，周行逢为武安行军司马。敬真、全琇，各置衙兵，与逵分厅视事，吏民莫知所从。行逢、文表，事逵尽礼，逵亲爱之。敬真与逵不协，辞归朗州。又不能事刘言，与全琇谋作乱。言素忌逵之强，疑逵使敬真伺己，将讨之。会南汉寇全、道、永州，行逢请身至朗州说言，遣敬真、全琇南讨，至长沙，以计杀之。时广顺三年二月也。张仿为武平节度副使，行逢又恶之，言于逵曰："何敬真，仿之亲戚，临刑以后事属仿。"四月，逵召仿饮，醉而杀之。六月，逵以行逢知潭州，自将袭朗州。克之，幽刘言。遣使上表，诬言谋以朗州降唐，又欲攻潭州，其众不从，废而囚之。请复移使府治潭州。八月，周祖从其请。逵还长沙，以周行逢知朗州事。又遣潘叔嗣杀刘言于朗州。显德元年五月，逵自潭迁朗，以周行逢知潭州，潘叔嗣为岳州团练使。三年（956年），周以逵为南面行营都统，使攻鄂州。逵过岳州，叔嗣西袭朗州。逵还军追之，及于武陵城外。战，逵败死。叔嗣归岳州，使其团练判官李简率朗州将吏迎周行逢，谓行逢必以潭州相授，而行逢以衡州刺史莫弘万权知潭州而西，以叔嗣为行军司马。叔嗣怒，不至。或说行逢，授之武安，令至都府受命。从之。叔嗣至，斩之。七月，世宗以行逢为武平节度使，制置武安、静江等军事。行逢留心民事，悉除马氏横赋，去贪吏猾民为民害者，择廉平吏为刺史、县令。刘言、王逵旧将骄横，一以法治之。史虽议其用法太严，然除暴正所以安良，湖湘盖未尝不藉是而小安也？然经此扰攘，助周攻唐之事，遂成画饼矣。吴越以是年二月，出兵攻常州，为唐将柴克宏所败。攻宣州，亦不克。南平至显德五年正月，乃以水师东下，至鄂州，亦未尝有功也。

秦、凤之下也，世宗以蜀兵数千人为怀恩军。显德四年（957年），遣其八百余人西还。蜀亦遣所擒梓州别驾胡立等八十人东还。因致书请通好。世宗以其抗礼，仍不之答。五年六月，高保融遗蜀主书，劝其称藩于周。蜀主报以尝遣胡立致书而不答。十月，世宗以户部侍郎高防为西南面水陆制置使，谋伐之。保融再遗书劝以称藩，蜀主覆书拒之，而屯兵以备。周师亦未出，而北攻契丹。

显德六年三月，世宗诏以北鄙未复，将幸沧州。命义武节度使孙行友扞西山路。侍卫亲军都虞候韩通等将水陆军先发。四月庚寅，韩通奏自沧州治水道，入契丹境，通瀛、莫。辛卯，上至沧州。即日率步骑数万，直趋契丹境。壬辰，至乾宁军。契丹宁州刺史王洪举城降。乾宁军，在今河北青县境。胡三省曰：契丹盖置宁州于乾宁军？乙未，大治水军。分命诸将，水陆俱下。以韩通为陆路都部署，赵匡胤为水路都部署。丁酉，上御龙舟，沿流而北。辛丑，至益津关。今河北霸县。水路渐隘，乃登陆而西。癸卯，赵匡胤至瓦桥关，契丹守将举城降。上入瓦桥关。甲辰，莫州降。五月乙巳朔，侍卫亲军都指挥使李重进等始至。瀛州降。关南悉平。丙午，宴诸将于行宫，议取幽州。诸将以为陛下离京四十二日，兵不血刃，取燕南之地，此不世之功也。今虏骑皆聚幽州之北，未宜深入。上不悦。趣先锋都指挥使刘重进先发据固安。今河北固安县。上自至安阳水，命作桥，不豫而止。戊申，孙行友奏拔易州。己酉，以瓦桥关为雄州，益津关为霸州。庚戌，李重进出土门击北汉。壬子，自雄州南还。六月癸巳，殂，年三十九。

世宗之用兵，颇为论史者所称道，尤惜其伐辽之未成，殆非也。彼其用兵，以所遇皆非大敌，遂成竖子之名，若遂行其意，则兵法所谓必蹶上将军者也。伐汉之役，已见周章；伐唐之役，设自涡口径趋扬州，亦安知不以气衰力竭，而为敌所乘哉？战事必度其始终，非可徼幸于一胜。辽之大军，皆在燕北，故初攻之若甚易，及其举兵南下则甚难。宋太宗高梁河之败以此，世宗取关南之后，设使贸然进兵，亦未必不蹈此辙。即谓不然，而不能禁契丹之不再至，再至而再获胜，亦不能禁其不三至，契丹之兵力未尽，即中国未可燕然，石晋之行事，正所谓殷鉴不远者也。即谓幽州可以坐收，亦必计其能守。兵有利钝，战无百胜，非有雁门内险与居庸相翼卫不可。然当日者，太原且在北汉之手矣，而可以轻心掉之乎？《五代史·王朴传》云：世宗有平一天下之志，数顾大臣问治道。选文学之士二十八，使作《为君难为臣不易论》及《平边策》，朴在选中。当时文士，皆不欲上急于用武，惟翰林学士陶谷、窦仪，御史中丞杨昭俭与朴，皆言用兵之策。朴之策曰："攻取之道，从易者始。当今惟吴易图。东至海，南至江，可挠之地二千里，从少备处先挠之，备东则挠西，备西则挠东，彼必奔走以救其弊，奔走之间，可以知彼之虚实，众之强弱，攻虚击弱，则所向无前矣。勿大举，但以轻兵挠之。彼人怯弱，知我师入其地，必大发以来应。数大发，则民困而国竭；一不大发，则我获其利。彼竭我利，则江北诸州，乃国家之所有也。既得江北，则用彼之民，扬我之兵，江之南亦不难平之也。如此，则用力少而收功多。得吴则桂、广皆为内臣，闽、蜀可飞书而召之，如不至，则四面并进，席卷而蜀平矣。吴、蜀平，幽可望风而至。惟并必死之寇，不可以恩信诱，必须以强兵攻之，然其力已丧，不足以为边患，可为后图，候其便则一削以平之。"朴此言攻取自吴始，世宗从之。然朴之策极自惜其力，而世宗所行，则适与之反。至其论取燕、晋之难易，亦适倒置。何者？汉依辽而存，非辽恃汉而盛；且辽有足之寇，历代以为深患，非一蹴可平，而北汉则如坐谷中，终不能以一隅之地，抗举国之师也。欧阳氏言：朴所陈用兵之略，非特一时之策。至言诸国兴灭次第，云淮南可最先取，并必死之寇，最后亡，其后宋兴，平定四方，惟并独后服，皆如朴言。其实太宗高梁河之败，亦未尝不由视辽太轻，即踵世宗及朴之失策也。梁襄王问曰："天下恶乎定？"孟子曰："定于一。""孰能一之？"曰："不嗜杀人者能一之。"其言似迂，而实至径。何则？不嗜杀人，则天下顺之，嗜杀人，则人莫不与之为敌也。秦凤之平也，世宗以所俘蜀兵隶军籍，从征淮南。亡降唐，唐主表献百五十人，世宗悉斩之。张永德与李重进不相悦。唐主闻之，以蜡丸书遗重进，诱以厚利。其书皆谤毁及反间之语。重进奏之。世宗一怒，遂杀孙晟，已云甚矣，又及其从者百余人，其嗜杀如此，安怪将率之恣俘掠以激白甲军之变？初入并州，民愿输军需，以资兵力，及后，河东之守甚固，亦安知不由于此？此岂有纪律如此，而可称为强兵？

而其将可称为良将？而其主可称为善将将者哉？或曰：樊爱能、何徽之诛，军纪固已立矣。然则黄袍又何以被宋祖之身乎？

第六节 宋平定海内

周世宗七子：长曰宜哥，第二、三子未名，皆为汉人所杀。世宗卒，第四子梁王宗训立，是为恭帝。时年七岁。明年，宋太祖建隆元年（960年）。正月，辛丑朔，镇、定二州奏契丹入寇，河东贼军，自土门东下。诏殿前都点检赵匡胤北征。癸卯，发京师。是夕，宿于陈桥驿。未曙，军变，拥匡胤南还立之，是为宋太祖。废周恭帝为郑王。开宝六年（973年），殁于房陵。韩通欲拒之，为散员指挥使王彦升所杀。在外则李筠叛于昭义，四月。李重进叛于淮南，九月。太祖皆亲征平之。是年之入寇，《辽史》不记其事。《东都事略》谓契丹与河东连兵寇镇、定，闻太祖即位，惊曰："中国有英主矣。"于是遁去，此史家缘饰之辞。《十国春秋·北汉纪》云：辽师谋会兵攻镇、定，则虽有其谋，未尝出师也。毕沅《续资治通鉴考异》。然则边警之言，特为拥戴造作而已。毋教猱升木，如涂涂附，君子所以作事谋始也。

宋室既兴，不久遂成统一之业。以其时割据诸国，皆无深根固柢，可以自立之道也。建隆元年八月，荆南高保融卒。子继冲幼，命弟行军司马保勖总判内外军马事。二年九月，宋以为荆南节度使。三年九月，周行逢病。召其将吏，以子保权属之，曰："吾起陇亩为团兵，同时十人，皆以诛死，惟衡州刺史张文表独存，然常怏怏不得行军司马。吾死，文表必叛。当以杨师璠讨之。如其不能，则婴城勿战，自归于朝廷。"行逢卒，保权立。文表果叛，攻下潭州。保权乞师于朝廷，亦命师璠讨之。十一月，高保勖卒，以位授继冲。

明年为乾德元年正月，宋以山南东道节度使慕容延钊为都部署，枢密副使李处耘为都监，以讨张文表。未至，杨师璠破文表，擒斩之。李处耘假道于继冲，乘其出迎，袭据其城，遂趋朗州。周保权惧，召观察判官李观象谋之。观象劝其幅巾归朝。指挥使张崇富等不可。乃出兵以拒。慕容延钊取岳州，崇富等未战而溃。三月，宋师入朗州。斩崇富，获保权。荆南之下也，太祖仍以高继冲为节度使。是岁，有事于南郊，继冲上书愿陪侍。九月，遂率其将吏、宗族入朝焉。

孟昶君臣，务为奢侈，而信任王昭远及伊审征，委以机务。昭远，成都人，幼以僧童从其师入府，孟知祥爱其敏慧，令给事昶左右。审征，知祥妹褒国公主子，少与昶相亲狎。二人皆以经济为己任，然未更忧患，不知世务之艰，志大才疏，夸侈无实，正与昶如出一辙，宜其败也。乾德二年（964 年），昶遣孙遇、杨蠲、赵彦韬为谍，至京师。彦韬潜取昶与刘钧蜡丸帛书以告，书言已于褒、汉，添驻师徒，只待灵旗济河，便遣前锋出境。十月，乃遣王全斌、崔彦远自凤州，刘光义、后避宋太宗讳，改名廷让。《五代史》作光乂，亦避讳改字也。曹彬自归州伐之。蜀山南节度使韩保正弃兴元保西县。宋师围之，又弃西县走。宋师追擒之。昶遣王昭远、赵崇韬廷隐子。拒战。又遣其太子玄喆率精兵数万守剑门。玄喆辇其爱姬，携乐器伶人数十以从，蜀人见者皆窃笑。全斌至三泉，遇昭远，击败之。昭远焚吉柏江浮桥，退守剑门。三年正月，宋师得降卒之教，由小路分出剑门南夹攻之，昭远、崇韬败走，皆见擒。玄喆亦逃归。刘光义亦克夔州。蜀兵所在奔溃。昶问计于左右，老将石頵谓东兵远来，势不能久，宜聚兵坚守以敝之。昶叹曰："吾与先君，以温衣美食养士四十年，一旦临敌，不能为吾东向放一箭。虽欲坚壁，谁与吾守者邪？"乃命宰相李昊草表以降。自兴师至此，六十六日而已。至京师，封为秦国公。七日而卒。全斌等驻军成都，日夜宴饮，不恤军务，纵部下虏掠，蜀人莫不患苦。蜀旧将全师雄等遂叛。至四年十二月乃平之。观此而知宋初军纪之坏，凡军纪坏者，必不足以遇大敌，此燕云之所由不可复欤？惟峡路之师，以曹彬之净，秋豪不犯。太祖嘉之，异日乃专任之以平江南焉。

南汉刘𬬮，委政于宦者龚澄枢及才人卢琼仙。日与宫人波斯女等淫戏后宫，不复出省政事。内官陈延受，据《通鉴》。欧《史》作延寿。引女巫樊胡入宫，言玉皇遣樊胡命𬬮为太子皇帝，乃于宫中设玉皇坐，樊胡坐宣祸福，令𬬮再拜听命。宫中妇人，皆具冠带领外事。粪虽宠任中官，数裁三百余，位不过掖庭诸局令、丞。晟时千余人，稍增内常侍、诸谒者之称。至𬬮，渐至七千余。有为三师、三公，但其上加内字，诸使名不啻二百，女官亦有师、傅、令、仆之号。目百官为门外人。群臣小过，及士人、释、道有才略可备问者，皆下蚕室，令得出入宫闱。作烧煮、剥剔、刀山、剑树之刑。或令罪人斗虎，抵象。又赋敛烦重。置媚川都，定其课。令入海五百尺采珠。所居宫殿，以珠、玳瑁饰之。陈延受作诸淫巧，日费数万金。宫城左右，离宫数十，𬬮游幸常至月余或旬日，以豪民为课户，供宴犒之费。在割据诸国中，无道为最甚矣。开宝元年（968年），𬬮举兵侵道州。太祖使李煜谕令称臣，归湖南旧地。𬬮不从。三年（970年），煜又使给事中龚慎仪遗之书，𬬮囚之。九月，命潭州防御使潘美讨之。取贺州。十月，取昭州、桂州。十一月，取连州。𬬮喜曰："昭、桂、连、贺，本属湖南，今北师取之，其不复南也。"十二月，平韶州。四年正月，平英、雄二州。英州，今广东英德县。雄州，今广东南雄县。𬬮将潘崇彻，尝代吴怀恩守桂州，为内中尉薛崇遇所谗，夺兵柄，怏怏，遂来降。二月，师度马径，去广州十余里。𬬮遣其右仆射萧漼等奉表乞降。潘美令部送赴阙。𬬮惧，遣其弟保兴等拒战，不胜。李托者，亦宦人，𬬮以其养女为贵妃，专宠，托为内太师，居中专政。与龚澄枢谋曰："北师之来，利吾国宝货耳。焚为空城，师不能驻，当自还也。”乃尽焚其府库宫殿。鋹以海舶十余，悉载珍宝嫔御将入海。宦者乐范窃其舟逃归。师次白田，鋹素衣白马以降。至京师，赦为恩赦侯。而诛龚澄枢、李托、薛崇遇。

李景既失淮南，颇躁忿，大臣宋齐丘、陈觉等皆见杀。欧《史·世家》云：钟谟素善李德明，既归，闻德明由宋齐丘等见杀，欲报其冤，未能发。陈觉，齐丘党也，与景相严续素有隙。觉尝奉使周，还言世宗以江南不即听命者，严续之谋，劝景诛续以谢罪。景疑之。谟因请使于周验其事。景已割地称臣，乃遣谟入朝谢罪，言不即割地者非续谋，愿赦之。世宗大惊曰：“续为是谋，忠其主也，朕岂杀忠臣乎？”谟还，言觉奸诈。景怒，流觉饶州，杀之。宋齐丘坐觉党与，放还青阳，赐死。案当时南方诸国，吴为大，自后唐至晋三十年中，沙陀、契丹，交争互夺，无一日之安，而江南颇平静。使其君臣能发愤自强，问鼎北方，初非难事，然而终不能然者？藩镇之邦，本无天泽之分，君臣上下，积相猜忌，使自任以天下之重者，未由自进，所用者皆小知之士，严可求、宋齐丘等，则其人也。此等人而可与之安天下乎？又其君臣皆溺于晏安，不能自振。景与煜既仍世如此矣。孙晟，志节之士也。其北使也，谓王崇质曰：“吾行必不免。然吾终不负永陵一抔土也。”永陵，昪墓也。及晟遣崇质先归，周兵数败，尽失所得诸州，世宗忧之，召晟问江南事，晟不对。世宗怒，未有以发。会景以蜡丸书遗李重进，劝其反。重进以书来上，乃收晟下狱，及其从者二百余人皆杀之。晟临死，世宗犹遣近臣问之。晟终不对，神色怡然，正其衣冠，南望而拜，曰：“臣惟以死报国耳。”乃就刑。此于从容就义何愧焉？然史言其事昪父子二十余年，官至司空，家益富骄，每食，不设几案，使众妓各执一器，环立而侍，号肉台盘。韩熙载，煜时为中书侍郎、勤政殿学士。史言煜以其尽忠能直言，欲用为相，而熙载后房妓妾数十人，多出外舍，私侍宾客，以此难之。乃左授右庶子，分司南都。熙载尽斥诸妓，单车上道。煜喜，留之，复其位。已而诸妓稍稍复还。煜曰：“吾无如之何矣。”此等人而可与之安天下乎？景遂既去储位，弘冀毒杀之。事在显德五年（958年）。《通鉴》云：景遂之赴洪州，以时方用兵，启求大臣以自副。唐主以枢密副使工部侍郎李征古为镇南节度副使。征古傲狠专恣，景遂虽宽厚，久而不能堪。尝欲斩征古，自拘于有司，左右谏而止。景遂忽忽不乐。弘冀在东宫，多不法。唐主怒，尝以毬杖击之，曰：“吾当复召景遂。”昭庆宫使袁从范，从景遂为洪州都押衙。或谮从范之子于景遂，景遂欲杀之，从范由是怨望。弘冀闻之，密遣从范毒之。显德六年九月，弘冀卒。封第六子从嘉为吴王，居东宫。建隆二年二月，景迁于南昌。立从嘉为太子，留金陵监国。六月，《宋史》作八月，此从《南唐书》。卒。从嘉复立于金陵，更名煜。煜性仁孝，善属文，工书画。然骄侈，好声色。又喜浮图，高谈不恤国事。虽怏怏以国蹙为忧，亦徒日酣燕，悲歌愁思而已。周世宗时，中国诒江南者尚称书，煜之立，始改书为诏而不名。开宝四年（971年），煜去唐号，改印文曰江南国主，赐诏呼名。煜事中国恭甚，太祖欲伐之而无名。七年（974年）秋，乃诏其入朝。煜不听。十月，乃命曹彬自荆南伐之。十一月，自采石济。八年正月，傅金陵。吴越亦发兵取常州。九月，又会宋师降润州。十月，唐神卫军都虞候朱全赟集上流之兵入援，败死皖口。金陵外援遂绝。十一月，城破。俘煜至京师，封为违命侯。煜之降，曹彬令作书谕江南诸城守，皆相继下。独江州军校胡则与衙将宋德明不听。诏先锋都指挥使曹翰攻之。九年（976年）夏乃克。帝惩王全斌之失，是役也，简用曹彬，江南平，无大杀戮。及江州下，胡则病卧床上，曹翰要斩之。并杀宋德明。遂屠其城，死者数万人。所略金帛以亿万计。弥可见宋初军纪之坏矣。此燕、云之所以不复欤？

泉州留从效，初颇忠于李景。景以兵十万保紫金山。从效累表，言其顿兵老师，形势非便。及景败，乃思自树于上国。显德五年

（958年），遣衙将蔡仲赟等为商人，以帛书表，置革带中，自鄂路送款内附。六年（959年），又遣别驾黄禹锡间道奉表，乞置邸京师。周世宗以江南既服，不许。宋初，从效遂上表称藩，贡献不绝。李景迁洪州，从效疑其讨己，颇惧。遣其从子绍錤赍厚币献景。建隆三年三月，从效疽发背卒。从效无嗣，以兄从愿之子绍錤、绍镃为子。从效寝疾，从愿守漳州，绍錤在金陵，绍镃尚幼。衙校张汉思、陈洪进劫迁从效于东亭。从效卒，绍镃典留务。月余，洪进诬其将召越人以叛，执送江南。推汉思为留后，自为副使。汉思年老醇谨，不能治军务，事皆决于洪进。汉思诸子，并为衙将，颇不平。乾德元年四月，洪进胁夺汉思印，迁诸别墅。遣使请命于李煜。煜以洪进为清源军节度。洪进遣衙将间道奉表。二年六月，制改清源军为平海军，授洪进节度使。以其子文显为节度副使，文颢为漳州刺史。江南平，吴越王来朝，洪进不自安，遣文颢入贡。太祖因下诏召之。至南剑州，闻太祖崩，乃归镇。太宗太平兴国三年四月，洪进来朝，献所管漳、泉二州。诏以为武宁节度使，留京师奉朝请。文显为通州团练使，仍知泉州。第三子文顗为滁州刺史，仍知漳州。至四年三月，乃诏泉州发兵，护送洪进亲属至阙焉。从效出自寒微，知人疾苦，在郡，专以勤俭养民为务，民甚爱之。洪进多敛于民。第民赀百万已上者，令差入钱补协律、奉礼郎，而蠲其丁役。子弟亲戚，交通贿赂，民甚苦之。

吴越钱俶，即弘俶，避宋太祖父偏讳，去弘字。开宝九年（976年），及其子镇海、镇东节度使惟濬来朝。太祖留惟浚，遣俶归国。太平兴国三年三月，俶又入朝。四月，陈洪进纳士，俶亦上表，献其所管十三州、一军。宋以范旻知杭州，发其缌麻以上亲及所管官吏悉赴阙。

宋平诸国，皆如摧枯拉朽，独河东久而后下。刘旻之败于高平也，其年十一月卒。《旧五代史·周世宗纪》及《僭伪列传》皆误后一年。《辽史》在应历五年（955年），同误。子承钧立，更名钧。建隆元年（960年），钧始用郭无为。无为者，棣州人。少博学，有辞辩。为道士，隐武当山。在今湖北均县南。周太祖讨李守贞，无为诣军门上谒，太祖不纳，乃去隐太原抱腹山。钧枢密使段恒从《通鉴》。《新五代史》作段常，乃避宋真宗讳改字。荐之。钧使为谏议大夫，参议中书事。钧又用五台山僧继颙为鸿胪卿。继颙者，刘守光之子。守光之死，以孽子得不杀，削发为浮图。为人多智，善商财利，自旻世颇已赖之。四方供施，继颙多积蓄以佐国用。五台当契丹界上，继颙常得其马以献。号添都马，岁率数百匹。又于柏谷置银冶，在今山西长治县北。募民凿山取矿，刘氏赖以足用。此二人，盖甚有裨于北汉者也。乾德元年七月，宿卫殿直行首王隐等谋叛，辞连段恒，出恒为汾州刺史，寻缢杀之。以赵弘为枢密使。宏降宋后，以犯太祖父讳，赐名文度。郭无为为左仆射，兼中书侍郎、平章事。旋又出弘汾州，以无为为枢密使。自此军国之务，皆听于无为矣。是岁八月，宋王全斌取乐平，建为平晋军。开宝元年七月，钧卒。无子。初旻以女妻晋护圣营卒薛钊。汉祖典禁兵，释钊籍，馆门下。汉祖后领方镇，爵位通显，钊罕得见其妻，怏怏。一日，乘醉求见，即引佩刀刺妻，妻奋衣得脱，钊乃自刭。钊子继恩，时尚幼，汉祖令钧养为子。女再妻何氏，生子继元。何死，钧亦养为子。钧立，继恩为太原尹。钧疾，继恩监国。出侍卫亲军使蔚进守代州，钧养子继忠守忻州。继忠观望，出怨语，缢杀之。钧卒，继恩立。服衰裳，视事寝处，皆居勤政阁。八月，供奉官侯霸荣入，反扃其门，弑之。郭无为遣兵以梯登屋入，杀霸荣并其党，而立继元。霸荣者，邢州人。多力善射，走及奔马。尝为盗并、汾间。钧用为散指挥使，戍乐平。降于王全斌，补内殿直。未几，复奔北汉，为供奉官。其弑继恩也，或谓其谋持其首以献宋祖，其说盖确？而并人谓钧病，与无为语及后事，谓继恩不才，无为亦言其然，继恩欲诛无为，无为授意霸荣弑之，又杀霸荣以灭口，盖不快于无为者造作之辞也。宋使潞州节度使李继勋伐北汉。明年二月，宋祖又亲征。三月，至太原。壅汾、晋二水，以灌其城。先使彰德节度使韩赟贺守镇、定，又以棣州防御使何继筠为石岭关部署以防辽。石岭关见第十章第五节。时辽穆宗见弑，景宗立。二月。四月，辽兵两道入，重赟、继筠皆败之。然围太原至闰五月，仍不能克。暑雨，士卒多患腹疾，辽北院大王屋质又自间道入，驻太原西，乃议班师。绛人薛光化言：伐木先去枝叶。今河东外有契丹之助，内有人户赋输，恐岁月间未能下。宜于太原北及河北界，各建城寨，扼契丹援兵，而起其部内人户，于西京、襄、邓、唐、汝州给闲田，使自耕种，绝其供馈。如此，不数年间，自可平定。帝嘉纳之。徙太原民万余家于山东、河南，分命使者十七人，发禁军护送之。因屯于镇、潞等州，此可见太原之能用其众矣。周世宗之入汉境，汉人至愿输军资，以求戡定，而是时，乃为其主效死如此，可见刘钧、郭无为之绥抚有方，抑继颙之筹款，取之布施，市易及银冶，凡民之赋税，盖以此而获宽？此又见桑弘羊行均输，民不益赋而国用饶，实为理财之上策也。然使周军当日，不凌虐汉民，太原或数年可下，此则为渊驱鱼，为丛驱爵，数世之患，非纵敌为之，而虐民者自树之矣。孟子所以谓不嗜杀人，然后能一天下欤？自宋徙太原之民，则北汉益形寡弱，终至不支，此所谓小敌之坚，大敌之禽也，然其亡非其罪矣。是月也，继元杀无为于围城之中。史谓无为有出降之心，此乃诬辞。《宋史·世家》云：继元立，太祖遣李继勋等讨之，仍诏许继元以青州节度，无为邢州节度。无为得诏色动。一日，继元燕群臣，契丹使亦在。无为恸哭于庭，曰："今日以空城抗大军，计将安出？"引佩刀欲自刺。继元遽降阶，持其手，引升坐。无为盖欲以动众心也？及太祖亲征，长围既合，无为请自将兵夜出击围，欲自拔来归，直天阴晦而止。阉人卫德贵告其事。会太祖壅汾水浸城，城中人情大惧，继元乃杀无为以徇。此说之诬，显而易见，不待辩也。无为果有哭庭之举，或欲以固众心而致辽援欤？求出击围，安知其意图自拔？亦岂易于自拔？抑可谓忠勇矣。继元之立，尝尽杀旻诸子，又杀钧妻郭氏，其杀无为，盖仍为争位也。然无为死而城中即能出兵，图焚攻具，其夜，又为诈降，欲袭宋师，则可见其守御之志甚坚，亦非专恃无为。然无为之死，要为北汉自坏其长城也。初钧之立，所以事辽者多略，不如旧时。辽主遣使责之。钧恐惧，遣从子继文往谢。辽执之。有谏辽主者。又明年，辽乃索北汉使者十六人，尽遣之。仍命继文为保义节度使，李弼为枢密使，俾辅继元。继元出继文代州，弼宪州。见第十二章第三节。辽主又下诏责之。继元皇恐谢过，然卒不召继文还。而以奄人卫德贵为大内都点检，嬖人范超为侍卫亲军都虞候，分掌机务。据毕氏《续通鉴》。欧《史·世家》：杀钧妻者即超。《宋史·世家》：太宗围太原时，继元宣徽使范超来降。攻城者以超为出战，擒而戮之。继元遂斩超妻子，投其首城外。开宝九年八月，太祖又使党进等五道伐之。十月，太祖崩。十二月，太宗乃诏罢兵。太平兴国四年正月，太宗命诸将大举。以郭进为太原、石岭关都部署，以绝辽援。车驾并先出镇州，以事牵制。四月，乃至太原。辽相耶律沙来援，大为郭进所破。辽人不能再举。五月，继元乃降。封为彭城公。淳化二年（991年）卒。太原之下，太宗遂攻幽州，大败。固由辽兵之强，然亦宋兵先为北汉所敝，有以致之也。

第十五章　唐中叶后四裔情形

第一节　东北诸国

唐自天宝已后，内乱纷纭，已无暇复及域外之事。然其余威振于殊俗者既久，故四方诸国，来朝贡者尚多，而其文教之渐被于东方者为尤广焉。

句丽、百济亡后，半岛三国，已仅余一新罗。新罗自法敏而后，国势日盛。传三世至兴光。开元末，唐始明与以溟水以南之地。《册府元龟》有开元二十四年（736年），《新罗王谢溟江以南敕令新罗安置表》，新旧《唐书》俱失载。兴光亦助中国，败渤海海上之师。盖其极盛之时也。又三传至乾运，为其相金良相所弑，国运始衰。乾运之死，事在建中四年（783年）。《新书》本传但云乾运死无子，国人共立宰相金良相，据彼国史籍，则乾运实为良相所弑也。《传》又云：会昌后朝贡不复至，盖以其国衰乱之故？唐末，王族弓裔起于铁原，今江原道铁原府。后为其将王建所替。又有甄萱者，起于完山，今全罗道全州。亦为建所并。新罗遂降于建。建奠都松岳，今京畿道开城府，号其国曰高丽。《旧五代史·高丽传》曰：唐高宗分其地为郡县。及唐之末年，中原多事，其国遂自立君长。前王姓高氏。盖唐于溟水以北之地，至末年始明弃之也。《新五代史》本传云：当唐之末，其王姓高氏。同光元年（923年），遣使广评侍郎韩申一、副使春部少卿朴岩来，而其国王姓名，史失不纪。至长兴三年（932年），权知国事王建遣使者来，明宗乃拜建玄菟州都督，充大义军使，封高丽国王。《通鉴》梁贞明五年七月云：初唐灭高丽。天祐初，高丽石窟寺眇僧躬乂聚众据开州，称王，号大封国。至是，遣佐良尉金立奇入贡于吴。据《考异》，说出《十国纪年》。龙德二年（922年）云：大封王躬乂性残忍，海军统帅王建杀之自立，复称高丽王。以开州为东京，即开城。平壤为西京。建俭约，国人安之。躬乂即弓裔，据彼国史籍，弓裔初尝为僧也。观复称高丽王之语，似弓裔亦尝以高丽自号，故史讹为高氏欤？天福元年（936年）云：高丽王建用兵击破新罗、百济，甄萱以百济自号，彼国史家称为后百济。东夷诸国皆附之，有二京、六府、九节度、百二十郡，则全有半岛之地矣。《新史》言建及其子武、武子昭三世，终五代常来朝贡。其立也，必请命中国，中国亦常优答之。周世宗时，遣尚书水部员外郎韩彦卿以帛数千匹市铜于高丽以铸钱，昭遣使者贡黄铜五万斤云。

新罗、高丽之人，入中国者甚多。新罗：开元十六年（928年），曾遣子弟入太学学经术。至开成五年（840年），鸿胪寺籍其告哀使者、质子及学生岁满者还国，凡百有五人云。兼据新旧《书》本传。《新书·百官志》：崇玄署，新罗、日本僧入朝，学九年不还者，编诸籍，此其以朝命来者也。其人民自来者，郑保皋言遍中国以新罗人为奴婢，自海路来；《新书·地理志》：奚州中有归德州、归义郡，总章中以新罗户置，侨治良乡之广阳城，则自陆路来者也。《旧书·李巨传》：巨母为扶余氏，可见其人之入中国者，皆婚姻相通。又《浑瑊传》：吐蕃劫盟时，有大将军扶余准陷于贼。《新书·韦贯之传》：金忠义，新罗人，以工巧幸，擢少府监。《经籍志》：别集类有崔致远《四六》一卷，《桂苑笔耕》二十卷，高丽人，宾贡及第，高骈淮南从事。则其入仕籍者，亦不少矣。

日本与中国，虽有一海之隔，然其来者亦甚多。《新书》本传云：长安元年（701年），其王文武立，遣朝臣真人粟田贡方物。朝臣真人者，犹唐尚书也。真人好学，能属文，进止有容。武后宴之麟德殿，授司膳卿，还之。开元初，粟田复朝，请从诸儒受经。诏四门助教赵玄默即鸿胪寺为师。悉赏物贸书以归。其副朝臣仲满慕华不肯去，易姓名曰朝衡。彼国史之阿部仲麻吕。历左补阙、仪王友，多所该识，久乃还。天宝中，复入朝。上元中，擢左散骑常侍、安南都护。贞元末，其王曰桓武，遣使者朝。其学子免橘势、浮屠空海愿留肄业，历二十余年，使者高阶真人来，请免势等俱还。又《文艺·萧颖士传》：倭国使入朝，自陈国人愿得萧夫子为师云。《旧书》以为新罗使者语。国史所传如此。彼国史家所记，自远较此为详。据所记，在唐世，彼国发所谓遣唐使者凡十有八，苞送唐使四，迎唐使一。始于贞观四年（630年），而终于乾宁元年（894年）云。然彼国史家，亦有讳而不书者。《旧唐书·顺宗纪》：贞元二十一年二月，日本国王并妻还蕃，则其王尝一来朝，且与其妻偕来，而彼国史家，必云建国已来，未尝臣事中国，通使实始于隋，前此入贡受封者，皆其地方之酋长也，然则顺宗初还蕃者，亦得云地方酋长乎？四夷之朝贡于中国者多矣，在中国岂必得一日本为荣。国之盛衰有时，其兴起亦有迟早。日本尝朝贡受封于中国，又岂足为辱？乃必断断讳言之，适见其量之褊也。参见《秦汉史》第九章第七节，《两晋南北朝史》第十六章第一节。

中国文化，既东行而被朝鲜，亭毒既深，则又折西北行，以启发其地之民族。首被其泽者，实为渤海。其遗泽下启金源，余波且及于蒙古，伏流又发为满洲。其波澜，亦可谓壮阔矣。渤海钦茂徙上京，已见第五章第五节。宝应元年（762年），诏以渤海为国，钦茂王之。祚荣仅为郡王，至此乃进为国王。此后或先封郡王，进为国王。大历中二十五来。贞元时，东南徙东京。见下。死，私谥文王。子宏临早死，族弟元义立。一岁，猜虐，国人杀之。推宏临子华玙为王，复还上京。改年中兴。死，谥曰成王。钦茂少子嵩璘立，改年正历。建中、贞元间凡四来。死，谥康王。嵩璘受册，在贞元十一年（637年），见

《旧书·本纪》。子元瑜立，改年永德。死，谥定王。弟言义立，改年朱雀。死，谥僖王。言义受册，在元和八年（813年）。弟明忠立，改年太始。立一岁死，谥简王。从父仁秀立，改年建兴。其四世祖野勃，祚荣弟也。仁秀讨伐海北诸部，开大境宇。元和中，凡十六朝献，长庆四，宝历再。太和四年（830年）死，谥宣王。仁秀受册，在元和十三年（818年）。子彰德早死，孙彝震立，改年咸和。终文宗世，来朝十二，会昌凡四。彝震受册，在太和五年（831年）。死，弟虔晃立。受册在大中十二年（838年）。死，玄锡立。咸通时三朝献。《新书》记渤海世系止此。下文云：初，其王数遣诸生诣京师太学，习识古今制度，遂为海东盛国。至是之是字，所指何时，殊不明白。下文又云：地有五京、十五府、六十二州，似是道其盛时疆域，则谓为海东盛国者，其时当在仁秀已后。华玙年号曰中兴，则钦茂时似曾中衰，其徙上京，或有不得已之故，然华屿以后五世，亦未闻其有所作为，则其时或仅克定祸乱，而中兴之效，则至仁秀而后见也。五京者：上京龙泉府，临忽汗海，即忽汗州，已见第五章第五节；中京显德府，治显州；西京鸭渌府，治神州，已见第四章第四节；东京龙原府，《新书》云：东南濒海，日本道也。日本津田左右吉《渤海史考》云：在珲春；南京南海府，《新书》云：新罗道也。津田左右吉云：在咸镜北道之镜城。《渤海史考》，陈清泉译，商务印书馆本。《新书》又云：定理府为挹娄故地，东平府为拂涅故地，铁利府为铁利故地，怀远府为越喜故地。挹娄疑即虞娄，挹娄为旧名，虞娄或正其异译也。与拂涅、铁利、越喜，皆靺鞨部名，亦见第五章第五节。又有鄚颉府，不言为何部故地，然鄚颉二字，甚似靺鞨异译。又有率宾府，曰率宾故地，率宾之名，不见唐世，然即金世之恤品，盖亦靺鞨部族也。拂涅，盖即金史之蒲聂，皆部落之名，久而未变者。东北部族，靺鞨为大。观此，知仁秀时悉已臣服之矣。称为盛国，不亦宜乎？

《旧书》叙渤海建国事讫，乃云：风俗与高丽及契丹同，颇有文字及书记。此盖述其初建国时事，其文字当受诸句丽？其后数遣诸生，来入太学，则迳受诸中国矣。《旧书》本传：太和七年（833年），彝震遣同中书省平章事高宝英来谢册命，仍遣学生三人随宝英，请赴上都学问；先遣学生三人，事业稍成，请归本国，许之。其所遣学生，似是每次三人，远不如新罗、日本之多，然亦久而未替。且其人或尚有私来者也。其官制，《新书》述之颇详，云：大抵宪象中国。《旧书·本纪》：太和六年（832年），内养王宗禹渤海使回，云渤海置左右神策军，左右三军，一百二十司，则不惟官制，兵制亦宪象中国矣。渤海史迹，朝鲜、日本，均有留遗，其文物诚可云甚盛。然地虽广而人不多。门艺言高丽盛时，强兵三十余万，今我众比高丽三之一，见第五章第五节。论者或疑为献媚中国之辞。然《新五代史·渤海传》，谓祚荣并比羽之众，其众四十万。历来外夷胜兵之数，大抵当口数五之一，后汉世之匈奴即如此。外夷政简，其户口之数，必较中国为翔实也。则渤海胜兵，不过八万。地处苦寒，户口虽或增加，不能甚速。云当句丽盛时三之一，已是侈言之矣。靺鞨后来，虽多臣服，度亦不过如辽之属国，盛时来通朝贡，可借兵粮，一败即瓦解矣。即辽之部族，亦系如此，不独属国也。此其所以不祀忽诸也。

渤海至五代时，仍数通朝贡，其王之名为諲譔。见于欧《史·本纪》者：开平元年五月、二年正月、三年三月、乾化元年八月、二年三月、同光元年正月、二年五月、三年二月、天成元年四月、七月、长兴三年正月、清泰二年九月，皆记其遣使者来。其中开平三年（909年）、同光二年（924年）、三年（925年）、天成元年（926年）四月之使，皆明言其为諲譔所遣。后唐明宗天成元年，契丹太祖天显元年。为契丹太祖所灭。然契丹所得者，不过其都城及其扶余府之地而已。《新书》本传：扶余故地为扶余府，常屯重兵以扞契丹，其地即辽之黄龙府，今之农安县也。契丹太祖之攻渤海，以天赞四年闰十二月丁巳围扶余府。明年，即天显元年正月庚申，拔之。丙寅夜围忽汗城，己巳，諲譔遂出降，盖如迅雷之不及掩耳。余地盖本无多兵，故皆传檄而下，复叛者亦即平定。然契丹所能控扼者，亦不过忽汗城而已。以人皇王倍主之，倍旋奔唐，契丹此后恃为重镇者，亦不过黄龙而已。其偏远之地，多不服契丹，仍有通使译者，故《新史》本传言其至显德末常来朝贡也。其后事于《宋辽金元史》详之。

《通鉴》：开运二年（945 年），初高丽王建用兵吞灭邻国，颇强大。因胡僧袜啰言于高祖曰：“渤海我婚姻也，其王为契丹所虏，请与朝廷共击取之。”高祖不报。及帝与契丹为仇，袜啰复言之。帝欲使高丽扰契丹东边，以分其兵势。会建卒，子武自称权知国事，上表告丧。十一月，以武为大义军使，高丽王，遣通事舍人郭仁遇使其国喻旨，使击契丹。仁遇至其国，见其兵极弱。向者袜啰之言，特建为夸诞耳，实不敢与契丹为敌。仁遇还，武更以他故为解。案自高丽攻契丹太远，必中国先能大举，高丽乃可攻其东偏，今反欲使其先举兵，实无此理。王建盖不意中国之势如此其弱，初非有意为夸诞也。然高丽之恶契丹而昵渤海，则于此可见矣。此文化为之也。

《新唐书·渤海传》，谓幽州节度府与相聘问，《新五代史·吴越世家》，谓钱镠遣使册新罗渤海王，海中诸国皆封拜其君长；《旧史·世袭列传》亦有此语。则渤海使译所通，初不以天朝为限。《新书·李正己传》，言其市渤海名马岁不绝，则其亟来，亦或为市易之利也。李怀光，渤海靺鞨人。本姓茹，其先徙于幽州。父常，为朔方部将。以战多，赐姓，更名嘉庆。参用新旧《书》。则其人亦有入仕中国者矣。

第二节　南方诸国

唐中叶后，中原虽云扰攘，南方则尚称安靖，惟五溪稍有波荡耳。开元十二年（724 年），五溪首领覃行璋反，遣杨思勖讨平之。德宗时，溪州向子琪又反，黔州刺史郗士美讨平之。元和六年（811 年），辰、溆州首领张伯靖反。辰州见第二章第七节。溆州见第十四章第三节。八年，合黔中、荆南、东川、湖南四道之兵致讨，伯靖乃降。雷满起，澧阳人向瑰杀刺史吕自牧，据澧州，澧阳县，澧州治，见第六章第三节。而宋邺亦据辰州，昌师益据溆州，皆剽掠湖外。《新五代史·雷满传》。后皆附于马殷。《楚世家》。天福四年（939 年），溪州刺史彭士愁，据《旧史·本纪》。《新史·楚世家》作士然。以锦、奖兵与蛮部万人掠辰、澧二境。锦州，在今湖南麻阳县西。奖州，在今湖南芷江县西。希范遣衙兵拒却之。五年（940 年），又遣衙将刘勍等以步卒五千击之。士愁大败，遣子师暠率诸蛮酋降于勍。希范立铜柱于溪州，铸誓状于其上。据《旧史·晋纪》。《新史·楚世家》云：命学士李皋铭之。然时蛮众实渐强，故其后希萼复用之以攻希广，而边镐亦潜遣人说诱武陵溪洞，欲与合势以攻刘言焉。《旧史·刘言传》。武陵见第五章第六节。先是天成元年（926 年），云南、嶲州、两林、勿邓皆朝贡于唐。二年（927 年），昆明九部落，又使随牂牁、清州八郡刺史使者来。见新旧《史·本纪》及《新史·四夷附录》。清州，唐羁縻州，未详今地。及希范降溪州，南宁州酋长率其本部十八州，都云酋长率昆明等十二部，都云，未详。牂牁酋长率其七州，皆附于希范。《新史·楚世家》。南诏盛时，曾慑服今云南全境，兵锋且及交州，及其既衰，则惟黎、邛西之三王蛮，尚为所诱怵而已。

三王蛮，《新书·南蛮传》云：盖莋都夷、白马氏之遗种。杨、刘、郝三姓，世袭封王，谓之三王部落。叠甓而居，号䧿舍。岁廪节度府帛三千匹，以诇南诏，南诏亦密赂之，觇成都虚实。《通鉴注》曰：至宋又有赵、王二族，并刘、郝、杨谓之五部落。居黎州之西，去州百余里，限以飞越岭。其居叠石䧿，积糗粮、器甲于上。族无君长，惟老宿之听，往来汉地，悉能华言，故比诸羌尤桀黠。案飞越岭，在今西康汉源县西北，为自汉源至康定必经之道。《通鉴》：乾化元年十一月，南诏寇黎州。蜀主遣夔王宗范、兼中书令宗播、嘉王宗寿为三招讨，击败之。将作浮梁济大渡河，蜀主召之令还。贞明元年正月，初黎、雅蛮酋刘昌嗣、郝玄鉴、杨师泰，虽内属于唐，受爵赏，号𤞤金堡三王，而潜通南诏，为之诇导。镇蜀者多文臣，虽知其情，不敢诘。至是，蜀主数以漏泄军谋，斩于成都市。毁𤞤金堡。自是南诏不复犯边。案是时南诏已衰，未必有意于侵寇，如有意于侵寇，斩三蛮酋，未必遂能止之，其寇黎州，疑转系为三王蛮所诱致，故王建不欲深入南诏，而必斩三蛮酋也。唐既灭蜀，颇欲招致南诏，然不能遂，顾自托于南汉。《旧五代史·唐庄宗纪》：同光三年十二月，魏王继岌奏遣秦州副使徐蔼赍书招谕南诏蛮。《新史·郭崇韬传》云：已破蜀，因遣使者，以唐威德，风谕南诏诸蛮，欲因以绥来之；则所欲招致者，尚不止南诏一国。《四夷附录》云：继岌及崇韬等破蜀，得王衍时所俘南诏蛮数十人；又得徐蔼，自言尝使南诏，乃矫诏还其所俘，遣蔼等持金帛招抚南诏，谕以威德。南诏不纳。《南汉世家》云：乾亨七年（923 年），云南骠信郑旻遣使致朱鬃白马以求婚，使者自称皇亲母弟云云。郑昭淳好学有文辞。龑与游燕，赋诗，龑及群臣皆不能逮。遂以隐女增城县主妻旻。《世家》：贞明三年（917 年），龑即皇帝位，改元曰乾亨，则乾亨七年（923 年），当梁龙德三年，即唐之同光元年，然《通鉴》此事，亦系同光三年（925 年）。云：长和骠信郑旻，遣其布燮郑昭淳求婚于汉。汉主以女增城公主妻之。长和，即唐之南诏也。《注》云：唐末，南诏改曰大礼，至是又改曰长和。《五代会要》曰：郭崇韬平蜀，得王衍所得蛮俘数十，以天子命，使人入其部。被止于界上。惟国信、蛮俘得往。续有转牒，称督爽大长和国宰相布燮等上大唐皇帝舅奏疏一封，差人转送黎州。有采笺一轴，转韵诗一章。章三韵，共十联，有类击筑词。颇有本朝姻亲之意，语亦不逊。其言较欧《史》为详，疑欧《史》年代误。

欧《史》云增城公主隐女，《鉴》云龚女，亦当以《鉴》为正也。辞语不逊，盖仍有唐末欲求抗礼之意。其闳朱邪之使而自昵于南汉，亦由朱邪氏欲以天朝自居，而南汉与为敌体耳。

安南当唐末，曲承裕为静海节度使，始擅有其地。天祐三年（906年），加承裕同平章事。《通鉴》。同光三年（925年），裕卒，以其子权知留后颢为节度使。亦据《通鉴》。《注》云：裕即承裕。《考异》云：诸书不见颢于裕何亲。案薛《史》：六月丙辰，裕卒，七月丙申，以静海行营司马权知留后。曲颢起复为安南都护，充节度使。既云起复，知其子也。《注》云：行营，当作行军。乾化元年十二月，以静海留后曲美为节度使。亦据《通鉴》。《旧史·本纪》：命大理卿王鄯使于安南，左散骑常侍吴蔼使于朗州，皆以旌节、官诰锡之也。安南两使留后曲美进筒中蕉五百匹云云。长兴元年（930年），刘龑遣将李守鄘、梁克贞攻交州，擒曲承美。《新史·世家》。又云：承美，颢子也。《通鉴》是年亦作承美。以其将李进守交州。《通鉴》。爱州将杨廷艺，爱州见第二章第七节。养假子三千人，图复交州。李进受其赂，不以闻。二年（931年），廷艺举兵围交州。汉主遣承旨程宝救之。未至，城陷。进逃归。汉主杀之。宝围交州。廷艺出战，宝败死。《通鉴》。《新史·世家》略同。天福二年（937年），交州将皎公羡杀廷艺而代之。《通鉴》。《新史·世家》云衙将。三年（938年），廷艺故将吴权，自爱州举兵攻公羡。公羡使以赂求救于汉。汉主欲乘其乱而取之，以其子万王弘操为静海节度使，徙封交王，将兵救公羡。汉主自将屯于海门。见第十章第二节。命弘操率战舰自白藤江趣交州。《通鉴》注：白藤江，当在峰州界，自此进至花步抵峰州。案峰州见第十章第二节。权已杀公羡据交州，引兵逆战。先于海上多植大杙，锐其首，冒之以铁。遣轻舟乘潮挑战而伪遁。须臾潮落，汉舰皆碍铁杙不得返。汉兵大败，士卒覆溺者大半，弘操死。汉主恸哭，收余众而还。《通鉴》。《新史·世家》略同。欧《史·南汉世家》云：刘晟乾和十二年（954 年），交州吴昌濬遣使称臣求节钺。昌濬者，权子也。权自龚时据交州，龚遣洪操攻之，洪操战死，遂弃不复攻。权死，子昌岌立。昌岌卒，弟昌濬立。始称臣于晟。晟遣给事中王屿以旌节招之。玙至白州，未详。昌濬使人止玙曰："海贼为乱，道路不通。"玙不果行。晟乾和十二年（954 年），周之显德元年也。《通鉴》是岁正月云：初静海节度使吴权卒，子昌岌立。昌岌卒，弟昌文立。是月，始请命于南汉。南汉以昌文为静海节度使，兼安南都护。欧《史·南汉世家》又云：张大宝八年（965 年），交州吴昌文卒。其佐吕处坪与峰州刺史乔知祜争立，交趾大乱。欢州丁琏，举兵击破之。欢州见第二章第二节。张授琏交州节度。则昌岌之后，别无昌濬其人。不知昌文初名昌濬欤？抑别有一昌濬，与昌文争位而败也？《宋史·交阯传》云：梁贞明中，土豪曲承美专有其地。送款于末帝，因授承美节钺。时刘隐擅命岭表，遣将李知顺伐承美，执之。乃并有其地。后有杨廷艺、绍洪，皆受广南署，继为交阯节度使。绍洪卒，州将吴昌岌遂居其位。昌岌死，其弟昌文袭。乾德初，昌文死，其参谋吴处玶、峰州刺史矫知护、武宁州刺史杨晖、衙将杜景硕等争立，管内一十二州大乱，部民啸聚起事，攻交州。先是杨廷艺以衙将丁公著摄欢州刺史，兼御蕃都督，部领即其子也。公著死，部领继之。至是，部领与其子琏，率兵击败处玶等。贼盛溃散，境内安堵。交民德之，乃推部领为交州帅，号曰大胜王。署琏为节度。凡三年，逊琏位。以欧《史》《通鉴》校之，语颇舛误，然亦有足补二书处也。李知顺当即李守鄘，吴处玶即吕处坪，矫知护即乔知祜，显而易见。杨绍洪盖亦即皎公羡？为杨廷艺养子则曰杨绍洪，皎公羡则其本姓名也。武宁州，未详。要之自曲裕而后，交州即渐成独立之局矣。

占城：欧《史·四夷附录》云：自前世未尝通中国。显德五年（958 年），其国王因德漫遣使莆诃散来。因德漫，《本纪》作释利因德缦，《旧纪》同，而缦作漫。《新纪》于显德六年（959 年），又书占城使莆诃散来。贡猛火油八十四瓶，蔷薇水十五瓶。其表以贝多叶书之，以香木为函。猛火油，以洒物，得水则出火。蔷薇水，云得自西域，以洒衣，虽敝而香不灭。案占城即古林邑，不得云前世未通中国。《传》又云：其人俗与大食同；盖来者实贾胡也？《南汉世家》：梁克贞既擒曲承美，又攻占城，掠其宝货而归。可见占城是时，与西域通商颇盛。《四夷附录》又云：五代四夷见中国者，远不过于阗、占城。史之所纪，其西北颇详，而东南尤略。盖其远而罕至，且不为中国利害云。占城之南为真腊。据《新唐书》所记，仅开元、天宝时，陆真腊王子来；大历中，其副王及妻来。水真腊，元和中遣使入贡，后遂无闻，所谓远而罕至也。

《新书·宋庆礼传》云：武后时，为岭南采访使。时崖、振五州首领更相掠，民苦于兵。唐时，今琼州岛置崖、振、琼、儋、万安五州。万安州，今万宁县。使者至，辄苦瘴疠莫敢往。庆礼身到其境，谕首领大谊，皆释仇相亲，州土以安，罢戍卒五千。此今琼州岛之情形也。

四裔之遵陆而来者，自天宝以降，虽渐觉德不及远，其航海而来者，则讫五代仍盛。《新书·地理志》载入四夷之路七，而由海者二焉。登州入高丽、渤海道，即自今蓬莱入海，缘辽东半岛东岸至新罗，西北泝鸭绿江，过句丽故都，遵陆行，抵今吉林，以至渤海境者也。广州通海夷道，则自广州西南行，过占城，出麻六甲海峡，入印度洋，抵锡兰，缘印度西岸行，以入波斯湾而至大食之缚达。此路经近世西洋史家考证明白，冯承钧《中国南洋交通史》备载之。见其书第六章。商务印书馆本。冯氏云：此盖当时波斯、大食海舶往来要道。日本桑原骘藏《蒲寿庚传考证》四云：西历九世纪中叶，阿剌伯地理学家易逢柯达贝氏（Ibnkhordadbeh）所著书，与贾耽所传，方向相反，而大致相同。据冯攸译本，易名《唐宋元时代中西通商史》，商务印书馆印行。欲考南海海舶所经，当以释藏诸传补之。据所考：则出口之地，最多者为广州，次则交州，亦间由今合浦、钦县。航程所止，或为苏门答剌之室利佛逝，或为印度南端之师子洲，或为印度之耽摩立底、耶伽钵亶那、诃利鸡罗。广州、印度间诸海港，则有交州、占波，马来半岛东岸之郎迦戌，爪哇之诃陵，苏门答剌之室利佛逝、末罗瑜，马来半岛西岸之羯荼，翠蓝屿之裸人国云。第七章。此时中国、大食，皆有海舶。大食之舶，较中国小而速，而亦较脆弱。西历十世纪中叶，五代末。马库狄氏（Masudi）由波斯湾之巴士拉，乘大食贾舶至马来半岛之基拉（Killah），言其地为西方贾舶所集，东行者恒至其地易中国舶。又言唐末内战未作时，中国贾舶常迳至西方，西方贾舶亦迳来中国云。《蒲寿庚传考证》三十。刘继宣、束世澄《中华民族拓殖南洋史》云：颜斯踪《南洋蠡测》谓新忌利坡新加坡。有唐人墓。张燮《东西洋考》，谓爪哇国人分三种：曰唐人、土人、西蕃贾胡。马库狄于西历九百四十三年晋高祖天福八年（943 年）。至苏门答腊，见其地有华人甚多，从事耕植，巴邻旁尤为荟萃之枢。第二章。亦商务印书馆本。则不惟估客，即农民亦有移居者矣。海表习呼中国人为唐，盖由于此。宋朱彧《萍州可谈》云：汉威令行于西北，故西北呼中国为汉。唐威令行于东南，故蛮夷呼中国为唐。崇宁间，臣僚上言，边俗指中国为汉、唐，形于文书，乞并改为宋。诏从之。然《明史·真腊传》云：唐人者，诸蕃呼华人之称也，海外诸国皆然，则所能改者，亦止于官文书而已。蒙古时，西域称中国人曰桃花石，说者颇多，桑原骘藏谓实唐家子三字之音译，说颇近理，见所著《蒲寿庚传考证》三十三。印度、南洋，亦有海舶通中国。日本僧元开撰《唐戒师鉴真赴日传戒行记》，谓广州江中，有婆罗门、波斯、昆仑等舶，不知其数。见费瑯《南海中波斯》，在冯承钧译《西域南海史地考证译丛续编》中，商务印书馆本。婆罗门指印度，昆仑则南洋黑人之称也。其时为西历七百四十二年，唐玄宗之天宝二年也。

第三节　西北诸国

自回鹘败亡，北方遂无强部，斯时处漠南者：最东为奚、契丹，其西为吐浑及达靼，更西为党项，又西，则不能去之吐蕃居焉，而回鹘亦与之杂处。漠北东境，时为室韦，其东接于靺鞨。诸部或本非强大，或则流离转徙之余，故鲜能自振者，更无论抟合诸部，成一大族矣。此契丹所以获乘时兴起也。契丹兴起之事，俟讲《宋辽金元史》时述之，今但粗述晚唐、五代时契丹以外诸部族如下，并及西域。

奚:《五代史·四夷附录》云：当唐之末，居阴凉川，在营府之西数百里。有人马二万骑。观此，则奚部落颇小，故不竞于契丹。分为五部：一曰阿荟，二曰啜米，三曰粤质，四曰奴皆，五曰黑讫支。唐时五部：曰阿会，曰处和，曰奥失，曰度稽，曰元俟折，此啜米疑当作啜禾，粤质疑当作奥质，仍一名之异译也。后徙居琵琶川，在幽州东北数百里。契丹阿保机强盛，室韦、奚、霫，皆服属之。奚人尝为契丹守界上，而苦其暴虐，奚王去诸怨叛，以别部西徙妫州，依北山射猎。常采北山麝香、仁参赂刘守光以自托。其族至数千帐。始分为东西奚。去诸卒，子扫剌立。庄宗破刘守光，赐扫剌姓李，更其名绍威。绍威卒，子拽剌立。同光已后，绍威父子数遣使朝贡。《旧纪》同光元（923 年）、二（924 年）、四（926 年），《新纪》三年（925 年）。初绍威娶契丹女舍利逐不鲁之姊为妻。后逐不鲁叛，亡入西奚，绍威纳之。晋高祖割幽州、雁门已北，绍威与逐不鲁皆已死。耶律德光已立晋，北归，拽剌迎谒马前。德光曰："非尔罪也。负我者，扫剌与逐不鲁耳。"乃发其墓，粉其骨而扬之。后德光灭晋，拽剌尝以兵从。其后不复见于中国。而东奚在琵琶川者，亦为契丹所并，不复能自见云。《旧纪》：天成二年，北面副招讨使房知温奏：营州界奚陀罗支内附。《卢文进传》：文进在平州，率奚族劲骑，鸟击兽搏，倏来忽往，燕、赵诸州，荆榛满目。此等观其所处之地，而可知其为东奚。又《吴峦传》：峦守贝州，契丹主率步奚及渤海，四面进攻。《新史·东汉世家》：周太祖崩，刘旻乞兵于契丹，契丹遣杨衮将铁马万骑及奚诸部兵五六万人助之。此等受契丹征发者，当亦东奚。《旧纪》：清泰三年（936年），奚首领达剌干遣通事奏：奚王李素姑谋叛入契丹，已处斩讫，达剌干权知本部落事。疑亦东奚部落，降附中国者。若西奚，则是时固未属契丹，亦未必禀命中国也。

吐浑部落，赫连铎为大。后为李克用所破，事已见前。其部落益微，散处蔚州界中。《新史·四夷附录》。《旧史·李存贤传》：天祐五年（908年），权知蔚州，以御吐浑。其首领有白承福者，天福五年（940年）《通鉴注》引宋白曰：吐谷浑白姓，皆赫连之部落。庄宗时，依中山北石门为栅。庄宗为置宁朔、奉化两府，以承福为都督，赐姓名为李绍鲁。《新史·四夷附录》。《通鉴》开运三年（946年）《注》引《五代会要》曰：赫连铎为后唐太祖所逐，乃归幽州李匡俦。其部落散居蔚州界，互为君长，其氏不常。有白承福者，自同光初代为都督，依中山北石门为栅。庄宗赐其额为宁朔、奉化两府，以都督为节度使，仍赐承福姓李，名绍鲁。说与《新史》同。然《旧史·后唐明宗纪》：天成三年二月，以吐浑宁朔、奉化两府都知兵马使李绍鲁为吐浑宁朔府都督，则二府初设之时，承福尚未为都督也。然《庄宗纪》同光二年十一月，又云：吐浑白都督族帐移于代州。疑二府非一族，初设时承福仅督奉化，后乃兼督宁朔也。代州东南，盖接五台县境，故其后承福归中国，取五台路来。终唐时常遣使朝贡，《新史·四夷附录》。其见于《旧史·本纪》者：同光二年二月，与奚王李绍威皆贡驰马。四年正月，又与奚各遣使贡马。《新史·本纪》：同光三年（925年）、天成三年（928年）、四年（929年）、长兴元年（930年）、二年皆来。长兴二年（931 年）之使，明书为熟吐浑。则其余或有生吐浑。然即熟吐浑，亦不必皆出绍鲁也。又《旧纪》：长兴元年（930 年），北京奏吐浑千余帐来附，于天池川安置。《新史》但书吐浑来附而已。天池县，在今山西静乐县北。晋割雁北，吐浑为契丹役属，苦其苛暴，因为安重荣所诱，后又为刘知远所卖，承福等五族皆遭屠戮，其事亦已见前。《新史·附录》云：知远杀承福及其大姓赫连海龙、白可久、白铁匮等。《通鉴》云：诬承福等五族谋叛，以兵围而杀之，合四百口。《注》引《五代会要》云：白可久因牧马率本帐北遁，契丹授以官爵。复遣潜诱承福。承福亦思叛去。事未果，汉祖知之，乃以兵环其部族，擒承福与其族白铁匮、赫连海龙等五家，凡四百有余人伏诛。案《旧史·晋少帝纪》：开运三年四月，太原奏白可久奔归契丹。八月，刘知远奏诛白承福、白铁匮、赫连海龙等，并夷其族。《周太祖纪》亦云：白可久叛入契丹，帝劝汉祖诛白承福等五族。则欧《史》云可久亦见杀者误也。又《唐末帝纪》：清泰三年二月，吐浑、宁朔两府留后李可久加检校司徒。可久本姓白氏，前朝赐姓，赐姓盖在其为留后时？至石晋乃复姓也。其余众，以其别部王义宗主之。吐浑遂微，不复见。《新史·附录》。《旧史·汉高祖纪》：天福十二年三月，吐浑节度使王义宗加检校太尉。八月，以义宗为沁州刺史，依前吐浑节度使。《周太祖纪》：广顺元年二月，吐浑府留后王全德加检校太保，充宪州刺史。初唐以承福之族为熟吐浑。长兴中，又有生吐浑杜每儿来朝贡。每儿，不知其国地、部族。至汉乾祐二年（949 年），又有吐浑何戛剌来朝贡，则并不知其生熟云。《新史·附录》。又《本纪》：广顺三年九月，吐浑党富达等来。生熟吐浑之名，《旧史·李嗣本》《安重荣传》皆有之。《新书·藩镇·泽潞传》：刘从谏大将李万江，本退浑部，李抱玉送回纥，道太原，举帐从至潞州，牧津梁寺。此等深入内地者，似必为熟吐浑。然《旧史·周太祖纪》：广顺元年二月，诏移生吐浑族帐于潞州长子县江猪岭，则虽内地，亦未尝无生吐浑矣。盖衰乱之世，外族无复限隔，故虽内地，亦有不系籍、不服赋役者也。长子见第九章第三节。

达靼：《新史·四夷附录》云："鞑靼之遗种，本在奚、契丹之东北，后为契丹所攻，而部族分散，或属契丹，或属渤海，别部散居阴山北，自号达靼。当唐末，以名见中国，有每相温、于越相温。咸通中，从朱邪赤心讨庞勋。其后李国昌、克用父子为赫连铎等所败，皆亡入达靼。后从克用入关破黄巢，由是居云、代之间。《通鉴》广明元年（880年）《注》引宋白曰：唐咸通末，有首领每相温、于越相温，部帐于漠南随草畜牧。李克用为吐浑所困，尝往依焉。达靼善待之。及授雁门节度使，二相温率族帐以从。克用收复长安，追黄巢于河南，皆从战有功，由是俾衙于云、代之间，恣其畜牧。不云曾从朱邪赤心讨庞勋，且国昌即赤心赐名。本系一人，欧《史》恐未审谛也。《旧史·本纪》：清泰二年八月，太原奏达靼部于灵邱安置。灵邱，今灵邱县，即所谓云、代之间，盖使其族类相从也。其俗善骑射，畜多驰马。其君长、部族名字，不可究见，惟其尝通于中国者可见云。同光中，都督折文逋数自河西来贡驼马。明宗讨王都于定州，都诱契丹入寇，明宗诏达靼入契丹界，以张军势，遣宿州刺史薛敬忠以所获契丹团牌二百五十及弓箭数百赐云州生界达靼。生界，盖谓生达靼地界。盖唐尝役属之？《旧史·唐庄宗纪》：同光三年六月，云州上言：去年契丹从碛北归帐，达靼因相掩击。其首领于越族帐，自碛北以部族羊马三万来降，已到南界。今差使人来，赴阙奏事。长兴三年（932年），首领颉哥率其族四百余人来附。讫于显德，常来不绝。达靼使来或来附，见于新旧《史·本纪》者：有同光三年（925年），天成三年（928年）、四年（929年），长兴二年（931年）、三年（932年），乾祐三年（950年），显德五年（958年）。《旧史·李从璋传》：天成元年（926年），为彰国节度使，达靼入寇，一鼓破之；则亦间有侵扰。彰国，应州军名，见第十二章第七节。案欧公言鞑靼自号达靼，而宋白谓其族语讹，因谓之达靼。洪景庐曰：蕃语以华言译之，皆得其近似耳。天竺语转而为捐笃、身毒，秃发语转而为吐蕃，达靼乃靺鞨也。皆见广明元年（880 年）《通鉴注》引。则谓达靼仍为靺鞨之转音矣。靺鞨居地，本在松花江以东，其居最西境者，盖逐渐迁徙，益向西南。《文苑英华》卷四百六十八。载李德裕与回鹘书，有存问黑车子、达靼之语。黑车子者，室韦也。《新唐书·地理志》所载入四夷道，自中受降城至回鹘衙，中经达旦旦泊，参见第三章第二节。或亦以其族名。贾耽道里，记自贞元，泊名尚当在其前，其时契丹并未强盛，则谓达靼为契丹所攻而部族分散者，实非审谛之辞，盖其众自移向近塞耳。折文逋已抵河西，可见其蔓延之广。夫决非一朝一夕之故也。宋白曰：贞元、元和之后，奚、契丹渐盛，多为攻劫，部众分散，或投属契丹，或依于渤海，渐流徙于阴山。贞元、元和四字，未必有何确据，不过以至此达靼乃渐见于中国，约略言之耳。《旧史·契丹传》云：光启中，其王钦德乘中原多故，北边无备，遂蚕食诸部，达靼、奚、室韦之属，咸被驱役，则已在元和之后六十余年矣。相温即辽之详稳。《新史·周本纪》：广顺三年闰月，回鹘使独呈相温来。盖与契丹同受诸回鹘，回鹘固在契丹之西。折氏为党项大族，河西为党项居地，盖达靼亦有与之杂处者矣。皆可见其西迁已久也。

党项:《新史·四夷附录》云：散处鄜延、灵武、河西，东至麟、府之间，麟州见第十二章第二节。府州见第十二章第四节。自同光以后，大姓之强者，各自来朝贡。上文云：其大姓有细封氏、费听氏、折氏、野利氏、拓拔氏为最强。其朝贡见于新旧《本纪》者：有同光二年（924 年）、天成二年（927 年）、四年（929 年），长兴二年（931 年）。明宗时，诏缘边置场市马，诸夷皆入市中国，而回鹘、党项马最多。明宗招怀远人，马来无驽壮皆雠，而所雠常过直。往来馆给，道路倍费。每至京师，明宗为御殿见之，劳以酒食，去又厚以赐赉，岁耗百万计。唐大臣皆患之，数以为言。乃诏边吏就场雠马给直，止其来朝。亦见《本纪》天成四年（929 年）。而党项利其所得，来不可止。其在灵、庆之境者，数犯边为盗。自河西回鹘朝贡中国，送其部落，辄邀劫之，执其使者，卖之他族，以易牛马。明宗遣灵武康福、邠州药彦稠等出兵讨之。福等击破阿埋等族，杀数千人，获其牛羊巨万计，及其所劫外国宝玉等，悉以赐军士。由是党项之患稍息。事在长兴二（931年）、三年（932年），见《本纪》及《药彦稠传》。《旧纪》：长兴三年七月，灵武奏夏州党项七百骑侵扰当道，出师击破之。至周太祖时，府州党项尼也六泥香王子、拓拔山等皆来朝贡。《本纪》：广顺三年十一月，党项使吴帖磨五等来。广顺三年（936年），庆州刺史郭彦钦贪其羊马，侵扰诸部，独野鸡族强不可近，乃诬其族犯边。太祖遣使招慰之。野鸡族苦彦钦，不肯听命。太祖遣邠州折从阮、宁州张建武等讨之。建武击野鸡族，杀数百人。喜玉、折思、杀牛三族各以牛酒犒军。军士利其物，反劫掠之。三族共诱建武军至包山，未详。度险，三族共击之。军投崖谷，死伤甚众。事亦见《旧史·本纪》。建武作建抚。太祖怒，罪建武等。选良吏为庆州刺史以招抚之。其他诸族，散处缘边界上者甚众，然无国地、君长，故莫得而纪次云。

吐蕃之衰，中国虽乘之恢复河、陇，然蕃族之留处者甚多，王灵不及，遂终成不可收拾之局。欧《史·四夷附录》云：唐之盛时，河西、陇右三十三州，凉州最大。土沃物繁而人富乐。其地宜马。唐置八监，牧马三十万匹。以安西都护羁縻西域三十六国。案此语不顾史实，唐时西域，无所谓三十六国也。欧《史·附录·吐蕃传》，略本《旧史》，《旧史》此处，但云又置都护以控制之而已。唐之军、镇、监、务，三百余城，常以中国兵更戍，而凉州置使节度之。安禄山之乱，肃宗起灵武，悉召河西兵赴难，而吐蕃乘虚，攻陷河西、陇右。汉人百万，皆陷于虏。文宗时，《旧史》作开成时。尝遣使者至西域，见甘、凉、瓜、沙等州，城邑如故，而陷虏之人见唐使者，夹道迎呼，涕泣曰：“皇帝犹念陷蕃人民不？”其人皆天宝时陷虏者子孙。其语言稍变，而衣服犹不改。至五代时，吐蕃已微弱，回鹘、党项诸羌夷，分侵其地，而不有其人民。直中国衰乱，不能抚有。惟甘、凉、瓜、沙四州，常自通于中国，甘州为回鹘衙，而凉、瓜、沙三州将吏，犹称唐官，数来请命。自梁太祖时，尝以灵武节度使兼领河西节度，而观察甘、肃、威等州。然虽有其名，而凉州自立守将。唐长兴四年（933 年），凉州留后孙超遣大将拓拔承谦及僧、道士、耆老杨通信等至京师求旌节。明宗问孙超等世家。承谦曰："吐蕃陷凉州，张掖人张义朝募兵击走吐蕃，唐因以义朝为节度使，发郓州兵二千五百戍之。唐亡，天下乱，凉州已东，为突厥、党项所隔，《通鉴》但云为党项所隔。郓兵遂留不得返。今凉州汉人，皆其戍人子孙也。"明宗乃拜孙超节度使。清泰元年（934 年），留后李文谦来请命。后数年，凉州人逐出文谦。灵武冯晖遣衙将吴继勋代文谦为留后。是时天福七年。明年，晋高祖遣泾州押衙陈延晖赍诏书安抚凉州，凉州共劫留延晖，立以为刺史。《旧史·晋高祖纪》：天福六年七月，泾州奏西凉府留后李文谦，今年二月四日，闭宅门自焚。遣元入西凉府译语官与来人赍三部族蕃书进之。七年二月，泾州奏差押衙陈延晖赍敕书往西凉府。本府都指挥使请以延晖为节度使。《通鉴》：文谦自焚系六年二月，七月盖奏报到时也。陈延晖之安抚，《通鉴》亦云泾州奏遣。又云：州中将吏，请延晖为节度使。至汉隐帝时，凉州人《旧史》作凉州留后。折逋嘉施来请命。汉即以为节度使。嘉施，土豪也。周广顺二年（952 年），嘉施遣人市马京师，因来请命帅。《旧史》无此五字。是时枢密使王峻用事。峻故人申师厚者，为兖州衙将，与峻相友善。后峻贵，师厚敝衣蓬首，日候峻出，拜马前诉以饥寒。峻未有以发。而嘉施等来请帅，峻即建言：凉州深入夷狄，中国未尝命吏，请募率府率、供奉官能往者。月余，无应募者。乃奏起师厚为左卫将军，已而拜河西节度使。《通鉴》在广顺元年十月，盖师厚元年受命，二年乃至凉州，《传》因其至追叙之也。师厚至凉州，奏荐押衙副使崔虎心、阳妃谷首领沈念般等及中国流人子孙王廷翰、温崇乐、刘少英为将吏。流人，《旧史》作留人。又自安国镇至凉州，立三州以控扼诸羌，安国镇，在今甘肃平凉县西。用其酋豪为刺史。然凉州夷夏杂处，师厚小人，不能抚有，至世宗时，师厚为其子而逃归。《通鉴》在显德元年（954年）。凉州遂绝于中国。独瓜、沙二州，终五代常来云。案凉州之羁縻弗绝久矣，师厚能奋起图之，不可谓非功名之士。观其所为，亦颇合机宜。以一身孤寄于羌戎之上，而能支柱至于三年，已不易矣。斥为小人，恐不然也。王峻以翼戴之功而为密使，是时官人岂有纲纪？欲富一故人，何患无策，而必弃之荒远之区邪？《五代史》又云：沙州，梁开平中，有节度使张奉，敦煌遗书《张氏勋德记》：张义潮无子，以弟义谭之子为后，曰淮深。淮深子曰承奉，即此张奉也。自号金山白衣天子。至唐庄宗时，回鹘来朝，沙州留后曹义金亦遣使附回鹘以来。庄宗拜义金为归义军节度使，瓜、沙等州观察、处置等使。《旧纪》在同光二年（924年），《通鉴》同。胡三省曰：咸通八年（867年），张义潮入朝，以族子惟深守归义，十三年（872年）惟深卒，以义金权知留后，至是五十四年，义金盖亦已老矣。《新纪》：同光四年（926年）及长兴元年（930年），皆书义金遣使者来。应顺元年（934年），又书沙州、瓜州遣使者来。晋天福五年（940年），义金卒，子元德立。《旧纪》同。至七年（942年），沙州曹元忠、瓜州曹元深皆遣使来。亦见新旧《纪》。《新纪》云：附于阗使者刘再升来，而元忠、元深互易。《旧纪》：少帝开运三年（946年），以瓜州刺史曹元忠为沙州留后，则《新纪》是也。周世宗时，又以元忠为归义节度使，元恭为瓜州团练使。其卒立、世次，史皆失其纪。罗振玉《瓜沙曹氏年表》：义金之后，有元德、元深、元忠、延恭、延禄、宗寿、贤顺。据《宋会要》，沙州至皇祐四年（1052年），职贡乃绝，其传授是否绝于此时，犹不可知也，其世泽亦可谓长矣。而吐蕃不见于梁世。《本纪》：乾化元年（911年），书回鹘、吐蕃遣使者来，则此语误。唐天成三年（928年），回鹘王仁喻来朝，仁喻，《旧史》作仁裕。吐蕃亦遣使附以来。《本纪》：天成二年（927年），回鹘西界吐蕃遣使者来，尚在此使之前。《附录》载高居诲《适于阗行记》，出玉门关经吐蕃界，盖当时回鹘西界抵玉门也？《旧书·本纪》：天成三年正月，吐蕃使野利延孙等六人，回鹘米里都督等四人并授归德、怀远将军，悉放还。九月，吐蕃、回鹘各遣使贡献。十一月，吐蕃遣使朝贡。自此数至中国。长兴元（930年）、二（931年）、三年（932年），乾祐元年使来。天福四年（939年），罢延族来附，见新旧《史·本纪》。明宗尝御端明殿见其使者，问其衙帐所居，曰：西去泾州二千里。《旧史》作三千里。吐蕃族类，散处陇右者甚多。开运三年（946年），灵州冯晖与威州药元福破吐蕃七千余人于威州土桥西，见《旧史·本纪》。康福拜凉州刺史，牛知柔以兵卫送，袭破吐蕃于青冈峡，见本传。秦州与吐蕃接境，有互市，见《王思同传》。威州见第九章第三节。青冈峡，在今甘肃环县西。至汉隐帝时犹来朝，后遂不复至。史亦失其君世云。

回鹘：《新史·附录》云：为黠戛斯所破，徙天德、振武间，又为石雄，张仲武所破，其余众西徙，役属吐蕃。是时吐蕃已陷河西、陇右，乃以回鹘散处之。此语恐误。《旧史》云吐蕃处之甘州是也。散处乃回鹘之众所自为，吐蕃未必能分析安置之也。当五代之际，有居甘州、西州者，常见中国，而甘州回鹘数至。回鹘之来，见于新旧《史·本纪》者甚多，惟周广顺二年二月之使，《新史》明书西州回鹘。犹呼中国为舅，中国答以诏书，亦呼为甥。梁乾化元年（911年），遣都督周易言等来，而史不见其君长名号。至唐庄宗时，王仁美遣使者来贡玉、马，自称权知可汗。庄宗遣司农卿郑续《旧史》作郑绩。持节册仁美为英义可汗。事在同光二年六月，见新旧《纪》。是岁，仁美卒，其弟狄银立。《旧纪》：十一月，灵武奏甘州回鹘可汗仁美卒，其弟狄银权主国事。遣都督安千想来。《新纪》同，而阙仁美，狄银卒、立之事。同光四年（926年）秋，狄银卒，阿咄欲立。《本纪》：四年正月，已书阿咄欲遣使来，《旧纪》同，惟阿咄欲作阿都欲，则《传》云同光四年秋疑误。天成三年（928年），权知国事王仁裕遣李阿三等来朝。明宗遣使者册仁裕为顺化可汗。晋高祖时，又册为奉化可汗。阿咄欲，不知其为狄银亲疏，亦不知其立卒，而仁裕，讫五代常来朝贡，史亦失其纪。仁裕。《旧纪》：天成三年（928年）及《回鹘传》皆作仁裕。李阿三，新旧《中·本纪》皆作李阿山。天成三年二月，李阿山来，新旧《纪》同，惟《新纪》日在戊戌，《旧纪》日在己亥，差一日。《旧纪》：三月甲戌，册仁喻为顺化可汗，五月乙巳朔，又书回鹘可汗仁喻封顺化可汗，《新纪》书于五月辛酉。《旧传》云其年三月命使，疑五月朔为行册礼之日，辛酉则其奏报到日也。此后天成四年（929年），长兴元（930年）至四年（933年），应顺元年（934年），清泰二年（935年），天福三（938年）至八年（943年），开运三年（946年），乾祐元（948年）、二年（949年），广顺元（951年）至三年（953年），显德元（954年）、二（955年）、五（958年）、六（959年），皆有使来，新旧《纪》或独见，或并书。其中长兴元年五月之使，《旧史》明言为仁喻所遣，十二月之使，《新史》明言为仁裕所遣。应顺元年、清泰二年、天福三、四年之使，新旧《史》皆云仁美所遣。《旧史》四年三月辛酉，封仁美为奉化可汗，《新史》作四月辛巳，其月日之差，疑亦因遣使及行册礼而然。天福五年之使，《旧纪》明书为仁美使谢册命，此外皆不见其可汗之名。《通鉴》亦于天福四年三月辛酉，书册仁美为奉化可汗。《注》谓据《会要》当作仁裕。案《旧史》于应顺元年，明书仁美遣使贡方物，故可汗仁裕进遗留马，则《会要》误，而此所云晋高祖时又册仁裕，仁裕讫五代常来朝贡者亦误也。又有别族号龙家，其俗与回纥小异。长兴四年，回鹘来献白鹘一联，明宗命解绁放之。自明宗时，常以马市中国。其所赍宝玉，皆粥县官，而民犯禁为市者辄罪之。《旧传》云：晋、汉已来之法。周太祖时除其禁，民得与回鹘私市。事亦见《旧史·本纪》。玉价由此倍贱。《旧传》云十损七八。显德中来献玉。世宗曰："玉虽宝而无益。"却之。《纪》在六年三月，《旧传》亦在六年（935 年）。案是时回鹘虽多西迁，其遗落仍有留居东土者，如《旧史·唐庄宗纪》：同光二年九月，有司自契丹至者，言女真、回鹘、黄头室韦合势侵契丹是也。可见民族迁移，终有不能尽去者矣。

西域诸国，五代时来者，惟一于阗。晋天福三年（938 年），其王李圣天遣使者马继荣来贡。晋遣供奉官张匡邺假鸿胪卿，彰武军节度判官高居诲为判官，册圣天为大宝于阗国王。《新史·四裔附录》。《本纪》同。《旧史·本纪》，于九月书于阗国王杨仁美遣使贡方物，十月书于阗国王李圣天册封为大宝于阗国王，岂李圣天为其赐姓名，敬瑭惭，不敢以其姓赐人，而仍用前朝之姓邪？匡邺等自灵州行，二岁至于阗，至七年（942 年）冬乃还。圣天又遣都督刘再升献玉千斤，及玉印、降魔杵等。《旧纪》在七年十二月。汉乾祐元年（948 年），又遣使者王知铎来。亦据《新史·四夷附录》，《本纪》：天福十二年六月，于阗遣使者来。是时中国威灵不振，道途阻塞，而于阗能屡遣使来，其国亦必较强大。高居诲颇记其往复所见山川诸国，欧《史》备载之。据所记：瓜州南十里有鸣沙山，又东南十里为三危山，其西，渡都乡河，曰阳关。沙州西曰仲云，其衙帐居胡卢碛云。仲云者，小月支之遗种也？其人勇而好战，瓜、沙之人皆惮之。胡卢碛，汉明帝时征匈奴，屯田于吾卢，盖其地也？地无水而常寒，多雪。每天暖雪消，乃得水。匡邺等西行，入仲云界。至大屯城，仲云遣宰相四人，都督三十七人候晋使者。自仲云界西，始入䴏碛。无水。掘地得湿沙，人置之胸以止渴。又西渡陷河，伐柽置冰中，乃渡，不然则陷。又西至绀州。绀州，于阗所置也。在沙州西南，云去京师九千五百里矣。又行二日至安军州，遂至于阗。其国东南曰银州、卢州、湄州。其南千三百里曰玉州，云汉张骞所穷河源出于阗而山多玉者此也。自灵州渡黄河至于阗，往往见吐蕃族帐，而于阗常与吐蕃相攻劫。案居诲等所行，乃汉时并南山行之道，极为艰苦，而于阗能于道上多置州军，且与吐蕃相攻击，可见其国势之强。居诲不能道圣天世次，而云：其衣冠如中国，其年号同庆二十九年（940年）。俗喜鬼神而好佛。圣天居处，常以紫衣僧五十人列侍。《唐家人传》：有胡僧，自于阗来，庄宗率皇后及诸子迎拜之。僧游五台山，遣中使供顿，所至倾动城邑。

自渤海盛强，靺鞨与中国久绝，至五代之世，乃复频来。欧《史·四夷附录》云：同光二年（924年），黑水兀儿遣使者来。其后常来朝贡。自登州泛海出青州。明年，黑水胡独鹿亦遣使来。兀儿、胡独鹿，若其两部酋长，各以使来，而其部族、世次、立卒，史皆失其纪。至长兴三年（932年），胡独鹿卒，子桃李花立，尝请命中国，后遂不复见云。同光二（924年）、三年（925年）之使，新旧《史·本纪》亦记之，而不言其酋长之名。三年（925年）之使，则记其与女真皆至。《旧纪》天成四年八月，又有黑水朝贡使郭济等率属来朝。新旧《纪》长兴元年二月，皆载兀儿遣使来贡。显德六年正月，《新纪》书女真使阿辨来，《旧纪》则但载其遣使贡献，而不言使者之名。

室韦，欧《史·四夷附录》无传。《旧唐书·刘全谅传》云：父客奴，由征行家于幽州之昌平。今河北昌平县。少有武艺。从平卢军。开元中，有室韦首领段普恪，恃骁勇数苦边。节度使薛楚玉，以客奴有胆气，令抗普恪。客奴单骑袭之，斩首以献。《新书·全谅》附《董晋传》。又《范希朝传》：除振武节度使。振武有党项、室韦，交居川阜，陵犯为盗。日入慝作，谓之刮城门。居人惧骇，鲜有宁日。希朝周知要害，置堡栅，斥候严密，人遂获安。《新书·藩镇·卢龙传》：奚数犯边，刘济击走之。穷追千余里，至青都山，未详。斩首二万级。其后又掠檀、蓟北鄙，济率军会室韦破之。《旧五代史·契丹传》言钦德役属室韦，已见前。《庄宗纪》：天祐十五年（918年），梁贞明四年。大阅于魏都，有奚、契丹，室韦、吐浑之众。又《张敬珣传》：天成二年（927年），授大同节度使，招抚室韦万余帐。此等皆其南徙近边者。其居故地者，盖与中国无交往，故史官无所纪录。

突厥，欧《史·四夷附录》云：唐末为诸夷所侵，部族微散。五代之际，尝来朝贡。同光三年（925年），浑解楼来。天成二年（927年），首领张慕晋来。长兴二年（931年），首领杜阿熟来。天福六（941年），遣使者薛周海来。凡四至：其后不复来。然突厥于时最微，又来不数，故其君长，史皆失不能纪。《附录》所记，《本纪》亦皆载之。惟同光三年（925年），《纪》于二月书突厥浑解楼、渤海王大諲撰皆遣使来，十月，又书奚、吐浑、突厥皆遣使者来，则是年似有两使；又《纪》言浑解楼遣使，则浑解楼是其酋长之名，《附录》言浑解楼来，则似是其人自至；又张慕晋之来，《纪》在天成三年（928年），为不合耳。《旧纪》：同光三年二月，书突厥、渤海国皆遣使贡方物。十月之使则不书。张慕晋作张慕进，其来亦在天成三年。长兴二年之来，《旧纪》不书，而四年正月，书突厥来附。天福六年（941年），但书突厥遣使朝贡，事在七月，不言使名。《旧史·晋高祖纪》：秦王从荣奏：北面奏报：契丹族移帐近塞，吐浑、突厥，已侵边地。戍兵虽多，未有统帅。宜命大将一人，以安云、朔。高祖缘此，乃得出镇河东。此等皆其零星部族之并塞者。其较远者，则胡峤所云单于突厥、牛蹄突厥也，见下。

沙陀，殆已尽入中国，而高居诲行记，谓甘州南山百余里，汉小月支之故地也，有别族，号鹿角山沙陀，云朱邪氏之遗族也，则其迁徙未尽者。《旧史·氐叔琮传》：晋军攻临汾，叔踪于军中选壮士二人，深目虬须，貌如沙陀者，令就襄陵县今山西襄陵县。牧马于道间。蕃人见之不疑。二人因杂其行间。俄而伺隙，各擒一人而来。

晋军大惊，且疑有伏兵，遂退据蒲县。今山西蒲县。则沙陀之状，为深目虬须，亦西胡种也。《本纪》：同光二年七月，幸龙门之雷山祭天神，龙门，今山西河津县。从北俗之旧事也。天成二年六月，幸白司马坡祭突厥神，白司马坡见第四章第三节。从北俗之礼也。十一月，祭蕃神于郊外。晋少帝即位，往相州西山扑祭，用北俗之礼也。北俗虽不可征，要必与突厥相近。《新史·伶官传》：敬新磨常奏事殿中。殿中多恶犬，新磨去，一犬起逐之。新磨倚柱而呼曰："陛下毋纵儿女啮人。"庄宗家世夷狄，夷狄之人讳狗，故新磨以此讥之。庄宗大怒，弯弓注矢将射之。突厥自谓狼种，沙陀殆自谓犬种欤？

以上所述，皆北族之近中国者。其距塞远处，是时情状，殊为晦盲。胡峤者，同州郃阳县令，今陕西郃阳县。为萧翰掌书记，随入契丹。在虏中七年，周广顺三年（953年）乃亡归。撰所见为《陷虏记》。欧《史·四夷附录》载之。今录所记自契丹以往之情形如下，亦可见是时北荒之大概也。峤所记云：距契丹国东至于海，今辽东湾。有铁甸。其族野居皮帐，而人刚勇。其地少草木。水咸浊，色如血，澄之久而后可饮。又东女真，善射，多牛、鹿、野狗。其人无定居，行以牛负物。遇雨则张革为屋。常作鹿鸣，呼鹿而射之，食其生肉。能酿糜为酒。醉则缚之而睡，醒而后解。不然则杀人。同光、显德中来者，当即此女真。又东南渤海。渤海旧地未属契丹者。又东辽国。盖辽阳附近之地？亦未属契丹。皆与契丹略同。其南海曲，有鱼盐之利。又南奚，与契丹略同，而人好杀戮。此东奚也。又南，至于榆关矣。西南至儒州，皆故汉地。西则突厥、回纥。前所述来朝贡之突厥及与女真、室韦侵契丹之回鹘当即此。西北至妪厥律。其人长大，髦头。酋长全其发，盛以紫囊。地苦寒。水出大鱼，契丹仰食。又多黑、白、黄貂鼠皮，北方诸国皆仰足。其人最勇，邻国不敢侵。又其西，辖戛。疑黠戛斯之东徙者。又其北，单于突厥。皆与妪厥律略同。又北，黑车子。善作车帐。其人知孝义，地贫无所产。云契丹之先，常役回纥，后背之，走黑车子，始学作车帐。又北，牛蹄突厥。人身牛足。其地尤寒。水曰葫芦河。夏秋冰厚二尺，春冬冰彻底，常烧器消冰，乃得饮。东北至袜劫子。其人髦首，披布为衣，不鞍而骑，大弓长箭，尤善射。遇人辄杀而生食其肉。契丹等国皆畏之。契丹五骑，遇一袜劫子，则皆散走。疑即元世之蔑儿乞。其国三面皆室韦。一曰室韦。二曰黄头室韦。三曰兽室韦。其地多铜、铁、金、银。其人工巧，铜铁诸器皆精好。善织毛锦。地尤寒，马溺至地成冰堆。又曰：契丹尝选百里马二十匹，遣十人赍干钞北行，穷其所见。其人自黑车子历牛蹄国以北，行一年，经四十三城。居人多以木皮为屋。其语言无译者，不知其国地、山川、部族名号。其地气，遇平地则温和，山林则寒冽。至三十三城，得一人，能铁甸语，其言颇可解。云地名颉利乌干邪堰。云自此以北，龙蛇猛兽，不可往矣。其人乃还。此北荒之极也。此人盖抵今西伯利亚南境。自此以北，则微特此人未至，即告之者亦不知也，皆想象之辞耳。《楚辞·招魂》所言，正是如此。参看《先秦史》第十章第二节。

唐世威棱，可云远憺，然其无以善其后，亦与汉同。燕、云十六州，竟归沦陷者，不必论矣，即关内亦几成戎薮。鄜延自高万兴至允权，实已形同割据。高允权死于周广顺三年（953年）。子绍基，匿丧欲自立。朝命六宅使张仁谦往巡检。时折从阮为静难节度使，方讨野鸡族，命其分兵屯延州。又命供奉官张怀贞将禁兵两指挥屯鄜延。绍基乃受代去。自高万兴降梁至此，汴、洛实未能真有鄜延也。府州虽国小而忠，然其为党项所擅，亦与夏州无异也。折从阮既归汉，汉祖升府州为永安军，析振武之胜州并缘河五镇隶焉，以从阮为节度使。乾祐二年（949年），从阮举族入朝。以其子德扆为团练使。显德元年（954年），复以为节度使。入宋后，折氏仍据府州者甚久。河、陇既亡，控扼惟资灵武。康福、张希崇、冯晖，相继经营，不为不力，灵州之地，唐末为列校韩逊所据，唐因授以节钺。《五代史》本传言其时邠宁、鄜延、凤翔，皆与梁争战，独逊与夏州李思谏，臣属于梁。盖其地处悬远，不独不畏汴、洛，并不畏关内也。刘知俊归凤翔，李茂贞尝使攻之而不克。贞明四年（918年），逊卒，子洙袭。天成四年（929年）卒。朝以其弟澄为留后。列校李宾作乱，部内不安，乃使上表请帅。朝命康福往代之。福蔚州人，善诸戎语，明宗盖亦非轻使。福居灵武三岁而归，代以张希崇。时戍兵饷道，常苦钞掠。希崇乃开屯田，教士耕种，抚养士卒，招辑夷落。回鹘、瓜、沙，皆遣使入贡。居四岁而代。晋高祖入立，复用之，盖诚相须孔殷也。天福四年（939年），希崇卒，代以冯晖。自唐明宗以后，市马、籴粟，招来部族，给赐军士，岁用度支钱六千万。自关已西，转输供给，民不堪役，流亡甚众。氐羌剽掠道路，商旅行必以兵。晖至则推恩信，部族怀惠，止息侵夺。然后广屯田以省转饷，治仓库、亭馆千余区，多出俸钱，民不加赋。诸部族争以羊马为市，期年有马五千匹。开运初，移镇邠州。王令温继之，不能善治。三年（946年），复以晖为之。初党项拓拔彦超，最为大族，晖为起第，留之城中。王令温至，释之。及是，彦超邀晖于路。晖击败之。遂至灵州。广顺三年（953年），晖卒，子继业继之。颇骄恣。时出兵劫略羌、胡，羌、胡不附。又抚士卒少恩。虑变，求代。开宝三年（970年），乃移镇去。李宾，《新史·康福传》及《通鉴》均作李从宾，此据《旧史·韩逊传》。终为拓拔氏之资。李思恭以唐乾宁二年（895年）卒。弟思谏袭。开平二年（908年）卒，子彝昌袭。四年（910年），为衙将高宗益所杀。将吏共诛宗益，立其族仁福。仁福，欧《史》云：不知其于思谏亲疏。《通鉴考异》云：其诸子之名，皆连彝字，则于彝昌必父行也。晋周德威合邠、凤之师攻之，仁福固守逾月，梁救至，德威遁去。长兴四年（933年），仁福卒。自仁福时，边将多言其北通契丹，恐为边患，乃以其子彝超为延州，而以延帅安从进为夏州留后。诏邠州药彦稠援送。彝超不受代。攻之。党项四面薄其粮道。关辅之人，运斗粟束藁，动计数千。复为蕃部所杀掠，死者甚众。乃命班师。彝超亦上表谢罪，复以为节度使。清泰二年（935年）卒，弟彝兴袭。宋乾德五年（967年）卒，子光睿袭。太平兴国三年（978年）卒，子继筠袭。四年（979年）卒，弟继捧袭。以诸父兄弟，多相怼怨，七年（982年）来朝，献其地。其弟继迁叛去，是为西夏之祖。拓拔思恭，欧《史·李仁福传》作思敬。《通鉴》中和元年（881年）《考异》曰：欧意谓薛《史》避国讳耳。按《旧唐书》《实录》皆作思恭。《实录》：天复二年九月，武定军节度使李思敬以城降王建。思敬，本姓拓拔，鄜夏节度使思恭、保大节度使思孝之弟也。思孝致仕，以思敬为保大留后，遂升节度，又徙武定军。《新唐书·党项传》曰：思恭为定难节度使。卒，弟思谏代为节度。思孝为保大节度，以老，荐弟思敬为保大留后，俄为节度。然则思恭、思敬，乃是两人。思敬后附李茂贞，或赐国姓，故更姓李。合为一人，误也。《旧史·世袭列传》云：彝兴，本名彝殷，以犯庙讳，故改之。张鉴春《西夏纪事本末·得姓始末篇》案语云：《册府元龟》三百八十九：长兴四年（933年），隰州刺史刘遂凝言于帝曰：臣闻李仁福有二子：彝超乃次子也，长子彝殷为夏州留后。彝超征诏赴阙，则诸蕃归心矣。据此，则又当以彝超继彝殷，未知孰是。末大必折，尾大不掉，信夫！有深虑者所以戒黩武也。

隋唐五代史

（下）

第2版

吕思勉 著　马东峰 主编

北京理工大学出版社
BEIJING INSTITUTE OF TECHNOLOGY PRESS

第十六章　隋唐五代社会组织

第一节　婚　制

隋、唐、五代，婚姻之制，大略与前世同。既无古诸侯一娶九女之制，故前娶后继皆为嫡。《新唐书·儒学传》：郑馀庆庙有二妣，疑于祔祭，请诸有司，韦公肃议：古诸侯一娶九女，故庙无二嫡；自秦以来，有再娶，前娶后继皆适也，两祔无嫌，其明文也。职是故，妾遂不得为继室。李齐恽以妾卫氏为正室，身为礼部尚书，冕服以行其礼，人士嗤诮。杜佑言行无所玷缺，惟在淮南时，妻梁氏亡后，升嬖妾李氏为正室，封密国夫人，亲族子弟言之不从，时论非之。王缙妻李氏，初为左丞韦济妻，济卒奔缙，缙嬖之，实妾也，而冒称为妻，自更不为清议之所与矣。

唐制，妇人封爵，孺人、媵、妾皆无受封之文。庶子有五品已上官，皆封嫡母，无嫡母乃得封所生母。见《旧书·职官志》《新书·百官志》。凡亲王，孺人二人，媵十人。嗣王、郡王及一品媵十人。二品媵八人。三品及国公媵六人。四品媵四人。五品媵三人。降此外皆为妾。散官三品以上皆置媵。凡置媵，上其数。《新书·车服志》：五品已上，媵降妻一等，妾降媵一等。六品已下，妾降妻一等。故宣宗封其舅郑光妾为夫人，光还诏不敢拜。刘从谏妾韦，愿为夫人，许之。诏至，其妻裴不与。曰：淄青李师古，四世阻命，不闻侧室封者。《新书·从谏传》。参看第十章第三节。李渤，穆宗立，召拜考功员外郎。岁终考校，渤奏少府监裴通职修举，考应中上，以封母舍嫡而追所生，请考中下。可见其制之严。若安重荣娶二妻，晋高祖并加封爵，则乱世之事，不足道也。杜佑以妾为继室而封国夫人，宜为时论所讥矣。然《刘从谏传》言李师古四世阻命，不闻侧室封者，而《师古传》言其贞元末，与杜佑、李栾，皆得封妾媵以国夫人，说相矛盾。岂唐于淄青，始靳之而终许之邪？要即有之，亦衰世之事，非彝典也。

嫡庶之间，情好亦有敦笃者。《旧五代史·张砺传》：砺有父妾，以其久事先人，颇亦敬奉。诸幼子亦以祖母呼之。及卒，砺疑其事。询于同寮，未有以对。砺即托故，归于滏阳，砺，滏阳人。滏阳县，在今河北磁县境。闲居三年，不行其服。论情制宜，识者韪之。此亦云过厚矣。然嫡庶相处，相得究难。故有如齐浣纳刘戒之女为妾，陵其正室，致为李林甫所恶者。而严武八岁，以其母裴不为其父挺之所答，独厚其妾，乃至奋铁椎以碎妾首。其祸可谓博矣。故时有妾者或藏诸外宅。洛州妇人淳于氏，坐奸系于大理，李义府闻其姿色，属大理丞毕正义求为别宅妇；吴通玄娶宗室女为外妇；皆是物矣。杨恭仁弟子思训，显庆中，历右屯卫将军。时右卫大将军慕容宝节有爱妾，置于别宅，尝邀思训，就之宴乐。思训深责宝节与其妻隔绝。妾等怒，密以毒药置酒，思训饮尽便死。宝节坐是配流岭表。思训妻又诣阙称冤，制遣使就斩之。其祸之博，乃更甚于同处者矣。盖妾而与妻同处，虽于家政，究犹有所顾忌，别居更莫能制御也。

富贵易即于骄淫，此事之无可如何者也。隋、唐内官之制，大抵本于《周官》，不越百二十之数，时或减乏。宫官亦有定员。见《隋书》《新、旧书》《百官志》《职官志》及《后妃传》。然其拘女，乃绝无制限。唐太宗初立，放宫女三千余人，见《新书·本纪》。此即自居易《新乐府》美其怨女三千放出宫者。然观其所咏《上阳人》，则玄宗时之拘女，亦不减于隋炀帝矣。诗云：玄宗末岁初选入，入时十六今六十。同时采择百余人，零落年深残此身。《隋书·王世充传》

言：世充为炀帝简阅江、淮良家女，取正库及应入京物以聘纳之，所用不可胜计。后以船送东京，道路贼起，使者苦役，及于淮、泗中沉其船，前后十数。此其惨酷，为何如邪？《旧书·宣宗纪》纪吴湘之狱，谓扬州都虞候刘群，自拟收女子阿颜为妻，乃妄称监军使处分，要阿颜进奉，不得嫁人，兼擅令人监守。大中二年（848年）。假一监军之名，遂可恣行如此，采择之诒害，可以想见。朱泚之平也，德宗欲令浑瑊访奔亡内人，给装使赴行在。陆贽谏曰："内人或为将士所私，宜思昔人掩绝缨之义。"帝虽不复下诏，犹遣使谕瑊资送。德宗如此，况其下焉者乎？贵人之家亦然。孙晟食不设几案，使众妓各执一器，环立而侍，已见第十四章第六节。史称时人多效之，可见多妓妾者不止晟一人也。《宋书》称南郡王义宣，后房千余，尼媪数百，而《旧书·王缙传》，亦言其纵弟、妹、女尼等广纳财贿。盖又有托清净之名，而行渎乱之实者矣。可胜诛哉！参看《两晋南北朝史》第二十四章第二节。

官妓仍以罪人家属为之。《新书·儒学传》：林蕴为邵州刺史，尝杖杀客陶章，投尸江中，籍其妻为倡是也。私倡则民之贫者自为之。《隋书·地理志》云：齐郡俗好教饰子女，淫哇之音，能使骨腾肉飞，倾诡人目，俗云齐倡，本出此也。此犹前世之邯郸也。《新书·西域传》言：龟兹、于阗置女肆征其钱，中国无此法，然特法不明许之而已，其实何以异邪？

嫡子、庶子，贵贱亦不相同。《隋书·隐逸传》：崔廓，少孤贫而母贱，由是不为邦族所齿。又《李圆通传》：父景，以军士隶武元皇帝，高祖父忠。因与家僮黑女私，生圆通，景不之认，由是孤贱。皆因其母，延及其子也。《新书·穆宁传》：子赞，擢累侍御史，分司东都。陕虢观察使卢岳妻分赀不及妾子，妾诉之，中丞卢佋欲重妾罪，赞不听。分赀不及，亦歧视庶孽之一证也。

婚礼之不行，由于俗尚之侈靡。《新书·韦挺传》言：挺以贞观时拜御史大夫。时承隋末，风俗薄恶，人不知教。挺上疏言：闾里细人，每有重丧，不即发问，先造邑社，待营办具，乃始发哀。至假车乘，雇棺椁，以荣送葬。既葬，邻伍会集，相与酣醉，名曰出孝。昏嫁之初，杂奏丝竹，以穷宴欢。官司习俗，弗为条禁。望一切惩革，申明礼宪。一九四六年九月八日，上海《大公报》载徐颂九《论移民实边》之文，述滇西之俗云：村必有庙，庙皆有公仓，众敛谷实之。庙门左右，必有小门，名曰茶铺，众所会也。议公事于是，筹经费于是，设小学于是，选乡保长于是；人家有婚丧等事，亦于是行之。故是庙也，村之议会也，亦其公所也，亦其学校也，又其游息之所，行礼之地也。案此正古者中里为校室之制也。以今揆古，则隋时有丧先造邑社者。必贫民家无殡敛之地，又身自执事不给，故由乡里助其营办，此正细民相恤之美德，号称士君子者，弗之知也，而反訾议之，不亦过乎？既葬会集，相与酣醉；婚嫁之初，杂奏丝竹；自为非礼，然不有湛酒渝食，万舞翼翼者，民亦孰从而效之？故曰：民之饥，以其上食税之多也。《循吏传》：韦宙出为永州刺史。俚婚，出财会宾客，号破酒。昼夜集，多至数百人，贫者犹数十。力不足则不迎，至淫奔者。宙条约，使略如礼，俗遂改。丧乱之后如此，承平之世可知；僻陋之区如此，富厚之地可知；官司虽有禁令，岂真能移风易俗哉？况知留意于此者又少乎？《旧书·文苑传》：元德秀早失恃怙，衰麻相继，不及亲在而娶。既孤，遂不娶。族人以绝嗣规之。德秀曰："吾兄有子，继先人之祀。"以兄子婚娶，家贫无以为礼，求为鲁山令。彼其六十年不识女色，元结语，见《新书·德秀传》。安知不以贫故哉？阳城兄弟皆不娶，城亦贫士也。政令每急于蕃民，丧乱之后尤甚。《新书·太宗纪》：贞观元年二月，诏民年二十女十五以上无夫家者，州县以礼聘娶。贫不能自行者，乡里富人及亲戚资送之。鳏夫六十，寡妇五十，妇人有子若守节勿强。鳏夫不及六十，寡妇不及五十，犹欲强合之，立法可谓甚峻。《食货志》云：太宗锐意于治，官吏考课，以鳏寡少者进考，如增户法，失劝导者以减户论，其行之亦可谓甚力。然《蒋乂传》言：张孝忠子茂宗尚义章公主，即郑国庄穆公主，德宗女。母亡，遗言丐成礼。德宗念孝忠功，即日召为左卫将军，许主下降。乂上疏谏。帝曰："卿所言古礼也，今俗借吉而婚不为少。"对曰："俚室穷人子，旁无至亲，乃有借吉以嫁，不闻男冒凶而娶。"乡里亲戚，既不能存恤孤女，而使之借吉以嫁，而望其为之资送，不亦难乎？中人之家，自营婚嫁已不易，而况于为人营办乎？合男女之政之存于后世者，则征集人间女妇，以配军士而已。可胜叹哉！《隋书·炀帝纪》：大业十三年九月，帝括江都人女、寡妇，以配从兵。案是谋出于裴矩，见《矩传》。《传》又云：矩召江都境内寡妇及未嫁女，皆集宫监，又召将帅及兵等，恣其所娶。因听自首，先有奸通妇女及尼、女冠者，并即配之。

《北史·李敏传》云：开皇初，周宣帝后乐平公主，有女娥英，妙集婚对，敕贵公子弟集弘圣宫者，日以百数，公主选取敏。《旧五代史·罗隐传》云：隐为唐宰相郑畋所知。虽负文称，然貌古而陋。畋幼女有文性，尝览隐诗卷，讽诵不已。畋疑其女有慕才之意。一日，隐至第，郑女垂帘而窥之，自是绝不咏其诗。此婚配犹容男女自择之遗意也。然溺于势利者实多。许敬宗既以女嫁蛮酋冯盎子，多私所聘，又以女嫁左监门大将军钱九陇。九陇本皇家隶人，敬宗贪财与昏。掌知国史，乃为曲叙门阀，妄加功绩。房琯长子乘，自少两目盲，琯为汉州，厚以财货结司马李锐，为乘聘锐外甥女卢氏。皆是物也。《新书·高士廉传》云：太宗以山东士人尚阀阅，后虽衰，子孙犹负世望，嫁娶必多取赀，故人谓之卖婚，由是诏士廉与韦挺、岑文本、令狐德棻定《氏族志》。高宗时改为《姓氏录》。又诏后魏陇西李宝，太原王琼，荥阳郑温，范阳卢子迁、卢浑、卢辅，清河崔宗伯、崔元孙，前燕博陵崔懿，晋赵郡李楷，凡七姓十家，不得自为昏。三品以上，纳币不得过三百匹，四品、五品二百，六品、七品百，悉为归装。夫氏禁受陪门财。《通鉴》胡《注》云：陪门财者，女家门望未高，而议姻之家非偶，令其纳财，以陪门望。

其后天下衰宗落谱，昭穆所不齿者，皆称禁昏家，益自贵，凡男女皆潜相聘娶，天子不能禁云。唐之更定氏族，禁七姓自为婚，实别有用心，初非欲革敝俗，说见第十八章第一节。然唐室之为是，虽别有用心，卖婚则自敝俗也。《旧书·来俊臣传》，言其父操，与乡人蔡本结友，遂通其妻，因樗蒲，赢本钱数十万，本无以酬，操遂纳本妻。此闾阎细民，明以妇女为货鬻者也。彼卖婚者庸愈乎？

离婚尚较后世为易。《旧书·列女传》：李德武妻裴氏，矩女，适德武一年，而德武坐从父金才徙岭表，矩时为黄门侍郎，奏请离婚，隋炀帝许之。《新书·列女传》：贾直言妻董氏，直言坐事贬岭南，以妻少，乃诀曰：生死不可期，吾去可急嫁，无须也。《旧五代史·萧希甫传》：希甫少举进士，为梁开封尹袁象先书记。象先为青州节度使，以希甫为巡官。希甫不乐。乃弃其母妻，变姓名，亡之镇州。王镕以为参军，尤不乐。居岁余，又亡之易州，削发为僧，居百丈山。后唐庄宗将建国，李绍宏荐为魏州推官。后为驾部郎中。及灭梁，遣其宣慰青齐。希甫始知其母已死，妻袁氏亦改嫁。是凡久别无归期，若存亡不可知者，皆可离异也。《旧书·列女传》：刘寂妻夏后氏，父因疾丧明，乃求离其夫，以终侍养。是本家有故，亦可求离也。《隋书·张定和传》云：少贫贱，有志节。初为侍官。平陈之役，当从征，无以自给。其妻有嫁时衣服，定和将鬻之，妻固靳不与。定和遂行。以功拜仪同，赐帛千匹。遂弃其妻。夫其妻虽不佽其行，平居未必不相黾勉，一怒而遽弃之，揆诸贱娶贵不去之条，于义殊室。《新书·李大亮传》：族孙迥秀，母少贱，妻尝詈媵婢，母闻不乐，迥秀即出其妻，则尤为薄物细故矣。裴矩女不肯改嫁，而李德武于岭表娶尔朱氏，及遇赦，还至襄州，闻裴守节，乃又出其后妻，重与裴合。甚至如崔颢，娶妻择有貌者，稍不惬意则去之，前后数四。此等并不免轻视妇女，然亦可见离婚之易也。然观裴矩欲离其女而特请诸朝。又《旧书·武宗纪》载会昌六年（846年），右庶子吕让进状：亡兄温女，大和七年（833年），嫁左卫兵曹萧敏，生一男，开成三年（838年），敏心疾乖忤，因而离昏，今敏日愈，却乞与臣侄女配合。从之。又《李元素传》：元素再娶王氏，方庆之孙。性柔弱。元素为郎官时娶之，甚礼重。及贵，溺情仆妾，遂薄之。且又无子，而前妻之子已长，无良。元素寝疾昏惑，听谮，遂出之。给与非厚。妻族上诉。诏免官。仍令与王氏钱物，通所奏数五千贯。又《源休传》：迁给事中、御史中丞、左庶子。其妻，吏部侍郎王翊女也。因小忿而离。妻族上诉。下御史台验理。休迟留不答款状，除名配流溱州。则法于离合之际，视之未尝不重。房琯孽子孺复，浙西节度使韩滉辟入幕。孺复初娶郑氏。恶贱其妻，多畜婢仆。妻之保母累言之，孺复乃先具棺榇，而集家人，生敛保母。远近惊异。及妻在产蓐，三四日，遽令上船即路，数日，妻遇风而卒。拜杭州刺史，又娶台州刺史崔昭女。崔妒悍甚，一夕杖杀孺复侍儿二人，埋之雪中。观察使闻之，诏发使鞫案，有实。孺复坐贬连州司马，仍令与崔氏离异。久之，迁辰州刺史，改容州刺史、本管经略使。乃潜与妻往来，久而上疏请合。诏从之。二岁余，又奏与崔氏离异。此其不法，实远甚于崔颢。然初未闻其更挂刑章，则法偶有所不及，而非法意本如此也。惟俗视离婚，则初不甚重。《新书·文艺传》：崔行功孙铣，尚定安公主。主初降王同皎，及卒，皎子繇请与父合葬。给事中夏侯铦驳奏：主与王氏绝，丧当还崔。诏可。可见妇人改适，义皆绝于前夫。然《旧书·李林甫传》言：张九龄与中书侍郎严挺之善。挺之初娶妻，出之，妻嫁蔚州刺史王元琰，元琰坐赃，诏三司使推之，挺之救免其罪。玄宗察之。谓九龄曰："王元琰不无赃罪，严挺之属托所由，辈有颜面。"九龄曰："此挺之前妻，今已婚崔氏，不合有情。"玄宗曰："卿不知，虽离之，亦却有私。”玄宗本以九龄诤废三王及封牛仙客不悦，借前事，以为有党，与裴耀卿俱罢知政事。出挺之为洺州刺史。元琰流于岭外。此事不知九龄果有党，抑玄宗多疑。然时人之见，谓义绝者恩不必其遽绝则可知，亦可见离婚者不必皆有大故也。

《旧五代史·敬翔传》云：翔妻刘氏，父为蓝田令。后刘为巢将尚让所得。巢败，让携刘降于时溥。及让诛，时溥纳刘于妓室。太祖平徐，得刘氏，嬖之。属翔丧妻，因以刘氏赐之。及翔渐贵，刘犹出入太祖卧内。翔情礼稍薄。刘于曲室让翔曰：“卿鄙余曾失身于贼邪？以成败言之，尚让巢之宰辅，时溥国之忠臣，论卿门第，辱我何甚？请从此辞。”翔谢而止之。刘固非凡妇人，然观其言之侃侃，则当时妇人，不以屡适为耻可知也。唐公主再嫁及三嫁者甚多。高祖十九女，更嫁者四：曰高密，曰长广，曰房陵，曰安定。太宗二十一女，更嫁者六：曰襄城，曰南平，曰遂安，曰晋安，曰城阳，曰新城。高宗三女，更嫁者一：曰太平。中宗八女，更嫁者三：曰定安，曰长宁，曰安乐。睿宗十一女，更嫁者二：曰薛国，曰鄎国。玄宗二十九女，更嫁有九：曰常山，曰卫国，曰真阳，曰宋国，曰齐国，曰咸直，曰广宁，曰万春，曰新平。肃宗七女，更嫁者二：曰萧国，曰郜国。自代宗以降，史不言其女有更嫁者，然顺宗女西河公主，初降沈翚，后降郭子仪孙铦，见《子仪传》，而《主传》漏书。《主传》后半甚略，事迹必多阙佚，其中恐未必无更适者也。又玄宗女，《主传》都数云二十九，而数之得三十，其中普康公主实宪宗女误入，见《廿二史考异》。唐固出夷狄，不足语于礼法。然楚王灵龟妃上官氏，王死，服终，诸兄弟谓曰：“妃年尚少，又无所生，改醮异门，礼仪常范。”《旧书·列女传》。则非以夷俗言之。崔绘妻卢氏，为山东著姓。绘早终，卢年少，诸兄常欲嫁之。卢辄称病固辞。卢亡姊之夫李思冲，神龙初为工部侍郎，又求续亲。时思冲当朝美职，诸兄不敢拒。卢夜中出自窦，乃得奔归崔氏。亦见《旧书·列女传》。则虽名族，亦视再适为恒事矣。

其不再适者，多出于意义感激，转非庸行。隋兰陵公主，初嫁仪同王奉孝，奉孝卒，适河东柳述，述徙岭表，炀帝令与离绝，将改嫁之，主以死自誓，上表请免主号，与述同徙。帝大怒。主忧愤卒。临终上表，乞葬于柳氏。其不为奉孝守，而尽节于述，犹之豫让不死范、中行氏而死知伯也。再娶禁忌，意亦如是。李泌与梁肃善，故泌子繁师事肃。肃卒，烝其室。士议喧丑，由是摈弃积年。聂屿早依郭崇韬，致身朱紫。为河东节度使，郭氏次子之妇，孀居守家，屿丧偶未久，忍而纳币，人皆罪之。皆责其负恩，非谓孀妇不可取也。《新书·齐澣传》：魏元忠子昇，死节愍太子难，元忠系大理。昇妻郑，父远，尝纳钱五百万，以女易官。武后重元忠旧臣，欲荣其姻对，授远河内令，子洺州参军。元忠下狱，遣人绝婚，许之。明日，嫁其女。殿中侍御史麻察劾远败风教，请锢终身，远遂废。亦薄其势利，非谓绝婚更嫁为不可也。《新五代史·冯道等传序》曰：予尝得五代时小说一篇，载王凝妻李氏事。凝家青、齐之间，为虢州司户参军，以疾卒于官。凝家素贫，一子尚幼。李氏携其子，负其遗骸以归。东过开封，止旅舍。旅舍主人见其妇人独携一子而疑之，不许其宿。李氏顾天已暮，不肯去。主人牵其臂而出之。李氏仰天长恸曰："我为妇人，不能守节，而此手为人执邪？不可以一手并污吾身。"即引斧自断其臂。路人见者，环聚而嗟之。或为之弹指，或为之泣下。开封尹闻之，白其事于朝。官为赐药封创，厚恤李氏，而笞其主人者。小说家言，不必可信。即谓为信，此等矫激之行，亦不足尚也。此时再嫁，多由母家，故亦有以母家有故而不肯去者。《旧书·列女传》：冀州鹿城女子王阿足，鹿城县，在今河北束鹿县北。早孤，无兄弟，惟姊一人。阿足初适同县李氏，未有子而夫亡，时年尚少，人多聘之，为姊年老孤寡，不能舍去，乃誓不嫁，以养其姊。此亦犹刘寂妻以父丧明，而离夫归侍养耳。

禁止再嫁之令，初亦因此而作。《隋书·高祖纪》：开皇十六年六月，诏九品已上妻，五品已上妾，夫亡不得改嫁。《李谔传》云：谔见礼教凋敝，公卿薨亡，其爱妾侍婢，子孙辄嫁卖之，遂成风俗，上书曰：闻朝臣之内，有父祖亡殁，日月未久，子孙无赖，便分其妓妾，嫁卖取财，实损风化。复有朝廷重臣，位望通贵，平生交旧，情若弟兄，及其亡殁，杳同行路，朝闻其死，夕规其妾，方便求聘，以得为限，无廉耻之心，弃友朋之义。且居家理，治可移于官，既不正私，何能赞务？上览而嘉之。五品已上妻妾不得改醮，始于此也。《儒林传》云：炀帝即位，牛弘引刘炫修律令。高祖之世，以刀笔吏类多小人，年久长奸，势使然也；又以风俗陵迟，妇人无节；于是立格：州县佐史，三年而代，九品妻无得再醮。炫著论以为不可。弘竟从之。则立法之初，意亦在惩薄俗，而九品已上妻不得改嫁之条，竟亦废削，故《李谔传》但言五品已上也。《新书·百官志》言王妃、公主、郡、县主嫠居有子者不再嫁。《公主传》言：宣宗诏夫妇教化之端，其公主、县主，有子而寡，不得复嫁，则亦末叶之法。是时唐室愿昏士族，而士族不之与，乃为是以自婚耳。参看第十八章第一节自明。《旧五代史·罗绍威传》：绍威长子廷规，尚太祖女安阳公主，又尚金华公主，早卒。开平四年（910年），诏金华公主出家为尼，居于宋州玄静寺，盖太祖推恩于罗氏，令终其妇节云。则亦非常法也。

妇人名节，虽不如后世之重，然究以贞信为美。故唐代公主，亦有以淫泆获罪者。《旧书·李宝臣传》：张茂昭子克礼，尚襄阳公主。顺宗女。长庆中，主纵恣不法，常游行市里。有士族子薛枢、薛浑者，俱得幸于主。尤爱浑。每诣浑家，谒浑母，行事姑之礼。有吏谁何者，即以厚赂啖之。浑与宝臣孙元本，偕少年遂相诱掖。元本亦得幸于主，出入主第。张克礼不胜其忿，上表陈闻。乃召主幽于禁中。以元本功臣之后，得减死，杖六十，流象州。枢、浑以元本之故，亦从轻，杖八十，长流崖州。是其事也。唐代公主，真以淫泆获罪者，惟此一事。《新书·诸主传》：太宗女合浦公主，始封高阳，下嫁房玄龄子遗爱。御史劾盗，得浮屠辩机金宝神枕，自言主所赐。初，浮屠庐主之封地。会主与遗爱猎，见而悦之。具帐其庐，与之乱。更以二女子从遗爱。私饷亿计。至是浮屠诛死，杀奴婢十余。《旧书·萧复传》：肃宗女郜国公主，出降萧升。升早卒。贞元中，蜀州别驾萧鼎，商州丰阳令韦恪，前彭州司马李万，太子詹事李昪等出入主第，秽声流闻。德宗怒，幽主于别第。李万决杀。昪贬岭南。萧鼎、韦恪决四十，长流岭表。此二事之实情，决非如此，参看第五章第一节，第九章第一节，第十八章第一节自明。《廿二史札记》论武后纳谏知人，引朱敬则疏谏选美少年事，疏见第五章第三节。又云：桓彦范以张昌宗为宋璟所劾，后不肯出昌宗付狱，亦奏云：陛下以簪履恩久，不忍加刑。此皆直揭后之燕昵嬖幸，敌以下所难堪，而后不惟不罪之，反赐敬则采百段，曰“非卿不闻此言”，而于璟、彦范亦终保护倚任。夫以怀义、易之等床第之间，何言不可中伤善类？而后迄不为所动摇，则其能别白人才，主持国是，有大过人者。其视怀义、易之等，不过如面首之类。人主富有四海，妃嫔动至千百，后既身为女主，而所宠幸不过数人，固亦无足深怪，故后初不以为讳，并若不必讳也。案后于淫泆，虽不深讳，然如朱敬则之直斥，则昔人于男主亦无之。重润且以窃议张易之见杀，而能容敬则乎？唐人所传史事，不足信者甚多，敬则之疏，恐未必非好事者为之也。

公主骄泆，虽或见惩，究极罕见，《新书·杨恭仁传》：孙豫之，尚巢王元吉女寿春县主。居母丧，与永康公主乱，为主婿窦奉节所杀。当时公主黩乱之事必甚多，史不能尽记也。永康公主，即房陵公主，高祖女。故当时之人，均视尚主为畏途。《新书·诸主传》：宣宗女万寿公主，帝所爱。每进见，必谆勉笃诲，曰：“无鄙夫家，无干时事。”又曰：“太平、安乐之祸，不可不戒。”故诸主祗畏，争为可喜事。然于琮初尚帝女永福公主，主与帝食，怒折匕箸；帝曰：此可为士人妻乎？乃更许琮尚广德公主。宣宗时如此，他时可知。安怪人之视尚主为畏途哉？宪宗女岐阳公主，下嫁杜悰，为唐室与士族结婚之始。见第十七章第一节。大和时，悰为工部尚书，判度支。会主薨，久不谢。文宗怪之。户部侍郎李珏曰："比驸马都尉皆为公主服斩衰三年，故悰不得谢。"帝矍然，始诏杖而期，著于令。即此一端，已非时人所能堪矣。《方技传》云：玄宗欲以玉真公主降张果，玉真公主，睿宗女。未言也。果忽谓秘书少监王迥质、太常少卿萧華曰："谚谓'娶妇得公主，平地生公府'，可畏也。"二人怪语不伦。俄有使至，传诏曰："玉真公主欲降先生。"果笑，固不奉诏。果事荒诞不足信，谚语则决非虚构也。李佐之客潞，为刘从谏所礼，留不得去，遂署观察府支使，因娶其从祖妹。从谏薄疏属，资媵寒阙，佐之亦薄之，不甚答。从谏死，佐之奴告其交通宾客，漏军中虚实。稹囚之。妻诉不见礼，遂杀之。则平地生公府者，又不必帝子矣。

《晋书·五行志》，讥武帝采择良家子女，露面入殿，帝亲简阅，务在姿色，不访德行；则女子出门，必拥蔽其面之礼，沿袭甚久。至唐乃渐弛。《旧书·舆服志》云：武德、贞观之时，宫人骑马者，依齐、隋旧制，多着幂䍦。虽发自戎夷，而全身障蔽，不欲途路窥之。王公之家，亦同此制。永徽之后，皆用帷帽，拖裙到颈，渐为浅露。寻下敕禁断。初虽暂息，旋又仍旧。咸亨二年（671 年），又下敕曰：百官家口，咸豫士流，至于衢路之间，岂可全无障蔽？比来多着帷帽，遂弃幂䍦；曾不乘车，别坐檐子；递相仿效，浸成风俗，过为轻率，深失礼容。前者已令渐改，如闻犹未止息。又命妇朝谒，或将驰驾车，既入禁门，有亏肃敬。此并乖于仪式，理须禁断，自今已后，勿使更然。则天之后，帷帽大行，幂䍦渐息。中宗即位，宫禁宽弛，公私妇人，无复幂䍦之制。开元初，从驾宫人骑马者，皆着胡帽，靓妆露面，无复障蔽。士庶之家，又相仿效。帷帽之制，绝不行用。俄又露髻驰骋，或著丈夫衣服靴衫。而尊卑内外，斯一贯矣。案高宗诏言百官家口，咸豫士流，衢路之间，不可全无障蔽，可见庶民本无障蔽也。《孝友传》云：崔沔母卒，常于庐前受吊，宾客未尝至于灵坐之室。谓人曰："平生非至亲者，未尝升堂入谒，岂可以存亡而变其礼也？"此等内外隔绝之礼，亦惟所谓士流者有之耳。《李益传》曰：少有痴病，而多猜忌。防闲妻妾，过为苛酷，而有散灰、扃户之谭闻于时。不有深宫固门之习，虽有痴病者，亦岂易自我作古邪？

冥婚之俗，唐世仍有之。重润既死，中宗即位，追赠皇太子，陪葬乾陵，高宗陵。仍为聘国子监丞裴粹亡女，与之合葬。建宁王，代宗即位，追谥承天皇帝，亦与兴信公主第十四女张氏冥婚。兴信公主，玄宗女，后封齐国公主。韦庶人为亡弟赠汝南王洵与萧至忠亡女为冥婚，合葬。及韦氏败，至忠发墓，持其女柩归。则虽冥婚，亦有迫于势，非所愿者矣。

《旧书·太宗诸子传》云：有太常乐人，年十余岁，美姿容，善歌舞，承乾特加宠幸，号曰称心。太宗知而大怒，收称心杀之。承乾痛悼不已。于宫中构室，立其形象，列偶人车马于前，令宫人朝暮奠祭。承乾数至其处，徘徊流涕。仍于宫中起冢而葬之。并赠官树碑，以申哀悼。《李义府传》：义府属毕正义求淳于氏为别宅妇，正义为雪其罪。卿段宝玄疑其故，遽以状闻。诏令按其事。正义惶惧，自缢而死。侍御史王义方廷奏义府犯状，因言其初以容貌，为刘洎、马周所幸，由此得进。言辞猥亵。帝怒，出义方为莱州司户。此等丑行，历代所谓士大夫者，实往往不绝也。亦堪齿冷矣。

桑原骘藏《蒲寿庚传》云：秦、汉以来，塞外人移居内地者日众。内外通婚，在北方殆渐成常事。其以进贡、通商，暂寓中国者，《唐会要》卷百云：贞观二年六月十六日，敕诸蕃使人，娶得汉妇女为妾者，并不得将还蕃。然在国内迎娶，则自由也。《通鉴》贞元三年云：胡客留长安久者，或四十余年，皆有妻子，足以明之。《册府元龟》卷九百九十九云：开成元年六月，京兆府奏：准令式：中国人不合私与外国人交通、买卖、婚娶、来往；又举取蕃客钱，以产业、奴婢为质者，重请禁之。此禁私自婚娶，非禁一切婚娶也。《通鉴》：大历十四年（779年），诏回纥诸胡在京师者，各服其服，无得效华人。先是回纥留京师者常千人，或衣华服，诱取妻妾，故禁之。《旧唐书·卢钧传》：钧以开成元年（836年）为岭南节度使。先是土人与蛮、僚杂居，婚娶相通，占田营第。吏或挠之，相诱为乱。钧至，立法，俾华蛮异处，婚娶不通，蛮人不得立田宅；此一时之宜。要之，唐朝蕃汉通婚，以不禁为常，而事亦通行无疑。宋代大体似与唐同也。《考证》二十五。案唐代异族，人处内地者甚多，安能禁其婚娶，此势所不行也。昏媾则匪寇矣，此亦外族易于同化之一端欤？《新书·高祖诸子传》：徐康王元礼曾孙延年，拔汗那王入朝，延年将以女嫁之，为右相李林甫劾奏，贬文安郡别驾。此自特异之事，非常法也。延年何必以女妻拔汗那王？岂以西胡多异物，亦染卖婚之俗欤？

第二节　族　制

宗族百口，累世同居，论者多以为美谈，此不察名实之过也。考诸史，聚族多者，非地方豪右，则仕宦之家。力耕之细民，则率不过五口、八口耳。

《旧唐书·沈法兴传》云：隋大业末，为吴兴郡守。东郡贼帅楼世干举兵围郡城，炀帝令法兴与太仆元祐讨之。俄而宇文化及弑炀帝于江都，法兴自以代居南土，法兴，湖州武康人。宗族数千家，为远近所服，乃与祐部将孙士汉、陈果仁执祐于坐而起兵。此地方豪右也。风尘澒洞之际，乘机割据者，往往此曹，《两晋南北朝史》言之详矣。若夫承平之世，有扬历仕途者，则其宗亲内外，率多互相依倚。刘审礼再从同居，家无异爨，合门二百余口。朱泚之乱，李晟家百口陷贼中。张浚之死，朱全忠屠其家百余人。王师范之死，家见戮者二百口。刘仁恭之败，晋军执其家族三百口。皆是物也。此等不必皆属同姓，并不必皆系亲族。《新书·杨元琰传》，言中外食其家者常数十人，即相依倚者不皆同姓之证。《旧五代史·朱友谦传》：后唐庄宗命夏鲁奇诛其族于河中，友谦妻张氏率其家属二百余口见鲁奇曰："请疏骨肉名字，无致他人横死。"《通鉴》云：别其婢仆百人，以其族百口就刑，则所谓家属者，婢仆与亲族各居其半矣。《康延孝传》：河中旧将焦武等言西平无罪，二百口伏诛，盖未知其婢仆之获免也。《旧唐书·昭宗纪》：王行瑜死后，其家二百口乞降；乾宁二年（894年）。而《旧五代史·唐武皇纪》言庆州奏行瑜将家属五百人到州界，为部下所杀，若以此例推之，则婢仆且多于亲族矣。《新唐书·忠义传》：颜杲卿与其长史袁履谦共拒安禄山而败，及郭、李收常山，出二家亲属数百人于狱，云亲属当不苞仆妾。及史思明归国，真卿方为蒲州刺史，令杲卿子泉明到河北求宗属。履谦及父故将妻子奴隶尚三百余人，转徙不自存，泉明悉力赡给，分多匀薄，相扶掖度河托真卿，真卿随所归资送之，则二家亲属与非亲属，其数亦略相等也。此等所谓家属，当时仕宦者，所至皆挈之而行。《旧书·裴遵庆传》，言其子向，内外支属百余人，所得俸禄，必同其费，及领外任，亦挈而随之则其证。职是故，其受累乃极探。王琚阖门三百口，每徙官，车马数里不绝。从宾容、女伎驰弋，凡四十年。琚有财，不以为累也。李揆为元载所挤，奏为试秘书监，江淮养疾，既无禄俸，家复贫乏，孀孤百口，丐食取给，萍寄诸州，凡十五六年，牧守稍薄，则又移居，其迁徙者，盖十余州焉，则不胜其苦矣。然造次颠沛之际，无不相偕。刘知俊举族奔凤翔，后又以举家入蜀，不自安而奔蜀。景延广顾念其家不能去，终为契丹所擒。是时王瑜胁其父自义州举族入蜀，义州，后唐置。与盗赵徽相结而行，卒为所杀，少长百口殆尽。《旧五代史·晋少帝纪》：天福八年（943年），延州奏绥州刺史李彝敏，抛弃城郡，与弟彝俊等五人，将骨肉二百七十口，来投当州，押送赴阙。称与兄夏州节度使彝殷，偶起猜嫌，互相攻伐故也。《新唐书·忠义传》：黄碣为漳州刺史，徙婺州，刘汉宏遣兵攻之，兵寡不可守，弃州去，客苏州。董昌表碣自副。昌反，碣不与同。昌杀之，夷其家百口。碣闽人，时直乱世，然崎岖羁旅，相从者仍不少也。

同居者虽不必父族，究以父族为主。论其世数，当以张公艺九世同居为最多，《新、旧书·孝友传》。高崇文七世不异居次之。《五代史·南唐世家》：李昪时，州县言民孝弟五代同居者七家，皆表门闾，复其徭役。其尤盛者，江州程氏，宗族七百口，亦不啻九世矣。杜暹、李纲五世同居，吕元简四世同居，李处恭、张义贞三世同居，皆见《旧书·孝友传》。其次也。同居者不必不异财，亦不必不异爨，故其不然者，尤为世所称道。如朱敬则与三从兄弟同居四十余年，财产无异。裴宽兄弟八人，于东都治第，八院相对，常击鼓会饭。刘君良累代义居，兄弟虽至四从，皆如同气，尺布斗粟，人无私焉。《旧书·孝友传》。是其事也。此等大家，治理盖颇有法度。故如李畬，闺门雍睦，累代同居，而史称其岁时拜庆，长幼男女，咸有礼节。畬，素立曾孙。见《旧书·良吏传》。崔邠三世一爨，则云当时言治家者推其法焉。《旧书·李光进传》：弟光颜先娶妻，其母委以家事。母卒，光进始娶。光颜使其妻奉管钥、家籍、财物，归于其姒。光进命反之，且谓光颜曰："新妇逮事母，尝命以主家，不可改也。"家而有籍，可见其治理之有法也，然能善其事实难。故姚崇先分田园，令诸子侄各守其分。仍为遗令，以诫子孙。云："比见诸达官，身亡以后，子孙既失覆荫，多至贫寒。斗尺之间，参商是竞。岂惟自玷，乃更辱先，无论曲直，俱受嗤毁。庄田、水碾，既众有之，递相推倚，或至荒废。陆贾、石苞，皆古之贤达也，所以豫为定分，将以绝其后争，吾静思之，深所叹服。”众有则递相推倚，可见治理之难。斗尺之间，参商是竞，主藏者将更穷于应付矣。陆子静当家一月，学问有进，其以此欤。

乡居者丁多则垦殖易广；积聚稍多，又可取倍称之息；或荫庇人户，以自封殖；故族愈大则财力愈雄。若仕宦之家，则有适相反者。陈少游问董秀：“亲属几何？月费几何？”秀曰：“族甚大，岁用常过百万，”其明征也。张直方奔京师，以其族大，特给检校工部尚书俸。薛放孤孀百口，家贫每不给赡，常苦俸薄，因召对垦求外任。郑权以家人数多，俸入不足，求为镇守。郑薰亦以纠族百口，廪不充，求外迁。此等既已得之，亦复何所不至？李愿门内数百口，仰给官司，卒激李齐之变。虽田弘正，亦未尝不以是败也。李密之将归唐也，谓王伯当曰：“将军室家重大，岂复与孤俱行哉？”门户之计重，君国之念，自不得不轻，移孝作忠，徒虚言耳。萧复，广德中，岁大饥，家百口不自振，议鬻昭应墅，此居者之不自保也。李揆之萍寄诸州，则行者之无所归也。使此等人居官，安得不贪秽？玄宗欲相崔琳、卢从愿，以族大，恐附离者众，卒不用，《新书·崔义玄传》。有以也夫！

《旧书·杜如晦传》：如晦弟楚客，少随叔父淹没于王世充。淹素与如晦兄弟不睦，谮如晦兄于王行满，世充杀之。并囚楚客，几至饿死。楚客竟无怨色。洛阳平，淹当死。楚客泣涕，请如晦救之。如晦初不从。楚客曰：“叔已杀大兄，今兄又结恨弃叔，一门之内，相杀而尽，岂不痛哉？”因欲自刭。如晦感其言，请于太宗，淹遂蒙恩宥。戈矛起于骨肉之间如此，岂不以相见好，同住难，藏怒蓄怨，以至于斯欤？《新书·裴坦传》：从子贽，昭宗疑其外风检而昵帷薄，逮问翰林学士韩偓。偓曰：“贽内雍友，合疏属以居，故臧获猥众，出入无度，殆此致谤。”则知合族而居，治理诚非易事也。众而不理，孰如寡？亦何必互相牵率哉？观张瓘兄弟五人，未尝不可自活，而必去车渡村，共归于张承业。见第十三章第二节。则可知其所由来矣。宾客欢娱僮仆饱，始知官爵为他人。以所识穷乏者德我，而以身殉之，岂不哀哉！

贾章家三十口，而死于兵者二十八，见第十三章第二节。此已非寻常百姓矣，故能仕于安重荣也。若寻常百姓，则《隋书·地理志》谓梁州小人，薄于情礼，父子率多异居；又谓扬州俗父子或异居；必不能逾于五口八口矣。当时法令，于累世同居者，率以为义而表章之。《隋书·炀帝纪》：大业五年三月，有司言武功男子史永遵，与从父昆弟同居。上嘉之，赐物一百段，米二百石，表其门闾。《旧唐书·高宗纪》：显庆六年八月，令诸州举孝行尤著，及累叶义居，可以厉风俗者。《新书·孝友传》云：唐受命二百八十八年，以孝弟名通朝廷者，多闾巷刺草之民，皆得书于史官。下文列举其名，事亲居丧著至行者，盖所谓孝？数世同居者，则所谓弟也。天子皆旌表门闾，赐粟帛。州县存问，复赋税。有授以官者。其所列举，盖以循例办理者为限。故如高霞寓五代同爨，德宗朝采访使奏旌表其门闾者不与焉。然南北朝之世，户高丁多者，或出于互相荫庇，故隋高祖令州县大索貌阅，大功已下，兼令析籍，各为户头。详见第三章第一节。至唐世，则丁多者户等随之而高，赋役亦随之而重，民又析籍以避之，法令则又禁其分析。《旧唐书·食货志》：天宝元年（742 年）赦文云：如闻百姓之内，有户高丁多，苟为规避，父母见在，乃别籍异居。宜令州县勘会，其一家之中，有十丁已上者，放两丁征行赋役，五丁已上放一丁，即令同籍共居，以敦风教。《旧五代史·唐庄宗纪》：同光元年（923 年）赦文，民有三世已上不分居者，与免杂徭。《晋高祖纪》云：所历方镇，以孝治为急，见民间父母在昆弟分索者，必绳而杀之。或诱之以名利，或威之以刑罚，其意则一而已矣，岂真为风教计哉！

即勿论此，得旌表者，亦未必真笃行之人。《旧五代史·晋高祖纪》：天福四年闰七月，尚书户部奏：李白伦义居七世，准敕旌表门闾。先有邓州义门王仲昭，六代同居。其旌表，有厅事，步栏前列屏树乌头。正门阀阅一丈二尺，二柱相去一丈。柱端安瓦桶，墨染，号为乌头。筑双阙一丈，在乌头之南三丈七尺。夹街十有五步，槐柳成列。今举此为例，则令式不该。诏王仲昭正厅乌头门等制，不载令文，又无敕命，既非故事，难黩大伦。宜从令式，只表门闾。于李白伦所居之前，量地之宜，高其外门。门外安绰楔。李自伦《新史》列《一行传》，此句无外字。门外左右各建一台，高一丈二尺，广狭方正，称台之形。圬以白泥，四隅漆赤。其行列树植，随其事力。其同籍课役，一准令文。王仲昭之所为，不必论矣。令式所载，亦岂与筚门圭窦相称？固知名闻于朝者，皆丁多族大有力之家，其居隐约而真有至行者，则名湮没而不彰矣。可胜叹哉！

宗法久与事势不宜，然士夫尚狃于旧习。《旧书·职官志》：九庙之子孙，继统为宗，余曰族，宗正。此王室之制也。元德秀以有兄子不娶，已见上节。柳宗元既贬谪，与京兆尹许孟容书曰：宗元于众党人中，罪状最甚，神理降罚，又不能即死，犹对人语言，饮食自活，迷不知耻，日复一日。然亦有大故。自以得姓来二千五百年，代为冢嗣。今抱非常之罪，居夷獠之乡，卑湿昏雾，恐一日填委沟壑，旷坠先绪，以是怛然痛恨，心骨沸然。茕茕孤立，未有子息。荒州中少士人女子，无与为婚，世亦不肯与罪人亲昵。以是嗣续之重，不绝如缕。每春秋时飨，孑立捧奠，顾眄无后继者，懔懔然欷歔惴惕，恐此事便已，摧心伤骨，若受锋刃，此诚丈人所共闵惜也。伏惟兴哀于无用之地，垂德于不报之所，以通家宗祀为念，有可动心者，操之勿失。虽不敢望归扫茔穴，退托先人之庐，以尽余齿，姑遂少北，益轻瘴疠，就婚娶，求胄嗣，有可付托，即冥然长辞，如得甘寝，无复恨矣。其哀痛迫切，至于如此，此真孔子所谓各亲其亲，各子其子者也。亲族之自私，益以男统之专横，则虽姑姊妹，女子子，其情本亲者，其出亦遭摈斥矣。鲜于仲通弟叔明，为东川节度使，大历末，有阆州严氏子上疏，叔明，阆州新政人。称叔明少孤，养于外族，遂冒姓焉，请复之。诏从焉。叔明初不知其从外氏姓，意丑其事，遂抗表乞赐宗姓。代宗以戎镇寄重，许之。仍置严氏子于法。此莒人灭鄫之义之流失也。然人情终难尽违。故司空图无子，以甥为嗣，为御史所劾，而昭宗不之责。西河公主初降沈氏，生一子，再降郭铦，铦无嗣，遂以沈氏子为嗣，《新唐书·郭子仪传》。则且取及妻之前子矣。父母之恩，不在生而在养，子孙之孝亦然。《五代史·晋家人传论》云：古之不幸无子，而以其同宗之子为后者，圣人许之，著之《礼经》而不讳也。而后世闾阎鄙俚之人则讳之。讳则不胜其欺与伪也。故其苟偷窃取，婴孩襁褓，讳其父母，而自欺以为我生之子。曰：不如此，则不能得其一志尽爱于我，而其心必二也。安知养子之专于为养，正野人之质直而能务民之义乎？彼其意，岂必讳所养为所生，然而终不能无欺与伪者，则各亲其亲，各子其子之既久，徇其名而忘其实，使之不得不然也。安得复见大同之世，使老有所终，幼有所长，鳏寡孤独废疾者，皆有所养哉？然唐世禁以异姓为后，意尚在于维持宗法，而非借此以争财产。近人笔记云：宋初新定《刑统》，户绝赀产下引《丧葬令》云：诸身丧户绝者，所有部曲、客女、奴婢、店宅、资财，并令近亲转易货卖，将营葬事及量营功德之外，余财并与女，无女均入以次近亲，无亲戚者，官为检校。若亡人在日，自有遗属处分，证验分明者，不用此令。此《丧葬令》乃唐令。观此，知唐时所谓户绝，不必无近亲，虽有近亲，为营丧葬，不必立近亲为嗣子，而远亲不能争嗣，更无论矣。虽有近亲，为之处分财产，所余财产，仍传之亲女，而远亲不能争产，更无论矣。此盖先世相传之法，亦不始于唐。秦、汉以前有宗法，秦废封建，宗法与之俱废，萧何定《九章》，乃变为户法。宗法以宗为单位，户法以户为单位。以宗为单位，有小宗可绝，大宗不可绝之说，以户为单位，无某户可绝，某户不可绝之理。故《唐律》禁养异姓男,《户令》听养同宗，乃于可以不绝之时，而为之定不绝之法,《丧葬令》使近亲营葬事，使亲女受遗产，乃于不能不绝之时，而为之定绝法。此乃户法当然之理，固不能以上世宗法之理，用于户法也。观此论，可知唐时所谓承嗣者，当与财产无干，绝非如近世所讥：口在宗祧，心存财产，其言蔼然，其心不可问者也。然女适异姓，不必复能奉养其父母。亲女不能养，同姓之人，又莫之肯养，则如何？则于其犹有财产者，不得不听其立一人焉以为后，责之以生养死葬，而以其遗产归之矣。此犹以财产与之相贸耳。此唐、宋之法所以变为近世之法，虽觉其不近于人情，然在财产私有之世，固为事之无可如何，且不得不许为进化也。

军人好畜假子，则原于胡俗，与欧《史》所谓闾阎鄙俚之人者，又自不同。《两晋南北朝史》已言之。隋、唐之世，此风仍不绝。如张亮在唐初，有假子五百是也。中叶后藩镇跋扈，宦官亦窃握禁军，乃相率以此市恩，事已散见诸篇，不俟覼缕。突厥默啜尝请为武后子。唐人吕炅，为回鹘奉诚可汗养子，遂从其姓，曰药罗葛炅。索元礼，胡人也，薛怀义初贵，元礼养为假子。观行之者为谁，而知其俗之所自起矣。《五代史·赵凤传》：张全义养子郝继孙犯法死，宦官、伶人冀其赀财，固请籍没。凤上书，言继孙为全义养子，不宜有别籍之财，而于法不至籍没，刑人利财，不可以示天下，则假子不得别籍异财，亦与真子同。此无足怪，假子固部曲之伦，部曲亦奴隶之类，奴隶固未有能自有其财产者也。为假子者，地位自必较假父为卑，若其不然，则亦可养为弟。吴少阳与吴少诚，同在魏博军，相友善，少诚得淮西，多出金帛邀之，养为弟是也。《旧五代史·李存信传论》，以李克用之养子，拟诸董卓之畜吕布。卓与布，固亦渐染羌俗者。要之胡人进化浅，不知家族之外，更有何伦类耳。张亮弃故妻，更娶李氏，李私通歌儿，养为子。又有富人养流浪之人为子者，如李让之于孔循。此等则其俗既已盛行之后，人又从而效之，亦未易枚数耳。

谱系之学，虽犹不绝，见第十七章第一节。然人之于此，实已无畏之之心，故通假、贩鬻等事，纷纷而起焉。张说与张九龄叙为昭穆，此或爱其才，罗绍威厚币结罗隐，与通谱系昭穆，此盖慕其名，已非尊祖敬宗之义。其甚者，李敬玄久居选部，人多附之，三娶皆山东士族，又与赵郡李氏合谱。李义府既贵，自言本出赵郡，始与诸李叙昭穆。无赖之徒，拜伏为兄叔者甚众。给事中李崇德，初亦与同谱叙昭穆，及义府出为普州刺史，遂即削除。义府闻而衔之。及重为宰相，乃令人诬构其罪，竟下狱自杀。杜正伦与城南诸杜，昭穆素远，求同谱不许，衔之。诸杜所居，号杜固，世传其地有壮气，故世衣冠。正伦既执政，乃建言凿杜固，通水以利人。王锷附太原王翃为从子，以婚阀自高，翃子弟亦借锷多得官。挟势利以相交，不得则流为怨毒，其弊遂有不可胜言者。然究犹皆士大夫也。又其甚者，薛怀义本姓冯，武后以其非士族，令改姓薛，与太平公主婿薛绍合族，令绍以季父事之。李揆见李辅国，执子弟之礼，谓之五父。宣宗宠信左军中尉马元贽，马植为宰相，遂与通昭穆。此岂特衣冠扫地？元载父昇，本景氏，曹王明妃元氏，赐田在扶风，昇主其租入，有劳，请于妃，冒为元氏，则转为小人常态，不足怪矣！

第三节　人　口

版籍之法，唐代为详。《旧书·职官志·户部》云：每一岁一造计帐，三年一造户籍。《通鉴》：开元十六年（728年），是岁，制户籍三岁一定，分为九等。县以籍成于州，州成于省，户部总而领焉。户籍在府、州、县属户曹、司户，见《新书·百官志》。每定户以仲年，造籍以季年。州、县之籍，恒留五日，当作十五日。《食货志》云：州县留五比，尚书省留三比。省籍留九日。籍必岁上。《新书·百官志》：职方，凡图经，非州县增废，五年乃修，岁与版籍偕上。《食货志》云：天宝三年（744 年），天下籍始造四本，京师及东京尚书省、户部各贮一本，以备车驾巡幸，省载运之费焉。可见是时为政者，于户籍必时加检阅也。定籍之意，实重赋役，而计生齿转居其次，故户必定其等第。定等之法，颇病烦苛。《食货志》：开元二十五年五月，敕定户口之时，百姓非商户，郭外住宅及每丁，一牛不得将入货财数。可见其概。职是故，人民恒思流移，而域民之法，遂不得不严。《职官志》：凡户之两贯者，先从边州为定，次从关内，次从军、府、州。若俱者，各从其先贯焉。乐住之制，居狭乡者听其从宽，居远道者听其从便，居轻役之地者，听其从重。《户部》。其法可谓颇密。《李抱玉传》：抱玉于代宗时上言：臣贯属凉州，本姓安氏。以禄山构祸，耻与同姓，去至德二年五月，蒙恩赐姓李氏。今请割贯属京兆府长安县。许之。因是举宗并赐国姓。《新书。李晟传》：以临洮未复，临洮郡，即洮州。晟，洮州临潭人。请附贯万年。诏可。徙贯至烦敕许，虽晟等大臣，事体与编氓有异，亦可见其法之严。《旧书·方技传》：崔善为，贞观初拜陕州刺史。时朝廷立议，户殷之处，得徙宽乡。善为上表，称畿内之地，是谓户殷，丁壮之人，悉入军府，若听移转，便出关外，虚近实远，非经通之议，乃止。则法之所许，亦有时而靳之矣。自狭乡徙宽乡者，得并卖口分田，则并为法之所求。然《新书·李栖筠传》言：栖筠为浙西观察使，奏部豪姓多徙贯京兆、河南，规脱徭科，请量产出赋，以杜奸谋，诏可，则奸民虽徙户殷之处，仍自有其规避赋役之方矣。规避赋役，不外宦、学、释、老及色役，而诈称客户者尤多。《旧书·杨炎传》：凡富人多丁者，率为官、为僧，以色役免，贫人无所入则丁存。故课免于上，而赋增于下。是以天下残瘁，荡为浮人，乡居地著者，百不四五。户籍清厘，事甚不易。《苏瑰传》言：武后时十道使括天下亡户，初不立籍。

人畏搜括，即流入比县旁州，更相庾蔽。瑰请罢十道使，专责州县，豫立簿注，天下同日阅正，尽一日止，使柅奸匿。岁一括实，检制租调，以免劳弊。可见州县造籍，久成虚文。《李逊传》：子方玄，为池州刺史。钩检户籍，所以差量徭赋者，皆有科品程章，吏不得私。常曰："沈约年八十，手写簿书。"盖为此云。守令能如此者，盖百不得一矣。宇文融奏置劝农判官十人，并摄御史，分行天下，括得客户凡八十余万。然《旧书·杨炎传》言：开元中不为版籍，人户寖溢，堤防不禁。丁口转死非旧名，田亩换易非旧额，贫富升降非旧第，户部徒以空文总其故书，与武后时州县不阅实，而必别遣十道使者，其事正同。两税法之精意，亦不过"户无主客，以见居为簿，人无丁中，以贫富为差"十八字而已。然《新书·食货志》，载贞元时陆贽上疏，言今徭赋轻重相百，重处流亡益多，轻处归附益众。有流亡则摊出，已重者愈重，有归附则散出，已轻者愈轻。廉使奏吏之能者有四科，一曰户口增加。《旧书·宣宗纪》：会昌六年（846年），五月五日赦书：观察、刺史交代之时，册书所交户口，如能增添至千户，即与超迁，如逃亡至七百户，罢后三年内不得任使。夫贵户口增加，则诡情以诱奸浮，苛法以析亲族。所诱者将议薄征则散，所析者不胜重税而亡。则民之流犹如故也。职是故，著籍之民，与生齿之数，乃大相悬殊。《旧书·职官志》：四万户已上为上州，二万户已上为中州，不满为下州，六千户已上为上县，二千户已上为中县，一千户已上为中下县，不满一千户，皆为下县。《旧五代史·汉隐帝纪》：乾祐三年七月，三司使奏：州县令、录、佐官，请据户籍多少，量定俸户。县三千户已上，令月十千，主簿八千，二千户已上，令月八千，主簿五千，二千户已下，令月六千，主簿四千。又《周太祖纪》：广顺三年十一月，诏重定天下县邑。除畿、赤外，其余三千户已上为望县，二千户已上为紧县，一千户已上为上县，五百户已上为中县，不满五百户为中下县。以吾侪耳目之所听睹，县有不满五百户，其上焉亦仅余六千者乎？《唐明宗纪》：长兴元年九月，阶州刺史王弘贽上言：一州主客，才及千户，并无县局。臣今检括，得新旧主客，已及三千。欲依旧额，立将利、福津二县，请置令佐。从之。括得之户，再倍于本，可见漏籍者之多。《王正言传》：孔谦谓郭崇韬："魏博六州，户口天下之半。"五代人户，见于史者，仅周显德六年（959年），其数为二百三十万。详见下。若以六州生齿实数，与举国著籍之数较之，恐尚不啻及半而已。契丹之去相州，大肆屠戮，其后王继弘镇相州，于城中得髑髅十余万，见第十三章第四节。赵思绾之叛，入城时丁口仅十余万，及开城惟余万人，见《旧五代史》本传。此皆以一城言，岂有一州户止数万者邪？

漏籍之户，遂可不出赋役乎？是又不然。《新唐书·李杰传》：杰以采访使行山南。时户口逋荡，细弱下户，为豪力所兼。杰为设科条区处，防检亡匿，复业者十七八。莫或为之区处，则亦为豪力所隶属而已。小民固不能漏籍也。

《旧五代史·唐明宗纪》：长兴三年二月，秦州奏州界三县之外，别有一十一镇，人户系镇将征科，欲随其便宜，复置陇城、天水二县，从之。《周太祖纪》：广顺二年三月，诏西京庄宅司，内侍省宫苑司，内园等四司所管诸巡系税户二千五百，并还府县。人民不属州县，亦为户口减少之一端，然此等为数当不甚多，不足计也。《新书·李吉甫传》：德宗时，义阳、义章二公主薨，诏起祠堂于墓，百二十楹，费数万计。会永昌公主薨，有司以请，宪宗命减义阳之半。吉甫曰："德宗一切之恩，不足为法。昔汉章帝欲起邑屋于亲陵，东平王苍以为不可，故非礼之举，人君所慎。请裁制墓户，以充守奉。"帝曰："吾固疑其冗减之，今果然。然不欲取编户，以官户奉坟而已。"吉甫再拜谢。所谓编户，即隶版籍者，官户则罪隶，属司农者也，见第十七章第三节。义阳、义章二主，皆德宗女。永昌，宪宗女。

户籍之法，昔人视之甚重。故分疆、制禄，必视户口之多少以为衡。削平僭伪，收复失地，暨平定四夷，若夷落内附者，必皆列其生齿之数，虽羁縻州，亦多有版。《旧书·李勣传》：李密为王世充所破，拥众归朝，其旧境，东至于海，南至于江，西至汝州，北至魏郡，勣并据之，未有所属。谓长史郭孝恪曰："魏公既归大唐，今此人众土地，魏公所有也。吾若上表献之，即是利主之败，自为己功，以邀富贵，吾所耻也。今宜具录州县名数，及军、人、户口，总启魏公，听公自献，此则魏公之功也。"乃遣使启密。使人初至，高祖闻其无表，惟有启与密，甚怪之。使者以勣意闻奏。高祖大喜，曰："徐世勣感德推功，实纯臣也。"此削平僭伪者，必以得其户籍为重也。张义潮之来归也，遣其兄义泽奉十一州户口来献，见《旧书·本纪》，此收复失地者，必先得其户籍也。《王彦威传》：朝廷自诛李师道，收复淄青十二州，未定户籍，乃命彦威充十二州勘定两税使。此久隔王化之地，一朝收复，必以厘正户籍为急务也。高昌之下，高丽、百济之平，史皆详列其郡县户口之数，见《旧书·四夷传》。又《太宗纪》：贞观三年（629年），户部奏中国人自塞外来归，及突厥前后内附，开四夷为州县者，男女一百二十余万口。六年（632年），党项羌前后内属者三十万口。此平定四夷，若四夷内附，或中国开辟其地为郡县者，亦必详其户籍也。《新书·地理志》，于羁縻党项府、州，分别其有版、无版，则虽号羁縻，亦以有版为常，无版为变矣。凡治皆以为民，于理固当如是。然版籍迄难得实，而其失实之由，又莫不由于朘削，则政事之非以养民，而实乃朘民以生也旧矣！可胜慨哉？

隋、唐两朝户口之数见于史者：《隋书·地理志》言：隋世户八百九十万七千五百三十，口四千六百一万九千九百五十六。《新、旧唐志》俱同。隋高祖时户口增加情形，见第二章第一节，炀帝时情形，见第二节。《旧书·马周传》：贞观六年（632年）上疏言：今百姓比于隋时，才十分之一，则户仅九十万，口仅四百六十万余耳。《高宗纪》：永徽三年（652年），上问户部尚书高履行："去年进户多少？"履行奏称："进户总一十五万。"又问曰："隋日有几户？今见有几户？"履行奏："隋开皇中，有户八百七十万，即今见有户三百八十万。"较贞观之初，所增余四倍矣。《旧书》此文，系年明白，《新书·食货志》云：高宗即位之岁，增户十五万，恐误。《苏瑰传》：瑰于神龙初入为尚书右丞，再迁户部尚书。奏计账所管户，时有六百一十五万六千一百四十一。《玄宗纪》：开元十四年五月，户部进计账，今年管户七百六万九千五百六十五，管口四千一百四十一万九千七百一十二。又二十年，户部计，户七百八十六万一千二百三十六，口四千五百四十三万一千二百六十五。《地理志》：开元二十八年（740年），户部计账，凡郡、府二百二十有八，县千五百七十有三，羁縻州郡，不在此数。户八百四十一万二千八百七十一，口四千八百一十四万三千六百九。《新志》同，而删"羁縻州郡不在此"数句，亦见其疏也。是时户口岁增，《旧书·职官志·户部》，凡天下之户，八百一万八千七百一十，口四千六百二十八万五千一百五十一，当在二十年（732年）之后，二十八年（740年）之前。又《本纪》：天宝元年（742年），户部进计账，今年管户八百五十二万五千七百六十三，口四千八百九十万九千八百。又十三载，户部计今年见管州县户口，管郡总三百二十一，县一千五百三十八，乡一万六千八百二十九。户九百六十一万九千二百五十四，三百八十八万六千五百四不课，五百三十万一千四十四课。口五千二百八十八万四百 八十八，四千五百二十一万八千四百八十不课，七百六十六万二千八百课。见于史者，此为唐极盛之数矣。《代宗纪》：广德二年（764年），户部计账，管户二百九十三万三千一百二十五，口一千六百九十二万三百八十六；所减逾三之二。然《新书·刘晏传》，谓晏既被诬，旧吏推明其功，以为开元、天宝间，天下户千万，至德后残于大兵，饥疫相承，十耗其九，至晏充使，户不二百万，则所增已及其半矣。《新书·食货志》：德宗相杨炎，作两税法，旧户三百八十万五千，使者按比，得主户三百八十万，客户三十万。又《杜佑传》：佑于建中初上议省官，言开元、天宝中，四方无虞，编户九百余万，帑藏丰溢，虽有浮费，不足为忧。今黎苗凋瘵，天下户百三十万，陛下诏使者按比，才得三百万，比天宝三分之一，就中浮寄又五之二。出赋者已耗，而食之者如旧，安可不革？按比所得，不应倍于旧数而犹有余；百三十万，盖据安、史乱后最少之数言之，非即时之事也。《旧书·宪宗纪》：元和二年（807年），史官李吉甫撰《元和国计簿》总计天下方镇凡四十八，管州、府二百九十五，县一千四百五十三，户二百四十四万二百五十四。其凤翔、鄜坊、邠宁、振武、泾原、银夏、灵盐、河东、易定、魏博、镇冀、范阳、沧景、淮西、淄青十五道，凡七十一州，不申户口。《地理志》：永泰之后，河朔、陇西，沦于寇盗，元和掌计之臣，尝为版籍，二方不进户口，莫可详知。每岁赋入倚办，止于浙江东西、宣歙、淮南、江西、鄂岳、福建、湖南等八道，合四十九州，一百四十四万户。比量天宝，供税之户，则四分有一。天下兵戎，仰给县官，八十三万。然人比量天宝，士马则三分加一，率以两户资一兵。其他水旱所损，征发科敛，又在常役之外。六年（811年），中书、门下奏请省官，言自天宝已后，中原宿兵，见在军士可使者，八十余万；其余浮为商贩，度为僧道，杂人色役，不归农桑者，又十有五六；则是天下常以三分劳筋苦骨之人，奉七分坐衣待食之辈。其说可以互相发明。《穆宗纪》：元和十五年（820年）计户账，定，疑夺一字。盐夏、剑南东西川、岭南、黔中、邕管、安南合九十七州，不申户账。长庆元年（821年），天下户计二百三十七万五千八百五，口一千五百七十六万二千四百三十二。元不进户口军州，不在此内。《文宗纪》：开成二年（837年），户部侍郎判度支王彦威进《供军图略》。《序》言长庆户口，凡三百三十五万，而兵额又约九十九万，通计三户资奉一兵。亦见《彦威传》。则长庆末年户数，较之初年，增及百万矣。四年（839年），户部计见管户四百九十九万六千七百五十二，较长庆末，又增百六十余万。《新书·食货志》载元和、长庆户数及养兵之数，与《旧纪》元和二年（807年）开成元年（836年）同。又云：乾元末，天下上计百六十九州，户百九十三万三千一百二十四，不课者百一十七万四千五百九十二，口千六百九十九万三百八十六，不课者千四百六十一万九千五百八十七。减天宝户五百九十八万二千五百八十四，口三千五百九十二万八千七百二十三。武宗即位，户二百一十一万四千九百六十。会昌末，户增至四百九十五万五千一百五十一。为《旧书》所无。《十七史商榷》云：以《新书》所载乾元末户数，校天宝元年（742年）户数，应减七百四十三万二千六百三十九，口数应减三千二百八十一万四百十四。以校十三载户数，则应减七百六十八万九千一百三十。口数应减三千五百八十九万一千二十。然则《新志》所核算天宝户口之数，既非元年，又非十三载，不知其所据者为何年之籍矣。就《新志》所言，天宝户口数，当有七百九十一万二千七百八户，五千二百九十一万九千一百九口。户减于开元二十八年（740年），而口则反增。《旧纪》广德二年（764年）户部计账数，与《新志》乾元末相近。长庆元年（821年）户口，户较《新志》所载乾元之数，所增颇多，而口则反减云。案历代版籍，所存既仅，其登降之故，自非后世所能详，唐中叶后，州郡申报与否，又时有变易，其故自更不易推求也。《旧五代史·李琪传》：琪同光三年（925年）上疏，言唐自贞观至于开元，将及一千九百万户，五千三百万口，与唐代史家所记，户数大相悬殊，纵有差池，不应至是。然上云尧时户一千三百余万，而下云比之尧舜，又极增加，则一千二字非衍文。盖琪之误记也。五代户口之数，史无所传。惟《旧史·食货志》载周显德五年十月，命在散骑常侍艾颖等三十四人下诸州检定民租，六年（959年）春，诸道使臣回，总计检到户二百三十万九千八百一十二。

第四节 人民移徙

调剂土满人满，移易风俗，充实边防，莫不有赖于移民。此等移民，秦、汉时尚有之，魏、晋后则几绝迹矣。盖人莫不有安土重迁之情，而历来官家之移民，又多不能善其事，利未见而害先形，则尚不如无动之为善矣。《隋书·食货志》：天保八年（570年），议徙冀、定、瀛无田之人于幽州范阳宽乡，百姓惊扰。开皇十二年（592年），时天下户口岁增，京辅及三河，地少而人众，衣食不给，议者咸欲徙就宽乡。帝命诸州考使议之，又令尚书省以其事策问四方贡士，竟无长算。帝乃发使四出，均天下之田。狭乡每丁才至二十亩，老小又少焉。明知土田人口之不相得，而竟不能调剂，即由豫度其事之不易行也。《房陵王传》：高祖受禅，立为皇太子。上以山东民多流冗，遣使按检，又欲徙民北实边塞。勇上书谏曰："窃以导俗当渐，非可顿革。恋土怀旧，民之本情，波迸流离，盖不获已。有齐之末，主暗时昏，周平东夏，继以威虐，民不堪命，致有逃亡，非厌家乡，愿为羁旅。加以去年三方逆乱，赖陛下仁圣，区宇肃清，锋刃虽屏，创夷未复。若假以数岁，沐浴皇风，逃窜之民，自然归本。虽北夷猖獗，尝犯边烽，今城镇峻峙，所在严固，何待迁配，以致劳扰？"上览而嘉之，遂寝其事。《北史》云：时晋王广亦表言不可，帝遂止。夫惟民之未安，故可乘势迁徙，既安则更难动矣。高祖是谋，未始非因祸为福，转败为功之道，然因勇言而遂止者，亦度其事之不易行也。陈亡后，江南之变，固由苏威等措置不善，亦由讹言将徙其民入关，可见其不可轻举矣。

炀帝营建东京，徙豫州郭下居人以实之，又徙天下富商大贾数万家于东京。事在大业元年（605年），见《隋书·本纪》。周革唐命，徙关内雍、同等七州户数十万，以实洛阳。事在天授二年（691年），见《旧唐书·本纪》。此皆徒谋京邑之富厚，非如汉主父偃说武帝，陈汤说成帝，兼为治理计也。见《秦汉史》第十三章第四节。《隋书·梁彦光传》：高祖受禅，为岐州刺史，后转相州。在岐州，俗颇质，以静镇之，合境大化，奏课连最为天下第一。及居相部，如岐州法；邺都杂俗，人多变诈。为之作歌，称其不能理化。上闻而谴之，竟坐免。岁余，拜赵州刺史。彦光言于上，请复为相州。上从之。豪猾者闻其自请而来，莫不嗤笑。彦光下车，发摘奸隐，有若神明。狡猾之徒，莫不潜窜，合境大骇。初齐亡后，衣冠士人，多迁关内，惟技巧、商贩及乐户之家，移实州郭。由是人情险诐，妄起风谣，诉讼官人，万端千变。彦光欲革其弊，乃用秩章之物，招致山东大儒，每乡立学，非圣哲之书，不得教授。常以季月召集之，亲临策试。有勤学异等，聪令有闻者，升堂设馔。其余并坐廊下。有好净讼，惰业无成者，坐之庭中，设以草具。及大比，当举行宾贡之礼，又于郊外祖道，并以财物资之。于是人皆克厉，风俗大改。案文帝既再任彦光为相州，自非风谣诉讼所能动，豪猾者亦畏威敛迹耳，岂真革面洗心哉？观此，知移民与风俗，相关甚大。如炀帝、武后之所为，实足以败坏风俗，而贻治理者以隐忧也。

为治理计而移民者绝迹，为征戍计而移民者，则犹时有之。《旧书·太宗纪》：贞观十六年正月，诏在京及诸州死罪囚徒配西州为户。流人未达前所者，徙防西州。《新书·刑法志》云：十四年（640年），诏流罪无远近，皆徙边要州。后犯者寝少。十六年（642年），又徙死罪以实西州，流者戍之，以罪轻重为更限。诏所云流人未达者，盖指十四年（640年）已后未至徙所之流人言之。《褚遂良传》载遂良谏疏曰：王师初发之岁，河西供役之年，飞刍挽粟，十室九空，数郡萧然，五年不复。陛下岁遣千余人，远事屯戍。终年离别，万里思归。去者资装，自须营办。既卖菽粟，倾其机杼，经途死亡，复在其外。兼遣罪人，增其防遏。彼罪人者，生于贩肆，终朝惰业，犯禁违公。止能扰于边城，实无益于行阵。所遣之内，复有逃亡，官司捕捉，为国生事。其弊可谓深矣。戍卒资装，自须营办，岂况流人？不能自致，盖由于此？然则虽有更限，亦岂能还返邪？陆贽论谪戍之弊曰：抵犯刑禁，谪徙军城，意欲增户实边，兼令展效自赎。既是无良之类，且加怀土之情，思乱幸灾，又甚戍卒。适足烦于防卫，谅无望于功庸。虽前代时或行之，固非良算之可遵者也。云时或行之，则似非彝典。然《宣宗纪》载会昌六年五月五日赦书，有徙流人在天德、振武者，管中量借粮种俾令耕田一款，则行之之时，恐不少矣。

谪戍之非良算，人人知之，知之而犹行之者，所以省征发，免劳民也。既不能善其事，自不如以召募代之。唐世亦有行之者。《旧书·高宗纪》：显庆六年（661 年），于河南、河北、淮南六十七州募得四万四千六百四十六人往平壤、带方道行营是也。陆贽欲以代诸道番替防秋。请因旧数而三分之：其一分，委本道节度使募少壮愿住边城者徙焉。其一分，则本道但供衣粮，委关内、河东诸军州，募蕃汉子弟愿傅边军者给焉。又一分，亦令本道但出衣粮，加给应募之人，以资新徙之业。又令度支散于诸道，和市耕牛。兼雇召工人，就诸军城，缮造器具。募人至者，每家给耕牛一头，又给田农水火之器，皆令充备。初到之岁，与家口二人粮，并赐种子，劝之播殖。待经一稔，俾自给家。若有余粮，官为收籴，各酬倍价，务奖营田。既息践更征发之烦，且无幸灾苟免之弊。寇至则人自为战，时至则家自力农。时乃兵不得不强，食不得不足。与夫倏来忽往，岂可同等而语哉？此说规画周详，颇近晁错徙民塞下之论，然岂骄悍之边将所能行哉？

人民自行移徙者，以避乱及逃荒为多。《旧书·地理志》云：自至德后，中原多故。襄、邓百姓，两京衣冠，尽投江、湘。故荆南井邑，十倍其初。荆州。此犹后汉之末，中原人士，多投刘景升也。更南即至岭表矣。观南汉刘氏所用多中原人士可知也。《隋书·高祖纪》言：帝之东拜泰山，关中户口，就食洛阳者，道路相属。见第二章第一节。《新书·魏征传》：征上疏陈不克终十渐，云贞观初，频年霜旱，畿内户口，并就关外，扶老携幼，来往数年，卒无一户亡去。隋高祖、唐太宗之时，号称治世，而民就食者如是之多，丧乱之时可知。无一户亡去，特征之巽辞耳。民流亡则失赋役，故所在或欲禁之。所至之处，难于安集，则又或拒之。《新书·李义琰传》：从祖弟义琛，为雍州长史，时关辅大饥，诏贫人就食襄、邓，义琛恐流徙不还，上疏固争。诏许之。就食者犹恐其不还，而流亡者无论矣。《旧书·张延赏传》：为扬州刺史。属岁旱歉，人有亡去者，吏或拘之。延赏曰："人恃食而生。居此坐毙，适彼可生。得存吾人，何限于彼？"乃具舟楫而遣之，俾吏修其庐室，已其逋责，而归者增于其旧。《新书·王播传》：弟子式，为晋州刺史。会河曲大歉，民流徙，他州不纳，独式劳恤之，活数千人。观二人之见称道，而知能如是者之不多也。

戎马倥偬之际，不独人民自行移徙也，拥兵者又迫而徙之。《旧书·地理志》：尉迟迥举兵，杨坚令韦孝宽讨平之，乃焚烧邺城，徙其居人，南迁四十五里，而以安阳城为相州理所。此欲隳名城，而迫徙其民者也。元谊率洺州兵五千，民五万家东奔田绪。《旧书·德宗纪》：贞元十二年（796年）。秦宗权攻汴而败，过郑，焚郛舍，驱其民入淮南。《新书》本传。孙儒攻杨行密，又大驱淮南之民渡江。见第十一章第五节。朱全忠与朱瑾争，遣丁会徙兖州界数千户于许。事在唐景福元年（892年），见《旧五代史·梁太祖纪》。时溥之败，请和于朱全忠，全忠约徙地而罢兵。昭宗以宰相刘崇望代溥，溥虑去徐且见杀，皇惑不受命，谕军中固留。诏可。泗州刺史张谏，闻溥已代，即上书请隶全忠，纳质子焉。溥既复留，谏大惧。全忠为表徙郑州。谏虑两怨集己，乃奔杨行密。行密以谏为楚州刺史，并其民徙之，而以兵屯泗。《新书·时溥传》。此等皆利其民，又不欲以之资敌，而迫徙之者也。至朱全忠之劫迁唐室，而祸斯极矣。

边城有不能守者，或亦移其民而弃之。《旧书·地理志》：永淳元年（682年），云州为贼所破，因废，移百姓于朔州，其一事也。弃其地并徙其民，则其地更不易复。何者？无延颈而望，箪食以迎者也。即复之亦不易守。何者？不易更移民以实之也。参看《两晋南北朝史》第十七章第四节崔浩论凉州事。历代边境，因是而蹙者盖不少。刘琨不徙陉北之民，拓跋氏未必能坐大也。唐末东北、西北二边之蹙亦由此，契丹、西夏之所由兴也。

移夷落入中国者，唐时亦有之。《旧书·高宗纪》：总章二年五月，移高丽户二万八千二百，车一千八十乘，牛三千三百头，马二千九百匹，驼六十头，将入内地；莱、营二州，般次发遣，量配江、淮以南及山南、并、凉以西诸州空闲处安置。《玄宗纪》：开元十年九月，诏移河曲六州残胡五万余口于许、汝、唐、邓、仙、豫等州；皆规模之较大者也。此等苟能善为绥抚，未始不可化殊俗为齐人，徙戎之论，实为一时之宜，而非经久之计，说见第四章第二节。汉人之流落外国，及为外族所略者亦甚多。《代宗纪》：永泰元年（765年），吐蕃大掠京畿，男女数万计，焚庐舍而去。京畿如此，边地不必论矣。《太宗纪》：贞观三年（629年），户部奏言：中国人自塞外来归，及突厥前后内附，开四夷为州县者，男女一百二十余万。此汉人之自拔来归者也。五年四月，以金帛购中国人因隋末没突厥者男女八万人，尽还其家属。二十一年六月，诏以隋末时，边民多为戎狄所掠，今铁勒归化，宜遣使访燕然等州，与都督相知，访求没落之人，赎以货财，给粮递还本贯。《通鉴》又云：其室韦、乌罗护、韩鞨三部人，为薛延陀所掠者，亦令赎还。于外夷亦无歧视，可谓仁矣。此国家拔出之者也。然此等势不能遍。《通鉴》于十五年（641年）云：上遣职方郎中陈大德使高丽。八月，自高丽还。大德初入其境，欲知山川风俗，所至城邑，以绫绮遗其守者，曰："吾雅好山水，此有胜处，吾欲观之。"守者喜，导之游历，无所不至。往往见中国人。自云家在某郡，隋末从军，没于高丽。高丽妻以游女，与高丽错居，殆将半矣。因问亲戚存殁。大德绐之曰："皆无恙。"咸涕泣相告。数日后，隋人望之而哭者，遍于郊野。可见不能自拔，而国家亦不能拔出之者，实不少矣。张公谨策突厥之可取也，曰："华人在北者甚众，比闻屯聚，保据山险，王师之出，当有应者。"此拓土之所资也。刘守光暴虐，幽、涿之人，多亡入契丹。阿保机又间入塞，攻陷城邑，俘其人民。依唐州县，置城以居之。其后诸部以其久不代，共责诮之。阿保机不得已，传其旗鼓，而谓诸部曰："吾立九年。所得汉人多矣，吾欲自为一部，以治汉城，可乎？"诸部许之。汉城在炭山东南滦河上，有盐铁之利，乃后魏滑盐县也。其地可植五谷。阿保机率汉人耕种，为治城郭邑屋廛市，如幽州制度。汉人安之，不复思归。《五代史·四夷》附录。此则转以吾民，为他人奉已。胡峤之随萧翰而北也，登天岭。岭东西连亘，有路北下。四顾冥然，黄云白草，不可穷极。契丹谓峤曰："此辞乡岭也，可一南望，而为永诀。"同行者皆恸哭，往往绝而复苏。乌乎！哀哉！

第五节　风　俗

《汉》《隋》两书《地理志》，皆详述当时各地风俗，而唐以后之史阙焉。杜氏《通典》，本《禹贡》九州，益以南越之地，各言其风俗，其辞甚略，然与《汉》《隋》两书校其同异，亦足见风俗变迁之迹也。今录其说如下：

雍州曰："雍州之地，厥田上上。鄠、杜之饶，号称陆海。四塞为固，被山带河。秦氏资之，遂平海内。汉初，高帝纳娄敬说而都焉。又徙齐诸田，楚昭、屈、景，燕、赵、韩、魏之后，及豪族、名家于关中。强本弱末，以制天下。自是每因诸帝山陵，则迁户立县，率以为常。故五方错杂，风俗不一，汉朝京辅，称为难理。其安定、彭原之北，汧阳、天水之西，接近胡戎，多尚武节。自东汉、魏、晋，羌、氐屡扰。旋则苻、姚迭据，五凉更乱。三百余祀，战争方息。帝都所在，是曰浩穰。其余郡县，习俗如旧。"此可见关中之地，俗杂五方，民尚武节，皆未遽变于前世，而累经丧乱，元气未复，惟辇毂之下为殷盛也。

古梁州曰："巴、蜀之人，少愁苦而轻易淫佚。周初，从武王胜殷。东迁之后，楚子强大，而役属之。暨于战国，又为秦有。资其财力，国以丰赡。汉景帝时，文翁为蜀郡守，建立学校，自是蜀士学者，比齐、鲁焉。土肥沃，无凶岁。山重复，四塞险固。王政微缺，跋扈先起。故一方之寄，非亲贤勿居。"此言蜀地以土沃而多财，其人以多财而尚文也。

古荆、河州豫州，以避讳改称。曰："荆、河之间，四方辐辏，故周人善贾，趋利而纤啬。韩国分野，亦有险阻。自东汉、魏、晋，宅于洛阳，永嘉以后，战争不息。元魏徙居，才过三纪。逮乎二魏，爰及齐、周，河、洛、汝、颍，迭为攻守。夫土中风雨所交，宜乎建都立社，均天下之漕输，便万国之享献。不恃隘害，务修德刑，则卜代之期，可延久也。"此言其地以居土中而争战剧，迄唐仍以是控制东方也。

古冀州曰："冀州尧都所在，疆域尤广。山东之人，性缓尚儒，仗气任侠，而邺郡高齐国都，浮巧成俗。山西土瘠，其人勤俭，而河东魏晋以降，文学盛兴。闾井之间，习于程法。并州近狄，俗尚武艺。左右山河，古称重镇。寄任之者，必文武兼资焉。"此言其地山东西风俗不同，而山东之邺，山西之河东，在其中又为特异。合并州凡有三俗焉。

古兖州曰："徐方邹、鲁旧国，汉兴犹有儒风。自五胡乱华，天下分裂。分居二境，尤被伤残。彭城要害，藩捍南国，必争之地，常置重兵。数百年中，无复讲诵。况今去圣久远，人情迁荡。大抵徐、兖，其俗略同。"此言兖州兼及徐州。其地自五胡乱华以来，变迁为最剧也。

古扬州曰："扬州人性轻扬，而尚鬼好祀，每王纲解纽，宇内分崩，江、淮滨海，地非形势，得之与失，未必轻重，故不暇先争。然长淮、大江，皆可拒守。闽、越遐阻，僻在一隅，凭山负海，难以德抚。永嘉之后，帝室东迁，衣冠避难，多所萃止。艺文儒术，斯之为盛。今虽闾阎贱品，处力役之际，吟咏不辍。盖因颜、谢、徐、庾之风扇焉。"此言自三国以降，南方获偏安之由，及永嘉之后，南方文物之所以日盛也。

古荆州曰："荆楚风俗，略同扬州。杂以蛮僚，率多劲悍。南朝鼎立，皆为重镇，然兵强财富，地逼势危。称兵跋扈，无代不有。是以上游之寄，必详择其人焉。"此所言者，乃东晋南北朝之形势也。

古南越唐岭南道。曰："五岭之南，人杂夷僚。不知教义，以富为雄。珠崖环海，尤难宾服。是以汉室，常罢弃之。大抵南方遐阻，人强吏懦。豪富兼并，役属贫弱。俘掠不忌，古今是同。其性轻悍，易兴迷节。爰自前代，及于国朝，多委旧德重臣，抚宁其地也。"此可见其地至唐世，政治之力尚弱，部落之力甚强也。

大抵交通便易之地，人事之变易多，风俗之迁流亦剧，闭塞之地则不然。然迁流之剧，亦必阅一时焉而后知，生当其时者不觉也。隋、唐之世之变迁，最大者为江域之财力及其文物，超出于河域之上。观天宝乱后，唐室恃江淮之财赋为命脉；五代之世，金陵之文物，远非汴、洛所及可知。淮域劲悍，杨行密尚用之以抗北兵，孙儒、朱全忠。而南唐迄以不振，亦以其退居江左，溺于宴安故也。岭南演进颇速，盖以海表估舶，谋近岭北，稍自交州，移于广州。闽介楚、越，始终以小国自居，而南汉侈然帝制自为，盖以此故。云南演进亦速，蒙氏遂克与上国抗衡。此其牖启，盖亦资印、缅。惟今黔、桂之地，变迁甚少，则以其最闭塞故也。此等自易世之后观之，了然无疑，而当时之人，曾不能道，盖以其为变甚徐也。惟北方变迁最剧。此为自宋至明，外患率来自东北，而西北遂尔荒废之由。其关系之大，可谓莫与比伦。以其来也骤，故当时之人，已颇能知之。然其迁流所届，及其所以然之故，则言之亦殊不易也。

近人陈寅恪作《唐代政治史述论稿》，其上篇谓唐中叶后，河北实为异族所荐居，三镇之不复，非徒政理军事之失，引杜牧《范阳卢秀才墓志》、韩愈《送董邵南序》为证。牧之文云："秀才卢生，名霈，字子中。自天宝后三代，或仕燕，或仕赵。两地皆多良田畜马。生年二十，未知古有人曰周公、孔夫子者。击毬饮酒，马射走兔，语言习尚，无非攻守战斗之事。"愈之文曰："燕、赵古称多感慨悲歌之士，董生举进士，连不得志于有司，怀抱利器，郁郁适兹土，吾知其必有合也。董生勉乎哉！夫以子之不遇时，苟慕义强仁者，皆爱惜焉，矧燕、赵之士出乎其性者哉？然吾常闻风俗与化移易，吾恶知其今不异于古所云邪？聊以吾子之行卜之也。"陈氏曰："据前引杜牧之《范阳卢秀才墓志》语言习尚无非攻守战斗之句及此序风俗与化移易之语，可知当日河北社会全是胡化……若究其所以然之故，恐不于民族迁移一事求之不得也。"因详考安禄山之为羯胡，陈氏引《旧唐书·肃宗纪》天宝十五载七月甲子制曰："乃者羯胡乱常，两京失守。"建中二年（781年）德宗褒恤诏曰："羯胡作祸。"《新唐书·封常清传》曰："先锋至葵园，常清使骁骑与柘羯逆战。"临终时表曰："昨日与羯胡接战。"《张巡传》曰："柘羯千骑。"《颜鲁公集·陆康金吾碑》，目安禄山为羯胡。姚汝能《安禄山事迹》，亦多羯胡之语。杜甫《喜官军已临贼境二十韵》曰：“柘羯渡临淮。”则其《咏怀古迹》“羯胡事主终无赖”句，实以时事入诗，不仅用梁侯景事，如《梁书·武陵王纪传》所谓“羯胡叛涣”者也。玄奘《西域记》曰：“飒秣建国，兵马强盛，多是赭羯之人。其性勇烈，视死如归。”飒秣建即康。《新书·康传》云：“枝庶分王，曰安，曰曹，曰石，曰米，曰何，曰火寻，曰戊地，曰史，世谓昭武九姓。”《安传》曰：“募勇健者为柘羯。柘羯，犹中国言战士。”据《西域记》，赭羯是种族名，云战士，非后来引申，即景文误会。《石传》曰：“石或曰柘支，曰柘折，曰赭时。”赭羯即柘羯异译耳。案陈氏此论甚精。中亚与中国，往来甚早，予因疑五胡中之羯，亦因中有西胡相杂，故蒙是称。其俗火葬，与《墨子·节葬》言仪渠，《吕览·义赏》言氐羌之俗合者，乃因其东来时与之相杂；抑火葬非东方之俗，仪渠、氐羌，或正受之西胡也。参看《先秦史》第十三章第三节。并列诸节镇之为异族，及虽难质言，而可疑为异族者，以明其说。案李尽忠叛后，异族人处幽州者甚多。已见第四章第四节，安、史乱后自尤甚。然谓其人之众，足以超越汉人，而化其俗为戎狄，则见卵而求时夜矣。韩公之文，乃讽董邵南使归朝，非述时事。杜牧之云，则谓卢生未尝读书耳，非谓其地之人，举无知周公、孔子者，生因是而无闻焉也，岂可以辞害意？陈氏又引《新书·史孝章传》孝章谏其父宪诚之语曰：“天下指河朔若夷狄然”；《藩镇传序》曰：“遂使其人由羌狄然，讫唐亡百余年，率不为王土”；谓“不待五代之乱，东北一隅，已如田弘正所云山东奥壤，悉化戎墟者”。弘正受节钺后上表，见《旧书·本传》。夫曰若夷狄然，曰由羌狄，正见其人实为中国，若本为外族，又何诛焉？弘正之语，亦斥其地藩帅之裂冠毁冕，故其下文云：“官封代袭，刑赏自专”，非谓其地之人，遂为伊川之被发也。史朝清之乱幽州，《通鉴考异》引《蓟门纪乱》，言高鞫仁与阿史那承庆、康孝忠战，鞫仁兵皆城旁少年，骁勇劲捷，驰射如飞，承庆兵虽多，不敌，大败。杀伤甚众，积尸成丘。承庆、孝忠出城收散卒，东保潞县，又南掠属县。野营月余，迳诣洛阳，自陈其事。城中蕃军家口，尽逾城相继而去。鞫仁令城中杀胡者皆重赏。于是羯胡俱殪。小儿皆掷于空中，以戈承之。高鼻类胡而滥死者甚众。此事与冉闵之诛胡羯绝相类。观其所纪，汉兵实较胡兵为强，正不必戎虏而后有勇也。《纪乱》又言：是乱也，自暮春至夏中。两月间，城中相攻杀凡四五，死者数千。战斗皆在坊市闾巷间，但两敌相向，不入人家剽劫一物，盖家家自有军人之故？又百姓至于妇人、小童，皆闲习弓矢，以此无虞。可见汉人习兵者之众矣。或谓安知其中无东方种族，如奚、契丹之伦者，俗异而貌不异，故诛戮不之及乎？此诚可颇有之，然必不能甚众。民之相仇，以习俗之异，非以容貌之殊，俗苟不同，杀胡羯时必不能无波及，其人亦必不能不自昵于胡羯也。《考异》又引《河洛春秋》，谓高如震与阿史那相持，阿史那从经略军，领诸蕃部落及汉兵三万人，至宴设楼前，与如震会战。如震不利。乃使轻兵二千人，于子城东出，直至经略军南街，腹背击之。并招汉兵万余人。阿史那兵败，走武清县界野营。后朝义使招之，尽归东都。应是胡面，不择少长尽诛之。明当时胡汉各自为军，汉实多于胡也。当时幽州而外，属县亦殆无胡人，故胡兵一败，只可野营，不然，未必无他城邑可据也。健武之俗，习于战斗则自成，割据久而忘，顺逆亦为事所恒有，初不关民族异同。《旧五代史·张宪传》云：太原地雄边服，人多尚武，耻于学业；夫岂晋阳，亦沦戎索？希烈、少诚，篡申、蔡四十载，史亦言其地虽中原，人心过于夷貉，岂亦有异族人据乎？陈氏之论，于是乎失之固矣。然谓东北风俗之变，由于其民多左衽固非，而是时东北风俗有一剧变，则固不容诬也。

《唐代政治史述论稿》中篇，又明唐代山东旧族，与永淳后藉文辞以取科第之士，各自分明。谓宇文氏之据关中，曾思抟结所属胡、汉为一。参看第十七章第一节。隋、唐王室，及其辅弼，犹是此徒党中人，而新兴崇尚文辞之士，则武后拔擢之，以抑厌唐初旧人者。其后关辅钜室遂衰，而山东旧族，则仍与新兴崇尚文辞之士不相中。引《新唐书·张行成传》：行成侍太宗宴，太宗语及山东及关中人，意有同异，以证唐初之东西猜间。又引郑覃、李德裕等欲废进士之科，以证山东旧族与崇尚文辞之士之睽隔。案《新书·韦云起传》，言云起于大业初建言：今朝廷多山东人，自作门户，附下罔上为朋党，不抑其端，必乱政，因条陈奸状。炀帝属大理推究，于是左丞郎蔚之、司隶别驾郎楚之等皆坐免，则东西猜间，隋世即然，谓其起于宇文氏之世，说自不诬。然是时之山东人，则不过欲仕新朝，而为所歧视，因相结合，以图进取，免挤排耳，不必有何深意。陈氏谓山东旧族，尚经学，守礼法，自有其家法及门风，因此乃与崇尚文辞之士不相中，一若别有其深根固柢之道，而其后推波助澜，遂衍为中叶后朋党之局者，实未免求之深而反失之也。治化之兴替，各有其时；大势所趋，偏端自难固执。尚经学，守礼法者，山东之旧风，爱文辞，流浮薄者，江东之新俗。以旧日眼光论，经学自贵于文辞，礼法亦愈于浮薄。然北方杂戎虏之俗，南方则究为中国之旧，统一之后，北之必折入于南者，势也。故隋、唐之世，文辞日盛，经学日微，浮薄成风，礼法凋敝，实为大势之所趋，高宗、武后，亦受其驱率而不自知耳。以为武后有意为之，以抑厌唐室之世族，又求之深而反失之矣。然此为唐代风气一大转变，则亦不可诬也。

隋、唐风俗，实上承南北朝而渐变。旧俗之不可存者，逐渐摧残剥落，而新机即萌蘖于其间，此乃理势之自然，言风俗者不可不深察也。六朝风气，史家举其特异之处，曰尊严家讳，曰崇尚门第，曰慎重婚姻，曰区别流品，曰主持清议，已见《两晋南北朝史》第十八章第二节。尊严家讳之风，隋、唐之世犹盛。然或讳嫌名，或偏讳二名，皆流于小廉曲谨，于义无取。《旧唐书·太宗纪》：武德九年六月己巳，令官号、人名、公私文籍，有世民两字不连续者，并不须讳。此时太宗尚仅为太子，然即位之后，亦未之有改。贞观二十三年五月，太宗崩。六月，《通鉴》云：先是太宗二名，令天下不连言者勿避，至是始改官名犯先帝讳者。二名不偏讳，不闻限于生前，此已失礼意矣。《旧书·本纪》：是岁七月，有司请改治书侍御史、治中、治礼郎等官。以贞观时不讳先帝二字诏之。有司奏曰：先帝二名，礼不偏讳，上既单名，臣子不合指斥。乃从之。后来穆宗名恒，乃改恒州、恒阳县、恒王房等，事与此同。虽阙于事，在君主专制之世，庸或不得不然。宪宗名纯，而改淳州、淳县、淳风县；韦思谦本名仁约，以音类则天父讳称字；张仁愿本名仁亶，以音类睿宗讳改；则并为嫌名矣。犹可曰君主或其父母也。永徽三年九月，改太子中允、中书舍人、诸率府中郎将，以避太子名。刘子玄本名知幾，玄宗在东宫，以音类改，则并及于太子矣。睿宗第四子隆范，第五子隆业，皆避玄宗去隆字，则并及于连名矣。古之讳者，讳其音不讳其字。崔玄暐本名晕，以字下体有则天祖讳改，更为谄而非礼。《旧五代史·唐明宗纪》：天成元年六月，诏曰：太宗时臣有世南，官有民部，应文书内所有二字，但不连称，不得回避。然又云：如是臣下之名，不欲与君亲同者，任自改更，则又孰敢不改者乎？《新史·杨光远传》云：光远初名檀，清泰二年（935 年），有司言明宗庙讳，犯偏旁者皆易之，乃赐名光远。则转出于偏讳之外。《晋高祖纪》：天福三年二月辛丑，中书上言：唐太宗二名并讳，明宗二名亦同；人姓与国讳音声相近是嫌名者，亦改姓氏；与古礼有异。庙讳平声字即不讳余三声。讳侧声字即不讳平声字。所讳字正文及偏旁阙点画，望依令式施行。诏依唐礼施行。案语云：太原县有史匡翰碑，立于天福八年（943 年）。匡翰，建瑭之子也。碑于瑭字空文以避讳，而建瑭父敬思，仍书敬字，盖当时避讳之体如此，此亦于不偏讳之义不合。《少帝纪》：即位之岁，七月戊子，诏应宫殿、州县及官名、府号、人姓名，与先帝讳同音者改之。于是改明堂殿、政事堂等。案语云:《东都事略·陶谷传》:谷本姓唐,避晋祖讳改姓陶,则既偏讳,又及其嫌,更变本加厉矣。要之,皆韩愈所云宦官宫妾之所为而已。而不恤以之废公。《新五代史·石昂传》:节度使符习高其行,召以为临淄令。习入朝京师,监军杨彦朗知留后事。昂以公事至府上谒。赞者以彦朗讳石,更其姓曰右。昂仰责彦朗曰:“内侍奈何以私害公?昂姓石,非右也。”此私讳不可害及公事之证也。《旧唐书·懿宗纪》:咸通二年八月,以卫洙为滑州刺史。洙奏官号内一字与臣家讳音同,请改授闲官。敕曰:嫌名不讳,著在礼文,成命已行,固难依允,是已。而《源乾曜传》:乾曜迁太子太师,以祖名师固辞,乃拜太子太傅,是其许否并无定法也。尤可骇者:《旧五代史·唐明宗纪》:天成三年二月,工部尚书卢文纪贬石州司马,员外安置。文纪私讳业。时新除于邺为工部郎中,旧例,寮属名与长官讳同,或改其任。文纪素与宰相崔协有隙,故中书未议改官。于邺授官之后,文纪自请连假。邺寻就位。及差延州官告使副,未行,文纪参告,且言候邺回日,终请换曹。邺其夕遂自经而死。故文纪贬官。《新史·文纪传》云:协除于邺,文纪大怒。邺赴省参谒,文纪不见之。因请连假。已而邺奉使,未行,文纪即出视事。邺因醉忿自经死。盖邺初附协以挫文纪,后又不知如何,忿怒而至于自戕也。此事之情不可知,然虚文则竟成杀人之具矣。甚至相挤排之时,则以之责人,及其趋利附势,则又弃如敝屣。唐德宗时,李涵自御史大夫改太子少傅。其为浙西时,判官吕渭上言:涵父名少康,今为少傅,恐乖礼典。宰相崔祐甫奏曰:若朝廷事有乖舛,群臣悉能如此,实太平之道。乃特授渭司门员外郎。寻御史台劾奏:涵再任少卿,此时都不言,今为少傅,妄有奏议。乃贬渭歙州司马,而涵卒改检校工部尚书兼光禄卿。事见《旧书》涵及渭传。渭即不挟诈,如此毛举细故,而云可以致太平,岂不令人发笑?则不独渭,崔祐甫之言,亦朋党之论也。《新书·李鄘传》:孙磎,大中末擢进士,累迁户部侍郎,分司东都。劾奏内園使郝景全不法事。景全反摘磎奏犯顺宗嫌名，坐夺俸。碤上言：因事告事，旁讼他人者，咸通诏语也。礼不讳嫌名，律庙讳嫌名不坐，岂臣所引诏书，而有司辄论奏？臣恐自今用格令者，委曲回避，旁缘为奸也。乃诏不夺俸。细人之坏礼破律，以相贼害，有如此者。《旧书·李贺传》云：父名晋肃，以是不应进士。韩愈为之作《讳辩》，贺竟不就试。殿本《考证》云：《剧谈录》云：元和中，李贺善为歌篇，韩公深所知重。于缙绅间每加延誉，由是声华藉甚。时元稹年少，以明经擢第，常愿交结贺。一日，执贽造门，贺览刺，令仆者谓曰："明经及第，何事来看李贺？"稹惭忿而退。其后稹制策登科，日当要路。及为礼部郎中，因议贺父讳晋肃，不合应进士举。文公惜其才，为著《讳辩》以明之。《摭言》亦云：贺举进士，或谤贺不避家讳，文公特著《讳辩》一篇。据此，则贺尝举进士，而元稹谤之，史云竟不就试非也。贺无严其家讳之心，而疾之者借以造谤，礼之末流，则如是而已。此其可耻，盖又甚于韩愈所云宦官宫妾之为。此等风俗，而合久持乎？矜尚门第，慎重婚姻，区别流品，其为得失，观论婚姻、宗族、门阀、选举各节自明。至于清议，则除刘蕡等一二鲠直之士外，实未之有闻。唐人所谓清议者，大率毛举细故，曲加附会，甚至讦人阴私，造作蜚语，以图进取而谋倾陷，快私忿而要时誉。读前此诸章所辩正，自可见之。此等风气，相沿至于宋、明，未之有改。遂至败坏国事，举大局以徇一人意气之私，淆乱是非，肆曲笔而诒惇史千秋之累。其为博祸，诚可痛心。论者多以是为理学之咎，实则理学真谛，在于惩忿窒欲，存理去私，安得如是？是特朋党之士，伪托理学之名，致使不察其实者，连类而并讥之耳。理学家好作诛心之论，又其视私德过重，诚有足长朋党攻击之弊者，然别有用心者，借资其学，以遂其私，究不能即以为是学之咎也。不特此也，魏、晋后风俗之敝，莫大于民族之义未昌，君臣之义先敝，《两晋南北朝史》第十八章第二节，亦已言之。隋、唐之世，此风亦未有改。董邵南盖即其中之一人。《旧唐书·李益传》，言益登进士第，久之不调，而流辈皆居显位，益不得意，北游河朔。幽州刘济，辟为从事。尝与济诗，有“不上望京楼”之句。此又一董邵南也。贾至议贡举事云：近代趋仕，靡然乡风，致使禄山一呼，而四海震荡，思明再乱，而十年不复。《旧书·杨绾传》。禄山以羯胡而驱率戎虏，实为五胡乱华之祸之再见，而其时之人，腼然安之若此，安怪冯道，历受沙陀、契丹官爵，尚侈然以长乐老自夸乎？士气至此，国家、民族，尚谁与立哉？陈氏述论，亦引李益事，而论之曰：观此，则董邵南之游河北，盖是当日常情。因谓唐之后半，一国之中，实有两独立敌视之团体，统治之者，种族、文化，宜有不同。此亦求之深而反失之。唐代士人如此，实缘其时科第之士仕进之途狭而杂流多，而其时士风，又极躁进耳。《新书·钟传》云：广明后州县不乡贡，惟传岁荐士。行乡饮酒礼，率官属临观。资以装赍。士不远千里走传府。董邵南、李益，亦此等人物而已。其来也，既惟为身谋，其得之，自惟有委蛇以避祸。冯道不幸而为世所指摘，其实当时如道者岂止一人？且如郑韬光，唐宣宗之外孙，历仕至晋初乃致仕。史称其事十一君，越七十载，所仕无官谤，无私过，士无贤不肖，皆恭己接纳，交友之中无怨隙，亲戚之间无爱憎，其善自全，又宁让冯道邪？世惟耽于逸乐者，虽迫危亡，而不能自振。《旧书·郑覃传》：文宗谓宰臣曰：“百司弛慢，要重条举。”覃对曰：“丕变风俗，当考实效。自三十年已来，多不务实，取于颜情。如嵇、阮之流，不摄职事。”李石云：“此本因治平，人人无事，安逸所致。今之人俗，亦慕王夷甫，耻不能及之。”此可见唐代玄学衰矣，不事事之风顾在。《通鉴》：宪宗元和十五年（820 年），上谓给事中丁公著曰：“闻外间人多宴乐，此乃时和人安，足用为慰。”公著曰：“此非佳事，恐渐劳圣虑。”上曰：“何故？”对曰：“自天宝已来，公卿大夫，竞为游宴，沉酣昼夜，犹杂子女，不愧左右。如此不已，则百职皆废，陛下能无独忧劳乎？”此又可知其不事事之风之所由来也。得非南北朝余习乎？

风俗之敝至此，其何以救之？曰：复古之经，务民之义，所以挽佛、老末流，遗弃世事之失也。明君臣之义，严夷夏之防，慎重行止，爱惜名节。所以矫魏、晋已来，惟重私门，敢于冒进，败名丧检，无所不为之弊也。是则有宋诸贤之所务，而其风气，实亦隋、唐之世逐渐开之。此则贞元剥复之机也。俟讲学术时明之。

第十七章　隋唐五代社会等级

第一节　门　阀

物有欲摧折之而适以扶持之者，唐代官修谱系之书是已。《旧唐书·高士廉传》云：朝议以山东人士，好自矜夸，虽复累叶陵迟，犹恃其旧地，女适他族，必多求聘财，太宗恶之，乃诏士廉与御史大夫韦挺、中书侍郎岑文本、礼部侍郎令狐德棻等刊正姓氏。于是普责天下谱牒，仍凭据史传，考其真伪，忠贤者褒进，悖逆者贬黜，撰为《士族志》。士廉乃类其等第以进。太宗曰："我与山东崔、卢、李、郑，旧既无嫌，为其世代衰微，全无冠盖，犹自云士大夫。婚姻之间，则多邀钱币。才识凡下，而偃仰自高。贩鬻松槚，依托富贵。我不解人间何为重之？只缘齐家惟据河北，梁、陈僻在江南，当时虽有人物，偏僻小国，不足可贵，至今犹以崔、卢、王、谢为重。我平定四海，天下一家，凡是朝士，皆功效显著，或忠孝可称，或学艺通博，所以擢用，见居三品已上。欲共衰代为亲，纵多输钱帛，犹被偃仰。我今特定族姓者，欲崇重今朝冠冕，何因崔干犹为第一等？昔汉高祖，止是山东一匹夫，以其平定天下，主尊臣贵。卿等读书，见其行事，至今以为美谈，心怀敬重。卿等不贵我官爵邪？不须论数世以前，止取今日官爵高下作等级。"遂以崔干为第三等。及书成，凡一百卷，诏颁于天下。《经籍志》：《大唐民族志》一百卷，《新书·艺文志》同。《旧纪》：贞观十二年正月，吏部尚书高士廉等上《氏族志》一百三十卷。疑其书奏上后又有更定。《李义府传》云：

太宗命士廉、挺、文本、德棻等，及四方士大夫谙练门阀者修《氏族志》。勒成百卷，升降去取，时称允当。颁下诸州，藏为永式。义府耻其家代无名，乃奏改此书。专委礼部郎中孔志约、著作郎杨仁卿、太子洗马史玄道、太常丞吕才重修。《新书·义府传》云：时许敬宗以不载武后本望，义府亦耻先世不见叙，更奏删正。《通鉴》则云：许敬宗等以其书不叙武后本望，奏请改之，乃命礼部郎中孔志约等比类升降，以后族为第一等，而未及义府。盖义府虽以先世不见叙为耻，而其事之获行，则实以不载武后本望故也。《旧书》专咎义府，恐非实录。志约等遂立格，云皇朝得五品官者，皆升士流。于是兵卒以军功致五品者，尽入书限。更名为《姓氏录》。由是缙绅士大夫，多耻被甄叙，皆号此书为勋格。谓其如勋之易得，非谓据勋为定也。义府仍奏收天下《氏族志》本焚之。《柳冲传》云：景龙中，累迁为左散骑常侍，修国史。初，贞观中，太宗令学士撰《氏族志》百卷，以甄别士庶，至是向百年，而诸姓至有兴替。冲乃上表，请改修氏族。中宗命冲与左仆射魏元忠及史官张锡、徐坚、刘宪等八人，又四人为萧至忠、岑羲、崔湜、吴兢，见《新书·冲传》。依据《氏族志》，重加修撰。元忠等施功未半，相继而卒，乃迁为外职。至先天初，冲始与侍中魏知古、中书侍郎陆象先及徐坚、刘子玄、吴兢等撰成《姓录》二百卷奏上。《纪》在开元二年七月。据《萧至忠传》，与撰是书者，尚有窦怀贞、崔湜。《岑文本传》：其兄孙羲，亦与于是役。开元二年（714年），又敕冲及著作郎薛南金刊定。此唐代官修谱系之始末也。《韦述传》：秘书监马怀素，受诏编次图书，奏用左散骑常侍元行冲、左庶子齐浣、秘书少监王珣、卫尉少卿吴兢，并述等二十六人，同于秘阁详录四部书。怀素寻卒，行冲代掌其事。五年而成。其总目二百卷。述好谱学。秘阁中见姓族系录二百卷，于分课之外，手自抄录，暮则怀归。如是周岁，写录皆毕。百氏源流，转益详悉。乃于柳录之中，别撰成《开元谱》二十卷。此虽本姓录，实为私家抄撰之书，非官纂也。

孔志约之书，与高士廉之书，实不过百步与五十步，一见称为允当，一被目为勋格者，臣子称颂之辞，异党诋訾之语，非可据为定论。柳冲之书，体例一仍《氏族志》，更不待言。《新传》云：夷蕃酋长袭冠带者，析著别品。惟此一端，当属相异。然则唐代官修之书，宗旨实后先一揆。一言蔽之，则以当朝之所贵，易民间之所重而已。其效果何如乎？《旧书·李义府传》云：关东魏、齐旧姓，虽皆沦替，犹相矜尚，自为婚姻。义府为子求婚不得，乃奏陇西李等七家，不得相与为婚。《新书·高士廉传》著七家之目云：后魏陇西李宝，太原王琼，荥阳郑温，范阳卢子迁、卢浑、卢辅，清河崔宗伯、崔元孙，前燕博陵崔懿，晋赵郡李楷，凡七姓十家。又云：先是后魏太和中，定四海望族，以宝等为冠。其后矜尚门地，故《氏族志》一切降之。王妃、主婿，皆取当世勋贵名臣家，未尝尚山东旧族。后房玄龄、魏征、李勣复与婚，故望不减。然每姓第其房望，虽一姓中，高下县隔。李义府为子求婚不得，始奏禁焉。其后天下衰宗落谱，昭穆所不齿者，皆称禁婚家。益自贵，凡男女皆潜相聘娶，天子不能禁，世以为敝云。自房玄龄、魏征、李勣等，已与为婚，则太宗之志，实未尝一日而行，遑论义府？《旧书·李昭德传》云：来俊臣弃故妻而娶太原王庆诜女。侯思止亦奏娶赵郡李自挹女。敕政事堂共商量。昭德抚掌谓诸宰相曰："大可笑。往年俊臣贼劫王庆诜女，已大辱国，今日此奴又请索李自挹女，无乃复辱国邪？"寻奏罢之。《侯思止传》略同。《温造传》：造为御史中丞，朝廷有丧不以礼，配不以类者悉劾之。《元稹传》载稹自叙，言分莅东都台，数十事或移或奏皆主之，而田季安盗取洛阳衣冠女为其一。《李敬玄传》：敬玄久居选部，人多附之，前后三娶，皆山东士族。《李怀远传》：孙彭年，天宝初为吏部侍郎，慕山东著姓为婚姻，引就清列，以大其门。《新书·李日知传》，言其居官颇廉，既罢又不治田园，而诸子方总角，皆通婚名族。而王锷善居财，亦附太原王翃为从子，以婚阀自高。李白既死，宣歙观察使范传正访其后裔，惟二女孙，嫁为民妻。告将改妻士族。辞以孤穷失身，命也，不愿更嫁。乃止。其限界之严如此。唐室不惟不能禁也，终亦折而从之。《旧书·独孤郁传》云：权德舆作相，郁以妇公辞内职。宪宗曰："德舆乃有此佳婿？"因诏宰相：于士族之家，选尚公主者。《新书·李吉甫传》云：十宅诸王，既不出阁，诸女嫁不时，而选尚皆由中人，厚为财谢，乃得遣。吉甫奏自古尚主，必慎择其人，江左悉取名士，独近世不然。帝乃下诏，皆封县主，令有司取门阀者配焉。是为唐室愿婚士族之始。其效又何如乎？《杜佑传》云：权德舆为相，其婿翰林学士独孤郁以嫌自白。宪宗见郁文雅，叹曰："德舆有婿乃尔？"时岐阳公主帝爱女，旧制选多戚里将家，帝始诏宰相李吉甫择大臣子。皆辞疾。惟佑孙悰，以选召见麟德殿。陈寅恪云：佑父希望，实以边将进用，虽亦号为旧家，并非胜流名族。《唐代政治史述论稿》中篇。是其所得者，仍与戚里将家，相去无几也。又《杜兼传》：开成初，文宗欲以真源、临真二公主降士族。二主皆宪宗女。谓宰相曰："民间修婚姻，不计官品，而尚阀阅。我家二百年天子，顾不及崔、卢邪？"诏宗正卿取世家子以闻。兼从弟羔之子中立及校书郎卫洙得召见禁中。拜著作郎。月中，迁光禄少卿，驸马都尉。尚真源长公主。临真下嫁卫洙。洙次公子，两《书》皆附其父传。《旧书·于休烈传》：曾孙琮，落托有大志。虽以门资为吏，久不见用。大中朝，驸马都尉郑颢以琮世故，独以器度奇之。会有诏于士族中选人才尚公主，衣冠多避之。颢谓琮曰："子人才甚佳，但不护细行，为世誉所抑，久而不调，能应此命乎？"琮然之。会李藩知贡举，颢托之，登第。其年，遂升谏列。尚广德公主。案琮初本选尚永福公主，以主食帝前折匕箸，乃诏改尚广德。已见第十五章第一节。郑颢者，万寿公主婿。主帝所爱，前此下诏：先王制礼，贵贱共之，万寿公主奉舅姑宜从士人法。旧制，车舆以镣金扣饰。帝曰："我以俭率天下，宜自近始。"易以铜。

见《新书·诸公主传》。《传》又云：主每进见，帝必谆勉笃诲，亦已见第十五章第一节。《通鉴》：大中三年十二月，郑颢弟觊尝得危疾，上遣使视之。还，问公主何在？曰："在慈恩寺戏场。"上怒，叹曰："我怪士大夫家不欲与我为婚，良有以也。"亟命召公主入宫。立之阶下，不之视。公主惧，涕泣谢罪。上责之曰："岂有小郎病，不往省视，乃观戏乎？"遣归郑氏。由是终唐之世，贵戚皆兢兢守礼法，如山东衣冠之族，盖宣宗之自修饬而求媚于士族者至矣。然《旧书·王徽传》言：懿宗诏宰相于进士中选子弟尚主，或以徽籍上闻。徽性冲澹，远势利，闻之，忧形于色。徽登第时年逾四十。见宰相刘瑑哀祈，具陈年已高矣，居常多病，不足以尘污禁脔。瑑于上前言之，方免。则士人之视尚主为畏途，终唐世未之有改也。士族之深闭固拒如此，而唐室之力求自媚如彼，然则唐初之王妃、主婿，皆取勋贵名臣，不尚山东旧族者，果所愿不存乎？抑求之而不得也？案柳芳论氏族，言过江为侨姓，王、谢、袁、萧为大。东南为吴姓，朱、张、顾、陆为大。山东为郡姓，王、崔、卢、李、郑为大。关中亦号郡姓，韦、裴、柳、薛、杨、杜首之。代北为虏姓，元、长孙、宇文、于、陆、源、窦首之。又言山东之人为婚娅，江左之人尚人物，关中之人尚冠冕，代北之人尚贵戚。详见《两晋南北朝史》第十八章第一节。虏姓不足论。吴中开发晚，自亦不得与中原并。《旧书·张九龄传》：玄宗欲加牛仙客实封，兼为尚书。九龄执奏。玄宗曰："卿以仙客无门籍邪？卿有何门阀？"九龄顿首曰："臣荒徼寒贱，仙客中华之士。然陛下擢臣，践台阁，掌纶诰。仙客本河湟一使典，目不识文字，若大任之，臣恐非宜。"当时视中原人士，与荒徼之产，睽隔不同如此。若侨姓则本与山东郡姓是一，特因丧乱，过江寄寓，海宇既清，自可复我邦族，观太宗谓高士廉，以崔、卢、王、谢并举可知。关中亦清华之地，而芳又言流俗独以崔、卢、李、郑为四姓，加太原王氏号五姓，而不及韦、裴、柳、薛、杨、杜者，本秦杂戎狄之俗，非邹、鲁文教之伦，故至汉世，犹言关东出相，关西出将；见《秦汉史》第十三章第八节。加以三选七迁，充奉陵邑。斗鸡走狗之风，随之而盛；国人视之，自不得与山东比也。陈寅恪言：魏、晋之际，虽有巨族小族之分，然小族之男子，苟以才器著闻，得称为名士者，其地位即与巨族子弟无殊；女子能以礼法见尊，亦可与高门通婚；非若后来，专以祖宗官职高下为准。引《魏书·卢玄传论》，谓玄文武功业，殆无足纪，而见重于时，声高冠带，盖德业闻望，有足称者为证。又引《旧唐书·袁朗传》云：朗，雍州长安人。其先自陈郡仕江左。朗自以中外人物，为海内冠族。虽琅邪王氏继有台鼎，历朝首为佐命，鄙之不以为伍。孙谊，又虞世南外孙，神功中为苏州刺史。尝因视事，司马清河张沛通谒。沛即侍中文瓘之子。谊曰："司马何事？"沛曰："此州得一长史，是陇西李亶，天下甲门。"谊曰："司马何言之失？门户须历代人贤，名节风教，为衣冠顾瞻，始可称举，老夫是也。夫山东人，尚于婚媾，求于利禄，作时柱石，见危致命，则旷代无人，何可说之，以为门户？"沛怀惭而退。时人以为口实。案此正柳芳所谓尚人物者。《新书·冯元常传》：元常闺门雍睦，有礼法，虽小功丧，不御私室。神龙中，旌其家，大署曰忠臣之门。天下高其节，凡名族皆愿通婚。则尚人物之风，唐世犹有存者，特不多耳。合卢玄之事观之，知尚婚娅特山东之流失，其初本与江左同。至于关中，则太宗谓高士廉之言，正所谓尚冠冕者。《旧书·裴寂传》：高祖尝从容谓寂曰："我李氏昔在陇西，富有龟玉。降及祖祢，姻娅帝室。及举义兵，四海云集，才涉数日，升为天子。至如前代皇王，多起微贱，劬劳行阵，下不聊生。公复世胄名家，历职清显，岂若萧何、曹参，起自刀笔吏也？惟我与公，千载之后，无愧前修矣。"又《窦威传》：威，高祖后从父兄。高祖尝谓曰："昔周朝有八柱国之贵，吾与公家，咸登此职。今我已为天子，公为内史令，本同末异，乃不平矣。"威谢曰："臣家昔在汉朝，再为外戚，至于后魏，三处外家。陛下龙兴，复出皇后，臣又阶缘戚里，位忝凤池。自惟叨滥，晓夕兢惧。”高祖笑曰：“比见关东人与崔、卢、李、郑为婚，犹自矜伐，公代为帝戚，不亦贵乎？”此则并杂代北尚贵戚之俗矣。自后魏南迁，塞北诸族，纷纷入居伊洛。逮其东西分裂，则又有徙居关中者。宇文氏秉政，并使为京兆人。有绝灭者，则以诸将之有功者继之。孝文尝改虏姓为汉姓，至是复之，且以虏姓赐汉将。中国人随魏室西迁者，亦使伪造谱录，以关内诸州，为其本望。《隋书·经籍志·谱系篇》云：后魏迁洛，有八氏、十姓，咸出帝族；又有三十六族，则诸国之从魏者；九十二姓，世为部落大人者；并为河南洛阳人。其中国人，则第其门阀，有四海大姓、郡姓、州姓、县姓。及周太祖入关，诸姓子孙有功者，并令为其宗长，仍撰谱录，纪其所承，又以关内诸州，为其本望。案九十二姓，当作九十九姓，字之误也。《周书·文帝纪》：魏恭帝元年云：魏氏之初，统国三十六，大姓九十九，后多绝灭，至是，以诸将功高者为三十六国后；次功者为九十九姓后。所统军人，亦改从其姓。《明帝纪》：二年三月，诏曰：三十六国，九十九姓，自魏氏南徙，咸称河南之民，今周室既都关中，宜改称京兆人。至周宣帝大象二年（580 年），隋文帝得政，乃使诸改姓者悉复其旧。然西胡、北虏之冒汉姓者，未必能复，如《唐书·宰相世系表》所载：窦氏本出没落回，而自托于汉窦武。侯氏实侯伏氏，而自托于郑侯宣多。独孤氏自托于汉沛献王辅。乌氏本乌洛侯氏，而自托于乌之余。亦或托于汉人之入虏者，则丙氏自托于汉李陵，云陵降匈奴，裔孙归魏，见于丙殿，赐姓曰丙。亦有自托于夷狄者，如浑氏自称为匈奴浑邪王之后是。盖夷狄久入中国，则亦为贵种矣，此等积习，至五代之世未改。如石晋自托于卫大夫碏，汉丞相奋，见《旧史·本纪》。刘知远以汉光武为始祖百世不迁庙，见《礼志》。而汉人伪造之谱牒，亦无由是正矣。陈氏《唐代政治史述论稿》上篇云：李唐称陇西郡望，及冒托西凉嫡系由此。北朝、隋、唐诸人，籍贯往往纷岐亦由此。如李弼，《周书》本传、

《旧书》(《李密》《李泌传》)、《新书·宰相世系表》为辽东襄平人，而《北史》(《弼》《密传》),《文苑英华》九百四十八魏征《密墓志铭》以为陇西成纪人是也。案陈氏此论甚精。故在隋、唐之世，关中实为华夷混杂之区。以视山东，虽亦有异族荐居，而衣冠之绪，与腥膻之俗，犹判然不相杂者，固不可同日而语。此又当时之人，所以重山东而轻关辅也。唐室腥膻之习，盖极于开元、天宝之世，至德宗以后，则日即于中国矣，观其多恭俭奋发之主可知。高祖粗才，徒知以贵戚自满。太宗天资较高，于举世所重之山东名族，盖未尝不心焉慕之，慕之而士族摈弗之齿，则积忿而欲摧折之矣，此《氏族志》之所由作也。然一夫之忿戾，终不敌举世之风尚，故自宪宗以后，又阉然思自媚焉。至此，则沿腥膻余俗之唐朝，已降伏于中国之士族。中国人更不必借族姓为藩篱，以自卫其文化矣。而国人亦遂视同刍狗。《新书·高士廉传》赞曰：古者受姓受氏，以旌有功。是时人皆土著，故名宗望姓，举郡国自表，而谱系兴焉。遭晋播迁，胡丑荡析。士去坟墓，子孙犹挟系录，以示所承。而阀阅显者，至卖昏求财，汨丧廉耻。唐初流弊仍盛，天子屡抑而不为衰。至中叶，风教又薄，谱录都废。公靡常产之拘，士亡旧德之传。言李悉出陇西，言刘悉出彭城，悠悠世祚，讫无考按，冠冕皂隶，混为一区，可太息哉！彼徒知风气之变，而不知其由，则欲为之太息，而恶知深求其故，别有其隐曲难明者在乎？然则门阀之制，至于南北朝之末，本可摧陷廓清，而又获绵历数百年者，正唐室之歧视士族为之。故曰：欲摧折之，转以扶持之也。

抑谚曰：蕞尔国而三世执其政柄，其用物也弘矣，其取精也多矣，能为厉，不亦宜乎！五代时之门阀是已。是时豆卢革、卢程、韦说、赵光允等，皆以名家子登相位。实录录无所长。当时之用之，徒以为谙练故事，实则故事亦非所谙也。薛《史·卢程传》：程投于太原，庄宗署为推官，寻改支使。褊浅无他才，惟务恃门第。口多是非，笃厚君子尤薄之。初判官王缄，从军掌文翰。胡柳之役，缄没于军。庄宗归宁太原，置酒公宴，举酒谓张承业曰："予今于此会，取一书记，先以卮酒辟之。"即举酒属巡官冯道。道以所举非次，抗酒辞避。庄宗曰："勿谦挹，无逾于卿也。"时以职列序迁，则程当为书记。程既失职，私怀愤惋，谓人曰："主上不重人物，使田里儿居予上。"又《李专美传》云：专美远祖，本出姑臧大房，与清河小房崔氏，北祖第二房卢氏，昭国郑氏为四望族。皆不以财行相尚，不以轩冕为贵，虽布衣徒步，视公卿蔑如也。男女婚嫁，不杂他姓。欲聘其族，厚赠金帛始许焉。唐太宗曾降诏以戒其弊风，终莫能改。其间有未达者，必曰："姓崔、卢、李、郑了，余复何求邪？"其达者则邈在天表，夐若千里，人罕造其门。其浮薄自大，皆此类也。惟专美未尝以氏族形于口吻，见寒素士大夫，恒恂恂如也，人以此多之。欧《史·崔居俭传》云：崔氏自后魏、隋、唐，与卢、郑皆为甲族。吉凶之事，各著家礼。至其后世，子孙专以门望自高，为世所嫉。本实先拔，而枝叶未有害，可谓百足之虫，死而不僵矣。然岂可久哉？薛《史·郭崇韬传》云：崇韬权倾四海，车骑盈门，士人谄奉，渐别流品。同列豆卢革谓崇韬曰："汾阳王代北人，徙家华阴，侍中世在雁门，得非祖德欤？"崇韬应曰："经乱失谱牒。先人尝云：去汾阳王四世。"革曰："故祖德也。"因是旌别流品，援引薄徒，委之心腹。佐命勋旧，一切鄙弃。旧寮有干进者，崇韬谓之曰："公虽代邸之旧，然家无门阀。深知公才技，不敢骤进者，虑名流嗤余故也。"沐猴而冠，真可发一噱。世惟田里儿暴贵，乃仰慕贵胄而欲则效之，而贵胄亦遂以此，敖然自尊，然其局岂可久哉？

谱系因门阀而兴，而门阀之制，亦借谱系以维持于不敝，谱系荒则门阀替矣。《新书·柳冲传》云：唐兴，言谱者以路敬淳为宗，柳冲、韦述次之。李守素亦明姓氏。后有李公淹、萧颖士、殷寅、孔至，为世所称。殷寅父名践猷，《旧传》云：通于族姓。此唐代治谱系之学者也。颇为寂寥矣。中叶后，其学遂几绝迹。此其所以世祚悠悠，讫无考按也。

唐制：工商之家，不得与于士。《旧书·职官志·户部》。又《食货志》云：工商杂类，不得与于士伍。庶人服黄，工商亦不听。《通鉴》：高宗上元元年八月戊戌，敕文武官三品已上服紫，金玉带。四品服深绯，金带。五品服浅绯，金带。六品服深绿，七品服浅绿，并银带。八品服深青，九品服浅青，并鍮石带。庶人服黄，铜铁带。自非庶人，不听服黄。胡《注》云：非庶人，谓工、商、杂户。且禁乘马。《旧书·高宗纪》：乾封二年二月，禁工商乘马。《旧书·曹确传》：懿宗以伶官李可及为威卫将军。确执奏曰："臣览贞观故事，太宗初定官品，令文武官共六百四十三员。"顾谓房玄龄曰："朕设此官员，以待贤士。工、商、杂色之流，假令术逾侪类，止可厚赐财物，必不可超授官秩，与朝贤君子，比肩而立，同坐而食。"其歧视之如此。有由杂流进者，虽至高官，仍为人所歧视：《张玄素传》云：太宗尝对朝问玄素历官所由。玄素既出自刑部令史，甚以惭耻，褚遂良上疏曰：居上能礼其臣，臣始能尽力以奉其上。近代宋孝武，轻言肆口，侮弄朝臣，攻其门户，乃至狼狈，良史书之，以为非是。陛下昨见问张玄素云："隋任何官？"奏云"县尉"。又问"未为县尉已前？"奏云"流外"。又问"在何曹司？"玄素将出阁门，殆不能移步。精爽顿尽，色类死灰。朝臣见之，多所惊怪。大唐创历，任官以才。卜祝庸保，量能使用。陛下礼重玄素，频年任使，擢授三品，翼赞皇储，自不可更对群臣，穷其门户，弃昔日之殊恩，成一朝之愧耻。人君之御臣下也，礼义以导之，惠泽以驱之，使其负载玄天，罄输臣节，犹恐德礼不加，人不自厉。若无故忽略，使其羞惭。郁结于怀，衷心靡乐。责其伏节死义，其可得乎？此其机亦危矣。韦挺不礼马周，李揆意轻元载，卒为所报，可不鉴乎？皆见《旧书》本传。郑注，奇才也，其入翰林，高元裕当书命，言其以医术侍，注甚愧憾。舒元舆，亦忠荩之士也，而史言其地寒不与士齿。“郁郁涧底松，离离山上苗。以彼径寸阴，荫此百尺条。”谓之何哉？

第二节　豪强、游侠

豪强、游侠，二者皆为民害，而丧乱之际尤甚。试就隋、唐间事观之。薛举家产巨万，交结豪猾，雄于边朔。李轨家富于财，振穷济乏，人亦称之。梁师都代为本郡豪族。皆豪强也。窦建德少以然诺为事。父卒，送葬者千余人。刘武周交通豪侠。其兄山伯，每诫之曰：“汝不择交游，终当灭吾族也。”高开道少以煮盐自给。刘黑闼嗜酒好博弈，不治产业，父兄患之，而与窦建德少相友善。家贫无以自给，建德每资之。皆游侠也。李勣家多僮仆，积粟数千钟，与其父盖，皆好惠施，振济贫乏，不问亲疏。翟让为盗，勣往从之，时年十七，则二者兼之矣。盖丧乱之际，豪强不与游侠相交结，则无以自全，而游侠亦利得豪强以自助，故二者又互有关系也。萧铣之起也，其众本欲推董景珍为主。景珍曰：“吾素寒贱，虽假名号，众必不从。今若推主，当从众望。罗川令萧铣，梁氏之后。宽仁大度，有武皇之风。吾又闻帝王膺箓，必有符命，而隋氏冠带，尽号起梁，斯乃萧家中兴之兆。今请以为主，不亦应天顺人乎？”此徒以家世推之，欲借其名望以资号召，然铣既无党徒，亦无部曲，遂不能驾驭诸将，终至覆灭。而李密，奔亡时，尝依妹婿雍丘令丘君明，转匿大侠王季才家，及起，则任城大侠徐师仁从之，遂克称雄一时，略地甚广。刘文静之囚也，太宗入禁所视之。文静曰：“今太原百姓，避盗贼者皆入城。文静为令数年，知其豪杰，一朝啸集，可得十万人。”所谓豪杰，亦必武断乡曲，或以武犯禁之徒也。故知风尘澒洞之时，非斯二者，殆莫能挺刃而起矣。然二者之情亦有异。

飞扬跋扈，万里云会者，游侠之士也。割据一方，负嵎不下者，豪强之家也。翟让、窦建德之徒，盖皆以游侠起。若卢祖尚者，史亦称其饶财好施，以侠闻。大业末，募壮士捕盗。属宇文化及之乱，遂据光州称刺史。然越王侗立，祖尚即以地归之。王世充僭位，祖尚复归唐，此则豪右欲保据自固者耳。唐末如黄巢、孙儒等，乃翟让、窦建德之伦，若留从效，则卢祖尚之类也。

豪强游侠，所由虽各殊途，而其为朘民以生则一。故在承平之时，亦必不能无为民害。《旧书·尹思贞传》：补隆州参军。时晋安县有豪族蒲氏，纵横不法，前后官吏莫能制。州司令思贞推按，发其奸赃万计，竟论杀之。此豪右之作奸犯科者也。《孟简传》：简以元和九年（814 年），出为浙东观察使。承李逊抑遏士族，恣纵编户之后，一皆反之，而农估多受其敝。可见豪右与氓庶，利害之不相容矣。此犹骫法以为利也。《良吏·王方翼传》：永徽中，累授安定令。诛大姓皇甫氏，而盗贼止息，则竟作逋逃之薮矣。《郭元振传》：元振为通泉尉，任侠使气，前后掠卖所部千余人，以遗宾客，则竟躬为盗贼矣。此又豪强游侠，合而为一也。《张弘靖传》：东都留守杜亚辟为从事。留守将令狐运逐贼出郊，其日，有劫转运绢于道者，亚以运豪家子，意其为之，乃令判官穆员及弘靖同鞫其事。员与弘靖，皆以运职在衙门，必不为盗，坚请不按。亚不听，遂以狱闻。仍斥员及弘靖出幕府。有诏令三司使杂治之。后果于河南界得贼。此事令狐运虽云见枉，然是时豪家子之为盗者必多，故杜亚疑之深也。辛谠者，云京之孙，而史称其能击剑，重然诺，走人所急。豪家子之为侠者，盖不少矣。

游侠，虽云能走人所急，并有能奋起而立功名如辛谠者，然其什九，终不免为居民间之盗跖，则以恒人之情，惟为身谋，其为侠，本不过谋生之一术，勤生薄死，非其素志，此墨子之教所以不能久存也。《隋书·沈光传》：父君道，仕陈为吏部侍郎。陈灭，家于长安。太子勇引署学士。后为汉王谅府掾，谅败，除名。光少骁捷，善戏马，为天下之最。略综书记，微有辞藻。家甚贫窭，父兄并以佣书为事；光独跅弛，交通轻侠，为京师恶少年所朋附。人多赡遗，得以养亲。每致甘食美服，未尝困匮。力田不如逢年，刺绣文不如倚市门，轻侠驰骋，而可致甘食美服，人亦孰肯勤苦力作哉？古士大夫家累多重，虽贵而贫，观于沈光之事，而可知当时名家子之所以好为侠矣。其下于此者，则为今世所谓痞棍之流？《新书·高仁厚传》云：事西川陈敬瑄为营使。黄巢陷京师，天子出居成都，敬瑄遣黄头军部将李鋋、巩咸以兵万五千戍兴平，数败巢军。敬瑄喜其兵可用，益选卒二千，使仁厚将而东。先是京师有不肖子，皆著叠带冒持挺剽闾里，号闲子。京兆尹始视事，辄杀尤者以怖其余。窦潏治京兆，至杀数十百人，稍稍惮戢。巢入京师，人多避居宝鸡，闲子掠之，吏不能制。仁厚素知状，下约入邑闾纵击。军人，闲子聚观嗤侮。于是杀数千人。坊门反闭，欲亡不得，故皆死。自是闾里乃安。所杀至于数千，自不免于枉滥，然其徒数必不少，则亦可推见矣。窦潏杀数十百人而即戢畏，则此辈原非难治，然根株终难尽绝。平居虽无能为，乱时亦足为患。甘露变后，田全操等回京师，民相惊，无赖之徒，皆戎服兵仗，望阙以俟变，见第九章第一节。亦闲子之类也。在都邑，遇严明之吏，尚可镇慑，在道途则更难治。故王瑜欲入蜀，必与盗相结而行。见第十六章第二节。《通鉴》：唐高宗永淳元年（682 年），以关中饥幸东都。出幸仓卒，扈从之士，有饿死中道者。上虑道路多草窃，命监察御史魏元忠检校车驾前后。元忠受诏，即阅视赤县狱。胡《注》：西京以长安、万年为赤县。得盗一人，神采语言异于众。命释桎梏，袭冠带，乘驿以从。与共食宿，托以诘盗。其人笑，许诺。比及东都，士马万数，不亡一钱。此即用盗贼为捕役之理。若此要约出于私家，则即为后世之保镖矣。此等事读史者多美其方略，实则不能治盗，而与相要结耳，与俗所谓出买路钱者，实无以异也。

第三节 奴 婢

奴婢来源，一由没入，一由俘掠，一由鬻卖，历代皆然。《梁律》：谋反、降、叛、大逆已上皆斩。父子，同产男无少长皆弃市。母、妻、姊妹及应从坐弃市者，妻、子、女、妾同补奚官为奴婢。《周六律》：盗贼及谋反、大逆、降、叛恶逆罪当流者，皆甄一房配为杂户。皆见《隋书·刑法志》。所牵涉者既广，而是时海宇分裂，上下相猜，谋反、降、叛之事，又屡见不鲜，故至隋世，奴婢之数尚甚多。《隋书》所载，赐群臣奴婢，有至千口者。隋时赐奴婢，见于史其数最多者，梁睿平王谦，赐奴婢千口。时于义亦为行军总管，寻拜潼州总管，赐奴婢五百口。其一时所赐不及此，而前后屡受赐者，如周法尚，文帝幸洛阳召见之，赐奴婢三百口，伐陈之役赐五十口，平桂州李光仕赐百五十口，破巂州乌蛮，从讨吐谷浑，与王薄、孟让等频战，各赐百口。此特史所纪者，其不纪者，则不可知矣。唐初尚沿此习，如河间王孝恭平江南，赐奴婢七百人是。后似稍减，除成器让大子时赐奴婢十房外，未见甚多者。盖因时际承平，谋反、降、叛等事少也。虽贵人亦不能免。如贺若弼子怀亮，尝拜仪同，弼诛，亦没为奴，寻且见杀。宇文化及与弟智及，以违禁与突厥交市，并赐其父为奴。杨玄感之反，炀帝使裴蕴推其党与，蕴峻法治之，所戮者数万人，皆籍没其家，亦云酷矣。《新唐书·百官志》：刑部都官郎中、员外郎，掌俘隶簿录，给衣粮、医药，而理其诉免。凡反逆相坐，没其家配官曹。长役为官奴婢。一免者一岁三番役。再免为杂户，亦曰官户，二岁五番役。每番皆一月。三免为良人。六十已上及废疾者为官户。七十为良人。每岁孟春上其籍，自黄口以上印臂，仲冬送于都官，条其生息而按比之。乐工、兽医、骗马、调马、群头、栽接之人皆取焉。附贯州县者，按比如平民，不番上，岁督丁资，为钱一千五百。丁婢、中男，五输其一。侍丁、残疾半输。凡居作者，差以三等：四岁已上为小，十一已上为中，二十已上为丁。丁奴三当二役。中奴、丁婢二当一役。中婢三当一役。《旧书·职官志》云：凡反、逆相坐，没其家为官奴婢。一免为蕃户，再免为杂户，三免为良民，皆因赦宥所及则免之。年六十及废疾，虽赦令不该，亦并免为蕃户。七十则免为良人。任所乐处而编附之。凡初被没，有技艺者，各从其能而配诸司，妇人工巧者，入于掖庭。其余无能，咸隶司农。《裴守真传》：子子馀，景龙中，为左台监察御史。时泾、岐二州，有隋代蕃户子孙数十家，司农卿赵履温奏悉没为官户，奴婢仍充赐口，以给贵幸。子馀以为官户承恩，始为蕃户，又是子孙，不可抑之为贱，奏劾其事。时履温依附宗楚客等，与子馀廷对曲直。子馀辞色不挠。履温等辞屈，从子馀奏为定。则《新书》再免为杂户，亦曰官户，六十已上及废疾者为官户句似误。因免之须有节级。然观子馀与履温，须经廷对，其事乃决，则《志》之所云，似亦非一定不移之法也。《新书·百官志》又云：掖庭局：属内侍省。妇人以罪配没，工缝巧者隶之。无技能者隶司农。诸司营作须女功者，取于户婢。司农寺云：官户奴婢有技能者配诸司，妇人入掖庭，以类相偶。行宫、监牧及赐王、公、公主皆取之。《旧书·酷吏·来俊臣传》：万岁通天元年（696年），召为合宫尉，擢拜洛阳令、司农少卿。则天赐其奴婢十人；当受于司农。时西蕃酋长阿史那斛瑟罗家有细婢，善歌舞。俊臣因令其党罗告斛瑟罗反，将图其婢。诸蕃长诣阙割耳剺面讼冤者数十人，乃得不族。则凡受赐者皆取之司农也。凡孳生鸡、彘，以户奴婢课养，俘口则配轻使。始至给廪食。东宫官，典仓署，掌九谷、醯醢、庶羞、器皿、灯烛。凡园圃树艺，皆受令焉。给户奴婢、番户、杂户资粮、衣服。《刑法志》：谋反者，男女奴婢没为官奴婢，隶司农，七十者免之。凡役，男子入于蔬圃，女子入于厨膳。此唐代官奴婢没入及其使役之大略也。

俘虏没为奴婢，历代亦视为当然。《旧书·东夷传》：太宗伐高丽，攻陷辽东城。其中抗拒王师，应没为奴婢者，一万四千人，并遣先集幽州，将分赏将士。太宗悯其父母妻子，一朝分散，令有司准其直，以布帛赎之，赦为百姓。其众欢呼之声，三日不息。案《新书·元结传》，言其曾祖仁基，从太宗征辽东，以功赐辽口；则辽东之俘，获以赎免者，乃一时之特典耳。《旧书·李暠传》：族子复，为容州刺史。先时西京叛乱，前后经略使征讨反者，获其人，皆没为官奴婢，配作坊重役。复令访其亲族，悉归还之。《良吏·崔知温传》：迁兰州刺史。党项三万余众，来寇州城。将军权善才来救，大破之。欲分降口五百人以与知温，知温固辞不受。此战时所俘也。《裴漼传》：从祖弟宽，除范阳节度使。檀州刺史何僧献生口数十人，宽悉命归之，夷夏感悦。此平时守捉所获也。《薛仁贵传》：苏定方讨贺鲁，仁贵上疏曰：臣闻兵出无名，事故不成，明其为贼，敌乃可伏。今泥熟杖素干，不伏贺鲁，为贼所破，虏其妻子，汉兵有于贺鲁诸部落得泥熟等家口将充贱者，宜括取送还，仍加赐赉。即是矜其枉破，使百姓知贺鲁是贼，陛下德泽广及也。此又争战之时，俘敌人之奴婢以为奴婢者也。隋平陈，宫奴数千，可归者归之，其余分赐将士及王公贵臣；《北史·本纪》。柏乡之战，梁军辎重、帐幄、资财、奴仆，皆为晋军所有；《旧五代史·唐庄宗纪》。亦是物矣。是役也，深、冀两州之人，悉为奴虏，老弱者皆坑之，亦见《旧史·唐庄宗纪》。亦云酷矣。《旧书·韦处厚传》云：李载义累破沧、镇两军，兵士每有俘执，多遣刳剔。处厚以书喻之。载义深然其旨。自此所获生口，配隶远地。前后全活，数百千人。《新书·程务挺传》：父名振，高祖使经略河北，即夜袭邺县，俘男女千余人以归。去数舍，阅妇人方乳者九十余人还之。邺人感其仁。以获配远地为幸，以简还乳妇为仁，争战时岂复有人理哉？

不惟战时也，即平时，豪强、游侠，亦有略人为奴婢者。郭元振为通泉尉，略卖所部千余人，已见上节。《新书·诸公主传》：中宗时，安乐、长宁、定安皆中宗女。三家厮台，掠民子女为奴婢。左台侍御史袁从一缚送狱。安乐主入诉，帝为手诏谕免。从一曰："陛下纳主诉，纵奴驺掠平民，何以治天下？臣知放奴则免祸，劾奴则得罪于主，然不忍屈陛下法自偷生也。"不纳。尚复成何世界乎？《唐律》：不和为略。略人及略卖人为部曲者流三千里，为奴婢者绞。妄认良人为部曲、奴婢者减一等。

因贫穷而鬻卖之事，尤无时或绝，《律》虽有以良为贱之禁，不能行也。《隋书·炀帝纪》：大业七年（611年）秋，大水。山东、河南漂没三十余郡，民相卖为奴婢。《食货志》：是岁山东、河南大水，重以辽东覆败，因属疾疫，山东尤甚。强者聚而为盗，弱者自卖为奴婢。《旧唐书·太宗纪》：贞观元年（627年），关中饥，至有鬻男女者。皆因饥荒，其数众多。故史特书之，若平时之鬻卖，则不能纪矣。《新书·食货志》载陆贽疏，言饥岁室家相弃，乞为奴仆，犹莫之仇，则并有求自卖而不可得者，亦可悲矣。《旧书·高固传》云：高祖侃，永徽中，为北庭安抚使，有生擒车鼻可汗之功，官至安东都护。固生微贱，为叔父所卖，展转为浑瑊家奴。《新书·固传》云：不知何许人，或言四世祖侃，则《旧书》之说不足信。然既有此假托之辞，必有与此相类之事，盛衰转烛，恐贵人之家，亦无以自保也。贩鬻奴婢，南方尤盛。《旧书·宪宗纪》：元和八年九月，诏比闻岭南五管，并福建、黔中等道，多以南口饷遗，及于诸处博易。骨肉离析，良贱难分。此后严加禁止。如违，长吏必当科罚。《新书·房琯传》：孙启，自容管经略使改桂管观察。州邸以赂请有司飞驿送诏。既而宪宗自遣宦人持诏赐启。启畏使者邀重饷，即曰："先五日已得诏。"使者给请视，因驰归以闻。贬太仆少卿。启自陈献使者南口十五。帝怒，杀宦人，贬启虔州长史，死，始诏五管、福建、黔中道不得以口馈遗、博易，罢腊口等使。当时宦人盖未获相邀，然已挟十五口而北矣。《李绛传》：绛言：岭南之俗，鬻子为业，可听非券剂取直者，如略卖法，敕有司一切苛止，则所卖之出于略者多矣。《张又新传》：转祠部员外郎。尝买婢迁约，为牙侩搜索陵突。御史劾举。李逢吉庇之，事不穷治。所谓牙侩，盖亦以鬻子为业者？敢于搜索陵突贵官之家，其气焰可以想见。辇毂之下如此，遑论岭外？《旧书·孔巢父传》：从子戣，为岭南节度。先是帅南海者，京师权要，多托买南人为奴婢，戣不受托。至郡，禁绝卖女口。能如是者有几人哉？况所禁亦止于女口乎？

宪宗禁岭南等道以口馈遗、博易，并罢腊口使。所谓腊口使者，盖谓于腊月遣使献口？德宗即位，罢邕府岁贡奴婢，见新、旧《书·本纪》。懿宗咸通八年（887 年），以不豫，禁延庆、端午节献女口，延庆，帝生日节名。见新书本纪。亦是物也。然《新书·李绛传》言：教坊使称密诏，阅良家及别宅妇人内禁中，京师嚣然。绛上疏谏。宪宗曰："朕以丹王等无侍者，丹王逾，代宗子。比命访闾里，以赀致之，彼不谕朕意，故致哗扰。"乃悉归所取。则出钱买婢，公家亦不以为非矣。《张廷珪传》：武后诏市河南、河北牛、羊，荆、益奴婢，置监登、莱，以广军资。廷珪上书曰：今河南牛疫，十不一存。诏虽相市，甚于抑夺。并市则价难准，简择则吏求贿。是牛再疫，农重伤也。高原耕地，夺为牧所，两州无复丁田，牛羊践暴，举境何赖？荆、益奴婢，多国家户口，奸豪掠卖，一入于官，永无免期。南北异宜，必至生疾。此有损无益也。抑闻之：君所恃在民，民所恃在食，食所资在耕，耕所资在牛。牛废则耕废，耕废则食去，食去则民亡，民亡，何恃为君？羊非军国切要，假令蕃滋，不可射利。后乃止。则国家之买奴婢，不徒使服劳溽之役，并欲借其力以牟利如私家矣。《宦者·吐突承璀传》云：诸道岁进阉儿，号私白，闽岭最多，后皆任事，当时谓闽为中官区薮。《循吏传》：罗珦子让，迁福建观察使。有仁惠名。

或以婢遗让者。问所从：答曰："女兄九人，皆为官所卖，留者独老母耳。"让惨然，为焚券，《唐律》：买奴婢、牛、马、驼、骡、驴，不立市券，过三日笞三十。市司不时过券，一日笞三十，此即李绛所谓券剂也。有奴婢者，必有券乃为合法，故以奴婢遗人者，必并其券遗之。召母归之。则进献最多之地，亦即鬻买最盛之区也。唐室不亡于藩镇而亡于宦官，则贼民者即其所以自贼矣。

南方卖买人口之风，所以特盛，盖由掠卖异族而起。南北朝时，梁、益二州，岁岁伐僚以自利，已见《两晋南北朝史》。《隋书·苏孝慈传》：兄子沙罗，检校益州总管长史。越巂人王奉作乱，从段文振讨平之。蜀王秀废，吏案奏沙罗云：王奉为奴所杀，秀乃诈称左右斩之，又调熟僚，令出奴婢，沙罗隐而不奏。由是除名。《新书·刑法志》：广州都督党仁弘，尝率乡兵二千助高祖起，封长沙郡公。弘交通豪酋，纳金宝，没降僚为奴婢，又擅赋夷人。既还，有舟七十。则奴役僚人之风，隋、唐之世，仍未之有改矣。秀虽以是干吏议，及既废，幽内侍省，不得与妻子相见，仍令给僚婢二人驱使，是朝亦不以用僚婢为非也。《旧书·窦德明传》：韦庶人微时乳母王氏，本蛮婢也。特封莒国夫人，嫁为德明弟子怀贞妻。此蛮婢盖亦由鬻卖而来？《隐逸·阳城传》：出为道州刺史。道州土地，产民多矮。每年尝配乡户，竞以其男号为矮奴。城下车，禁以良为贱。又闵其编甿岁有离异之苦，乃抗疏论而免之。此等矮民，盖黟、歙短人之种？见《秦汉史》第十二章第十节。岁贡之典，亦自奴役异族来也。喻士珍掠卖两林东蛮，致巂州陷于南诏；韦丹为容州刺史，民贫自鬻者赎归之，禁吏不得掠为隶；《新书·循吏传》。则官吏亦有自为之者。王毛仲知监牧，募严道僰僮千口为牧圉，虽云召募，亦可见其时南口之众也。陈稜之击流求，献俘万七千口，炀帝以之颁赐百官。《隋书·本纪》大业七年（611 年）。张保皋言遍中国以新罗人为奴婢，已见第四章第五节。《旧书·穆宗纪》：长庆元年三月，平卢薛平奏：

海贼掠卖新罗人口于缘海郡县，请严加禁绝。从之。三年正月，敕不得买新罗人为奴婢。已在中国者，即放归其国。虽有此令，夫岂能行？又唐人小说，多言昆仑奴。昆仑者，南海诸族之通称也。然则海路往来，以贩鬻奴婢为事者亦多矣。

《新书·忠义·吴保安传》：睿宗时，姚巂蛮叛，拜李蒙为姚州都督。宰相郭元振，以弟之子仲翔托蒙。蒙表为判官。时保安罢义安尉，未得调。以仲翔里人也，不介而见，曰："愿因子得事李将军，可乎？"仲翔虽无雅故，哀其穷，力荐之。蒙表掌书记。保安后往，蒙已深入，与蛮战没，仲翔被执。蛮人俘华人，必厚责财乃肯赎。闻仲翔贵胄也，求千缣。会元振物故，保安留巂州，营赎仲翔。苦无赀，乃力居货。十年，得缣七百。妻子客遂州，间关求保安所在，困姚州不能进。都督杨安居知状，异其故，赀以行，求保安得之。引与语曰："子弃家急朋友之患至此乎？吾请贷官赀，助子之乏。"保安大喜。即委缣于蛮，得仲翔以归。始仲翔为蛮所奴，三逃三获，乃转鬻远酋。酋严遇之，昼役夜囚。役凡十五年乃还。汉人挟财力以略蛮人，固酷矣，蛮人恃兵力以篡汉人，庸愈乎？不特此也，《旧书·冯盎传》言：盎奴婢万余人，所居地方二千里。《新书·李谨行传》，言其家僮数千，以赀自雄，夷人畏之。谨行，靺鞨人。父突地稽部酋长。隋末，率其属千余内附。居营州，授辽西太守。武德初，奉朝贡。以其部为燕州，授总管。徙部居昌平。谨行累迁营州都督。此所云奴婢家僮者，必不能皆为汉人，则彼辈亦自奴役其种人也。吐谷浑遭吐蕃之祸，始居陇右，后徙河东，可谓奔走不得保其社稷矣。而白承福乃以富溢启刘知远之盗心，然则以蛮夷之质直，而王师往征，乃有箪食壶浆以迎者，其故可思矣。而以中国之大，时或不敌蛮夷之小，其故弥可思矣。果能非富天下，而重匹夫匹妇之仇，人亦孰得而略之？和无寡，安无倾，其族虽匹夫匹妇，不可犯也。

奴婢有在豪家者，亦有在寻常民家者，其名同，其情则各不同。《隋书·杨素传》言：素家僮数千。《旧书，李义府传》：义府既败，或作《河间道行军元帅刘祥道破铜山大贼李义府露布》，榜之通衢。义府封河间郡公。祥道，时推按义府者。义府先多取人奴婢，一时奔散，各归其家，《露布》称混奴婢而乱放，各识家而竞入者，谓此也。此贵家之奴婢也。《王处存传》，言其世隶神策军，为京师富族。父宗，善兴利，乘时贸易，僮奴万指，此富家之奴婢也。《新书·隐逸传》：王绩弃官还乡里，绩绛州龙门人。有田十六顷，在河渚间，有奴婢数人，种黍，春秋酿酒，养凫雁，莳药草自供。武攸绪市田颍阳，使家奴杂作，自混于民，此则虽贵家而自同于凡民矣。民间奴婢，多用以耕作。《新书·严砺传》：砺节度东川，擅没吏民田宅百余所，后元稹奉使，劾发其臧，请加恶谥，朝廷以其死故，但追田宅、奴婢还其主，《窦参传》：参贬后，没入赀产、奴婢。当时视奴婢，同之赀产，故亦与之俱没也。可见田多有奴。《食货志》：武宗废浮图法，天下毁寺四千六百，招提、兰若四万，籍僧、尼为民二十六万五千人，奴婢十五万人，僧众盖亦役奴婢以耕田如平民也？刘弘基病，给诸子奴婢各十五人，田五顷，谓所亲曰："使贤，固不藉多财，即不贤，守此可以脱饥冻。"余悉散之亲党。盖以富民处其子？若中下之家，则远不逮此。肃宗赐张志和奴婢各一，盖以凡民待之？阳城尝绝粮，遣奴求米。岁饥，屏迹不过邻里，屑榆为粥。有奴都儿，化其德，亦方介自约。或哀其馁，与之食，不纳。后致糠核数梧，乃受。当时之有奴婢，盖略如今日之有雇农，有之者本不必富，而奴婢非如雇庸，可以遣去，则主家中落，亦只得与共困约矣。有奴婢者既多小农，故虽有奴婢，亦不易致富，而其待奴婢，亦必不如挟巨资者之虐。《旧书·隐逸传》：崔觐，老而无子，乃以田宅、家财分给奴婢，令各为生业。觐夫妻遂隐于城固南山，不问家事。约奴婢：递过其舍，则供给酒食而已。此固希有之事，然亦可见主奴之间，或有如家人父子者也。其在豪民之家者，则大异于是。豪族多借武力自卫，故其奴多闲于武事。《新书·忠义传》：李育德，世富于财，家僮百人。天下乱，乃私完械甲，婴武陟城自保。人多从之。遂为长。剧贼来掠，不能克。此虽借众力，其家僮必有闲于武技者不疑。《旧书·丘和传》：子行恭，大业末，与兄师利聚众保故郿城。初原州奴贼数万人围扶风，太守窦琎坚守。经数月，贼中食尽，野无所掠，众多离散，投行恭者千余骑。行恭遣其酋渠，说诸奴贼，共迎义军。行恭又率五百人，皆负米麦，持牛酒，自诣贼营。奴帅长揖。行恭手斩之，谓其众曰："汝等并是好人，何因事奴为主，使天下号为奴贼？"众皆俯伏，曰："愿改事公。"行恭乃率其众，与师利共谒太宗于渭北。此奴帅能啸聚数万人，其必有武略，更不待论矣。董璋、高继兴，并李让家僮，后为将帅，让盖亦畜以自卫者也。此为地方豪族：若有奴者为将帅，其所畜武士，自必更多。钱九陇，父文强，本吴明彻将，与明彻俱败彭城，入隋，以罪没为奴，事唐高祖，是其一事。马三宝事柴绍为家僮，史但言其性敏狯，然高祖兵起，绍间道走太原，三宝乃能奉平阳公主遁司竹园，说贼何潘仁与连和，抚接群盗，兵至数万。秦王至竹林宫，三宝以兵诣军门谒，遂从平京师。其人亦必有武略，非徒敏狯，充嬖幸者矣。天下既定，此风亦未遽替。《新书·房玄龄传》言：高阳公主与浮屠辩机乱。太宗怒，斩浮屠，杀奴数十人。唐公主淫乱者甚多，未闻杀所乱者，且于奴何涉焉？太宗用刑，虽时任喜怒，亦未闻淫滥至是。盖遗爱是时，已畜异谋矣？奴盖其力臣也？越王贞家僮千人，马数千匹，外托畋猎，内实习武备。及举事，官军进逼州城，家僮悉力卫，贞曰："事既如此，岂得受戮辱？当须自为计。"贞乃饮药而死。家僮始散，舍仗就擒。此亦殊有武烈之风。王之用此曹，与玄宗之用王毛仲、李守德，成败异耳，其事固一揆也。天宝丧乱以后，将帅之家兵尤多。吴仲孺请以子弟率奴客从军。白志贞因请令节度、观察、团练等使，并尝为是官者，家出子弟甲马，则其一证。刘约自天平徙宣武，未至，暴死，家僮五百，无所仰衣食，思乱，授卢钧宣武节度使，人情始安。其机亦危矣。奴之习于武事者，如是之多，无怪李尽忠叛，武后欲募天下人奴有勇者，官畀主直，悉发以击虏也。《新书·契丹传》。豪家又有使奴为商贾者。《旧五代史·史弘肇传》：燕人何福殷，以商贩为业。尝以十四万市得玉枕。遣家僮及商人李进卖于淮南，易茗而回。家僮无行，隐福殷货财数十万。福殷责其偿，不伏，遂杖之。未几，家僮诣弘肇上变。言契丹主之入汴，赵延寿遣福殷赍玉枕阴遗淮南。弘肇即日遣捕福殷等，系之。军司孔目吏解晖希旨，榜掠备至。福殷自诬。连罪者数辈，并弃市。妻女为弘肇帐下分取之。其家财籍没。《新史·李崧传》云：汉高祖入京师，以崧第赐苏逢吉。崧家遭乱，多埋金宝，逢吉悉有之。崧弟屿、嶬，与逢吉子同舍，酒酣出怨言，以为夺我第。崧又以宅券献逢吉，逢吉尤不喜。屿仆葛延遇，《旧史》传云部曲。为屿商贾，多干没其赀。《旧传》云：逋屿船佣，盖乘船以行贾也。屿笞责之。延遇夜宿逢吉部曲李澄家，以情告澄。是时高祖将葬睿陵，河中李守贞反。澄乃教延遇告变，言崧与其甥王凝谋因山陵放火焚京师，又以蜡丸书遗守贞。逢吉遣人召崧至第，从容告之。崧知不免，乃以幼女托逢吉。逢吉送崧侍卫狱，自诬服，族诛。崧素与翰林学士徐台符相善。后周太祖立，台符告宰相冯道，请诛葛延遇。道以延遇数经赦宥，难之。枢密使王峻闻之，多台符有义，乃奏诛延遇。《旧传》云：李澄亦以戮死。

奴告主之事，隋、唐五代时盖甚多。《旧书·裴寂传》：贞观三年（629 年），有沙门法雅，初以恩幸，出入两宫，至是禁绝之。法雅怨望，出妖言，伏法。兵部尚书杜如晦鞫其狱，法雅乃称寂知其言。寂对曰："法雅惟云时候方行疾疫，初不闻妖言。"法雅证之。坐是免官，削爵邑之半，放归本邑。寂请住京师，太宗数之曰："计公勋庸，不至于此，徒以恩泽，特居第一。武德之时，政刑纰缪，官方弛紊，职公之由。但以旧情，不能极法。归扫坟墓，何得复辞？”寂遂归蒲州。未机，有狂人，自称信行，寓居汾阴，言多妖妄。尝谓寂家僮曰：“裴公有天分。”于时信行已死，寂监奴恭命，以其言白寂。寂皇惧，不敢闻奏，阴呼恭命杀所言者。恭命纵令亡匿。寂不知之。寂遣恭命收纳封邑，得钱百余万，因用而尽。寂怒，将遣人捕之。恭命惧而上变。太宗大怒，谓侍臣曰：“寂有死罪者四：位为三公，而与妖人法雅亲密，一也。事发之后，乃负气愤怒，称国家有天下，是我所谋，二也。妖人言其有天分，匿而不奏，三也。阴行杀戮以灭口，四也。我杀之非无辞，议者多言流配，朕其从众乎？”于是徙交州，竟流静州。又《张镒传》：建中三年正月，太仆卿赵纵，为奴当千发其阴事。纵下御史台，贬循州司马。留当千于内侍省。镒上疏曰：贞观二年（628 年），太宗谓侍臣曰：“比有奴告其主谋逆。此极弊法，特须禁断。假令有谋反者，必不独成，自有他人论之，岂待其奴告也？自今以后，奴告主者皆不受，尽令斩决。”《唐律》：部曲、奴婢告主，非谋反、逆、叛皆绞，则此三者皆得告，疑贞观时告者甚多，功臣宿将，人人自危，故为是一切之法也。由是贱不得干贵，下不得陵上。教化之本既正，悖乱之渐不生。为国之经，百代难改。欲全事体，实在防微。顷者长安令李济得罪因奴，万年令霍晏得罪因婢。愚贱之辈，悖慢成风。主反畏之，动遭诬告。充溢府、县，莫能判决。建中元年五月二十八日诏曰：准《斗竞律》：奴婢告主，非谋叛已上者，同自首法，《唐律注》：被告者同自首法。《疏议》曰：谓其主杂犯死罪已下，部曲、奴婢告之，具同为首之法，奴婢获罪，主得免科。并准律处分。自此奴婢复顺，狱诉稍息。今赵纵非叛逆，奴实奸凶，奴在禁中，纵独下狱，考之于法，或恐未正。将帅之功，莫大于子仪，人臣之位，莫大于尚父，殁身未几，坟土仅干，两婿先已当辜，赵纵今又下狱。设令纵实抵法，所告非奴，才经数月，连罪三婿，禄勋念旧，犹或可容，况在章程，本宜看免。

陛下方诛群贼，大用武臣，虽见宠于当时，恐息望于他日。上深纳之。纵于是左贬而已。当千杖杀之。镒乃令召子仪家僮数百人，以死奴示之。又《王锷传》：子稷，父卒，为奴所告：稷换锷遗表，隐殁所进钱物。宪宗令鞫其奴于内仗，又发中使，就东都验责其家财。宰臣裴度苦谏，于是罢其使而杀奴。《度传》：告稷者凡二奴，皆付京兆府决杀。《于頔传》：頔既归朝，元和中，内官梁守谦掌枢密，颇招权利。有梁正言者，自言与守谦宗盟情厚。頔子敏，与之游处。正言取頔财贿，言赂守谦，以求出镇。久之无效。敏责其货于正言。乃诱正言之僮，支解，弃于溷中。八年（813 年）春，敏奴王再荣诣银台门告其事。即日捕頔孔目官沈璧，家僮十余人，于内侍狱鞫问。寻出付台狱。頔贬为恩王傅。敏长流雷州，锢身发遣。行至商山，赐死。頔第四子季友，尚宪宗长女永昌公主，追夺两任官阶。正、方并停见任。沈璧决四十，配流封州。奴犀牛，与刘干同手杀人，与梁正言、僧鉴虚并付京兆府决杀。参看第八章第二节。《新书·魏征传》：五世孙谟。宣宗时迁中书侍郎。大理卿马曙，有犀铠数十首，惧而瘗之。奴王庆，以怨告曙藏甲，有异谋。按之无他状。投曙岭外，庆免。议者谓奴诉主，法不听。谟引律固争，卒论庆死。《新五代史·唐景思传》：景思为缘淮巡检。有奴，尝有所求不如意，即驰见史弘肇，言景思与李璟交通，而私蓄兵甲。弘肇遣吏将三十骑往收景思。奴谓吏曰："景思勇者也，得则杀之。不然，将失之也。"吏至，景思迎前，以两手抱吏呼冤，请诣狱自理。吏引奴与景思验。景思曰："我家在此，请索之。有钱十千，为受外赂；有甲一属，为私蓄兵。"吏索之，惟一衣笥、军籍、粮簿而已。吏闵而宽之。景思请械送京师以自明。景思有仆王知权，在京师，闻景思被告，乃见弘肇，愿先下狱，明景思不反。弘肇怜之，送知权狱中，日劳以酒食。景思既械就道，颍、亳之人，随至京师共明之。弘肇乃鞫其奴，具伏。即奏斩奴而释景思。以上合何福殷、李崧之狱，凡得八事，主无罪而奴反见杀者四。李崧虽为奴所陷，其奴终亦伏法，不闻后患者，惟何福殷、裴寂、于敏三狱，则以敏罪实大，寂素为太宗所不悦，而福殷则适直史弘肇之乱政故也。然则以奴告主，其事实难，而犹有冒险而为之者，何哉？据张镒之奏，则是时斯狱实繁。主得罪而奴获逞志者，盖亦不少；主无罪而奴获重咎，盖转为罕见之事，故史特志之耳。且禁奴告主之法，定于贞观二年（628 年），而三年（629 年）太宗即躬自违之；德宗申以建中元年（780 年）之诏，而其狱仍充溢于府县；至宣宗时，又烦魏谟之引律固争；法律之不成为具文者几何哉？

唐景思藏钱不及十千，而裴寂、何福殷之奴，用财至数十百万。梁正言苞苴无验，而于敏怨及其家僮，盖梁守谦之招权利，正言辈为之，而正言辈之所为，则其家僮又为之羽翼也。然则当时之奴婢，岂复奔走供使令者哉？此等奴婢，所依附之主人，权势愈大，则其召祸亦愈大。吴少诚病亟，家奴单于熊儿矫召吴少阳，遂杀其子而自立。元济之败，宪宗使比部员外郎张宿使李师道，讽令割地、质子。师道已许纳三州，遣子入侍。已而悔之。帝复遣左散骑常侍李逊谕旨。而师道私奴婢媪，争言先司徒土地，奈何一旦割之？今不献三州，不过战耳，即不胜，割地未晚。归顺之机遂绝。而刘悟子从谏，与师道诸奴日戏博交通，具知其阴密事，悉疏于悟，遂卒阶师道于败亡焉。

奴婢之能败其主，以其有才智也。其有才智，则以其本为士人也。杨素家僮有鲍亨者，善属文，殷胄者，工草隶，并江南士人，因高智慧没为家奴。何稠、阎毗，皆巧思过人，能成一代之文物。而毗以为东宫官，太子服玩之物，多其所为，及太子废，坐杖一百，与妻子俱配为官奴婢，后二岁乃免。卢大翼、耿询、万宝常，亦《艺术传》中人也。大翼，太子闻而召之，及废，坐法当死，高祖惜其才，配为官奴，久之乃释。询，陈后主世，以客从王勇于岭南。勇卒，询不归，遂与诸越相结。群俚反叛，推为主。为王世积所擒。自言有巧思，世积释之，以为家奴。久之，见其故人高智宝以玄象直太史，从受天文、算术，创意造浑天仪。世积奏之。高祖配为官奴，给太史局。后以赐蜀王秀。秀废，复当诛。何稠言于高祖，特原其罪。炀帝即位，进欹器。帝善之，乃得放为良民。宝常，父大通，从梁将王琳归齐，后复谋归江南，事泄，伏诛，宝常配为乐户。汉王谅之叛，以介州长史薛粹为绛州刺史。谅败，伏诛。其子大鼎，以年幼，贳为官奴，流辰州。后用战功乃得还。大鼎见《旧书·良吏》《新书·循吏传》。此事又见两《书·方伎·乙弗弘礼传》。隋世于士大夫之酷如此。《旧书·忠义·张道源传》：道源拜大理卿，时何稠得罪，家口籍没，仍以赐之。道源叹曰："人有否泰，盖亦是常？安可因己之泰，利人之否，取其子女，以为仆妾？"皆舍之。《李大亮传》：破辅公祏，以功赐奴婢百人。大亮谓曰："汝辈多衣冠子女，破亡至此。吾亦何忍以汝为贱隶乎？"一皆放还。能如是者有几人哉？《李玄道传》：王君廓为幽州都督，朝廷以其武将，不习时事，拜玄道为幽州长史。尝遗玄道一婢，问所由，本良家子，为君廓所掠。玄道因放还之。君廓甚不悦。则有为不道掠人，反恶人之释之者，而士大夫设讲交际，务纳交于人者，亦或有所顾忌而不敢遽放之矣。卢江王瑗之死，朝即以其家口赐君廓。太宗诸子，武后时壮者诛死，幼者没为官奴。其时士大夫，如韩瑗、柳爽等，子孙亦皆谪南方为奴婢，其酷亦不减隋世也。《廿二史札记》没入掖庭一条，可以参看。安、史乱作，自更无人理可说。《新书·逆臣传》：史朝义死，部送将士妻口百余于官。有司请隶司农。帝曰："是皆良家子，胁掠至此。"命禀食还其亲，无所归者，官为资遣。据《旧书·邵说传》：说历事思明、朝文，朝义败，降于军。说一人，掠名家子女以为婢仆者，即数十人，则所送者岂及百一哉？郭、李收常山后，颜真卿令杲卿子泉明至河北求宗族，已见第十六章第二节。泉明一女及姑女，并流离贼中，及是并得之。悉钱三万赎姑女，还取赀复往，则己女复失之矣。东京留守李憕，为安禄山所杀。子源，八岁，俘为奴，转侧民间，及史朝义败，故吏仍赎出之，归其宗属。可见是时衣冠之子沦落者之众。李光颜之败吴元济也，宪宗悦，赐告捷者以奴婢，官所为亦何异于贼乎？《新书·文艺·萧颖士传》：有奴事颖士十年，笞楚严惨。或劝其去。答曰："非不能，爱其才耳。"忍于造作此等语言，可谓天良丧尽。然不转瞬而己族亦罹其酷矣。

《旧五代史·孟承诲传》：承诲事晋少帝，以植性纤巧，善于希旨，复与权臣、宦官，密相表里，凡朝廷恩泽美使，必承诲为之，一岁之中，数四不已。由是居第华敞，财帛积累。及契丹入汴，张彦泽引兵逼宫城，少帝召承诲计之，承诲匿身不赴。少帝既出宫，寓于开封府舍。具以承诲背恩之事告彦泽，令捕而杀之，其妻女并配部族。此为异族入据，以中国人配隶其本族人之始。

良人自卖，本为律所不许，然遇凶荒兵乱之时，势不可止，则或别立条例以济之。《旧书·高宗纪》：咸亨元年十月，大雪。令雍、同、华等州贫窭之家，有年十五已下，不能存活者，听一切任人收养为男女，充驱使，皆不得将为奴婢。四年正月，诏咸亨初收养为男女及驱使者，听量酬衣食之直，放还本处，是其事也。《通鉴》：晋齐王天福八年（943 年），唐主殂，齐王立。自烈祖相吴，禁压良为贱，令买奴婢者通官作券。冯延巳及弟延鲁，俱在元帅府，草遗诏，听民卖男女，意欲自买姬妾。萧俨驳曰："此必延巳等所为，非大行之命也。昔延鲁为东都判官，已有此请。先帝访臣，臣对曰：'陛下昔为吴相，民有鬻男女者，为出府金赎而归之，故远近归心。今即位而反之，使贫人之子，为富人厮役，可乎？'先帝以为然，将治延鲁罪。臣以为延鲁愚，无足责。先帝斜封延鲁章，抹三笔，持入宫。请求诸宫中，必尚在。"齐王命取先帝时留中章奏千余道，皆斜封一抹，果得延鲁疏。然以遗诏已行，竟不之改。坏成法以自利，可谓悖矣。然自卖法本有禁，使其法具存，何待李昇更建？云昇相吴而禁压良为贱，疑在淮南，此法久废，昇作相乃复之，而延鲁则又请复昇相吴前之旧也。出金代赎之法，亦为历代所常行。《旧书·太宗纪》：贞观二年三月，遣御史大夫杜淹巡关内诸州，出御府重宝，赎男女自卖者，还其父母。《朱忠亮传》：为泾原节度使。泾土旧俗多卖子，忠亮以俸钱赎而还其亲者，约二百人。是其事。此其势必不可遍，则又为别设方略。《新书·韩愈传》：愈为袁州，袁人以男女为隶，过期不赎，则没入之。愈至，悉计庸得，赎所没，归之父母，七百余人。因与约，禁其为隶。《旧书》云：仍削其俗法，不许隶人。所谓俗法者，盖其地之惯习，为众所共遵者也。《柳宗元传》：宗元刺柳州。柳人以男女质钱，过期不赎，子本均则为奴婢。宗元设方计，悉赎归之。尤贫者令书庸，视直足相当，还其质。已没者，出已钱助赎。《李德裕传》：德裕为西川。蜀人多鬻女为人妾，德裕为著科约：凡十三而上，执三年劳，下者五岁，及期则归之父母是也。军人之俘掠者，朝廷威令不振，亦以赎法行之。《昭宗纪》：大顺二年四月，赐两军金帛，赎所略男女还其家。《李光弼传》：子汇，迁泾原节度使，出俸钱赎将士质卖子还其家是也。《旧五代史·明宗纪》：天成元年九月，致仕都官员外郎于邺奏请指挥不得书契券辄卖良人，则军人不徒略人，并有略卖人者矣。其不法可谓甚矣。《庄宗纪》：同光二年（924年）祀圜丘赦文云：应有百姓妇女，曾经俘虏他处为婢妾者，一任骨肉认识。男子曾被刺面者，给与凭据，放逐营生。天成二年四月，右谏议大夫梁文矩上言：平蜀已来，军人剽掠到西川人口甚多，请许收认。因诏河南、河北，旧因兵火虏隔者，并从识认。四年八月，诏乱离已来，天下诸军所掠生口，有主识认，即勒还之。皆取一切之法。盖事势不容不尔？《晋高祖纪》：天福二年八月，诏曰：应自梁朝后唐已来，前后奉使，及北京缘边管界虏掠向北人口，宜令官给钱物，差使赍持，往彼收赎，放归本家。《周世宗纪》：显德四年（957年），曲赦寿州管内。自用兵已来，被虏却骨肉者，不计远近，并许本家识认，官中给物收赎。皆仍取赎法，则以法不能行于境外，而淮南当新定之时，亦不欲夺将士之利也。

部曲、客女，隋、唐、五代之世仍有之。尔时并无将帅可招人为部曲，盖前世之遗也。唐时，工、乐、杂户，并不贯州县。工属少府，乐属太常，杂户散属诸司。《唐律疏议》云：杂户者，谓前代已来，配隶诸司，职掌课役，不同百姓，依令老免，进丁受田，依百姓例，各于本司上下。官户者，亦谓前代已来，配隶相生，或有今朝配没，州县无贯，惟属本司。《名例》府号官称。此中除今朝配没之官户外，余皆事属前朝，且必屡经赦宥，早合免为良民，然法律仍加歧视。工、乐、杂户、官户，只许当色为婚，良人亦不得养杂户、官户为子孙，犯者治罪外仍还正，而部曲、奴婢，更无论矣。惟太常音声人，虽元与工、乐不殊，而自义宁已来，得于州县附贯，虽依旧太常上下，而依令婚同百姓，户婚杂户不得娶良人疏议。则已侪于平民耳。工、乐、杂户、官户等，皆惟隶属于官，部曲、奴婢，则为家仆。部曲之地位，视奴婢略高。部曲殴良人，加凡人一等，奴婢又加一等。良人殴部曲，减凡人一等，奴婢又减一等。《斗讼律》。部曲、奴婢谋杀主者斩，同籍合有财分者皆为主。过失杀者绞，伤及詈者流，《贼盗》。而主杀有罪奴婢不请官司者，不过杖一百。无罪者徒二年，殴部曲至死者徒一年，故杀者加一等而已。《斗讼》。放部曲、客女、奴婢为良者，依户令，皆由家长给手书，时谓放书。长子已下连署，仍经本属申牒除附。既放而复压为贱则有罪。《户婚》。

第十八章　隋唐五代人民生计

第一节　物价、工资、赀产

自汉末币制坏乱，官私出入，皆罕用钱，已见《两晋南北朝史》矣。隋、唐之世，币制稍见整饬，然贸迁亦随之加广，民间交易，仍罕用钱。为韩愈论变盐法，谓城郭之外，少有见钱，粜盐多用杂物、米谷博易是也。此等情形，终五代之世，未之有改。惟以见钱交易是一事，以钱币计价又是一事。计价究以钱为便，故虽用他物博易，计价仍多以钱。如《国史补》谓渑池道中，有车载瓦瓮，塞于隘路，有客刘颇，扬鞭而至，问曰："车中瓮直几何？"答曰："七八千。"颇遂开囊取缣偿之，是其事矣。近人傅安华说。职是故，史籍所载物价，以钱计者仍多。欲知当时生计情形，仍以搜集此等记载为最要也。

食为民天，故欲考物价，必当先知谷价。今试就斯时谷价见于史者征之。《新唐书·宗室传》：长平肃王叔良，武德初，镇泾州扞薛仁杲。大饥，米斗千钱。又《食货志》：贞观初，户不及三百万，绢一匹易米一斗。至四年（630 年），米斗四五钱。外户不闭者数月，马牛被野，人行数千里不赍粮，民物蕃息；四夷降附者百二十万人。是岁，天下断狱，死罪者二十九人。号称太平。《魏征传》云：帝即位四年，岁断死二十九，几至刑措。米斗三钱。此两条，其辞互相出入，可知其所本略同，而米价又有差异，盖上下于三四五钱之间也。《旧五代史·李琪传》：琪于同光三年（925 年）上疏，言太宗时天下粟价，斗直两钱。观下引《通鉴》所载开元十三年（725 年）米粟二价之异，则知粟价更较米价为廉。琪此疏虽多误，见第十六章第三节。此语或有据也。《旧书·马周传》：周于贞观十一年（637 年）上疏曰："往者贞观之初，率土荒俭，一匹绢才得一斗米。自五六年来，频岁丰稔，一匹绢得粟十余石。"《新书》同。此时米价，与四年（630 年）似无大差。设以其所谓十余石者为十五石，米价仍为斗四钱，粟价当米价五之三，据开元十三年（725 年）青齐米粟比价。则粟十五石，得钱三百六十文矣。《通鉴》：永徽五年（654 年），是岁大稔。洛州粟米斗两钱半，粳米斗十一钱。粟米盖指秫米？杜陵《后出塞诗》盛称粳稻来东吴，粳盖米之最贵者也。《旧书·高宗纪》：麟德二年（665 年），是岁大稔，《通鉴》作比岁丰稔。米斗五钱，麰麦不列市，麰麦，《通鉴》作麦豆。又《五行志》：永淳元年六月十二日，连日大雨，至二十三日，洛水大涨，漂损河南立德、弘敬，洛阳景行等坊二百余家，坏天津桥及中桥，断人行累日。先是顷降大雨，沃若悬流，至是而泛溢冲突焉。西京平地水深四尺已上。麦一束止得一二升，米一斗二百二十文，布一端止得一百文。国中疑当作关中。大饥。蒲、同等州没徙人家口并逐粮，饥馁相仍，加以疾疫，自陕至洛，死者不可胜数。西京米斗三百已下。《通鉴》：是年四月，上以关中饥馑，米斗三百，幸东都。五月，东都霖雨。乙卯，洛水溢，溺民居千余家。关中先水后旱蝗，继以疾疫，米斗四百。两京间死者相枕于路。人相食。此二文可以互相参证。《旧志》所谓先是顷降大雨者，盖即《通鉴》所记五月东都霖雨。西京水深四尺，盖亦在是时？此即《通鉴》所谓关中先水。旱蝗当在其后，《通鉴》因水患而终言之也。然则关中米价，四月中每斗已至三百；五月盖因车驾东行，落至二百二十；旋因水患，又升近三百；其后旱蝗，则升至四百也。《旧书·郭元振传》：大足元年（701 年），迁凉州都督陇右诸军州大使。令甘州刺史李汉通开置屯田。旧凉州粟斛雠至数千，及汉通收率之后，数年丰稔，乃至一匹绢粟数十斛，绢，《新书》作缣。积军粮至数十年。其贵贱之相去，亦不翅贞观初与四年（630年）后矣。《通鉴》：景龙三年（709年），是岁关中饥，米斗百钱，《旧书·玄宗纪》：开元十三年（725年），时累岁丰稔，东都米斗十钱，青、齐米斗五钱。《通鉴》云：东都斗米十五钱，青、齐五钱，粟三钱。《旧纪》：开元二十八年（740年），是时频岁丰稔，京师米斛不满二百，天下义安，虽行万里，不持兵刃。《通鉴》云：是岁，西京、东都米斛直钱不满二百，绢匹亦如之。海内富安，行者万里不持寸兵。《新书·食货志》：天宝五载（746年），是时海内富实，米斗之价钱十三，青、齐间斗才三钱，绢一匹钱二百。道路列肆，具酒食以待行人，店有驿驴，行千里不持尺兵。三文亦相出入。知开元末天宝初，谷价无甚涨落。至安、史乱后而大异矣。《旧书·食货志》：肃宗乾元元年七月，铸一当十钱。又曰乾元重宝。二年（759年），又铸重轮乾元钱，一当五十。寻而谷价腾贵，米斗至七千。饿死者相枕于道。《新志》叙钱币处略同，卷五十四。而其上文曰：百姓残于兵盗，米斗至钱七千，鬻籺为粮，民行乞食者属路，卷五十一。不谓由于币制之更。案唐世虽遭饥荒，苟非围城之中，米价未有至七千者，见下。乾元二年（759年）之暴贵，必非由于兵盗可知。当时因物价腾踊，大钱之价，屡有裁损，卒皆归于当一，则不论其为重宝或重轮，人视之皆与小平钱无异。《旧志》云：人间抬加价钱为虚钱。据重轮乾元计之，所抬当得五十倍。则七千之价，实为百四十文也。《旧纪》：乾元三年四月，是岁饥，米斗至一千五百文。《新书·五行志》云：乾元三年（760年）春，饥，米斗钱千五百。是岁闰四月，改元上元。《旧纪》云：时大雾，自四月雨至闰月末不止。米价翔贵，人相食，饿死者委骸于路。《天文志》云：自四月初大雾大雨，至闰四月末方止。是月，史思明再陷东都。米价踊贵，斗至八百文，人相食，殍尸蔽地。《五行志》云：乾元三年闰四月，大雾大雨月余。是月，史思明再陷东都，京师米斗八百文，人相食，殍骸蔽地。案四月已至千五百，加以淫雨，不应反减至八百。史家是岁之文，例皆书于岁末，疑因闰四月改元，误系四月或春末，米斗长至千五百，实在闰月之后。《李皋传》云：多智数，善因事以自便。奉太妃郑氏以孝闻。上元初，京师旱，米斗直数千，死者甚多。皋变俸不足养，亟请外官，不允。乃故抵微法，贬温州长史。言上元不言乾元，当在改元之后，足见旱灾在淫雨后，米价因此乃又自八百长至千五百，云数千则过甚之辞也。《旧书·五行志》：广德元年（763 年），秋，虸蚄食苗，关西尤甚，米斗千钱。《新志》同。《旧纪》：广德二年九月，自七月大雨未止，京城米斗值一千文。蝗食田。又云：是秋，蝗食田殆尽，关辅尤甚，米斗千钱。《新书·五行志》：广德二年（764 年），秋，关辅饥，米斗千钱。又云：秋，蝗，关辅尤甚，米斗千钱。《通鉴》则总书于是岁九月，曰：关中虫蝗霖雨，米斗千余钱。《旧纪》：永泰元年三月，岁饥，米斗千钱。诸谷皆贵。又云：是春大旱，京师米贵，斛至万钱。《新书·五行志》云：永泰元年（765 年），饥，京师米斗千钱。《通鉴》云：是春不雨，米斗千钱。《旧纪》又云：七月，庚子，雨。时久旱，京师米斗一千四百，他谷食称是。观此及永泰元年（765 年）之文，而知凡言米贵者，诸谷必皆贵矣。《旧纪》又云：大历四年八月，自夏四月连雨至此月，京城米斗八百文，官出米二万石，减估而粜，以惠贫民。《天文志》《五行志》略同。《纪》又云：五年七月，京师斗米千文。《天文志》亦同：《纪》六年（771 年）云：是岁春旱，米斛至万钱。《食货志》：建中初，自兵兴已来，凶荒相属，京师米斛万钱，官厨无兼时之食。百姓在畿甸者，拔谷挼穗，以供禁军。《本纪》：贞元元年二月，河南、河北饥，米斗千钱。《新书·五行志》：是年春，大饥，东都、河南、河北米斗千钱，死者相枕。《旧纪》言是月丙寅朔，遣工部尚书贾耽、侍郎刘太真分往东都、两河宣慰，盖即为是？

《旧纪》以河南苞东都，《新志》则析言之也。《新书·李晟传》：晟言李怀光不可赦云："今河中米斗五百，刍藁且尽，人饥死墙壁间。"《通鉴》系其事于是年四月，则河中屯兵虽多，战事迫在眉睫，米价犹仅半于河南北矣。《旧纪》：贞元二年五月丙申，自癸巳大雨，至于兹日。饥民俟夏麦将登，又此霖澍，人心甚恐，米斗复千钱。《新书·五行志》亦云：是年五月，麦将登而雨霖，米斗千钱。观《旧书》之文，则自此以前，西都米价，已尝升至千钱矣。《旧书·张孝忠传》云：贞元二年（786年），河北蝗旱，米斗一千五百文；复大兵之后，民无蓄积；饥殍相枕。孝忠所食，豆蜡而已。则是岁河北米价，又较元年（785年）春间为贵也。《通鉴》：贞元三年七月，上复问李泌以府兵之策。对曰："今岁征关东卒戍京西者十七万人，计岁食粟二百四万斛。今粟斗直百五十，为钱三百六万缗。国家比遭饥乱，经费不充，就使有钱，亦无粟可籴，未暇议复府兵也。"泌事多出其子繁造作，不足信，说已见前，然造作之说，亦必以当时情势为据，故仍可考米价也。《通鉴》又云：自兴元以来，是岁最为丰稔，米斗直钱百五十，粟八十。诏所在和籴。案景龙元年（707年）米斗百钱，史家已以为贵，此时币价，当倍蓰于景龙，而百五十钱，已须和籴者。谷贵既久，虑其骤贱伤农也。《通鉴》：贞元八年（792年）又载陆贽论边储之语，谓江淮斗米钱百五十，而京兆诸县七十，请减来岁之运，今京兆加价以籴，而以停运之米于江淮减价以粜，详见第二十章第二节。足见斗百五十之价，于京兆为贱者，于江淮仍为贵。盖因有无不能相通，故各处米价，差异殊甚也。《通鉴》元和元年（806年）云：是岁天下大稔，米斗有直二钱者。唐代米价见于史者，当以是为最廉。《新书·吴武陵传》：长庆初，窦易直以户部侍郎判度支，表武陵主盐北边，会表置和籴贮备使，择郎中为之。武陵谏曰："今缘边膏壤，鞠为榛杞，父母妻子不相活。前在朔方，度支米价四十，而无逾月积，皆先取商人，而后求牒还都受钱。

脱有寇薄城，不三旬便当饿死。何所取财，而云和籴哉？”则长庆初之米价，又落于贞元时矣。《旧纪》：长庆四年七月丁卯，敕以谷贵，凡给百官俸内一半合给匹段，今宜给粟，每斗折钱五十文。折价或较实价为低，相去当不甚远，武陵以四十为昂，其无足怪。《旧纪》：光启二年五月，是月，荆南、襄阳仍岁蝗旱，米斗三十千，人多相食。《新书·五行志》云：光启二年二月，荆、襄大饥，米斗三千钱，人相食。卷三十五。又云：光启二年（886 年），荆、襄蝗，米斗钱三千，人相食。卷三十六。《旧纪》盖衍十字？天祐元年（904 年），朱全忠杀朱友恭、氏叔琮，《新书·奸臣传》曰：是时洛城旱，米斗直钱六百，军有掠籴者，都人怨，故因以悦众，执友恭、叔琮斩之。《通鉴》：天成二年（927 年），是岁，蔚、代缘边粟斗不过十钱。以上为唐、五代时谷价见于正史及《通鉴》者。唐代钱价颇贵，中叶后尤甚，见第十九章第四节。则前后谷价，虽为数相同，又不能视同一律矣。计然云：“粜二十病农，九十病末，上不过八十，下不过三十，则农末俱利。”今观唐史之文，开元米斛仅二百，则以为贱，景龙时斗值百钱，则以为贵，其相去之远，亦颇近之。盖谷价虽贵，利多入于贵庾之家，农民所得，恒不过最下之价，故虽上腾未必丰乐，虽反贱亦勉可自活也。

《旧书·鲁炅传》：保南阳郡，为贼所围。城中食尽，煮牛皮筋角而食之，米斗至四五十千，有价无米。鼠一头至四百文。饿死者相枕藉。《安禄山传》：庆绪自十月被围至二月，城中人相食。米斗钱七万余，鼠一头直数千。《黄巢传》：中和元年（881 年），时京畿百姓，皆砦于山谷，累年废耕耘。贼坐空城，赋输无人。谷食腾踊，米斗三十千。官军皆执山砦百姓鬻于贼为食，人获数十万。《高骈传》：光启三年（887 年），毕师铎囚骈。扬行密攻城，城中米斗五十千，饿死大半。《旧五代史·僭伪列传》：九月，秦、毕害高骈于幽所。行密攻围弥急。城中食尽，米斗四十千。居人相啖略尽。十月，城陷。秦、毕走东塘。行密入广陵。辇外寨之粟，以食饥民。即日米价减至三千。《新书·五行志》：光启三年（887年），扬州大饥，米斗万钱；盖亦在此时，实非因饥荒也。《新书·陈儒传》：秦宗言来寇，张瑰固垒二岁，樵苏皆尽，米斗四十千。计抔而食，号为通肠。疫死者争啖其尸，县首于户以备馔。军中甲鼓无遗，夜击阖为警。《新五代史·李茂贞传》：天复元年（901年），韩全诲等与李继筠劫昭宗幸凤翔，梁军围之逾年，茂贞每战辄败，闭壁不敢出。城中薪食俱尽。自冬涉春，雨雪不止，民冻饿死者，日以千数。米斗直钱七千。至烧人矢煮尸而食。父自食其子。人肉斤直钱百，狗肉斤直钱五百。《旧五代史·僭伪列传》：刘守光进攻沧州，沧州宾佐孙鹤、吕兖已推守文子延祚为帅。守光攻围累月。城中乏食，米斗直三万。人首一级，亦直十千。军士食人，百姓食墐土。驴马相遇，食其鬃尾。士人出入，多为强者屠杀。《新书》云：兖等率城中饥民，食以麹，号宰杀务，日杀以饷军。以上皆围城中米价可考者：最昂者为七万，盖米价至是，能买者已极少，过此则更无能买者，价亦不必列矣。《鲁灵传》云有价无米，说恐未确，果无米，安得有价？盖能买者极少，故人不见其有米耳。

布帛之价，开、天时绢匹与米斛齐等，似近乎平。何者？人生所须，莫急口实，故李悝尽地力之教，论农夫用度，一以粟米为主。《新书·食货志》载肃、代时议钱币者之语：谓自天宝至今，户九百余万。《王制》上农夫食九人，中农夫七人，以中农夫计之，为六千三百万人。少壮相均，人食米二升，日费米百二十六万斛，岁费四万五千三百六十万斛，而衣倍之，吉凶之礼再倍，当米十三万六千八十万斛。此说颇得李悝遗意。其计凡民用度，总数约三倍于口实，盖据当时事实立言。《新书·严郢传》：杨炎请屯田丰州，郢奏：请以内苑莳稻验之：秦地膏腴，田上上；耕者皆畿人，月一代，功甚易；又人给钱月八千，粮不在；然有司常募不能足，合府县共之。计一农岁钱九万六千，米七斛二斗。大抵岁僦丁三百，钱二千八百八十万，米二千一百六十斛。臣恐终岁获不酬费。岁食七斛二斗，正日得二升。别给钱九万六千，盖以备衣及他用。京西戍卒十七万。岁食粟二百四万斛人月得一石，日得三升余，盖民以少壮相均，而兵则皆壮者。远戍者之所食，固应略优于家居之民，而衣赐别在其外，亦犹之雇农别有庸钱也。《旧书·地理志》言开元时，于边境置节度、经略使，大凡镇兵四十九万人，每岁经费，衣赐则千二十万匹段，军食则百九十万石，大凡千二百一十万。下列各镇经费详数，亦以粮食、衣赐分言，但不能具耳。然则唐世工赀，大约三倍于口实，盖亦据实际而定。租庸调之法，不役者日为绢三尺。《唐律·名例》亦云：平功庸者，一人一日为绢三尺。绢以四丈为匹，设使价与米斛齐等，则以三尺易米，可得七升半，故曰其价似近于平也。布价固当廉于绢，然如永淳元年（682 年）之价，匹仅得钱六十六文，布以六丈为端，四丈为匹。则亦太廉。盖因人急口实，故其价远落经价之下矣。绢有上中下，见《两晋南北朝史》第十九章第一节，《唐律·名例》：诸平赃者，皆据犯处当时物价及上绢估，则唐绢亦分上中下。不役者日为绢三尺，当据上绢言之？然则工赀亦当准上绢论直也。工赀三倍于口实而有余，似足自给。然七口之家，不必皆能力作，设使一夫所入，侔于律之所定，而其妇半之，共得一斗一升余，少壮相均，日食且不足矣。况不能日日有作乎？短工即如此。故受雇于人者，终不能免于贫困也。

《新书·食货志》：天宝、至德间，盐每斗十钱。略廉于其时之斗米。《志》又云：第五琦为诸州榷盐铁使，尽榷天下盐，斗加时价百钱而出之，为钱一百一十。《旧书·德宗纪》：建中三年五月丙戌，增两税盐榷钱，两税每贯增二百，盐每斗增一百。贞元四年（788年），淮西节度使陈少游奏加民赋，自此江淮盐每斗亦增二百，为钱三百一十。其后复增六十。河中、两池盐，每斗为钱三百七十。江淮豪贾射利，或时倍之。则斗为钱七百四十，几于史思明陷东都时之米价矣。又云：其后军费日增，盐价寖贵。有以谷数斗，易盐一升。顺宗时，始减江淮盐价，每斗为钱二百五十。河中、两池盐斗钱三百。其后盐铁使李锜奏江淮盐斗减钱十以便民。未几复旧。自有禁榷以来，恐未有卖价高于成本如此其甚者也。《旧五代史·食货志》：晋天福中，将食盐钱分配人户，任人逐便兴贩，盐货顿贱。去出盐远处州县，每斤不过二十文，近处一十文而已。

唐之榷酒，始于建中三年（782年）。《新书·食货志》云：斛收直三千。寻以京师四方所凑罢榷。贞元二年（786年），复禁京城、畿县酒。天下置肆以酤者，斗钱百五十。免其傜役。独淮南、忠武、宣武、河东榷曲而已。《旧书·德宗纪》：贞元二年十二月壬申，京城畿内榷酒。每斗榷钱一百五十文。蠲酒户差役。从度支奏也。酒之成本几何不可知，恐所加亦必甚巨矣。曲价惟五代时可考。《旧五代史·唐末帝纪》：清泰二年正月，三司奏添征蚕盐钱，及增曲价。先是曲斤八十文，增至一百五十文。《晋高祖纪》：天福元年十一月，改元赦诏，曲每斤与减价钱三十文。

《新书·兵志》：凡发府兵当给马者，官与其直市之。每匹予钱二万五千。此盖马之平价？又云：初用太仆少卿张万岁领群牧。自贞观至麟德四十年间，天下以一缣易一马。此盖马价最贱之时？《旧书·回纥传》：自乾元之后，屡遣使以马和市缯帛。仍岁来市。以马一匹，易绢四十匹。此时马价未知如何，然中国所失，必甚巨也。《新书·食货志》云：代宗时，回纥岁送马十万匹，酬以缣帛百余万匹。而中国财力量竭，岁负马价，匹亦不过十万余耳。

《旧五代史·唐明宗纪》：天成二年三月，诏所在府县纠察杀牛卖肉。犯者准条科断。其自死牛即许货卖，肉斤不得过五钱。此肉食之价可考者。

《旧书·皇甫镈传》：宪宗时，内出积年库物付度支估价。例皆陈朽，镈尽以善价买之，以给边军。罗縠缯采，触风断裂，随手散坏。军士怨怒，皆聚而焚之。裴度奏事，因言边军焚赐之意。镈因引其足奏曰："此靴乃内库出者，臣以俸钱二千买之，坚韧可以久服。所言不可用，皆诈也。"帝以为然。由是镈益无忌惮。唐史言镈事多诬，前已论之。所言靴价，却可考当时衣着之直也。

《旧书·李实传》：贞元十九年（803年），为京兆尹。二十年（804年）春夏，关中大歉。实方聚敛进奉，以固恩宠。百姓所诉，一不介意。因入对，德宗问人疾苦。实奏曰："今年虽旱，谷田甚好。"由是租税皆不免。人穷无告，乃彻屋瓦、木，卖麦苗，以供赋敛。优人成辅端，因戏作语为秦民艰苦之状云："秦地城池二百年，何期如此贱田园。一顷麦苗五硕米，三间堂屋二千钱。"此盖瓦、木最贱之价？然《韦思谦传》：子思立谏中宗云："比营造寺观，其数极多。皆务取宏博，竞崇瑰丽。大则费耗百十万，小则尚用三五万余。"《良吏·吕諲传》：殁后岁余，江陵将吏合钱十万，于府西爽垲地大立祠宇，四时祠祷。则祠庙之不甚宏丽者，所费亦不过自三万至十万耳。

时人用度之数，杂见史传者：《旧书·孟郊传》：郑馀庆镇兴元，奏为从事，辟书下而卒，余庆给钱数万葬送。《新书·隐逸传》：卢鸿卒，玄宗赐以万钱。此丧葬之费也。《旧书·玄宗纪》：开元六年十一月，诏内官、外官三品已上有庙者，各赐物三十匹，以备修祭服及俎豆。此祭祀之费也。又《敬宗纪》：长庆四年十月，宗正寺选尚县主婿二十五人，各赐钱三十万，令备吉礼。《新书·韦皋传》：善拊士，至虽婚嫁皆厚资之。婿给锦，女给银涂衣，赐各万钱。又云：死丧者称是。此婚嫁之费也。士夫、将吏如此。其赐平民者：《隋书·炀帝纪》：大业四年正月，帝在东都，赐城内居民米各十石。《旧书·高宗纪》：贞观二十三年八月，河东地震，诏遣使存问，给复二年，压死者赐绢三匹。《新书》同。又永隆元年九月，河南、河北诸州大水，遣使振恤，溺死者官给棺槥，其家赐物七段。《新书·高宗纪》:开耀元年八月，以河南、河北大水，溺死者赠物，人三段。《旧书·顺宗纪》：即位后，百姓九十已上赐米二石，绢二匹。百岁已上赐米五石，绢二匹，绵一屯。《新书·太宗纪》：贞观三年三月，赐孝义之家粟五斛，八十已上二斛，九十已上三斛。百岁加绢二匹。妇人正月已来产子者粟一斗。十五年四月，赐民八十已上物。茕独鳏寡疾病不能自存者米二斛。《宪宗纪》：元和元年六月，赐百姓有父母、祖父母八十已上者粟二斛，物二段，九十已上粟三斛，物三段。《玄宗纪》：天宝七载五月，群臣上尊号，赐京城父老物十段。此等皆因赏赐赠遗之数，而略可推想其时用度之数者也。唐世钱少，民间交易，用钱者盖寡，故赐平民亦绝不用钱。《旧书·李峤传》：则天将建大像于白司马阪，峤上疏谏曰："造像钱见有一十七万余贯，若将散施，广济贫穷，人与一千，济得一十七万户。"当时钱少而贵，凡受赐以钱者，自后世观之，数若甚菲，而其实则颇厚也。《新书·张玄素传》：玄素上书太子承乾曰："今上以殿下父子亲，故所资用不为限节。然诏未六旬，用逾七万，骄奢无艺，孰过于此？"六旬用逾七万，日亦不过千余耳。《旧书·彭偃传》：大历末，东川观察使李叔明请澄汰佛道，偃献议：言"一僧衣食，岁计约三万有余"。此似甚觳，然设谓口实岁得万八千，则月得千五百，日食二升，升二十五钱，在当时粜价不为下矣。千钱济得一穷户，非虚言也。

唐景思为边将，为奴所诬，自白云：有钱十千为受外赂。已见第十六章第三节。可见是时虽将吏家，存钱亦不多也。《新书·员半千传》：咸亨中上书自陈，言臣家资不满千钱，有田三十亩，粟五十石，闻陛下封神岳，举豪英，故鬻钱走京师。此与汉贡禹自言家赀不满万钱，又云有田百三十亩者同。见《秦汉史》第十五章第一节。可见唐时计赀，田宅及力耕所得，仍在其外。故虽无赀，亦足自立。《旧书·文苑传》：唐次子扶，为福建团练观察使，卒于镇。仆妾争财，诣阙论诉。法司按劾其家财十万贯，归于二妾，时论非之；宜矣。抉事《新书》见《唐俭传》云：奴婢争财，有司按其赀至十余万，时议嗤薄之。十余万，当作十余万贯。《新五代史·唐家人传》：明宗侄从温，为忠武军节度使，诬亲吏薛仁嗣等为盗，悉籍没其家赀数千万。此虽非一人，然其赀亦不薄矣。

置产业者，费钱亦不甚多。《旧书·德宗纪》：贞元五年三月，诏以李怀光外孙燕八八为左卫率府胄曹参军，赐姓名曰李承绪。仍赐钱千贯，俾自营居业。《怀光传》载诏文云："任于怀光墓侧置立庄园，待养怀光妻王氏，并备四时享奠之礼。"盖已逾于中人之产矣。《新书·魏征传》：太宗赐以兰陵公主园，其值百万。一园即值千贯，其实可谓厚矣。《旧书·德宗诸子传》：十一县主同月出降，各给钱三百万，使中官主之，以买田业。则又倍于燕八八之赐。

富人赀产之数，略可考见者：《旧书·李义府传》云：阴阳占候人杜元纪为义府望气，云所居宅有狱气发，积钱二千万，乃可厌胜。义府信之，聚敛更急切；此徒以钱币言。《韩弘传》云：弘镇大梁二十余载，四州征赋，皆为已有，未尝上供，有私钱百万贯，粟三百万斛，马七千匹；亦尚未及田宅等也。义府权相，弘骄将，固不足论，然寻常士大夫，家赀亦不可云菲。李元素与妻离绝，诏令与之钱物五千贯，见第十六章第一节。其家产必倍蓰于此可知。《旧书·高宗纪》：咸亨元年（670年），是岁，天下四十余州旱及霜虫，百姓饥乏。关中尤甚。二年二月，雍州人梁金柱请出钱三千贯，振济贫人。能出见钱三千贯，其赀财田宅，必十倍于此，又可知也。此盖富民。《玄宗纪》：开元二十二年三月，没京兆商人任令方资财六十余万贯。《元稹传》：稹自叙曰："分莅东都台，汴州没入死商钱且千万，类是数十事，或移或奏皆主之。"《王处存传》："京兆万年县胜业里人。世隶神策军，为京师富族。财产数百万。父宗，善兴利，乘时贸易，由是富拟王者。"此等则皆商人也。当时豪富人，颇有输财以佐公家之急者，盖名器犹存，以获褒赏为荣也。《旧书·郝处俊传》：侍中平恩公许圉师，处俊之舅。早同州里，俱宦达于时。又其乡人田氏、彭氏以殖货见称。有彭志筠，显庆中，上表请以家绢布二万段助军。诏受其绢万匹，特授奉议郎。仍布告天下。故江淮间语曰："贵如许、郝，富若田、彭。"此商人也。《严震传》：世为田家，以财雄于乡里。至德、乾元以后，震屡出家财以助边军。此则地主富农之流也。《德宗纪》：建中三年（782 年），太常博士韦都宾、陈京以军兴庸调不给，请借京城富商钱。大率每商留万贯，余并入官。不一二十大商，国用济矣。判度支杜佑曰："今诸道用兵，月费度支钱一百余万贯。若获五百万贯，才可支给数月。"今若以借二十大商可得五百万贯，则每商当出二十五万贯；若借十大商，则每商当出五十万贯矣。《通鉴》云：请括富商钱。出万缗者，借其余以供军。计天下不过借一二千商，则数年之用足矣。若以所云数年者为三年；则月费百万缗，当得三千六百万缗；借诸千商，商当出三十六万缗；借诸二千商，商当出十八万缗也。后仅行诸京畿，得钱八十万贯，而人有自缢者。论史者咸病其诛求之酷。然其后元和十二年（819 年）颁藏钱之禁，大和四年（830 年）复申之，钱十万贯已下，限一周年内处置毕，二十万贯已下，限二周年内处置毕，详见第十九章第四节。此令遍及一切人等，而其限数如此，岂有京畿无一二十大商，海内无一二千大商，能出数十万缗者？然则韦都宾、陈京之策，谓其不易行或竟不能行则可，谓其億度商人訾产之数有误，固不可也。安重诲之死也，疏其家财不及数千缗，而史以为廉，宜矣。世岂有终閟其钱，不出之以市田宅、事兴举者？挟厚赀以事兼并，民又安能与之哉？

论稍入，平民之与贵人，亦相去甚远。自居易与元稹书云："今虽谪佐远郡，而官品至第五，月俸四五万，寒有衣，饥有食，给身之外，施及家人，亦可谓不负白氏子矣。"一月之入，过于一僧终岁衣食之费，其能施及家人固宜。《旧书·常衮传》：与杨绾同掌枢务。先是百官俸料寡薄，绾与衮奏请加之。时韩混判度支。衮与混各骋私怀，所加俸料，厚薄由己。时少列各定月俸为三十五千。混怒司业张参，止给三十千。衮恶少詹事赵碁，遂给二十五千。太子洗马，实司经局长官，文学为之贰。衮有亲戚任文学者，给十二千，而给洗马十千。有轻重任情，不通时政，多如此类。当时定俸，轻重是否失当，今难质言，然月得三十五千，亦侔于一僧终岁衣食所费矣。故衮等犹以为厚而欲裁减之也。《传》又云：绾弘通多可，衮颇务苛细，求清俭之称，与绾之道不同。其实绾徒能清俭，衮则更能综核，以政事论，或更胜于绾也。又云：无几绾卒，衮独当政。故事，每日出内厨食以赐宰相馔，可食十数人，衮特请罢之。迄今便为故事。又将故让堂封，同列以为不可而止。议者以为厚禄重赐，所以优贤崇国政也，不能当辞位，不宜辞禄食。然则贤者当叨忝禄食邪？田弘正兄弟子侄在两都者，日费约二十万。见第八章第四节。而董秀告陈少游，月费乃过千贯。见第六章第四节。裴冕兼掌兵权留守之任，俸钱每月二千余贯。《旧书》本传。陈少游初结元载，年馈金帛约十万贯。而郭子仪岁入宫俸二十四万贯，私利犹不在焉。亦见《旧书》本传。以钱计者如此。锡以物者，卢鸿还山，岁给米百斛，绢五十，府县为致其家，亦十余人食也。《旧书·德宗纪》：贞元二年正月，诏以民饥，御膳之费减半。宫人月供粮米，都一千五百石。飞龙马减半料。若人月食六斗，则宫人当得二千五百矣。又帝即位后，郭子仪加号尚父，月给一千五百人粮，马二百匹草料，人月食六斗，亦当得九千也。《宪宗纪》：元和八年十月，敕张茂昭立功河朔，举族归朝。如闻身殁之后，家无余财，宜岁赐绢二千匹。准开、天时匹绢与石米齐价，亦岁得二千石矣。

豪富人用度之侈，亦殊骇听闻。《隋书·文献独孤皇后传》：突厥尝与中国交市，有明珠一箧，价值八百万。《旧唐书·五行志》：安乐公主有尚方织成毛裙，凡造两要，一献韦氏，计价百万。德宗时，十一县主同月出降，各给费三百万买田业，不得侈用。其衣服之饰，使内司计造，不在此数。是时所司度人用一笼花，计钱七十万。帝损之，及三万而止。《新书·柳公绰传》：孙玭，尝述家训以戒子孙曰："王相国涯居位，窦氏女归请曰：玉工货钗，直七十万钱。王曰：七十万钱，岂于女惜？但钗直若此，乃妖物也，祸必随之。"《旧书·李光进传》：光颜攻吴元济，韩弘为汴帅，恶其力战，阴图挠屈，遂举大梁城求得一美妇人，饰之以珠翠金玉、衣服之具，计费数百万，令使者送遗光颜。妇人之饰如此，其侈已可骇矣，犹可说也。王毛仲为人苍头，玄宗以钱五万买得：颜杲卿妹及子泉明女流落贼中，泉明求之，索购钱俱不过三万；皆见《旧书》本传。而裴冕名马在枥，直数百金者常十数，则畜价百倍于人矣。一僧岁衣食不过三万，而赵岩一饮食必费万钱。《旧书·代宗纪》：大历二年二月，"郭子仪自河中来朝。宰臣元载、王缙，左仆射裴冕，户部侍郎第五琦，京兆尹黎干各出钱三十万，置宴于子仪之第。三月，鱼朝恩宴子仪、宰相、节度、度支使、京兆尹于私第。乙亥，子仪亦置宴于其第。戊寅，田神功宴于其第。公卿大臣列席于坐者百人。子仪、朝恩、神功一宴费至十万贯"。《新书·吴凑传》：兄子士矩，开成初为江西观察使，飨宴侈纵，一日费凡十数万。《旧五代史·苏逢吉传》：尝于私第大张酒乐，以召权贵，所费千余缗。岂特谚所谓"富人一席酒，穷汉半年粮"哉？

史万岁从杨素平江南，前后七百余战，转斗千余里，寂无声闻者十旬，素上其事，隋高祖不过赐其家钱十万。而梁睿平王谦，赐物五千段，奴婢一千口，金二千两，银三千两。王长述时为信州总管，谦使致书，长述执其使，上其书，又陈取谦之策，亦前后赐金五百两。韦师为山东河南十八州安抚大使，奏事称旨，赐钱二百万。唐太宗赏玄武门之功，尉迟敬德、长孙无忌为第一，各赐绢万匹。齐王府财币器物，封其全邸，尽赐敬德，此皆兴亡之际，固难以常理论。然隋文帝一幸高颎第，而赐钱百万，绢万匹，与史万岁十万之赐，相去何其县殊？犹曰："颎久参密勿，宣力有年也。"唐太宗言及山东、关中人，意有同异，张行成谏，太宗善之，赐名马一匹，钱十万，衣一袭，此徒以一言，已侔于万岁转战千里之赐。长乐公主将下降，帝以皇后所生，敕有司资送倍于永嘉长公主。魏征谏，上然其言，入告长孙皇后，后使赍钱四十万、绢四百匹诣征宅以赐之，则更远过于行成矣。岂真贵口舌于汗马之劳哉？赐达官者以贵人之所人为准，赐下吏者以平民之所入为准也。亦可推见二者之差矣。韦绶授山南东道，辞日诉家贫，请赐钱二百万，则竟公然以为乞请矣。

赏赐如此，赠遗亦然。《旧书·陆贽传》：为郑县尉。罢秩东归省母，路由寿州，刺史张镒有时名，贽往谒之。镒初不甚知。留三日，再见与语，遂大称赏，请结忘年之交。及辞，遗贽钱百万。贽不纳，惟受新茶一串。《新书·白居易传》：田布拜魏博节度使，居易持节宣谕，布遗之五百缣。诏使受之，辞曰：布父仇国耻未雪，人当以物助之，乃取其财，义不忍，方谕问旁午，若悉有所赠，则贼未殄，布资竭矣。诏听辞饷。《旧五代史·孔崇弼传》：天福中，迁左散骑常侍。五年（940 年），诏令泛海使于杭越。先是浙中赠贿，每岁恒及万缗。时议者曰："孔常侍命奇薄，何消盈数。有命即无财，有财即无命。"明年，使还，果海中船坏，空手而归。《新书·郝处俊传》：十岁而孤。故吏归千缣赗之，已能让不受。处俊父为滁州刺史。《韩思复传》：岁饥，京兆杜瑾以百绫饷。思复方并日食，而绫完封不发。《冯宿传》：弟定，与宿齐名，于頔素善之。頔在襄阳，定徒步上谒。吏不肯白，乃亟去。頔闻，斥吏，归钱五十万。定不受。此诸饷遗，并不为菲。惟高尚、李齐物为新平太守，荐诸朝，仅赆钱三万。《新书·逆臣传》。盖寒士道途之费，原不过如此也。然苟能广游诸侯间，裒其所得，仍不为菲。《旧五代史·郑云叟传》：唐昭宗朝，尝应进士举，不第，因欲携妻子隐于林壑，其妻非之，不肯行。云叟乃薄游诸郡，获数百缗，以赡其妻，辞诀而去；则其事矣。

当时为人作文字者，获报颇丰，亦赠遗之类也。《旧书·张嘉贞传》：为定州刺史。至州，于恒岳庙中立颂。嘉贞自为其文。岳祠为远近社赛，有钱数百万。嘉贞自以为颂文之功，纳其数万。史书此事，意盖讥其不廉？《新书·韩思彦传》：客汴州。张僧彻者，庐墓三十年，诏表其闾，请思彦为颂，饷缣二百，不受。时岁凶，家窭甚，僧彻固请，为受一匹。获旌表者多非悃愊之士，已见第十六章第二节。思彦之不受，盖亦以此？《李绛传》：兴安国佛祠，吐突承璀请立石纪圣德焉，欲使绛为之颂，将诒钱千万。绛上言，请罢之。帝悟，命百牛倒石。承璀盖亦以货取也？《韦贯之传》：裴均子持万缣请撰先铭，答曰："吾宁饿死，岂能为是哉？"《司空图传》：王重荣父子雅重之，数馈遗，弗受。尝为作碑，赠绢数千。图置虞乡市，人得取之，一日尽。亦皆视为不义之财。《皇甫湜传》：为工部郎中。辨急使酒，数忤同省。求分司东都。留守裴度，辟为判官。度修福先寺，将立碑，求文于白居易。湜怒曰："近舍湜而远取居易，请从此辞。"度谢之。湜即请斗酒。饮酣，援笔立就。度赠以车马、缯采甚厚。湜大怒曰："自吾为顾况集序，未尝许人。今碑字三千，字三缣。何遇我薄邪？"度笑曰："不羁之才也。"从而酬之。此以狂文其贪耳。《五代史补》云：钟传虽起商贩，尤好学重士。江西士流有名第者，多因传荐。四远腾然，谓之英明。诸葛浩素有词学，尝为泗州馆驿巡官。仰传之风，因择其所行事赫赫可称者十条，列于启事以投之。十启凡五千字，皆文理典赡。传览之惊叹，谓宾佐曰："此启事每一字可以千钱酬之。"遂以五千贯赠，仍辟在幕下。此尤谄谀不足道矣。

臧贿之可考者，数亦颇巨。《隋书·刘行本传》：雍州别驾元肇言于高祖曰："有一州吏，受人馈钱三百文，依律合杖一百。然臣下车之始，与其有约。此吏故违，请加徒一年。"则臧不及千，罪已颇重，然史之所载，其数乃有十百千万于此者。杜黄裳纳高崇文赂四万五千贯，乃荐之讨刘辟。弓箭库使刘希先，取羽林大将军孙璹钱二十万，以求方镇，事发赐死，辞相告讦，事连吐突承璀。李齐运荐李锜为浙西观察使，受赂数十万计。王锷在河东，用钱数千万赂遗权幸，求兼宰相。《旧书·李藩传》。伊慎为金吾卫大将军，以钱三千万赂宦人，求帅河中。皆以赂求官者也。婺州刺史邓珽，坐赃八千贯，湖南判官马彝，举属令赃罪至千贯。《旧书·窦参传》。窦易直为京兆尹，万年尉韩晤奸赃事发，易直令曹官韦正晤讯之，得赃三十万。宪宗意其未尽，诏重鞫，坐赃三百万。易直以贬金州。陈子昂，县令段简闻其富，欲害之，家人纳钱二十万，令薄其赂。捕送狱，竟死狱中。浑瑊子鐬，累擢至丰州刺史，坐赃七百万。此地方官之赃贿也。崔元略任京兆尹，为桥道使，造东渭桥，被本典郑位、判官郑复虚长物价，抬估给用，不还人工价直，率敛工匠，破用计赃二万一千七百九贯。杨虞卿为吏部员外郎。大和二年（828年），南曹令史李赍等六人伪出告身签符，卖凿空伪官令赴任者六十五人，取受钱一万六千七百三十贯。虞卿按得伪状，捕赍等移御史台鞫劾。赍称六人共率钱二千贯与虞卿厅典温亮，求不发举伪滥事迹。此下吏之赃贿也。金部员外郎韩益判度支案，子弟受人赂三千余贯，半是拟赃。《旧书·归崇敬传》。则又家人藉势而受赃贿者也。唐玄宗时，中人出使受贿之多，已见第五章第一节。《旧书·郑余庆传》云：自至德已来，方镇除授，必遣中使领旌节就第宣赐，皆厚以金帛遗之，求媚者惟恐其数不广，故王人一来，有获钱数百万者。《孟简传》：简在襄阳，以腹心吏陆翰知上都进奏，委以关通中贵。翰持简阴事，渐不可制。简怒，追至州，以土囊杀之，且欲灭口。翰子弟诣阙进状诉冤，且告简赃状。御史台按验，获简赂吐突承璀钱帛等共计七千余贯匹。是中叶以后，又变本加厉也。太平公主之败，籍惠范家产亦数十万。《旧书·外戚传》。则方外亦不免矣。《新五代史·袁象先传》：子正辞。初以父任为飞龙副使。唐废帝时，献钱五万缗，领衢州刺史。晋高祖入立，复献五万缗，求为真刺史。拜雄州刺史。州在灵武之西吐蕃中，正辞不欲行，复献钱数万，乃得免。正辞不胜其愤，以衣带自经。其家人救之而止。《闽世家》：泉州刺史余延英，尝矫曦命，掠取良家子。曦怒，公下御史劾之。廷英进买宴钱十万。曦曰："皇后土贡何在？"廷英又献皇后钱十万，乃得不劾。则虽人主亦躬为之矣。

敬宗、穆宗之立，赐神策军甚厚。盖因得之不以其正，非可以常理论。李万荣谋代刘士宁，乘士宁畋城南，召所留亲兵告曰："天子有诏召大夫，俾我代节度，人赐钱三万。"刘悟之反，李师古令曰："入郓人赏钱十万。"皆见《新书·藩镇传》。《旧五代史·周太祖纪》：广顺二年（952年），平慕容彦超，诸处差到人夫内有遭矢石者，各给绢三匹。皆与历代平民之赐，数略相近。《旧书·刘玄佐传》：谓李万荣谋篡士宁，许其兵人赐钱三千贯，盖三十贯之误也？武元衡之死，诏京城、诸道能捕贼者赏钱万贯，仍与五品官。乃积钱三万贯于京都市。《旧书·宪宗本纪》元和十年（815年）。此亦特异之事，不可以常理论。

第二节　地　权

自北魏立均田之制，周、齐皆仍之，隋亦承之。《通典》云：隋文帝自诸王已下至都督，皆给永业田各有差。多至百顷，少至三十顷。其丁男、中男永业、露田，皆遵后齐之制。并课植以桑及枣。其田宅，率三口给一亩。《新唐书·食货志》云：授田之制，丁及男年十八以上者人一顷。其八十亩为口分，二十亩为永业。老及笃疾、废疾者人四十亩。寡妻妾三十亩。当户者增二十亩。皆以二十亩为永业，其余为口分。永业之田，树以榆、枣、桑及所宜之木，皆有数。田多可以足其人者为宽乡，少者为狭乡。狭乡授田，减宽乡之半。其地有薄厚，岁一易者倍授之，宽乡三易者不倍授。工商者宽乡减半，狭乡不给。凡庶人徙乡及贫无以葬者，得卖世业田。自狭乡徙宽乡者，得并卖口分田。已卖者不复授。死者收之，以授无田者。凡收、授，皆以岁十月。授田先贫及有课役者。《旧书·职官志》：户部，凡授田，先课后不课，先贫后富，先少后多。凡田，乡有余以给比乡，县有余以给比县，州有余以给近州。《旧书·职官志》：户部，凡给口分田，皆从便近。居城之人，本县无田者，则隔县给授。又云：自王公以下，皆有永业田。又云：凡新附之户：春以三月，免役；夏以六月，免课；秋以九月，课役皆免。徙宽乡者，县覆于州，出境则覆于户部，官以闲月达之。自畿内徙畿外，自京县徙余县皆有禁。四夷降户，附以宽乡，给复十年。奴婢纵为良人，给复三年。没外蕃人，一年还者给复三年，二年者给复四年，三年者给复五年。浮民、部曲、客女纵为良者，附宽乡。案乡有宽狭，授田又须先贫后富，先有课役而后无课役者；即可见其田不给授。《困学纪闻》引刘氏曰："魏、齐、周、隋，兵革不息，农民少而旷土多，故均田之制存。至唐，承平日久，丁口滋众，官无闲田，不复给授，故田制为空文。"又引范氏曰："唐初定均田，有给田之制，盖由有在官之田也。其后给田之制不复见，盖官田益少矣。"案隋开皇十二年（592年），因京辅、三河地少人众，议者咸欲徙就宽乡，文帝尝发使四出均天下之田，狭乡每丁才至二十亩，老小又少焉，事见第十六章第四节，则如法授田，隋初已不能行矣。《隋书·炀帝纪》：大业五年正月，诏天下均田。《通鉴》同。《地理志》：是年户八百九十万七千五百四十六，口四千六百一万九千九百五十六，垦田五千五百八十五万四千四十一顷，亦人得一顷余，然计账之不实久矣，文帝所不能行者，而谓炀帝能行之邪？此所谓均田者，当亦是均税，与周世宗事同，见下。

田不给授，非由生齿之日繁，实由豪强之兼并。盖人不能无缓急，官无救贫之政；货力为己之世，任恤亦非可常恃；则土田之卖买，必不可免，卖买盛而井授之意荒矣。《新书·食货志》述开元时事云：初，永徽中禁买卖世业口分田，其后豪强并兼，贫者失业，于是诏买者还地而罚之，此其势岂可行邪？《通典》谓其时并兼逾汉成、哀。至于代宗，卒以亩定税而敛以夏秋，德宗相杨炎，遂立两税之法，丁税与田税分离，而均田之法，告朔饩羊之意尽矣。自晋武帝定户调式至此，适得五百年。

租庸调之法既废，则卖买愈得恣行无忌。《旧书·宪宗纪》：元和八年十二月，敕应赐王公、公主、百官等庄宅、碾硙、店铺、车坊、园林等，一任帖典货卖。其所缘税、役，便令府县收管。盖赐田本不许卖，至此亦不能禁也。《卢群传》：贞元十六年（800年），拜天成军节度郑滑观察等使。先寓居郑州，典质良田数顷。及为节度使，至镇，各与本地契书。分付所管令长，令召还本主。《新书》云：群尝客于郑，质良田以耕。至是则出券贷直，以田归其人。云质田以耕恐误。观《旧书》之文，其田必分在数县，不徒躬耕，即雇人耕而己督之，力亦岂可及邪？合上条观之，而知卖买之外，典质亦甚通行矣。《哀帝纪》：天祐二年十月，敕洛城坊曲内，旧有朝臣、诸司宅舍，经乱荒榛，张全义葺理已来，皆已耕垦。既供军赋，即系公田。或恐每有披论，论为世业，须烦案验，遂启幸门。其都内坊曲及畿内已耕殖田土，诸色人并不得论认。如要业田，一任买置。凡论认者，不在给还之限。如有本主元自差人句当，不在此限。如荒田无主，即许识认。此诏虽指旧私田为公田，然于自行差人句当者，仍不夺之；已耕垦者，虽禁追认，亦仍许买置；则所谓既供军赋，即系公田者，乃谓当其耕垦时，国家视同公田而许之，非谓既经耕垦之后，仍以为公田也。

有官自为豪强，以事兼并者，职分田、公廨田等是也。唐制，文武官皆有职分田，亲王以下有永业田，其数并不为少。职分田自十二顷至八十顷，永业田自百顷至六十顷，皆见《新书·食货志》。京师及州县，又有公廨田，以供公私之费。内官职分田，皆给百里内之地。永业田，五品以上受于宽乡，六品以上受于本乡。此并不易给，而内官之职田尤甚，故屡罢之以授民，然终不能绝。贞观十一年（637 年），以职田侵渔百姓，诏给逃还贫户，视职田多少，每亩给粟二升。十八年（644 年），以京兆府、岐、同、华、邠、坊州隙地、陂泽可垦者，复给京官职田。开元十年（722 年），籍内外职田，赋逃还户及贫民。十八年（730 年），复给京官职田。二十九年（741 年），以京畿地狭，计丁给田犹不足，诸司官在都者，给职田于都畿，以京师地给贫民。《新书·庾敬休传》：敬休以文宗时为户部侍郎，言蜀道米价腾踊，百姓流亡，请以本道阙官职田振贫民，诏可。则并有官已阙而犹不还之于民者矣。其后具籍之以给军粮焉。事在上元后。大历二年（767 年），复给京兆府及畿县官职田，而以其三分之一供军饷。职田及廨田等，皆由民佃而收其租。《新书·食货志》云：凡给田而无地者，亩给粟二斗；此盖法令所定租额？然《志》又云：开元十九年（731 年），置职田顷亩簿，租价无过六斗，地不毛者亩给二斗，则三倍元额矣。又云：天宝十二载（753 年），杨国忠以两京百官职田送租劳民，请五十里外输于县仓，斗纳直二钱，百里外纳直三钱，使百官就请于县。上元元年（760 年），复令京官职田以时输送，受加耗者以枉法臧论。是佃职田者，又有加耗及输送之劳也。又云：开元末，诏公廨职田有桑者毋督丝课。元和十三年（818 年），以职田多少不均，每司草粟，以多少为差，则又取诸粟米之外矣。元稹《同州均田状》云：当州百姓田地，每亩只税粟九升五合，草四分，地头、榷酒钱共出二十一文已下，而诸色职田，每亩税粟三斗，草三束，脚钱百二十文。若是京官上司职田，又须变米雇车般送。比量正税，近于四倍。州县抑配百姓租佃，有隔越乡村，被配一二亩者。并有身居市井，亦令虚额出租者。其公廨田、官田、驿田等，皆与职田相似。要之，官税轻而私租重，官乃自为地主，效私家之收租而已。故曰：官自为豪强事兼并也。

永业田等定制外，权贵之特蒙赐与者亦多。杨素平江南，赐公田百顷，已失之厚；后为独孤皇后陵，又赐田三十顷，则更为无名矣。犹曰：素久居权要也。来和，徒以善相术，开皇末上书自陈，言龙潜时已知高祖之贵，亦赐田十顷，此岂恭俭者之所为邪？炀帝幸榆林，还过张衡宅，赐宅旁田三十顷，自更不足责。唐世则李勣来降，给田五十顷。李子通降杜伏威，伏威送之京师，赐宅一区，田五十顷。元结曾祖仁基，从太宗征辽，以功赐宜君田二十顷。刘幽求，睿宗立，赐良田千亩。让皇帝既让储位，赐奴婢十房，上田三十顷。田悦将符令奇，悦叛，命子璘降唐，见杀，赐璘晋阳第一区，祁田五十顷。皆其较厚者也。《旧书·于志宁传》：尝与张行成、高季辅俱蒙赐地。奏曰："臣居关右，代袭箕裘，周、魏以来，基址不坠。行成等新营庄宅，尚少田园。于臣有余，乞申私让。"高宗嘉其意，乃分赐行成及季辅。《新书·李袭志传》：弟袭誉，尝谓子孙曰："吾性不喜财，遂至窭乏。然负京有赐田十顷，能耕之足以食；河内千树桑，事之足以衣。"《柳宗元传》：宗元诒京兆尹许孟容书曰："城西有数顷田，树果数百株，多先人手自封殖，今已荒秽，恐便斩伐，无复爱惜。"《牛僧孺传》：隋仆射奇章公弘之裔，幼孤，下杜樊乡有赐田数顷，依以为生。可见士夫于先业，守之颇笃。夫其守之弥久，则平民之得之愈难矣，而在势者又乘时豪夺。杨素，《隋书》传言其贪冒财货，营求产业。东西二京，居宅侈丽，朝毁夕复，营缮无已。爰及诸方都会处，邸店、水硙并利田宅以千百数。唐李憕虽称忠义，然《旧书》传言其丰子产业。伊川膏腴，水陆上田，修竹茂树，自城及阙口，别业相望，与吏部侍郎李彭年皆有地癖。郑岩，天宝中仕至绛郡太守，入为少府监，产业亚于憕。《新书·卢从愿传》：数充考校使，宇文融将以括田户功为上下考，从愿不许，融恨之，乃密白从愿盛殖产，估良田数百顷。玄宗自此薄之，目为多田翁。后欲用为相屡矣，卒以是止。融或不免要功近利，从愿亦终为鄙夫也。太平公主，田园遍于近甸膏腴。李林甫，京城邸第、田园、水硙，利尽上腴。元载，城南膏腴、别墅，连疆接畛，凡数十所。宋彦筠，良田、甲第，相望于郡国。将终，以伊、洛间田庄十数区上进。彦筠入城都，据一甲第，因微忿杀其主母，事见第三节。自后常有所睹，心不自安，乃修浮屠以禳之，故临终有此举。刘弘病，给诸子奴婢各十五人田五顷，曰："使贤，固不藉多财，即不贤，守此可以脱饥冻。"余悉散之亲党，则为贤者矣。王绩、陆龟蒙，号称隐逸。然绩有田十六顷，在河渚间。又有奴婢数人。龟蒙居松江甫里，亦有田数百亩，屋三十楹。虽曰田苦下，雨潦则与江通，常苦饥，身畚锸葆刺无休时，然又能置园顾渚山下，岁取租茶。其所占地，亦不为少矣。甚者如《新书·宦者传》言：玄宗时，中人占京师甲第、池园，良田、美产什六；民复何以自业哉？长孙无忌族叔顺德，太宗时刺泽州，前刺史张长贵、赵士达占部中腴田数十顷，夺之以给贫单。贾敦颐，永徽五年（654 年），迁洛州刺史。时豪富之室，皆籍外占田，敦颐都括获三千余顷，以给贫乏。《旧书·良吏传》。《新书》云：举没三千余顷。案此租庸调法存时，多占犹为非法也。两税行而此意尽矣。此等人盖不多遘矣？隋文帝时，苏威立议，以为户口滋多，民田不赡，欲减功臣地以给民。王谊奏曰："百官者，历世勋贤，方蒙爵士，一旦削之，未见其可。如臣所虑，正恐朝臣功德不建，何患人田有不足？"上然之，竟寝威议。人田不足不患，岂知治之言乎？

《新书·罗立言传》：迁河阴令。始筑城郭。地所当者，皆富豪大贾所占。下令使自筑其处。吏籍其阔狭，号于众曰："有不如约，为我更完。"民惮其严，数旬毕。民无田者不知有役。合天祐二年（905 年）之诏观之，知城市中地，亦均为豪富所占矣。

寺观亦为占地者之一。《旧书·王缙传》言：代宗时，京畿之丰田美利，多归于寺观，吏不能制是也。此乃京畿之地，又直君相崇信深挚之时，寻常自不能然。《新书·食货志》：武宗废浮屠，天下毁寺四千六百，招提兰若四万。籍僧尼为民二十六万五千人。奴婢十五万人。田数千万顷。以口除田，人得一顷余，似亦与平民相去无几。但人民受田，徒有空文，即得之亦须赡一家，而僧徒则徒以奉一身，则即以占田论，所享亦倍蓰于民不翅矣，况又得坐享布施乎？此度牒之所以贵欤？

多田者或不善经营。如《旧五代史·世袭·李从曮传》，言其汧、陇之间，有田千顷，竹千亩，恐夺民利，不令理之，致岐阳父老，再陈借寇之言是也。此言即实，亦系罕遘之事，寻常则取之甚酷。陆贽均节赋税之奏曰："今制度弛紊，疆理隳坏；人擅相吞，又无畔限；富者兼地数万亩，贫者无容足之居。依托强豪，以为私属。货其种子，贷其田庐。终岁服劳，日无休息。罄输所假，常患不足。有田之家，坐食租税。贫富悬绝，乃至于此？厚敛促征，皆甚公赋。今京畿之内，每田一亩，官税五升，而私家收租，殆有至一石者，是二十倍于官税也。降及中等，租犹半之，是十倍于官税也。"其剥削之情形，可以想见矣。

《通鉴》：宣宗大中十年（856 年），上以京兆久不理，以翰林学士工部侍郎韦澳为京兆尹。郑光庄吏恣横，胡《注》曰：庄吏，掌主家田租者也。积年租税不入。澳执而械之。上于延英问澳。澳具奏其状。上曰："卿何以处之？"澳曰："寘于法。"上曰："郑光甚爱之，何如？"对曰："陛下自内廷用臣为京兆，欲以清畿甸之积弊，若郑光庄吏，积年为蠹，得宽重辟，是陛下之法，独行于贫户，臣未敢奉诏。"上曰："诚如此，但郑光殢我不置，卿与杖，贷其死，可乎。"对曰："臣不敢不奉诏。愿听臣且系之，俟征足乃释之。"上曰："灼然可。朕为郑光故挠卿法，殊以为愧。"澳归府，即杖之。督租数百斛。足，乃以吏归光。《新书·澳传》云：帝问其故。澳具道奸状。且言必置以法。帝曰："可贷不？"答曰："陛下自内署擢臣尹京邑，安可使画一法独行于贫下乎？"帝入白太后，曰："是不可犯。"后为输租，乃免。又后周太祖广顺元年（951年），衡山指挥使廖偃，与其季父节度巡官匡凝谋，率庄户及乡人悉为兵，胡《注》曰：佃豪家之田而纳租，谓之庄户。与彭师暠共立希萼为衡山王。观此二事，知当时所谓庄者，亦颇足为政治之梗也。

农民恒乐自有其田，故以其所佃者畀之，则其效立见。《旧五代史·周太祖纪》：广顺三年正月乙丑，诏诸道州府系属户部营田及租税课利等，除京兆府庄宅务、赡国军榷盐务、两京行从庄外，其余并割属州县。所征租税、课利，官中只管旧额。其职员节级，一切停废。应有客户元佃系省庄田，桑土舍宇，便赐逐户充为永业。仍仰县司给与凭由。应诸处元属营田户部院及系县人户所纳租中课利，起今年后并与除放。所有牛犊，并赐本户，官中永不收系云。帝在民间，素知营田之弊。至是以天下系官庄田仅万计，悉以分赐见佃户充永业。是岁出户三万余。百姓既得为己业，比户欣然。于是葺屋、植树，敢致功力。又东南郡邑，各有租牛课户。往因梁太祖渡淮，军士掠民牛以千万计，太祖尽给与诸州民输租课，自是六十余载，时移代改，牛租犹在，百姓苦之，至是特与除放。未几，京兆府庄宅务及榷盐务，亦归州县依例处分。或有上言：以天下系官庄田，甚有可惜者。若遣货之，当得三十万缗，亦可资国用。帝曰："苟利于民，与资国何异？"《通鉴》曰：前世屯田，皆在边地，使戍兵佃之。唐末，中原宿兵，所在皆置营田，以耕旷土，其后又募高赀户使输课佃之，户部别置官司总领，不隶州县。或丁多无役，或容庇奸盗，州县不能诘。营田之由来如此，原其故，亦不过官以收税为不足，欲自同于私家之收租；而挟官力以为之，则其暴又有甚于私家者。周祖能毅然除之，其度量诚超越于当时之武人矣。是岁十一月，又废共城稻田务，任人佃莳。亦见《旧史·本纪》。又《通鉴》：世宗显德三年（956年），唐主诏淮南营田，害民尤甚者罢之。其弊亦必有不可忍者也。

《旧书·宣宗纪》：大中三年（849年），既复三州七关，制曰："其秦、威、原三州及七关侧近，访闻田土肥沃，水草丰美，如百姓能耕垦种莳，五年内不加税赋；五年已后，重定户籍，便任为永业。"《旧史·周世宗纪》：显德二年正月乙未，诏应逃户庄田，并许人请射承佃，供纳税租，如三周年内本户来归者，其庄田不计荒熟，并交还一半。五周年内归业者，三分交还一分。如五周年外归业者，其庄田除本户坟茔外，不在交付之限。其近北地诸州，应有陷蕃人户，自蕃界来归业者，五周年内来者，三分交还二分。十周年内来者，交还一半。十五周年来者，三分交还一分。十五周年外来者，不在交还之限。此等无主之地，并可收为官有，而皆许为私业者，非此固无以劝耕也。

碾硙私有，亦为厉民之一大端。杨素、李林甫，事已见前。《新书·王方翼传》：迁肃州刺史。仪凤间，河西蝗，独不至方翼境，而他郡民或馁死，皆重茧走方翼治下。乃出私钱，作水硙，簿其赢以济饥瘵。构舍数十百楹居之。全活甚众。即此一事，可见其利之厚。而倚以剥削者遂相踵。《李元纮传》：仕为雍州司户参军。时太平公主势震天下，百司顺望风指。尝与民竞碾硙，元纮还之民。长史窦怀贞，大惊，趣改之。元纮大书判后曰："南山可移，判不可摇也。"开元初为万年令，赋役称平。擢京兆少尹。诏决三辅渠。时王、主、权家，皆旁渠立硙，潴堨争利。元纮敕吏尽毁之，分溉渠下田。民赖其恩。此两事可谓差强人意。然高力士于京城西北截沣水作碾，并转五轮，日破麦三百斛，莫能正也。玄宗晚年，纲纪可谓颓弛尽矣。《李栖筠传》：进工部侍郎。关中旧仰郑、白二渠溉田，而豪戚壅上游取硙利且百所，夺农用十七。栖筠请皆彻毁，岁得租二百万。

《诸公主传》：代宗女齐国昭懿公主，下嫁郭暧。大历末，寰内民诉泾水为硙壅，不得溉田。京兆尹黎干以请，诏彻硙，以水与民。时主及暧家皆有硙，匄留。帝曰："吾为苍生。若可为诸戚倡。"即日毁。由是废者八十所。二者所述，盖即一时之事。亦可谓差强人意。然《旧书·李吉甫传》言其再入相时，京城诸僧，有以庄硙免税者。吉甫奏曰："钱米所征，素有定额。宽缁徒有余之力，配贫下无告之民，必不可许。"宪宗乃止。权戚虽遭裁抑，缁徒仍敢觊觎，可见其所去不过泰甚不可忍者，其未至此者，则习焉而不以为怪矣。僖宗幸蜀，赐陈敬瑄上都田宅邸硙各十区，更不成话。

五代之世，有志于均税者为周世宗。《旧史·本纪》云：显德五年七月丁亥，赐诸道节度使《均田图》各一面。唐同州刺史元稹在郡日，奏均户民租赋。帝因整其文集而善之，乃写其辞为图，以赐藩郡。时将均定赋税，故先以此图遍赐之。《新史·本纪》论曰：尝夜读书，见唐元稹《均田图》，慨然叹曰："此致治之本也，王者之政自此始。"乃诏颁其图法，使吏民先习知之。期以一岁，大均天下之田。《困学纪闻》曰：考之《会要》，世宗见元稹在同州时所上《均田表》，因制素为图赐诸道。《崔颂传》云：世宗读唐元稹《均田疏》，命颂写为图赐近臣，遣使均诸道租赋。史谓元稹图，误也。《续通历》云：唐同州刺史元稹奏均租赋，帝览文集而善之，写其辞为图以赐。案《会要》载诏辞云："近览元稹《长庆集》，见在同州对所上《均田表》。较当时之利病，曲尽其性，俾一境之生灵，咸受其赐。传于方策，可得披寻。因令制素成图，直书其事。庶王公观览，触目惊心。利国便民，无乱条制。背经合道，尽系变通。但要适宜，所冀济务。繄乃勋旧，共庇黎元。今赐元稹所奏《均田图》一面，至可领也。"不云今所制元稹《均田图》，而曰元稹所奏《均田图》。《通鉴》记此事亦曰：帝欲均田租，以元稹《均田图》遍赐诸道。窃疑稹奏本自有图，而后来之传本佚之，即深宁亦未得见。若欧阳公及司马公之语，则自本旧文，不可谓之误也。不然，今稹集所存奏文，辞甚简略，安见所谓曲尽其情者哉？惟欧《史》言王者之政自此始，使人億想世宗似有意于裒多益寡，大均天下之土田，则易致误会。稹在同州，推行之节目，虽已无存，其指意则寻绎奏文，自有可见。除论职田等弊已见前文外，大要言："当州两税地，并是贞四年检责。至今已是三十六年。其间人户逃移，田地荒废。又近河诸县，每年河路吞侵，沙苑侧近，日有沙砾填掩。百姓税额已定，皆是虚额征率。其间亦有豪富兼并，广占阡陌，十分田地，才税二三，致使穷独逋亡，赋税不办。州县转破，实在于斯。"其措施，则令百姓自通手实状，又令里正书手等傍为稳审。据其所通，除去逃户荒地及河侵、沙掩等地，余为见定顷亩。乃取两税之额均配。职田、州使田、官田等，则皆以与百姓。其意只是除无田之税，出无税之田，非谓夺诸连阡接陌之家，以畀无地置锥之子。乃均税，非均田也。《通鉴》又载是岁诏散骑常侍艾颖等三十四人分行诸州，均定田租。盖即《崔颂传》所谓遣使均诸道租赋者也。此虽未足语于本原，而在当时，则自为善政矣。

山泽之利，亦有为豪强所擅者。《隋唐·地理志》云：梁州，其边野富人，多规山泽，以财物雄使夷僚，故轻为奸臧，权倾州县。此亦其旧俗乎？《新书·王播传》：弟子式，为明、越观察使，以平仇甫。余姚民徐泽，擅鱼盐之利，慈溪民陈瑊，冒名仕至县令，皆豪纵，州不能制。式曰："甫窃发不足畏，若泽、瑊乃巨猾也。"穷治其奸，皆榜死。此等事多在山海之滨。以政令之力，至此遂成弩末耳。

第三节　侈靡之俗

隋、唐、五代，为风俗侈靡之世。盖承南北朝之后，南方既习于纵恣，北方又渐染胡俗也。隋、唐王室，皆承魏、齐、周之旧风，未能革正，而安、史之乱作，安、史乱后，则武夫攘臂，又复于魏、晋以来割据分裂之局矣。从来论风俗者，皆狃于旧说，以为上好礼则举国从风，此乃氏族之世，上下生活本无大差殊，而一群之人，咸有其必遵之轨范，故制礼节则年虽大杀，众不恇惧。至国家兴而上下等级，截然画分。其生活本不相侔，抑且彼此隔绝。上奢纵，下未必能效之，上节俭，化亦不及于下，风行草偃，徒虚言耳。历代所谓奢侈，只是政府中人，次则驵侩者流，承平既久，获利愈丰，其所以自奉养者，遂纵恣而无极。至于闾陌之民，则虽时和年丰，兵革不作，其为人所役属，含辛茹苦如故也，夫安得而奢纵？以风俗之侈靡，归咎于举国之人，一若其无不违礼者，缪矣。然居高明者而能节俭，惠未必及于下，及其奢纵，则由物力之屈而诛求愈甚，终至民不聊生，干戈起而举国之人咸受其弊矣。此则可为浩叹者也。

史家极称隋文帝之恭俭，谓其令行禁止，上下化之，举开皇、仁寿之间，丈夫不衣绫绮，而无金玉之饰为证。《隋书·本纪赞》。此亦庶僚为然耳，居高明者，奢纵曷尝少减？如杨素即其一也。贺若弼，史称其家珍玩不可胜计，婢妾曳罗绮者数百，功名之士如此，下焉者可知。《旧唐书·宗室传》：河间王孝恭，性奢豪，重游燕，歌姬舞女，百有余人。陇西王博乂，高祖兄子。有妓妾数百人，皆衣罗绮，食必粱肉。朝夕弦歌自娱，骄奢无比。皆前世之余风也。太宗虽享美名，实亦奢侈，高宗以后愈甚，说已见前。《旧书·五行志》：神龙元年（705 年），洛水涨，坏百姓庐舍二千余家。诏九品以上直言极谏。右卫骑曹宋务先疏曰："数年已来，公私俱竭，户口减耗。家无接新之储，国无候荒之蓄。陛下不出都邑，近观朝市，则以为率土之人，既康且富，及至践闾陌，视乡亭，百姓衣牛马之衣，食犬彘之食，十室而九空。丁壮尽于边塞，孤孀转于沟壑。猛吏淫威奋其毒，暴征急政破其资。马困斯跌，人穷乃诈，或起为奸盗，或竞为流亡，从而刑之，良可悲也。臣观今之甿俗，率多轻佻。人贫而奢不息，法设而伪不止。长吏贪冒，选举私谒。乐多繁淫，器尚浮巧。稼穑之人少，商旅之人多。诚愿坦然更化，以身先之，端本澄源，涤瑕荡秽。”读此疏，当道者恣行剥削之情形，可以概见。《穆宗纪》：长庆元年二月丙子，上观杂伎乐于麟德殿，欢甚。顾谓给事中丁公著曰：“比闻外间公卿士庶，时为欢宴，盖时和民安，甚慰予心。”对曰：“诚有此事。然臣之愚见，风俗如此，亦不足嘉。百司庶务，渐恐劳烦圣虑。”上曰：“何至于是？”对曰：“国家自天宝以后，风俗侈靡，宴席以喧哗沉湎为乐，而居重位、秉大权者，优杂倨肆于公吏之间，曾无愧耻，公私相效，渐以成俗。由是物务多废。独圣心求理，安得不劳宸虑乎？”时上荒于酒乐，公著因对讽之。穆宗诚为荒淫，然公著所言士大夫之弊风，必不能无中生有也。《郑覃传》：文宗谓宰臣曰：“朕闻前时内库惟二锦袍，饰以金鸟。一袍玄宗幸温汤御之，一即与贵妃。当时贵重如此。如今奢靡，岂复贵之？料今富家，往往皆有。”《新书·诸公主·顺宗女汉阳公主传》：文宗尤恶世流侈。因主人问曰：“姑所服何年法也？今之弊何代而然？”对曰：“妾自贞元时辞宫，所服皆当时赐，未尝敢变。元和后数用兵，悉出禁藏纤丽物赏战士，由是散于人间，狃以成风。”观此，知世愈乱，奢侈愈甚。盖乱世虽四海困穷，自有乘机幸获者，奢侈之甚，由贫富之不均，非由物力之丰足也。因此乃愈以召乱。《新五代史·前蜀世家》云：唐庄宗遣李严聘蜀。衍与俱朝上清。蜀都庶士，帘帷珠翠，夹道不绝。严见其人物富盛而衍骄淫，归乃献策伐蜀。以区区之蜀，而其慢藏诲盗如此，况其大焉者乎？

唐初虽失之侈，尚非不可挽救，流荡忘返，实始高宗，至武后而大纵，玄宗初，颇有志惩革，后乃变本加厉，事具见前。其时权戚，为太平公主、李林甫、杨国忠等无论矣。即下于此者，亦复豪无轨范。如王琚，史言其著勋中朝，又食实封，典十五州。常受馈遗。下檐帐设，皆数千贯。玄宗念旧，常优容之。侍儿二十人，皆居宝帐。家累三百余口。作造不遵法式。每移一州，车马填路，数里不绝。携妓从禽，恣为欢赏，垂四十年焉。此等人而亦漫无裁制，能无速天下之乱乎？天宝丧败，余风未殄。裴冕徒以劝进，实无大功，乃兼掌兵权留守之任，俸钱每月二千余贯。性本侈靡，好尚车服，及营珍馔。名马在枥，直数百金者常十数。每会宾友，滋味品数，坐客有昧于名者。纲纪如此，而克复两京，平相州，宁非天幸？不特此也。邵说历事思明、朝义，常掌兵事。朝义之败，降于军前。郭子仪爱其才，留于幕下。累授长安令、秘书少监，迁吏部侍郎、太子詹事，以才干称。谈者或以宰相许之。金吾将军裴儆谓谏议大夫柳载曰："以鄙夫所度，说得祸不久矣。且说与史思明父子定君臣之分，居剧官，掌兵柄，亡躯犯顺，前后百战；于贼廷掠名家子女以为婢仆者数十人；剽盗宝货，不知纪极；力屈然后降，朝廷宥以不死，获齿班序，无厚颜，而又皇皇求财，崇饰第宅，附托贵幸，以求大用。不知愧惧，而有得色，其能久乎？"然后亦不过贬谪而已。此无他，风气既成，故举朝皆顺逆不明，莫知其非也。元载等之怙权黩货，复何怪乎？

至于武人，则尤不可说。郭子仪，元勋也，史称其侈穷人欲而君子不之罪。《旧书》本传。案此语出于裴垍，见《新书·传赞》。《传》述其事曰："岁入官俸二十万贯，私利不在焉。其宅在亲仁里，居其里四分之一。中通永巷。家人三千，相出入者不知其居。前后赐良田、美器、名园、甲馆。声色珍玩，堆积羡溢，不可胜纪。"当民挼穗供军、裂纸为裳之日而如此，于汝安乎？《传》又云：子仪薨后，杨炎、卢杞相次秉政。奸谄用事，尤忌勋族。子仪之婿太仆卿赵纵，少府少监李洞清，光禄卿王宰，皆以家人告讦细过，相次贬黜。曜子仪长子。家大恐。赖宰相张镒，力为庇护。奸人幸其危惧，多论夺田宅、奴婢。曜不敢诉。德宗微知之。诏其家前时与人为市，以子仪身殁，或被诬构，欲论夺之，有司无得为理，方已。史又称子仪权倾天下而朝不忌，功盖一代而主不疑，盖其为人本无足疑忌？子仪战略，本无足称，特乘安、史之自败而成功耳。故《旧书》本传，亦谓其威略不逮李光弼。《旧书》所著评语，多系时人议论，恶直丑正处甚多，然亦时有真知灼见也。其于御下，则失之宽纵，故下皆乐就之，然亦无为之死党者。杨炎、卢杞等构之何为？然则群起而攻之者，特睨其财而思夺之耳。彼其与人为市，岂得无所侵陵？然则目击其侈，穷人欲而不之罪者，其人果君子乎？马璘、马燧、李晟皆号称名将。璘、燧皆身为纵侈。晟与子愬，世济其美，而愿、听皆骄以亡身。高崇文之入成都，珍宝山积，市井不移，而及其去也，帑藏之富，百工之巧，举以自随，蜀都一罄。然则一时以节制称者，其人又可终恃乎？而严武、郭英乂、崔宁、陈少游辈之公然攘夺者，更无论矣。逮于末叶，裂冠毁冕愈甚，遂有如高骈在淮南之所为，而五代偏方之国踵之。其残民以逞，可胜道哉？

又不必武夫也。白居易，士大夫之贤者也。而其自叙所居曰："东都风土水木之胜在东南偏，东南之胜在履道里，里之胜在西北隅。西闬北垣第一第，即白氏叟乐天退老之地。地方十七亩，屋室三之一，水五之一，竹九之一，而岛树桥道间之。初乐天既为主，喜且曰：虽有池台，无粟，不能守也，乃作池东粟廪。又曰：虽有子弟，无书，不能训也，乃作池北书库。又曰：虽有宾朋，无琴酒，不能娱也，乃作池西琴亭，加石樽焉。乐天罢杭州刺史。得天竺石一、华亭鹤二以归，始作西平桥，开环池路。罢苏州刺史时，得太湖石五，白莲、折要菱、青板舫以归，又作中高桥通三岛迳。罢刑部侍郎时，有粟千斛，书一车，洎臧获之习管磬弦歌者指百以归。"此竭几农夫、几绩女之力，而后能供之乎？《旧书·杜亚传》曰：出为淮南节度，承陈少游之后，淮南之人望其划革旧弊，而亚自以才当公辅，连出外职，志颇不适，政事多委参佐。招引宾客，谈论而已。又盛为奢侈。江南风俗，春中有竞渡之戏，万舟并进，以急趋疾进者为胜。亚乃令以漆涂船底，贵其速进。又为绮罗之服，涂之以油，令舟子衣之，入水而不濡。亚本书生，奢纵如此。《段文昌传》曰：文昌布素之时，所向不偶。及其达也，扬历显重。出入将相，洎二十年。其服饰玩好，歌童妓女，苟悦于心，无所爱惜。乃至奢侈过度，物议贬之。然则所谓书生者，又岂大愈于武夫哉？

五代风气，更如横流溃决，不可收拾。贵戚如袁象先，世臣如赵岩，手握重兵，关系存亡者如杨师厚、杜重威，皆不知有君，不知有国，惟贿之求；而文臣如苏逢吉等，亦肆无忌惮。景延广身构滔天之衅，石晋而亡，岂有全理？乃犹大治第宅，园置妓乐，惟意所为。终以顾虑其家，不能引决，为虏所絷。桑维翰智计逾于延广矣，而欧《史·贾纬传》言：汉隐帝时，诏与王伸、窦俨等同修晋高祖、出帝、汉高祖实录。初维翰为相，恶纬为人，待之甚薄。纬为《维翰传》，言维翰死有银八千铤。翰林学士徐台符以为不可，数以非纬。纬不得已，更为数千铤。纬讦维翰之贿，或出私意，然谓维翰不好贿，不可得也。《五代史补》云：高郁与马殷俱起行阵，贪且僭。常以所居之井，不甚清澈，思所以澄汰之，乃用银叶护其四方，自内至外皆然，谓之拓里。其自奉过差皆此类，不亦匪夷所思乎？

此等贪冒，不待充类至义之尽，业已行同盗贼矣，乃又有甚于此者。《旧书·王锷传》：子稷。锷在藩镇，常留京师，以家财奉权要。广治第宅。作复垣洞穴，实金钱于其中。长庆二年（822 年），为德州刺史，广赍金宝仆妾以行。节度使李全略利其货而图之，致本州军乱，杀稷。其室女为全略所掳，以妓媵处之。《胡证传》：素与贾餗善。及李训败，禁军利其财，称证子溵匿餗，乃破其家。一日之内，家财并尽。军人执溵入左军，仇士良命斩之以徇。是内外军人，皆躬为杀人越货之行也。《旧五代史·张筠传》云：雍州康怀英以病告，诏筠往代之。比至，怀英已卒，因除筠为永平军节度使、大安尹。怀英在长安日，家财甚厚。筠尽夺之。泾阳镇将侯莫陈威，前与温韬同剽唐氏诸陵，大贮瑰异之物，筠乃杀威而籍其家。同光末，随魏王继岌伐蜀。奏弟镂权知西京留守事。蜀平，王衍挈族入朝，至秦川驿，庄宗遣中使向延嗣乘驿骑尽戮衍族。所有奇货，尽归于延嗣。俄闻庄宗遇内难，继岌军次兴平，镂乃断咸阳浮桥，继岌浮渡至渭南死，一行金宝妓乐，镂悉获之。俄而明宗使人诛延嗣，延嗣暗遁，衍之行装，复为镂有。《秘琼传》云：董温琪为镇州节度使，擢琼为衙内指挥，倚以腹心。及温琪陷蕃，琼乃害温琪之家，载其尸，都以一坎瘗之。温琪在任贪暴，积镪巨万，琼悉辇之以藏其家。遂自称留后。高祖即位，遣安重荣代之。授琼齐州防御使。琼不敢拒，橐其奇货，由邺中赴任。先是邺帅范延光谋叛，遣衙将范邺持书构琼，琼不答，延光深忿之。及闻琼过其境，密使精骑杀琼于夏津，以灭其口。一行金宝侍伎，皆为延光所有。而后来杨光远之杀延光，又未始不以其贿也。《李金全传》云：晋高祖即位之明年，安州屯将王晖杀节度使周瑰。诏遣金全以骑兵千人镇抚其地。未及境，晖为部下所杀。金全至，乱军数百人皆不安。金全说遣赴阙，密伏兵于野，尽杀之。又擒其军校武彦和等数十人斩之。初金全之将行也，高祖戒之曰："王晖之乱，罪莫大焉。但虑封守不宁，则民受其弊。"因折矢飞诏，约以不戮一人，仍许以晖为唐州刺史。又谓金全曰："卿之此行，无失吾信。"及金全闻彦和等当为乱之日，劫掠郡城，所获财货，悉在其第，遂杀而夺之。《郑仁诲传》云：王殷受诏赴阙，太祖使仁诲赴邺都巡检。及殷得罪，仁诲不奉诏，即杀其子，盖利其家财妓乐也。《宋彦筠传》云：伐蜀之役，率所部从康延孝为前锋。入成都，据一甲第。第中资货巨万，妓女数十人，尽为其所有。一旦与其主母微忿，遽击杀之。《王守恩传》云：历诸卫将军。开运末，契丹陷中原。守恩时因假告归于潞。潞州节度使张从恩，惧契丹之盛，将朝于契丹，以守恩婚家，甚倚信之，乃移牒守恩，请权为巡检使。从恩既去，守恩以潞城归于汉祖，仍尽取从恩家财。此等皆杀人越货者所不为，而此辈忍为之，又岂独豺狼当道乎？然身亦未尝不受其祸。《白再荣传》云：高祖以为镇州留后。为政贪虐难状，镇人呼为白麻荅。未几，移授滑州节度使。箕敛诛求，民不聊生。乃征还京师。周太祖入京城，军士攻再荣之第，迫胁再荣，尽取财货。既前启曰："某等尝趋事麾下，一旦无礼至此，今后何颜谒见？"即奋刃击之，挈其首而去。后家人以帛赎葬之。《安叔千传》云：契丹以为镇国军节度使。汉高祖入，立罢归京师。自以尝私附契丹，颇怀愧惧，以太子太师致仕。周太祖兵入京师，军士大掠。叔千家赀已尽，而军士意其有所藏，棰掠不已。伤重，归于洛阳，卒，年七十二。曾子曰："戒之戒之，出乎尔者，反乎尔者也。"处其境者自不悟耳。

《隋唐·李德林传》云：年十六，遭父艰。自驾灵舆，反葬故里。时正严冬，单衰跣足。州里人物，由是敬慕之。博陵豪族有崔谌者，仆射之兄。因休假还乡，车服甚盛。将从其宅诣德林赴吊。相去十余里，从者数十骑，稍稍减留，比至德林门，才余五骑。云："不得令李生怪人熏灼。"此与杨绾相而郭子仪自减其坐中声乐同。知守礼，则虽富而不敢骄。虽非善俗之本，较之随俗波靡者，自为贤矣。《柳公绰传》言其性谨重，动循礼法。属岁饥，其家虽给，每饭不过一器，岁稔复初。此虽未能振施，亦愈于坐视人之饥而饮食若流者也。段秀实，史言其清约率易。非公会不听乐饮酒，私室无妓媵，无赢财，退公之后，端居静虑而已。陆长源，史言其清白自将。去汝州，送车二乘，曰："吾祖罢魏州，有车一乘，而图书半之，吾愧不及先人。"此并志士，清节挺挺，终死义烈，良非偶然。刘晏、韩滉，皆非纯白，然晏，史言其所居修行里，粗朴卑陋，饮食俭狭，室无媵婢。既死，簿录其家，惟杂书两乘，米麦数斛而已。滉，史言其虽宰相子，而性节俭。衣裘茵衽，十年一易；甚暑不执扇；居处陋薄，取蔽风雨；当门列戟，以父时第门不忍坏，乃不请。堂先无挟庑，弟洄稍增之。滉见即彻去，曰："先君容焉。吾等奉之，常恐失坠。若摧圮，缮之则已。安敢改作，以伤俭德？"居重位，清洁疾恶，不为家人资产。自始仕至将相，乘五马，无不终枥下。此亦功名之士，所好自与流俗殊也。冯道，丁父忧，持服景城，遇岁俭，所得俸余，悉振乡里，所居惟蓬茨而已。牧宰馈遗，斗粟匹帛无所受。一日上谒，既退，明宗顾谓侍臣曰："冯道性纯俭。顷在德胜寨，居一茅庵，与从人同器食，卧则刍藁一束。其心晏如也。及以父忧，退归乡里。自耕樵采，与农夫杂处，略不以素贵介怀。真士大夫也。"道盖以俭德避祸者也。张仁愿兄仁颖，善理家，勤而且约。妇女衣不曳地。什物多历年所如新市。此乃田舍翁善居积者。姚觊，不知钱陌铢两之数，御家无法。卒之日，家无余赀，官为赗赠乃能敛。崔居俭，拙于为生。居显官，衣服常乏。死之日，贫不能葬。则适与相反耳。皆不足尚也。

游观燕乐，为人情之所不能无，古人乃因之以置节，此原不足为病。然其后踵事增华，寖忘初意，则其弊有不可胜穷者矣。此等事不胜枚举，生日之浪费，其一端也。庆祝生辰，古无此举，盖因其时尚无历日之故。故唐人尚以其事为胡俗。《旧书·韦绶传》：穆宗即位，以师友之恩，召为尚书右丞，兼集贤院学士。绶以七月六日是穆宗载诞节，请以是日百官诣光顺门贺太后，然后上皇帝寿。时政道颇僻，敕出，人不敢议。久之，宰相奏古无生日称贺之仪，其事终寝。《通鉴》后汉隐帝乾祐三年（950年）《注》引《容斋随笔》，谓明年复行贺礼，受贺之事，盖自长庆至今用之，则其失卒未能正。然在唐时，夫固人知其非礼。《新书·唐临传》：孙绍，中宗时为太常博士，四时及列帝诞日，遣使诣陵如事生，绍以为非礼，引正谊固争，亦其一证。臧荣绪以宣尼庚子日生，是日陈五经而拜之，为史言生日之始。亦渐染胡俗者也。隋文帝仁寿三年（603年），下诏言六月十三是朕生日，宜令海内为武元皇帝、元明皇后断屠，见《隋书·本纪》。为帝王自言生日之始。然此尚出于追念劬劳，为亡者资福之意，非以其日称庆也。唐玄宗始以生日为千秋节，令天下诸州燕集，休假三日。仍编为令。《旧书·玄宗纪》开元十七年（729年）。《通鉴》云：寻又移社就千秋节。《注》云：后改千秋节为天长节。自此，历代帝王，皆以生日置节。唐惟德、顺、宪、穆四朝，不立节名。然德宗生日，王虔休仍作继天诞圣乐以进。《旧书·哀帝纪》：帝以八月丙午即位，甲寅，中书奏皇帝九月三日降诞，请以其日为乾和节，从之。丁巳，敕乾和节方在哀疚，其内道场宜停。庚申，敕乾和节文武百寮、诸军、诸使、诸道进奏官准故事于寺观设斋，不得宰杀，只许酒果脯醢。辛酉，敕三月二十三日嘉会节，伏以大行皇帝仙驾上升，灵山将卜，神既游于天际，节宜辍于人间，准故事，嘉会节宜停。是时唐已朝不保夕，而旬日之间，因生日降敕者四焉。岂不哀哉？《新书·礼乐志》论玄宗，谓其君臣共为荒乐，当时流俗，多传其事以为盛，其后巨盗起，陷两京，自此天下用兵不息，而离宫苑囿，遂以荒堙，独其余声遗曲传人间，闻者为之悲凉感动。其事适足为戒，而不足考法。《志》又云：帝幸骊山，杨贵妃生日，命小部张乐长生殿，因奏新曲。未有名。会南方进荔枝，因名曰《荔枝香》。其荒淫如此。然自此已后，休假燕乐，遂成故事矣。《旧书·文宗纪》：开成二年九月甲申，诏曰："庆成节朕之生辰，天下锡宴，庶同欢泰。不欲屠宰，用表好生，非是信尚空门，将希无妄之福。恐中外臣庶，不谕朕怀，广置斋筵，大集僧众，非独凋耗物力，兼恐致惑生灵。自今宴会蔬食，任陈醋醢，永为常例。"观此。知广置斋筵，费转甚于陈醋醢者也。又敕：庆成节宜合准上巳、重阳例，于曲江会文武百寮。延英奉觞宜权停。盖自甘露变后，帝居常忽忽不怿之故？然于燕集则无损也。休假例为三日，节日及节前后，各一日，至五代未改，见《旧史·梁太祖纪》开平元年（907年），《末帝纪》乾化元年（911年），《唐明宗纪》天成元年（926年）。武宗即位，以二月十五日为玄元皇帝降生日，立为降圣节，休假一日，见《旧书·本纪》。《旧史·唐明宗纪》：天成三年正月，中书上言："旧制降圣节应休假三日，准会昌元年二月敕，休假一日，请准近敕。"从之。则亦尝有三日之制矣。《末帝纪》：清泰二年正月，中书、门下奏："遇千春节，凡刑狱公事奏覆，候次月施行。今后请重系者即候次月，轻系者即节前奏覆决遣。"从之。《晋高祖纪》：天福六年二月，诏天下郡县，不得以天和节禁屠宰、辄滞刑狱，则其废事，又有出于休假之外者矣。唐文宗开成二年（837年）甲申之诏，《旧纪》上无九月字，然是年八月壬辰朔，其月不得有甲申，故知纪夺九月字也。玄宗千秋节，王公已下献镜及承露囊；亦见《旧书·本纪》。吏部尚书崔日用采《毛诗·大小雅》二十篇，及司马相如《封禅书》表上之。其后改称天长节，则张九龄献《金镜录》。德宗诞日，皇太子献佛像。此尚未为多费，且颇有箴规之意。然藩镇遂藉进献以邀恩，并有借此以牟利者。如王智兴以敬宗诞月，于泗州置僧坛度人，人纳二缗，李德裕谓江淮已南，当失六十万丁壮，则智兴可得百二十万缗矣。藩镇进奉，流弊孔多。《新书·常衮传》言代宗诞日，诸道争以侈丽奉献，不则为老子、浮屠解祷事。衮以为节度、刺史，非能男耕而女织也，类出于民，是敛怨以媚上也。请皆还之。然《食货志》言代宗于四方贡献至数千万者，加以恩泽，则岂徒不能还之而已。齐映为银瓶高八尺，于德宗诞日以献，见第七章第六节。《旧书·卢征传》：贞元八年（792年）春，同州刺史阙，特诏用征。数岁，转华州刺史。故事，同、华以地近人贫，正、至、端午、降诞，所献甚薄。征遂竭其财赋，有所进献，辄加常赋，人不堪命。《新书·郑珣瑜传》：为河南尹。未入境，会德宗生日，尹当献马。吏欲前取印，白珣瑜视事，且纳贽。珣瑜徐曰："未到官而遽事献，礼欤？"不听。盖群下之务求自媚如此。《旧五代史·梁太祖纪》：开平元年（907年），大明节，内外臣寮各以奇货良马上寿。二年（908年），诸道节度、刺史各进献鞍马、银器、绫帛。三年（909年），诸道节度、刺史及内外诸司、使，咸有进献。《明宗纪》：即位后，诏天下节度、防御使，除正、至、端午、降诞四节，量事进奉，达情而已。自于州府圆融，不得科敛百姓。其刺史虽遇四节，不在贡奉。《晋高祖纪》：天福六年正月，诏应诸州无属州钱处，今后冬至、寒食、端午、天和节及诸色谢贺，皆不得进贡。是其余风至五代而未殄也。《汉隐帝纪》：乾祐三年三月，"邺都留守高行周，兖州符彦卿，郓州慕容彦超，西京留守白文珂，镇州武行德，安州杨信，潞州常思，府州折从阮，皆自镇来朝，嘉庆节故也。"则诸州镇于进奉之外，又有身自来朝者。《唐明宗纪》：天成二年九月，伪吴杨溥遣使以应圣节贡献，则邻国亦有来者矣。此又徒增馆驿宴犒之费而已。《旧书·睿宗诸子传》，谓玄宗至宪生日，必幸其宅，移时燕乐。《旧史·晋少帝纪》：天福七年七月，遣中使就中书赐宰臣冯道生辰器币。道以幼属乱离，早丧父母，不记生日，坚让不受。道丧父在其仕后唐时，见上，此不可谓早，盖以其赐为非礼，故托辞以谢耳。则不徒君上，即臣下亦以其日事燕乐，相馈遗。而生辰称庆，遂成习俗矣。苦乐皆有生后事，论生则本无可欣，亦无可戚，遇生日而称庆者，与谓有生为忧患之始，同为不达。必谓其日足为记念，则如契丹有再生之仪，《辽史·礼志》：再生仪：凡十有二岁，皇帝本命前一年，禁门北除地置再生室、母后室，先帝神主舆，在再生室东南，倒直三岐木。其日，以童子及产医妪置室中。一妇人执酒，一叟持矢箙，立于室外。有司请神主降舆，致奠。奠讫，皇帝出寝殿，诣再生室。群臣奉迎，再拜。皇帝入室，释服，跣，以童子从，三过岐木之下。每过，产医妪致词，拂拭帝躬。童子过岐木七，皇帝卧木侧。叟击箙曰："生男矣。"太巫幪皇帝首，兴。群臣称贺再拜。产医妪受酒于执酒妇以进。太巫奉襁褓采结等物赞祝之。豫选七叟，各立御名，系于采，皆跪进。皇帝选嘉名受之。赐物。再拜退。群臣皆进襁褓采结等物。皇帝拜先帝诸御容，遂宴群臣。此仪于行柴册仪前亦行之。《辽史》云：二仪皆阻午可汗所制。犹使人穆然于生我之劬劳，行遗体之不可不慎，且懔然于赤子之心之不可失，思更始自新也。而嬉游废业，以事宴乐，则其志荒矣。此亦俗之流失，不可不思变革者也。《旧书·太宗纪》：贞观二年六月庚寅，皇子治生。宴五品已上，赐帛有差。仍赐天下是日生者粟。《高宗纪》：龙朔二年六月己未朔，皇子旭轮生。七月丁亥朔，以东宫诞育满月，大赦天下，赐酺三日。案旭轮此时非东宫，《新纪》云以子旭轮生满月大赦，赐酺三日是也。又永淳元年二月，癸未，以太子诞皇孙满月，大赦，改开耀元年（682年）为永淳元年。观此数条，知生子满月相庆，唐时亦已有之。五品赐宴，已为浪费，赐粟、赐酺，亦滥恩，大赦则更成乱政矣。

禁奢之令，仍历代有之，但皆无验耳。《旧书·高宗纪》：永隆二年正月，诏雍州长史李义玄禁紫服赤衣及商贾富人厚葬。玄宗开元二年（714年）禁令，已见第四章第一节。《新书·肃宗纪》：至德二载十二月，禁珠玉宝钿平脱、金泥刺绣。《旧书·代宗纪》：广德二年五月，禁钿作珠翠等。大历六年四月，诏绫锦花文所织盘龙、对凤、麒麟、师子、天马、辟邪、孔雀、仙鹤、芝草、万字、双胜、透背，及大繝绵竭凿六破已上，并宜禁断。其长行高丽白锦，大花绫锦，任依旧例织造。《新书》云：禁大繝竭凿六破锦，及文纱、吴绫为龙凤、麒麟、天马、辟邪者。《新书·德宗纪》：即位后赦文："士庶田宅，车服逾制者，有司为立法度。"《旧书·文宗纪》：大和三年九月，敕两军诸司、内官不得着纱縠绫罗等衣服。十一月，南郊礼毕，大赦节文：禁止奇贡，云四方不得以新样织成非常之物为献。机杼纤丽，若花丝布、缭绫之类，并宜禁断。敕到一月，机杼一切焚弃。四年四月，诏内外班列职位之士，各务素朴。有僭差尤甚者，御史纠上。六年六月，右仆射王涯奉敕准令式条疏士庶衣服、车马、第舍之制。敕下后浮议沸腾。杜悰于敕内条件易施行者宽其限，事竟不行。公议惜之。《新书·车服志》：文宗即位，以四方车服僭奢，下诏准仪制令品秩、勋劳为等级。诏下，人多怨者。京兆尹杜悰条易行者为宽限，而事遂不行。惟淮南观察使李德裕令管内妇人衣袖四尺者阔一尺五寸，裙曳地四五寸者减三寸。《王涯传》：文宗恶俗侈靡，诏涯惩革。涯条上其制。凡衣服、室宇，使略如古。贵戚皆不便，谤讪嚣然，议遂格。八年八月甲申朔，御宣政殿。册皇太子永。是日降诏云："比年所颁制度，皆约国家令式，去其甚者，稍谓得中。而士大夫苟自便身，安于习俗，因循未革，以至于今。百官士族，起今年十月，衣服、舆马，并宜准大和六年十月七日敕。如有固违，重加黜责。"六年十月七日敕，盖即杜悰之所条也？

毁非礼之物者：文宗敕纤丽机杼，敕到一月焚弃，已见前。隋文焚绫文布，见第二章第一节。秦王俊薨后，所为侈丽之物，亦悉命焚之。《旧书·张玄素传》：贞观四年（630年），诏发卒修洛阳宫乾阳殿，以备巡幸。玄素上书谏曰："陛下初平东都，层楼广殿，皆令撤毁，天下翕然，同心欣仰。岂有初则恶其侈靡，今乃袭其雕丽？"又曰："今时功力，何为隋日？役创夷之人，袭亡隋之弊。以此言之，恐甚于炀帝。"太宗曰："卿谓我不如炀帝，何如桀、纣？"对曰："若此殿卒兴，所谓同归于乱。且陛下初平东都，太上皇敕大殿高门，并宜焚毁。陛下以瓦木可用，不宜焚灼，请赐与贫人。事虽不行，然天下翕然，讴歌至德。今若遵旧制，即是隋后复兴。五六年间，趋舍顿异，何以昭示子孙，光敷四海？"《窦琎传》：为将作大匠，修葺洛阳宫。琎于宫中凿池起山，崇饰雕丽。太宗怒，遽令毁之。《通鉴》：玄宗开元二年三月，毁天枢。《旧书·本纪》云："去年九月，有诏毁天枢，至今春始。"语不可解，盖下有夺文。先是韦后亦于天街作石台，高数丈，以颂功德，至是并毁之。《旧书·本纪》：是岁六月，内出珠玉、锦绣等服玩，于正殿前焚之。《新书》事在七月乙未，其详已见第五章第一节。《通鉴》：开元二十五年（737年），是岁，命将作大匠康訾素之东都毁明堂。訾素上言"毁之劳人，请去上层，卑于旧九十五尺，仍旧为乾元殿"。从之。《旧书·德宗纪》：大历十四年七月，"毁元载、马璘、刘忠翼之第，以其雄侈逾制也”。参看第二十章第四节。《文宗纪》：大和元年四月，“壬寅，毁升阳殿东放鸭亭。戊申，毁望仙门侧看楼十间。并敬宗所造也”。《旧五代史·周太祖纪》：广顺元年二月，内出宝玉器及金银结缕宝装饮食之具数十，碎之于殿廷。仍诏所司：凡珍华悦目之物，不得入宫。《旧书·田弘正传》：魏州自承嗣已来，馆宇服玩，有逾常制者，悉命彻毁之。此等于物力皆无所惜，意在维持制度而已。然制度之克立，自有其源，不澄其源，而欲洁其流，则旋毁而旋复，亦徒耗物力而已。

第四节 官私振贷

公家振恤，时愈晚则愈微，而出举兴生之事，顾日盛焉。《隋书·食货志》：开皇八年五月，高颎奏：诸州无课调处，及课州管户数少者，官人禄食，乘前已来，恒出随近之州。但判官本为牧人，役力理出所部。请于所管户内，计户征税。帝从之。先是京官及诸州，并给公廨钱，回易取利，以给公用。至十四年六月，工部尚书、安平郡公苏孝慈等以为所在官司，因循往者，以公廨钱物，出举、兴生，惟利是求，烦扰百姓。败损风俗，莫斯之甚。于是奏皆给地以营农。回易取利，一皆禁止。《高祖纪》：开皇十四年六月，诏省、府、州、县，皆给公廨田。不得治生，与人争利。《苏孝慈传》：先是以百寮供费不足，台、省、府、寺，咸置廨钱，收息取给。孝慈以为与民争利，非兴化之道，上表请罢之。公卿以下，给职田各有差。《通鉴》亦云：诏公卿以下皆给职田。则所给似兼有廨田、职田二者。十七年十一月，诏在京及外诸司公廨，在市回易，及诸处兴生并听之，惟禁出举收利。魏孝文帝颁官禄，罢诸商人，见《两晋南北朝史》第二十章第三节。隋初公廨钱，必沿自周、齐。疑在魏世，官家之出举、兴生，亦未能全绝也。至唐世则更甚。

《新书·食货志》云：诸司置公廨本钱，以番官贸易取息，计员多少为月料。贞观十二年（638年），罢之。以天下上户七千人为胥士，视防阁制而收其课，计官多少而给之。十五年（641年），复置。以诸司、令史主之，号捉钱令史。每司九人，补于吏部。所主才五万钱以下。市肆贩易，月纳息钱四千。岁满受官。谏议大夫褚遂良上疏，言京七十余司，更一二岁，捉钱令史百余人。太学高第，诸州进士，拔十取五，犹有犯禁罹法者，况廛肆之人，苟得无耻？不可使其居职。太宗乃罢捉钱令史，复诏给百官俸。二十二年（648年），置京诸司公廨本钱，捉以令史、府史、胥士。永徽元年（650年），废之。以天下租脚直为京官俸料。其后又薄敛一岁税，以高户主之，月收息给俸。寻颛以税钱给之。天下置公廨本钱，以典史主之。收赢十之七，以供佐史以下不赋粟者常食，余为百官俸料。公廨出举典史，有彻垣墉、鬻田宅以免责者。州县典史捉公廨本钱者，收利十之七。富户幸免徭役，贫者破产甚众。秘书少监崔沔请计户均出。每丁加升尺，所增盖少。流亡渐复，仓库充实，然后取于正赋，罢新加者。《通鉴》系开元六年（718年），云：唐初州县官俸，皆令富户掌钱，出息以给之。息至倍称，多破产者。秘书少监崔沔上言：请计州县官所得俸，于百姓常赋之外，微有所加以给之。从之。开元十年（722年），中书舍人张嘉贞又陈其不便。遂罢天下公廨本钱，复税户以给百官。籍内外职田，赋逃还户及贫民。十八年（730年），复给京官职田。州县籍一岁税钱为本，以高户捉之，月收赢以给外官。复置天下公廨本钱，收赢十之六。德宗时，祠祭、蕃夷赐宴别设，皆长安、万年人吏主办。二县置本钱配纳质积户收息以供费。诸使捉钱者，给牒免徭役。有罪，府县不敢劾治。民间有不取本钱立虚契，子孙相承为之。尝有殴人破首，诣闲厩使纳利钱，受牒贷罪。御史中丞柳公绰奏诸主捉钱户府县得捕役，给牒者毁之。自是不得钱者不纳利矣。元和九年

（814年），户部除陌钱每缗增垫五钱，四时给诸司、诸使之餐，置驱使官督之。御史一人，核其浸渔。起明年正月，收息五之一。号元和十年（815年）新收置公廨本钱。初捉钱者私增公廨本，以防耗失，而富人乘以为奸，可督者私之，外以逋官钱迫蹙闾里。民不堪其扰。御史中丞崔从奏增钱者不得逾官本。其后两省捉钱官给牒逐利，江淮之民，鬻茶盐以挠法。宰相李珏、杨嗣复奏堂厨食利钱扰民烦碎。于是罢堂厨捉钱官，置库量入计费。《志》所言唐代公家出举、兴生之事如此。其散见他处者：《旧书·玄宗纪》：开元二十六年正月。长安、万年两县，各与本钱一千贯，收利供驿。三月，河南、洛阳亦借本钱一千贯，收利充人吏课役。《代宗纪》：永泰元年三月，诏左仆射裴冕等十三人并集贤院待诏。上以勋臣罢节制者，京师无职事，乃合于禁门书院间，以文儒公卿宠之也。仍特给飧本钱三千贯。《穆宗纪》：元和十五年八月，赐教坊钱五千贯，充息利本钱。长庆三年十月，赐内园使公廨本钱一万贯，军器使三千贯。《懿宗纪》：咸通五年五月，以南蛮侵犯，湖南、桂州，是岭路系口，诸道兵马纲运，无不经过，顿递供承，动多差配，潭、桂两道，各赐钱三万贯，以助军钱，亦以充馆驿息利本钱。江陵、江西、鄂州三道，比于潭、桂，徭配稍简，令本道观察使详其闲剧，准此例兴置。《礼乐志》：永泰二年（766年），国子学成，贷钱一万贯，五分收钱，以供监官学生之费。《新书·宦者·鱼朝恩传》云：赐钱千万，取子钱供秩饭。其藉以供经费者，可谓广矣，而弊窦亦层见叠出。《旧书·沈传师传》：父既济，建中二年（781年）夏，敕中书门下两省分置待诏官三十员，以见官、前任及同正、试、摄九品以上，择文学、理道、韬钤、法度之深者为之。各准品秩给俸钱。廪饩、干力、什器、馆宇之设，以公钱为之本，收息以赡用。既济上疏论之曰："置钱息利，是有司权宜，非陛下经理之法。今官三十员，皆给俸钱，干力及厨廪、厅宇，约计一月不减百万。以他司息利准之，当以钱二千万为之本。若均本配人，当复除二百户，或许其入流。反覆计之，所损滋甚。当今关辅大病，皆为百司息钱。伤人破产，积于府县。实思改革，以正本源。”《新书·李德裕传》：始二省符江淮大贾使主堂厨食利，因是挟赀行天下，所至州镇为右客，富人倚以自高。德裕一切罢之。是内外交受其弊也。《忠义传》：王同皎孙潜，元和中，擢累将作监。监无公食，而息钱旧皆私有。至潜，取以具食。遂为故事。《杜兼传》：子中立，文宗时，拜司农卿。初度支度六宫飧钱移司农，司农季一出付吏。大吏尽举所给于人，权其子钱以给之。既不以时，黄门来督责、慢骂。中立取钱纳帑舍，率五日一出。吏不得为奸。后遂以为法。是官吏皆有因以自润者也，其弊可谓博矣。然民间事业，亦有籍置本以谋经费者。《苗晋卿传》：为魏郡太守。会入计，因上表请归乡里，出俸钱三万为乡学本，以教授子弟，是其事也。可见民间资本之乏矣。

惟其然，故私家亦竞事出举以求利。《隋书·秦王俊传》，言其镇并州时出钱求息，民吏苦之。《旧书·高季辅传》：季辅于太宗时上封事，言公主、勋贵，放息出举，追求什一。《杜亚传》：充东都留守，既病风，尚建利以固宠。奏请开苑内地为营田，以资军粮，减度支每年所给，从之。亚不躬亲部署，但委判官张萼、杨晪。苑内地堪耕食者，先为留司中官及军人等开垦已尽。亚计急，乃取军中杂钱，举息与畿内百姓。每至田收之际，多令军人车牛，散入村乡，收敛百姓所得菽粟将还。军民家略尽，无可输税。人多艰食。由是大致流散。《新书·徐有功传》：博州刺史琅邪王冲责息钱于贵乡，家奴督敛，与尉颜余庆相闻知。《通鉴》：后汉高祖乾祐元年（948年），蜀司空兼中书侍郎同平章事张业，于私第置狱，系负债者或历年，至有瘐死者。此等皆恃势放债者也。亦有恃势借债者。《旧书·高宗诸子传》：章怀太子子守礼，常带数千贯钱债。或谏之。守礼曰：“岂有天子兄没人葬？”《李晟传》：子惎，累官至右龙武大将军。沉湎酒色，恣为豪侈。积债至数千万。其子贷回鹘钱一万余贯不偿，为回鹘所诉。文宗怒，贬恭为定州司法参军。是其事矣。然恃势负债之人，亦自有能与之交涉者。《旧书·武宗纪》：会昌二年二月，中书奏“赴选官人多京债，到任填还。致其贪求，罔不由此。今年三铨，于前件州府得官者，许连状相保，户部各备两月加给料钱，至时折下。所冀初官到任，不带息债，衣食稍足，可责清廉。”从之。则清代所谓京债者，唐时已有之矣。《高瑀传》：大和初，忠武节度使王沛卒，物议以陈、许军四征有功，必自择帅。或以禁军之将得之。宰相裴度、韦处厚议：瑀深沈方雅，曾刺陈、蔡，人怀良政；又熟忠武军情，欲请用瑀。事未闻，陈、许表至，果请瑀为帅。乃授忠武节度使。自大历已来，节制除拜，多出禁军中尉。凡命一帅，必广输重赂。禁军将校当为帅者，自无家财，必取资于人，得镇之后，则膏血疲民以偿之。及瑀之拜，以内外公议，缙绅相庆曰：“韦公作相，债帅鲜矣。”此又武官之京债也。《后妃传》：穆宗贞献皇后萧氏，福建人。生文宗。后因乱去乡里，自入王邸，不通家问。别时父母已丧，有母弟一人。文宗诏闽、越连率于故里求访。有户部茶纲役人萧洪，自言有姊流落。估人赵缜，引洪见后姊徐国夫人女婿吕璋。夫人亦不能省认；俱见太后，呜咽不自胜。上以为复得元舅，遂拜河阳怀节度使。迁鄜坊。先是有自神策两军出为方镇者，军中多资行装，至镇三倍偿之。时有自左军出为鄜坊者，资钱未偿而卒于镇，乃征钱于洪。宰相李训，雅知洪诈称国舅，洪惧，请训兄仲京为鄜坊从事以弥缝之。洪恃与训交，不与所偿。又征于卒者之子。洪俾其子接诉于宰相，李训判绝之。左军中尉仇士良深衔之。时有闽人萧本者，复称太后弟。士良以本上闻，发洪诈假。自鄜坊追洪下狱，御史台按鞫，具服其伪，诏长流驩州，赐死于路。赵缜、吕璋亦从坐。军人放京债者之声势，可以想见。神策吏李昱假贷长安富人钱八千贯不偿，大贾贾陟负五坊息钱，钩考又得卢群逋券，事见第六章第六节。贞元时颁藏钱之禁，高赀大贾亦多倚左右军官钱之名以拒，事见第十八章第四节。又可见军中出举，所及颇广，并不以本军为限也。

商人所畜，本多流通蕃息之财，兼事出举，势自甚便。刘从谏署贾人子为衙将，使行贾州县，而其人遂所在暴横，责子贷钱，以此也。回纥来者，亦多商人，故亦多事出举。《通鉴》：德宗贞元三年（787年），河、陇既没于吐蕃，自天宝已来，安西、北廷奏事及西域使人在长安者，归路既绝，人马皆仰给于鸿胪。礼宾委府县供之，于度支受直。度支不时付直。长安市肆，不胜其弊。李泌知胡客留长安久者或四十余年，皆有妻子，买田宅，举质取利，安居不欲归，命检括胡客有田宅者停其给。凡得四千人。胡《注》曰："举者，举贷以取倍称之利也。质者，以物质钱，计月而取其利也。"开成元年（836年），京兆府奏禁举取蕃客钱，以产业奴婢为质，见第十五章第一节。正指此辈。西域奉使，本多贾胡，即不尽然，而其同族既多此曹，自亦易与之合流。《新书·回鹘传》言其至中国常参以九姓胡，往往留京师至千人，居赀殖产甚厚，亦西胡，非北狄也。

《新书·薛仁贵传》：子讷，迁蓝田令。富人倪氏，讼息钱于肃政台。中丞来俊臣受赇，发义仓粟数千斛偿之。讷曰："义仓本备水旱，安可绝众人之仰私一家？"报上不与。会俊臣得罪，亦止。讼息钱而判以义仓粟为偿，其事殊不可解。度其贷款必与地方公务有关涉也。《宋璟传》：京兆人权梁山谋逆，敕河南尹王怡驰传往按。牢械充满，久未决。乃命璟为京留守，复其狱。初梁山诡称婚集，多假贷，吏欲并坐贷人。璟曰："婚礼借索大同，而狂谋率然，非所防億。使知而不假，是与为反。贷者弗知，何罪之云？"平纵数百人。假贷何必分向数百人，数百人何以能皆信之？其事亦殊不可解。梁山殆豪杰者流，贷与之人，实为所胁耳。《旧书·崔衍传》：继母李氏，不慈于衍，而衍事李氏益谨。李氏所生子郃，每多取子母钱，使其主以契书征负于衎，衎岁为偿之。故衎官至江州刺史，而妻子衣食无所余。郃之举取，习以为常，与之者盖专以此为业，所谓子钱家也？

借贷者不必皆相知，子钱家欲广其业，则必有物以为质。德宗征山东，括僦柜质钱，《通鉴》胡《注》曰："民间以物质钱，异时赎出，于母钱之外，复还子钱，谓之僦柜。"建中三年（782年）。此即今之典肆。《五代史补》：慕容彦超被围，勉其麾下曰："吾库中金银如山积。若全此城，尽以为赐。汝等勿患富贵。"有卒私言曰："侍中银皆铁胎，得之何用？"诸军闻之，稍稍解体。高祖人，有司阅其库藏银，铁胎者果什七八。初彦超令人开质库，有以铁胎银质钱者，经年后，库吏始觉，言之。彦超初甚怒。顷之，谓吏曰："此易致耳。汝宜伪窦库墙，凡金银器用暨缣帛等，速皆藏匿，仍乱撤其余，以为贼践。吾当擒此辈矣。"库吏如其教。彦超下令："恐百姓疑彦超隐其物，宜令三月内各投状，明言质物色，自当陪偿之。"百姓以为然，投状相继。翼日，铁胎银主果出。于是擒之。置之深屋中，使教部曲辈昼夜造用广府库。此银是也。则官亦自设质库以牟利矣。

《全唐文》三载玄宗禁放重利诏曰："比来公私举放，取利颇深，有损贫下，事须厘革。自今已后，天下私举质宜四分收利，官本五分收利。"沈既济谓百万之息，当以钱二千万为之本，正系月息五分，此盖唐代宫中出举取息常率？不轻减以抑民间重利，反抑民间利率，使下于官，宁可得乎？月息五分，二十阅月即利侔于本，使再计息，盘剥未免过深，故子本相侔，即不许再计利息。《旧五代史·梁末帝纪》：贞明六年四月丁亥，制私放远年债负，生利过倍，自违格条。所在州县，不在更与征理之限。龙德元年五月丙戌，制公私债负纳利及倍已上者，不得利上生利。《唐明宗纪》：长兴元年（930年）圜丘赦制：应私债出利已经倍者，只许征本。已经两倍者，本利并放。《晋高祖纪》：天福六年（941年）赦诏：私下债负征利一倍者并放。数诏意旨相同，所谓格条，当出唐代也。

借债有约以他物为偿者。《新五代史·常思传》：广顺三年（953年），徙镇归德。居三年，来朝，又徙平卢。思因启曰："臣居宋，宋民负臣丝息十万两，愿以券上进。"太祖颔之。即焚其券，诏宋州悉蠲除之。盖知其剥削之酷也。然计臣亦有以此为筹款之策者。《通鉴》：后唐庄宗同光二年（924年），孔谦贷民钱，使以贱价偿丝，屡檄州县督之。翰林学士承旨权知汴州卢质上言："梁赵岩为租庸使，举贷诛敛，结怨于人。陛下革故鼎新，为人除害，而有司未改其所为，是赵岩复生也。今春霜害稼，茧丝甚薄，但输正税，犹惧流移，况益以称贷，人何以堪？"此等出举之法，疑民间旧有之，聚敛之臣乃从而效之，而贪残者亦行之一州也。

争名者于朝，争利者于市，而穷乡僻壤之民，殊有告贷无门之苦，则不得不如鱼之相濡以沫。《新书·循吏传》：韦宙，出为永州刺史。民贫无牛以力耕，宙为置社，二十家月会钱若干，探名得者先市牛。以是为准。久之，牛不乏。此深得教民相助之道。人孰能无缓急，穷僻之处，既为出举者所不顾，非其人能自相救恤，尚安得维持延续？其间睦姻任恤之行必甚多，特无闻于世，遂无传于后耳。语曰："善者因之，其次利道之，其次整齐之，最下者与之争。"如韦宙之所为，盖所谓利导之、整齐之者。《隋书·郎茂传》：迁民部侍郎。尚书右仆射苏威立条章，每岁责民间五品不逊。又为余粮簿，拟有无相赡。茂以为繁纡不急，皆奏罢之。夫民非不能为也，然不能承文教而为之。而为之强立条章，而责之以行，是与之争也。宜郎茂之弗听也。

公家救恤之政，后世已几绝迹，而惟借佛家稍存之。《旧书·武宗纪》：会昌五年十一月甲辰，敕悲田养病坊，僧尼还俗，无人主持，恐残疾无以取给。两京量给寺田振济，诸州府七顷至十顷，各于本管选耆寿一人句当，以充粥料。《新书·食货志》云：两京悲田养病坊给寺田十顷，诸州七顷，主以耆寿。是佛教未废时，悲田养病坊，固遍于两京及诸府州也。然其细已甚矣。《玄宗纪》：开元二十二年（734年），是岁断京城乞儿。既断之，亦必有以活之，其亦如悲田坊之类邪？

第十九章　隋唐五代时实业

第一节　农　业

自晋室东渡而后，荆、扬二州，农业日见兴盛，已见《两晋南北朝史》第二十章第一节。隋、唐而后，此等情势，仍有加无已。《旧书·刘晏传》：晏遗书元载，言潭、桂、衡阳，必多积谷。关辅汲汲，只缘兵粮，漕引潇、湘、洞庭，万里几日？沦波挂席，西指长安。三秦之人，待此而饱；六军之众，待此而强。《严震传》言：梁、汉之间，刀耕火耨，民以采梠为事。虽节察十五郡，而赋额不敌中原三数县。《新书·权德舆传》：贞元八年（792 年），关东、淮南、浙西州县大水。德舆建言："江淮田一善熟，则旁资数道。故天下大计，仰于东南。今霪雨二时，农田不开，逋亡日众。宜择群臣明识通方者，持节劳徕。"合此三事观之，荆、扬农业甲于全国，断可识矣。

隋文帝遣使均田，狭乡每丁才至二十亩，见第十八章第二节。此在近世农家，得之亦足自活，而当时意以为少。《新书·玄宗纪》：开元二十二年十一月，免关内、河南八等以下户田不百亩者今岁租。此盖唐时授田，本以百亩为率，今不及此，户等又下，而两畿赋役烦重，故特优之，非谓田不百亩，遂为贫下也。然《旧书·袁高传》言：贞元二年（786 年），上以关辅禄山之后，百姓贫乏，田畴荒秽，诏诸道进耕牛，委京兆府劝课民户，勘责有地无牛百姓，量其地著，以牛均给之。其田五十亩已下人，不在给限。高上疏论之曰："圣慈所忧，切在贫下。有田不满五十亩者，尤是贫人。请量三两家共给牛一头，以济农事。”从之。则地不及五十亩，遂为下贫矣。肃、代时，议钱币者，谓人日食二升，终岁当米七斛二斗，而衣倍之，吉凶之礼再倍，则人终岁当得米二十一斛六斗，已见第十七章第一节。议者又谓田以高下肥瘠丰耗为率，一顷出米五十余斛，则亩才五斗余耳。此固从少计之，然当时农田收获之数，远逊今日，则无疑矣。此等皆生业自然之演进也。开元时，镇戍地可耕者，人给十亩以供粮，见下。以岁食七斛二斗计之，一亩之获，亦不及一斛。

陆龟蒙有田数百亩，而常苦饥，此乃其田所处之污下，而非顷亩之不足也。见第十八章第二节。故农田之命脉，实系于水利。隋、唐水利，掌于工部之水部及都郡水监。晋世，傅玄早言谒者一人之力，行天下诸水，无时得遍，见《两晋南北朝史》第二十章第一节。则亦徒有其名而已。故水利之命脉，又系于地方官。隋、唐、五代之世，能尽心于此者，莫如姜师度。《旧书》本传云：师度好沟洫，所在必发众穿凿，虽时有不利，而成功亦多。先是太史令傅孝忠善占星纬。时人为之语曰：“傅孝忠两眼看天，姜师度一心穿地。”《新书·戴叔伦传》云：试守抚州刺史。民岁争溉灌，为作均水法，俗便利之。此则乏水之地之要图也。论者恒谓北方少水，不便艺稻，其实不然。《旧书·食货志》言：宇文融尝画策开河北王莽河，溉田数千顷，以营稻田，事未果而融败。又《孟元阳传》言：曲环使董作西华屯。元阳盛夏芒屩立稻田中，须役者退而后就舍。故其田岁无不稔。则北方非不可营稻田，特其水利有待人为，非如南方自然饶足，故种稻者较少耳。戴胄说太宗兴义仓，请自王公已下，爰及众庶，计所垦田稼穑顷亩，至秋熟，准其见在苗，以理劝课，尽令出粟。稻麦之乡，亦同此税。详见第二十章第二节。此说当据中原情势言之，其所艺者，似以粟为主，而稻麦为辅也。

《新书·食货志》曰：唐开军府，以扞要冲。因隙地置营田，天下屯总九百九十二。司农寺每屯三顷，《通典》：开元令：诸屯隶司农寺者，每三十顷已下，二十顷已上为一屯，此夺十字。州镇诸军，每屯五十顷。水陆腴瘠，播殖地宜，与其功庸烦省，收率之多少，皆决于尚书省。《旧书·职官志》：屯田郎中、员外郎，掌天下屯田之政令。凡边防镇守，转运不给，则设屯田以益军储。其水陆腴瘠，播种地宜，功庸烦省，收率等级，咸取决焉。诸屯田役力，各有程数。凡天下诸军州管屯总九百九十有二。大者五十顷，小者二十顷。凡当屯之中，地有良薄，岁有丰俭，各定为三等。凡屯，皆有屯官、屯副。苑内屯以善农者为屯官、屯副，御史巡行莅输。上地五十亩，瘠地二十亩，稻田八十亩，则给牛一。诸屯以地良薄与岁之丰凶为三等。其民田岁获多少，取中熟为率。有警，则以兵若夫千人助收。隶司农者，岁三月，卿、少卿循行，治不法者。凡屯田收多者褒进之。岁以仲春，籍来岁顷亩，州府、军镇之远近上兵部，度便宜遣之。开元二十五年（737年），诏屯官叙功，以岁丰凶为上下。镇戍地可耕者，人给十亩以供粮。方春，屯官巡行，谪作不时者。天下屯田收谷百九十万斛。此唐盛时之制也。建中初，杨炎请凿陵阳渠，置屯田于丰州，严郢沮之，不见听，而炎议亦未行。元和中，李绛请开屯田于振武。其后王起、毕诚奏开屯田于灵武、邠宁，已略见第六章第一节，郢之言曰："五城旧屯，其数至广。以开渠之粮贷诸城，约以冬输。又以开渠功直布帛，先给田者，据估转谷。如此，则关辅免调发，五城田辟，比之浚渠，利十倍也。"此为一时计或然，为经久计，渠成固万世之利。宪宗用李绛议，以韩重华为振武、京西营田、和籴、水运使。起代北，垦田三百顷。出臧罪吏九百余人，给以耒耜、耕牛，假种、粮，使偿所负粟。二岁大熟。因募人为十五屯。每屯百三十人。人耕百亩。就为堡，东起振武，西逾云州，极于中受降城，凡六百余里。列栅二十，垦田三千八百余顷。岁收粟二十万石。省度支钱二千余万缗。重华入朝，奏请益开田五千顷，法用人七千，可以尽给五城。会绛已罢，后宰相持其议而止。使如其议行之，其效必更有可睹也。张俭，贞观初迁朔州刺史。广营屯田，岁至数十万斛。边粮益饶。娄师德，上元初，累补监察御史。属吐蕃犯塞，募猛士以讨之。师德抗表请为猛士。高宗大悦，特授朝散大夫。从军西讨，频有战功。迁殿中侍御史，兼河源军司马，并知营田事。天授初，累授左金吾将军、检校丰州都督，仍依旧知营田事。则天降书劳曰："自卿受委北陲，总司军任。往还灵夏，检校屯田。收率既多，京坻遽积。不烦和籴之费，无复转输之艰。两军及北镇兵，数年咸得支给。勤劳之诚，久而弥著。览以嘉尚，欣悦良深。"长寿元年（692 年），召拜夏官侍郎，判尚书事。明年，同凤阁鸾台平章事。则天谓师德曰："王师外镇，必借边境营田。卿须不惮劬劳，更充使检校。"又以为河源、积石、怀远等军及河、兰、鄯、廓等州检校营田大使。其后更历内外。至神功元年（697 年），复充陇右诸军大使，仍检校河西营田事。师德专综边任，前后三十余年。其战绩无足称，营田之功则不可没也。宋庆礼之复营州也，开屯田八十余所。数年间，营州仓廪颇实，居人渐殷。殁后，太常博士张星谓其有事东北，所亡万计，欲与恶谥。张九龄驳之，称其"罢海运，收岁储，边亭宴然，河朔无扰"，则功固余于过矣。凡此皆屯田之利。但以边垂为限，行诸内地，则非所宜。开元时废京师职田，议者欲置屯田。李元纮曰："军国不同，中外异制。若人间无役，地弃不垦，以闲手耕弃地，省馈运，实军粮，于是有屯田。其为益尚矣。今百官所废职田不一县，弗可聚也。百姓私田，皆力自耕，不可取也。若置屯，即当公私相易，调发丁夫。调役则业废于家，免庸则赋阙于国。内地为屯，古未有也，恐得不补失，徒为烦费。"遂止。其后户部所领营田，正坐此弊。《新书·食货志》曰：宪宗末，天下营田皆雇民或借庸以耕，又以瘠地易上地，民间苦之。穆宗即位，诏还所易地，而耕以官兵。不耕以兵而雇民或借庸，盖以其耕作优于兵耳。则官自为地主以收私租，何屯之云？李元纮谓置屯即当公私相易，乃谓往往分布之田，不便置屯，非谓肥瘠，然以瘠地易上地，遂借其名以行矣。《旧书·良吏·薛珏传》：迁楚州刺史，本州营田使。先是州营田，宰相遥领使，刺史得专达，俸钱及他给百余万，田官数百员，奉厮役者三千户，岁以优授官者，复十余人。珏皆条去之，十留一二，而租有赢。然则中叶后多置营田，尚非徒利其租入，而更有窟穴其中以自润者矣。

内地置屯，举非所宜乎？是亦不然。大乱之后，赤地无余，非由公家资助，则民无以奉耕，而攻剽随地皆是，非屯聚又无以自卫也，则屯田尚焉。汉末之行事是已。然农民习于私有，非至耕作皆用机器，积习必不易变；而屯官多系武人，使久假之以权，必且虐用其下，故屯田既有成效，又宜举所垦分之于民，而罢屯官，以其民属州县。此魏世之所以废典农也。参看《秦汉史》第十六章第一节。每当风尘澒洞之时，武人中亦必有一二，能招流移，事稼穑者。若汉末之段煨，唐末之北韩南郭其人。成汭，初尝更姓名为郭禹。《新书》本传云：汭始治州，民版无几，未再期，自者万余。时镇国节度使韩建，亦以治显，号北韩南郭。《旧五代史·建传》云：河潼经大寇之后，户口流散。建披荆棘，辟污莱。劝课农事，树殖蔬果。出入闾里，亲问疾苦。不数年，流亡毕复，军民充实。《汭传》云：荆州经巨盗之后，居民才一十七家。汭抚辑凋残，厉精为理。通商训农，勤于惠养。比末年，仅及万户。《新书·建传》云：建少贱，习农事。周知裕，史言其老于军旅，勤于稼穑，凡为劝课，皆有政声，亦韩、郭之俦也。而尤莫盛于张全义。《洛阳搢绅旧闻记》云：全义始至洛，于麾下百人中，选可使者一十八人，命之曰屯将。每人给旗一口，榜一道，于旧十八县中，令招农户，令自耕种。流民渐归。于百人中又选可使者十八人，命之曰屯副。民之来者抚绥之。除杀人者死，余但加杖而已。无重刑，无租税。流民之归渐众。又于麾下选书计一十八人，命之曰屯判官。不一二年，十八屯申每屯户至数千。农隙选丁夫，授以弓矢枪剑，为坐作进退之法。行之一二年，每屯增户大者六七千，次者四千，下之二三千。共得丁夫闲弓矢枪剑者二万余人。有贼盗，即时捕之，刑宽事简，远近归之如市，五年之内，号为富庶。于是奏每县除令、簿治之。全义为治之妙，全在疏节阔目，而又教之以自卫。此固非屯官莫能为，然不过五年而还之于县，则又深知蘧庐一宿之义者矣。

教稼之事，后世罕闻。以士不习农，官又与民相隔也。《旧书·文宗纪》：大和二年二月，敕李绛所进则天太后删定《兆人本业》三卷，宜令所在州县写本散配乡村。此亦徒费纸墨耳。况未必真能写配也。是岁，闰三月，内出水车样，令京兆府造水车散给缘郑白渠百姓，以溉水田。王方翼迁夏州都督，属牛疫，造人耕之法，施关键，使人推之，百姓赖焉。韦宙之知永州也，俗不知法，多触罪。宙为书制律，并种殖为生之宜，户给之。此等或转切实际耳。

《旧书·五行志》：开元四年五月，山东螟蝗害稼，分遣御史捕而埋之。汴州刺史倪若水拒御史，执奏曰："蝗是天灾，自宜修德。刘聪时除既不得，为害滋深。"宰相姚崇牒报之曰："刘聪伪主，德不胜妖，今日圣朝，妖不胜德。古之良守，蝗虫避境，若言修德可免，彼岂无德致然？今坐为食苗，忍而不救，因此饥馑，将何以安？"卒行埋瘗之法。获蝗一十四万，乃投之汴河流者，不可胜数。朝议喧然。上复以问崇。崇曰："凡事有违经而合道，反道而适权者，彼庸儒不足以知之。纵除之不尽，犹胜养之以成灾。"帝曰："杀虫太多，有伤和气。公其思之。"崇曰："若救人杀虫致祸，臣所甘心。"八月四日，敕河南、河北检校捕蝗使狄光嗣、康瓘、敬昭道、高昌、贾彦璇等，宜令待虫尽而刈禾将毕，即入京奏事。谏议大夫韩思复上言曰："伏闻河北蝗虫，顷日益炽。经历之处，苗稼都尽。臣望陛下省咎责躬，发使宣慰。损不急之务，去至冗之人。上下同心，君臣一德，持此至诚，以答休咎。前后捕蝗使，望并停之。”上出符疏付中书。姚崇乃令思复往山东检视虫灾之所及，还具以闻。崇此事，屡为后世言救荒者所称引，其益非徒在一时也。《新五代史·汉隐帝纪》：乾祐元年七月，鸲鹆食蝗，禁捕鸲鹆，亦合今世保护益虫之义。

《旧书·宪宗纪》：元和七年四月，敕天下州府民户，每田一亩，种桑二树。长吏逐年检计以闻。《武宗纪》：会昌二年四月，敕劝课种桑，比有敕命。如能增数，每岁申闻。比知并无遵行，恣加翦伐，列于廛市，卖作薪蒸。自今州县所由，切宜禁断。观兹告谕之殷拳，具见蚕桑之切要。《新书·尹思贞传》：为青州，治州有绩，蚕至岁四熟。《旧书·文艺传》：刘宪，父思立，高宗时为侍御史。河南北旱，诏遣使振给。思立以蚕功未毕上疏谏。详见第二十章第六节。观此，又知唐时河域，蚕业尚盛，非如后世之偏在江、浙也。

《旧书·刘世龙传》：附《裴寂、刘文静传》。从平京城，改名义节。时草创之始，倾竭府藏，以赐勋人，而国用不足。义节进计曰：“今义师数万，并在京师，樵薪贵而布帛贱。若采街衢及苑中树为樵，以易布帛，岁收数十万，立可致也。”高祖从之，大收其利。《旧五代史·汉隐帝纪》：乾祐元年三月，殿中少监胡崧上言：“请禁伐桑枣为薪，城门所由，专加捉搦。”从之。合会昌二年（842年）敕文观之，知当日民间，薪樵颇乏，因不免滥施翦伐。此亦林木减少之一因欤？

马牧之盛，当推有唐。《新书·兵志》曰：“监牧所以蕃马也。其制起于近世。唐之初起，得突厥马二千匹，又得隋马三千于赤岸泽，在今陕西大荔县西南。徙之陇右。监牧之制始此。其官领以太仆。其属有牧监。初用太仆少卿张万岁领群牧。自贞观至麟德四十年间，马七十万六千。置八坊岐、豳、泾、宁间，地广千里。八坊之田，千二百三十顷。募民耕之，以给刍秣。八坊之马，为四十八监。而马多地狭不能容，又析八监，布列河西丰旷之野。凡马，五千为上监，三千为中监，余为下监。监皆有左右，因地为之名。方其时，天下以一缣易一马。万岁掌马久，恩信行于陇右。后以太仆少卿鲜于匡俗检校陇右牧监。仪凤中，以太仆少卿李思文检校诸牧监使。监牧有使自是始。后又有群牧都使，有闲厩使。又立四使：南使十五，西使十六，北使七，东使九。分统诸坊。其后益置八监于盐州，三监于岚州。盐州使八，岚州使三。凡征伐而发牧马，先尽强壮，不足则取其次，录色、岁、肤第、印记、主名送军，以帐驮之数上于省。自万岁失职，马政颇废。永隆中，夏州牧马之死失者十八万四千九百九十。景云二年（711 年），诏群牧岁出高品，御史按察之。开元初，国马益耗。太常少卿姜诲，乃请以空名告身市马于六胡州。率三十匹雠一游击将军。命王毛仲领内外闲厩。九年（721 年），又诏天下之有马者，州县皆先以邮递军旅之役，定户复缘以升之。百姓畏苦，乃多不畜马，故骑射之士减曩时。自今诸州民勿限有无荫，能家畜十马以下，免帖驿、邮递、征行，定户无以马为赀。毛仲既领闲厩，马稍稍复。始二十四万，至十三年（725 年），乃四十三万。其后突厥款塞，玄宗厚抚之。岁许朔方军西受降城为互市，以金帛市马，于河东、朔方、陇右牧之。既杂胡种，马乃益壮。天宝后，诸军战马，动以万计。王侯、将相、外戚，牛、驼、羊、马之牧布诸道，百倍于县官。皆以封邑号名为印自别。将校亦备私马，议者谓秦、汉以来，唐马最甚。天子又锐志武事，遂弱西北蕃。十一载（752 年），诏二京旁五百里勿置私牧。十三载（754 年），陇右群牧都使奏马、牛、驼、羊总六十万五千六百，而马二十二万五千七百。禄山以内外闲厩都使兼知楼烦监，阴选胜甲马归范阳，故其兵力倾天下而卒反。肃宗收兵，至彭原，率官吏马；抵平凉，搜监牧及私群，得马数万；军遂振。至凤翔，又诏公卿百寮以后乘助军。其后边无重兵，吐蕃乘隙陷陇右，苑牧畜马皆没矣。”案唐畜马之多，与其兵力之强，颇有关系，《志》称其遂弱西北蕃是也。此亦非尽由于政府，王侯、将相、外戚、将校，咸有力焉，即庶民亦能家畜十马，此岂后世所敢望也？《志》又云：“永泰元年（765 年），代宗欲亲击虏。鱼朝恩乃请大搜城中百官士庶马输官，曰团练马。下制禁马出城者。已而复罢。德宗建中元年（780 年），市关辅马三万实内厩。贞元三年（787 年），吐蕃、羌、浑犯塞，诏禁大马出潼关、武关者。”可见是时但关辅马即不少矣。然兵力虽强，民业究不免见夺。《志》又云：“其始置四十八监，地据陇西、金城、平凉、天水，员广千里。由京度陇置八坊，为会计都领。其间善水草腴田皆隶之。后监牧使与坊皆废，故地存者，一归闲厩。旋以给贫民及军吏，间又赐佛寺道馆，几千顷。元和十二年（817 年），闲厩使张茂宗举故事，尽收岐阳坊地。民失业者甚众。十三年（818 年），以蔡州牧地为龙陂监。十四年（819 年），置临汉监于襄州，牧马三千二百，费田四百顷。穆宗即位，岐人叩阙讼茂宗所夺田。事下御史按治，悉与民。”张脉偾兴于外，而内无以奉之，遂终至不戢自焚矣。末叶马少，多恃贸诸羌胡，而西北来者最盛，已见第十四章第三节。《通鉴》：后唐明宗天成二年三月，初置监牧，蕃息国马。胡《注》曰：“此时监牧，必置于并、代之间，若河、陇诸州，不能复盛唐之旧。”是后，帝问枢密使范延光：“马数几何？”对曰：“骑军三万五千。”帝曰：“吾居兵间四十年。太祖在太原时，马数不过七千，庄宗与梁战河上，马才万匹，今马多矣。不能一天下，奈何？”延光曰：“一马之贵，足以养步卒五人。”帝曰：“肥战马以瘠吾人，其愧多矣。”嗣源之马，远过存勖，盖贸诸西北之效？然身死未几，契丹长驱直人，瘠人肥马，果何益也？观范延光之言，而知盛唐之竭民力甚矣。又，唐昭宗天复三年四月，王建遣判官韦庄入贡，亦修好于朱全忠。全忠遣押衙王殷报聘。建与之宴。言“蜀甲兵诚多，但乏马耳”。建作色曰：“当道江山险阻，骑兵无所施，然马亦不乏。押衙少留，当共阅之。”乃集诸州马，大阅于星宿山。官马八千，私马四千，部队甚整。殷叹服。建本骑将，故得蜀之后，于文、黎、维、茂州市胡马，十年之间，遂及兹数。蜀中之马，亦恃贸诸外夷，盖天时地利使然也。

战马而外，他畜牧之利盖微。《隋书·高祖纪》：开皇元年二月，以官牛分赐贫人。《新书·德宗纪》：大历十四年十月，以沙苑豢豕三千给贫民。此皆官家之畜，然其细已甚矣。即民间亦鲜事此者。《旧书·杜伏威传》：齐州章丘人。少落拓，不事产业。家贫无以自给，每穿窬为盗。与辅公祏为刎颈之交。公祏姑家以牧羊为业，公祏数攘羊以馈之。姑有憾焉。因发其盗事。郡县捕之急。伏威与公柘遂俱亡命，聚众起义。公祏齐州临济人，其姑家当亦在此。盖滨海之人，有以此为业者，若内地则农田且虞不给，无复旷土可为牧场矣。

射猎亦惟深山穷谷中有之。宪宗征淮西，李师道东都留邸兵与山棚谋窃发。史言“东畿西南通邓、虢，川谷旷深，多麋鹿，人业射猎而不事农，迁徙无常，趫悍善斗，号曰山棚”是也。唐制，凡采捕渔猎，属于虞部，必以其时。其禁令，亦或能行于京畿耳。《新书·高宗纪》：咸亨四年闰五月，禁作簺捕鱼，营圈取兽者。盖所以防尽物？然此等政令，亦未必能行也。

矿业，属少府监之掌冶署。《新书·食货志》云：“凡银铜铁锡之冶一百六十八。陕、宣、润、饶、衢、信，五州银冶五十八，铜冶九十六。计共六州。原文作五州，疑有误。铁山五，锡山二，铅山四，汾州矾山七。麟德二年（665年），废陕州铜冶四十八。开元十五年（727年），初税伊阳五重山银锡。德宗时，户部侍郎韩洄，建议山泽之利，宜归王者，皆隶盐铁使。元和初，天下银冶废者四十，岁采银万二千两，铜二十六万六千斤，铁二百七万斤，锡五万斤，铅无常数。开成元年（836年），复以山泽之利归州县，刺史选吏主之。其后诸州牟利以自殖，举天下不过七万余缗，不能当一县之茶税。及宣宗增河湟戍兵，衣绢五十二万余匹，盐铁转运使裴休请复归盐铁使，以供国用。增银冶二，铁山七十一。废铜冶二十七，铅山一。天下岁率银一万五千两，铜六十五万五千斤，铅十一万四千斤，锡万七千斤，铁五十三万二千斤。”此唐矿业之大略也。唐代钱贵，故于诸矿独重铜。元和三年六月，将设畜钱之令，诏天下银坑不得私采。《旧书·本纪》。其诏曰：“天下有银之山必有铜。铜者可资于鼓铸，银者无益于生人。权其重轻，使务专一。其天下自五岭已北见采银坑，并宜禁断。恐所在坑户，不免失业，各委本府州长吏劝课，令其采铜，助官中铸作。仍委盐铁使条疏闻奏。”《旧书·食货志》。《新志》云：五岭以北，采银一两者流他州。四年六月，“敕五岭以北所有银坑，依前任百姓开采。禁见钱出岭。”《旧书·食货志》，《纪》同。盖欲使银山坑户，改业铜冶，卒不可得，故复有此敕也。山泽自然之利，本应归诸公家，然公家亦当务利民。苟徒为筹款计，则其弊有不可胜穷者。《新五代史·刘审交传》：迁陈州防御使。出视民田，见民耕器薄陋，乃取河北耕器为范，为民更铸。耕器薄陋，岂由公家欲专冶利故邪？《旧书·德宗纪》：大历十四年七月，诏“邕州所奏金坑，诚为润国。语人以利，非朕素怀。其坑任人开采，官不得禁”。贞元二年四月，陕州观察使李泌奏卢氏山冶出瑟瑟，请禁以充贡奉。上曰：“瑟瑟不产中土，有则与民共之，任人采取。”事亦见《泌传》。《懿宗纪》：咸通四年七月，制“廉州珠池，与人共利。近闻本道禁断，遂绝通商。宜令本州，任百姓采取，不得止约”。《新书·孔巢父传》：从子戣。宪宗时拜岭南节度使，免属州黄金税岁八百两。盖封禁徒供官吏侵渔，而民之失业者，又无以安插，故尚不如旷然捐弃其利也。然为豪贵所擅，则亦有弊。《隋书·郎茂传》：工部尚书宇文恺、右翊卫大将军于仲文竞河东银窟。茂奏劾之曰：“臣闻贵贱殊礼，士农异业。所以人知局分，家识廉耻。宇文恺位望已隆，禄赐优厚。拔葵去织，寂尔无闻，求利下交，曾无愧色。于仲文宿卫近臣，趋侍阶廷，朝夕闻道。虞芮之风，抑而不慕，分铢之利，知而必争。何以诏范庶寮，示民轨物？”恺与仲文竟坐得罪。则所谓与民共之者，乃与凡民共之，非与豪贵之家共之也。然其人既擅山泽之利，则虽素贱，亦必渐成为豪贵。此则法家之学既微，无复能知此义者矣。《通鉴》后周世宗显德三年（956 年），周行逢少时尝坐事黥隶辰州铜坑。或说行逢：“公面有文，恐为朝廷使者所嗤，请以药灭之。”行逢曰：“吾闻汉有黥布，不害为英雄，吾何耻焉？”胡三省曰：“唐文宗之世，天下铜坑五十，辰州不在其数。辰州铜坑，盖马氏所置也。”而以黥面之徒充坑夫，则又唐代未闻之虐政矣。

《新书·突厥传》曰：杜佑谓“秦以区区关中，灭六强国，今竭万方之财，上奉京师，外有犬戎凭陵，陷城数百，内有兵革未宁，三纪矣，岂制置异术，古今殊时乎？周制步百为亩，亩百给一夫。商鞅佐秦，以为地利不尽，更以二百四十步为亩，亩百给一夫。又以秦地旷而人寡，晋地狭而人夥，诱三晋之人耕而优其田宅，复及子孙，使秦人应敌于外，非农与战，不得入官。大率百人以五十人为农，五十人习战，故兵强国富。其后仕宦途多，末业日滋，今大率百人才十人为农，余皆习他技。又秦、汉郑渠溉田四万顷，白渠溉田四千五百顷，永徽中，两渠灌浸不过万顷，大历初减至六千亩。亩腴一斛，岁少四五百万斛。地利耗，人力散，欲求强富，不可得也。汉时长安北七百里即匈奴之地，侵掠未尝暂息。计其举国之众，不过汉一大郡。晁错请备障塞，故北边妥安。今潼关之西，陇山之东，鄜坊之南，终南之北，十余州之地，已数十万家。吐蕃绵力薄材，食鲜艺拙，不及中国远甚。诚能复两渠之饶，诱农夫趣耕，择险要缮城垒，屯田蓄力，河陇可复，岂惟自守而已？”谓百人才十人为农，未免过当。然其论关中之贫富，与其强弱息息相关，则诚足资儆惕矣。

第二节 工 业

智巧之士，历代有之，但为骄侈者所用，则不能有益于民，而转贻之以害而已。若隋世之宇文恺、阎毗、何稠是也。恺造观风行殿，及其营建东都，已见第一章第四节。阎毗者，隋初以技艺侍东宫。数以雕丽之物，取悦于皇太子。皇太子废，毗坐杖一百，与妻子俱配为官奴婢。后二岁，放免为民。炀帝嗣位，盛修军器。以毗性巧，谙练旧事，诏典其职。寻授朝请郎。毗立议，辇服车舆，多所增损。长城之役，毗总其事。及帝有事恒岳，诏毗营立坛场。将营辽东之役，自洛口开渠，达于涿郡，以通运漕，毗督其役。明年，又营建临朔宫。何稠者，妥之兄子。妥，《隋书·儒林传》云："西城人。父细胡，通商入蜀，遂家郫县。事梁武陵王纪，主知金帛。因致巨富，号为西州大贾。妥年十七，以技巧事湘东王。稠父通，善斫玉。"西城疑西域之误，其家世实以西胡而擅技巧者也。江陵陷，稠随妥入长安。仕周，为御饰下士。及高祖为丞相，召补参军，兼掌细作署。开皇初，授都督。累迁御府监，历太府丞。稠博览古图，多识旧物。波斯尝献金丝锦袍，组织殊丽。上命稠为之。稠锦既成，逾所献者，上甚悦。时中国久绝琉璃之作，匠人无敢厝意，稠以绿瓷为之，与真不异。后与宇文恺参典文献皇后山陵制度。高祖疾笃，又以山陵之事属之。炀帝将幸扬州，命造舆服羽仪送江都，亦见第一章第四节，后复令造戎车万乘。《传》又言其制行殿及六合城。盖二者实亦稠为之，宇文恺特尸其名而已。时又有刘龙者，性强明，有巧思。齐后主知之，令修三爵台，甚称旨。因而历职通显。及高祖践阼，大见亲委。拜右卫将军，兼将作大匠。迁都之始，与高颎参掌制度，代号为能。大业时，有黄亘者，及其弟衮，俱巧思绝人。

炀帝每令其兄弟直少府、将作。于时改创多务，亘、衮每参典其事。凡有所为，何稠先令亘、衮立样。当时工人，皆称其善，莫能有所损益。又有耿询者，造浑天仪及欹器，已见第十七章第三节。《传》又云：询作马上刻漏，世称其妙。

唐代智巧之士，当推李淳风及僧一行。淳风始造浑仪。太宗令置宫中，寻而失其所在。玄宗开元九年（721 年），太史令频奏日食不效，诏一行改造新历。时官无黄道游仪，率府兵曹梁令瓒待制于丽正书院，因造游仪木样，甚为精密。一行乃上言曰："黄道游仪，古有其术而无其器。以黄道随天运动，难用常仪格之，故昔人潜思，皆不能得。令瓒创造此图，日道月交，莫不自然契合。既于推步尤要，望就书院更以铜铁为之。庶得考验星度，无有差舛。"从之。至十三年（725 年）造成，玄宗亲为制铭。置之灵台，以考星度。又诏一行与令瓒及诸术士更造浑天仪。铸铜为圆天之象，上具列宿赤道及周天度数。注水激轮，令其自转。一日一夜，天转一周。又别置二轮，络在天外，缀以日月，令得运行。每天西转一匝，日东行一度，月行十三度十九分度之七。凡二十九转有余而日月会，三百六十五转而日行匝。仍置木柜，以为地平，令仪半在地下。晦明、朔望，迟速有准。又立二木人于地平之上，前置钟鼓，以候辰刻。每一刻自然击鼓，每辰则自然撞钟。皆于柜中，各施轮轴。钩键交错，关锁相持。既与天道合同，当时共称其妙。铸成，命之曰水运浑天俯视图。置于武成殿前，以示百寮。无几而铜铁渐涩，不能自转，遂收置于集贤院，不复行用。此器虽行之未久，然其制作，则不可谓不巧也。

指南车、记里鼓车，始修于元和九年十二月，成于十五年十月，见《旧书·本纪》。又《李皋传》云：常运心巧思，为战舰，挟二轮蹈之，翔风鼓疾，若挂帆席。所造省易而久固。又造欹器，进入内中。《新书·姜谟传》：子确。字行本，以字显。高昌之役，为行军副总管。出伊州，距柳谷百里，依山造攻械。增损旧法，械益精。《李若初传》：附《刘晏传》。子濛，会昌初擢给事中，以材为宰相李德裕所知。时回鹘衰，朝廷经略河湟，建遣濛按边，调兵械粮饷，为宣慰灵、夏以北党项使。始议造木牛运。亦皆智巧之士也。其不知名者，若武后所造之明堂、天枢、九鼎等，既系巨工，亦必有巧匠，特不见记载耳。《隋书·柳辩传》，言辩为炀帝所亲狎，退朝之后，便命入阁。言宴讽读，终日而罢。帝每与嫔后对酒，时逢兴会，辄遣命之。至与同榻共席，恩若友朋。犹恨不能夜召，于是命匠刻木偶人，施机关，能坐起拜伏，以象于辩。每在月下对酒，辄令宫人置之于坐，与相酬酢，而为欢笑。《新书·回鹘传》：延陀亡后，铁勒十一部皆来。明年，复入朝。天子方招宠远夷，作绛黄瑞锦文袍、宝刀、珍器赐之。帝坐秘殿，陈十部乐。殿前设高坫，置朱提瓶其上，潜泉浮酒，自左阁通坫址注之瓶，转受百斛镣盎。回纥数千人饮毕，尚不能半。《叛臣传》：高骈为寓鹄廷中，设机关，触人则飞动。骈衣羽衣乘之，作仙去状。此等，亦皆巧匠所为也。

民间用器，间由官造者惟铁。《旧书·职官志》：少府掌冶署。西北诸州，禁人无置铁冶及采铁。若器用所须，具名移于所由，官供之。盖防铁出境外，为蕃戎所得。《新志》云：边州不置铁冶，器用所须皆官供。所谓边州，亦即指西北诸州言之也。《新志》又云：诸监掌铸兵农之器，给军士、屯田居民，其所供亦至狭耳。民间用器，有特精者，观《地理志》所载诸州土贡，可见其略。又两书《韦坚传》：皆载坚穿广运潭成，豫取洛、汴、宋、山东小斛舟三百贮之潭。舟署某郡，以所产暴陈其上。其所陈，亦必各郡名产，特不皆人工所成耳。《新书·于頔传》：初襄有髹器，天下以为法。至頔骄蹇，故方帅不法者号襄样节度。此则一方名产，无意中留名于后世者也。凡物之持以交易者，必求其价廉易售。如是则成本轻，物必不能皆坚善。《通鉴》则天圣历元年（698年），默啜移书数朝廷曰：

“金银器皆行滥，非真物。”胡《注》曰：“市列为行。市列造金银器贩卖，率淆他物以求赢，俗谓之行作。滥，恶也。开元八年（720年），颁租庸调法于天下，好不过精，恶不至滥。滥者，恶之极者也。”案《唐律·器用绢布行滥条》云：“诸造器用之物及绢布之属，有行滥短狭而卖者，各杖六十。”《疏议》云：“行滥，谓器用之物不牢、不真。短狭，谓绢匹不充四十尺，布端不满五十尺，幅阔不充一尺八寸之属。”行滥似专指器物。然《旧书·食货志》载开元八年（720年）敕云：“顷者以庸调无凭，好恶须准，故遣作样，以颁诸州，令其好不得过精，恶不得至滥。任土作贡，防源斯在。而诸州送物，作巧生端。苟欲副于斤两，遂则加其丈尺，至有五丈为匹者。理甚不然。阔一尺八寸，长四丈，同文共轨，其事久行。立样之时，亦载此数。若求两而加尺，甚暮四而朝三。宜令所司简阅，有逾于比年常例，丈尺过多，奏闻。”则行滥固兼绢布言之也。今语犹称物之美者曰自货，恶者曰行货。盖自用之物，必求精良，出之市列者，则不能然耳。此固市侩之恶习，交易盛而欺诈随之，然观行作之成为专名，亦可见自为而用之者日少，而求之于市者益多，亦生计演进必然之势也。

都会之地，实为工巧所集。《旧书·杜元颖传》，言其出镇蜀州，昭愍即位，童心多辟，元颖求蜀中珍异玩好之具，贡奉相继，以固恩宠。以故箕敛刻削，工作无虚日。大和三年（829年），南诏蛮攻陷戎、巂等州，径犯成都。兵及城下，一无备拟，方率左右固衙城而已。蛮兵大掠蜀城玉帛、子女、工巧之具而去。蛮兵之所掠，盖正元颖之所求？裒敛于民以奉敌，伤矣。然放大眼光观之，偏隅之工艺，必因此而有进，亦文明传播之一道也。

何稠以绿瓷为琉璃，则其先必已有瓷。案瓷字始见于《字林》，则晋世已有之。然其制至唐而始工，亦且益多。豫章所产，韦坚即以之陈列。邢州亦以磁为贡，见《新书·地理志》。陆羽《茶经》，第各地之瓷，以越州为上，洪州为下。岂其时与韦坚异，各地物产，亦有进退邪?

《通鉴》：代宗大历十三年（778年），召李泌入见。语以元载事。因言路嗣恭初平岭南，献琉璃盘径九寸，朕以为至宝，及破载家，得嗣恭所遗载琉璃盘径尺。胡三省曰："程大昌曰:《汉西域传》：罽宾国有琥珀、流离。师古《注》曰:《魏略》云：大秦国出赤、白、黑、黄、青、绿、缥、绀、红、紫十种流离。此盖自然之物，采泽光润，逾于众玉。今俗所用，皆消冶石汁，加以众药，灌而为之。虚脆不耐，实非真物。案流离，今书附玉旁为琉璃字。师古之记是矣，亦未得其详也。《穆天子传》：天子东征，有采石之山，凡好石之器于是出。升山取采石，铸以成器。《注》云：采石，文采之石也。则铸石为器，古有之矣。颜氏谓为自然之物，恐不详也。《北史·大月氏传》：魏太武时，月氏人商贩京师，自云能铸石为五色琉璃。于是采矿于山中，即京师铸之。既成，光泽乃美于西方来者。自是琉璃遂贱。用此言推之，则虽西域琉璃，亦用石铸，无自然生成者。兼外国奇产，中国未始无之，独不闻有所谓真琉璃也。然中国所铸，有与西域异者。铸之中国，色甚光鲜，而质则轻脆。沃以热酒，随手破裂。其来自海舶者，制差钝朴，而色亦微暗。其可异者，虽百沸汤注之，与磁、银无异，了不复动，是名蕃琉璃也。蕃琉璃之异于中国，其别如此，未尝闻以石琢之也。余谓路嗣恭所献者，盖师古所谓大秦琉璃，自然之物。否则代宗何以谓之至宝哉?程大昌考之不详耳。"愚案《穆天子传》伪书不足信，然正可考见魏晋后西域情形。程大昌之说盖是?代宗所以贵之者，实缘铸造之术，虽经月氏商人传入，其后又复失传，即能为之，其质亦不如西域耳。《新书·五行志》云："唐末，京都妇人梳发，以两鬓抱面，状如椎髻，时谓之抛家髻。又世俗尚以琉璃为钗钏，近服妖也。抛家琉璃，皆播迁之兆。"足见唐末，俗尚甚贵之也。

第三节　商　业

古代之市，皆别为一区，而设官加以管理，后世此制渐坏，然其遗意犹存。隋制：司农市统平准署。署有令二人。京市有肆长四十人。州有市令、丞，郡县亦皆有市令。缘边交市监，置监、副各一。畿内者隶司农，自外隶诸州。炀帝改交市监曰互市监，改隶四方馆，而以平准、京市隶太府。京师有东、西两市。东都有东、南、北三市。唐两京诸市署，京师有东、西两市，东都有东、北两市，皆令一、丞二。《旧书·玄宗纪》：开元十三年六月，废都西市，则东都亦尝有三市。平准署，令二人，丞四人。互市监，监、丞各一人。皆属太府。自都督府至县，亦皆有市令。《旧书·职官志》。《新志》云：开元中，京兆、河南府诸县，户三千以上置市令一人，则余县不能皆置。平准署，掌供官市易之事。凡百司不任用之物，则以时出货。其没官物亦如之。"市肆皆建标筑土为候。凡市，日中击鼓三百以会众，日入前七刻，击钲三百而散。有果毅巡迣。平货物为三等之直。"《新书·百官志》文。《旧志》云："以二物平市。"《注》曰："秤以格，斗以概。""以三价均市。"《注》曰："价有上中下之差。"《通鉴》：唐昭宗天复三年（903年），刘鄩为王师范取兖州，将精兵五百，夜自水窦入。比明，军城悉定，市人皆不知。胡《注》曰："军城，泰宁军衙城也。以此观之，军人与市人异处。营屋之立，自唐然矣。"愚案此亦可见市之别为一区，不与民居相杂也。

《旧书·宣宗纪》：大中六年七月，敕犯臧人平赃，据律以当时物价上旬估。请取所犯之处其月内上旬时估平之。从之。此条似有夺文。然据此，亦可考见其时物价，旬各有估也。《新书·曹王皋传》：《太宗诸子传》。所至常平物估，豪举不得擅其利。《裴垍传》：

先是天下赋法有三：曰上供，曰送使，曰留州。建中初，厘定常赋，而物重钱轻。其后轻重相反，民输率一倍其初。而所在以留州、送使之人，舍公估，更实私直以自润。故赋益苛，齐民重困。垍奏禁之，一以公估准物。观此二事，公估似于民有益。然《通鉴》：高宗永徽元年十月己未，监察御史韦思谦劾奏中书令褚遂良抑买中书译语人地。大理少卿张叡册以为准估无罪。思谦奏曰："估价之设，备国家所须。臣下交易，岂得准估为定？叡册舞文，附下罔上，罪当诛。"是日，左迁遂良为同州刺史，叡册循州刺史。则公估实不免强抑物直，如后世所谓官价者也。

轻重敛散之政，自桑弘羊后，久已无人知之，至唐乃复有赵赞。此实为旷世之高识，且欲行之于艰难之际，其魄力尤不可及。事虽不成，不可不表而出之也。《旧书·食货志》：建中三年九月，户部侍郎赵赞上言曰："伏以旧制置仓储粟，名曰常平。军兴已来，此事阙废。或因凶荒流散，饿死相食者，不可胜纪。古者平准之法，使万室之邑必有万钟之藏，千室之邑必有千钟之藏，春以奉耕，夏以奉耘，虽有大贾富家，不得豪夺吾人者。盖谓能行轻重之法也。自陛下登极已来，许京城两市置常平，官粜盐米，虽经频年少雨，米价腾贵，《新志》作"米不腾贵"，当从之，此价乃误字。此乃即日明验，实要推而广之。当兴军之时，与承平或异。事须兼储布帛，以备时须。臣今商量，请于两都并江陵、成都、扬、汴、苏、洪等州府，各置常平轻重本钱。上至百万贯，下至数十万贯。随其所宜，量定多少，惟置斛斗、段匹、丝麻等。候物贵则下价出卖，物贱则加价收籴。权其轻重，以利疲人。"从之。赞于是条奏诸道要、都会之所，皆置吏阅商人财货，计钱每贯税二十；天下所出竹、木、茶、漆，皆什一税之；以充常平本。时国用稍广，常赋不足，所税亦随时而尽，终不能为常平本。亦见《德宗本纪》。案轻重敛散之说，本兼百物言之，后世商人之资本愈丰，则公家之财力愈相形而见绌，遂至除谷价外一不能问，即谷价之常平亦有名无实矣。赵赞际艰难之会，顾欲扩充之以及于段匹、丝麻，其魄力可谓甚大。《刘晏传》言晏自诸道巡院距京师，重价募疾足，置递相望。四方物价之上下，虽极远，不四五日知。故食货之重轻，尽权在掌握。朝廷获美利，而天下无甚贵甚贱之忧。其事亦良不易。然晏实计臣，徒能济财政之急，岂若赞之能兼顾人民，有称物平施之意哉？

官与民为卖买者，在谷曰和籴，在物曰和市。《旧书·职官志》：度支郎中、员外郎之职，凡和籴、和市，皆量其贵贱，均天下之货，以利于人，亦俨然有裒多益寡之意。然及其行之，则国用有阙，强市诸民而已。是赋也，非市也。《旧书·裴耀卿传》：开元初，累迁长安令。长安旧有配户和市之法，百姓苦之。耀卿到官，一切令出储蓄之家，《新书》云：一切责豪门坐贾。则所谓储畜之家，乃居其物以待价者，即今所谓屯积，非徒厚藏也。豫给其直，遂无奸僦之弊。公私甚以为便。《新书·元结传》：拜道州刺史。请免百姓所负税及租庸使和市杂物十二万缗。许之。以是为宽恤民力，而所谓和籴、和市者可知矣。然二者虽皆有弊，究可稍省輂运之劳。吴武陵言朔方和籴，先取商人，而后求牒还都受钱。见第十八章第一节。此即宋代入中、入边之法所本，尤省费省事，且除弊之良策也。至于宫市，则直是攘夺，不足论，已见第六章第六节。

争名者于朝，争利者于市，故豪商大贾必集于赵赞所谓道要、都会之地。《新书·李勣传》：说翟让曰："宋、郑商旅之会，御河在中，舟舰相会。往邀取之，可以自资。"让然之。劫公私船取财，由是大振。此道要也。《隋书·令狐熙传》：高祖将祠泰山，还次汴州，恶其殷盛，多有奸侠，以熙为汴州刺史。下车，禁游食，抑工商。民有向街开门者，杜之。船客停于郭外。《旧书·李袭志传》：弟袭誉，转扬州大都督府长史。"江都俗好商贾，不事农桑。袭誉乃引雷陂水，又筑句城塘，溉田八百余顷，百姓获其利。"扬、汴则所谓都会也。天下攘攘，皆为利往，天下熙熙，皆为利来，岂令狐熙、李袭誉辈所能变其俗邪？

然贱商之见，斯时初未化除。《新书·太宗纪》：贞观二年十二月，禁五品以上过市。《旧书·路隋传》：调授润州参军。为李锜所困，使知市事。隋翛然坐市中，一不介意。观此二事，可知当时贱商之甚。然利之所在，遂不惜屈身以与之交。刘昉，富商大贾，朝夕盈门。宇文述，富商大贾及陇右诸胡子弟，皆接以恩意，呼之为儿。其子化及，常与屠贩者游，以规其利。张易之，内殿赐宴，引蜀商宋霸子等数人于前博戏。见《旧书·韦安石传》。此皆嬖幸之流，不足责也。颜师古，学人也，贞观七年（633年），拜秘书少监，专典刊正，其官不可谓不清，乃引富商大贾为雠校，何哉？观刘义节为少府监，坐贵入贾人珠，废为民，徙岭南，而知惟贿之求，虽士大夫亦在所不免矣。《旧五代史·张筠传》：海州人，父传古，世为郡之大商。唐乾符末，徙家彭门。时溥擢筠为偏将。《李彦传》：太原人，本以商贾为业。周太祖镇邺，置之左右。此亦犹梁太祖之宠李友让也。刘陟广务华靡，末年起玉堂珠殿，饰以金碧翠羽。岭北行商，或至其国，皆召而示之，夸其壮丽，《旧五代史·僭伪列传》。《新史》云：召之使升宫殿，示以珠玉之富，则为别示之以珠玉，而非夸其宫殿之壮丽矣。语恐未审。可谓分庭抗礼矣。《唐明宗纪》：长兴二年九月，诏天下州县官不得与部内富民于公厅同坐。《周世宗纪》：显德三年三月，“延州留后李彦颙奏蕃众与部民为乱，寻与兵司都监阎绾掩杀，获其酋帅高闹儿等十人，磔于市。彦颙本贾人也，贪而好利，蕃、汉之民怨其侵刻，故至于是”。其人且躬绾州符，又岂特公厅一坐哉？

不徒与商贾侪偶也，亦且躬为商贾之行。《旧书·高祖诸子传》：霍王元轨，尝使国令征封。令白请依诸国赋物，贸易取利。元轨曰：“汝为国令，当正吾失，反说吾以利耶？”拒而不纳；善矣。然高季辅訾当时王公勋戚，追求什一，见第十八章第四节。德宗亦禁百官置邸贩鬻；见第七章第一节。《旧书·本纪》：大历十四年七月己卯，诏王公卿士不得与民争利。诸节度观察使于扬州置回易邸并罢之。则滔滔者天下皆是矣。中叶后武人擅土，纲纪更形扫地。陈少游三总大藩，皆天下殷厚处，征求、贸易无虚日，敛积财宝，累巨亿万。赵在礼历十余镇，殖货积财巨万。两京及所到藩镇，皆邸店罗列。其巨擘也。又其甚者，如刘从谏署贾人为衙将，使之乘势虐民，而其毒痛愈广矣。见第九章第三节。李崧、桑维翰，在末世尚为贤者。然崧以其弟屿任仆行贾致祸。见第十七章第三节。维翰，杨光远论其营邸肆于两都，与民争利，此其所以能致金数千铤欤？见第十八章第三节。不徒在本国然也，即出使他国亦然。《旧书·赵璟传》云：使回纥者多私赍缯絮，蕃中市马，回以规利。《归崇敬传》云：使新罗者，至海东多有所求，或携帛而往，贸易货物，规以为利。《旧史·张籛传》：籛既尽获继岌、向延嗣所有，事见第十八章第三节。湖南马希范，与籛有旧，奏请命籛为使。允之。籛又密赍蜀之奇货往售，获十余万缗以归；是其事矣。又不徒大者也，即微利亦无所遗。隋张威在青州，遣家奴于民间鬻芦菔根是矣。又非独男子也，即妇人亦能为之。《新书·诸公主传》：肃宗女和政公主，自兵兴，财用耗，主以贸易取奇赢千万赡军。《新史》后唐庄宗刘后，分遣人为商贾，至于市肆之间，薪刍果茹，皆称中宫所卖。王衍尊其母徐氏为皇太后，后妹淑妃为皇太妃。太后、太妃，皆于通都大邑起邸店以夺民利。而李继韬母杨氏，居积行贩，赀至百万焉。有知尽能索耳，终不余力而让财，岂不信哉？又非独私家也。后唐明宗即位赦诏有云："租庸司先将系省钱物与人回图，宜令尽底收纳，以塞幸门。"《旧史·本纪》：天成元年（926年）。则虽公家，且恃为筹款之策矣。在势者之追求什一如此，商人安得不依附之？而率循正轨之商业，又安得而滋长哉？

通工易事，势不可一日辍也，故虽当海宇分崩之际，商贾仍无时而不通。王师范之举兵，一时欲入十余州，而多诈为商贾，史称诈为商贾及贡献，然必以诈为商贾者为多。《旧五代史·张归弁传》：为齐州指挥使。属青帅王师范叛，遣将诈为贾人，挽车数十乘，匿兵器于其中，将谋窃发。归弁察而擒之，州城以宁。是其一事。即可见商贾之靡国不到。王延羲弑王昶，遣商人间道奉表称藩于晋，而昶先使郑元弼至大梁，晋人恶其致执政书辞不逊，又求用敌国礼，下之于狱。后释之。延羲又因商人奉表自理，乃获封授。其后留从效称藩于周，亦遣衙将蔡仲赟衣商人服，以绢表置革带中，间道北行。可见南北虽隔绝，商贾实无时而不通矣。杨行密破孙儒，入扬州，议出盐、茗畀民，输帛幕府。高勖曰："创破之余，不可以加。且帑资何患不足？若悉我所有，易四邻所无，不积日，财有余矣。"行密纳之。此可见丧乱后欲求苏息者，莫通商若也。是时田頵为行密守宣州，亦以能通利商贾，民爱之。行密归马殷弟赍，谓之曰："何以报我？"答曰："愿通二国好，使商贾相资。"行密喜，而殷亦不征商旅，又用高郁策，铸铅铁为钱。商旅出境，无所用之，皆易他货而去。庸能以境内所余，易天下百货，国以富饶，《通鉴》：后唐庄宗同光三年（925 年）。通商之效可见矣。《旧五代史·梁太祖纪》：开平二年六月，"岳州为淮贼所据。帝以此郡五岭三湘水陆会合之地，委输商贾，靡不由斯，遂令荆湘湖南北举舟师同力致讨。"梁祖岂恤邻封？亦以商贾委输，于己有利也。接境之邦，贸易自更难隔绝。何福殷以玉枕易茗于淮南，已见第十七章第三节。范延策献封章于后唐明宗，请不禁过淮猪羊，而禁丝绵匹帛，以实中国。《旧五代史·高行珪传》。《旧五代史·汉隐帝纪》：乾祐元年十二月，李璟奉书于帝，云："先因河府李守贞求援，又闻大国缘淮屯军，当国亦于境上防备。昨闻大朝收军，当国寻已撤备。其商旅请依旧日通行。"朝廷不报。然及周太祖篡立，广顺元年三月，即敕朝廷与唐，本无仇怨，缘淮军镇，各守疆域，商旅往来，无得禁止。《通鉴》。四月，又诏缘淮州县，许淮南人就淮北籴易粮粮。《旧书·本纪》云：时淮南饥故也。周祖亦岂计恤邻？盖实两有所利矣。其中遭间隔者，亦不惮绕道以求通。《新五代史·刘铢传》：汉高祖即位，拜永兴军节度使。徙镇平卢。是时江淮不通，吴越使者常泛海以至中国。而滨海诸州，皆置博易务，与民贸易。民负失期者，务吏擅自摄治，置刑狱，不关州县。而前为吏者利其厚赂，纵之不问，民颇为苦。铢一切禁之。然则吴越之必泛海而来者，盖有所利焉？《通鉴》：梁均王贞明二年七月，上嘉吴越王镠贡献之勤，加镠诸道兵马元帅。朝议多言镠之入贡，利于市易，不宜过以名器假之。翰林学士窦梦征执麻以泣，坐贬蓬莱尉。朝议盖有所见也？《旧史·铢传》云：铢告所部不得与吴越征负，擅行追摄。则狱由吴越自置，追摄仍中原官吏为之，是摄已民而致诸他国在吾国境内所置之狱也。赂使他国官吏为之用如此，其厚可知，而商利之厚，弥可想矣。《通鉴》：后唐明宗长兴元年六月，董璋遣兵掠遂、阆镇戍。七月，两川以朝廷遣兵屯遂、阆，复有论奏。自是东北商旅少敢入蜀。似干戈确足以阻贸迁者，然此特一时观望耳，事小定则往来如故矣。《新五代史·安从进传》：南方贡输，道出襄阳者，多擅留之。邀遮商旅，皆黥以充军。《南汉世家》云：刘晟遣巨舰指挥使暨彦赟以兵入海，掠商人金帛。《吴越世家》云：钱氏多掠得岭南商贾宝货。初未闻其足寒商人之胆也。

四境之外，商利亦无不饶。突厥当都蓝时，即遣使请缘边置市贸易。其后启民顺服，贸易自无不通。大业初，炀帝幸榆林，宇文化及与弟智及违禁与突厥交市。帝大怒，囚之数月。还至青门外，欲斩之而后入城。解衣辫发，以公主故，久之乃释，并智及赐其父述为奴。足见违禁交市，其利甚厚。《新书·突厥传》：武德七年（624年），颉利遣使来，愿款北楼关请互市。帝不能拒。毗伽可汗时，又诏朔方西受降城许互市。回纥交市之盛，事已见前。此北方之贸易也。韦艺迁营州都督，大治产业，与北夷贸易，家赀巨万。韦云起，契丹入营州，诏护突厥兵往讨，入其界，使突厥诈云向柳城郡欲共高丽交易，遂致克捷。则是时诸夷亦互有交易，李正己货市渤海名马，未必不道由契丹也。入五代来，契丹与后唐构兵不息，然明宗天成二年八月，新州奏契丹请置互市，《旧史·本纪》。则兵虽交，贸易初不因之而绝矣。石晋之世，契丹入中国贩易者甚众，故景延广得杀其人而夺其货。《新书·白居易传》：居易于文章精切，然最工诗。鸡林行贾雠其国相，率篇易一金，云伪者，相辄能辨之。《新罗传》：龙朔元年（661 年），春秋死，子法敏袭王。以其国为鸡林州大都督府，授法敏都督。此说盖近于诬？然时中国与新罗有商贾往来，则不虚矣。此东北方之贸易也。《旧书·李安远传》：武德时使于吐谷浑，与敦和好。于是伏元请与中国互市，安远之功也。《新书》云：边场利之。盖以是为其功？其后吐谷浑为吐蕃所灭，而吐蕃开元时言和，亦请交马于赤岭，互市於甘松岭。宰相裴光庭曰：甘松中国阻，不如许赤岭。乃听以赤岭为界。见《新书·本传》。宪宗时款陇州塞丐互市，诏可。河湟之复，诏言三州七关，创置戍卒，自要务静，如蕃人求市，切不得通。盖因边人求利，虑启衅端，然蕃人求互市之切，则于此可见矣。《旧五代史·王思同传》：明宗用为同州节度使。未几，移镇陇右，长兴元年（930 年）入朝。明宗问秦州边事，对曰："秦州与吐蕃接境，蕃部多违法度。臣设法招怀，缘边置寨四十余所，控其要害。每蕃人互市，饮食之界上，令纳器械。"此自汉人言之则然，其实边人与蕃戎贸易者，多恣剥削以自利，未必无激怒彼处也。此当谋善为管理。因此而拒绝通商，未免因噎废食矣。中叶以后，党项之入居内地者甚多，商贾赍缯货入贸羊马者亦众。藩镇又或强市马而不雠其直，遂至时有叛乱焉。《旧书》本传。又《崔慎由传》：父从，长庆二年（822 年），为鄜坊丹延节度使。党项羌以羊马来市者，必先遗帅守。从皆不受，抚谕遣之。群羌不敢为盗。盖官之廉者，不徒无所诛求，且必能善为管理，羌人自不致为变也。此西北边之贸易也。三边贸易，多系游牧部族。其物之最要者为马。《新书·王忠嗣传》：初在朔方，至互市，辄高偿马直。诸蕃争来市。故蕃马寖少，唐军精。高价能使蕃马寖少，此乃侈辞，然中国自可收其用。山南之距回纥远矣，而李皋在襄州，乃市其马以益骑兵，可见其所裨之大。若乃借进贡为名，以求锡赉，杂驽良以求多雠，致使国家空耗财币，此则措置之失，非通商之本意也。参看第十五章第三节。回纥亦以驽马求高价，此则中国直是畏其强，借名赂遗之耳，不可以贸易论。《通鉴》：后周世宗显德二年（955年），定难节度使李彝兴以折德扆亦为节度使，与己并列，耻之，塞路不通周使。上谋于宰相。对曰："夏州边镇，朝廷向来每加优借。府州褊小，得失不系重轻。且宜抚谕彝兴，庶全大体。"上曰："德扆数年已来，尽忠戮力，以拒刘氏，奈何一旦弃之？且夏州惟产羊马，贸易百货仰中国。我若绝之，彼何能为？"乃遣供奉官齐藏珍赍诏书责之。彝兴皇恐谢罪。此事可见游牧部族求与中国通商之所以切也。

北狄与中国贸易，所持者羊马耳。西胡则文明程度较高。其自陆路来者，多与北狄相杂，突厥之交市，有明珠一箧，价直八百万，见第十八章第一节。此非突厥所有，乃西胡所有。回纥既亡，时时以玉、马与边州相市。马，回纥物，玉亦西域物也。宋庆礼之复营州也，招辑商胡，为立店肆。而安禄山与史思明皆能六蕃语，同为互市郎。禄山之得志也，潜遣贾胡行诸道，岁输财百万。至大会，禄山踞重床，燎香，陈怪珍，胡人数百侍左右，引见诸贾。其为之用者，亦胡人也。隋齐王暕使库狄仲锜、陈智伟诣陇西，椓炙诸胡，责其名马，可见胡人之来者本众，初不待裴矩之招。《隋书·高昌传》云："从武威西北有捷路，度沙碛千余里，四面茫然，无有蹊径。欲往者寻人畜骸骨而去。路中或闻歌哭之声，行人寻之，多致亡失，盖魑魅罔两也。故商客往来，多取伊吾路。"《旧书·侯君集传》

云：高昌王曲文泰遏绝西域商贾。太宗征文泰入朝，称疾不至。诏君集讨之。文泰闻王师将起，谓其国人曰："唐国去此七千里，涉碛阔二千里，地无水草。冬风冻寒，夏风如焚，风之所吹，行人多死，常行百人，不能得至。安能致大军乎？"其往来之艰如此。然《魏征传》云：文泰将入朝，西域诸国咸欲因文泰遣使贡献。太宗令文泰使人往迎之。征谏曰："中国始平，创痍未复，微有劳役，则不自安。往年文泰入朝，所经州县，犹不能供，况加此辈。若任其商贾来往，边人则获其利，若为宾客，中国即受其弊矣。"可见此时商人仍有往来。玄奘之游西域，实与商人俱行，《旧书·方技传》。其征也。唐世西胡留居中国者甚多。若回纥所从之九姓胡，见第七章第一节。若僖宗所欲籍之蕃旅皆是。见第十章第一节。并有久居中国，成为中国商人者。《五代史补》云：周世宗在民间，尝与邺中大商颉跌氏，忘其名，往江陵贩卖茶货。至江陵，见有卜者王处士，其数如神。世宗因颉跌氏同往问焉。方布卦，忽有一蓍跃出，卓然而立。卜者大惊曰："吾家筮法，十余世矣。常记曾祖已来遗言：凡卜筮而蓍自跃而出者，其人贵不可言。况又卓立不倒？得非为天下之主乎？"遽起再拜。世宗虽阳为诘责，而私心甚喜，于逆旅中夜置酒，与颉跌氏半酣。戏曰："王处士以我当为天子，若一旦到此，足下要何官？请言之。"颉跌氏曰："某三十年作估来，未有不由京洛者。每见税官，坐而获利，一日所入，可以敌商贾数月，私心羡之。若大官为天子，某愿得京洛税院足矣。"世宗笑曰："何望之卑邪？"及承郭氏之后践阼，颉跌犹在。召见，如初言以与之。此说诞谩不足信，然时有颉跌氏其人则真。颉跌盖跌跌异译，铁勒十五部之一也。居于邺，迁于江陵，三十年与京洛税官为缘，其为中国商人，复何疑乎？北夷以马易中国缯帛，可谓两得其利；西胡徒以宝货来，则以无用易有用而去矣。然时法禁私市，于财政亦小有裨。见第十五章第三节。宋代香药、宝货，为三说所资，南渡后兼以称提关会，自此昉也。

南方海道，来者尤多，以其交通便易也。唐代中国所以管理之者曰市舶使。新、旧《志》及《六典》皆不载。《旧书·玄宗纪》：开元二年十二月，右威卫中郎将周庆立为安南使舶使，与波期僧广造奇巧，将以进内，监选使殿中侍御史柳泽上书谏，上嘉纳之。又《代宗纪》：广德元年十二月甲辰，宦官市舶使吕太一逐广南节度使张体，大掠广州。正史中可考见者，惟此二事而已。庆立事亦见《新书·柳泽传》。太一事见两《书·韦伦传》。《文献通考》所载，亦仅此二事。使舶使，《柳泽传》作市舶使。吕太一事，《通鉴》系是年十一月，张体作张休。波期，当系波斯之误。两《书·卢奂传》，皆附父《怀慎传》后。皆谓其官南海有清节，中使之市舶者亦不敢干其法，似市舶皆由中使司之。然《旧书·卢钧传》言：钧以开成元年（836 年）为广州刺史、岭南节度使，南海有蛮舶之利，珍货毕凑，旧帅作法兴利以致富，凡为南海者，靡不捆载而还。钧遣监军领市舶使，而己一不干与；则其使务本由刺史兼之，委任宦官，或转系偶然之事耳。官南海者，贪墨者多。《旧书·卢奂传》：天宝机，为晋陵太守。时南海郡利兼水陆，瑰宝山积。刘巨麟、彭果相替为太守、五府节度，皆坐臧巨万而死。乃特授奂为南海太守。遐方之地，贪吏敛迹，人用安之。以为自开元已来四十年，广府节度清白者有四：谓宋璟、裴伷先、李朝隐及奂。又《李勉传》：大历四年（769 年），除广州刺史，兼岭南节度观察使。前后西域舶泛海至者，岁才四五，勉性廉洁，舶来都不检阅，故末年至者四十余。在官累年，器用车服无增饰。及代归，至石门，停舟，悉搜家人所贮南货犀象诸物，投之江中。耆老以为可继前朝宋璟、卢奂、李朝隐之徒。《新书·卢奂传》无裴伷先之名，曰：“时谓自开元后治广有清节者，宋璟、李朝隐、奂三人而已。”案伷先，两《书》皆附其从父炎传。《旧书》无事迹，《新书》谓其流北延时无复名检，专居贿，五年至数千万，娶降胡女为妻，妻有黄金骏马牛羊，以财自雄。养客数百人，自北庭属京师多其客。诇候朝廷事，闻知什常七八。盖以为跅驰非廉隅之士，故于《奂传》削其名？然仙先是时之志，盖欲有所为？不得绳以小节。且人固有瑕瑜不相掩，亦有后先易辙者。仙先纵早岁跅驰，亦不害其晚节之能廉。更谓为不廉，而时人以与璟、朝隐、奂并称，自系当时舆论。著其事而斥其不足信可也，径删其名，而谓舆论所称者，只有三人，则谬矣。又《李勉传》谓其在广，末年蕃舶至者四十余。勉既在官累年，则自非其至广明年之事。《新书》乃谓明年至者四千余柁。殿本《考证》：沈德潜云："夷舶至者四十余，未见不暴征之效，《新书》为允。"何以十倍之数，不足见宽政之效，而必有待于千倍？且当时夷舶至者，岂能至四千余柁乎？此千字恐正是十字之误，不足为子京咎，然以勉居官之末年为明年，则必子京之疏矣。卢奂等四人外，史称其清廉者，尚有王方庆、孔戣、马总、萧仿、李尚隐、冯立、刘崇龟、韦正贯。言其贪墨者，则有遂安公寿、路元叡、路嗣恭、王锷、王茂之、郑权、李象古、徐浩、郎余庆、韩钧、胡证、李琢。然孔戣及刘崇龟，自虽清廉，仍未能禁其家人之不贪取也。遂安公寿，见《旧书·卢祖尚传》。路元叡，两《书》皆见《王方庆传》。李琢见《旧书·懿宗纪》。余各见本传。遂或至于激变。《旧书·波斯传》：乾元元年（758年），波斯与大食同寇广州。《新书》云袭。劫仓库，焚庐舍，《新书》作焚仓库庐舍。浮海而去。彼为通商来，何事如此？疑必有激之使然者矣。《新书·韦皋传》：弟子正贯，擢岭南节度使。南海舶贾始至，大帅必取象犀、明珠、上珍，而雠以下直。正贯既至，无所取，吏咨其清。《卢钧传》：擢岭南节度使。海道商舶始至，异时帅府争先往，贱雠其珍，钧一不取，时称絜廉。先官买而后听其与民交易，官买与私买异直，此盖相沿榷法？官吏遂借以自润。虽伤廉，究尚与私取有异也。《戣传》：旧制海商死者，官籍其赀。满三月无妻子诣府，则没入。戣以海道岁一往复，苟有验者，不为限，悉推与。户绝者赀产入官，中国法亦如是，初非岐视蕃商，然海道岁一往复，则不应三月即没入，盖故立苛例以规利？《传》又云：蕃舶泊步有下碇税，始至有阅货宴，所饷犀琲，下及仆隶。戣禁绝，无所求索。此则后世之规费矣。《徐申传》：进岭南节度使。外蕃岁以珠、瑇瑁、香、文犀浮海至。申于常贡外未尝剩索，商贾饶盈。可见其贡有常典，五代时闽广进奉，犹以南琛为多，见《旧五代史·本纪》：梁开平元年（907年）、二年（908年）、四年（910年），乾化元年（911年）。足见其为利之厚。故至宋代而市舶遂为要司矣。

西来商舶，前世本集交州，南朝以来，渐徙西北，而广州遂夺交州之席，盖以其去中原近也？《通鉴》：贞元八年六月，岭南节度使奏："近日海舶珍异，多就安南市易。欲遣判官就安南收市，乞命中使一人与俱。"上欲从之。陆贽上言，以为"远国商贩，惟利是求，缓之斯来，扰之则去。广州素为众舶所凑，今忽改就安南，若非侵刻过深，则必招携失所。曾不内讼，更荡上心。况岭南、安南，莫非王土；中使、外使，悉是王臣。岂必信岭南而绝安南，重中使以轻外使？所奏望寝不行"。观贽之言，而知交州之贸易，远非广州之敌矣。不特此也，《旧书·邓景山传》，言其引田神功以讨刘展，神功至扬州，大掠居人资产。大食、波斯等商旅，死者数千人。《神功传》曰："商胡波斯被杀者数千人。"《新书》皆略同。是商胡之居扬州者亦甚多也。《新五代史·闽世家》：王审知招来海中蛮夷商贾，海上黄崎，波涛为阻。一岁，风雨，雷电震击，开以为港。闽人以为审知德政所致，号为甘棠港。此盖蒙蕃舶之利者归美之辞？然可见五代时闽海亦有贾胡踪迹矣。凡此皆通商港步日拓而北之证也。《隋书·食货志》云：晋自寓居江左，岭外酋帅因生口、翡翠、明珠、犀象之饶，雄于乡曲者，朝廷多因而署之，以收其利。历宋、齐、梁、陈，皆因而不改。《权武传》：武检校潭州总管，多造金带，以遗岭南酋领，其人答以宝物，武皆纳之，由是致富。朝廷之收其利，盖亦如是？《新书·赵弘智传》：兄弘安曾孙矜，客死柳州，官为敛葬。后十七年，子来章始壮，自襄阳往求其丧，不得。野哭再阅旬。卜人秦诩为筮曰："宜遇西人，深目而髯，乃得其实。"明日，有老人过其所。问之，得矜墓。乃归葬弘安墓次。此所谓西人，殆亦贾胡？则深入今粤西境矣。《旧书·懿宗纪》：咸通四年七月朔，制曰："安南溪洞首领，素推诚节。虽蛮寇窃据城壁，而酋豪各守土疆。如闻溪峒之间，悉藉岭北茶药。宜令诸道，一任商人兴贩，不得禁止往来。"溪洞之于茶药，亦必有以南琛为易者。《王锷传》言：锷日发十余艇，重以犀象、珠贝，称商货而出诸境。《新书》云：与商贾杂出于境。周以岁时，循环不绝。凡八年，京师权门，多富锷之财。则其运输之畅达，更不待论矣。然奇货虽可北行，运输必求便易，此则商港之所以日辟而北也。

第四节　钱　币（上）

自隋灭陈，统一中国，至安史之乱，凡经百五十年，虽中更隋末之乱，然历时不久，商业实大可振兴。商业振兴，必资钱币。魏、晋、南北朝，币制紊乱，且其数不足用，统一后自更甚，故此时之所求者，实为增铸及画一。隋、唐两代，皆思致力于此，而力弗克胜，遂至依然淆乱，依然阙乏，而种种厉民之政，转因整理圜法而起焉，此则可为浩叹者也。

《隋书·食货志》云："高祖既受周禅，以天下钱货，轻重不等，乃更铸新钱。背面肉好，皆有周郭，文曰五铢，重如其文。每钱一千，重四斤二两。《本纪》：开皇元年九月，"行五铢钱"。是时钱既新出，百姓或私有镕铸。三年四月，诏四面诸关，各付百钱为样，从关外来，勘样相似，然后得过。样不同者，即坏以为铜入官。诏行新钱已后，前代钱有五行大布、永通万国，及齐常平，所在用以贸易不止。四年（584 年），诏仍依旧不禁者，县令夺半年禄。然百姓习用既久，尚犹不绝。五年正月，诏又严其制。自是钱货始一。所在流布，百姓便之。是时见用之钱，皆须和以锡镴。锡镴既贱，求利者多，私铸之钱，不可禁约。其年，乃诏禁出锡镴之处，并不得私有采取。十年（590年），诏晋王广听于扬州立五炉铸钱。其后奸狡稍渐磨𨱎钱郭，取铜私铸；又杂以锡钱，递相放效；钱遂轻薄，乃下恶钱之禁。京师及诸州邸肆之上，皆令立榜置样为准，不中样者，不入于市。十八年（598年），诏汉王谅听于并州立五炉铸钱。是时江南人间钱少，晋王广又听于鄂州白纻山有铜矿处锢铜铸钱，置十炉。又诏蜀王秀听于益州立五炉铸钱。是时钱益滥恶，乃令有司括天下邸肆见钱，非官铸者皆毁之，其铜入官。而京师以恶钱贸易，为吏所执，有死者。数年之间，私铸颇息。大业已后，王纲弛紊，巨奸大猾，遂多私铸，钱转薄恶。初每千犹重二斤，后渐轻至一斤。或翦铁鍱、裁皮、糊纸以为钱，相杂用之。货贱物贵，以至于亡。”《新书·食货志》：“隋末行五铢白钱。天下盗起，私铸钱行，千钱初重二斤，其后愈轻，不及一斤。铁叶、皮纸，皆以为钱。高祖入长安，民间行线环钱。其制轻小，凡八九万，才满半斛。”案用金属为钱，私铸私销，均极难禁，隋所以暂收画一流布之效者，盖徒恃严法？严法本难久恃，况听诸王铸钱，必不能皆合法乎？况又益之以大业之弛紊乎？终至大乱不可收拾，宜矣。

唐兴，又图治理，《旧书·食货志》云：“高祖即位，仍用隋之五铢钱。武德四年七月，废五铢钱，行开元通宝钱。径八分，重二铢四累，积十文重一两，一千文重六斤四两。仍置钱监于洛、并、幽、益等州。秦王、齐王，各赐三炉铸钱。裴寂赐一炉。敢有盗铸者，身死，家口配没。五年五月，又于桂州置监。议者以新钱轻重大小，最为折衷，远近甚便之。后盗铸渐起，而所在用钱滥恶。显庆五年九月，敕以恶钱转多，令所在官私为市取。私字疑衍。以五恶钱酬一好钱。百姓以恶钱价贱，私自藏之，以候官禁之弛。高宗又令以好钱一文买恶钱两文，弊仍不息。至乾封元年（666 年）封岳之后，又改造新钱，文曰乾封泉宝。《本纪》：事在四月。径一寸，重二铢六分。仍与旧钱并行。新钱一文，当旧钱之十。周年之后，旧钱并废。初开元钱之文，给事中欧阳询制词及书，时称其工。其字含八分及隶体。其词先上后下，次左后右读之，自上及左回环读之，其义亦通。流俗谓之开元通宝钱。及铸新钱，乃同流俗。乾字直上，封字在左。寻悟钱文之误；又缘改铸，商贾不通，米帛增价，乃议却用旧钱。二年正月，下诏曰：泉布之兴，其来自久，实古今之要重，为公私之宝用。年月既深，伪滥斯起。所以采乾封之号，改铸新钱。静而思之，将为未可。高祖拨乱反正，爰创规模。太宗立极承天，无所改作。今废旧造新，恐乖先旨。其开元通宝，宜依旧施行，为万代之法。乾封新铸之钱，令所司贮纳，更不须铸。仍令天下置铸之处，并铸开元通宝钱。”案自隋初至是，画一钱文之意颇坚，故隋铸五铢而尽禁旧钱；唐初铸开元，亦废隋五铢；高宗铸乾封则欲废开元，复开元又必废乾封也。乾封较之开元，所重甚微，而欲以一当十，似已悟恶币驱逐良币之理，而欲令人民自毁之，不悟因此钱文减少，商贾转至不通也。开元虽复，恐销毁已多，故私铸复起。

《志》又云：“既而私铸更多，钱复滥恶。高宗尝临轩，谓侍臣曰：钱之为用，行之已久。公私要便，莫甚于斯。比为州县不存检校，私铸过多。如闻荆、潭、宣、衡，犯法尤甚，遂有将船械宿于江中，所部官人不能觉察。自令严加禁断。所在追纳恶钱，一二年间使尽。当时虽有约敕，而奸滥不息。仪凤四年四月，令东都出远年糙米及粟，就市给粜，斗别纳恶钱百文。其恶钱，令少府、司农相知，即令铸破。其厚重合斤两者，任将行用。时米粟渐贵，议者以为铸钱渐多，所以钱贱而物贵，于是权停少府监铸钱。寻而复旧。《新书·食货志》云：永淳元年（682 年），私铸者抵死，邻保里坊村正皆从坐。则天长安中，又令悬样于市，令百姓依样用钱。俄又简择艰难，交易留滞。又降敕：非铁锡、铜荡、穿六者，并许行用。其有熟铜、排斗、沙涩厚大者，皆不许简。自是盗铸蜂起，滥恶益众。江、淮之南，盗铸者或就陂湖钜海深山之中，波涛险峻，人迹罕到，州县莫能禁约。以至神龙、先天之际，两京用钱尤滥。其郴、衡私铸小钱，才有轮廓；及铁锡五铢之属，亦堪行用。乃有买锡镕销，以钱模夹之，斯须则盈千百，便赍用之。开元五年（717 年），车驾往东都。宋璟知政事，奏请一切禁断恶钱。六年正月，又切断天下恶钱，行三铢四累钱。《纪》云：行二铢四分已上好钱。《新志》云：行二铢四参钱。三字当误。不堪行用者，并销破覆铸。二月，又敕申明旧章，县设诸样。时江淮钱尤滥恶，有官炉、偏炉、棱钱、时钱等数色。璟乃遣监察御史萧隐之充江淮使。隐之乃令率户出钱，务加督责。百姓乃以上青钱充恶钱纳之。其小恶者，或沉之于江湖，以免罪戾，于是市井不通，货价腾起。流闻京师，隐之贬官。《新志》云：宋璟又请出米十万斛收恶钱，少府毁之。璟因之罢相。乃以张嘉贞知政事。嘉贞乃弛其禁，人乃安之。《新书》云：十一年（723 年），诏所在加铸，禁卖铜锡造铜器者。二十年（732 年），千钱以重六斤四两为率。每钱重二铢四参。禁缺顿、沙涩、荡染、白强黑强之钱。首者官为市之。铜一斤为钱八千。二十二年（734 年），中书侍郎张九龄初知政事，奏请不禁铸钱。玄宗令百官详议，皆以为不便。《本纪》事在三月。但敕郡县严断恶钱而已。《新志》云：信安郡王祎复言国用不足，请纵私铸。议者皆畏祎帝弟之贵，莫敢与抗。独仓部郎中韦伯阳以为不可。祎议亦格。至天宝之初，两京用钱稍好，米价丰贱。数载之后，渐又滥恶。府县不许好者加价回博，好恶通用。富商奸人，渐收好钱，潜将往江淮之南，每钱货得私铸恶者五文，假托官钱，将入京私用。京城钱日加碎恶，鹅眼、铁锡、古文、铤环之类，每贯重不过三四斤。十一载二月，敕令所司出钱三数十万贯，分于两市百姓间。应交易所用钱不堪久行用者，官为换取。仍限一月日内使尽。是时京城百姓，久用恶钱，制下之后，颇相惊扰。时又令于龙兴观南街开场，出左藏库内排斗钱，许市人博换。贫弱者又争次不得。俄又宣敕：除铁锡、铜沙、穿穴、古文，余并许依旧行用。久之乃定。"《新志》云：开元二十六年（738年），宣、润等州初置钱监。两京用钱稍善，米粟价益下。其后钱又渐恶。诏出铜所在置监，铸开元通宝钱。京师库藏皆满。天下盗铸益起，广陵、丹阳、宣城尤甚。京师权豪，岁岁取之，舟车相属。江淮偏炉钱数十种，杂以铁锡，轻漫无复钱形。公铸者号官炉钱，一以当偏炉钱七八。富商往往藏之，以易江淮私铸者。两京钱有鹅眼、古文、线环之别。每贯重不过三四斤。至翦铁而缗之。宰相李林甫请出绢布三百万匹，平估收钱。物价踊贵，诉者日万人。兵部侍郎杨国忠欲招权以市恩，扬鞭市门曰："行当复之。"明日，诏复行旧钱。天宝十一载（752年），又出钱三十万缗易两市恶钱。出左藏库排斗钱，许民易之。国忠又言钱非铁锡、铜沙、穿穴、古文，皆得用之。《旧纪》云：禁恶钱，官出好钱以易之。既而商旅不便，诉于国忠，乃止之。案改革币制，非有精心毅力不可。当时之所为，实漫无策画。好恶钱敌价相易，办法虽宽，而限期太促。贫弱者争次不得，则独受其殃耳。其势已不复可以坚持，亦非尽由国忠之欲招权市恩也。此唐自天宝已前公家与私铸相争之大略也。安、史乱作，而苟且之政兴，承其流者救过不给，乃无暇更言整顿矣。

《旧书·食货志》又云："乾元元年七月，诏御史中丞第五琦奏请改钱，以一当十，别为新铸，不废旧钱。宜听于诸监别铸一当十钱，文曰乾元重宝。《新志》云：径一寸，每缗重十斤。其开元通宝者，依旧行用。二年三月，琦入为相，又请更铸重轮乾元钱。一当五十，二斤成贯。《新志》云：径一寸二分。其文亦曰乾元重宝，背之外郭为重轮。每缗重十二斤。诏可之。于是新钱与乾元、开元通宝钱三品并行。《本纪》事在九月，云：以二十二斤成贯。寻而谷价腾贵，米斗至七千，饿死者相枕于道。乃抬旧开元钱，以一当十，减乾元钱，以一当三十。缘人厌钱价不定，人间抬加价钱为虚钱。米斗七千，若抬价五十倍，则实价为百四十。参看第十八章第一节。长安城中，竞为盗铸。寺观钟及铜像，多坏为钱。奸人豪族，犯禁者不绝。京兆尹郑叔清擒捕之，少不容纵。数月间，榜死者八百余人。人益无聊矣。《新志》云：先是诸炉铸钱窳薄，镕破钱及佛像，谓之盘陀，皆铸为私钱。犯者杖死。叔清盖援是例。上元元年（760年），诏重棱五十价钱，宜减作三十文行用。其开元旧时钱，宜一当十文行用。其乾元十当钱，宜依前行用。仍令中京及畿县内依此处分，诸州待进止。七月，敕重棱五十价钱，先令畿内减至三十价行，其天下诸州，并宜准此。宝应元年四月，改行乾元钱，一以当三。盖去开元钱抬价？乾元重棱小钱，亦以一当二。重棱大钱，一以当三。寻又改行乾元大小钱，并以一当一。其私铸重棱大钱，不在行用之限。”观此，知官铸重棱，亦有大小之别。其小者实直且不及乾元钱，并不如私铸重棱大钱之大也。《本纪》：乾元大小钱并一当一在五月丙戌。《新志》云：代宗即位，乾元重宝钱以一当二，重轮钱以一当三，凡三日而大小钱皆以一当一。则前者除本计在癸未，连本计在甲申也。《旧志》载上元元年六月诏曰：“如闻官铸之外，私铸颇多。吞并小钱，逾滥成弊。”则是时小钱见毁者颇多。《新志》云：“自第五琦更铸，犯法者日数百，州县不能禁止。至是，人甚便之。其后，民间乾元、重棱二钱铸为器，不复出矣。”又云：“史思明据东都，亦铸得一元宝钱。径一寸四分，以一当开元通宝之百。既而恶得一非长祚之兆，改其文曰顺天元宝。”又云：“德宗时，判度支赵赞采连州白铜铸大钱，一当十，以权轻重。”盖一时主计之臣，无论顺逆，无不思借铸造为铸款之策者？其极，则转使小钱毁失而已。德宗立，行两税，须钱益多，钱价遂日贵，终至不得不兼用实物。

《新书·食货志》云：“自初定两税，货重钱轻，乃计钱而输绫绢。既而物价愈下，所纳愈多。绢匹为钱三千二百，其后为钱一千六百，输一者过二。度支以税物颁诸司，皆增本价为虚估给之，而谬以滥恶督州县剥价，谓之折纳。帝以问宰相陆贽。贽请厘革其甚害者。税物估价，宜视月平。物价旬各有估，见上节。此所云者，盖谓校三旬之估而取其平？至京与色样符者，不得虚称折估。有滥恶，罪官吏，勿督百姓。国朝著令，税出谷，庸出绢，调出缯纩布麻。今两税估资产为差，以钱谷定税，折供杂物，岁目颇殊。增价以市所无，减价以货所有。耕织之力有限，而物价贵贱无常。初定两税，万钱为绢三匹，价贵而数不多，及给军装，计数不计价，此税少国用不充也。近者万钱为绢六匹，价贱而数加，计口蚕织不殊，而所输倍，此供税多人力不及也。宜令所司覆初定两税之岁绢匹定估为布帛之数。复庸调旧制，随土所宜，各修家技。物甚贱所出不加，物甚贵所入不减。”贽此疏，《通鉴》系贞元十年（796 年）。十二年（794 年），河南尹齐抗复论其弊，以为“百姓本出布帛，而税反配钱，至输时复取布帛，更为三估计折，州县升降成奸。若直定布帛，无估可折。盖以钱为税，则人力竭而有司不之觉。今两税出于农人，农人所有，惟布帛而已。用布帛处多，用钱处少，又有鼓铸以助国计，何必取于农人哉？”《新书·食货志》。《权德舆传》：德舆于贞元十九年（803 年）上陈阙政，言“大历中一缣直钱四千，今止八百，税入如旧，则出于民者五倍其初”。情势如此，法遂不得不变。二十年（804 年），命市井交易，以绫罗绢布杂货与钱并用。《新书·食货志》。宪宗元和六年二月，又制公私交易，十贯钱已上，即须兼用匹段。《旧书·食货志》。其时李翱条兴复太平，又请改税法，不督钱而责布帛。《新书·本传》。然朝廷之所行者，则仅制留州送使之入，一准公估而已，见上节。终未能旷然大变赋税之法也。而因禁钱流通之故，又引起轩然一大波。

禁钱出境之令，始于德宗时。《新书·食货志》云：“贞元初，骆谷、散关，禁行人以一钱出者。”又云：“民间钱益少，缯帛价轻，州县禁钱不出境，商贾皆绝。浙西观察使李若初请通钱往来。事亦见《若初传》，附《刘晏传》后。而京师商贾，赍钱四方贸易者，不可胜计。诏复禁之。”自此禁钱遂为恒法。至后唐庄宗同光二年（924年）圜丘礼毕赦诏，犹有“勿令商人载钱出境”之文焉。《旧五代史·本纪》。《食货志》云：缘边州镇，设法钤辖，勿令商人般载出境。此已足挠乱澄清之局，而宪宗复推此意而禁及飞钱。轩然大波。遂不可免矣。

《新志》述宪宗时事云：“时商贾至京师，委钱诸道进奏院及诸军、诸使、富家，以轻装趋四方，合券乃取之，号飞钱。京兆尹裴武请禁与商贾飞钱者。搜索诸坊，十人为保。”又云：“自京师禁飞钱，家有滞藏，物价寖轻。判度支卢坦、兵部尚书判户部事王绍、盐铁使王播请许商人于户部、度支、盐铁三司飞钱，每千钱增给百钱。然商人无至者。复许与商人敌贯而易之。然钱重帛轻如故。”《旧志》云：“元和七年五月，户部王绍、度支卢坦、盐铁王播等奏：伏以京都时用，多重见钱，宫中支计，近日殊少。盖缘比来不许商人便换，因兹家有滞藏。所以物价转高，钱多不出。臣等今商量：伏请许令商人于三司任便换见钱，一切依旧禁约。伏以比来诸司、诸使等，或有便商人钱，多留城中，逐时收贮。积藏私室，无复通流。伏请自今已后，严加禁约。从之。”案《新志》所谓物价寖轻者，乃对钱而言。《旧史》所谓物价转高者，则对布帛而言。商人之飞钱者，委钱京师，而取诸四方，不啻将四方之钱，转运入京。诸有钱者，积其钱于京师，果何为乎？换为借钱之别名，已见《两晋南北朝史》第二十章第五节。《通鉴》后唐庄宗同光二年（924年），豆卢革尝以手书便省库钱数十万。胡《注》曰：“今俗谓借钱为便钱，言借贷以便用也。”然则便换即借贷。不许商人便换，遂至家有滞藏，则诸军、诸使及诸富家之钱，由飞钱汇画入京者，仍是借诸商人。京师小商，盖恃此等大商为顾客。大商不至，则市井萧条。唐时易中，钱帛并用，而人多重钱。商人多钱，平民则只有布帛。市面既失其常，有以布帛往买者，市肆中人将高其价以靳之，故曰物价转高；有以见钱往买者，其人度钱价将长，虽廉雠亦可获利，又将贬价以事招徕，故曰物价寖轻也。既以飞钱通中外汇兑，又以便换给商人资本，实为版克（Bank）之权舆，使能利道整齐之，岂独可救钱荒之弊？顾乃从而阻遏之，已又欲攘其什一取息之利，则庸人自扰之矣。

因此措置，纠纷遂多。元和八年四月，出内库钱五十万贯，令两市收市布帛。每端、匹估加十之一。十二年（817年），又出见钱五十万贯，令京兆府拣择要便处开场，以市价交易。《旧书·食货志》。杯水车薪，何济于事？钱一脱手，即为人所贮藏耳。于是蓄钱之禁起矣。

蓄钱之禁，肇自宪宗元和三年（808年）。《旧书·食货志》载其年六月诏曰："泉货之法，义在通流。若钱有所壅，货当益贱。故藏钱者得乘人之急，居货者必损已之资。今欲著钱令以出滞藏，加鼓铸以资流布。若革之无渐，恐人或相惊。应天下商贾先蓄见钱者，委所在长吏令收市货物。官中不得辄有程限，逼迫商人。任其货易，以求便利。计周岁之后，此法遍行。朕当别立新规，设蓄钱之禁。所以先有告示，许有方圆，意在他时，行法不贷。"又禁断五岭已北银坑，令坑户采铜，助官中铸作。见第一节。时盖欲与鼓铸并行？然周岁之后，寂焉无闻。盖鼓铸非易，而钱荒情势，时亦尚未十分急迫也？至十二年正月，乃敕"近日布帛转轻，见钱渐少，皆缘所在壅塞不通。宜令京城内自文武官僚，不问品秩高下，并公、郡、县主、中使等，下至士庶、商旅、寺观、坊市，所有私贮见钱，并不得过五千贯。如有过此，许从敕出后限一月内任将市别物收贮。如钱数较多，处置未了，任于限内于地界州县陈状更请限。纵有此色，亦不得过两个月。若一家内别有宅舍店铺等，所贮钱并须计用在此数；其兄弟本来异居，曾经分析者；不在此限。如限满后有违犯者：

白身人宜付所司决痛杖一顿处死。其文武官及公主等，并委有司闻奏，当重科贬。戚属中使，亦具名衔闻奏。其剩贮钱不限多少，并勒纳官数内五分取一分充赏钱。止于五千贯。此外察获及有人论告，亦重科处分。并量给告者”。《志》言时京师里闾区肆，所积多方镇钱，王锷、韩弘、李惟简，少者不下五十万贯。于是竞买第屋，以变其钱。多者竟里巷，佣僦以归其直。而高赀大贾者，多依倚左右军官钱为名，府县不得穷验，法竟不行。至大和四年十一月，敕应私贮见钱家，除合贮数外，一万贯至十万贯，限一周年内处置毕。十万贯至二十万贯以下者，限二周年处置毕。如有不守期限，安然蓄积，过本限即任人纠告及所由觉察。其所犯家钱，并准元和十二年（817 年）敕纳官，据数五分取一分，充赏纠告人赏钱。数止于五千贯。应犯钱法人色目决断科贬，并准元和十二年（817 年）敕处分。其所由觉察，亦量赏一半。《志》又云：事竟不行。其后后唐庄宗圜丘赦诏，仍有应诸州府，不得令富室分外收贮见钱之文，亦见《旧史·本纪》及《食货志》。则其成为具文，更不待论矣。

穆宗虽再失河北，然其于计政，则实能竟前人未竟之绪。赋税改收实物，其一端也。《新书·食货志》云：“自建中定两税，而物轻钱重，民以为患。至是四十年，当时为绢二匹半者为八匹，大率加三倍。建中时绢匹三千二百，则此时绢匹千文。豪家大商，积钱以逐轻重。故农人日困，末业日增。诏百官议革其弊。议者多请重挟铜之律。户部尚书杨于陵曰：制钱以权百货。古者权之于上，今索之于下；昔散之四方，今藏之公府；昔广铸以资用，今减炉以废功；昔行之于中原，今泄之于边裔；又有闾井送终之含，商贾贷举之积，江湖压覆之耗，则钱焉得不重，货焉得不轻？开元中，天下铸钱七十余炉，岁盈百万，今才十数炉，岁入十五万而已。大历已前，淄青、太原、魏博杂铅铁以通时用，岭南杂以金、银、丹砂、象齿，今一用泉货，故钱不足。今宜使天下两税、榷酒、盐利、上供，及留州、送使钱，悉输以布帛、谷粟，则人宽于所求。然后出内库之积，收市廛之滞，广山铸之数，限边裔之出，禁私家之积，则货日重而钱日轻矣。宰相善其议。由是两税、上供、留州，皆易以布帛、丝纩；租庸课调，不计钱而纳布帛。惟盐、酒本以榷率计钱，与两税异，不可去钱。”此处语气未完，疑下有夺文。《旧志》载中书门下奏云：“伏以群臣所议，事皆至当，深利公私。请商量付度支，据诸州府应征两税供上都及留州留使旧额，起元和十六年（821年）以后，并改配端匹斤两之物为税额。如大历已前租庸课调，不计钱令其折纳。使人知定制，供办有常。仍约元和十五年（820年）征纳布帛等估价，其旧纳虚估物，与依虚估物回计。如旧纳实估物并见钱，即于端匹斤两上量加估价。回计变法在长其物价。价长则永利公私，初虽微有加饶，法行即当就实。比旧给用，固利而不害。仍作条件处置，编入旨符。其盐利、酒利本以榷率计钱，有殊两税之名，不可除去钱额。中有令纳见钱者，亦请令折纳时估匹段。上既不专以钱为税，人得以所产输官。钱货必均其重轻，陇亩自广于蚕织。便时惠下，庶得其宜。其土之丝麻，或地连边塞，风俗更异，赋入不同，亦请商量委所司裁酌，随便处置。”此事敕议在闰正月十七日，亦见奏，至八月朔，杨于陵乃总百寮之议，请中书、门下、御史台、诸司官长重议施行，为时逾半年，实当时一大事也。《志》又载大和四年五月，西川宣抚使崔戎奏：“准诏旨制置西川事条，今与郭钊商量，两税钱数内三分二分纳见钱，一分折纳匹段。每二贯加饶百姓五百文，计一十三万四千二百四十三贯文。”即依此旨措置。然事至大和四年（830年）然后行，又可见当时虽有此议，并未能施行于全国也。此实行陆贽、齐抗、李翱之论，盖势之所迫，不得不然也。而鼓铸之议，亦起于此时。

唐代诸铸钱监，本内总于少府，而以所在都督、刺史判焉。德宗时，韩洄为度支，乃言“铜铁之冶，时曰山泽之利，当归于王者。今诸道节度、都督、团练使皆占之，非宜也。请总隶盐铁使。”从之。

洄之意，盖欲收利权归中枢？以当时事势论，自不得谓为非是。然欲大行鼓铸，则必非一使之力所能给，故是时，又欲分其权于州郡焉。元和十五年八月，中书门下奏："伏准郡官所议铸钱，或请收市人间铜物，令州郡铸。当开元已前，未置盐铁使，亦令州郡句当铸造。欲令诸道公私铜器，各纳所在节度、团练、防御、经略使，便据元敕，给与价直，并折两税，仍令本处军人镕铸。其铸本，请以留州、留使年支未用物充。所铸钱便充军、府、州、县公用。当处军人，自有粮赐，亦较省本。所资众力，并收众铜，天下并功，速济时用，待一年后铸器物尽则停。其州府有出铜铅可以开铸处，具申有司，便令同诸监冶例，每年与本充铸。其收市铜器期限，并禁铸造买卖铜物等。待议定，便令有司条疏闻奏。其上都铸钱及收铜器续处分。将欲颁行，尚资周虑。请令中书、门下两省，御史台并诸司长官商量，重议闻奏。"从之。《旧书·食货志》。此次所筹议铸钱之规模，不可谓不大，所定办法，亦颇费苦心，鼓铸所最难者为得铜。此时铜之来源，出于收市，自极不足恃。然所铸钱便充军、府、州、县公用，则有以鼓厉之，使竭其力。加以有铜铅处皆令开铸，当时所能筹画者，亦不过如斯而已。铸本出于留州、留使，无待别筹；鼓铸以责军人，又自有粮赐；则其事可以速举。故能冀天下并功，速济时用。不特此也，事历久则奸生。果使期月克观厥成，天下同时施行，恶钱是处禁绝，则私铸私销者，虽欲作奸，亦有所不及。故此次之议，实有沃焦捧漏之精神也。然其事久未能行，盖时方多故，有所不及邪？然铜不易得，终恐为其大原因也。至武宗会昌五年（845年），并省天下佛寺，得铜甚多，而机会乃至。

是岁七月，中书奏："天下废寺铜像、钟磬，委盐铁使铸钱。其铁像委本州铸为农器。金银、鍮石等像，销付度支，衣冠士庶之家，所有金银铜铁之像，敕出后限一月纳官。如违，委盐铁使以禁铜法处分。"《旧纪》。《新志》云："永平监官李郁请以铜像、钟磬、炉铎，皆归巡院，州县铜益多矣。盐铁使以工有常力，不足以加铸，许诸道观察使皆得置钱坊。淮南节度使李绅请天下以州名铸钱，京师为京钱，大小径寸如开元通宝。交易禁用旧钱。《旧书·本纪》：会昌六年二月敕："京城、诸道，宜起来年正月已后，公私行用，并取新钱。其旧钱权停三数年。如有违犯，同用铅锡钱例科断。其旧钱并没纳。"又敕："文武百寮俸料，起三月一日，并给见钱。一半先给匹段，对估时价，皆给见钱。"起来年正月已后，《食货志》作起今年十月以后。一半先给匹段，《食货志》作先给虚估匹段。会宣宗即位，尽黜会昌之政，新钱以字可辨，复铸为像。"《旧书·柳公绰传》：子仲郢，为京畿铸钱使。钱工欲于模加新字，仲郢止之。惟淮南加新字。后竟为僧人取之为像设钟磬。案杨于陵言开元时天下铸钱，岁盈百万。今以他文考之，《新志》述天宝时事云："天下炉九十九，每炉岁铸钱三千三百缗，天下岁铸缗三十二万七千缗。"并无如于陵所言者之巨。于陵言穆宗时岁铸十五万缗。《新志》又言：宪宗时岁铸十三万五千缗，文宗时不及十万。此固远逊开、天，然唐中叶后，鼓铸实不为不力。大历四年（769 年），第五琦请于绛州汾阳、铜原两监增置五炉铸钱，见《旧志》。《新志》云："刘晏以江岭诸州任土所出，皆重粗贱弱之货，输京师不足以供道路之值，于是积之江淮，易铜铅薪炭广铸钱，岁得十余万缗，输京师及荆、扬二州。自是钱日增矣。"《旧书·韩滉传》言其弟洄以户部侍郎判度支，上言"江淮七监，岁铸钱四万五千贯，输于京师，度工用转送之费，每贯计钱二千，是本倍利也。今商州有红崖冶，出铜益多。又有洛源监，久废不理。请增工凿山以取铜，与洛源故监，置十炉铸之，岁计出钱七万二千贯，度工用转送之费，贯计钱九百。则利浮本矣。其江淮七监请皆罢。"从之。《旧志》：元和三年（808 年），"李巽请于郴州旧桂阳监置炉两所，采铜铸钱，每日约二十贯。计一年铸成七千贯。"从之。六年（811 年），河东节度使王锷奏"请于当管蔚州界加置炉铸铜钱，废管内锡钱。"许之。仍令加至五炉。《新志》云："锷置炉疏拒马河水铸钱，工费尤省。以刺史李听为使。以五炉每炉月铸钱三十万。自是河东锡钱皆废。”《听传》亦云：“开五炉官铸钱，日五万。”则月得百五十万矣。《志》又云“大和时，河东锡钱复起。盐铁使王涯置飞狐铸钱院于蔚州。”《旧纪》事在八年二月。此等合计之，其数亦当不少也。即令所铸非多，积之久，数亦不为不巨。何至岌岌不可终日？然则钱之乏，非铸之少，实耗之多也。所耗者果何往哉？《新志》述肃、代时议者之说，谓“岁毁于棺瓶埋藏焚溺，铜贵钱贱，又有铸以为器者，不出十年几尽。”案古葬多瘗钱；又其时银不如后世之通用，窖藏者率多以钱；此二者所费诚较后世为巨，他端则今古等耳。曷尝见其多费？坟墓之遭发掘者多矣；窖藏者非失所在，亦终将复出；何至不十年而尽天下之钱？然则钱之耗，当仍以破大为小及销镕以为器物两端为多耳。张九龄欲通私铸，左监门录事参军刘秩议谓“公钱重，与铜之价颇等，故盗铸者破重钱以为轻钱。轻钱禁宽则行，禁严则止，止则弃矣。此钱之所以少也”。贞元九年（793 年），张滂奏“国家钱少，损失多门。兴贩之徒，潜将销铸。钱一千为铜六斤，造写器物，则斤直六百余。有利既厚，销铸遂多。江淮之间，钱日减耗。”《旧书·食货志》。开成三年（838 年），李珏言：“禁铜之令，朝廷常典。行之不严，不如无令。今江淮已南，铜器成肆。市井逐利者，销铸一缗，可为数器，雠利三四倍。远民不知法令，率以为常。纵国家加炉铸钱，何以供销铸之弊？”《旧书·杨嗣复传》。观此数事，钱之耗，原因可以想见。自天宝以前，政府与私销私铸者之搏斗，非一日矣，而皆不胜。会昌之政纵不废，其效亦岂能胜于开、天以前？然宣宗之不择而尽废之，则其事终可诛也。自此以后，唐遂无力更与私销私铸者争矣。

五代之世，后唐明宗长兴元年（930 年），鸿胪少卿郭在徽尝请铸当五千、三千、一千大钱。朝廷以其指虚为实，无识妄言，左迁之。《通鉴》。盖鉴于第五琦之败，不敢轻试也？而晋高祖乃放民鼓铸，此则唐开元所不敢行者矣。《新史·本纪》：天福三年十一月壬戌，除铸钱令。《通鉴》：是月癸亥，敕听公私自铸铜钱。无得杂以铅铁。每十钱重一两。以天福元宝为文。仍令盐铁颁下模范。惟禁私作铜器。《注》引《五代会要》云："时令三京。邺都诸道州府，无问公私，应有铜者，并令铸钱。仍以天福元宝为文，左环读之。委盐铁铸样，颁下诸道。每一钱重二铢四参，十钱重一两。或虑诸色人接便将铅铁铸造，杂乱铜钱，仍令所属依旧禁断。尚虑逐处铜数不多，宜令诸道应有久废铜冶，许百姓取便开炼。永远为主，官私不取课利。其有生熟铜，仍许所在中卖入官，或任自铸钱行用。不得接便别铸铜器。"案铜钱搬运为难，不得不分于诸处铸，然型式宜于画一，此由盐铁颁下模范是也。不取课利，以奖开采，亦为善策。但放铸根本既非，此等枝叶，自不足论矣。《通鉴》又云："癸亥，敕先许公私铸钱，虑铜难得，听轻重从便，但勿令缺漏。"《旧史·本纪》云："十二月戊寅，诏宜天下无问公私，应有铜欲铸钱者，一任所便。酌量轻重铸造。"当即此事。其事在癸亥后旬有五日也。至此则藩篱尽撤矣，其势自不可久。故至明年七月丙辰，遂有"私钱多用铅锡，小弱缺薄，宜皆禁之，专令有司自铸"之敕也。《通鉴》。其时有志于改革者为周世宗。《新纪》：显德二年五月甲戌，大毁佛寺。九月，丙寅朔，颁铜禁。《旧纪》云：诏禁天下铜器，始议立监铸钱。《赞》曰："废天下诸寺三千三百三十六。是时中国乏钱，乃诏悉毁天下铜佛像以铸钱。尝曰：吾闻佛说，以身世为妄，而以利人为急。使其真身尚在，苟利于世，犹欲割截，况此铜像，岂有所惜哉？由是群臣皆不敢言。"五年七月，又使市铜于高丽。见第十五章第一节。世宗英锐，使天假之年，铸钱之事，当可有所成就，然其督责之力，恐亦未必能强于隋文帝也。

偏方诸国，《旧五代史·食货志》云："江南因唐旧制，饶州置永平监，池州永宁监，建州永丰监，并岁铸钱。杭州亦置保兴监铸钱。”唐旧制之存者，盖惟此而已。而闽、楚等国，则竞铸铁锡钱及大钱以图利，南唐终亦效尤焉。楚事已见上节。王曦铸大铁钱，事在晋天福七年（942 年）。文曰永隆通宝。永隆，曦年号。欧《史》云：“以一当十。”此指铜钱言之，而《通鉴》云：“一当铅钱百。”则闽铜钱一当铅钱十也。开运三年（946 年），唐攻福州，吴越钱弘佐救之。募兵，久无应者。弘佐命纠之，曰：“纠而为兵者，粮赐减半。”明日，应募者乃云集。弘佐议铸铁钱以益将士禄赐。其弟弘亿谏曰：“铸铁钱有八害：新钱既行，旧钱皆流入邻国，一也。可用于吾国，而不可用于他国，则商贾不行，百货不通，二也。铜禁至严，民盗铸，况家有铛釜，野有铧犁？犯法必多，三也。闽人铸铁钱而乱亡，不足为法，四也。国用幸丰，而自示空乏，五也。禄赐有常，而无故益之，以启无厌之心，六也。法变而弊，不可遽复，七也。钱者国姓，易之不祥，八也。”弘佐乃止。《通鉴》。弘亿所言，颇为中理。马殷铸铅铁钱，史云商旅出境无所用，皆易他货而去，庸能以境内所余易天下百货，而弘亿谓铁钱不可用于他国，则商贾不行者？情势因时地而不同，贸易通塞，致之者非一端，不害其言之皆是也。南唐李璟行大钱与铁钱，事在周显德六年七月。《通鉴》云：“唐自淮上用兵，及割江北，臣事于周，岁时贡献，府藏空竭，钱益少，物价腾贵。礼部侍郎钟谟请铸大钱，一当五十。中书舍人韩熙载请铸铁钱。唐主始皆不从。谟陈请不已，乃从之。是月，始铸当十大钱。文曰永通泉货。又铸当二钱，文曰唐国通宝。与开元钱并行。”十月，谟流饶州，未几杀之。永通钱遽废，则其行之才三月耳。而铁钱遂行。欧《史·世家》云：“民间多藏匿旧钱，旧钱益少。商贾多以十铁钱易一铜钱出境，官不可禁。李煜因下令以一当十。”顺其势之自然，较诸以法令之力，强维其名价者，犹为贤也。

钱荒既甚，除陌之弊斯起。《旧书·食货志》载天宝九载二月敕云："除陌钱每贯二十文。"此盖当时民间习俗？中叶后钱荒日甚，其数遂随之而增。《志》又云："元和四年闰三月，京城时用钱，每贯头除二十文陌内欠钱，及有铅锡钱等。贞元九年三月二十六日敕：陌内欠钱，法当禁断。虑因捉搦，或亦生奸，使人易从，切于不扰。自今已后，有因交关用欠陌钱者，宜但令本行头及居停主人牙人等检察送官。如有容隐，兼许卖物领钱人纠告。其行头、主人、牙人，重加科罪。府县所由只承人等，并不须干扰。若非买卖，自将钱于街衢行者，一切勿问。"所谓陌内欠钱，即短陌之异名耳。《志》又载十四年六月敕："应属诸军、诸使，更有犯时用钱每贯除二十文，足陌内欠钱，及有铅锡钱者，宜令京兆府枷项收禁，牒报本军、本使，府司差人就军及看决二十。如情状难容，复有违拒者，仍令府司闻奏。"《新志》云："民间垫陌，有至七十者。铅锡钱益多。吏捕犯者，多属诸军、诸使。呼集市人强夺，殴伤吏卒。京兆尹崔元略请犯者本军、本使莅决。帝不能用。诏送本军、本使，而京兆府遣人莅决。"捉搦既虑生奸，而诸军、诸使，又恃势横行，则其法不得不废。《旧志》又载长庆元年九月敕："如闻比来用钱，所在除陌不一。与其禁人之必犯，未若从俗之所宜。交易往来，务令可守。其内外公私给用钱，宜每贯一例除垫八十，以九百二十文成贯，不得更有加除及陌内欠少。"遂卒折而从之矣。《新志》云："昭宗末年，京师用钱，八百五十为贯。河南府以八十为陌。"案短陌本不中理，然《新志》言李泌为相时，中外给用，每贯垫二十，号户部除陌钱，以给京官岁费，则官且自为之，后遂迁流愈甚。《新五代史·梁太祖纪》：开平三年十二月，国子监奏"创造文宣王庙，仍请率在朝及天下现任官寮俸钱，每贯每月克一十五文，充土木之值。"允之。此袭唐昭宗时京师用钱之例。《食货志》：唐同光二年（924 年），度支奏"请榜示府、州、县、镇军民商旅，凡有买卖，并须使八十陌钱"，则沿其时河南府之俗也。《王章传》：授三司使。旧制官库出纳缗钱，皆以八十为陌，至是民输者如旧，官给者以七十七为陌。遂为常式，则更明肆攘夺矣。然其弊遂沿至宋代云。《容斋随笔》云：“唐之盛际，纯用足钱。天祐中，以兵乱窘乏，始令以八十五为陌。后唐天成，又减其五。汉乾祐中，王章为三司使，复减三。皇朝因汉制，其输官者亦用八十至八十五。然诸州私用，犹有随俗，至于四十八钱。太平兴国二年（977 年），始诏民间缗钱，定以七十七为陌。自是以来，天下承用，公私出纳皆然，故名省钱。”

欲鼓铸而乏铜，则不得不严铜禁，此亦厉民之一端也。其事始于高宗时。“仪凤中，濒江民多私铸为业。诏巡江官督捕。载铜锡镴过百斤者没官。”《新书·食货志》。开元十一年（723 年），禁卖铜锡及造铜器者，已见前。天宝十三载（754 年），敕铅铜锡不许私家买卖货易。《旧书·赵涓传》。大历七年十二月，禁铸铜器。《旧书·本纪》。贞元初，盐铁使张滂奏禁江淮铸铜为器，惟铸鉴而已。《新书·食货志》。九年正月，禁卖剑、铜器，天下有铜山，任人采取。其铜官买。除镜外不得铸造。《旧书·本纪》。十年（794 年），诏天下铸铜器，每器一斤，其直不得过百六十。销钱以盗铸论。《新书·食货志》。元和元年（806 年），以钱少禁用铜器。《旧书·本纪》。宝历元年十月，河南尹王起奏盗销钱为佛像者，请以盗铸钱论。《旧书·本纪》。亦见《新书·食货志》。大和三年（829 年），诏佛像以铅锡土木为之，饰以金银、鍮石、乌油、蓝铁。惟鉴、磬、钉、镮、钮得用铜，余皆禁之。盗铸者死。文宗时虽禁铜为器，而江淮、岭南，列肆鬻之。铸千钱为器，雠利数倍。宰相李珏请加炉铸钱。于是禁铜器，官一切为市之。《新书·食货志》。后唐庄宗同光二年（924 年），圜丘礼毕赦文，禁工人熔钱为铜器。明宗天成元年八月，中书门下奏：“访闻近日诸道州府所卖器价贵，多是销熔见钱，以邀厚利。”乃下诏曰：“宜令遍行晓告。如旧系铜器及碎铜，即许铸造。仍令生铜器物，每斤价定二百文，熟铜器物，每斤四百文。如违省价，买卖之人，依盗铸钱律文科断。”皆见《旧五代史·本纪》及《食货志》。晋高祖天福三年三月，亦禁造铜器云。《新五代史·本纪》。

乱铜钱者，铁锡钱也，故其禁尤亟。天宝前事已见前。元和二年四月，禁铅锡钱。《旧书·本纪》。《旧书·食货志》云：大和三年六月，中书门下奏：“准元和四年闰三月敕：应有铅锡钱，并合给官。如有人纠得一钱赏百钱者。当时敕条，贵在峻切，今详事实，必不可行。只如告一钱赏百钱，则有人告一百贯锡钱，须赏一万贯铜钱。执此而行，事无畔际。今请以铅锡交易者，一贯已下，以州府常行决脊杖二十。十贯已下决六十，徒三年。过十贯已上，所在集众决杀。其受铅锡钱交易者，亦准此处分。其用铅锡钱仍纳官。其能纠告者，每一贯赏五千文。不满贯者，准此计赏，累至三百千，仍且取当处官钱给付。其所犯人罪不死者，征纳家资，填充赏钱。”可之。此条例亦未尝不峻切也。五代时，仍时申其禁。薛《史·唐庄宗纪》：同光二年三月，禁用铅锡钱。《明宗纪》：天成元年十二月，诏严禁鑞钱。四年四月，禁铁鑞钱。《末帝纪》：清泰二年十二月，禁用铅钱。天成四年（929 年）之禁，《通鉴》作铁锡钱。云：“时湖南专用锡钱，铜钱一直锡钱百，流入中国，法不能禁。”《注》引《五代会要》云：“同光二年三月敕：泉布之弊，杂以铅锡。江湖之外，盗铸尤多。市肆之间，公行无畏。因是纲商挟带，舟载往来。换易好钱，藏贮富室。实为蠹弊，须有条流。宜令京城及诸道，于市行使钱内點检，杂恶铅锡，并宜禁断。绿江州县，每有舟船到岸，严加觉察。若私载往来，并宜收纳。”天成元年十二月，敕“行使铜钱之内，如闻挟带铁钱，若不严加科流，转恐私加铸造。应中外所使铜钱内铁鑞钱，即宜毁弃，不得辄更有行使。如违，其所使钱不计多少，并纳入官，仍科深罪。”均可考见当时铁锡钱流衍之情形也。

第五节　钱　币（下）

隋、唐、五代之世，铜钱阙乏，所恃以济其穷者，实为布帛。《唐律疏议》以绢匹不充四十尺，布端不满五十尺，幅阔不充一尺八寸为短狭，已见第二节。《新书·百官志·织染署》云："掌供冠冕组绶及织纴色染锦罗纱縠绫䌷絁绢布，皆广尺有八寸，四丈为匹。布五丈为端。绵六两为屯。丝五两为绚。麻三斤为綟。"《通鉴》：开元十五年（727年），上命妃嫔以下宫中育蚕。夏至，赐贵近丝人一綟。胡《注》曰："杜佑曰：《唐令》麻三斤为綟，未知丝綟轻重何如？"《旧书·职官志》金部曰："凡赐十段，其率绢三匹，布三端，绵四屯。若杂采十段，则丝布二匹，䌷二匹，绫二匹，缦四匹，若赐番客锦采，率十段则锦一张，绫二匹，缦三匹，绵四屯。"《旧五代史·唐明宗纪》：长兴元年十月，诏凡赙赠布帛，言段不言端匹。段者，二丈也，宜令三司依此给付，此其权度及用之之法也。布帛虽重滞，较之谷物，究易搬运，且便藏贮，故其用较谷物为广。然较之铜钱，则此诸德，尚相去甚远。民间造之，利于行滥短狭，官取之又务求其长大，已见第二节。《旧书·李皋传》言皋"于官匹帛皆印之，绝吏之私"，是吏之掌管者有弊也。《旧五代史·周世宗纪》：显德三年五月，诏天下公私织造布帛及诸色匹段，幅尺斤两，并须依向来制度，不得轻弱假伪。犯者擒捉送官。此诏用意虽重在私，然兼言公私，则官中制造，亦未尝无弊矣。故铸钱究不容已也。惟偏僻之区，有竟无钱者，不得不专借布帛以为用耳。如《新五代史·四裔附录》载胡峤《陷虏记》，谓西楼有邑屋市肆，然交易无钱而用布是也。

金银之为用亦日广，首于赏赐见之。梁睿平王谦，赐金二千两，银三千两。杨素平江南，赐黄金四十斤。讨突厥，赐黄金百斤。周法尚平李光仕，赐黄金百五十两，银百五十斤。慕容三藏破王仲宣，赐奴婢百口，加以金银杂物。郑善果为鲁郡太守，与武威太守樊子盖考为天下第一，各赐黄金百两。唐太宗平王世充，赐黄金六千斤。元吉亦赐二千斤。屈突通从平薛举，时珍物山积，诸将皆争取之，通独无所犯，高祖闻之，特赐金银六百两。窦威子琮，从隐太子平刘黑闼，赏黄金十斤。樊兴，从太宗积战功，赐黄金三十铤。萧瑀，迁内史令，奏便宜数十条，赐金一函。杜淹，杨文干作乱，辞连东宫，归罪于淹及王珪、韦挺等，并流越巂，太宗知其非罪，赠以黄金三百两。《旧书·杜如晦传》。尉迟敬德，寻相叛，诸将疑其必叛，囚于军中，太宗释之，引入卧内，赐以金宝。是日从猎，遇王世充领步骑数万来战。世充骁将单雄信领骑直趋太宗。敬德跃马大呼，横刺雄信坠马，翼太宗以出。特赐金银一箧。秦叔宝，从破宋金刚于介休，录前后勋，赐黄金百斤。从讨王世充，平，赐黄金百斤。李君羡，每战必单骑先锋陷阵，前后赐宫女、马、牛、黄金、杂采，不可胜数。薛收，上书谏猎，赐黄金四十铤。魏征陈不克终十渐，赐黄金十斤。孔颖达为太子右庶子，以数有匡谏，与左庶子于志宁各赐黄金十斤。《旧书·太宗诸子传》。《志宁传》同。新、旧《书旧颖达传》皆作一斤，恐误。程务挺，父名振，以功赐黄金三百两。江夏王道宗，将讨高丽，以百骑度辽窥形势，还赐金五十斤。黑齿常之，与吐蕃战，拔出李敬玄，赐金五百两。姚崇，言酷吏之弊，则天大悦，遣中使赐银千两。魏元忠，中宗复位为相，请归乡里拜扫，特赐银千两。朱泚，至京师及出镇奉天，皆赐金银。穆宗幸五方，赐从官金银铤有差。《旧纪》长庆三年八月。殷侑，开成元年（836年），召为刑部尚书，中谢，令中使就第赐金十斤。王檀，柏乡败后全邢州，赐银千两。孟昶好打球走马，又为方士房中之术，多采良家，以充后宫。枢密副使韩保贞切谏。昶大悟，即日出之。赐保贞金数斤。周世宗，显德六年六月，赐江南进奉使银一万两。此皆径以金银为赐者也。隋炀帝以金蛇、金驼进宣华夫人，已见第二章第三节。杨素平江南，黄金之外，又赐银瓶，实以金钱。献皇后崩，山陵制度多出于素，赐金钵一，实以金，银钵一，实以珠。赐王公已下射，素箭为第一，高祖手以外国所献金精盘赐之。周法尚，平陈后，安集岭南，赐银甕。樊子盖与苏威、宇文述陪宴积翠亭，炀帝以金杯属子盖酒，因以赐之。唐制：内侍省内府局，掌中藏宝货给纳名数。凡朝会，五品已上赐绢帛金银器于殿庭者并供之。诸将有功，并蕃酋辞还，亦如之。秦叔宝，战美良川，破尉迟敬德，功多，高祖赐以黄金瓶。隐太子、巢刺王谋害太宗，密致书招尉迟敬德，仍赠以金银器物一车。高季辅，贞观十八年（644 年），兼吏部侍郎，凡所铨叙，时称允当，太宗赐金背镜一面，以表其清鉴。高宗将立武昭仪，密遣使赐长孙无忌金银宝器各一车，以悦其意。裴行俭，平阿史那匐延、都支、李遮匐，赐金银器皿三千余事。胡楚宾，属文敏甚，必酒中然后下笔，高宗常以金银杯斟酒饮之，文成辄赐焉。《新书·文艺传》，附《元万顷》后。阎朝隐，则天不豫，令往少宝山祈祷，朝隐以身为牺牲，赐金银器十事。《旧书·文苑传》。刘幽求，睿宗即位，赐金银杂器。先天二年七月三日诛逆，玄宗宴于内殿，赐功臣金银器皿各一床。《旧书·王琚传》。九月己卯，宴王公百寮于承天门，令左右于楼下撒金钱，许中书、门下、五品已上官，及诸司三品已上官争拾。《旧书·本纪》。郭知运平康待宾，赐金银器百事。张守珪斩可突干，诣东都献捷，赐金银器物。安禄山，玄宗为置第宇，穷极壮丽，以金银为蒡、筐、笊篱等。李嗣业，天宝十二载（753 年），自疏勒镇使入朝。赐酒帝前，醉起舞。帝宠之，赐采百，金皿五十物，钱十万，曰："为解酲具。"郭子仪，肃宗不豫，请见，引至卧内，赐御马、银器、杂采。贾耽，献《陇右山南图》，赐银瓶、盘各一。献《海内华夷图》及《古今郡国县道四夷述》，赐银瓶、盘各一；银榼二。韦处厚与路随进所撰《六经法言》，赐银器二百事。《旧书·穆宗纪》长庆二年（822年）。谏昭愍畋，赐银器四事。崔郸，昭愍即位，选为侍讲学士。进《诸经纂要》，赐银器等。牛僧孺节度山南，辞日赐觚散樽杓等金银古器。庞勋之平，其宿州守将张玄稔以城降，遂复徐州，赐金榼一杖，盖碗一具，金要带一条。《旧书·懿宗纪》咸通九年（868年）。天复三年（903年），岐人启壁，唐昭宗赐梁太祖紫金酒器。《旧五代史·梁太祖纪》。梁太祖乾化元年十二月，延州节度使高万兴奏“杀戮宁、庆两州贼军”，以银器赐其入奏军将。唐明宗天成元年（926年），谏议大夫萧希甫奏宰相豆卢革、韦说罪，革、说皆贬谪，赐希甫银器五十两。皆见《旧史·本纪》。周世宗显德二年（955年），赐张湜等九人各银器二十两，以尝删定《刑统》之劳也。《新史·刑法志》。三年（956年），李璟使钟模等来，许称臣纳贡，赐模等银器一百两。五年四月，赐李璟金器千两，银器万两。六年（959年），赐两浙进奉使银器三千两。凡此皆以金银器物为赐者也。

此时宫廷器物，以金银为之者极多，故臣下之图贡媚者，亦争以是为献。《隋书·苏威传》：威见宫中以银为幔钩，因盛陈节俭之美。高祖为之改容。雕饰旧物，悉命除毁。《何稠传》：炀帝将幸扬州，命造舆服羽仪送至江都，所役工二十余万人，用金银钱物巨万计。唐太宗以朱提瓶镣盎燕回纥，已见第二节。武后作九鼎，欲以黄金千两涂之，纳言姚璹谏，乃止。事见《旧书·璹传》，亦见《礼仪志》。德宗即位，诏银器勿以金饰，《旧书·本纪》大历十四年五月。敬宗尝诏度支进铜三千斛，金薄十万，翻修清思院新殿及升阳殿图障。又令浙西造盝子二十具，计用银一万三千两，金一百三十两。皆见第八章第五节。《旧书·薛存诚传》云：“敬宗造清思院新殿，用铜镜三千片，黄白金薄十万番。”《新书》作“铜鉴三千，薄金十万饼。”宣宗女万寿公主，下嫁郑颢。旧制，车舆以镣金釦饰，帝易以铜。懿宗女卫国文懿公主薨，许百官祭以金贝寓车、廞服，火之，民争取煨以汰宝。及葬，冶金为俑。《新书·诸公主传》。参看第十章第一节。凡此，皆可见当时宫廷用金银制器物之广。其臣下之以是为献者：齐映，献高八尺银瓶，已见第七章第六节。李敬玄弟元素，为武德令。怀州刺史李文暕将调率金银，造常满樽以献，百姓甚弊之。官吏无敢异议者。元素抗辞固执。文暕乃损其制度，以家财营之。田神功，朝京师，献金银器五十件。韩弘，自汴入觐，进银器二百七十件。王播，自淮南还，献玉带十有三，银碗数千，绫四十万，遂得再相。皆可见宠赂之彰。襄阳裴均，违诏书献银壶瓮数百具。李绛请归之度支，示天下以信。宪宗可之，仍赦均罪。《新书·绛传》。文宗大和二年五月，敕应诸道进奉内库四节及降诞进奉金花银器。并纂组文缬杂物，并折充铤银及绫绢。其中有赐与所须，待五年后续有进止。《旧书·本纪》。化私为公，化无用为有用，已为难得。若德宗即位之初，贡器以金银饰者还之，《新书·本纪》。则直是绝无仅有矣。《新五代史·梁太祖纪》：天复三年（903年），唐昭宗发凤翔，权驻跸帝营，帝以金银器进。造次颠沛之际，何须乎是？盖已习为事例矣。开平二年十月，大明节，诸道节度、刺史各进献鞍马、银器、绫帛以祝寿。四年（910年），寒食假，诸道节度使、郡守、勋臣竞以春服贺。又连清明宴，以鞍辔马及金银器、罗锦进者逮千万。乾化元年（911年），广州贡犀象、奇珍及金银等，其估数千万。二年五月，至东都。博王友文以新创食殿上言，并进准备内宴钱三千贯，银器一千五百两。此等皆是竭泽而渔，梁祚之不长，实由于此，观第十二章第二节所引《旧史·袁象先传》可见也。《唐明宗纪》：天成二年三月，任圜奏诸道藩府，请依天复三年（903年）已前许贡绫绢、金银，随其土产，折进马之直。《五代会要》详纪其事云："圜奏三京留守、诸道节度、观察、诸州防御使、刺史，每年应圣节及正、至等节贡奉，或讨伐胜捷，各进献马。伏见本朝旧事，虽以献马为名，多将绫绢、金银折充马价。盖跋涉之际，护养稍难，因此群方，俱为定制。自今后，伏乞除蕃部进驼马外，诸州所进马，许依天复三年已前事例，随其土产，折进价值。”唐畜马本最盛，中叶后兵力虽衰，与西北蕃戎交易之殷繁如故，马本不难多致，而遽一蹶不振；沙陀久处朔方，明宗又留意戎备，而骑兵亦不过三万五千；见第一节。盖皆化作绫绢、金银，以供耗费矣。四年六月，高从诲进银三千两赎罪。长兴三年十月，复与马希范并进银、茶，乞赐战马。帝还其直，各赐马有差。此等皆同市道交。《周世宗纪》：显德三年（956 年），李璟遣钟谟等奉表来，叙愿称臣纳贡之意，仍进金器千两。孙晟来，仍进金一千两，银十万两。又进赏给将士金银。五年三月，璟遣冯延巳献犒军银十万两。四月，宴从臣及江南进奉使于行宫。徐辽代璟奉寿觞以献，进金酒器及金银。穷兵黩武之所求，亦不过如是而已。

臣下之藏金银若以金银为器物者亦多，故亦以之相馈遗。吕用之绐杨行密：有白金五十铤，瘗于所居之庑下，寇平之日，愿备将士一醉之资。《旧五代史·行密传》：五十铤，《通鉴》作五万铤，事系光启三年（887 年）。其言虽诬，然其时必有此等事，乃足以为诳。梁太祖之征赵匡凝也，入襄城，周视府署，帑藏悉空。惟西庑下有一亭，窗户俨然，扃锁甚密。命破锁启扉，中有一大匮，缄鐍甚至。又令破柜，内有金银数百铤。《旧五代史·梁太祖纪》天祐二年（905 年）。而张篯亦积白金万镒，藏于窟室。观此二事，便知用之诳语，所以能见信于人。抑扬、越，邻道也，董昌之帅越也，于常赋之外，加敛数倍，以充贡赋及中外馈遗。旬发一纲，金万两，银五千铤，越绫万五千匹，他物称是。《通鉴》乾宁元年（894 年）。越之厚藏如是，用之有银数十铤，岂足异哉？然则房知温死，而其子献其钱三万缗，金百两，银千两，诚九牛之一毛矣。或曰：此等皆武人，乘时攘夺，与盗贼无异，何足论？然王瑜不忍其父陷于契丹，而以兵谏，亦志节之士也，而畜聚金币万计，则初不必全无心肝之人而后然矣。王任，史谓其室中为无门大柜，惟开一窍，足以受物，以藏金宝，其妻或寝卧于其上，此必厚诬之辞。然桑维翰有白金数千铤，则事非子虚。见第十八章第三节。则并不必武人矣。犹曰仕历通显也。陈保极为维翰所贼，蹭蹬宦途，衔愤以卒，性又鄙吝，而帷囊中亦贮白金十铤。卢简辞为侍御史，福建盐铁院官坐臧，简辞穷按之，得金床、瑟瑟枕大如斗，敬宗曰："禁中无此物。昂为吏可知矣。"则又不必达官贵人矣。金银之为众所好尚如是。元孝矩季弟褒，诸兄议欲别居，泣谏不得。家素富，多金宝，褒无所受，脱身而出。卢怀慎，器用服饰，无金玉绮文之丽。诚如凤毛麟角矣。竞以金银若其所成之器物相赠遗，又曷足怪哉？裴敦复欲害裴宽，令子婿以五百金赂贵妃姊杨三娘。《旧书·裴漼传》。《新书》作金五百两。尉迟敬德子姓陷大逆，韩思彦按释其冤，赠黄金、良马，思彦不受。刘叉持韩愈金数斤去，曰："此谀墓中人得耳，不若与刘君为寿。"柳公权为勋戚家碑版，问遗岁时巨万，多为主藏竖海鸥、龙安所窃。别贮酒器杯盂一笥，缄縢如故，其器皆亡。讯海鸥，乃曰："不测其亡。"公权哂曰："银杯羽化耳。"不复更言。杨复光引段彦谟为荆南节度，彦漠给行边，诣复光，以黄金数百两为谢。高汉筠在襄阳，有孽吏，常课外献白金二十镒。汉筠曰："非多纳麦麸，则刻削圜阓。吾有正俸，此何用焉？"戒其主者不复然。其白金皆以状上进。潘环历六部两镇，所至以聚敛为务。在宿州时，有衙将因微过见怒，环给言笞之。衙校因托一尼尝熟于环者献白金两铤。尼诣环，白衙校饷鏊脚两枚，求免其责。环曰："鏊本几脚？"尼曰："三脚。"环复曰："今两脚能成鏊乎？"尼则以三数致之。当时号为潘鏊脚。李继韬之降也，其母杨氏，赍银数十万至京师，厚赂宦官、伶人。然则问遗、报谢、请托、构陷、诛求、乞匄，无不以之矣。第五琦之贬也，在道有告其受人黄金二百两者。遣御史刘期光追之。琦对曰："二百两金，十三斤重。忝为宰相，不可自持。若其付受有凭，即请准法科罪。”期光以为伏罪，遽奏之。仆固怀恩上书自讼，言“李抱玉与臣马兼银器四事，臣于回纥处得绢，便与抱玉二千匹，以充答赠。今被抱玉共相组织，将此往来之贶，便为结托之私”。琦之见诬不待论，即怀恩亦未必意存结托，然当时贿赂公行，诬构者遂得因而中之矣。

不徒王公贵人也，即平民亦多有金银。《旧书·崔光远传》：率花惊定等讨平段子璋。将士肆剽劫。妇女有金银臂钏者，兵士皆断其腕以取之，乱杀数千人。此有金银臂钏者，必不能皆为贵妇人也。薛《史·赵光逢传》：尝有女冠，寄黄金一镒于其家。时属乱离，女冠委化于他土。后二十年，金无所归，纳于河南尹张全义，请付诸宫观。其旧封尚在。此女冠盖亦以黄金为贮蓄，犹近世妇人得钱则以买金银饰物耳。人民之多藏金银，盖以其行用之广。《新书·李勉传》：勉少贫狭，客梁、宋，与诸生共逆旅。诸生疾且死，出白金曰：“左右无知者，幸君以此为我葬，余则君自取之。”勉许诺。既葬，密置余金棺下。后其家谒勉，共启墓，出金付之。薛《史·晋少帝纪》：开运二年（945年），是岁，帝每遇四方进献器皿，多以银于外府易金而入。谓左右曰：“金者，贵而且轻，便于人力。”识者以为北迁之兆。行旅皆以金银为资，即见其是处可用。魏元忠之请归拜扫而蒙赐银也，中宗手敕曰：“散金敷惠，谅属斯辰。”而元忠至乡里，自藏其银，无所振施，为史所讥。尤可见乡里间人，无不知宝金银者矣。梁太祖尝以银万两请籴于魏，《通鉴》唐僖宗文德元年（888年）。盖非徒以为赂，亦以是俾其求诸贵庾之家邪？秦、汉用金，多以斤计，南北朝时，稍以两计，可见其行用之广，说见《两晋南北朝史》第二十一章第五节。至唐、五代时，则金银器物，亦有以两言者矣。盖亦非徒珍藏，乃将权其轻重而用之也。

不惟民间为然也，军中亦多有金银。《新书·阿史那社尔传》：与郭孝恪讨龟兹。孝恪之在军，床帷器用，多饰金玉，以遗社尔，社尔不受。此或掠诸西域，然师行内地者亦然。故王子颜父难得，从肃宗幸灵武，行在阙军赏，难得乃进绢三千匹及银器。代宗讨田承嗣，使中人出黄白金万计劳赉。《新书·藩镇魏博传》。宪宗元和十二年二月，亦出内库银五千两付度支供军也。《旧纪》。鲁炅为南阳节度使，以岭南、黔中、山南东道子弟五万人屯叶北，贼将武令珣等击之，尽没。岭南、黔中、荆襄子弟半在军，多怀金银为资粮；军资器械，尽弃于路如山积；贼徒不胜其富。《旧书·炅传》。黄头军之怨怒也，田令孜置酒会诸将，以黄金樽行酒，即以赐之。时溥之败，徙金玉与妻子登燕子楼自焚。朱全忠入关，韩建遣使纳降，又以银三万助军。《旧五代史·梁太祖纪》。毕师铎攻广陵，兵傅城。吕用之分兵守，且自督战。令曰："斩一级赏金一饼。"及师铎徙高骈东第，擒诸葛殷，要下得金数斤。骈出金遗守者，师铎知之，加兵苛督。秦彦为杨行密所迫，大出金求救于张雄。雄引兵至东塘，得金，不战去。彦使师铎出战，行密伪北，诸军奔其壁，争取金玉资粮，伏噪而出，俘杀旁午，横尸十里。《新书·高骈传》。刘守光见围，献银千两于周德威。后唐庄宗许以魏王所运金银赐将士。凤翔兵溃，闵帝亦出银、绢、钱厚赐诸军。皆足见军中金银为用之广。赍此果何为哉？王世充之篡也，皇甫无逸弃母妻斩关自归。追骑将及，无逸解金带投之地，骑争下取，由是获免。陆贽疏论裴延龄，追溯在奉天之时，言宫壶之中，服用有阙，剥亲王饰带之金，卖以给直。《旧书·延龄传》。然则军中之有金银，亦取其贵且轻，便于人力，而缓急可以为资粮耳。柏乡之役，王景仁所将神威、龙骧、拱宸等军，皆梁精兵，人马铠甲，饰以金银，其光耀目。周德威勉其众曰："其一甲直数十千，得之足为吾资，无徒望而爱之，当勉以往取也。"安重荣乘镇州旱蝗，聚饥民驱以向邺。晋高祖遣杜重威逆之。兵已交，其将赵彦之与重荣有隙，临阵卷旗以奔晋军。其铠甲鞍辔，皆装以银。晋军不知其来降，争杀而分之。战而胜可也，战而不胜，遂为泽中之麋、蒙虎之皮矣。士卒如斯，将校尤甚。梁太祖开平二年六月，诏诸道进献，不得以金宝装饰戈甲剑戟，雕勒不用涂金及雕刻龙凤。七月，诏内外将相，许以银饰鞍勒。其刺史、都将、内诸司使以降，只许用铜。晋少帝开运元年十月，诏今后作坊制器械，指兵器。不得更用金银装饰。装饰者后起，其初意，固亦以为资粮也。

造像为耗金之一大端。王昶以黄金数千斤铸宝皇及元始天尊、太上老君像，盖隋、唐、五代之世造像之费金最多者。然合天下寺观而计之，恐此数千斤者，又区区不足计矣。《旧书·五行志》：景龙中，东都凌空观灾，金铜诸像，销铄并尽。可见寺观铜像而外，多有金像。然观此时金银流布之广，则即合天下寺观造像所费计之，恐亦不足齿数也。

金银行用之广，盖缘货币之不足。然迳用为易中者，亦惟岭南。《日知录》引韩愈奏状，谓五岭卖买一以银。元稹奏状，谓自岭以南，以金银为货币。又引张籍诗曰“蛮州市用银”是也。金价太贵，银之用盖尤多，后世银铜并用之基，实奠于此。案唐世币制之坏，可谓是处皆然，中原贸易殷繁，自必更以为苦，然以金银为币，仍限于五岭以南者。钱币者度物价之尺，尺可一不可二，既用铜钱，又用金银，是二之也。金银通用，广狭不侔，设并用之，比价岂能不变？若有变，是三之也。职是故，圜法虽坏，人民仍愿用钱。杨于陵谓大历已前，岭南杂用金银、丹砂、象齿，而后亦用钱，其明征矣。然此特铜钱初有流入南方者耳，其数固不能多，而金银且有流衍而北者。宪宗欲谋鼓铸，但断岭北银坑，而岭南则置诸不问者，知其势不可以遽变也。已又许其重开而禁钱逾岭者，知岭北银坑，所出无几，不足以乱圜法，而岭南则虑其运银而来，易钱而去也。然则是时岭南之银盖多矣？银果何自来邪？近人王毓瑚尝考《新书·地理志》所载产银之州县三十四，而属于岭南者惟三。释之曰：有银之地，不必皆事开采，岭南则记载较略也。又考诸《通典》，贡银之郡三十二，而其三十属于岭南。因谓岭南产银必多。王氏文见文通书局《文史杂志》第六卷第三期。予谓唐时岭南生计，尚远落北方之后，谓其能大开银矿，亦有可疑。土贡固当重土产，亦不必皆土地所生，交易所得，亦土产也。宋世徐豁尝论中宿俚民，每丁课银半两，而其地实不出银，皆买银而输之，则其明证。见《两晋南北朝史》第二十章第一节。《新书·孔戣传》：附其从父巢父传。拜岭南节度使。既至，免属州逋负十八万缗，米八万斛，黄金税岁八百两。岂有矿业大兴，而以八百两之税为苦者？更观徐豁论始兴之民采银之苦，数十郡同时开采，殆势所不能也。果其有之，则孔戣所恤，亦当兼及矿丁，而不徒在于金税矣。然则银果何自来邪？殆来自海表也？西胡夙用金银。《旧书·魏征传》言：太宗遣使诣西域立叶护可汗，未还，又使多赍金银帛历诸国市马。征谏，太宗纳其言而止。《新书·波斯传》云："劫盗囚终老，偷者输银钱。"高仙芝破石国，获黄金五六橐驼。可见西域金银之富。乌质勒将阙啜忠节，密使赍金七百两赂宗楚客，请停娑葛统兵，此非突厥所自为，乃渐染西胡之俗也。肃宗之还西京，回纥叶护自东京至，赐以金银器皿。突董之死也，使源休归其尸。可汗使谓休曰："所欠马直绢一百八十万匹，当速归也。"遣散支将军康赤心等随休来。寻遣之归，与帛十万匹、金银十万两偿其马直。朱邪执宜之来朝，唐赐以锦采银器。《旧书·穆宗纪》长庆二年九月。回纥、沙陀，其先皆处西域，故知贵金银，唐亦顺其俗而与之也。贾胡既咸用金银，自必流入所与交易之国。然西北陆路，来者究少，至南方海道，则不然矣。《旧书·太宗纪》：贞观十四年闰月，十月。吐蕃遣使献黄金器千斤以求婚。《本传》云：复请婚，太宗许之。弄赞遣其相禄东赞致礼，献金五千两，自余宝玩数百事。太宗伐辽东还，遣禄东赞来贺，作金鹅奉献。其鹅黄金铸成，其高七尺，中可实酒三斛。器弩悉弄求婚，献金二千两。开元十七年（729年）求和，献金胡瓶一、金盘一、金碗一。金城公主又别进金鸭、盘盏、杂器物等。二十四年正月，使贡方物、金银器玩数百事，皆形制奇异，上令列于提象门外，以示百寮。

《新书》传云："其官之章饰，最上瑟瑟，金次之，金涂银又次之，银次之，最下至铜止。"《郝玭传》云：赞普常等玭身铸金象，令于国曰："得生玭者以金玭偿之。"此言自诬，然吐蕃之多金，则可见矣。此非来自南海而何自哉？《投和传》云："银作钱。"《名蔑传》云："交易皆用金准直。"《骠传》云："以金银为钱，形如半月。"岂有南海之金银，能入吐蕃、投和、名蔑、骠而不能入中国者？《隋书·食货志》谓自梁初，交、广之城，即全以金银为货，则其积之也久矣，其多又曷足怪乎？《隋书·地理志》云："诸僚并铸铜为大鼓。初成，县于庭中，置酒以招同类。来者有豪富子女，则以金银为大钗，执以叩鼓。竟，乃留遗主人。名为铜鼓钗。"《史万岁传》：文帝既杀之，下诏曰："敕令将爨玩入朝，多受金银，违敕令住。"《梁毗传》云：出为西宁州刺史。在州十一年。先是蛮夷酋长，皆服金冠，以金多者为豪俊。由是递相陵夺，每寻干戈。边境略无宁岁。毗患之。后诸酋长相率以金遗毗。于是置金坐侧，对之恸哭，而谓之曰："此物饥不可食、寒不可衣。汝等以此相灭，不可胜数。今将此来，欲杀我邪？"一无所纳，悉以还之。于是蛮夷感悟，遂不相攻击。《新书·诸夷蕃将传》：冯盎族人子猷，贞观中入朝，载金一舸自随。高宗时，遣御史许瓘视其赀。瓘至洞，子猷不出迎。后率子弟数十人击铜鼓，蒙排执瓘，而奏其罪。帝驰遣御史杨璟验讯。璟至，卑辞以结之，委罪于瓘。子猷喜，遗金二百两、银五百两。璟不受。子猷曰："君不取此，且留不得归。"璟受之。还奏其状。帝命纳焉。《松外蛮传》云："富室娶妻，纳金银、牛羊、酒。女所赍亦如之。奸淫则强族输金银请和，而弃其妻。处女、嫠妇不坐。"《嘉良夷传》云："王、酋帅以金饰首，胸垂金花，径三寸。"盖南蛮之多金又如此。薛《史·唐明宗纪》：天成二年八月，昆明九部落各差使随牂牁、清州八郡刺史来朝，各赐官告、缯采、银器放还，亦顺其俗而与之也。其金又何自来哉？《隋书·食货志》言岭外酋帅，因生口、翡翠、明珠、犀象之饶，雄于乡曲，而其所由来者可知矣。岂有能入此等部族，而不能入中国者乎？抑又不仅此。过折之杀可突干也，唐授以松漠都督，赐银器十事。《旧书·本传》。唐明宗天成二年十一月，契丹遣使来乞通和。十二月，遣飞胜指挥使于契丹，赐契丹主锦绮、银器等。四年十一月，云州奏契丹主在黑榆林南，造攻城之具。遣使赐以银器、采币。周太祖广顺元年（951 年），遣朱宪伴送契丹来使归蕃，兼致书叙革命之由，仍以金酒器一副遗兀欲。皆见薛《史·本纪》。泉男生与李勣攻平壤，擒高藏，诏遣其子赍手制金皿即辽水劳赐。《新书·诸夷蕃将传》。玄宗赐新罗兴光金银精器，兴光亦上黄金。《新书·本传》。则虽东北诸国，距西胡较远者，亦咸知贵金银矣，而谓其不能人中国乎？

《旧书·方技传》：孟诜，垂拱初，累迁凤阁舍人。诜少好方术，尝于凤阁侍郎刘祎之家见其敕赐金，谓曰："此药金也。若烧火其上，当有五色气。"试之果然。则天闻而不悦，因事出为台州司马。赐金而用伪物，事殊可骇。如此，唐时伪金不将遍天下乎？此殊不然。《良吏传》：睿宗时，突厥默啜请尚公主，许之。和逢尧以御史中丞摄鸿胪卿充使报命。既至虏廷，默啜遣其大臣谓曰："敕书送金镂鞍检，乃银胎金涂。岂是天子意？为是使人换却？如此虚假，公主必应非实。请还信物，罢和亲之事。"遂策马而去。逢尧大呼，命左右引马回。谓曰："汉法重女婿。令送鞍者，只取平安长久之义，何必以金银为升降？若尔，乃是可汗贪金而轻银，岂是重人而贵信？"默啜闻之，曰："承前汉使，不敢如此，不可轻也。"遂设宴备礼。银胎金涂，无可误为金之理，此直是有司贪冒，使敕书不信耳。武后赐金之为伪物，亦犹是也。孟诜发明其伪，闻于后者，必谓金实非伪，而诜妄言，故后不悦而出之耳。不然，岂有不责主藏者，反咎诜之理乎？其时纲纪之废弛可见矣。若人民则原不可欺。慕容彦超之铁胎银，且不可以欺士卒也，而况商贾富人欤？见第十八章第四节。

第二十章 隋唐五代人民生活

第一节 饮 食

南人多食稻米，北人多食菽麦，而北方之人，亦未尝不以稻米为美；北人之食麦者，多以之作饼。皆见《两晋南北朝史》第二十一章第一节。隋、唐、五代时，此风似仍未变。隋蔡王智积延文学之士，所设惟饼果，酒才三酌。库狄士文为贝州刺史，子啖官厨饼，士文枷之于狱累日，杖之一百，步送还京。皆饼为常食之征。《通鉴》：唐昭宗天复二年十二月，与李茂贞议与朱全忠和，曰："在内诸王及公主、妃嫔，一日食粥，一日食汤饼，今亦竭矣。"《注》曰："汤饼者，硙麦为面，以面作饼，投之沸汤煮之，黄庭坚所谓'煮饼深注汤'是也。程大昌《续演繁露》曰：《释名》：饼，并也，溲麦使之合并也。蒸饼、汤饼之属，各随形名之。"此盖恒人常食，帝王在危难中亦食之，平时固未必然。杜陵《后出塞》之诗曰："粳稻来东吴。"此指范阳安禄山军骄纵之状，可见北人豪侈者之多食稻米矣。

平民则有并菽麦而亦不易得者。《旧书·高宗诸子传》：其第五子弘，以显庆元年（656 年）立为皇太子。咸亨二年（671 年），驾幸东都，留京师监国。时属大旱，关中饥乏，令取廊下兵士粮视之，见有食榆皮蓬实者。乃令家令等各给米使足。《苏瑰传》：瑰以景龙三年（709 年）转仆射，言禁卫兵有三日不得食者。禁卫如此，岂况他军？又岂况平民？《隋书·食货志》言：炀帝时百姓废业，屯集城堡，无以自给，然所在仓库，犹大充牣，吏皆惧法，莫肯振救，由是益困。初皆剥树皮食之，渐及于叶。皮叶皆尽，乃煮土或捣藁为末而食之。《新书·食货志》言：肃宗时，百姓残于兵盗，米斗至钱七千，鬻籺为粮，民行乞食者属路。又云：懿宗时，自关东至海大旱，冬蔬皆尽。贫者以蓬子为面，槐叶为齑。此据卢携之言，见第十章第四节。《杜佑传》：孙悰，镇淮南。时方旱，道路流亡藉藉。民至漉漕渠遗米自给，呼为圣米。取陂泽茭蒲实皆尽。悰更表以为祥。《新五代史·牛存节传》：李罕之围张全义于河阳，全义乞兵于梁。梁太祖以存节故事诸葛爽于河阳，知其间道，使以兵为前锋。是岁饥，兵行乏食。存节以金帛就民易干葚以食军，击走罕之。又《豆卢革传》：言庄宗灭梁之初，大水，四方地连震，流民殍死者数万人。军士妻子皆采稆以为食。皆不谷食时之情形也。《新书·崔融传》：曾孙从，少孤贫，与兄能偕隐太原山中。会岁饥，拾橡食以饭，讲学不废。《韦贯之传》：居贫，啖豆糜自给。《阳城传》：岁饥，屏迹不过邻里，屑榆为粥，讲论不辍。有奴都儿，化其德，亦方介自约。或哀其馁，与之食，不纳。后致糠核数栖，乃受。则士大夫亦有不办麦饭者矣。又《王世充传》：唐兵傅城，堑而守之。世充粮且尽，人相食。至以水汨泥，去砾，取浮土，糅米屑为饼。民病肿股弱，相藉倚道上。《通鉴》：唐僖宗光启三年（887 年），杨行密围广陵且半年，秦彦、毕师铎大小数十战，多不利。城中无食，米斗直钱五十缗。草根木实皆尽，以堇泥为饼食之，饿死者大半。胡《注》曰："堇泥，黏土也。"刘守光围沧州，沧州民食堇土，见第十八章第一节。此与隋炀帝时民所食土，皆近世所谓观音土者类邪?

肉类尚非常食。《库狄士文传》言其官贝州，买盐菜必于外境。可见虽刺史家，亦以盐菜为常食矣。《旧书·窦建德传》云：不啖肉，常食惟有菜蔬、脱粟之饭。此或食性使然，亦或故贫贱习于是。建德虽农夫，实游侠，而凡民可知矣。然亦不徒平民。《旧书·裴休传》：父肃，生三子：俦、休、俅。童龀时，兄弟同学于济源别墅。

虞人有以鹿贽俦者，俦、俅烹之，召休食。休曰：“我等穷生，菜食不充。今日食肉，翼日何继？无宜改馔。”独不食。《新书·邓景山传》：子弟馔不过草具，待上宾惟豚鱼而已。《旧五代史·刘赞传》：父玭，每肉食，别置蔬食以饭赞。谓之曰：“肉食，君之禄也。尔欲食肉，当苦心文艺，自可致之，吾禄不可分也。”是士大夫家子弟，以疏食为常也。《新书·卢怀慎传》：既属疾，宋璟、卢从愿候之。见敝箦单藉，门不施箔。会风雨至，举席自障，日晏设食，蒸豆两器，菜数杯而已。则待客且然矣。又《马周传》：周每行郡县，食必进鸡。小吏讼之。太宗曰：“我禁御史食肉，恐州县广费，食鸡尚何与？”榜吏斥之。御史肉食，尚有禁令，卢怀慎以豆菜待客，自不为慢。《诸公主传》：宪宗女岐阳庄淑公主，下嫁杜悰。悰为澧州刺史，主与偕。从者不二十。婢乘驴，不肉食，于理于法，皆当尔，不足夸矣。《旧书·良吏·蒋沇传》：乾元后，授陆浑、盩厔、咸阳、高陵四县令。郭子仪每统兵由其县，必诫军吏曰：“蒋沇清而严干，供亿故当有素，士众得蔬饭见馈则足，无挠清政。”然则军吏之挠政而求肉食者多矣。

鸡彘同为田家常畜。太宗禁御史食肉而不禁其食鸡者？鸡之为物小，食之易尽，羊豕等则不然，食之不尽，弃之可惜，故非屠肆不杀牲，而屠肆非都会不能有，此肉食之所以不为常馔也。《旧五代史·高行珪传》言其在安州，副使范延策因入奏，献封章于阙下，事有三条：一请不禁过淮猪羊而禁丝绵匹帛，以实中国。此猪羊盖鬻诸屠肆者？王绪为寿州屠者，《通鉴》唐僖宗中和元年（881年）。苌弘简世本屠羊，《新五代史本传》。皆以是为业者也。《汉书·樊哙传》，言其以屠狗为事。颜师古《注》曰：“时人食狗，亦与羊豕同，故哙专屠以卖。”似唐人已不甚食狗。然《旧五代史·唐景思传》，言其幼以屠狗为业，则食之者亦未尝绝矣。《新史·前蜀世家》云：王建少无赖，以屠羊、盗驴、贩私盐为事。杀牛卖肉，律有专条，惟自死牛乃得货卖，见第十八章第一节。

鱼不待畜养，故在肉食中恒为最贱。然北方人不如南方人之习食之。《旧五代史·齐藏珍传》：周世宗问以扬州事。对曰："扬州地实卑湿，食物例多腥腐。臣去岁在彼，人有以鲜鱼馈臣者，视其盘中，虬屈一如蛇虺之状。假使鹳雀有知，亦应不食，岂况于人哉？"《传》言藏珍残忍辩给，人无不畏其利口，其言盖非由衷？然北人不甚识鲜鱼，则于此可见矣。然有远道难得之物，则又不恤劳人而致之。《通鉴》：唐宪宗元和十二年七月，初国子祭酒孔戣为华州刺史。明州岁贡蚶、蛤、淡菜，水陆递夫劳费，戣奏疏罢之。岭南节度使崔咏薨，宰相奏拟代咏者，上皆不用，曰："顷有谏进蚶、蛤、淡菜者，可求其人与之。"以戣为岭南节度使。似能纳谏矣，然不数岁而又复，《困学纪闻》云：孔戣为华州刺史，奏罢明州岁贡淡菜、蛤、蚶之属，见《昌黎集·戣墓志铭》。元稹为越州，复奏罢之，见《白乐天集·稹墓志铭》。盖尝罢于元和，而复贡于长庆也。《集证》引阎若璩云：按稹奏状云：海味起自元和四年（809年），而九年（814年）以一县令论罢，十五年（820年）复令供进。若孔戣奏罢，则在元和二年（807年），当云一罢于元和二年孔戣，再罢于元和九年（814年）某县令，三罢于长庆二年（822年）元稹也。其不恤以口腹劳人，亦可谓甚矣。今人宴客，仍重海味。海味岂必美于他味？亦沿前世贵远物之习耳。不徒务厌饫也，而又以多财相夸，此则势利之见，并不足语于养小体者矣。

饮食若流之世，能少节其口腹之欲者，实惟佛家果报之说。此其所欲者不同，其为有欲则同也。隋文帝始以生日令海内断屠，已见第十八章第三节。尔后断屠遂成故事。《旧书·睿宗纪》：先天元年十二月，诰禁人屠杀犬鸡。此亦见唐人食狗之俗，尚未大衰。《旧五代史·梁太祖纪》：开平二年七月，敕禁屠宰两月。乾化二年四月，敕近者星辰违度，式在修禳，宜令两京及宋州、魏州，在此月至五月，禁断屠宰，仍各于佛寺开建道场，以迎福应。五月，诏曰："生育之仁，爰当暑月。乳哺之爱，方及薰风。傥肆意于刲屠，岂推恩于长养？俾无殄暴，以助发生。宜令两京及诸州府，夏季内禁断屠宰及采捕。"梁祖之嗜杀人亦甚矣，而欲为是以求福应，不亦放饭流歠而问无齿决乎？帝王生日之断屠，意亦不过如是而已。乃唐文宗生辰宴会蔬食之诏，必曰："非是信尚空门，将希无妄之福"，亦见第十八章第三节。又何其舍曰欲之而必为之辞邪？

《新书·摩揭它传》云："太宗遣使取熬糖法。即诏扬州上诸蔗，柞沈如其剂。色味愈西域远甚。"南北朝时，中国尚未有蔗糖，见《两晋南北朝史》第二十一章第一节。唐初得之西域，后乃求诸印度，疑西域之糖，亦自印度来也。《新书·地理志》：太原郡土贡有葡萄酒。《陈叔达传》：尝赐食，得葡萄，不举。高祖问之。对曰："臣母病渴，求不能致，愿归奉之。"帝流涕曰："尔有母遗乎？"因赐之。葡萄西域产，此时盖移殖中国，且能酿为酒矣？《新五代史·四裔附录》载胡峤《陷虏记》云："自上京东去四十里至真珠寨，始食菜。明日东行，地势渐高。西望平地，松林郁然数十里。遂入平川。多草木。始食西瓜。云契丹破回纥得此种，以牛粪覆棚而种。大如中国东瓜而味甘。"此西瓜移殖东方之始也。

耕稼之邦，以肉食为贵，游牧之国，则有正相反者。《新书·黠戛斯传》：诸部食肉及马酪，惟阿热设饼饵。盖以其难得，故贵之也。《新五代史·晋本纪》：庄宗手以酥啖高祖，啖酥夷狄所重。然中国亦未尝无之。《新书·穆宁传》：四子：赞、质、员、赏。皆和粹，世以珍味目之。赞少俗，然有格，为酪，质美而多入，为酥，员为醍醐，赏为乳腐云。

茶至唐世，通行尤广。《新书·食货志》言：王播增天下茶税。江淮、浙东西、岭南、福建、荆襄茶，播自领之，两川以户部领之，是此诸道皆产茶也。《新书·藩镇传》：吴少阳时时掠寿州茶山，劫商贯。《李绅传》：迁滁、寿二州刺史。霍山多虎，撷茶者病之，治机阱，发民迹射，不能止。绅至，尽去之，虎不为暴。此淮南之茶也。《旧书·文宗纪》：大和七年正月，吴蜀贡新茶，皆于冬中作法为之。上务恭俭，不欲逆其物性，诏所贡茶宜于立春后造。此浙东及两川之茶也。《新书·循吏·韦丹传》：为容州刺史，教种茶、麦。此岭南之茶也。《旧书·哀帝纪》：天祐二年六月，敕福建每年进橄榄子。比因奄竖，出自闽中，牵于嗜好之间，遂成贡奉之典。虽嘉忠荩，伏恐烦劳。今后只供进腊茶，其进橄榄子宜停，此福建之茶也。《穆宗纪》：元和十五年三月，罢申州岁贡茶，此荆襄之茶也。其贩运亦大盛。《旧五代史·世袭列传》言：马殷据湖南，民间采茶，并抑而买之，于中原卖茶，利岁百万计。《新史·楚世家》云：自京师至襄、唐、郢、复等州，置邸务以卖茶，其利十倍。又令民自造茶，以通商旅而收其算，岁入万计。是楚于茶，实兼行官鬻、通商两法也。《旧史·王镕传》云：镕次子昭诲，当镕被祸之夕，为军人携出府第。置之地穴十余日，乃髡其发，被以僧衣。属湖南纲官李震南还，军士以昭诲托于震。震置之茶褚中。既至湖湘，乃令依南岳寺僧习业，岁给其费。此纲官盖即湖南所使卖茶于中原者？又《周太祖纪》：广顺二年正月，徐州奏"破淮贼于沭阳，斩首千余级，擒贼将燕敬权。"时慕容彦超求援于淮南，李璟发兵援之，师于下邳，闻官军至，退趋沭阳。遂破之。徐州部送敬权等四人至阙下，诏赐衣服、金帛，放归本土。帝召见，谓之曰："恶凶邪，奖忠顺，天下一也。我之贼臣，挠乱国法，婴城作逆，殃及生灵，不意吴人，助兹凶恶，非良算也。尔当归言之于尔君。"初汉末遣三司军将路昌祚于湖南市茶，属边镐陷长沙，昌祚被贼送金陵。及敬权归，具以帝言告李璟。璟乃召昌祚延坐，从容久之。且称美大朝，深有依附之意。及罢，遣伪宰相宋齐邱宴昌祚于别馆。又令访昌祚在湖南遭变之时亡失纲运之数，命依数偿之。给茗荈万八千斤，遣水运至江夏。仍厚给行装，遣之归阙。则不徒卖茶遣官，即买茶亦遣官矣。《新书·裴休传》：休于大中时，以兵部侍郎领诸道盐铁转运使，立税茶十二法。时方镇设邸阁居茶取直，因视商人他货横赋之，道路苛扰，休建言许收邸直，毋擅赋商人。则方镇之卖茶，初不自马殷始，盖其利实厚也。然私商之贩运者仍多。何福殷于淮南买茶，见第十七章第三节。颉跌氏于江陵贩卖茶货，见第十九章第三节。杨行密破孙儒，甫还扬州，即议出盐、茗畀民，使之输帛，可见其相须之殷。刘仁恭禁江表茶商，自撷山中草叶为茶，号其山曰大恩，可见其为利之厚。房知温之死也，其子献其茶千五百斤。盖当时豪富，以茶为奇货者多矣？《新书·陆羽传》：羽嗜茶，著经三篇，言茶之原、之法、之具尤备。天下益知饮茶矣。时鬻茶者，至陶羽形，置之炀突间，祀为茶神。有常伯熊者，因羽论，复广著茶之功。御史大夫李季卿宣慰江南，次临淮，知伯熊善煮茶，召之。伯熊执器前，季卿为再举杯。至江南，又有荐羽者。召之。羽衣野服，挈具而入。季卿不为礼。羽愧之，更著《毁茶论》。其后尚茶成风。时回纥入朝，始驱马市茶。懿宗咸通四年（863 年），制言安南溪洞之间，悉藉岭北茶药，见第十九章第三节。则茶且北走胡，南走越矣。王播之加茶税也，拾遗李珏言其不可，曰："茶为食物，无异米盐。田闾之间，嗜好尤切。流弊于民，先及贫弱。"《旧书·穆宗本纪》长庆元年（821 年）及《珏传》。《新书·食货志》及《珏传》略同。案陆羽、陆龟蒙皆贫士，龟蒙置园顾诸山下，岁收租茶，见第十八章第二节。又有朱桃椎者，亦见《新书·隐逸传》云：成都人。澹泊绝俗。结庐山中，夏则赢，冬缉木皮叶自蔽，赠遗无所受。尝织十芒屩置道上。见者曰："居士屩也。"为鬻米茗易之，置其处，辄取去。终不与人接。如此之人，而亦须茗，茗为田闾所嗜，无异米盐，信矣。《旧书·王涯传》：甘露之变，涯与同列归中书会食，仓皇步出，至永昌里茶肆，为禁兵所擒。又云：涯以榷茶事，百姓怨恨，诟骂之，投瓦砾以击之。真百姓未必如此。此盖因榷茶而失利者为之？然亦可见其人颇众矣。《李石传》：开成改元大赦，石等商量节文。诸道除药物、口味、茶果外，不得进献。亦茶为食物之一证也。

职是故，当时贡献，《旧书·刘晏传》云："江淮茶橘，晏与本道观察使各岁贡之，皆欲其先至。有土之官，或封山断道，禁前发者，晏厚以财力致之，常先他司。由是甚不为藩镇所便。"以晏理财之才力，而用之于此，不亦哀乎？《旧五代史·梁太祖纪》：乾化二年十二月，两浙进大方茶二万斤。《唐明宗纪》同光四年四月，天成二年五月，皆书杨溥进新茶。长兴三年（932 年），湖南马希范、荆南高重诲并进银茶，乞赐战马，已见第十九章第五节。《周世宗纪》：显德三年（956 年），李璟遣钟谟等奉表叙愿称臣纳贡，仍进茶茗、药物等。又遣孙晟奉表，进赏给将士茶、绢、金银、罗帛等。五年（958 年），陈觉奉表陈情，兼贡乳茶三千斤。又遣冯延巳献茶五十万斤。此则实同劫夺耳。赏赐，《旧五代史·梁太祖纪》：开平二年三月，巡幸泽潞，以刘知俊为潞州行营招讨使。燕扈驾群臣，并劳知俊，赐以金带、战袍、宝剑、茶药。《唐武皇纪》：乾宁二年（895 年），攻王行瑜，天子以武皇为天下兵马都招讨使，遣延王、丹王赐武王御衣，及大将茶酒、弓矢。《明宗纪》：天成四年三月，中书奏："今后群臣有乞假觐省者，请量赐茶药。"从之。《晋高祖纪》：天福五年三月，诏"朝臣觐省父母，依天成例颁赐茶药。"《周世宗纪》：显德二年二月，遣使赴西京赐太子太师致仕侯益、白文珂、宋彦筠等茶药、钱帛各有差，仍降诏慰问。《新五代史·卢文纪传》：唐明宗时，为御史中丞。初上事，百官台参，吏白诸道进奏官贺。文纪问当如何？吏对曰："朝廷在长安时，进奏官见大夫、中丞如胥吏。自唐衰，天子微弱，诸侯强盛，贡奉不至，朝廷姑息方镇，假借邸吏，大夫、中丞上事，进奏官至客次通名，劳以茶酒而不相见。相传以为故事。"皆赏赐重茶之征。《辽史·太宗纪》：会同三年四月丙辰，晋遣使进茶药。则不惟域内，即于域外，亦用之已。赠遗，张镒遗陆贽钱百万，贽惟受新茶一串，见第十八章第一节。无不以茶，而军中尤以为重。《新书·陆贽传》：贽陈西北边事，言“关东戍士，衣廪优厚，继以茶药，资以蔬酱”。《兵志》云：德宗时，边兵衣饷多不赡，而戍卒屯防，药茗、蔬酱之给最厚。诸将务为诡辞，请遥隶神策军，廪赐遂赢旧三倍，盖即据贽疏言之。《旧五代史·李守贞传》：守贞之讨杨光远，行营将士赏赐，尽以䭾茶、染木、姜药之类分给之。军中大怨。乃以帛苞所得物，如人首级，目之为守贞头，悬于树以诅之。其怨毒至于如此。兵士得茶，不必皆自饮，盖亦可以鬻卖换易？凡饮食之物，有刺激之性者，人多谓其可以治病，古之酒，明末之烟则然。茶之初兴，盖亦如此？故唐世尚与药并称。此亦人竞求之之一端欤？

侈于饮食者，历世皆有。如《隋书·樊叔略传》，言其食必方丈，备水陆是也。然尚多受人讥议。《宇文士及传》言其抚幼弟孤兄子以友睦称，好周恤亲戚故人。然过自奉养，服玩食饮，必极丰侈。有司谥曰恭。黄门侍郎刘洎曰：“士及居家侈肆，不可谓恭。”乃改曰纵。则虽有他善，曾不掩其纵恣之失矣。侈恶之大，岂不信乎？

第二节　食储、漕运、籴粜

漕运之事，至隋、唐之世而大盛。《隋书·食货志》曰：开皇三年（583 年），朝廷以京师仓廪尚虚，议为水旱之备。于是诏于蒲、陕、虢、熊、伊、洛、郑、怀、邵、卫、汴、许、汝等水次十三州置募运米丁。又于卫州置黎阳仓，洛州置河阳仓，陕州置常平仓，华州置广通仓，转相灌注。漕关东及汾、晋之粟，以给京师。又遣仓部侍郎韦瓒向蒲、陕以东募人，能于洛阳运米四十石，经砥柱之险，达于常平者，免其征戍。其后以渭水多沙，流有深浅，漕者苦之。四年（584 年），命宇文恺率水工凿渠，引渭水自大兴城东至潼关，三百余里，名曰广通渠。事亦见《本纪》及《恺传》。《诏》曰："京邑所居，五方辐凑。重关四塞，水陆艰难。大河之流，彼澜东注。百川海渎，万里交通。虽三门之下，或有危虑，若发自小平，陆运至陕，还从河水，入于渭川，兼及上流，控引汾晋，舟车来去，为益殊广。而渭川水力，大小无常。流浅沙深，即成阻阂。计其途路，数百而已。动移气序，不能往复。东发潼关，西引渭水，因借人力，开通漕渠，可使官及私家，方舟巨舫，晨昏漕运，沿溯不停。旬日之功，堪省亿万。"转运通利，公私赖之。《高祖纪》：开皇七年四月，于扬州开山阳渎，以通运漕。此即古之邗沟。炀帝复开通济渠。见第二章第四节。遂令江、淮、河、汴、汾、渭之水，互相灌输。其间不能舟运者，仅自洛至陕一节而已。《高祖纪》：开皇十五年六月，诏凿砥柱。其功盖未有成？

高祖于民瘼，极为留心。《食货志》言其于诸州水旱凶饥之处，便开仓振给。其后关中连年大旱，而青、兖、汴、许、曹、亳、陈、仁、谯、豫、郑、洛、伊、颍、邳等州大水，百姓饥馑，乃命苏威等分道开仓振给。又命司农丞王宜发广通之粟三百余万石，以拯关中，又发故城中周代旧粟，贱粜与人。买牛驴六千余头，分给尤贫者，令往关东就食。其遭水旱之州，皆免其年租赋。十四年（594年），关中大旱，人饥。上幸洛阳，因令百姓就食。从官并准见口振给，不以官位为限。其后山东频年霖雨，杞、宋、陈、亳、曹、戴、谯、颍等州，达于沧海，皆困水灾，所在沉溺。十八年（598年），天子遣使将水工巡行川源，相视高下，发随近丁以疏导之。困乏者开仓振给，前后用谷五百余万石。隋世仓储，为古今之冠。前述诸仓之外，炀帝又置兴洛及回洛仓。亦见《食货志》。又有永丰仓，不知其置于何时。《旧书·任瑰传》云：义师起，瑰至龙门谒见，劝于梁山船济，入据永丰。高祖乃遣沈演寿、史大奈领步骑六千趋梁山渡河，使瑰及薛献为招慰大使。瑰说下韩城县，与诸将进击饮马泉，破之。拜光禄大夫，留守永丰仓。则其地当在韩城。此等皆仓之最大者，其郡县仍各自有仓。观高祖遇饥荒辄命开仓振给，可知其亦皆充实。天下为家之世，恒有弱枝强干之谋。高祖漕关东、汾晋之粟，以实关中，自亦不免有私见，然其于民事，要不可谓不尽心。然官吏能实心为民者少，徒知奉法献媚者多，则终必岐国计与民生为二，而积贮之本以为民者，遂至坐视民困而莫之恤矣，然究何益哉？《旧书·李袭志传》：弟袭誉，隋末为冠军府司兵。“时阴世师辅代王为京师留守。所在盗贼蜂起。袭誉说世师遣兵据永丰仓，发粟以赈穷乏。出库物赏战士。移檄郡县，同心讨贼。世师不能用。”而永丰仓遂为唐奉。李密之起也，河南、山东大水。炀帝令饥人就食黎阳。仓司不时赈给，死者日数万人。李勣言于密，袭克之。开仓恣食，一旬之间，胜兵余二十万。《旧书·勣传》。其后密亡，唐使魏征安辑山东。征与勣书，勣定计归唐，乃开仓运粮，以馈淮安王神通之军。《旧书·征传》。其仓廪之充实如此。唐高祖之起也，裴寂上粟九万斛。后元吉弃晋阳，高祖惜其粟支十年，亦必非起兵后所积也。薛举、刘武周、罗艺、李子和之起，皆借岁饥民困，有司闭仓不发，以激怒其众。及其得志，则皆开仓以赈贫乏。朱粲，所克州县，亦皆发藏粟以充食。惟许绍为夷陵郡守，能自开仓振给，甚得人心，遂克保全郡境。

正仓只为州县之储，并不能遍及民间，昔之言积贮者亦知之，故隋长孙平有义仓之设焉。《隋书·食货志》：“开皇五年五月，工部尚书长孙平奏曰：古者三年耕而余一年之积，九年作而有三年之储，虽水旱为灾，而人无菜色，皆由劝导有方、蓄积先备故也。去年亢阳，关内不熟。陛下哀愍黎元，甚于赤子。运山东之粟，置常平之官。开发仓廪，普加振赐。少食之人，莫不丰足。鸿恩大德，前古未比。其强宗富室，家道有余者，皆竞出私财，递相赒赡。此乃风行草偃，从化而然。但经国之理，须存定式。于是奏令诸州百姓及军人，劝课当社，共立义仓。收获之日，随其所得，劝课出粟及麦，于当社造仓窖贮之。即委社司，执帐检校。每年收积，勿使损败。若时或不熟，当社有饥馑者，即以此谷振给。自是诸州储峙委积。”《平传》云：“开皇三年（583年），征拜度支尚书。平见天下州县。多罹水旱，百姓不给，奏令民间每秋家出粟麦一石已下，贫富差等，储之闾巷，以备凶年，名曰义仓。因上书曰：臣闻国以民为本，民以食为命。劝农重谷，先王令轨。古者三年耕而余一年之积，九年作而有三年之储，虽水旱为灾，而民无菜色，皆由劝导有方、蓄积先备故也。去年亢阳，关右饥馁。陛下运山东之粟，置常平之官，开发仓廪，普加振赐，大德鸿恩，可谓至矣。然经国之道，义资远算。请勒诸州刺史、县令，以劝农积谷为务。上深嘉纳。自是州里丰衍，民多赖焉。后数载，转工部尚书。”案《本纪》明言五年五月甲申，诏置义仓，则《志》所著年月不误。然本传所言，亦非子虚。盖平令民秋出粟麦，储之闾巷，实在三年为度支尚书之时，五年乃请下诏著为定式。《传》因三年之事终言之，而未计其事在乎迁工部尚书之后，遂至龃龉不合也。《志》又云：“义仓贮在人间，多有费损。十五年二月，诏曰：本置义仓，止防水旱，百姓之徒，不思久计。轻尔费损，于后乏绝。又北境诸州，异于余处。云、夏、长、灵、盐、兰、丰、鄯、凉、甘、瓜等州，所有义仓杂种，并纳本州。若人有旱俭少粮，先给杂种及远年粟。十六年正月，又诏秦、叠、成、康、武、文、芳、宕、旭、洮、岷、渭、纪、河、廓、豳、陇、泾、宁、原、敷、丹、延、绥、银、扶等州社仓，并于当县安置。二月，又诏社仓准上中下三等税。上户不过一石，中户不过七斗，下户不过四斗。”案《志》云义仓之立，收获之日，随所得劝课，则五年犹无定数，而《传》云一石已下，贫富差等，若三年已有成规者，其所言实十六年二月之制，亦要其终而言之，而未计其岁月之不合也。古书之不审谛，固多如是。义仓精意，全在创办由民自愿，既立之后，亦由人民自行管理。故劝课初无定额，而存贮必于当社。观所出多少，后由诏书指定，则知其所出有非出自愿者，更移之于州县，则本意全失矣。轻尔费损，必非贫弱所能为，而转由富强之专擅。十五、十六两年诏书所指诸州，盖皆近寇，虑遭侵掠，为入保之计。若所虑止此，所移亦当止于边州。至防豪强之专擅，则非举所有之义仓而悉移之不可矣。此亦或出于不得已，然州县之侵渔，又随之而起。《旧书·食货志》载戴胄之言曰："开皇立制，天下之人，节级输粟，多为社仓。终于文皇，得无饥馑。及大业中年，国用不足，并贷社仓之物，以充官费，故至末涂，无以支给。"亦必由移之州县，故官易于借用也。然正仓既不能济民，常平又不足平抑市价，社仓究为人民自救之良策，故至朱子，犹欲师其意而变通之也。

《隋书·高祖纪》：仁寿三年九月壬戌，置常平官。《通鉴》同，胡《注》曰："开皇初置义仓，今置常平官掌之。"案常平、义仓，各有司存，胡《注》未知何据？《食货志》云："开皇三年正月，帝入新宫。"下云："是时突厥犯塞，吐谷浑寇边，军旅数起，转输劳敝。帝乃令朔州总管赵仲卿于长城以北，大兴屯田，以实塞下。又于河西勒百姓立堡，营田积谷。京师置常平监。"是时二字，虽不敢云即指开皇三年（583年），然长孙平称颂帝置常平之官，则其事必在五年（585年）以前。此所云者，盖专管京师谷价，仁寿三年所立，则总领天下义仓邪？

唐制：京师有太仓，诸州县各有正仓，又有常平仓以均贵贱，义仓以备不足。《旧书·职官志·仓部》。《旧书·食货志》云："武德元年九月，置社仓。其月二十二日，诏置常平监官，以均天下之货。市肆腾踊，则减价而出，田穑丰羡，则增籴而收。五年十二月废。"盖时天下未定，未能举其职也？《志》又云："贞观二年四月，尚书左丞戴胄请自王公已下，爰及众庶，计所垦田稼穑顷亩，至秋熟，准其见在苗，以理劝课，尽令出粟。稻麦之乡，亦同此税。各纳所在，为立义仓。若年谷不登，百姓饥馑，当所州县，随便取给。下所司议立条制。户部尚书韩仲良奏王公已下，垦田亩纳二升。其粟麦粳稻之属，各依土地，贮之州县，以备凶年。可之。自是天下州县始置义仓。每有饥馑，则开仓振给。”《本纪》：贞观二年四月，诏天下州县并置义仓。《新志》云：“诏亩税二升。粟麦粳稻，随土地所宜。宽乡敛以所种，狭乡据青苗簿督之。田耗十四者免其半，耗十七者皆免。商贾无田者，以其户为九等。出粟自五石至于五斗为差，下下户及夷僚不取焉。岁不登则以振民，或贷为种子，则至秋而偿。”其所言较《旧志》为详也。《旧志》又云：“高宗永徽二年六月，敕义仓据地收税，实是劳烦。宜令率户出粟。上上户五石，余各有差。”盖时无据地收税之法，义仓独引之，有履亩之烦，故革之也。《新志》又云：“其后洛、相、幽、徐、齐、并、秦、蒲州又置常平仓，《旧纪》事在贞观十三年十二月。粟藏九年，米藏五年。下湿之地，粟藏五年，米藏三年。皆著于令。”《旧志》云：“永徽六年（655年），京东西二市置常平仓。显庆二年十二月，京常平仓置常平署官员。”常平署，属太府寺。《新书·百官志》云：显庆三年（658年）置署。武后时东都亦置署。又云：“自始置义仓，以至高宗、则天，数十年间，义仓不许杂用。其后公私穷迫，渐贷义仓支用。自中宗神龙之后，天下义仓，费用向尽。”《新志》则云：“高宗以后，稍假义仓，以给他费，至神龙中略尽。玄宗即位，复置之。”案唐之义仓，名与隋同，实则大异。戴胄之请立义仓，太宗云：“为百姓豫作储贮，而由官为举掌。”则其事本系官办，故官之移用尤易。虽云不许杂用，其后终成具文也。朱子所立社仓，意实与长孙平大同。特承荆公青苗法之后，兼师其意，多一敛散出举耳。长孙平之所立，自人民自相周赡言之，则曰义仓，自其藏贮之地言之，则曰社仓，二名可以互称。唐之义仓，由州县设立，与社无涉。朱子复修长孙平之法，乃专就其设立之地称之曰社仓以别之。故在隋世，义仓、社仓是一，唐以后则是二。《旧志》又云："开元二年九月，敕天下诸州：今年稍熟，谷价全贱，或虑伤农。常平之法，行之自古。宜令诸州加时价三两钱籴。不得抑敛，仍交相付领，勿许悬欠。蚕麦时熟，谷米必贵，即令减价出籴，豆谷等堪贮者，熟亦准此。其常平所须钱物，宜令所司支料奏闻。七年六月，敕关内、陇右、河南、河北五道及荆、扬、襄、夔、绵、益、彭、蜀、汉、剑、茂等州，并置常平仓。其本，上州三千贯，中州二千贯，下州一千贯。"宇文融括得客户后，制曰："客户所税钱，宜均充所在常平仓用，仍许豫付价直。任粟麦兼贮。并旧常平钱粟，并委本道判官句当处置。又委使司与州县商量，劝作农社，贫富相恤，耕耘以时。"《通鉴》系开元十三年二月，云：委使司与州县议作劝农社，使贫富相恤，耕耘以时。胡《注》曰："使司，劝农使司也。"案《通鉴》劝作二字恐误倒。盖常平而外，兼具社仓振赡之意矣。《志》又云："十六年十月，敕今岁普熟，谷价至贱，必恐伤农。加钱收籴，以实仓廪，纵逢水旱，不虑阻饥，公私之间，或亦为便。宜令所在以常平本钱及当处物，各于时价上量加三钱，百姓有粜易者为收籴。事须两和，不得限数配籴。讫，具所用钱物及所籴物数申所司。仍令上佐一人专句当。天宝六载三月，太府少卿张瑄奏准四载五月并五载三月敕节文，至贵时贱价出粜，贱时加价收籴。若百姓未办钱物者，任准开元二十年七月敕，量事赊粜，至粟麦熟时征纳。臣使司商量，且粜旧籴新，不同别用。其赊粜者，至纳钱日，若粟麦杂种等时价甚贱，恐更回易艰辛，请加价便与折纳。"此等法令，亦未尝不意在便民。然韦坚既取州县义仓粟转市轻货以献媚，亦见《旧书·食货志》。杨国忠又悉天下义仓及丁租地课易布帛以充天子禁藏，《新书·外戚·国忠传》。本实先拔，枝叶亦无足论矣。《旧志》又云："广德二年正月，第五琦奏每州常平仓及库使司量置本钱，随当处米物时价，贱则加价收籴，贵则减价粜卖。"《本纪》：琦奏诸道置常平仓，使司量加本钱和籴，许之。云米物，似兼指布帛，则已开赵赞之先路矣。又云："建中元年七月，敕今后米价贵时，宜量出官米十万石、麦十万石，量付两市行人，下价粜货。"据赵赞说，又兼粜盐，见第十九章第三节。三年（782年），赵赞请于两都并江陵、成都、扬、汴、苏、洪等州府，各置常平轻重本钱，兼及丝麻匹段，事竟无成，已见第十九章第三节。《韦伦传》：伦表请置义仓以防水旱，事在德宗自梁州还后。元和元年正月，制应天下州府，每年所税地子数内，宜十分取二分，均充常平仓及义仓。仍各逐稳便收贮，以时出粜。务在救人，振贷所宜，速奏。《新志》："大和九年（835年），以天下回残钱置常平、义仓本钱，岁增市之。非遇水旱不增者，判官罚俸，书下考。州县假借，以枉法论。"此唐代常平、义仓之大略也。唐于仓粟，管理颇严。《旧书·萧复传》：为同州刺史，州人阻饥。有京畿观察使储廪在境内，复辄以振贷，为有司所劾削阶。《李皋传》：贬温州长史。无几，摄行州事。岁俭，州有官粟数十万斛，皋欲行振救。掾吏叩头，乞候上旨。皋曰："夫人日不再食当死，安暇禀命？若杀我一身，活数千人命，利莫大焉。"于是开仓悉散之，以擅贷之罪，飞章自劾。天子闻而嘉之，答以优诏，就加少府监。此二事，可见擅动仓粟者，其诛甚严。《文宗纪》：开成元年十一月，忠武帅杜悰，天平帅王源中奏当道常平、义仓斛斗，除元额外，请别置十万石。可见帅臣亦不能专决也。常平之法，行诸偏方，往往有效，《新书·韩滉传》。弟洄，刘晏被罪，擢户部侍郎，判度支，积米长安、万年二县，各数十万石，视年丰耗而发敛焉，故人不艰食。《循吏·韦丹传》：子宙，出为永州刺史。州负岭，转饷艰险，每饥，人辄殍死。宙始筑常平仓，收谷羡余以待乏。况于义仓之遍及诸县？《旧书·戴胄传》言：先是每岁水旱，皆以正仓出给；无仓之处，就食他州，百姓多致饥乏。胄乃上言请置社仓。《高宗纪》：咸亨元年（670年），是岁，天下四十余州旱及霜虫，百姓饥乏，关中尤甚。诏令任往诸州逐食，仍转江南租米以振给之。逐食者多，岂能皆返？况尚有羸弱不能逐食者乎？无仓之处如此，即有仓之处，亦岂能遍及哉？义仓之设，其利盖非浅鲜。然其行之亦不能无弊。《旧书·食货志》："长庆四年三月，制曰：义仓之制，其来日久，近岁所在盗用没入，致使小有水旱，生人坐委沟壑。宜令诸州录事参军专主句当。苟为长吏迫制，即许驿表上闻。考满之日，户部差官交割。如无欠负，与减一选。如欠少者，量加一选。欠数过多，户部奏闻，节级科处。"又《宣宗纪》：大中六年四月，敕常平义仓斛㪷，每年检勘，实水旱灾沴处，录事参军先勘人户多少支给。先贫下户，富户不在支给之限。观此二事，而当时官吏豪强，互相勾结，以侵削贫下之情形可见矣。此官为举掌所必不能免之弊也。

唐世振贷，京师多用太仓粟，东都则用含嘉仓。《旧书·高宗纪》：永徽六年八月，先是大雨，道路不通，京师米价暴贵。出仓粟粜之。京师东西二市置常平仓。永隆元年十一月，洛州饥，减价官粜，以救饥人。《玄宗纪》：开元二十一年（733 年），是岁，关中久雨害稼，京师饥。诏出太仓粟二百万石给之。天宝十二载八月，京城霖雨，米贵，令出太仓米十万石，减价粜与贫人。十三载（734 年），是秋霖雨，积六十余日，京城垣屋颓尽，物价暴贵，人多乏食。令出太仓米一百万石，开十场贱粜，以济贫民。《代宗纪》：大历四年八月丙申朔，自夏四月连雨至此月，《五行志》云至九月。京城米斗八百文。官出米二万石，减估而粜，以惠贫民。《五行志》云：官出太仓米贱粜。又云：五年（770 年）夏，复大雨。京城饥，出太仓米减价以救之。《德宗纪》：贞元十四年十月癸酉，以岁凶谷贵，出太仓粟三十万石开场粜以惠民。十二月癸酉，出东都含嘉仓粟七万石开场粜，以惠河南饥民。《食货志》云：是年六月，诏以米价稍贵，令度支出官米十万石于两街贱粜。九月，以岁饥，出太仓粟三十万石出粜。冬，河南府谷贵人流，令以含嘉仓粟七万石出粜。十五年二月，出太仓粟十八万石粜于京畿诸县。《食货志》同。《宪宗纪》：

元和九年二月，诏以岁饥，放关内元和八年（813年）已前逋租钱粟，振常平、义仓粟三十万石。五月，旱，谷贵，出太仓粟七十万石开六场粜，以惠饥民。《食货志》云：并振贷外县百姓，至秋熟征纳，便于外县收贮，以防水旱。《纪》又云：十二年四月，出太仓粟二十五万石粜于西京，以惠饥民。《食货志》同。《敬宗纪》：长庆四年二月，以米贵，出太仓粟四十万石，于两市贱粜，以惠贫民。《食货志》云：敕出太仓陈粟三十万石，于两街出粜，皆京都振贷之事也。其诸州振贷，多用常平、义仓，即京畿亦有然者。《食货志》：元和十二年九月，诏诸道应遭水州府人户，宜令本州厚加优恤，仍各以当处义仓斛斗，据所损多少，量事振给。《穆宗纪》：长庆二年十月，诏江淮诸州，旱损颇多，所在米价，不免踊贵，宜委淮南、浙西东、宣歙、江西、福建等道观察使，各于当道有水旱处，取常平、义仓斛斗，据时估减半价出粜，以惠贫民。《文宗纪》：大和六年正月，诏自去冬已来，逾月雨雪，寒风尤甚。应京畿诸县，宜令以常平、义仓斛斗振恤。二月，苏、湖二州水，振米二十二万石，以本州常平、义仓斛斗给。七年正月，诏关辅、河东，去年亢旱，秋稼不登。京兆府振粟十万石，河南府、河中府、绛州各赐七万石，同、华、陕、虢、晋等州各赐十万石，并以常平、义仓物充。开成三年正月，诏去秋蝗虫害稼处放逋赋，仍以本处常平仓振贷，是其事也。《高宗纪》：永徽二年正月，诏去岁关辅之地，颇弊蝗螟，天下诸州，或遭水旱。今东作方始，其遭虫水处，有贫乏者，得以正、义仓振贷。振贷兼用正仓见于《纪》者，惟此一诏而已。《玄宗纪》：开元十五年（727年），是秋，六十三州水，十七州霜旱。河北饥，转江淮之南租米百万石以振给之；则灾区广，并非当地仓储所能给矣。以常平、义仓振贷者，旋或免之。如《宪宗纪》：元和六年二月，以京畿民贫，贷常平、义仓粟二十四万石。诸道州府，依此振贷。十月，诏今春所贷义仓粟，方属岁饥，容至丰熟岁送纳。七年二月，诏以去秋旱歉，振京畿粟三十万石。其元和六年（811年）春振贷百姓粟二十四万石，并宜放免是也。亦见《食货志》。此固为宽政，然常平本钱，不宜耗散，实不可以充振，盖因义仓不给，不得已而用之，又不得已，乃并免其征偿也。

虽有义仓，益以常平，犹不足以苏民困，谷价自亦不能平，故通商仍为最亟。《通鉴》：元和三年七月，以卢坦为宣歙观察使。坦到官，直旱饥，谷价日增。或请抑其价。坦曰："宣歙土狭谷少，所仰四方之来者，若价贱，则商船不复来，益困矣。"既而米斗二百，商旅辐凑，《新书》本传曰：商以米坌至，乃多贷兵食出诸市，估遂平。凶岁不抑谷价，后此夫人知之，实坦发之也。胡三省说。《旧书·崔倰传》：附《崔祐甫传》后。转潭州刺史湖南都团练观察使。湖南旧法，丰年贸易不出境，邻部灾荒不相恤。倰至，谓属吏曰："此非人情也。无宜闭粜，重困于民也。"自是商贾通流。《新书·王播传》：关中饥，诸镇或闭粜，播以为言，三辅不乏。《通鉴》：穆宗长庆三年（823年）《考异》引《柳氏叙训》，谓柳公绰为山南东道节度使。有齐衰者哭且献状，曰："迁三世十二丧于武昌，为津吏所遏，不得出。"公绰召军吏擒之。破其十二柩，皆实以稻米。时岁俭，邻境尤甚，人以为神明之政。谓"闭粜非美事，今不取"。观此数事，知当时遏籴者甚多。盖缘俗吏无识，又时无通盘筹画之政，遂皆苟顾目前也。《新书·王播传》：播弟起，历河中节度使。方蝗旱，粟价腾踊，起下令家得储三十斛，斥其余以市。否者死。神策士怙势不从，置于法。由是庤积咸出，民赖以生。《旧五代史·唐庄宗纪》：同光四年正月，应京畿内人户有停贮斛斗者，并令减价出粜。如不遵行，当令检括。此等刑驱势迫，究非善策也。《通鉴》：后周太祖广顺元年四月，滨淮州镇上言："淮南饥民，过淮籴谷，未敢禁止。"诏曰："彼之生民，与此何异？宜令州县津铺，无得禁止。"三年七月，唐大旱，井泉涸，淮水可涉。饥民度淮而北者相继。濠、寿发兵御之，民与兵斗而北。帝闻之曰："彼我之民一也。"听籴米过淮。唐人遂筑仓多籴以供军。八月，诏唐民以人畜负米者听之，以舟车运载者勿予。周祖武夫，然文臣之识出其下者多矣。

仓粟久藏，每至陈腐，故推陈出新亟焉。《旧书·顺宗纪》：贞元二十一年七月，度支使杜佑奏："太仓见米八十万石，贮来十五年，东渭桥米四十五万，支诸军皆不悦。今岁丰阜，请权停北河转运。于滨河州府和籴二百万石，以救农伤之弊。"乃下百寮议，议者同异不决而止。米藏至十五年，其不红朽者几希矣。《高适传》：适于哥舒翰败后，谒玄宗陈败亡之势，曰："士于赤日之中，食仓米饭，且犹不足，欲其勇战，得乎？"意以仓米为恶食，盖亦久藏致之也。《食货志》："开元四年五月二十一日，诏诸州县义仓，本备饥年振给。近年已来，每三年一度，以百姓义仓糙米远赴京纳，仍勒百姓私出脚钱。自今已后，更不得义仓变造。"义仓变造，弊矣。然裴耀卿议漕事，谓江淮义仓，下湿不堪久贮，若无船可运，三两年色变，即给贷费散，公私无益。欲望江南船至河口即却还，本州更得其船充运。并取所减脚钱，更运江淮变造。参看下文。则开元初，诸州县每三年一度，以义仓之米赴京，亦有所不得已也。要之，既有耕三余一之图，即宜有推陈出新之计。计不夙定，临事乃图补救，则一弊除而一弊复起矣。为义仓计推陈出新，固莫如于奉耕奉耘之时出贷。惜乎能行之者甚少也。

太仓、含嘉仓之贮，全恃东南之转漕。高祖、太宗之时，岁不过二十万石。自高宗已后，岁益增多。《新书·食货志》云："初江淮漕租米至东都输含嘉仓，以车或驮陆运至陕。而水行来远，多风波覆溺之患，其失常十八。故其率一斛得八斗为成劳。而陆运至陕才三百里，率两斛计庸钱千。民送租者，皆有水陆之直。而河有三门底柱之险。显庆元年（656 年），苑西监褚朗议凿三门山为梁，可通陆运。乃发卒六千凿之，功不成。其后将作大匠杨务廉又凿为栈以挽漕舟。挽夫系二钏于胸，而绳多绝，辄坠死。则以逃亡报，因系其父母妻子。人以为苦。开元十八年（730年），宣州刺史裴耀卿朝集京师。玄宗访以漕事。耀卿条上便宜曰：江南户口多而无征防之役，然送租庸调物，以岁二月至扬州入斗门，四月已后，始度淮入汴，常苦水浅，六七月乃至河口，而河水方涨，须八九月水落，始得上河入洛，而漕路多梗，船樯阻隘。江南之人，不习河事，转雇河师水手，重为劳费。其得行日少，阻滞日多。今汉、隋漕路，濒河仓廪，遗迹可寻。于河口置武牢仓，巩县置洛口仓，使江南之舟，不入黄河，黄河之舟，不入洛口，而河阳、柏崖、太原、永丰、渭南诸仓，节级转运。水通则舟行，水浅则寓于仓以待。则舟无停留，而物不耗失。此甚利也。玄宗初不省。二十一年（733年），耀卿为京兆尹。京师雨水，谷踊贵，玄宗将幸东都，复问耀卿漕事，耀卿因请罢陕陆运，而置仓河口，使江南漕舟至河口者，输粟于仓而去，县官雇舟，以分入河、洛。置仓三门东西，漕舟输其东仓，而陆运输其西仓，复以舟漕，以避三门之水险。玄宗以为然。乃于河阴置河阴仓，河西置柏崖仓，三门东置集津仓，西置盐仓。《旧书·本纪》：高宗咸亨三年六月，于洛州柏崖置仓。玄宗开元十年九月，废河阳柏崖仓。盖至此复置？又开元二十二年八月，先是驾至东都，遣侍中裴耀卿充江淮河南转运使，河口置输场。壬寅，于输场东置河阴县。又遣使张九龄于许、豫、陈、亳等州置水屯。凿山十八里以陆运。自江淮漕者，皆输河阴仓。自河阴西至太原仓，谓之北运。《旧志》云：自河阴送纳含嘉仓，又送纳太原仓，谓之北运。自太原仓浮渭以实关中。玄宗大悦，拜耀卿为黄门侍郎，同中书门下平章事，兼江淮都转运使。以郑州刺史崔希逸，河南少尹萧炅为副使。益漕晋、绛、魏、濮、邢、贝、济、博之租输诸仓，转而入渭。凡三岁，漕七百万石，省陆运佣钱三十万缗。是时民久不罹兵革，物力丰富，朝廷用度亦广，不计道里之费，而民之输送所出水陆之直，增以函脚营窖之名，民间传言用斗钱运斗米，其縻耗如此。及耀卿罢相，北运颇艰。米岁至京师才百万石。二十五年（737年），遂罢北运。《旧书·本纪》：玄宗开元二十五年二月戊午，罢江淮运，停河北运。而崔希逸为河南陕运使，岁运百八十万石。其后以太仓积粟有余，岁减漕数十万石。二十九年（741年），陕郡太守李齐物凿底柱为门以通漕。开其山颠为挽路。烧石沃醯而凿之。然弃石入河，激水益湍怒，舟不能入新门。候其水涨，以人挽舟而上。天子疑之，遣宦者按视。齐物厚赂使者，还言便。齐物入为鸿胪卿，以长安令韦坚代之，兼水陆运使。坚治汉、隋运渠，起关门抵长安，通山东租赋。乃绝灞、浐，并渭而东，至永丰仓与渭合。又于长乐坡濒苑墙凿潭于望春楼下，以聚漕舟。坚因使诸舟各揭其郡名，陈其土地所产宝货诸奇物于栿上。先时民间唱俚歌曰得体纥那邪，其后得宝符于桃林，于是陕县尉崔成甫更得体歌为得宝弘农野。坚命舟人为吴楚服，大笠广袖芒屩以歌之。成甫又广为之歌辞十阕。自衣阙后绿衣锦半臂，红抹额，立第一船为号头以唱。集两县妇女百余人，鲜服靓妆，鸣鼓吹笛以和之。众艘以次辏楼下，天子望见大悦，赐其潭名曰广运。是岁，漕山东粟四百万石。自裴耀卿言漕事，进用者常兼转运之职，而韦坚为最。初耀卿兴漕路，请罢陆运，而不果废。自景云中，陆运北路分八递，雇民车牛以载。开元初，河南尹李杰为水陆运使，运米岁二百五十万石，而八递用车千八百乘。耀卿罢久之，河南尹裴迥以八递伤牛，乃为交场两递，滨水处为宿场，分官总之。”案唐代漕运之盛，实恃隋时所开水路。史家侈言水运之便，而民间仍有用斗钱运斗米之言，盖窟穴其中，倚为利薮者众也？陆运之劳民，自更不待论。《旧书·高宗纪》：总章二年十一月，发九州人夫转发太原仓米粟入京。即此一事，可以想见其概。帝王所居之处，用度因之奢广，又存一强干弱枝之心，遂至竭天下之力以奉之，虽转输之费，倍蓰于生之之费而不恤，其事殊不可恕。而如韦坚等之长君之恶，其罪更不容诛矣。

安、史乱后，局面一变。《新书·食货志》又云：“肃宗末年，史朝义兵分出宋州，淮运阻绝。租庸盐铁，溯汉江而上。河南尹刘晏为户部侍郎，兼句当度支转运盐铁铸钱使。江淮粟帛，由襄汉越商於以输京师。及代宗出陕州，关中空窘，于是盛转输以给用。广德二年（764 年），废句当度支使，以刘晏颛领东都、河南、淮西、江南东西转运租庸铸钱盐铁，转输至上都。度支所领诸道租庸观察使，凡漕事亦皆决于晏。晏即盐利雇庸，分吏督之。《旧志》云：不发丁男，不劳郡县，盖自古未之有也。随江、汴、河、渭所宜。故时转运船由润州陆运至扬子，斗米费钱十九，晏命囊米而载以舟，减钱十五。由扬州距河阴，斗米费钱百二十，晏为歇艎支江船二千艘，每船受千斛。十船为纲，每纲三百人，篙工五十人，自扬州遣将部送至河阴上三门，号上门填阙船。米斗减钱九十。未十年，人人习河险。江船不入汴，汴船不入河，河船不入渭。江南之运积扬州，汴船之运积河阴，河船之运积渭口，渭船之运入太仓。岁转粟百一十万石，无升斗溺者。轻货自扬子至汴州，每驮费钱二千二百，减九百，岁省十余万缗。”晏之所行，实裴耀卿之画，其善在分数明而已。晏后，江淮米至渭桥寖减。至李巽，乃复如晏之多。其后复少。大中五年（851 年），裴休为使，居三岁，米至渭桥复百二十万石。《志》言：“德宗时岁漕经底柱，覆者几半。河中有山号米堆。运舟入三门，雇平陆人为门匠，执标指麾，一舟百日乃能上。谚曰‘古无门匠墓’，谓皆溺死也。”又言：“元和时，漕益少，江淮米至渭桥者才二十万斛，诸道盐铁转运使卢坦籴以备一岁之费，省冗职八十员。自江以南，补署皆专属院监。而漕米亡耗，于路颇多。刑部侍郎王播代坦，建议米至渭桥五百石亡五十石者死。其后判度支皇甫镈议万斛亡三百斛者偿之，千七百斛者流塞下，过者死。盗十斛者流，三十斛者死。而覆船败耗，至者不得十之四五，部吏舟人，相挟为奸，榜笞号苦之声，闻于道路。禁锢连岁，赦下而狱死者，不可胜数。其后贷死刑，流天德、五城。人不畏法，运米至者十亡七八。盐铁转运使柳公绰请如王播议加重刑。大和初，岁旱，河涸，掊沙而进。米多耗，抵死甚众，不待覆奏。”可谓陷民于水火之中矣。《通鉴》：后周世宗显德二年正月，上以漕运自晋汉已来不给斗耗，纲吏多以亏欠抵死，诏自今每斛给耗一斗。

漕运之艰难如此，故其事并不足深恃，而不得不借他策以补之，则和籴尚已。《新书·食货志》云：“贞观、开元后，边土西举高昌、龟兹、焉耆、小勃律，北抵薛延陀故地。缘边数十州戍重兵，营田及地租，不足以供军，于是初有和籴。牛仙客为相，有彭果者，献策广关辅之籴。京师粮廪益羡。自是玄宗不复幸东都。天宝中，岁以钱六十万缗赋诸道和籴，斗增三钱。每岁短递输京仓者百余万斛。米贱则少府加估而籴，贵则贱价而粜。贞元初，吐蕃劫盟，召诸道兵十七万戍边，关中为吐蕃蹂躏者，二十年矣。北至河曲，人户无几。诸道戍兵，月给粟十七万斛，皆籴于关中。宰相陆贽以关中谷贱，请和籴，可至百余万斛。计诸县船车至太仓，谷价四十有余，米价七十，则一年和籴之数，当转运之二年，一斗转运之资，当和籴之五斗。江淮米至河阴者罢八十万斛，河阴米至太原仓者罢五十万，太原米至东渭桥者罢二十万。以所减米粜江淮水菑州县，斗减时五十以救乏。京城东渭桥之籴，斗增时三十以利农。以江淮粜米及减运直市绢帛送上都。帝乃命度支增估籴粟三十三万斛。然不能尽用贽议。宪宗即位之初，有司以岁丰熟，请畿内和籴。当时府县配户督限，有稽违则迫蹙鞭挞，甚于税赋。号为和籴，其实害民。”此史所述唐时和籴之大略也。其起虽由边饷，然自牛仙客而后，已用实天庾之储，且借以调节谷价矣。《通鉴》载陆贽之议，视《新志》为详。其言曰：“旧制以关中用度之多，岁运东方租米，至有斗钱运斗米之言，习闻见而不达时宜者，则曰：国之大事，不计费损，虽知劳烦，不可废也。习近利而不防远患者，则曰：每至秋成之时，但令畿内和籴，既易集事，又足劝农。臣以两家之论，互有长短。将制国用，须权重轻。食不足而财有余，则弛于积财而务实仓廪。食有余而财不足，则缓于积食而啬用货泉。近岁关辅屡丰，公储委积，足给数年。今夏江淮水潦，米贵加倍，人多流庸。关辅以谷贱伤农，宜加价以籴而无钱；江淮以谷贵人困，宜减价以粜而无米。而又运彼所乏，益此所余。斯所谓习见闻而不达时宜者也。今江淮斗米直百五十钱，运至东渭桥，僦直又约二百。米糙且陈，尤为京邑所贱。据市司月估，斗粜三十七钱。耗其九而存其一，馁彼人而伤此农。制事若斯，可谓深失矣。顷者每年自江湖淮浙运米百一十万斛至河阴，留四十万斛，输东渭桥。今河阴太原仓见米，犹有三百二十余万斛，京兆诸县，斗米不过直钱七十。请令来年江淮止运三十万斛至河阴。河阴、陕州，以次运至东渭桥。其江淮所停运米八十万斛，委转运使每斗取八十钱于水灾州县粜之，以救贫乏。计得钱六十四万缗，减僦直六十九万缗。请令户部先以二十万缗付京兆，令籴米以补渭桥仓之缺数。斗用百钱，以利农人。以一百二万六千缗付边镇，使籴十万人一年之粮。余十万四千缗，以充来年和籴之价，其江淮米钱僦直，并委转运使折市绫绢绝绵，以输上都，偿先贷户部钱。”剖析利害，较然甚明。《通鉴》载是疏于贞元八年（792 年），吐蕃劫盟，事在三年，则十七万之边兵，仰给和籴者，既五年矣。是谓关中之谷，不足以给经用，而必有待于转漕东方者必诬也。《旧书·王播传》：弟起，迁户部尚书，判度支。以西北边备，岁有和市以给军，劳人馈挽，奏于灵武、邠、宁起营田。此较诸营田则然。较诸漕转东方，则究为短运，其所省者多矣。此陆贽称为习近利者所谓易于集事也。又《张俭传》：俭以贞观初迁朔州刺史，广营屯田。后检校胜州都督，以母忧去职。前在朔州，属李靖平突厥之后，思结部落，贫穷离散，俭招慰安集之。其不来者，或居碛北。既亲属分住，私相往还。俭并不拘责，但存纲纪，羁縻而已。及俭移任，州司谓其将叛，遽以奏闻。朝廷议发兵进讨，仍起俭为使，就观动静。俭单马推诚，入其部落。召诸首领，布以腹心，咸匍匐稽颡而至。便移就代州，即令检校代州都督。俭遂劝其营田，每年丰熟。虑其私蓄富实，易生骄侈，表请和籴，拟充贮备。蕃人喜悦，边军大收其利。思结如此，而况汉人？此贽称为习近利者所谓足以劝农者也。然则贽谓两说互有长短，犹是调停之论，实则恃和籴已足集事矣。《旧书·代宗纪》：大历九年五月，诏度支使支七十万贯，转运使五十万贯和籴，岁丰谷贱也。《敬宗纪》：长庆四年八月，诏于关内、关东折籴、和籴粟一百五十万石。宝历元年八月，两京、河西大稔，敕度支和籴、折籴粟二百万石。《文宗纪》：大和四年八月，内出绫绢三十万疋付户部充和籴。《食货志》载敕文云："今年秋稼似熟，宜于关内七州府及凤翔府和籴一百万石。"然则和籴之事，唐代实屡行之。所以然者，谷贱伤农，不得不然也。而谓其不足以代漕运乎？然而终不能以代漕运者何也？陆贽又述和籴之弊曰："陛下顷设就军和籴之法以省运，制与人加倍之价以劝农。此令初行，人皆悦慕。而有司竞为苟且，专事纤啬。岁稔则不时敛藏，艰食则抑使收籴，遂使豪家贪吏，反操利权。贱取于人，以俟公私之乏。又有势要近亲，羁游之士，委贱籴于军城，取高价于京邑。又多支绨纻充直，穷边寒不可衣，鬻无所雠。上既无信于下，下亦以伪应之。度支物估转高，军城谷价转贵。度支以苟雠滞货为功利，军城以所得加价为羡余。虽设巡院，转成囊橐。《胡注》曰：元和四年十二月十二日，敕远处州使，率情违法，台司无由尽知。转运使、度支，悉有巡院，委以访察。当道使司及州县，有两税外榷率，及违格敕文法等事，状报台司。盖刘晏始置巡院，自江淮已来，达于河渭，其后遂及缘边诸道亦置之。至有空申簿账，伪指囷仓，计其数则亿万有余，考其实则百十不足。"其病国贼民，可谓更无顾忌。《旧书·宪宗纪》：元和六年十月，京兆府每年所配折粜粟二十五万石宜放于百姓，有粟情愿折纳者，时估外特加优饶。此亦《新志》所谓配户督限之类。又《高代传》：元和十四年（819年），上疏请不以内官为京西北和籴使。《郑覃传》：宪宗用内官五人为京西北和籴使，覃上疏论罢。《穆宗纪》：长庆元年三月，罢京西、京北和籴使，扰人故也。盖即二人所论，则其贼民，又有出于府县配户督限之外者矣。吴武陵言朔方兵饷，皆先取商人，而后求牒还都受钱，见第十八章第一节。此即陆贽所称委贱籴于军城，取高价于京邑者。此法实为宋代入边刍粟所本，既省转运，又劝农商，而亦为骫法者所敝，所谓和籴者如此，其法又安可行？此所以中叶已后，国贫民困，论者明知和籴之利，而终不能广行之以救漕运之弊欤？然《新书·高力士传》言：力士谓玄宗："和籴不止则私藏竭。"则其时恐已不免抑配。《旧书·卢从愿传》：从愿以开元十六年（728年）留守东都，坐子起居郎论粜米入官有剩利，为宪司所纠，出为绛州刺史。则官吏之蠹国以自利，亦自和籴初行时即然矣。不诚令闻者战栗哉？

《旧书·食货志》载开元二十五年三月敕云："关辅庸调，所税非少，既寡蚕桑。皆资菽粟。常贱粜贵买，损费逾深。又江淮等苦变造之劳，河路增转输之弊。每计其运脚，数倍加钱。今岁属和平，庶物穰贱。南亩有十千之获，京师同水火之饶。均其余以减远费，顺其便使农无伤。自今已后，关内诸州庸调资课，并宜准时价变粟取米，送至京逐要支用。其路远处不可运送者，宜所在收贮，便充随近军粮。其河南、河北，有不通水利，宜折租造绢，以代关中调课。所司仍为条件，称朕意焉。"审国用之所须，各取之于所宜之地。又筹计其转运之方，此桑弘羊平准之法之精意也。虽以精心运之，犹不易行，而况于开元末之怠荒哉？

抑籴之弊更甚者，则为迫借。《旧五代史·唐末帝纪》：清泰二年六月，以边储不给，诏河东户民积粟处量事抄借。仍于镇州支绢五万四，送河东充博采之直。《新史·晋纪》：出帝天福八年（943年），括借民粟是也。《旧书·宪宗纪》：元和十二年七月，诏以定州饥，募人入粟受官，及减选、超资。虽亦非政体，然较之迫借等，则犹贤矣。

第三节　服　饰

隋、唐之世，为胡化与中国旧俗渐相融合之时。隋文帝尽革胡服，已见第二章第一节。其时高昌慕化，请解辫，已见第二章第五节。服制之定也，开皇三年正月朔旦，大陈文物。时突厥染干朝见，慕之，请袭冠冕。帝不许。明日，复率其下拜表固请。帝大悦，谓牛弘等曰："昔汉制初成，方知天子之贵；今衣冠大备，足致单于解辫，卿之功也。"赐帛各有差。《隋书·礼仪志》。此特朝廷礼仪，至于民间习俗，则初未能尽改。《旧书·孙伏伽传》：高祖平王世充、窦建德，大赦天下，既而责其党羽，并令配迁。伏伽上表谏曰："东都城内及建德部下，有与陛下积小故旧，编发友朋，犹尚有人，败后始至。此等岂忘陛下？皆云被壅故也。"编发即辫发。此云编发，意谓少时，犹中国人言结发。足见高祖家中，尚沿北族旧习也。《新书·车服志》云：初妇人施幂䍦以蔽身。永徽中始用帷冒，施裙及颈，坐檐以代乘车。命妇朝谒，则以驼驾车。数下诏禁而不止。武后时，帷冒益盛。中宗后乃无复幂䍦矣。宫人从驾，皆胡冒乘马，海内效之，至露髻驰骋，而帷冒亦废。有衣男子衣而靴，如契丹之服。武德间，妇人曳履及线靴。开元中初有线鞋，侍儿则著履，奴婢服襕衫，而士女衣胡服。其后安禄山反，当时以为服妖之应。参看第十六章第一节。《五行志》亦云：天宝初，贵族及士民，好为胡服、胡冒。《旧五代史·汉高祖纪》：天福十二年闰七月，禁造契丹样鞍辔、器械、服装。此等多由见异思迁；抑中国衣服宽博，可以备礼容，而不便于作事，西北夷之服，于此或有所长也。外夷入居中国，改从华俗者亦多。《旧书·德宗纪》：大历十四年七月庚辰，诏鸿胪寺：蕃客入京，各服本国之服。《通鉴》云诏回纥诸胡，由其或衣华服，诱取妻妾，已见第十六章第一节。

其原出胡狄，而为中国人所习用者莫如靴。皇甫镈以积年库物给边军，为裴度所奏，引其足奏曰："此靴乃内库出者，坚韧可久服。"已见第十八章第一节。《旧书·王锷传》：锷善小数。尝听理，有遗匿名书于前者，左右取以授锷，锷内之靴中。靴中先有他书，及吏退，锷探取焚之。人信其以所匿名者焚也。既归，省所告者。异日，以他微事连，固穷按验之以谲众。《酷吏·来子珣传》：永昌元年四月，以上书陈事，除左台监察御史。时朝士有不带靴而朝者。子珣弹之曰："臣闻束带立于朝。"举朝大噱。《朱泚传》：段秀实与刘海宾谋诛泚，同入见。海宾于靴中取匕首，为所觉，遂不得前。《新书·温造传》：兴元军杀李绛，造往代，悉杀之。监军杨叔元拥造靴祈哀。《韦安石传》：子斌，天性质厚。每朝会，不敢离立笑言。尝大雪，在廷者皆振裾更立，斌不徙足。雪甚，几至靴，亦不失恭。《李光弼传》：河阳之战，光弼内刀于靴，曰："战，危事。吾位三公，不可辱于贼。万有一不捷，当自刎以谢天子。"《崔戎传》：为华州刺史，徙兖、海、沂、密观察使。民拥留于道，不得行。乃休传舍。民至抱持取其靴。《裴度传》：王承宗、李师道谋缓蔡兵，乃伏盗京师，刺用事大臣。已害宰相元衡，又击度。刃三进，断靴、刜背、裂中单，又伤首。度冒毡，得不死。《李训传》：甘露之变，仇士良手搏训而蹶。训压之，将引刀靴中。救至，士良免。《文艺·李白传》：白尝侍帝。玄宗。醉，使高力士脱靴。《新五代史·李仁矩传》：董璋置酒召仁矩，仁矩辞醉不往，于传舍与倡妓饮。璋怒，率衙兵露刃之传舍。仁矩皇恐，不袜而靴，走庭中。《王彦章传》：晋取郓州，梁人大恐。宰相敬翔顾事急，以绳内靴中，入见末帝。泣曰：“先帝取天下，不以臣为不肖，所谋无不用。今强敌未灭，陛下弃忽臣言。臣身不用，不如死。”乃引绳将自经。末帝使人止之，问所欲言。翔曰：“事急矣，非彦章不可。”皆文武官吏著靴之证也。《旧书·元稹传》：稹还京，宿敷水驿。内官刘士元后至，争厅，排其户。稹袜而走厅后。《李石传》：中使田金操、刘行深巡边回，走马入金光门，从者讹言兵至。百官朝退，仓皇骇散，有不及束带、袜而乘者。《新书·叛臣·李锜传》：裴行立攻衙门。锜拊膺曰：“行立亦叛吾邪？”跣足逃于女楼下。《旧五代史·殷鹏传》：冯玉为枢密使，擢为本院学士。每有庶寮，秉鞹谒玉。故事，宰臣以履见之。鹏多在玉所，见客亦然。此诸事，除冯玉外，其余亦未必履而不靴，观李仁矩事可知也。《新五代史·梁家人传》：太祖元贞皇后张氏。郴王友裕攻徐州，破朱瑾于石佛山。瑾走，友裕不追。太祖大怒，夺其兵。友裕皇恐，与数骑亡山中。久之，自匿于广王。后阴使人教友裕脱身自归。友裕晨驰入见太祖，拜伏庭中，泣涕请死。太祖怒甚，使左右摔出，将斩之。后闻之，不及履，走庭中，持友裕泣曰：“汝束身归罪，岂不欲明非反乎？”太祖意解，乃免。则妇人耳。然则靴之通行诚广矣。《旧书·音乐志》：《长寿乐》《天授乐》《万岁乐》《破阵乐》皆用龟兹乐，舞人皆著靴。惟《龙池乐》备用雅乐而无钟磬，舞人蹑履。其高丽乐、扶南乐、高昌乐、疏勒乐、康国乐、安国乐，舞人亦皆著靴，而百济乐用皮履，天竺乐着碧麻鞋。南北两派服饰之异，固自分明也。高丽、扶南之乐，盖皆受诸胡狄。《通鉴》：唐肃宗乾元二年（759 年）胡《注》曰：“《实录》曰：靴，胡履也。赵武灵王好胡服，常短靿，以黄皮为之。后渐以长靿，军戎通服。唐马周杀其靿，加以靴毡。开元中，裴叔通以羊为之隐麖，加以带子装束。故事，胡虏之服，不许著入殿省，至马周加饰，乃许之。”则靴入中国，其制亦有变迁也。

袴褶之服，其原疑亦出北夷，而中国效之。说见《两晋南北朝史》第二十一章第三节。《宋书·礼志》谓为车驾亲戎，中外戒严之服。然《隋书·礼仪志》谓隋服制定后，师旅务殷，车驾多行幸，百官行从，惟服袴褶。而军旅间不便，至开皇六年（586 年）后，诏从驾涉远者，文武官等皆戎衣，则又以为不便矣。《新书·百官志》：九品已上，自十月至二月，袴褶以朝。御史台。《旧书·归崇敬传》：崇敬以百官朔望朝服袴褶非古，上疏云："按三代典礼，两汉史籍，并无袴褶之制，亦未详所起之由。隋代已来，始有服者。事不师古，伏请停罢。"从之。代宗时。盖宋代惟用诸车驾亲戎，中外戒严，至隋服之始广也？《新书·娄师德传》：检校丰州都督，衣皮袴率士屯田，则唐世军中亦服之。

毡之行用甚广。裴度因冒毡而得不死，即其一证。《旧传》云：度带毡帽，故创不至深。《新书·高宗纪》：显庆二年闰正月，如洛阳宫。二月，赐百岁以上毡衾粟帛。四年闰十月，如东都。诏所过供顿，免今岁租赋之半。赐民八十已上毡衾粟帛。五年三月，皇后宴亲族邻里于朝堂，会命妇于内殿。妇人八十已上，版授郡君，赐毡衾粟帛。皆可见其相须之殷。《五行志》谓长孙无忌以乌羊毛为浑脱毡帽，人多效之，谓之赵公浑脱。近服妖，盖以其制之不衷，而非毡之不可用也。

袍衫之用亦日广。《新书·车服志》：中书令马周上议："礼无服衫之文。三代之制有深衣。请加襕袖褾襈，为士人上服。开骻者名曰缺骻衫，庶人服之。"《志》又云：军将有从戎缺骻之服。不在军者服长袍。庶人之服缺骻衫，盖取其便于动作也。以袍衫代深衣，势本最便，特格于礼文，惯习不易骤变，自有此制，则于礼文无扞格，衣裳愈可不用矣。《通鉴》：唐僖宗乾符元年（874 年），王凝母，崔彦昭之从母，凝、彦昭同举进士。凝先及第，尝衩衣见彦昭。且戏之曰："君不若举明经。"彦昭怒，遂为深仇。《注》云："衩衣，便服，不具礼也。”衩衣亦鈌骻之伦。亦取其便于动作，故以为燕居之服耳。

中原衣服，始自古初，制本宽博，而南北皆较短窄，人情多好新奇，遂有互相放效以为美者，然终不易大变也。《旧书·令狐德棻传》：高祖问曰：“比者丈夫冠，妇人髻，竞为高大，何也？”对曰：“在人之身，冠为上饰，所以古人，方诸君上。昔东晋之末，君弱臣强，江左士女，皆衣小而裳大，及宋武正位之后，君德尊严，衣服之制，俄亦变改，此即近事之征。”高祖然之。此可见短窄之制，起自南方。《文宗纪》：大和二年五月，命中使于汉阳公主及诸公主第宣旨：“今后每遇对日，不得广插钗梳，不须著短窄衣服。”短窄衣服，亦必非礼容，故被禁止也。韦坚之通广运潭，篙工柁师，皆大笠、侈袖、芒屦，为吴、楚服，其袖虽侈，其制必短。坚自衣鈌骻衫锦半臂，正取其动作之便，不得篙工柁师，转衣宽博之服。《新书》本传。参看上节。此南方衣服短窄之明征，侈袖盖坚特为之。大和时诸主之服，或亦规模楚制矣。然《旧书·文宗纪》：开成四年正月丁卯夜，于咸泰殿观灯作乐。三宫太后诸公等毕会。上性节俭。延安公主衣裾宽大，即时斥归。驸马窦澣待罪。诏曰：“公主入参，衣服逾制。从夫之义，过有所归。澣宜夺两月俸钱。”距大和曾几何时，又以宽大为戒矣。衣服宜适起居，然其缘起，实非为取暖而为装饰，故易失之宽大。俗尚既成，即难骤变。其亟变者，不过趋时，并无根柢，故时摇荡不定也。《新书·车服志》：文宗即位，以四方车服僭奢，下诏准《仪制令》品秩、勋劳为等级。衣曳地不过二寸，袖不过一尺三寸；妇人裙不过五幅，曳地不过三寸；襦袖不过一尺五寸。后其制未能行，见第十八章第三节。《旧五代史·唐庄宗纪》：同光二年（924年）圜丘礼毕赦诏云：“近年已来，妇女服饰，异常宽博，倍费缣绫。有力之家，不计卑贱，悉衣锦绣。宜令所在纠察。”《张仁愿传》：兄仁颖，善理家。妇女衣不曳地。可见好尚宽大之风，久而未变矣。《新书·南蛮传》：初裹五姓，妇人衣黑缯，其长曳地。

东钦蛮二姓，妇人衣白缯，长不过膝。其所处之境，无以大异也，而被服适相反，亦可见习俗各有所受之，而不易骤变也。

女子出门，必拥蔽其面，此俗相沿甚久。已见第十六章第一节。夫如是，故伪为妇人甚易。《旧书·丘和传》：汉王谅之反也，以和为蒲州刺史。谅使兵士服妇人服，戴幂䍦，奄至城中。和脱身而免。由是除名。又《李密传》：密入唐后，复起事，简骁勇数千人，著妇人衣，戴幂䍦，藏刀裙下，诈为妻妾，自率之入桃林县舍。须臾，变服突出。因据县城。二事相类。所以不易发觉，皆由幂䍦为之蔽也。

妇女服饰，好趋时尚，髻亦为其一端。《新书·五行志》言杨贵妃常以假鬓为首饰，而好服黄裙。时人为之语曰："义髻抛河里，黄裙逐水流。"元和末，妇人为圆鬟椎髻，不设鬓饰，不施朱粉，惟以乌膏注唇，状似悲啼者。僖宗时，内人束发极急。及在成都，蜀妇人效之。时谓为囚髻。唐末，京都妇人梳发，以两鬓抱面，状如椎髻，时谓之抛家髻。皆其事也。

趋时者势必流于奢侈，故历代皆有禁令。《旧书·高宗纪》：永隆二年正月，上诏雍州长史李义玄曰："朕思还淳反朴，示天下以质素。如闻游手堕业，此类极多。时稍不丰，便致饥馑。其异色绫锦并花间裙衣等，糜费既广，俱害女工。天后我之匹敌，常著七破间裙，岂不知更有靡丽服饰？务遵节俭也。其紫服赤衣，闾阎公然服用。兼商贾富人厚葬越礼。卿可严加捉搦，勿使更然。"《文宗纪》：大和三年九月，敕两军诸司内官不得著纱縠绫罗等衣服。驸马韦处仁戴夹罗巾，帝谓之曰："比慕卿门地清素，以之选尚。如此巾服，从他诸戚为之，惟卿非所宜也。"《旧五代史·唐明宗纪》：天成二年正月，诏曰："乱离斯久，法制多隳。不有举明，从何禁止？诸都军将衙官使下系名粮者，只得衣紫皂。庶人商旅，只著白衣。"皆其事也。然此等所禁，实非其至侈者，其至侈者，则法令不能行矣。《旧书·五行志》云：张易之为母阿臧为七宝帐，有鱼龙鸾凤之形，仍为象床犀簟。

中宗女安乐公主有尚方织成毛裙，合百鸟毛，正看为一色，旁看为一色；日中为一色，影中为一色。百鸟之状，并见裙中。凡造两要，一献韦氏，计价百万。又令尚方取百鸟毛为鞯面，视之各见本兽形。韦后又集鸟毛为鞯面。安乐初出降武延秀，蜀川献单丝碧罗笼裙。缕金为花鸟，细如丝发。鸟子大如黍米，眼鼻嘴甲俱成，明目者方见之。自安乐公主作毛裙，百官之家多效之。江岭奇禽异兽毛羽，采之殆尽。其穷奢极欲如此。文宗言前时内库惟有二金鸟锦袍，一玄宗幸温汤御之，一与贵妃。今富家往往皆有。又问汉阳公主："今之弊何代而然？"主言元和后多出禁藏纤丽物赏战士，由是散在人间，狃以成风，皆见第十八章第三节。此可见奢侈之风，皆居高明之地者启之也。风尚既成，群相放效，而力有不赡，则诈伪起焉。《旧五代史·梁太祖纪》：开平三年五月，诏曰："应东西两京及诸道州府，创造假犀、玉、真珠、要带、璧、珥，并诸色售用等，一切禁断，不得更造作。如公私人家先已有者，所在送纳长吏，对面毁弃。如行敕后有人故违，必当极法，仍委所在州府，差人检察收捕，明行处断。"日出多伪，民安取不伪？且珠玉等非如金银有钱币之用，伪造则凡民将受其害也，而以极法处之，不亦贱人命而为纵侈者作保障邪？

斯时蚕织之业，中原似尚胜于江南。观范延策请不禁过淮猪羊而禁丝绵匹帛可知。见第十九章第三节。至能织纤丽之品者，则并不以中原之地为限。南诏因攻蜀而工文织，后唐庄宗命蜀匠织十幅无缝锦为被材，被成，赐名六合被，见《青异录》。可见蜀中文织之工。盖其技自古相传，其地又较安静，工业未曾破坏耳。偏北之区，亦有无蚕业者。《新书·藩镇传》：朱滔欲救田悦，士弗听。裨将蔡雄好谕士曰："始天子约取成德，所得州县，赐有功者。拔深州者，燕也。本镇尝苦无丝纩，冀得深州，以佐调率，今顾不得。又天子以帛赐有功士，为马燧掠去。今引而南，非自为也。"盖幽州丝纩甚希，故以是歆动之耳。《狄仁杰传》：仁杰为来俊臣所构，捕送制狱。守者寖弛，即丐笔书帛，置楮衣中，请付家撤絮。其子光远得之，乃上变。《孝友·许伯会传》：母丧，负土成坟，不御絮帛。似絮为人所多有。然《魏征传》言征疾甚，家初无正寝，太宗令辍小殿材为营构，五日毕，并赐素褥布被，以从其尚；则其用之尚不甚普遍矣。

卉服，野人仍多用之。朱桃椎缉木叶自蔽，又织芒屩以易米茗是已。见第一节。《通鉴》：晋高祖天福六年（941 年），唐主性节俭，常蹑蒲履。《注》云："织蒲为屦，江淮之人多能之。"此即韦坚使篙工柁师所服也。其技盖自唐至宋未变。又有以纸为衣者。《旧书·回纥传》：东京之平，朔方军及郭英乂、鱼朝恩等军与回纥纵掠坊市，及汝、郑等州。比屋荡尽，人悉以纸为衣是也。此则只取蔽体，无益御寒矣。

丧服不可与人接，然泥古之士，仍有守礼不变者。《新书·文艺·孙逖传》：子成，通经术。尝有期丧，吊者至，成不易縗而见。客疑之，请故。答曰："縗者，古居丧常服，去之则废丧也。今而巾幞，失矣。"此古义也。然《旧书·文苑·萧颖士传》：李林甫采其名，欲拔用之，乃召见。时颖士寓居广陵，母丧，即衰麻而诣京师，径谒林甫于政事省。林甫素不识，遽见衰麻，大恶之，即令斥去。则其事之不谐于俗久矣。

服饰有以为符契之用者，隋之军记带，唐之佩鱼是已。《隋书·礼仪志》：大业七年（611 年）征辽东，通诸道合三十军，亘一千四十里。诸军各以帛为带，长尺五寸，阔二寸，题其军号为记。御营内者，合十二卫、三台、五省、九寺，并分隶内外前后左右六军，亦各题其军号，不得自言。台省王公已下，至于兵丁厮隶，悉以帛为带，缀于衣领，名军记带。诸军并给幡数百，有事使人交相去来者执以行。不执幡而离本军者，他军验军记带，知非部兵，则所在斩之。此军中所用也。《新书·车服志》：随身鱼符者，以明贵贱，应召命。左二右一。左者进内，右者随身。皇太子以玉契召，勘合乃赴。《旧书·崔义玄传》：子神庆，则天时为太子右庶子。时有突厥使入朝，准仪注，太子合与朝参，未降敕书。神庆上疏曰："伏以五品已上所以佩龟者，比为别敕征召，恐有诈妄，内出龟合，然后应命。况太子元良国本，万方所瞻？古来征召，皆用玉契。此诚重慎之极，防萌之虑。昨缘突厥使见，太子合与朝参，直有文符下宫，曾不降敕处分。令人禀淳化，内外同心，然古人虑事于未萌之前，所以长无悔吝之咎。况太子至重，不可不深为诫慎。以臣愚见，太子既与陛下异宫，伏望每召太子，豫报来日。非朔望朝参，应须别唤，望降墨敕及玉契。"则天甚然之。亲王以金，庶官以铜，皆题其位姓名。官有贰者加左右。皆盛以鱼袋。三品以上饰以金，五品以上饰以银。刻姓名者去官纳之，不刻者传佩相付。此平时所用也。又云：高宗给五品以上随身鱼银袋，以防召命之诈。出内必合之。三品以上金饰袋。垂拱中，都督刺史始赐鱼。天授二年（691 年），改佩鱼皆为龟。其后三品以上龟袋饰以金，四品以银，五品以铜。中宗初，罢龟袋，复给以鱼。郡王嗣王亦佩金鱼袋。景龙中，令特进佩鱼。散官佩鱼，自此始也。然员外、试、检校官犹不佩鱼。景云中，诏衣紫者鱼袋以金饰之，衣绯者以银饰之。开元初，驸马都尉从五品者假紫金鱼袋。都督、刺史品卑者假绯鱼袋。五品以上检校、试、判官皆佩鱼。中书令张嘉贞奏致仕者佩鱼终身。自是百官赏绯紫，必兼鱼袋，谓之章服。当时服朱紫佩鱼者众矣。此则符契变为服饰之渐也。安重荣以为金鱼袋不足贵，刻玉为鱼佩之。《新史》本传。好奢者可谓无微不至矣。

第四节　宫　室

隋、唐两代，于宫室颇侈。以隋文帝之恭俭，犹营仁寿宫以劳民。见第二章第一节。而炀帝无论矣。炀帝事皆见第二章第四节。窦琎营洛阳宫，失之壮丽，唐太宗毁之，见第十八章第三节。而阎立德为营玉华、翠微二宫，徐惠不以为俭。见第三章第一节。宫为立德所营，见《旧书》本传。此所谓作法于贪。至武后，遂大纵恣。事皆见第四章第三节。中宗集群臣于梨园球场，令其分朋拔河，见第四章第六节。武崇训、杨慎交注膏作场，以利其泽。此真匪夷所思。至睿宗，又为金仙、玉真二主作观。见第五章第一节。中叶后，则穆宗于禁中造百尺楼，见《新书·李珏传》。敬宗以钜金饰清思院。见第八章第五节。其仍世侈靡，不亦甚乎？《新书·韦弘机传》：高宗言："两都，我东西宅，然因隋宫室，日仆不完。朕将更作，奈财用何？"弘机即言："臣任司农十年，省惜常费，积二十万缗。以治宫室，可不劳而成。"帝大悦，诏兼将作、少府二官督营缮。初作宿羽、高山等宫。徙洛中桥于长夏门，废利涉桥。人多便之。天子乃登洛北绝岸，延眺良久，叹其美。诏即其地营宫。所谓上阳者。尚书左仆射刘仁轨谓侍御史狄仁杰曰："古天子陂池台榭，皆深宫复禁，不欲百姓见之，恐伤其心，而今列岸謻廊，亘王城外，岂爱君哉？"乌乎！可不惧乎？

禁苑之地，孟子所谓坏宫室以为污池，民无所安息，弃田以为苑囿，使民不得衣食者也。此犹夺民之地而已，贪夫为之，则更出其所有，以与民争利。则天时，裴匪躬检校西苑，欲鬻苑中果菜是已。见《旧书·苏良嗣传》。此犹仅与民争利，乃如炀帝，课天下诸州各贡草木、花果、奇禽、异兽，以实苑囿，见第二章第四节。则宋代花石纲所取法，受其害者更非止一方矣。则天幸三阳宫，自夏涉秋不还。张说疏谏曰："宫城褊小，万方辐凑。填城溢郭，并锸无所。排斥居人，蓬宿草次。风雨暴至，不知庇托。孤茕老病，流转衢巷。"又曰："池亭奇巧，诱掖上心。削峦起观，竭流涨海。俯贯地脉，仰出云路。易山川之气，夺农桑之土。延木石，运斧斤。山谷连声，春夏不辍。劝陛下作此者，岂正人哉？"苑囿绵地广而所营建少，则其劳民力不甚深；宫室用力多而其面积小，则其占民地不甚广；逮作宫于风景清嘉之地，而二者兼之矣。

高明之家，亦皆纵恣不守法度。隋秦王俊，史言其盛治宫室，穷极侈丽。杨素则东西二京，居宅侈丽。朝毁夕复，营缮无已。贺若谊于郊外构别庐，多植果木。每邀宾客，列女乐，游集其间。许敬宗第舍华僭。至造连楼，使诸妓走马其上。长宁公主下嫁杨慎交，造第东都，使杨务廉营总。第成，府财几竭。乃擢务廉将作大匠。又取西京高士廉第、左金吾卫故营合为宅。右属都城，左俯大道。作三重楼以冯观，筑山浚池。帝及后数临幸，置酒赋诗。又并坊西隙地广鞠场。东都废永昌县，主丐其治为府。以地濒洛，筑障之。崇台蜚观相联属，无虑费二十万。魏王泰故第，东西尽一坊，潴沼三百亩。泰薨，以与民。至是，主丐得之。亭阁华诡埒西京。东都第成，不及居，韦氏败，斥慎交绛州别驾。主偕往。乃请以东都第为景云祠。而西京鬻第，评木石直，为钱二十亿万。安乐公主下嫁武崇训，营第及安乐佛庐，皆宪写宫省，而工致过之。尝请昆明池为私沼。帝曰："先帝未有以与人者。"主不悦。自凿定昆池，延袤数里。定，言可抗订之也。司农卿赵履温为缮治。累石肖华山。隥彴横邪，回渊九折。以石瀵水。又为宝炉，镂怪兽神禽，间以璖、贝、珊瑚，不可涯计。崇训死，主素与武延秀乱，即嫁之。夺临川长公主宅以为第。旁彻民庐，怨声嚣然。第成，禁藏空殚。杨贵妃姊妹昆仲五家，甲第洞开，僭拟宫掖。每构一堂，费逾千万计。见制度宏壮于己者，即彻而复造，土木之工，不舍昼夜。玄宗为安禄山起第京师，以中人督役。戒曰："善为部署。禄山眼孔大，毋令笑我。"为琐户交疏，台观华僭。帟幕率缇绣，金银为莠筐瓜篱。此等皆所谓木妖也。天宝乱后，武人跋扈，纲纪弥不可问。《旧书·德宗纪》：大历十四年七月，毁元载、马璘、刘忠翼之第，以其雄侈逾制也。《璘传》云：天宝中，贵戚勋家，已务奢靡，而垣屋犹存制度。然卫公李靖家庙，已为嬖臣杨氏马厩矣。及安、史大乱之后，法度隳弛。内臣戎帅，竞务奢豪。亭馆第舍，力穷乃止。时谓木妖。璘之第，经始中堂，费钱二十万贯。他室降等无几。及璘卒于军，子弟护丧归京师，士庶观其中堂，或假称故吏，争往赴吊者，数十百人。德宗在东宫，宿闻其事。及践阼，条举格令，第舍不得逾制。仍诏毁璘中堂及内官刘中翼之第。璘之家园，进属官司。自后公卿赐宴，多于璘之山池。按《本纪》贞元十一年二月、三月、九月，十九年二月，二十年九月，皆书其事。子弟无行，家财寻尽。其时崔宽有别墅，池馆台榭，当时第一。杨绾为相，乃潜遣毁拆；见第六章第六节。而穆宗幸郭钒城南庄，钒亦以庄为献；《旧书·本纪》元和十五年（820年）。则能长保所有者亦鲜，然为之者仍不绝。张延赏，东都旧第在思顺里，亭馆之丽，甲于都城。子孙五代，无所加工。李抱真，大起台榭，穿池沼以自娱。杜佑，城南樊川有佳林亭，卉木幽邃。子式方，甲第在安仁里。杜城有别墅。令狐峘，南山豹林谷有别墅。胡证，于京城修行里起第，连亘闾巷。裴度，东都立第于集贤里。筑山穿池，竹木丛翠。有风亭水榭，梯桥架阁，岛屿回环。又于午桥创别墅。花木万株。中起凉台暑馆，名曰绿野堂。引甘水贯其中，酾引脉分，萦带左右。牛僧孺，洛都筑第于归仁里。任淮南时，佳木怪石，置之阶廷。馆宇清华，竹木幽邃。李德裕，在长安私第别构起草院。院有精思亭。东都于伊阙南置平泉别墅。清流翠筱，树石幽奇。卢钧为尚书左仆射，常移病不视事。与亲旧游城南别墅，或累日一归。此等犹皆显者。若白居易，仕宦不为得志，而其居地亦殊胜，已见第十八章第三节。王维尤偃蹇，犹得宋之问蓝田别墅，辋水周于舍下。虽司空图，犹有先人别墅，在中条山之王官谷。泉石林亭，颇称幽栖之趣。张全义，侧身陇亩之间，而私第在会节坊，室宇园池，亦为一时钜丽。而朱汉宾有第在怀仁里，北限洛水，南枕通衢，层屋连甍，修木交干。孙彦韬罢密州赴阙，起甲第于洛阳，华堂广庑，亚王公之家。不足异矣。《旧书·李义琰传》：义琰宅无正寝。弟义琎为司功参军，乃市堂材送焉。及义琎来观，义琰谓曰："以吾为国相，岂不怀愧？更营美室，是速我祸。此岂爱我意哉？"义琎曰："凡人仕为丞、尉，即营第宅。兄官高禄重，岂宜卑陋以逼下也？"义琰曰："事难全遂，物不两兴。既有贵仕，又广其宇。若无令德，必受其殃。吾非不欲之，惧获戾也。"竟不营构。其木为霖雨所腐而弃之。观义琎之言，可知时人之好营居宅。马周为御史，遣人以图购宅。众以其兴书生，素无赀，皆窃笑。他日，白有佳宅，直二百万。周遽以闻。诏有司给宅，并赐奴婢什物。人乃悟。程权受代，以靖安里私第侧狭，赐地二十亩，以广其居。朝廷之待士大夫，不为薄矣。文宗即位，以四方车服奢僭，下诏准《仪制令》品秩勋劳为等级。王公之居，不施重栱藻井。三品堂五间九架，门三间五架。五品堂五间七架，门三间两架。六品、七品堂三间五架，庶人四架，而门皆一间两架。苟遵仪制，安用广地？然诏下，人多怨者，京兆尹杜悰条易行者为宽限，而事遂不行矣。《新书·车服志》。《旧书·魏知古传》：睿宗为金仙、玉真二主造观，知古上疏，言"两观之地，皆百姓之宅。卒然逼迫，令其转移。扶老携幼，投窜无所"。则京都之中，空宅甚少。此蓄钱令下，富家所由买宅以事僦赁也。见第十九章第四节。《旧书·穆宗纪》：元和十五年四月，敕内侍省见管高品官，白身都四千六百一十八人。除官员一于六百九十六人外，其余单贫无屋室居止，宜每人加衣粮半分。亦可见京师僦屋之艰，僦价之贵也。然李守贞平杨光远后，晋高祖以光远东京地赐之，守贞因取连宅军营，以广其第。大兴土木，治之岁余，为京师之甲。军营如此，而况民居？因势豪之攘夺而流离失所者，史盖不能尽记矣。《旧五代史·唐庄宗纪》：同光二年八月，诏洛京应有隙地，任人请射修造。有主者限半年令本主自修盖。如过限不见屋宇，许他人占射。《明宗纪》：天成四年六月，诏京城空地，课人盖造。如无力者，许人请射营构。合第十八章第二节所引哀帝天祐二年十月敕观之，可见京城之内，地多有主。别墅虽在郊埛，然《旧史·皇甫遇传》言：遇镇河阳，于部内创别业，开畎水泉，以通溉灌。所经坟墓悉毁之。部民以朝廷方姑息郡帅，莫敢诉。坟墓如此，于庐舍岂尚有所顾忌乎？《新书·柳公绰传》言：元载于昭应有别墅，以奴主务。自称郎将，怙势纵暴，租赋未尝入官。于国如此，而况于人民乎？《旧书·隐逸·田游岩传》。高宗将营奉天宫于嵩山。游岩旧宅，先居宫侧，特令不毁。仍亲书题额悬其门，曰'隐士田游岩宅'。此等事史每以为美谈，实仅千百之十一耳。曰特令不毁，则此外之见毁者多矣。隐士宅不当毁，非隐士宅当毁邪？山居者孰非隐沦之人？以名闻于帝京者，又岂真辟世之士邪？

能以俭德自将者，亦非无之，如李义琰即其一也。魏征家无正寝，疾革，太宗乃为营构。冯道持服景城，所居惟茅茨，皆已见前。征事见上节。道事见第十八章第三节。温彦博家亦无正寝，卒之日，殡于别室。太宗命有司为造堂焉。李吉甫，服物食味，必极珍美，而不殖财产。京师一宅之外，无他第墅。公论以此重之。郑覃，所居未尝增饰，才庇风雨，家无媵妾，人皆仰其素风。李愚，初不治第。既命为相，官借延宾馆居之。此等虽或戒满盈，或以避祸，不必皆出纯德，要不可谓不异于流俗。《新书·白居易传》：李师道上私钱六百万，为魏征孙赎故第。居易言："征任宰相，太宗用殿材成其正寝，后嗣不能守，陛下犹宜以贤者子孙，赎而赐之。师道人臣，不宜掠美。"宪宗从之。其《讽谏集》所谓"魏公宅犹存，元和诏还五代孙"者也。则亦未尝不获报。其以奢侈见菲薄者，则如潘孟阳，居第颇极华峻。宪宗微行，至乐游原，见其宏敞，工犹未已，问之。左右以孟阳对。孟阳惧而罢作。范传正历三郡，以政事修理闻，擢为宣歙观察使。受代至京师，宪宗闻其里第过侈，薄之。因拜光禄卿。以风恙卒。杨行密登城，见王茂章营第，曰："天下未定，而茂章居寝郁然，渠肯为我忘身乎？"茂章遽毁损。此等皆仅至于败。

其终至陨越者，则如马璘等是矣。然终不足以止滔滔之势也。

《日知录》曰："读孙樵《书褒城驿壁》，乃知其有沼、有鱼、有舟。读杜子美《秦州杂诗》，又知其驿之有池、有林、有竹。今之驿舍，殆于吏人之垣矣。予见天下州之为唐旧治者，其城郭必皆宽广，街道必皆正直。廨舍之为唐旧创者，其基址必皆宏敞。宋以下所置，时弥近者制弥陋。此又樵所谓州县皆驿，而人情之苟且，十百于前代矣。"又曰："今日所以百事皆废者，正缘国家取州县之财，纤豪尽归之于上，而吏与民交困，遂无以为修举之资。延陵季子游于晋，曰：吾入其都，新室恶而故室美，新墙卑而故墙高，吾是以知其民力之屈也。元注：《说苑》。又不独人情之苟且也。"可谓言之痛矣。然知其一未知其二也。宋以后民力固屈矣，唐以前亦曷尝纾哉？城郭、街道、衙、驿，皆后不如前，盖以役法稍善，庸雇多而征发少，兴建遂不如前世之易。多取州县之财归之于上，诚足使吏民交困，然留之地方，恐吏多幸而民亦未必获其福也。《旧五代史·李从温传》：从温始以明宗本枝，历居藩翰，无文武才略，资济代之用。凡临民，以货利为急。在常山日，睹衙署池潭凡十余顷，皆立木为岸，而以修篁环之。从温曰："此何用为？"悉命伐竹取木，鬻于列肆，获其直以实用帑焉。从温之取民，或不免于为茧丝，然此事则不能谓其非是。衙署池潭十余顷，果以奉官乎？抑以利民乎？且违山泽不得障管之义矣。王峻为枢密使，于本院之东别建公署，廊庑听事，高广华侈，亦竭民力以奉官吏也。《旧书·文宗纪》：大和九年二月，发神策军修淘曲江。"如诸司有力，要于曲江置亭馆者，宜给与闲地。"不遏其流，而反扬其波，何哉？

贵富之家，保守先业之志颇笃。《新书·李逊传》：弟子讷，居与宰相杨收接。收欲市讷冗舍以广第。讷叱曰："先人旧庐，为权贵优笑地邪？"《杨嗣复传》：子损，家新昌里，与路岩第接。岩方为相，欲易其厩以广第。损族仕者十余人，议曰："家世盛衰，系权者喜怒，不可拒。”损曰：“今尺寸土皆先人旧赀，非吾等所有，安可奉权臣邪？穷达命也。”卒不与。皆其事也。《旧书·李皋传》：初扶风马彝未知名，皋始辟之，卒以正直称。汉阳王张柬之有林园在州西，公府多假之游宴。皋将买之。彝敛衽而言曰：“张汉阳有中兴功，遗业当百代保之。王纵欲之，奈何令其子孙自鬻焉？”皋谢曰：“主吏失辞，为足下羞。微足下，安得闻此言。”合此及李师道欲赎魏征故宅观之，可见时人视名贤旧居之重。行路如此，而况子孙？其欲世保之宜矣。然其事亦非易。《萧复传》：广德中，连岁不稔，谷价翔贵，家贫，将鬻昭应别业。宰相王缙闻其林泉之美，心欲之。乃使弟纮诱焉。曰：“足下之才，固宜居右职。如以别业奉家兄，当以要地处矣。”复对曰：“仆以家贫而鬻旧业，将以拯济孀幼耳。以易美职，令门内冻馁，非鄙夫之心也。”缙憾之，乃罢复官，沉废数年。此虽能拒权相，然卒不能不因贫而鬻矣。《新书·柳浑传》：左丞田季羔从子伯强，请卖私第，募兵助讨吐蕃。浑曰：“季羔先朝号名臣，由祖以来世孝谨，表阙于门。隋时旧第，惟田一族耳。讨贼自有国计，岂容不肖子毁门构，徼一时幸，损风教哉？”德宗嘉纳。隋时旧第惟一族，可见保守先业之难。《旧史·李敬义传》：“德裕之孙，初随父贬连州，遇赦得还。尝从事浙东，自言遇涿道士，谓之曰：子方厄运，不宜仕进。敬义悚然，对曰：吾终老贱哉？涿曰：自此四十三年，必遇圣王大任，子其志之。敬义以为然，乃无心仕宦，退归洛南平泉旧业，为河南尹张全义所知。岁时给遗特厚，出入其门，欲署幕职，坚辞不就。初德裕之为将相也，大有勋于王室，出藩入辅，绵历累朝，及留守洛阳，有终焉之志。于平泉置别墅，采天下奇花异竹，珍木怪石，为园池之玩。自为《家戒序录》，志其草木之得处刊于石。云：‘移吾片石，折树一枝，非子孙也。’洎巢、蔡之乱，洛都灰烬。全义披荆榛而创都邑。李氏花木，多为都下移掘，樵人鬻卖，园亭扫地矣。有醒酒石，德裕醉即踞之，最保惜者。光化初，中使有监全义军，得此石，置于家园。敬义知之，泣谓全义曰：‘平泉别业，吾祖戒约甚严。子孙不肖，动违先旨。’因托全义请石于监军。他日宴会，全义谓监军曰：‘李员外泣告，言内侍得卫公醒酒石。其祖戒堪哀，内侍能回遗否？’监军忿然，厉声曰：‘黄巢败后，谁家园池完复？岂独平泉有石哉？’全义始受黄巢伪命，以为诟己，大怒曰：‘吾今为唐臣，非巢贼也。’即署奏笞毙之。”夫德裕，忘其父一宅之外无他第墅之美，而溺志于游处，身日蹈危机而不自知，不以清德诒子孙，并不能以经籍文艺垂教，而殷殷以卉木为属，可不谓之悖乎？敬义不知盖前人之愆，而垂泣于一石，可以谓之孝乎？内官当唐末，所居何世，而犹失色于杯酒之间，以取杀身之祸，可不谓之至愚乎？全义硁硁，身披荆榛，一若能图晚盖者，而亦一怒而杀人，不亦阴贼著于心，卒发于睚眦如故乎？敬义后归太原，张承业尤不悦唐朝宰辅子孙，或面折于公宴，或指言德裕过恶。敬义不得志，郁愤而卒。凶德参会，而皆戕其身，岂不哀哉？唐德宗之行间架税也，史言衣冠士族，或贫无他财，独守故业，坐多屋出算者动数十万，不胜其苦。即终克保守，其所得者，亦不过如是而已，安用高墙围大屋哉？

古有《宅经》而无《葬经》。所谓《宅经》，盖亦相其阴阳，观其流泉之意，乃所以图安居，而非谓所居之地，足以祸福人也。然形家之说稍盛，则又自墓而贻之宅。唐太宗以阴阳书渐致讹伪，穿凿既甚，拘忌亦多，命吕才与学者十余人共加刊正。《旧书·才传》载其叙《宅经》之辞曰：“近代师巫，更加五姓之说，谓天下万物，悉配属之，行事吉凶，依此为法。”其矫诬概可见矣。然信之者仍不乏。《新书·杜正伦传》云：伦与城南诸杜，昭穆素远，求同谱不许，衔之。诸杜所居号杜固。世传其地有壮气，故世衣冠。正伦既执政，建言凿杜固通水以利人。既凿，川流如血，阅十日止。自是南杜稍不振。观此等传说，而知其说入人之深也。无他，患得患失之心中之而已。

营造寺观，亦为耗费之一大端。《新书·辛替否传》：武崇训死，安乐公主弃故宅别筑第，侈费过度。又盛兴佛寺。替否上疏曰："今天下之寺无数。一寺当陛下一宫，壮丽用度，尚或过之。"侈于居室者，不能随地皆有，寺观则不然，此其耗蠹生民所以为尤甚也。高力士于来庭坊造宝寿佛寺，兴宁坊造华封道士观，宝殿珍台，侔于国力。鱼朝恩献通化门外赐庄为寺，以资章敬太后冥福，仍请以章敬为名。复加兴造，穷极壮丽。以城中材木不足充费，乃奏坏曲江亭馆、华清宫观楼及百司行廨、将相没官宅给其用。土木之役，仅逾万亿。高骈于府第别建道院。院有迎仙楼、延和阁。高八十尺，饰以珠玑金钿。侍女数百，皆羽衣霓服，和声度曲，拟之钧天。日与吕用之、殷守一谈论其间，宾佐罕见其面。而用之亦建大第，又建百尺楼，托云占星，实窥伺城中之有变者。此等耗费，诚使人闻之变色。然玄宗出内库钱五十万为僧一行起塔，业已自启之矣。上行下效，岂不信哉？

宏伟壮丽之工，必有智巧之匠而后能为之。然此等名皆不传，尸其名者，特官吏之总其事者耳。隋世之宇文恺、阎毗、何稠则其人。见第十九章第二节。唐世姜确，史称其有巧思，凡朝之营缮，必谘而后行，亦其伦也。何稠有所为，皆先令黄亘及其弟衮立样，当时工人皆称其善，莫能有所损益。亦见第十九章第二节。味此言，便知立样皆出工人。隋时欲造明堂，宇文恺尝再为木样以献。唐高宗初年欲造明堂，亦内出九室样，令有司损益之。见《隋书》及《旧唐书》《礼仪志》。此等样，亦必匠人所为也。《旧书·裴延龄传》，訾其"追捕夫匠，迫胁就功"，可见营造之必用匠人矣。匠人之中，必有智巧能指挥众匠者。柳宗元《梓人传》，意虽不在传梓人，亦可借以窥见当时匠人之情形也。民间简陋之室，或有不必匠人而亦能为之者。如《新书·隐逸·张志和传》：言其兄鹤龄，恐其遁世不还，为筑室越州东郭。茨以生草，椽栋不施斤斧。此盖民居之稍精洁者，即昔人所谓精舍也。或凡民皆能为之耳。

《旧书·张玄素传》：贞观四年（630 年），诏发卒修洛阳宫乾阳殿，以备巡幸。玄素上书谏。有曰：“臣尝见隋室造殿，楹栋宏壮，大木非随近所有，多从豫章采来。二千人曳一柱。其下施毂，皆以生铁为之。若用木轮，即便火出。铁毂既生，行一二里，即有破坏，仍数百人，别赍铁毂以随之。终日不过进三二十里。略计一柱，已用数十万功。”盖北方原野，已无大木，故不得已而求诸南方山间也。《裴延龄传》言：德宗时计料造神龙寺，须长五十尺松木。延龄奏曰：“臣近于同州检得一谷，木可数千条，皆长八十尺。”上曰：“人言开元、天宝中，侧近求觅长五六十尺木尚未易，须于岚、胜州采市，如今何为近处便有此木？”延龄奏曰：“臣闻贤材、珍宝、异物，皆在处常有，遇圣君即出。见今此木生关辅，盖为圣君？岂开元、天宝合得有也？”其辞似甚诞妄。然史于延龄多诬辞，前已言之，此言亦不足信。盖林木必近水陆道，采伐后易运出，乃有人求之，不则封闳终古耳。在侧近而人莫之知，亦无足异也。不然，延龄敢斥玄宗非圣君乎？且既计度造寺，则旦晚便须采用，言之虚实立见，又岂可以面谩哉？然有材木而不便采伐，即同于无有。故其时木材，终虞阙乏也。《传》又载德宗谓延龄：“朕所居浴堂院殿一栿，以年多之故，似有损蠹，欲换之未能。”可以见其艰得矣。

材木之足用与否，既系于采伐运送而不系于有无，故僻陋之区，虽密迩山林，仍有觉其不足者，而砖瓦亦或难得，民乃多以茅竹代之。此可见隋、唐、五代时，豪富者之所居，虽侈费而无极，而民居则仍甚简陋矣。《旧书·宋璟传》：转广州都督。广州旧族，皆以竹茅为屋，屡有火灾。璟教人烧瓦，改造店肆，自是无复延烧之患。此所改造，盖仅及店肆，以民居不如店肆之密比也。又《李复传》：附《李鄗传》后。迁广州刺史。劝导百姓，变茅屋为瓦舍。《新书·杨于陵传》:出为岭南节度使。教民陶瓦易蒲屋，以绝火患。此皆指岭外。然《王仲舒传》言其为苏州，变屋瓦，绝火灾。《韦丹传》言其为江南西道观察使，始民不知为瓦屋，草茨竹椽，久燥则戛而焚。丹召工教为陶。聚材于场，度其费为估，不取赢利。人能为屋者，受材瓦于官。免半赋，徐取其偿。逃未复者，官为为之。贫不能者畀以财。则岭北亦有之矣。《旧书·牛僧孺传》：刺鄂州。江夏城风土散恶，难立垣墉。每年加版筑，赋菁茅以覆之。吏缘为奸，蠹弊绵岁。僧孺至，计茆苫版筑之费，岁十余万。即赋之以砖，以当苫筑之价。凡五年，墉皆瓮葺，蠹弊永除。《高骈传》：为成都尹。蜀土散恶，成都比无垣墉。骈乃计每岁完葺之费，甃之以砖甓。雉堞由是完坚。《旧五代史·赵犨传》：季弟珝，充忠武军节度使。陈州土壤卑疏，每岁壁垒摧圮，工役不暇。珝营度力用，俾以甓周砌四墉，自是无霖潦之虞。则是时砖之为用，亦不甚普遍也。《旧书·李光弼传》：史思明等攻太原，光弼躬率士卒百姓，于城外作掘壕以自固，作堑数十万。众莫知所用。及贼攻城于外，光弼即令增垒于内，坏辄补之。作掘壕以自固，作堑数十万，语不可解。王鸣盛谓上作字衍，堑当作墼，其说是也。此虽仓卒间事，然可见太原平时亦多用墼，故民习为之也。

《新书·地理志》：舒州桐城县，自开元中徙治山城。地多猛虎毒虺。元和八年（813年），令韩震焚荡草木，其害遂除。又袁州宜春县，西南十里有李渠，引仰山水入城。刺史李将顺凿。《旧书·李皋传》：为江陵尹。先江陵东北有废田，傍汉古堤二处，每夏则溢。皋始命塞之。广田五千顷，亩得一钟。规江南废洲为庐舍，架江为二桥。流人自占二千余户。自荆至乐乡，凡二百里。旅舍乡聚凡数十，大者皆数百家。楚俗佻薄，不穿井，饮陂泽。皋始命合钱开井以便人。《新书》传略同。又见《地理志·江陵县》下。《新书·长孙无忌传》：从父弟操，徙陕州。城中无井，人勤于汲。操为酾河溜入城。百姓利安。《贾曾传》：子至，肃宗时为中书舍人。蒲州刺史以河东濒贼，彻傅城庐舍五千室，使贼不得保聚。民大扰。诏遣至慰安。官助营完，蒲人乃安。《元结传》：拜道州刺史。初西原蛮掠居人数万去，遗户裁四千。结为民营舍，给田免徭役，流亡归者万余。此与宋璟等，皆良吏之能留意民居者也。

晋天福中，户部奏李自伦旌表之式，已见第十六章第二节。此颇可见乡间大户房屋式样。《新书·孝友传》：刘君良，四世同居。武德中，深州别驾杨弘业至其居。凡六院，共一庖。一院盖即今所谓一进也。《旧书·宗室传》：河间王孝恭之子晦，私第有楼，下临酒肆。其人尝候晦，言曰："微贱之人，虽则礼所不及，然家有长幼，不欲外人窥之。家迫明公之楼，出入非便，请从此辞。"晦即日毁其楼。此可见当时居宅，有楼者尚少也。

《日知录》云："北人以土为床，而空其下以发火，谓之炕。古书不载。元注："诗《瓠叶传》：炕火曰炙。正义曰：炕，举也。谓以物贯之而举于火上以炙之。"《左传》：宋寺人柳炽炭于位，将至则去之。《新序》：宛春谓卫灵公曰：君衣狐裘，坐熊席，陬隅有灶。《汉书·苏武传》：凿地为坎，置煴火。是盖近之，而非炕也。元注："庾信《小园赋》：管宁藜床，虽穿而可坐；嵇康锻灶，既暖而堪眠。"愚案此谓既暖则可炀之瞑目以息耳，非如今人之炕，寝处其上也。《旧唐书·东夷·高丽传》："冬月皆作长坑，下然煴火以取暖，此即今之土炕也。但作坑字。"愚案此俗后由女真传入中国，而女真实受诸高丽。女真初穴居，必不能作炕也。陬隅有灶，盖特然火以取暖。寻常人之炀灶，则特因炊爨之便，或又移其余烬于室内以为煴耳。北方人之发火以暖炕，亦有与炊爨合为一事者。此于费用尤省，故贫民便之。高丽盖亦如此？故《旧书》元文，上有"其俗贫窭者多"六字，《新书》则云"窭民盛冬作长坑煴火以取暖"也。此寒地之俗，有裨贫民者，故能传入中国。《新五代史·晋本纪》：天福七年（942 年），北京留守刘知远进百头穹庐。《注》曰："穹庐，夷狄之用也。"此则无道之主，好尚新奇，如卫侯之效夷言耳。史故记之，以见其为北迁之兆欤？

筑城多为守御之计。隋炀帝令发人城府县驿，又令人悉城居，已见第二章第六节。此盖图坚壁清野？后唐庄宗以潞州叛，诏天下州镇无得修城浚隍，悉毁防城之具。潞州平，又命夷之，《通鉴》同光二年（926 年）。则如秦始皇之隳名城矣。《通鉴》：唐宣宗大中十二年正月以王式为安南都护经略使。“式有才略。至交趾，树芀木为栅，可支数十年。深堑其外，泄城中水。堑外植竹。寇不能冒。”胡《注》曰：“史炤曰：芀，都聊切，又音调。余案《广韵》：芀：都聊切，又音调者，苇华也，其字从草从刀。又《类篇》有从草从力者，香菜也，历得切。昔尝见一书从草从力者，读与棘同。棘，羊矢枣也。此木可以支久。范成大《桂海虞衡志》：竻竹，刺竹也，芒刺森然。广东新州素无城。桂林人黄齐守郡，始以此竹植之，羔豚不能径，号竹城，至今以为利。传闻交趾外城，亦是此竹。正王式所植者也。”此又偏方之地，各因其宜以为固者也。惟周世宗之城大梁，兼欲整街衢市里。《旧五代史·本纪》：帝之为澶州节度也，澶之里巷湫隘，公署毁圮。帝即广其街肆，增其廨宇，吏民赖之。及即位，显德二年四月，诏于京城四面，别作罗城。以来春兴役。三年正月，遂发丁夫十万城京师罗城。《通鉴》云：发开封府曹、滑、郑州之民十余万筑大梁外城。又唐宪宗元和十四年胡《注》曰：“凡大城谓之罗城，小城谓之子城，又有第三重城，以卫节度使居宅，谓之衙城。”《通鉴》：显德二年四月，帝以大梁城中迫隘，诏展外城。先立标帜。俟今冬农隙兴版筑。东作动则罢之，更俟次年，以渐成之。且令自今葬埋皆出所标七里之外。其标内俟县官分画。街衢、仓场、营廨之外，听民随便筑室。十一月，先是大梁城中民侵街衢为舍，通大车者盖寡。上命悉直而广之。广者至三十步。又迁坟墓于标外。上曰：“近广京城，于存殁扰动，诚多怨谤之语，朕自当之，他日终为人利。”《新五代史·王朴传》曰：朴性刚果，又见信于世宗。凡其所为，当时无敢难者。世宗征淮，朴留京师。广新城，通道路，壮伟宏阔。今京师之制，多其所规为。《默记》引《闲谈录》云：朴性刚烈，大臣藩镇皆惮之。世宗收淮南，俾朴留守。时以街巷隘狭，例从展拆。朴怒厢校弛慢，于通衢中鞭背数十。其人忿然，叹云：“宣补厢虞候，岂得便从决？”朴微闻之，命左右擒至，立毙于马前。世宗闻之，笑谓近臣曰：“此大愚人。去王朴面前夸宣补厢虞候，宜其死矣。”街衢市里，诚合整齐，然居民之流离失所者，亦合曲为之计。不此之图，徒欲侈耳目之观，而以操切之道行之，视人命如草芥，终为武夫悖戾之气也。

隋筑长城，已见第二章第六节。唐世则不复事此。《新书·地理志》：妫州怀戎县北九十里有长城，开元中张说筑。《刘弘基传》：突厥患边，督步骑万人备塞。自豳北东拒子午岭，西抵临泾，筑障遮虏。此特偶一为之，以备寇钞。唐初突厥为患最深，或请筑古长城，发兵乘塞，太宗不听。其后思摩渡河，遣使谢曰：“有如延陀侵逼，愿入保长城。”诏许之。则因前世所筑以为用耳。《旧书·李勣传》：太宗谓侍臣曰：“隋炀帝不能精选贤良，安抚边境，惟筑长城，以备突厥。情识之惑，一至于此。朕今委任李世勣于并州，遂使突厥畏威遁走，塞垣安静，岂不远胜筑长城邪？”盖长城原以捍小寇，非以御大敌。唐初突厥拥众百万，非长城所能御，修筑徒以劳民；其后塞垣安静，则又无事乎此；更后，默啜再兴，则又非长城所能御也。《旧书·高丽传》云：贞观五年（631年），诏遣广州都督府司马长孙师往收瘗隋时战亡骸骨，毁高丽所立京观。建武惧伐其国，乃筑长城，东北自扶余城，西南至海，千有余里。此乃億测之辞，殊非情实。隋、唐时句丽之所以拒中国者，专恃弃地以徼中国之师，岂有筑长城之理？长城亦岂足以御中国之师？此长城，亦所以备北族之寇钞者耳。

床仍为尊者之坐。《新书·李岘传》：故事，政事堂不接客。自元载为相，中人传诏者引升堂，置榻待之。岘至，即敕吏撤榻。《李吉甫传》：初政事堂会食有巨床，相传徙者，宰相辄罢，不敢迁。吉甫笑曰："世俗禁忌，何足疑邪？"撤而新之。《裴坦传》：令狐绹当国，荐为职方郎中，知制诰，而裴休持不可。故事，舍人初诣省视事，四丞相逆之，施一榻堂上，压角而坐。坦见休，重愧谢。休勃然曰："此令狐丞相之举，休何力？"顾左右索肩舆亟出。省吏眙骇，以为唐兴无有此辱。人为坦羞之。是官署中惟尊者有床也。《旧书·封伦传》：杨素负贵恃才，多所陵侮，惟击赏伦。每引与论宰相之务，终日忘倦。因抚其床曰："封郎必当据吾此坐。"《李靖传》：杨素、牛弘皆善之。素尝拊其床谓靖曰："卿终当坐此。"《韦云起传》：子方质，则天初，同凤阁鸾台平章事。武承嗣、三思，当朝用事，诸宰相咸倾附之。方质疾假，承嗣等诣宅问疾，方质据床不为之礼。《文苑·杜甫传》：甫性褊躁，无器度，恃恩放恣。尝冯醉登严武床，瞪视武曰："严挺之乃有此儿？"《新书·李勉传》：父择言累为州刺史，以吏治称。张嘉贞为益州都督，性简贵，接部刺史倨甚。择言守汉州，独引同榻坐，讲绎政事。名重当时。《张守珪传》：再迁幽州良杜府果毅。时卢齐卿为刺史，器之。引与共榻坐，谓曰："不十年，子当节度是州，为国重将。愿以子孙托，可僚属相期邪？"是尊卑相接，尊者皆有床也，而燕居无论已。《新五代史·刘赞传》：父玭，每食则自肉食，而以蔬食食赞于床下。参看第一节。此盖故抑之，欲其勉学？非然者，子弟亦未必不得床坐。《旧书·高开道传》：张君立奔开道，与其将张金树潜相结连。开道亲兵数百人，皆勇敢士也，号为义儿，常在阁内。金树每督兵于阁下。将围开道，潜令数人入阁内，与诸义儿阳为游戏。日将夕，阴断其弓弦。又藏其刀仗，聚其稍于床下。逮暝，金树以其徒大呼来攻。阁下向所遣人抱义儿稍，一时而出。是虽义儿亦皆有床矣。床之安者，以绳为之。《旧书·穆宗纪》：群臣请立太子，上于紫宸殿御大绳床见百官。《文苑·王维传》：斋中无所有，惟茶铛、药臼、经案、绳床是已。其便于携取者，则为胡床。《隋书·列女传》：郑善果母，每善果出听事，母恒坐胡床，于障后察之是也。虽军中亦携之。《旧书·张亮传》：伐高丽，为沧海道行军大总管。率舟师自东莱渡海袭沙卑城，破之。进兵顿建安城下。营垒未固，士卒多樵牧。敌奄至，军中皇骇。亮素怯懦，无计策，但踞胡床直视而无言。将士见之，翻以亮为有胆气。其副总管张金树等乃鸣鼓令士众，击破之。《郝处俊传》：诏李勣为浿江道大总管，以处俊为副。征高丽，未皇置阵，敌奄至。军中大骇。处俊独据胡床，方餐干糒。乃潜简精锐击败之。是其事也。亦谓之坐床。《旧五代史》：梁太祖欲杀朱珍，霍存等数十人叩头救，太祖怒，以坐床掷之，乃退。《新史》云举胡床掷之是也。用筵席者甚少。《旧书·王珪传》：子敬直，尚南平公主。礼有妇见舅姑之仪。自近代，公主出降，此礼皆废。珪曰："今主上钦明，动循法制。吾受公主谒见，岂为身荣？所以成国家之美耳。"遂与其妻就席而坐，令公主亲执笄行盥馈之道，礼成而退。此特所以备礼。《旧五代史·李愚传》：尝有疾，诏近臣宣谕，延之中堂，设席惟管秸，此贫者之为。又《李茂贞传》：御军整众，都无纪律。当食则造庖厨，往往席地而坐，此则当时贱者皆如此也。《新五代史·卢程传》：既拜相，人有假驴夫于程者。程帖兴唐府给之。府吏启无例。程怒，笞吏背。少尹任圜，庄宗姊婿也，诣程诉其不可。程戴华阳巾，衣鹤氅，据几决事。视圜骂曰："尔何虫豸？恃妇家力邪？宰相取给州县，何为不可？"此则沐猴而冠耳。然其时之用几案，究尚不如后世之普遍。《新书·薛收传》：子元超，为中书舍人。省中有盘石，道衡为侍郎时，尝据以草制。元超每见，辄泫然流涕。收，道衡子。若在近世，属草必无据石者已。

前世讥富者之侈曰木土被文锦，盖以饰墙屋而已。至唐世，乃又有所谓地衣者。懿宗时，李可及为《叹百年曲》，以绝五千匹为地衣，已见第十章第一节。又有织丝为毯以被地者，元和时宣州进之。白居易《新乐府·红线毯》篇尝咏之，曰："宣州太守加样织，自谓忠臣能竭力。百夫同担进宫中，线厚丝多卷不得。"又曰："宣州太守知不知？一丈毯，千两丝。地不知寒人要暖，少夺人衣作地衣。"亦慨乎其言之矣。《通鉴》：后晋齐王开运二年（945年），帝自阳城之捷，谓天下无虞，奢侈益甚。四方贡献珍奇，皆归内府。多造器玩，广宫室，崇饰后庭。近朝莫之及。作织锦楼以织地衣，用织工数百，期年乃成。则其全无心肝，又非唐元和、咸通之比矣。杜亚制油衣，令舟子衣之以入水，见第十八章第三节。此虽奢侈，犹以之衣人。《新书·马璘传》，谓其治第京师，寝堂无虑费钱二十万缗。方璘在军，守者覆以油幔，则又地衣之类矣。

灯檠以铁为之。《新书·胡证传》：证膂力绝人。裴度未显时，羸服私饮，为武士所窘。证闻，突入。坐客上，引觥三釂。客皆失色。因取铁灯檠，摘枝叶栎合其跗，横膝上。谓客曰："我欲为酒令，饮不釂者，以此击之。"众唯唯。证一饮辄数升。次授客。客流离盘杓不能尽。证欲击之。诸恶少叩头请去。证悉驱出。是其事也。尊者盖多用蜡烛？《柳公权传》：文宗复召侍书，迁中书舍人，充翰林书诏学士。尝夜召对于亭，烛穷而语未尽，宫人以蜡液濡纸继之是也。贫者或无膏油，则然薪代之。《旧书·马怀素传》：家贫无灯烛，昼采薪苏，夜然读书。《新书·毕诚传》：早孤，夜然薪读书。《柳璨传》：少孤贫好学，昼采薪给费，夜然叶照书是也。

汉人言舜造漆器，谏者七人，可见其时尚以施漆为侈靡之事，而《宋书·礼志》则反以为俭，已见《两晋南北朝史》第二十章第二节。唐时亦然。刘秩之议币制曰："夫铸钱用不赡者，在乎铜贵，铜贵在采用者众。夫铜，以为兵则不如铁，以为器则不如漆，禁之无害，陛下何不禁于人？"《旧书·食货志》。可见铜之用日微，而铁与漆之用则日广矣。《旧书·卢承庆传》：临终戒其子："墓中器物，瓷漆而已。”《新书·邓景山传》称其清约，用器止乌漆。亦皆以用漆器为俭。

第五节　葬　埋

古重神不重形，故嬴博去吴，千有余里，季子不归葬。然此特古俗之一，附经义而传者耳。信此义者盖寡，不然，何由有墦间之祭，而厚葬者亦何其多邪？重视形魄之见，盖历代流俗皆然，虽士君子亦不能免。崔损，身居宰相，母野殡不言展墓，不议迁祔，则士君子罪之。《旧五代史·周太祖纪》：广顺二年十一月，诏应内外文武官寮幕职州县官举选人等，今后有父母、祖父母亡殁，未经迁葬者，其主家之长，不得辄求仕进。所司亦不得申举解送。则虽叔世之武夫，亦知此义矣。而俗视归葬尤重。《旧书·列女传》：王和子，徐州人。父及兄为防秋卒，戍泾州。元和中，吐蕃寇边，战死，无子。母先亡。和子时年十七，被发徒跣衰裳，独往泾州，行丐，取父兄之丧，归徐营葬。手植松柏，翦发坏形，庐于墓所。又：大中时，兖州瑕丘县人郑神佐女，年二十四。先许适骁雄衙官李玄庆。神佐亦为官健，戍庆州。时党项叛，神佐战死。其母先亡，无子。女乃翦发坏形，自往庆州，护父丧还，与母合葬。便庐于坟所，手植松桧，誓不适人。《新书·列女传》：杨含妻萧，父历，为抚州长史，以官卒。母亦亡。萧年十六，与娼皆韶淑。毁貌，载二丧还乡里。贫不能给舟庸，次宣州战鸟山，舟子委柩去。萧结庐水滨，与婢穿圹纳棺成坟，莳松柏，朝夕临。长老为立舍，岁时进粟缣。丧满不释衰。人高其行，或请昏。女曰：“我弱不能北还，君诚为我致二柩葬故里，请事君子。”于是含以高要尉罢归，聘之。且请除素。萧以亲未葬，许其载，辞其采。已葬，乃释服而归杨焉。观三女之见称，而知世视归葬之重矣。崔玄亮，晚好黄、老，而犹遗言“山东士人利便近，皆葬两都，吾族未尝迁，当归葬滏阳，正首丘之义”，而况方内之士？能如李义之遗令薄葬，毋还乡里者，盖亦寡矣？《旧书·德宗纪》：大历十四年八月，诏人死亡于外，以棺柩还城者勿禁。《宣宗纪》：大中三年六月，敕先经流贬罪人，不幸殁于贬所，有情非恶逆，任经刑部陈牒，许令归葬。绝远之处，仍量事官给棺椟。盖亦所以顺俗？晋李太后病亟，欲焚骨送范阳佛寺；赵莹被疾，求归骨南朝，自更无足怪矣。皆见第十三章第三节。张砺为萧翰锁之北去，卒于镇州，家人烬其骨，归葬于滏阳，见《旧五代史》本传。《旧五代史·陆思铎传》：典陈郡日，甚有惠政。常戒诸子曰：“我死则藏骨于宛丘，使我栖魂于所理之地。”魂无不之，欲栖其地，何待瘗藏？此适足见其视形魄之重，非能破归葬之惑者也。

夫如是，厚葬自不能免。薛举区区，而起坟茔，置陵邑，岂特沐猴而冠哉？李义府改葬其祖父，营墓于永康陵侧。三原令李孝节，私课丁夫车牛，为其载土筑坟，昼夜不息。于是高陵、栎阳、富平、云阳、华原、同官、泾阳等七县，以孝节之故，惧不得已，悉课丁车赴役。高陵令张敬业，恭勤怯懦，不堪其劳，死于作所。王公已下，争致赠遗。其羽仪导从，輴辌器服，并穷极奢侈。又会葬车马，祖奠供帐，自灞桥属于三原七十里间，相继不绝。此成何事体乎？犹可诿曰：权相纵恣，不可以常理论也。苏味道以模棱称，而长安中请还乡改葬其父。优制令州县供其葬事，味道因此侵毁乡人墓田，役使过度，为宪司所劾，左授坊州刺史，不亦异乎？犹可诿曰：其位究居宰相也。李光进不过一战将，而葬其母，将相致祭者四十四幄，穷极奢靡，此何为乎？犹可诿曰：光进固有战功，位通显也。高宗永隆二年正月，诏雍州长史李义玄：商贾富人，厚葬越礼；可严加捉搦，勿使更然。《旧书·本纪》。太极元年

（712 年），左司郎中唐绍上疏曰："臣闻王公已下送终明器等物，具标甲令，品秩高下，各有节文，近者王公百官，竞为厚葬。偶人像马，雕饰如生。徒以眩耀路人，本不因心致礼。更相扇慕，破产倾资。风俗流行，下兼士庶。若无禁制，奢侈日增。望诸王公已下送葬明器，皆依令式。并陈于墓所，木得衢路行。"《旧书·舆服志》。玄宗时，王皇后欲厚葬其父，见下。宋璟等谏，亦言"比来蕃夷等辈，及城市间人，递以奢靡相高，不以礼仪为意"，则为此者正不待高官厚禄矣。太宗贞观十七年（643 年），即禁送终违令式者。《新书·本纪》。玄宗开元二年九月，制曰："自古帝王，皆以厚葬为戒。近代已来，共行奢靡。递相放效，浸成风俗。既竭家产，多至凋弊。且墓为贞宅，自有便房。今乃别造田园，名为下帐。又冥器等物，皆竞骄侈。失礼违令，殊非所宜。戮尸暴骸，实由于此。承前虽有约束，所司曾不申明。丧葬之家，无所依准。宜令所司据品令高下，明为节制。冥器等物，仍定色数及长短大小。园宅下帐，并宜禁绝。坟墓茔域，务遵简俭。凡诸送终之具，并不得以金银为饰。如有违者，先决杖一百。州县长官，不能举察，并贬授还官。"《旧纪》。二十九年正月，又禁厚葬。《新纪》。代宗大历七年六月，诏诫薄葬，不得造假花果及金手脱宝钿等物。《旧纪》。法令非不具也，然亦具文而已。

以言教不如以身教。下之于上也，不从其令而从其意，法令之不行，在上者固有以启之也。唐太宗尝自定陵地于九嵕山。诏言豫为此制，务从俭约。《旧纪》贞观十一年（637 年）。然高祖之崩也，有诏山陵制度，准汉长陵故事，务从隆厚。虞世南疏谏，不听，再疏言之。公卿亦再奏请遵遗诏，乃获颇有减省。《旧书·世南传》。善夫，世南之言之也。曰："汉家即位之初，便营陵墓，近者十余岁，远者五十年，方始成就，今以数月之间，而造数十年之事，其于人力，亦已劳矣。"然则太宗自定之终制，所谓"积以岁月，渐而备之”者，得毋欲使劳民之迹不显，谏者无所发口邪？《新五代史·温韬传》云：韬在镇七年，韬事见第十二章第四节。唐诸陵在其境内者，悉发掘之。取其所藏金宝。而昭陵最固。昭陵，太宗陵。韬从埏道下，见宫室制度闳丽，不异人间。中为正寝，东西厢列石床。床上石函，中为铁匣，悉藏前世图书。钟、王笔游，纸墨如新。韬悉取之，遂传人间。惟乾陵风雨不可发。乾陵，高宗陵。然则太宗所谓俭约者安在也？世南论汉家陵墓之皆遭发掘也，曰：“无故聚敛百姓，为盗之用。”太宗实躬蹈之矣。其所谓能纳谏者，又何在也？高宗第五子弘，即尝为太子，而谥为孝敬皇帝者，其墓亦称恭陵，制度一准天子之礼。《旧书·高宗诸子传》。《传》又云：功费巨亿。万姓厌役，呼嗟满道，遂乱投砖瓦而散。《狄仁杰传》云：司农卿韦机兼领将作、少府二司。高宗以恭陵玄宫狭小，不容送终之具，遣机续成其功。机于埏之左右为便房四所。又造宿羽、高山、上阳等宫，莫不壮丽。仁杰奏其太过。机竟坐免官。机，《新书》作弘机，以逢迎高宗作宫室，得兼将作、少府，事见上节。盖其贾民怨实深，不得已乃罢斥之以自解也。唐诸太子陵，皆有令、丞，同诸陵署，见《职官志》。《新书·儒学·卢粲传》：武崇训死，诏墓视陵制。粲曰：“凡王、公主墓，无称陵者。惟永泰公主，事出特制，非后人所援比。崇训茔兆，请视诸王。”诏曰：“安乐公主与永泰不异。崇训于主当同穴，为陵不疑。”粲固执以“陵之称本施尊极，虽崇训之亲，不及雍王。雍墓不称陵，崇训缘主而得假是名哉？”诏可。主大怒，出粲陈州刺史。永泰亦中宗女，以郡主下嫁武延基，为武后所杀，中宗追赠，以礼改葬，墓号为陵。见《新书·诸公主传》。雍王，即章怀太子。玄宗兄宪之殁，虽敕其子，务令俭约，送终之物，皆令众见，然后父王仁皎殁，将筑坟，皎子驸马都尉守一请同昭成皇后父孝谌故事，坟高五丈一尺。宋璟及苏颋请一依礼式。上初从之，翼日，又令准孝谌旧例。璟等再言之。乃慰勉，分赐以采绢四百匹。《新书·宋璟传》。德宗初政，度越贞观，然尝欲厚奉元陵，代宗陵。令狐峘疏谏，乃已。《旧书·峘传》。或谓此亦如太宗之欲奉献陵，高祖陵。故为是言，待臣子之诤而后罢之，乃所以为伪耳。然后其第五子肃王详薨，欲如西域造塔，以李岩谏而止。《旧书·德宗诸子传》。如山南也，长女唐安公主殁于城固，诏所司厚其葬礼，宰相姜公辅谏，帝怒，陆贽救之，怒不已，公辅卒罢相。其后义阳、义章二主，咸于墓所造祠堂百二十间。宪宗女永昌公主薨，令京兆尹元义方减其制之半。宰相李吉甫谏，乃已。文敬太子源者，顺宗子，德宗爱之，命为子者也。其薨，帝亦悼念，厚葬之，车土治坟，至废农事。《新书·吴凑传》。则其欲厚奉元陵也，谓其实非所欲可乎？贞元十四年（798年），以昭陵旧宫为野火所焚，所司请修奉。昭陵旧宫在山上，缘供水稍远，百姓劳弊，欲于见住行宫处修创，冀久远便人。令宰臣百寮集议。议者多云宜就山下，上意不欲，遂于山上重造。命宰相崔损为八陵修奉使。于是献、昭、乾、定、泰五陵造屋五百七十间，桥陵一百四十间，元陵三十间。惟建陵仍旧，但修葺而已。定陵，中宗陵。泰陵，玄宗陵。桥陵，睿宗陵。建陵，肃宗陵。所缘陵寝中床蓐帷幄，一事以上，帝亲自阅视，然后授损，送于陵所。《旧书·崔损传》。修旧如此，而况营新？若懿宗之于文懿，则更不足论矣。见第十章第一节。上以是为慈孝，而诫下之人以薄葬，是使天下之人俭其亲也，其可得乎？五代诸主，惟周太祖临终遗命，见《旧史·本纪》。颇出肺府，则缘其时民力实竭，抑亦亲见唐家陵墓无不发掘故也。

让皇帝之葬也，所司请依诸陵旧例，内置千味食。监护使左仆射裴耀卿奏曰："尚食所料水陆等味，一千余种。每色瓶盛，安于藏内。皆是非时瓜果，及马、牛、驴、犊、獐、鹿等肉，并诸药酒三十余色。仪注礼料，皆无所凭。动皆宰杀。盛夏胎养，圣情所禁。又须造作什物，动逾千计。求征市井，实谓烦劳。伏望依礼减省。"制从之。孟子曰："仲尼曰：始作俑者，其无后乎？为其象人而用之也，如之何其使斯民饥而死也？”今尚食之所料，饥民几人食乎？《旧书·穆宗纪》：元和十五年五月，诏入景陵玄宫合供千味食。鱼肉肥鲜，恐致薰秽。宜令尚药局以香药代食。此以避宰杀慈于物则得矣，其所费，恐更广于尚食之所料也。

唐有皇帝谒陵之礼。不躬谒，则使公卿行陵。朔望、节日上食，日祭，荐新，礼极烦琐，所费亦多。皆见《新书·礼乐志》。寒食上墓，本非华俗。而开元二十年（732年），编入五礼，永为恒式。是教民墓祭也。见《旧书·本纪》。按是时王室尚无之。《通鉴·后汉纪》：天福十二年（947年），高祖命郭从义入大梁清宫，密令杀李从益及王淑妃。淑妃且死，曰：“吾儿为契丹所立，何罪而死？何不留之，使每岁寒食，以一盂麦饭洒明宗陵乎？”闻者泣下。注引“《五代会要》曰：人君奉先之道，无寒食野祭。近代庄宗每年寒食出祭，谓之破散，故袭而行之。欧阳修曰：寒食野祭，而焚纸钱，中国几何其不为夷狄矣。按唐开元敕，寒食上墓，同拜扫礼。盖唐许士庶之家行之，而人君无此礼也。”愚案欧公语见《新五代史·晋家人传》。其于群臣，亦以是为宠。如樊子盖为武威太守，朝于江都，炀帝谓之曰：“富贵不还故乡，真衣绣夜行耳。”敕庐江郡设三千人会，赐米麦六千石，使谒坟墓，宴故老。当时荣之。来护儿从驾江都，亦赐物千段，令上先人冢，宴父老。魏元忠求归乡里拜扫，中宗赐银千两，已见第十九章第五节。张行成为太子少詹事，太宗东征，皇太子于定州监国，即行成本邑也。太子谓行成曰：“今者送公衣锦还乡。”令有司祀其先人墓。宪宗元和元年三月，诏常参官寒食拜墓，在畿内听假月往还，他州府奏取进止。是亦教其拜墓也。邴元真之降王世充也，世充以为行台仆射，镇滑州。李密故将杜才干恨其背密，伪以兵归之，斩取其首祭密冢，乃归唐。贺鲁之平也，高宗曰：“先帝赐贺鲁二千帐主之，今罪人既得，献昭陵其可乎？”许敬宗曰：“古者军凯还则饮至于庙，若诸侯献馘天子，未闻献于陵。然陛下奉园寝与宗庙等，可行不疑。”于是执而献昭陵，赦不诛。此何异邴元真之智乎？文德皇后既葬，太宗即苑中作层观以望昭陵。引魏征同升。征熟视曰："臣眊昏不能见。"帝指示之。征曰："此昭陵邪？"帝曰："然。"征曰："臣以为陛下望献陵。若昭陵，臣固见之。"帝泣，为毁观。独孤皇后崩，代宗亦欲近城为陵，以朝夕临望。《新书·姚南仲传》。要之皆以魂神为栖于丘墓而已。夫如是，民安得不厚葬？况国又以侈葬为崇德报功之礼乎？如郭子仪卒，旧令一品坟高丈八尺，诏特加十尺。虽有一二知礼之士，遗命薄葬，又安能挽其颓风哉？主张薄葬之士，亦有数科。萧瑀、白敏中，信佛者也。傅奕、王绩，近道者也。此外则多为守礼或尚俭之士，然亦不必皆达者。如冯宿，虽遗命薄葬，而悉以平生书纳墓中是也。《旧书·李勣传》：既遇疾，忽谓弟弼曰："我似得小差，可置酒以申宴乐。"于是堂上奏女伎，檐下列子孙。宴罢，谓弼曰："我自量必死，欲与汝一别耳。恐汝悲哭，诳言似差。未须啼泣，听我约束。我见房玄龄、杜如晦、高季辅，辛苦作得门户，亦望垂裕后昆，并遭痴儿，破家荡尽。我有如许豚犬，将以付汝。汝可防察。有操行不伦，交游非类，急即打杀，然后奏知。又见人多埋金玉，亦不须尔。惟以布装露车，载我棺柩。棺中敛以常服。惟加朝服一副。死傥有知，庶著此奉见先帝。明器惟作马五六匹。下帐幔布为顶，白纱为裙，其中著十个木人，示依古礼刍灵之义。此外一物不用。姬媪已下，有儿女而愿住自养者听之。余并放出。事毕，汝即移入我堂，抚恤小弱。违我言者，同于戮尸。"此后略不复语。观其言似能守礼尚俭，实则其贪痴更甚耳。

唐王室之所为，尚有甚非礼者。《旧书·代宗纪》：大历三年五月，追谥故齐王倓为承天皇帝，兴信公主亡女张氏为恭顺皇后，祔葬。此冥婚也，而殆于用殉矣。殉葬之礼，中国久绝。太宗之崩，阿史那社尔、契苾何力请以身殉。宁国公主下嫁磨延啜。磨延啜死，其国人欲以主殉。主曰："中国人婿死，朝夕临，丧期三年，此终礼也。回纥万里结昏，本慕中国，吾不可以殉。"乃止。然剺面哭，亦从其俗云。吐蕃，其君臣自为友五六人，曰共命，君死，皆自杀以殉。钦陵之死，左右徇而死者百余人。刘元鼎入吐蕃，记所经见曰："河之西南，地如砥，原野秀沃。夹河多柽柳。山多柏。坡皆丘墓，旁作屋，赭涂之，绘白虎。皆虏贵人有战功者。生衣其皮，死以旌勇，徇死者瘗其旁。"皆戎狄之俗也。其在中国，则惟杜伏威，士有战死，以其妻殉耳。

助人营丧，在城市中亦成职业。《旧五代史·郑阮传》，言其为赵州刺史，尝以郡符，取部内凶肆中人隶其籍者，遣于青州舁丧至洛郡。人惮其远，愿输直百缗，以免其行。又《晋高祖纪》：天福二年九月，将作少监高鸿渐上言："伏睹近年已来，士庶之家死丧之苦，当殡葬之日，被诸色音声、伎艺人等作乐搅扰，求觅钱物。请行止绝。"从之。此凶肆及音声伎艺人，皆借助人营丧以谋食者也。又《宋史·陶谷传》：尝上言："坊市死亡丧葬，必候台司判状。奴婢病亡，亦须检验。吏因缘为奸，而邀求不已，经旬不获埋瘗。望申条约，以革其弊。"此事亦在晋世。

厚葬之弊既起，而发掘之祸，亦即随之。《新书·王徽传》，言"沙陀会诸军平京师。大乱之后，宫观焚残，园陵皆发掘，鞠为丘莽，乘舆未有东意。诏徽充大明宫留守京畿安抚制置修奉使。徽外调兵食，内抚绥流亡，逾年稍稍完聚。兴复殿寝，裁制有宜，即奉表请帝东还"。则唐室诸陵，黄巢起义时，已遭发掘，而其后复遭温韬之祸。《旧五代史·唐庄宗纪》：同光三年（925 年），诏曰："关内诸陵，顷因丧乱，例遭穿穴，多未掩修。其下宫、殿宇、法物等，各令奉陵州府据所管陵园修制，仍四时各依旧例荐飨。"盖自黄巢起义至此，迄未修复也？《晋高祖纪》：天福四年正月，盗发唐闵帝陵。《少帝纪》：天福八年正月，盗发唐坤陵，庄宗母曹太后之陵也。此其见发尤速。《唐明宗纪》：长兴二年二月，诏禁天下不得再发无主坟墓。可见遭开发者之多矣。《新书·柳仲郢传》：拜东都留守。以盗发父墓，弃官归华原。《伊慎传》：乾符中，盗发其墓，赐绢二百修瘗。《文艺·李频传》：表丐建州刺史。既至，以礼法治下，更布条教。时朝政乱，盗兴相椎敚，而建赖频以安。卒官下。丧归，父老相与扶柩葬永乐。州为立庙梨山，岁祠之。天下乱，盗发其冢。则虽有主且为众所共护之墓，亦不能免矣。《旧书·本纪》：元和十四年二月，敕淄青行营诸军，所至开发坟墓，宜严加止绝。会昌三年（843年），讨泽潞，诏诸道进军，并不得焚烧庐舍，发掘坟墓。《旧史·晋高祖纪》：天福三年八月，诏魏府城下，自屯军以来，坟墓多经斸掘。虽已差人收掩，今更遣太仆卿邢德昭往伸祭奠。又可见军士之竞事椎埋也。《新书·赵犨传》：弟珝，黄巢起事时，畏先冢见残崎，即夜缒死士取柩以入。此在将帅则然耳。凡民之柩，安可尽取乎？抑且不必兵燹。《新书·百官志》：诸陵四至有封，禁民葬，惟故坟不毁。然《旧书·韩滉传》言其以国家多难，恐有永嘉渡江之事，筑石头五城，以为备豫。去城数十里内，先贤丘墓，多令毁废。《旧史·皇甫遇传》：言其镇河阳，于部内开别业，所经坟墓悉毁。见上节。则官吏且躬自为之矣。《新书·郭子仪传》曰：破吐蕃灵州，鱼朝恩使人发其父墓。盗未得。子仪自泾阳来朝，中外惧有变。及入见，帝唁之。即号泣曰："臣久主兵，不能禁士残人之墓。人今发臣先墓，此天谴，非人患也。"子仪之无足忌，说已见第十八章第三节。朝恩即忌之，又何必毁其父墓？《旧传》云：捕盗未获，人以鱼朝恩素恶子仪，疑其使之。子仪心知其故。及自泾阳将入，议者虑其构变，公卿忧之。及子仪入见，帝言之。子仪号泣奏曰："臣久主兵，不能禁暴，军士残人之墓，固亦多矣。此臣不忠不孝，上获天谴，非人患也。"朝廷乃安。然则谓子仪先冢之见发，由朝恩所使，乃揣测之辞，《新书》以为实然，误矣。子仪富可敌国，其葬父，盖必有慢藏诲盗者？使其中有可欲，虽锢南山犹有隙，此其所以声势赫奕，父墓一见发，而疑其将构变之浮议即起，而州县终不能善护之欤？军士残人之墓多矣，此则其自书供状耳。李载义，母葬范阳，为杨志诚掘发。后志诚被逐，道太原，载义奏请剔其心偿母怨，不许。又欲杀之。官属苦救，乃免。然尽戕其妻息士卒。《新书·藩镇传》。时人之报发墓，亦云酷矣，而终不能戢椎埋者之心。使其中有可欲，虽锢南山犹有隙，岂不信哉？杨行密之死也，夜葬山谷，人不知所在，《新书》本传。不亦心劳日拙乎？

以重视尸体之故，遂至于残贼尸体，此二者其事虽殊，其心则一也。杨玄感之围东都也，卫玄援之，至华阴，掘杨素冢，焚其骸骨，夷其茔域，示士卒以必死。此已为野蛮，犹曰：争战之际，以作士气也。《新书·李泌传》曰：肃宗在东宫，李林甫数构谮，势危甚。及即位，怨之，欲掘冢焚骨。此言不知信否。然韦后之败，睿宗夷其父玄贞、兄洵墓，天宝九载（750 年），复诏发掘；《新书·外戚传》。元载之死，亦发其父祖冢，斫棺弃尸。则此言亦不敢谓为非信。来子珣诬雅州刺史刘行实弟兄谋反，已诛，复掘夷先墓，转不足责矣。李锜诛，有司将毁其祖墓，卢坦谏止，而董昌败卒发其先墓。此何为者哉？杨行密先冢皆为蔡俦所发。后吏请夷俦世墓，行密不许，其识转非唐朝所及矣。后唐庄宗灭梁，欲掘梁太祖墓，斫棺戮尸。张全义以为梁虽仇敌，今已屠灭其家，足以报怨。剖棺之戮，非王者以大度示天下也。庄宗以为然，铲去墓阙而已。《新五代史·全义传》。梁祖之为人不足取，然当唐末沙陀横行之际，实藩卫民族之一人也，而其茔墓，乃借张全义之巽辞以免祸，不亦悲乎？参看《两晋南北朝史》第二十一章第五节。《旧五代史·汉隐帝纪》：乾祐三年十一月庚寅，枢密使郭威奏“左军巡勘得飞龙使后赞，款伏与苏逢吉、李业、阎晋卿、聂文进、郭允明等同谋，令散员都虞候奔德等下手杀害史弘肇等。权开封尹刘铢，具伏朋附李业为乱，屠害将相家属。其刘铢等准诰旨处置讫。并苏逢吉、郭允明、阎晋卿、聂文进首级，并枭于南北市。其骨肉放弃。”此为未葬而不许其收葬者。事与剖棺戮尸异，而其为残贼则同也。

贵富者竞为厚葬，若贫民，则有身死而不获瘗埋者。《旧书·于頔传》：出为湖州刺史。州境陆地褊狭，送终者往往不掩其棺椁，頔葬朽骨凡十余所。《新书》云：頔为坎瘗枯骨千余。此虽葬而如未葬者也。《李大亮传》云：罄其家赀，收葬五叶宗族无后者三十余丧；可见贫不能葬者之众矣。此尚在平时，若直兵乱，则更有不堪设想者。《隋书·炀帝纪》：大业十年二月，诏曰："往年出车问罪，将届辽滨。庙算胜略，具有进止。而谅惛凶，罔识成败。高颎愎很，本无智谋。临三军犹儿戏，视人命如草芥。不遵成规，坐贻挠退。遂令死亡者众，不及埋藏。今宜遣使人，分道收葬设祭。于辽西郡立道场一所。"此身征辽丧败，而移其责于前人也，亦可笑矣。虽有此诏，然唐太宗贞观五年七月，遣使毁高丽所立京观，仍命收隋人骸骨，祭而葬之。十九年（645 年），伐高丽，次辽泽，又命瘗隋人战亡者。见新、旧《书》《本纪》及《高丽传》。则可见死亡之众，而收葬之不易遍矣。《隋书·韩擒虎传》：弟洪，为代州总管。仁寿元年（601 年），突厥达头可汗犯塞。洪拒之，遇于恒安。众寡不敌，溃围而出，死者大半。炀帝北巡，见白骨被野，以问侍臣。侍臣曰："往者韩洪与虏战处也。"帝闵然。收葬骸骨，命五郡沙门为设佛供。《旧书·刘昌传》：昌至平凉劫盟之所，收聚亡殁将士骸骨，坎瘗之。因感梦于昌，有愧谢之意。昌上闻。德宗下诏深自刻责，遣秘书少监孔述容及中使以御馔、内造衣服数百袭令昌收其骸骨。分为大将三十人，将士百人，各具棺椁衣服，葬于浅水原。分建二冢。大将曰旌义，将士曰怀忠。《新书·元结传》：摄监察御史，为山南西道节度参谋。募义士，于唐、邓、汝、蔡降剧贼五千，瘗战死露胔于泌南，名曰哀丘。皆令人读之酸鼻。然此特其记载之较详者耳，其暴骨如莽，而史不能纪其详者，盖不知凡几矣。且如唐高祖武德三年六月，瘗州县暴骨。《新书·本纪》。太宗贞观二年四月，诏骸骨暴露者，令所在埋瘗。《旧纪》。《新纪》云：瘗隋人暴骸。四年九月，令收瘗长城之南骸骨，仍令致祭。《旧纪》。《新纪》云：瘗长城南隋人暴骨。五年二月，诏诸州有京观处，无问新旧，宜悉划削，加土为坟，掩蔽枯朽，勿令暴露。此京观非有意为之以示武功，特野死而莫之殣耳。以此推之，贞观五年（631年）所毁，亦未必高丽所立。高丽此时，用兵权矜慎有谋，何为此以激怒中国邪？皆隋末丧乱，野死不葬者也。亦奚减征辽之所丧哉？此特举其最著者，余类此者，尚不胜枚举。契丹主北去时，屠相州，后王继弘镇相州，于城中得髑髅十余万，已见第十三章第四节。《旧五代史·汉隐帝纪》：乾祐三年正月，分命使臣赴永兴，凤翔、河中收葬用兵已来所在骸骨。时已有僧聚髑髅二十万矣，所指即相州事也。永兴、凤翔、河中等处，为数亦不少，然史不能纪其详矣。而凶荒疾疫之所被，其所伤害，亦不必减于兵死也。岂不哀哉？《旧书·高宗纪》：咸亨元年十月癸酉，大雪，平地三尺余。行人冻死者，赠帛给棺木。永隆元年九月，河南、河北诸州大水。遣使振恤。死者给以棺槥，其家赐物七段。永淳元年六月，关中初雨，麦田涝损，后旱，京兆，岐、陇螟蝗食苗并尽。加以民多疫疠，死者枕藉于路。诏所在官司埋瘗。《文宗纪》：大和六年五月。诏如闻诸道水旱害人，疾疫相继。其遭灾疫之家，一门尽殁者，官给凶器，皆凶灾疾疫之仍至者。《新书·代宗纪》：宝应元年十月，诏浙江民疫死不能葬者为瘗之。时直袁晁之乱，盖兵灾疾疫，相因而至也。

古之论葬地者，皆兼望气言之，已见《两晋南北朝史》第二十一章第五节。《隋书·艺术·萧吉传》：献皇后崩，上令吉卜择葬所。吉历筮山原，至一处，云卜年二千，卜世二百，具图而奏之。上曰："吉凶由人，不在于地。高纬父葬，岂不卜乎？国寻灭亡。正如我家墓田，若云不吉，朕不当为天子，若云不凶，我弟不当战殁。"然竟从吉言。吉表曰："去月十六日，皇后山陵西北，鸡未鸣前，有黑云方圆五六百步，从地属天。东南又有旌旗、车马、帐幕，布满七八里，并有人往来检校，部伍甚整。日出乃灭。同见者十余人。谨案葬书云：气王与姓相生大吉。今黑气当冬王，与姓相生，是大吉利，子孙无疆之候也。”上大悦。又云：尝行经华阴，见杨素冢上有白气属天，密言于炀帝。帝问其故，吉曰：“其候，素家当有兵祸灭门之象。改葬者庶可免乎？”帝后从容谓杨玄感曰：“公家宜早改葬。”玄感亦微知其故，以为吉祥，托以辽东未灭，不遑私门之事。未几而玄感以反族灭。帝弥信之。亦兼望气与卜筮言之也。吉著《宅经》八卷，《葬经》六卷，新旧《志》皆作二卷。《新志》吉《五姓宅经》二十卷。则亦兼图阳宅矣。献皇后之葬，山陵制度，多出杨素。素因之受赏。诏曰：“葬事依礼，惟卜泉石。至如吉凶，不由于此。素义存奉上，情深体国。欲使幽明俱泰，宝祚无穷。以为阴阳之书，圣人所作，祸福之理，特须审慎。乃遍历川原，亲自占择。纤芥不善，即更寻求。志图元吉，孜孜不已。心力备尽，人灵协赞，遂得神皋福壤，营建山陵。论素此心，事极诚孝。岂与夫平戎定寇，比其功业？非惟廊庙之器，实是社稷之臣。”其言吉凶不由葬地，亦与《萧吉传》同，而又盛称素忠，不恤其辞之自相矛盾，则祸福之念中之也。《旧书·方技·严善思传》：则天崩，欲开乾陵合葬，善思奏议不宜以卑动尊，似能据礼立言。然又云：“修筑乾陵之后，国频有难，遂至则天太后，权总万机，二十余年，其难始定。今乃更加营作，伏恐还有难生。汉时诸陵，皇后多不合葬，魏、晋以降，始有合葬者。然两汉积年，向余四百，魏晋之后，祚皆不长。虽受命应期，有因天假，然循机享德，亦在天时。但陵墓所安，必资胜地。后之胤嗣，用托灵根。或有不安，后嗣亦难长享。山川精气，上为星象。若葬得其所，则神安后昌。若葬失其宜，则神危后损。所以先哲垂范，具之《葬经》。欲使生人之道必安，死者之神必泰。”亦以祸福言之也。

《葬经》之名，见于经籍志者尚多，而吕才叙葬书之文，则略见于《旧书》传中。其说曰："《孝经》云：卜其宅兆而安厝之。以其顾复事毕，长为感慕之所，窀穸礼终，永作魂神之宅，朝市迁变，不得豫测于将来，泉石交侵，不可先知于地下；是以谋及龟筮，庶无后艰。斯乃备于慎终之礼，曾无吉凶之义。暨乎近代以来，加之阴阳葬法。或选年月便利，或量墓田远近。一事失所，祸及死生。巫者利其货贿，莫不擅加妨害。遂使葬书一术，乃有百二十家。"又云："葬书云：富贵官品，皆由安葬所致，年命延促，亦曰坟陇所招。"又云："今之丧葬吉凶，皆依五姓便利。古之葬者，并在国都之北，域兆既有常所，何取姓墓之义？"又云："野俗无识，皆信葬书。巫者诈其吉凶，愚人因而徼幸。遂使擗踊之际，择葬地而希官品；荼毒之秋，选葬时以规财禄。"可以见其迷信之概。《温大雅传》：大雅将改葬其祖父。筮者曰：《新书》云：卜人占其地。"葬于此地，害兄而福弟。"大雅曰："若得家弟永康，我将含笑入地。"葬讫，岁余而卒。此等盖即巫者之所传也。《旧史·王建立传》：疾作，谓其子守恩曰："榆社之地，桑梓存焉。桑以养生，梓以送死。予生为寿宫，刻铭石室。死当速葬，葬必从俭。违吾是言，非孝也。"建立先人之坟，在于榆社。其冈阜重复，松桧蔼然。占者云后出公侯。故建立自为墓，恐子孙易之也。可谓固矣。李义琰不营居宅，似乎恭俭，见上节。而后改葬父母，乃使舅氏移茔，其恭俭也，得毋正其贪痴邪？

《唐书·礼仪志》：牛弘撰仪礼，在京师葬去城七里外。周世宗欲展筑大梁外城，先立标识，令葬者皆出七里外，见上节。所行者当即此礼。然恐亦未必能行也。

前世立碑有禁。牛弘制礼："三品已上立碑，七品已上立碣。若隐沦道素，孝义著闻者，虽无爵，奏请立碣。"《旧书·懿宗纪》：咸通九年（868 年），庞勋平后，诏"先贤坟墓碑记，为人所知，被贼毁废者，即与掩藏，仍量致祭。"《旧史·唐明宗纪》：长兴二年四月，

“禁人毁废所在碑碣，恐名贤遗行失所考也。”则其视之颇重。然碑碣皆有制限，志铭则不然，故为之者渐多。《旧书·傅奕传》：常醉卧，蹶然起曰：“吾其死矣。”因自为墓志曰：“傅奕，青山白云人也。因酒醉死，乌乎哀哉。”《辛秘传》：元和十二年（817年），为昭义节度使。凡四岁。及归，道病，先自为墓志，皆其事也。立碑之禁，本所以戢虚美，然志铭后亦渐染其习。《卢承庆传》：临终诫其子曰：“碑志但记官号年代，不须广事文饰。”则其证。然立碑亦为致寇之媒。《通鉴》：后周太祖广顺二年五月，唐司徒致仕李建勋卒。且死，戒其家人曰：“时事如此，吾得良死，幸矣。勿封土立碑，听人耕种于其上，免为它日开发之标。”及江南之亡也，诸贵人高大之冢，无不发者，惟建勋冢莫知其处。斯为贤知者乎？

殊俗葬法，亦有传于中国者。德宗欲为肃王详造塔，已见前。姜公辅之谏厚葬唐安也，德宗谓陆贽曰：“唐安夭亡，不欲于此为茔陇，宜令造一砖塔安置，功费甚微，不合关宰相论列。”是亦欲为之造塔也。《旧书·李暠传》：迁黄门侍郎，兼太原尹，仍充太原已北诸军节度使。太原旧俗，有僧徒以习禅为业，及死，不敛，但以尸送近郊，以饲鸟兽。如是积年。土人号其地为黄坑。侧有饿狗千数，食死人肉，因侵害幼弱，远近患之。前后官吏，不能禁止。暠到官，申明礼宪，期不再犯。发兵捕杀群狗。其风遂革。此等风气，疑皆来自印度。《隋书·达奚长孺传》：开皇二年（582年），突厥沙钵略可汗并弟叶护及潘那可汗众十余万，寇掠而南。诏以长孺为行军总管，率众二千击之。遇于周盘。众寡不敌。长孺慷慨，神色愈烈。转斗三日，杀伤万计。虏气稍夺，于是解去。突厥本欲大掠秦、陇，既逢长孺，兵皆力战，虏意大沮。明日，于战处焚尸，恸哭而去。《新书·突厥传》：太宗数颉利之将亡曰：“俗死则焚，今葬者皆起墓，背父祖命，慢鬼神也。”则突厥之于火葬，行之甚旧。仆固怀恩死，部曲焚其尸以葬，盖亦此俗？然《新五代史·王建立传》言明宗为代州刺史，以建立为虞候将。庄宗尝遣女奴之代州祭墓，女奴侵扰代人，建立捕而笞之，则沙陀又行土葬之法也。

第六节 交 通

隋、唐两代，交通之业，远迈前朝者，莫如运河，其功实成于隋世。则以南北久分，骤见统一，而南方之富庶，又远非分裂以前比也。炀帝开通济渠，已见第二章第四节。自此已前，文帝已开山阳渎。《隋书·高祖纪》：开皇七年四月，于扬州开山阳渎，以通运漕。《通鉴》胡《注》曰："春秋吴城邗，沟通江淮，山阳渎通于广陵尚矣。隋特开而深广之，将以伐陈也。"及是帝又发淮南民十余万开邗沟至扬子入江。《通鉴》大业元年（605 年）。大业六年（610 年），敕穿江南河，自京口至余杭，八百余里。《通鉴》。《鉴》又云：广十余丈，使可通龙舟。并置津官草顿，欲东巡会稽。唐开元时，齐澣复开伊娄河，自京口直达扬子。《十七史商榷》云："夫差开邗沟，通江淮，与今瓜洲抵扬州之路，不知是一是二，要为近之。然夫差时此道但可运粮，不胜战舰。其用兵争霸上国，仍沿江入海，自海溯淮，不由邗沟也。《汉志》：广陵国江都县注：渠水首受江，北至射阳入湖，此即夫差邗沟。然汉时大兵大役，亦必不以此为渡江之路。直至隋大业中，大发淮南夫开邗沟，自山阳至扬子入江，江淮始大通，而汴泗亦通矣。而道犹浅，六朝都建业，南北往来，以瓜步为通津。《旧唐书·齐澣传》：开元二十五年（737 年），迁润州刺史。润州北界隔吴江，至瓜步，沙尾纡汇六十里。船绕瓜步，多为风涛所漂损。澣乃移其漕路，于京口塘下直渡江二十里。又开伊娄河二十五里，即达扬子县。与《新书·地理志》略同。皆不言是瓜洲，其实则瓜洲也。澣虽改道，却于江北遥领。至大历，乃又改旧。《张延赏传》：延赏为扬州刺史。瓜洲悬属江南，奏请以江为界。《新传》

亦载此事，而谬改瓜洲为瓜步。”于是江、淮、河三水交通，漕转东南，以给西北，安、史乱后，唐室遂倚此道为命脉矣。然运河之开，初非专便漕转。李勣之归翟让也，说之曰：“宋、郑两郡，地管御河，商旅往还，船乘不绝，就彼邀截，足以自资。”让然之。劫公私船取物，兵众大振。可见其兼为商旅所资矣。然及唐末，其道几废。《通鉴》唐昭宗天复二年（902年），杨行密发兵讨朱全忠。军吏欲以巨舰运粮。都知兵马使徐温曰：“运路久不行，葭苇湮塞。请用小艇，庶几易通。”军至宿州，会久雨，重载不能进，士有饥色，而小艇先至。行密由是奇温，始与议军事。周世宗显德五年三月，浚汴口，导河流达于淮，江淮舟楫始通。《注》云：“此即唐时运路也。自江淮割据，运漕不通，水路湮塞，今复浚之。”缅想斯时，商旅之出其间者，亦必极少矣。先一年，显德四年（959年）。四月，诏疏汴水北入五丈河。由是齐、鲁舟楫，皆达于大梁。其明年，显德六年（961年）。二月，又发徐、宿、宋、单等州丁夫数万浚汴水。又自大梁城东导汴水入于蔡水，以通陈、颍之漕。浚五丈渠，东过曹、济、梁山泊，以通青、郓之漕。发畿内及滑、亳丁夫数千，以供其役。亦据《通鉴》。《注》云“魏收《地形志》曰：汴水在大梁城东，分为蔡渠。《九域志》曰：浚仪县之琵琶沟，即蔡河也。《会要》曰：惠民河与蔡河一水，即闵河也。建隆元年（960年），始命陈承昭督丁夫导闵河自新郑与蔡水合。贯京师，南历陈、颍达寿春，以通淮右。舟楫相继，商贾毕至，都下利之。于是以西南为闵河，东南为蔡河。至开宝六年（973年），始改闵河为惠民河。”此又宋代漕转之所资也。炀帝又开永济渠，亦见第二章第四节。此皆其较大者。其功仅及于一方者，则未易枚举。《新书·地理志》所载颇多。如元和中，严砺自长举而西，疏嘉陵江三百里，焚巨石沃醯而碎之，通漕以馈成州戍兵。《新书·地理志》。又如高骈为静海军节度，由安南至广州，江漕梗险，多巨石。骈募工劚治。由是舟得安行，储饷毕给。《新书》本传。据《旧纪》，事在咸通八年（867 年）。皆其工之较艰巨者也。

隋炀帝大业三年（607 年），北巡，发河北十余郡丁男凿太行山，达于并州，以通驰道。六月，顿榆林。欲出塞耀兵，径突厥中指于涿郡。恐启民惊惧，先遣长孙晟谕指。于是发榆林北境，至其衙，东达于蓟，长三千里，广百步，举国就役，开为御道。八月，至太原，欲过张衡宅。上太行，开直道九十里。九月，至济源。衡，济源人。唐玄宗幸东都，次永宁之崤谷，驰道隘狭，车骑停拥。河南尹李朝隐，知顿使王怡，并失于部伍。上令黜其官爵。宋璟谏，乃舍之。此皆帝王巡幸，以驰道劳民者也。《旧书·敬宗纪》：宝历二年正月，兴元节度使裴度奏修斜谷路及馆驿皆毕功。《文宗纪》：开成元年五月，昭义奏开夷仪山路通太原、晋州，从之。《新书·地理志》：商州，贞元七年（791 年），刺史李西华自蓝田至内乡，开新道七百余里。回山取途，人不病涉。谓之偏路，行旅便之。《高骈传》：为静海军节度。使者岁至，乃凿道五所，置兵护送。其径青石者，或传马援所不能治，既攻之，有震碎其石，乃得通，因名道曰天威云。此等虽暂劳民，或于交通有益。亦有反堙塞之者。如《隋书·高祖纪》：王谦平后，更开平道，毁剑阁之路，立铭垂诫是也。此等用意，虽在防负固，然舍险就夷，亦足利民。《旧书·阎立德传》：太宗征辽，立德以将作大匠从。师至辽泽，东西二百余里，泥淖，人马不通。立德填道造桥，兵无留碍。此则仅取济一时耳。炀帝北巡时，敕有司不得践暴禾稼。其有须开为路者，有司计地所收，即以近仓酬赐，务从优厚。此似颇能恤民，然恐亦虚文而已。

《旧书·舆服志》：景龙二年七月，皇太子将亲释奠于国学，有司草仪注，令从臣皆乘马著衣冠。太子左庶子刘子玄进议曰："古者自大夫已上皆乘车，而以马为騑服。魏、晋已降，迄于隋代，朝士又驾牛车。历代经史，具有其事，不可一二言也。至如李广北征，解鞍憩息；马援南伐，据鞍顾盼；斯则鞍马之设，行于军旅，戎服所乘，贵于便习者也。案江左，官至尚书郎，而辄轻乘马，则为御史所弹。又颜延之罢官后，好骑马出入闾里，当代称其放诞。此则专车冯轼，可擐朝衣，单马御鞍，宜从亵服，求之近古，灼然之明验矣。皇家抚运，沿革随时。至如陵庙巡幸，王公册命，则盛服冠履，乘彼辂车；其士庶有衣冠亲迎者，亦时以服箱充驭；在于他事，无复乘车，贵贱所通，鞍马而已。《新书·车服志》：王公车辂，藏于太仆，受制行册命、巡陵、昏葬则给之。余皆以骑代车。臣伏见比者銮舆出幸，法驾首途，左右侍臣，皆以朝服乘马。非惟不师古道，亦自取惊今俗。傥马有惊逸，人从颠坠，固以受嗤行路，有损威仪。今议者皆云：秘阁有《梁武帝南郊图》，有衣冠乘马者，此则近代故事，不得谓无其文。臣案此图是后人所为，非当时所撰。且观当今，有古今图画者多矣。如张僧繇画《群公祖二疏》，而兵士有著芒屩者。阎立本画《昭君入匈奴》，而妇人有著帷帽者。夫芒屩出于水乡，非京华所有，帷帽创于隋代，非汉宫所作，岂可征此二画，以为故实？乘马衣冠，窃谓宜从省废。”皇太子手令付外宣行，仍编入令，以为恒式。观此，当时贵贱，已无复乘车者矣。惟妇人犹或有之。《旧五代史·史圭传》：罢归，闭门杜绝人事。虽亲戚故人造者，不见其面。每游行别墅，则乘妇人毡车，以自蔽匿；其证也。

乘马实亦为体制起见，不则多用牛驴。运载亦然。《隋书·牛弘传》：有弟曰弼，好酒而酗。尝因醉射杀弘驾车牛。此尚以牛驾车。《旧书·李密传》：尝欲寻包恺，乘一黄牛，被以蒲鞯，仍将《汉书》一帙，挂于角上。一手捉牛靷，一手翻卷书读之。尚书令、越国公杨素见于道，从后按辔蹑之。既及，问曰：“何处书生，耽学若此？”密识越公，乃下牛再拜，自言姓名。则以牛供骑乘矣。《五行志》：景龙中，东都霖雨百余日，闭坊市北门。驾车者苦污，街中言曰：“宰相不能调阴阳，令我污行。”会中书令杨再思过，谓之曰：“于理则然，亦卿牛劣耳。”《张孝忠传》：子茂昭入朝。顺宗听政，加中书门下平章事，且令还镇。赐女乐二人。三表辞让。及中使押犊车至第，茂昭立谓中使曰："女乐出自禁中，非臣下所宜目睹。昔汾阳、咸宁、西平、北平，尝受此赐，不让为宜。茂昭无四贤之功，述职入觐，人臣常礼，奈何受此宠赐？"顺宗闻之，深加礼异，允其所让。《新书·高祖诸子传》：虢庄王凤之曾孙巨，为河南尹，征乘牛之出入市者，斥所得佐用度。此等皆城市之中，以牛车运载者。《隋书·宇文化及传》：行至徐州，水路不通，夺人车牛，得二千两。并载宫人珍宝。其戈甲戎器，悉令军士负之。《旧书·韦思谦传》：中宗崇饰寺观，思谦子嗣立上疏谏，谓其"转运木石，人牛不停"。宪宗用兵淮蔡，《纪》谓京畿民户供军，车乘相错于路，牛皆馈军，民户多以驴耕。见第八章第二节。《元稹传》：稹自叙分莅东都时事云：朝廷馈东师，主计者误命牛车四千三百乘，飞刍越太行。《李石传》：石奏咸阳令韩辽请开兴成渠旧漕。在咸阳县西十八里，东达永丰仓。自秦、汉已来疏凿，其后堙废。昨辽计度，用功不多。此漕若成，自咸阳抵潼关三百里内，无车挽之勤，则辕下牛尽得归耕，永利秦中矣。《旧五代史·杨思厚传》：于黎阳采巨石，将纪德政。以铁车负载，驱牛数百以曳之。所至之处，丘墓庐舍，悉皆毁坏。《唐庄宗纪》：同光三年三月，至戚城。时宫苑使王元平、伶人景进为帝广采宫人，不择良家委巷，殆千余人。车驾不给，载以牛车，累累于路焉。此道路之间，以牛车运载者。《旧书·房琯传》：陈涛斜之战，琯用春秋车战之法，以车二千乘，马步夹之。既战，贼顺风扬尘鼓噪，牛皆震骇。因缚刍纵火焚之。人畜挠败，为所伤杀者，四万余人。则战阵亦有用之者矣。盖马不给而当时驾车习用牛故也？其用驴者：《隋书·食货志》言：高祖时关中连年大旱，买牛驴六千余头，分给尤贫者，令往关东就食。又言：炀帝西巡，经大斗拔谷，士卒死者十二三，马驴十八九。又言：大业九年（613 年），诏又课关中富人，计其资产出驴，往伊吾、河源、且末运粮。多者至数百头。价至万余。又云：益遣募人征辽。马少不充，八驮而许为六驮。《通鉴》唐僖宗广明元年（880 年），上幸兴元，道中无供顿，汉阴令李康以骡负糗粮数百驮献之。从行军士始得食。《注》云："以驴马负物为驮。唐递驮每驮一百斤。"案此盖行之车道不通之处。又不足，听半以驴充。《杨义臣传》：与汉王将乔钟葵战。以兵少，悉取军中牛驴，得数千头。复令兵数百人，人持一鼓，潜驱之涧谷间。出其不意。兵初合，命驱牛驴者疾进。一时鸣鼓，尘埃张天。钟葵不知，以为伏兵发，大溃。《旧书·来瑱传》：瑱之被刑也，门客四散，掩于坎中。校书郎殷亮后至，独哭于尸侧，货所乘驴，以备棺衾。《新书·食货志》：贞元中，盗鬻两池盐一石者死。至元和中，减死流天德、五城。皇甫镈奏论死如初。一斗以上杖背，没其车驴。《高开道传》：幽州饥，开道许输以粟。罗艺遣老弱凑食，皆厚遇之。艺悦，不为虞，更发兵三千，车数百，马驴千，往请粟。开道悉留不遣。《诸公主传》：宪宗女岐阳庄淑公主，下嫁杜悰。悰为澧州刺史，主与偕，从者不二十，婢乘驴，不肉食。《旧五代史·梁太祖纪》：开平三年八月，敕所在长吏："自今后州、县、府、镇，凡使命经过，若不执敕文券，并不得妄差人驴，及取索一物已上。"《安王友宁传》：攻博昌，月余未能拔。太祖怒，遣刘捍督战。友宁乃下俘民众十余万，各领负木石，牵牛驴，于城南为土山。既至，合人畜木石，排而筑之。冤枉之声，闻数十里。皆可见驴之用，殆与牛马等也。

亦有用骡及橐驼者。《隋书·五行志》：仁寿二年（602 年），西河有胡人，乘骡在道，忽为回风所飘，并一车上千余尺乃坠，皆碎焉。《旧书·吴少诚传》：地既少马，广畜骡，乘之教战，谓之骡子军，尤称勇悍。《刘沔传》：少事李光颜，为帐中亲将。元和末，光颜讨吴元济，常用沔为前锋。蔡将有董重质者，守洄曲。其部下乘骡即战，号骡子军，最为劲悍。官军常警备之。沔骁锐善骑射，每与骡军接战，必冒刃陷坚，俘馘而还。故忠武一军，破贼第一。《安禄山传》：

自禄山陷两京，常以骆驼运两京御府珍宝于范阳，不知纪极。《新五代史·王章传》：魏州南乐人，为州孔目官。张令昭逐节度使刘延皓，章事令昭，令昭败，章妇翁白文珂与副招讨李周善，乃以章托周。周匿章褚中，以橐驼负之洛阳，藏周第。皆其事也。

其贵人则多乘马。《新书·车服志》，有皇太子乘马之服。《旧书·王毛仲传》：天宝中，玄宗在华清宫，乘马出宫门，欲幸虢国夫人宅。陈玄礼曰："未宣敕报臣，天子不可轻去就。"玄宗为之回辔。则虽天子微行，亦乘之矣。《隋书·卢思道传》：从父兄昌衡，尝行至浚仪，所乘马为佗牛所触，因致死。牛主陈谢，求还价直。拒而不受。《旧书·李怀远传》：虽久居荣位，而弥尚简率。常乘款段马。左仆射豆卢钦望谓曰："公荣贵如此，何不买骏马乘之？"答曰："此马幸免惊蹶，无假别求。"闻者莫不叹美。《韩滉传》：性持节俭。人仕之初，以至卿相，凡四十年，相继乘马五匹，皆及敝帷。《良吏·贾敦颐传》：贞观中，历迁沧州刺史。在职清洁。每入朝，尽室而行。惟弊车一乘，羸马数匹。羁勒有阙，以绳为之。见者不知其刺史也。《忠义·王义方传》：少孤贫。初举明经，因诣京师。中路，逢徒步者。自云父为颍上令，闻病笃，倍道将往。徒步不前，计无所出。义方解所乘马与之，不告姓名而去。《新书·朱敬则传》：出为郑州刺史。侍御史冉祖雍诬与王同皎善，贬涪州刺史。既明非其罪，改庐州。代还，无淮南一物。所乘止一马，子曹步从以归。《樊泽传》：少孤，依外家，客河朔。相卫节度使薛嵩表为尧山令，举贤良方正。次潼关，雨淖，困不能前。有熊执易者，同舍逆旅，哀之，辍所乘马，倾褚以济，自罢所举。此等皆廉俭者，亦无不乘马。其豪奢者，则如裴冕枥马直百金者常十数矣。其乘他畜者，则为特异之事。《隋书·文学·崔儦传》：杨素重儦门地，为子玄纵娶其女。亲迎之始，公卿满坐。素令骑迎儦。儦故敝其衣冠，骑驴而至。《旧书·冯宿传》：弟定，于頔牧姑苏也，定寓焉，頔友于布衣间。后頔帅襄阳，定乘驴诣军门，吏不时白，定不留而去。《新书·隐逸传》：王绩，乘牛经酒肆，留或数日。史德义居虎丘山，骑牛带瓢，出入廛野。陆龟蒙，居松江甫里。不乘马，升舟，设蓬席，赍束书，茶灶笔床，钓具往来，时谓江湖散人。此等非偃蹇之徒，则隐逸之士也。《旧书·韦绶传》：为长安县尉。遭朱泚之乱，变服乘驴赴奉天，盖欲自侪于氓庶？《旧史·王师范传》：将至汴，缟素乘驴；《刘鄩传》：鄩闻师范之命降，亦素服跨驴而发；则当丧亡之际也。《旧书·魏少游传》：乾元二年十二月，议率朝臣马以助军，少游与汉中郡王瑀沮其议，上知之，贬渠州刺史；可见朝官无不有马者。参看第十九章第一节。《薛收传》：子元超，拜东台侍郎。右相李义府以罪配流巂州。旧制，流人禁乘马。元超奏请给之，坐贬为简州刺史。《新书·魏元忠传》：上封事，言"师行必借马力。不数十万，不足与虏争。请自王公及齐人，挂籍之口，人税百钱。又弛天下马禁。使民得乘大马，不为数限。官籍其凡，勿使得隐。不三年，人间畜马，可五十万。即诏州县，以所税口钱市之。若王师大举，一朝可用。且虏以骑为强，若一切使人乘之，则市取其良，以益中国，使得渐耗虏兵之盛，国家之利也。"皆可见当时乘马之限。此实维体制之虚文而坏戎备也。然《旧书·穆宗纪》：长庆元年正月，灵武节度使李听奏，请于淮南、忠武、武宁等道防秋兵中，取三千人衣赐月粮赐当道，自召募一千五百人马骁勇者以备边。仍令五十人为一社，每一马死，社人共补之。马永无阙。从之。可见民间自有有马者可募。苟弛马禁，实可使马大蕃息也。

单马虽捷，究不如乘车之安，故车废而肩舁遂盛。《隋书·礼仪志》云："今辇制象轺车而不施轮，用人荷之。"又云："今舆制如辇，但小耳。"此车变为舁之渐也，其初盖惟宫中用之？《旧书·李训传》：甘露之变，文宗乘软舁出紫宸门，升含元殿。《通鉴》作软舆，《注》曰："软舆，盖以裀褥积而为之，下施栩，令人举之"，其物也。

《新五代史·唐家人传》：庄宗有爱姬，甚有色，而生子，刘后心患之。庄宗燕居宫中，元行钦侍侧。庄宗问："尔新丧妇，其复娶乎？吾助尔聘。"后指爱姬请曰："帝怜行钦，何不赐之？"庄宗不得已，阳诺之。后趣行钦拜谢，行钦再拜。起顾爱姬，肩舆已出宫矣。《张彦泽传》：彦泽迁出帝于开封府。帝与太后、皇后肩舆，宫嫔宦者十余人皆步从。《晋家人传》：耶律德光入京师，帝与太后肩舆至郊外。皆宫中习用肩舆之证，既利其安，则历险阻之地者，亦欲用之。《旧书·王方庆传》：则天尝幸万安山玉泉寺，以山迳危悬，欲御要舆而上。方庆谏止。要舆者，《通鉴》：玄宗开元三年九月，以马怀素为左散骑常侍，使与右散骑常侍褚无量更日侍读。每至阁门，令乘肩舆以进。或在别馆，道远，听于宫中乘马。亲送迎之，待以师傅之礼。以无量羸老，特为之造要舆，在内殿，令内侍舁之。《注》云："要舆，令人举之，适与要平"是也。房玄龄晚节多病，太宗幸玉华宫，诏玄龄居守，听卧治事。稍棘，召许肩舆入殿。帝视流涕。玄龄亦感咽不自胜。李纲，以足疾赐步舆，听乘至阁。韦思谦，辞疾不许，诏肩舆以朝，听子孙侍。苗晋卿，代宗之立，年已衰暮，又患两足，特许肩舆至中书，入阁不趋。崔祐甫被疾，肩舆至中书，卧而承旨。李叔明朝京师，以病足，赐锦辇，令宦寺肩舁以见。僧神秀，则天追赴都，肩舆上殿，亲为跪礼。张果至东都，舍集贤院，肩舆入宫。王建立，天福五年入觐。晋高祖曰："三纪前老兄，宜赐不拜。"仍许肩舆入朝。上殿，则使二宦者掖之。七年三月，赐宰臣李崧白藤肩舆。周太祖广顺二年八月，赐宰臣李谷白藤肩舆。皆见《旧史·本纪》。皆以尊贤，特蒙优礼。唐玄宗开元二十年四月乙亥，燕百官于上阳东州，醉者赐以床褥，肩舆而归，相属于路，《旧书·本纪》。则出特旨，蒙其恩者非一人矣。其不待命得乘之者，盖惟官之最贵者为然。《通鉴》：唐昭宗景福二年，李茂贞使其党纠合市人数百千人，拥观军容使西门君遂马，诉曰："岐帅无罪，不宜致讨，使百姓涂炭。”君遂曰：“此宰相事，非吾所及。”市人又邀崔昭纬、郑延昌肩舆诉之。二相曰：“兹事主上专委杜太尉，吾曹不与知。”市人因乱投瓦石。二相下舆走匿民家，仅自免，丧堂印及朝服。《注》云：“旧制，朝臣入朝皆乘马，宋建炎播迁，以扬州街路滑，始许朝士乘担子。观此，则唐末宰相，亦有乘肩舆者矣。”案裴休索肩舆出省，见上节，此尚在崔昭纬、郑延昌之前。《旧五代史·卢程传》：后唐庄宗即位，与豆卢革并命为平章事。受命之日，即乘肩舆，驺导喧沸。庄宗闻，询于左右。曰：“宰相担子入门。”庄宗骇异，登楼见之，笑曰：“所谓似是而非者也。”则遂沿为故事矣。然亦可见其时惟宰相得乘之也。《新书·宦者传》：王仲先乘肩舆造朝，此为僭逆，不足论。非辇毂之下，亦官之尊者乘之。张弘靖入燕，肩舆于三军之中，已见第八章第四节。卢程使晋阳宫册皇太后，山路险阻，安坐肩舆，亦见《旧史》本传。自更无足怪矣。《新五代史·王建立传》：子守恩，以潞州降汉。汉高祖即位，以为昭义节度使，徙镇静难。西京留守，加同中书门下平章事。周太祖以枢密使将白文珂等军西平三叛。还过洛阳，守恩以使相自处，肩舆出迎。太祖怒。即日以头子命文珂代守恩为留守。足见虽在外，位稍卑者，尚不敢乘之也。《旧书·王铎传》：僖宗自蜀将还，以铎为沧景节度使。时杨全玫在沧州，闻铎之来，诉于魏州乐彦祯。铎受命赴镇。至魏州旬日，彦祯迎谒，宴劳甚至。铎以上台元老，功盖群后，行则肩舆，妓女夹侍。宾寮服御，尽美一时。彦祯子从训，凶戾无行，窃所慕之。令甘陵州卒数百人，伏于漳南之高鸡泊。及铎行李至，皆为所掠。铎与宾客十余人皆遇害。此固由二镇之悖戾，然亦可见乘肩舆者尚罕，故为众所属耳目也。

无关体制之处，则人得乘之。其初盖偏于妇女？唐世妇女乘檐子，已见第十六章第一节。《旧书·舆服志》云：奚车，契丹塞外用之。开元天宝中，渐至京城。兜笼，巴蜀妇人所用。乾元已来，蕃将多著勋于朝；兜笼易于担负；京城奚车、兜笼，代于车舆矣。《旧书·文苑·元德秀传》：事母以孝闻。开元中，从乡赋岁游京师。不忍离亲，每行则自负板舆，与母诣长安。《新书·裴玢传》：为山南西道，以疾辞位。入朝，不事驺仗，妻乘竹舆。《新五代史·唐六臣传》：张策，王行瑜辟观察支使。李克用攻行瑜，策与婢肩舆其母东归。行积雪中，行者怜之。《楚世家》：周行逢果于杀戮。夫人严氏谏。行逢怒曰："此外事，妇人何知？"严氏不悦，绐曰："家田佃户，以公贵，颇不力农，多恃势以侵民，请往视之。"至则营居以老。岁时衣青裙押佃户送租入城。行逢强邀之，以群妾拥升肩舆，严氏卒无留意。皆妇人乘肩舁之证。久则老者病者亦乘之。《旧书·白居易传》：致仕，与香山僧如满结香火社，每肩舆往来，白衣鸠杖，自称香山居士。《李洧传》：附《李正己传》。以徐州归顺，加徐、海、沂都团练观察使，寻加密州。未几，疽发背。稍平，乃大具糜饼，饭僧于市。洧乘平肩舆，自临其场。市人欢呼。洧惊，疽溃于背而卒。《牛僧孺传》：子蔚，黄巢攻京师，方病，子徽与其子自扶篮舆，投窜山南。《孝友·裴敬彝传》：乾封初，累转监察御史。时母病，有医人许仁则，足疾不能乘马，敬彝每肩舆之以候母焉。《新书·郑权传》：穆宗立，以左散骑常侍持节，为回鹘告哀使。以足疾辞。不许。肩舁就道。《新五代史·宦者·张承业传》：庄宗已诺诸将即皇帝位，承业方卧病，自太原肩舆至魏谏，不听，复肩舆归太原。《楚世家》：陈赡杀刘建锋，军中推行军司马张佶为帅。将入府，乘马辄踶啮。伤佶髀。佶卧病，语诸将曰："吾非汝主也。马公英勇，可共立之。"诸将乃共杀赡，磔其尸，遣姚彦章迎马殷于邵州。殷至，佶乘肩舆入府，殷拜谒于庭中。佶召殷上，乃率将吏下，北面再拜，以位与之。皆其事也。《旧书·郗士美传》：出为鄂州观察使。贞元十八年，伊慎有功，特授安黄节度。二十年，慎来朝，其子宥主留事。朝廷未能去。会宥母卒于京师，利主军权，不时发丧。士美命从事托以他故过其境。宥果迎之。告以凶问。先备肩篮，即日遣之。肩篮，《通鉴》作篮舆。《注》云:“篮舆，即今之轿也。”元和五年（810 年）。此有丧者，亦以病者待之也。

辇初供军用，后乃供凡运载之用。《通鉴》：开元十三年（725 年），东封，发东都，有司辇载供具之物，数百里不绝。《注》云：“司马法及贾公彦所云，皆言行军之用，此所谓辇载，兼凡器物而言”是也。人之所乘，亦曰步辇。后唐明宗长兴四年（933 年），以卢文纪、吕琦为蜀王册礼使，至成都，孟知祥服衮冕，备仪卫诣驿降阶北面受册。升玉辂，至府门，乘步辇以归。《注》曰“步辇，以人挽之”是也。《新书·王求礼传》：武后时为左拾遗、监察御史。后方营明堂，雕饰谲怪，侈而不法，求礼以为铁鹫金龙，丹雘珠玉，乃商琼台、夏瑶室之比，非古所谓茅茨采椽者。自轩辕来，服牛乘马。今辇以人负，则人代畜，上书讥切。此亦袭旧论耳。檐子等方日兴，又何讥于步辇邪?

《新书·百官志》：驾部郎中、员外郎，掌舆辇、车乘、传驿、厩牧、马牛杂畜之籍。凡给马者：一品八匹，二品六匹，三品五匹，四品、五品四匹，六品三匹，七品以下二匹。给传乘者：一品十马，二品九马，三品八马，四品、五品四马，六品、七品二马，八品、九品一马。三品以上敕召者给四马，五品三马，六品以下有差。凡驿马，给地四顷，莳以苜蓿。凡三十里有驿，驿有长。举天下四方之所达，为驿千六百三十九。阻险无水草镇戍者，视路要隙置官马。水驿有舟。凡传驿马驴，每岁上其死损肥瘠之数。其制颇为精详。然不过统属而已。能举其职与否，实在地方官吏。唐制：在州，道路、逆旅属户曹，门户、管钥、烽候、传驿属兵曹。津梁、舟车属士曹。然官吏之能举其职者少，而过者又不免恣睢自便，驿遂为困民之一大端矣。国家于驿传经费，时亦借出举以维持之。如玄宗开元二十六年正月，长安、万年两县，各与本钱一千贯，收利供驿。《旧书·本纪》。懿宗咸通五年五月，制以南蛮乱后，潭、桂两道，各赐钱三万贯文，以助军钱，亦以充馆驿息利本钱。其江陵、江西、鄂州三道，令本道观察使准此例兴置是。详见第十八章第四节。此亦非善政也。元稹之分司东都，徐州监军孟昇死，节度使王沼传送其丧柩还京，给券乘驿，仍于邮舍安置丧柩。柩至洛，其下殴诟主邮吏。稹令徙柩于外，不得复乘传。《旧书·稹传》。而身旋遭宦官争厅之祸，为所棰击伤面，反遭贬斥。已见第八章第三节。《旧书·方技·金梁凤传》：梁凤在河陇，谓吕諲曰："判官骨相，合得宰相，须得一大惊怖即得。"諲后至驿，责让驿长，榜之。驿吏武将，性粗猛，持弓矢突入射諲。矢两发，几中諲面。諲逾墙得免。驿吏固粗猛，諲安可擅榜驿长乎？《新书·柳公绰传》：长庆元年（821年），复为京兆尹。时幽镇用兵，补置诸将，使驿系道。公绰奏曰："比馆递匮乏，驿置多阙。敕使衣绯紫者，所乘至三四十骑，黄绿者不下十数。吏不得视券，随口辄供，驿马尽，乃掠夺民马。怨嗟惊扰，行李殆绝。请著定限，以息其弊。"有诏中书条检定数。由是吏得纾罪。《高元裕传》：兄少逸，出为陕、虢观察使。中人责峡石驿吏供饼恶，鞭之。少逸封饼以闻。宣宗怒，召使者责曰："山谷间是饼岂易具邪？"谪隶恭陵。观此诸事，可知乘驿者暴横之甚。《旧书·崔衍传》：为虢州刺史，上陈人困，特以当邮传冲要为言，宜矣。申饬之令，亦非无有。如《旧书·宪宗纪》：元和十一年十月，敕诸道奏事官，非急切不得乘驿马。《旧史·周世宗纪》：显德二年四月，诏应自外新除御史，未经朝谢，行过州县，不得受馆驿供给及所在公礼是也。然其奉行与否，正是难言。且如唐代，扰乱驿传，中人为甚，而宪宗顾以中人为馆驿使，事见第八章第三节。《旧书·裴潾传》：宪宗宠任内官，有至专兵柄者。又以内官充馆驿使。有曹进玉者，恃恩暴戾，遇四方使多倨，有至捽辱者。宰相李吉甫奏罢之。十二年（817年），淮西用兵，复以内官为使。潾上疏曰："馆驿之务，每驿皆有专知官。畿内有京兆尹，外道有观察使、刺史，迭相监临。台中又有御史充馆驿使，专察过阙。伏知近有败事，上闻圣聪。但明示科条，督责官吏，据其所犯，重加贬黜，敢不惕惧，日夜厉精？若令官闱之臣，出参馆驿之务，则内臣外事，职分各殊。切在塞侵官之原，绝出位之渐。事有不便，必戒以初。令或有妨，不必在大。”其言可谓深切著明矣。不亦翩其反而乎？

韦孝宽之代尉迥也，知其叛，西遁。每至亭驿，辄尽驱传马而去，复谓驿司曰："蜀公将至，宜速具酒食。"迥寻遣骑追孝宽。至驿，辄逢盛馔，又无马，遂迟留不进。《隋书·韦世康传》。吉温，安禄山加河东节，奏为副使，复奏为魏郡太守。杨国忠入相，追入为御史中丞。温于范阳辞禄山，禄山令累路馆驿作白䌷帐以俟之。《旧书·酷吏·温传》。合亭林所称当时驿舍之美观之，见第四节。而隋、唐驿传之情形可以想见矣。职是故，当时公私行旅，尚多栖止其间。《新书·忠义·颜杲卿传》：禄山反，令与假子李钦凑以兵七千屯土门。杲卿矫贼命诏钦凑计事，钦凑夜还。杲卿辞城门不可夜开，舍之外邮。使长史袁履谦及参军冯虔、郡豪翟万德等数人饮劳。既醉，斩之。先是禄山将高邈召兵范阳，未还，杲卿使藁城尉崔安石图之。邈至满城，虔、万德皆会传舍。安石给以置酒。邈舍马。虔叱吏缚之。而贼将何千年自赵来，虔亦执之。日未中，送二贼首。《卓行传》：权皋，安禄山表为蓟尉，署幕府。皋度禄山且叛，诈死南奔。客临淮，为驿亭保，以诇北方。《孝友传》：武后时，下邦人徐元庆，父爽，为县尉赵师韫所杀。元庆变姓名，为驿家保。久之，师韫以御史舍亭下，元庆手杀之。《旧书·姚南仲传》：贞元十五年（799年），代李复为郑滑节度使。监军薛盈珍，恃势夺军政。南仲数为盈珍谗毁。德宗颇疑之。十六年（800年），盈珍遣小使程务盈驰驿奉表，诬奏南仲阴事。南仲裨将曹文治亦入奏事，伺知盈珍表中语，私怀愤怒。晨夜兼道追务盈。至长乐驿，及之。与同舍宿。中夜，杀务盈，沉盈珍表于厕中，乃自杀。《旧五代史·乌震传》：好为诗，善笔札。凡邮亭、佛寺，多有留题之迹。《贾馥传》：故王镕判官。张文礼杀镕，遣馥至邺都劝进。因留邺下，栖迟邮舍。《赵思绾传》：遣供奉官王益、部署思绾等赴阙。益至永兴，副使安友规、巡检使乔守温出迎，于郊外离亭置酒。并当时行旅栖止传舍之证。《旧书·李翛传》，言其为坊、绛州，常饰厨传，以奉往来中使及禁军中尉宾客，以求善誉。《新书·王播传》：弟子式，大中中，为晋州刺史，饰邮传，器用毕给。《循吏·何易于传》：为益昌令。馈给往来，传符外一无所进，故无异称。《旧史·华温琪传》：拜华州节度使。以己俸补葺祠庙廨舍千余间，复于邮亭创待客之具，华而且固，往来称之。悃愊之与声华，皎然异路矣。

偏僻之地，邮驿之不修者盖多？《旧书·宪宗纪》：元和元年正月，复置斜谷路馆驿。时高崇文方由此出兵也，可谓临渴掘井矣。《宣宗纪》：大中三年十一月，东川节度使郑涯、凤翔节度使李玭奏修文川谷路，自灵泉至白云，置十一驿。下诏褒美。经年，为雨所坏。又令封敖修斜谷旧路。足见其废坏时多也。惟实心为民者，乃能于此等地方，加以修饬。《新书·窦怀贞传》：从子兢，调鄠令。修邮舍道路，百姓德之。《循吏·贾景骏传》：神龙中，历肥乡令。后为赵州长史，道出肥乡，民喜，争奉酒食迎犒。有小儿亦在中。景骏曰："方儿曹未生，而吾去邑，非有旧恩，何故来？"对曰："耆老为我言：学庐、馆舍、桥障，皆公所治，意公为古人，今幸亲见，所以来。"景骏为留终日。后迁房州刺史。州穷险，无学校，好祀淫鬼。景骏为诸生贡举。通隘道，作传舍，罢祠房无名者。此等皆非欲奉过客以干声誉，真能有益于民，故为民所称道也。亦可见民之不可欺矣。

驿马之诛求，厉民最甚。《旧书·李渤传》：泽潞节度使郗士美卒，渤充吊祭使。路次陕西，上疏言道途不修，驿马多死。宪宗览疏惊异，即以飞龙马数百匹付畿内诸驿。《文苑·刘宪传》：父思立，高宗时为侍御史。属河南、河北旱，遣御史中丞崔谧等分道存问振给。思立上疏言："无驿之处，其马稍难简择。公私须预追集。每为一马，遂劳数家。望且委州县振给。"无驿处如此，有驿处更不必论。宪宗时设非有李渤上陈，亦必诛求于民矣。《新书·王翃传》：兄曾孙凝，出为商州刺史。驿道所出，吏破产不能给。而州有冶赋羡银，常榷直以优吏奉，凝不取，则以市马，故无横扰，人皆慰悦。《卢钧传》：拜华州刺史。关辅驿马疲耗，钧为市健马，率三岁一易。自是无乏事。能如此弥缝匡救者，恐不多也。《通鉴》：唐玄宗天宝六载（747 年），罗希奭自青州如岭南，所过杀迁谪者。郡县皇骇，排马牒。至宜春，李适之忧惧，仰药自杀。《注》云："御史所过，沿路郡县给驿马，故未至先有排马牒。"亦可见供应之严切也。

《旧书·职官志》：度支郎中、员外郎之职，转运、征敛、送纳，皆准程而节其迟速。凡天下舟车，水陆载运，皆具为脚直。轻重贵贱，平易险涩，而为之制。《通鉴》：唐昭宗乾宁元年（894 年），董昌苛虐，于常赋之外，加敛数倍，以充贡献及中外馈遗。每旬发一纲，金万两，银五千铤，越绫万五千匹，他物称是。用卒五百人。或遇雨雪风水，违程皆死。《注》云："唐制陆行之程：马日七十里，步及驴五十里，车三十里。水行之程：舟之重者，溯河日三十里，江四十里，余水四十五里。空舟，溯河四十里，江五十里，余水六十里。沿流之舟，则轻重同制，河日一百五十里，江一百里，余水七十里。转运、征敛、送纳，皆准程节其迟速。其三峡、砥柱之类，不拘此限。若遇风水浅不得行者，即于随近官司申牒验记，听折半功。不及是则为违程。董昌盖计日限程以至长安，又不许以雨雪风水准折也。"《旧书·高宗纪》：贞观十八年（644 年），太宗将伐高丽，令太子留镇定州。及驾发有期，悲啼累日。因请飞驿递表起居，并递敕垂报。并许之。飞表奏事，自此始也。《通鉴》：后晋齐王开运三年十二月乙巳朔，李谷自书密奏，具言大军危急之势，请车驾幸滑州，遣高行周，符彦卿扈从，及发兵守澶州、河阳，以备虏之奔冲。遣军将关勋走马上之。《注》云：“走马上之，急报也。宋自宝元、康定以前，边镇率有走马承受之官。”此等，皆出常程之外者也。

《通鉴》：唐懿宗咸通九年（868年），庞勋于递中申状于崔彦曾。《注》云：“递中，谓入邮筒递送使府。”又僖宗乾符三年（876年），蛮遣李瑶还，递木夹以遗高骈。已见第十二章第二节。皆可见唐人传命之法。

驿在愈荒僻之处，为用愈大，故收复旧疆，或开拓境宇者，多事设置。《旧书·宪宗纪》：元和八年十一月，以盐州隶夏州。自夏州至丰州，初置八驿。此所以经略边境。《太宗纪》：贞观二十一年（647年），于突厥之北，至于回纥部落，置驿六十六所，以通北荒。《新书·回鹘传》：延陀亡后，铁勒诸部入朝，请于回纥、突厥部治大涂，号参天至尊道。乃诏碛南鹈鹕泉之阳，置过邮六十八所，具群马、湩肉待使客，即此事也。此其规模，可谓甚远。然此等邮驿，非借兵力不能维持，而维持之所费尤巨，终不免劳中国以事四夷也。驿传于通信最便，用兵之际尤亟，故好武之国，虽荒陋亦能置之。《旧书·吐蕃传》，记徐舍人与僧延素语，适有飞鸟使至。飞鸟，犹中国驿骑也。云术者上变，召军急还，遂归之。《新书》略同。又云：其举兵，以七寸金箭为契。百里一驿。有急兵，驿人臆前加银鹘。甚急，鹘益多。告寇举烽。则其制亦颇详备矣。驿既所以便通讯，故有力而欲速知机密者，亦或置之。此为法令所不许。《隋书·荣毗传》：为华州长史。时晋王广在扬州，每令人密觇京师消息。遣张衡于路次，往往置马坊，以畜牧为辞，实给私人也。州县莫敢违。毗独遏绝其事。上闻而嘉之，赉绢百匹。是其事矣。若唐玄宗时之店有驿驴，见第十八章第一节。则如郑当时之置驿马长安诸郊，存诸故人，请谢宾客，见《秦汉史》第十七章第六节。取节畜力而已，不为干禁也。

烽候所置，大率相去三十里。若有山冈隔绝，须逐便安置，得相望见，不必要限三十里。逼边境者，筑城置之。每烽置帅、副各一人。其放烽，有一炬、两炬、三炬、四炬，随贼多少为差。每日初夜，放烟一炬，谓之平安火。《通鉴》至德元载（756年）、元和七年（812年）《注》，皆据《唐六典》。《通鉴》：哥舒翰败于潼关，麾下来告急，玄宗不时召见，及暮，平安火不至，始惧；是也。

《隋书·杨素传》：素再讨江南之乱，至会稽。先是泉州人王国庆，南安豪族也。杀刺史刘弘，据州为乱。诸亡贼皆归之。自以海路艰阻，非北人所习，不设备伍。素泛海掩至。国庆皇遽，弃州而走。似当时闽、浙间海道，尚未畅通者。然唐懿宗时，陈磻石遂能海运以馈安南之师。事见第十章第二节。《旧书·本纪》：咸通三年（862年），磻石诣阙上书，言有奇计以馈南军。天子召见。磻石奏臣弟听思，曾任雷州刺史。家人随海船至福建。往来大船，一只可致千石。自福建装船，不一月至广州，得船数十艘，便可致三万石至广府矣。又引刘裕海路进军破卢循故事。执政是之。以磻石为盐铁巡官，往扬子院，专督海运。于是康承训之军，皆不阙供。五年五月丁酉，制淮南、两浙海运，虏隔舟船，访闻商徒失业颇甚。所由纵舍，为弊实深。亦有般货财委于水次，无人看守，多至散亡。嗟怨之声，盈于道路。宜令三道据所般米石数，牒报所在盐铁巡院，令和雇入海舸船，分付所司。通计载米数足外，辄不更有隔夺，妄称贮备。其小舸短船，到江口，使司自有船，不在更取商人舟船之限。如官吏妄行威福，必议痛刑。则自淮南、两浙至闽、粤，海道悉已畅通，且商人有大船颇多。《新书·王义方传》：补晋王府参军，直弘文馆。素善张亮，亮抵罪，故贬吉安丞。道南海，舟师持酒脯请福。义方酌水誓曰："有如忠获戾、孝见尤，四维廓氛，千里安流。神之听之，无作神羞。"是时盛夏，涛雾蒸涌，既祭，天云开露，人壮其诚。则自长安至江西，反有取道于海者矣。然则王国庆之不虞，特谓北兵不能航海而至，而非其时闽、浙海道之不通也。五代割据，闽、浙与中原隔绝，皆道海而来。欧《史·吴越世家》云：朝廷遣使，皆由登、莱泛海，岁常飘溺。《闽世家》云：审知岁遣使泛海自登、莱朝贡于梁。使者入海，覆溺十常三四。中原使闽、浙，入海失事，见于史者颇多。孔崇弼，事见第十八章第一节。司马邺、张文宝、李专美、程逊、裴羽、段希尧、司徒诩等，皆见《旧史》本传。程逊事且特书于晋高祖纪天福四年（939年）。如此，安得通行无阻。薛《史·司马邺传》言："时扬州诸步多贼船，过者不敢循岸，必高帆远引海中。"盖使节之行，与寻常商民有异，故多覆溺之患也。《旧书·陆元方传》：则天革命，使元方安辑岭外。将涉海，风涛甚壮。舟人莫敢举帆。元方曰："我受命无私，神岂害我？"遽命之济。既而风涛果息。则自中原至南方者，久习于海矣。《旧五代史·方太传》：青州千乘人。少隶本军为小校。尝戍登州，劫海客，事泄，刺史淳于晏匿之，遇赦免。可见其时戍将，有为盗贼之行者也。

海外交通，已见第十五章第二节。《隋书·经籍志》：子部天文家有《海中星占》《星图海中占》各一卷。盖时尚未能用罗盘针，凭此以决方向。唐、五代之世，亦尚如此。而蓄鸽传信之法，唐时业已有之。桑原骘藏《蒲寿庚传》云："李肇《国史补》下曰：南海舶，外国船也。师子国舶最大。梯而上下数丈，皆积宝货。舶发之后，海路必养白鸽为信。舶没，鸽虽数千里亦能归也。段成式《酉阳杂俎》十六：大理丞郑复礼言：波斯舶上多养鸽。鸽能飞行数千里。辄放一只至家，以为平安信。考印度远洋船，养鸽及他飞行力强之鸟，以搜索陆地，起原颇早。中国记南洋贸易船养鸽事，则始自唐。张九龄养白鸽，用以通信，称曰飞奴，见王仁裕《开元天宝遗事》。九龄岭南产，使鸽传书，实传自外国贸易船也。"《考证》三十一。

造船之技颇精。隋文帝诏括江南诸州船长三丈已上者入官，已见第二章第一节。炀帝乘龙舟如江都，见第二章第四节。《通鉴》述其制云："龙舟四重，高四十五尺，长二百丈。上重有正殿、内殿、东西朝堂。中二重有百二十房。皆饰以金玉。下重内侍处之。皇后乘翔螭舟，制度稍小，而装饰无异。别有浮景九艘，三重，皆水殿也。又有漾采、朱鸟、苍螭、白虎、玄武、飞羽、青凫、陵波、五楼、道场、玄坛、板䑺、黄篾等数千艘，后宫、诸王、公主、百官、僧尼、道士、蕃客乘之，及载内外百官供奉之物。共用挽船士八万余人。其挽漾采以上者，九千余人，谓之殿脚，皆以锦采为袍。又有平乘、青龙、艨艟、艚䑽、八櫂、艇舸等数千艘，并十二卫兵乘之，并载兵器帐幕。兵士自引，不给夫。舳舻相接，二百余里。"唐太宗伐高丽，命张亮率江、淮、岭、硖劲卒四万，战船五百艘，自莱州泛海趣平壤。《旧书·高丽传》。《新书·阎立德传》：即洪州造浮海大航五百艘，盖即亮所将者也。贞观二十二年（648 年），以高丽困弊，议以明年发三十万众一举灭之。或以为大军东征，须备经岁之粮，非畜乘所能载，宜具舟舰为水运。隋末，剑南独无寇盗，属者辽东之役，剑南复不与，及其百姓富庶，宜使之造舟舰。上从之。七月，遣右领左右府长史强伟于剑南道伐木造舟舰，大者或长百尺，其广半之。别遣使行水道，自巫峡抵江、扬，趋莱州。八月，敕越州都督府及婺、洪等州造海船及双舫千一百艘。强伟等发民造船，役及山僚，雅、邛、眉三州僚反。遣茂州都督张士贵、右卫将军梁建方发陇右、峡中兵二万余人以击之。蜀人苦造船之役，或乞输直，雇潭州人造船。上许之。州县督迫严急，民至卖田宅、鬻子女不能供。谷价踊贵，剑外骚然。上闻之，遣司农少卿长孙知人驰驿往视之。知人奏称"蜀人脆弱，不耐劳剧。大船一艘，庸绢二千二百三十六匹。山谷已伐之木，挽曳未毕，复征船庸，二事并集，民不能堪。宜加存养。"上乃敕潭州船庸，皆从官给。《通鉴》。太宗是时之劳民，几与隋炀帝无异。然观造船之大而且多如是，隋、唐二代之工艺，亦略可见矣。战斗利用大船，观宋武帝克卢循事可知，说见《两晋南北朝史》，然亦有不利之时。《旧五代史·李珽传》：成汭之镇荆州，辟为掌书记。天复中，淮寇大举围夏口，逼巴陵。太祖患之，飞命汭率水军十万援鄂。珽入言曰："今舳舻容介士千人，载稻倍之，缓急不可动。吴人剽轻，若为所绊，则武陵、武安，皆我之仇也，将有后虑。不如遣骁将屯巴陵大军对岸，一日不与战，则吴寇粮绝，而鄂州围解矣。"不听。淮人果乘风纵火，舟尽焚，兵尽溺，汭亦自沉于江。朗人、潭人，遂入荆渚，一如所料。即恃大之殷鉴也。《新书·归崇敬传》：大历初，授仓部郎中，充吊祭册立新罗使。海道风涛，舟几坏。众惊，谋以单舸载而免。答曰："今共舟数十百人，我何忍独济哉？"少选风息。则航海大船，亦别有小舟随之。《通鉴》：周世宗显德三年（956年），太祖皇帝乘皮船入寿春濠中，城上发连弩射之。矢大如屋椽。衙将张琼，遽以身蔽之，矢中琼髀，死而复苏。镞著骨不可出。琼饮酒一大卮，令人破骨出之。流血数升，神色自若。《注》云："皮船，缝牛皮为之。"盖正所以御矢石也。《旧书·李皋传》：常运心巧思，为战船，挟二轮踏之，疾若挂帆席。《新书》略同。案此船宋杨太亦用之，未必传诸皋，则工匠必有能为之者。皋与太乃从而用之耳。未必真皋所创也。轮船虽捷，然用人力必多，则所费巨而战阵以外不可用，此所以虽有其制，而卒失其传欤？

《旧书·职官志》：水部郎中，员外郎之职。凡天下造舟之梁四，《注》云：河则蒲津、大阳、河阳，洛则孝义。石柱之梁四，《注》云：洛则天津、永济、中桥，霸则霸桥。木柱之梁三，《注》云：皆渭川便桥、中渭桥、东渭桥也。巨梁十有一，皆国工修之。其余皆所管州县，随时营葺。其大津无梁，皆给船人。量其大小、难易，以定其差。国工所修，为数甚少。故津梁济渡之便否，实视乎州县之能举其职与否也。造桥之技，似不如造船之精。《李昭德传》：初都城洛水天津之东，立德坊西南隅，有中桥及利涉桥，以通行李。上元中，司农卿韦机始移中桥置于安众坊之左街，当长夏门。都人甚以为便。因废利涉桥，所省万计。然岁为洛水冲注，常劳治葺。昭德创意，积石为脚，锐其前以分水势。自是竟无漂损。《良吏·韦机传》：孙景骏，神龙中，累转肥乡令。县北界漳水，旧有架柱长桥，每年修葺，景骏改造为浮桥。足见石柱、木柱之梁，工程均不甚坚实。《新书·地理志》：河中府河西县，有蒲津关，一名蒲阪。开元十三年（725年），铸八牛。牛有一人策之。牛下有山，皆铁也。夹岸以维浮梁。其工程可谓甚巨。然《李固言传》云：领河中节度使，蒲津岁河水坏梁，吏撤笮用舟，邀丐行人。固言至，悉除之。则造舟之梁，亦有不安固者矣。《旧五代史·王周传》：周为定州，桥败，覆民租车。周曰："桥梁不饬，刺史之过也。"乃还其所沉粟，出私财以修之。民庶悦焉。此虽为德政，然州县桥梁之不饬，亦于此可见矣。太宗征辽，诏所过水可涉者，勿作桥梁。《新书·高丽传》。张守珪北伐，次滦河，属冻泮，欲济无梁，贾循揣广狭为桥以济。《新书》本传。则偏僻之地，桥梁尤少。然济渡亦未见善。《旧五代史·崔税传》：兄楡，闲居滑州。尝欲访人于白马津。比及临岸，叹曰："波势汹涌如此，安可济乎？"乃止。白马为今古通津，乃使人临河而叹，得毋津吏亦有不尽其职者耶？

城市中路，为造屋者所侵，殆于古今一辙。《旧书·杜亚传》：出为扬州刺史。扬州官河填淤，漕挽湮塞，又侨寄衣冠及工商等多侵衢造宅，行旅拥弊。亚乃开拓疏启，公私悦赖。《于頔传》：改苏州刺史。浚沟渎，整街衢，至今赖之。皆其事也。《宣宗纪》：大中三年六月，御史台奏义成军节度使韦让于怀真坊侵街造屋九间，已令毁拆讫。身膺旄节，而所为如此，不亦异乎？然侵占者恐正始于此等人。《五代史补》云：罗绍威有词学，尤好戏判。尝有人向官街中鞴驴，置鞍于地。值牛车过，急行，碾破其鞍。驴主怒，殴驾车者。为厢司所擒。绍威更不按问，遂判其状云："邺城大道甚宽，何故驾车碾鞍？领鞴驴汉子科决，待驾车汉子喜欢。”词虽俳谐，理甚切当，论者许之。邺城大道果宽乎？若然，亦不过通都大邑，政令之力较强，侵占不致过甚，如清末南北京、保定、沈阳等地，街衢尚较小城市为宽耳。如韦让之所为，设非在长安，恐未易令其毁拆矣。故工商之侵占为蚕食，衣冠之侵占为鲸吞也。至于日久而地益繁盛，则其拥弊，恐有更甚于寻常城市者矣。周世宗之治大梁，取一切之法，见上节。盖亦有所不得已也。路土亦不坚实。庄宪太后崩，李翛为山陵桥道置顿使，灵驾至渭城北门，门坏，已见第八章第三节。《旧书·翛传》云：先是桥道司请改造渭城北门，翛以劳费不从。令深凿轨道以行。掘土既深，旁柱皆悬，因而顿坏。掘土而损及城门旁柱，路基之不坚实可知。

街衢之旁，尚多植树，此则胜于后世者也。刘世龙说唐高祖伐六街树为樵，已见第十九章第一节。《旧书·玄宗纪》：开元二十八年正月，两京路及城中苑内种果树。《僖宗纪》：广明元年四月甲申朔，大风，拔两京街树十二三。东都长夏门内古槐，十拔七八。宫殿鸱尾皆落。《吴凑传》：官街树缺，所司植榆以补之。凑曰：“榆非九衢之玩。”亟命易之以槐。及槐阴成而凑卒，人指树而怀之。皆官街有树之证。《范希朝传》：为振武节度使。单于城中旧少树，希朝于他处市柳子，命军人植之。俄遂成林，居人赖之。则虽边方，亦有能留意于此者矣。

门、关之政，唐制掌于司门郎中、员外郎。凡关二十有六。新旧《志》同。《新书·太宗纪》：武德九年八月，废潼关以东濒河诸关。《武后纪》：长安三年十二月，天下置关三十。则亦时有废置。为上、中、下之差。京城四面有驿道者为上关，无驿道及余关有驿道者为中关，他皆为下关。上、中关有令、丞，下关但有令。关呵而不征。入一关者，余关不讥。蕃客往来，阅其装重。司货贿之出入。其犯禁者，举其货，罚其人。阑遗之物，揭于门外，榜以物色，期年没官。凡度关，先经本部、本司请过所。在京则省给之，在外则州给之。虽非所部，有来文者，所在亦给。出塞逾月者给行牒。猎手所过给长籍，三月一易。兼据新旧《志》司门职文。《十七史商榷》云：《旧志》关令，凡行人车马，出入往来，必据过所以勘之，语本《六典》。《新》作车马出入，据过所为往来之节，改得殊不如《旧》。又有所谓公验者。《隋书·高祖纪》：开皇十八年九月，敕舍客无公验者，坐及刺史、县令。《通鉴》：唐宣宗大中六年十二月，中书、门下奏："度僧不精，则戒法堕坏。造寺无节，则损费过多。请自今诸州准元敕许置寺外，有胜地灵迹许修复。繁会之县，许置一院。严禁私度僧尼。若官度僧尼有阙，则择人补之。仍申祠部给牒。其欲远游寻师者，须有本州公验。"从之。《注》云："公验者，自本州给公文，所至以为照验。"《旧书·德宗纪》：贞元八年闰十二月，门下省奏："邮驿条式，应给纸券，除门下外，诸使、诸州，不得给往还券。至所诣州府纳之，别给俾还朝。常参官在外除授，及分司假宁往来并给券。"从之。往还券亦公验之类。然持之太久，流弊必多，故禁之也。《旧史·梁太祖纪》：开平三年十月，诏以寇盗未平，凡诸给过所，并令司门郎中、员外郎出给，以杜奸诈。四年十一月，诏曰："关防者，所以讥异服、察异言也。况天下未息，兵民多奸，改形易衣，觇我戎事。比者有谍，皆以诈败，而未尝罪所过地。叛将逃卒，窃其妻孥而影附使者，亦未尝诘其所经。今海内未同，而缓法弛禁，非所以息奸诈、止奔亡也。应在京诸司，不得擅给公验。如有出外须执凭由者，其司门过所，先须经中书、门下点检。宜委赵光逢专判出给。俾由显重，冀绝奸源。仍下两京、河阳及六军诸卫、御史台，各加钤辖。公私行李，复不得带挟家口向西。其襄、邓、鄜、延等道，并同处分。"可见其重之之由矣。然其事亦难严行。《新史·杨邠传》：邠虽长于吏事，而不知大体。以故秉大政而务苛细。凡前资官不得居外，而天下行旅，皆给过所然后得行。旬日之间，人情大扰。邠度不可行而止。其明验矣。

关虽云呵而不征，后亦不能维持。《新书·张知謇传》：弟知泰，武后革命，奏置东都诸关十七所，讥敛出入。百姓惊骇，樵米踊贵，卒罢不用。议者羞薄之。《旧书·崔融传》：长安三年（703年），有司表税关市。事条不限工商，但是行人尽税。融上疏谏，则天纳之，乃寝其事。融疏有曰："关必据险路，市必凭要津。富商大贾，豪宗恶少，轻死重义，结党连群，暗呜则弯弓，睚眦则挺剑，小有失意，且犹如此，一旦变法，定是相惊。乘兹困穷，便恐南走越，北走胡。非惟流逆齐人，亦自搅乱殊俗。又如边徼之地，寇贼为邻。兴胡之旅，岁月相继，傥同科赋，致有猜疑，一从散亡，何以制禁？"又云："天下诸津，舟航所聚。旁通巴、汉，前指闽、越，七泽、十薮，三江、五湖，控引河、洛，兼苞淮、海。弘舸巨舰，千轴万艘。交贸往还，昧旦永日。今若江津、河口，置铺纳税，纳税则检覆，检覆则迟留，此津才过，彼铺复止。非惟国家税钱，更遭主司僦赂。船有大小，载有多少，量物而税，触途淹久。统论一日之中，未过十分之一。因此拥滞，必致吁嗟。一朝失利，则万商废业，万商废业，则人不聊生。其间或有轻訬任侠之徒，斩龙刺蛟之党，鄱阳暴虐之客，富平悍壮之夫，居则藏镪，出便竦剑。加之以重税，因之以威胁。兽穷则搏，鸟穷则攫，执事者复何以安之哉？"其辞可谓危矣。然肃宗时，李巨为东京留守，于城市桥梁税出入车牛等钱，颇有乾没，士庶怨讟。韩滉为镇海，泾师之乱，命所部闭关梁，禁牛马出境。而大中时，方镇且设邸阁居茶，横赋商人。见第一节。至于孔谦，则竟障塞山谷径路矣。

门禁亦司门掌之。凡著籍，月一易之。流内记官爵姓名，流外记年齿状貌，非迁解不除。凡有名者，降墨敕，勘铜鱼、墨契而后入鱼、契之制，见《新书·车服志》。

巡警之务，属于金吾、千牛二卫，见《新书·百官志》：德宗尚苛伺，中朝士相过，金吾辄飞启，宰相至阖门谢宾客，事见第七章第六节。阎知微之使突厥，裴怀古监其军。默啜胁知微称可汗，又欲官怀古。怀古不肯拜。囚军中。因得亡。而素尪弱，不能骑，宛转山谷间，仅达并州。时长史武重规纵暴，左右妄杀人取赏。见怀古至，争执之。有果毅尝识怀古，疾呼曰："裴御史也。"乃免。其司苛察者，亦军人也。吴元济禁偶语于道，夜不然烛，酒食相馈遗者，以军法论。《新书·裴度传》。朱泚亦禁居人夜行。三人以上，不得聚饮食。果何益邪？刘瑑，宣宗时为宣武节度使，下令不呵止夜行，使民自便，境内以安。世岂有专务司察，而可以为治者哉？

儒家之不达时务，莫过于不知社会之变迁，谓商业可以禁遏，欲驱天下而复返诸农。率是见也，遂并交通而亦欲阻塞之矣。如苏威是也。《隋书·李谔传》云：威以临道店舍，乃求利之徒，事业污杂，非敦本之义。遂奏高祖，约遣归农。有愿依旧者，所在州县，录附市籍。仍撤毁旧店，并令远道限以时日。正值冬寒，莫敢陈诉。谔因别使，见其如此，以为四民有业，各附所安。逆旅之与旗亭，自古非同一概，即附市籍，于理不可。且行旅之所依托，岂容一朝而废？徒为劳扰，于事非宜。遂专决之，并令依旧。使还诣阙，然后奏闻。高祖善之，曰："体国之臣，当如此矣。"逆旅之不可废，潘岳论之已详，威岂未之见邪？《旧书·马周传》：西游长安，宿于新丰逆旅。主人惟供诸商贩而不顾待。周遂命酒一斗八升，悠然独酌。主人深异之。《杨再思传》：少举明经，授玄武尉，充使诣京师，止于客舍。会盗窃其囊装，再思邂逅遇之。盗者伏罪。再思谓曰："足下当苦贫匮，至此无行。速去，勿作声，恐为他人所擒。幸留公文，余财尽以相遗。"盗者赍去。再思初不言其事，假贷以归。冯定诣于頔，不留而去，頔惭，驰载钱五十万谢之，定亦饭于逆旅，复书责以贵敖，而返其遗。李勉游梁、宋，与诸生共逆旅，已见第十九章第五节。《张裼传》：释褐寿州防御判官。于琮布衣时，客游寿春，郡守待之不厚。禓以琮衣冠子，异礼遇之。琮将别，谓禓曰：“吾饷逆旅翁五十千，郡将之惠，不登其数，如何？”禓方奉母家贫，适得俸绢五十匹，尽以遗琮。约曰：“他时出处穷达，交相恤也。”举此数事，足见当时依于逆旅者之多。《文苑·崔咸传》：父锐，初佐李抱真为泽潞从事。有道人，自称卢老，曾事隋朝云际寺李先生，豫知过往未来之事。属河朔禁游客，锐馆之于家。一旦辞去，且曰：“我死，当与君为子。”因指口下黑子，愿以为志。咸之生也，果有黑子，其形神即卢老也。父即以卢老字之。禁游客之时，当不能复舍逆旅，然亦游客为然，工商者未必然也。高崇文之讨刘辟，军至兴元，军中有折逆旅匕箸，斩之以徇。朱泚走泾州，田希鉴拒之，泚亦更舍逆旅。则虽行师之际，亦有依之者矣。

第二十一章　隋唐五代政治制度

第一节　政　体

时代愈后，则君位愈尊，积重之势然也。晋、南北朝之世，习以皇帝之称为最尊，天王次之，王又次之，已见《两晋南北朝史》第二十二章第一节。《十七史商榷》云："李克用似未便与曹孟德一例，故薛《史》虽作本纪，称为武皇，削一帝字，稍示别异。陶岳、王禹偁，皆有此称。《宋史·郭从义传》，犹仍此名。大约当时人语如此。"可见此义在唐、五代之世，犹为人所共知。然君主之肆然自大者，已不能守。欧《史·马缟传》：缟以后唐庄宗时判太常卿。明宗入立，继唐太祖。庄宗而不立亲庙。缟言："汉诸侯王入继统者，必别立亲庙。光武皇帝立四亲庙于南阳。请如汉故事，立庙以申孝享。"明宗下其议。礼部尚书萧顷等请如缟议。宰相郑珏等议引汉桓、灵为比，以谓桓帝尊其祖解渎亭侯淑为孝元皇，父苌为孝仁皇，请下有司，定谥四代祖考为皇，置园陵，如汉故事。事下太常，博士王丕议：汉桓帝尊祖为孝穆皇帝，父为孝崇皇帝。缟以为孝穆、孝崇，有皇而无帝。惟吴孙皓尊其父和为文皇帝，不可以为法。右仆射李琪等议与缟同。明宗诏曰："五帝不相袭礼，三王不相沿乐。惟皇与帝，异世殊称，爰自嬴秦，已兼厥号。朕居九五之位，为亿兆之尊。奈何总二名于眇躬，惜一字于先世？"乃命宰臣集百官于中书，各陈所见。李琪等请尊祖祢为皇帝，曾高为皇。宰相郑珏合群议奏曰："礼非天降，而本人情。可止可行，有损有益。今议者引古，以汉为据，汉之所制，夫复何依？开元时尊皋陶为德明皇帝，凉武昭王为兴圣皇帝，皆立庙京师，此唐家故事也。臣请四代祖考皆加帝如诏旨，而立庙京师。”诏可其加帝，而立庙应州。邈佶烈之意，盖以是为能尽孝矣。客星据位，原为沐猴而冠，缟以申孝享立议，又引汉家故事诤之，亦可谓不可与言而与之言矣。卢文纪以缟为迂儒而鄙之，诚有由也。

不徒追尊祖考也，抑且貤及于子弟。事始魏孝庄之于孝宣，亦已见《两晋南北朝史》。唐高宗子弘之死，时人以为武后所鸩。《通鉴》语。《考异》曰：“《新书·本纪》云：己亥，天后杀皇太子。《新传》云：后将逞志，弘奏请数怫旨。从幸合璧宫，遇鸩薨。《唐历》云：弘仁孝英果，深为上所钟爱。自升为太子，敬礼大臣、鸿儒之士，未尝居有过之地。以请嫁二公主，失爱于天后，不以寿终。《实录》《旧传》，皆不言弘遇鸩。按李泌对肃宗云：高宗有八子，睿宗最幼，天后所生四子，自为行第，故睿宗第四。长曰孝敬皇帝，为太子、监国，仁明孝弟。天后方图听朝，乃鸩杀孝敬，立雍王贤为太子。《新书》盖据此及《唐历》也。按弘之死，其事难明，今但云时人以为天后鸩之也，疑以传疑。”乃追谥为孝敬皇帝，盖以息物议也。玄宗既篡储位，兄宪死，追谥为让皇帝。肃宗立，亦追谥其兄琮曰奉天皇帝。代宗则追谥建宁曰承天。盖其得位皆有惭德，其为是，正所以掩其争夺之迹也，失礼之本意矣。合于经义、故事与否，又何足论？

尊号二字，昉自秦世。《史记·秦始皇本纪》：李斯等与博士议帝号曰“臣等昧死上尊号，王为泰皇”是也。陆贽言尊号之始，乃在圣刘、天元。圣刘别有取义，天元与皇帝之称，则皆意在自尊大耳。然皆非自美也。李斯等之言曰：“古有天皇，有地皇，有泰皇，泰皇最贵。”泰与天地，义不相配，疑本作人。篆书大，象人形，字讹为大，又音假作泰耳。议言“五帝地方千里，其外或朝或否，天子不能制”，盖以古三皇为不然？故以其称相尊。始皇则习见时人以宰制天下者为帝，欲留其号，而又取斯等之议，加一皇字，以明其非仅制千里之帝耳。此自尊，非自美也。汉哀帝号陈圣刘太平皇帝者？陈田同音，土田同义，言帝虽姓刘，所行者实土德之政，说见《秦汉史》第二十章第三节。此则别有取义，并非自尊。周宣帝自号天元，乃出童骙之性，说见《两晋南北朝史》第十五章第一节。此亦妄自尊大耳。陆贽告德宗之辞曰："古之人君，或称皇称帝，或称王，但一字而已。至暴秦，乃兼皇帝二字。后代因之。及昏僻之君，乃有圣刘、天元之号。是知人之轻重，不在自称。与其增美称而失人心，不若黜旧号以祗天戒。"陈戒之意，昭然可见，非欲考尊号之所自来也。《通鉴》天授二年（691 年）胡《注》，以汉哀帝称陈圣刘太平皇帝为尊号之始，似非。降逮唐世，乃有称美之辞，生前及死后皆用之。生前所加者，即后世所谓徽号，死后所用，则与谥相淆，而当时皆谓之尊号，实非古尊号二字之义也。《十七史商榷》云："唐诸帝有生前所上之尊号，如旧《玄宗纪》：开元二十七年二月，加尊号开元圣文神武皇帝，又肃宗奉上皇尊号曰太上至道圣皇帝是也。有崩后所上之尊号，如上元二年四月，上皇崩，群臣上谥曰至道大圣大明孝皇帝是也。此称为谥。而其余如高祖，则云：贞观九年五月，高祖崩，群臣上谥曰大武皇帝。高宗上元元年八月，改上尊号曰神尧皇帝。天宝十三载二月，上尊号曰神尧大圣大光孝皇帝。太宗则云：贞观二十三年五月，上崩，百僚上谥曰文皇帝。上元元年（760 年），改上尊号曰文武圣皇帝。天宝十三载（754 年），改上尊号为文武大圣大广孝皇帝。凡此之类，皆或称谥，或称尊号者，盖生上尊号，固起于唐，前世未有，即殁而上谥，前世亦用一字而已，无连累数字者。若至道、大圣，皆不得为谥，故云尊号也。"案前世庙号、谥法，皆止一字，东晋、萧梁、北魏、北齐，间有两字，唐世始累数字为谥，诘屈不可诵，史家于诸帝乃多称其庙号，已见第十章第四节。唐世亦间有称谥者：一如玄宗谥七字，末三字曰大明孝，肃宗谥九字，末三字曰大宣孝，大孝之谥，诸帝所同，乃称玄宗为明皇，肃宗为宣皇是也。又其一，则如敬宗，《旧书》列传中屡称为昭愍，亦间有一篇之中，忽称敬宗，忽称昭愍者。盖石晋之世，群臣避讳为之，后人校改未尽。至如《萧俛》《白居易传》，前称宪宗，后称章武，《李德裕传》前称武宗，后云昭肃，则仅偶一见之，盖史臣杂采他书，未及整理者耳。说见《廿二史考异》。《通鉴》：代宗大历十四年（779 年），礼仪使吏部尚书颜真卿上言："上元中，政在宫壶，始增祖宗之谥。玄宗末，奸臣窃命，累圣之谥，有加至十一字者，按周之文、武，称文不称武，言武不称文，岂盛德所不优乎？盖群臣称其至者故也？故谥多不为褒，少不为贬。今累圣谥号太广，有逾古制。请自中宗以上，皆从初谥。睿宗曰圣真皇帝，玄宗曰孝明皇帝，肃宗曰宣皇帝，以省文尚质，正名敦本。"上命百官集议。儒学之士，皆从真卿议。独兵部侍郎袁傪，官以兵进，奏言"陵庙玉册木主，皆已刊勒，不可轻改"，事遂寝。不知陵中玉册所刻乃初谥也。胡《注》曰："唐陵中玉册，自睿宗圣真皇帝以上，所刻皆初谥。然玄宗谥册曰至道大圣大明孝皇帝，肃宗谥册曰文明武德大圣大宣孝皇帝。袁傪所谓木主、玉册，皆已刊勒，有见乎此耳。"案玉册虽刊，不害称名之从简，袁傪终未为知礼也。胡氏又云："天宝十三载（754 年），加祖宗谥号，并庙号皆为九字，而群臣上玄宗尊号，凡十四字。未知颜真卿所谓加至十一字何帝也。"案《旧书·懿宗纪》：咸通十三年（872 年），制追谥宣宗为玄圣至明成武献文睿智章仁神聪懿道大孝皇帝。《廿二史考异》云："诸帝之谥，皆具载本纪，纪首又冠以最后增加之谥。独宣宗纪只载初上之谥，纪首亦但书圣文献武孝皇帝，于史例未合。但高祖、太宗，受命之君，谥止七字，肃、顺、宪三宗，亦止九字，宣宗德薄于前朝，而骤加至十八字，九庙有灵，何以自安？史臣略而不书，非无见也。"愚谓此直是遗漏，不必求之深而反失之。史文既有阙遗，则真卿以前，诸帝谥号，未必无加至十一字者也。又案称美之辞，当与张大之辞有别。故唐世生前所加，亦称徽号。见下引《旧书》本纪之文。后世遂专称徽号矣。然虽太后、皇后亦有之。武后之加尊号，始于垂拱四年（688 年）。是岁，武承嗣造瑞石，文曰："圣母临人，永昌帝业。"令雍州人唐同泰献之，称获之洛水。后加尊号曰圣母神皇。时尚为唐太后也。载初元年（689 年），既革唐命，加尊号曰圣神皇帝，降皇帝为皇嗣。二年（691 年），正月朔，受尊号于万象神宫。长寿二年九月，又加尊号曰金轮圣神皇帝。明年，为延载元年（694 年），又加号曰越古金轮圣神皇帝。证圣元年（685 年），又加号曰慈氏越古金轮圣神皇帝。旋以明堂灾，去慈氏越古之号。九月，亲祀南郊，复加尊号为天册金轮大圣皇帝。至圣历三年五月，以疾瘳改元久视，乃去天册金轮大圣之号。此皆在其为帝时。中宗以景龙元年（707 年）称尊号曰应天神龙皇帝。韦后亦加尊号曰顺天翊圣皇后。以上皆兼据《旧书·本纪》及《通鉴》。《旧书·本纪》：肃宗乾元二年二月，壬子望，月食既。百官请加皇后张氏尊号曰翊圣。上以月食阴德不修而止。《李揆传》：其为舍人也，宗室请加张皇后翊圣之号。肃宗召揆问之。对曰："臣观往古，后妃终则有谥。生加尊号，未之前闻。景龙失政，韦氏专恣，加号翊圣。今若加皇后之号，与韦氏同。陛下明圣，动遵典礼，岂可踪景龙故事哉？"肃宗惊曰："凡才几误我家事。"遂止。《通鉴》云：百官请加皇后尊号曰顺圣。《考异》曰："旧纪作翊圣，今从实录。"玄宗尝六受尊号。一在开元元年（713 年），曰开元神武皇帝。二在其二十七年（739 年），曰开元圣文神武皇帝。三在天宝元年（742 年），得灵符，加号曰开元天宝圣文神武皇帝。四在其七载（748 年），曰开元天宝圣文神武应道皇帝。五在其八载（749 年），曰开元天地大宝圣文神武应道皇帝。六在其十三载（754 年），追谥诸帝皆为孝，群臣上尊号曰开元天地大宝圣文神武证道孝德皇帝。以上亦兼据《旧纪》及《通鉴》。及为上皇，肃宗又奉上尊号。自此遂沿为故事。惟肃宗尝一去之，兼及年号。未几大渐，代宗监国，旋复。肃宗去尊号及年号，事在上元二年九月。是月，并以建子月为岁首。明年建巳月，上皇崩，上亦大渐，命太子监国，复建寅，以是月为四月，而改元曰宝应。德宗在奉天时，亦尝去尊号。兴元元年正月朔诏。贞元时，群臣请复，不许。《旧纪》：贞元五年十月，百寮请复徽号，不允。六年十月，文武百寮、京城道俗抗表请复徽号。上曰："朕以春夏亢旱，粟麦不登，精诚祈祷，获降甘雨，既致丰穰，告谢郊庙。朕傥因禋祀而受徽号，是有为为之，勿烦固请也。"开成中，群臣请上尊号，文宗亦尝拒之。《旧纪》：开成二年（837年），以彗星见下赦诏曰："近者内外臣寮，继贡章表，欲加徽号。夫道大为帝，朕膺此称，祇愧已多，矧钟星变之时，敢议名扬之美？非徒既往，且儆将来。中外臣寮，更不得上表奏请。表已在路，并宜追还。"二君皆贤君，其所为固终异于庸主邪？南唐始终不用尊号，实较唐代为优。《通鉴》：晋高祖天福四年正月，唐群臣、江王知证等累表请唐主复姓李，立唐宗庙。唐主许之。群臣又请上尊号。唐主曰："尊号虚美，且非古。"遂不受。其后子孙皆踵其法，不受尊号；又不以外戚辅政；宦者不得与事；皆他国所不及也。汉隐帝加钱俶母以顺德之号，则踵唐之失而又甚焉者矣。薛《史·本纪》：乾祐二年十一月，以吴越国王钱弘俶母吴氏为顺德太夫人。时议者曰："封赠之制，妇人有国邑之号，死乃有谥。后妃、公主亦然。唐则天女主，自我作古，乃生有则天之号。韦庶人有顺圣之号。知礼者非之。近代梁氏赐张宗奭妻号曰贤懿，又改为庄惠。今以吴氏为顺德，皆非古之道也。"

又古者祖有功，宗有德，其庙乃世祀不祧，至唐则无帝不称宗，而臣议君之意益微矣。

皇王之称，非他族所知，彼而欲尊中国之天子，则亦习以其称尊者之辞为称号耳。晋世夷狄，以大单于之号统北蛮，由此也。唐世北夷尊中国皇帝为天可汗，事亦如此。事在贞观二十年（646年）。《旧书·本纪》云："咸请至尊为可汗。"《新书·本纪》亦云："请上号为可汗。"《通鉴》云："咸云愿得天至尊为天可汗。"《新书·回纥传》云："请于回纥、突厥部治大涂，号参天至尊道。"或云至尊，或云天至尊；或云可汗，或云天可汗；疑天字皆唐人所加。在彼则但云可汗耳。北族同时本可有数可汗，如突利在颉利时亦为东方可汗是也。一族如此，合诸部族自更然。成吉思、达延，皆尝再正汗位，其初所为者，蒙古本部族之汗，后所为者，则诸部族之汗也。当此之时，诸部族之长，亦未必自去汗号，特诸汗相遇时，共仞成吉思、达延为最尊耳。此即所谓至尊。事出临时，一时自不能有二，安用于其上再加天字乎？诸汗之同时并立，正犹周时吴、楚在南方各自称王。但在会盟时不欲抑周而上之，即不为叛周矣。《新旧·回纥传》云："私自号可汗，署官吏，壹似突厥。"似以其称汗为不然，亦未免蓬之心也。又外人不知君臣之分，则以称父子、叔侄为尊卑，说见第十二章第二节、第十三章第十三节。然则中国之见屈于北夷，正不待赵宋之世矣。

世惟自足于中者，不待炫鬻于外。汉宣帝时，呼韩邪单于来朝，诏公卿议其仪。丞相霸、御史大夫定国议：其礼仪宜如诸侯王，位次在下。萧望之以为"单于非正朔所加，故称敌国，宜待以不臣之礼，位在诸侯王上。使匈奴后嗣，阙于朝享，不为叛臣。"天子采之，下诏曰："盖闻五帝三王，教化所不施，不及以政。今匈奴单于称北蕃，朝正朔，朕之不逮，德不能弘覆，其以客礼待之。"令单于位在诸侯王上，赞谒称臣而不名。诏书所称，义见《书·传》，亦经说也。唐世，此义犹有存焉。《新书·高丽传》：高祖谓左右曰："名实须相副。高丽虽臣于隋，而终拒炀帝，何臣之为？朕务安人，何必受其臣？"裴矩、温彦博谏曰："辽东本箕子国，魏、晋时故封内，不可不臣。中国与夷狄，犹太阳于列星，不可以降。"乃止。高祖之言善矣，矩、彦博之意，亦谓故封不可由我而失，非谓凡荒外政教所不及者，皆当责以臣礼也。《大食传》：开元初，遣使献马、钿带。谒见不拜，有司将劾之。中书令张说谓"殊俗慕义，不可置于罪。"玄宗赦之。使者又来，辞曰："国人止拜天，见王无拜也。"有司切责，乃拜。张说之言，亦与清世断断争公使跪拜者，大异其趣矣。薛《史·周恭帝纪》：显德六年七月，尚辇奉御金彦英，本高丽人也。奉使高丽，称臣于其王，故及于罪。何其褊狖？

外族演进迟，其俗乃有足与中国古俗相证者。《新书·吐蕃传》：其君臣自为友，五六人曰共命。君死，皆自杀以殉。此秦穆之所以杀三良也。《旧书·波斯传》：其王初嗣位，便密选子才堪承统者，书其名字，封而藏之。王死后，大臣与王之群子共发封而视之。奉所书名者为主焉。与清世建储之法，若合符节，事相类，所以处置之者自亦相类，固不必其相师也。

第二节　封　建

封建之制，秦、汉而后，久已理不可行，而亦势不能行，而昧者犹时欲复之。其说亦可分二等：晋初之议复封建，犹有为天下之意也，至唐则纯乎视天下为一家之私产而欲保之矣。

封建之所以不可复行也，以其势不能，固也。当列国未一之时，国各有其自立之道，欲替之而不可得，故其势足以相仇，而亦足以相辅。秦、汉而后，则异是矣。秦、汉之所以获统一，本因其力在列国中为独强，统一之后，更欲树国使为已藩辅，则必使其力足与已相抗而后可。何也？树国于外，本所以防窃据于中也。然如是，安能保其不与已相抗？吴、楚不灭，新莽或不易代汉，然吴、楚不灭，能保其当哀、平之世，无裂冠毁冕之志乎？晋初议封建者，莫如刘颂之得其实。颂谓建国欲以为藩辅，则其国必不可替，然其势可替也，安能保执中央之权者不之替乎？抑其势可替者，虽强存之亦奚益？故郡县之世，更言封建，其道终穷也。然晋初之言封建者，实非徒欲为一家保其私产。盖自当时之阅历言之，替旧朝者，其道有二：一为权臣之移国，王莽、曹操是也。一为匹夫之崛起，张楚、黄巾是也。欲绝此二者，时人所见，自谓非封建莫由。司马氏之欲复封建，固不敢谓其无欲私天下之心，然如陆机、刘颂之徒，则必非为一姓计者也。参看《两晋南北朝史》第二章第三节。至唐而其意迥异矣。

封建之制，本有两元素：君国子民，子孙世袭，一也，此自其为部落酋长之旧。锡以荣名，畀之租入，二也，此则凡人臣之所同矣。前者势不能行，而后者不容遽废，而财力又有给有不给，则锡以荣名，而于租入则或与之，或靳之，又其势也。故自魏、晋以来，大率存五等之名，而封户则或有或无，隋、唐虽异其名，不能异其实也。《隋书·百官志》：隋初封爵，本有国王、郡王、国公、郡公、县公、侯、伯、子、男，凡九等。炀帝惟留王、公、侯三等，余并废之。《新书·百官志》：唐爵九等：一曰王，食邑万户。二曰嗣王、郡王，食邑五千户。三曰国公，食邑三千户。四曰开国郡公，食邑二千户。五曰开国县公，食邑千五百户。六曰开国县侯，食邑千户。七曰开国县伯，食邑七百户。八曰开国县子，食邑五百户。九曰开国县男，食邑三百户。《旧书·职官志》：武德令惟有公、侯、伯、子、男，贞观十一年（637 年），加开国之称也。皇兄弟、皇子皆封国为亲王。皇太子之子为郡王。亲王之子，承嫡者为嗣王，诸子为郡公，以恩进者封郡王。袭嗣郡王、嗣王者封国公。皇姑为大长公主，姊为长公主，旧书作姊妹。女为公主。皇太子女为郡主。亲王女为县主。凡封户，三丁以上为率。岁租三之一入于朝廷。《六典》云：旧制户皆三丁已上，一分入国。开元中，定以三丁为限，租赋全入封家。食实封者得真户，分食诸州。皇后、诸王、公主食邑，皆有课户。名山、大川、畿内之地，皆不以封。此自七国乱后历代通行之制也，而唐高祖、太宗，曾不以是为已足。

《旧书·宗室传》曰：高祖受禅，以天下未定，广封宗室，以威天下。皇从弟及侄，《通鉴》云：再从、三从弟及兄弟之子。见武德九年（626 年）。年始孩童者数十人，皆封为郡王。太宗即位，因举宗正属籍，问侍臣曰："遍封宗子于天下，便乎？"尚书右仆射封德彝对曰："历观往古，封王者今最为多。两汉已降，惟封帝子及亲兄弟，若宗室疏远者，非有大功如周之郇、滕，汉之贾、泽，并不得滥封，所以别亲疏也。先朝敦睦九族，一切封王，爵命既隆，多给力役。盖以天下为私，殊非至公驭物之道。"太宗曰："朕理天下，本为百姓，非欲劳百姓以养己之亲也。"于是宗室率以属疏降爵为郡公，惟有功者数十人封王。《通鉴》云：降宗室郡王，皆为县公，惟有功者数人不降。似高祖纯乎自私，而太宗颇能干蛊者。其实太宗之私心，乃更甚于其父。《旧书·萧瑀传》，太宗尝谓瑀曰："朕欲使子孙长久，社稷永安，其理如何？"瑀对曰："臣观前代，国祚所以长久者，莫若封诸侯以为磐石之固。秦并六国，罢侯置守，二代而亡。汉有天下，郡、国参建，亦得年余四百。魏、晋废之，不能永久。封建之法，实可遵行。"太宗然之，始议封建。此事《通鉴》系贞观元年七月，实在太宗即位之初。《新书·宗室传赞》曰：始唐兴，疏属毕王。至太宗，稍稍降封。时天下已定，帝与名臣萧瑀等喟然讲封建事，欲与三代比隆。而魏征、李百药皆谓不然。征意以唐承大乱，民人凋丧，始复生聚，遽起而瓜分之，故有五不可之说。《通鉴》曰：征以为"若封建诸侯，则卿、大夫咸资俸禄，必致厚敛。又京畿赋税不多，所资畿外，若尽以封国、邑，经费顿阙。又燕、秦、赵、代，俱带外夷。若有警急，追兵内地，难以奔赴"。百药称帝王自有命历，祚之短长，不缘封建。又举春秋二百四十二年之祸，亟于哀平、桓灵，而诋曹元首、陆士衡之言，以为缪悠。而颜师古独议建诸侯当少其力，与州县杂治，以相维持。然天子由是罢不复议。此事《旧书·李百药传》系贞观二年（628 年），《通鉴》于贞观五年（631 年）追叙。下云：十一月，诏皇家宗室及勋贤之臣，宜令作镇藩部，贻厥子孙。非有大故，毋或黜免。所司明为条制，定等级以闻。则虽云罢议，其心初未尝回也。《旧书·百药传》云：太宗竟从其议，谓其后封建终废耳，非谓当时即听其说。十年三月，出诸王为都督。《新纪》。十一年（637年），定制诸王、勋臣为世封刺史。新、旧《纪》同。以诸王为世封刺史诏，见《旧书·高祖二十二子传》。以功臣为世封刺史诏，见《旧书·长孙无忌传》。《旧书·长孙无忌传》：无忌等上言曰："臣等披荆棘以事陛下。今海内宁一，不愿远离。而乃世牧外州，与迁徙何异？"乃与房玄龄上表。太宗览表，谓曰："割地以封功臣，古今通义。意欲公之后嗣，翼朕子孙，长为藩翰，传之永久，而公等薄山河之誓，发言怨望，朕亦安可强公以土宇邪？"于是遂止。下乃叙十二年太宗幸其第事。《新书》略同。一似其事实未尝行者。然停世袭刺史事，新、旧《纪》皆在十三年二月。《通鉴》亦同。《鉴》云：上既诏宗室袭封刺史，左庶子于志宁上疏争之，侍御史马周亦上疏。会司空赵州刺史长孙无忌等皆不愿之国，上表固让。表与《旧书·无忌传》所载，辞异意同。无忌又因子妇长乐公主固请于上。且言"臣披荆棘事陛下，今海内宁一，奈何弃之外州？与迁徙何异？"上曰："割地以封功臣，古今通义。意欲公之后嗣，辅朕子孙，共传永久，而公等乃复发言怨望，朕岂强公等以茅土邪？"乃诏停世封刺史。新、旧《书·于志宁》《马周传》，亦皆载其诤封建事。《新书·周疏》有"伏见诏宗室功臣悉就藩国"之语。则世封之制，虽定于十一年，实至十三年就国诏下而其事始亟，而诸臣乃力辞，而太宗乃从而允之，在当时则初未尝止也。然世封之诏虽停，而以皇子为都督、刺史之事仍未废。十七年（643年），褚遂良又上疏诤之，《旧传》虽云帝深纳之，《新传》亦云帝嘉纳。终未闻其发明诏遂罢其事也。自汉已后，藩王已习不与政，势已不足为祸，而兼方面者则不然，晋之八王是也。太宗虽罢世封，而不革皇子督州之法，其自私之心，可谓始终不变矣。幸而时无永康之衅，皇子又多幼小，获免于前世之祸耳，岂其能与治同道哉？而尚论者皆以为贤君，仲任《治期》之论，信不诬也。

《新书·宗室传赞》又载诸家之论曰："名儒刘秩，目武氏之祸，则建论，以为设爵无土，署官不职，非古之道。故权移外家，家庙绝而更存。存之之理，在取顺而难逆；绝之之原，在单弱而无所惮。至谓郡县可以小宁，不可以久安。大抵与曹、陆相上下。而杜佑、柳宗元深探其本，据古验今而反复焉。佑之言曰：夫为人置君，欲其蕃息，则在郡县，然而主祚常促。为君置人，不病其寡，则在建国，然而主祚常永。故曰：建国利一宗，列郡利百姓。且立法未有不敝者，圣人在度其患之长短而为之。建国之制，初若磐石，然敝则鼎峙力争，陵迟而后已，故为患也长。列郡之制，始天下一轨，敝则世崩俱溃，然而戡定者易为功，故其为患也短。又谓三王以来，未见郡县之利，非不为也。后世诸儒，因泥古强为之说，非也。宗元曰：封建非圣人意，然而历尧、舜、三王莫能去之，非不欲去之，势不可也。秦破六国，列都会，置守宰，据天下之图，摄制四海，此其得也。二世而亡，有由矣。暴威刑，竭人力，天下相合，劫令杀守，圜视而并起，时则有叛民无叛吏。汉矫秦枉，剖海内，立宗子、功臣。数十年间，奔命扶伤不给，时则有叛国无叛郡。唐兴，制州县，而桀黠时起，失不在州而在于兵。时则有叛将无叛州。以为矫而革之，垂二百年，不在诸侯明矣。又言汤之兴，诸侯归者三千，资以胜夏。武王之兴，会者八百，资以灭商。徇之为安，故仍以为俗。是汤、武之不得已，非公之大者也，私其力于己也。秦革之者，其为制，公之大者也，其情私也。然而公天下之端自秦始云。"杜、柳二家之论，自为通识也。唐时论封建者，尚有朱敬则，《旧书》备载其说。知世异变不可泥古，而未能探世变之原，无甚足观。

高祖、太宗之于封建，可谓极其渴慕，然而终不能行者，势使然也。然不行遂不足以祸天下乎？是又不然。裂地虽徒有其名，然封君皆得自征租，则分人犹有其实，与凡人臣未尽同，即封建之弊未尽去也。唐代封户之制，见于《新书·十一宗诸子传》：《旧书·玄宗诸子传》略同。亲王八百，增至千。公主三百。长公主止六百。高宗时，沛、英、豫三王，太平公主，武后所生，户始逾制。垂拱中，太平至千二百户。圣历初，相王、太平皆三千，寿春等五王各三百。神龙初，相王、太平至五千，《主传》云：薛、武二家女皆食实封。卫王三千，温王二千，寿春等王皆七百，嗣雍、衡阳、临淄、巴陵、中山王五百。安乐公主二千，长宁千五百，宣城、宜城、宣安各千，相王女为县主各三百。相王增至七千，安乐三千，长宁二千五百，宜城以下二千。相王、太平、长宁、安乐以七丁为限，虽水旱不蠲，以国租庸满之。中宗遗诏，雍、寿春王进为亲王，户千。《太平公主传》云：睿宗即位，加实封至万户，《旧书·外戚传》同。开元后，天子敦睦兄弟，故宁王户至五千五百，岐、薛五千。申王以外家微，户四千，邠王千八百，帝妹户千，《诸公主传》云：开元新制：长公主封户二千，帝妹千。中宗诸女如之，通以三丁为限。及皇子封王户二千，公主五百。咸宜公主以母惠妃故封至千，自是诸公主例千户止。《诸公主传》云：开元新制：皇予王户二千，主半之。观其逾制之甚，而知其朘民之烈矣。而犹不止此。《旧书·韦思谦传》：子嗣立，以中宗景龙三年（709年）同中书门下三品。上疏言："食封之家，其数甚众。昨略问户部，云用六十余万丁。一丁两匹，《新书》云：人课二绢。即是一百二十万已上。臣顷在太府，知每年庸调绢数，多不过百万，少则七八十万。已来比诸封家，所入全少。傥有虫霜旱潦，曾不半在。国家支供，何以取给？皇运之初，功臣共定天下，当时食封，才上三二十家。今以寻常特恩，遂至百家已上。《通鉴》同。《新书》云：国初功臣共定天下，食封不二十家。今横恩特赐，家至百四十以上。封户之物，诸家自征。或是官典，或是奴仆。多挟势逞威，陵夺州县。凡是封户，不胜侵扰。或输物多索裹头，《通鉴》注：裹头，谓行橐赍裹以自资者。或相知要取中物。百姓怨叹，远近共知。复有因将货易，转更生衅，征打纷纷，曾不宁息。贫乏百姓，何以克堪？若限丁物送太府，封家但于左藏请受，不得辄自征催，则必免侵扰，人冀苏息。”《新书·嗣立传》言：时恩幸食邑者众，封户凡五十四州，皆据天下上腴。一封分食数州，随土所宜，牟取利入。至安乐、太平公主，率取高赀多丁家，无复如贫民有所损免。为封户者，亟于军兴。监察御史宋务光建言愿停征，一切附租庸输送。不纳。《务光传》言其以监察御史巡察河南道。时滑州输丁少而封户多，每配封，人皆亡命失业。务光建言："通邑大都不以封。今命侯之家，专择雄奥。滑州七县，而分封者五。《通鉴》云：滑州地出绫缣，人多趋射，尤受其弊。王赋少于侯租，入家倍于输国。请以封户均余州。”又请食赋附租庸送，停封使，息传驿之劳。不见纳。《通鉴》系景龙三年（709年）。《旧书·宋璟传》：言其在中宗时，检校贝州刺史。时河北频遭水潦，百姓饥馁。武三思封邑在贝州，专使征其租赋，璟拒而不与。《韦安石传》言：三思有实封数千户在贝州。时属大水，刺史宋璟议称租庸及封丁，并合捐免。安石从祖兄子巨源，以为谷稼虽被湮沈，其蚕桑见在，可勒输庸调。由是河朔户口，颇多流散。韦庶人之难，巨源为乱兵所杀，太常博士李处直议谥曰昭，户部员外郎李邕驳之，谓“租庸捐免，甲令昭明。匪今独然，自古不易。三思虑其封物，巨源启此异端”。其肆无忌惮，可谓甚矣。然《新书·张廷珪传》言：景龙中，宗楚客、纪处讷、武延秀、韦温等封户多在河南、河北，讽朝廷诏两道蚕产所宜，虽水旱得以蚕折租。廷珪谓“若以桑蚕所宜而加别税，则陇右羊、马，山南椒、漆，山之铜、锡、铅、锴，海之蜃、蛤、鱼、盐，水旱皆免，宁独河南、北外于王度哉？愿依贞观、永徽故事，准令折免”。诏可。则弁髦法令者，正不独巨源一人矣。上则病国，下则病民，有国家者，亦何乐而有此乔木世臣哉？

太宗虽欲分封诸子，又欲使为都督刺史，然其后并不克维持。《新书·十一宗诸子传》云：初文德皇后崩，晋王最幼，太宗怜之，不使出阁。豫王亦以武后少子不出阁。嗣圣初即帝位，及降封相王，乃出阁。中宗时，谯王失爱，迁外藩。温王年十七，犹居宫中，遂立为帝。开元后，皇子幼，多居禁内。既长，诏附苑城为大宫，分院而处，号十王宅。以十举全数，非谓适十人也。既诸孙多，又于宅外置百孙院。天子岁幸华清宫，又置十王、百孙院于宫侧。宫人每院四百余，百孙院亦三四十人。可谓纵侈无度矣。《赞》曰："唐自中叶，宗室子孙，多在京师，幼者或不出阁。虽以国王之实，与匹夫不异。故无赫赫过恶，亦不能为王室轩轾。运极不还，与唐俱殚。然则历数短长，自有底止。彼汉七国、晋八王，不得其效，愈速祸云。"足见太宗之计之过矣。

文致太平之事，天宝时尝行之。《通鉴》：天宝七载五月，群臣上尊号，赦天下，择后魏子孙一人为三恪。《注》云：盖以后魏子孙与周、隋子孙为三恪也。明年，寻罢魏后。九载八月，处士崔昌上言："国家宜承周、汉，以土代火。周、隋皆闰位，不当以其子孙为二王后。"事下公卿集议。集贤殿学士卫包上言："集议之夜，四星聚于尾，天意昭然。"上乃命求殷、周、汉后为三恪，废韩、介、酅公。《注》：韩，元魏后。介，后周后。酅，隋后。以昌为左赞善大夫，包为虞部员外郎。此亦邪说干进而已矣。

封爵至唐中叶后而大滥。《陔余丛考》云："唐初，李靖、李勣、尉迟敬德、秦叔宝战功，皆只封公。其膺王爵者，惟外蕃君长内附，及群雄来降者而已。《通鉴》：后唐庄宗同光二年（924年），吴越王镠复修本朝职贡。帝因梁官爵而命之。镠厚贡献，并赂权要，求金印、玉册，赐诏不名，称国王。有司言故事惟天子用玉册，王公皆用竹册；又非四夷无封国王者。帝皆曲从镠意。武后欲大其族，武氏封王者二十余人，王爵始贱。中宗复位，遂亦封敬晖、张柬之等五王，并李多祚亦王。案中宗复位后，敬晖等言诸武不当王，而帝言攸暨、三思皆与去二张，才降封一级为郡王，余则降为国公及郡公，见《新书·外戚传》。韦后外戚追王者亦五人。然不久皆革除。开元以来，无复此事。天宝末，安禄山封北平郡王，哥舒翰封西平郡王，火拔归仁封燕山郡王，于是又有圭爵之制，《通鉴》：天宝九载（750年），赐安禄山爵东平郡王，唐将帅封王自此始。然亦未滥也。肃宗起灵武，府库空竭，专以官爵赏功。诸将出征，皆给空名告身，自开府、特进、列卿、大将军，皆听临时注授。有至异姓王者。案《旧书·代宗纪》：永泰元年十月，丙午，封朔方大将孙守亮等九人为异姓王，李国臣等十三人为同姓王。盖王爵之滥之始，故郑重书之也。及德宗奉天之难，危窘万状，爵赏尤殷。是时王爵几遍天下，稍有宣力，无不王者矣。大概肃宗以后王者有数种：有以大功封者，有功不必甚大而封者，并有不必战功而亦封者；有自贼中自拔来归而封者，有未能自拔但送款即封者，有贼将来降而亦封者；有藩镇跋扈，不得已而封之者，有兵盛欲其立功而先封者。其时封王者不必皆高官显秩。《通鉴》谓军中但以职任相统摄，不复计爵之高下，至有僮仆衣金紫、称大官而执贱役如故者。今按郭子仪麾下，宿将数十，皆王侯贵重，子仪颐指若部曲，家人亦仆隶视之。可见是时爵命，人皆不以为贵，身受者亦不以为荣。爵赏驭人之柄，于是乎穷，可以观世变也。”爵赏之溢至是，实封自难遍及。《旧书·代宗纪》：永泰二年正月，减子孙袭实封者半租，永为常式；盖不得已而为之限。《职官志·户部》：凡有功之臣，赐实封者，皆以课户充。凡食封，皆传于子孙。此不必滥，但积之久，其数即已甚广矣，况其滥邪？宪宗时，定实封节度使兼宰相者，每食实封百户，岁给绢八百匹、绵六百两。不兼宰相者，每百户给绢百匹。诸卫大将军，每百户给三十五匹。《陔余丛考》谓“至是始改制，封家不得自征，而概给于官”。“汉唐食封之制”条。盖病国厉民之制，虽无意于去之，其势亦自穷而不得不变矣。然虽有此改革，滥授者之必不能遍及，亦无疑也。

柳宗元谓汉世有叛国而无叛郡，郡固不足以叛也。魏、晋以后，欲行封建者，其所树，率不能过于郡，此其所以不克立也。然使所树者而过于郡，则干戈必旋起，亦安能如古之国，历千余载，相藩辅哉？太宗与建成、元吉相齮龁，高祖尝欲王太宗于东。使其事行，则其规模，又过于汉初之国矣。然可一朝居乎？且必一战而胜负之局决，又不能如楚、汉之相持五年，亦无疑也。而欲以是为安，可见高祖之昏愚矣。然亦可以觇世变矣。朱滔、田悦、王武俊、李纳之相王，貌拟古之诸侯，沐猴而冠，更可发一大噱。

第三节　官　制（上）

隋以太师、太傅、太保为三师，不主事，不置府僚。太尉、司徒、司空为三公，参议国之大事，依后齐置府僚，无其人则阙。寻亦省府及僚佐。炀帝即位，废三师官。唐复置，亦皆不设僚属。

尚书省：隋置令、左右仆射各一人。总吏部、礼部、兵部、都官、度支、工部六曹尚书，是为八座。属官有左右丞各一人，都事八人，分司管辖。六尚书分统三十六侍郎，分司曹务。后改都官为刑部，度支为民部。炀帝改三十六曹曰司，侍郎曰郎，惟六曹仍称曹，各置侍郎一人，以贰尚书。唐太宗尝为尚书令，臣下避不敢居，乃以仆射为长官。郭子仪尝以功高拜尚书令，末年李茂贞亦尝一守尚书令，旋亦辞避。见《旧纪》天复三年（903年）。六部：《武德令》以礼部次吏部，兵部次之，民部次之。贞观年，改以民部次礼部，兵部次之。高宗即位，改民部曰户部。则天初，以户部次吏部，礼部次之，兵部次之。六部各领四司。改诸司郎曰郎中，而以员外郎副焉。

门下省：隋讳忠，改侍中曰纳言，置二人。炀帝改曰侍内。唐复为侍中。下有给事黄门侍郎四人。炀帝减二人，去给事之名。下有散骑常侍、通直散骑常侍、谏议大夫、散骑侍郎、员外散骑常侍、通直散骑侍郎、给事郎、员外散骑侍郎等，皆前世集书省之官也。唐门下侍郎二人，以贰侍中。散骑常侍、谏议大夫，皆分左右。常侍之分左右，事在显庆二年（657年）。谏议之分左右，事在贞元四年（788年）。武后时，置补阙、拾遗，亦分左右。皆左隶门下，右属中书。给事中之职，凡百司奏抄，侍中既审，则驳正违失。诏敕不便者，涂窜奏还，谓之涂归。于纠缪绳愆，所关尤大。《旧书·李藩传》：迁给事中，制敕有不可，遂于黄敕后批之。吏曰："宜别连白纸。"藩曰："别以白纸，是文状，岂曰批敕邪？"裴垍言于帝，以为有宰相器。属郑絪罢免，遂拜藩门下侍郎，同平章事。此事在元和四年（809年）。《藩传》又云：河东节度使王锷，用钱数千万赂遗权幸，求兼宰相。藩与权德舆在中书，有密旨曰："王锷可兼宰相，宜即拟来。"藩遂以笔涂兼相事，却奏上云不可。德舆失色曰："纵不可，宜别作奏，岂可以笔涂诏邪？"曰："势迫矣，出今日便不可止，又何暇别作奏邪？"事果寝。此事《通鉴》系元和五年（810年）。《考异》曰："《会要》：崔铉曰：此乃不谙故事者之妄传，史官之缪记耳。既称奉密旨，宜拟状中陈论，固不假以笔涂诏矣。凡欲降白麻，若商量于中书门下，皆前一日进文书，然后付翰林草麻。又称藩曰势迫矣，出今日便不可止，尤为疏阔。盖由史氏以藩有直谅之名，欲委曲成其美，岂所谓直笔哉？"

中书省：隋曰内史。炀帝改为内书。唐复为中书。隋置监、令各一人，寻废监，置令二人。侍郎初置四人，炀帝减为二人。唐皆因之。舍人八人，炀帝减为二人，唐置六人。通事舍人十六人，炀帝改隶谒者台，唐仍隶中书。唐舍人以一人知制诰，颛进画，给食于政事堂。其余分署制敕。以六员分押尚书六曹，佐宰相判案，同署乃奏。开元初，以他官掌诏敕策命，谓之兼知制诰。肃宗即位，又以他官知中书舍人事。兵兴，急于权便，政去台阁，决遣颛出宰相，自是舍人不复押六曹之奏。会昌末，宰相李德裕建议：台阁常务，州县奏请，复以舍人平处可否焉。

隋、唐定制，本以尚书、中书、门下三省长官为宰相，然尚书究不敌中书、门下之亲，故其后惟两省长官为真相；而两省之职，中书取旨，门下封驳，事亦嫌于迟滞，故后亦合议于政事堂。任宰相者，不必身为两省长官，但就他官畀以他名，特以两省究为枢要之地，故同中书门下三品，同中书门下平章事，遂为习用之名，而尚书、仆射，非加此名者，遂不为宰相矣。《旧书·职官志》云："武德、贞观故事，以尚书省左右仆射各一人及侍中，中书令各二人为知政事官。其时以他官与议国政者，云与宰相参议朝政，或云平章国计，或云专典机密，或云参议政事。贞观十七年（643 年），李勣为太子詹事，特诏同知政事，始谓同中书门下三品。自是仆射常带此称。自余非两省长官与知政事者，亦皆以此为名。永淳中，始诏郭正一、郭待举、魏玄同等与中书门下同承受进旨平章事。自天后已后，两省长官及同中书门下三品并平章事为宰相，其仆射不带同中书门下三品者，但釐尚书省而已。总章二年（669 年），东台侍郎张文瓘、西台侍郎戴至德等始以同中书门下三品入衔。自是相承至今。永淳二年（683 年），黄门侍郎刘齐贤知政事，称同中书门下平章事。自后两省长官及他官执政未至侍中、中书令者，皆称同中书门下平章事也。"案《通鉴》：中宗神龙元年（705 年），"五月，以唐休璟为左仆射，同中书门下三品如故。豆卢钦望为右仆射。六月，命右仆射豆卢钦望有军国重事，中书、门下可共平章。先是仆射为正宰相，其后多兼中书门下之职，午前决朝政，午后决省事，至是钦望专为仆射，不敢与政事，故有是命。是后专拜仆射者，不复为宰相矣。"此神龙复辟，仍沿武后以来之旧制也。开元元年（713 年），尝改左右仆射为丞相，然亦徒有其名。十六年（728 年）《通鉴》云："初张说、张嘉贞、李元纮、杜暹相继为相，用事。源乾曜以清谨自守，常让事于说等，唯诺署名而已。元纮、暹议事多异同，遂有隙，更相奏列。上不悦。六月，甲戌，贬黄门侍郎同平章事杜暹荆州长史，中书侍郎同平章事李元纮曹州刺史，罢乾曜兼侍中，止为左丞相，以户部侍郎宇文融为黄门侍郎，兵部侍郎裴光庭为中书侍郎，并同平章事。”此丞相徒有虚名之证。《旧书·王播传》：“转御史中丞，恃李逢吉之势，与左仆射李绛相遇于街，交车而不避。绛上疏论之曰：左右仆射，师长庶僚，开元中名之丞相，其后虽去三事机务，犹总百司之权。”谓此也。其以他官居职而假他名者：《新书·百官志》云：“太宗时，杜淹以吏部尚书参议朝政，魏征以秘书监参与朝政。其后或曰参议得失、参知政事之类，其名非一，皆宰相职也。”然《通典》云：“隋有内史、纳言，是为宰相，亦有他官参与焉。”《注》曰：“柳述为兵部尚书，参掌机事。又杨素为右仆射，与高颎参掌朝政。”则隋世已然矣。同三品之名，《新志》亦谓起于李勣。同平章事之名，则谓起于贞观八年（634年），仆射李靖，以疾辞位，诏疾小瘳，三两日一至中书、门下平章事。又云：“二名不专用，他官居职者，犹假他两名如故。自高宗以后，为宰相者，必加同中书门下三品，虽品高者亦然，惟三公、三师、中书令则否。”《旧书·高宗纪》：贞观二十三年（649年），“以开府仪同三司英国公李勣为尚书左仆射，同中书门下三品，仆射始带中书门下。”说与《职官志》小异。《廿二史考异》云：“唐初以三省长官为宰相。尚书令与左右仆射皆二品，侍中、中书令皆三品。论班序，当由侍中转中书令，乃迁仆射。李勣以仆射同中书门下三品，是以上兼下也。然自后仆射不带中书门下者，遂不复与闻政事，则宰相惟两省长官任之，而南省不得与。仆射虽居人臣之极地，不过备员而已。”案《旧志》言武德、贞观故事，以仆射、侍中、中书令为知政事官，则唐世宰相，实出差遣，不过初用三省长官，而后专于两省而已，原非有何制限。故以他官参与，亦无所不可也。此实最为灵活。观朱朴、柳璨之登相位可知。《旧书·代宗纪》：大历二年十一月，诏侍中、中书令升入正二品，门下、中书侍郎升入正三品，亦以其职高位下而改之。然是时知政事者已习用平章事之名，本不曰同三品矣。《新志》云：“初三省长官议事于门下省之政事堂。其后裴炎自侍中迁中书令，乃徙政事堂于中书省。开元中，张说为相，又改政事堂号中书门下。列五房于其后：一曰吏房，二曰枢机房，三曰兵房，四曰户房，五曰刑礼房。分曹以主众务焉。"《文献通考》载元祐初司马光之议，谓"唐始合中书、门下之职，故有同三品同平章事。其后又置政事堂。盖以中书出诏令，门下掌封驳，日有争论，纷纭不决，故使两省先于政事堂议定，然后奏闻。开元中，张说奏改政事堂为中书门下。自是相承，至于国朝，莫之能改。非不欲分，理势不可复分也"。马君云："门下审覆之说始于唐。然唐以中书、门下为政事堂，则已合而为一矣。但门下省之官，有给事中，任出纳王命；有散骑常侍、左右司谏，任谏争阙失，皆所谓覆审，而贞观时太宗又命谏官随宰相入阁议事，有失辄谏，则门下省无不举职之官矣。坐庙堂者，商订于造命之初，毋或擅权而好胜，居纠驳者，审察于出令之后，不惮纠过以弼违，则上下之间，始无旷职，而三省之设，不为具文。固不必为宰相者各据一省，显分尔汝，然后谓之称其职也。"盖审覆之职不可无，而以纠驳者与商订者并列为宰相，则理不可通，而势亦不能行。然若知唐初本以三省或两省之长为知政事官，而非以三省为相职，则此疑又无从作耳。又按《旧书·文宗纪》：大和四年六月，"以守司徒门下侍郎平章事裴度为守司徒平章军国重事，待疾损日，三日五日一度入中书。"则平章军国重事之名，亦起于唐。

君权既尊，则辅相之权，往往移于其所私昵。汉、魏之世，公府之权，稍移于三省；唐中叶后，两省之权，又嬗于翰林，其道一也。《新书·百官志》曰："学士之职，本以文学言语被顾问，出入侍从，因得参谋议，纳谏诤，其礼尤宠。而翰林院者，待诏之所也。唐制，乘舆所在，必有文辞、经学之士，下至卜、医、技术之流，皆直于别院，以备燕见。而文书诏令，则中书舍人掌之。自太宗时，名儒学士，时时召以草制，然犹未有名号。乾封以后，始号北门学士。玄宗初置翰林待诏，以张说、陆坚、张九龄等为之。掌四方表疏批答，应和文章。既而又以中书务剧，文书多壅滞，乃选文学之士，号翰林供奉，与集贤院学士分掌制诏书敕。开元二十六年（738年），又改翰林供奉为学士。别置学士院，专掌内命。凡拜免将相，号令征伐，皆用白麻。《通鉴》广明元年（880年）注引韦执谊翰林故事曰："故事：中书省用黄白二麻，为纶命重轻之辨。近者所出，独得黄麻。其白麻皆在翰林院。自非国之重事，拜授将相，德音赦宥，则不得由于斯。"《通考》引石林叶氏曰："自张垍为学士，始别建学士院于翰林院之南，则与翰林院分而为二。然犹冒翰林之名。盖唐有弘文馆学士、丽政殿学士，故此特以翰林别之。其后遂以名官，讫不可改。然院名至今但云学士，而不冠以翰林，则亦自唐以来沿袭之旧也。"可见后来学士之职，实与始之所谓待诏者殊绝矣。《旧书·本纪》：敬宗宝历二年（826年），命兴唐观道士孙准入翰林待诏。《新书·本纪》：文宗即位，省教坊乐工、翰林伎术冗员千二百七十人，此则仍是前此之待诏耳。其后选用益重，而礼遇益亲，至号为内相。《旧书·陆贽传》："贽初入翰林，特承德宗异顾，歌诗戏狎，朝夕陪游。及出居艰阻之中，虽有宰臣，而谋猷参决，多出于贽。故当时目为内相。"此人所指目也。《杜悰传》："元和中，翰林学士独孤郁，权德舆之女婿，时德舆作相，郁避嫌辞内职，上颇重学士，许之。"《哀帝纪》：天祐二年三月，"敕翰林学士户部侍郎杨注，是宰臣杨涉亲弟。兄既秉于枢衡，弟故难居宥密，可守本官，罢内职。"则诏令亦以为言矣。又以为天子私人，凡充其职者无定员。《廿二史考异》云："学士无定员，见于李肇《翰林志》。然《旧书·职官志》称翰林例置学士六人，内择年深德重者一人为承旨；白居易有'同时六学士'之句；则非无定员也。"案石晋开运元年（944年）复学士院敕亦云："翰林学士与中书舍人，分为两制，各置六员。"见薛《史·职官志》。盖制无定员，而例则置六。翰林学士不见《唐六典》，本差遣，非正官也。自诸曹尚书下至校书郎，皆得与选。入院一岁，则迁知制诰。未知制诰者，不作文书。班次各以其官。内宴则居宰相之下、一品之上。宪宗时，又置学士承旨。《旧书·职官志》云："贞元已后，为学士承旨者，多至宰相。"《新书·沈既济传》："子传师，召入翰林为学士。改中书舍人。翰林缺承旨，次当传师，穆宗欲面命。辞曰：学士院长，参天子密议，次为宰相，臣自知必不能。愿治人一方，为陛下长养之。因称疾出。"唐之学士，弘文、集贤，分隶中书、门下省，弘文馆：武德四年（621 年）置，隶门下省，曰修文馆。九年（626 年），改曰弘文。神龙元年（705 年），避孝敬皇帝讳，改曰昭文。二年（706 年）曰修文。景云中，复为昭文。开元七年（719 年），复为弘文。集贤殿书院：开元五年（717 年），乾元殿写四部书，置乾元院使。六年（718 年），更号丽正修书院，置使及检校官，改修书官为丽正殿直学士。十二年（724 年），改集贤殿书院，隶中书省。弘文、集贤，皆五品已上为学士，六品已上为直学士。而翰林学士独无所属，故附列于此云。"《旧志》附中书省后。案唐世之尊崇学士，始于太宗为天策上将时。时作文学馆，下教，以杜如晦等十八人以本官为学士。凡分三番，递宿阁下。暇日访以政事，讨论坟籍。见《新书·褚亮传》。此时虽或与秘谋，究非国政，即贞观时召以草制，亦不过取其文辞。其密参政事以分宰相之权者，实始于高宗时之北门学士。见新、旧《书·刘祎之、元万顷传》。然未几仍复其旧。《新书·张说传》："常典集贤图书之任。后宴集贤院。故事，官重者先饮。说曰：吾闻儒以道相高，不以官阀为先后。太宗时修史十九人，长孙无忌以元舅每宴不肯先举爵。长安中与修珠英，当时学士，亦不以品秩为限。于是引觞同饮。时伏其有体。中书舍人陆坚以学士或非其人，而供拟太厚，无益国家者，议白罢之。说闻曰：古帝王功成则有奢满之失。今陛下崇儒向道，躬自讲论，详延豪俊，则丽正乃天子礼乐之司，所费细而所益者大。陆生之言，盖未达邪？"又《隐逸·贺知章传》："张说为丽正殿修书使，表知章及徐坚、赵冬曦入院撰《六典》等书。累年无功。开元十三年（725 年），迁礼部侍郎，兼集贤院学士。一日并谢。宰相源乾曜语说曰：贺公两命之荣，足为光宠，然学士侍郎孰为美？说曰：侍郎衣冠之选，然要为具员吏。学士怀先王之道、经纬之文，然后处之，此其为间也。”当时之尊学士，不过如此而已。然此已为崇儒重道之意。《文艺传》云：“中宗神龙二年（706年），于修文馆置大学士四员，学士八员，直学士十二员，象四时、八节、十二月，凡天子飨会游豫，惟宰相及学士得从，当时人所歆慕。然皆狎猥佻佞，忘君臣礼法，惟以文华取幸。”此则弄臣而已。《旧书·熊望传》云：“昭愍嬉游之隙，学为歌诗。以翰林学士崇重不可亵狎，乃议别置东头学士，以备曲宴赋诗。令采卑官才堪任学士者为之。”昭愍之荒纵，岂必愈于中宗，而所为相异如此，可见翰林学士之位望，前后不同矣。《新书·张说传》之陆坚，《旧书》作徐坚。中叶以后，时事艰难，侍从者乃多参秘计。如代宗时之柳伉，伉上书请诛程元振，事见第五章第四节。《困学纪闻》云：“东坡谓及其有事且急也，虽代宗之庸，程元振之用事，柳伉之贱且疏，而一言以入之，不终朝而去其腹心之疾。愚按登科记：伉乾元元年（758年）进士。翰林院故事载宝应以后，伉自校书郎充学士，出鄠县尉，改太常博士、兵部员外、谏议大夫，皆充学士。《新唐书·程元振传》云：太常博士、翰林待诏柳伉上疏，以翰林故事考之，伉是时为学士，非待诏也。伉以博士在禁林，职近而亲，不可谓贱且疏。”案伉是疏盖出代宗授意，说已见前。德宗时之陆贽，德宗任贽最久，然即位即召张涉，后吴通玄等亦居翰林中，尚不独一贽也。顺宗时之王叔文，文宗时之李训是也。至此，其所司者已非复文辞。而陆贽攻吴通玄，犹以还职舍人为言，亦可谓昧于时务矣。其辞云：“承平时，工艺书画之徒，待诏翰林，比无学士。祗自至德后，天子召集贤学士于禁中草书诏，因在翰林院待进止，遂以为名。奔播之时，道途或豫除改，权令草制。今四方无事，百揆时序，制书职分，宜归中书舍人。学士之名，理须停寝。”所攻者正其身所曾经，可谓过河拆桥矣。五代时，后唐明宗不通文字，四方章奏，常使安重诲读之。重诲亦不知书，奏读多不称旨。孔循教重诲求儒者置之左右。而两人皆不知唐故事，于是置端明殿学士，以冯道及赵凤为之。初班在翰林学士下，而结衔又在官下。明年，凤迁礼部侍郎，因讽任圜升学士于官，又诏班在翰林学士上。《新五代史·赵凤传》。此实通事之职，未足拟唐之学士也。石晋时，李瀚为翰林学士，好饮而多酒过。高祖以为浮薄。天福五年九月，诏废翰林学士。按《唐六典》，归其职于中书舍人。而端明殿、枢密院学士皆废。及出帝立，桑维翰为枢密使，复奏置学士，而悉用亲旧为之。《新五代史·桑维翰传》。可见其职仍居亲近也。南唐亦尝置宣政院于禁中，以翰林学士给事中常梦锡领之，专典机密云。《通鉴》后晋齐王开运三年（946 年）。

御史台：自汉改大夫为司空后，中丞出外为台主。隋讳忠，改为大夫。置治书侍御史二人，侍御史八人，殿内侍御史、唐曰殿中。监察御史各十人。炀帝增监察御史为十六人。唐长官仍曰大夫。贞观末，避高宗名，改治书侍御史为中丞，为之贰。其属有三院：一曰台院，侍御史隶焉。二曰殿院，殿中侍御史隶焉。三曰察院，监察御史隶焉。贞观初，马周以布衣进用，太宗令于监察御史里行，因置里行之名。监察御史，掌分察百寮，巡按郡县，屯田、铸钱，岭南、黔府选补，知大府、司农出纳，监决囚徒，其权颇大。武后文明元年（684 年），改御史台曰肃政台。光宅元年（684 年），即文明，亦即中宗嗣圣元年。分左右。左台知百司，监军旅。右台察州县，省风俗。寻命左台兼察州县。两台岁发使八人，春曰风俗，秋曰廉察，以四十八条察州县。神龙复为御史台。景云三年（712 年），以两台望齐，纠举苛察，百寮厌其烦，乃废右台。延和元年（712 年），即景云三年。是岁五月，改元为延和。复置。月余，复废。先天二年（713 年），延和元年八月，传位于太子，改元先天。复置。十月，复废。至德后，诸道使府参佐，皆以御史为之，谓之外台。《新书·高元裕传》：故事，三司监院官带御史者号外台，得察风俗，举不法。元和中，李夷简因请按察本道州县。后益不职。元裕请监院御史隶本台，得专督察。诏可。东都留台：有中丞一人，侍御史一人，殿中侍御史二人，监察御史五人。元和后不置中丞，以侍御史、殿中侍御史、监察御史主留台务。而三院御史，亦不常备。《旧书·韦思谦传》：授监察御史。尝谓人曰："御史出都，若不动摇山岳、震摄州县，诚旷职耳。"《新书·李华传》：天宝十一载（752年），迁监察御史。宰相杨国忠支娅所在横猾，华出使，劾按不挠，州县肃然。权幸见疾，徙右补阙。天宝十三载（754年）《通鉴注》引宋白曰："唐故事，侍御史各二人，知东西推。又各分京城诸司及诸道州府为东西之限。只日则台院受事，双日则殿院受事。又有监察御史，出使推按，谓之推事御史。"御史之威棱可想。然《旧书·德宗纪》：贞元元年三月，诏宰臣宣谕御史："今后上书弹奏，人自陈论，不得群署章疏。"盖时朋党之风日盛，虽御史亦有结党相攻者矣？御史者，人君耳目之司，君主之位日尊，则为之司纠察者，其权亦愈大，此固事之无可如何，或亦出于势不容已，独无如其身即下比何。此则督责之术，存乎其人，有治人无治法者矣。

谒者、司隶二台，皆炀帝所置，并御史为三台。谒者台：大夫一人，掌受诏劳问，出使慰抚，持节察授，及受冤枉而申奏之。又有通事谒者二十人。内史通事舍人改。次有议郎二十四人，通直三十六人，将事谒者三十人，谒者七十人，皆掌出使。其后废议郎、通直、将事谒者、谒者等员，而置员外郎八十员。寻诏门下、内史、御史、司隶、谒者五司监受表，以为恒式，不复专谒者矣。寻又置散骑郎二十人，承议郎、通直郎各三十人，宣德郎、宣义郎各四十人，征事郎、将仕郎、常从郎、奉信郎各五十人。是为正员，并得禄。当品又各有散员郎，无员无禄。寻改常从为登仕，奉信为散从。自散骑已下，皆主出使。量事大小，据品以发之。司隶台：大夫一人，掌诸巡察。别驾二人，分察畿内。一人案东都，一人案京师。刺史十四人，巡察畿外诸郡。从事四十人，副刺史巡察。其所掌六条：一察品官以上理正能否。二察官人贪残害政。三察豪强奸猾，侵害下人，及田宅逾制，官司不能禁止者。四察水旱虫灾，不以实言，枉征赋役，及无灾妄蠲免者。五察部内贼盗，不能穷逐，隐而不申者。六察德行孝弟、茂才异行隐不贡者。每年二月，乘轺巡郡县；十月入奏。后罢台而留司隶从事之名，不为常员，临时选京官清明者权摄以行。谒者、司隶二台，规模太大，置员太多，将不免于闲冗，故不久即有变更，至唐遂废之也。

太常、光禄、卫尉、宗正、太仆、大理、鸿胪、司农、太府为九卿。各置卿、少卿、丞。隋、唐同，其职掌，亦与前世无异。《旧书·刘祥道传》：转司礼太常伯。高宗龙朔二年（662年），尝改官名，尚书为太常伯，侍郎为少常伯，而礼部为司礼。将有事于泰山。有司奏依旧礼，以太常卿为亚献，光禄卿为终献。祥道驳之曰："昔在三代，六卿并重，故得佐祠。汉、魏已来，权归台、省，九卿皆为常伯属官。今登封大礼，不以八座行事，而用九卿，无乃徇虚名而忘实事乎？"高宗从其议，竟以司徒王元礼为亚献，祥道为终献。"总群官而听曰省，分务而专治曰寺"，杨收语，见《新书》本传。其权力自不侔也。九卿之职，唐太仆寺统诸监牧，司农掌仓屯、盐池、司竹、温泉等监。京市，隋与平准署，京师诸苑监并隶司农，唐则两都诸市及常平署并隶太府。左右藏署，隋、唐并隶太府。左掌天下赋调、钱帛，右掌宝货、铜铁、骨角齿毛等。皆其较重要者也。

炀帝分太府置少府，与长秋、国子、将作、都水为五监。唐改长秋监为内侍省，而有军器监，亦五监也。少府监：初置监、少监、丞，后改监、少监曰令、少令，掌百工技巧之政。武德初废之，以所属诸署还隶太府。贞观元年（627年），复置，而诸冶、铸钱、互市等监亦隶焉。互市监：隋时隶四方馆。四方馆者，炀帝所置，以待四方使者。后罢之。有事则置，名隶鸿胪寺。唐以互市监隶少府。可见是时之互市，重在皇室之所求也。

国子，隋初曰寺。置祭酒一人。统国子、太、四门、书、算五学。开皇十三年（593年），改寺为学，隶太常。仁寿元年（601年），又罢学。惟立太学一所。炀帝复置曰监。加置司业及丞。唐初曰国子学，隶太常。贞观改监。时分将作为少府，通将作为三监。统国子、太、四门、律、书、算六学。律学隋隶大理。天宝五载（746年），置广文馆，亦隶焉。

将作，隋初为寺，置大匠一人。开皇二十年（600年）为监，以大匠为大监，加置副监。炀帝改曰大匠、少匠，旋复。后又改曰令、少令。武德初，仍称大匠、少匠。后又改曰大监、少监。掌土木工匠之政。百工等监采伐材木者亦隶焉。

都水，隋初曰台，置使者及丞。有河堤谒者六十人，领掌船局有都水尉二人。及诸津。上津尉一人，丞二人。中津尉丞各一人。下津典作一人，津长四人。开皇三年（583年），废入司农。十三年（593年），复置。仁寿元年（601年），改监。更名使者为监。炀帝复为使者。大业五年（609年），复为监。加置少监。又改为令、少令。统舟楫、河渠二署。皆有令丞。武德初，废都水监为署。贞观六年（632年），复为监。改令曰使者。开元二十五年（737年），不隶将作监。明年，废舟楫署，仍领河渠署。河堤谒者属焉。诸津改尉曰令，皆有丞。

军器监，开元三年（715年）置，有监、丞。唐初有武器监，后废，军器皆出少府左藏署。总弩坊、甲坊二署。掌缮甲弩，以时输武库。两京武库署属卫尉寺。

秘书省，隋置监、丞各一人。炀帝增置少监一人。后改监、少监为令、少令。武德初，复为监、少监。隋领著作、太史二曹。武德改曰局。后太史或曰监，或曰局，其名亦或曰浑天，或曰浑仪，或曰太史，又或隶秘书或否。天宝元年（742年）以后，不复隶秘书。乾元元年（758年），改其名曰司天台。

隋初，以尚书、门下、内史、秘书、内侍为五省。炀帝改内侍省为长秋监，而取殿内监之名，以为殿内省。置监、少监、丞各一人。唐少监、丞各二人。掌诸供奉。统尚食、尚药、尚衣、尚舍、尚乘、尚辇六局。各置奉御，而以直长贰之。唐因之，而更省名曰殿中。尚乘局，本太仆之职，掌左右六闲。武后万岁通天元年（696年），置仗内六闲，亦号六厩，以殿中丞检校仗内闲厩，以中官为内飞龙使。圣历中，置闲厩使，以殿中监承恩遇者为之，分领殿中太仆之事，而专掌舆辇牛马。自是宴游供奉，殿中监皆不与。开元初，闲厩马至万余匹，骆驼、巨象皆养焉，以驼、马隶闲厩，尚乘局名存而已。《新书·百官志》。《旧书·职官志》曰："开元初，以尚乘局隶闲厩使，乃省尚乘，其左右六闲及局官，并隶闲厩使。"闲厩使押五坊以供时狩，厉民殊甚。参看第八章第三节。

隋内侍省有内侍、内常侍、内给事、内谒者监、内谒者、内寺伯等官，领内尚食、掖庭、宫闱、奚官、内仆、内府六局，并用宦者。炀帝改为长秋监。置令、少令各一人，丞二人，并用士人。余用宦者。《通典》。而改内常侍曰内承奉，内给事曰内承直。罢内谒者官。后复置。其属有掖庭、宫闱、奚官三署，亦参用士人。唐复为内侍省，专用宦者。内侍、内常侍、内给事之名，亦复其旧。所领有掖庭、宫闱、奚官、内仆、内府及太子内坊六局。初隶东宫。开元二十七年（739年），隶内侍为局。太宗定制，内侍省不置三品官。内侍是长官，阶四品。《旧书·宦者传》。天宝十三载（754年），置内侍监二员，正三品，始隳其制。《通鉴注》曰：杨思勗以军功，高力士以恩宠，皆拜大将军，阶至从一品，犹曰勋官也。今则职事官矣。中叶后，京师兵柄，归于内官，号左右军中尉。将兵于外者，谓之观军容使。而天下军镇节度使，皆内官一人监之。《旧书·职官志》。五代时，前蜀王衍，且以宦者王承休为天雄军节度使焉。欧《史·前蜀世家》。而唐末之枢密使，为祸尤烈，见下。

隋有左右卫、掌宫掖禁御，督摄仗卫。左右武卫、领外军宿卫。

左右武候，掌车驾出先驱后殿。昼夜巡察、执捕奸非、烽候道路水草所置，巡狩师田，则掌其营禁。又有左右领、掌侍卫左右，供御兵仗。左右府，各大将军一人，将军二人。左右监门府，掌宫殿门禁及守卫事。各将军一人。左右领军府，各掌十二军籍帐、差科、辞讼之事。不置将军。开皇十八年（598年），又置备身府。炀帝改左右卫为左右翊卫，左右备身为左右骁卫，左右武卫依旧名。改领军为左右屯卫，加置左右御，改左右武候为左右候卫，是为十二卫。各置大将军一人，将军二人。又改左右领、左右府为左右备身府，掌侍卫左右。各置备身郎将一人，左右监门依旧名。改将军为郎将，各置一人。凡十六府。唐有左右卫，隋左右翊卫，武德五年（631年），改曰左右卫府。龙朔二年（662年）去府字。左右骁卫，武德五年（631年），改左右骁骑卫曰左右骁骑府。龙朔二年（662年），省府字。光宅元年，改曰左右武威卫。神龙元年（705年）曰左右骁卫。左右武卫，唐初仍旧名为府。龙朔二年（662年），省府字。光宅，改为鹰扬卫。神龙，复。左右威卫，隋左右屯卫。武德五年（631年）改。龙朔二年（662年）曰左右武威卫。光宅，曰豹韬。神龙，复。左右领军卫，唐采旧名置，见《通典》。龙朔，曰戎卫。咸亨元年（670年），复。光宅，曰玉钤。神龙，复。左右金吾卫，隋候卫。龙朔取古名改。左右监门卫，本府，龙朔去府字为卫。左右千牛卫，炀帝左右备身府。武德仍曰左右府。显庆五年（660年），改为左右千牛卫。龙朔二年（662年）曰奉宸卫。神龙，复。凡十六卫，各有大将军一人，将军总三十人。是为南衙。其北衙:《旧志》数左右羽林、左右龙武、左右神武，盖据肃宗前言之。《新志》云左右龙武、左右神武、左右神策，则据德宗后言之。《新书·宦官传》崔胤言:“贞元、元和，分羽林卫为左右神策军”，则羽林入于神策矣。及诛宦官，胤判六军十二卫，则其名仍为羽林、龙武、神武，参看第九节。北衙六军，亦置大将军各一人，将军各三人，左右神策军又有护军中尉。兴元元年（784年），尝敕左右羽林、左右龙武、左右神武各置统军一人。贞元二年（786年），又敕十六卫各置上将军一员。

东宫官：隋有太、少师、傅、保。开皇初置詹事。二年定令罢之。有门下、典书二坊。家令、率更、仆三寺及十率府。唐亦有三师、三少，惟其人不必备。置詹事府，以统三寺、十率府之政。改门下曰左春坊，典书曰右春坊，设官较隋世尤详。王国有令及大农，掌判国司。郡王以下递减。大长公主、长公主、公主、郡主有家令及丞，掌其田园、财货等。弊天下以奉一家，远不如嬴秦子弟为匹夫者之大公矣。

时事多变，则官制之变迁亦多，而当纪纲颓废之际，则其变往往为弊窦之所丛焉。唐、五代之三司、租庸诸使是已。薛《史·职官志》云："唐朝已来，户部、度支掌泉货，盐铁时置使名。户部、度支，则尚书省本司郎中、侍郎判其事。天宝中，杨慎矜、王鉷、杨国忠继以聚货之术媚上受宠，然皆守户部度支本官，别带使额，亦无所改作。下及刘晏、第五琦，亦如旧制。自后亦以宰臣各判一司，不置使额。《通鉴》至德元载（756年）注引宋白曰："故事，度支案，郎中判入，员外判出，侍郎总统押案而已。官衔不言专判度支。开元已后，时事多故，遂有他官来判者，乃曰度支使，或曰判度支，或曰知度支事，或曰句当度支使。虽名称不同，其事一也。"乾符后，天下兵兴，随处置租庸使，以主调发，兵罢则停。梁时乃置租庸使，专天下泉货。案租庸使之名，实始于第五琦。《通鉴》后唐明宗天成元年（926年）注引宋白曰："同光二年（924年），左谏议大夫窦专奏请废租庸使名目归三司。略曰：伏见天下诸色钱谷，比属户部，设度支、金部、仓部，各有郎中、员外，将地赋、山海、盐铁，分擘支计征输。后为租赋繁多，添置三司使额。同资国力，共致丰财。安、史作乱，民户流亡，征租不时，经费多阙。惟江淮、岭表，郡县完全。总三司货财，发一使征赋。在处勘覆，名曰租庸。收复京城，寻废其职。广明中，黄巢叛逆，僖宗播迁，依前又以江淮征赋置租庸使。及至还京，旋亦停废。伪梁将四镇节制征输，置宫使名目。后废宫使，改置租庸。”述租庸使缘起，较为详备也。庄宗中兴，秉政者不娴典故，踵梁朝故事，复置租庸使，以魏博故吏孔谦专使务。同光二年正月，敕盐铁、度支、户部三司，凡关钱物，并委租庸使管辖。天成元年四月，诏废租庸院，依旧为盐铁、户部、度支三司，委宰臣一人专判。长兴元年八月，许州节度使张延朗入掌国计。白于枢密使，请置三司名。宣下中书议其事。宰臣以旧制覆奏，授延朗特进行工部尚书，充诸道盐铁转运等使，兼判户部度支事，从旧制也。明宗不从，竟以三司使为名焉。”《通鉴》云：“三司使之名自此始。”案《鉴》天祐三年三月云：“以朱全忠为盐铁、度支、户部三司都制置使，三司之名始于此。全忠辞不受。”盖因其不受，使名亦未立也。欧《史·刘审交传》曰：晋高祖分户部、度支、盐铁为三使。岁余，三司益烦弊，乃复合为一，拜审交三司使。此唐中叶后使务纷纭，而卒并为三司之略也。《新书·吴武陵传》：长庆初，窦易直以户部侍郎判度支，表武陵主盐北边。易直以不职薄其遇。会表置和籴贮备使，择郎中为之。武陵谏曰：“天下不治，病权不归有司也。盐铁、度支，一户部郎事。今三分其务，吏万员。财赋日蹙。西北边院官，皆御史、员外郎为之。始命若责可信，今又加使权其务，是御史员外久于事，反不可信也。今更旬月，又将以郎中之为不可信，即更时岁，相公之为，亦又不可信，上下相阻，一国交疑，谁为可信者？况一使之建，胥徒走卒殆百辈，督责腾呼，数千里为不宁。诚欲边隅完实，独募浮民，徙罪人，发沃土，何必加使而增吏也？”巡院之设，始自江、淮，继及河、渭，终乃抵于缘边，已见第十九章第二节。缘边之弊如此，而况内地富厚之区？大历、建中、贞元三欲废使，摄其务归中枢，而卒不可得，岂不以权利所在，窟穴其中者众，遂深固而不可拔哉？《十七史商榷》云：“《新书·班宏传》：贞元初，宰相窦参为度支使，宏以尚书副之。扬子院，盐铁转运之委藏也。宏任徐粲主之。以赇闻。参议所以代之。宏不可。二人不相合。参知帝薄己，乃让使。知张滂与宏交恶，荐滂为户部侍郎、盐铁转运使，而以宏判度支。分滂关内、河东、剑南、山南西道盐铁、转运隶宏，以悦其意。愚案唐时天下财赋，转运使掌外，度支使掌内，虽有此分，然此等使名，实无定员，其爵秩职掌，随时变易。有以宰相兼领者，有以节度、观察等使兼领者。杨国忠为相领四十余使，新旧《唐书》皆不详载其职，洪迈考得中有度支。至转运虽有特遣使者，而中叶后节度、观察兼之者尤多。如浙西观察使李锜领江淮盐铁转运使是也。转运在外，亦遥隶度支。故扬子院为转运委藏，则主之者似宜转运择置，而度支使及副使，乃从中制之，及班宏为正使，而关内诸道转运使隶之，则可见矣。扬子院在广陵。《旧书·温庭筠传》：咸通中，失意归江东，路由广陵，乞索于扬子院；是也。转运委藏，他无所见，而于扬子特设之。且宰相与尚书，争欲以私人主其事。而往来游客如庭筠者，从而乞索之。可见盐利聚于扬州，委积富厚，甲于他道矣。”案《旧书·宪宗纪》：元和六年（811 年），停河南水陆运、陕府陆运使额。诏言“转运重务，专委使臣，每道有院，分督其任”。可见设院之多。凡设院处皆不能无委积。虽不如扬州之富厚，其为利权之地则一，正未可以其不见纪载而忽之也。

所谓枢密使者，内诸司之一，而其初并未尝设司也。薛《史·职官志》曰：“唐朝择中官一人为枢密使，以出纳帝命。至梁开平元年五月，改枢密院为崇政院，始命敬翔为院使。仍置判官一人。自后改置副使一人。二年十一月，置崇政院直学士二员，选有政术文学者为之。其后又改为直崇政院。后唐同光元年十月，崇政院依旧为枢密院，命宰臣郭崇韬兼枢密使。亦置直院一人。晋天福四年四月，以枢密副使张从恩为宣徽使，权废枢密院故也。先是晋祖以宰臣桑维翰兼枢密使，恳求免职，只在中书，遂以宣徽使刘处让代之。每有奏议，多不称旨。其后处让丁忧，乃以枢密印付中书、门下，故有是厘改也。开运元年六月，敕依旧置枢密院，以宰臣桑维翰兼枢密使，从中书、门下奏请也。周显德六年六月，命司徒平章事范质、礼部尚书平章事王溥并参加枢密院事。”此唐、五代之世枢密使一职变迁之大略也。胡三省《通鉴注》曰：“代宗永泰中，置内枢密使，以宦者为之。初不置司局，但有屋三楹，贮文书而已。其职掌：惟受表奏于内中进呈；若人主有所处分，则宣付中书、门下施行。后僖、昭时，杨复恭、西门季玄欲夺宰相权，乃于堂状后帖黄，指挥公事。”宪宗元和三年（808年）。案堂状帖黄，起于杨复恭，见《新书·严遵美传》。胡氏云内枢密使置自永泰，当有所据。《廿二史劄记》以《李吉甫传》‘宪宗初，有中书小吏滑涣，与枢密使刘光琦昵，颇窃权’，又《裴洎传》‘李绛承旨翰林，有中人梁谦掌密命’，谓其职当始德宗或宪宗之初，似未审。则后虽擅作威福，而其起实甚微。昭宗末年，朱温大诛宦官，以蒋玄晖为使。《廿二史劄记》谓“此为枢密移于朝士之始”。梁祖改为崇政院，用敬翔为使，事见第十二章第二节。欧《史·翔传》云：“友珪立，以翔先帝谋臣，不欲翔居内职，乃以李振代翔，拜翔中书侍郎，同中书门下平章事。翔以友珪畏己，多称疾，未尝省事。”可见其职仍关重要。然《郭崇韬、安重诲传》论曰：“予读梁宣底，见敬翔、李振为崇政院使。凡承上之旨，宣之宰相而奉行之。宰相有非其见时而事当上决者，与其被旨而有所复请者，则具记事而入，因崇政使以闻，得旨则复宣而出之。梁之崇政使，乃唐枢密之职，盖出纳之任也。唐常以宦者为之。至梁戒其祸，始用士人。其备顾问，参谋议于中则有之，未始专行事于外也。至崇韬、重诲为之，始复唐枢密之名，然权侔于宰相矣。”然则敬翔、李振之所为，乃唐枢密使之初；崇韬、重诲之所为，则如杨复恭、西门季玄矣。二人皆自中门使起，见欧《史》本传。崇韬之为中门使，乃由孟知祥之荐，亦见《前蜀世家》。参看第十二章第三节。其起也，亦唐枢密使之初也。薛《史·刘处让传》云：“处让以庄宗已来，枢密使罕有宰臣兼者，因萌心以觊其位。”欧《史》云：“唐制，枢密使常以宦者为之。自梁用敬翔、李振，至庄宗始用武臣，而权重将相。高祖时，以宰相桑维翰、李崧兼枢密使。处让与诸宦者，心不平之。”薛《史·晋少帝纪》云：“初高祖事后唐明宗，睹枢密使安重诲秉政专权，赏罚由己，常恶之。及登极，故断意废罢，一委中书。至是，冯道等厌其事繁，故复请置之，庶分其权。表凡三上，不允。”二说皆非其实。晋祖之废枢密，事在天福四年（939年），实非登极即然。刘处让亦非与宦者比以争权势之流。窃疑当日攻桑维翰、李崧甚者，实为杨光远，处让转图和缓其争。因其本无意于此，故及其丁母忧而遂废。然特不用人而非废其职。冯道等《请复枢密表》曰：“顷岁枢密使刘处让，偶属家艰，爰拘丧制。既从罢免，暂议改更。不曾显降敕文，永停使额。”冯道者，全身远害之流。《通鉴》叙是事云：“勋旧皆欲复置枢密使。道等三奏，请以枢密旧职让之。”可见晋祖不欲任人之故。虽少帝，亦卒以委桑维翰，而不肯以畀当时所谓勋旧者矣。此亦可见其职之重要也。《廿二史札记》曰：“唐庄宗时，郭崇韬为使；明宗时，安重诲为使；晋高祖时，桑维翰为使；汉隐帝时，郭威为使，其后出镇魏州，史弘肇又令带使以往，苏逢吉力争之不得，遂至称兵犯阙，莫不响应。”可以见其权势。经此积重，至宋，遂与中书对掌文武大柄，号称二府矣。欧《史·唐本纪》于存勖僭即伪位后，书以“豆卢革、卢程同中书门下平章事”，又书“中门使郭崇韬、昭义监军张居翰为枢密使”。《注》曰：“枢密使唐故以宦者为之，其职甚微，至此始参用士人，而与宰相权任钧矣。故与宰相并书。”《通鉴注》驳之曰：“唐末，两枢密与两神策中尉，号为四贵，其职非甚微也，特专用宦者为之耳。”又引项安世曰：“唐于政事堂后列五房，有枢密房以主曹务，则枢密之要，宰相主之，未始他付。其后宠任宦人，始以枢密归之内侍。”《十七史商榷》曰：“五代必兼枢密者，方为有相权，如豆卢革辈，但有相名耳。”又曰：“唐宦者所以擅国，枢密出纳王命，神策掌握禁军也。五代则鉴其弊，枢密以大臣为之，改左右神策为侍卫亲军，其都指挥使亦以大臣充之。官制随时不同如此。”愚案事局久则不易更，故但易其人而不能革其官。历代官制之变迁，如是者多也。宣徽者，唐置南北院，有使、副使。梁因之。后唐省副使。掌总领内诸司及三班内侍之籍，郊祀、朝会、宴飨、供帐之事。应内外进奉，悉检其名物而已。至宋，亦以处勋旧大臣之罢政者焉。《通考》。

都指挥使，本方镇军校之名。自梁起宣武，乃以其镇兵因仍旧号，置在京马步军都指挥使而自将之。盖于唐六军诸卫之外，别为私兵。至后唐明宗，遂改为侍卫亲军，以康义诚为马步军都指挥使，从荣以河南尹为大元帅，典六军。此侍卫司所从始也。及从荣以六军反入宫，义诚顾望不出兵，而侍卫马军都指挥使朱弘实击之。其后遂不废。殿前军起于周世宗。是时宋太祖为殿前司都虞候。初诏天下选募壮士送京师，命太祖择其武艺精高者为殿前诸班，而置都检点，位都指挥使上，太祖实由此受禅焉。《通考》引石林叶氏说。

第四节　官　制（下）

隋文帝开皇三年（583 年），罢郡，以州统县，已见第一章第一节。其时有州三百一十，郡五百有八，见《通典》。隋于雍州置牧。州、县亦如北齐，分为九等。开皇十四年（594 年），改为四等：曰上，曰中，曰中下，曰下。镇置将、副。戍置主、副。关置令、丞。文帝以并、益、荆、扬四州置大总管。其余诸州置总管者，列为上中下三等，总管、刺史加使持节。《通典》曰：“魏置使持节，宠奉使官之任。隋氏废郡而以刺史牧人，既非使官，则合罢持节之称。其时制置，不以名实相副为意，仍旧存之。后改为太守，亦不复省。所以使持节之名，及于边远小郡，乃不征典故之失。”炀帝悉罢之，并罢州置郡。京兆、河南则为尹。旧有兵处，刺史带诸军事以统之，至是别置都尉、副都尉，与郡不相知。又置京辅都尉，立府于潼关。并置副都尉。置诸防主、副官，掌同诸镇。其监察则归司隶台，已见前。此实有意复两汉郡县举职、刺史监察之旧者也。

唐武德元年（618 年），改郡为州，《通典》云：加号持节，后加号为使持节诸军事，而实无节，但颁铜鱼符而已。天宝元年（742 年），改州为郡。至德二载（757 年），又改郡为州。《旧书·职官志》上州刺史下注云乾元元年（758 年），误也。其叙及《新纪》《通鉴》，皆云至德二载。通计唐代称郡者仅十五年，然前后虽称为州，论其实，则皆古之郡也。《旧书·地理志》惟列州名。《新书》及《通典》《元和郡县志》皆州郡名并举。盖明其中间曾为某郡，非谓其同时名州又名郡也。《新志》间有但举州名者，于渭州下发其凡，曰："凡乾元后所置州，皆无郡名。"间有乾元前所置亦无郡名者，则于威州下注云"郡阙"，以起其例，盖其地尝没于吐蕃，史失其传也。宋承唐，以州统县，而仍留郡名，以备王公封号。故《宋史·地理志》每州亦兼著郡名，其用意与《唐志》又异。《旧书·韦安石传》言其子陟为吴郡太守，其时只有苏州，则作史者措辞之不谛耳。说详《十七史商榷》《廿二史考异》。唐于西都、东都、北都皆置牧，以亲王为之，而以长史理人。开元元年（713 年），改雍州为京兆府，洛州为河南府；十一年（723 年），改并州为太原府，升长史为尹。初太宗伐高丽，置京城留守。其后车驾不在京师，则置留守，以右金吾大将军为副。开元以尹为留守，少尹为副，谓之三都留守。其后凤翔、成都、河中、江陵、兴元，亦皆为府置尹焉。唐初诸州复有总管。亦加号使持节。武德五年（622 年），以洛、荆、并、幽、交五州为大总管。七年（624 年），改大总管府为大都督府，总管府为都督府。太极初，以并、益、荆、扬为四大都督府。详见下。开元十五年（727 年），加潞州为五。其余都督定为上中下之差。都护，永徽中置于边方，掌统诸蕃。大都督亦亲王遥领，以长史主事。都护亲王领之，则曰大都护，以副大都护兼王府长史。其后诸王拜节度使者，亦留京师，而副大使知节度事。薛《史·职官志》：后唐天成二年（927年）诏曰："顷因本朝，亲王遥镇，其在镇者，遂云副大使知节度事。年代已深，相沿未改。今天下侯伯，并正节旄，惟东西两川，未落副大使字。宜令今后只言节度使。"则其制至五代刊落始尽也。羁縻都督府、州，皆边州都督、都护所领也。《新书·地理志》。开元中，定天下州、府，自京都及都督、都护府之外，以近畿之州为四辅，其余为六雄、十望、十紧及上、中、下之差。县亦有赤、畿、望、紧、上、中、下七等。《通典·职官典》。《新书·戴叔伦传》云："天下州县有上、中、下、紧、望、雄、辅者，有司铨拟，皆便所私。"说与此舍。其《百官志》注言文宗世，宰相韦处厚议复置两辅、六雄、十望、十紧州别驾，亦见《旧书·处厚传》，盖谓两畿之州为辅，非谓称辅之州止两也。《新书·地理志》渭州下云："季世所置州，不列上、中、下之第。"则前世所置皆有之，特不能无变易耳。《通典》备举四辅、六雄、十望之名，而云"初有十紧，后入紧者甚多，不复具列"，则其一证。《典》又云："户四万已上为上州，二万五千以上为中州，不满二万为下州。亦有不约户，以别敕为上州者。又谓近畿者为畿内州，户虽不满四万，亦为上州。其亲王任中下州刺史者，亦为上州。王去任后，即依旧式。"足见州之分等，条例甚多。虽云究以户口为主，然《旧纪》开元十八年三月云："改定州县上、中、下户口之数。"则其率亦非无变易矣。抑近畿之州，《通典》述开元定制曰四辅，而韦处厚称为两辅者？或正以其数有变易，故改据两畿言之邪？《旧志》言户满二万已上为中州，《通典》五千字似衍。县：《通典注》云："京都所治为赤县，京之旁邑为畿县，其余则以户口多少、资地美恶为差。"而《旧志》云："长安、万年、河南、洛阳、太原、晋阳，谓之京县。京兆、河南、太原所管诸县，谓之畿县。"则赤县亦称京县，而称畿者又不仅雍、洛矣。《通鉴》：大历十二年（777年），定节度使以下至主簿、尉俸禄。注述令、丞、簿、尉俸禄之数，县有鴘、赤之称。胡氏云：“《类篇》鴘，翻阮切，鹰二岁色。《新地理志》唐京兆有赤县、次赤县，诸负郭亦皆为次赤县，鴘、赤字义不可晓，盖次赤也？”今案七等益一次赤，则八等矣。又《十七史商榷》引宋谢维新《合璧事类》后集第七十九卷县官门知县云：“国朝建隆元年（960年），应天下诸县，除赤、畿外，有望、紧、上、中、下。四千户为望，三千户以上为紧，二千户以上为上，千户以上为中，不满千户为中下，五百户以下为下。”则其制宋尚相沿，而于中等之中，又析出中下，则亦八等矣。《通典·职官典》言州县皆七等，而《选举典》言郡自辅至下，县自赤至下皆八等，未知何故。若次赤、中下亦列为一等，则其数适得八。岂此分别实起自《通典》成书以前，又为一等中之小别，可云无改于七等之旧，故辑选举、职官二典时，各有所据欤？要之州县等级交易，恐甚纷繁，多少名目，难以具详也。《选举典》云：“初州县混同，无等级之差。凡所拜授，或自大而迁小，或始近而后远，无有定制。其后选人既多，叙用不给，遂累增郡县等级之差，其折冲府亦有差等。”又载沈既济请改革选举事条：请准旧令，州为上、中、下三等，县为赤、畿、上、中、下五等，而废紧、望、雄、辅之名。云“等级繁多，则仕进淹滞。使其周历，即务速选。官非久安，政亦苟且”。其缘起如此，自不免如《戴叔伦传》所谓有司铨拟，皆便所私之弊矣。要之州县等级之分，实无与于民生之厚薄，亦不足深考也。镇以五百人为上，三百人为中，不及者为下。戍以五十人为上，三十人为中，不及者为下。各置将副、主副。关亦分上、中、下。上、中关皆置令、丞，下关惟有令。监察之制，文明后尝欲以隶御史台，已见前。《新书·百官志》云：“贞观初，遣大使十三人巡省天下。诸州水旱则遣使，有巡察、安抚、存抚之名。《旧书·太宗纪》：贞观二十年正月，遣大理卿孙伏伽、黄门侍郎褚遂良等二十二人以六条巡察四方，黜陟官吏。《新纪》云：遣使二十二人以六条黜陟于天下。神龙二年（706年），以五品已上二十人为十道巡察使，按举州县，再周而代。景云二年（711年），置都督二十四人，察刺史已下善恶。置司举从事二人，秩比侍御史。扬、益、并、荆四州为大都督。汴、兖、魏、冀、蒲、绵、秦、洪、润、越十州为中都督。齐、鄜、泾、襄、安、潭、遂、通、梁、夔十州为下都督。当时以为权重难制，罢之。惟四大都督府如故。置十道按察使各一人。《旧纪》：六月，依汉代故事，分置二十四都督府。闰六月，初置十道按察。七月，新置都督府并停。惟雍、洛州长史，扬、益、并、荆四大都督府长史阶为三品。《通鉴》云：时遣使按察十道。议者以山南所部阔远，乃分为东西道。又分陇右为河西道。六月，壬午，分天下置汴、齐、兖、魏、冀、并、蒲、鄜、泾、秦、益、绵、遂、荆、岐、通、梁、襄、扬、安、闽、越、洪、潭二十四都督，各纠察所部刺史以下善恶。惟洛及近畿州不隶都督府。太子右庶子李景伯、舍人卢俌等上言：都督专生杀之柄，权任太重，或用非其人，为害不细。今御史秩卑望重，以时巡察，奸宄自禁。其后竟罢都督，但置十道按察使而已。李景伯、卢俌之议，见《新书·景伯传》，附其父《怀远传》后。《旧书·王志愔传》：景云二年（711年），制依汉置刺史监郡。于天下冲要大州置都督二十人，妙选有威重者为之，遂拜志愔齐州都督，事竟不行。开元二年（714年）曰十道按察采访处置使。《通鉴》：开元元年九月，复置右御史台，督察诸州，罢诸道按察使。二年闰二月，复置十道按察使。《旧纪》但书又置右御史台，不书按察使之罢，而亦书其复置。《新书·张廷珪传》：请复十道按察使，帝然纳之，因诏陆象先等分使十道，此时事也。至四年（716年）罢。《旧纪》：四年十二月，停十道采访使。《通鉴》：三年十二月，或上言按察使徒繁扰公私，请精简刺史、县令，停按察使。上命召尚书省官议之。姚崇以为今止择十使，犹患未尽得人。况天下三百余州，县多数倍，安得刺史、县令，皆称其职乎？乃止。四年闰十二月，罢十道按察使。八年（720年），复置十道按察使，秋冬巡视州、县。《通鉴》在五月。十年（722年），又罢。《通典》同

《通鉴》在十二年五月。十七年（729年），复置十道京都两畿按察使。《通鉴》在五月。二十年（732年）曰采访处置使。分十五道。《通鉴》在二十一年（733年），云是岁分天下为京畿、都畿、关内、河南、河东、河北、陇右、山南东、西、剑南、淮南、江南东、西、黔中、岭南，凡十五道。各置采访使。以六条检察非法。两畿以中丞领之。余皆择贤刺史领之。非官有迁免，则使无废更。惟变革旧章，乃须报可。自余听便宜从事，先行后闻。《新书·地理志序》亦云事在二十一年。《旧书·张九龄传》，言其在相位时，建议复置十道采访使。九龄之相，事在二十一年十二月，则此夺一字也。《新书·韩思复传》：子朝宗，开元二十二年（734年）初置十道采访使，朝宗以襄州刺史兼山南东道。《李尚隐传》云：自开元二十二年置京畿采访处置等使，用中丞卢奂为之。尚隐以大夫不充使。永泰以后，大夫王翊、崔涣、李涵、崔宁、卢杞乃为之。乃据朝宗、奂任职之时言之，非谓置使在二十二年也。《旧书·地理志》：贞观元年（627年），分天下为十道：一曰关内，二曰河南，三曰河东，四曰河北，五曰山南，六曰陇右，七曰淮南，八曰江南，九曰剑南，十曰岭南。开元二十一年，分天下为五十道，每道置采访使，检察非法，如汉刺史之职。京畿采访使理京师城内。都畿理东都城内。关内以京官遥领。河南理汴州。河东理蒲州。河北理魏州。陇右理鄯州。山南东道理襄州。西道理梁州。剑南理益州。淮南理扬州。江南东道理蓟州。西道理洪州。黔中理黔州。岭南理广州。五十者十五之倒误。蓟州当作苏州。此分山南、江南各为二道，就关内、河南析出京畿、都畿，又增置黔中也。天宝末，又兼黜陟使。乾元元年（758年），改曰观察处置使。”案《旧书·李峤传》：初置右御史台。峤上疏陈其得失，言“垂拱二年（686年），诸道巡察使所奏科目，凡有四十四件。别准格敕令察访者，又有三十余条。巡察使率是三月已后出都，十一月终奏事，而每道所察文武官多至二千余人，少者一千已下。但准汉之六条，推而广之，则无不苞矣。无为多张科目，空费簿书。且机事之动，恒在四方。是故冠盖相望，邮驿继踵。今巡使既出，其他外州之事，悉当委之，则传驿大减矣。请大小相兼，率十州置御史一人，以周年为限。使其亲至属县，或入闾里，督察奸讹，观采风俗。然后可以求其实效，课其成功”。则天善之。乃下制分天下为二十道，简择堪为使者。会有沮议者，竟不行。神龙已后所行，则峤之说也。委任郡县，而于其上设监察之司，持霜简以肃纪纲，而勿与郡县之事，于法究为最善。隋、唐之世，屡经改革，终不能不循此而行，宜矣。然天宝已还，边兵日重，至德而后，加之天下兵兴，卒复于魏、晋、南北朝刺史握兵之旧。

《新书·兵志》云：“唐初，兵之戍边者，大曰军，小曰守捉，曰城，曰镇，而总之者曰道。其军、城、镇、守捉皆有使，而道有大将一人，曰大总管。已而更曰大都督。至太宗时，行军征讨曰大总管，在其本道曰大都督。《百官志》云：武德初，边要之地，置总管以统军，加号使持节，盖汉刺史之任。七年（624年），改总管曰都督。总十州者为大都督；贞观二年（628年），去大字。凡都督府有刺史以下如故，然大都督又兼刺史，而不检校州事。其后都督加使持节则为将，诸将亦通以都督称。惟朔方犹称大总管。边州别置经略使。沃衍有屯田之州，则置营田使。自高宗永徽以后，都督带使持节者，始谓之节度使。然犹未以名官。景云二年（711年），以贺拔延嗣为凉州都督、河西节度使。《通鉴》：景云元年十月，以幽州镇守经略节度大使薛讷为左武卫大将军，兼幽州都督。节度使之名自讷始。《考异》曰：《统纪》：景云二年四月，以贺拔延秀为河西节度使，节度之名自此始。《会要》云，景云二年（711年），贺拔延嗣为凉州都督，充河西节度，始有节度之号。又云：范阳节度，自先天二年（713年）始除甄道一。《新表》：景云元年（710年），置河西诸军州节度支度营田大使。按讷先已为节度大使，则节度之名，不始于延嗣也。今从《太上皇实录》。案此以节度使之名号言之，论其职守，则初不始于此等也。说见第九节。自此而后，接乎开元，朔方、陇右、河东、河西诸镇，皆置节度使。《旧书·地理志》云：开元中置十节度，已见第四章第七节，其《职官志》云：天宝中置八节度，盖安西、北庭，天宝中尝合为一，而岭南则至德已前初无节度之名也。说见《廿二史考异》:《通典·州郡篇》称节度使十，《职官篇》云：开元中凡八节度，曰碛西，曰河西，曰陇右，曰朔方，曰河东，曰幽州，曰剑南，曰岭南。《考异》曰："碛西即安西，而不别出北庭之名，《旧史》盖本于此。"又曰："《唐六典》：凡天下节度使有八：一朔方，二河东，三幽州，四河西，五陇右，六剑南，七碛西，八岭南，盖并平卢、幽州为一，碛西、北庭为一也。"及范阳节度使安禄山反，犯京师，天子之兵，弱不能抗，遂陷两京。肃宗起灵武，而诸镇之兵，共起诛贼。其后禄山子庆绪及史思明父子继起，中国大乱。肃宗命李光弼等讨之，号九节度之师。久之，大盗既灭，而武夫战卒，以功起行阵，列为侯王者，皆除节度使，由是方镇相望于内地。"《通典》云："分天下州县，制为诸道。每道置使，理于所部。其边方有寇戎之地，则加以旌节，谓之节度使。自景云二年四月，始以贺拔延嗣为凉州都督，充河西节度使。其后诸道因同此号。得以军事专杀。行则建节，府树六纛，外任之重莫比焉。"《旧书·职官志》：门下省符宝郎职，旌节之制，命大将帅及遣使于四方，则请而佩之。旌以专赏，节以专杀。《新书·百官志》：元帅、都统、招讨使掌征伐，兵罢则省。都统总诸道兵马，不赐旌节。《旧书·职官志》云："汉代奉使者皆持节，故刺史临郡皆持节。至魏、晋，刺史任重者，为使持节都督，轻者为持节。后魏、北齐总管刺史，则加使持节诸军事。以此为常。隋开皇三年（583 年），罢郡，以州统县，刺史之名存而职废，而于刺史太守官位中，不落使持节之名，至今不改，有名无实也。至德之后，中原用兵，大将为刺史者，兼治军旅。遂依天宝边将故事，加节度之号。连制数郡。奉辞之日，赐双旌双节。如后魏、北齐故事。名目虽殊，得古刺史督郡之制也。"此节度专擅，实魏、晋后刺史复起之征也。斯制也，历代承平之际，皆尽力欲除之。唐中叶后亦未尝不然，特力不能胜耳。《旧书·职官志》又云："至德后，中原置节度，又大郡要害之地，置防御使治军事，刺史兼之。《通典》云：以采访使并领之。采访理州县，防御理军事。初节使与采访各置一人，天宝中始一人兼领之。不赐旌节。上元后，改防御使为团练守捉使。又与团练兼置防御使名。"《地理志》云："至德之后，中原用兵，刺史皆治军戎，遂有防御、团练、制置之名。下文列举诸使之名，凡四十七，不见防御制置之名。盖前世使名甚长，诸史为求省文，所举皆不全也。要冲大郡，皆有节度之类，当作额。寇盗稍息，则易以观察之号。"《新书·百官志》云："武后圣历元年（698 年），以夏州都督领盐州防御使。及安禄山反，诸郡当贼冲者，皆置防御守捉使。乾元元年（758 年），置团练守捉使、都团练守捉使。大者领州十余，小者二三。代宗即位，废防御使。惟山南西道如故。元载秉政，思结人心，刺史皆得兼团练守捉使。杨绾为相，罢团练守捉使。惟澧、朗、峡、兴、凤如故。建中后，行营亦置节度使、防御使、都团练使。大率节度、观察、防御、团练使，皆兼所治州刺史。"观察初不握兵，意亦在挽此危局。然"节度列衔，往往称某军节度某处管内观察处置等使，则观察但为节度兼衔，且节度无不兼本州刺史，则权尽归于一家，而守土之臣，几无复分其任者矣"。《十七史商榷》。此其所以终至尾大不掉欤？

使节既张，支郡遂为之隶属。《新书·百官志》云："观察处置使，掌察所部善恶，举大纲。凡奏请皆属于州。"则观察原不应夺刺史之职。然《旧书·文宗纪》大和二年（828 年），南郊大赦节文云"刺史分忧，得以专达，事有违法，观察使然后奏闻"，则其于权限，实未能严守。节度兵权在握，自尤不待论矣。《新书·李吉甫传》：元和二年（807 年），杜黄裳罢相，擢吉甫同平章事。吉甫连蹇外迁十余年，究知闾里疾苦，常病方镇强恣。至是为帝从容言："使属郡刺史，得自为政，则风化可成。”帝然之。出郎吏十余人为刺史。时尚无如藩镇何，特欲借刺史之才望以与之抗，使稍得自主而已。至淮西平，则中枢形势骤强，得行其志，乃由乌重胤还职刺史以为之唱。遂下支郡兵马并属刺史之诏。事见第八章第二节。《旧书·陆亘传》：“亘刺兖州，延英面奏：凡节度使握兵分屯属郡者，刺史不能制，遂为一郡之弊，宜有处分。因诏天下兵分屯属郡者隶于刺史。”疑即此事也。薛《史·职官志》：梁开平四年九月，诏曰：“魏博管内刺史，比来州务，并委督邮。遂使曹官擅其威权，州县同于闲冗。俾循通制，宜塞异端。并宜依河南诸州例，刺史得以专达。时议者曰：乌重胤以所管三州，各还刺史职分，是后虽幽、镇、魏三道，以河北旧风，自相传袭，沧州一道，独禀命受代，自重胤制置使然也。则梁氏之更张，正合其事矣。”然孔谦直以租庸帖调发诸州，观察使乃以唐制制敕不下支郡，刺史不专奏事诤之，见第十二章第三节。则可见宪宗、文宗之诏，能行之者实甚寡也。

外官之专横，率由其久握兵权，干涉民政而然。隋及唐初，皆有尚书行台。唐代又有元帅、副元帅、都统、副都统元帅、都统，皆以亲王为之，有名无实。副元帅、副都统则皆有实权。及招讨使等名目。然皆兵罢即撤，故不能为害。后来之节度、防御、团练等使，则不然矣。《旧书·职官志》叙次，先府、都督府、州、县，次以都护府，以其专设于边境，以掌诸蕃也。次乃及节度、都统、招讨、防御、团练等使，明其本为军官，后虽经久设立，寖与民政，实非本意也。《新书·百官志》首元帅，次都统，次节度，次观察，次团练，次防御，乃以府、都督府继之，又继之以都护，终乃及于州县，且总标之曰外官，混文武及常设、暂设之官为一，似欠条理。今文家五等之封，为百里、七十里、五十里，古文家则为五百里、四百里、三百里、二百里、百里，盖皆按切时势以立言。今文家所言，盖周初之制，古文家所言，则东周后事矣。百里之国，滕、薛、郳、莒之伦。此等国为大国所灭，则以之置县。秦、汉时县大率方百里是也。历代县之疆域，虽时有赢缩，然其本则未变。此等国，在春秋时已无足重轻矣。五百里之国，鲁、卫、宋、郑是也。在春秋时尚足自立，入战国乃日益削弱，以至于亡。此其区域，在秦、汉时则为郡。汉有叛国而无叛郡，明大小若此者，亦无能为。其在春秋时则争霸，在战国时则并称王，争为帝，而终之以并吞者，则齐、晋、秦、楚是也。此等国之封域，即古书所言邦畿千里之制。封国无能若是其大者，亦无若是其大，而犹受封于人者。故言封建之制者，皆不之及。此等国不徒在春秋、战国之世，为兵争之原，即汉初之地，更倍于此等国，亦未足以戢吴、楚七国之心也。然则欲求一统，其道无他，只是防邦畿千里之国之再起而已矣。而魏、晋、南北朝之州郡，唐、五代之藩镇，则此等国之再起者也。此中国统一与分裂之键也。

闾里编制，隋、唐略同。《隋书·高祖纪》：开皇九年二月，“制五百家为乡，正一人。《通鉴》作“置乡正一人”。百家为里，长一人”。《通鉴》作“置里长一人”。《百官志》：“炀帝时，京都诸坊改为里，皆省除里司官，以主其事。”《旧书·职官志》：户部，“百户为里，五里为乡。两京及州县之郭分为坊，郊外为村。里及坊、村，皆有正以司督察。四家为邻，五邻为保，保有长以相禁约”。《食货志》云：“五家为保。”家盖误字。又云：“在邑居者为坊，在田野者为村”，则辞异意同。又云：“村、坊、邻、里，递相督察。”《太宗纪》：贞观九年三月，“每乡置长一人，佐二人”。十五年十一月，“废乡长”。《通典》云：“大唐凡百户为一里，里置正一人；五里为一乡，乡置老一人，以耆年平谨者县补之，亦曰父老。贞观九年（635年），每乡置长一人，佐二人，至十五年（641年）省。”是其编制及名目皆同也。薛《史·张全义传》云：“全义为县啬夫，尝为令所辱，乾符末，黄巢起冤句，全义亡命入巢军。”唐时无啬夫之名，欧《史》仅云“少以田家子役于县”，薛《史》盖以古名相比附也。《隋书·李德林传》云：苏威奏置五百家乡正，即令理民间辞讼。德林以为“本废乡官判事，为其里闾亲戚，剖断不平。今令乡正专治五百家，恐为害更甚。且今时吏部总选人物。天下不过数百县，于六七百万户内，诠简数百县令，犹不能称其才，乃欲于一乡之内，选一人能治五百家者，必恐难得。又即时要荒小县，有不至五百家者，复不可令两县共管一乡”。敕令内外群官就东宫会议。自皇太子以下，多从德林议。开皇十年（590 年），虞庆则等于关东诸道巡省，使还，并奏云：“五百家乡正，专理辞讼，不便于民，党与爱憎，公行货贿。”上令废之。德林复奏“政令不一，深非帝王设法之义”。因此忤意外出。案古者地治之职，皆有听讼之权，岂必能皆得其平？然事属相沿，民习有严上之心，故犹可以相安，既废之矣，而又复之，则嚣然之声起矣。乡官之始，必由人民推择；其后或由官命，亦必采听民意；历年愈久，则民之愿者与官日益离，其桀黠者依附献媚之术愈工，且或有以胁其众，使不敢诽已，其人乃去民日远。自左雄已言“乡官部吏，职斯禄薄，车马衣服，一出于民”，见《秦汉史》第十八章第三节。而可畀以听讼之权乎？既明知其不便矣，又岂可以护前而惮改作？德林之初议是，而其再奏则非矣。因此忤旨，不得咎文帝之听荧也。炀帝令省除里司，盖以京都为贵势豪猾所萃，什伍之长，势不足相检制，与魏甄琛请取武官领里尉之意同，见《两晋南北朝史》第二十二章第三节。非所语于外州县也。《新书・韩滉传》：滉为两浙观察使，里胥有罪，辄杀无贷。人怪之。滉曰：“袁晁本一鞭背史，禽贼有负，聚其类以反。此辈皆乡县豪黠，不如杀之，用年少者，惜身保家不为恶。”足见正长中桀黠者之多。然滉残酷而好要功，徒以便于己私，而残民以逞，其心更可诛矣。薛《史・胡饶传》：饶与唐明宗部将王建立相善。明宗即位，建立领常山，奏饶为真定少尹。平棘令张鹏者，献策，请建立于境内，每县所管乡，置乡直一人，令月书县令出入行止。饶乃导而荐焉。建立行之弥年，辞讼蜂起，四郡大扰。此等教猱升木之举，其必无以善其后也审矣。《通典》："天宝七载（748年），诏三十里置一驿，元注："其非通途大路则曰馆。"驿各有将，以州里富强之家主之，以待行李。自至德之后，民贫不堪命，遂以官司掌焉。"此则本非可责之于民。虽承平之世，民力亦不能堪，而况于丧乱之后邪？

官品：隋分为九，各有正从；自四品以下，复分为上下阶，凡三十阶；谓之流内。又有流内视品十四等；无一品及正四五品。又有流外勋品、二品、三品、四品、五品、六品、七品、八品、九品之差；又视流外亦有视勋品、视二品、视三品、视四品、视五品、视六品、视七品、视八品、视九品；皆无上下阶。炀帝三年（607年），定令，除上下阶。唐自四品已下复有之。又有视流内，起正五品至从九品。流外、视流外，亦自勋品至九品，如隋之旧。

隋高祖又采后周之制，置上柱国、柱国、上大将军、大将军、上开府仪同三司、开府仪同三司、上仪同三司、仪同三司、大都督、帅都督、都督，总十一等，以酬勋劳，是为勋官。又有特进、左右光禄大夫、金紫光禄大夫、银青光禄大夫、朝议大夫、朝散大夫，以加文武官之德声者，并不理事。六品已下，又有翊军等四十三号将军，品凡十六等，为散号将军，以加泛授。居曹有职务者为执事官，无职务者为散官。上柱国已下为散实官，军为散号官。开皇六年（586年），吏部又别置朝议、通议、朝请、朝散、给事、承奉、儒林、文林八郎，武骑、屯骑、骁骑、游骑、飞骑、旅骑、云骑、羽骑八尉。其品则正六品已下，从九品以上。上阶为郎，下阶为尉。案"汉制，光禄大夫、太中大夫、郎、议郎、中郎、侍郎、郎中皆无员，多至数千人；特进、奉朝请，亦皆无职守，优游禄秩；则官之有散，自汉有之。然当时仕于朝者，不任以事，则置之散，盖以储才待须，与职事均其劳佚"。其"以职为实，以散为号"，则实自隋始也。《文献通考》引岳珂《愧郯录》说。炀帝于旧都督已上至上柱国及八郎、八尉四十三号将军皆罢之，并省朝议大夫。自一品至九品，置光禄、从品。左右光禄、左正二品，右从二品。金紫、正三品。银青光禄、从三品。正议、正四品。通议、从四品。朝请、正五品。朝散、从五品。九大夫，建节、正六品。奋武、从六品。宣惠、正七品。绥德、从七品。怀仁、正八品。守义、从八品。奉诚、正九品。立信、从九品。八尉，以为散职。其制似较高祖为简易。然及唐世，复有勋官，凡十二转。见《新书·百官志·司勋职》。文散官二十九等，见《吏部》。武散官四十五等。见《兵部》。玄宗平内难，赐卫士葛福顺等为唐元功臣。代宗以射生军清难，有宝应之称。德宗以泾军扇逆，有定难之号。其后随事而赐，亦无定名。《通考》。僖、昭频年播迁，功臣差多。至后梁、后唐，则遍及戎卒矣。《通鉴》贞元七年（791年）《注》引宋白说。勋散官之名，皆古之高官。在隋世，盖犹不失其贵，至唐，则止于服色、资荫而已。杜佑《裁官议》云："柱国后魏末置，并是当时宿德，勋成业崇，皆主重兵，宠贵第一。周、隋以后，除授至多。暨乎国家，回作勋级，惟得三十顷地耳。"又云："后周改都督诸军事为总管，则总管为都督之任矣。又有大都督、帅都督、都督，并以为散官。炀帝改大都督为校尉，帅都督为旅帅，都督为队正；大唐武德七年（624年），改上大都督为骁骑尉，大都督为飞骑尉，帅都督为云骑尉，都督为武骑尉；则都督之名微矣。"《通鉴》：兴元元年（784年），陆贽奏："国家命秩之制，有职事官，有散官，有勋官，有爵号。然掌务而授俸者，惟系职事一官。勋、散、爵号，止于服色、资荫而已。"《注》："资荫，谓随资品得荫其子若孙及曾孙也。"文散官自四品已下，皆番上于吏部；武散官则番上于兵部；勋官亦番上于兵部及外州；殊为困辱。见《新书·百官志》吏兵部及司勋。《旧书·职官志》云："旧例，开府及特进，虽不执事，皆给俸禄，与朝会，行立在于本品之次。光禄大夫已下，朝散大夫已上，衣服依本品，无禄俸，不与朝会。朝议郎已下，黄衣执笏，于吏部分番上下，承使及亲驱使，甚为猥贱。每当上之时，至有为主事、令史守局钥、执鞭帽者。两番已上，则随番许简。通时务者，始令参选。一登职事已后，虽官有代满，即不复番上。”又云：“永徽已后，战士授勋者，动盈万计。每年纳课，亦分番于兵部及本郡当上省司，又分支诸曹，身应役使，有类僮仆。据令乃与公卿齐班，论实在于胥吏之下。盖以其猥多，又出自兵卒，所以然也。”案是时征役，又多取勋官，见第九节引刘仁轨奏。无实利而徒有虚名，未有能使人重之者也。此徒恃虚名者之所以终穷也。

官禄：《隋书·百官志》云：“京官：正一品禄九百石，其下每以百石为差，至正四品，是为三百石。从四品二百五十石，其下每以五十石为差，至正六品，是为百石。从六品九十石，其下每以十石为差，至从八品，是为五十石。食、封及官不判事者并九品，皆不给禄。其给皆以春秋二季。刺史、太守、县令，则计户而给禄。各以户数为九等之差。大州六百二十石，其下每以四十石为差，至于下下则三百石。大郡三百四十石，其下每以三十石为差，至于下下则百石。大县百四十石，其下每以十石为差，至于下下则六十石。其禄惟及刺史二佐及郡守、县令。”其职分田：《通典》云：“京官一品者给田五顷，至五品则为田三顷。其下每品以五十亩为差，案自一品至五品，似每品亦以五十亩为差。至九品为一顷。外官亦各有职分田。”唐制：《通典》云：“京官正一品，米七百石，钱六千八百。从一品米六百石。从品不言钱数，盖皆同正？正二品米五百石，钱六千。从二品米四百六十石。正三品米四百石，钱五千一百。从三品米三百六十石。正四品米三百石，钱四千二百。从四品米二百六十石。正五品米二百石，钱三千六百。从五品米一百六十石。正六品米一百石，钱二千四百。从六品米九十石。正七品米八十石，钱二千一百。从七品米七十石。正八品米六十七石，钱一千六百。从八品米六十二石。正九品米五十七石，钱一千三百。从九品米五十二石。《新书·食货志》不载钱数。外官各降一等。一品以五十石为一等，二品、三品以三十石为一等，四品、五品以二十石为一等，六品、七品以五石为一等，八品、九品以二石五斗为一等。其干力及防阁、庶仆并别给。内外文武官，自一品以下，并给职田。京官诸司及郡县，又给公廨田。并有差。”职分田之数，自十二顷至一顷，见《新书·食货志》。永徽中月俸、食料、杂用之数，见于《新书·食货志》。《通典》云：“防阁庶仆，旧制季分、月俸、食料、杂用，即有分诸官应月给。开元二十四年六月，乃撮而同之，通谓之俸料。一品月俸六千，食料千八百，杂用千二百，防阁十五千，通计二十四千。二品、三品，月俸五千，食料千一百，杂用九百，防阁十千，通计十七千。四品月俸三千五百，食料七百，杂用七百，防阁六千六百六十七，通计十一千五百六十七。五品月俸三千，食料六百，杂用六百，防阁五千，通计九千三百。六品月俸二千，食料四百，杂用四百，庶仆二千五百，通计五千三百。七品月俸千七百五十，食料三百五十，杂用三百五十，庶仆千六百，通计四千五十。八品月俸千三百五十，食料三百，杂用三百，庶仆六百，通计二千五百五十。九品月俸千五十，食料二百五十，杂用二百，庶仆四百，通计千九百。”此承平时之制也。虽时有增减，大致不甚相远。李吉甫谓“国家之制，官一品俸三千，职田、租米，大抵不过千石”，盖辜较言之也。开元以后，置使渐众，各给杂钱，数乃甚巨。《新书·食货志》曰：“宰相杨国忠，身兼数官，堂封外月给钱百万。幽州平卢节度使安禄山，陇右节度使哥舒翰，兼使所给，亦不下百万。”兵兴而后，权臣外官，乘机攘窃，尤有不可言者。《新书·食货志》又云：“兵兴，权臣增领诸使，月给厚俸，比开元制禄数倍。”又云：“代宗时，权臣月俸，有至九十万者。刺史亦至十万。”《裴冕传》云：“领使既众，吏白俸簿月二千缗。”杨绾、常衮，始加厘正，《新书·食货志》云：“杨绾、常衮为相，增京官正员官及诸道观察使、都团练使、副使以下料钱。”《通鉴》事系大历十二年（777 年），云：“元载以仕进者多乐京师，恶其逼已，乃制俸禄，厚外官而薄京官。京官不能自给，常从外官乞贷。杨绾、常衮奏京官俸太薄。诏加京官俸岁十五万六千余缗。自兵兴以来，州县官俸给不一，重以元载、王缙，随情徇私，刺史月给，或至千缗，或数十缗。至是始定节度使以下至主簿、尉俸禄。裒多益寡，上下有叙，法制粗立。”案兵兴已后，旧法毁坏，新法不立，有权者乘机攘窃，政府无如之何；又财政穷蹙，坐视京官之困窘而无以救之；此亦事势使然，尽以归咎于元载，亦溢恶之辞也。是年所加京官之俸，见《通鉴注》引《唐会要》。德宗贞元四年（788 年），李泌奏京官俸太薄，请自三师以下，悉倍其俸，从之，亦见《通鉴》。史言其法制粗立，然《通考》载大中六年（852 年）中书门下奏：“应诸州刺史，既欲责其洁已，须令俸禄稍充。但以厚薄不同，等级无制，致使俸薄处无人愿去，禄厚处终日争先。”又《新书·食货志》以会昌后百官俸钱，不复增减，特著其数，今核之，则最多者三师，钱二百万，最少者十六卫、六军、十率府执戟、长上、左右中郎将，钱二千八百五十而已。则其所谓均者又安在邪？然此特官吏受其弊而已，其因官俸而厉民，则又有不止于此者。

历代官俸之厉民，病在国家无充足之经费，于是或分之以田亩，或假之以事力，甚至畀以资财，使为出举、兴生之事焉。官吏出举、兴生之弊，已见第十七章第四节。职分田及公廨田，亦“借民佃植，至秋冬受谷。”《通典·职官典》十七。然其诛求，实较民间之田主为尤甚。观第十七章第二节所引元结所言道州之情形可知。役民之事，名目尤繁。曰防阁，曰庶仆，曰邑士，曰仗身，曰亲事，曰帐内，曰白直，曰执衣，曰事力，曰守当，曰厅子。甚有如门夫者，乃州县无防人者，籍十八已上中男及残疾，以守城门及仓库门，番上不至者，闲月督课，为钱百七十，忙月二百，至开元二十四年（736 年），亦以给州县官焉。皆见《新书·食货志》及《通典·职官典》十七。或役其身，或收其课，又有既收其课，旋复加以签差者。以大体言之，收其课较之役其身者，民少得宽，如《新书·食货志》言："天宝初，天下白直岁役丁十万，有诏罢之，计数加税以供用，人皆以为便"是也。薛《史·周太祖纪》：广顺元年三月，壬申，诏曰："诸州府先差散从亲事官等，前朝创置，盖出权宜，苟便一时，本非旧贯。近者遍询群议，兼采封章，且言前件抽差，于理不甚允当。一则碍州县之色役，一则妨春夏之耕耘。贫乏者困于供须，豪富者幸于影庇。既为烦扰，须至改更。况当东作之时，宜罢不急之务。其诸州所差散从亲事官等，并宜放散。"诏下，公私便之。然又云：是月，"辛卯，诏诸道节度副使、行军司马、两京少尹、留守判官，并许差定当直人力，不得过十五人。诸府少尹、书记、支使、防御、团练副使不得过十人。节度推官、防御、团练军事判官，不得过七人。逐处系帐收管。此外如敢额外影占人户，其本官当行朝典。先是汉隐帝时，有人上言：州府从事、令录，皆请料钱，自合雇人驱使，不合差遣百姓丁户。秉政者然之。乃下诏州府从事令录本处先差职役，并放归农。自是官吏有独行趋府县者。帝颇知之，故有是命。"自壬申至辛卯，不过二十日耳。官吏果有独行趋府县者乎？即日有之，其上闻又何其速也？又《汉隐帝纪》：乾祐三年七月，"三司使奏州县令录佐官，请据户籍多少，量定俸户。县三千户已上，令月十千，主簿八千。二千户已上，令月八千，主簿五千。二千户已下，令月六千，主簿四千。每户月出钱五百，并以管内中等户充。录事参军判司俸钱，视州界令佐取其多者给之。其俸户与免县司差役，从之"。《通考》记此事云："俸户与除二税外，免放诸杂差遣，不得更种职田。所定俸户，于中等无色役人户内置，不得差令当直及赴衙参。"此亦收其课而免其役也。然《周世宗纪》，又载显德五年十二月，"诏重定诸道州府幕职、令录、佐官料钱，其州县官俸户宜停"。《通鉴》载是事云："诏凡诸色课户及俸户，并勒归州县。"《通考》载中书奏云："其内外官课户、庄户、俸户、柴炭纸笔户等并停。如今后更有人户愿充此等户者，仰本州勒充军户，配本州牢城执役。"则其名目尤多，而民反以获充此等色役为幸，则周太祖诏所谓豪富幸于影庇者也。《通鉴注》云："唐初，诸司置公廨本钱，以贸易取息，计员多少为月料。其后罢诸司公廨本钱，以天下上户七千人为胥士而收其课，计官多少而给之，此所谓课户也。唐又薄敛一岁税，以高户主之，月收息给俸，此所谓俸户也。"案罢公廨本钱置胥士，事在贞观十二年（638 年），敛一岁税主以高户，事在高宗时；皆见《新书·食货志》及《通典》。此二者盖最普遍。余如庄户、柴炭纸笔户等，则随时随地，巧立名目，事较琐细，故作史者略而不书耳。然亦可见此等名目遗佚者之多矣。而去来之际，则有送迎。《旧书·郝处俊传》："年十岁余，父卒于滁州，故吏赙送甚厚，仅满千余匹，悉辞不受。"《杜暹传》："补婺州参军，秩满将归，州吏以纸万余张赠之，暹惟受一百。"当时纸价贵，万张之赠，亦不薄矣。薛《史·张万进传》："所至不治。洎至泾原，凶恣弥甚。卒，假殡于精舍之下，至辖车东还，凡数月之间，郡民数万，无一馈奠者。"可见以有馈奠为常也。居官之时，又有相沿之供奉及临时之乞取，并有巧取豪夺，遂袭为故常者。历代地方政费，相沿皆出自当地，故向来所谓陋规者，溯其原，实不可谓之非法，其说已见《两晋南北朝史》矣。然因之而多取或且虐取之者亦甚多。《新书·列女传·李畬母》："畬为监察御史，得廪米，量之三斛而赢。问于史，曰：御史米不概也。又问车庸有几？曰：御史不偿也。母怒，敕归余米，偿其庸。因切责畬。畬乃劾仓官自言状。诸御史闻之有惭色。"此可谓其细已甚。然《钱徽传》："贬江州刺史。州有牛田钱百万，刺史以给宴饮赠饷。徽曰：此农耕之备，可他用哉？命代贫民租入。"《循吏·韦宙传》："出为永州刺史。州方灾歉，乃斥官下什用所以供刺史者，得九十余万钱，为市粮饷。"则为数颇巨矣。以其相沿已久，故民于取之者不以为贪，偶有不取者，则群誉为廉，若其视少府所入为人君私藏，偶出之以佐大农，遂群称其盛德焉。《旧书·长孙顺德传》："拜泽州刺史。先是长吏多受百姓馈饷，顺德纠擿，一无所容，称为良牧。"薛《史·安重霸传》："清泰初，移授西京留守京兆尹。先是秦、雍之间，令长设酒食私丐于部民者，俗谓之捣蒜。重霸之镇亦为之。秦人目为捣蒜老。”《史弘肇传》：“所领睢阳属府公利，委亲吏杨亿就府检校，贪利凶横，负势生事，吏民畏之。副戎已下，望风展敬，聚敛刻剥，无所不至。月率万缗以输弘肇。一境之内，疾之如仇。”此等皆事未经久，故为上所禁，为下所疾，为俗所讥。若其习而安焉，则亦江州之牛田，永州之什用也。《旧书·赵涓传》：“侍御史卢南史坐事贬信州员外司马。至郡，准例得厅吏一人。每月请纸笔钱。前后五年，计钱一千贯。南史以官闲冗放吏归，纳其纸笔钱六十余千。”刺史姚骥劾以为臧。德宗遣监察御史郑楚相、刑部员外裴澥、大理评事陈正仪充三司使，同往按鞫。澥奏“事非巨蠹”，不须三司并行，请独往。德宗忻然，命改敕。德宗性严，然从澥如转圜者，由其本谓“此事亦未为甚”也。《宣宗纪》：大中五年九月，“敕条疏，刺史交代，须一一交割公事与知州官，方得离任。准会昌元年（841年）敕，刺史只禁科率由抑配人户。至于使州公廨及杂利润，天下州府，皆有规制，不敢违越。缘未有明敕处分，多被无良人吏致使恐吓，或致言讼起。今后应刺史下担什物及除替后资送钱物，但不率敛官吏，不科配百姓，一任各守州县旧例色目支给。如无公廨，不在资送之限，若辄有率配，以入己臧论”。此诏令明许相沿之陋规不为违法者也。“科率由”，当作“科率所由”，盖夺字。非法之求取如是，而于应给之禄，则国家困穷之际，又往往不能给之。然其所苦者，又不过无拳无勇之人，若乃工于攘窃者，又未尝不反以为幸也。亦足唏矣。唐自至德而后，屡减百官俸料，略见《新书·食货志》。其甚者，代宗永泰元年十月，“诏税百官钱市绢以赏回纥”。闰十月，“百寮上表，以军兴急于粮饷，请纳职田以助费，从之”。盖旬月之间，而夺其禄者再焉，事见《旧书·代宗纪》。《通鉴》：梁太祖开平三年正月，“以用度稍充，初给百官全俸”。《注》云：“唐自广明丧乱已来，百官俸料，额存而已，至是复全给。”然薛《史·唐庄宗纪》，又载同光四年二月，宰臣豆卢革上言“请支州县实俸”，则开平三年（909年）所给，实仅指内官也。宋真宗咸平四年（1001年），杨亿疏言："唐制，内外官俸钱之外，有禄米、职田，又给防阁、庶仆、亲事、帐内、执衣、白直、门夫，各以官品差定其数，岁收其课，以资于家。本司又有公廨田、食本钱，以给公用。自唐末离乱，国用不充，百官俸钱，并减其半，自余别给，一切权停。今郡官于半俸之中，已是除陌，又于半俸三分之内，其二以他物给之，鬻于市廛，十裁一二。曾餬口之不及，岂代耕之足云？昔汉宣帝下诏，言吏能勤事而俸禄薄，欲其无侵渔百姓，难矣。遂加吏俸，著于策书。窃见今之束发登朝，陈力就列，其俸也，不能致九人之饱，不及周之上农，其禄也，未尝有百石之入，不及汉之小吏。若乃左右仆射，百寮之师长，位莫崇焉，月俸所入，不及军中千夫之帅"云云。顾亭林《日知录·隋以后刺史》条引之，以为"今代所循，大抵宋之余弊"。然宋又未尝不承唐之余弊矣。仲长统论汉吏禄之薄，谓由秦刻之以丰军用，已见《秦汉史》第十八章第三节。更观杨亿之言，则知兵争之际，未有不厚于兵而薄于吏者，且未有不久而不复者也。然承其弊者果吏乎？《旧书·陆亘传》：为浙东观察使。"越之永嘉郡，城于海堧，常陷寇境，集官吏廪禄之半，以代常赋。因循相踵，吏反为幸。亘按举臧罪，表请郡守以降，增给其俸，人皆赖之。"刻吏禄而吏以为幸，增吏禄而民皆赖之，其故不可深长思也哉？

第五节　选　举（上）

用人首重才德，才德必征诸行实，行实必考诸乡闾，此汉以前选举之法所由立也。汉末，人士播迁，考详无地，于是九品中正之制兴焉。其法既极弊而不可挽救，而乡举里选之制又卒不可复，而科目兴矣。

《通典·选举典》云："南朝至于梁、陈，北朝至于周、隋，选举之法，虽互相损益，而九品及中正，至隋开皇中方罢。”历代制中。其《职官典》云：“隋有州都，大唐无。”总论州佐。又云：“中正，隋初有，后罢，而有州都，大唐并无此官。”总论郡佐。然《通鉴》唐高祖武德七年正月云：“依周、齐旧制，每州置大中正一人，掌知州内人物，品量望第，以本州门望高者领之，无品秩。”则初亦尝设其职。然死灰不可复然，后盖旋废，故《通典》不之及矣。

《新书·选举志》云：“唐制，取士之科，多因隋旧。然其大要有三：由学馆者曰生徒，由州县者曰乡贡，皆升于有司而进退之。其科之目：有秀才，有明经，有俊士，有进士，有明法，有明字，有明算，有一史，有三史，有开元礼，有道举，有童子；而明经之别，有五经，有三经，有二经，有学究一经；有三礼，有三传，有史科；此岁举之常选也。其天子自诏者曰制举，所以待非常之才焉。”此文颇伤凌乱。《十七史商榷》云：“虽大要有三，其实惟二：以地言，学馆、州县异；以人言，生徒、乡贡异；然皆是科目，皆是岁举常选，与制举非常相对。唐人入仕之途甚多，就其以言扬者，则有此三种耳。科之目十有二，盖特备言之。其实：若秀才则为尤异之科，不常举。若俊士，与进士实同名异。若道举，仅玄宗一朝行之，旋废。若律、书、算学，虽常行，不见贵。其余各科不待言。大约终唐世，常选之最盛者，不过明经、进士两科而已。王定保《摭言》卷一会昌五年（845年）举格节文，及《两监篇》载会昌五年正月敕文，《谒先师篇》载开元五年九月诏文，皆专举明经、进士二科。又如裴庭裕《东观奏记》卷十一条云：“京兆府进士、明经解送，设殊、次、平等三级，以甄别行实。韦澳为京兆尹，至解送日，榜曰：朝廷将裨教化，广设科场。当开元、天宝之间，始专重明经、进士是也。”愚案《旧书·职官志》礼部职云：“凡举试之制，每岁仲冬，率与计偕。其科有六：一曰秀才，二曰明经，三曰进士，四曰明法，五曰书，六曰算。其有博综兼学，须加甄奖，不得限以常科。”《通典·选举典》

亦云："其常贡之科：有秀才，有明经，有进士，有明法，有书，有算。凡众科有能兼学，则加超奖，不在常限。"虽所言不如《新志》之备，然实能分别轻重，提挈纲领。《新志》备列其名，而于其常行与否，不加分别；亦不别其轻重；未免失之汗漫矣。《十七史商榷》又云："生徒与乡贡，十二科皆有之。生徒是学、馆中人。馆惟京师有之，学则州县皆有。肄业其中者，州县试之送尚书省。乡贡则庶人之俊异者，平日不在学中，径怀牒自列于州县，州县试之而送省。玩下文所述，其制自明。"案此制之大异于前代者？前代选举之权，操之郡县，士有可举之材，而郡县不之及，士固无如之何，今则可以怀牒自列于州县。夫苟怀牒自列，州县即不得不试之；试之，即不得不于其中举出若干人。是就一人言之，怀才者不必获信，而合凡自列者而言之，则终必有若干人获举；而为州县所私而不能应试者，州县亦无从私之；是遏选举者之徇私，而俾怀才者克自致也。此选法之一大变也。又前世选举，首重才德，而学犹次之。汉世四科：曰"德行高妙，志节清白"者德，曰"才任三辅令"者才，曰"经中博士"，曰"文中御史"，则皆学也。学可以言扬，而才与德皆不能。才德既无术核实，而徒以虚文重之，其极，则徒举学之较可核实者而亦豁免之耳。科目兴而此弊除矣。此选法之又一大变也。

乡贡、学校，二者实互为盛衰。《新志》云："举人旧重两监，后世禄者以京兆、同、华为荣而不入学。天宝十二载（753 年），乃敕天下罢乡贡，举人不由国子及郡、县学者，勿举送。"然及十四载（755 年），即"复乡贡"矣。盖学校有名无实；而不论其为由乡贡，由学校，凡应举者皆意在得官，欲得官必求速化，骛声华、事奔竞之术正多，何必坐学？此则学校之所以日衰，乡贡之所以日盛。至明世，法虽束缚之一出于学，究亦学校其名，乡贡其实也。其机则唐代肇之矣。

举试之法。《新志》述之云：凡学六：国子、太、四门、律、书、算；又都督府、州、县皆有学；门下省有弘文馆；东宫有崇文馆；每岁仲冬，州、县、馆举其成者送之尚书省。而举选不由馆、学者，谓之乡贡。皆怀牒自列于州县。试已，长吏以乡饮酒礼会属僚，设宾主，陈俎豆，备管弦，牲用少牢，歌《鹿鸣》之诗，因与耆艾叙长少焉。至省，由户部集阅，而关于考功员外郎试之。《通典》云：“武德著制，以考功郎中监试贡举。贞观以后，则考功员外郎专掌之。”又云：“大唐贡士之法，多循隋制。上郡岁三人，中郡二人，下郡一人。有才能者无常数。”又云：“旧令诸郡虽有一、二、三人之限，而实无常数。”开元二十四年（736 年），考功员外郎李昂为举人诋诃，帝以员外郎望轻，遂移贡举于礼部，以侍郎主之。礼部选士自此始。礼部侍郎亲故，移试考功，谓之别头。贞元十六年（800 年），中书舍人高郢奏罢，议者是之。新、旧《书》《郢传》皆不载其事，而《齐抗传》则皆云抗所奏罢。元和十三年（818 年），权知礼部侍郎庾承宣奏复。大和三年（829 年），高锴为考功员外郎，取士有不当，监察御史姚中立奏停。六年（832 年），侍郎贾悚又奏复之。初开元中，礼部考试毕，送中书门下详覆，事在二十五年（737 年），见《旧书·钱徽传》所载长庆元年（821 年）敕。《通典》同，云事为礼部侍郎姚奕所奏。其后中废。钱徽所举送，覆试多不中选，由是贬官，而举人杂文，复送中书、门下。钱徽事在长庆元年（821 年），见第八章第五节。《新志》承庾承宣奏复别头而云是岁，误。抑岂承宣奏复别头，实在元和十五年（820 年），而《志》误作十三年（818 年）邪？长庆三年（823 年），侍郎王起言故事，礼部已放榜，而中书、门下始详覆，今请先详覆而后放榜。议者以起虽避嫌，然失贡职矣。起，播弟，事见《旧书·播传》。大和八年（834 年），宰相王涯以为礼部取士，乃先以榜示中书，非至公之道。自今一委有司，以所试杂文、乡贯、三代名讳送中书门下。以上皆据《新志》。武后载初元年二月，策问贡人于洛城殿，数日方了。《通典》云：“殿前试人自此始。”《通考》云：此“于殿陛之间，行员外郎之事”，非如后世“于省试之，外复有殿试”也。两都试人，《新志》云始于广德二年（763年）。时贾至为侍郎，以岁方艰歉故。亦见《旧书·文苑》至本传。案《通考》载唐《登科记总目》，至德二载（757年），进士二十二人，江淮六人，成都府十六人，江东七人，则分试之地，尚不止两都，盖丧乱时之权制也。观《通典》所载赵匡论举选之弊，见下节。则以此为患者，又不独艰歉之岁矣。

南北朝至隋、唐，皆偏尚文辞，其时取士，率以是为标准，虽最高之秀才科亦然焉。参看《两晋南北朝史》第二十二章第四节。《新志》云：凡秀才，试方略策五道，以文理粗通，为上上、上中、上下、中上，凡四等。《通典》云：“案令文科第，秀才与明经，同为四等，进士与明法，同为二等。然秀才之科久废，而自武德已来，明经惟有丁第，进士惟乙科而已。”又云：“高宗永徽二年（651年），始停秀才科。”《通考》引唐《登科记总目》同。《旧书·职官志》礼部亦云：秀才试方略策五条。又云：“此科取人稍峻，贞观已后遂绝。”《通典》则云：“初秀才科等最高。贞观中，有举而不第者，坐其州长，由是废绝。自是士族所趋向，惟明经、进士二科而已。”《注》云：“开元二十四年（736年）以后，复有此举。《通考》引《登科记总目》不载。其时进士渐难，而秀才本科，无帖经及杂文之限，反易于进士。主司以其科废久，不愿收奖，应者多落之。三十年来，无及第者。至天宝初，礼部侍郎韦涉，始奏请有堪此举者，令官长特荐，其常年举送者并停。”案《新书·韩思复传》云：思复举秀才高第。思复卒于开元初，年七十四，其生，早亦当在贞观末。又《徐坚传》云：十四而孤，及壮，宽厚长者，举秀才及第。坚卒于玄宗东封后，年七十余，东封在开元十三年（725年），上距永徽元年（650年），已七十六年矣。秀才果绝于贞观，停于永徽，二人安能及第？《旧书·刘祥道传》：祥道于显庆二年（657年）上疏，言“国家富有四海，已四十年，百姓官寮，未有秀才之举”。《职官志》论唐出身入仕者，亦云：“其秀才，有唐已来无其人。”使以其言为实，则自武德已来，即当无此科，而《通考》引唐《登科记总目》，永徽以前，秀才固岁有其人，何也？然则永徽之停，殆亦如韦陟之奏，特停其常年举送者；贞观后之废绝，亦不过如此；其有才实拔出，或州长不惮见坐者，亦未必遂无举送也。《通典》三十年来无及第者一语，似自天宝元年（742 年）上溯至开元元年（713 年）言之。果尔，则开元之有此举，亦必非始二十四年（736 年），特二十四年已后、乃有常年举送者耳。《隋书·文学传赞》，言“隋世秀异之贡，不过十数，而杜正玄昆季三人与焉”。亦见新、旧《书·杜正伦传》。《新书·任敬臣传》：年十六，刺史崔枢欲举秀才，自以学未广，遁去。敬臣后为秘书郎，为监虞世南所赏，崔枢之欲举，或亦在贞观之初。又《张昌龄传》：州欲举秀才，以科久废固让；昌龄亦贞观时人。此亦久废特言其稀，非谓绝无之证。然则唐世所谓废绝，亦不过如隋世之举者甚稀耳。秀才无杂文之限，而论科第者犹以为最贵，似乎不重文辞，实则事适相反。《隋书·杜正玄传》言：杨素负才傲物，正言抗辞酬对，无所屈挠，素甚不悦。久之，林邑献白鹦鹉，素促召正言，至，即令作赋。正言援笔立成，素始异之。因令更拟诸杂文笔十余条。又皆立成，而辞理华赡。素乃叹曰：“此真秀才，吾不及也。”此正以其文辞赏之。隋世举秀才，见于《隋书》及新、旧《书》者：尚有侯白、《隋书》附《陆爽传》。崔儦、王贞、皆见《隋书·文学传》。窦威、《旧书》本传。许敬宗，《新书》本传。其岑文本、薛收，则辞不应命。皆见《新书》本传。侯白行类俳优，崔儦性近清狂，王贞但工书翰，亦皆文士之流。又《隋书》所载，见举在陈世者有许善心，在齐世者有李德林。《德林传》云：杨遵彦命制《让尚书令表》，援笔立成，不加治点。因相赏异。以示吏部郎中陆卬，卬云已大见其文笔，浩浩如长河东注。《新书·张昌龄传》，言其固让秀才，更举进士。与王公治齐名，皆为考功员外郎王师旦所黜。太宗问其故。答曰："昌龄等华而少实，其文浮靡，非令器也。取之则后生劝慕，乱陛下风雅。"后昌龄以翠微宫成献颂获进。然则爰自齐世，至于唐初，重秀才者，皆以其能为杂文，杨素之赏杜正玄，初非特异之见，而开元二十四年（736年）已后主司之不欲收奖，乃正以其不如进士之浮靡而薄之耳。然则加杂文后之进士，正乃前此之秀才也。

隋炀帝始建进士科。《通典·选举典》历代制中，《旧书·杨纂传》：大业中进士举，授朔方郡司法书佐。《新志》云："凡进士，试时务策五道，帖一大经。经策全通为甲第，策通四、帖过四以上为乙第。"又云："永隆二年（681年），考功员外郎刘思立建言：明经多钞义条，进士惟诵旧策，皆无实才，而有司以人数充第。乃诏自今明经试帖，十得六以上，进士试杂文二篇，通文律然后试策。"此所言者皆不具。《旧书·薛登传》：登言炀帝置进士等科，后生之徒，缉缀小文，名之策学；杨绾亦言："炀帝置进士之科，当时犹试策而已"；皆可见进士初仅试策。《通典》云："明经、进士，初止试策。贞观八年（634年），诏加进士试读经、史一部。至调露二年（680年），考功员外郎刘思立始奏二科并加帖经。其后又加《老子》《孝经》，使兼通之。"《新志》云："上元二年（675年），加试贡士老子策，明经二条，进士三条。"永隆二年（681年），诏明经帖十得六，进士试文两篇，通文律者然后试策。长寿二年（693年），太后自制《臣轨》两篇，令贡举人习业，停《老子》。神龙二年二月，制贡举人停《臣轨》，依旧习《老子》。开元二十一年（733年），玄宗新注《老子》成，诏天下每岁贡士，减《尚书》《论语》策而加《老子》。《新志》同。又云："诏天下家藏其书。"二十五年二月，制明经每经帖十，取通五以上，免旧试一帖，仍按问大义十条，取六以上，免试经策十条，令答时务策三道，取粗有文、理者与及第。其进士停小经，准明经帖大经十帖，取通四以上，然后准例试杂文及策。天宝元年

（742 年），明经停《老子》，加习《尔雅》。又云："明经所试，一大经及《孝经》《论语》《尔雅》，帖各有差。既通而口问之，一经问十义，得六者为通。问通而后试策，凡三条。三试皆通者为第。进士所试，一大经及《尔雅》。帖既通而后试文、试赋，各一篇。文通而后试策，凡五条。三试皆通者为第。"《注》云："旧制帖一小经并注，开元二十五年（737 年），改帖大经。其《尔雅》亦并帖注。"又云："经策全通为甲第，通四以上为乙第，通三帖以下，及策全通而帖经文不通四，或帖经通四以上而策不通四，皆为不第。"此天宝已前明经、进士两科试法也。《新志》仅据最后之制言之，而二科之加帖经，不在永隆二年（681 年），又因是年之加杂文而误并为一焉。观《通典》帖既通而后试文赋之说，则知初所试者并无诗，而赋亦不该于文之内。《新志》云："先是进士试诗、赋及时务策五道，明经策三道。建中二年（781 年），中书舍人赵赞权知贡举，乃以箴、论、表、赞代诗、赋，而皆试策三道。大和八年（834 年），礼部复罢进士议论而试诗、赋。"然钱徽一案，内出《孤竹管赋》《鸟散余花落》诗题以重试进士，则诗赋之复，初不待大和八年（834 年）矣。薛《史·李怿传》：后唐明宗天成时，常侍张文宝知贡举，中书奏落进士数人，仍请诏翰林学士院作一诗一赋，下礼部为举人格样，则其制至五代未改。《周太祖纪》：广顺三年正月，户部侍郎权知贡举赵上交奏："诸科举人，欲等第各加场数，进士除诗、赋外别试杂文一场"，从之。盖至是始复有所加？观此，亦可知诗、赋并不该于杂文之内。赵匡《举选议》，请"进士杂文，试笺、表、论、议、铭、颂、箴、檄等有资于用者，不试诗赋"，可见同为鞶帨之饰，时人视之，仍有有用无用之别。然则刘思立请加杂文时，亦当并无诗赋，而赵匡之议，亦或正欲复杂文初兴时之旧也。

进士科当唐之晚节，为世所共患，《新志》。其弊在于尚文。然尚文之弊，初非进士科所独，而进士实乃为尚文之风气所累。何也？

案《隋书·李谔传》，载谔上书论文体之弊曰："开皇四年（584年），普诏天下，公私文翰，并宜实录。其年九月，泗州刺史司马幼之，文表华艳，付所司治罪。自是公卿大臣，咸知正路。如闻外州远县，仍踵弊风。选吏举人，未遵典则。至有宗党称孝，乡曲归仁，学必典谟，文不苟合，则摈落私门，不加收齿；其学不稽古，逐俗随时，作轻薄之篇章，结朋党而求誉，则选充吏职，举送天朝。臣既忝宪司，谔时为治书侍御史。职当纠察。若闻风即劾，恐挂网者多。请勒诸司，普加搜访。有如此者，具状送台。"《传》云：上以谔前后所奏，颁示天下。四海靡然乡风，深革其弊。《旧书·薛登传》：登于天授中上疏论选举，亦谓"文帝纳李谔之策，风俗改励，政化大行。炀帝嗣兴，又变前法，置进士等科，于是后生之徒，复相放效。因陋就寡，赴速邀时。缉缀小文，名之策学。不以指实为本，而以浮虚为贵"。《通典》载沈既济之议云："显庆已来，高宗不康，武太后任事，参决大政。太后颇涉文史，好雕虫之艺，永隆中，始以文章选士。及永淳之后，太后君临天下，二十余年，当时公卿百辟，无不以文章达。因循日久，寖以成风。至于开元、天宝之中，五尺童子，耻不言文墨焉。是以进士为士林华选，四方观听，希其风采。每岁得第之人，不浃辰而周闻天下。"观此诸家之言，似乎隋炀帝、武则天、唐玄宗三人，于败坏风气，皆与有责。实则崇尚浮华之风已深，非隋文一时设施所能变，唐起关中，初较东方为鄙朴，及高宗已后，乃亦与之俱化耳。当时于举吏亦欲以策校之，《旧书·刘廼传》：天宝中，致书于知铨舍人宋昱曰："判者以狭辞短韵，语有定规为体，亦犹以一小冶，而鼓众金，虽欲为鼎、为镛，不可得也。若引文公、尼父，登于铨廷，虽图书、易象之大训，以判体挫之，曾不及徐、庾。"《薛珏传》：德宗时，诏天下举可任刺史县令者，有诏令与群臣询考。宰相将以辞策校之。珏曰："求良吏不可兼责以文学。"于制科亦试以诗赋，见下。皆尚文之弊所发，与进士设科之意何涉？进士浮薄之举，藉藉人口者诚多，则以此科为世所重，奔竞者多趋其途，而其事之传者亦独多耳。法制似刚，而实脆薄，风俗似柔，而实坚韧。其蚀法制，如水啮堤，名虽具存，实必潜变，而并其名而不克保者，又不知凡几也。进士之浮华，亦与诗赋、杂文无涉。薛《史·冯道传》云：工部侍郎任赞，因班退，与同列戏道于后曰："若急行，必遗下《兔园策》。"道寻知之，召赞谓曰："《兔园策》皆名儒所集，道能讽之。中朝士子，止看《文场秀句》，便为举业，皆窃取公卿，何浅狭之甚邪？"赞大愧焉。欧《史·刘岳传》云：宰相冯道，世本田家，状貌质野，朝士多笑其陋。道旦入朝，兵部侍郎任赞与岳在其后。道行数反顾。赞问岳："道反顾何为？"岳曰："遗下《兔园册》耳。"《兔园册》者，乡校俚儒教田夫、牧子之所诵也，故岳举以诮道。道闻，大怒，徙岳秘书监。岳时为吏部侍郎。《困学纪闻》云："《兔园册府》三十卷，唐蒋王恽命僚佐杜嗣先放应科目策，自设问对，引经史为训注。恽，太宗子，故用梁王兔园名其书。冯道《兔园册》谓此也。"《宋史·艺文志》亦云："《兔园策府》，三十卷，杜嗣先撰。"而晁公武《读书志》云："《兔园册》十卷，唐虞世南撰。"题名之异，盖由纂集本非一人，无足为怪，独其卷数不同耳。晁氏又云："奉王命，纂古今事为四十八门，皆偶俪之语。至五代时，行于民间，村塾以授学童，故有遗《兔园册》之诮。"孙光宪《北梦琐言》云："《兔园策》乃徐、庾文体，非鄙朴之谈，但家藏一本，人多贱之。"合观诸文，知士夫之尚此书，初盖以供对策之用，然后所重者，惟在其俪语而不在其训注，盖有录其辞而删其注者？故卷帙止三之一，若写作巾厢本，则并可藏之襟袖之间矣。村童无意科名，本无须乎诵此，然俚儒何知，但见名公贵人讽之，则亦以之教学童矣。吾幼时，尚见塾师以《故事琼林》《龙文鞭影》教学童者，其书皆为俪句，下注故实，其体盖与《兔园册府》正同？则不惟因而用之，并有创意为之者矣。何古今之相类邪？则以僻陋之区，风尚之变迁恒缓也。《文场秀句》，观其名可知其体，其鄙陋，自必更甚于割裂之《兔园册》，故冯道又转以之诮任赞焉。赵匡《举选议》曰："人之心智，盖有涯分，而九流七略，书籍无穷，主司征问，不立程限，故修习之时，但务钞略，比及就试，偶中是期，业无所成，固由于此。"此正《兔园册》等之所以见尚。然讽其辞而遗其注，其足与于钞略之事乎？对策者之所为如此，于诗赋、杂文，又何尤焉？此等人之文采，亦可知矣。抑诚有文采者，其文采亦未必足尚。《旧书·张荐传》云：祖鷟，聪警绝伦，书无不览。初登进士第，对策尤工。考功员外郎謇味道赏之曰："如此生，天下无双矣。"调授岐王府参军。又应下笔成章及才高位下，词标文苑等科。鷟凡应八举，皆登甲科。再授长安尉，迁鸿胪丞。凡四参选，判、策为铨府之最。员外郎员半千谓人曰："张子之文，如青钱，万简万中，未闻退时。时流重之，目为青钱学士。"如鷟者，应足以挫文公、尼父，而无藉于挦撦《兔园册》《文场秀句》矣。然吾未知其视近世之尤侗、何栻何如也。《柳宗元传》云：江岭间为进士者，不远数千里，皆随宗元师法。凡经其门者，必为名士。宗元之文，岂为进士者所能知？毋亦徒以声气相标榜邪？

明经之科亦起隋。《通鉴》：唐高祖武德元年（618年），"初，北海贼帅綦公顺，率其徒三万攻郡城。明经刘兰成纠合城中骁健百余人袭击之"。《注》云："刘兰成盖尝应明经科，因称之。《新唐志》曰：唐制取士之科，多因隋旧，则明经科起于隋也。"案《旧书·韦云起传》云：隋开皇中明经举。《孔颖达传》云：隋大业初举明经高第。天宝前试法，已见前。《新志》云："凡明经，先帖文，然后口试，经问大义十条，对时务策三道。亦为四等。"其所言亦不具。贞元二年（786年），诏明经习律，以代《尔雅》。元和时，明经停口义，复试墨义十条，五经取通五，明经通六。其尝坐法及为州县小吏，虽艺文可采，勿举。皆见《新志》。盖是科为时所轻，故应者流品较杂也。《通鉴》：僖宗乾符元年（874年），王凝母，崔彦昭之从母，凝、彦昭同举进士，凝先及第，尝衩衣见彦昭，且戏之曰："君不若举明经。"彦昭怒，遂为深仇。及彦昭为相，其母谓侍婢曰："为我多作袜履。王侍郎母子，必将窜逐，凝时为兵部侍郎。吾当与妹偕行。"彦昭拜且泣，谢曰："必不敢。"由是获免。明经之为人所轻如此。李珏甫冠，举明经，李绛见之曰："日角珠廷，非庸人相，明经碌碌，非子所宜。"乃更举进士，宜矣。张知謇兄弟五人，皆明经高第，恶请谒求进士。每敕子孙：经不明不得举。盖家本幽州，虽徙岐，尚沿河北旧风，较朴实也。珏、知謇事皆见《新书》本传。

明经之见轻，昔人皆谓由其所试惟资记诵。《通典》云："帖经者，以所习经掩其两端，中间开惟一行，裁纸为帖，凡帖三字。随时增损，可否不一，或得四、得五、得六者为通。"《注》云："后举人积多，其法益难，务欲落之，至有帖孤章绝句，疑似参互者以惑之。甚者或上抵其注，下余一二字，使寻之难知，谓之倒拔。《旧书·良吏·杨玚传》：开元十六年（728年），迁国子祭酒。奏曰："窃见今之举明经者，主司不详其述作之意，曲求其文句之难。每至帖试，必取年头、月日，孤经绝句。且今之明经，习《左传》者十无二三。若此久行，臣恐左氏之学，废无日矣。请自今已后，考试者尽帖平文，以存大典。"年头、月日，《新书》作年头、月尾。《日知录》曰：帖试之法，用纸帖其上下文，止留中间一二句，困人以难记。年头如元年、二年之类，月日如十有二月乙卯之类。今改曰年头、月尾，属对虽工，而义不通矣。既甚难矣，而举人则有驱悬孤绝索幽隐，为诗赋而诵习之，不过十数篇，则难者悉详矣。此所谓帖括也。《旧书·杨绾传》：绾言"明经比试帖经，殊非古义。皆诵帖括，冀图徼幸"。其于平文大义，或多墙面焉。"《通典》又云："天宝十一载（752年），礼部侍郎杨浚始开为三行。"《注》云："不得帖断绝疑似之言也。"《通考》：马贵与曰："愚尝见东阳丽泽吕氏家塾有刊本吕许公夷简应本州乡举试卷，因知墨义之式。盖十余条。有云：作者七人矣，请以七人之名对，则对云七人某某也，谨对。有云：见有礼于其君者，如孝子之养父母也，请以下文对，则对云：下文曰：见无礼于其君者，如鹰鹯之逐鸟雀也，谨对。有云请以注疏对者，则对曰：注疏曰云云，谨对。有不能记者，则只云对未审。其上则具考官批凿。如所对善，则批一通字，所对误及未审者，则批一不字。大概如儿童挑诵之状。故自唐以来贱其科。所以不通者，殿举之罚特重，而一举不第者，不可再应。案《考》载宋太祖乾德元年（963年）诏："旧制九经一举不第而止，自今一依诸科举人，许令再应。"盖以其区区记诵，犹不能通悉，则无所取材故也。"其言似矣。然业进士者之诵《册府》及《秀句》，亦何以异于业明经者之诵帖括邪？此则仍是尚文之风气为之耳。

明法：《新志》云："试律七条，令三条。全通为甲第，通八为乙第。"《通典》云："试律令各十帖，试策共十条。"《注》云："律七条，令三条。"又云："全通为甲，通八以上为乙，自七以下为不第。"《新志》辞亦不具。

书学：《新志》云："先口试，通，乃墨试。《说文》《字林》二十条，通十八为第。"《通典》云："试《说文》《字林》凡十帖，《注》云："《说文》六帖，《字林》十帖。"口试无常限，皆通者为第。"

《新志》云："凡算学：录大义本条为问答，明数造术，详明术理，然后为通。试《九章》三条，《海岛》《孙子》《五曹》《张丘建》《夏侯阳》《周髀》《五经算》各一条，十通六。《记遗》《三等数》帖读十得九为第。试《缀术》《缉古》，录大义为问答者，明数造术，详明术理；无注者合数造术，不失义理；然后为通。《缀术》七条，《缉古》三条，十通六，《记遗》《三等数》帖读十得九为第。落经者虽通六不第。"其辞似有衍错。《通典》云："试《九章》《海岛》《孙子》《五曹》《张丘建》《夏侯阳》《周髀》《五经》《缀术》《缉古》帖各有差，《注》云：《九章》三帖，《五经》等七部各一帖，《缀术》六帖，《缉古》四帖。兼试问大义，皆通者为第。”

《旧书·职官志》云：“旧无五经学科。自贞元五年一月，敕特置三礼、《开元礼》科。长庆二年二月，始置三传、三史科。后又置五经博士，检年月未获也。”《通典·选举典》云：“贞元二年六月，敕自今已后，其诸色举选人中，有能习《开元礼》者，举一人同一经例。《新志》云：贞元二年（786年），“诏习《开元礼》者举同一经例”。辞不完具。选人不限选数许集。问大义一百条，试策三道。全通者超资与官。义通七十条，策通两道以上者，不在放限。其有散试官能通者，亦依正员例处分。《新志》云：凡《开元礼》，通大义百条、策三道者，超资与官。义通七十、策通二者及第。散试官能通者依正员例，辞亦不确。五年五月，敕自今以后，诸色人中有习三礼，前资及出身人依科目选例。吏部考试，白身依贡举例。礼部考试，每经问大义三十条，试策三道。所试大义，仍委主司于朝官、学官中拣择精通经术三五人闻奏，主司与同试问。义、策全通者为上等，特加超奖。大义每经通二十五条以上，策通两道以上为次第，依资与官。如先是员外、试官者，听依正员例。其诸学生愿习三礼及《开元礼》者并听。仍永为常式。九年五月，敕其习《开元礼》人，问大义一百条，试策三道。全通者为上等。大义通八十条以上，策两道以上为次等。余一切并准三礼例处分。仍永为常式。其选授之法，亦同循前代。”则三礼始贞元五年（789年），《开元礼》实始二年（786年）也。《十七史商榷》云：李涪以《开元礼》及第，见《北梦琐言》第九卷。其三传、三史，《新志》谓始长庆三年（823年）。云：是年，“谏议大夫殷侑言：三史为书，劝善惩恶，亚于六经。比来史学都废，至有身处班列，而朝廷旧章莫能知者。”于是立史科及三传科。又云：“凡三传科：《左氏传》问大义五十条，《公羊》《穀梁传》三十条。策皆三道。义通七以上，策通二以上为第。白身视五经，有出身及前资官，视学究一经。”“凡史科：每史问大义百条，策三道。义通七、策通二以上为第。能通一史者，白身视五经三传，有出身及前资官，视学究一经。三史皆通者奖擢之。”此数科，皆因当时治此学者少而设，寓有奖劝之意。然石晋天福五年（940年），礼部侍郎张允奏罢明经之辞曰：“窃窥前代，未设诸科，始以明经，俾升高第。”其时明经所试，“悉苞于九经、五经之中，无出于三礼、三传之内”，薛《史·选举志》。则设科实未免缅复矣。

道举：《新志》云：“开元二十九年（741年），始置崇玄学，习《老子》《庄子》《文子》《列子》，亦曰道举。其生，京、都各百人，诸州无常员。官秩、荫第同国子，举送、课试如明经。”“天宝十二载（753年），道举停《老子》，加《周易》。”《通典》云：“开元二十九年（741年），始于京师置崇玄馆，诸州置道学，生徒有差，谓之道举。举送、课试之法，与明经同。”《通鉴》则云：“开元二十五年正月，初置玄学博士，每岁依明经举。”三说互有异同，未知孰是。疑二十五年（737年）仅立博士，至二十九年（741年），乃大备馆、学之制也。《新志》崇玄学之名恐非是，当如《通典》作馆。不言州学，亦漏也。

《新志》云：“凡童子科，十岁已下，能通一经及《孝经》《论语》，卷诵文十通者与官，通七者与出身。”案《旧书·王丘传》：年十一，童子举擢第，时类皆以诵经为课，丘独以属文见擢，由是知名；则能属文者，亦不限于讽诵也。《杨绾传》：绾奏孝弟力田，宜有实状；童子越众，不在常科；同之岁贡，恐长侥幸之路。诏停之。《通考》：广德二年（764年），停童子岁贡，谓是也。《通考》又云：“大历三年（768年），又复之。仍每岁令本贯申送，礼部同明经举人之例，考试讫奏闻。十年（775年），再停之。开成三年（838年），敕诸道应荐万言及童子，起今以后，不得更有闻荐。”《注》云：“虽有是命，而以童子为荐者，比比有之。”又云：“后唐同光三年（925年），礼部贡院奏：今后童子，委本州府依诸色举人考试，经解送省，任称乡贡童子。长吏不得表荐。若无本处解送，本司不在考试之限。天成三年（928 年），敕近年诸道解送童子，皆越常规，或年齿渐高，或神情非俊，或道字颇多讹舛，或念书不合格文。此后应州府不考艺能，滥发文解，其逐处判官责罚。仍下贡院，将解到童子，精加考校。须是年颜不高，念书合格，道字分明，即放及第。长兴元年（930 年），敕童子准往例委诸道表荐，不得解送。每年所放，不得过十人。仍所念书并须是正经，不得以诸子书虚成卷数。及第后十一选集，初任未得授亲民官。广顺三年（953 年），户部侍郎权知贡举赵上交奏：童子元念书二十四道，今欲添念书通前五十道，念及三十道者放及第，从之。”合观诸敕，而知当时童子一科，儌幸之习深矣。

《新书·艺文志》丁部别集类，有郁浑《百篇集》一卷。《注》云：“浑尝应百篇举，寿州刺史李绅命百题试之。”案《通考》载宋太平兴国五年（980 年），有赵昌国者，求应百篇举。上出杂题二十字，曰“松风雪月天，花竹鹤云烟。诗酒春池雨，山僧道柳泉。”各令赋五篇，篇八句。逮日旰，仅成数十首，率无可观。上以此科久废，特赐及第，以劝来者。仍诏有司：“今后应百篇举，约此题为式。”《注》云：“谓一日作诗百篇，不设此科，求应者即试之。”唐时疑亦如此，但如郁浑者，乃求试于州耳。晋天福五年（940 年），与明经并停，见下。然则五代时亦成常举也。

武举，《新志》叙于卷末，云起武后时。“长安二年（702 年），始置武举。其制，有长垛、马射、步射、平射、筒射，又有马枪、翘关、负重、身材之选。翘关长丈七尺，径三寸半。凡十举。后手持关，距出处毋过一尺。负重者，负米五斛，行二十步。皆为中第。亦以乡饮酒礼送兵部。《旧书·职官志》：兵部，“员外郎一人，掌贡举及杂请之事。凡贡举，每岁孟春，亦与计偕。有二科：一曰平射，二曰武举”。《通典》云：“长安二年（702 年），教人习武艺。其后每岁如明经进士之法，行乡饮酒礼，送于兵部。其课试之制：画帛为五规，置之于垛，去之百有五步，列坐引射，名曰长垛。又穿土为埒，长与垛均，缀皮为两鹿，历置其上，驰马射之，名曰马射。又断木为人，戴方版于顶上，凡四偶人，互列埒上，驰马入埒，运枪左右触，必版落而人不踣，名曰马枪。皆以儇好不失者为上。兼有步射、穿札、翘关、负重、身材、言语之选。通得五上者为第。其余复有平射之科。不拘色役，高第者授以官，其次以类升。又制为土木马，于里闾间教人习射。”其选用之法不足道，故不复书。”《通考》云：“《选举志》言唐武举选用之法不足道，故不详书，然郭子仪自武举异等中出，岂可概言其不足道邪？唐《登科记》所载异科出身者众，独轶武举，亦一欠事。”案《旧书·子仪传》：“始以武举高等，补左卫长史。”高等，《新传》作异等。然亦常选也。沈既济尝欲停之，曰：“武后置武举，恐人忘战。今内外邦畿，皆有师旅，偏裨将校，所在至多，诚宜设法减除，岂复张门诱入？况若此辈，又非骁雄。徒称武官，不足守御；虽习弓矢，不堪战斗；而坐享禄俸，规逃征徭。今请悉停，以绝奸利。”可以见其效矣。

《新志》云：“凡弘文、崇文生，试一大经、一小经，或二中经，或《史记》《前、后汉书》《三国志》各一，或时务策五道，经史皆试策十道。经通六，史及时务策通三，皆帖《孝经》《论语》共十条，通六为第。”开元时，“又敕州县学生年二十五以下，八品子若庶人二十一以下，通一经及未通经而聪悟有文辞、史学者，入四门学为俊士。诸学生通二经，俊士通三经，已及第而愿留者，四门学生补太学，太学生补国子学”。“天宝九载（750年），置广文馆于国学，以领生徒为进士者。”此馆、学选举之法也。《旧书·职官志》礼部职云：“弘文、崇文馆学生，虽同明经、进士，以其资荫全高，试取粗通文义。”则其事真不足道矣。

制举为非常之选。《新志》云：“自汉以来，天子尝称制诏道其所欲问而亲策之。唐自京师，外至州县，有司常选之士，以时而举，而天子又自诏四方德行、才能、文学之士，或高蹈幽隐，与其不能自达者，下至军谋、将略、翘关、拔山、绝艺、奇伎，莫不兼取。其为名目，随其人主临时所欲，而列为定科者，如直言极谏；博通坟典，达于教化；军谋弘远，堪任将率；详明政术，可以理人之类，其名最著。而天子巡守、行幸、封禅泰山、梁父，往往会见行在。其所以待之之礼甚优。而宏才伟论非常之人，亦时出于其间，不为无得也。"《通考》云："唐制诏举人，不有常科，皆标其目而搜扬之。试之日，天子亲临观之。试已，糊其名，于中考之。文策高者，特授以美官。其次与出身。"下列唐制科名目及中制科人姓名，然不能具也。凡制科，得第、得官后仍可应，见《十七史商榷》。又有一科而可以再应者。《旧书·柳公绰传》：年十八，应制举，登贤良方正直言极谏科，授秘书省校书郎，贞元元年（785年）也。四年（788年），复应制举，再登贤良方正科。时年二十一，制出授渭南尉。《通考》引《容斋随笔》曰："唐世制举，科目猥多，徒异其名耳，其实与诸科等也。张九龄以道侔伊吕策高第，其策问殊平平，殊不及为天下国家之要道，则其所以待伊吕者亦狭矣。"《旧书·杨绾传》：天宝十三载（754年），玄宗御勤政楼试博通坟典、洞晓玄经、辞藻宏丽、军谋出众等举人。命有司供食。既暮而罢。取辞藻宏丽外，别试诗赋各一首。制举试诗赋自此始。《新书》云：举辞藻宏丽科。玄宗已试，又加诗赋各一篇，绾为冠。由是擢右拾遗。制举加诗赋由绾始。辞藻宏丽而外，未必亦加诗赋。然云试诗赋自此始，则后此之加试诗赋者必多矣。此岂待奇士之道？非常之举而如此，亦堪齿冷矣。然如刘蕡对策，殆为千古一人。而穆质，史亦言其"应制策入第三等"，而"其所条对，至今传之"。质，宁子，《旧书》附《宁传》。牛、李讥切李吉甫，不论其谁非谁是，亦不论其为公为私，而究之能讥切时政，非诵《册府》《帖括》之士所能为也。此仲尼所以重告朔之饩羊欤？《旧书·刘蕡传》，言其"言论激切，士林感动"。又云："守道正人，传读其文，至有相对垂泣者。"《庞严传》亦云：蕡所对策，"大行于时"。

则当时于讥切时政之语，虽莫能用，而民间之直道自在。《困学纪闻》云：“唐制举之名，多至八十有六，至宰相者七十二人，策之书于史者，惟刘蕡一篇而已。”然观穆质之文，传至作史时，则传于世者非独一蕡，史自失书也。

科举之敝，乍观之似由于尚文，深求之则殊不止此。赵匡《举选议》曰：“举人大率二十人中方收一人，故没齿而不登科者甚众。《通考》载唐《登科记总目》，又加案语云：“昌黎公《赠张童子序》，言天下之以明二经举，其得升于礼部者，岁不下三千人，谓之乡贡。又第其可进者，属之吏部，岁不及二百人，谓之出身。然观《登科记》所载，虽唐之盛时，每年礼部所放进士及诸科，未有及五七十人者，与昌黎所言不合。又开元十七年（730年），限天下明经、进士及第，每年不过百人。又大和敕：进士及第，不得过四十人，明经不得过百一十人。然记所载逐年所取人数如此，则元未尝过百人，固不必为之限也。又明经及第者，姓名尤为寥寥。今日不得过百一十人，则是每科尝过此数矣。岂《登科记》所载未备而难凭邪？《唐史摭言》载华良入为京兆解不第，以书让考官曰：圣唐有天下垂二百年，登进士科者三千余人。以此证之，则每岁所放，不及二十人也，《登科记》不误矣。”按《新书·杨玚传》：载玚于开元时入为国子祭酒，奏言“唐兴，二监举者千百数，当选者十之二。考功覆校以第，谓经明行修，故无多少之限。今考功限天下明经、进士岁百人，二监之得无几”。《权德舆传》：德舆以德宗时知礼部贡举，真拜侍郎，取明经初不限员；盖权复开元以前之旧。又《许孟容传》载李绛之言，谓进士、明经岁大抵百人，说亦相合。三千人岁取其二十之一，则百二十，粗言之则曰不及二百耳。《登科记》所载，容有不备，明经姓名，更不能无遗漏也。收入既少，则争第急切。交驰公卿，以求汲引。《旧书·薛登传》：时选举渐滥，登上疏曰：“乡议决小人之笔，行修无长者之论。策第喧竞于州府，祈恩不胜于拜伏。或明制才出，试遣搜扬，驱驰府寺之门，出入王公之第，上启陈诗，惟希欬唾之泽，摩顶至足，冀荷提携之恩。故俗号举人，皆称觅举。”又《杨绾传》：上疏条奏贡举之弊曰：“祖习既深，奔竞为务。矜能者曾无愧色，勇进者但欲陵人。以毁讟为常谈，以乡背为己任。投刺干谒，驱驰于要津。露才扬己，喧胜于当代。”《通考》引江陵项氏之言曰：“风俗之弊，至唐极矣。王公大人，巍然于上，以先达自居，不复求士。天下之士，什什伍伍，戴破帽，骑蹇驴，未到门百步，辄下马奉弊刺再拜，以谒于典客者，投其所为之文，名之曰求知己。如是而不问，则再如前所为，名之曰温卷。如是而又不问，则有执贽于马前，自赞曰某人上谒者。”杜陵之诗曰：“骑驴三十载，旅食京华春。朝叩富儿门，暮随肥马尘。残杯与冷炙，到处潜悲辛。”乃当时士林之实情，非文人之愤语也。毁訾同类，用以争先。《新书·令狐楚传》：贡进士，京兆尹将荐为第一。时许正伦轻薄士，有名长安间，能作蜚语，楚嫌其争，让而下之。楚岂恬退之士？可见蜚语之可畏矣。《通考》引李肇《国史补》曰：“造请权要，谓之关节。激扬声价，谓之还往。匿名造谤，谓之无名子。”故业因儒雅，行成险薄。唐代险薄之士最多。《旧书·李皋传》：皋为温州长史行县，见一媪，垂白而泣，哀而问之。对曰：“李氏之妇。有二子：钧、锷，宦游二十年不归，贫无以自给。”时钧为殿中侍御史，锷为京兆府法曹，俱以文艺登科，名重于时。皋举奏，并除名勿齿。此犹遗行于家，扩而充之，则如下引贾至所云，无所不至矣。董邵南、李益则其人也。见第十六章第一、第五节。非受性如此，势使然也。”此皆所谓患得患失者。贾至云：“近代趋仕，靡然乡风。致使禄山一呼，而四海震荡，思明再乱，而十年不复。乡使礼让之道弘，仁义之道著，则忠臣孝子，比屋可封，逆节不得而萌，人心不得而摇也。”《旧书·杨绾传》。此则所谓苟患失之，无所不至者矣。诸科以进士为重，进士偏重，至唐叔世而极。《摭言》谓“搢绅虽位极人臣，不由进士者，终不为美”。《通鉴》大和六年（832 年），李德裕还自西川，朝夕且为相，李宗闵百方沮之，不能得。杜悰曰：“悰有一策，可平宿憾，恐公不能用。”宗闵曰：

“何如？”悰曰：“德裕有文学，而不由科第，常用此为慊慊。若使之知举，必喜矣。”此说信否不可知，然时人有此等见地，则可见也。又后周世宗显德六年（959年），上欲相枢密使魏仁浦，“议者以仁浦不由科第，不可为相”，此则更甚于《摭言》所云矣。欧《史·桑维翰传》：初举进士，主司恶其姓，以为桑丧同音。人有劝其不必举进士，可从他求仕者。维翰慨然，著《日出扶桑赋》以见志。又铸铁砚，以示人曰：“砚弊则改而他仕。”卒以进士及第。亦有由也。而进士之浮薄尤甚，似乎尚文之风气使然。然明、清两朝，专以四书义取士，可谓黯然无华矣，其敦厚者安在？然则“敦厚浮薄，色色有之”，信不诬也。《新志》云：文宗好学嗜古，郑覃以经术位宰相，深嫉进士浮薄，屡请罢之。文宗曰：“敦厚浮薄，色色有之。进士取人，二百年矣，不可遽废。”因得不罢。法敝诚不可不变，然法制似刚而实柔，风俗似柔而实刚，不揣其本，贸然变法，往往徒有其名，阅历深者类能知之，故多不肯轻举也。

事之易致弊者，自不可无以防之，而法亦随时而密。隋、唐时，科举之制初立，其防弊之法，尚未甚周，故一切弊窦，随之而起，唐世取士，校艺之外，不废衡鉴，故考官与士子相交通，初非所禁；而属人助为搜采，亦非违法。如韦陟为礼部侍郎，令举人自通所工诗笔，知其所长，然后依常式考核；陆贽知贡举，输心梁肃，肃与崔元翰推荐艺实之士是也。取舍次第，豫泄于外，亦不为罪。韦贯之兄绶举孝廉，又贡进士。礼部侍郎潘炎将以为举首，绶以其友杨凝亲老，让之，不对策辄去，凝遂及第。聂屿，郑珏之知贡举，与乡人赵都俱赴乡荐。都纳赂于珏，人报翼日登第。屿闻不捷，诟来人以恐之。珏惧，俾俱成名。是其事矣。《新书·文艺传》称孙逖，开元时改考功员外郎，取颜真卿、李华、萧颖士、赵骅等，皆海内有名士，则采取誉望，不徒无罪，且为美谈矣。职是故，干谒、属托，遂乘之盛行。郑璟以于琮属李藩，已见第十七章第一节。李商隐以令狐绹奖誉甚力，故擢进士第。郑珏，以父徽为河南尹张全义判官，少依全义居河南。举进士数不中。全义以珏属有司，乃得及第。甚有如吴武陵：大和初，崔郾试进士东都，公卿祖道，武陵出杜牧所赋阿房宫，请以第一人处之。郾谢已得其人。至第五，郾未对，武陵勃然曰："不尔，宜以赋见还。"郾曰："如教。"牧果异等者。杨凭弟子敬之，史言其爱士类，得其文章，孜孜玩讽，人以为癖。雅爱项斯为诗，所至称之，由是擢上第。此或出于爱好之诚，然借以行其私者必多矣。杨国忠子暄举明经。礼部侍郎达奚珣欲落之，遣子抚往见国忠。国忠即诟曰："生子不富贵邪？岂以一名，为鼠辈所卖？"珣大惊，即致暄高第。则公然势迫矣。崔棁，以石晋天福二年（937 年）知贡举。时有进士孔英，素有丑行，为时所恶。棁受命，往见桑维翰。维翰语素简，谓棁曰："孔英来矣。"棁谓维翰以英为言，考英及第。则几于颐指气使矣。主司亦有自为奸利者，如宋之问，中宗将用为中书舍人，太平公主发其知贡举时赇饷狼籍是也。求如王丘、高郢、许孟容、韦贯之等，颇以方正，为时所称者，已不易多得矣。《新书·高钱传》：子湜，咸通末，为礼部侍郎，时士多由权要干请。湜不能裁。既而抵帽曰："吾决以至公取之，得谴固吾分。"乃取公乘亿、许棠、聂夷中等。足见自拔之难。弊窦既起，则所以防之者，亦继之而起矣。所谓相激使然也。《旧书·宣宗纪》：大中九年三月，试宏辞举人，漏泄题目，为御史台所劾，侍郎裴谂等皆获谴，登科十人，并落下。又《文苑传》：董思恭，知考功举事，坐豫泄题目，配流岭表而死。此漏题之事也。又《宣宗纪》：大中九年（855 年），礼部贡院捉到明经黄续之、赵弘成、全质等三人，伪造堂印、堂帖，兼黄续之伪著绯衫，将伪帖入贡院，令与举人虞蒸、胡简、党赞等三人及第，许得钱一千六百贯文。奉敕并准法处死。主司以自获奸人并放。《新书·温彦博传》：裔孙廷筠，思神速，多为人作文。大中末，试有司，廉视尤谨。廷筠不乐，上书千余言，然私占授已八人。执政鄙其为，授方山尉。此枪替之事也。观此，知后世科场之弊，唐代已多有之，然防范殊疏。赵匡举选议，谓试选人时，长吏当"亲自监临，皆分相远，绝其口授及替代"，可见其本无检束。又谓

“俗间相传，云入试非正身，十有三四，赴官非正身，十有二三”，后世纲纪虽极废弛，能如是乎？《通考》引《国史补》曰：京兆府考而升之，谓之等第，外府不试而贡者，谓之拔解。薛《史·选举志》：梁开平元年（907年），敕“近年举人，当秋荐之时，不亲试者，号为拔解，今后宜止绝”，即谓是也。则并考试而无之矣。后世能如是乎？《通考》又引《容斋随笔》云：《摭言》载高锴第一榜，裴思谦以仇士良关节取状头。锴庭谴之。思谦回顾，厉声曰：“明年打脊取状头。”第二年，锴知举，诫门下不得受书题。思谦自携士良一缄入贡院。既而易紫衣，趋至阶下，白曰：“军容有状，荐裴思谦秀才。”锴接之，书中与求巍峨。锴曰：“状元已有人，此外可副军容意旨。”思谦曰：“卑吏奉军容处分，裴秀才非状元，请侍郎不放。”锴俯首良久，曰：“然则略要见裴学士。”思谦曰：“卑吏便是也。”锴不得已，遂从之。马君案云：唐科目无糊名之法，故主司得以采取誉望，然以钱徽、高锴之事观之，权幸之属托，亦可畏也。东汉及魏、晋已来，吏部尚书司用人之柄，其时诿曰取行实、甄材能，故为尚书者，必使久于其任，而后足以察识。今唐人礼部所试，不过于寸晷之间，程其文墨之小技，则所谓主司者，当于将试之时，择士大夫之有学识操守者，俾主其事可矣，不必专以礼部为之。今高锴之为侍郎知贡举也，至于三年，仇士良之挟势以私裴思谦也，至于再属，于是锴亦不能终拂凶珰以取祸矣，此皆豫设与久任之弊也。案临试乃择典试之人，而又峻其关防，此正后世考试之法，而其弊果较少，足见防范之不可以已也。然则后世科场，防弊之法日密，甚至待士子若奴虏，防主司如盗贼，亦有所不得已也。待士之意，愈至后世而愈薄。即如糊名易书之法，唐代尚无之。《困学纪闻》云：晁错对策，首云平阳侯臣窋等所举贤良方正太子家令臣错，自言所举之人及其官爵无所隐，汉制犹古也。自后史无所纪。惟唐张九龄对策，首云嗣鲁王道坚所举道侔伊吕科行秘书省校书郎张九龄。自糊名易书之法密，不复见此矣。《旧书·文苑·刘宪传》云：则天时，敕吏部糊名考选人判，以求才彦；

而《新书·选举志》云：初试选人皆糊名，令学士考判，武后以为非委任之方，罢之。则其法暂行而即废。《张说传》云：永昌中，武后策贤良方正，诏吏部尚书李景谌糊名较覆，盖亦一时之事也。《李揆传》：揆以肃宗时兼礼部侍郎，病取士不考实，徒露索禁所挟，乃大陈书廷中，进诸儒约曰："上选士第务得才，可尽所欲言。"《通考》引《容斋随笔》，谓白居易集有奏状论重试郑朗事，言吏部进士，例许用书策，兼得通宵。昨重试之日，书策不容一字，木烛只许三条，乃知唐试进士，许挟书及见韵。则搜索事虽稍行，实非法所有。然《通考》载长兴四年（933年）礼部新立条件，则入省门搜得文书者，不计多少，皆准例扶出，且殿将来两举矣。《新书·宗室传》：高祖兄蜀王湛八世孙戡，举进士，就礼部试，吏唱名乃入，戡耻之。明日，径返江东。《舒元舆传》：元和中举进士，见有司钩校苛切。既试尚书，虽水、炭、脂炬、餐具，皆人自将，吏唱名乃得入，列棘围席坐庑下。因上书，言"古贡士未有轻于此者"。且宰相、公卿由此出，而有司以隶人待之，诚非所以下贤意。罗棘遮截疑其奸，又非所以求忠直也。此等事，在后世则习为故常矣。薛《史·和凝传》言：贡院旧例，放榜之日，设棘于门，及闭院门，以防下第之不逞者。《通鉴》后汉隐帝乾祐二年（949年），有举人呼噪于贡院门，苏逢吉命执送侍卫司，则所谓不逞者也。欲无闭门设棘，得乎？又薛《史·选举志》载天福三年（938年）崔棁奏曰："今年就举，比常岁倍多。科目之中，凶豪甚众。每驳榜出后，则时有喧张。不自省循，但言屈塞。互相朋扇，各出言辞：或云主司不公，或云试官受赂。实虑上达圣听，微臣无以自明。欲请举人落第之后，或不甘心，任自投状披陈，却请所试与疏义对证。兼令其日一甲，同共校量。若独委试官，恐未息词理。傥是实负抑屈，所司固难逭宪章，如其妄有陈论，举人乞痛加惩断。"从之。当时试官孤危之状，可以想见。长兴四年（933年）条件；试官错书通不者，帖经、墨义，许以经疏照证。不当许陈诉，再加考校。贡院不理，即诣御史台论诉。知贡举、考官徇私，请行朝典。虚妄惩处，妄扇屈声，诬玷他人，牒送本道，重处色役，并永不得入举场，同保人亦请连坐殿三举。后周太祖广顺三年（953年）敕，仍许陈诉，只不得衔市、省门故为喧竞，及投无名文字讪毁主司。故违者配流边远，同保人永不得赴举。主司不得受荐托书题，密具姓名闻奏。其举人不得就试。束湿之法，日甚一日，礼意亦更不可言矣。

科举之用，在抑贵游，登寒畯，其效亦非一时所致，于是科场之狱屡起焉。钱徽一案，固由党争，然《旧书·王播传》言：其时贡举猥滥，势门子弟，交相酬酢，寒门俊造，十弃六七，则讦其事者虽出私意，所讦之事，则未必诬也。《旧书·刘太真传》：转礼部侍郎，掌贡举。宰执姻族，方镇子弟，先收擢之。《王正雅传》：从孙凝，为礼部侍郎。贡闱取士，拔其寒俊，权豪请托不行。为所恶，出为商州刺史。《新书·唐俭传》：裔孙持，大和中为渭南尉。试京兆府进士，时尹杜悰，欲以亲故托之，持辄趋降阶伏。悰语塞，乃止。可见是时请托之普遍。代徽者为王起。《武宗纪》会昌四年（844年）云：时左仆射王起，频年知贡举，每贡院考试讫，上榜后，更呈宰相取可否，复人数不多。宰相延英论言："主司试艺，不合取宰相与夺。比来贡举艰难，放人绝少，恐非弘访之道。"帝曰："贡院不会我意，不放子弟即太过。无论子弟、寒门，但取实艺耳。"李德裕对曰："郑肃、封敖有好子弟，不敢应举。"帝曰："我比闻杨虞卿兄弟，朋比贵势，妨平人道路。昨杨知至、郑朴之徒，并令落下，抑其太甚耳。"《新书·杨收传》：弟严，举进士。时王起选士三十人，而杨知至、窦缄、源重、郑朴及严五人皆世胄。起以闻。诏独收严。德裕曰："臣无名第，不合言进士之非。然臣祖，天宝末，以仕进无他岐，勉强随计，一举登第，自后不于私家置《文选》，盖恶其祖尚浮华，不根艺实。然朝廷显官，须是公卿子弟。何者？自小便习举业，自熟朝廷间事，台阁仪范，班行准则，不教而自成。寒士纵有出人之才，登第之后，始得一班一级，固不能熟习也。则子弟成名，不可轻矣。"此事《新书》

载《选举志》，讥其论之偏异。此固然，然亦可见其时子弟，见抑颇甚。当时欲为此论者恐甚多，特德裕得君专，乃敢尽言之耳。《纪》又载是年二月，陈商选士，三十七人中第，物论以为请托，令翰林学士白敏中覆试，落七人。《新书·郑畋传》：畋举进士，时年甚少，有司上第籍，武宗疑，索所试自省，乃可。《旧书·宣宗纪》：大中元年二月，礼部侍郎魏扶奏："臣今年所放进士三十三人。其封彦卿、崔琢、郑延休三人，实有辞艺，为时所称，皆以父兄见居重位，不得令中选。"诏令翰林学士承旨户部侍郎韦琮重考覆，敕可放及第。有司考试，只在至公。如涉请托，自有朝典。今后但依常例放榜，不得别有奏闻。《纪》言帝雅好儒士，留心贡举。有时微行人间，采听舆论，以观选士之得失。宣宗好为察察之明，其微行，盖亦欲察贡举之有无私弊，非意在搜扬儒士也。令狐绹以大中二年（848年）为翰林学士，四年（850年），同平章事，十年（856年），懿宗即位，乃罢为河中节度使。绹子滈，少举进士，以父在内职而止。绹至河中，上言："臣二三年来，频乞罢免。每年为滈取得文解。意待才离中书，便令赴举。昨蒙恩制，宠以近藩。伏缘已逼吏部试期，便令就试"云云。诏令就试。是岁，中书舍人裴坦权知贡举，登第者三十人。有郑羲者，故户部尚书澣之孙；裴弘馀，故相休之子；魏筜，故相扶之子；及滈，皆名臣子弟，言无实才。谏议大夫崔瑄上疏论之，请下御史台按问文解日月。《旧书·绹传》。《新书》云：瑄劾绹以十二月去位，而有司解牒尽十月。盖其事亦不能无弊也？然王铎从子荛，以铎当国，亦不敢举进士。《新书·王播传》。至哀帝天祐三年三月，朱全忠犹奏："河中判官刘崇子匡图，今年进士登第，遽列高科，恐涉群议，请礼部落下。"《旧书·本纪》。则唐自长庆以后，考官之不克行其志者甚众，而势家子弟之见抑者亦颇深。薛《史·李专美传》：以父枢唐昭宗时应进士举，为覆试所落，不许再入，心愧之，由是不游文场；而苏楷致挟私憾而驳昭宗之谥；见第十一章第四节。薛《史·苏循传》云：楷与卢赓等四人落下，不得再赴举场。可见其惩创之深矣。降逮五季，斯风未沬。薛《史·周太祖纪》：广顺二年（952年），新进士中有李观者，不当策名，物议喧然。中书、门下以观所试诗赋失韵，句落姓名。知贡举赵上交移官。《世宗纪》：显德二年（955年），取进士一十六人，四人放及第，一十二人句落，礼部侍郎刘温叟放罪。五年（958年），取十五人，八人放及第，其中王汾以顷曾剥落，熊若谷、陈保衡皆是远人。七人退黜，知贡举刘涛责授。皆其事也。六年正月，诏礼部贡院：今后及第举人，依逐科等第定人数姓名，并所试文字奏闻，候敕下放榜，则试官益无权矣。士大夫蔽于气类之私，每谓朝廷不当设防弊之法，然大为之防而民犹逾之，况于纵而弗问？则行事彰彰不可掩矣。故知术家之论，终不可废也。

贵势之比周，虽稍见抑，然科举中人比周之习复起，此则志徒在于富贵利达者所必不能免之弊矣。李肇《国史补》曰："互相推敬，谓之先辈，俱捷谓之同年，有司谓之座主。"此其党类之相牵引者也。《旧书·郑馀庆传》：孙从谠，故相令狐绹、魏扶，皆父贡举门生，为之延誉。《王播传》：弟起，李训起贡举门生，欲援为相。《新书·韩偓传》：昭宗欲用为相，荐御史大夫赵崇，帝知偓，崇门生也，叹其能让。欧《史·裴皞传》：皞以文学在朝廷久，宰相马胤孙、桑维翰，皆皞礼部所放进士也。后胤孙知举，放榜，引新进士诣皞。皞喜，作诗曰："门生门下见门生。"世传以为荣。维翰已作相，尝过皞，皞不迎不送。人或问之。皞曰："我见桑公于中书，庶寮也。桑公见我于私第，门生也。何送迎之有？"人亦以为当。又《和凝传》：唐故事，知贡举者所放进士，以己及第时名次为重。凝举进士及第时第五，后知贡举，选范质为第五。后质位至宰相，封鲁国公，官至太子太傅，皆与凝同。当时以为荣焉。又《王仁裕传》：仁裕与和凝，于五代时皆以文章知名；又尝知贡举。仁裕门生王溥，凝门生范质，皆至宰相，时称其得人。其互相援引，不以为讳，反以为荣，且为世所欣慕如此。李商隐以令狐绹游誉得第，而后依李德裕党王茂元、郑亚，则党人以为诡薄，共排笮之矣。《新书·许孟容传》：弟季同，迁兵部郎中。孟容为礼部侍郎，徙季同京兆少尹。时京兆尹元义方，出为鄜坊观察使，奏劾宰相李绛与季同举进士为同年，才数月辄徙。帝以问绛。绛曰："进士、明经，岁大抵百人，吏部得官至千人，私谓为同年，本非亲与旧也。今季同以兄嫌徙少尹，岂臣所助邪？"将同年之称，推广之及于同得官于吏部者，以见其情之不亲，盖遁辞也？此事《通鉴》系元和七年（812年），载绛对辞，但云"同年乃九州四海之人，偶同科第"，不及吏部同得官。《选举志》曰：武宗即位，宰相李德裕，尤恶进士。初举人既及第，缀行通名，诣主司第谢。其制：序立西阶下，北上东向。主人席东阶下，西向。诸生拜，主司答拜。乃叙齿谢恩。遂升阶，与公卿观者皆坐。酒数行，乃赴期集。又有曲江会题名席。至是，德裕奏："国家设科取士，而附党背公，自为门生。自今一见有司而止，其期集、参谒，曲江题名皆罢。"德裕之论正矣，然背公党私，岂禁其会集所能止邪。

科目之弊如此，自有欲革之者。其事当以杨绾为最著。绾以宝应二年（763年），上疏条奏贡举之弊。欲制："县令察孝廉，荐之于州。刺史试其所通之学，通者送之于省。自县至省，不得令举人辄自陈牒，到状、保辩、识牒等一切并停。所习经，每经问义十条。对策三道。其策皆问古今理体及当时要务，取堪行用者。明经、进士、道举并停。其国子监举人，亦请准此。"诏左右丞、诸司、侍郎、御史大夫、中丞、给、舍同议。给事中李栖筠、尚书左丞贾至、京兆尹兼御史大夫严武与绾同。至议曰："自典午覆败，衣冠迁徙，南北分裂，人多侨处。圣朝一平区宇，尚复因循，版图则张，闾井未设，士居乡土，百无一二。欲依古制乡举里选，犹恐取士之未尽。请广学校，以弘训诱、保桑梓者，乡里举焉，在流寓者，庠序推焉。”《旧书·杨绾传》，亦见《文苑·贾至传》。议者更附至议。《新书·贾至传》。《选举志》以为李栖筠等议，盖栖筠等附之也。宰臣等奏以举人旧业已成，难于速改。其今岁举人，望且许应旧举，来岁奉诏。仍敕礼部具条例奏闻。代宗以废进士科问翰林学士。对曰：“进士行来已久，遽废之，恐失人业。”乃诏孝廉与旧举并行。《旧书·杨绾传》。《通典》云：其明经、进士、道举并停，旋复故矣。《通考》：建中元年（780年），六月九日敕孝廉科宜停。此与清季议改科举时，议者諰諰于士子之失职同，即北宋亦如是。盖士之视贡举，徒以为出身之路久矣。文宗大和七年（833年），李德裕请依杨绾议，进士试论议，不试诗赋。八月，下制，进士停试诗赋。八年十月，贡院奏进士复试诗赋，从之。《通鉴》。盖德裕罢相故也。开成初，郑覃奏宜罢进士科。《旧书·本传》。《新书·选举志》云：屡请罢之。文宗曰：“敦厚浮薄，色色有之，未必独在进士。此科置已二百年，不可遽改。”《旧书·覃传》。乃得不罢。《新书·选举志》。此唐时议变科举之事也。其私家论议，当以赵匡为最详。其文见于《通典》。欲以《礼记》《尚书》为本，《论语》《孝经》为之协助。明经通《书》《礼》者，谓之两经举。其试之，则停试帖而用策试、口问，兼及经义及时务。此外更通《周易》《毛诗》者名四经举。加《左氏》为五经举。不习《左氏》者，任以《公》《穀》代之。学《春秋》兼三传者，则称春秋举。但习《礼记》及《论语》《孝经》者，名一经举。明法亦不帖，但策问义并口问。进士试《礼记》《尚书》《论语》《孝经》及一史。匡议以《史记》《汉书》《后汉书》并刘昭所注《志》《三国志》《晋书》《南史》兼《宋、齐志》《北史》兼《后魏、隋书志》。国朝自高祖及睿宗《实录》并《贞观政要》，各为一史。杂文试笺、表、论、议、铭、颂、箴、檄等，不试诗赋。策于所习经史内征问，并时务。其《礼记》《尚书》《论语》《孝经》外更通诸子者，为茂才举。学兼经史，达于政体，策略深致，出辞典雅者，谓之秀才举。策试经、史、时务，而以谈论代口问。学倍秀才，辞策同之，谈论贯通，究识成败，谓之宏才举。国子监举人，亦准前例。案唐世议革贡举者，所言不外两端：一冀稍近于乡举里选，一则欲去明经之固陋、进士之浮华，而代之以较有用之学而已。《通典》：太宗谓吏部尚书杜如晦曰："今吏部取人，独举其言辞、刀笔，而不详才行。或授职数年，然后罪彰。虽刑戮继及，而人已弊矣。如之何？"对曰："昔两汉取人，必本于乡闾之选。今每岁选集，动逾数千，厚貌饰辞，何可知也？选曹但校其阶品而已，若抡才辨行，未见其术。"上由是将依汉法，令本州辟召。会功臣议行封建，事乃寝。使封建之事而成，太宗必且令诸邦君，各择其国之士矣，可见时人于乡举里选乡往之深。人之才德，吏部诚无由知之，而不知吏部之专，本由乡举里选之敝。帖经墨义，诗赋杂文，诚无用矣，然能钞略备策对者，相去又几何？此在今日，人人知之，在当时，固难责人以共谕也。

科举之法敝矣，然谓当时仕途之混浊，即由科举致之，则又不可。何者？科举而外，封爵、亲戚、资荫、勋庸、技术、胥吏，其途正多也。显庆初，黄门侍郎刘祥道言："每年入流，数过千四百人，经学、杂流、时务，比杂色三分不居其一。"开元中，国子祭酒杨玚亦言："诸色出身，每岁向二千余人，方诸明经、进士，多十余倍。"即赵匡亦谓"举人大率二十人中方取一人，而杂色之流，广通其路，此一彼十，此百彼千"也。且唐制登第未即释褐，《通考·选举考·辟召门》引吕东莱说，谓："唐进士登第者尚未释褐，或为人论荐，或再应皆中，或藩方辟举，然后释褐。"《十七史商榷》有一条，以韩愈、李商隐事证之，颇详。即释褐亦不过得八九品官。秀才甲第正八品上，乙第正八品下，丙第从八品上，丁第从八品下。明经甲第从八品下，乙第正九品上，丙第正九品下，丁第从九品下。进士甲第从九品上，乙第从九品下。见《新志》。《通典》云：自武德已来，明经惟丁第，进士惟乙科，见上。则其取之者虽非，而任之者犹未甚重也。

《新书·钟传传》曰：广明后州县不乡贡，惟传岁荐士，行乡饮酒礼，率官属临观，资以装赍，故士不远千里走传府。案唐登科之记，讫于天祐四年（907年），则谓广明后州县不乡贡者实非，特南方诸州，有时如此耳。五代之世，贡举不废。其见于薛《史·本纪》者：后唐明宗长兴二年六月，复置明法科，同《开元礼》。末帝清泰二年九月，礼部贡院奏进士请夜试，童子依旧表荐，重置明算、道举。晋高祖天福五年四月，礼部侍郎张允奏请废明经、童子科，从之。因诏宏词、拔萃、明算、道举、百篇等科并停之。亦见《选举志》。少帝开运元年八月，诏复置明经、童子二科。亦见《选举志》。周世宗显德二年五月，礼部侍郎窦仪奏请废童子、明经二科及条贯考试次第，从之。五年八月，兵部尚书张昭上疏，望准唐朝故事置制举。帝览而善之。因命昭具制举合行事件，条奏以闻。十月，诏悬制科。凡三：其一曰贤良方正，能直言极谏科；其二曰经学优深，可为师法科；其三曰详闲吏理，达于教化科。不限前资、见任职官，黄衣、草泽并许应诏。《通考》载五代登科记总目，自梁开平二年（908年），迄周显德六年（959年）。《按》云："五代五十二年，惟梁与晋各停贡举者二年，梁乾化四年（914年）、贞明七年（921年）。晋天福四年（939年）、五年（940年）。则降敕以举子学业未精之故。朝代更易，干戈扰攘之岁，贡举未尝废也。然每岁所取进士，其多者仅及唐盛时之半，而晋、汉以来，明经、诸科中选者，动以百计。盖帖书、墨义，承平之时，士鄙其学而不习，国家亦贱其科而不取，丧乱以来，文学废坠，举笔能文者罕见，国家亦姑以是为士子进取之涂，故其所取，反数倍于盛唐之时也。"案谓五季丧乱，而能举笔为文者罕见，恐未合实际。特唐时为进士者，多贵游若骛声华之士，此辈至此时，未必藉科目以自见，而业明经及诸科者，则犹以是为进取之途而已。此亦可见唐、五代之世，科举所取，尚未甚下逮于平民也。《通考》又云：开元时，以礼部侍郎专知贡举。其后或以他官领。多用中书舍人及诸司四品清资官。五代时，或以兵部尚书，或以户部侍郎、刑部侍郎为之，不专主于礼侍矣。又云：后唐庄宗同光三年（925 年），敕今年新及第进士，令翰林院覆试。今后礼部所试，委中书、门下子细详覆奏闻。周世宗显德二年（952 年），尚书礼部侍郎知贡举窦仪奏乞依唐穆宗时，考试及第进士，先具姓名、杂文申送中书，请奏覆讫，下当司，与诸科一齐放榜。此五代时贡举之大略也。

其偏隅诸国，则孟昶于其广政十二年（949 年），置吏部三铨，礼部贡举。刘龑于其四年置选部贡举，放进士、明经十余人，如唐故事，岁以为常。皆见欧《史·世家》。《通鉴》云：梁贞明六年（920 年），汉杨洞潜请立学校，开贡举，设铨选，汉主岩从之。又云：梁贞明二年（916 年），淮南初置选举。唐长兴三年（932 年），吴越元瓘置择能院，掌选举殿最。周广顺二年（952 年），唐之文雅，于诸国为盛，然未尝设科举，多因上书言事拜官。至是，始命翰林学士江文蔚知贡举。庐陵王克贞等三人及第。唐主问文蔚："卿取士何如前朝？"对曰："前朝公举私谒相半，臣专任至公耳。"唐主悦。中书舍人张纬，前朝登第，闻而衔之。时执政皆不由科第，相与沮毁，竟罢贡举。三年（953 年），祠部郎中知制诰徐铉言："贡举初设，不宜遽罢。"乃复行之。而《通考》谓至宋开宝中，南唐犹命张佖典贡举，放进士云。

第六节　选　举（下）

举官之制，隋、唐时亦为一大变。其事维何？辟举之废是已。《隋书·百官志》曰："旧周、齐州、郡、县职，自州都、郡、县正已下，皆州、郡将、县令至而调用，理时事，至是不知时事，直谓之乡官。别置品官，皆吏部除授。每岁考殿最。刺史、县令，三年一迁，佐官四年一迁。开皇十五年（595年），罢州、县乡官。”《通典·职官典·总论州佐》曰：“北齐州、郡佐吏，皆州府辟除。及后主失政，赐诸佞幸卖官，多占州、郡，下逮乡官，多降中旨。故有敕用州主簿、郡功曹者。后周刺史、府官则命于天朝，州吏并牧、守自置。至隋，以州为郡，无复军府，则州府之吏，变为郡官矣。自魏、晋以后，刺史多带将军开府，州与府各置僚属，州官理民，府官理戎。大唐无州府之名，而有采访使及节度使。采访使有判官二人，支使二人，推官一人，皆使自辟召，然后上闻，其未奉报者称摄。其节度、防御等使寮佐辟奏之例亦如之。”案因卖官而敕用，乃乱政，非法制；军府亦非民政；然则目周、齐已前，地方用人之权，迄未属于中央也。州郡之用人，必就其地，自隋变法，而州郡用人之权失，士子仕于当地之途亦窒矣。《陔余丛考》“郡国守相得自置吏”条云：“郡守置掾属，皆用本郡人。《通典》谓汉时惟三辅许兼用他郡人。案《汉书·循吏传》：黄霸淮阳人，补左冯翊卒史。如淳曰：三辅郡得用他郡人，其余则否。京房为魏郡太守，自请得除用他郡人。以欲用他郡人而特奏请，尤可见掾属无不用本郡人也。”故云为一大变也。

此专制政治演进必至之势。何者？专制政治之演进，必日摄地方之权而归诸中央也。《隋书·儒林·刘炫传》：牛弘尝从容问炫曰：“《周礼》士多而府史少，今令史百倍于前，减则不济，其故何也？”对曰：“古人委任责成，岁终考其殿最。案不重校，文不繁悉，府史之任，掌要目而已。今之文书，恒虑覆治，锻炼不密，万里追证，百年旧案。故谚云：老吏抱案死。古今不同，若此之相悬也。事繁政弊，职此之由。”弘又问：“魏、齐之时，令史从容而已，今则不皇宁舍，其事何由？”对曰：“齐氏立州，不过数十，三府、行台，递相统领，文书行下，不过十条，今州三百，其繁一也。往者州惟置纲纪，《通鉴注》云：此纲纪谓长史、司马。见大业三年（607年）。郡置守、丞，县惟令而已，其所具寮，则长官自辟，受诏赴任，每州不过数十。今则不然，大小之官，悉由吏部，纤介之迹，皆属考功，其繁二也。省官不如省事，省事不如清心。官事不省，而望从容，其可得乎？”刘炫此对，古今以为名言，然以释隋氏事繁政弊之由则可矣，以其说为当行，而惜隋之不能用则不可。《通典·选举典评》曰：“隋文帝素非学术，盗有天下，不欲权分。罢州郡之辟，废乡里之举。内外一命，悉归吏曹；才厕班列，皆由执政。执政参吏部之职，吏部总州郡之权。罔征体国推诚，代天理物之本意。”夫其为此，非出无意可知。此得谓其纯出私意乎？曰：否。治民者之欲朘民以自肥也久矣。其中岂无贤人，然千百之一二而已。贤士大夫可任，其党类不可任也。故州郡用人之权，及士子仕于本地方之权，皆不可以不替。以如是，则其朘民之势微耳。夫岂不知如是则其欲有所作为益难？然专制之治，固能为民除害，不能为民兴利者也。“治天下不如安天下，安天下不如与天下安”，处鞭长莫及之势，斯言固不可易矣。隋文之为此，诚不敢谓其无私意，然即无私意，此法亦不可不行也。故曰：隋、唐举官之法之变，实专制政治演进必至之势也。异域之人，欲植根于所至之地难，有不善，去之而已。若当地人，则虽革其职，不能逐其人；即能逐去之，亦不能尽去其连互之宗族戚党；其死灰复然易也。故以流官代土酋，非徒革其世袭之权，亦所以革其一曲之俗也，土酋非一人而能为治，则去其寮属，亦刬除封建政体之一端已。

唐代举官，略依隋旧。《新书·选举志》云：“凡选有文武，文选吏部主之，武选兵部主之。皆为三铨，尚书、侍郎分主之。《旧书·职官志》云：吏部尚书为尚书铨，侍郎二人，分为中铨、东铨。兵部尚书为中铨，侍郎分东、西。《通鉴》景云元年（710年）云：旧制：三品以上官册授，五品以上制授，六品以下敕授，皆委尚书省奏拟。文属吏部，武属兵部。尚书曰中铨，侍郎曰东、西铨。后唐明宗天成元年（926年）《注》引宋白曰：“大和四年七月，吏部奏：当司旧以尚书之次为中铨，次为东铨。乾元中，侍郎崔器奏改中铨为西铨，以久次侍郎居左，新除侍郎居右，因循倒置，议者非之。请自今久次侍郎居西铨，新除侍郎居东铨。敕旨依。”盖吏部尚书与一侍郎同处，不能以其地别之，故以其官称之为尚书铨也。胡《注》又引《或说》曰：“吏部东西铨并流外为三铨。”恐非是。三铨之制，时有罢复。韦氏败，以宋璟为吏部尚书，李乂、卢从愿为侍郎，姚元之为兵部尚书，陆象先、卢怀慎为侍郎。初尚书铨掌七品以上选，侍郎铨掌八品以下选，至是，通其品而掌焉。玄宗时，宇文融建议置十铨，乃以吏部尚书苏颋等分主之。太子左庶子吴兢谏。帝悟，复以三铨还有司。皆见《新书·选举志》。后唐明宗天成中，冯道为相，建言天下未一，选人岁才数百，而吏部三铨分注，虽曰故事，其实徒繁而无益。诏三铨合为一，尚书、侍郎共行选事。废帝时，姚颉、卢文纪为相，复奏分铨为三。见薛《史·选举志》、欧《史·姚颉传》。周太祖广顺元年十月，诏并吏部三铨为一铨，委本司长官通判，见薛《史·本纪》及《选举志》。以大体言之，三铨之制，乃唐五代所常行也。每岁五月，颁格于州县。选人应格，则本属或故任取选解，列其罢免、善恶之状，以十月会于省。去王城五百里以上旬，千里之内以中旬，千里之外以下旬，吏、兵部同。见《旧书·职官志》。过其时者不叙。《旧书·职官志·吏部》云：“亦有春中下解而后集，谓之春选。若优劳人有敕，则有处分及即与官者，并听非时选，一百日内注拟之。”《新书·选举志》：贞观二年（628年），侍郎刘林甫言：隋制以十一月为选始，至春乃毕，今选者众，请四时注拟。十九年（645年），马周以四时选为劳，复以十一月选，至三月毕。林甫，祥道父，事亦见《旧书·祥道传》，云当时甚以为便。又《唐林传》：兄皎，贞观中，累转吏部侍郎。先是选集无限，随到补职。时渐太平，选人稍众。皎始请以冬初一时大集，终季春而毕。至今行之。则议发于马周，事行于唐皎也。裴光庭尝促选限，至正月三十日毕。光庭卒后，萧嵩奏罢之。光庭，行俭子，事见《旧书·行俭传》。吏部选人，本每年调集。乾元后三年一置选。选人停拥，其数猥多，文书真伪难辨，吏缘为奸。陆贽为相，乃奏分内外官员为三，计阙集人，每年置选。见新、旧《书》本传及《新书·选举志》。其以时至者，乃考其功过。同流者五五为联，京官五人保之，一人识之。刑家之子，工、贾异类，及假名、承伪、隐冒、升降者有罚。文书乖错，隐幸者驳放之，非隐幸则否。凡择人之法有四：一曰身，体貌丰伟；二曰言，言辞辩正；三曰书，楷法遒美；四曰判，文理优长。四事皆可取，则先德行，德均以才，才均以劳。《旧书·职官志》："吏部，凡择人以四才，校功以三实。《注》云：四才，谓身、言、书、判。三实，谓德行、才用、劳效。德均以才，才均以劳。劳必考其实而进退之。"兵部，"凡试能有五，较异有三"。《注》云："五谓长垛、马射、马枪、步射、应对。三谓骁勇、才艺及可为统领之用也。"《齐抗传》：代郑馀庆为中书侍郎，同中书门下平章事。先时每年吏部选人试判，别奏官考覆，第其上下，既考，中书、门下复奏择官覆定，寖以为例。抗奏："吏部侍郎，已是朝廷精选，不宜别差考官重覆。"其年，他官考判讫，俾吏部侍郎自覆，一岁遂除考判官。盖抗所论奏也？薛《史·唐明宗纪》：天成三年十一月，吏部郎中何择奏流外官请不试书、判之类，从之。五品以上不试，上其名中书、门下。六品以下，始集而试，观其书、判。已试而铨，察其身、言。《旧书·职官志》：吏部，"若选人有身在军旅，则军中试书、判，封送吏部"。兵部，"其在军镇要籍，不得赴选，委节度使铨试其等第申省"。已铨而注，询其便利而拟。已注而唱，不厌者得反通其辞。三唱而不厌，听冬集。《志》又云："初诸司官兼知政事者，至日午后，乃还本司视事。兵部、吏部尚书、侍郎知政事者，亦还本司分阙注唱。开元以来，宰相位望渐崇，虽尚书知政事，亦于中书决本司事以自便，而左、右相兼兵部、吏部尚书者，不自铨总。又故事必三铨、三注、三唱而后拟官，季春始毕，乃过门下省。杨国忠以左、右相兼吏部尚书，建议选人视官资、书判、状迹、功优，宜对众定留放。乃先遣吏密定员阙。一日，会左右相及诸司长官于都堂注唱，以夸神速。由是门下过官、三铨注官之制皆废。”厌者为甲，上于仆射，乃上门下省，《旧书·职官志》：吏部，“若中铨、东铨，则过尚书讫，乃上门下省”。《通鉴》开元二年（714年）《注》：唐制，凡文武职事官，六品已下，吏、兵部进拟。必过门下省，量其阶资，校其才用以审定之。若拟阙不当，随其优屈进退而量焉。谓之过官。给事中读之，黄门侍郎省之，侍中以闻，主者受旨而奉行焉，谓之奏受。视品及流外则判补。皆给以符，谓之告身。欧《史·刘岳传》：唐明宗时为吏部侍郎。故事：吏部文武官告身，皆输朱胶纸轴钱然后给。其品高者则赐之。贫者不能输钱，往往但得敕牒。五代之乱，因以为常。官卑者无复给告身，中书但录其制辞，编为敕甲。岳建言：“制辞或任其才能，或褒其功力，或申以训诫。不给告身，皆不知受命之所以然，非王言所以告诏也。请一切赐之。”由是百官皆赐告身，自岳始也。此事《通鉴》系天成元年（926年），云：岳上言后，敕文班丞、郎、给、谏，武班大将军以上，宜赐告身。其后执政议：以为朱胶绫轴，厥费无多，何惜小费？乃奏凡除官者，更不输钱，皆赐告身。当是时，所除正员官之外，其余试衔、帖号，止以宠激军中将校而已。及长兴以后，所除寖多。乃至军中卒伍，使、州镇戍胥吏，皆得银青阶及宪官。岁赐告身，以万数矣。凡流外，兵部、礼部举人，郎官得自主之，谓之小选。”《旧书·职官志》：吏部，“郎中一人，掌小铨。亦分为九品，通谓之行署。以其在九流之外，故谓之流外铨，亦谓之小选。其校、试、铨、注，与流内略同。”此唐铨法之大略也。其弊，时人多能言之。举其略，则曰：举天下之大，士人之众，委之数人之手，力有所极，照有所穷，铨综既繁，紊失斯广。魏玄同说。况其考校之法，皆在判书、簿历、言辞俯仰之间。安行徐言非德也，丽藻芳翰非才也，累资积考非劳也。沈既济语。古者主司所选，独甸内之吏，公卿之属耳。今则五服之内，政决王朝，一命免拜，必归吏部。按名授职，犹不能遣，何暇采访贤良，搜核行能邪？刘秩语。而所综既广，条章不得不多，胥徒之猾，又缘隙而起矣。张九龄语。以上皆据《通典》。故皆以为其法不如辟举。中宗时，韦嗣立上疏，言古者取人，必先采乡曲之誉，然后辟于州郡；州郡有声，然后辟于五府；才著五府，然后升之天朝，用一人所择者甚悉，擢一士所历者甚深。《旧书·韦嗣立传》。玄宗时，张九龄亦谓吏部之为，不过谨守格条，据资配职，不若令刺史、县令，精核其人，然后送台。代宗时，沈既济上《选举议》，事在大历十四年（779年），见《通鉴》。言之尤为激切。其说曰："吏部之弊，非鉴之不明，择之不精，乃法使之然。前代选用，皆州府察举。及年代久远，讹失滋深。至于齐、隋，不胜其弊。凡所置署，多由请托。故当时议者，以为与其率私，不若自举，与其外滥，不若内收。是以罢州府之权，归于吏部。此矫时惩弊之权法，非经国不刊之常典。今吏部之法蹙矣，复宜扫而更之。州郡十分其人，五极其滥，犹有一半公道。吏部铨衡惟征书判，补授只校官资。有文无赖者，计日可升，有用无文者，终身不进。况其书判，多是假手，或他人替入，或旁坐代为。造伪作奸，冒名接脚，《通考·选举考》举官：贞元四年（788年），吏部奏："艰难已来，年月积久。两都士类，散在远方；三库敕甲，又经失坠；因此人多罔冒，吏或诈欺。分见官者谓之擘名，承已死者谓之接脚。"又在其外。又闻昔时，公卿子弟亲戚，随位高低，各有分数，或得一人、二人、三人、四人不在放限者，礼部明经等亦然，谓之省例。凡今选法，皆择才于吏部，述职于州郡。若才职不称，责于刺史，则曰官命出于吏曹，不敢废也；责于侍郎，则曰量书判资考而授之，不保其往也；责于令史，则曰：按由历出入而行之，不知其他也。必州郡之滥，独换一刺史则革矣，如吏部之滥，虽更其侍郎无益也。"《通典》。其于吏部专主之弊，可谓穷形尽相矣。独不计此法之起，本由州郡选举之多弊，惩其弊而更复其旧，安保其弊之不复起乎？唐代区区，只使官尚留辟举之法者？则以采访本不赋政，而节度、防御等使，皆起于纲维既弛之后，不能束其下也。薛《史·唐庄宗纪》：同光二年八月，中书、门下上言："今后诸道，除节度副使、两使判官外，其余职员，并诸州军事判官，各任本处奏辟。"从之。《职官志》载奏辞曰："伪庭之时，诸藩参佐，皆从除授。"则梁时尝变此法。陆贽欲复台省辟举，犹不能行，《旧书·贽传》：贽以贞元八年（792年）同平章事。请许台、省长官，自荐属官，仍保任之，事有旷败，兼坐举主。上许之。俄又宣旨曰：外议云：诸司所举，多引用亲党，兼通赂遗，不得实才，此法行之非便。今后卿等宜自选择，勿用诸司延荐。贽复论奏。上虽嘉其所陈，竟追寝长官荐士之诏。当时朋党方盛，官方复坏，外议所云，未必不实也。况举其权而悉委之州郡哉？《通考·选举考·辟举》：马君云：自隋时，一命之官，并出于朝廷，州郡无复辟署，士之才智者，苟非宿登仕版，则虽见知于方镇岳牧，亦不能稍振拔之，以收其用，至唐，则仕于朝者多由科目矣。然辟署亦时有之，而其法亦不一。有既为王官而被辟者，若张建封之辟许孟容，李德裕之辟郑畋，白敏中之辟王铎是也。有登第未释褐入仕而被辟者，若董晋之于韩退之是也。有强起隐逸之士者，若乌重胤之于石洪、温造，张博之于陆龟蒙是也。有特招智略之士者，若裴度之于柏耆，杜慆之于辛谠是也。而所谓隐逸智略之士，多起自白身。刘贡父言：唐有天下，诸侯自辟幕府之士，惟其才能，不问所从来，而朝廷常收其俊伟以补王官之阙，是以号称得人。盖必许其辟置，则可破拘挛以得度外之士，而士之偶见遗于科目者，亦可自效于幕府，取人之道所以广也。宋时虽有辟法，然白衣不可辟，有出身而未历任者不可辟；其可辟者，复拘以资格，限以举主；去古法愈远，而倜傥跅弛之士，不谐尺绳于科目，受羁絷于铨曹者，少得以自达矣。案唐、宋之异无他，唐方镇辟置，在选法之外，宋则复束之以常法耳。常法固不免拘挛，然不拘文法，可行于非常之时，而不可行诸平时，行诸平时则乱矣。

选举之弊之真根原，果安在乎？杜君卿之言曰："秦氏惟农与战，始得入官。汉有孝弟力田、贤良方正之科，乃时令征辟，而常岁郡国率二十万口贡止一人，约计当时推荐，天下才过百数，则考择审，必获器能。自兹厥后，转益烦广。只开元、天宝之中，一岁贡举，凡有数千，而门资、武功、艺术、胥吏，众名杂目，百户千途，人为仕者，又不可胜纪。比于汉代，且增数十百倍。安得不重设吏职，多置等级，递立选限以抑之乎？”唐代仕途冗滥，始于高宗时。《通典》又云：武德中，天下兵革方息，万姓安业，士不求禄，官不充员。吏曹乃移牒州府，课人应集。至则授官，无所退遣。四五年间，求者渐多，方稍有沙汰。贞观中，京师谷贵，始分人于洛州选集，参选者七千人，而得官者六千。又云：是时吏部之法，行始二十余年，虽已为弊矣，而未甚滂流，至于永徽中，官纪已紊，逮麟德之后，不胜其弊。又载显庆初刘祥道之言曰：“今内外文武官三千四百六十五员，略攀大数，当一万四千人。人之赋命，自有修促。弱冠从政，悬车致仕，罕见其人。壮室而仕，耳顺而止，亦取其中数。此则一万四千人，三十年而略尽。年别入流者五百人，经三十年，便得一万五千，足充所须之数。况三十年之外，在官者犹多？此便足有剩人，不虑其少。今每年入流者千四百余人。应须数外，常剩一倍已上。”可以见其概矣。玄宗时，每年赴选常万人，见《旧书·苗晋卿、裴遵庆传》。任诸州郡则如彼，摄诸吏部则如此，然则求官者众，选举之弊，殆终不可免乎？求官者何以众？沈既济言之辨矣。其言曰：“《礼》曰：天子之元子，士也。天生无生而贵者，则虽储贰之尊，与士伍同。故汉王良以大司徒位免归兰陵，后光武巡幸，始复其子孙邑中徭役。丞相之子，不得蠲户课。而近代以来，九品之家皆不征；其高荫子弟，重承恩奖，皆端居役物坐食；百姓其何以堪之？先王制仕，所以理物也；置禄，所以代耕也。农、工、商有经营作役之劳，而士有勤人致理之忧。虽风猷道义，士伍为贵，其苦乐利害，与农、工、商不甚相远也。后代之士，乃撞钟鼓、树台榭以极其欢，而农工鞭臀背、役筋力以奉其养。得仕者如升仙，不仕者若沉泉。欢娱忧苦，若天地之相远也。

故非类之人，或没死以趋上，构奸以入官。非惟求利，亦以避害也。唐选举好弊之滋，亦始高宗时。《新志》谓是时“仕者众，庸愚成集。有伪立符告而矫为官者，有接承他名而参调者，有远人无亲而置保者。试之日，冒名代进，或旁坐假手，或借人外助，多非其实。虽繁设等级，递差选限，增谴犯之科，开纠告之令以遏之，犹不能禁。大率十人竞一官，余多委积不可遣。有司患之，谋为黜落之计，以僻书隐学为判目，无复求人之意，而吏求货贿，出入升降”。自此以后，以大体言之，殆如江河日下，虽时或整顿，终不能挽其横流之势也。至五代而极矣。薛《史·唐庄宗纪》：同光二年九月，宣宰臣于中书磨勘吏部选人，谬滥者焚毁告敕。十一月，时有选人吴延皓，取亡叔故旧名求仕。事发，延皓付河南府处死，尚书左丞判吏部尚书铨事崔沂已下贬官。此事乃郭崇韬所为。四年三月，左拾遗王松、吏部员外郎李慎仪上疏攻之。谓其年选人及行事官一千二百五十余员，得官者才及数十。以致二年（924年）以来，选人不敢赴集，铨曹无人可注，中书无人可除，中书、门下请酌中定制，从之。事见薛《史·选举志》：志述时议，谓搢绅之家，自无甄别。或有伯、叔告敕，鬻于同姓之家，随赂更改，因乱昭穆。至有季父、伯舅，反拜侄、甥者。松乃韦说门人，说教其上此疏，识者非之。可见崇韬虽操切，其所举发，多不诬也。昔李膺、周举为刺史，守、令畏惮，睹风投印绶者四十余城。夫岂不怀？顾汉法不可偷也。自隋变选法，则虽甚愚之人，第能乘一劳，结一课，获入选叙，则循资授职，族行之官，随列拜揖，藏俸积禄，四周而罢，因缘侵渔，抑复有焉。其罢之日，必妻孥华楚，仆马肥脂，而偃仰乎士林之间。及限又选，终而复始。非为巨害，至死不黜。故里语谓人之为官若死然，未有不了而倒还者。为官如此易，享禄如此厚，上法如此宽，下敛如此重，则人孰不违其害以就其利者乎？”又设为问难而自释之曰：“或曰：今四方诸侯，或有未朝觐者。若天下士人，既无常调，久不得禄，人皆嗟怨，必相率去我，入于他境，则如之何？答曰：善哉问乎！辟举法行，则搜罗必尽。自中人以上，皆有位矣。禄不及者，皆下劣无任之人。复何足惜？当今天下凋弊之本，实为士人太多。何者？凡士人之家，皆不耕而食，不织而衣，使下奉其上不足故也。大率一家有养百口者，有养十口者，多少通计，一家不减二十人，万家约有二十万口。今有才者既为我用，愚劣者尽归他人，有万家归之，则二十万人食其黍粟，衣其缣帛，享其禄廪，役其人庶。我收其贤，彼得其愚；我减浮食之口二十万，彼加浮食之人二十万；则我弊益减，而彼人益困。自古兴邦制敌之术，莫出于是。惟惧去我之不速也，夫何患焉？”沈氏言辟举之利，庸或太过，其言士人所以求仕之故，则可谓深切著明矣。求仕者此辈，司铨叙者亦此辈也，安得不互相徇隐？而督责之道，亦安可废乎？督责愈弛，则奸弊愈滋，庶政皆然，何独选举？然则州郡之辟举安得不替？虽明知吏部之不任，犹不得不以选权尽归之乎？故曰：隋、唐铨法之变，实专制政治演进之理然也。

夫奸弊非独地方有之也，中央亦然。沈既济谓当时公卿，子弟亲戚，随位高低，各有分数，不在放限，则几于成为常例矣。德宗，严明之主也。虽陆贽欲令台省长官荐达其下，犹所不许。而李实，《旧书》本传言：吏部将奏，科目奥密，朝官不通书问，实乃身诣选曹，迫赵宗儒，且以势恐之。权德舆为礼部侍郎，实托私荐士，不能如意，后遂大录二十人，迫德舆曰：“可依此第之，不尔，必出外官，悔无及也。”德舆虽不从，然颇惧其诬奏。唐史于实，容有谤辞，然德宗虽严，此等事仍不能免，则较然矣。徐浩为吏部侍郎，乃以妾弟冒选，托侍郎薛邕注授京尉，亦见《旧书》本传。则居其职者，且躬自为之，而请托更不足道矣。薛《史·唐明宗纪》：长兴二年五月，“诏近闻百执事等，或亲居内职，或贵列廷臣，或宣达君恩，或句当公事，经由列镇，干挠诸侯，指射职员，安排亲昵。或潜示意旨，或显发书题。自今后一切止绝。有所犯者，发荐人贬官，求荐人流配。如逐处长吏自徇人情，只仰被替人诣阙上诉，长吏罚两月俸，发荐人更加一等，被替人却令依旧”。当时中央之于地方，肆行请托如此。柳仲郢之知吏部铨也，“当调者持阙簿令自阅，即拟唱，吏无能为奸”，《新书》本传。则吏之为奸者又多矣。不特此也，即宰相亦干吏部之权。杜氏所谓执政参吏部之职也。唐制，六品以下官，本由尚书省奏拟，开元四年（716 年），始制员外郎、御史、起居、遗、补不拟。《新志》谓由是铨司之任轻矣。陆贽令台省长官，各举其属，而德宗罢之，贽争之曰：“国朝五品已上，制敕命之，盖宰相商议奏可者也？六品已下则旨授，盖吏部铨材署职，诏旨画闻而不可否者也？开元中，起居、遗、补、御史等官，犹并列于选曹，其后幸臣专朝，舍佥议而重己权，废公举而行私惠。是使周行庶品，苟不出时宰之意，则莫致也。”唐中叶之元载，五代时之苏逢吉是也。唐昭宗之在凤翔，亦既身居围城之中矣，而韦诒范乃多受人赂，至居母丧日，为债家所噪，乃汲汲谋起复，《通鉴》天复二年（902 年）。不诚令人齿冷乎？然积弊如武、韦之世，姚、宋起，即一扫而空之矣，若藩镇则散在四方，收摄不易，复何从一举而廓清之乎？故同是有弊，与其外滥，终无宁内收也。

以言语觇吏才，盖莫如判，然后亦全失初意。《通典》云：“初吏部选才，将亲其人，覆其吏事，始取州县案牍疑义，试其断割，而观其能否，此所以为判也。后日月寖久，选人猥多，案牍浅近，不足为难，乃采经籍古义，假设甲乙，令其判断。既而来者益众，而通经正籍，又不足以为问，乃征僻书曲学、隐伏之义问之，惟惧人之能知也。佳者登于科第，谓之入等，其甚拙者，谓之蓝缕，各有升降。选人有格限未至而能试文三篇，谓之宏词，试判三条，谓之拔萃，亦曰超绝，词美者得不拘限而授职。”此其难之也同于帖经，其取之也同于杂文矣。《评》曰：“自魏三主，俱好属文。晋、宋、齐、梁，风流弥扇。浇讹之弊，极于有隋。唐当创业之初，承文弊之极，群公不议救弊以质，而乃因习尚文。尔后有司，尊贤之道，先于浮华，辨论之方，择于书判。文辞取士，是审才之末者，书判又文辞之末也。”言之可谓痛切矣。后唐明宗天成四年（926年），中书奏：“吏部流外铨诸色选人试判两节，并以优劣等第申奏。仍准元敕：业文者任征引今古，不业文者但据公理判断。”此不业文者，固未必遂有吏才，然据理判断，却近试判之初意也。天宝初，吏部侍郎苗晋卿、宋遥主选，以御史中丞张倚男奭居首。众知奭不读书，论议纷然。安禄山奏之。玄宗大集登科人，御花萼楼亲试。登第者十无一二。而奭手持试纸，竟日不下一字，时谓之曳白：《旧书·晋卿传》。号称尚文之朝，而其事如此，不尤堪齿冷乎？《晋卿传》又云：性谦柔。选人有诉讼索好官者，虽至数千言，或声色甚厉者，必含容之，略无愠色。又《裴遵庆传》：遵庆以永泰初知选事。选人天兴县尉陈琯，于铨庭言辞不逊，凌突无礼。代宗诏付遵庆，于省门鞭三十，贬为吉州员外司户参军。此等必皆有恃而然，故欲祛选弊，至烦天子亲试也。

与辟举之意相通者为论荐，其意亦欲以广识拔，毋令吏部专凭资格用人也。然其效更不如辟举。以辟举犹自用之，论荐则徒升诸朝，更易瞻徇情面也。《旧书·德宗纪》：建中元年（780年）赦诏：“常参官、诸道节度、观察、防御等使，都知兵马使、刺史、少尹、畿、赤令、大理司直、评事等，授讫，三日内于四方馆上表，让一人以自代。其外官，委长吏附送。其表付中书、门下，每官阙，以举多者授之。”《懿宗纪》：咸通四年（863年）赦诏又云：“中外官宜准建中元年（780年）敕，授官后三日举一人自代。”此即晋世刘寔所建，特此以诏旨行之而已。魏玄同以高宗时为吏部侍郎，上疏论选举云：“惟贤知贤，圣人笃论。身且滥进，鉴岂知人？今欲务得实才，兼宜择其举主。”盖以其时官方本甚浊乱云然也。薛登论选举则云：“汉法，所举之主，终身保任。请宽立年限，容其采访。简汰堪用者，令其试守，以观能否。参验行事，以别是非。称职者受荐贤之赏，滥举者抵欺罔之罪。自然举得贤行，则君子道长矣。”案人藏其心，不可测度；先后变节，尤难豫知；以所举之非贤，坐及举主，似失之酷。然犯罪情节，各有不同。审所举者之罪，以定举之者之负，而稍偏于宽，似于情理无悖。沈既济禁约杂条，以所举者犯罪之多寡，一人夺禄一年，二人夺赐，三人夺阶及爵，四人解见任职事官，五人贬官，六人除名。有犯臧罪至流以上者，倍论之。举用后续知过缪，具状申述，及自按劾者勿论。及其有无罔上之意，纳赂、属托、亲故、明知不善而故举，皆以罔上论，不在官赎之限。定举主罪之轻重，说亦不失平允也。然此等皆议论云尔，按其实，则事大不然。薛《史·职官志》：后唐同光二年三月，中书门下奏："近日诸道，多是各列官衔，便指州县，请朝廷之正授，树藩镇之私恩。自今后，大镇节度使，管内三州已上者，每年许奏管内官三人，以下者二人。仍须课绩尤异，方得上闻。防御使一人。刺史无奏荐之例，不得辄乱规程。"周广顺元年五月，诏今后州府不得奏荐无前官及无出身人。《通鉴》：晋天福三年三月，中书舍人李详上疏，以为"十年以来，赦令屡降，诸道职掌，皆许推恩。而藩方论荐，动逾数百。乃及藏典、书吏、优伶、奴仆"。观此，而所谓奏荐者可知矣。

铨选之地，尚不专于京邑。《新书·选举志》曰："太宗时，以岁旱谷贵，东人选者，集于洛州，谓之东选。高宗上元二年（675年），以岭南五管，黔中都督府得即任土人，而官或非其才，乃遣郎官御史为选补使，谓之南选。《旧书·职官志》云：岭南、黔中，三年一置选补使，号为南选。《通典》云：黔中、岭南、闽中，郡县之官，不由吏部，以京官五品以上一人充使就补，御史一人监之，四岁一往，谓之南选。《诵鉴》高宗总章二年（669年）述唐铨法云："其黔中、岭南、闽中州县官，不由吏部，委都督选择土人补授。仪凤二年八月云：敕桂、广、交、黔等都督府，比来注拟土人，简择未精，自今每四年遣五品已上清正官充使，仍令御史同往注拟。时人谓之南选。"《旧书·韩思复传》：曾孙佽，出为桂州观察使。桂管二十余郡，州掾而下至邑长三百员，由吏部补者什一，他皆廉使量其才而补之。佽既至桂，吏以常所为官者数百人引谒。一吏执籍而前曰："具员请补其阙。"佽戒曰："在任有政者，不夺所理。有过者必绳以法。阙者俟稽诸故籍，取其可者，然后补之。"会春衣使内官至，求贿于邮吏，三豪家因厚其资，以求邑宰。佽悉诺之。使去，坐以挠法，各笞其背。自是豪猾敛迹，皆得清廉吏，以苏活其人。其后江南、淮南、福建，大抵因水旱，皆遣选补使，即选其人。而废置不常，选法又不著，故不复详焉。"《陔余丛考》有唐吏部分东选、南选一条，可以参看。案唐时又有因兵乱遣使即选者，如肃宗时以崔涣为江淮宣谕选补使是也。《旧书·涣传》。赵匡言举选十弊，其六曰："大抵举选人以秋初就路，春末方归，休息未定，聚粮未办，即又及秋，事业不得修习，益令艺能浅薄。"其七曰："羁旅往来，糜费实甚。非惟妨阙正业，盖亦隳其旧产。未及数举，索然已空。"其八曰："贫窭之士在远方，欲力赴京师，而所冀无际，以此揆度，遂至没身。使斯人有抱屈之恨，国家有遗才之叹。"其九曰："官司运江淮之储，计五费其四，乃达京邑。刍薪之贵，又十倍四方。而举选之人，每年攒会。计其人畜，盖将数万？无成而归，十乃七八。徒令关中烦耗。"皆与举选集于京邑有关。沈既济之论曰："或曰：帝王之都，必浩穰辐凑，士物繁合，然后称其大。若权散郡国，远人不至，则京邑索矣。自古至隋，数百千年，选举之任，皆分郡国，当汉文、景、武帝之时，京师庶富，百廛九市不得顾，车不得旋，岂待举选之士为其助哉？自隋罢外选，招天下之人，聚于京师。春还秋往，乌聚云合。穷关中地力之产，奉四方游食之资。是以筋力尽于漕运，薪粒方于桂玉。是由斯人，索我京邑。且权分州郡，所在辟举，则四方之人，无有遐心，端居尊业，而禄自及，禄苟未及，业常不废。若仕进外绝，要攒乎京，货鬻田产，竭家赢粮，糜费道路，交驰往复，是驱地著而为浮冗也。王者当繁其天下，岂廛闬之间，校其众寡哉？"可与此论相发明。又云："选人不约本州所试，悉令聚于京师，人既浩穰，文簿繁杂，因此渝滥，其事百端。”则纲纪且因之隳坏矣，其为议者所訾，固无足怪。即选之法，盖亦所以稍救其弊邪？且政权贵乎普及，遐方之士，自有不乐远宦者，如《新书·欧阳詹传》言闽、越之士，当唐中叶以后，尚不乐北宦是也。见第十六章第五节。此等苟非有即选之法，而乡官又废，则并不获仕于州郡矣，亦将使远人觖望也。

选权既专归吏部，自必惟论资格。《新书·选举志》曰：“初铨法简而任重。高宗总章二年（669 年），司列少常伯吏部侍郎。裴行俭，始设长名榜，引铨注法。复定州县升降为八等。其三京、五府、都护、都督府，悉有差次，量官资授之。其后李敬玄为少常伯，委事于员外郎张仁祎，仁祎又造姓历，改状样、铨历等程式，而铨总之法密矣。”《敬玄传》云：拜西台侍郎同东西台三品，兼检校司列少常伯。时员外郎张仁祎有敏才，敬玄委以曹事。仁祎为造姓历、状式、铨簿，钳键周密，病心太劳死。敬玄因其法，衡综有序。自永徽后，选员浸多，惟敬玄居职有能称。《旧书·裴行俭传》云：行俭始设长名、姓历、榜，引铨注等法，又定州县升降，官资高下，以为故事。《通典》同。《通鉴》云：行俭与张仁祎设长名、姓历榜，引铨注之法，又定州县升降，官资高下。《新书·行俭传》则云：行俭始设长名榜、铨注等法，又定州县升降，资拟高下为故事。合观诸文，《新传》“榜”字下疑夺一“引”字，“姓历”则别一时所造也。行俭创法后，其子光庭又继之。《新志》云：开元十八年（730 年），侍中裴光庭兼吏部尚书，始作循资格。而贤愚一概，必与格合，乃得铨授。限年蹑级，不得逾越。于是久淹不收者皆便之，谓之圣书。及光庭卒，中书令萧嵩以为非求才之方，奏罢之。乃下诏曰：“凡人年三十而出身，四十乃得从事。更造格，以分寸为差。若寻新格，则六十未离一尉。自今选人才业优异有操行，及远郡下寮名迹稍著者，吏部随才甄择之。”《光庭传》云：初吏部求人，不以资考为限，所奖拔惟其才。往往得俊乂任之，士亦自奋。其后士人猥众，专务趋竞，铨品枉桡。光庭惩之，因行俭长名榜乃为循资格。无贤不肖，一据资考配拟，又促选限尽正月。任门下省主事阎麟之，专主过官。素与萧嵩轻重不平。及卒，嵩奏一切罢之。博士孙琬，以其用循资格，非奖劝之谊，谥曰克。时以为希嵩意。帝闻，特赐谥曰忠宪。《旧传》略同。又云：其流外行署，亦令门下省之。《职官志》云："光庭始用循资格，以注拟六品以下选人。其后每年虽小有移改，然相承至今用之。"《通典》云："光庭为侍中，以选人既无常限，或有出身二十余年而不获禄者，复作循资格，定为限域。凡官罢满，以若干选而集，各有差等。卑官多选，高官少选。贤愚一贯，必合乎格者，乃得铨授。自下升上，限年蹑级，不得逾越。久淹不收者皆荷之，谓之圣书。虽小有常规，而抡才之方失矣。其有异才高行，听擢不次，然有其制而无其事，有司但守文奉式，循资例而已。"《通鉴》云："先是选司注官，惟视其人之能否。或不次超迁，或老于下位。有出身二十余年不得禄者。又州县亦无等级，或自大入小，或初近后远，皆无定制。光庭始奏用循资格。各以罢官若干选而集。官高者选少，卑者选多。无问能否，选满即注。限年蹑级，毋得逾越。非负谴者，皆有升无降。其庸愚沈滞者皆喜，谓之圣书，而才俊之士，无不怨叹。宋璟争之不能得。光庭又令流外行署，亦过门下省审。"开元十八年（730 年）。开元二十一年六月，"制自今选人有才业操行，委吏部临时擢用。流外奏用，不复引过门下。虽有此制，而有司以循资格便于己，犹踵行之"。案《新书·张九龄传》，亦言九龄为相，上言废循资格，则时议之于循资，无以为然者。然出身二十余年而不获禄，其为沉滞，宁不更甚于六十未离一尉？为国求才，既非凡士大夫之素志，亦非吏部以一人尽揽九流，并其面而不识，而有待于保识者所能办，则限年蹑级，不犹足以息奔竞之风乎？苏轼有言："巧者侵夺已甚，则拙者迫怵无聊"，果至于斯，官场风气，必也益坏，限年蹑级，不犹愈乎？薛《史·唐庄宗纪》：同光二年八月，中书门下奏“请差左丞崔沂等同详定选司长定格、循资格、十道图”，从之。欧《史·姚顗传》，言其为相，“循资、长定旧格，岁久多舛，因增损之。选人多不便之。往往邀遮宰相，喧诉不逊。顗等无如之何。废帝为下诏书禁止”。足见此法之不能废，亦足见不便之者，实皆幸进之徒也。

用人之要，不越儒吏两途。论者恒贵儒于吏，盖以吏徒能奉行故事，儒则明于治道，可与议法，即用法亦能得法外意也。儒而惟知记诵、辞章，则其不知治道，亦与吏等，而明习法令，知民情伪，或反不逮焉，而犹执旧说不变，则士夫之偏见也。然议论可以偏袒，事实不相假借，故吏之见用，卒随世而盛焉。牛弘言令史百倍于前，则其明证。刘炫推求其故，谓由文案之密。文案非士夫所乐为，并非其所能为，乃不得不多任胥史。任胥史不可无以督察之，或并非不习文法者所能，于是长官亦或出于是矣。《隋书·儒林传序》谓“曩之弼谐庶绩，必举德于鸿儒，近代左右邦家，咸取士于刀笔”是也。文书委积，则奸弊丛生，此由纲纪坏而宠赂彰，督责疏而比周密，初不关乎流品，而论者又多以是为言。如《隋书·刘炫传》言：“高祖之世，以刀笔吏类多小人，年久长奸，势使然也，于是立法：州县佐史，三年而代。”是其事矣。此亦士夫偏见。《炫传》又言：“诸郡置学官及流外给廪，皆发自炫。”然则流外初不给廪，又何以责其廉乎？《新书·刘晏传》云：晏尝言士有爵禄，则名重于利，吏无荣进，则利重于名，故检劾出纳，一委士人，吏惟奉行故事而已，爵禄独非利乎？显为名者，孰不阴以为利？至于二者不相容，则箪食豆羹见于色矣。《关播传》：播迁给事中。“故事，诸司甲库，以令史直曹刓脱为奸。播悉易以士人，时韪其法。”夫岂知言也哉？《傅奕传》：唐初，太仆卿张道源建言：“官曹文簿，繁总易欺，请减之以钤吏奸。”公卿举不谓然。奕独是之，为众沮訾不得行。奕与道源之见，实与刘炫同，然炫谓省官不如省事，不谓事未省而官可遽省，奕与道源，乃徒欲去文簿，宁不知文簿之设，本所以钤奸邪？文簿繁而奸又生，犹之为之斗斛权衡而又见窃。然因此而剖斗折衡，可乎？《李泌传》：泌为相，请复张延赏所减吏员。德宗问："今户口减承平时几何？"曰："三之一。"帝曰："人既凋耗，员何可复？"泌曰："户口虽耗，而事多承平时十倍，陛下欲省州县则可，而吏员不可减。"泌之为此，盖不能无违道干誉，然其说则是也。职是故，吏之见用，卒随世而益盛。

《通考》云："武德初，天下初定，京师籴贵，远人不愿仕流外，始于诸州调佐史及朝集典充选。不获已而为之。遂促年限，优以叙次。六七年，有至本司主事及上县尉者。自此之后，遂为宦途。总章初，诏诸司令史考满者限试一经。时人嗟异，著于谣颂。"急而求之，已又加以限制，固无怪人心之不平也。然轩轾之见，即当急而求之之时，亦未能免。太宗穷诘张玄素出身以挫之，是其事矣。《旧书·薛收传》：从孙稷，睿宗时参知政事。睿宗以钟绍京为中书令，稷劝令礼让。因入言于帝曰："绍京素无才望，出自胥吏，虽有功勋，未闻令德，一朝超居元宰，师长百僚，臣恐清浊同贯，失于圣朝具瞻之美。"帝然其言，因绍京表让，遂转为户部尚书。此与玄宗欲加牛仙客尚书，而张九龄以其本河湟使典争之，正相类也。显庆中，刘祥道言："尚书省二十四司，及门下省、中书都事、主书、主事等，比来选补，皆取旧任流外有刀笔之人。纵欲参用士流，皆以俦类为耻。前后相承，遂成故事。且掖省崇峻，王言秘密，尚书政本，人物攸归，而多用胥徒，恐未尽铨衡之理。望有厘革，稍清其选。"此儒吏之显相争者也。

《新书·选举志》云：凡医术，不过尚药、奉御、阴阳、卜筮、图画、工巧、造食、音声及天文，不过本色局署令。鸿胪译语，不过典客署令。此皆因其才而用之，未可谓之歧视，然终亦不免轻视其人。《旧书·傅奕传》：高祖践阼，召拜太史丞。太史令庾俭，以其父质在隋言占候忤炀帝意，竟死狱中，遂惩其事；又耻以数术进；乃荐奕自代。《新书·阎让传》：弟立本。太宗与侍臣泛舟春苑池，见异鸟，容与波上，悦之，诏坐者赋诗，而召立本侔状。阁外传呼画师阎立本。是时已为主爵郎中。俯伏池左，研吮丹粉，望坐者羞怅流汗。归，戒其子曰："吾少读书，文辞不减侪辈，今独以画见名，与厮役等，若曹慎毋习。"此其见轻，可谓甚矣。此自为非是。然艺术之士之见轻，亦有以其甘为嬖幸者，此则攻击之者，意又在于祛除弊事，非尽攻击其人矣。《旧书·韦贯之传》：宪宗时，转礼部员外郎。新罗人金忠义，以机巧进，至少府监，荫其子为两馆生。贯之持其籍不与，曰："工商之子不当仕。"《职官志·吏部职》云："凡官人，身及同居大功已上亲，自执工商，家专其业，及风疾使酒，皆不得入仕。"忠义以艺通权幸，为请者非一。贯之持之愈坚。既而疏陈忠义不宜污朝籍，辞理恳切，竟罢去之。又《曹确传》：懿宗以伶官李可及为威卫将军。确执奏曰："臣览贞观故事，太宗初定官品令，文武官共六百四十三员，顾谓房玄龄曰：朕设此官员，以待贤士。工商、杂色之流，假令术逾侪类，止可厚给财物，必不可超授官秩，与朝贤君子，比肩而立，同坐而食。大和中，文宗欲以乐官尉迟璋为王府率，拾遗窦洵直极谏，乃改授光州刺史。伏乞以两朝故事，别授可及之官。"帝不之听。此两事，皆非徒以其为杂色之流而轻之也。中宗置公主府官属，安乐府所补，猥滥尤多。左拾遗辛替否上疏，谓"富商豪贾，尽在缨冕之流，鬻技行巫，咸涉膏腴之地"，使仍而弗革，尚复成何事体邪？

门荫亦为弊法。魏玄同之言曰："从政莅官，不可以无学。今贵戚子弟，例早求官，或髫龀之年，已要银艾，或童丱之岁，已袭朱紫。弘文、崇贤之生，千牛、辇脚之徒，课试既浅，技能亦薄，而门阀有素，资望自高。"《通典》。然则一至高门，而铨法皆废矣。郑善果父诚，讨尉迟迥战死，善果年十四而授沂州刺史。《隋书·列女传》。高劭者，骈之从子。朝廷优假骈，亦十四遥领华州刺史。薛《史·劭传》。此等纵不自为政，然稍长必历高官，奚翅使人学制美锦哉？《旧书·李怀远传》：宗人欲以高荫相假，怀远拒之。退而叹曰：“因人之热，高士不为，假荫求官，岂其本志？”则荫并有假冒不实者矣。

《通考》以唐之捉钱令史、纳课品子为赀选。捉钱令史，后虽利其钱，初固与钱令捉；若纳课品子，则真赀选矣。其尤甚者，则为丧乱时事。《通考》：至德二年七月，宣谕使侍御史郑叔清奏：“承前诸使下召纳钱物，多给空名告身，虽假以官，赏其忠义，犹未尽才能。今皆量文武才艺，兼情愿稳便，据条格议同申奏闻，便写告身。诸道士、女道士、僧、尼如纳钱，请准敕回授余人。并情愿还俗授官、勋、邑号等亦听。如无人回授，及不愿还俗者，准法不合畜奴婢、田宅、赀财，既助国纳钱，不可更拘常格。其所有赀财，能率十分纳三分助国，余七分并任终身自荫。身殁之后，亦任回与近亲。又准敕纳钱百千文，与明经出身：如曾受业，粗通帖策，修身谨行，乡曲所知者，量减二十千文。如先经举送，到省落第，灼然有凭，帖策不甚寥落者，减五十千文。若粗识文字，准元敕处分。未曾读学，不识文字者，加三十千。应授职事官并勋、阶、号及赠官等，有合荫子孙者：如户内兼荫丁、中三人以上免课役者，加一百千文。每加一丁、中，累加三十千文。其商贾：准令所在收税，如能据所有赀财，十分纳四助军者，便与终身优复。如于敕条外，有悉以家产助国，嘉其竭诚，待以非次。如先有出身及官资，并量资历好恶，各据本条格例节级优加拟授。如七十以上，情愿授致仕官者，每色内量十分减二分钱。”此奏于虚名外兼鬻实官，官职外并鬻出身，乃至不识文字者，可同明经，可谓甚矣。《注》云：“权为此制，寻即停罢。”盖所得仍不多也。《通考》又云：“元和十二年（817年），诏入粟助边，古今通制。如闻定州侧近，秋稼方登，念切救人，不同常例。有人能于定州纳粟五百石者，放优出身，仍减三选。一千石者，无官便授释褐官，有官者依资授官。二千石者超两资。如先有出身及官，情愿减选者，每三百石与减一选。”《旧纪》：诏以定州饥，募人入粟受官及减选、超资。时亦直用兵之际，无力救灾，故其优假如此也。

《通考》又记元和时事云：“又敕入蕃使不得与私觌正员官告，量别支给。”案《新书·循吏传》：韦丹，顺宗为太子，以殿中、侍御史召为舍人。新罗国君死，诏拜司封郎中往吊。故事，使外国赐州县十官，卖以取赀，号私觌官。丹曰：“使外国不足于赀，宜上清，安有贸官受钱？”即具疏所宜费。帝命有司与之，因著令，盖即此事也。《通考》又云：十五年（820年），复其制。入回鹘使仍旧与私觌正员官十三员，吐蕃使八员。盖亦以费用不给之故？《新书·胡证传》：太和公主降回鹘，以检校工部尚书为和亲使。旧制，行人有私觌礼，县官不能具，召富人子纳赀于使，而命之官。证请俭受省费，以绝鬻官之滥。盖其制又曾暂废？然恐亦不能久也。

清浊之别，隋、唐世仍有之。卢恺当开皇初，除吏部侍郎，后摄尚书事，何妥攻其与苏威朋党，除名。《传》言：“周氏以降，选无清浊，及恺摄吏部，与薛道衡、陆彦师等甄别士流，故涉党固之诮。”而《彦师传》言：“凡所任人，颇甄别于士庶，论者美之。”则周氏一时之事，未能变累世相袭之风也。唐世，“职事官资，清浊区分，以次补授”，详见《旧书·职官志》。又《韦温传》：文宗时，迁尚书右丞吏部员外郎。盐铁判官姚勖知河阴院，尝雪冤狱。盐铁使崔珙奏加酬奖，乃令权知职方员外郎。制出，令勖上省。温执奏曰：“国朝已来，郎官最为清选，不可以赏能吏。”上令中使宣谕，言勖能官，且放入省。温坚执不奉诏。乃改勖检校礼部郎中。翼日，帝谓杨嗣复曰：“韦温不放姚勖入省，有故事否？”对曰：“温志在铨择清流，然姚勖士行无玷，梁公元崇之孙，自殿中判盐铁案，陛下奖之宜也。

若人有吏能，不入清流，孰为陛下当烦剧者？此衰晋之风也。”上素重温，亦不夺其操。可见区别之严矣。

重内轻外之风，隋、唐时颇甚。贞观、开元之世，亟欲挽之，然皆未能奏效。肃、代以后，乃幡然一变，力求重内而不得矣。此可见制度与事势乖违，终必有名无实也。《新书·循吏传》曰：“太宗尝曰：朕思天下事，丙夜不安枕。永维治人之本，莫重刺史，故录姓名于屏风，卧兴对之，得才否状，辄疏之下方，以拟废置。又诏内外官五品以上举任县令者。都督、刺史，职察州县。间遣使者，循行天下，劾举不职。始都督、刺史，皆天子临轩册授，后不复册，然犹受命日对便殿赐衣物乃遣。玄宗开元时，已辞，仍诣侧门候进止。又锢废酷吏。诏三省侍郎缺，择尝任刺史者；郎官缺，择尝任县令者。宰相、名臣，莫不孜孜言长人不可轻授、亟易。是以授受之间，虽不能皆当，而所得十五。故协气嘉生，薰为太平，垂祀三百，与汉相埒。”此言虚美无实。《隋书·循吏·柳俭传》：高祖初有天下，妙简贤能，出为牧宰，以俭仁明著称，擢拜蓬州刺史。蜀王秀得罪，坐与交通免。炀帝嗣位，征之。于时以功臣任职，牧州领郡者，并带戎资，惟俭自良吏。帝嘉其绩用，特授朝散大夫，拜弘化太守，赐物一百段而遣之。然则隋高虽留心政事，至炀帝世，武人之司牧者犹多。《旧书·马周传》：周于太宗时上言：“今朝廷独重内官，县令、刺史，颇轻其选。刺史多是武夫勋人，或京官不称职，方始外出。而折冲、果毅之内，身材强者，先入为中郎将，其次始补州任。边远之处，用人更轻。其材堪宰位，以德行见称擢者，十不得一。百姓未安，殆由于此？”是太宗亦未能革隋世之弊也。高宗以后，迁流弥甚。《旧书·韦嗣立传》：长安中，则天与宰臣议及州县官吏。纳言李峤、夏官尚书唐休璟等奏：“窃见朝廷物议，莫不重内官，轻外职。每除授牧伯，皆再三披诉。比来所遣外任，多是贬累之人。风俗不澄，实由于此。”中宗时，嗣立上疏，言：“刺史县令，理人之首。近年已来，不存简择。京官有犯及声望下者，方遣牧州。吏部选人，暮年无手笔者，方拟县令。”《萧至忠传》：中宗时上疏云：“伏见永徽故事，宰相子弟，多居外职者。愿降明敕，令宰相已下及诸司长官子弟，并改授外官。”《卢怀慎传》：景龙中上疏云：“比来州牧上佐及两畿县令，下车布政，罕终四考。在任多者一二年，少者三五月，遽即迁除，不论课最。或有历时未改，便倾耳而听，跂踵而望。争求冒进，不顾廉耻。”又云：“内外官人，有不率宪章，公犯赃污，侵牟万姓，劓割蒸人，鞫按非虚，刑宪已及者，或俄复旧资，虽负残削之名，还膺牧宰之任。或江淮岭碛，微示惩贬，而徇财黩货，罕能悛革。小州远郡，蛮陬夷落，何负圣化，独受其弊乎？”皆可见其每况愈下之状。开元初，有人密奏：吏部选叙太滥，县令非材，全不简择。谢官日引入殿庭，问安人策一道。试者二百余人。韦嗣立子鄄城令济第一。或有不书纸者。擢济为醴泉令。二十余人还旧官。四五十人放归习读。是试者二百人，不合格者殆三之一也。此据《旧书·韦嗣立传》,《通鉴》从《唐历》云：惟鄄城令韦济词理第一，擢为醴泉令。余二百余人不入第，且令之官。四十五人放归学问。二年正月，“制选京官有才识者除都督、刺史，都督、刺史有政迹者除京官，使出入常均，永为恒式”。《通鉴》。然三年（715年）。张九龄言：“京华之地，衣冠所聚，子弟之间，声名所出，从容附会，不劳而成。一出外藩，有异于是。人情岂忘其私，但法制之，不敢违耳。今不革之以法，无乃甚不可乎？臣以为宜悬以科条，定其资历。不历都督、刺史，虽有高第，不得入为侍郎、列卿。不历县令，虽有善政，亦不得入为台郎、给、舍。虽远处都督、刺史，至于县令，递次差降，以为出入，亦不十年频任京职，十年尽任外官。如此设科，以救其失，则内外通理，万姓获安。如积习为常，遂其私计，天下不可为理也。”《通典》。观其言，则二年之制，实未行也。四年（716年），以尚书右丞倪若水为汴州刺史。扬州采访使班景倩入为大理少卿，过大梁，若水饯之，行立望其行尘，久之乃返。谓官属曰："班生此行，何异登仙？"《通鉴》。人情大可见矣。八年（720年），宰相源乾曜言："形要之家，并求京职，俊乂之士，多在外官。三男俱是京任，望出二人。"《旧书》本传。此亦见二年之制，有文无实。《旧书·列女传》：宋庭瑜妻魏氏，父克己，有词学，则天时为天官侍郎。魏氏善属文。先天中，庭瑜自司农少卿左迁涪州别驾。魏氏随夫之任。中路，作《南征赋》以叙志。开元中，庭瑜累迁庆州都督。中书令张说，少时为克己所重。魏氏恨其夫为外职，乃作书与说，叙亡父畴昔之事，并为庭瑜申理。乃录《南征赋》寄说。说叹曰："曹大家东征之流也。"庭瑜寻转广州都督，道病卒，魏氏旬日亦殒。时人莫不伤之。使庭瑜不遽陨没，岂不转瞬内迁乎？十一年（723年），山东旱，朝议选朝臣为刺史，以抚贫民，而至任多无可称。《旧书·王丘传》。十三年（725年），帝自择刺史，凡十一人。治行，诏宰相、诸王、御史以上祖道洛滨。盛具，奏太常乐，帛舫水嬉。命高力士赐诗，帝亲书，且给纸笔令自赋，赍绢三千匹遣之。《新书·许景仙传》。其效亦可想矣。

安、史乱后，内外官轻重遽变。李皋抵法求外，事已见前。《新书·李泌传》：泌以贞元三年（787年）同平章事。"是时州刺史月俸至千缗，方镇所取无艺，而京官禄寡薄，自方镇入为八座，至谓罢权。薛邕由左丞贬歙州刺史，家人恨降之晚。崔祐甫任吏部员外，求为洪州别驾。使府宾佐，有所忤者，荐为郎官。其当迁台阁者，皆以不赴取罪去。泌以为外太重，内太轻，乃请随官闲剧，普增其俸，时以为宜。而窦参多沮乱其事，不能悉如所请。"李实以外出迫权德舆，其说未知信否，即谓可信，唐中叶后，重内轻外者，亦惟此一事，况乎其说之实不可信也？然外官之见重，岂徒以其禄之厚哉？读《旧书·薛珏传》所述楚州营田事，即可见其禄之所由来。然此犹仅乾没而已。薛《史·相里金传》云：出为忻州刺史。凡部曲、私属，皆不令干与民事，但优其赡给，使分掌家事而已。故郡民安之，大有声绩。此可见刺史之下，倚势虐民者甚多。《安重荣传》云：晋高祖即位，授成德军节度使。自梁、唐已来，藩侯郡牧，多以勋授，不明治道。例为左右群小惑乱，卖官鬻狱，割剥蒸民。率有贪猥之名，其实贿赂半归于下。惟重荣自能钩距，凡有争讼，多廷辩之。至于仓库耗利，百姓科徭，悉入于己，诸司不敢窥觇。此则括其下之所得，以归于己而已，民未获抒也。《刘审交传》：汉隐帝嗣位，用为汝州防御使。乾祐二年（949年）春卒。郡人聚哭柩前，乞留葬本州界，立碑起祠，以时致祭。冯道闻之曰："予尝为刘汝州僚佐，知其为人。廉平慈善，无害之良吏也。刺辽、磁，治陈、襄、青，皆称平允，不显殊猷。其理汝也，又安有异哉？民之租赋，不能减也，徭役不能息也，寒者不能衣也，馁者不能食也，百姓自汲汲然，而使君何有于我哉？然身死之日，致黎民怀感如此者？诚以不行鞭朴，不行刻剥，不因公而徇私，不害物以利己，确然行良吏之事，薄罚宥过，谨身节用，安俸禄，守礼分而已。凡从事于斯者，孰不能乎？但前之守土者，不能如是，是以汝民咨嗟爱慕。今天下戎马之后，四方凶盗之余，杼轴空而赋敛繁，人民稀而仓廪匮，谓之康泰，未易轻言。侯伯牧宰，若能哀矜之，不至聚敛，不杀无辜之民，和平宽易，即刘君之政，安足称邪？复何患不至于令名哉？"此可见当时所谓良吏者，并无足称，而其时之人，并此而不能为也。欧《史·郭延鲁传论》曰："呜乎！五代之民，其何以堪之哉？上输兵赋之急，下困剥敛之苛。自庄宗以来，方镇进献之事稍作，至于晋而不可胜纪矣。其添都、助国之物，动以千计；至于来朝、奉使、买宴、赎罪，莫不出于进献；而功臣大将，不幸而死，则其子孙率以家赀求刺史。其物多者，得大州善地；盖自天子皆以贿赂为事矣！则为其民者，其何以堪之哉？"又《王进传论》曰："五代之君，皆武人崛起，其所与俱勇夫悍卒，各裂土地，封侯王，何异豺狼之牧斯人也？虽其附托遭遇，出于一时之幸，然犹必皆横身敌阵，非有百夫之勇，则必有一日之劳。至如进者，徒以疾足善走而秉旄节，何其甚欤？”《廿二史札记》云：“遍检薛、欧二史，文臣为节度使者，惟冯道暂镇同州，桑维翰暂镇相州及泰宁而已。”其所以任之者如此。然果以贼民乎？抑以自贼乎？《五代史阙文》云：晋高祖引契丹围晋安寨，降杨光远，清泰帝至自覃怀，京师父老迎于上东门外。帝垂泣不止。父老奏曰：“臣等伏闻前唐时，中国有难，帝王多幸蜀以图进取。陛下何不且入西川？”帝曰：“本朝两川节度使，皆用文臣，所以明皇、僖宗，避寇入蜀。今孟氏已称尊矣，吾何归乎？”因恸哭入内，举火自焚。黄梨洲《明夷待访录》言：明之亡，从死者皆文臣，后起义兵者皆文臣及儒生，武人则无不以其众幸富贵，然后知承平时视如徒隶者未必非。乌乎！何其言之痛也？然则好用武人者，果以贼民乎？抑以自贼也？

回避之法，大体后密于前。《旧书·职官志》：吏部，“凡同司联事、句检之官，皆不得注大功已上亲”。《杨嗣复传》：元和十年（815年），累迁至刑部员外郎。郑馀庆为详定礼仪使，奏为判官。改礼部员外郎。时父于陵为户部侍郎。嗣复上言：“与父同省非便，请换他官。”诏曰：“应同司官有大功以下亲者，但非连判及句检之官并官长，则不在回避之限。如官署同，职司异，虽父子兄弟，无所避嫌。”此正《职官志》所云。《良吏传》：贾敦颐，弟敦实，贞观中为饶阳令。时敦颐复授瀛州刺史。旧制，大功以上，不复连官。朝廷以其兄弟在职，俱有能名，竟不迁替。此则出于法外者矣。

考课之法，衰世必衰，以莫操督责之术也。《隋书·李谔传》：谔以当官者好自矜伐，奏论其弊曰：“用人惟信其口，取士不观其行。矜夸自大，便以干济蒙擢；谦恭静退，多以恬默见遗。是以通表陈诚，先论己之功状；承颜敷奏，亦道臣最用心。自炫自媒，都无惭耻之色；强干横请，惟以乾没为能。”又谓隋时，刺史入觐，仍有“言辞不逊，高自称誉”者。盖自州郡割据以来，尾大不掉，致成此积习也。隋世考课自较严，然权集中枢，又苦不知地方情状，于是愿者敷衍塞责，狡者且上下其手矣。《房彦谦传》：“迁秦州总管录事参军。尝因朝集时，左仆射高颎定考课，彦谦谓颖曰：诸州考校，执见不同，进退多少，参差不类；况复爱憎肆意，致乖平坦？宰贵既不精练，斟酌取舍；曾经驱使者，多以蒙识获成，未历台省者，皆为不知被退；又四方县远，难可详悉，惟量准人数，半破半成，徒计官员，莫顾善恶；自然欲求允当，其道无由。”谓宜“远布耳目，精加采访，褒秋豪之善，贬纤介之恶”。此岂可致之事邪？行之既久，终必至于不辨功罪，惟校岁月而已。“炀帝制百官不得计考增级，其功德行能有昭然者乃擢之”，《通典》。可见其弊已著矣。唐代考课，属吏部之考功。应考之官，具录当年功过行能，本司及本州考官对众读，议其优劣，定为九等考第，各于所由司准额校定，然后送省。内外文武官，量远近以程之，附朝集使送簿至省。每年别敕定京官位望高者二人，一人校京官考，一人校外官考。又定给事中、中书舍人各一人，其一人监京官考，一人监外官考。考功郎中判京官考，员外判外官考。京官集应考之人对读注定，外官对朝集使注定。凡考课之法，有四善、二十七最，分为九等。其流外官，本司量其行能功过，立四考等第而勉进之。亲、勋、翊卫等，略有三等。据《旧书·职官志》。《新书·百官志》略同。任期初因隋为四年，后减为三。《通典》载沈既济请改革选举事条云：六品以下官资历，并请以五周为满。《注》云：唐、虞迁官，必以九载，魏、晋以后，皆经六周。国家因隋为四，近又减削为三考。今三、四则太少，六、九则太多，请限五周，庶为折中。久任为论吏治者所称美。唐世，刘祥道、卢怀慎、赵憬等咸以为言，皆见《旧书》本传。然久任有熟习之美，亦有巧猾之弊。大抵事在应付物者，愈久而愈熟习，其在应付人者，则愈久而愈巧猾。然应付物者，实亦欲应付督责己之人，苟有趋避之方，自可不尽其责。则其利弊，正难以一言蔽。《新书·王播传》云：播居官以强济称。天性勤吏职。每视簿领纷积于前，人所不堪者，播反用为乐。所署吏，苟无大罪，以岁劳增秩而已，卒不易其职。彼其得吏之力必甚深，然安知非因其强济，故吏不敢欺，亦不敢惰弛，而岂徒久任之效邪？考课欲克举其实，其事极难。《旧书·赵宗儒传》：贞元六年（790 年），领考功事。黜陟公当，无所畏避。凡考之中上者，不过五十人，余多减入中中。此仅不畏强国而已，其得当与否，亦自难言。《通考》载宝应二年（763 年），考功奏请“立京、外按察。京察连御史台分察使，外察连诸道观察使，各访察官吏善恶报考功。至校考日，参事迹以为殿最”。而元和十四年（819 年），考功奏“近日都不见牒报”。又贞元时，考功奏：“自至德至今三十年，诸司一例申中上考。”大中五年（851 年），吏部奏：“近年以来，刺史皆自录课绩申省，务炫者则张皇其事，谦退者则缄默不言。又州府申官人核得冤狱书殊考者，其元推官人，多不惩殿。或云书考日当书下考，至时又不提举。又诸州府所申奏录课绩，至两考、三考以后，皆重具从前功课申省，以冀褒升，或校勘不精，便有侥幸。又近日诸州府所申考解，皆不指言善最，或漫称考秩，或广说门资。”皆可见其怠慢及背公党私之状。更进一步，遂有并受考而有所不甘者。薛《史·唐末帝纪》：清泰二年三月，太常丞史在德上疏言事。请应内外所管军人，凡胜衣甲者，宣下本部大将，一一考试武艺短长、权谋深浅。居下位有将才者，便拔为大将；居上位无将略者，移之下军。其东班臣僚，请内出策题下中书，令宰臣面试。如下位有大才者，便拔居大位；处大位无大才者，即移之下僚。其疏大约如此。卢文纪等见其奏，不悦。班行亦多愤悱。谏官刘涛、杨昭俭等上疏，请出在德疏辨可否宣行。中书覆奏，亦驳其错误。帝召学士马裔孙，谓曰：“史在德语太凶，其实难容。朕初临天下，须开言路。若朝士以言获罪，谁敢言者？尔代朕作诏，勿加在德之罪。”诏辞亦载薛《史》，竭尽调停之致。在德所奏，是非姑措勿论，何至举朝怨怒若此？此非所谓盗憎主人者邪？又《职官志》载是年九月，尚书考功上言："今年五月，翰林学士程逊所上封事，内请自宰相、百执事、外镇节度使、刺史，应系公事官，逐年书考，较其优劣。"遂检寻《唐六典》《会要》考课，令书考第。从之。时议者曰："自天宝末权置使务已后，庶事因循，尚书诸司渐至有名无实，废坠已久，未知凭何督责？程逊所上，亦未详其本原。其时所司虽有举明，大都诸官亦无考校之事。"欧《史·卢文纪传》言：唐明宗时，为御史中丞，请悉复中外官校考法。诏虽施行，而官卒不考。法令非徒成为具文，乃并具文而无知者，亦难矣。

第七节　赋　税（上）

税法至隋、唐，又为一大变，庸调变为两税是也。汉世税法，以田租、口赋为大宗。田租虽豪强侵陵，官家弗能正，然其取之仅三十之一，要不可谓之不轻，而口赋则取之颇重。案孟子以布缕之征，与粟米之征、力役之征并举，则农家所遍有者惟布缕，自战国已然。汉世亦应如是，顾其取之人人者，不以布缕而以钱，又不计其人之贫富而一例责之，则恶矣。魏武定河北，田租而外，户收绢二匹、绵二斤，而口率出钱之制遂废，善矣。然户不必皆有产，有产者亦不必均，而所取者乃一例责之，犹丧乱时之权制也。晋户调式，始比户而授之以田，魏、齐、周皆因之，尤善之善者矣。然官能按户授之以田，其实能否尚难言之。而不能保既授之后，其田遂无换易。并兼既起，田不给授，则有田者依然无田，而户调顾与田租合而为一，则无田者不徒当出绵布等调，并须出粟米之征，其受累反更深矣。斯时也，不能制民之产，举并兼者而悉出之，凡无田者皆授之田，则又宜分田租户调为二，田税随田收取，户税则视其赀产之有无多寡而分别取之，此则庸调之所以变为两税也。然论者皆莫喻斯理，直至迫于事势，乃不得已而行之焉。

隋依周制。丁男一床，租粟三石；桑土调以绢、絁，麻土调以布。绢、絁以匹，加绵三两。布以端，加麻三斤。单丁及仆隶各半之。役丁为十二番，匠则六番。开皇三年（583年），减十二番，每岁为三十日役。减调绢一匹为二丈。十年五月，又以宇内无事，益宽徭赋，百姓年五十者，输庸停役。《通典·食货典·赋役中》。《隋书·高祖纪》：开皇十年六月，“制人年五十，免役收庸”。唐武德二年二月，“初定租庸调法”。《新书》本纪。其授田之制，已见第十七章第二节。取民之制，《旧书·职官志》述之。《户部》。云：“凡赋人之制有四：一曰租，二曰调，三曰役，四曰课户。每丁：租粟二石。其调，随乡土所产，绫、绢、絁各二丈，谓无论出绫，出绢，出絁，皆以二丈为率，非谓三者皆出二丈，凡六丈也。杂出三种，其数亦同。故陆贽《均节赋税之奏》曰：“岁输若绢、若绫、若絁，共二丈。“布加五分之一。输绫绢者绵三两，输布者麻三斤。凡丁，岁役二旬。无事则收其庸，每日三尺。有事而加役者，旬有五日免调，三旬则租、调俱免。凡庸、调之物，仲秋敛之，季秋发于州。《旧书·玄宗纪》：天宝三载（744年）赦文：“每岁庸、调八月起征，可延至九月。”租则准州土收获早晚，量事而敛之，仲冬起输，孟春而纳毕，本州纳者，季冬而毕。凡岭南诸州税米，及天下诸州税钱，各有准常。《新书·懿宗纪》：咸通四年七月，“免安南户税丁钱二岁”。户税盖调之异名？取其绵绢者称调，取其钱者言税也。以上述租庸调之制，《通典》《唐会要》《陆宣公奏议》《通鉴》皆同，说见《通考·田赋考》。《新书·食货志》云：“凡授田者，岁输粟二斛，稻三斛，谓之租。丁，随乡所出，岁输绢二匹，绫、絁二丈，布加五之一，绵三两，麻三斤，非蚕乡则输银十四两，谓之调。用人之力，岁二十日，闰加二日，不役者日为绢三尺，谓之庸。有事而加役，二十五日者免调，三十日者租、调皆免，通正役不过五十日。”粟稻非一地所生，当非一地所出；绵为输绫绢者所出，麻则输布者所出；皆未分别言之。非蚕乡输银十四两，更不可解。唐时银不普用，安得以之为税？《廿二史考异》云：“《通典》载土贡，惟海南诸郡贡银，大率二十两，间有三十两、五十两者，独始安郡百两。一郡二十两，一丁乃当其三之二，有是事乎？”此必传写之误，并非原文如此也。凡丁户，皆有优复、蠲免之制。若孝子、顺孙、义夫、节妇，志行闻于乡闾者，州县申省，奏闻而表其门闾，同籍悉免课役。凡京师文武职事官，皆有防阁；凡州县官寮，皆有白直；凡州县官及在外监官，皆有执衣；凡诸亲王府属，并给士力，具品数如白直；凡有功之臣赐实封者，皆以课户充。”《新书·食货志》云：“太皇太后、皇太后、皇后缌麻以上亲，内命妇一品以上，亲、郡王及五品以上祖、父、兄弟，职事、勋官三品以上有封者，若县男父子，国子、大学、四门学生、俊士，孝子、顺孙、义夫、节妇同籍者，皆免课役。凡主户内有课口者为课户。若老及废疾、笃疾、寡妻妾、部曲、客女、奴婢及视九品以上官不课。”皆本于户调以来之制者也。此制必以户皆有田，其田又略平均为本，然其事必不可致也，于是本实拨而枝叶随之矣。

租庸调之变为两税，事见《旧书·杨炎传》：传云：“开元中，不为版籍。人户寖溢，堤防不禁。丁口转死，非旧名矣；田亩移换，非旧额矣；贫富升降，非旧第矣；户部徒以空文总其故事，盖非得当时之实。至德之后，天下兵起，始以兵、役，因之饥、疠。征求运输，百役并作。人户凋耗，版图空虚。军国之用，仰给于度支、转运二使。四方征镇，又自给于节度、都团练使。赋敛之司数四，而莫相统摄。于是纲目大坏，朝廷不能覆诸使，诸使不能覆诸州。四方贡献，悉入内库。权臣、猾吏，因缘为奸。或公托进献，私为臧盗者，动万万计。河南、山东、荆襄、剑南有重兵处，皆厚自奉养，王赋所入无几。吏职之名，随人署置，俸给厚薄，由其增损。故科敛之名数百，废者不削，重者不去，新旧仍积，不知其涯。百姓受命而供之，沥膏血，鬻亲爱，旬输月送无休息。吏因其苛，蚕食于人。凡富人多丁者，率为官、为僧，以色役免，贫人无所入则丁存。故课免于上，而赋增于下。是以天下残瘁，荡为浮人，乡居地著者，十不四五。如是者殆三十年。”苛税之兴，固缘兵起，然即无兵祸，而版籍无不失实，租庸调之法，亦将何以善其后乎？苛税之兴，似与租庸调法无涉，然使一切苛税，悉萃于乡居地著之人，则户调以来之法，举粟米、布缕、力役之征，悉合为一，而责诸力田之民，阶之厉也。法之变必不可免矣。《炎传》又云：“炎因奏对，恳言其弊。乃请作两税法，以一其名。曰：凡百役之费，一钱之敛，先度其数而赋于人。量出以制入。户无主客，以见居为簿。人无丁中，以贫富为差。不居处而行商者，在所郡县税三十之一，度与居者均，使无侥利。居人之税，秋夏两征之。俗有不便者正之。其租、庸、杂徭悉省，而丁额不废，申报出入如旧式。其田亩之税，率以大历十四年（779年）垦田之数为准而均征之。夏税无过六月，秋税无过十一月。逾岁之后，有户增而税减轻，及人散而失均者，进退其长吏。而以尚书、度支总统焉。德宗善而行之，诏谕中外。而掌赋者沮其非利，言租庸之令四百余年，旧制不可轻改。上行之不疑。天下便之。人不土断而地著，赋不加敛而增入，版籍不造而得其虚实，贪吏不诫而奸无所取。自是轻重之权，始归于朝廷。”参看第十七章第一节。此法精意，全在一其名及“户以见居为簿、人以贫富为差”二语。一其名，乃能使苛税悉除，赋不加敛而增入，吏不诫而奸无所取。民以见居为簿，故侥幸者无所容；税以贫富为差，则输将者称其力；故能使民不土断而地著，版籍不造而得实。杂税粗看似起军兴以来，实则版籍之不为者久，而税赋如旧，则其所由来，必不可问。然则开元已后租庸调之所入，久与至德后之苛税同，特至德后又加甚耳。今一举而廓清之，其所去者，实非仅军兴已来之新弊，而亦租庸调法之积弊也。用贫求富，农不如工，工不如商久矣，即微兼并之家，天下之农民亦岂能皆域诸南亩？况乎兼并急而民之去之如流水乎？开元已来之不为版籍，非不欲为，无可为也。此则社会生计变，而租庸调之法，虽欲守之而无可守者也。两税之一其名，与明一条鞭之用意同。然明世加派，出自中央，而唐则使州、县各自为政；一条鞭专论丁粮，两税则主于赀产；则两税尤贤于一条鞭也。其后行之未能尽善，不能以咎立法之初意。

然此法非杨炎所能为也。田税与户税之分离，实由来已久。《旧书·代宗纪》：永泰元年五月，麦稔，判度支第五琦奏请十亩税一亩，效古什一而征，从之。大历四年十二月，敕京兆府税宜分作两等：上等每亩一斗，下等六升。能耕垦荒地者二升。五年（770年），诏定京兆府户税。夏税上田亩六升，下田四升。秋税上田亩五升，下田三升。荒田开垦者二升。时又有青苗钱，皆履亩而税之事。参看第六章第四节。《新书·食货志》云："租庸调之法，以人丁为本。自开元以后，天下户籍，久不更造，丁口转死，田亩卖易，贫富升降不实。其后国家侈费无节而大盗起。兵兴，财用益屈，而租庸调法弊坏。自代宗时，始以亩定税，而敛以夏秋。至德宗相杨炎，遂作两税法。"说两税之缘起，固甚分明也。至户税：则《旧纪》云：大历四年正月戊子，"敕有司定王公士庶每户税钱，分上中下三等"。《食货志》详记其事云："大历四年正月十八日，《旧纪》是月庚午朔，则戊子为十九日，《纪》与《志》差一日。敕有司定天下百姓及王公已下每年税钱。分为九等：上上户四千文。上中户三千五百文。上下户三千文。中上户二千五百文。中中户二千文。中下户一千五百文。下上户一千文。下中户七百文。下下户五百文。其见官，一品准上上户，九品准下下户，余品并准依此户等税。若一户数处任官，亦每处依品纳税。其内外官仍据正员及占额内阙者税，其试及同正员文武官，不在税限。盖此等官皆无禄。其百姓有邸、店、行、铺及炉治，应准式合加本户二等税者，依此税数勘责、征纳。其寄庄户准旧例从八等户税，寄住户从九等户税，比类百姓，事恐不均，宜各递加一等税。其诸色浮客及权时寄住田等，无问有官无官，各所在为两等收税：稍殷有准八等户，余准九等户。如数处有庄田，亦每处税。诸道将士庄田，既缘防御勤劳，不可同百姓例，并一切从九等输税。"《通考》论之曰："以钱输税而不以谷帛，以资力定税而不问身丁，人皆以为行两税以后之弊，观此则由来久矣。"《田赋考》。《通典》叙此事，追溯至武太后时，云：长安元年十月，诏天下诸州王公已下，宜准往例税户。《注》云：至大历四年正月制下，一例加税。《食货典·赋税下》。尤可见其由来之久。陆贽言"定户之际，视杂产以校之，田有常租，不宜复入两税"，此法盖亦有所本，尤可见二者分离之迹。然则两税久已阴行，杨炎之劳，不在创两税，实在毅然废租庸调法也。此所谓利道之整齐之者欤？

《新书·食货志》云："贞元四年（788 年），诏天下两税审等第，三年一定户。"《通鉴》云："正月朔，赦天下，诏两税等第，自今三年一定。"《考异》云："《实录赦》云：天下两税，更审定等第，仍加三年一定，以为常式。按陆贽《论两税状》云：两税之立，惟以资产为宗，不以丁身为本，资产少者则其税少，资产多者则其税多，然则当时税赋，但以贫富为等第，若今时坊郭十等户，乡村五等户，临时科隶也。"然则户税全与田亩分离矣。户等之制，由来已久，说见《两晋南北朝史》第二十二章第五节。隋世盖亦因之。《旧书·太宗纪》：贞观九年三月，敕天下户立三等，未尽升降，置为九等。自是盖遂遵其法。《旧书·职官志》：户部职云：凡天下之户，量其资，定为九等。又云：凡诸国蕃胡内附者，亦定为九等。《食货志》云：凡天下人户，量其资产，定为九等。每三年，县司注定，州司覆之。《高宗纪》：永徽五年十二月，敕二年一定户。盖以其升降数，故促其更定之期，然似未为经制。《玄宗纪》：开元十八年三月，改定州县上中下户口之数。岂其时租庸调法坏，收税实稍以资产为准，故有此举邪？

攻两税租庸调者，莫如陆贽：其说云："财之所生，必因人力，是以先王之制赋入也，必以丁夫为本。"善庸调之法，"天下为家，法制均一，虽欲转徙，莫容其奸"。生计演进，民不能皆束诸南亩，前已言之。又云："资产之中，事情不一。有藏于襟怀囊箧，物虽贵而人莫能窥；有积于场圃囷仓，直虽轻而众以为富。有流通蕃息之货，数虽寡而计日收赢；有庐舍器用之资，价虽高而终岁无利。如此之比，其流实繁。一概计估算缗，宜其失平长伪。"此则推定赀产之法未善，而非税法之不善。又訾两税定法之初，"每州各取大历中一年科率钱谷数最多者为定额"，为"总无名之暴赋，以立恒规"。且"军兴已久，事例不常，所在徭赋，轻重相悬"，而亦但令本道本州，各依旧额征税，此则因废无名之暴赋，事须急速，减省经费，均平各道各州科率，均非旦夕可行，故不得不如此。除弊之事，贵于急速。筹议过详，往往有阻力横生，事遂因之不行者。就耳目之所睹记，固人人可信其然也。若谓后来何遂相沿，不加改正？此则杨炎在相位不久，不能以是责之。要之就改革税法而论，炎终不失为救时相也。

在行两税法之先，亦有欲救时弊者，宇文融是也。《新书》融传云："开元时，天下户版刓隐，人多去本籍，浮食闾里，诡脱徭赋；豪弱相并；州县莫能制。融由监察御史陈便宜请校天下籍，收匿户、羡田佐用度。玄宗以融为覆田劝农使。钩检帐符，得伪勋、亡丁甚众。擢兵部员外郎，兼侍御史。融乃奏慕容琦等二十九人为劝农判官，假御史，分按州县。括正丘亩，招徕户口而分业之。又兼租地安辑户口使。于是诸道收没户八十万，田亦称是。岁终，羡钱数百万缗。帝悦。引拜御史中丞。然吏下希望融旨，不能无扰。张空最，务多其获，而浮客颇脱不止。初议者以生事沮诘百端，而帝意向之。宰相源乾曜等佐其举。又集群臣大议。公卿雷同不敢异。

惟户部侍郎杨玚，以为籍外取税，百姓困弊，得不酬失。玚坐左迁。融乃自请驰传行天下。事无巨细，先上劝农使而后上台省。”参看第五章第一节。融之所为，或不免有弊，然其意，则固欲以正兼并而复租庸调之旧制也。然其事卒不能成，可见生计演变之势之不可逆矣。

两税之兴，其首要之务，实在去无名之暴赋，故建中行此制时，曾有“两税外辄率一钱以枉法论”之诏。是年改元赦文，见《旧书·本纪》。然两税兴后，杂率仍在所不免。陆贽《均节赋税之奏》曰：“本惩赋敛繁重，所以变旧从新。新法既行，已重于旧。旋属征讨，国用不充，复以供军为名，每贯加征二百。当道或增戎旅，又许量事取资。诏敕皆谓权宜，悉令事毕停罢，息兵已久，加税如初。税法之重若是，奉进、宣索之繁，尚在其外。朝典束以彝章，不许别税。绮丽之饰，纨素之饶，非从地生，非自天降，若不出编户之筋力膏髓，将安所取哉？于是有巧避微文，曲承睿旨，变征役以召雇之目，换科配以和市之名，广其课而狭偿其庸，精其入而粗计其直，其为妨抑，特甚常徭。”则其弊实未尽除也。犹曰事出中央，与藩镇之各自横敛者不同也。然岂有中央横敛，而藩镇不妄肆诛求者？于是有因缘而加甚。如建中二年五月，以军兴十一而税，而贞元八年四月，韦皋遂请十二而税，以给官吏矣。十三年十月，黔中观察使奏：“溪州人户，诉被前刺史魏从琚，于两税外每年加进朱砂一千斤，水银二百驮，户民疾苦，请停。”从之。皆见《旧书·本纪》。其妄肆诛求如此。《旧书·宪宗纪》：元和四年十二月，中丞李夷简奏：“诸州府于两税外违格科率，请诸道盐铁、转运、度支巡院察访报台司，以凭举奏。”从之。《新纪》：元和四年闰月，禁刺史境内榷率，即此事。宪宗时，法令尚称严明，而亦如此，可见其弊不易绝。五代之世，纪纲愈坏。薛《史·符习传》：习于后唐明宗时移汴州。安重诲素不悦习，令汴人言习厚赋民以代纳藁，《旧书·韩休传》，言开元时虢州支税草纳延厩，则藁税往往有之。及纳军租多收加耗，由是罢归京师。《刘铢传》：铢镇青州，擅行赋敛。每秋苗一亩，率钱三千，夏苗一亩钱二千，以备公用。《唐庄宗纪》：同光三年二月，诏兴唐府管内小篆豆税，每亩与减放三升。皆妄率于两税之外苛且酷者也。

税收中最易借口增加者为耗损。此固经收之官吏所不能偿，然既有此借口，即易因之多取。薛《史·梁太祖纪》：开平三年八月，敕今岁秋田，仰所在切如条流，本分纳税及加耗外，勿令更有科索，则加耗已与正税同为敕令所许矣。《唐明宗纪》：天成元年（926年）即位赦诏："秋夏税每斗先有省耗一升，今后只纳正数，其省耗宜停。"然《王章传》谓"旧制秋夏苗租，民税一斛，别输二升，谓之雀鼠耗，乾祐中，输一斛者，别令输二斗，目之为省耗，百姓苦之"，则耗率竟加至十倍矣。又《唐明宗纪》：同光四年四月，"敕今年夏苗，委人户自供，通顷亩五家为保，本州具帐送省。州县不得差人检括，如人户隐欺，许人陈告，其田倍征"。借口隐欺，差人检括，实亦无异科率于两税之外也。《李琪传》：同光三年（925年）秋，天下大水。庄宗召百寮，许上封事。琪疏劝薄敛，云："如以六军方阙，不可轻徭，两税之余，犹须重敛，则但不以折纳为事，一切以本色输官，又不以纽配为名，止以正耗加纳，犹应感悦，未至流亡。"折纳者，陆贽《均节赋税》之奏言："两税以钱谷定税，临时折征杂物，每税色目颇殊，惟计求得之利宜，靡论供办之难易。所征非所业，所业非所征，遂或增价以买其所无，减价以卖其所有。"此即宋世之折变。纽配者，以此物余数，折成他物。《旧书·李石传》：开成元年（926年）赦诏："放京畿一年租税，及正、至、端午进奉，并停三年。其钱，代充百姓纽配钱。"薛《史·唐明宗纪》：同光四年四月，"敕夏秋苗税子，除元征石斗及地头钱，余外不得纽配"。《周太祖纪》：广顺三年十二月，左补阙王伸停任。坐检田于亳州，虚凭纽配故也。足见其害民之烈。又或以逃户之税，摊征之于见存之民。陆贽于贞元初已言之，见第十五章第三节。《旧书·李渤传》：泽潞节度使郗士美卒，渤充吊祭使。路次陕西，上疏曰："渭南县长源乡，本有四百户，今才一百余户。阌乡县本有三千户，今才一千户。其他州县，大约相似。访寻积弊，始自均摊。凡十家之内，大半逃亡，亦须五家摊税。似石投井中，非到底不止。"此事在元和末，而《懿宗纪》：咸通十三年六月，中书门下奏："应有逃亡户口税赋并杂色差科等，并不得辄更摊配于见存人户。"则不徒摊配不能绝，并可见正税之外，仍有杂色差科矣。凡此，皆可见两税外不得辄率一钱之诏之徒托空言也，而役之厉民尤甚。

役之法，有直役其身者，亦有取其资而免其执役者。前者所谓差役，后者以其所出之资雇人应役，则所谓雇役也。差役事难分割，或为民力所弗胜；又或事非素习，则其赔累尤巨；故二者虽同为有取于民，而雇役之法，实远较差役为善。隋文帝时，许民五十已上，输庸停役；唐取民之法，更明以庸为名；可见赋税之演进，已自然趋向此途矣。然既取其庸，役仍不能全免；既不能免，遂由轻而之重；久之又折为钱；折为钱而又责之以事。历代役法之厉民，大抵如此，而自唐至宋，则其尤剧之时也。《新书·肃宗纪》：乾元元年四月赦诏，有"天下非租庸毋辄役使"之语，足见役使出于租庸之外者甚多。取其庸而又役之，世皆以为两税兴后之弊，实则两税未行时久然矣。且殆无时不然也。应役本以成丁为限，然役及妇女，且为恒事，则未成丁者之见役，亦必在所不免。《旧书·职官志》户部职云："凡男女，始生为黄，四岁为小，十六为中，二十有一为丁，六十为老。"此为开元二十六年（738年）之制，见《新书·食货志》。中宗神龙元年（705年），韦后表请年二十二成丁，五十九免役，见《旧书·中宗纪》。《良吏·杨玚传》，初为麟游令。"中宗时，韦庶人上表，请以年二十二为丁限。及韦氏败，省司举征租调。玚执曰：韦庶人临朝当国，制书非一，或进阶卿士，或赦宥罪人，何独于已役中男，重征丁课？有司遂依玚所执，一切免之。"此特不追改既往，后此则韦氏之法必废矣。天宝三载（744年），祀九宫贵神于东郊，礼毕大赦，“百姓十八已上为中男，二十三已上成丁”，见《旧书·本纪》《新书·食货志》。代宗广德改元赦文“男子二十成丁，五十入老”，见《旧书·本纪》。《新书·韩思彦传》：子琬，景云初上言“永淳时，雍丘令尹元贞坐妇女治道免官，今妇夫女役，常不知怪”，足见役及妇女者之多。“老翁逾墙走，老妇出门看。”正不待天宝之乱矣。唐末，刘仁恭欲尽发境内男子为兵，或说以妇人不能转饷，乃止，见第九节。此谓妇人不能转饷如男子，非不役妇人也。时或名为和雇，然或不给其直，则亦徒有其名耳。唐兴大工，役与雇二者兼用。如《旧书·高宗纪》：永徽五年三月，以工部尚书阎立德领丁夫四万筑长安罗郭。十一月，筑京师罗郭，和雇京兆百姓四万一千人是也。龙朔三年二月，陇、雍、同、岐等一十五州户口征修蓬莱宫用役。《玄宗纪》：天宝十二载十月，和雇京城丁户一万三千人筑兴庆宫墙，起楼观。则用雇。盖役民法有定限，故以雇补其不足也。《韦凑传》：睿宗起金仙、玉真两观，凑进谏曰：“高价雇人，三辅农人，趋目前之利，弃本逐末。一夫不耕，天下有受其饥者，窃恐不可。”似诚能以高价致人。然《裴延龄传》：陆贽上书疏其失，则谓其“追捕夫匠，迫胁就功，以敕索为名而不酬其直，以和雇为名而不偿其庸”。贽于延龄，攻之庸有过当。然《新书·令狐楚传》言：营景陵，诏楚为使。亲吏韦正牧、奉天令于翚等不偿庸钱十五万缗，楚献以为羡余。怨诉系路。诏捕翚等下狱诛，出楚为宣歙观察使。又《韩愈传》：华阴令柳涧有罪，前刺史劾奏之。未报而刺史罢。涧讽百姓遮索军顿役直。后刺史恶之，按其狱，贬涧房州司马。则名为雇而不偿其庸者甚多。延龄此事，亦不敢谓其必无也。贞观五年（631年），太宗将修复洛阳宫，戴胄上表谏，言关中役重，已见第三章第一节。《旧书·马周传》：周于贞观十一年（637年）上疏，言“今百姓承丧乱之后，比于隋时，才十分之一，而供官徭役，道路相继。兄去弟还，首尾不绝。远者往来五六千里，春秋冬夏，略无休时，陛下虽有恩诏，令其减省，而有司作既不废，自然须人，徒行文书，役之如故”。又《高季辅传》：季辅上封事五条，有云：“畿内数州，实惟邦本。地狭人稠，耕植不博。菽粟虽贱，储蓄未多。特宜优矜，令得休息。强本弱枝，自古常事。关河之外，徭役全少，帝京三辅，差科非一，江南河北，弥复优闲，须为差等，均其劳逸。”其言畿辅役重，足与戴胄之言相证。然《新书·来济传》言：高宗时，“山东役丁，岁别数万人”。又《食货志》：开元时，裴耀卿言：江南户口多而无征防之役，然送租庸调物，得行日少，阻滞日多，转雇河师水手，重为劳费，则季辅所谓江南、河北优闲者，果安在也？《通鉴》：贞观十六年七月，庚申，“制自今有自伤残者，据法加罪，仍从赋役。隋末赋役重数，人往往自折支体，谓之福手福足，至是遗风犹存，故禁之”。是时役苟不重，民安肯自伤残？贞观号称太平，而犹如此，况于武、韦乱政之后哉？

差役之法，凡诸官吏，殆无不因以虐民。州郡虐民，所恃以正之者，使家也。然《旧书·代宗纪》：永泰元年二月，“敕如闻诸州承本道节度、观察牒，科役百姓，致户口凋敝，委转运使察访以闻”。又《李逊传》：逊为濠州，观察使旨限外征役皆不从。则使家反有迫州家以虐民者矣。令长虐民，所恃以正之者，州郡也。然《新书·何易于传》：为益阳令，刺史崔朴尝乘春与宾属泛舟出益昌，旁索民挽纤。易于身引舟。朴惊，问状。易于曰：“方春，百姓耕且蚕，惟令不事，可任其劳。”朴愧，与宾客疾驱去。则州郡反有迫令长以虐民者矣，甚者如武重规，为汴、郑二州刺史，未至而役人营缮，其无忌惮如此。见《外戚传》。甚有非关公事，亦加役使者。如李义府改葬祖父，三原令李孝节私课丁夫车牛，为其载土筑坟，于是高陵、栎阳、富平、云阳、华原、同官、泾阳等七县，悉课丁车赴役，见《旧书·义府传》。而运输之事，尤为劳弊。运输以战时为最剧。如宪宗讨王承宗，配河南府馈运车四千两，房式时为尹，争之乃免，见《旧书·房琯传》。然其后讨蔡州，卒至京畿民户，牛皆馈军，多以驴耕焉，见《本纪》。玄宗时，天下输丁约四百万人，见《裴耀卿传》。又《王鉷传》：鉷为户口色役使。“时有敕给百姓一年复，鉷即奏征其脚钱，广张其数；又市轻货；乃甚于不放。又敕本郡高户为租庸脚士，皆破其家产。”此等犹借口于惟正之供，甚至有如明州岁贡淡菜、蚶、蛤之属，役至四十三万人者，见《新书·孔戣传》。其关系一地方者，则如《崔玄亮传》言：歙民山处，输租者苦之，玄亮迁歙州，许计斛输钱，民赖其利是也。要之交通不便之时，运输实税收中之重负也。其能稍纾民力者，则一为以军代民，此事唐以前尚罕行。《旧书·敬宗纪》：宝历二年（826 年），以诸军丁夫二万人入内穿池、修殿。《文宗纪》：大和九年（835 年），发神策军一千五百人修淘曲江。此特于民之外，又役及于兵耳，非必计省民力也。自宋以后，以军代民役之事乃多。养兵徒以给役，固为无谓，然养兵不用，而又苦役其民，则更恶矣。故宋之以兵代民役，亦为彼善于此也。若迳由官漕转，不以烦民，则非善理财如刘晏者，莫能为也。《新书·晏传》：旧吏推明其功。陈谏著论，以为“初州县取富人督漕挽，谓之船头；主邮递，谓之捉驿；税外横取，谓之白著。人不堪命，皆去为盗贼。上元、宝应间，如袁晁、陈庄、方清、许钦等，乱江淮十余年乃定。晏始以官船漕而吏主驿事，罢无名之敛”。免役之道，首为列名士籍，次则厕身行伍，又次则商贩、僧道、色役，《旧书·本纪》：宪宗元和六年（811 年）中书门下请裁官之奏曰：“国家自天宝已后，中原宿兵，见在军士可使者八十余万；其余浮为商贩，度为僧、道，杂入色役，不归农桑者，又十有五六；则是天下常以三分劳筋苦骨之人，奉七分坐待衣食之辈。”言之可谓痛切，而独不及士人，此所谓目能见千里而不自见其睫，其实以免役论，官学终为其一大端也。《隋书·儒林传》：王孝籍，开皇中，召入秘书，助王劭修国史。劭不之礼。在省多年，而不免输税。孝籍郁郁不得志，奏记于吏部尚书牛弘曰：“七年直省，课役不免。”又《新书·隐逸传》：张志和，县令使浚渠，执畚无忤色。此皆特异之事。《传》又云：白履忠，开元十年（722 年），刑部尚书王志愔荐，召赴京师。辞病老不任职。诏拜朝散大夫。乞还，吴兢其里人也，谓曰："子素贫，不沾斗米匹帛，虽得五品，何益？"履忠曰："往契丹入寇，家取排门夫，吾以读书县为免，今终身高卧，宽徭役，岂易得哉？"可见宦学者以免役为常矣。军人则不徒不役，并有芭茈他人者。如《旧书·宣宗纪》：大中五年十月，京兆尹韦博奏：京畿富户，为诸军影占，苟免府县色役，或有追诉，军府纷然，请准会昌三年十二月敕，诸军使不得强夺百姓入军是也。此与假托他项色役者实同。《新书·食货志》言"诸使捉钱者给牒免徭役"。《李峤传》言"重赂贵近补府若史"则其事。《旧书·宪宗纪》：元和二年六月，命五坊色役户及中书、门下两省纳课陪厨户及捉钱人，并归府县色役。东都庄宅使、织造户，并委府县收管。所欲除者正此弊也。周太祖广顺元年（951 年），以诸州府差散从亲事官等，豪富者幸于影庇，碍州县色役，令其放散，已见第四节。而入勋、宇文融为覆田劝农使，句检帐符，得伪勋、亡丁甚众，已见上。《新书·外戚传》：杨国忠使戍泸南，旧勋户免行，国忠令当行者先取勋家，故士无斗志。刘仁轨言，显庆时东征者先取勋户，见第九节。皆可见勋户旧得免役。徙贯、《新书·李栖筠传》：拜浙西都团练观察使。奏"部豪姓多徙贯京兆、河南，规脱徭科。请量产出赋，以杜奸谋。诏可"。假冒、薛《史·唐明宗纪》：天成二年正月，诏富户或投名于势要，以求影庇，或希假于摄贵，以免丁徭，仰所在禁勘，以肃奸欺。及见旌表等，亦为其一途。《新书·列女传》：杨三安妻李，太宗遣州县存问，免其徭役。窦伯女、仲女，永泰中遇贼投谷死，诏旌门闾，免其家徭役，官为庀葬。薛《史·梁太祖纪》：开平元年（907 年），诸道多奏军人、百姓割股，青齐、河朔尤多，帝曰："此若因心，亦足为孝，但苟免徭役，自残肌肤，欲以庇身，何能疗疾？并宜止绝。"役法苛重，苟有避免之途，民殆无不尽力以趋之者。《新书·循吏传》：韦丹子宙，出为永州刺史，罢冗役九百九十四员。永州僻在南服，而役夫之众如此，可见役法之苛重。其仅存者，则所谓无所入者而已。而其使之又不能均。《通鉴》：唐宣宗大中九年闰四月，诏以州县差役不均，自今每州县据人贫富及役轻重，作差科簿。送刺史检署讫，鏁于令厅。注："县令厅事也。"每有役事，委令据簿定差。《注》云：今之差役簿始此。夫差役簿者，后世之人所痛心疾首于其不均者也。然在此时，已为较平之政矣。

役或必有技艺然后能为之，于是乎有匠役。《旧书·韦伦传》：杨国忠署为铸钱内作使判官。国忠多征诸州县农人令铸钱。农夫既非本色工匠，被所由抑令就役，多遭棰罚，人不聊生。伦请厚价募工晓者为之，由是役使减少，而益铸钱之数。可见专门之事，非有专门之技不可。《新书·百官志》：考功二十七最，其十九曰"功课皆充，丁匠无怨，为役使之最"。又工部职云："掌城池、土木之工役程式。凡京、都营缮，皆下少府、将作共其用。役千功者先奏。凡工匠，以州县为团，五人为火，五火置长一人。四月至七月为长功，二月、三月、八月、九月为中功，十月至正月为短功。将作监同。雇者日为绢三尺。内中尚巧匠无作则纳资。"将作监云："自十月距二月休冶功，自冬距九月休土功。长上匠州率资钱以酬雇。"皆可见其役使之法。《隋书·袁充传》：充表奏隋兴已后，日景渐长，文帝大悦。将作役工，因加程课，丁匠苦之。则其工作长短，并无保障。而陆贽劾裴延龄，谓其兴作"百工比于幽囚"，则其使之且有甚酷者矣。《新书·尹思贞传》：睿宗立，召授将作大匠。仆射窦怀贞护作金仙、玉贞观，广调夫匠，思贞数有损节。怀贞让之。拂衣去，阖门待罪。此等人恐不可多得矣。《于志宁传》：东宫仆御，旧得番休，而太子不听。志宁上疏，言"窃见仆寺司驭，爰及兽医，自春迄夏，不得番息"。兽医亦匠人之类也。《严郢传》：拜京兆尹，减隶官匠丁数十百人，可见其为数之众。

两税行后，无复授田之法，并兼遂为法所不禁，而田之不均弥甚焉，然赋税仍偏责诸小民，观元稹均田之论，及周世宗之深契其说可见也。第十八章第二节。薛《史·唐末帝纪》：清泰元年六月，三司使刘昫奏："天下户民，自天成二年（927 年）括定秋夏田税，逮今八年。近者相次有百姓诣阙诉田不均，累行蠲放，渐失税额。望差朝臣一概检视。"不报。欧《史·刘审交传》：晋高祖时为三司使。议者请检天下民田，宜得益租。审交曰："租有定额，而天下比年无闲田。民之苦乐，不可等也。"遂止不检，而民赖以不扰。此两事，可见五代时田税减少之情形。正税减则横敛必增，豪强者弥多幸，贫下者益困穷耳。岂有真受不均之累，而能诣阙申诉者邪？《通鉴》后晋高祖天福六年（941 年），唐主分遣使者，按行民田，以肥瘠定其税。民间称其平允。自是江淮调兵、兴役及他赋敛，皆以税钱为准，至今用之。此亦元稹及周世宗所欲行者也。

唐世钱少，故民于出税，尤以纳钱为苦，观第十九章第四、五两节所述可知。元和十四年（819 年），史馆修撰李翱上言：请改税法，不督钱而责布帛。至长庆元年（821 年），以杨于陵之议，卒令两税皆输布帛丝纩，独盐酒课用钱焉。皆见《通鉴》。然其后诛求严峻，不征钱之法，并不能坚守，而折价尤有甚高者。此弊也，在五代之世，亦惟吴、唐为能除之，吴、唐诚割据诸国中较有规模者也。《通鉴》：后梁均王贞明四年（918 年），先是吴有丁口钱，又计亩输钱，钱重物轻，民甚苦之。宋齐丘说徐知诰："请蠲丁口钱。余税悉输谷、帛、䌷、绢。匹直千钱者，当税三千。"知诰从之。由是江淮间旷土尽辟，桑柘满野，国以富强。《通考》亦载此事。又引《容斋随笔》云："阅大中祥符间太常博士许载著《吴唐拾遗录》，言其时，吴田上上者顷税钱二贯一百，中田一贯八百，下田千五百。皆足陌见钱。如见钱不足，许依市价折以金、银。并计丁口课调，亦科钱。齐丘上策，乞虚抬时价而折䌷、绢、绵本色。是时绢匹市价五百，䌷六百，绵每两十五。齐丘请绢匹抬为一贯七百，䌷二贯四百，绵四十，皆足钱，丁口课调亦请蠲除。自吴变唐，自唐归宋，民到于今受其赐。”其遗泽可谓深矣。折价不高，顾偏低至数倍，自来计臣，未有能言之能行之者也。吴、唐诚割据诸国中较有规模者哉！

第八节　赋　税（下）

山泽之利，隋时尽弃之。《隋书·高祖纪》：开皇元年三月，弛山泽之禁。《百官志》：名山、大泽不以封，盐、铁、金、银、铜、锡及竹园，别都宫室、园圃，皆不以属国是也。唐制：山泽属于虞部，而都水监亦掌川泽之政。见《新书·百官制》。其禁时张时弛，《新书·玄宗纪》：开元十六年十一月，弛陂泽禁。《德宗纪》：大历十四年七月，弛邕州金坑禁。《敬宗纪》：宝历二年七月，以渼陂隶尚食，禁民渔。《懿宗纪》：咸通四年七月，弛廉州珠池禁。《苏瓌传》：子颋，开元八年（720 年），检校益州大都督府长史，按察节度剑南诸州。时蜀凋敝，人流亡，诏颋收剑南山泽、盐铁自赡。《卢坦传》：为东川节度使，尽蠲山泽、盐井、榷率之籍。《孔巢父传》：从子戣，累擢谏议大夫，条上四事，其一曰“山泽、榷酤，为州县弊”。大抵其权不甚统一，在盛时取之尚不甚酷，至藩镇割据而不可究诘矣。而要以盐利为最大。

隋开皇三年（583 年），“通盐池、盐井，与百姓共之”，见《隋书·食货志》。《通典》云：“唐自上元以后，天下出盐处，乃各置盐司，节级权利。”《新书·食货志》云：“唐有盐池十八，井六百四十，皆隶度支。”其中安邑、解县有池五，总曰两池。岁得盐万斛，以供京师。盐、灵、会三州，皆输米以代盐。安北都护府岁得盐万四千斛，以给振武、天德。诸井，山南西道、剑南西川、东川院领之，皆随月督课。幽州、大同、横野军有盐屯，岁得盐二千八百斛，下者千五百斛。负海州岁免租为盐二万斛，或以盐价市轻货，皆输司农。盖兵兴后之制也。《志》又云："天宝、至德间，盐每斗十钱。乾元元年（758年），盐铁使第五琦初变盐法。就山海井灶近利之地置监院。游民业盐者为亭户，免杂徭。《旧书·琦传》云："就山海井灶，收榷其盐。官置吏出粜。其旧业户并人愿为业者，免其杂徭，隶盐铁使。"盗鬻者论以法。及琦为诸州榷盐铁使，尽榷天下盐，斗加时价百钱而出之，为钱一百一十。"加价十倍其本，诚可骇矣。刘晏为盐铁使，以盐吏多则州县扰，出盐乡因旧监置吏亭户，粜商人纵其所之。晏所管者，盖吴、越、扬、楚之盐。有监十，置巡院十三捕私盐者，奸盗为之衰息。然诸道加榷盐钱，商人舟所过有税。晏奏罢州县率税，禁堰埭以邀利者。晏之始至也，盐利岁才四十万缗，至大历末，六百余万缗。天下之赋，盐利居半。宫闱、服御、军饷、百官禄俸，皆仰给焉。《旧书·晏传》云：初岁入钱六十万贯，季年所入逾十倍，而人无厌苦。大历末，通计一岁征赋所入，总一千二百万贯，而盐利且过半。贞元四年（788年），淮西节度使陈少游奏加民赋。自此江淮盐每斗亦增二百，为钱三百一十。《旧书·德宗纪》：建中三年五月，增两税榷盐钱。两税每贯增二百，盐每斗增一百。《陈少游传》：奏请盐每斗更加一百文。其后复增六十，河中、两池盐每斗为钱三百七十，江淮豪贾射利，或时倍之，官收不能过半。其弊可谓深矣，而犹不止此。"刘晏盐法既成，商人纳绢以代盐利者，每缗加钱二百，以备将士春服。包佶为汴东水陆运两税盐铁使，许以漆器、玳瑁、绫绮代盐价。虽不可用者，亦高估而雠之，广虚数以罔上。亭户冒法私鬻不绝。巡捕之卒，遍于州县。盐估益贵。商人乘时射利。远乡贫民，至有淡食者。顺宗时，始减江淮盐价，每斗为钱二百五十。河中两池盐斗钱三百。其后盐铁使李锜奏江淮盐斗减钱十以便民，未几复旧。《旧书·穆宗纪》：长庆元年（821年），盐铁使王播奏江淮盐估，每斗加五十文，兼旧三百文。方是时，锜盛贡献以固宠。朝廷大臣，皆饵以厚货。盐铁之利，积于私室，而国用耗屈。榷盐法大坏，多为虚估，率千钱不满百三十。李巽为使，以盐利皆归度支。物无虚估。天下粜盐、税茶，其赢六百六十五万缗。初岁之利，如刘晏之季年，其后则三倍晏时矣。《旧书·宪宗纪》：元和六年（811年），王播奏："江淮、河、岭已南、兖郓等盐院，元和五年（810年），都收卖盐价钱六百九十八万五千五百贯。校量未改法已前四倍。抬估虚钱一千七百四十六万三千七百贯。除盐本外付度支收管，从之。"七年四月，播奏："元和六年（811年）卖盐铁，除峡内井盐外，计收六百八十五万九千二百贯。"其利皆如刘晏之季年。宪宗之讨淮西也，度支使皇甫镈加剑南东西两川、山南西道盐估以供军。贞元中，盗鬻两池盐一石者死，至元和中，减死流天德五城，镈奏论死如初。一斗已上杖背，没其车驴。能捕斗盐者赏千钱。节度观察使以判官，州以司录录事参军察私盐，漏一石以上罚课料。鬻两池盐者，坊、市、居邸主人、市侩皆论坐。刮鹻土一斗，比盐一升。州县团保相察。比于贞元加酷矣。《通考》：元和十三年（818年），盐铁使程异奏："应诸州府先请置茶盐店收税。伏准今年正月赦文：诸州府因用兵以来，或虑有权置职名，及擅加科配，事非常禁，一切禁断者。伏以榷税茶盐，本资财赋，赡济军镇，盖是从权，兵罢自合便停，事久实为重敛，其诸道先所置店及收诸色钱物等，虽非擅加，且异常制，伏请准赦文勒停。从之。"则当时兵事定后，苛税实有所减。《旧纪》不载此事，顾于异与皇甫镈之相，《书》云："是时上切于财赋，故用聚敛之臣居相位。诏下，群情惊骇。宰臣裴度、崔群极谏，不纳，二人请退。"采朋党之论以作史，其有害于实录甚矣。自兵兴，河北盐法，羁縻而已。至皇甫镈，又奏置榷盐使，如江淮榷法。犯禁岁多。及田弘正举魏博归朝廷，穆宗命河北罢榷盐。《旧书·穆宗纪》：元和十五年九月，改河北税盐使为榷盐使。长庆元年三月，罢河北榷盐法。许约计课利都数付榷盐院。《新书·王承元传》：大和五年（831年），徙平卢：始盐禁未尝行两河，承元请归有司，由是兖郓诸镇皆奉法。户部侍郎张平叔议榷盐法弊，请粜盐，可以富国。诏公卿议其可否。中书舍人韦处厚、兵部侍郎韩愈条诘之，平叔屈服。事在长庆二年（822年），见《旧书·穆宗纪》。亦见《韦处厚传》。韩愈奏云："平叔请令州、府差人自粜官盐，可以获利一倍。臣以为城郭之外，少有见钱，籴盐多用杂物贸易，盐商则无物不取，或赊贷徐还。用此取济，两得利便。今令吏人坐铺自卖，利不关己，罪则加身，非得见钱，必不敢受。如此，则贫者无从得盐。自然坐失常课，如何更有倍利？又欲令人吏将盐，家至户到而粜之，必索百姓供应，骚扰极多。贫家食盐至少，或有淡食，动经旬月，若据口给盐，依时征价，官吏畏罪，必用威刑，臣恐所在不安，此尤不可之大者。平叔又云：浮寄奸猾者转富，土著守业者日贫。若官自粜盐，不问贵贱、贫富，四民僧道，并兼游手，因其所食，尽输官钱。并诸道军诸使家口亲族，递相影占，不曾输税，若官自粜盐，此辈无一人遗漏者。臣以为此数色人等，从来籴盐而食，国家榷盐，粜与商人，商人纳榷，粜与百姓，无贫富贵贱，皆已输钱于官矣，不必与国家交手付钱，然后为输钱于官也。"此奏论官粜不可之理，颇为深切著明。刘晏粜与商人，纵其所之之法，所以为简易也。官粜最难者为见钱之少。使家许以他物代盐价钱，而高其估以取利，亦未尝不借口于此。此铜钱之少，所以增财政措置之难之一端也。是时奉天卤池生水柏，以灰一斛，得盐十二斤，利倍鹻卤。文宗时，采灰一斛，比盐一斤论罪。《旧书·本纪》：大和二年（828年），禁京兆奉天县界百姓烧灰煎盐。开成末，诏私盐月再犯者易县令，罚刺史俸。十犯则罚观察判官俸、料。宣宗即位，茶、盐之法益密。粜盐少、私盗多者，谪观察判官，不计十犯。户部侍郎判度支卢弘止以两池盐法弊，遣巡院官司空舆更立新法，其课倍入。亦见新旧《书·弘止传》，皆附其兄《简辞传》后。《旧传》云：三年（829年），课入加倍。迁榷盐使。以壕篱者盐池之堤禁，有盗坏与鬻鹻皆死。盐盗持弓矢者，亦皆死、刑。兵部侍郎判度支周墀又言两池盐盗贩者，迹其居处，保社按罪。鬻五石、市二石、亭户盗粜二石皆死。是时江吴群盗，以所剽物易茶、盐，不受者焚其室庐，吏不敢枝梧。镇戍、场铺、堰埭，以关通致富。宣宗乃择尝更两畿辅、望县令者为监院官。户部侍郎裴休为盐铁使，上盐法八事。其法皆施行，两池榷课大增。其后兵遍天下，诸镇擅利。两池为河中节度使王重荣所有，岁贡盐三千车。中官田令孜募新军五十四都，饵转不足，乃倡议两池复归盐铁使。而重荣不奉诏，至举兵反，僖宗为再出，然而卒不能夺。”以上据《新书·食货志》。综言之，则国家急于求利，而官吏及商人窟穴其中，以重困吾民而已。盐固为民食所急，然苟能善取之，则所增之价无几，而所得甚多。以此减贫民之赋，实为谋国之至计。故开元时即有此议。《旧书·良吏·姜师度传》云：左拾遗刘彤上言：“请置盐铁之官，收利以供国用，则免重赋贫人，使穷困者获济。”疏奏，令宰相议其可否。咸以为盐铁之利，甚裨国用。遂令师度与户部侍郎强循，并摄御史中丞，与诸道按察使计会，以收海内盐铁。其后颇多沮议者，事竟不行。《通典》载彤表云：“取山泽，则公利厚而人归于农；取贫人，则公利薄而人去其业。夫煮海为盐，采山铸金，伐木为室，丰余之辈也。寒而无衣，饥而无食，庸赁自资者，穷苦之流也。收山海厚利，夺丰余之人，宽调敛重征，免穷苦之子，所谓损有余益不足。臣愿陛下诏盐铁、伐木等官，各收其利，贸迁于人，则不及数年，府有余储矣。然后下宽大之令，蠲穷独之徭。可以惠群生，可以柔荒服，虽戎狄未服，尧、汤水旱，无足忧也。”案取于山海，以宽农民之徭赋，实为利国利民之至计。晚周以来，儒、法二家所争辩者，即在于此。读《盐铁论》大夫与文学往复之辞而可知也。历代儒学盛行，学者牵于所闻，不察实际，故于法家之论，多不谓然。然事迫于无可如何，则亦有行之而不自知者，而其效亦终不可没。如《旧书·第五琦传》，称其变法“百姓除租庸外无得横赋，人不益税，而上用以饶”是也。唐代榷盐，病民固甚，然设无茶、盐等法，而所须者一一责诸出租庸两税之民，其不可终日，恐更不待懿、僖之世矣。汉武用桑弘羊，意或在于平准，其后岂不徒以敛财？夫亦岂不厉民？然较之明世三饷专取诸农民者何如？史册俱在，焉可诬也？然则刘彤、赵赞辈，皆唐世之通人矣。《通考》载开元十年八月敕云："诸州所造盐铁，每年合有官课，比令使人句当，除此更无别求。在外不细委知，如闻称有侵克。宜令本州刺史上佐一人检校，依令式收税。其姜师度，除蒲州盐池以外，自余处更不须巡检。"此即《旧传》所谓因多沮议，事竟不行者。开元以前，山海之税，盖至轻矣，而见沮犹如此，此非所谓"浮食之民，沮事之议，不可胜听"者乎？刘彤上书，师度奉使，据《旧传》，事在开元七年（719 年）。《通典》谓彤上书在元年（713 年），恐误。其后兵起，以此取给于一时，亦胜无名之横敛。故李萼劝颜真卿行之河北，第五琦实取法焉。《新书·颜真卿传》：肃宗即位，复为河北招讨使。时军费困竭。李萼劝真卿收景城盐，使诸郡相输，用度遂不乏。第五琦方参贺兰进明军，后得其法以行，军用饶雄。三州、七关之复，委度支榷温池盐以赡边。谓灵州之温泉池也。事见《新书·吐蕃传》。交、广、邕南用兵，旧取岭北五道米往饷之，船多败没。郑畋为相，请以岭南盐铁委广州节度，岁煮海，取盐直四十万缗，市虔、吉米以赡安南，而罢荆、洪等漕役，军食遂饶。皆足见盐利之有裨国用。独无如交征利而不恤人民者，中央地方皆然。至于四分五裂之际，转以益藩镇割据之资。唐自军兴以前，取于山海者甚薄，至榷法兴而大异矣，故论者或以为盐税归诸地方，胜于中央。如《新书·独孤及传》：及子朗，元和中擢右拾遗，建言宜用观察使领盐铁，罢场、监管榷吏是也。不悟政清而取之薄，管榷亦无害于民，政苛而取之重，而又寄其权于地方，莫能管摄，则其厉民必更甚。中叶后虽行管榷，地方官仍颇有权。《新书·卢商传》：商以宣宗时为苏州刺史。吏以盐法求赢赀，民愈困。商令计口售盐，无常额，人便之，岁赀反增。足见变法权在州郡，不必请命中央。如董昌，且能罢榷盐以悦人矣。亦见《新书·本传》。又《成汭传》：为荆南留后，云安榷监本隶盐铁，汭擅取之，故能畜兵五万。《藩镇传》；刘从谏熬盐、货铜铁，收缗十万。皆借盐税以为割据之资者也。而山海之利，本在轻徭赋以利凡民者，卒仍表散之于凡民，与计口增税无异也。

五代时，池盐、海盐等税，一切如故。薛《史·唐庄宗纪》：同光二年三月，以张绍珪充制置安邑、解县两池榷盐使。四年二月，以李肃为两池榷盐使。《朱友谦传》：庄宗灭梁，友谦觐于洛阳，既归藩，请两池榷盐每额输省课，许之。《明宗纪》：同光四年（926年），孔谦既诛，中书门下上言：请停废诸道盐运使，盖谦为租庸使时所置也。天成二年十一月，贝州刺史窦廷琬请制置庆州青、白两池，逐年出绢十万匹、米万石。诏升庆州为防御所，以廷琬为使。廷琬由是严刑峻法，屡挠边人，课利不集。诏移任金州。廷琬据庆州叛，讨平之。事见本传。《周太祖纪》：广顺三年五月，前庆州刺史郭彦钦勒归私第。以其兼掌榷盐，擅加榷钱，民夷流怨故也。其时盖以通商之利为薄，故有取于官卖。《通考》云："官卖未必能周遍，而细民之食盐者，不能皆与官交易，则课利反亏于商税。于是立为蚕盐、食盐等名，分贫富五等之户而表散抑配之。薛《史·唐庄宗纪》：同光三年二月，"诏兴唐府管内有百姓随丝盐钱，每两与减五十文。逐年所表蚕盐，每斗与减五十文"。《明宗纪》：同光四年（926年），孔谦诛后，中书门下上言：请百姓合散蚕盐，每年只二月内一度表散，依夏税限纳钱。《晋高祖纪》：天福元年十一月赦文："洛京管内逐年所配人户食盐，起来年，每斤特与减价钱十文。"《周太祖纪》：广顺三年十二月，"诏诸道州、府县、镇城内人户旧请蚕盐征价，起今后并停"。《通考》云：敕诸州、府并外县、镇城内，其居人屋税盐，今后不表，其盐钱亦不征纳。所有乡村人户合请蚕盐，所在州城、县、镇，严切检校，不得放入城内。合下引《通鉴》汉时郑州民以屋税受盐之事观之，当时城内居民，盖随所居按户表散也？逮其极弊也，则官复取盐自卖之，而人户所纳盐钱，遂同常赋矣。"薛《史·食货志》："晋天福中，河南、河北诸州，除表散蚕盐征钱外，每年末盐界分场务，《通考》云：种者曰颗盐，出解州。煮者曰末盐，出濒海。《少帝纪》作“海盐界分”。约粜一十七万贯有余，言事者称虽得此钱，百姓多犯盐法，请将上件食盐钱，于诸道州、府计户，每户一贯至二百为五等配之，任人逐便兴贩。既不亏官，又益百姓。朝廷行之。诸处场务，亦且仍旧。俄而盐货顿贱。去出盐远处州县，每斤不过二十文，近处不过一十文。掌事者又难骤改其法，奏请重制盐场税。盖欲绝其兴贩，归利于小官也？七年十二月宣旨下三司：应有往来盐货悉税之。过税每斤七文，住税每斤十文。其诸道州、府应有属州盐务，并令省司差人句当。既而粜盐虽多，而人户盐钱，又不放免，至今民甚苦之。”亦见《少帝纪》天福七年（942年）。马君所论，正指此也。马君又云：“当时江南亦配盐于民而征米，后盐不给而征米如故，其弊历三百年而未除。宇县分割，国自为政，而苛政如出一辙，异哉！”案民多淡食，古今论盐务者皆深病之。今一例征钱，是使贫弱者为富强者出税也。为政至此，可谓极弊矣。薛《史·晋高祖纪》：天福元年十一月赦文：“北京管内盐铛户合纳逐年盐利，昨者伪命指挥，每斗须令人户折纳白米一斗五升，极知百姓艰苦。自今后，宜令人户以元纳食盐石斗数目，每斗依实价计定钱数，取人户便稳，折纳斛斗。”铛户所纳如此，盐价之贵可知。《廿二史札记》有五代盐曲之禁一条，可以参看。《食货志》：周广顺三年三月，诏曰：“青、白池务，素有定规。只自近年，颇乖循守。比来青盐一石，抽税钱八百文，足陌，盐一斗。白盐一石，抽税钱五百文，盐五升。其后青盐一石，抽钱一千，盐一斗。访闻更改已来，不便商贩、蕃人、汉户，求利艰难，宜与优饶，庶令存济。今后每青盐一石，依旧抽税钱八百文，以八十五为陌，盐一斗。白盐一石，抽税五百，八十五陌，盐五升。此外不得别有要求。”云更改已来，不便商贩，则因抽税之重，招致盐价之昂，又可见也。《周太祖纪》：广顺二年八月，“诏改盐曲法。盐、曲犯五斤已上处死，煎鹻盐者，犯一斤已上处死。汉法不计斤两多少，并处极刑，至是始革之”。《通鉴》云：“汉法，犯盐、曲无问多少抵死。郑州民有以屋税受盐于官，过州城，吏以为私盐而杀之，其妻讼冤，始诏以斤两定刑有差。”法酷如彼，吏残如此，诚亘古所罕闻矣。薛《史·晋高祖纪》：天福元年十一月改元赦文：“其在京盐货，元是官场出粜，自今后并不禁断，一任人户取便籴易。仍下太原府，更不得开场粜货。”《食货志》：周显德三年十月，“敕漳河已北州、府界，元是官场粜盐，今后除城郭草市内仍旧禁法，其乡村并许盐货通商。逐处有鹻卤之地，一任人户煎炼、兴贩，则不得逾越漳河，入不通商地界”。此等皆渐废官卖之法，然仍旧贯处尚多也。

坑、冶之政，前世恒相连。唐掌冶署及诸铸钱监，皆属少府，铜、铁人得采而官收以税，惟镴官市。《新书·百官志》。《新书·食货志》云：“德宗时，户部侍郎韩洄建议：山泽之利，宜归王者，自是皆隶盐铁使。开成元年（836年），复以山泽之利归州县，刺史选吏主之。其后诸州牟利以自殖，举天下不过七万余缗，不能当一县之茶税。及宣宗增河湟戍兵衣绢五十二万余匹，盐铁转运使裴休请复归盐铁，以供国用。”他矿税皆州郡主之。《卢钧传》：钧为岭南节度使，“除采金税”是也。其坑冶之数，时有增减。岁入之数：《志》云：元和初，“岁采银万二千两，铜二十六万六千斤，铁二百七万斤，锡五万斤，铅无常数”；宣宗时，“天下岁率银一万五千两，铜六十五万五千斤，铅十一万四千斤，锡万七千斤，铁五十三万二千斤”；文宗时，“岁采铜二十六万六千斤”。铜禁本意，盖为铸钱，铁禁则虑其流入外国，后乃觊收其利。《王涯传》云：“自李师道平，三道十二州皆有铜、铁官，岁取冶赋百万。观察使擅有之，不入公上。涯始建白，如建中元年九月戊辰诏书，收隶天子盐铁。”则其利实不薄。《新书·食货志》言：第五琦以钱谷得见，请于江淮置租庸使，吴盐、蜀麻、铜冶皆有税，实为言冶利之始。《宗室传》：河间元王孝恭治荆州，为置屯田，立铜冶，百姓利之，则官冶原足便民。然既意在言利，即转成为厉民之政。薛《史·唐明宗纪》：长兴二年十二月，“诏开铁禁，许百姓自铸农器、什器之属。于夏秋田亩，每亩输农器钱一钱五分”。《通鉴》云：初听百姓自铸农器并杂铁器。每田二亩，夏秋输农具三钱。《通考》载敕文云：“诸道监冶，除依常年定数铸办供军熟铁并器物外，只管出生铁，比已前价，各随逐处见定高低，每斤一例减十文货卖。杂使熟铁，亦任百姓自炼。巡检节级句当。卖铁场官并铺户，一切并废。”欧《史》云：除铁禁，初税农具钱。《注》云：至今因之，故书。此亦如官卖盐之变为计口表散矣。薛《史·晋高祖纪》：天福六年八月赦制：“天下农器，并许百姓自铸造。”《通考》载节文云：“诸道铁冶，三司先条流，百姓农具破者，须于官场中出卖，铸时却于官场中买铁。今后许百姓取便铸造、买卖，所在场院，不得禁止搅扰。”盖长兴二年（931年）之赦，仍未能尽行也。

《旧书·文宗纪》：开成三年六月，废晋州平阳院矾官，并归州县，则矾亦曾行禁榷。

《隋书·食货志》云：隋初尚依周末之弊，官置酒坊收利。开皇三年（583年）罢之。《新书·食货志》云：“唐初无酒禁。乾元元年（758年），京师酒贵，肃宗以廪食方屈，乃禁京城酤酒，期以麦熟如初。《旧书·本纪》云：以岁饥禁酒，麦依常式，“麦”下盖夺“熟”字？二年（759年），饥，复禁酤。非光禄祭祀、燕蕃客，不御酒。广德二年（764年），定天下酤户，以月收税。”《本纪》：武德二年闰二月，以谷贵，禁关内屠酤；咸亨元年八月，以谷贵禁酒。与《志》云无酒禁者不合。盖以其事属暂行，故不之数？此皆禁酤，其收税则实始广德。《通典·食货典》云：“广德二年十二月，敕天下州各量定酤酒户，随月纳税，除此外不问官私，一切禁断。”说与《志》合。又云：“大历六年二月，量定三等逐月税钱，并充布绢进奉。”盖规制粗备矣。《志》又云：“建中元年（780年），罢之。三年（781年），复禁民酤，以佐军费。置肆酿酒，斛收直三千。州县总领。醨薄、私酿者论其罪。寻以京师四方所凑，罢榷。”《德宗纪》：大历十四年七月，罢榷酤；建中三年正月，复榷酤。《旧书·德宗纪》亦云：大历十四年七月，罢天下榷酒。《通鉴》亦于是月书“罢天下榷酒收利”。《志》云罢于建中元年盖误？《旧书·食货志》云：“建中三年（782年），初榷酒。天下悉令官酿。斛收直三千。米虽贱，不得减二千。委州县综领。醨薄、私酿罪有差。以京师王者都，特免其榷。”盖是时官酿而雠，与前此令酤户纳税者有异，故云初。《通鉴》书“复榷天下酒”，则承大历十四年以前之榷法言之也。《新志》又云：“贞元二年（786年），复禁京城、畿县酒。天下置肆以酤者，斗钱百五十。免其徭役。独淮南、忠武、宣武、河东榷曲而已。《旧书·本纪》：贞元二年十二月，京城畿内榷酒。每斗榷钱一百五十文，蠲酒户差役。从度支奏也。元和六年（811年），罢京师酤肆，以榷酒钱随两税青苗敛之。”《旧书·食货志》云：京兆府奏：“榷酒钱除出正酒户外，一切随两税、青苗，据贯均率，从之。”《通考》：元和十二年（817年），户部奏：“准敕文，如配户出榷酒钱处，即不得更置官店榷酤。其中或恐诸州、府先有不配户出钱者，即须榷酤。请委州、府长官，据当处钱额，约米、曲时价收利，应额足即止。”则配户出钱者，又不止京师矣。《新志》云：“大和八年（834年），遂罢京师榷酤。”《旧书·王涯传》云：合度支、盐铁为一使兼领之，乃奏罢京畿榷酒钱以悦众，亦深文周内之辞。又云：“凡天下榷酒，为钱百五十六万余缗，而酿费居三之一，贫户逃酤不在焉。”所云盖即大和时数？去酿费而计之，其利当盐利六之一也。《旧志》云：“会昌六年九月，敕扬州等八道州府置榷曲，并置官店沽酒，代百姓纳榷酒，并充资助军用。各有权许限，扬州、陈许、汴州、襄州、河东五处榷曲。浙西、浙东、鄂岳三处置官店沽酒。如闻禁止私酤，过于严酷，一人违犯，连累数家，闾里之间，不免咨怨。从今已后，如有人私沽酒及置私曲者，但许罪止一身；并所由容纵，所由，《通考》作同谋。案容纵指所由，同谋别是一项人。《考》略去所由二字，《志》又误删同谋一项也。任据罪处分；乡井之内，如不知情，并不得追扰。其所犯之人，任用重典，兼不得没人家产。”《新志》云：“昭宗世，以用度不足，易京畿近镇曲法，复榷酒以赡军。凤翔节度使李茂贞方颛其利，按兵请入奏利害。天子遽罢之。”《通鉴》事系天复元年（901年），云：“初杨复恭为中尉，借度支卖曲一年之利，以赡两军。自是不复肯归。至是，崔胤草赦，欲抑宦官，听酤者自造曲，但月输榷酤钱。两军先所造曲，趣令减价卖之，过七月无得复卖。”又云：“崔胤之罢两军卖曲也，并近镇亦禁之。李茂贞惜其利，表乞入朝论奏。韩全诲请许之。茂贞至京师，全诲深与相结。崔胤始惧，阴厚朱全忠益甚，与茂贞为仇敌矣。”南北司之阴谋，别是一事。就税法论，可见是时官卖无以善其后，寖趋于听民酿而收其税也。唐世酒税，本委州县综领，故诸镇多得自专。《新书·崔从传》：为淮南节度副大使，知节度事。扬州凡交易赀产、奴婢有贯率钱，畜羊有口算，又贸曲牟其赢以佐用，从皆蠲除之。又《王仲舒传》：除江西观察使。初江西榷酒，利多他州十八，民私酿，岁抵死不绝，谷数斛易斗酒，仲舒罢酤钱九十万。《薛戎传》：累迁浙东观察使。所部州触酒禁罪当死，戎弛其禁。可见其宽严皆得自由。《敬晦传》：大中中，历浙西观察使。时南方连馑，有诏弛榷酒茗，官用告乏。晦处身俭勤，赀力遂充。《旧书·李德裕传》：敬宗诏浙西造银盝子妆具。德裕奏言：“贞元中，李锜任观察使，职兼盐铁，百姓除随贯出榷酒钱外，更置官酤，两重纳榷，获利至厚。至薛苹任观察使时，又奏置榷酒，上供之外，颇有余财。自元和十四年七月三日敕却停榷酤，遂苦不足。”似其废置尚听命于中央。然如李锜之所为，不显与诏敕相反邪？《新书·李珏传》：为淮南节度使卒，疾亟，官属见卧内，惟以州有税酒直，而神策军常为豪商占利，方论奏未见报为恨，可想见其害民之烈，孔戣所由称榷酤为州县弊邪？

五代酒禁，亦随时而宽严不同，然以大体言之，则较唐为尤酷。《通考》：梁开平三年（909 年），敕诸道州府百姓自造曲，官中不禁。此为五代时最宽之政，至后唐而大变。薛《史·明宗纪》：天成三年七月，诏弛曲禁，许民间自造，于秋苗上征纳曲价，亩出五钱。时孔循以曲法杀一家于洛阳，或献此议，以为爱其人，便于国，故行之。此事亦见欧《史·孔循传》，云“循族杀其家”。《通鉴》则云“循族之”。所杀当是一家，非真连及宗族，然亦酷矣。薛《史·食货志》详载此诏曰：“应三京、邺都及诸道州、府乡村人户，自今年七月后，于是秋田苗上每亩纳曲钱五文，足陌。一任百姓自造私曲，酝酒供家。其钱随夏秋征纳。《通考》多“并不折色”四字。其京都及诸道州、府、县、镇、坊界内，《通考》多“及关城草市”五字。逐年买官曲酒户，便许自造曲、酝酒货卖。仍取天成二年正月至年终，一年逐户《通考》作“逐月”。计算都买曲钱数，内十分只纳二分，以充榷酒钱。其余诸色人，亦许私造酒、曲供家，即不得衷私卖酒。如有故违，便即纠察，勒依中等酒户纳榷。其坊村一任沽卖，不在纳榷之限。”《通考》引吴氏《能改斋漫录》曰：“今之秋苗，有曲脚钱之类，此事起于五代后唐。当时虽纳曲钱，民间却许自卖酒，时移事变，曲钱之额，遂为定制，而民间则禁私酤矣。”此亦如盐之按户征钱而又官卖矣。薛《史·食货志》又载长兴元年二月赦书节文：“秋苗一亩上元征曲钱五文，今后特放二文，只征三文。”二年（931 年）诏曰：“乱离日久，贫下户多，各务耕田凿井，孰能枕曲藉糟？既随例以均摊，遂抱虚而输纳。应在京、诸道苗亩上所征曲钱，便从今年夏并放。其曲官中自造，委逐州减旧价一半，于在城扑断货卖。除在城居人不得私造外，乡村人户，或要供家，一任私造。敕下之日，人甚悦之。”此事《纪》在长兴二年五月。又云：“七月，三司奏先许百姓造曲，不来官场收买，伏恐课额不逮。请复已前曲法。

乡户与在城条法，一例指挥。仍据已造到曲纳官，量支还麦本。从之。”前诏不及一时而更，恐实未曾行也。《末帝纪》:清泰二年正月，“三司奏添征蚕盐钱及增曲价。先是曲斤八十文增至一百五十文”。《晋高祖纪》：天福元年十一月改元赦诏：“曲每斤与减价钱三十文。”汉法，犯盐曲者，不计斤两，并处极刑，周广顺二年（952 年）始革之，已见上。《食货志》载显德四年七月诏曰：“诸道州府曲务，今后一依往例官中禁法卖曲。逐处先置都务，候敕到日，并仰停罢。”《通考》云：“敕停罢先置卖曲都务。应乡村人户，今后并许自造米醋，及买糟造醋供食。仍许于本州县界就精美处酤卖。其酒曲条法，依旧施行。先是晋、汉已来，诸道州、府皆权计曲额，置都务以酤酒。民间酒醋，例皆醨薄。上知其弊，故命改法。”盖晋、汉由卖曲进而卖酒，并及于醋，至此则禁卖酒醋，而曲法依旧也。薛《史·晋少帝纪》：天福八年九月，前颍州团练使田令方追夺在身官爵，勒归私第。坐前任耀州日额外配民曲钱，纳归私室故也。欧《史·慕容彦超传》：唐、晋之间，历磁、单、濮、棣四州。坐濮州造曲受赇，法当死，汉高祖自太原上章论救，得减死流于房州。法已弊而官吏又恣意臧贿，其厉民可知。

茶税始于建中三年九月，与漆、竹、木、商钱并税。兴元改元，又与漆、竹、木及间架、除陌钱并罢。贞元九年正月乃复税。皆见《新书·本纪》。《食货志》云：“德宗纳赵赞议，税天下茶、漆、竹、木，十取一，以为常平本钱。及出奉天，乃悼悔，下诏亟罢之。及朱泚平，佞臣希意兴利者益进。贞元八年（792 年），以水灾减税。明年，诸道盐铁使张滂奏：出茶州县若山及商人要路，以三等定估，十税其一。自是岁得钱四十万缗。然水旱亦未尝拯之也。”案赵赞之税竹、木、茶、漆，实欲以充常平本钱，已见第六章第三节。张滂之税，《通鉴》记其事云：滂奏去岁水灾减税，用度不足，请税茶以足之。自明年以往，税茶之钱，令所在别贮，俟有水旱，以代民田税。自是岁收茶税钱四十万缗，未尝以救水旱也。盖初意欲以抒民，而后移作别用？此实财政艰窘所致，未可以咎始议之人。《新志》并赵赞皆视为希意兴利者流，实非持平之论。《旧书·王绍传》：贞元中，为仓部员外郎。时属兵革、旱蝗之后，令户部收阙官俸，兼税茶及诸色无名之钱，以为水旱之备。绍自拜仓部，便准诏主判。及迁户部、兵部郎中，皆独司其务，擢拜户部侍郎，判度支。足见是时税敛，意多主于备荒。史家于德宗以后之筹款者，一切目为言利，实非平允之论也。《旧纪》与《通鉴》纪贞元九年（793 年）事，皆曰“初税茶”；《旧纪》又云：“茶之有税自此始。”盖由赵赞之法未久即罢之故？然税茶不得云始于张滂，自以如《新纪》建中三年（782 年）言初税，贞元九年（793 年）言复税为是。胡三省注《通鉴》云“榷茶之说，始于赵赞，至张滂而始行”，未免失之回护矣。《鉴》云：凡州县产茶及茶山外要路，皆估其直，什税一，茶山皆属州县，不得如《新志》为并列之辞。《通典》云：制天下出茶州，商人贩茶者十分税一，措辞亦较《新志》为审。《旧书·德宗纪》：贞元十五年（799 年）讨吴少诚诏云“寿州茶园，辄纵凌夺”，而《少诚传》言其夺掠寿州茶山之利，盖园即在山上也。岂滂之法，或于出茶之山，或于其货鬻之州县，或于其贩运之路税之，立法初不一律，故《新志》之言如此邪？《志》又云：“穆宗即位，两镇用兵，帑藏空虚；禁中起百尺楼，费不可胜计；盐铁使王播图宠以自幸，乃增天下茶税，率百钱增五十。事在长庆元年五月，见《纪》。拾遗李珏上疏谏，不报，见两《书·珏传》。江淮、浙东西、岭南、福建、荆襄，播自领之，两川以户部领之。天下茶加斤至二十两，播又奏加取焉。其后王涯判二使，置榷茶使，徙民茶树于官场，焚其旧积，天下大怨。令狐楚代为盐铁使兼榷茶使，复令纳榷，加价而已。李石为相，以茶税皆归盐铁，复贞元之制。”王涯变法，事在大和九年十月。《旧纪》云：涯献榷茶之利，乃以为榷茶使。茶之有榷税，自涯始也。又云：十二月，诸道盐铁转运榷茶使令狐楚奏榷茶不便于民，请停，从之。此所谓榷，盖指官卖，以别于张滂以来之税法？故云自涯始。涯之此举，诚为操切，然史之所去，亦有过当，且皆归狱于郑注，恐并未必得实也。《旧书·注传》云：初浴堂召对，上访以富人之术，乃以榷茶为对。其法，欲以江湖百姓茶园，官自造作，量给直，分命使者主之。帝惑其言，乃命王涯兼榷茶使。《新书·注传》略同。其《王涯传》云：始变茶法，益其税以济用度，下益困。而郑注亦议榷茶，天子命涯为使，心知不可，不敢争。李训败，乃及祸。初民怨茶禁苛急，涯就诛，皆群诟詈，抵以瓦砾。《旧书·涯传》云：涯与同列归中书会食，仓皇步出，至永昌里茶肆，为禁兵所擒。涯以榷茶事，百姓怨恨，诟骂之，投瓦砾以击之。谓榷茶议出郑注，涯知其不可不敢争，皆莫须有之辞。王涯见擒，何以在茶肆？事殊可思，而诟厉之，投以瓦砾者，亦岂真直道而行之百姓邪？《志》又云："武宗即位，盐铁转运使崔珙又增江淮茶税。事在开成五年十一月，见《纪》。是时茶商所过州县有重税；或掠夺舟车，露积雨中；诸道置邸以收税，谓之搨地钱；故私贩益起。大中初，盐铁转运使裴休著条约。《旧书·休传》云：立税茶法二十条，奏行之。《新传》云：时方镇设邸阁居茶取直，因视商人他货横赋之，道路苛扰。休建言许收邸直，毋擅赋商人。私鬻，三犯，皆三百斤，乃论死。长行群旅，茶虽少皆死。雇载，三犯，至五百斤；居舍、侩保，四犯，至千斤者皆死。园户私鬻，百斤以上杖背，三犯加重徭。伐园失业者，刺史、县令以纵私盐论。庐、寿、淮南，皆加半税。私商给自首之帖。《通考》云：休以正税茶商，多被私贩茶人侵夺其利，请委强干官吏，先于出茶山口及庐、寿、淮南界内，布置把捉。晓谕招收，量加半税。给陈首帖子，令所在公行，更无苛夺。所冀招怀穷困，下绝奸欺，使私贩者免犯法之忧，正税者无失利之欺。案此欲变私贩为商人也。《新志》此处，辞不明白，或有夺误。《通鉴》文宗大和二年（828 年）《注》云：凡茶商贩茶，各以若干为一纲，而输税于官，则当时茶商，贩运之规模颇大，积至若干斤乃论罪，亦犹盐法所携极少者勿论也。天下税茶增倍。贞元江淮茶为大模，一斤至五十两。诸道盐铁使于悰每斤增税钱五，谓之剩茶钱。自是斤两复旧。”观此，则当时之茶，计其重有常形制，税时不复权，但案其形制收税也。唐茶税之大略如此。诸道多挠税法，亦与盐税同。懿宗时，以安南溪洞首领能御蛮寇，以其须岭北茶药，令诸道一任商人兴贩不得禁止往来，则前此必有禁止者。《新书·循吏·何易于传》：为益昌令。盐铁官榷茶利，诏下所在毋敢隐，易于视诏书，曰：“益昌人不征茶且不可活，矧厚赋毒之乎？”命吏阁诏。吏曰：“天子诏何敢拒？吏坐死，公得免窜邪？”对曰：“吾敢爱一身移暴于民乎？亦不使罪尔曹。”即自焚之。观察使素贤之，不劾也。地方之玩法扞命如此。如何易于者，固能恤民，然或反其道而行之，则其病民亦有不可胜言者矣。

五代茶税，仍属度支盐铁。薛《史·梁末帝纪》：贞明六年二月，盐铁转运使敬翔奏请于雍州、河阳、徐州三处重置场院税茶，从之。偏方之国，以湖南收利为最饶。欧《史·刘建锋传》：高郁教马殷，民得自摘山收茗，筹募高户置邸阁居茗，号八床主人。岁入算数十万。《通鉴》梁开平四年（910年）云：湖南判官高郁，请听民自采茶，卖于北客，收其征以赡军。楚王殷从之。七月，殷奏于汴、荆、襄、唐、郢、复州置回图务，运茶于河南北卖之，以易缯纩战马而归。仍岁贡茶二十五万斤。诏许之。湖南由是富赡。盖既听民卖而收其税，官又自营运也。

贡茶之事，唐世已有之。《旧书·刘晏传》：江淮茶、橘，晏与本道观察使各岁贡之，皆欲其先至。有土之官，或封山断道，禁前发者。晏厚以财力致之，常先他司。由是甚不为藩镇所便。《穆宗纪》：元和十五年三月，“罢申州岁贡茶”。《李石传》：开成改元大赦，石等商量节文：诸道除药物、口味、茶果外，不得进献。《哀帝纪》：天祐二年六月，“敕福建每年进橄榄子。比因阉竖，出自闽中，牵于嗜好之间，遂成贡奉之典。虽嘉忠荩，伏恐烦劳。今后只供进腊面茶，其进橄榄子宜停”。是其事。

隋文帝登庸，除入市之税。《通典·食货典·杂税》。唐武后时，有司议税关市，并行人尽征之，崔融上疏谏，事遂未行。《新书·食货志》：“肃宗即位，遣御史郑叔清等籍江淮、蜀汉富商右族訾畜，十收其二，谓之率贷。诸道亦税商贾以赡军。钱一千者有税。”率贷，德宗时尝行之，约罢兵后以公钱还，见第七章第三节。《旧书·僖宗纪》：乾符五年（878年），太原节度借率富户钱以赏军；亦此类。此虽横取，不可云税。诸道所为，则征商之始也。然各自为政，非正法。《新书·代宗纪》：大历四年三月，“遣御史税商钱”，盖亦非普遍？两税法行，商贾于所在州县税三十之一，《通鉴》：建中二年五月，以军兴，增商税为什一。《注》云：杨炎定税法，商贾三十税一，今增之。普遍矣，然所以代庸调，亦不可云征商。故《新纪》于建中三年九月，书“初税商钱”也。其法，阅商人财货计钱，每贯税二十，已见第七章第三节。《宦者传》：田令孜语内园小儿尹希复、王士成等，劝僖宗籍京师两市蕃旅、华商宝货，举送内库。使者监阓柜坊茶阁，有来诉者，皆杖死京兆府。此亦横取，非征税。以税法论，唐朝于商人实未尝苛取。其病商甚者，乃在诸道各自为政，而中央不能禁止也。李忠臣设戍逻以征商贾。又纵兵剽行人，道路几绝。《新书·穆宁传》。王锷以岭南地征薄，租其廛。王智兴税泗口以佐军须。李师道以军用屈，率贾人钱为助，命刘悟督之。从谏徙长子道入潞，岁榷马、征商人。稹叛，奴王协请税商人，使刘溪等分出检实。溪并齐民阅其赀，十取二。钟传晚节重敛，商人至弃其货去。皆见《新书》本传。车驾在华州，商贾辐凑，韩建重征之。《通鉴》。皆可见其苛暴。五代之世尤甚。薛《史·唐庄宗纪》：同光二年二月，租庸使孔谦奏“诸道纲运客旅，多于私路苟免商税，请令所在关防，严加捉搦”，从之。欧《史·谦传》言其“障塞天下山谷径路，禁止行人，以收商旅征算”，即指此也。薛《史·唐明宗纪》：天成元年四月赦诏：“诸州杂税，宜定合税物色名目，不得邀难商旅。”长兴二年八月，“诏天下州、府商税务，并委逐处差人，依省司年额，句当纳官”。足见是处皆有商税，而又各自为政。欧《史·闽世家》：王曦国计使陈匡范增商算，曦称为人中宝；又可见偏方诸国，征商之法亦苛。《通考》：后周显德五年（958年），“敕诸道州、府，应有商贾兴贩牛畜者，不计黄牛、水牛，凡经过处，并不得抽税。如是货卖处，只仰据卖价每一千抽税钱三十，不得别有邀难”。马君曰：“鬻卖而有税，理也。经过而有税，非理也，观此则其来已久。而牛畜之外，余物俱有过税，商旅安得愿出其涂乎？”案过、住两税，其为取诸民也钧，然过税尤恶于住税者？住税只一次，过税则不免节节留难也。此理至清季厘捐行而大著。观此论，则昔人早已知之矣。《通考》又云：“宋太祖皇帝建隆元年（960年），诏所在不得苛留行旅。赍装非有货币当算者，无得发箧搜索。又诏榜商税则例于务门，无得擅改更增损及创收。”引止斋陈氏曰：“此薄税初指挥也。艺祖开基，首定商税则例，自后累朝守为家法。凡州县小可商税，不敢专擅，动辄奏禀三司，取旨行下。”《考》又载：李重进平，以宣徽北院使李处新知扬州，枢密直学士杜韡监州税。又引止斋曰：“以朝臣监州税始于此，盖收方镇利权之渐。”此二者盖宋初改革税法之大端也。然商税遂不能除矣。

城外之征：《新书·西域传》云：开元时，诏焉耆、龟兹、疏勒、于阗征西域贾，各食其征。由北道者，轮台征之。由海路来者，税法无考。桑原骘藏《蒲寿庚传》云：据阿剌伯人所传，当时中国政府，收外国输入货物十分之三，《考证》二。则取之颇厚矣。然不必皆归公也，此宦南服者所由多富厚欤？

德宗时赵赞所行税法，以间架、除陌遭谤为最甚。间架税，已见第七章第三节。《旧书·卢杞传》云：所由吏秉笔执筹，人人第舍而计之。凡没一间，杖六十。告者赏钱五十贯文。盖其取之为已酷矣。然屋税似相沿有之。薛《史·末帝纪》：既入河南，“诏豫借居民五个月房课，不问士庶，一概施行”。欧《史·本纪》云：借民房课五月以赏军。《卢质传》云：命质等借民屋课五月。《通鉴》云：无问士庶，自居及僦者，豫借五月僦直。曰僦直似非官课，然曰豫借，则必本有此课而后可。盖其取之以僦直为准，虽自居者，亦计其僦直而取之，故有僦直之名？云无问士庶，则士人先必有免税者，弥可见庶民之旧有此税矣。薛《史·唐明宗纪》：天成二年（927年），朱守殷既平，诏汴州城内百姓，既经惊劫，宜放二年屋税。《晋少帝纪》：开运三年九月，诏开封府以霖雨不止，应京城公私僦舍钱放一月。则汴州亦有之。然有之者必不仅汴、洛也。王锷节度岭南，以地征薄，人多牟利于市而租其廛，则所取似系宅地之税。

除陌法：《旧书·卢杞传》云：天下公私给与、贸易，率一贯旧算二十，益加算为五十。给与物或两换者，约钱为率算之。市主人、牙子，各给印纸，人有买卖，随自署记，翼日合算之。有自贸易不用市牙子者，验其私簿投状。其有隐钱百，没入二千，《通鉴》云：“罚钱二千。”杖六十。告者赏钱十千，出于其家。法既行，主人、市牙，得专其柄，率多隐盗，公家所入，百不得半。怨讟之声，嚣然满于天下。案屋税后既相沿，除陌并系旧有，赵赞取民虽苛，怨毒何至如是之甚？唐史所云，盖亦未免谤辞也？

苛税不必新创，有但就旧税加重其额者。《旧书·穆宗纪》：元和十五年五月，诏以国用不足，应天下两税、盐利、榷酒、税茶，及户部阙官、除陌等钱，兼诸道杂榷税等，应合送上都及留州、留使、诸道支用，诸司使职掌人课、料等钱，并每贯除旧垫外量抽五十文。其京百司俸料，文官已抽修国学，不可重有抽取。《宪宗纪》：元和十四年十二月，国子祭酒郑馀庆奏“见任文官一品至九品，外使兼京正员官者，每月于所请料钱每贯抽十文修国子监”，从之。武官所给较薄，亦不在抽取之限。六月，“诏外官俸、料据数收贯停抽”。长庆元年十二月，“敕诸道除上供外，留州、留使钱，每贯割二百文以助军用，贼平后仍旧”。乃加重抽取之额之最普遍者也。

地方横敛，殊不可言。《新书·食货志》言德宗时进奉之弊云：“户部钱物，所在州、府及巡院，皆得擅留。或矫密旨加敛。谪官吏，刻禄廪，增税通津死人及疏果。凡代易进奉，取于税入，十献二三，无敢问者。”案加敛及擅留之弊，后并未除。《旧书·懿宗纪》：咸通八年十月，兵部侍郎判度支崔彦昭奏：“当司应收管江淮诸道州、府咸通八年（867年）以前两税、榷酒及支米价，并二十文除陌，诸色属省钱，准旧例，逐年商人投状便换。自南蛮用兵已来，置供军使。当司在诸州府场、监钱，犹有商人便换。赍省司便换文牒至本州、府请领，皆被诸州、府称准供军使指挥占留。以此商人疑惑，乃致当司支用不充。乞下诸道州、府、场、监、院，依限送纳，及给还商人，不得托称占留者。”敕旨从之。《庾敬休传》：敬休奏“剑南西川、山南西道每年税茶及除陌钱，旧例委度支巡院句当榷税，当司于上都召商人便换。大和元年（827年），户部侍郎崔元略，与西川节度使商量，取其稳便，遂奏请茶税事使司自句当，每年出钱四万贯送省。近年已来，不依元奏，三道诸色钱物，州、府逗留，多不送省。请取江西例，于归州置巡院一所，自句当收管诸色钱物送省”。从之。皆所谓擅留者也。《通考》：大和七年（833年），御史台奏：“大和三年（829年）赦文，天下除两税外不得妄有科配，其擅加杂徭率，一切宜停，令御史台严加察访者。臣昨因岭南道擅置竹练场，税法至重，害人颇深，博访诸道，委知自大和三年准赦文两税外停废等事，旬月之内，或以督察不严，或以长吏更改，依前却置，重困齐人。伏望今后自大和三年准赦文所停两税外科配、杂榷等率复却置者，仰敕到后十日内，具却置事由闻奏，仍申报台司。每有出使郎官、御史，令严加察访。苟有此色，本判官重加惩责，长吏奏听进止。”旨依。又，开成二年十二月，武宁军节度使薛元赏奏：“泗口税场，应是衣冠、商客金银、羊马、斛斗、见钱、茶盐、绫绢等，一物已上并税。今商量其杂税物请停绝。”敕旨依所奏并停，其所置官司、所由悉罢。《新书·元赏传》云：罢泗口猥税，人以为便。皆所谓加敛者也。薛《史·周太祖纪》：广顺二年十月，“诏诸州罢任或朝觐，并不以器械进贡。先是诸道州、府，各有作院，每月课进军器，逐季般送京师进纳。其逐州每年占留系省钱帛不少，谓之甲料。仍更于部内广配土产物，征敛烦重，民甚苦之”。此则既占留而又加敛者矣。其苛猥之甚者：如李巨为东京留守，于城市桥梁税出入车牛等钱。《旧书》本传。薛《史·唐明宗纪》：长兴元年（930年）赦文：“免河阳管内人户每亩旧征桥道钱五文。”则并有摊派之于田亩者。歙人马、牛生驹、犊，官籍蹄、噭。《新书·崔元亮传》。五代时牛死者输皮入官。薛《史·唐明宗纪》：天成二年五月，“诏乡村民家死牛，但报本府，所由准例输皮入官”。《周太祖纪》：广顺二年十一月，“诏累朝已来，用兵不息。缮治甲胄，未免配役生灵。多取于民，助成军器。就中皮革，峻科刑。稍犯严条，皆抵极典。乡县以之生事，奸猾得以侵渔。宜立新规，用革前弊。应天下所纳牛皮，今将逐所纳三分内减二分，其一分于人户苗亩上配定。每秋夏苗共十顷，纳连角皮一张。其黄牛纳干筋四两，水牛半斤。犊子皮不在纳限。牛、数，马、驴、骡皮筋甲，今后官中更不禁断。只不得将出化外敌境。州县先置巡检牛皮节级并停”。《通鉴》云：先是兵兴以来，禁民私卖买牛皮，悉令输官受直。唐明宗之世，有司止偿以盐。晋天福中，并盐不给。汉法，犯私牛皮一寸抵死。然民间日用，实不可无。帝素知其弊。至是，李谷建议均于田亩，公私便之。将一切税均于田亩，实为税法之最恶者，而公私顾以为便，是时之税法可知矣。李茂贞以地狭赋薄，下令榷油。因禁城门毋纳松薪，以其可为炬也。欧《史》本传。偏方诸国，如两浙钱氏，已见第十四章第四节。《通考·田赋考》载宋咸淳六年（1270年）乐平县士民白札子云:“五季暴政，江东西酿酒则有曲引钱，食盐则输盐米，供军须则有鞋钱，入仓库则有蓌钱。宋有天下，一切削去。独盐蓌米一项，诸路皆无，而江东独有之；江东诸郡皆无，而饶州独有之；饶州六邑皆无，而乐平独有之。本州元起催苗额十有八万，此正数也。乐平正苗二万七千五百余石，每石加盐米四斗，蓌米二斗八升二合。于是一石正苗，非三石不可了。夫所谓正苗者，隶之上供，籍之纲解，颗粒不敢言蠲减者也。加盐蓌米者，徒以利郡县而已。欲望特赐指挥，行下本州契勘，诣实供申，从朝廷斟酌捐减施行。”马君云:“南唐正赋之外，所取不一，宋因之，名曰沿纳，盐蓌米其一也。”此札乃其父名廷鸾。在揆席时自草，作士民所陈，径下本州契勘。而郡守回申，止欲少作豁除，具文塞责。其父却回元奏，俾从实再申。守臣知不可拒，乃再诣实申上。即进呈，奉旨蠲除。盖自晋天福时创例，至是凡三百一十四年云。又引吴虎臣《能改斋漫录》，称“今所在有之”，谓“虎臣此书，作于绍兴时，则知南渡后此赋之未减者，非独饶州而已”。

第九节　兵　制

隋、唐之兵制，亦承时势而渐变。隋文帝平陈后，颇有意于偃武修文，然行之未卒其事。其时关内及缘边要地，仍行府兵之制。唐初亦沿之，而尤注意于关内。盖周行是制生效，故隋、唐二代皆沿之也。然是制与事势，实不相容，故至开元时遂变废矣。

隋平陈后，诏罢山东、河南及北方缘边新置军府，已见第二章第一节。曰“新置”，则旧有者之不罢可知。《隋书·许善心传》言：炀帝时，左卫大将军宇文述，每旦借本部兵数十人，以供私役，常半日而罢。摄御史大夫梁毗奏劾之。上方以腹心委述。初付法推，千余人皆称被役。经二十余日，法官候伺上意，乃言役不满日，其数虽多，不合通计。纵令有实，亦当无罪。诸兵士闻之，更云初不被役。上欲释之。付议虚实，百寮咸言为虚。善心以为“述于仗卫之所，抽兵私役，虽不满日，关于宿卫，与常役所部，情状乃殊。又兵多下番，散还本府，分道追至，不谋同辞，今殆一月，方始翻覆。奸状分明，此何可舍？”可见宿卫之兵，皆出于府。《食货志》言炀帝将事辽碣，增置军府，扫地为兵，租赋之入益减，可见欲增兵者，必增置军府。军府增而租赋减，又可见自周已来，为府兵则租庸调皆免之制仍存也。然其后之募益骁果，则纯为募兵之制矣。其统率之制：《通典》云：“隋初，左右卫、左右武卫、左右武候各领军坊、乡团，以统戎卒。开皇中，置骠骑将军府，每府置骠骑、车骑二将军。大业三年（607年），改骠骑府为鹰扬府，骠骑将军为鹰扬郎将，车骑将军为鹰扬副郎将。五年（609年），又以鹰扬副郎将为鹰击郎将。九年（613年），别置折冲、果毅及武勇、雄武等郎将官，以统领骁果。”《职官典·折冲府》。《隋书·百官志》云：“十二卫各置大将军一人，将军二人，总府事，并统诸鹰扬府。改大都督为校尉，帅都督为旅帅，都督为队正，增置队副以贰之。其军士：左右卫所领名骁骑，左右骁卫所领名豹骑，左右武卫所领名熊渠，左右屯卫所领名羽林，左右御卫所领名射生，左右候卫所领名佽飞，而总号卫士。每卫置护军四人，掌副贰将军，将军无则一人摄。寻改护军为武贲郎将，而置武牙郎将六人副焉。”又云：“鹰扬每府置越骑校尉二人，掌骑士。步兵校尉二人，掌步兵。折冲郎将掌领骁果，果毅郎将贰之。其骁果，置左右雄武府雄武郎将以领之，以武勇郎将为副。”

唐初亦沿周、隋之制。《新书·兵志》曰：“武德初，始置军府，以骠骑、车骑两将军府领之。析关中为十二道：曰万年道、长安道、富平道、醴泉道、同州道、华州道、宁州道、岐州道、豳州道、西麟州道、泾州道、宜州道，皆置府。三年（620年），更以万年道为参旗军，长安道为鼓旗军，富平道为玄戈军，醴泉道为井钺军，同州道为羽林军，华州道为骑官军，宁州道为折威军，岐州道为平道军，豳州道为招摇军，西麟州道为苑游军，泾州道为天纪军，宜州道为天节军。军置将、副各一人，以督耕战，以车骑府统之。《旧纪》：武德二年七月，置十二军，以关内诸府分隶焉。《傅奕传》云：十二军之号，奕所定。六年（623年），以天下既定，遂废十二军。改骠骑曰统军，车骑曰别将。居岁余，十二军复。而军置将军一人。军有坊，置主一人，以检察户口，劝课农桑。太宗贞观十年（636年），更号统军为折冲都尉，别将为果毅都尉。诸府总曰折冲府。凡天下十道，置府六百三十四，皆有名号，而关内二百六十有一。《新书·地理志》，于各府州之下，皆注云有府若干。《廿二史考异》云：按《地理志）所载军府数之，关内道二百七十三，河南道六十二，河东道一百四十一，河北道三十，山南道十，陇右道二十九，淮南道六，江南道二，剑南道十，岭南道三，实止五百六十六，而关内乃有二百七十三，与《志》颇不相应。而《百官志》云：三辅及近畿州都督府皆置府，凡六百三十三，则又与两数俱别。《通典·州郡篇》云五百九十三，《职官篇）云五百七十四。《唐会要》云：关内置府二百六十一，又置折冲府二百八十，通计旧府六百三十三。《陆宣公奏议》云：太宗置府八百，在关中者五百。杜牧《原十六卫》云：外开折冲府五百七十有四。王伯厚引《邺侯家传》云：诸道共六百三十府。又引《理道要诀》云五百九十三。唐人述府兵之数，言人人殊，宜乎史家莫适从也。按《唐六典》云：天下之府五百九十四，亦见王伯厚《困学纪闻》卷十四引。《旧书·职官志·兵部》同。《通鉴》说置府之数，与《新书·兵志》同，见贞观十年（636年）。军府不能无废置，唐代制度，诸书所载，或有异同，多因各据一时言之，府兵之数，盖亦如此，不足深异也。皆以隶诸卫。凡府三等：兵千二百人为上，千人为中，八百人为下。府置折冲都尉一人，左右果毅都尉各一人，长史、兵曹、别将各一人，校尉六人。《旧书·职官志》作五人。士以三百人为团，团有校尉；五十人为队，队有正；十人为火，火有长。火备六驮马。凡火，具乌布幕、铁马盂、布槽、锸、镬、凿、碓、筐、斧、钳、锯皆一，甲床二，镰二。队具火钻一，胸马绳一，首羁、足绊皆三。人具弓一，矢三十，胡禄、横刀、砺石、大觿、毡帽、毡装、行縢皆一，麦饭九斗，米二斗，皆自备，并其介胄戎装藏于库，有所征行，则视其入而出给之。其番上宿卫者，惟给弓矢、横刀而已。凡民年二十为兵，六十而免。其能骑而射者为越骑，其余为步兵、武骑、排䂍手、步射。其隶于卫也，左右卫皆领六十府，诸卫领五十至四十，其余以隶东宫六率。凡发府兵，皆下符契，州刺史与折冲勘契乃发。若全府发，则折冲都尉以下皆行，不尽则果毅行，少则别将行。当给马者，官予其直市之，每匹与钱二万五千。刺史、折冲、果毅岁阅不任战者鬻之，以其钱更市。不足则一府共足之。凡当宿卫者番上，兵部以远近给番。五百里为五番，千里七番，一千五百里八番，二千里十番，外为十二番，皆一月上。若简留直卫者，五百里为七番，千里八番，二千里十番，外为十二番，亦月上。先天二年（713 年），诏曰：往者分建府卫，计户充兵，裁足周事。二十一入幕，六十一出军，多惮劳以规避匿。今宜取年二十五以上，五十而免。屡征镇者，十年免之。虽有其言，而事不克行。玄宗开元六年（718 年），始诏折冲府兵每六岁一简。自高宗、武后时，天下久不用兵，府兵之法寖坏。番役更代，多不以时。卫士稍稍亡匿，至是益耗散，宿卫不能给。宰相张说乃请一切募士宿卫。《通鉴》在开元十年（722 年）。十一年（723 年），取京兆、蒲、同、岐、华府兵及白丁，而益以潞州长从兵，共十二万，号长从宿卫，岁二番。命尚书左丞萧嵩与州吏共选之。明年，更号曰彍骑。又诏诸州府马阙，官私共补之，今兵贫难致，乃给以监牧马。然自是诸府士益多不补，折冲将又积岁不得迁，士人皆耻为之。十三年（725 年），始以彍骑分隶十二卫。总十二万，为六番，每卫万人。京兆彍骑六万六千，华州六千，同州九千，蒲州万二千三百，绛州三千六百，晋州千五百，岐州六千，河南府三千，陕、虢、汝、郑、怀、汴六州各六百。内弩手六千。其制，皆择下户白丁、宗丁、品子强壮、五尺七寸以上，不足则兼以户八等、五尺以上，皆免征镇赋役。为四籍，兵部及州、县、卫分掌之。十人为火，五火为团，皆有首长。又择材勇者为番头，颇习弩射。自天宝以后，彍骑之法，又稍变废，士皆失拊循。八载（749 年），折冲诸府至无兵可交。李林甫遂请停上下鱼书。其后徒有兵额、官吏，而戎器、驮马、锅幕、糗粮并废矣。故时，府人目番上宿卫者曰侍官，言侍卫天子，至是卫佐悉以假人为童奴。京师人耻之，至相骂辱必曰侍官。而六军宿卫皆市人，富者贩缯采，食粱肉，壮者为角抵、拔河、翘木、扛铁之戏。及禄山反，皆不能受甲矣。初府兵之置，居无事时耕于野，其番上者，宿卫京师而已。若四方有事，则命将以出。事解辄罢，兵散于府，将归于朝。故士不失业，而将帅无握兵之重。所以防微渐、绝祸乱之萌也。及府兵法坏而方镇盛，武夫悍将，虽无事时，据要险，专方面，既有其土地，又有其人民，又有其财赋，以布列天下。然则方镇不得不强，京师不得不弱。故曰措置之势使然者，以此也。”其述方镇缘起，已见第二节。

府兵之废，昔时论者多惜之，其实不然。近人唐君长孺，言之最审。唐君之言曰：西魏、北周，用兵皆在中原。府兵之职，惟在征行、宿卫，镇戍则委之乡兵。宿卫既近田里，征行亦为时甚暂。隋虽用兵北方，然突厥既服，徙之内地，留戍之兵，殆不甚多，故开皇中，此制尚得维持。及炀帝征高丽，死丧之威，足寒士心，于是逃亡者多，不能不借募兵弥补。贞观而后，疆域愈广，边防之线愈长。自关、陇而河西，自河西而西域，终乃极乎葱岭。且唐有东西两战场，不能兼顾，而用兵之时，征调之兵或远。唐君云：太宗征高丽，即受薛延陀牵制。拔灼杀兄自立，发兵寇夏州，太宗之急于回师，亦以西徼不靖也。贞观二十三年（649 年），铁勒平，乃谋大举东征，而太宗崩矣。高宗初年，经营西突厥，不能不姑置高丽。龙朔元年（661 年），征高丽，既围平壤，旋即班师，亦因西边警报。围平壤在八月，铁勒叛在十月；征高丽之将有萧嗣业、契苾何力，而伐铁勒之仙萼道总管为嗣业，明年，又命何力为铁勒道安抚使；可见二者之相关。此后吐蕃、西突厥，虽小有侵扰，当无大事，乾封元年（666 年），乃得大举东征。三年平高丽。一年之后，为咸亨元年（670 年），吐蕃陷四镇。乃移安东都护薛仁贵西征。旋有大非川之败。是年，高丽即有剑牟寻之叛，至四年（673 年）乃定。明年，新罗据百济故地，命刘仁轨讨之。上元二年（675 年），因其谢罪班师。三年二月，竟弃平壤，并徙熊津都督府于建安故城，盖已弃朝鲜半岛矣。闰三月，发兵击吐蕃。明年，为仪凤元年（676 年），乃命扶馀隆、高藏返其故土。《旧书·张文瓘传》言：新罗外叛，高宗将发役讨治。时文瓘疾病在家，乃舆疾请见，奏曰："比为吐蕃犯边，役屯寇境。新罗虽未即顺，师不内侵。若东西俱事征讨，臣恐百姓不堪其弊。请息兵修德，以安百姓。"高宗从之。《通鉴》系此事于三年九月。文瓘卒时，《旧书》本传，卒在二年，未知孰是。然立扶馀隆、高藏，已无意用兵，则文瓘之谏，殆在其前也。既置东北于度外，乃得于仪凤三年九月，大举征吐蕃。以主将不得其人，而有洮河之败。此后征西北突厥，连岁兴师。所以不虞竭蹶者？一以新罗甚为恭顺，契丹尚未叛唐，一亦以黑齿常之经营洮河，已成重镇，足御吐蕃也。武后时，突厥中兴，亦因契丹之乱，不能兼顾，不得不就其要挟。陈伯玉集上军国机事曰："臣闻吐蕃近围瓜州，数日即退。或云此贼通使默啜，恐爪、沙遏止，故以此兵送之。臣虽未信。然惟国家比来劲敌，在此两蕃。契丹小丑，未足比类。今国家为契丹大发河东道及六胡州、绥、延、丹、隰等州稽胡精兵，悉赴灵州，缘塞空虚，灵、夏独立。秦中北据陇右，亦关东邻党。凶羯奸谋，觇知此隙，驱其丑类，大盗秦关、陇右马群，是国所宝。防备近策，宜豫改图。不可竭塞上之兵，使凶虏得计。”足见欲讨契丹，不得不调西边之兵，即不得不与突厥谋和协也。欲救此弊，必将用兵之地，分为若干区，区自有兵，不烦调发，而其长官亦须久任，则不得不变征发为召募，易临时之总管为节度使矣。节度使之制，盖始于刘仁轨之镇洮河。事在仪凤二年（677年）。《玉海》百三十八引《邺侯家传》云：“自初属六柱国家，及分隶十二卫，皆选勋德信臣为将军，有事则命总之出征，近不逾时，远不经岁。高宗始命刘仁轨为洮河镇守使，以图吐蕃。于是始屯军于境，而师老厌战矣。”唐君云：《邺侯家传》虽伪书，此说当有所据。自此以后，逐渐设立，至玄宗而有八或十，其事实非旦夕所致。中宗即位赦文云：“天下军镇，不要者多。转输艰辛，府库虚耗。事须改弊，不可循常。宜简内外官人有才识者，分遣充使，巡边按覆。须留镇遏及应减，一事已上，并委使人共所管详度，还日具利害闻奏。其应支兵，先取当土及侧近人。仍随地配割，分州定数。年满差替，各出本州。永为格例，不得逾越。”《全唐文》十七。开元二年八月，以亲征河陇，命有司大募壮勇士从军。十月，薛讷克吐蕃，停亲征。诏曰：“比来缘边镇兵，每年更代，兵不识将，将不识兵，岂有缘路疲人，盖是以卒与敌。其以西北军镇宜加兵数，先以侧近兵人充，并精加简择。”《册府元龟》百二十四。五年五月，诏曰：“每念征戍，良可矜省。其有涉河渡碛，冒险乘危；多历年所，远辞亲爱；壮龄应募，华省未归；眷此劳止，期于折衷。但碛西诸镇，道阻且长，数有替易，难于烦扰。其镇兵宜以四年为限。散之州县，务取富户丁多。差遣后量免户纳杂科税。其诸军镇兵，近日递加年限者，各依旧以三年、二年为限，仍并不得延留。其情愿留镇者，即稍加赐物。得代愿住，听令复行。”十六年十二月，诏曰：“健儿长镇，何以克堪？可分为五番，每年放一番洗沐。远取先年人为第一番，周而复始。每五年共酬勋五转。”二十二年四月，诏“天下诸州镇兵募及健儿等，年月已久，颇亦辛勤。或老疾尪羸；或单弱贫窭；或亲老孤独，致阙晨昏；言念于斯，深用矜叹。宜委节度使及军州简择。有如此色，一切放还。咸宜精审，以称朕意。”《册府元龟》百三十五。诸诏非他，舍征发之府兵，而求之当地、侧近及征行客户；其远戍已久者，则或迳放还，或定留戍年限，及分番令得休息而已。此一以纾民劳，一亦以救兵不识将、将不识兵之弊也。然随事补苴，终非长策，卒乃旷然一大变焉。《唐六典·兵部注》曰：“旧健儿在军，皆有年限，更来往，颇为劳弊。开元二十五年（737 年），敕以为天下无虞，宜与人休息。自今以后，诸军镇量闲剧、利害，置兵防健儿。于诸色征行人内及客户中召募，取丁壮情愿充健儿常住边境者，每年加常例给赐，兼给永年优复。其家口情愿同去者听。至军州，各给田地、屋宅，人赖其利，中外获安。自是州郡之间，永无征发之役矣。”二十六年正月，迎气，诏曰：“朕每念黎甿，弊于征戍，所以别遣召募，以实边郡，赐其厚赏，便令长住。今诸军所召，人数向足，在于中夏，自可罢兵。既无兵革之事，足保农桑之业。自今已后，诸军兵健，并宜停遣，其见镇兵并一切放还。”《册府元龟》百三十五。则府兵戍守之制全废矣。既以长从充宿卫，又以长征充戍守，府兵自无所用之，故天宝八载（749 年），遂停折冲府上下鱼书矣。《六典》之注，为李林甫所加。《玉海》百三十八引《邺侯家传》云：“开元末，李林甫为相，又请诸军召募长征健儿，以息山东兵士。于是师不土著，无家族之顾，将帅胁一时之令，而偏裨杀将自擅之兆生矣。”与事实不符。玄宗时，初无偏裨杀将之事；而太宗以降，多以山东府兵出戍，交代往还，正所谓师不土著。既令诸军召募，投效者非边戍之人，即久戍不归之士；又得移家口，给田地；则边军生事所资，悉在军镇，此将帅所以得挟持之，而中央无以控制也。《家传》以为不取之农民，即是师不土著，岂知长征健儿之制，正以农民苦于征戍，乃分兵民为二哉？林甫自夸，非诞辞也。以上皆据唐君所撰《唐代兵制演变》，最取大意。愚按中国自一统之后，版图式廓，民之所惮，不在征戍而在其远，《秦汉史》已言之。故民兵之制，必不可以事外攘。唐代府兵之废坏，实由其遇之太薄。《旧书·刘仁轨传》：仁轨留镇百济，上表曰："臣看见在兵募，手足沉重者多，勇健奋发者少。兼有老弱，衣服单寒，惟望西归，无心展效。臣问：往在海西，见百姓人人投募，争欲征行；乃有不用官物，请自办衣粮，投名义征。唐时充兵之人，盖有二类？杜陵《前出塞》之诗曰："戚戚去故里，悠悠赴交河。公家有程期，亡命婴祸罗。君已富土境，开边一何多？弃绝父母恩，吞声行负戈。"又曰："送徒既有长，远戍亦有身。生死向前去，不劳吏怒嗔。路逢相识人，附书与六亲：哀哉两决绝，不复同苦辛。"惓惓于所亲爱，不忍远离，此府兵征戍者之类也。《后出塞》之诗曰："男儿生世间，及壮当封侯。战伐有功业，焉能守旧丘？召募赴蓟门，军动不可留。千金买马鞍，百金装刀头。闾里送我行，亲戚拥道周。斑白居上列，酒酣进庶羞。少年别有赠，含笑看吴钩。"此轻侠之伦，冀幸富贵者。仁轨所云争欲征行者，即此类人，非凡百姓皆然。谏争之辞，恒不免过甚以耸听也。然杜陵则真诗史矣。何因今日募兵，如此儜弱？皆报臣云：今日官府，与往日不同，人心又别。贞观、永徽中，东西征役，身死王事者，并蒙敕使吊祭，追赠官职；亦有迴亡者官爵，与其子弟。从显庆五年（660年）已后，征役身死，更不借问。往前渡辽海者，即得一转勋官。从显庆五年（660年）以后，频经渡海，不被纪录。州县发遣兵募，人身少壮，家有钱财，参逐官府者，东西藏避，并即得脱，无钱参逐者，虽是老弱，推背即来。显庆五年（660年）破百济勋，及向平壤苦战勋，当时军将号令，并言与高官重赏，百方购募，无种不道，洎到西岸，惟闻枷锁推禁，夺赐破勋。州县追呼，求住不得。公私困弊，不可言尽。发海西之日，已有自害逃走，非独海外始逃。又为征役蒙授勋级，将为荣宠，频年征役，惟取勋官，牵挽辛苦，与白丁无别。百姓不愿征行，特由于此。臣又问见在兵募：旧留镇五年，尚得支济，尔等始经一年，何因如此单露？并报臣道：发家来日，惟遣作一年装束。自从离家，已经二年。在朝阳瓮津，又遣来去运粮。涉海遭风，多有漂失。臣勘责见在兵募，衣裳单露，不堪度冬者，给大军还日所留衣裳，且得一冬充事，来年秋后，更无准拟。"《高宗诸子弘传》云：有敕征辽军人逃亡，限内不首，及更有逃亡者，身并处斩，家口没官。弘上表谏曰："窃闻所司以背军之人，身久不出，家口皆拟没官；亦有限外出首，未经断罪；诸州囚禁，人数至多。或临时遇病，不及军伍，缘兹怖惧，遂即逃亡。或因樵采，被贼抄掠；或渡海来去，漂没沧波；或深入贼庭，有被伤杀；军法严重，皆须相傔。若不及傔，及不因战亡，即同队之人，兼合有罪。遂有无故死失，多注为逃。军旅之中，不暇勘当，直据队司通状，将作真逃。家口今总没官，论情实可哀愍。伏愿逃亡之家，免其配没。"制从之。观此二疏，知高宗初年，府兵见待，曾有大变，而民情因之。《新书·韩思彦传》：子琬，于景云初上言，亦云"往召募人贾其勇，今差勒阖宗逃亡"。此等谏诤之辞，容有耸听之语，然民情前后不同，亦必非子虚也。所以如斯，固难以一言蔽，然是时用兵太多，欲厚遇之，名实皆有所不给，必其大焉者也。民之所惮，莫如远役，以道途艰苦，供给不足，私赍亦力有不逮也。郭虔瓘转安西副大都护，"请募关中兵一万人往安西讨击，皆给公乘，兼供熟食"。见《旧书》本传。供亿如此，民当不惮远行，然物力安能给邪？唐世府兵，负荷本重，如戎器、驮马等是也。《旧书·职官志·兵部》云："凡军行器物，皆于当州分给之，如不足则令自备，贫富必以均焉。"随身用度，更不必论，刘仁轨之兵所云来时遣作一年装束是也。开元五年（717年）之诏，镇兵量免户杂科税，可见其本不能免，而是时亦不能全免。西北尤甚，太宗时，戴胄已言关中河外，尽置军团，见第三章第一节。

《新书·地理志》所载军府之数，京兆百三十有一，河南三十有九，余州府不过一二十，少者乃一二耳。此非尽唐人强干弱枝之计，盖自周、隋已来，相沿如此也。贞观时议户猥地狭者徙宽乡，崔善为以为畿内户旧籍府兵不可；苏瑰徙同州刺史，岁旱，兵当番上者不能赴，瑰奏宜月增赐半粮；可见关中之民负荷之重。而禁卫多出于此。《弘传》又云：咸亨二年（671年），驾幸东都，留太子于京师监国。时属大旱，关中饥乏。令取廊下兵士粮视之，见有食榆皮、蓬实者。乃令家令等各给米使足。《苏瑰传》：瑰以景龙三年（709年）转右仆射，同三品。亦言“粒食踊贵，宿卫兵至有三日不得食者”。宿卫如此，岂况征戍？《辛替否传》：替否于睿宗时为左补阙，上疏陈时政曰：“当今发一卒以御边垂，遣一兵以卫社稷，多无衣食，皆带饥寒。”可见中外皆然矣。张说之以彍骑代府兵也，《新书·说传》言：“卫兵贫弱，班休者亡命略尽，说建请一切募勇强士，优其科条，简其色役，不旬日，得胜兵十三万。”可见民之所惮，在彼而不在此。番上之易为长从，番戍之易为长征，其理一也。安、史之乱，诚为乘虚而入，然使是时，府兵而在，亦断不足以御之，而不见默啜、李尽忠之蹂躏河北乎？其时府兵曷尝废也？故以府兵之废为玄宗、张说、李林甫咎，玄宗、张说、李林甫不任受责也。不惟玄宗、张说、李林甫，即自高宗以下之君臣，亦不任受责也。何者？势之所趋，固非人力所能挽，而其制亦本只宜于周时，此时不必维持耳。然诸人仍有不能不任其责者，此则在于庙算之得失。唐君谓唐之用兵，皆务攻取，故府兵之制，不协事宜，是也。然则唐之务攻取，为得策乎？为失策乎？曰：亦可谓之得策，所惜者，初或用之过当，而后又不承权舆耳。用兵之道，不外二科：据其土，役其人，攘其物，此有所利而为之者也。中国之用兵于四夷，初无此意。特以其为我患而御之，或虑其将为我患而豫摧折之。前者固守御之师，后者之意，实亦仍在守御，不可谓之不义也。外夷顺服之日，设官以管理之，以防其逆节之萌，亦属此科矣。然攻取之兵，至于克捷之日，即宜解散，而防卫暨留镇之兵，则必不可多。何则？军久屯驻，则暮气盛而积弊深，必不可用；又养兵太多，为民力所不胜也。唐太宗之灭颉利，御侮之师也；其亡薛延陀，虑其将为我患而摧折之者也；攻高丽，辽东固中国地，当复；皆不可谓之不义，而其事西域，则实为黩武。何者？是时之情势，无取乎此也。丽、济既亡，辽东已复，且其形势已臻完固，若更据鸭绿江东之地，则为无所取材，故后遂弃之以与新罗，此举实最衷于理。辽东故中国郡县，貉人未必无移殖其间者，然必不能多，中国欲复之，宜也。鸭江以东，则故貉族之地，中国疆界，虽尝逾此，人之移殖者，亦必不能较貉族为多。以此分疆，最协于义。自唐弃平壤以后，中国不思越此而东，貉人亦不欲越此而西，两国遂获和平相处矣。其时吐蕃始炽；武后时，突厥再兴，契丹亦盛；中国理宜出攻取之师，而皆未能出，故至纵敌，以诒后患。玄宗时，突厥自亡，契丹亦戢，而吐蕃独肆侵陵。此时用兵，理应分别缓急，于吐蕃主攻，而于回纥、契丹，则不复主攻。陆贽言：吐蕃举国胜兵之徒，才当中国十数大郡。见《旧书》本传。虽甚强悍，非难摧破；况其多杂羌、浑等，又皆胁从而非心服乎？西域诸国，国小势分，本不能为中国患。此时之守四镇，非以綦焉耆、龟兹、高昌，乃所以蕃卫河西也。攻者决策在己，守者多见致于人，与屯重兵于安西、北廷，曷若移之陇右以攻敌？吐蕃之能猾夏，实恃今青海之地为腹心，其地易守而难攻，中国坐视其跋扈而无可如何，实由于此。然众寡贫富，迥不相侔，厚集其力以攻之，当无不可摧败者。此当如太宗时之攻吐谷浑，大举深入；且屡举以疲之，使其不获安居。不当如玄宗时争石堡等戍，置军以实河曲。争堡、置军，正乃守御之策，非攻取之师也。青海之地吃紧，则四镇不守而自固。西胡固惟利之求，回纥亦浸染胡俗，皆可以利啖；契丹尚未强大，但得廉耻之将以御之，固不待重兵也。哥舒翰多杀士以攻石堡，此邀功之为也。高仙芝之讨小勃律、攻石国，则兼以黩货矣；终致怛逻斯之败，非不幸也。吐蕃据今青海之地，无货利可歆，有之则羊马耳，固不足大启食欲，西域则不然矣。故不攻吐蕃而事西域，亦唐军纪败坏之一因也。兵力偏重，本非久计，况于过任蕃将？此实安、史之乱所由肇。然兼用蕃兵，亦爱惜民命之意，且合于天时、地利，未足深咎。然使唐是时于吐蕃主攻，则所抚用者当在羌、浑、党项，而非西胡。人所蕲求，各因习俗，羌、浑、党项之桀，必不如安禄山、史思明辈，睨天位而思夺之也。然则同用蕃兵，其得失亦有间矣。又唐兵力之不振，实缘将帅之非人。仪凤中，魏元忠言兵事曰："当今朝廷用人，类取将门子弟。亦有死事之家，而蒙抽擢者。此等本非干略见知，虽竭力尽诚，亦不免于倾败。"又曰："薛仁贵、郭待封，受阃外之寄，奉命专征；不能激厉熊罴，乘机扫扑，败军之后，又不能转祸为福，因事立功，遂乃弃甲丧师，脱身而走。幸逢宽政，罪止削除。网漏吞舟，何以过此？"又曰："仁贵自宣力海东，功无尺寸，坐玩金帛，黩货无厌，今又不诛，纵恶更甚。"高宗时师出之失律，盖有其由？中宗以还，因循弥甚，明罚敕法，犹恐不逮，而玄宗仍任贪黩之徒，《通鉴》贞元二年（786年）载李泌《议复府兵》之辞曰："牛仙客以积财得宰相，边将效之。山东戍卒，多赍缯帛自随，边将诱之，寄于府库，昼则苦役，夜系地牢，利其死而没入其财。故自天宝以后，山东戍卒还者，十无二三。"此说当亦出《邺侯家传》，传固伪，然其言亦必有所本也。且重任蕃将，则其措置，翩其反而矣。此安、史之乱所由成也，而于府兵之废何与哉？

中叶以后，调东方之兵，以戍西方，其弊，复与未变法以前等。《旧书·陆贽传》：贽尝疏论其事曰："关东之地，百物阜殷，从军之徒，尤被优养，惯于温饱，狎于欢康，比诸边隅，若异天地，而乃使之去亲族，舍园庐，甘其所辛酸，抗其所慑骇，将冀为用，不亦疏乎？矧又有休代之期，无统帅之驭。资奉若骄子，姑息如倩人。

屈指计归，张颐待饲。犹患还期之赊缓，常念戎丑之充斥。王师挫伤，则将乘其乱离，布路东溃。情志且尔，得之奚为？复有抵犯刑禁，论徙军城。意欲增户实边，兼令展效自赎。既是无良之类，且加怀土之情，思乱幸灾，又甚戍卒。适足烦于防卫，谅无望于功庸。穷边之地，长镇之兵，百战伤夷，终年辛苦。角所能则练习，度所处则孤危，考其服役则劳，察其临敌则勇。然衣粮所给，惟止当身，例为妻子所分，常有冻馁之色。而关东戍卒，衣粮所须，厚逾数等，继以茶药之馈，益以蔬酱之资。丰约相形，县绝斯甚。又有素非禁旅，本是边军，将校诡为媚词，因请遥隶神策。不离旧所，惟改虚名。其于禀赐之饶，遂有三倍之益。俦类所以忿恨，忠良所以忧嗟，疲人所以流亡，经费所以褊匮。谓宜罢诸道将士防秋之制，率因旧数而三分之：其一分，委本道节度使募少壮愿住边城者徙焉；其一分，则本道但供衣粮，委关内、河东诸军、州，募蕃、汉子弟愿傅边军者给焉；又一分，亦令本道但出衣粮，加给应募之人，以资新徙之业。又令度支散于诸道，和市耕牛，兼雇召工人，就诸军城，缮造器具。募人至者，家给耕牛一头，又给田农水火之器。初到之岁，与家口二人粮，并赐种子。待经一稔，俾自给家。若有余粮，官为收籴，各酬倍价，务奖营田。寇至则人自为战，时至则家自力农。时乃兵不得不强，食不得不足。与夫倏来忽往，岂可同等而语哉？”其所蕲求，亦与开元变法时等也。《通鉴》贞元二年（786年），载德宗与李泌议复府兵，泌为上历叙府兵兴废之由，且言其利。三年（787年），上复问泌以复府兵之策。泌言：“今吐蕃久居原、会之间，以牛运粮，粮尽牛无所用，请发左藏恶缯，染为采缬，因党项以市之。又命诸冶铸农器，籴麦种，分赐缘边军镇，募戍卒耕荒田。约明年麦熟，倍偿其种，其余据时价五分增一，官为籴之。来春种禾亦如之。戍卒因屯田致富，则安于土，不复思归。旧制戍卒三年而代。及其将满，下令有愿留者，即以所开田为永业，家人愿来者，本贯给长牒续食而遣之。据应募之数，移报本道。虽河朔诸帅，得免更代之烦，亦喜闻矣。不过数番，则戍卒土著，乃悉以府兵之法理之，是变关中之疲弊为富强也。”“既而戍卒应募，愿耕屯田者什五六。”此文盖出《邺侯家传》，不必信。然亦时人之见，可与陆贽之说相参证也。唐长孺云：敬舆上疏，《通鉴》在贞元九年（793年），《册府元龟》九百九十三在八年，使如《家传》所云，三年诏下，愿留者十五六，是成效久著，何以一言不及？然则邺侯但曾为此说，实未尝行，或则全为李繁所假托，并无是言也。即敬舆所论，德宗亦未能用，大历以后，边境非无屯田，李、陆二公之谋罢防秋，则始终未行也。二公所论，皆开元、天宝置长征健儿之遗策。府兵番上，征镇亦不移家口，虽有田而在本贯，与所言绝不同。愚案《旧书·崔涣传》：子纵，贞元时为河南尹。先是戍边之师，由洛阳者，储饩取办于遍户，纵始官备，不征于人。然则东军西戍，不徒浪费衣粮，亦且累及缘路居民矣。欧《史·四夷附录》云：榆关东临海，北有山，皆斗绝，并海东北有路，狭仅通车，其旁地可耕殖，唐时置戍，以扼契丹，戍兵常自耕食，惟衣絮岁给幽州。久之，皆有田宅，养子孙，以坚守为己利。唐末，幽、蓟割据，戍兵废散，契丹因得出陷平、营，而幽、蓟之人，岁苦寇钞，土著之兵足用，而屈指计归之士，不能守土，于此亦可见。陆贽疏又论节制多门之弊曰：“开元、天宝之间，控御西北两番，惟朔方、河西、陇右三节度而已。犹虑权分势散，或使兼而领之。中兴已来，未遑外讨，侨隶四镇于安定，权附陇右于扶风，所当西北两番，亦朔方、泾原、陇右、河东节度而已。关东戍卒，至则属焉。虽委任未尽得人，而措置尚存典制。自顷逆泚诱泾陇之众，叛怀光汙朔方之军，割裂诛鉏，所余无几。而又分朔方之地，建牙拥节者，凡三使焉。其余镇军，数且四十。皆承特诏委寄，各降中贵监临。人得抗衡，莫相禀属。每俟边书告急，方令计会用兵。既无军法下临，惟以客礼相待。是乃从容拯溺，揖让救焚。冀无阽危，固亦难矣。谓宜择文武能臣，一人为陇右元帅，一人为朔方元帅，一人为河东元帅。见置节度，有非要者，随所便近而并之。”此策或疑统率之权太重，然观幽蓟割据，戍卒转因之废散，则知叛将所用者，亦非土著、爱田庐、恋妻子之众也。

府兵既废，养兵之数骤增，天宝初四十九万，见《旧书·地理志》。建中元年（780 年）七十六万八千余，见《通鉴》。元和二年（807 年），李吉甫撰《元和国计簿》，云八十三万，六年（811 年），中书、门下奏云八十余万。开成二年（837 年），王彦威进供军图略曰：至德、乾元之后，迄于贞元、元和之际，约计八十余万，长庆约九十九万。均见《旧书·本纪》。国家经费不支，此为论史者称美府兵之理。其实亦不相干。何者？府兵必免其庸调，宁非损失经费邪？举一国之民，且耕且战，必不如或耕或战者所生之利为多，此通工易事之理也。若乃多养老弱，乞休不许，此乃军政之失，与军民分业之理何涉？民兵、募兵，二者孰优？关涉极多，实难以一言蔽，但就财政、生计言之，则未必唐之府兵，优于宋之召募也。杜牧之言曰：“百人荷戈，仰食县官，则挟千夫之名。”《新书·突厥传序》。然则养兵百万，实乃十万耳。十万之数，可云多乎？《李绛传》：绛亦言滨塞虚籍多，实兵少。《旧书·张说传》：既移河曲六州残胡，先是缘边镇兵，常六十余万。说以时无强寇，不假师众，奏罢二十余万，勒还营农。玄宗颇以为疑。说奏曰：“臣久在疆场，具悉边事。军将但欲自卫，及杂使营私，若御敌制胜，不在多养闲冗，以妨农务。陛下若以为疑，耳请以阖门百口为保。”上乃从之。然则养兵徒为边将私利者，逾三之一矣。王忠嗣兼朔方、河东节度使，自朔方至云中，缘边数千里，当要害地，开拓旧城，或自创制，斥地各数百里，史以为美谈。此必多置戍军，恐亦非必需，且或不免私利也。

方镇既横于外，所以把持京师者，复有禁军，其祸且更深于方镇焉。《新书·兵志》曰：“所谓天子禁军者，南北衙兵也。南衙，诸卫兵是也。北衙者，禁军也。初高祖以义兵起太原，已定天下，悉罢遣归，其愿留宿卫者三万人，以渭北白渠旁民弃腴田分给之，号元从禁军。后老不任事，以其子弟代，谓之父子军。及贞观初，太宗择善射者百人为二番，于北门长上，曰百骑，以从田猎。又置北衙七营，选材力骁壮，月以一营番上。十二年（638年），始置左右屯营于玄武门，领以诸卫将军，号飞骑。”《旧纪》在六月。复择马射为百骑，为游幸翊卫。《旧书·职官志》云：太宗选飞骑之尤骁健者，别署百骑，以为翊卫之备。《姜谟传》云：太宗选趫捷之士，以充仗内宿卫，名为飞骑，每游幸即骑以从。高宗龙朔二年（662年），始取越骑、步射置左右羽林军。《旧书·职官志》同。武后改百骑曰千骑，睿宗又改曰万骑，分左右营。及玄宗以万骑平韦氏，改为左右龙武军。皆用唐元功臣子弟，制若宿卫兵。《旧纪》：永昌元年十月，“改羽林军百骑为千骑”。景龙元年九月，“改左右羽林卫千骑为万骑”。开元二十六年（738年），冬，“析左右羽林军置左右龙武军，以左右万骑营隶焉”。《职官志》云：“万骑自开元以来，与左右羽林军名曰北门四军。开元二十七年（739年），改为左右龙武军。”是时良家子避征戍者，亦皆纳资隶军，分日更上如羽林。开元十二年（724年），诏左右羽林军、飞骑阙，取京旁州府士，以户部印印其臂，为二籍，羽林、兵部分掌之。末年，禁兵浸耗。及禄山反，天子西驾，禁军从者裁千人。肃宗赴灵武，士不满百。及即位，稍复旧补北军。至德二载（757年），置左右神武军，补元从、扈从官子弟，不足则取他色带品者，同四军。谓左右羽林、左右龙武。亦曰神武天骑。制如羽林。总曰北衙六军。又择便骑射者，置衙前射生手千人，亦曰供奉射生官，又曰殿前射生手，分左右厢，总号曰左右英武军。《旧书·职官志》云：羽林、龙武，皆唐元功臣子弟，非外州人。肃宗在凤翔，方收京城，以羽林军减耗，寇难未息，乃别置神武军，同羽林制度官吏，谓之北衙六军。又置衙前射生手千余人，谓之左右英武军，非六军之例也。乾元元年（758年），李辅国用事，请选羽林骑士五百人徼巡。李揆曰："汉以南北军相制，故周勃以北军安刘氏。朝廷置南北衙，文武区列，以相察伺。今用羽林代金吾警，忽有非常，何以制之？"遂罢。《旧书·职官志》云：左右金吾卫，掌宫中及京城昼夜巡警之法，以执御非违。又云：汉置南北军，掌卫京师。南军若今诸卫也，北军若今羽林军也。飞骑仗或有敕上南衙者，羽林大将军承墨敕，白移于金吾引驾仗，引驾仗官与监门覆奏，又降墨敕，然后得入。上元中，以北衙军使卫伯玉为神策军节度使，镇陕州。中使鱼朝恩为观军容使，监其军。初哥舒翰破吐蕃临洮西之磨环川，即其地置神策军，以成如璆为军使。及安禄山反，如璆以伯玉将兵千人赴难，与朝恩皆屯于陕。时神策故地沦没，即诏伯玉所部兵号神策军，以伯玉为节度，与陕州节度使郭英乂皆镇陕。其后伯玉罢，以英乂兼神策军节度。英乂入为仆射，军队统于观军容使。代宗即位，以射生军入禁中靖难，皆赐名宝应功臣，故射生军又号宝应军。广德元年（763 年），代宗避吐蕃幸陕，朝恩举在陕兵迎扈，悉号神策军。天子幸其营。及京师平，朝恩遂以军归禁中自将之，尚未与北军齿也。永泰元年（765 年），吐蕃复入寇，朝恩又以神策军屯苑中。自是寖盛，分为左右厢，势居北军右，遂为天子禁军，非他军比。朝恩乃以观军容宣慰处置使知神策军兵马使。又用爱将刘希暹为神策虞候，主不法。遂置北军狱，募坊市不逞，诬捕大姓，没产为赏。至有选举旅寓而挟厚赀多横死者。朝恩得罪死，以希暹代为神策军使。是岁，希暹复得罪，以朝恩旧校王驾鹤代将。十数岁，德宗即位，以白志贞代之。是时神策兵虽处内，而多以裨将将兵征伐，往往有功。及李希烈反，河北盗且起，数出禁军征伐，神策之士，多斗死者。建中四年（783 年），下诏募兵。以志贞为使，搜补峻切。神策兵既发殆尽，志贞阴以市人补之。名隶籍而身居市肆，及泾卒溃，皆戢伏不出，帝遂出奔。案此言志贞事诬罔，辩见第七章第三节。志贞等流贬。神策都虞候李晟与其军之他将，皆自飞狐道西兵赴难，遂为神策行营节度，屯渭北。军遂振。贞元二年（786年），改神策左右厢为左右神策军。特置监句当左右神策军，以宠中官，而益置大将军以下。又改殿前射生左右厢曰殿前左右射生军，亦置大将军以下。俄改殿前左右射生军曰左右神威军。《旧书·职官志》云：神威军，本号殿前射生左右厢。贞元二年九月，改殿前左右射生军。三年四月，改为左右神威军。非六军之例也。《诵鉴》：贞元四年四月，更命殿前左右射生曰神威军。与左右羽林、龙武、神武、神策号曰十军。置监左右神威军使。左右神策军皆加将军二员，左右龙武军加将军一员，以待诸道大将有功者。自肃宗以后，北军增置威武、长兴等军，名类颇多，而废置不一。惟羽林、龙武、神武、神策、神威最盛，总曰左右十军矣。其后京畿之西，多以神策军镇之，皆有屯营。军司之人，散处甸内，皆恃势凌暴，民间苦之。自德宗幸梁还，以神策兵有劳者，皆号兴元元从奉天定难功臣，恕死罪。中书、御史府、兵部乃不能岁比其籍，京兆又不敢总举名实。三辅人假比于军，一牒至十数。长安奸人，多寓占两军，身不宿卫，以钱代行，谓之纳课户。益肆为暴。吏稍禁之，辄先得罪。故当时京尹、赤令，皆为之敛屈。《旧书·郭子仪传》：子仪《请代宗还京》之奏曰："六军之兵，素非精练。皆市肆屠沽之人，务挂虚名，苟避征赋。驱以就战，百无一堪。亦有潜输货财，因以求免。"此为当日禁卫窳败之由，神策军所以得乘虚而入也。神策既入，挂名之习不改，遂至因之以为暴。《通鉴》：贞元七年二月，"初上还长安，以神策等军有卫从之劳，皆赐名兴元元从奉天定难功臣，以官领之，抚恤优厚。禁军恃恩骄横，侵暴百姓，陵忽府县。至诟辱官吏，毁裂案牍。府县官有不胜忿而刑之者，朝笞一人，夕贬万里。由是虽有公严之官，莫得举其职。市井富民，往往行赂寄名军籍，则府县不能制。辛巳，诏神威六军吏士与百姓讼者，委之府县。小事牒本军，大事奏闻。若军士陵忽府县，禁身以闻，委御史台推覆。县吏辄敢笞辱，必从贬谪"。自古以来，未有公然纵军虐民，摧折官吏，如此其甚者也。《旧书·柳仲郢传》：富平县人李秀才，籍在禁军，诬乡人斫父墓柏，射杀之。法司以专杀论。文宗以中官所庇，决杖配流。法之不行如此。十年（794年），京兆尹杨于陵请置挟名，敕五丁许二丁居军，余差以条限。由是豪强少畏。事亦见《旧书·于陵传》。《宣宗纪》：大中五年（851年），京兆尹韦博奏言京畿富户，为诸军影占，苟免府县色役，则此弊实未除。十二年（796年），以监句当左神策军左监门卫大将军知内侍省事窦文场为左神策军护军中尉，监句当右神策军右监门卫将军知内侍省事霍仙鸣为右神策军护军中尉。监右神威军使内侍兼内谒者监张尚进为右神威军中护军，监左神威军使内侍兼内谒者监焦希望为左神威军中护军。十四年（798年），又诏左右神策置统军，以崇亲卫，如六军。《新书·郑絪传》：入为起居郎翰林学士，累迁中书舍人。德宗自兴元还，置六军统军，视六尚书，以处功臣，除制用白麻付外。又废宣武军，益左右神策，以监军为中尉。窦文场恃功，阴讽宰相：进拟如统军比。絪当作制，奏言："天子封建或用宰相，以白麻署制，付中书、门下。今以命中尉。不识陛下特以宠文场邪？遂著为令也？"帝悟，谓文场曰："武德、贞观时，中人止内侍，诸卫将军同正赐绯者无几。自鱼朝恩以来，无复旧制。朕今用尔，不谓无私。若麻制宣告，天下谓尔胁我为之。"文场叩头谢。更命中书作诏，并罢统军用麻矣。当时中人之妄如此。时边军衣饷多不赡，而戍卒屯防，药茗蔬酱之给最厚。诸将务为诡辞，请遥隶神策军，禀赐遂赢旧三倍。由是塞上往往称神策行营，皆内统于中人矣。《通鉴》云："皆统于中尉。"又元和七年（812年），吐蕃犯泾州，及西门之外，驱掠人畜而去。上患之。李绛上言："京西、京北，皆有神策镇兵。始置之，欲以备御吐蕃，使与节度使犄角相应也。今则鲜衣美食，坐耗县官。每有寇至，节度使邀与俱进，则云申取中尉处分，比其得报，虏去远矣。纵有果锐之将，闻命奔赴，节度使无刑戮以制之，相视如平交，左右前却，莫肯用命，何所益乎？请据所在之地，士马及衣粮、器械，皆割隶当道节度使，使号令齐一。”上曰：“朕不知旧事如此，当亟行之。”既而神策军骄恣日久，不乐隶节度使，竟为宦者所沮而止。《新书·柳公绰传》：拜邠宁节度使。神策诸镇，列屯部中，不听本道节制，公绰论所宜。因诏屯营缓急悉受节度。宪宗号称英明，欲有所行，尚为宦官所格，昭、愍昏愦，令岂能行？况岂有平时不受节制，临事乃可指挥者邪？薛《史·唐明宗纪》：长兴三年十月，“帝谓范延光曰：如闻禁军戍守，多不禀藩臣之命，缓急如何驱使？”延光曰：“承前禁军出戍，便令逐处守臣管辖断决，近似简易。”帝曰：“速以宣命条举之。”则五代时仍有此弊。其军乃至十五万。《通鉴》：唐昭宗天复三年（903年），崔胤奏言：“贞元之末，分羽林卫为左右神策军，以便卫从，始令宦官主之，以二千人为定制。”则神策本军，数并不多，而附从者则七十五倍之矣。《新书·李晟传》：李怀光谋沮其军，奏言：“神策兵给赐比方镇独厚。今桀逆未平，军不可以异。欲晟自削其军，则士怨易挠。”怀光固桀骜，然此言则不能谓其非是也。顺宗即位，王叔文用事，欲取神策兵柄，乃用故将范希朝为左右神策京西诸城镇行营兵马节度使，以夺宦者权而不克。元和二年（807年），省神武军。明年，又废左右神威军，合为一，曰天威军。八年（813年），废天威军，以其兵分隶左右神策军。此时以左右羽林、左右龙武、左右神策为六军。至朱全忠废神策，乃以羽林、龙武、神武为六军，见下。及僖宗幸蜀，田令孜募神策新军，为五十四都，《通鉴》云“每都千人”，见光启元年（885年）。离为十军，令孜自为左右神策十军兼十二卫观军容使。《通鉴》注：左右卫，左右骁卫，左右武卫，左右威卫，左右领军卫，左右金吾卫，谓之南衙十二卫。以左右神策大将军为左右神策诸都指挥使。诸都又领以都将，亦曰都头。景福二年（893年），昭宗议以宗室典禁兵。及伐李茂贞，乃用嗣覃王允为京西招讨使，神策诸都指挥使李锣副之。悉发五十四军屯兴平。已而兵自溃。茂贞逼京师，昭宗为斩神策中尉西门重遂、李周潼，乃引去。乾宁元年（894年），王行瑜、韩建及茂贞连兵犯阙。天子又杀宰相韦昭度、李蹊，乃去。李克用伐行瑜等。同州节度使王行实入，迫神策中尉骆全欢、刘景宣，请天子幸邠州。全欢、景宣及子继晟，与行实纵火东市。帝御承天门，敕诸王率禁军扞之。捧日都头李筠以其军卫楼下。茂贞将阎圭攻筠，矢及楼扉。帝乃与亲王、公主幸筠军。扈跸都头李君实亦以兵至。侍帝出幸莎城、石门。诏嗣薛王知柔入长安收禁军，清宫室。月余乃还。又诏诸王选亲军，收拾神策亡散，得数万。益置安圣、捧宸、保宁、安化军，曰殿后四军。安化军，《通鉴》作宣化。嗣覃王允与嗣延王戒丕将之。三年（896 年），茂贞再犯阙。嗣覃王战败。昭宗幸华州。明年，韩建畏诸王有兵，请皆归十六宅。留殿后兵三十为控鹤排马官，隶飞龙坊。余悉散之。且列甲围行宫，于是四军二万余人皆罢。又请诛都头李筠。帝恐，为斩于大云桥。俄遂杀十一王。及还长安，左右神策军复稍置之，以六千人为定。是岁，左右神策中尉刘季述、王仲先以其兵千人废帝，幽之。季述等诛。已而昭宗召朱全忠兵入诛宦官。宦官觉，劫天子幸凤翔。全忠围之。岁余，天子乃诛中尉韩全诲、张彦弘等二十余人，以解梁兵。乃还长安。于是悉诛宦官，而神策左右军由此废矣。诸司悉归尚书省郎官，两军兵皆隶六军，而以崔胤判六军、十二卫事。六军者，左右龙武、神武、羽林，其名存而已。自是军司以宰相领。及全忠归，留步骑万人屯故两军，以子友伦为左右军宿卫都指挥使。禁卫皆汴卒，崔胤乃奏六军名存而兵亡，非所以壮京师。军皆置步军四将，骑军一将，步将皆兵二百五十人，骑将皆百人，总六千六百人，番上如故事。乃令六军诸卫副使京兆尹郑元规立格募兵于市，而全忠阴以汴人应之。胤死，以宰相裴枢判左三军，独孤损判右三军。向所募士悉散去。全忠亦兼判左右六军、十二卫。及东迁，惟小黄门打毬供奉十数人、内园小儿五百人从。至谷水，又尽屠之，易以汴人。于是天子无一人之卫。以上参看第五章第八节，第六章第四节，

第七章第六节，第十一章第二、第三、第四节。唐自中叶以后，号称藩镇跋扈，然始终擅命者惟河北。形要之地如襄、鄂，险塞之地如两川，穹远之地如黔、粤，皆未尝显然背命。东南财赋之区，尤为中央命脉所系。苟唐主赫然整顿，举藩镇之背命者讨平之，偃蹇者废易之，实未尝不可以复振；而唐自中叶后，除敬宗、懿宗、僖宗外，实无甚昏愚之主，而终于不能振拔者？则政事为宦官所把持实致之。谁生厉阶，至今为梗，德宗还跸后之措置，所以使读史者废书而叹也。《新书·柏良器传》：入为左神策大将军，知军事。募材勇以代士卒市贩者。中尉窦文场恶之。坐友人阑入，换右领军卫。自是军政皆中官专之。此事《通鉴》系贞元八年（792年），云良器“妻族饮醉，寓宿宫舍”。《注》云：“宫中直宿之舍也。”案事权之旁落，皆积渐而致。德宗始终维护宦官，乃害政之最甚者也。

五代之世，唐禁卫之名犹存，而其实权又移于他司，遂为宋制之本。欧《史·康义诚传论》曰：“当唐之末，方镇之兵多矣。凡一军有指挥使一人，而合一州之诸军，又有马步军都指挥使一人，盖其卒伍之长也？自梁以宣武军建国，因其旧制，有在京马步军都指挥使。唐因之。至明宗时，始更为侍卫亲军马步军都指挥使。当是时，天子自有六军、诸卫之职，六军有统军，诸卫有将军，而又以大臣、宗室一人判六军诸卫事。此朝廷大将，天子国兵之旧制也。而侍卫亲军者，天子自将之私兵也，推其名号可知矣。天子自为将，则都指挥使，乃其卒伍之都长耳。然自汉、周以来，其职益重。汉有侍卫司狱。凡朝廷大事，皆决侍卫狱。是时史弘肇为都指挥使，与宰相、枢密使并执国政，而弘肇尤专任，以至于亡。然是时，方镇各自有兵，天子亲军犹不过京师之兵而已。今方镇名存而实亡，六军诸卫又益以废，朝廷无大将之职，而举天下内外之兵，皆属侍卫司矣。则为都指挥使，其权岂不益重哉？亲军之号，始于明宗。其后又有殿前都指挥使，亦亲军也。皆不见其更置之始。今天下之兵，皆分属两司矣。”此自五代至宋之变迁也。都指挥使之名，所用亦甚广。《通鉴》：后梁太祖开平元年（907 年），晋王以蕃汉都指挥使周德威为行营都指挥使，率铁林都指挥使安元信等以救潞州。《注》云：伍季之世，诸镇各有都指挥使，而命官之职分，有不同者。如周德威为蕃汉都指挥使，则蕃汉之兵，皆受指挥；行营都指挥使，则行营兵皆受指挥；铁林都指挥使，则铁林军一都之指挥使耳。读史者宜各以义类求之。

五代时，整顿军政者，起于周世宗。薛《史·本纪》：显德元年二月，“诏诸道募山林亡命之徒有勇力者，送于阙下，仍目之为强人。帝以趫捷勇猛之士，多出于群盗中，故令所在招纳。有应命者，即贷其罪，以禁卫处之。至有朝行杀夺，暮升军籍，仇人遇之，不敢仰视。帝意亦患之，其后颇有不获宥者。十月，大阅，帝亲临之。命今上一概简阅，选武艺超绝者，署为殿前诸班。复命总戎者自龙捷、虎捷以降，周太祖广顺元年（951 年），改侍卫马军曰龙捷左右军，步军曰虎捷左右军，见《五代会要》。一一选之。老弱羸小者去之。”其策皆宋世所沿也。

唐末五代，有一极残暴无道之事，黥兵士之面是也。《通考·兵考》：“梁太祖开平元年（907 年），初帝在藩镇，用法严。将校有战殁者，所部兵悉斩之，谓之拔队斩。士卒失主将者，多亡逸不敢归。帝乃命凡军士皆文其面，以记军号。军士或思乡里逃去，关津辄执之，送所属，无不死者，其乡里亦不敢容，由是亡者皆聚山谷为盗，大为州县之患。至是，诏赦其罪。自今文面者亦听还乡里。盗减什七八。”此文出《五代史补》，《通鉴》亦采之。又引吴氏《能改斋漫录》曰：“《五代史·刘守光传》：天祐三年（906 年），梁攻沧州。仁恭调其境内，凡男子年十五以上、七十以下，皆黥其面，文曰定霸都。士人则文其腕或臂，曰一心事主。得二十万人。此据薛《史》。欧《史》亦载此事，而辞较略。《通鉴》云：下令境内：军发之后，有一人在闾里，刑无赦。或谏曰："今老弱悉行，妇人不能转饷。此令必行，滥刑者众矣。"乃命胜执兵者尽行，得兵十万。薛《史·赵凤传》云：幽州人也。少为儒。唐天祐中，燕帅刘守光尽率部内丁夫为军伍，而黥其面。为儒者多为僧以避之。凤亦落发，至太原。故苏明允《兵制篇》曰：屯田府兵，其利既不足以及天下，而后世之君，又不能循而守之。至于五代，燕帅刘守光又从而为之黥面涅手，自后遂以为常法，使之不得与齐民齿。余按陶岳《五代史补》，乃云：健儿文面，自梁太祖始。梁、燕皆同时，则文面又不特始于仁恭也。"愚按薛《史·朱汉宾传》云：梁祖之攻兖郓也，朱瑾募骁勇数百人，黥双雁于其颊，立为雁子都。梁祖闻之，亦选数百人，别为一军，号曰落雁都，署汉宾为军使。当时目为朱落雁。梁攻兖郓，起于景福元年（892 年），越六年，为乾宁四年（897 年），而朱瑾亡奔淮南，尚在天祐三年（906 年）之前九年。然则梁祖之黥其士，确在刘仁恭之前；事果始于落雁都，则朱瑾之黥其士，又在梁祖之前也。然处相同之境地中，恒易为相同之事，亦不必相师耳。

唐兵之种类甚多。《旧书·职官志·兵部》云："凡兵士隶卫，各有其名。左右卫曰骁骑，左右骁卫曰豹骑，左右武卫曰熊渠，左右威卫曰羽林，左右领军卫曰射声，左右金吾卫曰佽飞。东宫左右卫率府曰超乘，左右司御率府曰旅贲，左右清道率府曰直荡。总名曰卫士。"此皆来自折冲府者。又曰："凡左右金吾卫有角手，诸卫有弩手。"此亦卫士，而以其技名。又曰："左右羽林军有飞骑及左右万骑、彍骑。天下诸军有健儿。凡关内有团结兵。秦、成、岷、渭、河、兰六州有高丽、羌兵。黎、雅、邛、翼、茂五州有镇防团结兵。天下诸州差兵，募取户殷丁多，人材骁勇。选前资官、勋官部分强明，堪统摄者，节级擢补主帅以领之。其义征者别为行伍，不入募人之营。"此等则皆取之别有其途者矣。

健儿之名，盖起开元之世？唐长孺谓疑即开元二年（714 年）

大募壮勇士之称号。八年八月，诏云："宜差使于两京及诸州，且拣取十万人，务求灼然骁勇，不须限以蕃、汉，皆放番役杂科，惟令团伍教战。仍敕幽州刺史邵宠，于幽、易两州，选二万灼然骁勇者，充幽州经略军健儿，不得杂使，租庸资课并放免。"《册府元龟》百二十四。则健儿似专以争战为事。《通鉴》：代宗大历三年（768年），平卢行军司马许杲，将卒三千人驻濠州不去，有窥淮南意。淮南节度使崔圆，令副使张万福摄濠州刺史。杲闻，即提卒去，止当涂。是岁，上召万福，以为和州刺史行营防御使，讨杲。万福至州，杲惧，移军上元。又北至楚州，大掠。淮南节度使韦元甫命万福追讨之。未至淮阴，杲为其将康自劝所逐。自劝拥兵继掠，循淮而东。万福倍道追杀之。元甫将厚赏将士。万福曰："官健常虚费衣粮，无所事。今方立小功，不足过赏。请用三分之一。"胡《注》曰："兵农既分，县官费衣粮以养军，谓之官健。犹言官所养健儿也。"十二年五月，"诏自都团练使外，悉罢诸州团练守捉使。又定诸州兵皆有常数。其召募给家粮、春冬衣者，谓之官健。差点土人，春夏归农，秋冬追集，给身粮、酱菜者，谓之团结"。二者之别，灼然可见。然团结虽系土著，官健并发家粮，亦非浮浪人也。《旧志》之说，盖即据开、天时制言之。《建成传》云：建成令庆州总管杨文干募健儿送京师，则以后来之名，追述前事。然俗必先有此名，官家乃从而用之耳。

《通鉴》：开元十五年十二月，"制以吐蕃为边患，令陇右道及诸军团兵五万六千人，河西道及诸军团兵四万人，又征关中兵万人集临洮，朔方兵万人集会州防秋，至冬初无寇而罢。伺虏入寇，互出兵腹背击之"。此以团兵助正军之不足，亦所以省调发。胡《注》曰："府兵废，行一切之扶，团结民兵，谓之团兵。"此言似非是。唐除关中外，置府并不多，即府兵未废时，亦未必能不借民团为助也。二十七年（739年），剑南节度使张宥文吏，不习军旅，悉以军政委团练副使章仇兼琼。《注》云：据《旧志》，上元后置团练使。余考唐制，凡有团结兵之地，则置团练使。此时蜀有黎、雅、邛、翼、茂五州镇防团结兵，故置团练副使。安、史乱后，诸州皆置团练使矣。团练使之置，自后多于前，然府兵未废时，必不能谓遂无团兵也。兴元元年（784年），李怀光使其将符峤袭坊州，据之。渭北守将窦觎率猎团七百围之，峤请降。《注》云："团结猎户为兵，谓之猎团。"则各种人皆可团结矣。乡兵之用，历代皆不能免，其要，实在守卫乡土，以补正兵之不足，然后遂有用之出战者。《旧书·张镒传》：镒为濠州刺史，李灵曜反于汴州，镒训练乡兵，严守御之备，此以之守土者也。《诸葛爽传》：爽攻新乡，韩简逆战，偏将乐彦祯说其衙军奔归，爽军乘之，简乡兵八万大败，此则以之出战矣。《通鉴》：中和四年三月，校师立移檄行在百官及诸道将吏士庶，数陈敬瑄十罪，云："本道将士，八州坛丁，共十五万人，长驱问罪。"《注》云：按《新书·路岩传》：岩帅西川，置定边军于邛州，取坛丁子弟教击刺，使补屯籍；则坛丁者，蜀中边郡民兵也。又按路振《九国志》:石处温事孟知祥，补万州管内诸坛点检指挥使。见得蜀中诸郡，皆有坛丁。补屯籍犹使之守土，置使指挥，则意在用之出战矣。薛《史·周太祖纪》：广顺二年二月，"诏先获河东乡军一百余人，给钱、鞋放归"。四月，"诏停蔡州乡军"。《世宗纪》：高平之捷，"诏赐河东降军二千余人各绢二匹，并给其衣装；乡兵各给绢一匹，放还本部"。是彼此皆用乡兵也。《旧书·良吏·崔知温传》：麟德中，累转灵州都督府司马。州界有浑、斛薛部落万余帐，数侵掠居人。百姓咸废农业，习骑射以备之。知温表请徙于河北。是百姓不待官兵保护，自能团结御敌也。《李抱真传》：为怀泽潞观察留后。密揣山东当有变，上党且当兵冲。时承战余，土瘠赋重，无以养军。乃籍户丁男，三选其一。有材力者，免其租徭，给弓矢。令之曰："农隙分曹角射，岁终吾当会试。"及期，按簿而征之，都试以示赏罚。复命之如初。比三年，皆善射。得成卒二万。天下称昭义步兵冠诸军。然则训练亦非难，特不当如宋人之行保甲，置司以扰之耳。读苏轼《请存恤河北弓箭社》之奏，与司马光、王岩叟论保甲之疏，然后知人民自为之者之力之大，而代斫者之必伤其手也。然而籍于官，以兵为业，则有转不教练者。《旧书·宣宗纪》：大中六年五月，“敕天下军府有兵马处，宜选会兵法、解弓马等人，充教练使。每年合教习时，常令教习。仍于其时申兵部。”足见兵之不教者之多矣。

以兵不足用，临时调发人民者，五代时多有之。欧《史·史弘肇传》言梁末调民七户出一兵。《刘景岩传》言晋高祖起兵太原，唐废帝调民七户出一卒为义兵。《通鉴》记此事于天福元年十月，云“每七户出征夫一人，自备铠仗，谓之义军”。《考异》曰：“薛《史》云十户，今从《废帝实录》。”又开运元年三月云：“敕天下籍乡兵，每七户共出兵械资一卒。”此即后来号为武定军，又改为天威军者。见第十三章第四节。然则七户出一兵，殆为五代时成法。此无他，废唐时差兵募取之法。而强人以义征之役耳。欧《史·吴越世家》：周师渡淮，钱俶“尽括国中丁民益兵以会期。”《通鉴》：开运三年（946年），唐围福州，吴越王弘佐救之。募兵久无应者。弘佐命纠之，曰：“纠而为兵者，粮赐减半。”明日，应募者云集，皆可见当时取兵之酷。

以罪人为兵者，历代亦皆有之。隋改徒流为配防，见下节。炀帝置西海等郡，谪天下罪人，配为戍卒，大开屯田，发西方诸郡运粮以给之，其祸甚博。然唐太宗于西州亦用之。褚遂良谏疏谓其“岁遣千余人，远事屯戍，兼遣罪人，增其防遏”者也。中叶后防秋亦用之，见前引陆贽疏。《通考·兵考》：宪宗元和八年（813年），刑部侍郎王播奏：“天德军五城及诸边城配流人等，臣窃见诸配流人，多逢恩赦，悉得归还，惟前件流人，皆被本道重奏，称要防边，遂令没身，终无归日。臣又见比年边城犯流者，多是胥徒小吏，或是斗打轻刑，据罪可原，在边无益。请自今流人准格例满日，六年后并许赦还。”从之。《旧书·宣宗纪》：大中四年正月，大赦天下。“徒流比在天德，以十年为限，既遇鸿恩，例减三载。其秦，原、威、武诸州、诸关，先准格徒流，亦量与立限，止于七年。”十一月，“敕收复成、维、扶等三州，建立已定。条令制置，一切合同。其已配到流人，宜准秦、原、威、武等州流例，七年放还”。是以徒流守边，已成故事矣。

以奴为兵者：《新书·契丹传》：李尽忠反，募天下人奴有勇者，官畀主直，悉发以击虏。此犹用招募之法。《通鉴》：睿宗景云元年八月，万骑恃讨诸韦之功，多暴横，长安中苦之。诏并除外官。又停以户奴为万骑。更置飞骑，隶左右羽林。《注》曰：“户奴为万骑，盖必起于永昌以后。”此殆立法强取之？足见是时取兵之难矣。

车战久废，然防冲突仍或用之。《隋书·杨素传》：开皇十八年（598年），突厥达头可汗犯塞，以素为灵州道行军总管，出塞讨之。先是诸将与虏战，每虑胡骑奔突，皆以戎车步骑相参，舆鹿角为方阵，骑在其内。素谓人曰：“此乃自固之道，非取胜之方也。”于是悉除旧法。令诸军为骑阵。达头闻之，大喜，曰：“此天赐我也。”因下马，仰天而拜。率精骑十余万而至。素奋击，大破之。达头被重创而遁，杀伤不可胜计。此文自不免夸张，然形势大略可见。盖惟兵精者可以角利，不则战无百胜，不可不先为自固之计。《传》又言：素时贵幸，言无不从。从素征伐者，微功必录。他将虽有大功，多为文吏所谴却。故素虽严忍，士亦以此愿从焉。此亦如汉之卫、霍，所将常选，固非他将所得比方也。《旧书·房琯传》：战于陈陶斜。“琯用春秋车战之法，以车二千乘，马步夹之。既战，贼顺风扬尘鼓噪，牛皆震骇，因缚刍纵火焚之。”师遂挠败。盖亦以禄山兵精，虑为所乘，故为是以止冲突？至其所以败，则以所将兵太弱，抑牛尤非服习之马比也。《马燧传》：燧镇太原，承败军之后，兵甲寡弱。

燧乃悉召将吏牧马厮役，得数千人，悉补骑卒。教之数月，皆为精骑。造甲者必令长短三等，称其所衣，以便进趋。又造战车，蒙以狻猊象，列戟于后。行则载兵甲，止则为营阵，或塞隘以遏奔冲。虽尚趋利，夫固不废藩卫。至于骑战，自属要图。唐世畜马最多，与其兵威之张，颇有关系；而安、史乱后，陇右马牧陷没，与其兵力之衰，亦甚有关；已见第十九章第一节。

攻坚之器，礌石仍重。《新书·李密传》：密命护军将军田茂，广造云旝三百具，以机发石，为攻城械，号将军炮，进逼东都。又《五行志》："大和三年（829年），南蛮围成都，毁玉晨殿为礌，有吼声三，乃止。"可见攻守皆重发石。《通鉴》:梁贞明三年（917年），吴王遣使遗契丹主以猛火油，曰："攻城以此油然火焚楼橹，敌以水沃之，火愈炽。"契丹主大喜。即选骑三万，欲攻幽州。述律后哂之曰："岂有试油而攻一国乎？"乃止。《注》曰:《南蕃志》：猛火油出占城国。蛮人水战，用之以焚敌舟。吴人盖亦得之南方者？此物用以攻城，必无大益。阿保机久历戎行，岂其轻躁如此。《通鉴》之云，必传者过也。

军械虽由官造，如唐时军器监总弩坊、甲坊二署，缮甲弩以输武库是也。见第一节。实多出于民间。公家所储，率多窳败。《新书·安禄山传》言：禄山反，州县发官铠仗，皆穿朽钝折不可用，持梃斗，弗能抗，可见其窳败之状。周时罢诸州贡械，见第八节。固以其厉民，亦以其不可用也。《李德裕传》：徙西川，请甲人于安定，弓人于河中，弩人于浙西，由是蜀之器械皆犀锐。诸方造械，各有所长，此必民间巧匠，非官所畜也。隋开皇三年（583年），禁大刀长槊。十五年（595年），收天下兵器，敢有私造者坐之。《隋书·高祖纪》。晋天福二年（937年），亦禁造甲兵，欧《史·本纪》。可见民间兵器之富。苟欲称兵，正不待如前世之劫武库矣。薛《史·唐庄宗纪》：同光二年五月，"诏天下收拆防城之具，不得修浚城隍"。又云："李嗣源遣使部送潞州叛将杨立等到阙，并磔于市。潞州城峻而隍深，至是，帝命划平之。因诏诸方镇撤防城之备焉。”盖因立部送到追书之，实则潞州之毁，撤防之诏，皆在磔立之前也。此秦人之隳名城，其意亦与禁兵器等，然何益哉？

第十节　刑　制

《隋书·刑法志》：“开皇元年（581年），诏高颎等更定新律。其刑名有五：一曰死刑二，有绞，有斩。二曰流刑三，有一千里，千五百里，二千里。应配者，一千里居作二年，一千五百里居作二年半，二千里居作三年。应住居作者，三流俱役三年，近流加杖一百，一等加三十。三曰徒刑五，有一年，一年半，二年，二年半，三年。四曰杖刑五，自五十疑当作六十。至于百。五曰笞刑五，自十至于五十。而蠲除前代鞭刑，及枭首、轘裂之法。又置十恶之条，多采后齐之制，而颇有损益。一曰谋反，二曰谋大逆，三曰谋叛，四曰恶逆，五曰不道，六曰大不敬，七曰不孝，八曰不睦，九曰不义，十曰内乱。犯十恶及故杀人狱成者，虽会赦，犹除名。其在八议之科，及官品第七以上，犯罪皆例减一等。其品第九已上，犯者听赎。应赎者皆以铜代绢。犯私罪以官当徒。定讫，诏颁之。《本纪》开皇元年十月戊子，行新律。三年（583年），又敕苏威、牛弘等更定新律。除死罪八十一条，流罪一百五十四条，徒、杖等千余条，定留惟五百条。凡十二卷：一曰名例，二曰卫禁，三曰职制，四曰户婚，五曰厩库，六曰擅兴，七曰盗贼，八曰斗讼，九曰诈伪，十曰杂律，十一曰捕亡，十二曰断狱。十三年（593年），改徒及流并为配防。胡三省曰：“配防者，配隶军伍，使之防守。”见《通鉴》开皇十九年（599年）《注》。炀帝即位，以高祖禁网深刻，又敕修律令。

除十恶之条。时升称皆小旧二倍，其赎铜亦皆二倍，其实不异。三年（607年），新律成，凡五百条，为十八篇，诏施行之，《本纪》：三年四月甲申，颁律令。谓之《大业律》。一曰名例，二曰捕亡，三曰违制，四曰请求，五曰户，六曰婚，七曰擅兴，八曰告劾，九曰贼，十曰盗，十一曰斗，十二曰捕亡，十三曰仓库，十四曰厩牧，十五曰关市，十六曰杂，十七曰诈伪，十八曰断狱。其五刑之内，降从轻典者二百余条。"《困学纪闻》云："五刑之法《疏》《周官·秋官·司刑疏》。谓宫刑至隋乃赦。崔浩《汉律序》：文帝除肉刑而宫不易。《书正义》：《吕刑正义》。隋开皇之初，始除宫刑。按《通鉴》：西魏大统十三年三月除宫刑，非隋也。"按汉文帝实曾除宫刑，说见《秦汉史》第十八章第七节。南北朝时亦有宫刑，西魏文帝、齐后主时乃除之，见《两晋南北朝史》第二十二章第七节。前世刑法，往往旋除旋复，其后盖又行之，故隋文帝又除之也。《吕刑疏》曰："开皇初，始除男子宫刑，妇人犹闭于宫。"则其所除者特肉刑，当时所谓宫刑，实未全废。然此要为一大事，《隋志》不应失载也。

《新书·刑法志》云："唐之刑书有四：曰律、令、格、式。令者，尊卑贵贱之等数，国家之制度也。格者，百官有司所常行之事也。式者，其所常守之法也。凡邦国之政，必从事于此三者。其有所违及人之为恶而入于罪戾者，一断以律。"《百官志·刑部》亦云："凡刑法之书有四：一曰律，二曰令，三曰格，四曰式。"《旧书·职官志·刑部》云："凡文法之名有四：一曰律，二曰令，三曰格，四曰式。凡律以正刑定罪，令以设范立制，格以禁违正邪，式以轨物程事。"《隋书·经籍志》云："汉初，萧何定律九章。其后渐更增益，令甲已下，盈溢架藏。晋初，贾充、杜预删而定之，有律、有令、有故事。梁时，又取故事之宜于时者为梁科。《志》梁科三十卷，陈科亦三十卷，盖大体沿梁。后齐武帝时，又于麟趾殿删正刑典，谓之《麟趾格》。后周太祖又命苏绰撰《大统式》。隋则律、令、格、式并行。"《隋书·本纪》：开皇元年十月，行新律。大业三年四月，颁律令。四年十月，颁新式于天下。《苏威传》云：上令朝臣厘改旧法，为一代通典，律、令、格、式，多威所定。《旧书·经籍志》有隋《开皇令》三十卷。则四者之并行，实非始于唐也，《旧书·职官志》云："凡律十有二章：一名例，二禁卫，三职制，四户婚，五厩库，六擅兴，七贼盗，八斗讼，九诈伪，十杂律，十一捕亡，十二断狱，《新书·刑法志》同。云"因隋之旧"。案此废大业律而复开皇之旧也。而大凡五百条。令二十有七篇，分为三十卷。第一至第七曰官品、职员，八祠，九户，十选举，十一考课，十二官卫，十三军防，十四衣服，十五仪制，十六卤簿，十七公式，十八田，十九赋役，二十仓库，二十一厩牧，二十二关市，二十三医疾，二十四狱官，二十五营缮，二十六丧葬，二十七杂令。而大凡一千五百四十六条。凡格二十四篇，式三十三篇，以尚书、御史台、九寺、三监、诸军为目。"此唐文法之大概也。

律、令、格、式，皆时有增损，而格、式尤烦。《旧书·刑法志》云：高祖"既平京城，约法为二十条。惟制杀人、劫盗、背军、叛逆者死。及受禅，诏纳言刘文静与当朝通识之士，因《开皇律令》而增损之，尽削大业烦峻之法。又制五十三条格。寻又敕裴寂等撰定律令。大略以开皇为准。惟正五十三条格，入于新律，余无所改。至武德七年五月奏上，颁行天下。《旧书·高祖纪》：武德元年五月，命裴寂等修律令。六月，废隋大业律令，颁新格，十一月，诏颁五十三条格，以约法缓刑。七年四月，大赦天下，颁行新律令。《经籍志》有武德令三十卷。《新书·艺文志》又有式十四卷。太宗即位，又命长孙无忌、房玄龄与学士、法官，更加厘改。定律五百条，分为十二卷。其目见上。有笞、杖、徒、流、死为五刑。流刑三，自二千里递加五百里至三千里。十四年（640 年），又制流罪三等，不限以里数，量配边恶之州。余同隋。又有议、请、减、赎、当、免之法，十恶之条。比隋代旧律，减大辟者九十二条，减流入徒者七十一条，凡削烦去蠹，变重为轻者，不可胜纪。又定令一千五百九十条，为三十卷。《新书·艺文志》二十七卷。《注》云：令一千五百四十六条。贞观十一年正月，颁下之。《本纪》同。又删武德、贞观已来敕格三千余条，定留七百条，以为格十八卷。其曹之常务，但留本司者，别为《留司格》一卷。《新书·艺文志》又有式三十三卷。永徽初，敕长孙无忌等撰定律、令、格、式。旧制不便者，皆随删改。遂分格为两部：曹司常务为留司格，天下所共为散颁格。散颁格下州县，留司格但留本司焉。《本纪》：永徽二年闰九月，颁新定律、令、格、式于天下。《新书·艺文志》：永徽律十二卷，又式十四卷，式本四卷，令三十卷，散颁天下格七卷，留本司行格十八卷。三年（652 年），诏曰：律学未有定疏，每年所举明法，遂无凭准。宜广召解律人，条义疏奏闻。于是成三十卷，四年十月，奏之，颁于天下。《纪》在十一月。自是断狱者，皆引疏分析之。龙朔二年（662 年），改易官号，因敕重定格、式，惟改曹局之名。麟德二年（665 年）奏上。至仪凤中，官号复旧，又敕删缉格、式，二年二月奏上。《新书·艺文志》：永徽留本司格后十一卷。则天敕删改格式，加计帐及句帐式，通旧式成二十卷。又以武德已来、垂拱已后诏敕便于时者，编为新格二卷。则天自制序。《本纪》。垂拱元年三月，颁下亲撰垂拱格于天下。盖以自制序，故谓之亲撰。其二卷之外，别编六卷，堪为当司行用，为《垂拱留司格》。《新书·艺文志》又有散颁格三卷。时韦方质凤阁侍郎。详练法理，又委其事于咸阳尉王守慎，又有经理之才。故垂拱格式，议者称为详密。方质，云起孙。《旧书》附《云起传》。云：方质多所损益，甚为时人所称。其律、令惟改二十四条，又有不便者，大抵依旧。中宗神龙元年（705 年），敕删定《垂拱格》后至神龙元年（705 年）已来制敕，为《散颁格》七卷，又删补旧式为二十卷，颁于天下。景云初，睿宗又敕删定格、式、律、令。太极元年二月奏上，名为《太极格》。《新书·艺文志》十卷。《本纪》：景云三年二月，颁新格、式于天下。开元初，玄宗敕删定格、式、令。至三年三月奏上，名为《开元格》。六年（718年），又敕删定律、令、格、式。至七年三月奏上。律、令、式仍旧，名格曰《开元后格》。《新书·艺文志》:《开元后格》十卷。又式二十卷。十九年（731年），侍中裴光庭、中书令萧嵩又以格后制敕，行用之后，颇与格文相违，于事非便，奏令所司删撰《格后长行敕》六卷，颁于天下。二十二年（734年），户部尚书李林甫又受诏改修格、令。旧格、式、律、令及敕，总七千二十六条。其一千三百二十四条，于事非要，并删之。二千一百八十条，随文损益。三千五百九十四条，仍旧不改。总成十一卷，《律疏》三十卷，《令》三十卷，《式》二十卷，《开元新格》十卷。又撰《格式律令事类》四十卷，以类相从，便于省览。二十五年九月奏上。敕于尚书都省写五十本，发使散于天下。《本纪》：开元二十五年九月，颁新定令、格、式及事类一百三十卷于天下。《新书·刑法志》云：明年，吏部尚书宋璟又著后格，皆以开元名书。天宝四载（745年），又诏刑部尚书萧炅稍复增损之。大历十四年六月一日，德宗御丹凤楼大赦。赦书节文：律、令、格、式，条目有未折衷者，委中书、门下简择理识通明官共删定。自至德已来制敕，或因人奏请，或临事颁行，差互不同，使人疑惑。中书、门下与删定官详决，取堪长久行用者，编入格条。建中二年（781年），罢删定格令使，委刑部删定。《新书·刑法志》：德宗时，诏中书、门下选律学之士，取至德以来制敕、奏谳，掇其可为法者藏之，而不名书。元和十三年八月，凤翔节度使郑馀庆等详定格后敕三十卷。右司郎中崔郾等六人修上。其年，刑部侍郎许孟容、蒋乂等奉诏删定，复勒成三十卷。刑部侍郎刘伯刍等考定，如其旧卷。《本纪》：元和二年七月，敕刑部侍郎许孟容等删定开元格后敕。十年十月，刑部尚书权德舆奏请行用新删定敕格三十卷，从之。《德舆传》曰：改刑部尚书。先是许孟容、蒋乂等奉诏删定格、敕。孟容寻改他官，乂独成三十卷，表献之，留中不出。德舆请下刑部，与侍郎刘伯刍等考定，复为三十卷。大和七年十二月，刑部奏先奉敕详定前大理谢登新编《格后敕》六十卷讫，都为五十卷，伏请宣下施行。可之。亦见《本纪》。《纪》又云：大和元年六月，“诏元和、长庆中，皆因用兵，权以济事，所下制敕，难以通行。宜令尚书省取元和已来制敕参详，删定讫，送中书、门下，议定闻奏”。《新书·刑法志》：“文宗命尚书省郎官各删本司敕，而丞与侍郎覆视，中书、门下参其可否而奏之，为大和格后敕。”盖肇其事者尚书省，成之于大理，终乃复由刑部详定也？《旧书·冯宿传》：大和四年（830年），入为工部侍郎。六年（832年），迁刑部侍郎。修《格后敕》三十卷。开成四年（839年），两省详定《刑法格》一十卷，敕令施行。《新书·刑法志》：开成三年（838年），刑部侍郎狄兼谟采开元二十六年（738年）以后至于开成制敕，删其繁者，为开成详定格。大中五年四月，刑部侍郎刘瑑等奉敕修大中刑法总要格后敕六十卷，起贞观二年六月二十日，至大中五年四月十三日，凡二百二十四年杂敕，都计六百四十六门，一千一百六十五条。《本纪》：四月癸卯，刑部侍郎刘瑑奏：据今年四月十三日已前，凡三百四十四年杂制敕，计六百四十六门，二千一百六十五条，议轻重，名曰《大中刑法统类》，欲行用之。《瑑传》曰：大中初，转刑部侍郎。瑑精于法律，选大中以前二百四十四年制敕可行用者二千八百六十五条，分为六百四十六门，议其轻重，别成一家法书，号《大中统类》，奏行用之。《纪》之三百四十四年，三百必二百之误。二千八百六十五条，《新书·瑑传》作二千八百六十五事。二千与《志》之一千，未知孰是？《纪》云议轻重，不成句，盖当如《传》作议其轻重，传写夺其字也。书名及卷数，《新书·艺文志》皆与《旧书·刑法志》同。《新传》作《大中刑律统类》，盖《旧传》《大中统类》之具言。此书敕修之旨为总要，《新传》云类而析之，盖瑑自创之体，故《旧传》谓其别成一家，而其书又以统类名也。《廿二史考异》疑其误，谓瑑书与张戣之书是一，恐非。搜辑至四月十三日，而即以其月奏闻，其书必未及杀青，当如《纪》《传》有欲行用之或奏行用之一语，语气乃为完具，《刑法志》亦疑有夺文也。七年五月，左卫率府仓曹参军张戣进《大中刑法统类》一十二卷，敕刑部详定奏行之”。《本纪》云：戣集律、令、格、式条件相类一千二百五十条，分一百二十一门，号曰《刑法统类》，上之。《新书·刑法志》云：戣以刑律分类为门，而附以格敕。《艺文志》：张戣《大中刑律统类》十二卷。此唐世制订之大略也。诸书多出官纂，或经官颁。《志》又云：详刑少卿赵仁本撰《法例》三卷，引以断狱，时议亦为折衷。后高宗览之，以为烦文不便，遂废不用。则似未经奏请而行用者。

五代刑法，大体沿唐。梁太祖开平三年十一月，诏删定律、令、格、式。四年十二月，宰臣奏：重刊定律令三十卷，式二十卷，格一十卷，目录一十三卷，律疏三十卷，请目为《大梁新定格式律令》，仍颁下施行之。薛《史·刑法志》、欧《史·本纪》：开成四年十二月，癸酉，颁律令格式。唐庄宗同光元年十二月，御史台奏：“当司、刑部、大理寺收贮刑书，并是伪廷删改者。兼伪廷先下诸道，追取本朝法书焚毁，或经兵火。只定州敕库具在。请敕速写副本进纳。”从之。未几，定州王都进纳唐朝格、式、律、令，凡二百八十六卷。二年二月，刑部尚书卢价奏纂集《同光刑律统类》，凡一十三卷，上之。薛《史·刑法志》。末帝清泰二年四月，御史中丞卢损等，进清泰元年（934 年）以前十一年制敕堪悠久施行者，三百九十四道，编为三十卷。其不中选者，各令所司封闭，不得行用。诏其新编敕如可施行，付御史台颁行。晋高祖天福三年七月，差左谏议大夫薛融等详定唐明宗朝编敕。四年七月，融等上详定编敕三百六十八道，分为三十一卷。薛《史·本纪》。周太祖广顺元年六月，敕侍御史卢亿、刑部员外郎曹匪躬、大理正段涛同议定，重写法书一百四十八卷。先是汉隐帝末，因兵乱法书亡失。至是，大理奏重写律、令、格、式、统类、编敕。以晋、汉及国初事关刑法敕条凡二十六件，分为二卷，附于编敕，目为《大周续编敕》。命省、寺行用焉。世宗显德四年五月，中书、门下奏："准宣：法书行用多时，文意古质，条目繁细，使人难会。兼前后敕、格，互换重叠，亦难详定。宜令中书、门下并重删定，务从节要，所贵天下易为详究者。今朝廷之所行用者:《律》一十二卷,《律疏》三十卷,《式》二十卷,《令》三十卷,《开成格》一十卷,《大中统类》一十二卷，后唐以来至汉末编敕三十二卷，及皇朝制敕等。折狱定刑，无出于此。律、令则文辞古质，看览者难以详明。格、敕则条目繁多，检阅者或有疑误。臣等商量：差御史知杂事张湜等一十人编集新格，勒成部帙。律、令有难解者，就文训释。格、敕有繁杂者，随事删除。其中有轻重未当，便于古而不便于今，矛盾相违，可于此而不可于彼，尽宜改正，无或牵拘。候编集毕日，委御史台尚书省四品以上及两省五品以上官参详可否，送中书、门下议定，奏取进止。"诏从之。五年七月，中书、门下奏："湜等九人，编集刑书，悉有条贯。兵部尚书张昭等一十人参详旨要，更加损益。其所编集者，用律为正。辞旨有难解者，释以疏意。式、令有附近者，次之。格、敕有废置者，又次之。事有不便，与该说未尽者，别立新条于本条之下。其有文理深古、虑人疑惑者，别以朱字训释。至于朝廷之禁令，州县之常科，各以类分，悉令编附。其所编集，勒成一部。别有目录，凡二十卷。目之为《大周刑统》。欲请颁行天下，与律、疏、令、式通行。其《刑法统类》《开成格》《编敕》等，采掇既尽，不在法司行使之限。敕宜依，仍颁行天下。"薛《史·刑法志》。胡三省谓"《刑统》一书，终宋之世行之"焉。《通鉴注》。

《新书·儒学·赵冬曦传》：神龙初，上书曰："古律条目千余。隋时，奸臣侮法，著律曰：律无正条者，出罪举重以明轻，入罪举轻以明重。一辞而废条目数百。自是轻重沿爱憎，被罚者不知其然。使贾谊见之，恸哭必矣。夫法易知则下不敢犯而远机阱，文义深则吏乘便而朋附盛。律、令、格、式，谓宜刊定科条，直书其事。以准加减、比附、量情，及举轻以明重，不应为之类，皆勿用。使愚夫愚妇，相率而远罪。犯者虽贵必坐。律明则人信，法一则主尊。”当时称是。此与文义之难知，殆当时法令不便于民之两大端。《旧书·刘文静传》，言其受命与当朝通识之士，更刊隋开皇律令而损益之。高祖谓曰：“本设法令，使人共解，而往代相承，多为隐语，执法之官，缘此舞弄，宜更刊定，务使易知。”则律文深奥之弊，唐初已然，正不待周世宗言之矣。然人事日繁，法理益邃，犯罪科条，何由一一列举？而其条文，亦何由使人共喻耶？

《通考·刑考叙》曰：“汉文除肉刑，善矣，而以髡笞代之。髡法过轻，而略无惩创，笞法过重，而至于死亡。其后乃去笞而独用髡，减死罪一等，即止于髡钳；进髡钳一等，即入于死罪。而深文酷吏，务从重比，故死刑不胜其众。魏、晋已来病之，然不知减笞数使之不死，徒欲复肉刑以全其生，肉刑卒不可复，遂独以髡钳为生刑，所欲活者傅生议，于是伤人者或折要体，而才翦其毛发；所欲陷者与死比，于是犯罪者既已刑杀，而复诛其宗亲。轻重失宜，莫此为甚。隋、唐已来，始制五刑，曰笞、杖、徒、流、死。此即有虞所谓鞭、朴、流、宅，虽圣人复起，不可偏废也。”案隋、唐五刑之制，实南北朝已后逐渐改革所成，说见《两晋南北朝史》第二十二章第七节。《隋书·隐逸传》载李士谦论刑罚之语，谓“臧重者死，酷而不惩，宜从肉刑，刖其一趾，再犯者断其右腕。流刑刖去右手三指，又犯者下其腕。小盗宜黥，又犯则落其所用三指，又不悛下其腕，无不止也。无赖之人，窜之边裔，职为乱阶，适所以召戎，非求治之道也。”自来欲复肉刑者，皆愍死刑之重，而士谦独恶其时之刑之轻，而欲以肉刑易之；且于古肉刑之外，别创斩指、断腕之法。曾不思古之去肉刑者，乃恶夫断者不可复属，虽欲改行为善，而道无由至。断指去腕，酷更甚于斩趾，虽欲改行，其道何由？不可偷生，遑云为善？此岂仁人之言哉？唐太宗即位，命长孙无忌、房玄龄与学士法官厘改法令。戴胄、魏征言旧律令重。于是议绞刑之属五十条，免死罪，断其右趾。寻又愍其受刑之苦，谓侍臣曰："前代不行肉刑久矣，今忽断人右趾，意甚不忍。"王珪、陈叔达等皆谓其系以生易死，与古不同。后蜀王法曹参军裴弘献又驳律令四十余事，太宗令参掌删改。弘献于是与玄龄等建议：以为古者五刑，刖居其一，及肉刑废，制为死、流、徒、杖、笞，以备五刑，今复设刖足，是为六刑，减死在于宽弘，加刑又加烦峻。乃与八座定议奏闻。于是又除断趾法，改为加役，流三千里，居作二年。《旧书·法志》。盖肉刑废来久，行之终不厌于人心也。此亦见已逝之运之不可复返矣，时之为义大矣哉！

肉刑既废，流刑之用乃烦。一以其关涉边防，参看上节。一亦以居作之制，与奴婢相类，为治者或利之也。《新书·刑法志》曰：居作者著钳若校，京师隶将作，女子隶少府缝作。旬给假一日，腊寒食二日，毋出役院。病者释钳、校给假，疾差陪役。谋反者男女奴婢，没为官奴婢，隶司农，七十者免之。凡役，男子入于蔬圃，女子入于厨饎。玄宗诏言"徒非重刑，而役者寒暑不释械系"，则凡役者遇之皆酷。枷杖及讯囚之具，皆有定制。皆见《隋书》及新、旧《唐书》之《刑法志》。虽有此制，然不皆遵守。《新书·宇文融传》：子审，累迁大理评事。以夏楚大小无制，始创杖架，以高庳度杖长短，又铸铜为规，齐其巨细。《旧书·代宗纪》：大历四年（769年）《戒刑官滥刑诏》有云："如闻州县官，比来率意恣行粗杖，不依格令，致使陨毙，深可哀伤。频有处分，仍闻乖越。"太宗尝览明堂针灸图，见人之五藏皆近背，针灸失所，则其害致死，遂诏罪人无得鞭背。《新书·刑法志》。然唐时有所谓重杖、痛杖者，只云一顿，而不限其数，或以致死，亦与前代以笞杀人无异。《通考》："代宗宝应元年（762年），诏制敕与一顿杖者，其数止四十；至到与一顿及重杖一顿、痛杖一顿者，皆止六十；并不至死。德宗建中三年（782年），刑部侍郎班宏奏：十恶中谋反、大逆、叛、恶逆四等，请准律用刑。其余犯别罪合处斩者，今后并请重杖一顿处死，以代极法。贞元八年（792年），敕比来断罪，拘守科条，或至死刑，犹先决杖。今后罪至死者，先决杖宜停。宣宗大中七年（833年），敕法司断罪，每脊杖一下，折法杖十下，臀杖一下，折笞杖五下。周世宗显德五年（958年），敕州县自长官以下，因公事行责情杖，量情状轻重用，不得过臀杖十五，因责情杖致死者，具事由闻奏。”马君按：“鞭、朴在有虞，为至轻之刑，在五刑之下。至汉文帝除肉刑，始以笞代斩趾，而笞数既多，反以杀人。其后罪不至死者，遂不复笞，而止于徒、流。魏、晋已下，笞数皆多，笞法皆重。至唐而后，复有重杖、痛杖之律。只曰一顿，而不为之数，行罚之人，得以轻重其手。欲活则活之，欲毙则毙之，出入乎生死之间，而使奸吏因缘为市，是何理也？至于当绞、斩者皆先决杖，或百或六十，则与秦之具五刑何异？建中时，始定重杖为死刑；贞元时，始令死刑不先决杖。盖革累朝弊法云？”且隋、唐皆沿北朝之法，决杖施于士夫，尤非所以养廉耻、厉节行也。《通考》：“开元十年（722年），前广州都督裴伷先下狱，中书令张嘉贞奏请决杖。兵部侍郎张说进曰：臣闻刑不上大夫，以其近于君也。故曰：士可杀不可辱。臣今秋巡边，中途闻姜皎朝堂决杖流，皎三品，亦有微功，不宜决杖廷辱，以卒伍待之。且律有八议，勋、贵在焉。今伷先亦不可轻，不宜决罚。上然其言。”又引《容斋洪氏随笔》曰：“唐太宗自临治兵，以部阵不整，命大将军张士贵杖中朗将等，怒其杖轻，下士责吏。魏征谏，上亟释之。明皇开元三年（715年），御史大夫宋璟，坐监朝堂杖人，杖轻，贬睦州刺史。”又引吴氏《能改斋漫录》曰：“陈政敏《遁斋闲览》，言杜子美脱身簿尉中，始与棰楚辞；韩退之判司卑官不堪说，未免棰楚尘埃间；杜牧之参军与簿尉，尘土惊羌勒，一语不中治，鞭笞身满创；谓唐时参军、簿尉，有过不免受杖。鲍彪谓详考杜、韩所言，捶有罪者也；牧之亦言惊见有罪者，非身受杖也。退之江陵途中云：栖栖法曹掾，何处事卑陬？何况亲犴狱，敲榜发奸偷？此岂身受杖者邪？然《太平广记》载李逊决包尉臀杖十下；及《旧唐书》于頔为湖州刺史，改苏州，追憾湖州旧尉，封杖以计强决之；则鲍论亦未当。”马君按：“以裴佃先之事观之，则唐三品官固有受杖者；张士贵、宋璟所监莅，必皆佃先之流；则捶楚非特簿尉末僚而已。”《陔余丛考》亦引《遁斋闲览》，而谓“唐制更不止此。《新唐书·刘晏传》：晏为转运使，代宗尝令考所部官，五品以上辄系劾，六品以下，杖然后奏，则不特簿尉矣。又张镐杖杀刺史闾丘晓，严武杖杀梓州刺史章彝，则节度使并可杖杀刺史矣。杨炎为河西节度使掌书记，以县令李太简尝醉辱之，令左右反接，榜二百，几死，则节度书记并可杖县令矣。《旧唐书·本纪》：元和元年（806 年），观察使韩皋杖安吉令孙澥致死，罚一月俸、料；《新唐书》：穆宁为转运使，杖死沔州别驾，坐贬平集尉；虽有处分，然以至死故稍示罚，而长官得杖僚属之制自在也。百官受杖，本起后汉光武，明帝至加之九卿，顺帝始停之，而魏武又尝行之。《后魏书》：陈建在州贪暴，文成帝遣使罚杖二十。皮怀喜在州，以饮酒废事，孝文帝遣使决以杖罚。《高允传》：魏初法严，朝士多见杖罚。允历事五帝，五十余年，初无谴咎。《北齐书》：唐邕以从事中郎封士业征官钱违限，杖二十。《隋书》：燕荣为幽州总管，性严酷，元宏嗣除幽州长史，惧为所辱，文帝知之，敕荣曰：宏嗣杖十以上，皆须闻奏。荣乃因事笞之，每笞不满十，而一日之中，或至三四。又赵仲卿镇平凉，鞭笞长吏，辄至二百。《卢思道传》：思道请朝臣犯笞罪得以赎论，文帝从之。是思道未请以前，朝臣笞罪犹的决也。此又北朝杖罚之制。惟南朝稍异。按《齐书·陆澄传》：郎官旧坐杖皆有名无实。齐明帝用法严，尚书郎有杖罚者，因萧琛言，依旧不行，唐制盖沿北朝及隋故耳。”愚案隋文帝于朝堂杖人，及诏诸司属官愆犯，听于律外决杖，已见第二章第一节。《隋书·段文振传》：弟文操，大业中为武贲郎将，帝令督秘书省学士，辄鞭挞之，前后或至千数；尤为骇人听闻。

用刑出于定法之外者，亦时有之。隋炀帝尝行轘裂、枭首之刑，或磔而射之，命公卿已下，脔啖其肉。《隋书·刑法志》。《炀帝纪》：大业九年十二月，车裂杨玄感弟积善及党与十余人，仍焚而扬之。《传》云：磔其尸于东都市三日，复脔而焚之。《本纪》：十年十一月，支解斛斯政于金光门外。《食货志》云："磔而射杀之。"《传》云：将出金光门，缚于柱，公卿百僚，并亲击射。脔食其肉，多有啖者。啖后烹煮，收其余骨，焚而扬之。《本纪》：十二年七月，幸江都宫，奉信郎崔民象谏，先解其颐，乃斩之，详见第二章第二节。又多坑杀人民。《隋书·五行志》："周大象二年（580年），尉迥败于相州，坑其党与数万人于游豫园。大业八年（612年），杨玄感作乱于东都，尚书樊子盖坑其党与于长夏门外，前后数万。"《食货志》云：玄感平，帝谓侍臣曰："玄感一呼，而从者如市，益知天下人不欲多，多则为贼。不尽诛，后无以示劝。"乃令裴蕴穷其党与，诏郡县坑杀之。死者不可胜数，所在惊骇。则子盖所为，亦未必非阴承帝命矣。唐世亦多非刑。唐世非刑，多见两《书》：《刑法志》及《酷吏传》。杨慎矜之狱，卢铉于太府少卿张瑄，亦以酷刑讯之。见《旧书·慎矜传》。又《杨恭仁传》：弟子豫之，尚巢刺王女寿春县主。居母丧，与永嘉公主淫乱。为主婿窦奉节所擒，具五刑而杀之。此似出于猜忌。然亦何必用此非刑邪？甚有残及尸骸者。《旧书·玄宗纪》：先天二年八月，制曰："凡有刑人，国家常法。掩骼埋胔，王者用心。自今已后，辄有屠割刑人骨肉者，依法科残害之罪。"然上元中，中官马上言受赂为人求官，笞死，以其肉令从官食之，见《良吏·吕諲传》，则躬自蹈之矣。而族诛之法尤惨。《旧书·刑法志》：旧条疏：兄弟分后，荫不相及，连坐俱死，祖孙配没。同州人房强，弟任统军于岷州，以谋反伏诛，强当从坐。太宗录囚徒，悯之。谓侍臣曰："用刑当审事理之轻重。反逆有二：一为兴师动众，一为恶言犯法。轻重有差，而连坐皆死。岂朕情之所安哉？"更令百寮详议。于是房玄龄等议，定律：祖孙与兄弟缘坐俱配没，其以恶言犯法，不能为害者，兄弟免死配流。从之。然《陔余丛考》谓李锜反，伏诛，诏削一房属籍。宰相问蒋乂：“一房自大功乎？”乂曰：“大功锜之从父昆弟，其祖神通有功，可昧其勋乎？自期可乎？”曰：“期者，锜昆弟。其父若幽死社稷，可尽削其子乎？”乃止锜一身及其子息。是门房尚无定制也。案族诛之刑，隋、唐世恒用之，且不必反逆。隋炀帝杀李浑、李敏，并族灭其家，见《隋书·本纪》大业十一年（615年）。唐于阎知微亦行之，见《旧书·则天纪》圣历元年（698年）。五代之世，更不足论。周世宗时，翰林医官马道元诉“寿州界被贼杀却男，获正贼见在宿州，本州不为戡断”。帝大怒，遣端明殿学士窦仪乘驿往按。狱成，坐族死者二十四人。《容斋随笔》记此事，讥世宗用刑之酷，谓薛《史》著之，欧《史》不载。《注》云：见《窦仪传》。今薛《史》无《窦仪传》，而其事见于《世宗纪》之显德五年（958年），盖《纪》《传》复载之也，此与孔循之以曲法而族杀一家者何如哉？中叶后，藩镇专横，极之五代，则更不足论矣。《廿二史劄记》五代滥刑一条，可以参看。其用非刑者：如李罕之归李克用，留子颀为质：罕之送款于梁，克用将杀之，庄宗密与骏骑，使逃出境，而其子彦弼下蚕室，此拓跋氏所为也。克用又尝车裂李存孝。张文礼子处瑾之败，赵人请文礼妻子而醢之。刘守光欲称帝，孙鹤谏，守光亦窒其口而醢之。薛《史·刑法志》：晋开运三年十一月，左拾遗窦俨上疏，云“大辟之目，不出两端，淫刑所兴，近闻数等。或以长钉贯篸人手足，或以短刀脔割人肌肤，乃至累朝，半生半死。”人道或几乎息矣。

杜周曰：“三尺安出哉？前主所是著为律，后主所是疏为令。当时为是，何古之法乎？”汉文帝出中渭桥，有一人从桥下走，乘舆马惊。张释之奏当此人犯跸，罚金。文帝轻之。释之曰：“方其时上使诛之则已，今已下廷尉。廷尉，天下之平也，一倾，天下用法皆为轻重，民安所措其手足？”二说皆足乱政。何者？如周之说，天子可率意作法，如释之之说，又可率意坏法也。桃应问曰：“舜为天子，皋陶为士，瞽叟杀人，则如之何？”孟子曰：“执之而已矣。”“然则舜不禁与？”曰：“夫舜，恶得而禁之，夫有所受之也。”明法非天子所制，虽天子亦不能不守也。其庶几乎？徒设此义，不能行也。《隋书·刑法志》言：高祖喜怒不恒，不复依准科律，此坏法之大者。唐太宗尝亲录囚徒，闵死罪者三百九十人，纵之还家，期以明年秋即刑。及期，囚皆诣朝堂，无后者。太宗嘉其诚信，悉原之。《新书·刑法志》。以此沽名，令人作欧。《新书·玄宗纪》：开元十六年正月，许徒以下囚保任营农。三月，辛丑，“免营农囚罪”。此与太宗所为，绝不相同。《唐临传》：出为万泉丞，有轻囚久系。方春农事兴，临说令：可且出囚，使就畎亩。不许。临曰：有所疑，丞执其罪。令移疾，临悉纵归。与之约。囚如期还。此必亦有监视保任等法，不虑其逃。令长有才德者，或多能行之，玄宗特普行之耳。太宗所释皆死罪囚，且天子所纵，乡里、所由，孰敢轻视？其相司察，恐亦与在狱无殊耳。然尝一怒而斩卢祖尚于朝堂，见第三章第一节。又何说乎？后此用法，以肃宗为最严。两京之平，衣冠被胁从者，相率待罪阙下。肃宗置三司使鞫之。吕諲、崔器，皆希旨深刻，竟杀三十九人。史谓叛众之意，自此而坚，此或出于怨望者之造作。详见《旧书·法志》。《志》云：“先是安庆绪至相州，史思明、高秀岩等皆送款请命。至是，惧不自安，各率其党叛。后萧华拔魏州归国，尝语于朝云：初河北官闻国家宣诏放陈希烈等，胁从官一切不问，各令复位，悔归国之晚。及后闻希烈等死，皆相贺得计。于是河北将吏，人人益坚，大兵不解。”有是理乎？然又云：“代宗宝应元年（762年），回纥与史朝义战胜，擒其将士妻子老幼四百八十人。上以妇人虽为贼家口，皆是良家子女，被贼逼略，恻然闵之。令万年县于胜业佛寺安置，给粮料。若有亲属认者任还之。如无亲族者，任其所适，仍给粮递过。于是人情莫不感戴欣悦。”不罪见逼略之妇女，情理当然，而犹以为宽典，可见当时用刑之酷。《新书·藩镇传》：田悦使说王武俊，谓唐杀梁崇义“诛其口三百余，血丹汉江”，其酷亦不减于肃、代矣，朱玫之立襄王，朝臣受伪署者众，法司请行极法，杜让能固争之，乃获十全七八，见《旧书·让能传》。唐法之酷，固始终如一也。《李勉传》："肃宗时，关东献俘百余，诏并处斩。囚有仰天叹者。勉过问之。对曰：某被胁制守官，非逆者。勉哀之，乃上言曰：元恶未殄，遭点污者半天下；若尽杀之，是驱天下以资凶逆也。肃宗遽令奔骑宥释。由是归化日至。"此事在克西京前，故肃宗尚有招徕之意。然此并非食禄于朝而变节者也，何以初令并斩乎？足见肃宗天资之刻薄。然又载史思明之言曰："陈希烈已下皆重臣，上皇弃之幸蜀，既收复，当慰劳之，今尚见杀，况我本从禄山反乎？"《旧书·思明传》。则不能谓其无理矣。君荒淫以召乱，难至而弃其臣，已又责其为己死，不亦厚颜乎？君臣之义，须演进至立君所以为民，君臣职位虽殊，意在为民则一，乃能渐合于义。原其朔，则君豢臣以自卫，臣则因受禄于君，为之效死而已。后来虽经演变，此意终未脱尽，此实君臣之伦所由敝。然即以初义论，君固亦有应尽之责也。如玄宗者，可有责于其臣乎？此皆用法之偏。其任意为科条者，亦不可胜数。偶语军中者死。《新书·循吏·卢弘宣传》：徙义武节度使。河朔故法，偶语军中则死，弘宣使除之。和奸者男女并处极法。晋天福中，敕凡和奸者男子、妇人，并处极法。周太祖广顺二年（952年），始诏准律科断。见薛《史·刑法志》。为"盗贼"者，迫于饥寒，不得已而出此者也，不胜则务立酷法以处之。隋文帝尝敕盗边粮一升已上皆斩，并籍没其家，见《隋书·本纪》开皇十五年（595年）。又尝命盗一钱已上皆弃市。炀帝敕"天下窃盗，无轻重，不待闻奏皆斩"，见《刑法志》。《新书·刑法志》曰："武宗性严刻。故时窃盗无死法，所以原民情迫于饥寒也。至是臧满千钱者死，至宣宗乃罢之。"薛《史·刑法志》："周太祖广顺二年二月，中书、门下奏：准元年正月五日赦书：今后应犯窃盗臧及和奸者，并依晋天福元年（936年）已前条例施行。请再下明敕，颁示天下。乃下诏：犯窃盗者，计臧绢满三匹已上者，并集众决杀，不满三匹者，等第决断。"《通鉴》记此事于广顺元年（951年），云："唐衰多盗，不用律文，更定峻法，窃盗臧三匹者死。晋天福中，加至五匹。汉法，窃盗一钱已上皆死。”则武宗之法旋复，而周太祖之宽政，尚酷于天福时也。亦可哀矣。前世弊法，往往随意改复。且如唐太宗，已知恶言不可云叛，然《新书·裴遵庆传》，言其“调大理丞，边将萧克济，督役苛暴，役者有丑言，有司以大逆论。遵庆曰：财不足聚人，力不足加众，焉能反？由是全赦数十族”。则为恶言者之族诛，仍未改也。要之一切，无复情理，率意妄行而已。尚何言哉？

司法之官，仍为地治者及廷尉，然错出干与者颇多。《新书·刑法志》云：“凡州县皆有狱，而京兆、河南狱治京师。其诸司有罪及金吾捕者，又有大理狱。”《旧书·百官志》刑部职云：“凡决死刑，皆于中书、门下详覆。在京诸司，则徒已上送大理，杖已下当司断之。若金吾纠获，亦送大理。”贞观中，李乾祐为御史大夫，别置台狱，有所鞫讯，便辄系之。由是自中丞、侍御史已下，各自禁人，牢扉常满。开元十四年（726年），崔隐甫为御史大夫，引故事奏以为不便，乃去之。《旧书·良吏·隐甫传》。然中书、门下、御史台，皆杂出参与审判，及其合为三司，则其权尤大焉。《新书·百官志》：御史台职：“凡冤而无告者，三司诘之。三司，谓御史大夫、中书、门下也。”《廿二史考异》云：“此沿《唐六典》之文。考尚书刑部职云：凡鞫大狱，以尚书、侍郎与御史中丞、大理卿为三司使。又《刑法志》云：永徽以后，武氏得志，当时大狱，以尚书刑部、御史台、大理寺杂按，谓之三司。与此不同。盖三司鞫狱，出于临时遣使，故六典不著为令，而于刑部篇言：凡有冤滞不申欲诉理者，先由本司或随近官司断决，不伏，乃至尚书省，左右丞为申详之；又不伏，乃经三司陈诉；又不伏，乃上表；受表者又不达，听挝登闻鼓。正与此文互相证明。”《通鉴》：贞观十七年（643年），纥干承基上变告太子谋反，敕长孙无忌、房玄龄、萧瑀、李世勣与大理、中书、门下参鞫之。《注》曰：“唐制，凡国之大狱，三司详决。三司，谓给事中、中书舍人与御史参鞫也。今令三省与大理参鞫，重其事。”乾元二年（759年），凤翔马坊押官为劫，天兴尉谢夷甫捕杀之，其妻讼冤。李辅国素出飞龙厩，敕监察御史孙蓥鞫之。无冤。又使御史中丞崔伯阳、刑部侍郎李晔、大理卿权献鞫之。《注》曰：“此唐制所谓小三司也。”大历十二年六月，诏天下冤滞，州府不为理，听诣三司使，以中丞、舍人、给事中各一人，日于朝堂受词推决。尚未尽者，听挝登闻鼓。《注》云：“所谓三司使，即御史中丞、中书舍人、门下省给事中也。三人者，各以一司来朝堂受词，故谓之三司。”《旧书·宣宗纪》：大中四年八月，刑部侍郎御史中丞魏谟奏：“诸道州、府百姓诣台诉事，多差御史推劾。臣恐烦劳州县，请先差度支、户部、盐铁院官带宪衔者推劾，又各得三司使申，称院官人数不多，例专掌院务。今诸道观察使幕中判官，少不下五六人，请于其中带宪衔者委令推劾。如累推有劳，能雪冤滞，御史台阙官，便令奏用。”从之。蔽狱之法，意颇主于详慎。隋文帝既颁律，病下吏承苛政之后，务锻炼以致人罪，乃诏申敕四方，敦理辞讼。有枉屈县不理者，令以次经郡及州、省；仍不理，乃诣阙申诉；有所未惬，听挝登闻鼓，有司录状奏之。开皇十二年（592年），诏诸州死罪不得便决，悉移大理案覆。事尽然后上省奏裁。十五年（595年），奏死罪者三奏而后决。《隋书·刑法志》。唐太宗枉杀张蕴古、卢祖尚，后亦追悔，乃下制：凡决死刑，虽令即杀，仍三覆奏。《旧书·刑法志》及《蕴古》《祖尚传》。《志》又云：寻谓侍臣曰：“比决囚虽三覆奏，须臾之间，三奏便讫，都未得思，三奏何益？自今已后，宜二日中五覆奏，下诸州三覆奏。又曹司断狱，多据律文，虽情在可矜，而不敢违法，守文定罪，或恐有冤。自今门下覆理，有据法合死而情可宥者，宜录状奏。”自是全活者甚众。其五覆奏，以决前一日、二日覆奏，决日又三覆奏，惟犯恶逆者一覆奏而已。著之于令。案此制后亦废弛。薛《史·刑法志》：天成二年（927年），大理少卿王郁上言：“凡决极刑，合三覆奏，近年以来，全不守此。伏乞今后前一日令各一覆奏。奉敕宜依。”穆宗，每有司断大狱，令中书舍人一人，参酌而轻重之，号参酌院。大理少卿崔杞奏："大理寺，守法之司。今别设参酌之官，有司定罪，议其出入，是与夺系于人情，而治官不得守其职。"乃罢之。《新书·法志》。要之求审级之多，定罪之审而已。审覆之制，亦有成为具文者。《新书·徐浩传》：肃宗时，建言故事有司断狱，必刑部审覆。自李林甫、杨国忠当国，专作威福，许有司就宰相府断事，尚书已下，未省即罢，乖慎恤意。请如故便。诏可。薛《史·汉隐帝纪》：乾祐元年七月，相州节度使王继宏杀节度判官张易，以讹言闻。是时法尚深刻，藩郡凡奏刑杀，不究其实，即顺其请。故当时从事，鲜宾客之礼，重足一迹而事之，犹不能免其祸焉。然此乃乱政，非法意也。然刺史、县令专杀之权，仍未能尽去，盖积习之不易改？《陔余丛考》云："隋书陈孝意传；太守苏威，欲杀一囚，孝意谏不听，乃解衣请先受死，威乃释囚；是随时刺史得杀人也。《唐书》：刘仁轨为陈仓尉，有折冲都尉鲁宁暴横，仁轨榜杀之。太宗以其刚正，擢为咸阳丞。《封氏闻见记》：崔立为雒县，有豪族陈氏，为县录事。向来县令以下受其馈，皆与之平交。立到任，陈氏犹以故态见。立命伍伯曳之，杖死。陈氏子弟，相率号哭，围塞阶屏。立一一收录，尽杀之。是唐时县令、县尉，犹得专杀人也。军旅之际，更不待言。李光弼以侍御史崔众狂易，收系之。会使者至，拜众御史中丞。光弼曰：众有罪，已前系。今但斩侍御史，若使者宣诏，亦斩中丞。使者纳诏不敢出。乃斩众以徇。兵马使张用济赴军逗留，光弼亦斩以徇。真源令张巡守雍丘，有大将六人，官皆开府、特进，以力不敌贼，劝巡降。巡设天子画象于堂，遂斩六人。张镐按军河南，以刺史闾丘晓不救睢阳，致张巡陷没，亦杖杀晓。此更因军事严切，不可以常法论也。至宋，州郡不得专杀之例始严。《宋史·本纪》：太祖尝曰：五代诸侯跋扈，枉法杀人，朝廷不问。自今诸州大辟，录案闻奏，付刑部覆视之，遂著为令。自此诸州大辟，皆上刑部审覆。然《宋史》：李及知秦州。有禁卒，白昼攫妇人金钗于市。吏执以来。及方观书，略问数语，即命斩之。王诏知汝州，有铸钱卒骂大校，诏即斩以徇。舒亶为临海尉，有使酒骂后母者，亶命执之，不服，即斩之；是宋时州、县，亦尚有专杀之例也。”愚案《新书·柳仲郢传》：“拜京兆尹。中书舍人纥干臮诉甥刘诩殴其母。诩为禁军校。仲郢不待奏，即捕取之，死杖下。宦官以为言，改右散骑常侍。”以是时禁军之横，而仲郢犹能如是，尤可见守令威权之大。别置理狱之司者，亦时有之。武后时于丽景门别置狱，李辅国置察事厅子，鱼朝恩于北军置狱是也。德宗贞元七年三月，“诏神威、神策、六军将士自相讼，军司推劾，与百姓相讼，委府县推劾，小事移牒，大事奏取处分；军司、府县，不得相侵”，《旧书·本纪》。尤显分军民为二矣。然非酷吏及军人，阉宦亦有为此非法者。《旧书·文苑传》：唐次子扶，大和十五年，充山南道宣抚使。至邓州，奏内乡县行市、黄涧两场仓督邓琬等，先主宰河南、江西运到糙米。至淅川县，于荒村中屯贮。除支用外，六千九百四十五石，裛烂成灰尘，度支牒征元掌所由。自贞元二十年（804 年），邓琬父子兄弟至玄孙，相继禁系，二十八年，前后禁死九人。今琬孙及玄孙见在枷禁者。敕曰：如闻盐铁、度支两使，此类极多。其邓琬等四人，资产全已卖纳，禁系三代，瘐死狱中，实伤和气。邓琬等并疏放。天下州、府、监、院，如有此类，不得禁经三年已上，速便疏理以闻。盐铁、度支，妄禁系人，至于五世，是使言利之司，操族诛之柄也。犹曰中叶后求利峻急使然也。《元稹传》言：东都百司，皆有牢狱。有裁接吏械人逾岁，台府不得而知。稹因飞奏，绝百司专禁锢。则并不待威权赫奕如度支、盐铁者矣。《裴潾传》：潾以穆宗时为刑部郎中。有前率府仓曹曲元衡者，杖杀百姓柏公成母。法官以公成母死在辜外，元衡父任军使，使以父荫征铜。柏公成私受元衡资货，母死不闻。公府、法寺，以经恩免罪。潾议曰：“典刑者，公柄也，在官者得施于部属之内。若非在官，又非部属，虽有私罪，必告于官，官为之理，明不得擅行鞭捶于齐人也。且元衡身非在官，公成母非部属，而擅凭威力，横此残虐，岂合拘于常典？柏公成取货于雠，利母之死，悖逆天性，犯则必诛。”奏下，元衡杖六十，配流，公成以法论，至死。公议称之。刑及于非所治之人，公府、法寺，公然庇护，虽经平反，子坐死而贼虐者仍止于流，不更骇人听闻乎？然率府仓曹，犹其小焉者也，至于身拥旄节，则其杀生任意，更有不可胜言者矣。尚复成何事体哉？《新书·李元谅传》：安息人。以讨朱泚，拔华州，迁镇国军节度使。李怀光反，与马燧、浑瑊讨之。其将徐廷光，素易元谅，数嫚骂为优胡戏，斥侮其祖。又使约降，曰：“我降汉将耳。”及马燧至，降于燧。元谅见韩游瑰曰：“彼诟吾祖，今日斩之，子助我乎？”许诺。既而遇诸道，即数其罪，叱左右斩之。诣燧谢。燧大怒，将杀元谅。游瑰曰：“杀一偏裨尚尔，即杀一节度，法宜如何？”燧默然。元谅请输钱百万劳军自赎，瑊亦为请，燧赦之。帝以专杀，恐有司劾治，前诏免死。所以尚烦此诏者，以马燧力足制之耳，不然，恐有司亦莫或劾治之矣。《严武传》言：武最厚杜甫，然欲杀甫数矣。论者或不以为信。然梓州刺史章彝，始为武判官，因小忿杀之，亦何爱于甫哉？令狐彰子建归朝，为左神武大将军。妻李氏，恒帅宝臣女也。建恶将弃之，乃诬与佣教生邢士伦奸通，召士伦榜杀之，因逐其妻。士伦母闻，不胜痛卒。李氏奏请劾治。令三司诘之。李氏及奴婢款证被诬颇明白。建方自首伏，然仍以会赦免坐，后为右领军大将军，复专杀不辜，德宗仍容贷之。而建复陈诉，辞甚虚罔，乃贬施州别驾。然则军人虽去军，仍敢专杀也。至于五代之世，则更不堪问。可参看《廿二史劄记》五代幕僚之祸条。

《唐律疏义·名例篇》曰：“诸化外人同类自相犯者，各依本俗法。”盖各率其俗之意。异类相犯者，以法律论。盖不可以此化外国之法，治彼化外国之人，事有所穷，故不得不用中国之法也。桑原骘藏《蒲寿庚传》引《宋史·大食传》云：熙宁中，其使辛押陁罗乞统察蕃长司公事，诏广州裁度。《唐会要》百云：天祐元年六月，授福建道佛齐国入朝进奉使都蕃长蒲诃粟或作栗。宁远将军。朱彧《萍洲可谈》二云：广州蕃坊，海外诸国人聚居。置蕃长一人，管句蕃坊公事。而唐时曾来中国之阿剌伯人索来萌氏记伊斯兰教情形云：为裁判侨寓教徒之争议，由中国皇帝之意，简教徒一人，使负其责。此人当即所谓蕃长，亦即彼所谓卡第。法官兼教职。元末易逢巴图塔氏谓广州有伊斯兰教徒之街，置法官与教长，教长处理教徒一切事，法官负裁判之责。盖不独广州，凡教徒侨居之都市皆然矣。《萍洲可谈》二云：蕃人有罪，诣广州鞫实，送蕃坊行遣。徒以上罪，则广州决断。《宋史·王涣之传》：知福州，未至，复徙广州。蕃客杀奴，市舶使据旧比，止送其长杖笞。涣之不可，论如法。唐、明律：擅杀有罪奴婢，杖一百，无罪者徒一年，宋律当同。蕃客所杀，必有罪奴，故市舶使主送蕃坊。又《汪大猷传》：知泉州。故事，蕃商与人争斗，非伤折罪，皆以牛赎。大猷曰："安有中国用岛夷俗者？苟在吾境，当用吾法。"楼钥《攻愧集·赠特进汪公行状》云：蕃商杂处民间，而旧法与郡人争斗，非至折伤，皆用国俗。唐律，殴人折指，或重伤其耳目者徒。此所谓折伤，当即《萍洲可谈》所谓徒罪矣。《宋史·日本传》：淳熙二年（1175年），倭船火儿藤太明殴郑作死，诏械太明付其纲管，归治以其国之法。《明史·日本传》：成化四年（1468年），日本足利义政使清启和尚之从者殴伤中国人。中国官捕之，欲加处分。清启抗议，谓当用本国法，获许。可知非一时之恩，实当时通行之法矣。以上皆桑原氏说。宋律沿唐，明律亦以唐为本，观宋、明之行事，而唐法亦略可推也。

复仇之义，仍深入于人心。《隋书·列女传》：炀帝长女南阳公主，嫁于宇文士及。化及弑逆，主随至聊城。而化及为窦建德所败，士及自济北归唐。及建德诛化及，时主有一子，名禅师，年且十岁。建德遣武贲郎将于士澄谓主曰："化及新行弑逆，人神所不容。今将族灭其家，公主之子，法当从坐。若不能割爱，亦听留之。"主泣曰："武贲既是隋室贵臣，此事何须见问？"建德竟杀之。主寻请建德，削发为尼。及建德败，将归西京，复与士及遇于东都之下，主不与相见。士及就之，立于户下，请复为夫妻。主拒之曰："我与君仇家，今恨不能手刃君者，但谋逆之日，察君不与知耳。"因与告绝，诃令速去。士及固请之。主怒曰："必欲就死，可相见也。"士及见其言切，知不可屈，乃拜辞而去。观此，知当时言仇，兼及其族，此刑法所以有族诛之条也。薛收"以父道衡。在隋非命，洁志不仕"，唐兵起，"遁于首阳山，将协义举"。刘文静之死，"贞观三年（629年），追复官爵，以子树义袭封鲁国公，许尚公主"。树义"与兄树艺怨父被戮，又谋反，伏诛"。独孤修德父机，为王世充所杀，世充降唐，徙蜀。将行，为修德所杀。皆是物也。《传》又载孝女王舜。父子春，齐灭之际，为其从兄长忻夫妻谋杀。舜时年七岁，妹粲五岁，璠二岁，并寄食亲戚。长，亲戚欲嫁之，辄拒不从。密谓二妹曰："我无兄弟，致使父仇不复，吾辈虽是女子，何用生为？我欲共汝报复，汝意如何？"皆泣曰："惟姊所命。"是夜，姊妹各持刀逾墙而入，手杀士忻夫妻，以告父墓。高祖原其罪。其烈，尤可使闻者动容矣。唐时复仇者，具载《两书》《刑法志》及《孝友》《列女传》中，事多相类，不烦罗列，而时人议论，则有足资研讨者。武后时，下邽人徐元庆，父爽，为县尉赵师韫所杀。元庆变姓名为驿家保。久之，师韫以御史舍亭下，元庆手杀之，自囚诣官。后欲赦死。左拾遗陈子昂议："宜正国之典，置之以刑，然后旌其闾、墓。"时韪其言。后，礼部员外郎柳宗元驳之曰："礼、刑之本，皆以防乱，旌与诛不得并。若师韫以私怨虐非辜，州牧不知罪；刑官不知问，上下蒙冒，吁号不闻，而元庆能处心积虑，以冲仇人之胸，执事者宜有惭色。其或师韫之诛，不愆于法，是非死于吏，死于法也，法其可仇乎？《春秋传》曰：父不受诛，子复仇可也；父受诛，子复仇，此推刃之道，复仇不除害。若取此以断，则合于礼矣。请下臣议附于令。有断斯狱者，不宜以前议从事。"宪宗时，富平人梁悦，父为秦果所杀。悦杀仇，诣县请罪。诏曰："在礼，父仇不同天，而法杀人必死。礼、法，王教大端也，二说异焉。下尚书省议。"职方员外郎韩愈曰："复仇之名同，而其事各异，杀之与赦不可一。宜定其制曰：有复父仇者，事发，具其事下尚书省集议以闻，酌处之，则经律无失据矣。"有诏以悦申冤请罪诣公门，流循州。案部族之世，有仇，族自相报，既有国家，必不容如是，然国家岂能尽平人间之不平？不惟不能尽平人间之不平，右强以陵弱者，顾有之矣。宗元之言曰："礼之所谓仇者，冤抑沉痛而号无告也。"此其事卒不可免。《周官》称将复仇，先告于士，韩愈曰："若孤稚羸弱，抱微志而伺敌人之便，恐不能自言。"岂徒不能自言，言之，有司或反助其仇矣。刘玄佐为养子士朝所鸩，玄佐养子士干，与士朝皆来京师，士干遣奴持刀绐为吊，入杀士朝于次。德宗恶其专，亦赐士朝死。是也。此可告而不告，非所谓孤稚羸弱者比也。故复仇之事，卒不能绝。国家不能尽职于先，而思补过于后，则韩愈具其事而议之之说，自为至当耳。

俗重复仇，可于张琇之事见之。《旧书·孝友传》：琇，蒲州解人。父审素，为巂州都督。有纠其军中臧罪，敕监察御史杨汪驰传就军按之。汪在路，为审素党与所劫。对汪杀告事者，胁汪令奏雪审素之罪。俄而州人翻杀审素之党。汪始得还。至益州，奏称审素谋反。因深按审素，构成其罪，斩之，籍没其家。《新书·孝友传》：审素为巂州都督，有陈纂仁者，诬其冒战级、私庸兵。玄宗疑之，诏杨汪即按。纂仁复告审素与总管董堂礼谋反。于是汪收审素系雅州狱，驰至巂州按反状。堂礼不胜忿，杀纂仁，以兵七百围汪，使露章雪审素罪。既而吏共斩堂礼，汪得出，遂当审素实反，斩之，没其家。《通鉴》事系开元十九年（731年），云："或告审素臧污，制遣汪按之。总管董元礼将兵七百围汪，杀告者。谓汪曰：善奏审素则生，不然则死。会救兵至，击斩之。汪奏审素谋反。审素坐斩，籍没其家。"亦无陈纂仁之名，而堂礼、元礼，名亦互异。纂仁为何如人，与审素有何关系，史皆不详，其告审素，何缘知其为诬？何至以此并告其谋反，且牵及董堂礼？堂礼见诬，自可辩白，发兵围使者，岂非坐实反谋？且将兵七百人，岂吏所能杀乎？疑此事传者不详，后人或加缘饰，《新传》《通鉴》所言，皆非实录也。琇与兄瑝，以年幼坐徙岭外。寻各逃归，累年隐匿。汪后累转殿中侍御史，改名万顷。开元二十三年（745年），瑝、琇候万顷于都城，挺刃杀之。瑝虽年长，其发谋及手刃，皆琇为之。《新传》曰：瑝时年十三，琇少二岁。夜狙万顷于魏王池，瑝斫其马。万顷惊，不及斗，为琇所杀。既杀万顷，系表于斧刃，自言报仇之状，便逃奔，将就江外，杀与万顷同谋构父罪者。《新传》无"与万顷同谋"五字。行至汜水，《新传》云道汜水，《通鉴》同。为捕者所获。时都城士女，皆惊琇等幼稚孝烈，能复父仇，多言其合矜恕者。中书令张九龄又欲活之。裴耀卿、李林甫固言国法不可纵报仇。上以为然。而谓"道路谊议，故须告示"。乃下敕解释，而后"付河南府告示决杀"。"士庶咸伤愍之。为作哀诔，榜于衢路。市人敛钱于死所造义井。并葬瑝、琇于北邙。又恐万顷家人发之，并作义冢数所。"此虽或一时附和，然能得众人附和，亦必有其由也。韩思彦游太学，事博士谷那律。律为匪人所辱，思彦欲杀之，律不可。《新书》本传。知奋气快心，学人亦不免矣。复仇虽或不见赦，然见赦者究多。张颖为部曲曹澄所杀，奔金陵。周世宗征淮南，令李璟执送澄，以赐颖子永德，俾甘心焉；则朝廷且助人私报矣。

《隋书·刑法志》："开皇三年（583年），更定新律。于是置律博士弟子员。断决大狱，皆先牒明法，定其罪名，然后依断。五年（585年），侍官慕容天远纠都督田元冒请义仓事实，而始平县律生辅恩舞文陷天远，遂更反坐。帝闻之，乃下诏曰：人命至重，具在律文，刊令科条，俾令易晓；分官命职，恒选循吏；小大之狱，理无疑舛。而因习往代，别置律官。报判之人，推其为首。杀生之柄，常委小人。刑罚所以未清，威福所以妄作。为政之失，莫大于斯。其大理律博士，尚书刑部曹明法，州、县律生，并可停废。自是诸曹决事，皆令具写律文断之。六年（586 年），敕诸州长史已下，行参军已上，并令习律。集京之日，试其通不。”观此，知大理旧有律博士弟子，刑部旧有明法，州县旧有律生，然皆视为小人，不之重，故其人亦不自重。开皇六年（586 年）之敕，则令官皆习律，革前此视为执技事上之流之习而已。然律学自为专门，终非凡官吏所能深通，则别设一学而重视其人，实为至当，而乃以责诸人人，恐荒落亦不免也。《旧书·太宗纪》：贞观六年二月，“初置律学”。选举既有明法之科，吏部于选人又试之以判，似足以矫此失。然所贵乎学者，谓其能高瞻远瞩，革当时之弊，非谓如秦之以吏为师，墨守一朝法令而已。然高宗定律疏之诏，谓律学未有定疏，所举明法，遂无凭准，则其所教习者，亦曷尝能出于当代律令之外哉？《新书·柳公绰传》：为刑部尚书。京兆狱有姑鞭妇至死者，府欲杀之。公绰曰：“尊殴卑，非斗也。且子在，以妻而戮其母，不顺。”遂减论。父杀其子当诛，五经之大义也，自汉已来，儒者久阐明之矣，况于姑杀其妇乎？为治之道，莫亟于去专杀之威，宁当论人情乎？公绰以此挠京兆之法，不亦鄙儒也哉？而史犹称之，其时之所谓法学者可知矣。私家亦有好是学者，如《窦参传》言其“学律令”是也。然似不多。

第二十二章　隋唐五代学术

第一节　学　校

隋初有国子、太、四门、书、算五学，仁寿元年（601年），废之，惟立太学一所，炀帝又复之，已见第二十一章第三节。论史者多訾文帝之不悦学，其实非也。《隋书·儒林传》曰："曩之弼谐庶绩，必举德于鸿儒，近代左右邦家，咸取士于刀笔。然则古之学者，禄在其中，今之学者，困于贫贱。明达之人，志识之士，安肯滞于所习，以求贫贱者哉？此所以儒罕通人，学多鄙俗者也。"又曰："自正朔不一，将三百年，师说纷纶，无所取正。高祖膺期纂历，平一宇内。顿天网以掩之，贲旌帛以礼之，设好爵以縻之。于是四海九州，强学待问之士，靡不毕集焉。天子乃整万乘，率百寮，遵问道之仪，观释奠之礼。博士罄悬河之辩，侍中竭重席之奥。考正亡佚，研核异同。积滞群疑，涣然冰释。于是超擢奇隽，厚赏诸儒。《本纪》：开皇二年十二月，赐国子生经明者束帛。十年十一月，幸国子学，颁赏各有差。《儒林·房晖远传》：文帝尝令国子生通一经者，并悉荐举，将擢用之。京邑达于四方，皆启黉校。齐、鲁、赵、魏，学者尤多。负笈追师，不远千里。讲诵之声，道路不绝。中州儒雅之盛，自汉、魏以来，一时而已。"是文帝初尝有意于兴学，且颇收其效也。不特此也。《本纪》：开皇三年四月，"诏天下劝学行礼"。《柳机传》：族弟昂，高祖受禅，拜潞州刺史。昂见天下无事，可以劝学行礼，因上表曰："陛下君临四海，因情缘义，为其节文，固已三百三千，事高前代。然下土黎献，尚未尽行。臣谬蒙奖策，从政藩部，人庶轨仪，实见多阙。仰惟深思远虑，情念下民，渐被以俭，使至于道，臣恐业淹事缓，动延年世。若行礼劝学，道教相催，必当靡然向风，不远而就。”上览而善之。因下诏曰：“建国重道，莫先于学；尊主庇民，莫先于礼。自魏氏不竞，周、齐抗衡，分四海之民，斗二邦之力。务权诈而薄儒雅，重干戈而轻俎豆。民不见德，惟争是闻。朝野以机巧为师，文吏用深刻为法。风浇俗敝，化之然也。虽复建立庠序，兼启黉塾，业非时贵，道亦不行。其间服膺儒术，盖有之矣？彼众我寡，未能移俗，然其维持名教，奖饰彝伦，微相弘益，赖斯而已。朕受命于天，裁成万物。去华夷之乱，求风化之宜。戒奢崇俭，率先百辟。轻徭薄赋，冀以宽弘。而积习生常，未能惩革。闾阎士庶，吉凶之礼，动悉乖方，不依制度。古人之学，且耕且餐。今者民丁非役之日，农亩时候之余，若敦以学业，劝以经礼，自可家慕大道，人希至德，岂止知礼节，识廉耻，父慈子孝，兄恭弟顺者乎？始自京师，爰及州郡，宜祗朕意，劝学行礼。”自是天下州县，皆置博士习礼焉。此即《本纪》所云三年四月之诏，读《机传》而可恍然于其所由来也。古之言儒学者，在朝廷之上，则思以此崇德化而缓刑诛；在闾阎之中，则思以此纳民于轨物，易争夺以和亲，使奢纵者知节。自今观之，不能先富后教，固终将徒托空言，然不能以此责古人。文帝于此二者，则可谓倦倦焉矣，而可谓之不悦学乎？开皇九年（589年）平陈，又下诏，言“武力之子，俱可学文。有功之臣，降情文艺，家门子侄，各守一经，令海内翕然，高山仰止。京邑庠序，爰及州县，生徒受业，升进于朝，未有灼然，明经高第。此则教训不笃，考课未精。明勒所由，隆兹儒训”。其期望之意尤笃，然其效终不可睹。乃有仁寿二年（602年）废学之举。诏言“国学胄子，垂将千数，州县诸生，咸亦不少，徒有名录，空度岁时”，其易辙之意可见。《儒林传序》谓“高祖暮年，不悦儒术，专尚刑名”。

其实合前文观之，即知舍儒术而任刑名，乃历代相沿之积习，高祖特欲革之而未能耳。独指为不悦学，岂得事理之平？抑历代之于学校，皆视为粉饰升平之具，本不期其有何实效，故虽成具文，亦不失望，文帝则凡事务求实际，故睹其无效，即必从而裁撤之，则观其废学，正可见其初意之诚也。仁寿二年（602年）废学之举：《本纪》云：国子学惟留学生七十人，太学、四门及州、县学并废。七月，改国子为太学。《百官志》云：罢国子学，惟立太学一所。《儒林传序》云：废天下之学，惟存国子一所，弟子七十二人。其《刘炫传）云：废国子、四门及州、县学，惟置太学博士二十人，学生七十二人。国子、太学之存废，《本纪》言之最悉，《志》《传》所言皆不具。七十二人之数，则当从《儒林传》。此盖法孔门弟子身通六艺者之数？唐初国子学置生七十二人，盖亦有所受之也？见下。炀帝好事文饰，正与其父相反，其复学，自亦徒有其名。《本纪》载大业元年闰七月之诏曰："诸在家及见入学者，若有笃志好古，耽悦坟典，学行优敏，堪膺时务，所在采访，具以名闻，即当随其器能，擢以不次。若研精经术，未愿进仕者，可依其艺业深浅，门荫高卑，虽未升朝，并量准给禄。其国子等学，亦宜申明旧制，教习生徒，具为课试之法，以尽砥砺之道。"《儒林传》言："炀帝即位，复开庠序。国子、郡县之学，盛于开皇之初。征辟儒生，远近毕至，使相与讲论得失于东都之下，纳言定其差次，一以闻奏焉。"其所以拂拭而磨厉之者，似亦甚至。然虚文安能收实效？《传》又言其"外事四夷，戎马不息，师徒怠散，盗贼群起，空有建学之名，而无弘道之实，其风渐坠，以至灭亡"，宜矣。

唐学制，见于《新书·选举志》。《志》曰："凡学六，皆隶于国子监。国子学生三百人，以文武三品以上子孙，若从二品以上曾孙，及勋官二品县公、京官四品带三品勋封之子为之。太学生五百人，以五品以上子孙，职事官五品期亲，若三品曾孙，及勋官三品以上有封之子为之。四门学生千三百人，其五百人，以勋官三品以上无封，四品有封，及文武七品以上子为之。八百人以庶人之俊异者为之。”《旧书·职官志》：“四门博士，掌教文武七品已上及侯、伯、子、男子之为生者，若庶人子为俊士生者。”则庶人之子，称为俊士。律学生五十人，书学生三十人，算学生三十人，以八品以下子及庶人之通其学者为之。京、都学生八十人。大都督府、中都督府、上州各六十人。下都督府、中州各五十人。下州四十人。京县五十人。上县四十人。中县、中下县各三十五人。下县二十人。《百官志》：西都、东都、北都、凤翔、成都、河中、江陵、兴元、兴德府，大、中、下都督府，上州，皆文学一人，医学博士一人。中、下州亦医学博士一人，而无文学。《注》云：“武德初，置经学博士、助教、学生。德宗即位，改博士曰文学。元和六年（811 年），废中、下州文学。京兆等三府助教二人，学生八十人。大都督府、上州各助教一人。中都督府学生五十人，下府、下州各四十人。贞观三年（629 年），置医学，有医药博士及学生。开元元年（713 年），改医药博士为医学博士，诸州置助教，写本草、百一集验方藏之。未几，医学博士、学生皆省。僻州少医药者如故。二十七年（739 年），复置医学生，掌四境巡疗。永泰元年（765 年），复置医学博士。三都、都督府、上州、中州，各有助教一人。三都学生三十人，都督府、上州二十人，下州十人。凡县，皆有经学博士、助教各一人，京县学生五十人，畿县四十人，中县以下各二十五人。”《旧书·职官志》：三府，经学博士一人，助教二人，学生八十人。医学博士一人，助教一人，学生二十人。大、中、下都督府，上、中、下州，各经学博士一人。助教，大、中都督府，上州各二人，下都督府，中、下州各一人。学生，大、中都督府，上州各六十人。下都督府、中州五十人，下州四十人。医学博士，大、中、下都督府，上、中、下州各一人。助教，大、下都督府，上、中州各一人，而中都督府、下州无文，疑佚夺。学生，大、中都督府，上州各十五人。下都督府，中、下州各十二人。京、畿、上、中、中下、下县，博士、助教各一人。学生，京县五十人，畿、上县各四十人，中、中下县各二十五人，下县二十人。《新书·百官志》：文学，县则州补，州则授于吏部，然无职事，衣冠耻之。可见其有名无实也。国子监生，尚书省补，祭酒统焉。州县学生，州县长官补，长史主焉。凡馆二：门下省有弘文馆，生三十人。东宫有崇文馆，生二十人。以皇缌麻以上亲，皇太后、皇后大功以上亲，宰相及散官一品、功臣身食实封者、京官职事从三品、中书、黄门侍郎之子为之。凡博士、助教，分经授诸生。未终经者无易业。凡生，限年十四以上、十九以下。律学十八以上、二十五以下。凡《礼记》《春秋左氏传》为大经，《诗》《周礼》《仪礼》为中经，《易》《尚书》《春秋公羊传》《穀梁传》为小经。通二经者，大经、小经各一，若中经二。通三经者，大经、中经、小经各一。通五经者，大经皆通，余经各一。《孝经》《论语》，皆兼通之。凡治《孝经》《论语》，共限一岁。《尚书》《公羊传》《穀梁传》各一岁半。《易》《诗》《周礼》《仪礼》各二岁。《礼记》《左氏传》各三岁。学书日纸一幅。间习时务策，读《国语》《说文》《字林》《三苍》《尔雅》。凡书学，《石经三体》限三岁，《说文》二岁，《字林》一岁。凡算学，《孙子》《五曹》共限一岁，《九章》《海岛》共三岁，《张丘建》《夏侯阳》各一岁，《周髀》《五经算》共一岁，《缀术》四岁，《缉古》三岁。《记遗》《三等数》，皆兼习之。《旧书·职官志》：算学生，二分其经，以为之业。习《九章》《海岛》《孙子》《五曹》《张丘建》《夏侯阳》《周髀》十五人。习《缀术》《缉古》十五人。其《记遗》《三等》，亦兼习之。旬给假一日。前假，博士考试。读者千言试一帖，帖三言。讲者二千言问大义一条，总三条。通二为第。不及者有罚。岁终，通一年之业，口问大义十条。通八为上，六为中，五为下。并三下与在学九岁，律生六岁不堪贡者罢归。诸学生通二经，俊士通三经，已及第而愿留者，四门学生补太学，太学生补国子学。每岁五月有田假，九月有授衣假，二百里外给程。其不率教及岁中违程满三十日，事故百日，缘亲病二百日皆罢归。既罢，条其状，下之属所。五品以上子孙，送兵部准荫配色。每岁仲冬，州、县、馆、监举其成者，送之尚书省。此其教学选举之大略也。天宝五载（746 年），又置广文馆于国学，以领生徒为进士者。《新书·选举志》。亦见《旧书·本纪》。《旧书·职官志》云："至德后废。"故《百官志》言国子监总国子、太、广文、四门、律、书、算凡七学焉。又有所谓崇玄学者，见第二十一章第五节。

《旧书·儒学传序》云："高祖以义宁三年五月，初令国子学置生七十二员，取三品已上子孙。《新书》作子弟若孙。太学置生一百四十员，取五品已上子孙。四门学生一百三十员，取七品已上子孙。上郡学置生六十员，中郡五十员，下郡四十员。上县学生四十员，中县三十员，下县二十员。武德元年（618 年），诏皇族子孙及功臣子弟，于秘书外省，别立小学。《礼仪志》：武德七年二月，诏诸州有明一经已上，未被升擢者，本属举送，具以名闻，有司试策，皆加叙用，其吏民子弟，有识性明敏，志希学艺，亦具名申送。量其资品，并即配学。州县及乡，并令置学。太宗数幸国学，令祭酒、博士讲论。毕，赐以束帛。学士能通一大经已上，咸得署吏。又于国学增筑学舍一千二百间。太学、四门博士，亦增置生员。其书、算各置博士、学生，以备艺文。《本纪》：贞观三年九月，诸州置医学。六年二月，初置律学。凡三千二百六十员。其玄武门屯营飞骑，亦给博士，授以经业。有能通经者，听之贡举。是时四方儒士，多抱负典籍，云会京师。俄而高丽及百济、新罗、高昌、吐蕃诸国酋长，亦遣子弟请入国学。鼓箧而升讲筵者，八千余人。济济洋洋焉，儒学之盛，古昔未之有也。高宗薄于儒术，尤重文史。则天称制，国子祭酒，多授诸王及驸马都尉，至于博士、助教，惟有学官之名，多非儒雅之实。是时复将亲祠明堂及南郊，又拜洛、封嵩岳，将取弘文、国子生充斋郎行事，皆令出身放选，前后不可胜数。因此，生徒不复以经学为意，惟苟希徼幸。二十年间，学校顿时隳废矣。玄宗在东宫，亲幸太学，大开讲论。学官生徒，各赐束帛。及即位，数诏州县及百官荐举经通之士。《新书·选举志》：玄宗又敕州县学生，年二十五以下，八品子若庶人二十一以下，通一经，及未通经而聪明有文辞、史学者，入四门学为俊士。即诸州贡举省试不第愿入学者亦听。《旧纪》：开元二十六年正月，制天下州县，每乡一学。仍择师资，令其教授。《通鉴》云：令天下州县，里别置学。又置集贤院。”此唐人述玄宗以前儒学兴替之大概也。案高宗时，书、算、律学，皆废而复兴，《旧纪》：显庆元年十二月，置算学。三年九月，废书、算、律学。龙朔二年五月，复置律、书、算三学。三年正月，诏以书学隶兰台，算学隶秘阁，律学隶详刑寺。算学之置，《礼仪志》在显庆二年（657年）。律、书、算三学之复，志在龙朔二年五月。并曾增置东都学生。《本纪》：龙朔二年正月，东都初置国子监，并加学生等员，均分于两都教授。《礼仪志》：东都置国子监丞、主簿、录事各一员，四门助教、博士、四门生三百员，四门俊士二百员。“中宗反正，诏宗室三等以下，五等以上，未出身愿宿卫及任国子生听之。其家居业成而堪贡者，宗正寺试送监举如常法。三卫番下日愿入学者，听附国子学、太学及律馆习业。蕃王及可汗子孙愿入学者，附国子学读书。”《新书·选举志》。虽情之不存，规制初未尝废也。至安、史乱后，物力艰难，乃欲承权舆而不可得矣。《旧书·礼仪志》言：“至德后兵革未息，国子生不能廪食，生徒尽散。堂墉颓废，常借兵健栖止。”至永泰二年（766年），乃有补国子生、重造国学之举。此事全出鱼朝恩之妄诞，遂乃以宦人而高坐说《易》，陈教坊之乐于上庠，事见《旧书·礼仪志》及两《书·朝恩传》。事类儿戏，只足发噱。然上元中，国子尝置大成生二十人，所以待之者颇厚。取已及第而聪明者为之。试书，日诵千言，并日试策。所业十通七然后补。其禄俸同直官。通四经。业成，上于尚书，吏部试之。登第者加一阶放选，其不第则习业如初，三岁而又试，三试而不中选，乃从常调。见《新书·选举志》。永泰中，置两监生无定员，元和二年（807 年）定之。见《旧纪》及《新书·选举志》。西京：国子馆生八十人，太学七十人，四门三百人，广文六十人，律馆二十人，书、算馆各十人。东都：国子馆十人，太学十五人，四门五十人，广文十人，律馆十人，书馆三人，算馆二人。文宗好尚经术，郑覃又以名儒为宰相。大和七年八月，册皇太子永，降诏言："皇太子方从师傅，传授六经。一二年后，当令齿胄国庠，以兴坠典。宜令国子选名儒宜五经博士各一人。其公卿士族子弟，明年已后，不先入国学习业，不在应明经、进士限。"《旧书·本纪》。此为天宝罢乡贡后之旷举。于是立五经博士。事在开成元年五月，见《旧书·本纪》及《郑覃传》。又于太学立石经。自中叶后，学校屡遭兵燹，虽度支告匮，恒率官俸兴修。元和十四年（819 年），文官料钱贯抽十文，以修国子监，已见第二十一章第八节。此事由郑馀庆建言，见《新书·馀庆传》。又《刘伯刍传》：孙允章，咸通中，改国子祭酒。建言群臣输光学钱治庠序，宰相五万，节度使四万，刺史万，诏可。《旧书·昭宗纪》：大顺元年二月，宰相兼国子祭酒孔纬，以孔子庙经兵火，有司释奠无所，请内外文臣，自观察使、刺史，下及令、佐，于本官料钱上缗抽十文，助修国学，从之。犹袭元和故事也。群臣论议，若贾至、归崇敬等，亦甚以学校为重。至议见《旧书·本传》及《杨绾传》。其议关涉选举，选法不变，自无由行，可参看第二十一章第五节。崇敬欲改国学之名及官名，说颇迂缪，然其重视学校则尤甚也。亦见《旧书·本传》。则唐人之于学校，讫未忘情也，然其效终不可睹。何哉？为政者之所求，急于应用，而历代学校所造，止于章句之儒，《旧书·张柬之传》：少补太学生，涉猎经史，尤好三礼。国子祭酒令狐德棻甚重之。柬之固有才，然亦能为章句，学校之所以重之，在此不在彼也。实为不切于务。以儒生与文吏相较，则文吏之周于用，远非儒生之比矣。况其生徒多取贵游子弟，并章句而不能为哉？

学校顾名思议，必当以学业为重，然自汉世，设科射策，劝以官禄，遂成为选举之一途。既成为选举之途，则贵游子弟，必思捷足先据其处，势也。而选举且不能平矣，遑论学业？魏玄同言：“弘文、崇贤之生，千牛、辇脚之类，课试既浅，艺能亦薄，而门阀有素，资望自高”是也。《旧书》本传。《旧书·常衮传》言：中官刘忠翼，泾原节度使马璘，各有亲戚，干贡部及求为两馆生。《许孟容传》：孟容征为礼部员外郎。有公主之子，请补弘文、崇文馆诸生，孟容举令式不许，而主诉于上，致烦中使问状。则入学须请托矣。《唐志》言诸生限年十四，而萧颖士十岁即补太学生，岂真其姿质过人哉？《旧书·魏元忠传》：初为太学生，志气倜傥，不以举荐为意，累年不调。《新书·裴炎传》：补弘文生，有司欲荐状，以业未就辞，十年乃举明经及第，亦未必果欿然斯之未信也。然则出学又须奔竞矣。资望更高者，如窦轨，母为隋文帝女，自不借通经然后入官，而《传》言其少入太学，盖以通声气，为名高。李则之五十余，犹执经诣太学听受，则之，高祖子虢王凤之后。《旧书》附其父《巨传》，《新书》见《高祖诸子传》。此等人盖如凤毛麟角矣。斯时之学校，其可以言学业乎？为学之所恶者，莫甚于口给以御人，而斯风自汉、魏至隋、唐，未之有改。即可知其学之不讲。《隋书·王頍传》：开皇五年（585 年），授著作佐郎。寻令于国子讲授。会高祖亲临释奠，国子祭酒元善讲《孝经》，頍与相论难，辞义锋起，善往往见屈。高祖大奇之。《杨汪传》：炀帝即位，岁余，拜国子祭酒。帝令百寮就学，与汪讲论。天下迩儒硕学多萃焉。论难锋起，皆不能屈。帝令御史书其问答奏之，省而大悦，赐良马一匹。《褚辉传》：炀帝时，征天下儒术之士，悉集内史省，相次讲论。辉博辩，无能屈者。由是擢为太学博士。《新书·赵弘智传》：永徽初，入为陈王师，讲《孝经》百福殿。于是宰相、弘文馆学士、太学生皆在。弘智举五孝。诸儒更诘辨，随问酬悉，舌无留语。高宗喜，曰："试为我陈经之要，以辅不逮。"对曰："天子有争臣七人，虽无道不失天下，愿以此献。"帝悦，赐绢二百，名马一。是帝王以此奖借人也。《隋书·刘焯传》：与杨素等于国子共论古今滞义，前贤所不通者。每升坐，论难锋起，皆不能屈。素等莫不服其精博。《新书·陈少游传》：为崇玄生。诸儒推为都讲。有媢者，欲对广众切问，以屈少游。及升坐，音吐清辩，据引兼该、问穷而对有余。大学士陈希烈高其能。是公卿以此奖借人也。《隋书·元善传》：通博在何妥之下，然以风流酝藉，俯仰可观，音韵清朗，听者忘倦，由是为后进所归。妥每怀不平，心欲屈善。因善讲《春秋》，初发题，诸儒毕集。善私谓妥曰："名望已定，幸无相苦。"妥然之。及就讲肆，妥遂引古今滞义以难善，多不能对。善深衔之。二人由是有隙。《刘焯传》：因国子释奠，与刘炫二人论义，深挫诸儒，咸怀妒恨，遂为飞章所谤，除名为民。《新书·孔颖达传》：炀帝召天下儒官集东都，诏国子、秘书学士与论议。颖达为冠。又年最少。老师宿儒，耻出其下，阴遣客刺之。匿杨玄感家得免。其忌疾至于如此。《隋书·苏威传》：子夔，十四诣学，与诸儒论议，辞致可观。此则又以势利而相称假者矣。为人者必不暇为己，如北朝之张吾贵则其伦。《隋书·刘炫传》：炫虽遍直三省，竟不得官，为县司责其赋役。炫自陈于内史。内史送诣吏部。吏部尚书韦世惠问其所能。炫自为状，曰："《周礼》《礼记》《毛诗》《尚书》《公羊》《左传》《孝经》《论语》、孔、郑、王、何、服、杜等注，凡十三家，虽义有精粗，并堪讲授。《周易》《仪礼》《穀梁》，用功差少。史、子、文集，嘉言美事，咸诵于心。天文、律历，穷核微妙。至于公私文翰，未尝假手。"攻乎异端，尚不足以言章句，况大雅弘达邪？

贵游必喜轻侠，务声华。东京横议，以太学为中心，由此也。唐人嗜利，非如东汉之好名，故其事不至牵涉政治。《旧书·良吏·阳峤传》：入为国子祭酒。时学徒渐弛，峤课率经业，稍行鞭棰。学生怨之，颇有喧谤，乃相率乘夜于街中欧之。上闻，令所由杖杀。由是始息。此事当在开元初。斯时学校风纪之颓敝，宁不可骇？此特好游荡之徒所为耳。杨玚迁国子祭酒，请明经习《左传》者，尽帖平文；参看第二十一章第五节。通《周礼》《仪礼》《公羊》《穀梁》者，量加优奖。诏习此诸经者，出身免任散官。遂著于式。生徒为玚立颂学门外。欧阳詹举进士，与韩愈联第，又与愈善。詹先为四门助教，率其徒伏阙举愈博士。此亦如应举者之务干谒、相援引耳。其似涉政事者，莫如德宗时诸生之请留阳城。城为谏议大夫，以助陆贽攻裴延龄，下迁国子司业。有薛约者，狂而直。言事得罪谪连州。吏捕迹，得之城家。此据《新书·城传》。《旧传》云：约尝学于城。城坐吏于门，引约饮食。讫，步至都外与别。帝恶城党有罪，出为道州刺史。太学诸生何蕃、季偿、王鲁卿、李谠等二百人顿首阙下请留城。守阙下数日，为吏遮抑不得上。既行，皆泣涕立石纪德。柳宗元遗蕃等书，比之李膺、嵇康，时太学生徒，仰阙执诉焉。城矫伪士，其技俩至易见。《新书·城传》言其迁国子司业，引诸生告之曰："凡学者，所以学为忠与孝也。诸生有久不省亲者乎？"明日，谒城还养者二十辈。有三年不归侍者斥之。简孝秀德行升堂上，沈酗不率教者皆罢。何蕃事即附《城传》后。云：和州人。事父母孝。学太学岁一归，父母不许。间二岁乃归，复不许。凡五岁。慨然以亲且老，不白安，揖诸生去。乃共闭蕃空舍中，众共状蕃义行，白城请留。会城罢，亦止。然则谒城还养而莫久留者，为拙宦矣。《传》又云："初朱泚反，诸生将从乱，蕃正色叱不听。故六馆之士无受污者。蕃居太学二十年，有死丧无归者，皆身为治丧。"三年不归者见斥，居二十年者众共请留，何邪？正色叱诸生，不听从乱，果天性忠孝乎？抑度患之不及，而以是为名高也？矫伪中安得有佳士哉？

薛《史·唐明宗纪》：天成二年三月，太常丞段颙请国学五经博士各讲本经，从之。似其时国学中犹有人讲肄者。然长兴元年四月又云：国子司业张溥奏请复八馆以广生徒。按《六典》，监有六学，国子、太学、四门、律学、书学、算学是也，而溥云八馆，谬矣。然则馆学之别，且不能知，可知其时学校之废弛矣。《新书·王潮传》：潮尽有五州地，乃作四门义学。欧《史·闽世家》言王审知建学四门，以教闽士之秀者，盖即沿自潮者也。此偏方诸国较能留意文教者。或正以其地本僻陋，故有慕乎此也。然文教之兴起，实多人民所自为，政事之所能为力者甚微耳。

隋、唐之世，科举浸盛，而学校日微，此即教育之权，由公家移于私家之证。然学子之负笈寻师者，亦或依附其名而求著籍，未必真有所得，欲深造博涉者，实仍在自为也。隋、唐两史言私家教授之事甚多。如房晖远，恒以教授为务。远方负笈而从者，动以千计。《隋书·儒林传》。王恭，每于乡里教授，弟子自远方至者数百人。《旧书》本传。此家居教授者也。王质，寄居寿春，专以讲学为事。《旧书》本传。袁滋，客荆、郢间，起学庐讲授。《新书》本传。则客居而教授者也。刘炫除太学博士，以品卑去任。还至长平，奉敕追诣行在所。或言其无行，炀帝遂罢之。归于河间。于时群雄蜂起，谷食踊贵，教授不行，炫遂冻馁而死。《隋书·儒林传》。而张士衡仕隋为余杭令，以老还家，士衡，瀛州乐寿人。大业兵起，诸儒废学，唐兴，士衡复讲教乡里。《新书·儒学传》。则干戈甫息，弦诵旋兴矣。刘焯既除名，优游乡里，专以教授著述为务。王孝籍，开皇中召入秘书，助王劭修国史。后归乡里，以教授为业。皆去官而教授者。而何妥出为龙州刺史，有负笈游学者，皆为讲说教授之，则居官亦不废矣。皆《隋书·儒林传》。阳城隐于中条山，远近慕其德行，皆从之学。《旧书·隐逸传》。卢鸿庐于嵩山。玄宗征拜谏议大夫，固辞，许还山。官为营草堂。鸿到山中，广学庐，聚徒至五百人。《新书·隐逸传》。皆隐居教授者。高汉筠，尝诣长白山讲肄，薛《史》本传。度山中亦自有学侣邪？贵游子弟，亦有从私师且甚早者。

如徐旷、窦威、杨玄感、李密、王世充皆从受学。王元感调博城丞，纪王慎为兖州都督，厚加礼，敕其子东平王续往受业。皆《新书·儒学传》。孙万寿年十四，就熊安生受五经是也。《隋书·儒林传》。从师者或甚久，且不惮其远。如马光，从师数十年。初教授瀛、博，有门徒千数。及光为太常博士，多负笈从入长安是已。《隋书·儒林传》。前此授受专于经学，此时则并及文、史。曹宪、李善等以《文选》教授，见下节。善选学本受诸宪，而马怀素又学于善。《旧书》本传。此文学也。杨汪问礼于沈重，受《汉书》于刘臻。《隋书》本传。包恺从王仲通受《史记》《汉书》。大业中为国子助教，于时《汉书》学者，以萧该及包为宗匠。聚徒教授，著录者数千人。《隋书·儒林传》。阎毗受《汉书》于该。《隋书》本传。王方庆年十六，起家越王府参军。就记室任希古受《史记》《汉书》。希古迁为太子舍人，方庆随之卒业。张镐少师事吴兢。皆《旧书》本传。此史学也，当时受学，多求名师。如《虞世南传》称其与兄世基受学于顾野王。《张行成传》言其少师事刘炫。皆《旧书》本传。盖皆以是而特著之。然《刘焯传》言其少与刘炫结盟为友，同受《诗》于同乡刘轨思，受《左传》于广平郭懋常，问《礼》于阜城熊安生，皆不卒业而去。武强交津桥刘智海家，素多坟籍，焯与炫就之读书，向经十载。则学由自得，名师初不能为弘益可知。刘炫聪明博学，名亚于焯。时人称二刘。天下名儒后进，质疑受业，不远千里而至者，不可胜数。毋亦徒依附之以为名高邪？韩愈、柳宗元，不为无实。然《旧书·宗元传》言：江、岭间为进士者，不远数千里，皆随宗元师法。凡经其门，必为名士。《新书·愈传》言：成就后进士，往往知名。经愈指授，皆称韩门弟子。得毋亦有相依附之意邪？《传》又言“愈官显，稍谢遣”，盖亦以是为惧矣。《隋书·隐逸传》：徐则，幼沈静，寡嗜欲。受业于周弘正。善三玄，精于议论，声擅都邑。则叹曰：“名者，实之宾也。吾其为宾乎？”遂杖策入缙云山。后学数百人，苦请教授。则谢而遣之。当时之所谓教授者可见矣，显以为名者，莫不阴以为利。颜师古在隋授安养尉，坐事免归。家贫，以教授为业。《旧书》本传。李善为贺兰敏之所荐引，敏之败，坐配流岭外。会赦还，因寓居汴、郑之间，以讲《文选》为业。《旧书·文苑·李邕传》。此皆徒为衣食计，无足责。刘焯怀抱不旷，又啬于财。不行束修者，未尝有所教诲，《隋书》本传。则鄙夫矣。尹知章转国子博士，弟子贫者周给之，《新书·儒学传》。其贤乎？王义方以弹李义府左迁。秩满，家于昌乐，聚徒教授，不复仕。及卒，门人何彦先、员半千为制师服，三年丧毕乃去。《旧书·忠义·义方传》。亦见《文苑·员半千传》。度其设教，必有深足感人者。经师易得，人师难求，此则令人高山仰止者耳。

地方之学，仍袭前世，犹以化民善俗为意。《新书·太宗纪》：贞观六年七月，诏天下行乡饮酒礼。此即隋文帝诏天下劝学行礼之意。《李栖筠传》：出为常州刺史。大起学校。堂上画《孝友传》示诸生。为乡饮酒礼，登歌降饮。人人知劝。则能奉行此意者也。此等设施，当时良吏，多行之僻陋之区。柳旦，大业初拜龙川太守。民居山洞，好相攻击。旦为开设学校，大变其风。《隋书·柳机传》。令狐熙，拜桂州总管，为建城邑，开设学校。《隋书》本传。韦机，显庆中为檀州刺史。边州素无学校。机敦劝生徒。创立孔子庙，图七十二子及自古贤达，皆为之赞。《旧书·良吏传》。王义方，贬为儋州吉安丞。蛮俗荒梗。义方召诸首领，集生徒，亲为讲经，行释奠之礼。清歌吹籥，登降有序。诸首领大喜。《旧书·忠义传》。韦丹，为容州刺史，兴学校。子宙，为永州刺史，立学官，取仕家子弟十五人充之。《新书·循吏传》。李承约，拜黔南节度使。外劝农桑，内兴学校。薛《史》本传。皆其事也。亦行诸风俗邪僻之地，犷悍之乡。梁彦光为相州刺史，人情险诐。彦光招致山东大儒，每乡立学。滏阳人焦通，性酗酒，事亲礼阙，为从弟所讼。彦光将至州学，令观于孔子庙。庙中有韩伯瑜母杖不痛，哀母力弱，对母悲泣之象。通遂感悟。《隋书》本传。曹华：李师道诛，分所管十二州为三镇，王遂为沂、兖、海观察使，为衙将王弁所害，授华沂州刺史，沂、海、兖观察使。华诛郓卒千二百人，移理于兖。令将士曰："邹、鲁儒者之乡，不宜忘于礼义。"乃躬礼儒士，习俎豆之容，春秋释奠于孔子庙。立学讲经，儒冠四集。出家财赡给，俾成名入仕。往者如归。《旧书》本传。高承简：蔡平，诏析上蔡、郾城、遂平、西平四县为溵州，拜承简刺史，治郾城，葺儒宫，备俎豆，岁时行礼。《新书·高崇文传》。皆其事也。其以传授学业为志者，好尚之士，亦能行诸所莅之邦。杨汪，历荆、洛二州长史。每听政之暇，必延生徒讲授，时人称之。《隋书》本传。高俭，进益州长史，引诸生讲授经艺，学校复兴。《新书》本传。高智周，授寿州刺史。每行部，必先召学官，见诸生，试其讲诵，访以经义及时政得失，然后问及垦田、狱讼之事。《旧书·良吏传》。张镒，大历五年（770 年），除濠州刺史。招经术之士，讲训生徒。比去郡，升明经者四十余人。郑馀庆镇兴元，创立儒官，开设学馆。子翰，复继前美。皆《旧书》本传。倪若水，开元初，出为汴州刺史。增修孔子庙堂及州县学舍，劝励生徒，儒教甚盛。《旧书·良吏传》。皆其人也。常衮为福建观察使。始闽人未知学。衮至，为设乡校，使作为文章，亲加讲导。与为客主钧礼，观游、燕飨与焉。由是俗一变，岁贡士与内州等。卒于官。其后闽人春秋配享衮于学宫。《新书》本传。此则南服之文翁矣。然此等人究少。以大体言之，州县学多有名无实。《新书·刘禹锡传》：徙夔州刺史。禹锡尝叹天下学校废，乃奏记宰相曰："言者谓天下少士，而不知养材之道，郁堙不扬，非天不生材也。是不耕而叹廪庾之无余，可乎？贞观时，学舍千二百区，生徒三千余，外夷遣子弟入附者五国。今室庐圮废，生徒衰少。非学官不振，病无赀以给也。凡学官，春秋释奠于先师斯止。辟雍、泮宫，非及天下。今州县咸以春秋上丁，有事孔子庙。其礼不应古，甚非孔子意。汉初群臣起屠贩，故孝惠、高后间，置原庙于郡国。逮元帝时，韦玄成遂议罢之。夫子孙尚不敢违礼飨其祖，况后学师先圣道，而欲违之？《传》曰：祭不欲数。又曰：祭神如神在。与其烦于祭飨，孰若行其教？今教颓靡，而以非礼之祀媚之，儒者所宜疾。窃观历代，无有是事。武德初，诏国学立周公、孔子庙，四时祭。贞观中，诏修孔子庙兖州。后许敬宗等奏天下州县置三献官，其他如立社。玄宗与儒臣议罢释奠牲牢，荐酒脯。时王孙林甫为宰相，不涉学。使御史中丞王敬从以明衣牲牢著为令。遂无有非之者。今夔四县，岁释奠费十六万。举天下州县，岁凡费四千万。适资三献官饰衣裳，饴妻子，于学无补也。请下礼官、博士议，罢天下州县牲牢衣币，春秋祭如开元时。籍其资，半畀所隶州，使增学校。举半归太学。犹不下万计，可以营学室，具器用，丰馔食，增掌故以备使令。儒官各加稍食。州县进士，皆立程督。则贞观之风，粲然可复。当时不用其言。”《文献通考·学校考》引欧阳修《襄州谷城县夫子庙记》曰：“隋、唐之际，天下州县，皆立学官，置生员。而释奠之礼，遂以著令。其后州县学废。而释奠之礼，吏以其著令，故得不废。学废矣，无所从祭，则皆庙而祭之。”马君按云：“自唐以来，州县莫不有学，则凡学莫不有先圣之庙矣。然考之前贤文集，如柳子厚《柳州文宣王庙碑》，与欧公此文，及刘公是《新息县、盐城县夫子庙记》，皆言庙而不及学。盖衰乱之后，荒陋之邦，往往庠序颓圮，教养废弛，而文庙独存。官吏之有识者，以兴学立教，其事重而费巨，故姑葺文庙，俾不废夫子之祠，所谓犹贤乎已。”愚案详味刘禹锡之言，恐学校本未能遍设，不待乱离而后毁坏也。《旧书·高宗纪》：咸亨元年五月，诏曰：“诸州县孔子庙堂，有破坏并先来未造者，宜令所司速事营造。”则虽当唐之盛时，孔子庙亦有未造者，而况学校？《马周传》云：落拓，不为州里所敬。武德中，补博州助教。日饮醇酎，不以讲授为事。刺史达奚恕，屡加咎责。周乃拂衣游于曹、汴。似唐初刺史，颇能留意学政者。然恐实以其落拓而轻之，而以是为口实耳。盖学校之有名无实久矣。

官立之学校，虽有名无实，然人民之能自厉于学者实多。《隋书·李密传》言：杨玄感败，密诣淮阳，舍于村中，变姓名为刘智远，聚徒教授。密是时必不敢居通衢大道，可见虽僻左之地，学徒亦可招集。乡学虽或由官立，实以人民自设者为多。苗晋卿归乡里，出俸钱二万为乡学本是也。《旧书》本传。白居易与元稹书曰："自长安抵江西，三四千里。凡乡校、佛寺、逆旅、行舟之中，往往有题仆诗者。"《旧书》本传。足见其非无文采。梁祖父诚，以五经教授乡里。诚卒，子贫不能为生，与其母佣食萧县人刘崇家。欧《史·梁太祖纪》。诚盖如今村塾之师，欧《史·刘岳传》所谓乡校俚儒也。参看第二十一章第五节。其学固无足称。然人能自厉于学，虽乱世不废，则可见矣。《新书·陈子昂传》：六世祖太乐，当齐时，兄弟竞豪杰，梁武帝命为郡司马。父元敬，世高赀，岁饥，出粟万石振乡里。子昂十八未知书。以富家子尚气决，弋博自如。此盖最难施教者。而"他日入乡校，感悔，即痛修饬"。此其感格之力为何如？薛《史·乌震传》：言其"少孤，自勤于乡校"，岂得谓乡校之无所造就哉？此无他，人民自办之事，必求其功归实际，非如官办者之徒有其名也。不特此也。《隋书·列女传》：元务光母，范阳卢氏女也。盛年寡居，诸子幼弱。家贫不能就学，卢氏每亲自教授。《旧书·元稹传》：稹至同州表谢，自叙曰："臣八岁丧父。家贫无业，母兄乞丐，以供资养。衣不布体，食不充肠。幼学之年，不蒙师训。因感邻里儿稚，有父兄为开学校，涕咽发愤，愿知诗书。慈母哀臣，亲为教授。"则不能从师者又有家教，无父兄者且有母教矣。文化之蒸蒸日上，果官之立学为之？抑人之自为之邪？

第二节　文　字

隋、唐、五代之世，文字无甚变迁。贵人以私意妄造字者，亦止武后尝作十有二文，见《新唐书》本传。后人习知其音义者，只一后所自名之“曌”字而已。刘龑曾造一“龑”字而已。见第十四章第四节。《通鉴》陈宣帝太建十三年（581年）《注》云：隋主本袭封随公，故国号曰隋。以周、齐不遑宁处，故去“辵”作“隋”，以“辵”训走故也。此说出于徐锴。《困学纪闻》云：徐楚金云：“隋文帝恶随字为走，乃去是成隋字。隋裂肉也，其不祥大焉。殊不知随从辵，辵安步也。而妄去之，岂非不学之故？”其说未知信否。或以文帝好言禨祥，后人为是附会。然此等无谓之顾忌，隋、唐之世确有之。《旧书·高宗纪》：仪凤三年十二月，“诏停明年通乾之号，以反语不美故也”。《新书·百官志》：“武后垂拱二年（686年），有鱼保宗者，上书请置匦以受四方之书。乃铸铜匦四，涂以方色，列于朝堂。以谏议大夫、补阙、拾遗一人充使知匦事，御史中丞、侍御史一人为理匦使。其后同为一匦。天宝九载（750年），玄宗以匦声近鬼，改理匦使为献纳使。”至德元年（756年）复旧。又《地理志》：邠州，“邠”故作“豳”，开元十三年（725年），以字类“幽”改。皆其事也。《旧书·地理志》：莫州，本瀛州之鄚县。景云二年（711年），于县置鄚州。开元十三年（725年），以“鄚”字类“鄭”字，改为“莫”。避字形之相混，而于诂训无乱，此则无讥焉。此等新造新改之字，惟专名不取其义者为能行，此亦文字自然之条例，足见其不能以私意造作也。

避讳时之字，久之，有遂与本字相淆者。《困学纪闻》云：“成都石经，孟蜀所刻，于唐高祖、太宗之讳皆阙画。范鲁公相本朝，其戒子侄诗，曰尧舜理，曰深泉薄冰，犹不忘唐也。”《集证》引《容斋随笔》云：“蜀本石九经，皆孟昶时所刻。其书渊、世、民三字皆阙画，盖为唐高祖、太宗讳也。昶父知祥，尝为庄宗、明宗臣，然于存勖、嗣源字乃不讳。前蜀王氏已称帝，而所立《龙兴寺碑》，言及唐诸帝，亦皆半阙。乃知唐之泽远矣。”又引《郡斋读书志》云：“《石经尚书》十三卷，伪蜀周德真书，《论语》十卷，张德钧书，皆阙唐讳，盖孟氏未叛唐时所刻？《毛诗》二十卷，《礼记》二十卷，皆张绍文书，《左氏传》三十卷，不题书人姓氏，则不阙唐讳，盖是知祥僭位后刻石也？”何义门谓《孟蜀石经》及范质之避唐讳，乃“相承以熟，未可为不忘唐之证，厚斋特望人不遽忘宋耳。”何说自得其真。理之与治，代之与世，今人下笔，犹是相淆，不能尽复唐以前之旧，亦习熟为之也。《困学纪闻》又云：“唐有代宗，即世宗也，本朝有真宗，即玄宗也。皆因避讳而为此号。祥符中，以圣祖名，改玄武为真武，玄枵为真枵，《崇文总目》谓《太玄经》曰《太真经》。若迎真、奉真、崇真之类，在祠宫者非一。其末也，目女冠为女真，遂为乱华之兆。”《宋史》：祥符五年（1012年），真宗梦神人传玉皇之命，云令汝祖赵玄朗授汝天书。遂尊号曰圣祖，以为赵之始祖。改玄圣曰至圣。代宗即世宗，真宗即玄宗，虽治史者亦或忘之矣。历代避讳之字，易世后未经改正者甚多，有一望可知者，亦有因以滋疑者，殊背古人临文不讳之义，宁非以私意乱公用之文字乎？古人之讳，重在口不重在笔。临文不讳，则虽口诵之犹不讳也，况于笔乎？或谓司马迁以父名谈，故其书改谈为同。然古同音字恒相通假，说实未必然也。

文字之学，斯时尚无甚足称。自来治小学者，流别有二：一主于博，一主于精。务博者但求所知之多，求精者则必明于文字演变之原，深知古今训释之异。二者固各有所长，然搜采所得，亦必以谨严之法治之，乃能有真知灼见而克尽其用。则求精者实尤难能可贵也。隋、唐间之小学，偏于求博。其时负盛名者为曹宪。《旧书·儒学传》云：宪精诸家文字之书。自汉代杜林、卫宏之后，古文泯绝，由宪此学复兴。大业中，炀帝令与诸学者撰《桂苑珠丛》一百卷，时人称其该博。宪又训注张揖所撰《博雅》，分为十卷。炀帝令藏于秘阁。太宗尝读书，有难字，字书所阙者，录以问宪。宪为之音训，证引明白。太宗甚奇之。所撰《文选音义》，甚为当时所重。初江淮间为文选学者，本之于宪。又有许淹、李善、公孙罗，复相继以《文选》教授，由是其学大兴于代。淹等三人事迹，即次宪后。《淹传》云：尤精诂训。撰《文选音》十卷。《善传》云：注解《文选》，分为六十卷，表上之。《罗传》云：撰《文选音义》，行于代。案文字愈古，单言愈多，愈后复言愈多。《新书·睿宗昭成顺圣皇后窦氏传》：初太常加谥后曰大昭成。或言法宜引圣贞冠谥，而曰大昭成，非也。以单言配之，应曰圣昭若睿成，以复言配之，应曰大圣昭成、圣真昭成。单言即今所谓单音字，复言则今所谓复音之辞也。单音字之用，随世而减，故后人多不之识。惟博览者为能知之。此等罕见之字，尤多存于辞赋中，故宪等皆以小学而兼选学。然读他种古书，亦不能舍此。故颜师古长于《汉书》，史亦称其博览、精故训学，所注《急就章》，与其《汉书注》俱显于时。《新书·儒学传》。而李善亦尝撰《汉书辨惑》三十卷也。《旧书》本传。《桂海珠丛》一百卷，而其《要略》仅二十卷，可见其所载者，初非日用所急。其后武后又有《字海》一百卷。卷帙与之相埒。《新书·艺文志注》云："凡武后所著书，皆元万顷、范履冰、苗神客、周思茂、胡楚宾、卫业等撰。"诸人固亦多文士，足见此风之未变也。求精者必于较古之书，《说文解字》则其选。故颜之推甚好之。见《两晋南北朝史》。此学人之所以异于文人者。《新书·艺文志·小学类》有李腾《说文字源》一卷。《注》云："阳冰从子。"阳冰长于篆书，盖因此而治《说文》？腾盖承其绪？此未必足语于小学，治此书而求精者，则五代时南唐之二徐也，其学入宋而后显。

小学未精，则于文字异同，攸关训释，知之不审，故于改易古字，不甚介意。《新书·艺文志》书类。《今文尚书》十三卷。《注》云：开元十四年（725年），玄宗以洪范“无偏无颇”声不协，诏改为“无偏无陂”。天宝三载（744年），又诏集贤学士卫包改古文从今文。此所谓今文者，非汉世之今文，乃唐时通行之字耳。汉世所谓古文经者，本无其物，而为其时之人据所知之古字伪造，《秦汉史》已具言之。故所谓古文经者，本不足贵。然传至唐世，则又为前人之制作，不宜妄改以失其真。玄宗以当时通行之字易之，其所为，若与前此造古文者相反，而实则相同也。《经典释文·序录》云：“《尚书》之字，本为隶古，既是隶写古文，则不全为古字。今宋、齐旧本及徐、李等音，徐邈、李轨。所有古字，盖亦无几。穿凿之徒，务欲立异，依傍字部，改变经文。”可见其无知妄作之状。玄宗、卫包，亦此等风气中之人物耳。

文字本于言语，言语有方俗之异，则诵读随之，此自然之势也。《隋志》有《河洛语音》一卷。《旧书·王叔文传》，讥王伾吴语，《新书·经传》作楚语。又《旧书·武元衡传》：元衡被害，京师大恐。城门加卫兵察其出入，物色伺之。其伟状异制，燕、赵之音者，多执讯之。皆可见隋、唐时方音之异。诵读之殊，非声即韵，而古人之留意于韵，过于其留意于声，故韵学之兴较早。隋陆法言作《切韵》。唐天宝中，孙愐广之为《唐韵》，至宋世犹沿用焉。《隋志》有《婆罗门书》一卷。《注》云：梁有《扶南胡书》一卷。云：自后汉佛法行于中国，又得西域胡书，能以十四字贯一切音，文省而义广，谓之《婆罗门书》。则兼及声韵二者矣。然中国人虽知此法，初未能神其用。至唐末，僧守温撰三十六字，取佛书之名，名之曰字母，守温《三十六字母图》一卷，见《通志·艺文略》。而声纽之道，始大明焉。后人谓孙叔然已知反语，《释文·序录》云：“孙炎始为反语。”叔然，炎字也。不仞其学自外来。然反切本出天籁，不容一无所知，所争者能否神其用耳。以用论，则三十六字母虽出，治小学者犹未能尽之也。此由中国文字异于胡、梵，原不足为中国病。然必如后世之言韵学者，取《切韵》中切音之上一字，为之分类，而目为中土师师相传之旧，则似可以不必。夫果知留意声纽，则何不撰取数十字为母，以求其简，而必繁其数，至于四百五十邪？《新书·隐逸·陆羽传》：不知所生。或言有僧得诸水滨畜之。幼时，其师教以旁行书。答曰："终鲜兄弟，而绝后嗣，得为孝乎？"师怒，使执粪除圬塓以苦之。此旁行书当即《婆罗门书》。则至唐世，僧徒仍有习之者。

文字书写必求其捷速，观览则求其清晰，捷速利用行草，清晰莫如楷则，二者相反，然不可偏废也。《旧书·柳公绰传》言：其子仲郢，抄书甚多，"小楷精谨，无一字肆笔"，此楷则之便于自览也。又《文苑·席豫传》，言其性尤谨，虽与子弟书及吏曹簿领，未尝草书。谓人曰："不敬他人，是自不敬也。"《新书·李玄道传》：附《褚亮传》。为幽州长史，佐都督王君廓，专持府事。君廓入朝，玄道寓书房玄龄。玄龄本甥也，君廓发其书，不识草字，疑其谋己，遂反。坐是流嶲州。则与人书亦以楷正为善。然下笔必求楷正，未免太难，时或不足应务，则必求其虽简易而仍可辨识者。此行书之所以可贵。草书务求美观，美观贵多变化，遂至去真太远，害于其事矣。

印刷者，书写之支流余裔也。然其难易，较诸书写，殆不可以道里计。故自印刷术兴后，书之存者，较诸印刷术未兴以前，亦不可以道里计焉。此诚人类社会之一大事也。中国之印刷术，以发明最早豪于世。夷考其朔，则近人多取明陆深之说。深作《河汾燕闲录》，云：隋文帝开皇十三年十二月八日，敕废像遗经，悉令雕版，此印书之始也。明末胡应麟作《少室山房笔丛》从之，谓雕版始于隋。近世叶德辉非之。其所作《书林清话》云："陆氏此语，本隋费长房《历代三宝》记。其文本曰废像遗经，悉令雕撰。意谓废像则重雕，遗经则重撰耳。阮吾山《茶余客话》，亦误以雕像为雕版。而岛田翰必欲傅合陆说，遂谓明人逮见旧本，必以雕撰为雕版。不思经可雕版，废像亦可雕版乎？”岛田翰，日本人，著有《雕版渊源考》。日本桑原骘藏又非之，曰：“撰、造、作可通用。陆深等解雕撰为雕造，自非无理。与谓雕废像、撰遗经，无宁解作雕造遗经为当。据此文，谓当时已印行佛经，固失之早计，谓决未尝印行佛经，亦未免武断也。”见《史林》第十一卷第一号。据邓嗣禹《中国印刷术之发明及其西传》转引。邓文见《图书评论》第二卷第十一号。此说殊属游移。《隋书·高祖纪》：开皇二十年（600年），禁毁坏偷盗佛天尊像诏曰：“佛法深妙，道教虚融，咸降大慈，济渡群品。凡在含识，皆蒙覆护。所以雕铸灵相，图写真形，率土瞻仰，用申诚敬。”以雕铸与图写对举，可证雕指废像，撰指遗经也。美国哥伦比亚大学汉文教授卡德氏，尝撰《中国印刷术源流》，刘麟生译，商务印书馆本。采摭颇博。据其说，则吾国印刷物，见存而最古者，为得自敦煌石室之《金刚经》，今在伦敦博物院。经凡六叶，别有画一叶。卷末有“咸通九年四月十五日王玠为二亲敬造普施”字样。而日本所存印刷物之最古者，为孝谦天皇所刻《无垢净光大陀罗尼经咒》。凡百万纸，分藏百万小木塔中。日本僧寺，至今犹有宝藏者。其事成于大历五年（770年），先于咸通九年（868年）者九十八年。日本之印刷术，传自中国，无人置疑。卡德氏谓敦煌所得《金刚经》，刻印之工，远在日本所制《陀罗尼经》之上。授受之迹，自可微窥。然又谓日制《陀罗尼经》，亦非印刷初兴时物。卡德氏不取缘起于隋之说，乃谓其当在开元时。诘其故，则但谓其时国势盛昌而已，此实未免牵强。自开元之初，下逮大历，不及六十年，尚须越海传至日本，果其为时如是之短，日刻《陀罗尼经》，安得已颇工致，而可断为非初兴时物乎？卡德氏又谓奈良存有古印花丝织物。其上印有年岁，一当开元二十二年（734年），一当其二十八年（740年）。《续日本记》所谓摺衣者，则成于天宝二年（743年）。又有军人所服革带，亦皆印花，其年份早者，亦系开元二十八年（740年）。其花卡德氏信为木版所印。然则雕版在开元时已盛行于日本矣，安得在中国乃初发轫乎？卡德氏不信陆深之说，自为有识，然其所自拟之说，则殊不足取也。邓嗣禹尝撰文以评卡德氏之书，题曰《中国印刷术之发明及西传》，其所采摭亦颇博。今录所胪举，为卡德氏所遗之证凡九事，以资参考。九事者，唐僧贯休《禅月集》，有其门人昙域《后序》，云："寻检藁草，及暗记忆，约一千首，乃雕刻版印，题号《禅月集》。时大蜀乾德五年癸未十二月十五日。"蜀乾德五年（923年），后唐庄宗同光元年也。此书雕刻之地，为婺州兰溪。一事也。日僧宗叡，书写《请来法门》等目录，中有"西川印子《唐韵》一部，五卷。同印子《玉篇》一部，三十卷。"云："大唐咸通六年（865年），从六月迄于十月，于长安城右街西明寺日本留学僧圆载法师院求写法门等目录，具如右也。"印子者，版印本也。二事也。《司空表圣文集》卷九，有《为东都敬爱寺讲律僧惠礭化募雕刻碑疏》。元《注》云："印本共八百纸。"其文有云："自洛城罔遇时交，乃焚印本。渐虞散失，欲更雕锼。"洛城焚本，似指武宗会昌五年（845年）之事。此所印至八百纸，又范摅《云溪友议》有云"纥干尚书㬚作《刘弘传》，雕印数千本，以寄中朝及四海"，则所及已普。三事也。《全唐文》卷六百二十四，有冯宿请禁印历日疏，云"准敕禁断印历日版。剑南两川及淮南道，皆以版印历日鬻于市。每岁司天台未奏颁下新历，其印历已满天下，案据此，则两川、淮南所印历日，且运销各地矣。唐人诗云："山中无历日，寒尽不知年。"则非僻陋之地，咸有历日。有乖敬授之道"。据《太平御览》卷百六十，宿为东川节度使，此疏上于大和九年十二月。《旧书·文宗纪》，亦书是月丁丑，"敕禁诸道府不得私置历日版"。玩此，则私印者或尚不止两川与淮南。四事也。元稹《白氏长庆集序》云："二十年间，禁省、观寺、邮候墙壁之上无不书，王公、妾妇、牛童马走之口无不道。至于缮写模勒，炫卖于市井。”此序末署大历四年（769年）。五事也。义净《南海寄归内法传灌沐尊仪》条云:“造泥制底及拓模泥像，或印绢纸，随处供餐。”义净卒于先天二年（713年）。六事也。唐冯赞《云仙散录印普贤像》条引《僧园逸录》云:“玄奘以回锋纸印普贤像，施于四众。每岁五驮无余。”玄奘东归，在贞观十九年（645年），卒于麟德元年（664年）。七事也。罗振玉《莫高窟石室秘录》云:“予于日本三井听冰许见所藏永徽六年（655年）《阿毗达摩大毗婆沙论》卷百四十四。其纸背有木刻楷书朱记，文曰大唐苏内侍写真定本，与《宋藏经》纸后之金粟山藏经纸朱记同。”八事也。日本所印之《国华》第三十二编第七册，有敦煌所出大业三年（607年）佛画。元《注》:“雕版色摺。”上画大佛像一，两旁小佛像二，下有字四十有二，画着红、黄、绿、黑四色。依照片观之，字体宛如唐人写经，不类雕刻。九事也。今案以敦煌所出大业三年（607年）佛画为印本，则印刷术起隋无疑。即谓不然，而玄奘能印普贤像以施四众，印刷之盛行，亦必在唐初矣。凡事至于盛行，必非初起，有隋运祚甚促，以事理度之，印刷之兴，尚当在隋以前也。

卡德氏以印章为印刷之原，引《抱朴子·登陟篇》云:“古之人入山者，皆佩黄神越章之印，其广四寸，其字一百二十。以封泥著所往之四方各百步，则虎狼不敢近其内也。行见新虎迹，以印顺印之，虎即去，逆印之，虎即还。带此印以行山林，亦不畏虎狼也。不只避虎狼，若有山川、社庙、血食恶神能作福祸者，以印封泥断其道路，则不复能神矣。”卡德氏曰:古之印章以印封泥，改用朱墨，即几于印刷矣。邓嗣禹谓《抱朴子》此篇又绘一符，云“此是老君所载符，以枣心木方二寸刻之”。《封氏见闻记》言魏太武登峄山，仆秦始皇所刻碑，“然历代摹拓，以为楷则。邑人疲于供命，聚薪其下，因野火焚之。有县宰，取旧文勒于石碑之上，须则拓取”。然杜甫诗云："峄山之碑野火焚，枣木传刻肥失真。"窦臮《述书赋》自注云："峄山碑，其石毁，土人刻木代之。"则以枣木供雕刻，由来甚久，尤可见道家符印与印刷关系之切也。卡德氏谓敦煌发见佛像模印，上有小柄，盖手持而印之，如印章然。吐鲁番、土耳其斯单亦有之。模印所成之佛像，见于写本每叶之端；有全卷如是者。手印力薄，故其像较小云。然则印刷盛行后，其从印章蜕化而来之迹，犹未尽泯也。

石拓为印刷之原，事更明白。《隋志》有《秦皇东巡会稽刻石文》一卷。《一字石经周易》一卷。《注》云：梁有三卷。《一字石经尚书》六卷。《注》云：梁有《今字石经郑氏尚书》八卷，亡。《一字石经鲁诗》六卷。《注》云：梁有《毛诗》二卷，亡。《一字石经仪礼》九卷。《一字石经春秋》一卷。《注》云：梁有一卷。《一字石经公羊传》九卷。《一字石经论语》一卷。《注》云：梁有二卷。《一字石经典论》一卷。《三字石经尚书》九卷。《注》云：梁有十三卷。《三字石经尚书》五卷。《三字石经春秋》三卷。《注》云：梁有十二卷。云："后汉镌刻石经，著于石碑，皆蔡邕所书。魏正始中，又立一字石经。相承以为七经正字，后魏之末，齐神武执政，自洛阳徙于邺都。行至河阳，直岸崩，遂没于水。其得至邺者，不盈大半。至隋开皇六年（586年），又自邺京载入长安，置于秘书内省。议欲补缉，立于国学。寻属隋乱，事遂寝废。营造之司，因用为柱础。贞观初，秘书监臣魏征始收聚之。十不存一。其相承传拓之本，犹在秘府。并秦帝刻石，附于此篇，以备小学。"此拓本之最早者，不知其在何时，然亦必甚早也。卡德氏言敦煌所得《金刚经》，木刻外又有石刻一种，系柳公权书。则雕版之外，并曾刻石以事印刷矣。

铜版之作，世以为起自高丽。卡德氏云：《高丽史·百官志》：恭让王四年（1392年），置书籍院，掌铸字印书；为高丽铜制活字见于记载之始。恭让王四年，明太祖洪武二十五年也。至孝宗弘治间，其术乃传入中国，无锡华燧用以印书。邓嗣禹云：“《经义考》卷二百九十三载阳守陈之言曰：魏太和中有石经，晋天福有铜版九经。岳珂《九经三传沿革例》，亦曾及天福铜版本。”则其术亦出中国矣。或铸为活字，始于高丽耳。印章本兼用金石，雕版外既可刻石以事印刷，自亦不难驰及于铜也。特其为用，皆远不能如雕版之普遍耳。

印刷初兴时，手写之事，仍不能废。《旧书·令狐德棻传》：“武德五年（622年），迁秘书丞。时承丧乱之余，经籍亡逸。德棻奏请购募遗书，重加钱帛，增置楷书令缮写。数年间，群书略备。”《新书·艺文志》云：贞观中，购天下书，选五品以上子孙工书者为书手缮写。《旧书·文苑传》云：太宗命秘书监魏征写四部群书，将进内贮库。别置雠校二十人，书手一百人。征改职之后，令虞世南、颜师古等续其事。高宗初，其功未毕。显庆中，罢雠校及御书手，令工书人缮写，计直酬庸。择散官随番雠校。《职官志》：门下省、秘书省、史馆、著作局、司天台、弘文馆、崇文馆、集贤院，多有楷书手、拓书手、书直、装书直、装潢直、造笔直、熟纸匠等人。《阳城传》云：家贫不能得书，乃求为集贤写书吏，窃官书读之。足见缮写为用之广。私家藏书亦然。《李袭志传》：弟袭誉，凡获俸禄，必散之宗亲，其余资多写书而已。及从扬州罢职，经、史遂盈数车。《李大亮传》：在越州写书百卷，及徙职，皆委之廨宇；其事也。《萧铣传》：少孤贫，佣书自给。《王琚传》：琚与王同皎善。同皎败，变姓名诣江都，佣书于富商家。主人后悟其非佣者，以女嫁之。《儒学·王绍宗传》：家贫，当佣力写佛经以自给。每月自支钱足即止。虽高价盈倍，亦即拒之。皆贫生之佣书自给者也。不徒藏庋，即流通者亦多出手写。《新书·杨玚传》：从父兄晏，精《孝经》学。尝手写数十篇，可教者辄遗之。《旧书·白居易传》：居易尝写其文集，送江州东西二林寺、洛城香山、圣善等寺；如佛书、杂传例流行之是也。欧《史·和凝传》，言其为文章，以多为富。有集百余卷，尝自镂版以行于世。识者多非之。盖自刻文集之事，其时尚属罕见也。

尸刻书之大名者为冯道，则以印刷术未兴时，藏书事甚艰难，名著巨籍，惟公家若大有力者为能致之，而道首以官力印卖九经故也。薛《史·唐明宗纪》：长兴三年二月，中书奏请依石经文字刻九经印板，从之。《道传》云：唐明宗时，以诸经舛缪，与同列李愚委学官田敏等取西京郑覃所刻石经，雕为印板。后进赖之。《册府元龟》云："后唐宰相冯道、李愚重经学。因言汉时崇儒，有三字石经，唐朝亦于国学刊刻。今朝廷日不暇给，无能别有刊立。尝见吴、蜀之人，鬻印板文字，色类绝多，终不及经典。如经典校定雕摹流行，深益于文教矣。乃奏闻。敕下儒官田敏等考校经注。"此事至周广顺三年（953 年）而后成。《通鉴》记其事云：长兴三年二月，初令国子监校定九经，雕印卖之。《注》云："印卖九经始此。"广顺三年六月，初唐明宗之世，宰相冯道、李愚请令判国子监田敏校正九经，刻板印卖，朝廷从之。丁巳，板成，献之。由是虽乱世，九经传布甚广。时人重视此事之故，可以概见。《石林燕语》引柳玭《家训序》曰：李洣《书林清话校补》云：《唐书·艺文志》：《柳氏训序》一卷，柳玭撰。《郡斋读书志》：《柳氏序训》一卷，唐柳玭序其祖公绰已下内外事迹，以训其子孙。并与此书名不合。见《文澜学报》第二卷第二期。"中和三年（883 年）癸卯夏，銮舆在蜀之三年也。予为中书舍人。旬休，阅书于重城之东南。其书多阴阳杂记、占梦、相宅、九宫、五纬之流，又有字书、小学，率雕板印。"可为道言吴、蜀印板不及经典之证。盖经典校定甚难，而其书为世所重，同异之间，虑遭攻击，故非承敕命由学官主其事，则莫敢为之也。若谓资本不足，自可逐渐雕刻。一经之字数，未必逾于字书。当时学者无不读经，其销路亦必不劣于字书也。《挥麈录》云："毋昭裔贫贱时，尝借《文选》于交游间。其人有难色，发愤异日若贵，当板以镂之遗学者。后仕王蜀为宰相，遂践其言。印行书籍，创见于此。事载陶岳《五代史补》。后唐平蜀，明宗命太学博士李锷书五经，放其制作，刊板于国子监，为监中印书之始。”王国维《五代监本考》辨之云：“昭裔相蜀，在孟昶明德二年（935年）。后唐清泰二年。至广政十六七年，尚在相位。仲言谓其相王蜀，已非事实。其刊《文选》在相蜀后，自不得在长兴之前。刊九经则更在其后。《孔平仲珩璜新论》云：周广顺中，蜀毋昭裔请刊印板九经。《通鉴》载昭裔开学馆，刻九经，在广政十六年（953年），即周广顺三年，正田敏九经板成之岁，昭裔所作，当放其制。元《注》：“此即蜀本大字九经，非蜀石经。晁子正说《蜀石经尚书》若网在纲，并作纲字，与田敏本合。蜀石本之刻在木本之先，已同监本，木本刊于监本成后，当放监本无疑。”按《宋史·儒林·敏传》云：“敏虽笃于经学，亦好为穿凿。所校九经，颇以独见自任。如改尚书若网在纲为若纲在纲。又《尔雅》椴木槿，注曰日及，改为白及。如此之类甚众，世颇非之。”近人或广仲言之说，谓蜀本九经，先于监本，尤乖事实。”然则印卖九经，果当以道为首矣。王国维又云：“唐石经专刊经文，监本则兼经注。监本是非，世无定论，与《开成石经》略同。然写本岐误，究甚于刻本。《封氏见闻记》谓经籍年代寖久，传写不同。开元以来，省司将试举人，皆先纳所习之本。文字差讹，辄以习本为正。义或可通，虽与官本不合，上司务于收奖，即行放过。至天宝十年（751年）颁字样，始停纳习本。元《注》：“此条在卷二石经条前，冯已苍钞本有之，刻本所无。”知唐时写本经传，致不画一。今日所传唐写本，足以证之。自《开成石经》出，而经文始有定本，自五代监本出，而注文始有定本。虽文字不无差讹，然比之民间俗本，固有优无绌。田敏等校订之勤，与整齐划一之功，究未可尽非也。”开成仅刻经文，而长兴能刊经注，亦刻木易于刻石为之也。

纸与印刷，相关最密，非有纸，印刷术无由行，亦且无由兴。卡德氏考中国印刷源流，首详及纸，非无由也。造纸之术，亦自中国传于西方。大食史家记其事云：突厥两可汗相争，一求援于中国，一求援于大食。中国援兵，为大食援兵所败。俘虏中有娴造纸者，于撒马儿干以其术教人，遂传入大食属地。时当天宝十年（751 年）云。所云中国与大食之战，实指开元九年（721 年）高仙芝怛逻斯之役，其事信而有征。大食人既擅此术，传诸西班牙，终乃及于全欧洲。时则叙利亚有市镇日曼比集（Mambij），亦曰班比兹（Bambyx），亦产纸。欧人称其纸为班比兹纸（Chartabambycina）。后讹为绵料纸（Charta bombycina）。遂以敝布造纸，为十五六世纪时日耳曼、意大利人所发明。至近世，在中亚多得古纸，皆为敝布所制，乃知其确由中国西传云。卡德氏云：欧洲人初以敝布造纸，乃德、意两国所发明。千八百八十五年至千八百八十七年间，用显微镜化验八百年至千三百八十八年埃及所造之纸，强半以破布为料。欧洲早年所造之纸亦然。当时推论，以为破布造纸，实为居于撒马儿干之大食人所发明。至千九百有四年，斯坦因在土耳其斯单发见古纸，化验之，多以桑皮为料，而杂以破布。时则谓破布造纸，非居撒马儿干之大食人所发明，而全用破布造纸，则出大食人。千九百十一年，斯坦因又在长城碉楼得古纸，化验全用破布为料，乃知其术确出自中国云。此亦中国文化裨益世界之一大端也。卡德氏又谓中国之墨，宜于印刷木版，而不宜于铜版。此亦铜版不能盛行之一因欤？

然斯时中国之纸，尚远较后世为贵。《旧书·经籍志》言开元时四部库书，两京各一本，皆以益州麻纸写。《新书·艺文志》言：其时太府月给蜀郡麻纸五千番，季给上谷墨三百三十六丸，岁给河间、景城、清河、博平兔千五百皮为笔材。此盖各地方之名产，非公家之力不易办。吴兢迁起居郎，以母丧去官，服除，自陈修史有绪，家贫不能具纸笔，愿得少禄以终余功；盖非妄为陈乞也。韦陟以五采笺为书记，使侍妾主裁答，则史讥其侈。杜暹补婺州参军，秩满归，吏以纸万番赆，暹为受百番，则众叹其廉。入官者不能输朱胶纸轴钱，则不能得告身，已见第二十一章第六节。欧《史·何泽传》云：五代之际，民苦于兵，往往因亲疾而割股，或既丧而割乳庐墓，以规免州县赋役。户部岁给蠲符，不可胜数。而课州县出纸，号为蠲纸。泽上书言其敝，明宗下诏悉废蠲纸。皆可见纸之难得。《新书·文艺传》：郑虔好书。尝苦无纸。于是慈恩寺贮柿叶数屋，遂往，日取叶肄书。《五代史补》云：宋齐邱，素落魄。姚洞天为淮南骑将，素好士，欲谒之。囊空无备纸笔之费，计无所出，但于逆旅杜门而坐。邻房有散乐女，尚幼，问曰："秀才何以数日不出？"齐邱以实告。女叹曰："此事甚小，秀才何吝一言相示耶？"乃惠以数缗。齐邱用市纸笔，为诗咏以投洞天。洞天怒其言大，不即接见。齐邱窘急，更其启。始闵之，渐加拯救。徐温闻其名，召之门下。及昇之有江南也，齐邱以佐命功，遂至将相。乃上表以散乐女为妻，以报宿惠。许之。贫士得纸之艰，有如此者。欧《史·彭玕传》：附《钟传传》。言玕通《左氏春秋》。尝募求西京《石经》，厚赐以金。扬州人至相语曰："十金易一笔，百金偿一篇，况得士乎？"故士人多往依之。然则笔价亦不菲矣。古代纸极厚韧，故不必别以纸衬托，即可装为卷轴。后世纸日脆薄，故其价日趋于廉，然其普及大众之功，不可诬也。纸价之日趋于廉，傥亦印刷术兴，用之日多使之然欤。《旧书·回纥传》：东京之平，朔方及郭英义、鱼朝恩等军不能禁暴，与回纥纵掠坊市，及汝、郑等州。比屋荡尽，人悉以纸为衣。《周智光传》：淮西节度使李忠臣入觐，次潼关。闻智光阻兵，驻所部，将往御之。及智光死，忠臣进兵入华州，大掠。自赤水至潼关，二百里间，畜产、财物殆尽，官吏至有著纸衣，或数日不食者。《新书·徐有功传》：五世孙商。突厥残众保特峨山，以千帐度河自归。诏商绥定。商表处山东宽乡。置备征凡千人。襞纸为铠，劲矢不能洞。是以纸为衣，唐人习为恒事。清季京官贫者，亦或以纸为朝衣，然必取诸朝鲜矣，谓之高丽纸。

第三节　儒、玄、佛思想转移

世皆以汉世儒学盛行，魏、晋以后，玄学、佛学起而代之，其实非是。此时之儒家，实裂为二派：有思想者，与玄学、佛学合流；无思想者，则仍守其碎义逃难之旧耳。说见《两晋南北朝史》第二十三章第三节。玄、佛之学，其道必至于终穷。何者？人之所求，莫切于养生送死无憾。斯义也，在古公产之世，本能致之。其后社会组织变坏，乃至于强陵弱，众暴寡，疾病不养，老幼孤独，不得其所。斯时也，先知先觉之士，已饥已溺之徒，自将起而拯之。然不知社会变化，自有其规律，徒欲率己之意，而借政治之力以行之，遂至反以召乱。此则自周末以来，儒、法诸家，各建改革之策，而新莽萃而行之之已事也。自此以降，遂莫敢言革正制度，而欲先移易人心。此则今所谓观念论者矣，其道必至于终穷，势也。于是改革之机又肇矣。

隋及唐初，所冀望于儒家者，为化民善俗，以革任法之治。观隋文帝劝学行礼之诏，唐太宗诏天下行乡饮酒礼，可以知之。其说已见第一节。然此时之所谓儒者，则仍是章句之士耳。即朝廷之所提唱者，亦不外此。《旧书·本纪》：贞观七年十一月，“颁新定五经”。《颜师古传》曰：太宗以经籍去圣久远，文字讹缪，令师古于秘书省考定五经。师古多所厘正。既成，奏之。太宗复遣诸儒，重加详议。于时诸儒传习已久，皆共非之。师古辄引晋、宋已来古今本，随言晓答。援据详明，皆出意表，诸儒莫不叹服。于是颁其所定之书于天下，令学者习焉。此所以是正经文也。《孔颖达传》曰：与颜师古、司马才章、王恭、王琰等受诏撰定五经义训，凡一百八十卷，名曰《五经正义》。《新传》曰：凡百余篇，号义赞，诏改为正义。太宗下诏付国子监施行。大学博士马嘉运驳之，诏更令详定，功竟未就。《新传》云：永徽二年（651年），诏中书、门下与国子、三馆博士、弘文馆学士考正之。于是尚书左仆射于志宁、右仆射张行成、侍中高季辅，就加增损。书始布下。《旧纪》事在四年三月，云“每年明经，令依此考试”焉。此所以是正注疏也。其后玄宗自注《孝经》，令元行冲为之作疏，见新旧《书·行冲传》。于开元十年六月，颁于天下。《旧纪》。文宗时，郑覃请于太学勒九经，从之。见新旧《书·覃传》。开成二年十月告成。《旧纪》。亦皆所以继前业也。孔颖达《五经正义》，后儒议之者甚多。《开成石经》，则《旧纪》明著之曰：“立后数十年，名儒皆不窥之，以为芜累甚矣。”《旧书》多载时人议论，此盖当时舆论也。然官本之差讹，究胜于私家之紊乱，观上节所引王国维论监本之语可见。监本皆依《开成石经》，则石经之刻亦不能谓其无功。至《五经正义》，则原不过官颁之书，用以试士，未尝责学者以必从。纂辑或有未善，官颁之书类然，亦不能期之过高也。此等皆所谓章句之学。此学至此时，其势已衰，朝廷虽事提倡，亦无效可期矣。

南北朝之世，治儒学而不为章句所囿者，得二派焉：一如陈奇、业遵，说经好出己意。一则如张雕虎、刘昼、张仲让等以经世致用自负。见《两晋南北朝史》第二十三章第三节。前者犹是章句之学，特不墨守，可称别流，后者则寖抉章句之藩篱矣。此二派，当隋、唐之世，亦皆有之。前一派著闻之事，莫如魏征之撰《类礼》。《旧书·征传》曰：征以戴圣《礼记》，编次不伦，遂为《类礼》二十卷。以类相从，削其重复。采先儒训注，择善从之。研精覃思，数年而毕。太宗览而善之，赐物一千段，录数本以赐太子及诸王，仍藏之秘府。《元行冲传》曰：初有左卫率府长史魏光乘奏请行用魏征所注《类礼》。上玄宗。遽令行冲集学者撰义疏，将立学官。行冲于是引国子博士范行恭、四门助教施敬本检讨刊削，勒成五十卷。十四年开元。八月，奏上之。尚书左丞相张说驳奏曰：今之《礼记》，是前汉戴德、戴圣所编录。历代传习，已向千年，著为经教，不可刊削。至魏孙炎，始改旧本，以类相比，有同抄书。先儒所非，竟不行用。贞观中，魏征因孙炎所修，更加整比，兼为之注。先朝虽厚加赏锡，其书竟亦不行。今行冲等解征所注，勒成一家。然与先儒第乖，章句隔绝，若欲行用，窃恐未可。上然其奏，于是赐行冲等绢二百匹，留其书贮于内府，竟不得立于学官。案如说之说，玄成有作，实本叔然；而行冲恚诸儒排己，著论自释，名曰《释疑》，谓孙炎之后，又有马伷增革，向逾百篇，叶遵删修，仅全十二；则作者初非一家。叶遵即业遵，《唐志》亦作叶增，录其《礼记注》二十卷，然《释文序录》亦作业遵，德明年代较早，疑《唐志》误也。《类礼》立学，初不废小戴之书，以类相从，便于传习，转有相得益彰之美，有何不可？而断断如此，亦固矣。行冲著论，亦未尝不出褊衷。然其言曰："王邵史论曰，魏、晋浮华，古道夷替。士大夫耻为章句，惟草野生以专经自许。不能究竟异义，择从其善。徒欲父康成，兄子慎。宁道孔圣误，讳言郑、服非。然于郑、服甚愦愦，郑、服之外皆雠也。"此辈锢蔽之情形，可以想见。《崔仁师传》曰：太宗时，校书郎王玄度注《尚书》《毛诗》，毁孔、郑旧义。上表请废旧注，行己所注。诏礼部集诸儒详议。玄度口辩，诸博士皆不能诘之。郎中许敬宗请付秘阁藏其书。河间王孝恭特请与孔、郑并行。仁师以玄度穿凿不经，乃条其不合大义，驳奏请罢之。诏竟依仁师议。玄度遂废。此又一《类礼》。《儒林·王元感传》曰：长安三年（703 年），表上其所撰《尚书纠缪》十卷、《春秋振滞》二十卷、《礼记绳愆》三十卷，并所注《孝经》《史记》稿本，请官给纸笔，写上秘书阁。诏令弘文、崇贤两馆学士及成均博士，详其可否。学士祝钦明、郭山恽、李宪等，皆专守先儒章句，深讥元感掎摭旧义。元感随方应答，竟不之屈。凤阁舍人魏知古、司封郎中徐坚、左史刘知幾、右史张思敬，雅好异同，每为元感申理其义，连表荐之。寻下诏曰：王元感掎前达之失，究先圣之旨，是谓儒宗，不可多得，可太子司议郎兼崇贤馆学士。魏知古尝称其所撰书曰：信可谓五经之指南也。此则逢时之王玄度耳。知幾《疑古》《惑经》之作，为论史者所艳称。观其为元感申理，元感之论议，盖亦其俦？然则知幾亦此等学派中之一人耳。此等原未脱离章句之科臼，然经籍亦为真理之一源，墨守旧说，有时转足为真知之障。能摧陷而廓清之，而求真之路辟矣。此宋人以意说经之所以可贵，而如元感等则皆宋人之先导也。

其又一派，隋末之王通盖其人？通事多出后人缘饰，然亦必其人略有此意，缘饰乃有所施，则仍可想见其为张世让一流。可见此派中人，初不甚乏也。通事因附会太过，离真太远，遂使后之考索者，并其人之有无而疑之，此亦太过。通事见于正史者，为《旧书》之王质，两《书》之《王勃、王绩传》。《旧书·质传》曰：五代祖通，字仲淹。隋末大儒，号文中子。通生福祚，福祚生勉，勉生怡，怡生潜，质则潜之第五子。《勃传》曰：祖通，隋蜀郡司户书佐。大业末，弃官归，以著书、讲学为业。依春秋体例，自获麟后历秦、汉至于后魏，著纪年之书，谓之元经。又依《孔子家语》、扬雄《法言》例，为客主对答之说，号曰《中说》。皆为儒士所称。义宁元年（617 年）卒。门人薛收等相与议谥曰文中子。二子：福畤，福郊。《绩传》云：兄通，字仲淹。大业中名儒，号文中子。自有传。今《书》虽无通传，然可见史官有意为之立传，不能指为子虚乌有之流。然史所言通事，殆无一得实。《旧书》中《王质》《王勃》两传所言通子，即已不雠。《新书》则更甚。其《王绩传》曰："兄通，隋末大儒也。聚徒河、汾间。放古作《六经》，又为《中说》以拟《论语》。不为诸儒称道，故书不显，惟《中说》独传。"云作《六经》，与《旧书·王勃传》云作《元经》者又异。其《勃传》云："初祖通，隋末居白牛溪教授，门人甚众。尝起汉、魏尽晋，作书百二十篇，以续古《尚书》。后亡其序。有录无书者十篇。勃补缺逸，定著二十五篇。”其说又为旧书所无。《传》又曰：“尝读《易》，夜梦若有告者曰：易有太极，子勉思之。寤而作《易发挥》数篇，至晋卦，会病止。又谓王者乘土王，世五十，数尽千年；乘金王，世四十九，数九百年；乘水王，世二十，数六百年；乘木王，世三十，数八百年；乘火王，世二十，数七百年；天地之常也。自黄帝至汉，五运适周，土复归唐。唐应继周、汉，不可承周、隋短祚。乃斥魏、晋以降，非真主正统，皆五行沴气。遂作唐家千岁历。武后时，李嗣真请以周、汉为二王后，而废周、隋。中宗复用周、隋。天宝中，太平久，上言者多以诡异进。有崔昌者，采勃旧说，上《五行应运历》。请承周、汉，废周、隋为闰。右相李林甫，亦赞右之。集公卿议可否。集贤学士卫包、起居舍人阎伯玙上表曰：都堂集议之夕，四星聚于尾，天意昭然矣。于是玄宗下诏：以唐承汉，黜隋以前帝王。废介、酅公，尊汉为二王后，以商为三恪。京城起周武王、汉高祖庙。授崔昌太子赞善大夫，卫包司虞员外郎。杨国忠为右相，建议复用魏为三恪，周、隋为二王后。酅、介二公复旧封。贬崔昌乌雷尉，卫包夜郎尉，阎伯玙涪川尉。”王勃文士，不似续古《尚书》、作《易发挥》、谈五运正闰者，疑后来怪迂阿谀苟合之士，又托诸勃，而《元经》之作，与五运正闰之论，甚有关系也。白牛溪之名，见于王绩之《游北山赋》。《赋》云：“白牛溪里，冈峦四峙。信兹山之奥域，昔吾兄之所止。许由避地，张超成市。察俗删诗，依经正史。组带青衿，锵锵儗儗。阶庭礼乐，生徒杞梓。山似尼丘，泉疑洙泗。”《注》云：“此溪之集，门人常以百数。河南董恒、南阳程元、中山贾琼、河南薛收、太山姚义、太原温彦博、京兆杜淹等十余人，称为俊颖。而姚义慷慨，同侪方之仲由，薛收以理学方庄周。”则俨然圣人矣。此外附会者尚不乏。《十七史商榷》引陆龟蒙《送豆卢处士谒宋丞相序》，皮日休、司空图《文中子碑》，及《图三贤赞》四篇。龟蒙称通作《王氏六经》，不知即《新书·王绩传》所据否。日休称其作礼论、续诗、元经、易赞，其说亦相出入。据诸文，则房玄龄、杜如晦、魏征、薛收、李靖、李勣，皆其门人，其所言弥恢廓矣。然此诸文之真伪，亦不可知也。通所著《中说》，《隋志》著录十卷，果通所作与否无可考。今所传者，为宋阮逸注本。《容斋续笔》曰："今《中说》之后，载文中子次子福畤所录，云杜淹为御史大夫，与长孙太尉有隙。按淹以贞观二年（628 年）卒，后二十一年，高宗即位，长孙无忌始拜太尉。其不合于史如此。故或疑为阮逸所作。"《困学纪闻》曰："《中说》前述，云隋文帝坐太极殿召见，因奏太平之策十有二焉。按《唐会要》：武德元年五月，改隋大兴殿为太极殿，隋无此名。"又曰："郑毅夫论《中说》之妄，谓李德林卒于开皇十二年（592 年），通时年八九岁，而有德林请见；关子明，太和中见魏孝文，如存于开皇间，亦百二三十岁，而有问礼于子明；是二者其妄不疑。《晁氏读书志》，谓薛道衡仁寿二年（602 年）出襄州，通四年始到长安，其书有薛公见子于长安。用此推之，则以房、杜为门人，抑又可知也。"又有所谓龚鼎臣注者，《书录解题》著录。《玉海》谓其得唐本于齐州李冠家。分篇与阮本不同，文亦多异，盖不慊于阮本而后出之伪书也。《通鉴》纪通事，在仁寿三年（603 年），云是岁，通诣阙献太平十二策。所言与前述无异，亦不足据也。其后乃有啖、赵。《新书·儒学传》：啖助"善为《春秋》。考三家短长，缝绽漏阙，号《集传》。凡十年乃成。复摄其纲条为例统。其言孔子修《春秋》意：以为夏政忠，忠之敝野，商人承之以敬；敬之敝鬼，周人承之以文；文之敝僿，救僿莫若忠。夫文者，忠之末也，设教于本，其敝且末，设教于末，将奈何？武王、周公，承商之敝，不得已用之，周公殁，莫知所以改，故其敝甚于二代。孔子伤之，曰：虞、夏之道，寡怨于民；商、周之道，不胜其敝。故曰：后代虽有作者，虞帝不可及矣。盖言唐、虞之化，难行于季世，而夏之忠，当变而致焉。故《春秋》以权辅用，以诚断礼，而以忠道原情。不拘空名，不尚狷介，从宜救乱，因时黜陟。古语曰：商变夏，周变商，《春秋》变周，而公羊子亦言乐道尧、舜之道，以拟后圣。是知《春秋》用二帝、三王法，以夏为本，不壹守周典明矣。又言幽、厉虽衰，《雅》未为《风》，逮平王之东，人习余化。苟有善恶，当以周法正之，故断自平王之季，以隐公为始。所以拯薄勉善，救周之敝，革礼之失也。助爱《公》《穀》二家，以《左氏》解义多缪，其书乃出于孔氏门人。且《论语》孔子所引，率前世人，老彭、伯夷等，类非同时，而言左丘明耻之，丘亦耻之。丘明盖如史佚、迟任者？又《左氏传》《国语》，属缀不伦，序事乖刺，非一人所为，盖左氏集诸国史，以释《春秋》？后人谓左氏，便傅著丘明，非也。助之凿意多此类。《十七史商榷》云："陆质《纂例》云：啖氏依旧说，以左氏为丘明，受经于仲尼。今观左氏解经，浅于公、穀，诬缪实繁。若丘明才实过人，岂宜若此？推类而言，皆孔门后之门人，且夫子自比，皆引往人。故曰：窃比于我老彭。丘明者，盖夫子以前贤人，如史佚、迟任之流，见称于当时云云。是则陆质之意，以丘明为夫子以前贤人，非作传者，而作传者别是一人。宋祁不考，以质说为助语，失之。"案此特考证之异，不害其宗旨之同。门人赵匡、陆质，其高弟也。助卒年四十七。质与其子异，裒录助所为《春秋集注》《总例》，请匡损益，质纂会之，号《纂例》"。质别有传，次《王叔文传》后。云：明《春秋》，师事赵匡，匡师啖助，质尽传二家学。又云：质素善韦执谊。方执谊附叔文，窃威柄，用其力，召为给事中。宪宗为太子，诏侍读。质本名淳，避太子名，故改。时执谊惧太子怒己专，故以质侍东宫，阴伺意解释左右之。质伺间有所言，太子辄怒，曰："陛下命先生为寡人讲学，何可及他？"质皇惧出。执谊未败时，质病甚。太子已即位，为临问加礼。卒，门人以质能文圣人书，通于后世，私共谥曰文通先生。《旧书》啖助无传，质则在《儒学传》，与《新书》略同。然《新书》言质伺间有所言，太子辄怒，是质尝屡有言也。《旧传》云质发言，上果怒，《旧传》于宪宗即位后追叙，故云上。则仅一言之而已。二说抵牾，即知其原出附会。宪宗阴鸷，顺奄竖之旨而篡父位，曾无所愧怍于心，果其有恶于质，岂以其老病更加存问哉？然此非谓质不善执谊，右叔文也，特谓其伺间进言，为诬罔之辞耳。《新书·吕渭传》：子温，“从陆质治《春秋》”。“与韦执谊厚，因善王叔文。”此亦一陆质。又《窦群传》：从卢庇传啖助《春秋》学，著书数十篇。王叔文党盛，雅不喜群，群亦悻悻不肯附。欲逐之。韦执谊不可，乃止。群往见叔文曰：“事有不可知者。”叔文曰：“奈何？”曰：“去年李实伐恩恃权，震赫中外。君此时逡巡路旁，江南一吏耳。今君又处实之势，岂不思路旁复有如君者乎？”叔文悚然，亦卒不用。读此文，绝不能见群与叔文龃龉之迹，转觉叔文锐进，而群欲教之以持重耳。王叔文一时奇士，其党与亦皆俊才，而治啖、赵之学者，多与之相善，可见其有意于用世矣。《新书·啖助传》又曰：大历时，助、匡、质以《春秋》，施士匄以《诗》，仲子陵、袁彝、韦彤、韦茝以《礼》，蔡广成以《易》，强蒙以《论语》，皆自名其学，而士匄、子陵最卓异。士匄，兼善《左氏春秋》，以二经教授。撰《春秋传》，未甚传。后文宗喜经术。宰相李石因言士匄《春秋》可读。帝曰：“朕见之矣。穿凿之学，徒为异同。学者如浚井，得美水而已，何必劳苦旁求，然后为得邪？”可见诸人治经，皆有新说矣。故能自名其学也。此派之以意说经，似亦与前派无异，然而有大异焉者。前派之意，仅欲明经，此派之志，则本在经世。拨乱反正，莫近于《春秋》。《春秋》与《公羊》，实为一书，若《左》《榖》，则皆后起依托之伪书耳。说见崔适《春秋复始》以春秋为春秋条。刘贲对策，实为千古一人。《传》言其尤精《左氏春秋》，然读其文，无一非《公羊》义也。然则谓士匄所善在《左氏》，恐亦未必然矣。啖、赵之学，实为宋人言学志在经世之先驱。与近世康有为以《公羊》之学，启维新之机者绝相类。有为说经，诚甚疏略，不足以称经生。然其用别有所在，不能以章句家之见绳之也。斤斤以章句家之见绳之，亦适成其为章句之士而已矣。

啖、赵之宗旨，果何如乎？曰：观陆淳议太公之祀，而可知矣。案历代祀孔子者，皆仅立庙于其所生之地，或则于学校之中，以为先圣、先师而祭之。以周公为先圣，则以孔子为先师。武德二年（619年），始令有司于国子学立周公、孔子庙。贞观四年（630年），又令州、县学皆作孔子庙。以十哲配享，而图七十二子于壁。此已为非礼，参看第一节引刘禹锡之论。开元十九年（731年），又立太公尚父庙。《旧书·本纪》云：令两京及天下诸州，各置太公尚父庙。《礼仪志》云：于两京置太公尚父庙一所。盖两京应时设立，天下诸州，则未必能遍设也。以张良配享。于中春、中秋上戊祭之。二十七年（739年），谥孔子曰文宣王。上元中，《本纪》在元年（760年），《礼仪志》在二年（761年）。谥尚父曰武成王，牲乐之制如文宣王。仍以古名将十人为十哲，配享。建中三年（782年），诏史馆考定可配享者，列古名将六十四人图形焉。贞元二年（786年），以关播议去之，惟祀武成王及留侯。此则弥为非礼矣。贞元四年（788年），兵部侍郎李纾请革其祭礼。陆淳时为刑部员外郎，议曰："武成王，殷臣也，纣暴不谏，而佐周倾之。夫学道者师其人，使天下之人，入是庙，登是堂，稽其人，思其道，则立节死义之士，安所奋乎？圣人宗尧、舜，贤夷、齐，不法桓、文，不赞伊尹，殆谓此也。"请罢上元追封立庙，而复贞观时所立磻溪之祠。当时不从其说。《新书·礼乐志》。此事无足深论，而观陆淳之言，则如闻宋儒之论矣。《新书·忠义·卢奕传》：奕以天宝时为御史中丞，留台东都。安禄山陷东都，骂贼死。肃宗诏赠礼部尚书，下有司议谥。时以为洛阳亡，操兵者任其咎，执法吏去之可也。委身寇雠，以死谁怼？博士独孤及曰："荀息杀身于晋，不食其言也；玄冥勤其官水死，守位忘躬也；伯姬待姆而火死，先礼后身也；彼皆于事无补。奕能与执干戈者同其戮力，全操白刃之下，孰与夫怀安偷生者？请谥曰贞烈。"诏可。观其言，又如闻宋儒之论矣。宋儒严君臣之义，论者皆谓唐中叶后藩镇之裂冠毁冕，有以激之，其实尚不始此。观第二十一章第二、第九两节所述，则知唐世藩镇，实为魏、晋以降州郡握兵之再起。汉人甚重君臣之节，亦稍知尊王之义。魏、晋以后，则皆荡然矣。为国不能无纲纪，中国之大害为割据，故不得不尊王。赵瓯北谓："自六朝以来，君臣之大义不明。其视贪生利己，背国忘君，已为常事。有唐虽统一区宇，已百余年，而见闻习尚，犹未尽改。"《廿二史劄记》六等定罪三日除服之论条。风俗如此，可不思所以挽救之乎？唐末有孙郃者，"著《春秋无贤臣论》，谓诸侯不知有王，其臣不能正君以尊王室，此孟子所以卑管、晏"。《困学纪闻》。郃，奉化人，唐末为左拾遗。朱温篡唐，即弃官去。著书纪年，悉用甲子，以示不臣。《集证》引《浙江志》。其志，亦陆淳、独孤及之志也。凡此皆欲建立纲纪，至于务民之义，而揭二氏末流之弊者，则莫如韩愈。愈作《原道》，力辟离仁义而言道德之非。又曰："古之为民者四，今之为民者六；古之教者处其一，今之教者处其三。农之家一而食粟之家六，工之家一而用器之家六，商之家一而资焉之家六，奈之何民不穷且盗也？"又曰："古之时，人之害多矣。有圣人者立，然后教之以相生相养之道。""患至而为之备，害至而为之防。""今其言曰：圣人不死，大盗不止，剖斗折衡，而民不争。""欲治其心，而外天下国家。曰：必弃而君臣，去而父子，禁而相生相养之道，以求其所谓清净寂灭者。"又曰："吾所谓道，尧以是传之舜，舜以是传之禹，禹以是传之汤，汤以是传之文、武、周公，文、武、周公传之孔子，孔子传之孟轲。轲之死，不得其传焉。荀与扬也，择焉而不精，语焉而不详。"其言，无一非宋儒所祖述。所不逮者，其言哲学，不如宋儒之精深，未能使世之好言名理者，幡然变计耳。然自正始以降，盛行五百年之玄学、佛学，其必衰落而为新说之所代，则其机不可遏矣。

章句之学，果无用乎？曰：胡为其然也。理事相即，故非明于事无以达理，而人之一生，见闻有限，则搜采必逮于异时，此经籍所以为真理之原也。故书雅记，必资搜辑；搜辑所得，又须排比；前世所传，阅一时焉而不可解，则须注释；所传不能皆确，则须考证；凡此，皆章句之士之所为。故有经籍而所知乃博，有章句之学而后经籍克尽其用。经世之士，仅能据已知之理，施诸当世。理由阅历而启发，亦待研索以证明。此事功、学问所以交相资。人之才性，各有所宜；而天下事亦非一手一足之烈，分功正所以协力；二者固不合相非也。然逐末者易忘其本。章句之学，逮于末流，或不计所研索之事于世何用，亦从而研索之；且执所研索，即为有用，则转为求知之障矣。自碎义逃难之风开，章句之士即有此弊。朱子谓“六朝人多精于礼，当时专门名家有此学，朝廷有礼事，用此等人议之，唐时犹有此意。”读两书之《礼乐志》《儒学传》，可证斯说。王方庆，史言其尤精三礼，又言其练于朝章，即此等人也。此其所为者果有益乎？善夫！欧公之言之也，曰：“由三代而上，治出于一，而礼乐达于天下；由三代而下，治出于二，而礼乐为虚名。古者宫室、车舆以为居，衣裳、冕弁以为服，尊爵、俎豆以为器，金、石、丝、竹以为乐，以适郊庙，以临朝廷，以事神而治民。其岁时聚会，以为朝觐、聘问。欢欣交接，以为射、乡、食飨。合众兴事，以为师田、学校。下至里闾田亩，吉凶哀乐，凡民之事，莫不一出于礼。由之以教其民为孝慈、友弟、忠信、仁义者，常不出于居处、动作、衣服、饮食之间。盖其朝夕从事者，无非乎此也。及三代已亡，遭秦变古。后之有天下者，自天子百官名号位序，国家制度，宫车服器，一切用秦。其间虽有欲治之主，思所改作，不能超然远复三代之上，而牵其时俗，稍即以损益，大抵安于苟简而已。其朝夕从事，则以簿书、狱讼、兵、食为急，曰：此为政也，所以治民。至于三代礼乐，具其名物，而藏于有司，时出而用之郊、庙、朝廷。曰：此为礼也，历以教民。自搢绅大夫从事其间者，皆莫能晓习，而天下之人，至于老死，未尝见也。况欲识礼乐之盛，晓然喻其意，而被其教化以成俗乎？”《新书·礼乐志序》。其言可谓深切著明矣。不惟行诸郊庙朝廷者然也，即行诸民间，如隋文帝始所期望者，亦何独不然，然则礼乐果有何用？试以是诘礼学之家，果肯平心以思，亦当哑然失笑。然当时所谓礼学之家，则何一不如此？又有如祝钦明、郭山恽、韦叔夏辈，附会武、韦，为议拜洛、享明堂，助祭天神、地祇之礼，以滋烦费者矣。又曷怪其为世所诟病乎？章句之士如此。儒与玄、佛合流，好言名理者，隋、唐之世，亦未尝绝。如陈希烈，史言其“精玄学”。韩思复，史言其“好玄言”。李勉，史言其“宗于玄虚”。张知謇，史言其“晓于玄理”。陆德明，史言其“善言玄理”。李玄植，史言其“博涉《史》《汉》及《老》《庄》诸子之说”。尹知章，史言其“虽居吏职，居家则讲授不辍。尤明《易》及《庄》《老》玄言之学，远近咸来受业。所注《孝经》《老子》《庄子》《韩子》《管子》《鬼谷子》，颇行于时”。孙思邈，史言其“善谈庄、老及百家之说，兼好释典，注《老子》《庄子》”。白履忠，史言其“著《三玄精辩论》，注《老子》及《黄庭内景经》”。皆见《旧书》本传。柳公权，史言其“博贯经术，于《诗》《书》《左氏春秋》《国语》《庄周》书尤邃，每解一义，必数十百言”。张志和，史言其“父游朝，通《庄》《列》二子，为《象罔白马证》诸篇佐其说”。皆见《新书》本传。皆前世清谈之余绪也。《旧书·房琯传》：訾其“与庶子刘秩、谏议李揖、何忌等高谈虚论，说释氏因果，老子虚无”。《杨绾传》云：“雅尚玄言。宗释、道二教，凡所知友，皆一时名流。或造之者，清谈终日，未尝及名利。有欲以世务干者，见绾言必清远，不敢发辞。”则居高明之地者，亦未尝无其人。唐高祖亲临释奠。徐文远讲《孝经》，沙门惠乘讲《般若经》，道士刘进喜讲《老子》。陆德明难此三人，各因宗指，随端立义，众皆为之屈。高祖善之，赐帛五十匹。李玄植，高宗时屡被召见，与道士、沙门在御前讲说经义。陈希烈，玄宗时，尝于禁中讲《老》《易》。皆见《旧书》本传。康子元：

开元初，诏中书令张说举能治《易》《老》《庄》者。集贤直学士侯行果荐子元及敬会真于说。说籍以闻。并赐衣币，得侍读。子元擢累秘书少监，会真四门博士，俄皆兼集贤侍讲学士。始行果、会真及冯朝隐同进讲，朝隐能推索《老》《庄》秘义，会真亦善《老子》。帝曰：我欲更求善《易》者。然无贤行果云。尹情，父思贞，张说、尹元凯荐为国子大成。每释奠，讲辨三教，听者皆闻所未闻。皆见《新书》本传。然则亟于讲辨之风，亦未尝绝也。然有形质而无精神，则亦名存焉而已。

第四节　史　学

自曹魏以降，作史职在著作，而隶于秘书，隋世仍沿其旧，有著作郎一人，佐郎八人。炀帝又于内史省置起居舍人二。《隋书·百官志》。唐贞观二年（628年），省起居舍人，移其职于门下，置起居郎二员。显庆中，又置起居舍人，属中书省，与郎分在左右。起居郎掌起居注，以修记事之史；起居舍人修记言之史；皆季终授之国史。著作郎掌修国史，武德亦因隋旧制。贞观三年（629年），移史馆于禁中，在门下省北。大明宫成，置史馆于门下省南。开元二十五年（737年），李林甫以中书地切枢密，记事官宜附近，史官尹愔奏移于中书省北。以宰相监修国史，著作郎始罢史职。史官无常员，如有修撰大事，则用他官兼之，事毕日停。监修，贞观后多用宰相，遂成故事。天宝已后，他官兼领史职者，谓之史馆修撰，初入为直馆。元和六年（811年），宰相裴垍奏登朝官领史职者并为修撰，未登朝入馆者为直馆，修撰中以一人官高者判馆事，其余名目，并请不置。从之。《旧书·职官志》。裴垍事亦见本传。《文宗纪》：大和六年七月，以王彦威、杨汉公、苏涤、裴休并充史馆修撰。故事，史官不过三员，或止两员，今四人并命，论者非之。薛《史·唐明宗纪》：长兴四年七月，以著作佐郎尹拙为左拾遗，直史馆。国朝旧制，皆以畿、赤尉直史馆，今用谏官，自拙始。从监修李愚奏也。此隋、唐两代史官之大略也。

史事原本，实出左右史。郎所记注，及舍人所编制敕，皆逐日为之。《旧书·职官志》起居郎职云："凡记事之制，以事系日，以日系月，以月系时，以时系年，必书其朔日甲乙。"起居舍人职云："录天子之制、诰、德音，如记事之制。"类而次之，谓之日历；修而成之，谓之实录。宋汪藻说。见《宋史·藻传》。《通鉴》：永贞元年九月，监修国史韦执谊奏始令史官撰日历。更据以成纪、传、表、志或编年体之书，则谓之国史。如吴兢、韦述所撰者为纪传体。柳芳所撰《唐历》为编年体，而宣宗命崔龟从续之，则亦以为国史也。皆见下。《新书·隐逸·孔述睿传》：为史馆修撰，重次地理志，本末最详。可见国史亦有志。高宗后，起居郎记注失职，则史事原本，又有所谓时政记者。《新书·百官志》云：贞观初，以给事中、谏议大夫兼知起居注，或知起居事。《旧书·杜正伦传》：贞观二年（628 年），拜给事中，兼知起居注。每仗下议政事，起居郎一人执笔记录于前，史官随之。其后复置起居舍人，分侍左右，秉笔随宰相入殿。若仗在紫宸内阁，则夹香案分立殿下，直第二螭首，和墨濡笔，皆即坳处，时号螭头。高宗临朝不决事，有所奏，惟辞免而已。许敬宗、李义府为相，奏请多，畏人之知也，命起居郎、舍人对仗承旨，仗下与百官皆出，不复闻机务矣。长寿中，宰相姚琦建议：仗下后，宰相一人，录军国政要，为时政记，月送史馆。然率推美让善，事非其实。未几亦罢。而起居郎犹因制敕稍稍笔削，以广国史之阙。起居舍人本记言之职，惟编诏书，不及他事。开元初，复诏修史官非供奉者皆随仗而入，位于起居郎、舍人之次。《旧书·李乂传》：开元初，特令乂与中书侍郎苏颋纂集起居注，录其嘉谟昌言可体国经远者，别编奏之。乂时为黄门侍郎。及李林甫专权，又废。大和九年（835 年），诏入阁日，起居郎、舍人具纸笔立螭头下，复贞观故事。案姚璹请撰时政记，事在长寿二年（693 年），见新、旧《书·璹传》。《旧书·赵憬传》：贞元十二年（796 年），憬对延英，上问近日起居注记何事？憬对及时政记。上曰："君举必书，义存劝戒。既尝有时政记，宰相宜依故事为之。"无何，憬卒，时政记亦不行。《李吉甫传》：元和八年十月，上御延英殿，问时政记记何事？吉甫对云："姚璹修之于长寿，及璹罢而事寝。贾耽、齐抗修之于贞元，及耽、抗罢而事废。"案《新书·宰相表》：赵憬、贾耽，皆以贞元九年五月相。憬十二年八月薨，耽，永贞元年十月薨。抗以贞元十六年九月相，十九年七月罢。盖憬虽受命而事未及行，至耽、抗乃行之也。《吉甫传》又载宪宗问不修之故。吉甫对曰："面奉德音，未及施行，总谓机密，不可书送史官。其间有谋议出于臣下者，又不可自书以付史官。及已行者，制令昭然，天下皆得闻知，即史官之记，不待书授也。"此为时政记或作或辍之由，亦不尽由于时宰之畏忌也。《穆宗纪》：长庆元年四月，宰臣崔植、杜元颖奏请随日撰录，号圣政记，岁终付史馆。从之。事亦不行。《文宗纪》：大和五年四月，"诏今后宰臣奏事，有关献替，及临时处分，稍涉政刑者，委中书、门下丞一人随时撰录，每季送史馆"。《新书·庾敬休传》：入拜右补阙、起居舍人。建言天子视朝，宰相、群臣以次对言可传后者，承旨宰相示左右起居，则载录，季送史官如故事。诏可。二者似即一事。《传》又云：既而执政以机密有不可露，罢之。则其行之亦未久也。《纪》又载大和九年十二月，"敕左右省起居赍笔砚及纸，于螭头下记言记事"。此事在甘露变后。《冯宿传》：弟定，大和九年（835 年），迁谏议大夫。是岁，李训事败。及改元御殿，中尉仇士良请用神策仗卫在殿门，定抗疏论罢，人情危之。又请许左右史随宰臣入延英记事，宰臣不乐。定之意，盖欲借史官以监奄竖？是时宰相方倚公论以自强，不乐者恐别有其人也？《纪》又于开成二年十二月，书阁内对左右史裴素等。上自开成初复故事，每入阁，左右史执笔立于螭头之下，君臣论奏，得以备书，故开成政事，最详于前代。《张延赏传》：孙次宗，开成中为起居舍人。文宗复故事，每入阁，左右史执笔立于螭头之下，宰相奏事，得以备录。宰臣既退，上召左右史，更质证所奏是非。故开成政事，详于史氏。则竟行其志矣。亦可谓贤矣。《杨嗣复传》：开成四年（839年），上问延英政事，逐日何人记录。监修李珏曰："是臣职司。"《武宗纪》：会昌元年六月，中书奏"请依姚琦故事，宰相每月修时政记送史馆"，从之。《新书·裴休传》：大中六年（852年），同平章事。奏言"宰相论政上前，知印者次为时政记。所论非一，详已辞，略他议，事有所缺，史氏莫得详。请宰相人自为记，合付史官"。诏可。是宰相撰录，亦迄未尝废也。此等记注之法，虽五代亦沿之，但不专在宰相耳。薛《史·唐明宗纪》：天成二年八月，史馆修撰赵熙上言："应内中公事及诏书奏对，不到中书者，请委内臣一人抄录，月终送史馆。"《末帝纪》：清泰元年四月，史馆奏："凡书诏及处分公事，臣下奉议，望令近臣录付当馆。"诏端明殿学士韩昭允、枢密直学士李专美录送。《晋高祖纪》：天福二年八月，宰臣监修国史赵莹奏："请循近例，依唐明宗朝，凡有内廷公事及言动之间，委端明殿学士或枢密院学士系日编录，逐季送当馆。其百司公事，亦望逐季送当馆。旋要遍修日历。"从之。四年十一月，史馆奏："请令宰相一人撰录时政记，逐时以备撰述。"从之。《周世宗纪》：显德元年（954年），十月，监修国史李谷等上言："今之左右起居郎，即古之左右史也。唐文宗朝，命其官执笔立于殿阶螭头之下，以纪政事。后则明宗朝，命端明殿及枢密直学士皆轮修日历，旋送史官，以备纂修。及近朝，此事皆废，史官惟凭百司报状，馆司但取两省制书，此外虽有访闻，例非端的。欲望别命近臣抄录，每当修撰日历，即令封付史臣。"从之。因命枢密直学士："起今后，于枢密使处钞录事件，送付史馆。"盖是时相权实不在中书而在枢密，故史臣有此请也。欧《史·王峻传》云：峻已被黜，太祖以峻监修国史，意其所书不实，因召史官，取日历读之。史官以禁中事非外所知，惧以漏落为罪。峻贬，李谷监修，因请命近臣录禁中书付史馆。乃命枢密直学士就枢密院录送史馆，自此始。说似揣度失实。

史官随时记注，果其据实而书，安能无所贬损？故准故事，人君不自观史。然徒有此例，不能行也。《旧书·褚遂良传》：贞观十年（636年），自秘书郎迁起居郎。十五年（64年），迁谏议大夫，兼知起居事。太宗尝问："卿知起居，记录何事？大抵人君得观之否？"遂良对曰："今之起居，右左、右史。书人君言、事，且记善恶，以为鉴戒。庶几人主不为非法。不闻帝王，躬自观史。"《郑覃传》：弟朗，开成中为起居郎。文宗与宰臣议论，朗执笔螭头下。宰臣退，上谓朗曰："适所议论，卿记录未？吾试观之。"朗对曰："臣执笔所记，便名为史，伏准故事，帝王不可取观。昔太宗欲览国史，谏议大夫朱子奢云：史官所述，不隐善恶。或主非上智，饰非护失，见之则致怨。所以义不可观。又褚遂良曰：今之起居郎，古之左右史也。记人君言行，善恶必书，庶几不为非法。不闻帝王，躬自观史。"帝曰："适来所记，无可否臧，见亦何爽？"乃宣谓宰臣曰："郑朗引故事，不欲朕见起居注。夫人君之言，善恶必书。朕恐平常闲话，不关理体，垂诸将来，窃以为耻。异日临朝，庶几稍改。何妨一见，以戒丑言？"朗遂进之。《魏谟传》：开成四年（839年），拜谏议大夫，兼起居舍人。紫宸入阁，遣中使取谟起居注，欲观之。谟执奏曰："臣以陛下为文皇帝，陛下比臣如褚遂良。"帝又曰："我尝取观之。"谟曰："由史官不守职分。臣岂敢陷陛下为非法？陛下一览之后，自此书事须有回避。如此，善恶不直，非史也，遣后代何以取信？"乃止。似太宗纳谏遂不观，文宗一违之，又因魏谟之执奏而止者。案朱子奢，新、旧《书》皆在《儒学传》。《新书》云：帝尝"诏起居纪录臧否，朕欲见之，以知得失，若何？"子奢曰："陛下所举无过事，虽见无嫌。然以此开后世史官之祸，可惧也。史官全身畏死，则悠悠千载，尚有闻乎？”《旧书》不载此事。《新书》亦不言帝之听否，而《通鉴》贞观十七年七月云：初，上谓监修国史房玄龄曰：“前世史官所记，皆不令人主见之，何也？”对曰：“史官不虚美，不隐恶，若人主见之，必怒，故不敢献也。”上曰：“朕之为心，异于前世。帝王欲自观国史，知前日之恶，为后来之戒。公可撰次以闻。”谏议大夫朱子奢上言：“陛下圣德在躬，举无过事，史官所述，义归尽善，陛下独览起居，于事无失。若以此法传示子孙，窃恐曾玄之后，或非上智，饰非护短，史官必不免刑诛。如此，则莫不希风顺旨，全身远害。悠悠千载，何所信乎？所以前代不观，殆谓此也。”上不从。玄龄乃与给事中许敬宗等删为《高祖今上实录》。癸巳，书成，上之。上见书六月四日事，杀建成、元吉事。语多微隐。谓玄龄曰：“周公诛管、蔡以安周，季友鸩叔牙以存鲁，朕之所为，亦类是耳，史官何讳焉？”即命削去浮辞，直书其事。然则子奢之言，太宗初未尝听也。太宗所观，虽非起居注，然起居注太繁，势不可读，人所读者，非实录则国史耳。干与国史，亦何以异于干与起居注哉？况既取读国史，又安知其不取读起居注？司记注者，又安得不为周身之防乎？人君所不观者，依故事，自以起居注为限，实录国史，皆非所忌。《旧书·宪宗纪》：元和十四年九月，上顾谓宰臣曰：“朕读《玄宗实录》，见开元初锐意求理，至十六年已后，稍似懈倦，开元末又不及中年，何也？”《李绛传》载宪宗在延英之言曰：“朕读《玄宗实录》，见开元致理，天宝召乱。事出一朝，治乱相反，何也？”二者盖即一事？《纪》末载史臣蒋系之言曰：“宪宗嗣位之初，读列圣《实录》，见贞观、开元故事，竦慕不能释卷”，则所读者初不止玄宗一朝矣。《纪》又载元和二年十一月，上谓宰臣曰“朕览国书，见文皇帝行事，少有过差”云云。所谓国书，当即国史。《魏谟传》：皇族李孝本，坐李训诛，有女没入掖庭。谟谏，帝即日出之，而迁谟右补阙。诏曰：“昔乃先祖，贞观中谏书十上，指事直言，无所避讳，每览国史，未尝不沈吟伸卷，嘉尚久之。”《新书·长孙无忌传》：文宗开成三年（838年），诏曰：“每览国史，至太尉无忌事，未尝不废书而叹。”《旧书·文宗纪论》，载史臣之言，以在藩时喜读《贞观政要》称美之。则不徒不禁其披览，并蕲其阅读矣。然因此亦足长忌讳。《纪》又载开成四年五月，上谓宰臣曰：“新修《开元政要》如何？”杨嗣复曰：“臣等未见。陛下欲以此书传示子孙，则宣付臣等，参定可否。缘开元政事，与贞观不同。玄宗或好畋游，或好声色，选贤任能，未得尽美。撰述示后，所贵作程，岂容易哉”？然则借口为法，而先朝之秕政、恶德，可以刊落净尽矣。善夫！范祖禹之言曰：“人君观史，宰相监修，欲其直笔，不亦难乎？”臣下之读国史，则起居注、实录，皆无所避忌。《旧书·苗晋卿传》：玄宗崩，肃宗诏摄冢宰，上表固辞曰：“伏读国家起居注。”《柳登传》：弟冕，为太常博士，昭德王皇后之丧，论皇太子服纪，与同职张荐奏议，言“谨按实录”是也。《蒋乂传》言：“蒋氏与柳氏、沈氏，父子相继修国史、实录，时推良史。京师云蒋氏日历，士族靡不家藏焉。”宣宗时废会昌所修《宪宗实录》，有钞录者，并令却纳，见下。可见实录等之流布民间者为不少也。

除军国机要出自宰相外，史料则迳由当司录送史馆。如司天监，每季录所见灾祥送门下，中书省入起居注，岁终又总录封送史馆；《旧书·职官志》。东宫司议郎，凡皇太子出入朝谒、从祀、释奠、讲学，监国之命，可传于史册者，录为记注，宫坊祥眚，官长除拜、薨卒，岁终则录送史馆是也。《新书·百官志》。人臣行事，考功郎中员外郎掌之。《新志》职文云：掌文武百官功过、善恶之考法及其行状。若死而传于史官，谥于太常，则以其行状，质其当否。其欲铭于碑者，则会百官议其宜述者以闻，报其家是也。《孝友传》言：唐受命二百八十八年，以孝弟名通朝廷者，皆得书于史官，当亦由所司报送。然史官取材，仍苦其乏。刘子玄奏记萧至忠曰：“前汉郡国计书，先上太史，副上丞相。后汉公卿所撰，始集公府，乃上兰台。由是史官所修，载事为博。原自近古，此道不行。史臣编录，惟自询采。而左右二史，阙注起居。衣冠百家，罕通行状。求风俗于州郡，视听不该。讨沿革于兰台，图籍难见。虽尼父再出，犹且成其管窥，况限以中材，安能遂其博物？”《旧书》本传。盖虽有定制，本不完备，而奉行者又或怠慢也。而行状之类，又不尽实。《旧书·李翱传》：翱以元和初为国子博士、史馆修撰。以史官记事不实，奏状曰：“凡人事迹，非大善大恶，则众人无由得知。旧例皆访于人，又取行状、谥议，以为依据。今之作行状者，多是其门生故吏。莫不虚加仁义礼智，妄言忠肃惠和。臣今请作行状者，但指事实，直载事功。假如作魏征传，但记其谏诤之辞，足以为正直。段秀实但记其倒用司农印，以追逆兵，以象笏击朱泚，足以为忠烈。若考功视行状不依此者不得受。依此，则考功下太常，牒史馆，然后定谥。”观此，而当时之所谓行状者可知矣。非苦于无所知，则其所知者如是，求为信史，不亦难乎？

史官所纪，又有出于诏命者。刘感为薛仁杲所杀，常达为薛举所执不屈，高祖命起居舍人令狐德棻曰：“刘感、常达，须载之史策也。”《旧书·忠义传》。魏征疏陈不克终十渐，太宗曰：“方以所上书列为屏障，兼录付史官。”《新书·征传》。冯元淑，中宗时降玺书劳勉，仍令史官编其事迹。《旧书·良吏传》。安金藏剖腹以明皇嗣，玄宗即位，下制褒美，仍令史官编次其事。《旧书·忠义传》。姚南仲为右补阙，贞懿皇后独孤氏崩，代宗悼惜不已，令于近城为陵墓。南仲疏谏。帝嘉之，宣付史馆。《旧书·南仲传》。其余孝友、贞烈之行，命史官记载者甚多。如《旧书·孝友传》梁文贞、李处恭、张义贞、吕元简；《列女传》于敏直妻张氏，卢甫妻李氏，王泛妻裴氏，李湍妻。此等或犹实有足纪。乃至玄宗于其兄宪，多所赐与，宪奏请年终录付史馆，每年至数百纸。《旧书·睿宗诸子传》。其弟业有疾，帝忧之，一昔容发为变。因假寝，梦获方，寤而业少间。邠王守礼等请以事付史官。《新书·三宗诸子传》。郭子仪至自泾阳，进拜尚书令。固辞。具以所让付史馆。《新书·子仪传》。定安公主宪宗女，始封太和。自回鹘归，宣城以下七主亦皆宪宗女。不出迎。武宗怒，差夺封绢赎罪。宰相建言："礼始中壶，行天下，王化之美也，请载于史示后世。"诏可。《新书·诸公主传》。不诚令人作欧哉？《通鉴》：元和十四年二月，裴度纂述蔡、郓用兵以来，上之忧勤机略，因侍燕献之，请内印出付史官。《注》：请自禁中用印而出付史官。上曰："如此，似出朕志，非所欲也。"弗许。然不用内印，度不可迳付史官乎？要誉献媚之道，尽之矣。薛《史·晋高祖纪》：天福三年二月，左散骑常侍张允进《驳赦论》，帝览而嘉之，降诏奖饰，仍付史馆。亦见《允传》。六年正月朔，帝御崇元殿，刑部员外郎李象上《二舞赋》，帝览而嘉之，命编诸史册。琐琐者不益为史笔羞哉？

名，人之所欲也。列名于青史，尤修名之士之所愿也。张巡之死也，李翰传其功状，表上之，曰："傥得列于史官，死且不朽。"《新书·文苑传》。权皋、甄济，皆尝为安禄山所罗致。察其将反，皋因使京师，诈病死逸去，济亦诈病归。及禄山反，使蔡希德封刀召之，济不为屈。济子逢，常以父名不得在国史，欲诣京师自言。元和中，袁滋表济节行与皋同科，宜载国史。有诏赠济秘书少监。而逢与元稹善，稹又为移书于史馆修撰韩愈。《新书·卓行传》。彼皆有过人之行，列诸史籍则宜，不得訾为好名也。然能修名者实寡，而思徼名者遂多。李泌子繁，以无行下狱，知且死，从吏求废纸著家传。泌本素隐行怪之士，繁盖夙受其教，故至死而犹不忘欺世，可谓少成若天性矣。朱敬则迁正谏大夫，兼修国史。韦安石尝阅其史稿，叹曰："董狐何以加？世人不知史官权重宰相，宰相但能制生人，史官兼制生死，古之圣君贤相所以畏惧者也。"《新书·敬则传》。可谓情见乎辞矣。于是权力在手，则禁撰私史。《隋书·高祖纪》：开皇十三年五月，“诏人间有撰集国史，臧否人物者。皆令禁绝。”《王劭传》：高祖受禅，授著作佐郎。以母忧去职。在家著《齐书》。时制禁私撰史，为内史诗郎李元操所奏。上怒，遣使收其书。览而悦之。于是起为员外散骑侍郎，修起居注。盖以其性本怪妄，又工谐媚，故好之。劭后著《隋书》，为世所讥，见下。即由于此。郑虔，天宝初为协律郎。集缀当世事，著书八十余篇。有窥其稿者，上书告虔私撰国史。虔苍黄焚之，然犹坐谪十年，则唐世禁亦甚严也。其修成而不惬己意者则改之。顺宗、宪宗两《实录》是也。《顺宗实录》，为韩愈所撰。《旧书·愈传》云：时谓愈有史笔，及撰《顺宗实录》，繁简不当，叙事拙于取舍，颇为当代所非。穆宗、文宗，尝诏史臣添改。时愈婿李汉、蒋系在显位，诸公难之。而韦处厚竟撰《顺宗实录》三卷。文宗之敕修改，事见《路随传》。云：初愈撰《顺宗实录》，说禁中事颇切直，内官恶之，往往于上前言其不当。累朝有诏改修。及随奏《宪宗实录》后，文宗复令改永贞时事。随奏：伏望条示旧记最错误者，宣付史官，委之修定。《诏》曰：“其《实录》中所书德宗、顺宗朝禁中事，寻访根柢，盖起缪传，谅非信史，宜令史官详正刊去，其他不要更修。”案韩愈工于文辞，何至修《顺宗实录》而独拙？且即谓所修不善，亦不过取舍、繁简之不当耳，非谓所言之不实也。然则《愈传》所言，匪为实录，特内官恶而欲改之耳。文宗指令刊去者，不知是否宦官之意，要之启人君以诏令改国史之端，其弊又奚啻观史矣。韩愈所修《顺宗实录》，今存愈文集中。《新书·刘子玄等传赞》言其“窜定无完篇”，则久非元作矣。至武宗，乃更变本加厉，施之《宪宗实录》。其事在会昌元年四月，见《旧书·本纪》。《纪》云：由李德裕先请不迁宪宗庙，为议者沮之；复恐或书其不善之事，故请改撰。《新书·李汉传》在宗室传中。亦云：文宗立，召为史馆修撰。论次《宪宗实录》，书宰相李吉甫事不假借，子德裕恶之。《旧纪》载是年十二月，中书、门下奏修实录体例云："旧录有载禁中之言。伏以君上与宰臣公卿言事，皆须众所闻见，方可书于史册。且禁中之语，在外何知？或得之传闻，多涉于浮妄，便形史笔，实累鸿猷。今后实录中如有此色，并请刊削。又宰臣与公卿论事，行与不行，须有明据。或奏请允惬，必见褒称；或所论乖僻，因有惩责；在藩镇上表，必有批答；居要官启事，自有著明；并须昭然，在人耳目，或取舍存于堂案，或与夺形于诏敕。前代史书所载奏议，罔不由此。近见实录，多载密疏。言不彰于朝听，事不显于当时。得自其家，未足为信。今后实录所载章奏，并须朝廷共知者，方得纪述。密疏并请不载。"从之。《纪》云：李德裕奏改修《宪宗实录》，所载吉甫不善之迹，郑亚希旨削之。亚时为史馆修撰，会昌三年十月，与监修国史李绅同进重修实录。德裕更此条奏，以掩其迹。缙绅谤议，武宗颇知之。此事之缘起及是非，姑措勿论。要之如中书、门下所奏，则史官除纂辑诏令奏议而外，无可为者矣。此实自古已来，史官得自由笔削之一大变局也。《宪宗实录》，三年十月重修成，进之。见《旧纪》。宣宗大中二年十一月，敕路随等所修《宪宗实录》，却仰施行。《宪宗实录》，穆宗命韦处厚、路随同修。未成而处厚卒，随成之。见《旧书·处厚、随传》。当时同修者，尚有宇文籍、韦表微、沈传师，籍又与韩愈同修《顺宗实录》，见《旧书·籍传》。其会昌新修者，仰并进纳。如有抄录得，敕到并纳史馆，不得辄留。委州府严加搜捕。至三年（849 年）贬德裕崖州司户之诏，犹以其擅改《实录》为言焉。皆见《旧纪》。《新书·周墀传》：墀为相，建言故宰相德裕，重定《元和实录》，窜寄他事，以广父功。凡人君尚不改史，取必信也。遂削新书。案《旧书·宪宗纪》：元和十二年十月，内出《元和辩谤略》三卷付史馆，则自永贞已来，禁中事议论之纷纭，已非一日。此等事岂前世所无有？然自大和已前，卒不闻有显改国史之事者，史职尊严，由来已久，虽有悍者，莫敢决然为之也。然履霜坚冰，事之渐不可禁者，即成为势所必至。太宗观实录而命改书六月四日事，其大和、会昌之渐邪？《新书·郝处俊传》：转中书侍郎，监修国史。初显庆中，令狐德棻、刘胤之撰国史，其后许敬宗复加绪次。帝恨敬宗所纪失实，更命宰相刊正。且曰："朕昔从幸未央宫，辟仗既过，有横刀伏草中者。先帝敛辔却，谓朕曰：事发当死者数十人，汝可命出之。史臣惟叙此为实。"处俊曰："先帝仁恩溥博非一。臣弟处杰，被择供奉。时有三卫，误拂御衣，惧甚。先帝曰：左右无御史，我不汝罪。"帝曰："此史臣应载。"处俊乃表左史李仁实，欲删整伪辞。会仁实死而止。许敬宗固多曲笔，见下。然高宗与处俊，但凭闻见，而欲改史，可乎？此何异于大和之所为哉？《旧书·徐坚传》：则天令坚删改唐史，会逊位而止。此事若成，唐史之面目，将全非今日矣。此所谓出乎尔者反乎尔者邪？

史官当独立不倚，著事之真相，以明是非，使人知所惩劝，此中国自古相沿之见解也。此在古代，社会情况较简，或可致之。如崔杼弑君，事甚明白，真相之能著与否，只系乎史官之敢书与否；董狐以亡不越境，反不讨贼，断定灵公见弑，赵盾知情，亦无可抵谰也。后世社会情况，日益繁复，则事之真相，有不易见者。真相且不可见，皇论是非？且即谓真相可见，而是非之纷然淆乱者，亦非必故为曲说也。人心之不同如其面，甲以为是者，乙固诚以为非，至丙丁，则又有其不同之见解焉。史官亦人也，岂能独立于各派之外，诚本良心以著之，亦一派之见耳。然则欲恃史笔以见事状之真，而明是非所在，云胡可得？且如《旧唐书》，著当时之议论即甚多，岂能皆视为大公之见邪？然恃史籍以求事状之真而知是非所在，虽不可得，而史家之能以此自励者，其人固自可矜。《新书·吴兢传》：言兢初与刘子玄撰定《武后实录》，叙张昌宗诱张说诬证魏元忠事，颇言说已然可，赖宋璟等邀励苦切，故转祸为忠，不然，皇嗣且殆。后说为相，读之，心不善。知兢所为，即从容谬谓曰："刘生书魏齐公事，不少假借，奈何？"兢曰："子玄已亡，不可受诬地下。兢实书之，其草故在。”闻者叹其直。说屡以情蕲改。辞曰：“徇公之请，何名实录？”卒不改。世谓今董狐云。此诚无愧董狐矣。《武士䧁传》载史臣之论曰：“士䧁首参起义，列封功臣。无戡难之劳，有因人之节。载窥他传，过为褒辞。虑当武后之朝，佞出敬宗之笔。凡涉虚美，略而不书。”《刘仁轨传》载韦述之论曰：“世称刘乐城仁轨封乐城县男，后进为公。与戴至德胄兄子，为胄后，两《书》皆附《胄传》。同为端揆，刘则甘言接人，以收物誉，戴则正色拒下，推美于君。故乐城之善，于今未弭，而戴氏之勋，无所闻焉。”亦不苟为褒贬者也。然茫茫天壤，直道云胡可行？《旧书·令狐峘》等《传论》曰：“前代以史为学者，率不偶于时，多罹放逐，其故何哉？诚以褒贬是非在于手，贤愚轻重系乎言。君子道微，俗多忌讳，一言切己，疾之为雠。所以峘、荐张荐。坎壈于仕涂，沈、传师。柳芳。不登于显贯。后之载笔执简者，可以为之痛心。道在必伸，物不终否。子孙借其余佑，多至公卿者，盖有天道存焉？”阨于人而期偿于冥冥不可知之报，亦可哀矣。抑自史公作《伯夷列传》，已言其不可期矣，其谁肯以虚名易实祸？故此等风裁，卒之日替，而曲笔日闻焉。许敬宗则其巨擘也，《旧书·敬宗传》：敬宗自掌知国史，记事阿曲。初虞世基与敬宗父善心，同为宇文化及所害。封德彝时为内史舍人，备见其事。因谓人曰：“世基被诛，世南匍匐而请代；善心之死，敬宗舞蹈以求生。”人以为口实。敬宗深衔之。及为德彝立传，盛加其罪恶。敬宗嫁女与左监门卫大将军钱九陇，本皇家隶人，敬宗贪财与婚，乃为九陇曲叙门阀，妄加功绩，并升与刘文静、长孙顺德同卷。敬宗为子娶尉迟宝琳孙女为妻，多得赂遗。及作宝琳父《敬德传》，悉为隐诸过咎。太宗作《威风赋》以赐长孙无忌，敬宗改云《赐敬德》。白州人庞孝泰，蛮酋凡品。率兵从征高丽，高丽知其懦，袭破之。敬宗又纳其宝货，称孝泰频破高丽，斩获数万。汉将骁健者，惟苏定方与庞孝泰耳。曹继、刘伯英，皆出其下。虚美隐恶如此。初高祖、太宗两朝《实录》，其敬播所修者，颇多详直，敬宗又辄以己爱憎，曲事删改，论者尤之。《魏征传》言：征自录前后谏诤言辞往复，以示史官起居郎褚遂良，太宗知之，愈不悦。太宗于征之不终，固小人行迳不足论。然征之好名，亦有以激之也。《新书·姚崇传赞》曰："崇以十事要说天子而后辅政，顾不伟哉？而旧史不传。观开元初皆已施行，信不诬已。"史之不书，岂不欲归美于君，而抹杀其臣下之功绩哉。《旧书·岑文本传》：兄孙羲，睿宗即位，同门下三品，监修国史。初中宗时，侍御史冉祖雍诬奏睿宗及太平公主与节愍太子连谋，请加推究。羲与中书侍郎萧至忠密申保护。及羲监修《中宗实录》，自书其事。睿宗览而大加叹赏，赐物三百段，良马一疋，仍下制书褒美之。自书功绩以希赏，其可鄙，又甚于书示史官以徼名者已。贾纬在五代时，不为无学，其于修唐史，亦不为无功。见下。而汉隐帝时，诏与王伸、窦俨等同修晋高祖、出帝、汉高祖实录。初桑维翰为相，常恶纬为人，待之甚薄。纬为《维翰传》，言维翰死有银八千铤。翰林学士徐台符以为不可，数以非纬。纬不得已，更为数千铤。广顺元年（951年），《实录》成。纬求迁官，不得，由是怨望。是时宰相王峻监修国史。纬书日历，多言当时大臣过失。峻见之，怒曰："贾给事子弟仕宦，亦要门阀，奈何历诋当朝之士，使其子孙何以仕进？"言之高祖，贬平卢军司马。纬之快心恩怨，峻之徒计党援，皆足使闻者齿冷矣。公家之史如此，私家之作，亦复难信。观李翱论当时行状之语可知。以司马光修《通鉴》，宋祁修《新唐书·列传》用力之勤，卒不能尽破李繁家传之诬，而皆颇采其说。裘甫之祸，不烈于袁晁，而《通鉴》咸通元年（860年）书王式平甫事，十百于张伯仪之平晁。胡《注》谓由唐中叶后，家有私史，《通鉴》用其文而叙之，而弗觉其烦。其明年，《鉴》载懿宗欲杀宣宗大渐时宰相不与名于请监国之奏者，为杜悰所沮而止。《注》亦億其据悰家传，故辞旨抑扬，有过其实。身之谓《考异》三十卷，辩订唐事者居大半，又以唐事属范祖禹，而犹如此，可见修史之难。抑不仅此，即文书亦有伪造者。僖宗广明元年（880 年），左拾遗侯昌业上疏极谏，召至内侍省赐死，其疏留中不出，而后有传其辞者，释氏之语，连篇累牍，至欲于内殿立揭谛道场，《北梦琐言》以为庸僧伪作。见《通鉴考异》。合此及第十六章第一节，论朱敬则谏武后之语观之，而知会昌重修《实录》之不载密疏，意虽非出至公，亦有其借口之资矣。欲求可信之史料，不亦难乎？

以直道之不行，而史官操褒贬之权，有权力者又不能释然也，于是乎有关防。太宗之移史馆于禁中是矣。刘子玄奏记萧至忠曰："近代史局，皆通籍禁门。幽居九重，欲人不见，寻其义者，由杜彼颜面，防诸请谒故也。然今馆中作者，多士如林。皆愿长喙，无闻龉舌。傥有五始初成，一字加贬，言未绝口，而朝野具知，笔未栖豪，而缙绅咸诵。孙盛实录，取嫉权门；王韶直书，见雠贵族；人之情也，能无畏乎？"则何益矣。然唐世虽有关防，于史官究尚能信任。故其人率多久于其职，如刘子玄领国史且三十年，官虽徙，职常如旧。韦述居史职二十年。吴兢居史职殆三十年。蒋乂居史任二十年。五子，系、伸、偕皆为史馆修撰。柳芳自永宁时直史馆，转拾遗、补阙员外郎，皆居史任。沈传师，父既济，建中初召拜左拾遗、史馆修撰。传师为太子校书郎，鄠县尉，直史馆，转左拾遗。左补阙，并兼史职。亦有居馆外撰述者。吴兢以母丧去官，开元三年（715 年），服阕，抗疏乞终余功，乃拜谏议大夫，依前修史。据《李元纮传》，兢此时系就集贤院修纂。开元七年（719 年），张说检校并州大都督府长史，赍本随军修撰。及致仕，仍令其在家修史。李元纮奏："太宗别置史馆，在于禁中，所以重其职而秘其事也。"乃诏说及兢并就史馆修撰。然十七年（729 年）兢出为荆州司马，制仍许以史稿自随。令狐峘坐李泌贬外，监修国史奏峘所撰实录一分，请于贬所毕功。峘卒，其子丕始献之。沈传师在史馆，预修《宪宗实录》。未成，兼察湖南。特诏赍一分史稿，成于理所。以上见《旧书》本传及《本纪》元和三年（808年）、长庆三年（823年）。《新书·沈传师传》：传师之出，监修杜元颖建言："张说、令狐峘，在外论次国书。今稿史残课，请付传师即官下成之。"诏可。盖虽有李元纮之奏，而在外修史，竟沿为故事矣。盖娴史学者少；而史事端绪纷繁，接替非易，难数易人；又学问之家，率多能自矜重；故虽有关防，终成虚设也。

今日所谓正史，成于唐世者有五：《梁》《陈》《周》《齐》《隋书》是也。梁、陈、周、齐，旧有之史，已见《两晋南北朝史》第二十三章第五节。隋世，王劭撰《隋书》，不为识者所与。《隋书·劭传》：劭在著作将二十年，专典国史。撰《隋书》八十卷，多录口敕，又采怪迂不经之语及委巷之言，以类相从，为其题目。辞义繁杂，无足称者。遂使隋代文武名臣列将善恶之迹，堙没无闻。劭本怪迂阿谀之士，著书不轨，初不足责，然专典国史，而使史迹失传，则其罪大矣。《传》又云：初撰《齐志》，为编年体，二十卷。复为《齐书纪传》一百卷，及《平贼记》三卷。或文辞鄙野，或不轨不物，骇人视听，大为有识所嗤鄙。仍是怪迂阿谀之技而已。唐时，郎馀令、王绩为之，皆未成。郎馀令，《旧书》在《儒学传》，云：撰《隋书》未成。王绩在《隐逸传》，云：撰《隋书》，未就而卒。《新书·绩传》云：初兄凝为隋著作郎，撰《隋书》，未成死。绩续余功，亦不能成。吕才著《隋记》二十卷，行于时。《旧书》本传。敬播著《隋略》二十卷，《旧书》本传。张太素撰《隋书》三十卷。太素，公谨子，《旧书）附《公谨传》。盖亦未为该备。柳䛒撰《晋王北伐记》，《隋书》本传。崔赜奉诏作《东征记》。赜，廓子，《隋书》附《廓传》。裴矩撰《开业平陈记》。邓世隆采隋代旧事，撰为《东都记》。刘仁轨身经隋末之乱，辑其见闻，著《行年记》。皆见《旧书》本传。则或记一时一事，或就见闻所及，亦杂史之流耳。唐修五代之史，议发于令狐德棻。高祖然之。下诏命萧瑀、王敬业、殷闻礼修魏史，陈叔达、令狐德棻、庾俭修周史，封德彝、颜师古修隋史，崔善为、孔绍安、萧德言修梁史，绍安，《旧书》见《文苑传》，云撰梁史，未成而卒。又《殷峤传》：从祖弟闻礼，武德中，为太子中舍人，修梁史，未就而卒。不知梁史为魏史之误，抑闻礼初修魏史，后改修梁史也。裴矩、祖孝孙、魏征修齐史，窦琎、欧阳询、姚思廉修陈史。历数年，不能就而罢。贞观三年（629 年），太宗复敕修撰。乃令德棻与岑文本同修周史。《旧书·文本传》云：与令狐德棻撰周史。其史论多出于文本。李百药修齐史，姚思廉修梁、陈史，《旧书·思廉传》：父察，初在陈，尝修梁、陈二史，未就。临终令思廉续成其志。隋高祖时，思廉上表陈父遗言。有诏许其续成梁、陈史。贞观三年（629 年），又受诏与魏征同撰梁陈二史。思廉采谢炅等诸家梁史，续成父书。并推究陈事，删益博综顾野王所修旧史。撰成《梁书》五十卷，《陈书》三十卷。魏征虽裁其总论，其编次、笔削，皆思廉之功也。魏征修隋史，与房玄龄总监诸代史。《旧书·令狐德棻传》。《新书》但云玄龄总监。据《旧书·本纪》：贞观十年（636 年）上《五代史》，实征、玄龄并列，则《旧传》是也。《旧书·征传》云：孔颖达、许敬宗撰《隋史》，征受诏总加撰定，多所损益，务存简征。《隋史序论》，皆征所作，梁、陈、齐各为总论。时称良史。《颖达传》云：与魏征撰成《隋史》。《敬宗传》云：贞观已来，朝廷所修五代史等，皆总知其事。又《儒学·敬播传》云：贞观初，举进士。俄有诏诣秘书内省，佐颜师古、孔颖达修隋史。众议以魏史既有魏收、魏彦二家，已为详备，遂不复修。《旧书·孝友·赵弘智传》云：武德初，预修六代史。德棻又奏引崔仁师佐修周史。《仁师传》云：预修梁、魏等史。德棻仍总知类会。以上据《旧书·德棻传》。十年正月上之，而志尚未成。至高宗显庆元年五月，长孙无忌乃上之。皆见《旧书·本纪》。李延寿、敬播、李淳风，皆与于修志者也。《旧书·延寿传》云：尝受诏与敬播同修《五代史志》。《淳风传》云：预撰《晋书》及《五代史》，其天文、律历、五行志，皆淳风所作也。又《方技·孙思邈传》云：魏征等受诏修五代史，恐有遗漏，屡访之。思邈口以传授，有如目观。此盖以其年高，偶或询访及之耳。思邈非治史之士，于修史，必不能大有裨赞也。延寿又删补宋、齐、梁、陈、魏、齐、周、隋八代史，谓之南北史。《旧书》本传。唐修五代史，意本不主断代，说见《两晋南北朝史》第二十三章第五节。延寿此书，有删有补，而将八代合编，盖一以补官书之阙而删其繁，一亦以正其分立之失而求通贯。其后吴兢以五代史繁杂，别撰梁、齐、周史各十卷，陈史五卷，隋史二十卷，《旧书》本传。则意专主于要删。观其卷帙，似失之少。故《旧书》著时人之论，谓其“又伤疏略”。然兢此书或本史钞之流，非重作，不得以此议之也。张太素尝撰《后魏书》百卷。其《天文志》未成，其从孙僧一行续成之，亦未能夺魏收之席。元行冲以本族出于后魏，而未有编年之史，撰《魏典》三十卷。卢粲祖彦卿，撰《后魏纪》二十卷。蔡允恭撰《后梁春秋》十卷，皆见《旧书》本传。一行在《方技》，粲在《儒学》，允恭在《文苑》。亦皆与官修正史相出入者也。

《晋书》前代虽有多家，太宗仍命重修。事在贞观十八年（644年）。《旧书·房玄龄传》云：与褚遂良受诏重撰《晋书》。于是奏取许敬宗、来济、陆元仕、刘子翼、祎之父，见《祎之传》。令狐德棻、李义府、薛元超、收子，附《收传》。上官仪等八人分功撰录。以臧荣绪《晋书》为主，参考诸家，甚为详洽。然史官多是文咏之士，好采诡谬碎事，以广异闻；又所评论，竞为绮艳，不求笃实；由是颇为学者所讥。惟李淳风深明星历，善于著述，所撰《天文》《律历》《五行》三志，最可观采。太宗自著宣、武二帝及陆机、王羲之四论，于是总题云御撰。至二十年书成，凡一百三十卷。《令狐德棻传》云：有诏改撰《晋书》，房玄龄奏德棻令预修撰。当时重修一十八人，并推德棻为首，其体制多取决焉。与于纂修可考者，又有李延寿、崔行功及李百药子安期，皆见《旧书》本传。

《唐史》之纂修，事成于石晋之世。国史本原，实惟起居注，然其卷帙太繁，亦且逐日记录，太无铨次，故必编成实录而后可用，《旧书·温大雅传》：撰《创业起居注》三卷。此乃事后诠次，而以起居注为名，非随时记注者比，故其卷帙不繁。而其尤为切近者，则已撰成之国史也。唐世实录，本颇完备。中经安禄山之乱，几于荡焉无存。末叶军人，迭起肆虐，不惟亡佚之多，或且本未撰次。详见《廿二史劄记》唐实录国史凡两次散失条。《十七史商榷》云：晁公武《郡斋读书志》载唐诸帝实录至敬宗止。赵希弁《读书后志》所载，则唐人所撰至武宗止，其宣、懿、僖、昭、哀五朝通一百二十八卷，皆宋敏求所补。陈振孙《书录解题》亦云：五录系敏求追述为书。国史之作，始于令狐德棻。《旧书·长孙无忌传》：显庆元年（656年），与史官令狐德棻缀集武德、贞观二朝史为八十卷，上之。《顾胤传》：以撰武德、贞观两朝国史八十卷成，加朝请大夫，封余杭县男，赐帛五百段。后来用力最勤者为吴兢，冒死存护之者为韦述。述死，柳芳续之，至乾元为止，皆纪传体。尔后则惟有芳所撰《唐历》，为编年体，而宣宗命崔龟从等续之，亦止于元和而已。《旧书·刘子玄传》云：知幾自负史才，常慨时无知己，乃委国史于吴兢。《兢传》云：魏元忠、朱敬则居相辅，荐兢有史才，因令直史馆，修国史。以丁忧还乡里。开元三年（715年），服阕，抗疏言修史已成数十卷，乞终余功。乃拜谏议大夫，依前修史。居职殆三十年。叙事简要，人用称之。末年伤于太简。十七年（729年），出为荆州司马，制许以史稿自随。中书令萧嵩监修国史，奏取兢所撰国史，得六十五卷。累迁台、洪、饶、蕲四州刺史，又迁相州。入为恒王傅。虽衰耗，犹希史职。而行步伛偻。李林甫以其年老不用。天宝八年（749年），卒于家。时年八十余。兢卒后，其子进兢所撰《唐史》八十余卷。事多纰缪，不逮于壮年。《韦述传》云：国史自令狐德棻至于吴兢，虽累修撰，竟未成一家之言。至述，始定类例，补遗续阙，勒成《国史》一百一十二卷，并《史例》一卷。事简而记详雅，有良史之才。兰陵萧颖士，以为谯周、陈寿之流。及禄山之乱，两京陷贼，玄宗幸蜀，述抱国史，藏于南山。经籍资产，焚剽殆尽。述亦陷于贼庭，授伪官。至德二年（757 年），收两京，三司议罪，流于渝州，为刺史薛舒困辱，不食而卒。其甥萧直，为太尉李光弼判官。广德二年（764 年），因入奏言事称旨，乃上疏理述，于苍黄之际，能存国史。乃赠右散骑常侍。《于休烈传》云：肃宗自凤翔还京。时中原荡覆，典章殆尽，无史籍检寻。休烈奏曰：《国史》一百六卷，《开元实录》四十七卷，《起居注》并余书三千六百八十二卷，并在兴庆宫史馆。京城陷贼后，皆被焚烧。伏望下御史台，推勘史馆所由，令府县招访，有人别收得国史、实录，如送官司，重加购赏。若是史官收得，仍赦其罪。得一部超授官资，得一卷赏绢十匹。数月之内，惟得一两卷。前修史官工部侍郎韦述陷贼入东京，至是，以其家藏国史一百一十三卷送于官。《柳登传》云：父芳，肃宗朝史官。与同职韦述受诏添修吴兢所撰国史。杀青未竟而述亡。芳绪述凡例，勒成《国史》一百三十卷。上自高祖，下止乾元。而叙天宝后事，绝无伦类。取舍非工，不为史氏所称。然芳勤于记注，含豪罔倦。属安、史乱离，国史散落，编缀所闻，率多阙漏。上元中，坐事徙黔中。遇内官高力士亦贬巫州，遇诸途。芳以所疑禁中事咨于力士。力士说开元、天宝时事，芳随口志之。以国史已成，经于奏御，不可复改，乃别撰《唐历》四十卷，以力士所传，载于年历之下。《宣宗纪》：大中五年七月，宰相监修国史崔龟从续柳芳《唐历》二十二卷上之。《龟从传》作三十卷。《新书·蒋乂传》：子偕。初柳芳作《唐历》，大历以后，阙而不录。宣宗诏崔龟从、韦澳、李荀、张彦远及偕等分年撰次，尽元和以续之。此唐国史撰述之始末也。《旧书》所载平论之辞，多非允当。且如吴兢所撰，忽称其简要，忽以为太简，究竟其所谓繁简者，以何为准则乎？兢至老犹希史职，神明必未甚衰，何至所作遂多纰缪？韦述所为，盖续萧嵩所取兢所撰之六十五卷？所增不及半，而《传》又载萧颖士之言，誉为谯周之流，然则颖士所称者，别述所为于兢而后称之欤？若其不然，何又于兢之作横加抨击也？《新书·述传》云：初令狐德菜、吴兢等撰武德以来国史，皆不能成。述因二家，参以后事，遂分纪传。又为例一篇。萧嵩欲早就，复奏起居舍人贾登、著作郎李锐助述细绩。速成，文约事详。萧颖士以为谯周、陈寿之流。此说亦不甚审。纪传决无至述始分之理。若纪传至述始分，试问德菜与兢，循何体撰述？然谓助述者更有其人，则语必不诬。然则颖士所誉，初非述一人所为，《旧传》之言，不免偏党矣。德菜有作，但武德、贞观两朝，即已八十卷，而兢所为，至死后其子献之者，亦不过八十余卷，则其于旧史，刊落甚多，简要之称，良为无愧。《述传》所谓“事简而记详雅”者，其誉，恐正当由兢尸之也。柳芳编缀，既属《国史》散落，惟以阙漏为虞，何暇更言取舍？而訾其非工，亦同此失。《旧书》好采时人论议，所取者非一家，而不别白言之；非任其矛盾，则强作调停，其说多不足听也。要之唐代国史，撰述之功，吴兢为大，维护之续，韦述实多，则平心之论矣。《旧书·于休烈传》：《国史》一百六卷，《开元实录》四十七卷，《起居注》及余书三千六百八十二卷，辞甚明白。《新书》改为《国史》《开元实录》《起居注》及余书三千八百余篇，便觉含胡。犹可说也，又将以其家藏国史一百一十三卷送于官句，改为百三十篇，则并述死后柳芳所续者，亦并入其中，可谓疏矣。五代时，尝屡下诏购求唐史料，然所得无多。梁末帝龙德元年（921 年），史馆请征集家传。有记得会昌已后公私奏行公事章疏者，并许编录送纳。唐明宗天成元年九月，以蜀王衍旧僚庾传美充三州搜访图籍使。以其言成都具有本朝实录故也。然及其回，才得九朝实录而已。长兴二年四月，禁人毁废所在碑碣。恐名贤遗行失所考也。五月，都官郎中知制诰崔棁请搜访宣宗已来野史，以备编修，从之。皆见薛《史·本纪》。主张纂修唐史者为贾纬。晋高祖命与张昭远、赵熙、郑受益、李为光同修，而以宰臣赵莹为监修。事在天福六年二月。纬旋丁忧去。莹又奏请吕琦、尹拙同修。至开运二年六月而成。见薛《史·本纪》及《贾纬传》。纬于诏修之月，即上所撰《唐年补遗录》六十五卷，足见其研求之有素。其书多用国史、实录元文，未免草率。《廿二史劄记》有一条论之。其中《唐绍传》“今上讲武骊山”一条，今上系指玄宗，尤为铁证。然今上字未及改者，《徐有功传》实尚有一条。又卢杞、裴延龄等《传赞》：“史臣曰：臣读陆丞相《论延龄疏》。”田承嗣等《传赞》曰：“臣观开元之政。”亦显见其为唐国史元文也。然能成此于戎马倥偬之际，已不易矣。中国历代，重视史官，虽当颠沛之中，其职不废；居其职者，亦多能不废其事；士之有志于斯者，亦因之得所凭借；其于保存史迹之功，实不可没也。五代各朝，亦俱有实录。见《廿二史劄记》薛《史》全采各朝实录条。故一入宋世，薛居正等即能因之以成书焉。

前代修史，率成于一人之手；虽或由政府之命，亦必其人夙尝有志于此，从事于此，政府乃从而命之，实不过助之而已。唐世则设馆纂修，事资众力。既为众力所成，则无复一家之法。其修当代之史，则取禀监修。虽馆员或有隽才，亦格不得行其志。此其大异于前世者也。论者多袒独修而非众纂，此亦陈旧之见。史料随世而愈多，一人之力，遍览且有所不及，况于撰述？且史事门类甚广，亦非一人所能兼通；则独修势不能行。《新晋书》虽遭訾议，而其志，则论者称其度越前古，此实众纂优于独修之一端。若言别识心裁，论史者亦宜根据科学，奋其私智以言去取，苟非其人，流弊滋大，即有独至之识，亦易陷于一偏，尚不如安于比次者之寡过也。监修之弊，刘子玄言之最切。其上萧至忠书，云其有五不可。其二三两条已见前。第一条云：“记一事，载一言，阁笔相视，含豪不断，头白可期，汗青无日。”此史官不尽职之咎。第四条云：“史官注记，取禀监修。”而“杨令公云必须直辞，宋尚书云宜多隐恶”。第五条病监修者不能明立科条，审定区域。此监修不尽职之咎。皆非众纂必不可免之弊也。《新书·玄宗纪》：开元五年十月，“命史官月奏所行事”。盖亦惩其尸位素餐，玩时愒日？

隋、唐之世，治史学者，可分数派。一派专重名物训诂，于是乎有传授。隋世之萧该、包恺、张冲、刘臻，唐初之秦景通兄弟，尚皆前世之遗，已见《两晋南北朝史》第二十三章第五节。入隋、唐后，此风未坠。《隋书·文学传》：潘徽，“受书于张冲”，又言其“精三史”，亦未必不从冲问学也。入唐而其业大显者为颜师古。“承乾在东宫，命师古注《汉书》”，史称其“解释详明，深为学者所重”，又称其“叔父游秦，撰《汉书决疑》十二卷，为学者所称。师古注《汉书》，多取其义”。然游秦之学，亦当有所受之也。姚思廉少受汉史于其父察。察曾孙班，“以察所撰《汉书训纂》，多为后之注《汉书》者，隐没名氏，将为己说，乃撰《汉书绍训》四十卷，以发明旧义”。《旧书》班附其兄《琦传》。时又有顾胤，“撰《汉书古今集》二十卷，行于代”。房玄龄“以颜师古所注《汉书》，文繁难省”，又令敬播“最其机要，撰成四十卷”。又有刘讷言，以《汉书》授沛王贤。及贤为皇太子，招集当时学者张大安、公谨子，附《公谨传》。格希玄、见其弟《辅玄传》。许叔牙、成玄一、史藏诸、周宝宁等注范晔《后汉书》，讷言亦与焉。见《旧书》之《高宗诸子》及《儒学传》。书成于仪凤元年（676 年），见纪。稍后有殷践猷，史称其“明《班史》”。《旧书》附《韦述传》。郝处俊，史称其“嗜《汉书》，崖略暗诵”。《新书》本传。而末叶柳璨，史亦言其“尤精汉史”焉。治《史记》者有褚无量、《新书·儒学传》言其“尤精《礼》、司马《史记》”。高子贡，《旧书》本传云：“遍涉六经，尤精《史记》”。而裴延龄“缀缉裴骃所注之阙遗，自号小裴”。王方庆就任希古受《史记》《汉书》，已见第一节。又有赵弘智，史言其“学通《三礼》《史记》《汉书》”。刘伯庄“撰《史记地名》《汉书音义》各二十卷，行于代。子之宏，亦传父业”，则兼治《史》《汉》者也。此派犹治经者之守章句。其又一派，则不拘拘于此，而欲商榷史例，进退古人。其著名者莫如刘子玄。子玄作《史通》，至今为学者所称道，然此特其著书而有传于后者耳，抱此等见解者，当时实不乏人。“徐坚深重子玄之书，尝云居史职者宜置坐右"，即其一证。韦述修国史，作例一卷，已见前。沈既济"以吴兢撰国史，以则天事立本纪，奏仪非之"。《旧书》其子《传师传》。子玄子悚修国史，亦"著《史例》三卷"。柳璨"以《史通》讥驳经史过当，纪其失，别为十卷，号《柳氏释史》"。《旧书》本传。此书《新志·总集类》著录，《注》云："一作《史通析疑》。"吴武陵撰《十三代史驳议》二十卷。《旧书》附其兄于《汝讷传》。皆此一派之学也。此派中人，多有识力，然所言未必皆是。即如《史通》之《疑古》《惑经》两篇，最为今人所称诵。然其说实未通经学。不通经学，此题本不合妄谈。即专就史学立论，疑《尚书》而信《汲冢琐语》，宁非下乔入幽乎？讥《公羊》谓赵盾食鱼飧之非，则不知古贱者以鱼为常食，是不考史事也。谓《史记》"归乎田成子"之言，不合于生时称谥，则不知古书所载歌谣，多非当时元句，不过约举其意而已。如《南风歌》即如此。不然，谁不知为汉人之辞耶？是未达古人文例也。创新论者每多如是，是不能以经生之见绳之，然要不可不借章句学之谨严，为之弥缝其阙。凡学皆相辅相成，知异己者之所长，不执成见，拘曲说，而党同伐异，则真通人之见也。又一派专明典制。凡学皆始于应用，故读史者初必求娴故事。《旧书·赵仁本传》：贞观中，转殿中侍御史。自义宁已来诏敕，皆手自纂录，临事皆暗记之，甚为当时所伏。《蒋乂传》：弱冠博通群籍，而史才尤长。时集贤学士甚众。会诏问神策军建置之由，相府讨求，不知所出，诸学士悉不能对，乃访于乂。征引根原，事甚详悉。宰臣高郢、郑珣瑜相对曰："集贤有人矣。"翼日，诏兼判集贤院事。此等最为流俗所称道，实不过掌故之职，然达者为之，则能纵览古今，而扬榷其得失矣。《蒋乂传》言其"尤精历代沿革"是也。此等著述，专于一朝者，则有如李延寿之《太宗政典》。苏冕之《唐会要》，而宣宗命崔铉等续之。见《旧纪》大中七年（853年）。铉元略子，《旧书》附《元略传》。其穿贯历代者，则杜佑之《通典》最著。《旧书·佑传》云：初开元末，刘秩采经、史、百家之言，取《周礼》六官所职，撰分门书三十五卷，号曰《政典》。大为时贤称赏。房琯以为才过刘更生。佑得其书，寻味厥旨，以为条目未尽。因而广之。加以开元礼乐书，成二百卷。号曰《通典》。贞元十七年（801年），自淮南使人诣阙献之。其书大传于时。礼乐刑政之原，千载如指诸掌，大为士君子所称。案《新书·韦述传》言：玄宗诏修《六典》，徐坚构意岁余，叹曰："吾更修七书，而《六典》历年未有所适。"及萧嵩引述撰定，述始摹《周官》领其属，事归于职，规制遂定。其见解实与刘秩相类。《旧书·元稹传》：著古今刑政书三百卷，号《类集》。《宣宗纪》：大中五年十一月，太子参事姚康献《帝王政纂》十卷。又撰《统史》三百卷。上自开辟，下尽隋朝。帝王美政，诏令制置，铜盐钱谷损益，用兵利害，下至僧道是非，无不备载，编年为之。其书亦皆与《通典》同科。足见致力于斯者，亦一时风气使然也。又一派则欲续《春秋》，讲褒贬。此派在唐未盛，入宋乃昌。欧阳修作《五代史》，讲书法，朱子作《纲目》皆是也。《旧书·裴光庭传》：光庭引李融、张琪、司马利宾等，令直弘文馆，撰《续春秋传》。《新书》作《续春秋经传》。上表请以经为御撰，而光庭等依《左氏》之体，为之作传。玄宗"手书褒赏之"。《新书》云：书久不就。《王彦威传》：彦威纂集国初至贞元功臣，如《左氏传》体叙事，号曰《唐典》，进之。事在开成二年（837年），书凡七十卷，见《本纪》。皆此派之开端也。而萧颖士乃借以行其曲说。《新书·颖士传》曰：尝谓仲尼作《春秋》，为百王不易法，而司马迁作本纪、书、表、世家、列传，叙事依违，失褒贬体，不足以训。乃起汉元年，讫隋义宁，编年，依《春秋》义类，为传百篇。在魏，书高贵崩曰司马昭弑帝于南阙。在梁，书陈受禅曰陈霸先反。又自以梁枝孙，而宣帝逆取顺守，故武帝得血食三纪。昔曲沃篡晋而文公为五伯，仲尼弗贬也，乃黜陈闰隋，以唐土德承梁火德。皆自断，诸儒不与论也。有太原王绪者，僧辩裔孙。撰《永宁公辅梁书》，黜梁不帝。颖士佐之，亦著《梁萧世谱》，及作《梁不禅陈论》，以发绪义例，使光明云。《困学纪闻》云：萧颖士与韦述书，欲依鲁史编年，著《历代通典》。起汉元十月。终义宁二年，约而删之，勒成百卷。于《左氏》取其文，《穀梁》师其简，《公羊》得其核。综三传之能事，标一字以举凡。然其书今无传焉。略见于本传，而不著《通典》之名。案颖士所为，纯出私见。所谓《春秋》义类，特借六艺以文奸言耳。夷夏之防，即今民族独立之义，实《春秋》之所重，故孔子有微管之褒。当梁诸王相残，引敌自助，王僧辩又徒恤其私，甘弃前功而作降虏，使无陈武帝，吾其被发左衽矣。然则武帝诚有大功，合君华夏，而颖士乃以私意妄贬之，自比于逆乱，设淫辞而助之攻，宁非《春秋》所欲诛之乱臣贼子邪？然亦此时自有此风气，颖士乃得借以行其曲说也。史事之是非、利害，隐曲难明，言褒贬者，实已无当于史学，前已明之。故此派虽入宋转盛，卒不为治史者所重也。

第五节　文学美术

吾尝言有唐中叶，为风气转变之会，今观于其文学而益信也。言以达意，文以代言，论其用本至此而止，然爱美为人性所同，达意之外，又必加之以修饰，久之遂稍离其真矣。骈文之句调，与口语相去日远，且以浮辞害意，由此也。丁斯时也，必求所以达意而应事者，于是有笔与文并行。笔于俗字俗语，皆非所禁，似可周于用矣，然其语调之啴缓，造句之整齐，仍与文无异，则仍不足以达意而无憾，必更求所以济之者。更求所以济之，似莫如竟用口语，则语体文当兴于此时，乃转以所谓古文者承之，何也？曰：是无足异也。中国疆域广大，方言错杂，各率其口之所道者而书之，势必至于不相通晓。故语言演进之时，必求尔雅。雅者正也，谓于各种语言之中，择其一以为正而求近之耳。错杂之语言，何者可以为正？此则视乎事势之自然，如都会为四方所走集，则其语自成为走集之地通行之语。而非可以人力强定。语言如此，文字亦然。孰最为人所易晓？自莫如众所共读之书，于是所谓古文者兴矣。古文之兴，非以其古，实以其为众所共喻，而其为众所共喻，则实以诵读之者之多。如《庄子》与《孟子》，在其著诸竹帛之时，必同用当时通行之语，然在今日，《孟子》什九为人人所能解，《庄子》则虽费尽笺注家之力，仍有其不易明之处，即其显证。然则古文即纸上之通行语也。难者必曰：径用口语，岂不更便？殊不知口语在口中虽通行，在纸上实多写不出者。强取同音之字写之，不徒异方之人不能知，即当地人亦多读之而不能解也。今日之语体文，实无一地方之语言，与之密合者，亦逐渐发展而成之纸上语，非真口语也。然则所谓古文者，原欲取众所共喻之语，以达己意，非如小儿学语然，但搬弄他人之言语，而与己意无涉也。然如苏绰之作《大诰》，则所走者正是此路，宜其仍不能通，而必有待于新派之兴。此新派者，必取众所共喻之称名，众所同用之文法，以达己意而后可。则必至唐中叶之韩愈辈，而后足以当之矣。故愈之自道曰："惟古于辞必己出。"《旧书·愈传》曰：愈所为文，务反近体，抒意立言，自成一家新语。《新书·文艺传》，亦谓李观属文不袭前人，时谓与韩愈相上下也。

《新书·文艺传序》曰：唐有天下三百年，文章无虑三变。高祖、太宗，大难始夷，沿江左余风，絺句绘章，揣合低卬，故王、杨为之伯。谓王勃、杨炯。《勃传》曰：与杨炯、卢照邻、骆宾王皆以文章齐名。天下称王、杨、卢、骆为四杰。玄宗好经术，群臣稍厌雕琢，索理致，崇雅黜浮，气益雄浑，则燕、许擅其宗。张说封燕国公，苏颋封许国公。是时唐兴已百年，诸儒争自名家。大历、贞元间，美才辈出。擩哜道真，涵泳圣涯。于是韩愈唱之，柳宗元、李翱、皇甫湜等和之。排逐百家，法度森严。抵轹晋、魏，上轧汉、周、唐之文，完然为一王法，此其极也。赵瓯北《廿二史劄记》曰：宋景文谓唐之古文，由韩愈倡始，其实不然。《旧书·愈传》：大历、贞元间，文字多尚古学，效扬雄、董仲舒之述作。独孤及、梁肃，最称渊奥。愈从其徒游。锐意钻仰，欲自振于一代。举进士，投文公卿间，故相郑馀庆为之延誉，由是知名。是愈之先，早有以古文名家者。今独孤及文集，尚行于世，已变骈体为散文。其胜处有先秦、西汉之遗风，但未自开生面耳。又如《陆宣公奏议》，虽亦不脱骈偶之习，而指切事情，纤微毕到，其气又浑灏流转，行乎其所不得不行，岂可以骈偶少之？此皆在愈之前，固已有早开风气者矣。此说殊非是。独孤及之文，乃后人所谓涩体。虽异时趋，仍难达意。致弊之原，实由过求形似，与苏绰等同病。赵氏于未能别开生面一语，视之甚轻，而不知其未能大成，实由于此。至谓愈之前早有开风气者，则凡事皆然。所谓某为大家，某为大转变之时，原不过举其最著名之人，及其最昌盛之时言之。焉得无为之先驱者邪？矫时弊与自有所成，自系两事。《旧书·文苑传》曰：富嘉谟与吴少微友善。先是文士撰碑颂，皆以徐、庾为宗，气调渐劣。嘉谟与少微，属辞皆以经典为本。时人钦慕之，文体一变，称为富吴体。此亦排斥浮艳者，可谓能为古文邪？以陆贽之奏议，与韩愈之文相提并论，尤为拟不于伦。贽之文，乃前此之笔之变。《新书·毕构传》曰：神龙初，迁中书舍人。敬晖等表诸武不宜为王。构当读表，抗声析句，左右皆晓知。三思疾之，出为润州刺史。当时表章，皆须诵读。诵读之文，以句不甚长，又颇齐整为便，此亦骈文兴起之一因。骈文多四字句，笔亦然，而四字六字相间，诵读尤较纯四字句为便，此又魏、晋、南北朝之骈文，所以变为唐、宋之四六。唐初四杰之文，即已如此矣。贽之文，乃笔之变而不用辞藻者；末造之三十六体，李商隐、温庭筠、段成式皆第十六。则其好用辞藻者耳。笔而好用辞藻，则亦与文合流，而不足以应用，此后应用之文字，乃全以散文充之矣。此唐、宋之世文体变迁之大概也。

唐人之照耀千古者，尤在其诗。诗之变化，亦至唐中叶而极。律体至唐始成。昔人云："诗至沈、宋，始可称律，前此皆偶合耳。"沈佺期、宋之问，皆武后时人也。又古之乐府，至唐而演为歌行，为绝句，寖成可诵不可歌之物，而随新音乐而起之词，则于此时肇其端焉。唐人绝句，观记载似皆可歌。如《旧书·李益传》，谓其与宗人李贺齐名，每作一篇，为教坊宫人以赂求取为供奉歌词。贺《乐府词》数十篇，云韶乐工无不讽诵是也，然此时之歌，实多杂以和声。取和声而亦以字实之，即成词矣。故一入宋世，即不闻歌诗，而但闻歌词。非诗之歌骤失其传也，乃唐人之所歌，诗其名而词其实也。此诗体之变而备也。文学皆原于平民，然必入文人学士之手，而后能尽其变。非文人学士能别有所为也，公众之所为，惟其中一部人为能卒其业耳。论唐诗者，或分为初、盛、中、晚四期。又或非之，谓所分实不甚确，如以杜甫属盛唐，而甫之作，成于大历时者实不乏是也。然此本不过举其大概，非谓截然有界画可指。以大体论，谓唐诗无此变化可乎？初唐之浑厚，盛唐之博大，中唐之清俊，晚唐之纤丽，可谓各擅胜场。此何一不苞含于古诗及乐府之中？然谓无此变化，古诗及乐府，即发泄已臻其极，可乎？此诗情之变而博也。歌谣率偏于比兴，如《孔雀东南飞》等能尽赋之能事者盖寡，此亦发泄未尽之一端。后之为诗者，亦未有以易之。至唐乃大异。不徒杜陵膺诗史之称，元、白所为，特长讽谕，亦以其能叙事也。用比兴者多偏于写景，仅能即景以见其情，用赋者则能迳言之。前者固尤有深味，然不兼后者，亦不可谓能极其变也。本此论诗，则唐诗实当合宋诗而其境界乃备，而宋诗自当以江西派为大宗。然谓江西派非原于杜陵得乎？此诗境之变而扩也。诗体恒随音乐而变，自唐已后，音乐尚未有大变，故诗体亦不能更新。立乎今日而言诗，尚未能越唐人之范围也。言语与歌谣，实为二物。今之所谓新诗者，本乎言语，而不本于歌谣，与昔之诗词等，皆非同物。率旧义以言诗，非至新乐大盛之后，不能有句芒，非可以人力强为也。

论文学者，或以文人学士之所为，与平民之所为，截然异物，此实误解，观一种文学初兴时之情形，即可知之。为古文者，初不避俗字、俗语，特其用之当有法度耳。如仅字，古人用之，皆意以为少，如《礼记·射义》“盖仅有存者”，《史记·货殖列传》“仅仅物之所有”。唐人用之，则意以为多。《旧唐书》《旧五代史》中仅字，即皆如此。韩愈《张中丞传后序》言：巡初守睢阳时，士卒仅万人；所用者即唐时通行之义也。《旧书·杜甫传》载元稹“论李、杜优劣”曰：“是时山东李白，亦以文奇取称，时人谓之李、杜。予观其壮浪纵恣，摆去拘束，模写物象，及乐府歌诗，诚亦差肩子美矣。至若铺陈终始，排比声韵，大或千言，次犹数百；词气豪迈，而风调清深，属对律切，而脱弃凡近，则李尚不能历其藩翰，况堂奥乎？”又曰：“自后属文者以稹论为是。”夫谓子美之诗，优于太白，是矣；然微之之言，则初未能道出其所以然之故也。太白所长，莫如歌行，皆酷类古歌谣，此尚为率旧之作，至杜陵则自辟新体矣。论诗者多谓李不如杜，即可见率旧之作，不厌人心。其故何哉？《旧书·元白传》载乐天与微之书及微之为《长庆集序》，极言其诗流传之广。史臣亦谓伊古以来，贤不肖皆赏其文，未有如元、白之盛者。此固由其辞之浅近易解，抑亦由其专主讽谕，能言人之所欲言而不能言者也。唐末韦庄作《秦妇吟》，道黄巢据长安时关中乱离之状，其诗极脍炙人口，后佚，敦煌石室发，乃复得之，亦香山《新乐府》之类也。然则诗体发展至唐，徒托物起兴，微言相感之作，已不足以餍人心，而必求其能极其变者矣。杜陵之于元、白，元、白之于韦庄，辞之雅俗不同，其为民请命之意则一也。然则一种文学之兴，岂有能脱离民众者哉？徒以排比声韵，属对律切称之，则浅之乎测丈夫矣。

抑古人文字，在今日看似艰深者，皆时移世易为之，在当时实皆浅易，故不识字或识字甚少者，皆能使人读书而听之，或则口占书简，《秦汉史》及《两晋南北朝史》，已详言之。唐诸帝多能诗。见《廿二史劄记》德宗好为诗条。女子如徐惠、上官婉儿、宋若昭兄弟，亦皆能文，不让男子。《新书·后妃传》。夫非谓帝王必不如书生，女子必不如男子，然帝王读书，不能如书生之专，女子受教，不能如男子之备，则事无足疑者也。而所成亦相匹敌者？则以其时通用之文字，实不甚艰深也。薛《史·胡装传》，谓其“僻于题壁，所至宫亭寺观，必书爵里，人或讥之，不以为愧”。其有是僻，所题必有人读之，足见史称元、白之诗流传之盛，乡校、佛寺、逆旅、行舟之中无不有，村夫、野老、妇人、孺子之口罔弗道，决非虚言。然则当时文人之所为，曷尝脱离民众哉？或谓唐人诗文，皆有辞藻，何以尽人能解？殊不知辞藻亦语言也。今人不甚用之，则亦不甚闻之，而觉其难解，当时用之者多，则闻者亦耳熟能详矣。然则文人学士之所为，与平民之所为，曷尝截然异物哉？

古所谓小说者，与后世异。古之小说，意盖主于惩劝？如《太平御览》引《风俗通》，谓世所传城门失火，殃及池鱼之说，出于《汉志》、说家之《百家》是也。见《先秦史》第十五章第五节。以类推之，则如塞翁失马等说，亦未必非古小说家言矣。此其意诚甚善；造此等说者，哲学思想亦可谓甚高；然尚未能极幽奇恢诡之致，以文学论，则未可谓甚发展也。后世乃其途日辟，遐想渐多，所涉亦广，至唐遂大有可观。今存于《太平广记》中者不少也。惟小说究以理致为主。唐人所为，好用辞藻，故其品实不逮宋人。散文也，赋体之诗也，与新音乐相依附之词也，小说也，皆唐人启其端，至宋而后臻于大成，唐中叶后新开之文化，固与宋当画为一期者也。惟翻译文字，则至唐而结其局。此后不能更有发展矣，以佛教入宋而衰也。唐人翻译文字，实胜前朝。以当时所谓新旧译本比较可知，如

《大乘起信论》即是，此论近人或谓其无梵本，实中国人所自撰。然其为翻译文学则同。唐本之辞，不能谓其不胜于梁本也。今日所谓语体文学，其源亦导自唐，惟尚未盛，俟讲宋史时论之。

书、画仍为世之所重。隋、唐之世，工正书者最多，次则行草。自隋入唐者，虞世南、欧阳询，稍后则褚遂良；中叶后则颜真卿、柳公权，最为有名。其工篆如李阳冰，工分书如李潮者，则不多见矣。盖以用之者少也？晋、南北朝，书法传世者，固极美妙。然南朝所传，率多简牍。北碑虽可喜，实多出匠人，特以其去古近，多存朴茂之气，故觉其可喜耳。点画亦多随刀锋，罕传笔法。唐世碑版，则多为善书者所书。刻法亦随笔法而异。虽其朴茂之气，不及前朝，此乃时代为之，以书法论，实较北朝为高，不得先存一爱古薄今之见也。

画风仍袭前代，以人物为主。图当世名人者尤多。如河间王孝恭降萧铣，高祖使画工貌而视之。太宗使阎立本图秦府十八学士及凌烟阁功臣。李勣已画象凌烟阁，高宗复命图其形，自序之。则天命画工写张知謇、李嗣真。玄宗图张说、康子元及张果。代宗图鲍防，敬宗图周息元。皆人君之所命也。张易之等绘武三思等十八人象以为图。王维过郢州，画孟浩然象于刺史亭。薛嵩好蹴鞠，隐士刘纲劝止之，嵩悦，图其形于坐右。此则士大夫之所为也。又有不知谁何为之者。如钱徽与韩翃、李端辈十人，俱以能诗，出入贵游之门，号十才子，形于图画。白居易与胡杲、吉旼、郑据、刘真、卢真、张浑、狄兼谟、卢贞燕集，皆高年不事者，人慕之，绘为九老图。则仰慕风流者自为之，不必其相知也。亦有画古人以寓景行之意者，如司空图隐中条山，作亭观素室，悉图唐兴节士、文人是矣。敬宗图周息元，见《新书·李德裕传》。张易之等图武三思等十八人，见《朱敬则传》。余皆见新旧《书》各本传。薛《史·冯道传》：张承业辟为本院巡官，甚见待遇。时有周元豹者，善人伦鉴，与道不洽。谓承业曰："冯生无前程，公不可过用。"河东记室卢质闻之曰："我曾见杜黄裳司空写真图，道之状貌酷类焉，将来必副大用，元豹之言，不足信也。"元豹乃相士挟其术间道，卢质盖亦以相人之说驳之，皆非真有人伦之鉴也。然名人写真，为世所重，则于此可见矣。此等皆仅画一人，亦有画一事者。《新书·礼乐志》：太宗为秦王，破刘武周，军中相与作秦王破阵乐曲。后更名七德舞。初成，太常卿萧瑀请图破刘武周、薛举、窦建德、王世充状。帝曰："方四海未定，攻伐以平祸乱，制乐陈其梗概而已，若备写禽获，今将相有尝为其臣者，观之有所不忍，我不为也。"《张仁愿传》：万岁通天中，监察御史孙承景监清边军战，还，自图先锋当矢石状，以罔武后。此等画，所列绘之人物必多矣。唐室所藏图画，皆见《新书·艺文志》丙部《杂艺术类》，而乙部《杂传记类》，有颜师古《王会图》。所存殊方异俗必多，惜乎其失传也。此等皆必工于人物而后能为之，然山水画亦渐盛于此时。《旧书·宗室传》：长平王叔良之孙思训，尤善丹青，迄今绘事者推李将军山水。《新书·郑虔传》，亦言其"善图山水"。《旧书·崔祐甫传》：子植告穆宗。谓宋璟尝手写《尚书·无逸》一篇为图以献，玄宗置之内殿。开元末，图朽坏，始以山水图代之。亦可见山水渐为鉴赏者所爱好。又《李益传》，谓其"《征人》《早行》等篇，天下皆施之图绘"。此等图绘，重在风景，亦山水之类也。中国图画之演进，途辙与西洋异。西洋画重写真，中国画重意境。论意境，自当以山水画居首选，而其渐盛亦在开元时，信乎唐之中叶，为风会变迁之时矣。

唐时图画，尚不皆施之卷轴。《新书·突厥传》：阙特勒死，唐为立庙像。四垣图战陈状，诏高手工六人往。绘写精肖，其国以为未尝有。默棘连视之必悲哽。此等壁画，寺观中最多。土木不能持久，多随之化为煨烬矣。薛《史·郑云叟传》：有越千里之外，使画工潜写其形容，列为屏障者。杜甫有《刘少府新画山水障歌》。图画施诸屏障，亦施诸壁者类也。

人像亦不尽托诸图画。会昌五年（845年），废佛，中书奏：武牢关是太宗擒王世充、窦建德之地。关城东举，有二圣塑容。今定觉寺例合毁拆，望取寺中大殿材木，于东峰造一殿，名为昭武庙。圣像年代已久，望令李石于东都拣好画手就增严饰。六年（846年），东都太微宫修成玄元皇帝、玄宗、肃宗三圣容，遣右散骑常侍裴章往荐献。皆见《旧书·本纪》。二者皆塑像也。《新书·礼乐志》：开元八年（720年），司业李元瓘奏。先圣庙为十哲象，以先师颜子配，则配众当坐，今乃立侍。余弟子列象庙堂，不豫享，而范宁等皆从祀。请释奠十哲享于上，而图七十子于壁。曾参以孝受经于夫子，请享之如二十二贤。乃诏十哲为坐象，悉豫祀。曾参特为之象，坐亚之。图七十子及二十二贤于庙壁。此十哲及曾参象，亦当为塑象也。天宝中，天下州郡，皆铸铜为玄宗真容，拟佛之制。《旧书·李宝臣传》。玄宗在蜀时旧宫，后为道士祠。冶金作帝象，尽绘乘舆侍卫。《新书·郭知运传》，参看《崔宁传》。此冶金作象者也。高祖仕隋时，太宗方幼而病，为刻玉像于荥阳佛祠以祈年。《新书·张九龄传》。天宝时，尝镂玉为玄元皇帝及玄宗、肃宗像于太清宫，复琢李林甫、陈希烈像，列左右序。《新书·李林甫传》。此刻玉石为之者也。宋时，朱子欲证古坐与今不同，使人入蜀求先圣、先师旧像，得木刻像三。见所著《白鹿神殿塑像说》。此刻木为之者也。傅奕上疏诋浮图法，谓其"刻绘泥像，以惑天下"，《新书·本传》。盖佛像可为之者，人像亦皆可为之矣。然画像究最普遍。《新书·张巡传》：巡在睢阳时，大将六人，白巡以势不敌，且上存亡莫知，不如降贼。巡阳许诺。明日，堂上设天子画像，率军士朝，引六将至，责以大义斩之。盖以其普遍，故围城中犹有之，临时可以张设也。唐时画人像最有名者为吴道玄。又有杨惠之，与道玄同师张僧繇，而名出其下，乃舍绘而专事塑。见《画史汇传》。今江苏吴县甪直镇保圣寺有古罗汉塑象五，完好者三，考古者以为惠之所塑焉。

以爱好书画者多，法书名画，遂为世所珍重。《隋书·经籍志》：炀帝既于东都观文殿东西厢构屋以贮书，又聚魏已来古迹、名画，于殿后起二台：东曰妙楷台，藏古迹；西曰宝台，藏古画。《新书·艺文志》小学类，有二王、张芝、张昶等书一千五百一十卷。《注》云：太宗出御府金帛，购天下古本。命魏征、虞世南、褚遂良定真伪。凡得羲之真行二百九十纸，为八十卷。又得献之、张芝等书。以贞观字为印章迹，命遂良楷书小字以影之。《旧书·遂良传》：太宗尝出御府金帛，购求王羲之书迹。天下争赍古书诣阙以献，当时莫能辨其真伪。遂良备论所出，一无舛误。其古本多梁、隋官书。梁则满骞、徐僧权、沈炽文、朱异，隋江总姚察署记。帝令魏、褚卷尾各署名。开元五年（717 年），敕陆玄悌、魏哲、刘怀信检校，分益卷帙，玄宗自书开元，自为印。昭陵为温韬所发，钟、王笔迹，纸墨如新，已见第二十章第五节。则天访求右军遗迹于王方庆。方庆奏曰："臣十代从伯祖羲之书，先有四十余纸，贞观十二年（638 年），太宗购求，先臣并已进之，惟有一卷见在。"又进其先代二十八人书，共十卷。则天御武成殿示群臣，仍令中书舍人崔融为《宝章集》以叙其事。复赐方庆。当时甚以为荣。此人主之爱好也。《方庆传》言其聚书甚多，不减秘阁。图画亦多异本。睿宗第四子范，多聚书画古迹，为时所称。钟绍京雅好书画古述，聚二王及褚遂良书至数十百卷。韦述家聚书二万卷，皆自校定铅椠，虽御府不逮也。兼古今朝臣图，历代知名人画，魏晋已来草隶真迹数百卷。古碑、古器、药方、格式、钱谱、玺谱之类。当代名公尺题，无不毕备。萧岵博雅好古，尤喜图画。前代钟、王遗法，萧、张笔势，编叙真伪，为二十卷，元和末进御，优诏嘉之。段文昌喜图书古画。杨凭兄弟以文学知名，家多书画。钟、王、张、郑之迹，在《书断》《画品》者，兼而有之。凭子浑之，尽以献文昌，求致进士第，遂起钱徽之狱。王涯家书数万卷，侔于秘府。前代法书名画，人所宝惜者，以厚货致之，不受货者，即以官爵致之。以上皆见《旧书·本传》。萧岵附《韦温传》。段文昌事见《钱徽传》。此名公巨卿之爱好也。《旧书·欧阳询传》言：人得其尺牍文字，咸以为楷范；高丽甚重其书，尝遣使求之；则初不必强有力者而后欲致之，且声闻邻国矣。职是故，其物遂为奇货可居。《新书·儒学传》：欧阳询，子通，蚤孤。母徐教以父书。惧其惰，尝遗钱使市父遗迹。通乃刻意临放以求雠。数年，书亚于询。父子齐名，号大小欧阳体。褚遂良亦以书自名，尝问虞世南曰："吾书何如智永？"答曰："吾闻彼一字直五万，君岂得此？""孰与询？"曰："吾闻询不择纸笔，皆得如志，君岂得此？""然则何如？"曰："君若手和笔调，固自可尚。"遂良大喜。又孔若思：有遗以褚遂良书者，纳一卷焉。其人曰："是书贵千金，何取之廉？"答曰："审尔，此为多矣。"更还其半。唐时大稔，米斗五钱，见第十八章第一节。此固最下之价，然一字而直千石，亦以褒矣。史传之辞，盖不免夸侈，然是时书画，其价不菲，则可知也。财产私有之世，事孰不为稻粱之谋？日出多伪。民安取不伪？以今所谓书画者伪物之多推之，人情不甚相远，恐古人之所藏，亦未必大异于今人也。然其中固未必无精品可喜，举摧烧之，则亦已过矣。然保守之实难。安、史之乱，韦述"经籍资产，焚剽殆尽"。王涯所蓄，"厚为垣窍而藏之复壁"。甘露之变，"人破其垣取之。或剔取函奁金宝之饰与其玉轴而弃之"。耗矣，哀哉！然古今公私之所藏，其究孰不如此？

名迹虽见珍重，然优于艺者，俗仍以为执技事上之流而贱之。太宗尝与侍臣学士泛舟春苑。池中有异鸟，随波容与。太宗击赏数四。诏坐者为咏，召阎立本令写焉。阁外传呼，云画师阎立本。时已为主爵郎中。奔走流汗，俯伏池侧，手挥丹粉，瞻望座宾，不胜愧赧。退诫其子曰："吾少好读书，幸免面墙。缘情染翰，颇及侪流。惟以丹青见知，躬厮役之务，辱莫大焉。汝宜深诫，勿习此末伎。"

柳公权为夏州掌书记，穆宗即位，入奏事，帝召见，谓曰："我于佛寺见卿笔迹，思之久矣。"即日拜右拾遗，充翰林侍书学士。历穆、敬、文三朝，侍书中禁。其兄公绰在太原，致书宰相李宗闵云："家弟苦心辞艺，先朝以侍书见用，颇偕工祝，心实耻之，乞换一散秩。"皆《旧书·本传》。是其事也。成见可谓难变矣。

然以艺侔利者，不独书画之家也，即工于文辞者，亦何莫不不然。当时鬻文之事，已略见第十八章第一节。《新书·韩愈传》：刘叉闻愈接天下士，步归之。后以争语不能下宾客，因持愈金数斤去。曰："此谀墓中人所得耳，不若与刘君为寿。"《旧书·李邕传》：邕早擅才名，尤长碑颂。虽贬职在外，中朝衣冠及天下寺观，多赍持金帛，往求其文。前后所制凡数百首，受纳馈遗，亦至巨万。时议以为自古鬻文获财，未有如邕者。韩愈戆直，未必肯苟取，尚致讥评，李邕更不足论矣。然亦有卓然不惑者。《旧书·萧俛传》：穆宗诏撰王士贞神道碑。对曰："臣器褊隘，此不能强。王承宗先朝阻命，事无可观，如臣秉笔，不能溢美。或撰进之后，例行贶遗，臣若公然阻绝，则违陛下抚纳之宜，僶免受之，则非微臣平生之志。臣不愿为之秉笔。"帝嘉而免之。此可谓不轻以言假人者矣。《新书·郭行馀传》：河阳乌重胤表掌书记。重胤葬其先，使志冢，辞不为。重胤怒，即解去。此亦可谓能砥砺廉隅，宜其能与李训相善也。

音乐，隋、唐时亦称极盛，此盖承前世域外之交通，乃能致之。自晋世洛京倾覆，中国旧乐仅存于南方，而北方多杂羌、胡之伎，已见《两晋南北朝史》第二十二章第六节。隋文帝平陈改乐，见本编第二章第一节。唐武德九年（626 年），命祖孝孙修定雅乐。贞观二年（628 年）奏之。孝孙卒后，协律郎张文收更加厘改，命曰大唐雅乐。然好尚不存焉。其盛行于时者，则来自异域之乐也。《隋书·音乐志》云：开皇初，定令置七部乐：一曰《国伎》，二曰《清商伎》，三曰《高丽伎》，四曰《天竺伎》，五曰《安国伎》，六曰《龟兹伎》，七曰《文康伎》。又杂有疏勒、扶南、康国、百济、突厥、新罗、倭国等伎。至大业中，炀帝定《清乐》《西凉》《龟兹》《天竺》《康国》《疏勒》《安国》《高丽》《礼毕》以为九部。其中本出中国者，惟清乐而已。诸乐缘起，皆见《两晋南北朝史》第二十三章第六节。唐初仍隋之旧。及平高昌，收其乐，初有十部。《新书·礼乐志》言：唐东夷乐有高丽、百济，北狄有鲜卑、吐谷浑、部落稽，南蛮有扶南、天竺、南诏、骠国，贞元十六年（800 年），南诏因韦皋进奉圣乐舞。十八年（802 年），骠国献其乐。西戎有高昌、龟兹、疏勒、康国、安国，凡十四国，而八国之伎，列于十部焉。案自匈奴败亡，鲜卑复入中国，所谓北狄者，与西域关系实深。《旧书·音乐志》谓“南蛮、北狄，国俗皆随发际断其发。今舞者咸用绳围首，反约发杪，内于绳下”。古北狄无断发之俗，而西胡有之，今云断发，非狄之化于胡，则胡之来入狄者耳。西域南海，久有往还，即南诏，亦因伊洛瓦底江一道，而深渐其化，观汉时之哀牢可知。参看《秦汉史》第九章第四、第六两节。而扼伊洛瓦底江之冲者，则骠国也。然则当时外来之音乐，实当以西域为大宗。《新书·礼乐志》云：自周、陈已上，雅郑淆杂而无别，隋文帝始分雅俗。玄宗又分俗乐为二部：堂下立奏，谓之立部伎；堂上坐奏，谓之坐部伎。太常阅坐部不可教者隶立部，又不可教者，乃习雅乐。则俗乐又判盛衰，清乐自隋已式微，至此益沦缺矣。《旧书·音乐志》：清乐者，南朝旧乐也。永嘉之乱，五都沦覆，遗声旧制，散落江左。宋梁之间，南朝文物，号为最盛，人谣国俗，亦世有新声。后魏孝文、宣武，用师淮、汉。收其所获南音，谓之清商乐。隋平陈，因置清商署，总谓之清乐。遭梁、陈亡乱，所存盖鲜。隋室已来，日益沦缺。武太后之时，犹有六十三曲，今其辞存者，惟有三十二曲，又七曲有声无辞。日本田边尚雄，极称唐代音乐。曾在北京大学讲演。谓中国古乐皆独奏，至后汉合奏之乐始渐兴，盖缘与西来之乐相会。至唐而臻极盛。今唐乐尚存于日本，特规模较小耳。日本皇室，世用中国之乐。距今千二百年前，中国乐人有入日本者，日本来华学生亦有学乐者，宦于宫内省，皆世袭，故其技未曾失传。特唐乐用五百至七百人，日本则仅三十至五十人。又大乐器尔时船不能运，故惟有小者。然奈良东大寺正仓院中，尚存有唐乐器也。琵琶、洞箫、觱栗诸器，皆源出埃及，经犹太、叙利亚、波斯、大夏、印度等地乃入中国。此时罗马音乐，尚无足道。此诸国者，实括西方文明之全，益以中国所固有，允足膺世界之称而无愧。今日西方之音乐，仅西方之音乐耳。必合唐代之乐，乃足称为世界音乐也。详见《东方杂志》第二十卷第十期。案如所言，所谓西域者，其绵地实极广。综厥所有而成为乐，可谓取多用宏，自非中国一国旧有之乐所能逮。清乐之日微，其无足怪。然《旧书·音乐志》云：沈约《宋书·志》，谓江左诸曲哇淫，今其声调犹然。观其政已乱，其俗已淫，既怨且思矣，而从容雅缓，犹有古士君子之遗风，则其所长，亦有不可没者也。隋、唐音乐，虽云极盛，然其君臣皆溺于音。隋、唐两代皇室之溺于音，可于其乐工之多见之。隋时至三万余人，已见第二章第四节。《新书·礼乐志》云：唐之盛时，凡乐人、音声人、太常杂户子弟隶太常及鼓吹署，皆番上，总号音声人，至数万人。而《李峤传》：峤以中宗时上书，言“太常乐户已多，复求访散乐，独持鼗鼓者已二万员”，则散乐人数之多，尤堪骇异矣。《志》又云：大中初，太常乐工五千余人，俗乐一千五百余人，则至中叶后国蹙民贫时，其数犹不少也。《旧书·职官志》礼部职云：三品已上，得备女乐，五品女乐不得过三人，则唐时官吏得畜女乐者实多。《柳公权传》云：性晓音律，不好奏乐，常云闻乐令人骄怠；亦可见其家自有音乐也。《新书·山恽传》云：中宗昵宴近臣及修文学士。诏遍为伎。工部尚书张锡为淡容娘舞，将作大匠宗晋卿为浑脱舞。左卫将军张洽为黄獐舞，给事中李行言歌驾车西河曲，余臣各有所陈，皆鄙黩。足见公卿娴于歌舞者之多。《新书·礼乐志》言玄宗好乐，达官大臣慕之，皆喜言音律，可见其为上之化也。

其风且贻及民庶。《隋书·音乐志》云：龟兹者，起自吕光灭龟兹，因得其声。吕氏亡，其乐分散。后魏平中原，复获之，其声后多变易。至隋，有西国龟兹、齐朝龟兹、土龟兹等，凡三部。开皇中，其器大盛于闾闬，则自隋时已然矣。《新书·武平一传》：中宗宴两仪殿酒酣，胡人唱合生，歌言浅秽。平一上书谏曰："伏见胡乐施于声律，本备四夷之数。比来日益流宕，异曲新声，哀思淫溺。始自王公，稍及闾巷。妖妓胡人，街童市子，或言妃主情貌，或列王公名质，咏歌蹈舞，号曰合生。愿屏流僻，崇肃雍，凡胡乐备四夷外，一皆罢遣。"《旧书·曹确传》：李可及善音律，尤能转喉为新声，音辞曲折，听者忘倦。京师屠沽效之，呼为拍弹。皆可见其自上下流之状。万舞翼翼，章闻于天，天用弗式，卒召羯胡陵犯，藩镇割据之祸，盖非无因。此则墨子非乐之论，又不可不警惕深之者矣。

周、齐所谓百戏，即古之角抵。隋炀帝之所为，已见第二章第五节。唐时谓之散乐。《旧书·音乐志》云：大抵散乐杂戏多幻术。幻术皆出西域，天竺尤甚。高宗恶其惊俗，敕西域关令：不令入中国。《新纪》显庆元年正月，禁胡人为幻戏者，不知即此事否？《旧志》又云：睿宗时，婆罗门献乐舞人。倒行而以足舞。于极铦刀锋，倒植于地，低目就刃，以历脸中。又植于背下，吹筚篥者立其腹上，终曲而亦无伤。此其惊俗亦甚矣，而睿宗受其献，则不令入中国之敕，恐亦未必能行也。况据《志》所述，幻尚有前世之遗，国人自能为之，不待外来也。《新书·李晟传》：子宪，为绛州刺史。绛有幻者，訹民以乱，宪执诛之，足见其流行仍广矣。百戏之劳民伤财尤甚，以其聚人多也。唐时，上下所好者，莫如泼寒胡。此戏本出康国。《旧书·康国传》曰：至十一月，鼓舞乞寒，以水相泼，盛为戏乐。《旧书·张说传》：说以玄宗初相，自则天末年，季冬为泼寒胡戏，中宗尝御楼以观之。至是因蕃夷入朝，又作此戏，说上疏谏，此戏乃绝。中宗幸洛城南门观泼寒胡戏，事在神龙元年十一月；玄宗禁泼寒胡戏，事在开元元年十二月；又睿宗亦尝作之，事在景云元年十二月；皆见《新书·本纪》。睿宗时韩朝宗有谏辞，见其父《思复传》。疏辞谓“裸体跣足，盛德何观？挥水投泥，失容斯甚”。此何足以为乐？盖亦有他戏与之并行也。

《记》曰：“张而不弛，文武不能。”一国之人皆若狂，亦非孔子之所恶。然其为独乐乐抑与众乐乐，则大有辨矣。《旧书·诸葛爽传》，言其役属县为伍伯，为令所笞，乃弃役，以里讴自给。《新书·杜洪传》云：“为里俳儿。”《崔融传》言：庞勋自浙西趋淮南，所过先遣俳儿弄木偶伺人情，以防邀遏。俳儿也，里讴也，皆民众中之艺士，执其技以娱人，以慰其劳苦，宣其湮郁，不可一日无者也。《旧书·高宗纪》：龙朔元年五月，皇后请禁天下妇人为俳优之戏，诏从之。《新书·玄宗纪》：开元二年八月，“禁女乐”，盖亦其类？则其数亦不少，故妇人亦得以为食。此等皆有益于民，未闻有患之者也。然一入于都邑之中，则不可问矣。《隋书·柳彧传》：彧见近代以来，都邑百姓，每至正月十五日作角抵之戏，上奏请禁绝之，曰：“窃见京邑，爰及外州，每以正月望夜，充街塞陌，聚戏朋游。鸣鼓聒天，燎炬照地。人戴兽面，男为女服。倡优杂技，诡状异形。以秽嫚为欢娱，用鄙亵为笑乐。内外共观，曾不相避。高棚跨路，广幕凌云。袨服靓妆，车马填噎。肴醑肆陈，丝竹繁会。竭赀破产，竞此一时。尽室并孥，无问贵贱。男女混杂，缁素不分。秽行因此而生，盗贼由斯而起。”此与乡村景物，所谓“箫鼓追随春社近，衣冠简朴古风存”者，宁复可同日语邪？尤可恶者，有竭资破产之家，即有因以为利之士。《新书·宋务光传》：中宗时，有清源尉吕元泰，上书言时政，曰：“比见坊邑相率为浑脱队。骏马胡服，名曰苏莫遮。旗鼓相当，军阵势也。腾逐喧噪，战争象也。锦绣夸竞，害女工也。督敛贫弱，伤政体也。胡服相欢，非雅乐也。浑脱为号，非美名也。安可以礼义之朝，法胡虏之俗？”《旧书·严挺之传》：睿宗御楼观酺，挺之上疏谏曰："王公贵人，各承微旨。州县坊曲，竞为课税。吁嗟道路，贸易家产。损万人之力，营百戏之资。适欲同其欢，而乃遗其患。"夫至于为课税以督敛贫弱，则其为害又岂仅乐之不衷哉？然岂乐之罪邪？

第六节　自然科学

周时甄鸾造天和历，马显等又上景寅元历。皆未行，已见《两晋南北朝史》。隋高祖作辅，方行禅代之事，欲以符命曜于天下。道士张宾揣知上意，自云洞晓星历，因盛言有代谢之征，又称上仪表非人臣相。由是大被知遇，恒在幕府。及受禅之初，擢宾为华州刺史，使与仪同刘晖等议造新历。宾等依何承天法，微加增损。开皇四年二月，撰成奏上。诏颁天下，依法施用。《本纪》：颁新历在正月，《通鉴》从《本纪》。刘孝孙北齐时知历事，见《两晋南北朝史》。与冀州秀才刘焯并称其失。于时新历初颁，宾有宠于高祖，刘晖附会之，被升为太史令。二人协议，共短孝孙，焯又妄相扶证。孝孙、焯等竟以他事斥罢。后宾死，孝孙为掖县丞，委官入京，又上前后为刘晖所诘，事寝不行。仍留孝孙直太史。累年不调，寓宿观台。乃抱其书，弟子舆榇，来诣阙下，伏而恸哭。执法拘以奏之。高祖异焉，以问国子祭酒何妥。妥言其善。即日擢授大都督，遣与宾历比较短长。先是信都人张胄玄，以算术直太史，久未知名。至是，与孝孙共短宾历。异论锋起，久之不定。至十四年七月，上令参问日食事。杨素等奏太史凡奏日食二十有五，惟一晦三朔，依克而食，尚不得其时，又不知所起，他皆无验。胄玄所克，前后妙衷。时起分数，合如符契。孝孙所克，验亦过半。于是高祖引孝孙、胄玄等，亲自劳徕。孝孙因请先斩刘晖，乃可定历。高祖不怿，又罢之。俄而孝孙卒。杨素、牛弘等伤惜之。又荐胄玄。上召见之。胄玄因言日长景短之事。《隋书·袁充传》：充奏日去极近，则影短而日长，去极远则影长而日短。行内道则去极近，外道则去极远。开皇已来，与唐尧之代，去极并近。《春秋元命包》云：日月出内道，璇机得常，天帝崇灵，圣王祖功。京房别对曰：太平日行上道，升平行次道，霸世行下道。伏惟大隋启运，上感乾元，影短日长，振古未之有也。上大悦，告天下。高祖大悦，赏赐甚厚，令与参定新术。刘焯闻胄玄进用，又增损孝孙历法，更名七曜新术以奏之。与胄玄之法，颇相乖爽。袁充与胄玄害之。焯又罢。至十七年，胄玄历成，奏之。上付杨素等校其短长。刘晖与国子助教王颇等执旧历术，迭相驳难。高祖惑焉，逾时不决。会通事舍人颜敏楚上书云：汉落下闳改颛顼历作太初历，云后八百岁，此历差一日，当有圣者定之。计今相去七百一十年。术者举其成数。圣者之谓，其在今乎？高祖欲神其事，遂下诏：晖等四人元造诈者并除名。领太史令庾季才等六人容隐奸慝，俱解见任。胄玄所造历法，付有司施行。《本纪》事在四月。擢拜胄玄为员外郎散骑侍郎，领太史令。胄玄进袁充，互相引重。开皇二十年（600年），充奏日长影短。高祖因以历事付皇太子，遣更研详，著日长之候。太子征天下历算之士，咸集于东宫。刘焯以太子新立，复增修其书，名曰皇极历，驳正胄玄之法。太子颇嘉之。未获考验。焯为太学博士，负其精博，志解胄玄之印，官不满意，又称疾罢归。仁寿四年（604年），焯言胄玄之误于太子。大业元年（605年），著作郎王劭、诸葛颍因入侍宴，言焯善历。帝曰："知之久矣。"仍下其书，与胄玄参校。互相驳难，是非不决。焯又罢归。四年（608年），驾幸汾阳宫。太史奏日食无效。帝召焯，欲行其历。袁充方幸于帝，左右胄玄，共排焯历，又会焯死，历竟不行。以上据《隋书·律历志》及《张胄玄传》。唐高祖受禅，将治新历。东都道士傅仁均善推步，太史令庾俭、丞傅奕荐之。诏仁均与俭等参议，合受命岁，名为戊寅元历。诏司历起二年用之。《旧纪》事在元年十月。高宗时，戊寅历疏。李淳风作甲子元历以献。诏太史起麟德二年（665年）颁用，谓之麟德历。《旧纪》颁历在麟德二年五月。与太史瞿昙罗所上经纬历参行。永昌元年十一月，改元载初，用周正。神功二年（698年），甲子南至，改元圣历，命瞿昙罗作光宅历，将用之。三年（700年），罢作光宅历，复行夏时。中宗反正，太史丞南宫说奏麟德历寖疏。诏说更治乙巳元历。景龙中，历成。诏令施用。睿宗即位，罢之。开元九年（721年），麟德历署日食比不效，诏僧一行作新历。推大衍数，立术以应之。十五年（727年），历成。而一行卒。诏张说与历官陈玄景等次为历术七篇，略例一篇，历议十篇，起十七年（729年），颁于有司。《旧纪》颁历在十六年八月。肃宗时，山人韩颖上言大衍历或误。帝疑之。以颖为太子宫门郎，直司天台，损益其术。更名至德历。起乾元元年（758年）用之，讫上元二年（675年）。宝应元年六月望，戊夜月食三之一，官历加时在日出后，有交不署食。代宗以至德历不与天会，诏司天台官属郭献之等复用麟德元纪，更立岁差增损迟疾交会及五星差数，以写大衍旧术。帝为制序，题曰五纪历。德宗时，五纪历气朔加时稍后天。推测星度，与大衍历差率颇异。诏司天徐承嗣与夏官正杨景风等杂麟德、大衍之旨治新历。诏起五年四月行新历。会朱泚之乱，改元兴元，自是颁用，讫元和元年（806年）。宪宗即位，司天徐昂上新历，名曰观象，起元和二年（807年）用之。《旧纪》：元和二年二月，司天造新历成，诏题名为元和观象历。穆宗立，诏日官改撰历术，名曰宣明。昭宗时，数亦渐差，诏太子少詹事边冈改治新历。景福元年（892年），历成，赐名崇玄。以上兼用新旧《书·历志》。石晋天福三年（938年），司天监马重绩合宣明、崇玄二历，创为新法，下诏颁行，号调玄历。数岁辄差，遂不用。薛《史·重绩传》：据《本纪》，颁行在天福四年八月。周世宗诏王朴撰定，是为钦天历。事见欧《史·朴传》。于显德三年八月，付司天监行用。薛《史·本纪》。此隋、唐、五代改历之大略也。刘焯历虽未行，《隋志》谓“术士咸称其妙，故录其术”。傅仁均之历，《新志》谓其“祖述张胄玄，稍以刘孝孙参之，其大最疏于李淳风，然更相出入”。《志》又云：自太初至麟德，历二十有三家，与天虽近而未密也，至一行密矣。后世虽有改作，皆依放而已。又云：大衍历之颁，善算瞿昙撰者，怨不得与改历事。开元二十一年（733 年），与玄景奏大衍写九执历，其术未尽。太子右司御率南宫说亦非之。诏侍御史李麟、太史令桓执圭校灵台《候簿》。大衍十得七八，麟德才三四，九执一二焉。乃罪说等而是否决。九执历者，出于西域。开元六年（718 年），诏太史监瞿昙悉达译之。其算皆以字书，不用筹策。其术繁碎。或幸而中，不可以为法。名数诡异，初莫之辨也。陈玄景持以惑当时，谓一行写其术未尽，妄矣。案《志》论九执历之语，似甚隔膜。恐当时中国畴人，于此历实未深晓。谓一行写之未尽，或非妄言。然一行在隋、唐、五代之世，为一深通历法之人，则必不诬也。李淳风造浑仪，后失所在，一行重造之，已见第十九章第二节。

改正之事，唐时尝再行之。一在武后时，已见前。一在肃宗时。上元二年九月，去年号，以十一月为岁首，月以斗所建为名。建巳月，帝疾大渐，诏皇太子监国。改元年为宝应元年（762 年），建巳月为四月。余月并依常数，仍以正月一日为岁首。此无谓之纷扰也。又当时颁历，颇及外邦。《隋书·高祖纪》：开皇六年正月，“颁历于突厥”。《新书·吐谷浑传》：诺曷钵幼，大臣争权，太宗诏侯君集就经纪之，“始请颁历及子弟入侍”是矣。然邦域之中，反有官历不及之处。唐文宗时禁私印历日，已见第二节。薛《史·唐庄宗纪》：同光二年九月，司天台请禁私历日，从之。欧《史·司天考》云：天人之际，远哉微矣，而使一艺之士，布算积分，上求数千万岁之前，必得甲子朔旦夜半冬至而日月五星皆会于子，谓之上元，以为历始。

盖自汉而后，其说始详见于世，其源流所自，止于如此。是果尧、舜、三代之法欤？皆不可得而考矣。然自是以来，历象之术，虽世多不同，而未始不本于此。五代之初，因唐之故，用崇玄历。至晋高祖时，司天监马重绩始更造新历，不复推古上元甲子冬至七曜之会，而起唐天宝十四载乙未为上元，用正月雨水为气首。初唐建中时，术者曹士蔿始变古法，以显庆五年（660年）为上元，雨水为岁首，号符天历。然世谓之小历，只行于民间，而重绩乃用以为法，遂施于朝廷。赐号调元历。然行之五年，辄差不可用，而复用崇玄历。周广顺中，国子博士王处讷私撰明玄历于家。民间又有万分历，而蜀有永昌历、正象历。南唐有齐政历。五代之际，历家可考见者止于此。然则当时民间所卖历日，盖非皆本官颁。唐世如此，前于唐者，更不必论矣。《困学纪闻》云：朱希真避地广中，作《小尽行》，云："藤州三月作小尽，梧州三月作大尽。哀哉官历今不颁，忆昔升平泪成陈。"翁《注》引周紫芝《竹坡诗话》曰："顷岁朝廷多事，郡县不颁历，朱希真作《小尽行》云云。"此自抚时感事者之言，其实官历之不颁，不必尽由于离乱。元《注》又引唐李益《问路侍御六月大小》云："野性迷尧历，松窗有道经。故人为柱史，为我数阶蓂。"夫岂亦由于离乱哉？抑不必唐、宋，即今日，民间印行历本，仍有据明人所撰《万年历》，致大小尽与官历不符者。然则中国历法发明已逾三千年，仍未能人被其泽也。《记》称大顺之治曰"深而通"，信难哉！

地理之学，能留意者颇多。《隋书·地理志》言："大业中，普诏天下诸郡，条其风俗、物产、地图，上于尚书。故隋代有《诸郡物产土俗记》一百三十一卷，《区宇图志》一百二十九卷，《诸州图经集》一百卷，其余记注甚众。"此官纂之巨籍也。《旧书·姚思廉传》：炀帝令与起居舍人崔祖浚修《区宇图志》。唐代地图掌于职方。《新书·百官志》职方职文云：凡图经，非州县增废，五年乃修，岁与版籍偕上，则其政更有常经。淮西之平也，王承宗献德、棣二州图、印，《旧书·本传》。则承平时不容空阙可知。《旧书·地理志》，于邕、容二管及安南府所属诸州，多言旧图无户口、四至及两京道里，可见僻陋之区，所上虽不尽如法，亦仍不容空阙。薛《史·唐明宗纪》：长兴二年四月，“诏罢州县官到任后率敛为地图”。此时之修纂，盖已有名无实，徒为率敛之资，然告朔之饩羊，犹不能废也。《纪》又于三年二月，书怀化军节度使李赞华进契丹地图。《旧书·高丽传》云：贞观二年（628年），破颉利可汗，建武遣使奉贺，并上封域图。高丽久已自立，契丹自天宝后亦形同化外，而仍有地图可上，可见版图二者，为有国者所不能废。唐太宗尝诏吕才造方域图。《新书》本传。《新书·艺文志》有《长安四年十道图》十三卷，《开元三年十道图》十卷。薛《史·唐明宗纪》：长兴三年四月，中书奏准敕重定三京、诸府、州地望次第，或依旧制十道图，或依新定十道图。此中央合诸州郡所上总制者也。此等皆官书，其私家之作，则当以贾耽、李吉甫为巨擘。《旧书·耽传》言：耽以贞元九年（793年），征为右仆射，同平章事。耽好地理学。凡四夷之使及使四夷还者，必与之从容，讯其山川土地之终始。是以九州之夷险，百蛮之土俗，区分指画，备究源流。自吐蕃陷陇右，国家守于内地，旧时镇戍，不可复知。耽乃画陇右、山南图，兼黄河经界远近，聚其说，为书十卷表献。至十七年（801年），又撰成《海内华夷图》及《古今郡国县道四夷述》四十卷，表献之。据表，其图广三丈，从三丈三尺。率以一寸折成百里。古郡国题以墨，今州县题以朱。盖治中外为一炉，萃古今于一简矣。《吉甫传》云：分天下诸镇，纪其山川险易、故事，各写其图于篇首，为五十四卷，号为《元和郡国图》。于元和八年（813年）进之。见《本纪》。《传》又云：吉甫缀录东汉、魏、晋、周、隋故事，讫其成败，损益大端，目为《六代略》，凡三十卷。《纪》云：吉甫进所撰《元和郡国图》三十卷，又进《六代略》三十卷，又为《十道州郡图》五十四卷。《十七史商榷》云："今此旧钞本，流传尚多，而名为《元和郡县图志》。《自序》即系《进书表》，亦称《元和郡县图志》。凡四十七镇，成四十卷，每镇皆图在篇首，冠于叙事之前。并目录两卷，总四十二卷。《州郡图》当即《郡国图》，重言之非。其卷数，或云三十，或云五十四，皆与《进书表》不合，未详。"按此书《新书·艺文志》著录，亦名《元和郡县图志》。其卷数为五十四。两家体例虽不同，其用意则相近，皆取于政事有裨，而意尤重于恢复。《新书·郑虔传》云：虔学长于地里。山川险易，方隅物产，兵戍众寡无不详。尝为《天宝军防录》，言典事该，诸儒服其善著书，其意亦相仿佛也。若魏王泰招宾客以撰《括地志》，则意专主于浩博，故其卷数至五百五十。又有《序略》五卷，见《新书·艺文志》。《旧书·文苑·梁载言传》：撰十道《志》十六卷，盖其较简要者也。

《新书·李吉甫传》言：宪宗时，吐蕃请献滨塞亭障南北数千里求盟。吉甫谋曰："边境荒岨，犬牙相吞。边吏按图覆视，且不能知。今吐蕃绵山跨谷，以数番纸而图千里，起灵武，著剑门，要险之地，所亡二三百所。有得地之名，而实丧之，陛下将安用此？"似边塞之地，图绘初不能详。然此或失陷后，其地无复详图，或则吐蕃有意为是狡狯，其本必不如此。《传》又言：田季安疾甚，吉甫请任薛平为义成节度使，以重兵控邢、洺。因图上河北险要所在。帝张于浴堂门壁。每议河北事，必指吉甫曰："朕日按图，信如卿料矣。"吉甫又图淮西地，未及上而卒，帝敕其子献之。《安禄山传》：禄山之反，先三日，合大将置酒，观绘图。起燕至洛，山川险易攻守悉具。人人赐金帛，并授图，约曰："违者斩。"至是如所索。可见军用之图，颇为详密。薛《史·唐明宗纪》：长兴三年六月，幽州道赵德钧奏新开东南河，以通漕运，画图以献。四年三月，濮州进《重修河堤图》。缘河地名，历历可数。帝览之愀然，曰："吾佐先朝定天下，于此堤坞间，大小数百战。"又指一邱曰："此吾擐甲台也。时事如昨，奄忽一纪，令人悲叹耳。”此等专为一事而绘之图，地名盖颇完备矣。

《新书》职方职文又云：凡蕃客至，鸿胪讯其国山川风土，为图奏之，副上于职方。殊俗入朝者，图其容状衣服以闻。则外国地理，鸿胪实有考察之责。《地理志》云：天宝中，玄宗问诸蕃国远近，鸿胪卿王忠嗣以《西域图》对，才十数国，此实不免失职。又云：其后贞元宰相贾耽，考方域道里之数最详。从边州入四夷，通译于鸿胪者，莫不毕纪。《艺文志》：耽所著，《地图》十卷，《古今郡国县道四夷述》四十卷外，又有《皇华四达记》十卷。《地理志》所载入四夷之路，盖即本诸此者也。耽虽身访来朝及出使者，仍当以鸿胪所记为根柢，足见官中记注，原自完备也。《南蛮传》：贞观三年（629 年），东谢蛮酋元深入朝。中书侍郎颜师古上言：“昔周武王时，远国入朝，太史次为《王会篇》。今蛮夷入朝，如元深冠服不同，可写为《王会图》。”诏可。《黠戛斯传》：阿热遣使者卫送太和公主还朝，为回鹘乌介可汗邀取之，并杀使者。会昌中，复遣注吾合素上书言状。宰相李德裕引师古事，言“宜为《王会图》以示后世。有诏以鸿胪所得缋著之”。合王会所图，与贾耽所考，鸿胪之记注，庶几能揽其全矣。而惜乎能图之能考之者不多觏也。然唐代交通，所至既广，历时又久，故域外之记载，究属不少，观《艺文志》地理类所著录者可知，而惜乎其多亡佚也。裴矩之《西域记》，颇足珍贵，已见第二章第五节。唐高宗时敕撰之《西域图志》，体例盖与矩书同？而卷帙再十倍之，其中必多瑰宝矣。玄奘《西域记》，今谈印度事者奉为瑰宝，然《新志》此书，尚在道家类释氏，而不在地理类。

因所至之广，而新知遂有所增。一行作大衍历，诏太史测天下之晷，求其土中，以为定数。《新书·天文志》。今其实测所得，尚存两《书·天文志》中。虽所测之地不多，然因此而知古王畿千里，影移一寸之说之诬；又其至交州者，多见古浑天家以为常没地中之星，皆见两《书·天文志》。要不可谓非突过前人也。其尤可宝者，则为因考论分野而发明人事与地理相关之理。古有所谓十二分野者，以配天文之十二次，其说盖主禨祥，无足深取。汉张衡、蔡邕，乃以汉郡易古地名。自此因循，无所变革。贞观中，李淳风撰《法象志》，又以唐州县配焉。一行增损其书，更为详密。《旧书·天文志》。《新书·天文志》述其说云："天下山河之象，存乎两戒。北戒自三危、积石，负终南地络之阴，东及太华逾河，并雷首、底柱、王屋、太行，北抵常山之右，乃东循塞垣，至涉貉、朝鲜，是谓北纪，所以限戎狄也。南戒自岷山、嶓冢，负地络之阳，东及太华，连商山、熊耳、外方、桐柏，自上洛南逾江、汉，携武当、荆山，至于衡阳，乃东循岭徼，达东瓯、闽中，是谓南纪，所以限蛮夷也。故《星传》谓北戒为胡门，南戒为越门。河源自北纪之首，循雍州北征达华阴，而与地络相会，并行而东，至太行，分而东流，与泾、渭、济渎，相为表里，谓之北河。江源自南纪之首，循梁州南徼达华阳，而与地络相会，并行而东，及荆山之阳，分而东流，与汉水、淮渎，相为表里，谓之南河。故于天象，则弘农分陕，为两河之会，五服诸侯在焉。自陕而西为秦、凉；北纪山河之曲为晋、代；南纪山河之曲为巴、蜀；皆负险用武之国也。自陕而东，三川、中岳为成周；西距外方、大伾，北至于济，南至于淮，东达钜野，为宋、郑、陈、蔡；河内及济水之阳为邶、卫；汉东滨淮水之阴为申、随；皆四战用文之国也。北纪之东，至北河之北为邢、赵；南纪之东，至南河之南为荆楚；自北河下流南距岱山为三齐；夹右碣石为北燕；自南河下流北距岱山为邹、鲁；南涉江、淮为吴、越；皆负海之国，货殖之所阜也。自河源循塞垣北，东及海为戎狄，自江源循岭徼南，东及海为蛮越。观两河之象，与云汉之所始终，而分野可知矣。"此说虽以古天官家言为本，然绝不杂禨祥之说，而将中国之地，按山河形势，分为若干区，以求民族分布，及生事不同，文化各异之所以然，实人文地理学之渊泉也。不龟手之药一也，或以封，或不免于洴辟洸，学术之造诣，岂以其所取资者为限哉？《旧书·一行传》末云：又有黄州僧泓者，善算法，每行视山原，即为之图，张说深信重之。泓之学，盖注重于地文者？《魏玄忠传》云：时有左史盩厔人江融，撰《九州设险图》，备载古今用兵成败之事，元忠就传其术。其学颇类近代之顾祖禹，亦人文地理之一端也。《新书》僧泓亦见《方伎传》，但著其诡异之事，殊非。

医学至宋而一变。自唐以前，医家多讲治法，罕言医理，宋世乃多言理，而五运、六气等说兴焉。然其转变之原，亦在唐世。何者？前此视医为贱业，士大夫弗为，至唐乃渐为之，士大夫为之，斯言理矣。《新书·百官志》：祠部郎中，掌医学。“凡名医子弟，试疗病，长官莅覆，三年有验者以名闻”，足见当时医家，尚未脱世业之习。隋世许智藏之医，自其祖已来，世相传授，许澄亦传父业；其一证也。《旧书·文宗纪》：大和九年八月，贬中书舍人高元裕为阆州刺史，元裕为郑注除官制，说注医药之功，注衔之故也。此说无论信否，其时仍有轻视医师之习，则可见矣。然列传所载：杜鸿渐父鹏举，以母疾，与崔沔同受医于兰陵萧亮，遂穷其术。李听好方书，择其验者，题于帷帟墙屋皆满。李逢吉，父颜有锢疾，逢吉自料医剂，遂通方书。殷践猷博学，尤通氏族、历数、医方。王勃，尝谓人子不可不知医。时长安曹元有秘术，勃从之游，尽得其要。皆见《新书》。可见士大夫事此者日多。当时医家，多托亲疾。如《旧书·方技传》言：甄权以母病，与弟立言专医方，得其旨趣是也。岂亦以世轻其业，故为是以自解邪？

隋太医署，医博士之外，又有按摩博士、咒禁博士。唐太医令，“其属有四：曰医师，曰针师，曰按摩师，曰咒禁师，皆有博士以教之”。四者，盖当时医师分业之大者也。咒禁似涉迷信，实亦不然。《隋书·隐逸传》：张文诩尝有要疾，会医者自言善禁，文诩令禁之，遂为刃所伤，至于顿伏床枕，则咒禁之后，仍须用刀针。岂以时无麻醉药，乃以咒禁减其痛苦邪？薛《史·苌从简传》：尝中箭，镞入于骨。使医工疗之。以刃凿骨。恐其痛也，良久未能摇动。从简瞋目谓曰："何不沈凿？"洎出之，左右无不恻然，从简颜色自若。此与三国时之关羽，南北朝时之长孙子彦同。见《秦汉史》第十九章第七节，《两晋南北朝史》第二十三章第七节。欧《史》云："工无良药，欲凿其骨。"良药疑即指麻醉药言之也。然当时医家之手术，实不可为劣。安金藏剖腹以明皇嗣。《旧书·本传》述其事云：引佩刀自剖其胸，五藏并出，流血被地，因气绝而仆。则天闻之，令舆入宫中，遣医人却内五藏，以桑白皮为线缝合，傅之药。经宿始苏。《旧书》此言，庸或夸张失实，《新书》但云"肠出被地，眩而仆"而已。然此医手术之非劣，断可见矣。《新书·南蛮传》言：酋龙入犯，俘华民，必劓耳鼻，已纵之，居人刻木为耳鼻者什八；此言亦庸或太过，然时刻木为耳鼻者必多，则娴此手术者，亦不少矣。《新书》述按摩博士之职云"损伤折跌者正之"，则亦兼正骨之术。

神仙家之学，仍与医家相出入。《新书·隐逸传》：王希夷。隐嵩山，师黄颐学养生。颐卒，更居兖州徂徕。饵松柏叶、杂华。年七十余，筋力柔强。此服食之术也。《方技传》：张果，玄宗令通事舍人裴晤往迎。见晤辄气绝仆，久乃苏。此盖古胎息之术。见《秦汉史》第二十章第五节。《文苑·卢照邻传》：病去官，居太白山，得方士玄明膏饵之。会父丧号呕，丹辄出，由是疾益甚。《毕諴传》：始諴被知于宣宗，尝许以相。令狐绹忌之，自邠宁凡三徙，不得还。諴思有以结绹，至太原，求丽姝，盛饰使献。绹不受，諴亦放之。太医李玄伯，以钱七十万聘之，进之帝。嬖幸冠后宫。玄伯又治丹剂以进。帝饵之，疽生于背。懿宗立，收玄伯及方士王岳、虞紫芝等，俱诛死。此以丹剂治疾者也。丹剂多用金石，易以见效，亦易滋流弊。《旧书·王守澄传》：郑注尝为李愬煮黄金，服一刀圭，可愈痿弱重腿之疾，复能反老成童，恕与守澄服之颇效。疑亦此类。注所以游公卿间颇以医名者，疑亦恃此等剂耳。孟诜于刘祎之家见敕赐金而知为药金，亦以其本“以药饵为事”也。《方伎传》。

《旧书·吕才传》：高宗时，右监门长史苏敬上言：陶弘景所撰《本草》，事多舛缪。诏中书令许敬宗与才及李淳风、礼部郎中孔志约，并诸名医，增损旧本，仍令司空李勣总监之。并图合成五十四卷。大行于代。与纂修者尚有多人，见《新书·艺文志》。《新书·于志宁传》：帝曰：“本草尚矣，今复修之，何所异邪？”对曰：“昔陶弘景以《神农经》合杂家《别录》注之。江南遍方，不晓药石，往往纰缪，四百余物，今考正之；又增后世所用百余物；此以为异。”帝曰：“《本草》《别录》，何为而二？”对曰：“班固惟记《黄帝内外经》，不载《本草》，至齐《七录》乃称之。世谓神农氏尝药以拯含气，而黄帝以前，文字不传，以识相付，至桐雷乃载篇册，然所载郡县，多在汉时，疑张仲景、华佗窜记其语。《别录》者，魏、晋以来吴普、李当之所记，其言华药形色，佐使相须，附经为说，故弘景合而录之。”谢利恒《中国医学源流论》云：“本草之名，始见于《汉书·平帝纪》及《楼护传》，乃学科之名，非书名也。故《汉志》经方十一家二百七十四卷，无以本草名者。至梁《七录》，乃有《神农本草经》之名，而《隋志》同之，则犹今人言药物学书耳。元《注》：“神农本草四字为学科之名，经字为书名。”其著之简策，盖亦在晚周之时？陶弘景所谓与《素问》同类者也。其书专家相传，颇多窜乱。至弘景始从事于校理。其言曰：世传《神农本草》，只此三卷。所出郡县，多后汉时制，疑仲景、元化等所记。元《注》：“仲景、元化，为当时医家两大师，故举以概其余，言若仲景、元化一流人，非实指仲景、元化也。下吴普、李当之徒同。”又有《桐君采药录》，说其华叶形色。《叶对》四卷，论其佐使相须。魏、晋以来吴普、李当之徒，更复损益。或五百九十五，或四百四十一，或三百一十九；

或三品混杂，冷热舛错，草石不分，虫兽无辨。且所主治，互有得失。医家不能备见，则知识亦有浅深。余辄苞综诸经，研括繁省。以《神农本经》三品合三百六十五为主，又进名医别品三百六十五，合七百三十种，精粗皆取，无复遗落，合为七卷云云。盖合诸专家所传，而折衷于一是也。自是以后，历代相因，屡加修辑。唐显庆中所修者，世谓之《唐本草》，亦曰《唐新修本草》。孟蜀时，韩休昇又奉命重修，稍增注释，世称《蜀本草》。宋太祖开国，命刘翰、马士等修辑，士又为之注。先是唐开元中，有陈藏器者，撰《本草拾遗》十卷，以补《名医别录》之阙，及是亦采入焉。是为《开宝新详定本草》。后以或有未合，又命翰等重加详定，为《开宝重定本草》。嘉祐时，掌禹锡奉敕加注，为《嘉祐补注本草》。大观中，蜀人唐慎微兼合诸家，采经史中言医事者，随类附入，名曰《证类本草》，于诸本中称最善焉。盖自李时珍《纲目》以前，官修者凡五，私修者凡二，皆以隐居所修为蓝本，而辗转附益者也。”案陈藏器修《本草拾遗》，见《新书·孝友传》。此外加以阐发，为图或音义者，尚有数家，皆见《艺文志》。《旧书·秦彦传》言：杨行密围彦半年，城中刍粮并尽，草根木实，市肆药物，皮囊革带，食之亦尽，则市肆卖药物者已多。卖药者多，则医家不能借药以要利，皆本草流传之赐也。

《新书·百官志》鸿胪寺职云：“蕃客献药者，鸿胪寺验覆，少府监定价之高下。”则药尚有来自外国者。《旧书·罽宾传》：开元七年（719年），遣使来朝，进天文经一夹，秘要方并蕃药等物。盖亦贾胡贩卖之品，朝献特其名焉耳。

唐于各州郡皆设医学，已见第一节。薛《史·唐末帝纪》：清泰二年六月，诏诸州府署置医博士，是其政犹未度。然欲以此疗民疾，则势实不给，乃以传布医方为救济之策。《旧书·玄宗纪》：开元二十一年九月，“颁上撰《广济方》于天下”；《德宗纪》：贞元十二年正月，“上制《贞元广利药方》五百八十六首，颁于天下”；薛《史·梁太祖纪》：乾化二年五月，诏“凡有疫之处，委长吏检寻医方，于要路晓示”；皆是物也。《陈元传》：“家世为医。”元初事王重荣，后侍李克用。长兴中，集平生所验方七十五首，并修合药法百件，号曰《要术》，刊石置于太原府衙门之左，以示于众。病者赖焉。其重之也如此。治病首重诊察，岂可专论方药？其如医师之不给何？《旧书·唐太宗纪》：贞观十年（637年），关内、河东疾病，命医赍药疗之。《旧书·本纪》。梁太祖乾化二年（912年）之诏又曰：“如有家无骨肉，兼困穷不济者，即仰长吏差医给药救疗之。”此岂可以常行，即行之亦岂易名实相副邪？跻斯民于仁寿，固非易言也。

历代政令，于病者皆加矜恤，即罪人亦然。《新书·刑法志》：囚疾病给医药，重者释械，其家一人入侍。职事官三品已上，妇女、子孙二人入侍。薛《史·晋高祖纪》，天福二年八月，“诏天下刑狱系囚染疾者，宜差医工治疗，官中量给药价。事轻者仍许家人看候。合杖者候损日决遣”是也。然此等亦率成具文耳。贫病者，唐时寺院以悲田置餐病坊处之。然《通鉴》：开元二十二年（734年），“禁京城丐者，置病坊以廪之”。会昌五年（845年）废佛，敕两京量给寺田振济，诸州府七顷至十顷，各于本管选耆寿一人句当，以充粥料。《旧书·本纪》。黄巢入东京，“朝廷以田令孜率军十万守潼关。禁军各于两市佣雇负贩、屠沽及病坊穷人，以为战士”。《旧书·黄巢传》。则恐亦救贫之意多，而养病之意荒矣。口实不给，固无从虑及疾病也。

谚云：“肺腑而能语，医师色如土”，医师之见轻，可谓甚矣。医固难知之事，流俗之讥评，未必皆当，然奏效者稀，则系事实。职是故，遂使人不信医。《旧书·李勣传》：自遇疾，高宗及皇太子送药，即取服之。家中召医巫，皆不许入门。子弟固以药进，竟拒而不进。薛《史·崔棁传》：性至孝。父涿有疾，谓亲友曰：“死生有命，无医为也。”棁侍之，衣不解带。有宾至，必拜泣，告于门外，请方便劝其进药。涿终莫之从。彼皆非有所迫而欲祈死，诚视医药焉能为有、焉能为无也。信巫不信医，亦不能为病家咎矣。然如唐懿宗，以同昌公主之死而加罪于医，则终为非理。事见《旧书·本纪》咸通十一年（870 年），及《温造、刘瞻、郑畋传》。《新书·后妃传）载顺宗庄宪皇后王氏遗令曰“侍医无加罪”，疑帝后等死后，医师亦有循例得一处分者，但必不如懿宗之淫滥耳。以医固难知之事也。医家之无能为，观其昧于诊察，而劳于方药，即可知之。《旧书·方伎·许胤宗传》：武德初，关中多骨蒸病，得之必死，递相连染，诸医无能疗者。胤宗每疗无不愈。或谓曰：“公医术若神，何不著书，以诒将来？”胤宗曰：“医者意也，在人思虑，又脉候幽微，苦其难别，意之所解，口莫能宣。且古之名手，惟是别脉。脉既精别，然后识病。夫病之于药，有正相当者，惟须单用一味，直攻彼病，药力既纯，病即立愈，今人不能别脉，莫识病源。以情億度，多安药味。譬之于猎，未知兔所，多发人马，空地遮围，或冀一人，偶然逢也。如此疗疾，不亦疏乎？假令一药，偶然当病，复共他味相和，君臣相制，气势不行。所以难差，谅由于此。脉之深趣，既不可言，虚设经方，岂加于旧？吾思之久矣，故不能著述耳。”观其言，即知当时医家，于诊察之术，绝无把握。然“医者意也”之说，谓非“以情億度”得乎？不欲虚设经方，故不能著述，足见胤宗若著述，亦不过多设方剂耳。唐世医书传于今最著名者，孙思邈《千金方》，王焘《外台秘要方》，皆经方家言也。王焘《新书》附其祖《珪传》，云：性至孝。为徐州司马，母有疾，弥年不废带，视絮汤剂。数从高医游，遂穷其术。因以所学作书，号《外台秘要》。讨绎精明，世宝焉。其书《艺文志》著录，作《外台秘要方》，是也。陆贽在忠州，以地苦瘴疠，为《集验方》五十卷，以示乡人。兼用新旧《书》传。则贽本不知医，更不足论矣。然则当时救疗之政，偏重传布医方，或亦其时之医学，有以限之也。

《隋书·循吏·辛公义传》：除岷州刺史。土俗畏病，一人有疾，合家避之，父子夫妻，不相看养，孝义道绝。由是病者多死。公义患之，欲变其俗。因分遣官人，巡检部内。凡有疾病，皆以床舆来，安置厅事。暑月疫时，病人或至数百，厅廊悉满。公义亲设一榻，独坐其间，终日连夕，对之理事。所得秩俸，悉用市药，为迎医疗之，躬劝其饮食。于是悉差。方召其亲戚而谕之曰："死生由命，不关相著。前汝弃之，所以死耳。今我聚病者，坐卧其间，若言相染，那得不死？病儿复差，汝等勿复信之。"诸病家子孙，惭谢而去。后人有遇病者，争就使君。其家无亲属，因留养之。始相慈爱，此风遂革。《旧书·高士廉传》：转益州长史。蜀土俗薄，畏鬼而恶疾。父母病有危殆者，多不亲扶侍，杖头挂食，遥以哺之。士廉随方训诱，风俗顿改。《李德裕传》：出为浙西观察使。江、岭之间，信巫祝，惑鬼怪。有父母兄弟厉疾者，举室弃之而去。德裕欲变其风。择乡人之有识者，谕之以言，绳之以法。数年之间，弊风顿革。薛《史·周知裕传》：迁安州留后。淮上之风恶病者。至于父母有疾，不亲省视。甚者避于他室，或时问讯，即以食物揭于长竿之首，委之而去。知裕心恶之。召乡之顽很者，诃诘教导，弊风稍革。此皆仁政，然未知传染病当隔离之理，亦医学限之也。《新书·诃陵传》：有毒女，与接辄苦疮。此即今之梅毒。盖当唐世传入？故至宋世，始有治此病之书也。陈司成《霉疮秘录》。

第七节　经　籍

隋、唐二代，中秘之藏，较之前代，颇有增益。盖以南北统一，又运直升平故也。《隋书·经籍志》云："周保定之始，书止八千。后稍加增，方盈万卷。周武平齐，先封书库。所加旧本，才至五千。

隋开皇三年（583年），秘书监牛弘表请分遣使人，搜访异本。每书一卷，赏绢一匹。校写既定，本即归主。《本纪》：是年三月，诏购求遗书于天下。于是民间异书，往往间出。及平陈已后，经籍渐备。《旧书·裴矩传》：陈平，晋王广令矩与高颎收陈图籍，归之秘府。检其所得，多太建时书。纸墨不精，书亦拙恶。于是总集编次，存为古本。召天下工书之士，京兆韦霈、南阳杜頵等，于秘书内补续残缺。为正副二本，藏于宫中。其余以实秘书内外之阁。凡三万余册。炀帝即位，秘阁之书，限写五十副本。分为三品。于东都观文殿东西厢构屋以贮之。东屋藏甲乙，西屋藏丙丁。又于殿后起二台，以藏法书、名画，已见第五节。又于内道场集道、佛经，别撰目录。大唐武德五年（622年），克平伪郑，尽收其图书及古迹焉。《旧书·太宗纪》：世充降，太宗入据宫城，令记室房玄龄收隋图籍。命司农少卿宋遵贵载之以船，溯河而上，将致京师。行经砥柱，多被漂没。其所存者，十不一二。其目录亦为所渐濡，时有残缺。”《新书·艺文志》云：“隋嘉则殿书三十七万卷。至武德初，有书八万卷。重复相糅。王世充平，得隋旧书八千余卷。太府卿宋遵贵监运东都，浮舟溯河，西致京师。经砥柱，舟覆，尽亡其书。”言东都所得书卷数，为《隋志》所未及，然云尽亡其书，似不如《隋志》所云之审也。《隋书·许善心传》云：开皇十七年（597年），除秘书丞。于时秘阁图籍，尚多淆乱。善心放阮孝绪《七录》，更制《七林》，各为总叙，冠于篇首。又于部录之下，明作者之意，区分其类例焉。

《旧书·经籍志》云：“隋世简编，最为博洽。及大业之季，丧失者多。贞观中，令狐德棻、魏征相次为秘书监，上言经籍亡逸，请行购募，并奏引学士校定，群书大备。《旧书·文苑·崔行功传》云：太宗命秘书监魏征写四部群书，将进内贮库。别置雠校二十人，书手一百人。征改职之后，令虞世南、颜师古等续其事。至高宗初，其功未毕。显庆中，罢雠校及御书手。令工书人缮写，计直酬庸，择散官随番雠校。其后又诏东台侍郎赵仁本、东台舍人张文瓘及行功、怀俨等相次充使检校。又置详正学士以校理之。则贞观时事实未成。开元三年（715年），左散骑常侍褚无量、马怀素侍宴。言及经籍。玄宗曰：内库皆是太宗、高宗先代旧书。常令宫人主掌。所有残缺，未遑补缉。篇卷错乱，难于检阅。卿试为朕整比之。至七年（719年），诏公卿、士庶之家，所有异书，官借缮写。”《新志》云：“贞观中，魏征、虞世南、颜师古继为秘书监，请购天下书，选五品以上子孙工书者为书手缮写，藏于内库，以宫人掌之。玄宗命马怀素为修图书使，与褚无量整比。会幸东都，乃就乾元殿东序检校。无量建议借民间异本传录。及还京师，迁书东宫丽正殿，置修书院于著作院。其后大明宫光顺门外，东都明福门外皆创集贤书院，学士通籍出入。”《儒学·褚无量传》云：初内府旧书，自高宗时藏宫中，甲乙丛倒。无量建请缮录补第，以广秘籍。天子诏于乾元殿东厢部汇整比，无量为之使。因表闻喜尉卢僎、江夏尉陆去泰、左监门率府胄曹参军王择从、武陟尉徐楚璧分部雠定。又诏秘书省、司经局、昭文、崇文二馆更相检雠。采天下遗书，以益阙文。不数年，四库完治。帝西还，徙书丽正殿，更以修书学士为丽正殿直学士。复诏无量就丽正纂续前功。《百官志》云：开元五年（717年），乾元殿写四部书，置乾元院使。六年（718年），乾元院更号丽正修书院。十一年（723年），光顺门外亦置书院。十二年（724年），东都明福门外亦置丽正书院。十三年（725年），改丽正修书院为集贤殿书院。“九年十一月，殷践猷、王惬、韦述、余钦、毋煚、刘彦真、王湾、刘仲丘等重修成《群书四部录》二百卷。右散骑常侍元行冲奏上之。《旧书·马怀素传》云：玄宗令与褚无量同为侍读。是时秘书省典籍散落，条疏无叙。怀素上疏曰：“南齐已前坟籍，旧编王俭《七志》。已后著述，其数盈多。《隋志》所书，亦未详悉。或古书近出，前《志》阙而未编，或近人相传，浮词鄙而犹记。若无编录，难辨淄渑。望括检近书篇目，并前《志》所遗者，续王俭《七志》，藏之秘府。”上于是诏学涉之士国子博士尹知章等分部撰录。并刊正经史，粗创首尾。会怀素病卒。《元行冲传》云：七年（719年），先是秘书监马怀素集学者续王俭今书《七志》。左散骑常侍褚无量于丽正殿校写四部书。事未就而怀素、无量卒。诏行冲总代其职。于是行冲表请通撰古今书目，名为《群书四录》。命学士鄠县尉毋煚、栎阳尉韦述、曹州司法参军殷践猷、大学助教余钦等分部修检。岁余，书成奏上。《新书·马怀素传》云：怀素建白，诏可，即拜怀素秘书监。乃诏尹知章、王直、赵玄默、吴绰、韦述、马利徵、刘彦直、宋辞玉、陆绍伯、李子钊、殷践猷、解崇质、余钦、王惬、刘仲丘、侯行果、袁晖、晁良、毋煚、王湾、郑良金等分部撰次。践猷从弟承业、徐楚璧是正文字。怀素奏秘书少监卢俌、崔沔为修图书副使，秘书郎田可封、康子元为判官。然怀素不善著述，未能有所绪别。会卒。怀素卒后，诏秘书官并号修书学士，草定四部。人人意自出，无所统一，逾年不成。有司疲于供拟。太仆卿王毛仲奏罢内料。又诏右常侍褚元量、大理卿元行冲考绌不应选者。元量等奏修撰有条，宜得大儒综治。诏委行冲。乃令煚、述、钦总缉部分。践猷、惬治经，述、钦治史，煚、彦直治子，湾、仲丘治集。八年（720年），《四录》成，上之。学士无赏擢者。《旧书·本纪》：九年十一月，元行冲上《群书目录》二百卷，藏之内府。与《新传》异。自后毋煚又略为四十卷，名为《古今书录》。大凡五万一千八百五十二卷。禄山之乱，两都覆没。乾元旧籍，亡散殆尽。肃宗、代宗，崇重儒术，屡诏购募。《新志》云：元载为宰相，奏以千钱购书一卷。又命拾遗苗发等使江淮括访。文宗时，郑覃侍讲禁中，以经籍道丧，屡以为言。诏令秘阁搜访遗文，日令添写。开成初，四部书至五万六千四百七十六卷。《旧书·文宗纪》：开成元年七月，御史台奏：秘书省管新旧书五万六千四百七十六卷。长庆二年（822年）已前，并无文案。大和五年（831年）已后，并不纳新书。今请创立簿籍，据阙添写。卷数逐月申台。从之。九月，敕秘书省集贤院应欠书四万五千二百六十一卷，配诸道缮写。及广明初，黄巢干纪，再陷两京。宫庙寺署，焚荡殆尽。曩时遗籍，尺简无存。《新志》云："存者盖尠。"及行在朝，诸儒购辑，所传无几。昭宗即位，志弘文雅。秘书省奏曰：当省元掌四部御书十二库，共七万余卷。广明之乱，一时散失。后来省司购募，尚及二万余卷。及先朝再幸山南，尚存一万八千卷。窃知京城制置使孙惟晟收在本军。其御书秘阁，见充教坊及诸军人占住。伏以典籍国之大经，秘府校雠之地，其书并望付当省校其残缺，渐令补辑。乐人乞移他所。并从之。《新志》云：命监察御史韦昌范等诸道求购。及迁都洛阳，又丧其半。"《新志》云："荡然无遗矣。"唐室图籍聚散之大略如此。《旧志》"录开元盛时四部诸书，凡三千六十部五万一千八百五十二卷。其外释氏经律论疏，道家经戒符箓，凡二千五百余部九千五百余卷"。亦勒成目录十卷，名曰《开元内外经录》。《新志》则云：藏书莫盛于开元。其著录，五万三千九百一十五卷，而唐之学者自为之书，又二万八千四百六十九卷。《旧志》又比较历代书籍多少云："汉《艺文志》三万三千九百卷。案此数误，说见《秦汉史》第十九章第八节。晋二万七千九百四十五卷。江表所存，三千一十四卷。宋谢灵运造四部书目录，凡四千五百八十二卷。其后王俭复造书目，凡五千七十四卷。南齐王亮、谢朏出四部书目，凡一万八千一十卷。梁元帝克平侯景，收公私经籍，归于江陵，凡七万余卷。盖佛、老之书，计于其间。隋著定书目凡三万余卷。国家平王世充，收其图籍，溯河西上，多有沈没，存者重复八万卷。开元时，四部库书，两京各一本，共一十二万五千九百六十卷。"诸书所言卷数，不必密合，然总可考见历代王室藏书之大概也。

五代丧乱，艺文之事，亦未全废。薛《史·唐庄宗纪》：同光二年（924 年）圜丘礼毕赦文，"有能以书籍进纳者，各等第酬奖"。《周世宗纪》：显德三年十二月，诏曰："史馆所少书籍，宜令本馆诸处求访补填。如有收得书籍之家，并许进书人据部帙多少等第，各与恩泽。如是卷帙少者，量给资帛。“如馆内已有之书，不在进纳之限。”仍委中书、门下，于朝官内选差三十人，据见在书籍，各求真本校勘。署校官姓名，逐月具功课申报中书、门下。”是其事也。近人有撰文论五代时刻书藏书者，云五代时，南唐、吴越，藏书较盛。引《金华子杂篇》云:“始天祐间，江表多故。洎及宁帖，人尚苟安。稽古之谈，几乎绝侣。横经之席，蔑尔无闻。及高皇李昪。初收金陵，首兴遗教。悬金为购《坟典》，职吏而写史籍。闻有藏书者，虽寒贱，必优辞以假之。或有贽献者，虽浅近，必丰厚以答之。时有以学王右军书一轴来献，因偿千余万，缯帛副焉。由是六籍臻备，诸史条集。古书名画，辐凑绛帷。俊杰通儒，不远千里。而家至户到，咸慕置书。经籍道开，文武并驾。”又引《江南别录》云:“元宗、璟。后主，煜。皆妙于笔札，好求古迹。宫中图籍万卷，钟、王墨迹尤多。”又引马令《南唐书·朱弼传》云:“皇朝初离五代之后，诏学官训校九经，而祭酒孔维、检讨杜镐苦于讹舛。及得金陵藏书十余万卷，分布三馆及学士、舍人院。其书多雠校精审，编帙完具，与国本不类。”是南唐不惟多藏书，所藏又多善本也。又引《十国春秋》言钱镠子传瑛“聚书数千卷”。孙文奉，“所聚图书、古器无算，雅有鉴裁”。惟治，“聚法帖、图书万余卷，多异本”。惟演，“家储坟籍，侔于秘府”。昱，“喜聚书”。昭序，“好学，聚书，书多亲写”。虽不如南唐之盛，亦已非北方所及矣。丧乱之世，文物留遗，恒在江域。盖以其地兵争，究较北方为少，亦且物力丰阜故也。

历代王室之于书籍，皆搜访颇勤。然勤于搜访，而拙于管理与流通，遂至所蓄虽多，终亦化为煨烬焉。《旧书·中宗纪》：景龙三年六月，“以经籍多缺，使天下搜括”。求书遍及全国，相须可谓甚殷。《新书·张公谨传》：孙悱，仕玄宗时，累擢知图书括访异书使。《萧颖士传》：天宝中，奉使括遗书江淮间，淹久不报，为有司劾免。而前蜀之平，后唐亦以庾传美充三州搜访图籍使。见第四节。则遣使搜访，当时几习为故常。卷酬一匹，书仍归主；或依等第酬奖；所以招致之者，亦不可谓不厚。所得颇多，盖无足怪。然藏诸宫中，委之婢妾，果何为者乎？不徒宫中之藏也，即委之士大夫，其所愈亦无几。《旧书·蒋乂传》：弱冠博通群籍，而史学尤长。其父在集贤时，以兵乱之后，图籍溷杂，乃白执政，请携乂入院，令整比之。集贤俊才如林，而整比乃有待于一小子，不亦徒相从饱食乎？《新书·三宗诸子·惠文太子范传》云：初隋亡，禁内图书湮放。唐兴募访，稍稍复出，藏秘府。长安初，张易之奏天下善工潢治。乃密使摹肖，殆不可辨，窃其真藏于家。既诛，悉为薛稷取去。稷又败，范得之。后卒为火所焚。则近世盗窃之弊，当时早已有之，宁不以管理之无法乎？印刷未兴之时，无论公私庋藏，皆于学者有益。窦威拜秘书郎，秩满当迁，而固守不调。在秘书十余岁，学业益广。李敬玄，高宗在东宫，马周荐其才，召入崇贤馆侍读，假中秘书读之。李邕既冠，见特进李峤，自言读书未遍，愿一见秘书。峤曰："秘阁万卷，岂时日能习邪？"邕固请。乃假直秘书。未几辞去。峤惊，试问奥篇隐帙，了辨如响。峤叹曰："子且名家。"阳城，家贫不能得书，乃求为集贤写书吏，窃官书读之。此皆中秘之藏，能有益于人也。元行冲，韦述父景骏姑子。述入其书斋，忘寝与食。此则私家之藏，能有益于人也。政府所司，本属民事，既得书矣，何不广事移写，分存各州县学校各一本乎？欧《史·石昂传》曰：家有书数千卷，喜延四方之士。士无远近，多就昂学问，食其门下或累岁，昂未尝有怠色。有国有家者，几何其不为一命之士所笑也？印刷未兴之时，移写固非容易，然果以民事为念，各州县遍藏一本，亦岂事之难办者邪？物少则其灭绝易，历代书籍，灭亡十九，不得不为公私有书者，徒知藏庋，不知流布，甚且秘惜不出者咎矣。

官家求书，亦有得之非法者。《新书·董昌传》云：僖宗始还京师，昌取越民裴氏藏书献之，补秘书之亡。曰取，盖未尝移写而径取之也？此行同攘夺矣。薛《史·周世宗纪》：显德二年闰月，秘书少监许逊责授蔡州别驾，坐先假窦氏图书，隐而不还也。此盖借官力以行攘窃，譬诸小人，其犹穿窬之盗也欤？

私家藏书者，钟绍京、韦述、萧岵、段文昌、王涯等，已见第五节。此外尚多。李元嘉、《旧书·高祖诸子传》：韩王元嘉。少好学，聚书至万卷。又采碑文、古迹，多得异本。子撰。时天下犯罪籍没者甚众，惟冲与撰父子书籍最多，皆文句详定，秘阁所不及。李袭誉、《新书·本传》：以余资写书。罢扬州，书数车载。王方庆、《旧书·本传》：聚书甚多，不减秘阁。至于图画，亦多异本。诸子莫能守其业，卒后寻亦散亡。吴兢、《旧书·本传》：兢家聚书颇多。尝目录其卷第，号《吴氏西斋书目》。蒋乂、《旧书·本传》：藏书万五千卷。苏弁、《旧书·本传》：聚书至二万卷，皆手自刊校。至今言苏氏书次于集贤、秘阁焉。韦处厚、《旧书·本传》：聚书逾万卷，多手自刊校。柳公绰、《旧书·本传》：家甚贫，有书千卷。仲郢、公绰子。《新书·本传》：家有书万卷。所藏必三本：上者贮库，其副常所阅，下者幼学焉。段成式、《新书·本传》：多奇篇秘籍。李磎、鄘孙。《旧书·本传》云：磎自在台省，聚书至多，手不释卷，时人号曰李书楼。孙骘、薛《史·本传》：雅好聚书，有六经、汉史，洎百家之言，凡数千卷。皆简翰精至，披勘详定。张宪、薛《史·本传》：石州刺史杨守业喜聚书，以家书示之，闻见日博。宪沉静寡欲，喜聚图书。家书五千卷。视事之余，手自刊校。贾馥、薛《史·本传》：家聚书三千卷，手自刊校。韩恽薛《史·本传》：聚书数千卷。其最著者也。即武人如田弘正、《旧书·本传》：于府舍起书楼，聚书万余卷。罗绍威、《旧书·本传》：聚书至万卷。赵匡凝、薛《史·梁太祖纪》：开平元年十月，山南东道节度使杨师厚进纳赵匡胤东第书籍。《匡凝传》：初匡凝好聚书。及败，杨师厚获千卷于第，悉以来献。王都、薛《史·本传》：都好聚图书。自常山始破，梁国初平，令人广将金帛收市，以得为务，不责贵贱。书至三万卷，名画、乐器各数百，皆四方之精妙者，萃于其府。及败，纵火焚之。王师范等，薛《史·杨彦询传》：年十三，事青帅王师范。有书万卷，以彦询聪悟，使掌之。亦知庋藏，其校勘多精审。盖得书艰难之世，非爱好者不肯蓄，爱好则自能从事于此也。其保护亦多周至，如萧颖士遇安禄山之乱，藏家书于箕、颍间，而后身走山南是矣。《新书·本传》。然如杜兼，聚书万卷，署其末，以坠鬻为不孝戒子孙，《新书·本传》。未免无楚弓楚得之雅量也。

刻板之事，至晚唐乃稍盛，故其时爱书之士，从事钞写者仍多。张文瑾兄文琮，好自写书，笔不释手。杨玚从父兄晏，精《孝经》学，常手写数十篇，可教者辄遗之。皆见《新书》传。此躬自移写者也。《旧书·柳仲郢传》：九经、三史一钞。《新书》云：仲郢尝手抄六经，司马迁、班固、范晔史皆一抄。魏、晋已来南北史再钞。手钞分门三十卷，号柳氏自备。又精释典，《瑜珈》《智度大论》皆再钞。自余佛书，多手记要义。小楷精谨，无一字肆笔。此勤于钞略者也。《隋书·沈光传》：家甚贫窭，父兄并以佣书为事。《虞世基传》：陈灭归国，为通直郎，直内史省。贫无产业，以佣书养亲。高宗欲完内库书，令工书人抄写，计直酬佣；可见其时以佣书自食者颇众。杨邠知史传有用，乃课吏传写。欧《史·本传》。则吏之能事移录者亦多矣。晋高祖好《道德经》，即命雕板，见薛《史·本纪》，天福五年（940年）。此虽在五代，亦尚为罕见之举，非人君不能行也。市肆亦恒有卖书者，如《新书·吕向传》，言其“强志于学，每卖药即市阅书”是矣。亦当多出手写。

焚书非罕见之事也。世以三代经籍，亡于秦火，说固诞谩不足信，然如史记之但藏公家者，一焚而即灭，则不诬矣。《新书·李义府传》：贞观中修《氏族志》，州藏副本，以为长式。义府更奏删正。又奏悉收前志烧绝之，此亦秦焚书之类也。若隋世之烧谶书，则更与秦相类矣。徐敬业之败也，走江都，“悉焚其图籍”；《新书·本传》。王都之败，亦焚其所藏；此则梁元帝之类。

古代所藏图书，至近世而复出者，莫如敦煌石室之著。此石室在敦煌东南三十里鸣沙山中，唐时称为莫高窟。今俗称千佛洞。其经始在晋太和元年（366年），至宋景祐二年（1035年）而封闭。清季，有王道士者，欲事修理，坏其壁，乃得见之。石室之发见，说者多谓在清光绪二十六年（1900年），乃据王道士之言推算。然叶昌炽之语石，刊于宣统元年（1909年），道及其事，云在十余年前，则必在是年之前矣。英人斯坦因，服官于英印度政府，“探险中亚”。闻之，以光绪三十三年（1907年）来，以廉价购窃三千余卷于王道士，运至印度及伦敦之博物馆。明年，法人伯希和亦来，又盗去三千余卷，藏之巴黎图书馆。中国人始知之，乃由清季之学部，命甘肃将所余运至北京，藏诸其时之京师图书馆。然转运时已有盗窃，抵京后又有散失，落入不知谁何之手者，亦不少也。洞中所得，佚籍甚多，并有为外国文字者。其中粟特文一种，久绝于世，尤称宝贵焉。此室藏书，复出后虽多散佚，然保存旧籍究不少，实缘其地较偏僻之故，兵燹之剧，但在平原旷野，而物力丰饶之地，亦在于此。而藏书亦于是，遂至人力所成者，仍以人力毁之。设使自古以来，即有一藏书之法，如古人所谓藏之名山者，则书之厄必可少减矣。王室所居，即为政权所寄，其兵争必尤烈，而中秘之藏即在是，故历代所有，无不灭亡，此亦据天下而自私之祸也。

《困学纪闻》：“孝宗问周益公云：唐孙樵读《开元录》杂报数事，内有宣政门宰相与百寮廷诤十刻罢，遍检薪、旧《唐史》及诸书，并不载。益公奏：《太平御览》总目内有《开元录》一书，祖宗朝此本尚存，近世偶不传耳。容臣博加询访。”《集证》引孙樵《读开元杂报》云：“樵曩于襄、汉间得数十幅书，系日条事，不立首末。其略曰：某日，皇帝亲耕籍田，行九推礼。某日百寮行大射礼于安福楼南。某日，安北诸蕃首长请扈从封禅。某日，皇帝自东封还，赏赐有差。某日，宣政门宰相与百僚廷诤，十刻罢。如此凡数十百条。

樵后得《开元录》验之，条条可复云。”此盖后世宫门抄之类？论者谓为报纸之渊源也。

《旧书·吐蕃传》：开元十八年（730年），使来，奏云：金城公主请《毛诗》《礼记》《左传》《文选》各一部。制令秘书省写与之。正字于休烈上疏曰：“昔东平王入朝，求《史记》、诸子，汉帝不与。盖以《史记》多兵谋，诸子杂诡术。且臣闻吐蕃之性，慓悍果决，敏情持锐，善学不回。若达于书，必能知战。深于《诗》则知武夫有师干之试，深于《礼》则知月令有废兴之兵，深于《传》则知用师多诡诈之计，深于《文》则知往来有书檄之制，何异籍寇兵而资盗粮也。且公主下嫁从人，合慕夷礼，返求良书，恐非本意，虑有奔北之类，劝教于中。若陛下虑失蕃情，以备国信，必不得已，请去《春秋》。”疏奏，不省。《新书·休烈传》云：疏入，诏中书门下议。侍中裴光庭曰：“休烈但见情伪变诈于是乎生，不知忠信节义亦于是乎在。”帝曰：“善。”遂与之。则不得云不省也。而休烈之锢蔽，则匪夷所思矣。

古物亦时有发见，但唐以前人知贵之者尚少耳。《旧书·音乐志》：“今清乐奏琵琶，俗谓之秦汉子，圆体修颈而小，疑是弦鼗之遗制。其他皆充上锐下曲项，形制稍大。疑此是汉制，兼似两制者，谓之秦、汉，盖谓通用秦、汉之法。阮咸，亦秦琵琶也，而项长过于今制，列十有三柱。武太后时，蜀人蒯明于古墓中得之。《晋竹林七贤图》阮咸所弹与此类，因谓之阮咸。”此以古物与图画相证者也。然伪物亦时有之。薛《史·张策传》：少聪警好学，尤乐章句。居洛阳敦化里。尝浚甘泉井，得古鼎。耳有篆字曰：“魏黄初元年春二月匠吉千。”且又制作奇巧。策父同甚宝之。策时在父旁，徐言曰：“建安二十五年（220年），曹公薨，改年为延康。其年十月，文帝受汉禅，始号黄初，则是黄初元年无二月明矣。”同大惊。亟遣启书室，取《魏志》展读，一不失所启。宗族奇之。此物之伪，似无可解免，知好作伪者历代有之也。

第二十三章　隋唐五代宗教

第一节　诸教情状

当晋、南北朝之世，佛教之流传初盛；牢笼旧有诸迷信之道教，亦于此时长成。适会新莽变法败绩，吾国人不复敢言改变社会组织、政治制度，而欲以空言提唱道德，移易人心，玄学因之昌盛；其易与哲理精深之佛教合流，又将已所崇信之哲理，与旧有诸迷信相结合而成道教者，势也。顾怀抱此等见解者，不过极少数人。其大多数人，固皆视佛与道为宗教而迷信之者也。视为宗教而迷信之，则必不免多所耗费。物力耗矣，而于精神仍不能有裨，此为求益而反损。晋、南北朝之世，实不免此弊。顾流弊初滋，呼号而欲划除之者，亦即随之而起。隋、唐之世，此义日昌，而限制宗教之政令，亦因之而渐行焉。佛家痛心于三武之厄。三武者？魏太武帝、周武帝、唐武宗也。佛狸废佛，别有用心；周武则特欲除宗教之弊，而非欲去教化之实；《两晋南北朝史》已详言之。唐武宗，世皆言其废佛，实亦仅限制之而已。限制则去其流弊之谓也。知宗教之不可无，而特欲去其流弊，可不谓之合于理乎？武宗之废佛，固不久而即复，然合隋、唐三百年之事而观之，则限制宗教，去其泰甚之论议，与夫随之而起之政令，夫固寖昌寖炽也。经此一番矫正，宗教之流弊遂渐祛，于物力少所耗费，而弊之中于人心者，亦日澹矣。

儒、释、道并称三教之局，至南北朝之世，业已一成而不可变矣。儒家实非宗教，何以能与释、老并称？此即可见吾国人对待宗教之中理，不使教义与人事离逖过甚也。姚崇之将死也，遗令子孙毋作佛事。又曰：道家"慕僧家之有利，约佛教而为业"，更不可用。《旧书·本传》。李叔明之欲裁减寺观僧道也，彭偃议言："道士有名亡实，俗鲜归重，于乱政轻。"《新书·李叔明传》。详见下节。则道家名虽与佛并列，实则佛之附庸而已。宗教流弊之轻重，则佛教之盛衰也。而佛教之在隋、唐，实为盛极而衰之世。

中国之佛教，凡得十三宗，兴于隋、唐之世者，为俱舍、摄论、华严、法相、真言五宗，《两晋南北朝史》已言之。俱舍、摄论，后皆折入法相，不足深论。华严、性、相，并称教下三家，与禅宗之自称教外别传者相对，顾至唐中叶而皆衰；真言宗则本未大盛；唐中叶后盛行者，则禅、净二宗而已。此其故何哉？信佛者，极少数人，固不敢谓其不能发弘愿，蠲私欲。顾此特极少数耳，其大多数，则皆欲蕲求福报者也。信佛之后，此念自不能无变化，然终潜伏于其心坎深处，宋、明理学家所讥其多得这一些子意思者也。然欲蕲求福报，其所愿果获遂乎？中国人言福善祸淫，言积善之家，必有余庆，积不善之家，必有余殃，较之佛家期报于冥冥不可知之数者，岂不更为实在？其如与事实不符何？佛教之言轮回，言来世，则正所以弥此缺憾者也。然言轮回，言来世，果遂足以弥此缺憾乎？佛家之言修持也，义甚精微，循其义而行之，必非一世所能竟，此事之至易见者。然不修至佛地位，则终不免于退转而仍入轮回。一入轮回，则因其根器之不同，而修为之机缘，或且甚少。此宁不使人怖惧？然谓修为者立义可以稍粗，或虽未成佛亦可以不退转，则非尽易前说不可，此狐埋之而狐搰之也。然则教义愈入于精微，愈将使信徒掉头而去矣。此佛家因发展过度，而自入于绝路者也。临此局势，势不可不思所以救之。救之之道惟何？朝暮四三，易其名者固不能变其实。曰"二乘聋瞽，地狱顿超"，此佛可速成之说也。虽道自华严，见《华严经·随好光明功德品》。而惟禅宗之屏弃人事，专事一心者，足以致之，固无疑义。曰求生净土，免受后有，而于其中，徐徐修行，以至成佛，则虽未成佛亦不退转之说也。净土宗实唱道之。佛为宗教，所说教义，虽极精深，意皆在开示人使事修持，非重其义。能修持矣，义自可作筌蹄之弃。故禅宗之说，无可诘难。抑佛家修持之法，括以止、观双修。净土宗教人以观想、持名，于此二者固无所偏废，特变繁难为简易耳。殊途同归，一致百虑，固不能谓简易之法，不逮繁难。则净土宗之说，又无可诘难也。以此自救，可谓煞费苦心。然禅宗大行，势必至于教义皆无所知，戒律亦可捐弃，而枯寂、猖狂之弊作。至净土宗则本云“普接利钝”，愚柔者无不归之，而佛教中之乡愿满天下矣。朝暮四三，易其名者终不能易其实。佛教至此，欲无衰落，得乎？

由盛入衰者，所谓日中则昃，月盈则食。当其中与盈之时，衰机虽肇，衰象固不可得而见也。故隋、唐之世，佛、道二教，仍极受政府之尊崇。隋文帝之专事矫诬者无论矣。武则天因沙门伪撰《大云经》，令释教在道教之上。中宗复国，崇饰寺观。睿宗仍之。玄宗初年，稍有沙汰，见下节。后亦停止。肃宗在凤翔，即作内道场，供奉僧晨夜念佛，声闻于外。见《旧书·张镐传》。代宗任元载、王缙、杜鸿渐，其迷信又加甚焉。宪宗迎佛骨，结内道场，数幸诸寺，施与过当。见《旧书·萧仿传》，附其从兄俛传后。懿宗又迎佛骨，赐讲经僧沉香高坐，饭万僧。《旧书·李蔚传》。其耗费，于唐诸帝中盖为最甚？《旧书·本纪赞》。犹曰：“此等举动，历代有之，非唐所独也。”至其于道教，则更有超越前古者。唐起夷狄，欲自附于华夏，乃谬托老子为始祖。又因古李、理二字，互相通假，并牵率及于皋陶。谓其历虞、夏、商，世为大理，以官命族为理氏。至纣时，有名徵者，以直道得罪而死，其妻陈国契和氏，与子利贞，逃难于伊侯之墟。食木子得全，乃改理为李氏焉。《新书·宗室世系表》。高祖即幸终南山谒老子庙。《旧纪》武德七年（624 年）。太宗虽谓神仙事本虚妄，《旧纪》贞观元年（627 年）。而亳州老君庙，亦与兖州宣尼庙同修。《旧纪》贞观十一年（637 年）。高宗封禅，次亳州，幸老君庙，追号曰太上玄元皇帝。《旧纪》乾封元年（666 年）。武后专政，又追尊老子母为先天太后。《旧纪》光宅元年（684 年）。及革命，黜玄元皇帝之号，仍称老君。至中宗又复其旧。《旧纪》神龙元年（705 年）。皆所以辗转文此一举之过者也。此唐代尊崇道教之第一期也。玄宗开元二十九年（741 年），制两京诸州各置玄元皇帝庙，并崇玄学，置生徒，令习《老子》《庄子》《列子》《文子》。《本纪》作文中子，“中”字衍，《礼仪志》无。天宝元年（742 年），陈王府参军田同秀上言：“玄元皇帝降见于丹凤门之通衢，告赐灵符，在尹喜故宅。”上遣使就函谷故关尹喜台西发得之。乃置玄元庙于大宁坊。二月，亲享于新庙。号庄子、文子、列子、庚桑子皆为真人，其所著书称真经。改桃林县为灵宝县。九月，玄元庙改称太上玄元皇帝宫。二年（743 年），追上尊号，并追尊其父、母及皋陶为帝、后。改西京玄元庙为太清宫，东京为太微宫。天下诸郡为紫极宫。自此欲郊祀，必先朝太清宫，次日享太庙，又次日乃祀南郊焉。七年（748 年），又有人言玄元皇帝见于华清宫之朝元阁，改为降圣阁。又改会昌县为昭应县，山为昭应山，封山神，仍立祠宇。八载（749 年）、十三载（754 年），又再上玄元皇帝尊号。十四载（755 年），颁御注《老子》并义疏于天下。以上并见《旧书·本纪》及《礼仪志》。《新纪》云：至德二载三月，通化郡言玄元皇帝降，则至入蜀之后，其妖妄犹未息也。高宗尝幸少室山，赐故玉清宫道士王远知谥。又幸逍遥谷道士潘师正所居。《旧纪》调露元年（679 年）。睿宗亦尝征天台山道士司马承祯。《旧书·文苑·李适传》。然皆未使与政。玄宗开元二十二年（735 年），征张果至京师。果见两《书·方伎传》。由是颇信神仙。《通鉴》。其后道士孙甑生，遂托修功德，往来嵩山，求请无度。《旧书·忠义·李证传》。术士苏嘉庆请祀九宫贵神。事见《旧书·礼仪志》及《舒元舆、崔龟从传》。王屿更专以祠事希幸。肃宗立，竟至宰相。肃宗尝不豫，玙遣女巫分行天下，祈祭名山、大川。巫皆盛服乘传而行。上令中使监之，因缘为奸，所至干托长吏，以邀赂遗。代宗时，道士李国祯请于昭应县南山顶置天华上宫、露台、天地婆父、三皇道君、太古天皇、中古伏羲、娲皇等祠堂，县东义扶谷故湫置龙堂。皆见《旧书·王屿传》。术士巨彭祖，又请每四季月郊祀天地。见《旧书·礼仪志》及《归崇敬传》。皆因臣下谏诤，仅而获已。凡兹淫祀，蠹国劳民，亦皆玄宗阶之厉也。此唐代尊崇道教之第二期也。第一期欲以诳人，第二期则反为人所诳矣。至第三期，则其事又异。宪宗信方士柳泌及僧大通，服金丹，数暴怒，恚责左右见弑。见《旧书·本纪》元和十四（819年）、十五年（820年），两《书·李道古、皇甫镈》，《新书·宦者·王守澄传》。穆宗立，悉窜诛之，然身亦饵金石而死。见《旧纪》长庆四年（824年）及两《书·裴潾传》。敬宗信道士刘从政、孙准、赵归真，山人杜景先，处士周息元。遣中使往湖南、江南及天台山采药，押杜景先往淮南及江南、湖南、岭南求访异人。见《旧纪》宝历元年（825年）及《新书·李德裕传》。文宗立，配流赵归真等于岭南。武宗居藩，即好道术、修摄之事。及即位，复召归真，令与衡山道士刘玄靖修法箓。筑望仙观于禁中，望仙台于南郊坛。服方士药，肤泽消槁，喜怒无常，卒亦不得其死。见《旧纪》开成五年（840年），会昌元、三、四、五年，《新书·后妃·武宗贤妃王氏传》。宣宗立，诛刘玄靖等十二人。及季年，患风毒，复欲服金石之药。见《旧纪·赞》及《韦澳传》，《新书·崔慎由传》。卒为李玄伯所误，见第二十二章第六节。此唐代尊崇道教之第三期，纯出于求长生之私欲，并迷信之愚诚而无之矣。其流，至于梁太祖犹因病欲服石剂。见薛《史·段深传》。而王衍亦起上清宫，塑王子晋像，尊为圣祖至道玉宸皇帝焉，欧《史·世家》。亦可谓远矣。然此等表面之尊崇，曾何足挽二氏将衰之运也？

斯时之出家者，才智之士尚多。如魏征即曾出家为道士。姜公辅罢相，亦乞为道士。孙晟为南唐志节之士，亦少为道士。道士如此，僧徒自更不待言。北汉末叶，抗御中原之力极强，其辅佐之者，一僧继颙，一曾为道士之郭无为也，说见第十四章第六节。韦渠牟亦有才学，而初为道士，后为僧。僧道亦多有著述。散见两《书·经籍、艺文志》中。僧徒尚有远游求法者，而玄奘留印度至十七年，多赍经论返国，译出者至七十余部，尤蔚然为佛乘之光焉。玄奘所译经，《旧书·本传》云七十五部。《续高僧传》云七十三部，一千三百三十卷，《慧立大慈恩寺三藏法师传》云七十四部，一千三百三十五卷。玄奘之后，游印者又有义净，有《南海寄归内法传》。陆羽育于僧人，欲教以旁行书，而羽不肯，已见第二十二章第二节。薛《史·世袭·李茂贞传》言：岐下有僧曰阿阇梨，通五天竺语，为士人所归；足见通知印度文之僧人，五代时尚有之也。道家固多诞妄，然观李道古进柳泌以误宪宗，而身亦以服药死，则药虽误，进之者未必欺人；即方士，或亦诚为古人所欺也。其所行服饵、道引及诸小术，则更不能谓为欺人。当时道流，或有小术。如《新书·马周传》，言周之亡，太宗思之甚，将假方士术求见其仪形，此少翁以方夜致王夫人及灶鬼之貌也。《方技传》云：孙甑生能使石自斗，草为人骑驰走，此栾大使棋自相触击也。此固不能欺人。其有导引术者，如《张果传》言其善息气，能累日不食，此亦不容作伪。事服饵者，如《旧书·萧嵩传》，言其性好服饵，及罢相，于林园植药，合炼自适，此等亦无流弊，惟服金石之剂，则为所误者极多。然谓其意在欺人，则亦未必，何者？以此进于人君，厚赏未必可期，一误，或药虽不误而其君自以他故致疾、致死，皆可罹不测之祸，又何苦昧死以幸利邪？荒诞者自有之。如张果自言生尧丙子岁，位侍中。《新书·艺文志》有李筌《骊山母传阴符玄义》一卷。《注》云：于嵩山虎口岩石壁，得黄帝阴符。本题云魏道士寇谦之传诸名山。筌至骊山，老母传其说。则真可发一噱，然此等并不足以概其全也。而其中亦诚有通晓玄言、恬退守正之士，两《书·方伎传》中有之，《隐逸传》中亦不乏也。然欲侍此等以挽二氏将衰之运，则更无可望矣。

舆论必先于政令。当时政府之于二氏，虽致尊崇，特积习相沿，又其人本昏愚，或则中于贪欲耳。明睿之舆论，固多欲祛除二氏之流弊，此新生方长之力也。韩愈攘斥佛、老之说，略见第二十二章第三节。愈以谏迎佛骨贬，志不行于当时。张籍责其不能著书以觉世，而愈答书曰："古人得其时，行其道，则无所为书。为书者，皆所为不行乎今而行乎后世者也。今吾之得吾志、失吾志未可知，则俟五十、六十为之未失也。天不欲使兹人有知乎？则吾之命不可期。如使兹人有知乎？非我其谁哉？"《新书·愈传》。其毅然自任之志，曾不少减焉。薛《史·马胤孙传》，言其慕韩愈之为人，尤不重佛。及废居里巷，追感唐末帝平昔之遇，依长寿僧舍读佛书，乃幡然一变。此虽变于后，其初固愈之徒，足见志愈之志者不乏其人。此等人日多，攘斥佛老之论，亦必随之而盛矣。愈等皆欲得位乘时，为天下祛除积弊者。其欲修之于身，行之于家者，则如姚崇，遗令戒子孙毋作佛事。《旧书·本传》。李夷简将终，亦戒毋事浮屠。《新书·本传》。石昂，父好学，平生不喜佛说。父死，昂于柩前诵《尚书》，曰："此吾先人所欲闻也。"禁其家不可以佛事污吾先人。欧《史·本传》。姚崇言"功德须自发心，旁助宁应获报"，此义固中材所能知。其论事佛求福，乃反得祸，与韩愈谏迎佛骨之说同，则更中人以下所能解矣。此等议论昌，而流俗之崇奉二氏，亦益澹矣。此等风气，潜滋暗长，则政令虽未行，不过枝叶未有害，而其本实固已先拔矣。

佛、道而外，隋、唐之世，尚有自外国传来之宗教。曰火祆，曰摩尼、曰景、曰伊斯兰教，而摩尼为盛。诸教事迹，皆颇湮晦。

近人陈垣，撰《火祆教入中国考》《摩尼教入中国考》，于此二教之事迹，搜考颇详，并略及于景教。惟伊斯兰教之事迹，则尚甚湮晦耳。今略述今所能考见者如下：

火祆，即南北朝时之胡天。《通典·职官典》：视流内有萨宝、正五品。萨宝府祆正；从七品。视流外有萨宝府祆祝、勋品。萨宝率府、四品。萨宝府史五品。诸官。《注》云："武德四年（621年），置祆祠及官。常有群胡奉祀，取火咒诅。"《旧书·职官志》云：视流内、视流外诸品，开元初一切罢之，惟有萨宝祆正、祆祝、府史，盖为此教而特存之者也。《新书·百官志》祠部职云："两京及碛西诸州火祆，岁再祀而禁民祈祭。"唐韦述所撰《两京新记》久佚，日本《佚存丛书》刊其第三卷。据所记，则西京火祆祠有四：一在布政坊，一在醴泉坊，一在普宁坊，其一佚焉。据宋敏求《长安志》卷七所引补之，则在靖恭坊也。敏求又有《河南志》，亦久佚。清嘉庆间，徐松因纂《全唐文》，于《永乐大典》中得《河南志图》，证以《玉海》所引，《禁扁》所载，知是敏求旧帙。乃辍集他书，成《唐两京城坊考》。此亦足补《宋志》之亡。据所考，则东都会节坊、立德坊皆有祆祠。又据张鷟《朝野佥载》，《四库全书》本。知东都南市西坊亦有祆祠，又凉州有祆神祠。而凉州祆神祠，亦见敦煌唐写本《图经》残卷。皆足与《新志》之言相证。而《两京新志》布政坊祆祠下《注》云"武德四年（621年）立"，又足与《通典》之言相证也。火祆不传教，亦不翻经，又称祠，间称庙，而不称寺，盖中国人无信者，特胡人自奉其所信而已。皆据陈氏《火祆教入中国考》。其详当考原文。

摩尼教则异是。《佛祖统纪》卷三十九云："延载元年（694年），波斯国人拂多诞持《二宗经》伪教来朝。"《二宗经》者，摩尼教经名。拂多诞其教中职司，李肇《国史补》所谓小摩尼也。此为摩尼教入中国之始。《册府元龟》卷一百九十七云：开元七年（719年），吐火罗国支汗那王帝赊上表献解天文人大慕阇。其人智慧幽深，问无不知。伏乞天恩，唤取慕阇，亲问臣等事意及诸教法，知其人有如此之艺能。望请令其供奉。并置一法堂，依本教供养。慕阇亦其教职司之名，《国史补》所谓大摩尼也。《通典》萨宝府《注》，于火祆外兼及他外教事。其述摩尼事云："开元二十年七月，敕末摩尼本是邪见，妄称佛教，诳惑黎元，宜严加禁断。以其西胡等既是乡法，当身自行，不须科罪。"则其教甫入中国，即从事传布，而中国则禁止之。此亦犹佛教初传来时，不许华人剃度耳，见下节。当时火祆亦不传教，非独歧视摩尼也。然中叶后，摩尼挟回纥之势而来，中国遂不能禁。《僧史略》卷下云："大历三年六月，敕回纥置寺，宜赐额大云光明之寺。"《佛祖统纪》卷四十一纪此事云："敕回纥奉末尼者建大云光明寺。"则"大云光明"为摩尼教之寺无疑。而《新书·常衮传》云"始回纥有战功者，得留京师，后乃创邸第、佛祠"，云佛祠者，《九姓回鹘可汗碑》云："往者无识，谓鬼为佛，今已悟真，不可复事"，似摩尼自称真佛，故开元敕斥其妄称佛教。然则称大云光明寺为佛祠，疑当时流俗自有此语，纪载者从而书之，子京遂未改正也。《僧史略》又云："大历六年正月，又敕荆、越、洪等州各置大云光明寺一所。"《佛祖统纪》则云："回纥请于荆、扬、洪、越等州置大云光明寺。"疑《僧史略》夺扬字。建寺及于江域者，摩尼本行于西域，回纥之入中国，亦尝与贾胡偕，疑寺亦随其足迹之所至，非其教之传布，如是其速也。《册府元龟》卷九百七十九云："贞元十二年（796年），回鹘又遣摩尼八人至。"云又，明非初至。《旧书·德宗纪》：贞元十五年四月，"以久旱，命阴阳人法术祈雨"。《唐会要》卷四十九《摩尼寺》条云："以久旱令摩尼师祈雨。"知阴阳人即摩尼师，久自通于政府，而两《书·回纥传》皆谓其元和初以摩尼至。《通鉴》亦于元和元年（806年）书云："是岁回鹘入贡，始以摩尼偕来，于中国置寺处之"；明其所据皆同，而其说实误也。《册府元龟》卷九百九十九云："元和二年（807年），回鹘使者请于河南府、太原府置摩尼寺三所，许之。"《旧书·本纪》同，惟无使者及三所字。《旧书·回纥传》："元和八年十二月二日，宴归国回鹘、摩尼八人，令至中书见宰官。先是回鹘请和亲，宪宗使有司计之，礼费约五百万贯。方内有诛讨，未任其亲。以摩尼为回鹘信奉，故使宰臣言其不可。"然后卒许其和亲，至长庆元年（821年），"回鹘宰相、都督、公主、摩尼等五百七十三人入朝迎公主"焉。摩尼在回纥中之权势可见。《传》又云：其"岁往来西市，商贾颇与囊橐为奸"。中国盖未尝不苦之。故回纥一败，摩尼即遭禁断矣。以上亦多据陈垣《摩尼教入中国考》。

景教之来，事在贞观九年（635年）。十二年（638年），许其建寺，名波斯。天宝四年（745年），敕云："波斯经教，出自大秦。传习而来，久行中国。爰初建寺，因以为名。将欲示人，必修其本。其两京波斯寺宜改为大秦寺。天下诸州郡有者，亦宜准此。"《通典萨宝注》。《两京新记》：西京醴泉坊街南之东有波斯胡寺。《注》云："仪凤三年（678年），波斯王毕路斯奏请于此置波斯寺。"《长安志》云："景龙中，宗楚客筑此寺入其宅，移于布政坊之西南隅祆祠之西。"《两京新记》又云：普宁坊街东之北有波斯胡寺。《唐两京城坊考注》云："贞观十二年（638年），太宗为大秦国胡僧阿罗斯立。"据《景教碑》，普宁坊应作义宁坊，阿罗斯应作阿罗本。又《两京城坊考》东都修善坊有波斯胡寺。皆其遗迹之可考者也。亦据陈垣《火祆教入中国考》。建中二年（781年），寺僧景净建《大秦景教流行中国碑》，明末于长安崇仁寺掘得。而近世敦煌石室所得者，又有《景教三威蒙度赞》。见伯希和《唐元时代中东亚基督教徒》，在《西域南海史地考证译丛》内。皆可考见景教初入中国时之情形焉。

伊斯兰教何时传入中国，尚乏信史可征。日本桑原骘藏《蒲寿庚传》云：广州城内有怀圣寺，寺内有番塔，或称光塔，其构造与佛塔绝异。相传为伊斯兰教初至时所建。清金天柱《清真释疑补缉》所收《天方圣教序》云：“天乃笃生大圣穆罕默德，作君作师，维持风化。西域国王，皆臣服而信从之，共上尊号为赔昂伯尔。隋文帝慕其风化，遣使至西域，求其经典。开皇七年（587年），圣命其臣赛一德斡歌士赍奉《天经》三十册传入中国。首建怀圣寺，以示天下。”此说自不足信。桑原氏谓光塔与岳珂《桯史》所云蒲姓宅后之率堵波绝相类，疑寺亦宋时蒲姓所建也。本文三，《考证》二十八、二十九。又引明何乔远《闽书》卷七云：“吗喊叭德圣人，门徒有大贤四人。唐武德中来朝，遂传教中国。一贤传教广州，二贤传教扬州，三贤、四贤传教泉州。卒葬此山。”泉州东南郊外之灵山。桑原氏谓其言武德时来难信，然其说起原颇古，当在北宋前唐中世后云。本文一，《考证》十。唐时大食来者甚多，其教不得无随之而至者，特其遗迹无可考耳。然即有来者，亦不过自传其教，于中国人必无大关系也。

外来之宗教，固与中国人无甚关系，佛、道二教，看似牢笼全国，实亦不然。凡教，其质皆同，惟其所遭际者有异。因缘时会，通行较广，又为执政权者所崇信，则所奉事者称为正神，其教为大教，而不然者，则见目为淫祀，为邪教矣。狄仁杰充江南巡抚使，奏毁淫祠千七百所，惟留夏禹、吴太伯、季札、伍员四祠。《旧书·本传》。然高劢为楚州刺史。城北有伍子胥庙，祈祷者必以牛酒，至破产业。劢叹曰：“子胥贤者，岂宜损百姓乎？”乃告谕所部，自此遂止。百姓赖之。《隋书·本传》。然则伍子胥庙，又何尝不可烦民也？烦民与否，岂视其所奉之神哉？于頔为苏州刺史，吴俗事鬼，頔疾其淫祀，废生业，神宇皆撤去，惟吴太伯、伍子胥等三数庙存焉。李德裕为浙西观察使，四郡之内，除淫祠一千一十所。皆见《旧书·本传》。二事与狄仁杰绝相类。观后继者所除去之多，而知前人之政绩，为实录，为虚饰矣。果俗之所共信，岂易以此等政令摇动邪？不特此也。《旧书·德裕传》又言：宝历二年（826年），亳州言出圣水，饮之者愈疾。德裕奏曰："臣访闻此水，本因妖僧诳惑，狡计丐钱。数月已来，江南之人，奔走塞路。每三二十家，都雇一人取水。拟取之时，疾者断食荤血；既饮之后，又二七日蔬飧。危疾之人，俟之愈病。其水斗价三贯。而取者益之他水，缘路转以市人。老疾饮之，多至危笃。昨点两浙、福建百姓渡江者日三五十人。臣于蒜山渡已加捉搦。若不绝其根本，终无益于黎甿。乞下本道观察使令狐楚，速令填塞，以绝妖源。"从之。而《新书·裴度传》曰：汴宋观察使令狐楚言亳州圣水出，饮者疾辄愈。度判曰：妖由人兴，水不自作。命所在禁塞。然则令狐楚之智，与江南雇人取水者无异也。不亦令人齿冷乎？以此等人执政，而定教之邪正，岂足信哉？《新书·林蕴传》言：其父披，以临汀多山鬼淫祠，民厌苦之，撰《无鬼论》。然则淫祠民固苦之矣，而不废者，有所利者把持之，民固无如之何也。然此等见尊于一方之神，遭际时会，风行全国，列为明神者众矣。

第二节 限制宗教政令

僧、道本非可以伪滥也。"自西晋已上，国有严科，不许中国之人，辄行髡发。"傅奕《请除佛教疏》语。奕意见虽偏，此语则不能为伪造也。其后虽许之，然管辖有定职。北齐以昭玄寺掌佛教，隋曰崇玄署，隶鸿胪。炀帝改郡县佛寺为道场，道观为玄坛，各置监、丞。见《隋书·百官志》。唐置诸寺观监，隶鸿胪寺。贞观中，废寺观监。上元二年（675年），置漆园监，寻废。开元二十五年（737年），置崇玄学。天宝二载（743年），改曰崇贤馆。置大学士一人，以宰相为之。领两京玄元宫及道院。初天下僧、尼、道士、女冠，皆隶鸿胪寺。武后延载元年（694年），以僧、尼隶祠部。开元二十四年（736年），道士、女冠隶宗正寺。天宝二载（743年），以道士隶司封。贞元四年（788年），崇玄馆罢大学士。后复置左右街大功德使、东都功德使、修功德使，总僧、尼之籍及工役。元和二年（807年），以道士、女冠隶左右街功德使。会昌二年（842年），以僧、尼隶主客。见《新书·百官志》宗正寺及崇玄寺注。寺观、僧道有定数。见《新志·崇玄署职》。剃度须得允许，《新志·崇玄署职》云："两京度僧、尼、道士、女冠，御史一人莅之。每三岁，州县为籍，一以留县，一以留州，僧、尼一以上祠部。道士、女冠，一以上宗正，一以上司封。"行动亦有拘检。崇玄署职又云："凡止民家，不过三夜。出逾宿者，立案连署，不过七日。路远者州县给程。"《韩愈传》：贾岛，范阳人。初为浮屠。来东都。时洛阳令禁僧午后不得出，岛为诗自伤。愈怜之，因教其为文。遂去浮屠，举进士。则其管束有时颇严。皆非可以任意为之也。然终不免于伪滥，于是沙汰限制之政行矣。

唐开国即行之。《旧书·高祖纪》：武德九年五月，辛巳，诏曰："自觉王迁谢，像法流行，末代陵迟，渐以亏滥。乃有猥贱之侣，规自尊高，浮惰之人，苟避徭役，妄为剃度，托号出家。嗜欲无厌，营求不息。出入闾里，周旋阛阓，驱策田产，聚积货物，耕织为生，估贩成业，事同编户，迹等齐人。进违戒律之文，退无礼典之训。至乃亲行劫掠，躬自穿窬，造作妖讹，交通豪猾，每罹宪网，自陷重刑。黩乱真如，倾毁妙法。又伽蓝之地，本曰净居，栖心之所，理尚幽寂。近代以来，多立寺舍，不求闲旷之境，唯趋喧杂之方。缮采崎岖，栋宇殊拓。错舛隐匿，诱纳奸邪。或有接延鄽邸，邻近屠沽，埃尘满室，膻腥盈道。徒长轻慢之心，有亏崇敬之义。且老氏垂化，本实冲虚，养志无为，遗情物外。全真守一，是谓玄门，驱驰世务，尤乖宗旨。朕膺期御宇，兴隆教法，志思利益，情在护持，欲使玉石区分，薰莸有辨，长存妙道，永固福田，正本澄源，宜从沙汰。诸僧、尼、道士、女冠等，有精勤练行、守戒律者，并令大寺、观居住，给衣食，勿令乏短。其不能精进戒行者，有阙不堪供养者，并令罢遣，各还桑梓。所司明为条式，务依法教。违制之事，悉宜停断。京城留寺三所，观二所，其余天下诸州，各留一所，余悉罢之。”事竟不行。此诏之为沙汰而非废绝，事甚明白。《新书》云“四月，辛巳，废浮屠、老子法”，又于六月书“复浮屠、老子法”，谬矣。惟下诏之月，《新纪》与《通鉴》同，当从之，《旧纪》之五，盖误字也。《旧纪》云事竟不行，似但未奉行而已，未尝更有诏令，而《新纪》云复者，其文承“庚申，秦王世民杀皇太子建成、齐王元吉，大赦”之后，在“癸亥，立秦王世民为皇太子，听政”之前。数日之间，必不能更有处置佛、道之诏，疑赦文中或有暂缓沙汰之语，后遂阁置未行，故《旧纪》云事竟不行，《新纪》乃书之曰复也。此事据《旧书·傅奕传》及《通鉴》，皆因奕上疏请除去佛教而起。《旧传》奕上疏在七年（624 年），而《通鉴》系九年（626 年），盖因沙汰之诏追溯之。《奕传》载奕疏后又云“又上疏十一首”，明非一疏入而即决。《传》又云：高祖付群臣详议，惟太仆卿张道源称奕奏合理，而中书令萧瑀则与之争论。《新书·艺文志》：道家类释氏，有法琳《辨正论》八卷，又《破邪论》二卷。《注》云：琳姓陈氏。傅奕请废佛法，琳诤之，放死蜀中。则此事争辩，历时颇久，不以为然者实多，此赦文所以停止之欤？

武德诏虽未行，然欲沙汰僧、尼者仍不绝。武后时，苏瓌请并寺，著僧常员，数缺则补。中宗时，近戚奏度僧、尼，温户强丁，因避赋役。姚崇相玄宗，建言之。帝善之，诏天下汰僧伪滥，发而农者余万二千人。李叔明为东川，请本道定寺为三等，观为二等。上等留僧二十一，上观道士十四，每等降杀以七。皆择有行者，余还为民。德宗善之，以为不止本道，可为天下法，乃下尚书省杂议。都官员外郎彭偃曰：“天生蒸人，必将有职，游闲浮食，王制所禁。

今僧、道士不耕而食，不织而衣。一僧衣食，岁无虑三万，五夫所不能致。举一僧以计天下，其费不赀。臣谓僧、道士年未满五十，可令岁输绢四，尼及女冠输绢二，杂役与民同之，过五十者免。”刑部员外郎裴伯言曰：“衣者蚕桑也，食者耕农也，男女者继祖之重也，而二教悉禁，国家著令，又从而助之，是以夷狄不经法，反制中夏礼义之俗也。《传》曰：女子十四有为人母之道，四十九绝生育之理；男子十六有为人父之道，六十四绝阳化之理。臣请僧、道士一切限年六十四以上，尼、女冠四十九以上，许终身在道，余悉还为编人。官为计口授地，收废寺观以为庐舍。”议虽上，罢之。李训尝建言：“天下浮屠避徭赋，耗国衣食，请行业不如令者还为民。”以上皆据《新书·本传》。《李训传》又云：既执政，自白罢，因以市恩。《通鉴》：大和八年七月，李训奏僧、尼猥多，耗蠹公私。诏所在试僧尼诵经，不中格者，皆勒归俗。禁置寺及私度人。十月，郑注欲收僧、尼之誉，固请罢沙汰。从之。此等皆诬罔之辞，盖时未暇及此耳。此等皆欲行诸全国者。其操一方之政柄，而自行之于所治之地者，则有如韩滉为镇海，毁拆上元县佛寺、道观四十余所，以修坞壁；以佛寺铜钟铸兵器。李德裕徙西川，毁浮屠私庐数千，以地与农。亦如其废淫祀然，莫之能止也。积之久，乃复有武宗沙汰僧尼之举焉。

《旧书·本纪》：会昌五年七月，庚子，敕并省天下佛寺。中书、门下条疏闻奏：据令式，诸上州国忌日官吏行香于寺，其上州望各留寺一所。有列圣尊容，便令移于寺内。其下州寺并废。其上都、东都两街，请留十寺，寺僧十人。敕曰：上州合留寺，工作精妙者留之，如破落亦宜废毁。其合行香日，官吏宜于道观。其上都、下都，每街留寺两所，寺留僧三十人。中书又奏：天下废寺铜像、钟磬，委盐铁使铸钱。其铁像委本州铸为农器。金、银、鍮、石等像，销付度支。衣冠士庶之家，所有金、银、铜、铁之像，敕出后限一月纳官。如违，委盐铁使依禁铜法处分。其土、木、石等像合留寺内依旧。又奏僧尼不合隶祠部，请隶鸿胪寺。其大秦穆护等祠，释教既已厘革，邪法不可独存，其人并勒还俗，递归本贯充税户；如外国人，送还本处。八月，制中外诚臣，协予至意，条疏至当，宜在必行。其天下所拆寺四千六百余所，还俗僧尼二十六万五百人，收充两税户。拆招提、兰若四万余所，收膏腴上田数千万顷，收奴婢为两税户十五万人。隶僧尼属主客，显明外国之教，勒大秦穆护祆三千余人还俗，不杂中华之风。下制明廷，宜体予意。十一月，敕悲田养病坊，缘僧、尼还俗，无人主持，恐残疾无以取给，两京量给寺田振济，诸州府七顷至十顷，各于本管选耆寿一人句当，以充粥料。《新书·食货志》云：诸道留僧以三等，不过二十人。腴田鬻钱送户部，中下田给寺家奴婢丁壮者为两税户，人十亩。《通鉴》云：节度观察使治所及同、华、商、汝州各留一寺，分为三等：上等留僧二十人，中等十人，下等五人。僧寺非应留者，立期令所在毁撤，仍遣御史分道督之。财货田产并没官。寺材以葺公廨、驿舍。铜像、钟磬以铸钱。此武宗沙汰僧尼、佛寺之大略也。《旧书》纪此事，皆归咎于赵归真，《旧纪》：会昌四年三月，以道士赵归真为左右街道门教授先生。时帝志学神仙，师归真。归真乘宠，每对排毁释氏，言非中国之教，蠹耗生灵，尽宜除去。帝颇信之。五年正月，归真举罗浮道士邓元起有长年之术。帝遣中使迎之。由是与衡山道士刘玄靖及归真胶固，排毁释氏，而拆寺之请行焉。以其独汰佛而不及于道言之，似也。然道非佛比，彭偃则既言之矣。必不得已而去，于斯二者何先？谓武宗以求长生故而不去道则可，谓其汰佛全由道家之媒孽，恐非实录也。此事在当时，亦为非常之举，然言其“太暴宜近中”者，一韦博而已。见《新书·本传》。武宗政固严切，然以唐时士夫信佛者之多，事苟违理，岂有举朝缄口结舌者？是知沙汰僧尼，事不容已，在当时，亦为众所共喻矣。

矫枉者必过其直，见矫者又必稍复于枉，屡矫屡复，而后终剂于平焉，物之理也。佛教之在中国，其用物也弘矣，其取精也多矣，岂其韦博所云太暴之政，遂能使之一蹶不复振？武宗死而其政即废，势也。《通鉴》：宣宗大中元年，闰月，“敕应会昌五年所废寺，有僧能营葺者，听自居之，有司毋得禁止。是时君臣务反会昌之政，故僧、尼之弊，皆复其旧”。五年六月，进士孙樵上言：“陛下即位以来，修复废寺，天下斧斤之声，至今不绝，度僧几复其旧矣。陛下纵不能如武宗除积弊，奈何兴之于已废乎？愿早降明诏：僧未复者勿复，寺未修者勿修。庶几百姓犹得以息肩也。”七月，中书门下奏：“陛下崇奉释氏，群下莫不奔走，恐财力有所不逮，因之生事扰人。望委所在长吏，量加撙节。所度僧亦委选择有行业者，若容凶粗之人，则更非敬道也。乡村佛舍，请罢兵日修。”从之。六年十二月，中书门下请：“自今诸州准元敕许置寺外，有胜地灵迹许修复，繁会之院，许置一院。严禁私度僧、尼。若官度僧、尼有阙，则择人补之。仍申祠部给牒。其欲远游寻师者，须有本州公验。”从之。十年十一月，“敕于灵感、会善二寺置戒坛。僧尼应填阙者，委长老僧选择，给公凭赴两坛受戒。两京各选大德十人主其事。有不堪者罢之。堪者给牒遣归本州。不见戒坛公牒，毋得私容。仍先选旧僧、尼。旧僧、尼无堪者，乃选外人”。大中之政可考见者如此，谓其务反会昌之政得乎？谓僧、尼之弊，皆复其旧，能乎不能乎？然则谓会昌之政之废，皆出大中君臣之私，亦非实录也。何也？飘风不终朝，暴雨不终日，势固然也。

佛教之在中国，取精用弘，故一遭破坏，旋即恢复，他教则不能然矣。此亦见大中之政，非其君臣一二人所能为也。摩尼教之见废黜，尚在会昌五年（845 年）沙汰僧、尼之前。《会昌一品集》卷五有《赐回鹘可汗书意》，曰：“摩尼教天宝以前，中国禁断。自累朝缘回鹘敬信，始许兴行，江淮数镇，皆令阐教。近各得本道申奏：缘自闻回鹘破亡，奉法者因兹懈怠，蕃僧在彼，稍似无依。吴、楚水乡，人性嚣薄，信心既去，翕集至难。朕深念异国远僧，欲其安堵。且令于两都及太原信乡处行教。其江淮诸寺权停。待回鹘本土安宁，却令如旧。”此当是会昌元年（841 年）事，回鹘破败之初也。三年二月，制曰：“回纥既以破灭，应在京外宅及东都修功德回纥，并勒冠带，各配诸道收管。其回纥及摩尼寺庄宅、钱物等，并委功德使以同与。御史台及京兆府各差官点检收抽，不得容诸色人等影占，如犯者并处极法，钱物纳官、摩尼寺僧，委中书、门下条疏闻奏。”《新书·回鹘传》曰：“会昌三年（843 年），诏回鹘营功德使在二京者，悉冠带之。有司收摩尼书若像烧于道，产赀入之官。”谓此也。《僧史略》卷下：“会昌三年（843 年），敕天下摩尼寺并废入宫。当系入官之误。京城女摩尼七十二人死。及在此国回纥诸摩尼等配流诸道，死者大半。”日本《续藏经》本。日本僧圆仁《入唐求法巡礼行记》第三云：“会昌三年四月，敕下，令煞天下摩尼师。剃发，令著袈裟，作沙门形而煞之。”陈垣云：“杀摩尼而令作沙门形，不知其意所在。”愚疑摩尼服饰，本近沙门，此时已自冠带，敕令复其旧服，以见杀之之意也。其事近虐，然古代外教传来者，惟摩尼挟回纥之势，宗教之善恶，何以大相去，人见其挟势而来，则恶之矣，此百世之龟鉴也。其后梁贞明六年（920 年），陈州有毋乙之叛。欧《史》记其事极略，但称乙为“妖贼”而已。薛《史》则云：“陈州里俗之人，喜习左道。依浮屠氏之教，自立一宗，号曰上乘。不食荤茹，诱化庸民。糅杂淫秽，宵聚昼散。”亦未云为摩尼，而《僧史略》卷下，指为末尼党类。且云：“后唐、石晋，时复潜兴。推一人为主，百事禀从。或画一魔王踞坐，佛为其洗足。盖影傍佛教，所谓相似道也。或有比丘，为饥冻故，往往随之效利。”则变为秘密教矣。在南方者称为明教。徐铉《稽神录》卷三云：“清源人杨某，有大第在西郭。鬼出没四隅，杖莫能中。乃召巫立坛治之。鬼亦立坛作法，愈盛于巫。巫惧而去。后有善作魔法者，名曰明教，请为持经。一宿，鬼遂绝。”明教，盖其教中人所以自名也。后亦秘密传布。宋代，教外人称为吃菜事魔，至南宋末叶，犹未息焉。《册府元龟》卷九百七十六云："后唐天成四年八月，癸亥，北京奏葬摩尼和尚。摩尼，回鹘之佛师也。先自本国来太原。少尹李彦图者，武宗时怀化郡王李思忠之孙也。思忠本回鹘王子嗢没斯也。归国锡姓名。关中大乱之后，彦图挈其族归太祖。赐宅一区，宅边置摩尼院以居之。至是卒。"李克用虽跋扈，此事未必显违唐朝之政令，然则虽在会昌后，唐于回纥种人之自行信奉者，亦未加以禁止也。火祆教亦有残留者。张邦基《墨庄漫录》：东京城北有祆庙。其庙祝姓史，名世爽。自云家世为祝，累代矣。藏先世补受之牒凡三：一咸通三年（862年）宣武节度使令狐绹。一周显德三年（956年），一其五年（958年）权知开封府王朴。所给。镇江府朱方门之东城上，亦有祆神祠。孟元老《东京梦华录》卷三：大内西去右掖门有祆庙。史世爽盖西域人，其祠亦以其种人自奉而获存。张氏又云"俗以火神祠之"，盖对中国人以此自晦，故获留至宋代也。本节所叙史实，亦据陈垣《火祆教入中国考》《摩尼教入中国考》。

会昌而后，又一次大举沙汰者为周世宗。然此等政令，五代实时有之，亦不独周世宗也。薛《史·梁末帝纪》：贞明六年三月，礼部员外郎李枢上言："请禁天下私度僧、尼，及不许妄求师号、紫衣。如愿出家受戒者，皆须赴阙比试艺业施行。愿归俗者，一听自便。"诏曰："两都左右街赐紫衣及师号僧，委功德使具名闻奏。今后有阙，方得奏荐。仍须道行精至，夏腊高深，方得补填。每遇明圣节，两街各许官坛度七人。诸道如要度僧，亦仰就京官坛。仍令礼部给牒。今后只两街置僧录，道录、僧正并废。"《唐明宗纪》：天成三年十一月诏，曰："应今日已前修盖得寺院，无令毁废，自此已后，不得辄有建造。如要愿在僧门，并须官坛受戒，不得衷私剃度。"二年六月，"诏天下除并无名额寺院"。《末帝纪》：清泰二年三月，功德使奏：

“每年诞节，诸州、府奏荐僧道，其僧、尼欲立讲论科、讲经科、表白科、文章应制科、持念科、禅科、声赞科，道士欲立经法科、讲论科、文章应制科、表白科、声赞科、焚修科，以试其能否。”从之。《晋高祖纪》：天福四年十二月，“诏今后城郭、村坊，不得创造僧、尼院舍”。《周太祖纪》：广顺三年五月，开封府奏：“都城内录到无名额僧、尼寺院五十八所”，诏废之。皆所以限制释道，去其泰甚者也。然此不过限制之而已，实不足以廓清积弊，故又有周世宗之大举焉。

薛《史·周世宗纪》：显德二年五月，甲戌，诏曰：“释氏真宗，圣人妙道，助世劝善，其利甚优。前代以来，累有条贯。近年已降，颇紊规绳。近览诸州奏闻，继有缁徒犯法。盖无科禁，遂至尤违。私度僧、尼，日增猥杂。创修寺院，渐至繁多。乡村之中，其弊转甚。漏网背军之辈，苟剃削以逃刑。行奸为盗之徒，托住持而隐恶。将隆教法，须辨否臧，宜举旧章，用革前弊。诸道府、州、县、镇、村、坊，应有敕额寺院，一切仍旧。其无敕额者，并仰停废。所有功德佛像及僧、尼，并腾并于合留寺院内安置。天下诸县、城郭内若无敕额寺院，只于合停废寺院内选功德屋宇最多者，或寺院僧、尼各留一所。若无尼住，只留僧寺院一所。诸军镇，坊郭及二百户已上者，亦依诸县例指挥。如边远州郡无敕额寺院处，于停废寺院内僧、尼各留两所。今后并不得创造寺院、兰若。王公、戚里、诸道节、刺已下，今后不得奏请创造寺院，及请开置戒坛。男子、女子，如有志愿出家者，并取父母、祖父母处分，已孤者取同居伯叔、兄处分，候听许方得出家。男年十五已上，念得经文一百纸，或读得经文五百纸；女年十三已上，念得经文七十纸，或读得经文三百纸者，经本府陈状乞剃头，委录事参军本判官试验经文。其未剃头间，须留发髻。如有私剃头者，却勒还俗。其本师主决重杖勒还俗，仍配役三年。两京、大名府、京兆府、青州各处置戒坛。候受戒时，两京委祠部差官引试。其大名等三处，只委本判官录事参军引试。如有私受戒者，其本人、师主、临坛三纲、知事僧、尼，并同私剃头例科罪。应合剃头受戒人等，逐处闻奏，候勒下委祠部给付凭由，方得剃头受戒。应男女有父母、祖父母在，别无儿息侍养，不听出家。曾有罪犯，遣官司刑责之人，及弃背父母，逃亡奴婢，奸人细作，恶逆徒党，山林亡命，未获贼徒，负罪潜窜人等，并不得出家剃头。如有寺院辄容受者，其本人及师主、三纲、知事僧、尼，邻房同住僧，并仰收捉禁勘，申奏取裁。僧、尼、俗士，目前多有舍身，烧臂，炼指，钉截手足，带铃，挂灯，诸般毁坏身体，戏弄道具，符禁左道，妄称变现，还魂、坐化、圣水、圣灯、妖幻之类，皆是聚众眩惑流俗，今后一切止绝。如有此色人，仰所在严断，递配边远，仍勒归俗。其所犯罪重者，准格律处分。每年造僧账两本：其一本奏闻，一本申祠部。逐年四月十五日后，勒诸县取索管界僧、尼数目申州，州司攒账，至五月终已前，文账到京。僧、尼籍账内无名者，并勒还俗。其巡礼行脚，出入往来，一切取便。”此项条例，远较会昌为宽，盖诚如诏书所云，不过申举旧章而已。《纪》又云：是岁，诸道供到所存寺院，凡二千六百九十四。所废寺院，凡三万三百三十六。僧、尼系籍者，六万一千二百人。《通鉴》同。又分别言之曰：见僧四万二千四百四十四，尼一万八千七百五十六。惟欧《史·本纪》云：废天下佛寺三千三百三十六，未知孰是。

不耕而食，不织而衣，为历来攘斥佛、老之口实。然观武德诏书，言其“耕织为生，估贩成业，事同编户，迹等齐人”，则知此说实未为确。有国者之所惜，则赋役而已。惜奉己之赋役，而必借口于蒸民或受其饥寒，宁不令人齿冷？然天下事不可任其孤行。莫为之节，则将日日以长，而涓涓者成江河矣。故二氏之诒害民生，虽不如治人者所言之甚，而其能节制之，使不至于尾大，亦终于治化有裨也。

第三节　杂迷信

古代一切迷信，后世总称为阴阳。如《旧书·吕才传》言："太宗以阴阳书近代以来，渐致讹伪，穿凿既甚，拘忌亦多，命才与学者十余人共加刊正"是也。才既受命，"削其浅俗，存其可用者，勒成五十三卷，并旧书四十七卷"。合百卷。贞观十五年（641年），"书成，诏颁行之"。案《隋书·高祖纪》：仁寿二年（602年），"诏杨素与诸术者刊定阴阳舛缪"。《萧吉传》言高祖命其"考定古今阴阳书"。《临孝恭传》言高祖命其"考定阴阳"。《旧书·百药传》亦言开皇时"诏令撰阴阳书"。则自隋世即有意于刊正。吕才修阴阳书，颇能破除迷信。《传》载其叙宅经、葬书、禄命之辞，谓"虽为术者所短，然颇合经义"。《卢藏用传》言其"隐居终南山，学辟谷炼气之术"，亦道士之流。然"以俗多拘忌，著《析疑论》以畅其事"。则明理之士，于此原不深信。张公谨卒，太宗出次发哀。有司奏言："准阴阳书，日在辰不可哭泣，又为流俗所忌"，不听。《旧书·公谨传》。李石奏请开兴成渠，李固言谓"恐征役今非其时"。文宗曰："莫有阴阳拘忌否？苟利于人，朕无所虑也。"《旧书·石传》。李愬将攻吴房，军吏曰："往亡日，请避之。"愬曰："贼以往亡，谓吾不来，正可击也。"《旧书·本传》。亦皆能破除拘忌。武后以崔神庆为并州长史，"自为按行图择日"，《旧书》神庆附其父《义玄传》后。亦不过聊示抚慰之意耳。然利害所牵，终不免于皇惑。《新书·李泌传》言：肃宗重阴阳巫祝，擢王屿执政，大抵兴造工役，辄牵禁忌俗说，而黎干以左道位京兆尹。德宗素不谓然，及嗣位，罢内道场，除巫祝。代宗将葬，帝号送承天门，輼车行不中道。问其故。有司曰："陛下本命在午，故避之。"帝泣曰："安有枉灵驾以谋身利？"命直午而行。又宣政廊坏，太卜言孟冬魁冈，不可营缮。帝曰："春秋启塞从时，何魁冈为？"亟诏葺之。及桑道茂城奉天事验，始尚时日拘忌，因进用泌。即其明征也。《方技传》：桑道茂，善太一遁甲术。乾元初，官军围安庆绪于相州，势危甚。道茂在围中，密语人曰："三月壬申西师溃。"至期，九节度皆败。后召待诏翰林。建中初，上言"国家不出三年有厄会，奉天有王气，宜高垣堞为王者居，使可容万乘者"。德宗素验其数，"诏京兆尹严郢发众数千及神策兵城之"。《泌传赞》曰："观肃宗披荆榛立朝廷，单言暂谋，有所寤合，皆付以政，当此时，泌于献纳为不少；又佐代宗收两京；独不见录，宁二主不以宰相期之邪？德宗晚好鬼神事，乃获用，盖以怪自置而为之助也。"隋炀帝即位，悉召请术家坊处之，使乙弗弘礼总摄。李淳风死，候家皆不效，武后乃诏严善思以著作佐郎兼太史令。尚献甫善占候，武后召见，由道士擢太史令。辞曰："臣梗野，不可以事官长。"后改太史局为浑仪监，以献甫为令，不隶秘书省。皆见《新书·方技传》。刘隐招礼唐名臣谪死南方者子孙，或当时仕宦遭乱不得还者。周杰善星历，唐司农少卿，隐数问以灾变。杰耻以星术事人，尝称疾不起。欧《史·世家》。此等原不过过而存之，然遇皇惑无主之时，即不免生心害政矣。《新书·李靖传赞》曰："世言靖精风角、鸟占、云祲、孤虚之术，为善用兵，是不然。特以临机果，料敌明，根于忠智而已。俗人传著怪诡禨祥，皆不足信。"《裴行俭传》曰："通阴阳历术，每战豫道胜日"，亦俗人所传之一端也。遇大事不能明其所以然，则以怪诡禨祥相附会矣，此其致惑之由也。

禄命之说，亦根于时日禁忌而来。《隋书·袁充传》：充于仁寿初上表，言隋文"本命行年，生月，生日，并与天地、日月、阴阳、律吕运转相符。今与物更新，改年仁寿，岁、月、日、子，还共诞圣之时并同"是也。《临孝恭传》言其著《禄命书》二十卷，盖即其术。《旧书·方伎传》言：有邢和璞者，"善算人而知其夭寿善恶"，其所操盖亦是术也？

相术在唐时，最著者为袁天纲、张憬藏、金梁凤，皆见两书《方伎传》。五代时有周元豹，薛《史》有传。其言冯道事，见道及张承业《传》，已见第二十二章第五节。欧《史》元豹事见《赵凤传》。《旧书·萧嵩传》，言：嵩初娶贺晦女，与陆象先为僚婿。宣州人夏荣，称有相术，谓象先曰："陆郎十年内位极人臣，然不及萧郎一门尽贵，官位高而有寿。"《良吏·高智周传》：智周少与乡人蒋子慎善，同诣善相者，曰："明公位极人臣，而胤嗣微弱，蒋侯官禄至薄，而子孙转盛。"可见士夫喜言相术者之多。《睿宗·诸子传》：惠庄太子㧑，母柳氏，掖庭宫人。㧑之初生，则天尝以示僧万回。万回曰："此儿是西域大树之精，养之宜兄弟。"则天甚悦，始令列于兄弟之次。则僧人亦有操是术者。欧《史·周家人传》：世宗宣懿皇后符氏，初适李守贞子崇训。有术者善听人声，守贞出其家人使听之。术者闻后声，惊曰："此天下之母也。"此所谓声相，见《两晋南北朝史》第二十四章第一节。亦相术之一端也。

《隋书·萧吉传》云：献皇后崩，上令吉卜择葬所。吉历筮山原，至一处，云"卜年二千，卜世二百"，具图而奏之。上曰："吉凶由人，不在于地。高纬父葬，岂不卜乎？国寻灭亡。正如我家墓田，若云不吉，朕不当为天子，若云不凶，我弟不当战殁。"然竟从吉言。《杨素传》：献皇后崩，山陵制度，多出于素。上善之。下诏曰："葬事依礼，惟卜泉石，至于吉凶，不由于此。素义存奉上，情深体国。欲使幽明俱泰，宝祚无穷。以为阴阳之书，圣人所作，祸福之理，特须审慎。乃遍历川原，亲自占择。纤介不善，即更寻求。志图元吉，孜孜不已。心力备尽，人灵协赞。遂得神皋福壤，营建山陵。论素此心，事极诚孝。"乃别封其一子。此皆明言其不足信，而竟从之，亦所谓过而存之者也。《吉传》又言：吉告族人萧平仲曰："皇太子遣宇文左率深谢余，云：公前称我当为天子，竟有其验，终不忘也。今卜山陵，务令我早立。”亦此类矣。又云：尝行经华阴，见杨素冢上有白气属天，密言于帝。帝问其故。吉曰：“其候，素家当有兵祸，灭门之象，改葬者庶可免乎？”帝后从容谓杨玄感曰：“公家宜早改葬。”玄感亦微知其故，以为吉祥，托以辽东未灭，不遑私门之事。未几而玄感以反族灭。此等说不必实，然有此等说，即可见是时迷信葬地能祸福人者之众矣。《旧书·严善思传》：则天崩，将合葬乾陵，善思奏议诤之。善思虽列传《方伎》，而少以学涉知名，其言亦颇合典礼。然又曰：“山川精气，土为星象。若葬得其所，则神安后昌，若葬失其宜，则神危后损。所以先哲垂范，具之葬经。欲使生人之道必安，死者之神必泰”，亦不能离祸福以为言也。《新书·杜正伦传》：谓其与城南诸杜不协。诸杜所居号杜固，世传其地有壮气，故世衣冠。正伦既执政，建言凿杜固通水利以坏之；此则生宅之说也。

龟卜之术，随世益微，诸言卜者，实多指筮，已见《两晋南北朝史》第二十四章第一节。隋、唐之世，仍是如此。《新书·百官志》：太卜署令，掌卜筮之法。一曰龟。祭祀大事，率卜正卜日，示高于卿，退而命龟，既灼而占。小祀、小事，则卜正示高命龟，而太卜令、佐莅之。此当尚是龟卜。然不过奉行故事而已。《隋书·艺术传》：杨伯丑，好读《易》。有张永乐者，卖卜京师，伯丑每从之游。永乐为卦，有不能决者，伯丑辄为分析爻象，寻幽入微。又云：伯丑亦开肆卖卜。有人失子、夫妻、失金，“就伯丑筮”。《旧书·李纲传》言：“纲见善卜者，令筮之。”皆可见其名卜而实筮。《张公谨传》云：太宗将讨建成、元吉，遣卜者灼龟占之，公谨自外来见之，遽投于地。此等传说，信否未可知。《新书·诸公主传》：城阳公主之婚，帝太宗。使卜之。繇辞曰：“二火皆食，始同荣，末同戚，请昼婚则吉。”此辞未必非宋祁所为，其果为龟卜与否，亦不可知也。《旧书·刘黑闼传》：窦建德故将谋叛，“卜以刘氏为主，吉”，其非必指龟卜，更无疑矣。《玄宗纪》：中宗将祀南郊，来朝京师。将行，使术士韩礼筮之，筮一茎孑然独立。《太宗文德顺圣皇后长孙氏传》：隋大业中，尝归宁。后舅高士廉媵于后所宿舍外见大马，高二丈，鞍辔皆具。以告士廉。命筮之，遇《坤》之《泰》。《新书·高骈传》：蜀之土恶，成都城岁坏，骈易以砖甓。讫功，筮之，得《大畜》。薛《史·赵凤传》：疾笃，自为蓍，卦成，投蓍而叹。欧《史·马重绩传》：张从宾反，命重绩筮之，遇《随》。《南汉世家》：楚人以舟师攻封州，封州兵败，粪惧，以《周易》筮之，遇《大有》。皆明言所用者为筮。《旧书·李华传》：华著论言龟卜可废，通人当其言，盖以实无能通其术者也。然史言卜筮者，并不必皆指筮。《李绛传》：宪宗尝谓绛曰："卜筮之事，习者罕精，或中或否，近日风俗，尤更崇尚，何也？"绛对言"风俗近巫"，《易》岂巫觋所能知邪？欧《史·贺瑰传》言：梁太祖攻朱瑾于兖州，朱宣遣瑰救之。瑰欲绝梁饷道，梁太祖得降卒知之，"以六壬占之，得《斩关》，以为吉"，选精兵疾驰之，擒瑰。此等卜筮以外之占术，流行者必甚多也。《新书·太宗纪》：武德九年九月，禁私家妖神、淫祀、占卜非龟易五兆者，盖以此也。

《旧书·后妃传》：上官婉儿在孕时，其母梦人遗己大秤。占者曰："当生贵子，秉国权衡。"既生女，闻者嗤其无效。及婉儿专秉内政，果如占者所言。又宪宗孝明皇后郑氏，宣宗之母也。会昌六年（846年），后弟光梦车中载日月，光芒烛六合。占者曰："必暴贵。"月余，武宗崩，宣宗即位。光以元舅之尊，检校户部尚书、诸卫将军。出为平卢节度使。《崔湜传》：萧至忠诛，湜坐徙岭外。行至荆州，梦于讲堂照镜。曰："镜者明象，吾当为人主所明也。"以告占梦人张由。对曰："讲堂者，受法之所；镜者，于文为立见金。此非吉征。"其日，追使至，缢于驿中。观此三事，唐时尚有专以占梦为业者。

望气之术，军中偏多。《隋书·长孙晟传》：仁寿元年（601年），晟表奏曰："臣夜登城楼，望见碛北有赤气，长百余里，皆如雨，足下垂被地。谨验兵书，此名洒血，其下之国，必且破亡。欲灭匈奴，宜在今日。”《新书·吴武陵传》：吴元济未破数月，武陵自硖石望东南，气如旗鼓矛盾，皆颠倒横斜。少选，黄白气出西北，盘蜿相交。武陵告韩愈曰：“今西北王师所在，气黄白，喜象也。败气为贼。日直木，举其盈数，不阅六十日，贼必亡。”薛《史·符存审传》：与李嗣昭援朱友谦，将战，望气者言“西南黑气如斗鸡之状，当有战阵”。此皆言战斗事，为军中置望气之本义。亦有出此之外者。《新书·王潮传》：潮从王绪南走，望气者言军中当有暴兴者。绪潜视魁梧雄才，皆以事诛之。众惧，刘行全乃杀绪而推潮。此或潮自神其事，然军中多有望气，则可见矣。《隋书·韦鼎传》：“陈武帝在南徐州，鼎望气，知其当王，遂寄孥焉。”《庾季才传》：大定元年正月，季才言曰：“今月戊戌平旦，青气如楼阙，见于国城之上。俄而变紫，逆风西行。《气经》云：天不能无云而雨，皇王不能无气而立。今王气已见，须即应之。《元谐传》：有人告谐与从父弟滂谋反。上令案其事。有司奏谐令滂望气。滂曰：“彼云似蹲狗走鹿，不如我辈有福德云。”此亦以人之兴替言之，与《史记》言汉高所居上常有云气，范增使人望其气皆为龙虎成五采相类，其所由来者亦旧矣。《旧书·李义府传》：阴阳占候人杜元纪为义府望气，云所居宅有狱气发，积钱二千万，乃可厌胜。《隋书·萧吉传》：吉表言“献皇后山陵西北，鸡未鸣前，有黑云，方圆五六百步，从地属天。东南又有旌旗车马帐幕，布满七八里，并有人往来检校，部伍甚整，日出乃灭。同见者十余人。谨按《葬书》云：气王与姓相生大吉。今黑气当冬王，与姓相生，是大吉利子孙无疆之候也”。则言宅经、葬经者，亦咸援望气以为说矣。

于文，皿虫为蛊，汉戾太子以巫蛊败，然江充言于太子宫掘得桐木人，实厌胜之术，非皿虫之义也。皿虫为蛊之事，实首见于《隋书》。《隋书·外戚·独孤陁传》曰：“好左道。其妻母先事猫鬼，因转入其家。上微闻而不之信也。会献皇后及杨素妻郑氏俱有疾，召医者视之，皆曰：此猫鬼疾也。上以陁后之异母弟，陁妻杨素之异母妹，由是意陁所为。阴令其兄穆以情喻之。上又避左右讽陁。陁言无有，上不悦。左转迁州刺史。出怨言。上令左仆射高颎、纳言苏威、大理正皇甫孝绪、大理丞杨远等杂治之。陁婢徐阿尼，言本从陁母家来，常事猫鬼。每以子日夜祀之，言子者鼠也。其猫鬼每杀人者，所死家财物，潜移于畜猫鬼家。陁尝从家中索酒。其妻曰：无钱可酤。陁因谓阿尼曰：可令猫鬼向越公家，使我足钱也。阿尼便咒之归。数日，猫鬼向素家。十一年，上初从并州还，陁于园中谓阿尼曰：可令猫鬼向皇后所，使多赐吾物。阿尼复咒之。遂入宫中。杨远乃于门下外省遣阿尼呼猫鬼。阿尼于是夜中置香粥一盆，以匙扣而呼之曰：猫女可来，无住宫中。久之，阿尼色正青，若被牵曳者，云猫鬼已至。上以其事下公卿。奇章公牛弘曰：妖由人兴，杀其人，可以绝矣。上令以犊车载陁夫妻，将赐死于其家。陁弟司勋侍中整诣阙求哀。于是免陁死，除名为民。以其妻杨氏为尼。《后妃传》云：后三日不食，为之请命，陁于是减死一等。先是有人讼其母为猫鬼所杀者，上以为妖妄，怒而遣之，及此，诏诛被讼行猫鬼家。”《通鉴》事在开皇十八年（598 年），云：“诏畜猫鬼、蛊毒、厌媚、野道之家，并投于四裔。”按《唐律》有造畜蛊毒之条。《疏议》云：“造谓自造，畜谓传畜，若传畜猫鬼之类。”盖即《独孤陁传》所谓转入也。《隋书·地理志》言宜春等郡，往往畜蛊，已见《两晋南北朝史》第十七章第五节。《志》谓干宝谓之为鬼实非，此乃作《志》者之说。《独孤陁传》言阿尼色正青，若被牵曳，盖正言鬼附其身。《本草拾遗》云：“造蛊图富者，皆取百虫入瓮中，经年开之，必有一虫尽食诸虫，即此为蛊。能隐形似鬼神，与人作祸。”正与猫鬼之说相类。独孤陁之狱，或不免于诬，然医言文献后、杨素妻之疾为猫鬼疾，先是又有讼母为猫鬼所杀者，则蛊毒传说之盛，概可见矣。然厌胜、咒诅等说，亦未绝迹。

《隋书·柳肃传》：肃为太子仆，太子废，坐除名。大业中，炀帝与段达语及庶人罪恶之状。达曰：学士刘臻，尝进章仇大翼，于宫中为巫蛊，肃知而谏，庶人不怿，自后言皆不用。乃召守礼部侍郎。《滕穆王瓒传》云：瓒素与高祖不协。妃宇文氏，先时与独孤皇后不平。阴有咒诅。上命瓒出之。瓒不忍离绝。由是忤旨，恩礼更薄。开皇十一年（591 年），从幸栗园暴薨。人皆言其遇鸩。子纶嗣。当高祖之世，每不自安。炀帝即位，尤被猜忌。纶忧惧不知所为，呼术者王琛而问之。琛答曰："王相禄不凡。"乃因曰："滕即腾也，此字足为善应。"有沙门惠恩、崛多等，颇解占候。纶每与交通。常令此三人为度星法。有人告纶怨望咒诅。帝命黄门侍郎王弘穷治之。弘见帝方怒，遂希旨奏纶厌蛊。除名为民，徙始安。卫昭王爽子集，炀帝时，呼术者俞普明章醮，以祈福助。有人告集咒诅，亦"除名远徙边郡"。《房陵王勇传》言：皇后有废立之意，勇颇知其谋，忧惧计无所出。闻新丰人王辅贤能占候，召而问之。辅贤曰："白虹贯东宫门，太白袭月，皇太子废退之象也。以铜铁五兵造诸厌胜，又于后园之内作庶人村，屋宇卑陋，太子时于中寝息，布衣草褥，冀以当之。"《齐王暕传》：暕自谓次当得立，又以元德太子有三子，内常不安，阴挟左道，为厌胜之事。而李徹，大业中，其妻宇文氏，为孽子安远诬以咒诅伏诛。《新书·诸公主传》：太宗女城阳公主，麟德初坐巫蛊，斥其婿薛瓘房州刺史。《旧书·方伎传》：明崇俨，"年少时随父任安喜令。父之小吏，有善役召鬼神，崇俨尽能传其术。高宗闻其名，召与语，悦之。擢授冀王府文学。仪凤二年（677 年），累迁正谏大夫，特令入阁供奉。四年（679 年），为盗所杀。时语以为崇俨密与天后为厌胜之法，又私奏章怀太子不堪继承大位，太子密知之，潜使人害之"。《韦安石传》：太常主簿李元澄，安石之子婿。其妻病死。安石夫人薛氏疑元澄先所幸婢厌杀之。其婢久已转嫁，薛氏使人捕而捶之，致死。蛊也，厌胜也，咒诅也，皆巫术也。当时以为巫术能致人于死，反其道，则亦以为可以求人之生。《旧书·玄宗诸子传》：武惠妃数见三庶人为祟，怖而成疾。巫者祈祷弥月，不痊而陨。《李勉传》：除江西观察使。部人有病父，以蛊为木偶人，署勉名位，瘗于其陇。或以告，曰："为父禳灾，亦可矜也。"舍之。《田仁会传》：转右金吾将军。时有女巫蔡氏，以鬼道惑众，自云能令死者复生，市里以为神。仁会验其假妄，奏请徙边。是其事也。巫本假于鬼神。《旧书·方伎传》言："有师夜光者善视鬼。"欧《史·闽世家》：薛文杰荐妖巫徐彦，曰："陛下左右多奸臣，不质诸鬼神，将为乱。"鏻使彦视鬼于宫中。《马胤孙传》：卒后，其家婢有为胤孙语者。初崔协为明宗相，在位无所发明，既死而有降语其家，胤孙又然。时人嘲之曰："生不能言，死而后语"云。此等皆巫之本色也。巫，古本女子为之，男子为之则称觋。巫盖盛于觋？故后散文通称巫。此在后世亦然。《隋书·礼志》云：高祖既受命，遣奉策诣同州告皇考桓王庙，兼用女巫，同家人之礼，足见其家旧有女巫。韦后与政，封巫赵陇西夫人，出入禁中，《新书·本传》。亦是物也。

《王制》云："假于鬼神、时日、卜筮以疑众。"鬼神、时日、卜筮，盖疑众之三大端也。图谶于时日、卜筮，皆无当焉，并不足语于方伎，造作者亦不能自托于鬼神，直是妄庸人所为耳。然自后汉以来，习以是谋革易，故有国者深忌焉。隋文矫诬，用谶尤甚，隋时，怪迂阿谀之士，无不援引谶纬者。隋高祖亦恒自言之。如仁寿元年（601年）冬至祠南郊版曰："山图石瑞，前后继出，皆载臣姓名，褒纪国祚。经典诸纬，爰及玉龟，文字义理，递相符会"是也。其他不可枚举。故其"禁之亦愈切"。《隋书·经籍志》语。开皇十三年（593年），"制私家不得隐藏纬候图谶"。《本纪》。炀帝即位，发使四出，搜天下书籍与谶纬相涉者皆焚之。为吏所纠者至死。史言"自是无复其学，秘府之内，亦多散亡"。《经籍志》。然造作者仍不绝。李密之起也，移书郡县，言"谶篆云隋氏三十六年而灭"。又自称"姓符图纬，名协歌谣”。王世充之图篡也，“有道士桓法嗣者，自言解图谶。世充昵之。法嗣上《孔子闭房记》，画作丈夫持一干以驱羊。云杨隋姓，干一者王字也，王居羊后，明相国代隋为帝也”。皆见《隋书·本传》。唐高祖之起也，许世绪谓之曰：“公姓名已著谣箓。”《新书·本传》。附《刘文静、裴寂传》后。唐俭云：“公姓协图谶。”《新书·本传》。杨玄感反，窦抗谓高祖曰：“玄感为我先耳，李氏名在图谶，天所启也。”《新书·窦威传》。李轨与众共举兵，皆相让莫肯为主。曹珍曰：“常闻图谶云：李氏当王。今轨在谋中，岂非天命也。”《旧书·轨传》。而李浑、李敏在隋世，以有方士安伽陁，自言晓图谶，谓炀帝曰：“当有李氏应为天子，劝尽诛海内凡李姓者”，宇文述乃因而构之。此等皆明出造作。盖谶本鄙俗之辞，取其为众所易解，初不资故书雅记，然则焚之何为哉？张亮之诛也，史言其假子公孙节，谓“谶有弓长之主”，而亮“阴有怪谋”。刘兰之死也，史言“长社许绚解谶记，谓兰曰：天下有长年者，咸言刘将军当为天下主。兰子昭又曰：谶言海北出天子，吾家北海也”。皆《新书·本传》。綦连耀、刘思礼之诛，史言其“相与解释图谶，即定君臣之契”。《旧书·刘世龙传》。房嗣业、张嗣明坐资遣徐敬业弟敬真北投突厥，事觉，嗣业自缢死，而嗣明、敬真，多引海内相识，冀缓其死。嗣明称张光辅“征豫州日，私说图谶、天文，阴怀两端”。光辅由是被诛，家口籍没。则唐世又习以此诬陷人矣。然武延秀尚安乐公主，“主府仓曹蒋凤说曰：谶书云，黑衣神孙被天裳。驸马即神皇之孙。每劝令著皂袄子以应之”。《旧书·外戚传》。此事未必虚诬，则妄人之借此献媚启衅者，亦不必无之矣。开元六年（718年），以桓彦范等五人配享中宗，诏言其“名著谶纬”。《旧书·彦范传》。其后驸马都尉裴虚己，坐与玄宗弟范游，“兼挟谶纬”，配徙岭外。《旧书·睿宗诸子传》。张九龄荐周子谅为监察御史，子谅劾奏牛仙客，“语援谶书”。玄宗怒，杖之朝堂，流瀼州，死于道，九龄亦坐举非其人，贬荆州刺史。

《新书·九龄传》。则玄宗于谶，诚有畏忌之情，故王𫓹、李林甫得以“蓄谶纬，规复隋室”陷杨慎矜也。玄宗可谓迷信之魁矣。田承嗣之见伐也，既卑辞以止李正己之兵，又知范阳李宝臣故里，心常欲得之。乃勒石为谶书，密瘗宝臣境内。使望气者云：“此中有玉气。”宝臣掘地得之。文曰：“二帝同功势万全，将田作伴入幽、燕。”承嗣又使客讽宝臣，愿取范阳自效。宝臣乃密图范阳。承嗣亦陈兵境上。宝臣密选卒劫朱滔。承嗣闻衅成，乃还军。使告宝臣曰：“河内有警，不暇从公。石上谶文，吾戏为之耳。”《旧书·宝臣传》。此为史传明言谶文出于伪造者。天下之人，岂其智皆出田承嗣下，然犹竞事造作者？其事无可质证，易以诬陷。故如李逢吉等欲构裴度，乃作谣辞云：“非衣小儿坦其腹，天上有口被驱逐。”而张权舆乃上疏言度“名应图谶”；《旧书·度传》。至天祐元年（904 年），犹以“言星谶”杀医官阎祐之、国子博士欧阳特；固不恤人之疑其伪也。抑天下岂乏李宝臣之徒？则虽明知信者之寡，亦何妨姑一试之？欧《史·楚世家》言：“杨行密袁州刺史吕师周来奔，颇通纬候。”《吴越世家》言钱镠“稍通图纬诸书”。师周与镠，岂事呫哔者？而亦通此，彼固视为权谲之一端也。《旧书·李淳风传》云：太宗之世有秘记，云唐三世之后，则女主武王，代有天下。所谓秘记即谶也。其说至著之史传，则士大夫虽不深信，亦喜传播之矣。市三成虎，此其所以能惑众欤？图谶恒牵涉天文，故天文亦成厉禁。张仲让，迂儒耳，乃以“数言玄象，州县列上其状坐诛”。《隋书·儒林传》。薛颐，隋大业时为道士，善天步律历。武德初，追直秦王府。固丐为道士。太宗为筑观九嵕山，号曰紫府，拜颐太中大夫往居之。即祠建清台，候辰次灾祥以闻。《新书·方伎传》。其重之也如此。开成五年十二月，“敕司天台占候灾祥，理宜秘密。如闻近日，监司官吏，及所由等，多与朝官及诸色人等交通往来，委御史台察访”，《旧书·天文志》。宜矣。然究何益哉？

图书在版编目（CIP）数据

隋唐五代史：全 2 册 / 吕思勉著．—2 版．—北京：北京理工大学出版社，2018.4（2024.9 重印）
（中国大历史 / 马东峰主编）
ISBN 978－7－5682－5388－8

Ⅰ．①隋… Ⅱ．①吕… Ⅲ．①中国历史－隋唐时代 ②中国历史－五代十国时期 Ⅳ．①K24

中国版本图书馆 CIP 数据核字（2018）第 047543 号

出版发行 / 北京理工大学出版社有限责任公司
社　　址 / 北京市海淀区中关村南大街 5 号
邮　　编 / 100081
电　　话 /（010）68914775（总编室）
（010）82562903（教材售后服务热线）
（010）68944723（其他图书服务热线）
网　　址 / http://www.bitpress.com.cn
经　　销 / 全国各地新华书店
印　　刷 / 保定市中画美凯印刷有限公司
开　　本 / 880 毫米 ×1230 毫米　1/32
印　　张 / 43
版　　次 / 2018 年 4 月第 2 版　2024 年 9 月第 13 次印刷
字　　数 / 1060 千字
定　　价 / 70.00 元

责任编辑 / 朱　喜
文案编辑 / 朱　喜
责任校对 / 王连华
责任印制 / 李志强